台湾通史

译注本　上册

连横　著

闽台历史文化研究院　译注

海峡出版发行集团 | 福建人民出版社
THE STRAITS PUBLISHING & DISTRIBUTING GROUP | FUJIAN PEOPLE'S PUBLISHING HOUSE

《台湾通史》编译委员会

（按姓氏笔画为序）

主　任：陈秋平

副主任：林坚强　蔡丽华

委　员：邓孔昭　连心豪　刘利侠　刘智豪（台）　李湖江　杨彦杰

吴巍巍　吴文文　张崑将（台）　林　啸　施沛琳（台）

徐心希　高显莹（台）　黄建兴　蔡振丰（台）　潘朝阳（台）

戴显群　麗壮城（台）

凡　例

一、本书的转译工作追求准确、文字通顺易懂，不但要忠实于原著，更要忠实于史实。凡书中被新的史料、新的研究证明有错误的地方，在转译原文的基础上，以加注的方式予以订正（或仅涉及人名、地名、时间、数字等一些比较简单的错误，在译文中直接予以订正，仅对一些较大的错误或学术界有争议的地方进行加注说明）。注释采用页下注。

二、由于时代的进步，为了体现族群平等，书中各种“番”的称呼，均用原文加双引号，第一次出现加注说明。

三、书中的引文，一般不作转译，直接加以采用。少数较短的引文，如对文字的顺畅有益，则进行转译。

四、书中所提官名为专有名称的，如总理各国事务衙门、督抚、六部等，均应保持原名称。

五、书中“连横曰”统一转译为“连横评论说”。

六、书中以汉字标识历史纪年，并以阿拉伯数字标识公元纪年。年号纪年只在书中每一节出现该年号时标注公元纪年。

七、地名现在已发生变更的地方，加注现在的地名。

八、表示物体数量的数字，一般用阿拉伯数字表示。如表示序号或其他的数字，则根据情况酌情处理。

序

汪毅夫

百余年前，台湾学者连横用文言写就并出齐三卷本《台湾通史》。

日本殖民统治时期，殖民当局认定："为使本岛（按，指台湾）人与内地（按，指日本）人无所差异，实质上需要具备皇道精神，俾使对事物之看法与内地人趋于一致。又在形式上，从语言开始，姓名、风俗、习惯等外形能与内地人相同，始能谓已完全日本化。"日人的狼子野心昭然若揭："内地"化、"日本化"和"需要具备皇道精神"的皇民化，就是"去中国化"，其意乃在将台湾人由中国人变而化为日本人也。针对日本殖民当局"从语言开始"的"去中国化"，连横的抵制也"从语言开始"，他并不尝试使用日文而坚持用他熟稔的文言写作。他用文言写作的《台湾通史》，从移民史、开发史、制度史等专门史和教育志、宗教志、风俗志等专题志的角度，描述真实的台湾史实，论述正当的台湾史观，其描述和论述的硬核是："台湾之人，中国之人也，而又闽、粤之族也。"连横是一个了不起的台湾人，他在日本殖民统治时期用一部《台湾通史》，妥妥地把握台湾史的话语权，狠狠地回怼日本殖民当局的"去中国化"。

作为台湾人写的台湾史，连横《台湾通史》已传世百年。连横当年选择用文言写作，固然有抵制日语的意愿，却也有反对白话文的倾向。连横被台湾新文学倡导者称为"旧文学的堡垒"，除了因为他坚持用文言写作，还因为他曾流露厌弃白话文的倾向。实际上，喜好文言，不必厌弃白话；提倡白话文，亦不必反对文言文。于今视之，由于文言不及白话通俗，用文言写作的《台湾通史》会多一些阅读障碍、少一些阅读受众。有鉴于此，为了让更多的读者，尤其是海峡两岸的青年读者，了解连横描述和论述的台湾史实和台湾史观，闽台历史文化研究院策划并主持将连横《台湾通史》由文言版转译为白话本。编译连横《台湾通史》白话本，属于历史著作的后续工程，这项工程遵循尊重历史、忠实原著的原则。编译成书的连横《台湾通史》白话本，是尊重历史的史学著作，也是忠实原著的通俗译本。

参与编译连横《台湾通史》白话本的有台湾大学、台湾师范大学、厦门大学、福建师范大学、闽南师范大学等院校的学者。海峡两岸学者共同推动学术进步，共同弘扬中华文化，这是多么感人的情景啊。

连横《台湾通史》白话本的总策划人陈秋平、总统稿人邓孔昭近日来电、来信，嘱我撰序，不胜荣幸之至。

（作者系全国台湾研究会会长、教授）

目　录

上册

下册

序

徐炳昶[①]

序

中华民国三十四年（1945），连雅堂先生所写的《台湾通史》第一次在国内印行，6月，排版即将完成，他的公子连定一[②]先生要我作序。我和定一先生有十多年的交情，碍于情分不敢推辞，于是写了这篇序。

凡是居住在地球上的民族，如果能不安于只作乡野之人，努力向前，都一定能在文化上有所贡献，流传后代，使人受益。但因为时间地域的不同，环境的差异，所以每一个民族所创造的文化都一定会烙上特有环境的印记，在世界文化体系中显示出其独特之处。这些独特的地方和创造这些文化的民族在历史上的盛衰分合有着密切的关系，论述古代历史的人不能不谨慎思考并且分析清楚。我中华民族所创造的文化是世界重要文化之一，这是不容置疑的。其独特之处在于，根据我的研究，大概有三点：一是缓，二是久，三是稳。从人类学者研究证明我们的民族是中华大地的原始居民，从外迁徙而来的说法就没人采信了，中华民族生活在这块土地上已经不知道绵延了多少万年。从有传说的时候开始算起，炎帝、黄帝、伏羲氏（即太昊）至今就已经超过五千年。同一时期的文化民族，如埃及人、两河流域人，他们的历史都比中国略早。埃及的第十二王朝（公元前20—前19世纪）和第十八王朝的阿门诺斐斯四世时（公元前14世纪），他们创造的文明曾经相当灿烂。巴比伦的汉谟拉比王（公元前22世纪末），政治和军事上的成就显赫一时，他所制定的刻在石碑上的《汉谟拉比法典》，至今还保存着，成为特别珍贵的文物。希腊民族从游牧进入农业时代相当于我国的商朝后期，他们传说的历史比我国晚了一两千年，但他们的文化突飞猛进，到我国春秋、战国之交的时候，他们的文明堪称当时世界上发展程度最高的文明。我国从炎帝（神农氏）部落开启农业时代，大致相当于距今四千年之前的龙山文化时代，但夏朝、商朝时代的上古史还有些暗淡，周朝兴起

① 徐炳昶（1888—1976），字旭生，笔名虚生，河南唐河人。历任北京大学哲学系教授，北京大学教务长，国立北平研究院史学研究所所长，中国科学院考古研究所一级研究员。

② 连震东，字定一。

后，文化才逐渐能和巴比伦的汉谟拉比王时期的文明相比。到孔子、老子、墨子等诸子百家蓬勃兴起之时，哲学思想才开始能和后发的希腊著名哲学家们并驾齐驱。经历了多少代的发展，才跻身于世界高度文化之林，这就是中华文化的“缓”。

埃及和两河流域的古代文化，到了公元前二三世纪就已经消失不见。希腊的高尚文化，到了公元6世纪查士丁尼大帝封闭雅典学院后也宣告薪火断绝。而唯独中国的文化能绵延四五千年，未曾中断，从秦始皇到现在两千多年，正史中历史的记载没有一年的缺漏，更是世界各国所没有的，这就是中华文化的“久”。

埃及文明前有希克索部落几个王朝的残酷掠夺，后有亚述人的践踏蹂躏。两河流域文明前面经历赫底特人的扫荡，后来又经历了迦塞特人的侵入。亚述大帝国突然兴起又忽然灭亡，有些像我国的秦朝和隋朝。迦勒底王朝后来兴起，也是几十年就灭亡了，不值得一提。这些国家，强盛的时候在某些方面的建树非常显赫，全世界感到惊骇，但衰败之后，昏暗不明，陷入漫漫的长夜。希腊人在思想文化方面的成就，曾经达到很高的程度，不但空前，而且几乎是绝后的，后来的状况虽然没有前二者那么凄惨，但在中世纪，那些有深奥思想的鸿篇巨制只能尘封在修道院布满蜘蛛网的书柜中。拜占庭帝国文人那些流传下来的著作，也不过只是摘抄了一些章节句子，做盲目的崇拜而已。我国从夏、商、周到秦、汉两千多年，只有朝代的更替，却没有落后文化的侵入而撼动中华文教的基础。南北朝、五代、金、元以及明、清之交，虽然中国境内战乱纷纭，有时非汉民族夺取了统治地位，但许多仁人志士在黑暗之中仍然坚持不懈，始终为了国家的强盛而抗争，才能使旧有文化不但没有因为分离战乱而萎靡不振，反而因思想的激励而更加焕发光芒。结果是夺取统治地位的文化相对落后的非汉民族因仰慕中华文化而被同化，每经历一次危险我中华民族就得到一次增强。即使近百年来，我军事、经济、文化都受到西方人严重的压抑，最后因为有广大的领土和众多的百姓，才具备了八九年独立抗战的潜力，这就是中华文化的“稳”。

“缓”虽然有些不足，但加上“稳”却能变得更好，“久”在二者之中维系运行，略微的“久”难以弥补“缓”的不足，稍微的“稳”也不能奠定长治久安的基础。略微的“缓”，在行政方面，就有可能施行更多的强制和临时的措施，少了从容宽松的旨趣，所以最终也难以得到控制。所以“缓”和“稳”虽然好像优缺点相反，但实际上却是一个事物的两个方面，去掉一个方面，另外一个方面也就不存在了。这个道理对于一般事务来说或许并不明显，但不同的民族相遇时，不同的文化风俗要让别的民族接受，如果采取急迫严厉的措施，虽然也可能取得一些短暂的效果，但要想从容温和地融为一体，绝无可能。一旦严厉的约束瓦解了，便会出现凌乱溃散的现象，或者回到以前的面貌，或者比原来的情况还糟糕。我国几千年来，和周围文化相对落后民族的相处，没有特别的对策，只是“修其教，不易其俗。齐其政，不易其宜”，“用夷礼则夷之，进于中国则中国之”。用文化的力量来逐渐感化，而不是用行政法令来束缚。注重风俗习惯的逐渐趋同，绝不会设法去强化各民族间的种种不同，也没有加速同化的意图。但潜移默化，却可以使文化的融合产生于自然而然当中。这和19世纪东、西方列强所推行的禁止被压迫民族使用自己的语言、改变自己的习俗的政策，完全不同。不急于同化的人最终达到了同化，急于同化的人最后却难以得到同化，自然演变过程中的快慢与人们意识中想要的快慢经常是相背离的，世界上的事情往往都是这样。

台湾和福建省相距很近，一苇可航，和中原的联系到现在已经一千多年，即使到明代郑成功驱逐荷兰人也已千年有余。这一千多年来，我福建、广东的人民和台湾的土著逐渐融合的遗迹，虽历史的记载不完整，但用近一两百年来我侨民在南洋群岛和当地土著融合的经历来比较，就可以想象得到。大陆移民在台湾历经久远，到郑氏时期已经和当地的少数民族融为一体。虽高山深谷之中，因地势的限制和隔离，有些遗漏，没有全部同化，但从整体上来说已经没有太大的差异。明末的斗争，不只是郑成功与荷兰人的斗争，而是我中华民族和少数入侵的西洋人之间的斗争，因此胜败的结果不问可知。此后清政府收台湾置于中央政府管辖之下，我中华民族融合的伟业仍然还在继续进行。

清末，日本人窃据台湾，想用数十年把台湾变成日本的一部分，在施政方面也是用暴力压迫，急切地想达到自己的目的，四五十年中从未想让台湾人民拥有选举权。到最后才考虑开放一小部分台湾人应得的权利作为诱饵，开放面极小，但想得到的东西很多，可见其不自量力。

现在台湾光复就在眼前，我国人民对于这块土地千余年的经营历史，应当有所研讨以备将来的借鉴，但有关的典籍文献并不丰富，有识之士深以为憾。连雅堂先生精通史学，经过数十年的努力，写成《台湾通史》这本巨著。我读过这本书，我们先民千余年来艰苦缔造的历史在书中都得到了详细的陈述。而且当时台湾正处于日本人残酷的压迫和剥削之下，所以连雅堂先生对于民族之痛感怀至深，并对台湾被割让之后，许多英雄豪杰在毫无希望的状况下仍然坚贞不屈地为自由奋战的故事，再三表达敬意。书中资料收集十分丰富，对台湾岛上动植物、矿物的蕴藏，也都是根据耳闻目睹的资料，据实列举叙述，不做浮光掠影的谈论。因此我想，各位同胞，如果还不想把祖先惨淡经营的台湾置之脑后，就应该将这本书人手一册。此前，这本书只印行于日本殖民统治下的台湾，各位同胞要想得到并不容易，现在多亏商务印书馆不顾抗战八年后印刷的困难，努力排版印行，已经可以和各位同胞相见。欣喜抗战胜利在望，台湾的父老兄弟们回归祖国怀抱的日子即将到来，这本书的印行正是时候，所以不辞浅陋，简略写下这些话表达我的欣喜。也希望我同胞鉴于我中华民族和荷兰人、日本人在台湾盛衰演变的往事，发扬我民族的优点，克服缺点，以延续我先民的丰功伟业于无穷。

1945 年 6 月 15 日，徐炳昶敬叙于云南昌谷县络索坡的适然居寓斋。

徐仲可[①]

序

左丘明撰写《春秋左传》，用30卷的篇幅概括了240年的史事，得到大家的推崇。司马迁写《史记》，叙述了3000年的史事，只用了50万字。班固写《汉书》，叙述了240年的史事，用了80万字，其详略的差异非常明显。西晋的张辅[②]就说班固不如司马迁，唐代的刘知几却认为古今不同，是由具体的情况所决定的，不能责备近史的繁冗累赘。刘知几的观点是正确的。现在我读连雅堂先生的《台湾通史》，就觉得详略适中，再三感叹美不过如此。所谓通史，就是通贯古今的历史，和断代史不同，特别容易繁琐冗长而很难做到简略扼要。连雅堂写这本通史，总共1290年的史事，都记载于88篇当中，而且大小事情都能列举，没有遗漏也不横生枝蔓。全书总共有“纪”4篇、“志”24篇、“传”60篇，沿袭司马迁的体例而有所变通，将“表”放在“志”中，便于人们的阅读，都是为了现在的学者所考虑。记载的年代，从隋朝大业元年（605）开始，到清光绪二十一年（1895）结束，台湾文献因此不会遗失。我曾听说，刘知几认为，写史必须具备才、学、识三长。连雅堂的才、学都很了不起，他的史识更是卓越。他知道民众是国家的根本，没有民众国家就不能存在，因此他对关系到民众生活的丰收或歉收、民众道德水平的高低，都进行了特别详细的记载。过去的史书只是重视军事、法律、礼仪、音乐等典章制度的记载，在记载民众生活方面，都不如雅堂的这本书。我不才，在这些方面也有简略的论述，但雅堂的这本书对于有关民众的事情记载就特别详细，这就是雅堂的志向。我读完他的书，写下这些文字以为序。

1925年仲夏，杭县徐珂写于上海。

---

① 徐仲可（1869—1928），名珂，字仲可，浙江杭县（今杭州市）人。清光绪十五年（1889）举人，历任商务印书馆和《外交报》《东方杂志》编辑。

② 张辅，西晋官吏，字世伟。

林资修

序

台湾背对深海而面向中州，不就是《列子》书中所说的“岱舆”“员峤”吗？方志中记载的台湾名称有多种，有的称“大宛”，有的称“台员”，考察它的发音，就是将“岱舆”和“员峤”二者各取一个音合起来的。这个地方在明郑之前，为原始民族所居住，不用耕种也能吃饱，不必织布也能保暖，按照花开草长来判定季节，根据日落月出来辨别昼夜。住在岩洞里，渴了就到溪谷中喝水，怡然自得，没有人与人之间的纠葛与烦恼，每天都活得很快乐，这难道不就是古人所说的神仙日子吗？或许是因为当时人口不多，才可以安享自然资源的恩赐。听老人们说，我们祖先移居到这里的时候，曾经租种“番社”的土地，为他们砍去荆棘，开辟田园道路，一年到头勤奋劳动，没有安闲的日子，能够剩下的一些积蓄都是省吃俭用得来的。“土番”抽取收成的十分之五作为地租，但还是不足以维持生活，最后就把土地卖给我们。我们勤劳而他们安逸，我们节俭而他们奢华。因此看来，在草衣木食的原始时期，上天对“土番”的恩赐不能说不优厚。如果能让他们闭关自守，没有人和他们竞争，即使到现在他们也可以继续在这个海岛上逍遥自在。一旦有他人来到这里，利用各种机会进取，不断有新的进展，而他们却浑然不知，仍然没有任何改变。这种因循原来的简朴不求改进的习性，导致那些从自然界得到的资源被他人拿走也是必然的结果。我还听说，我们的先民在开垦这块土地的时候，被毒蛇猛兽吞食、埋葬在荒野中的人不可胜数，所以又有人把台湾称为“埋冤”。最终能在这里生存并获得成功，完全是先民们前仆后继、惨淡经营的结果。到如今休养生息数百年，在这块土地上获取的东西越多，而人们的需求也越多，消费的人口多，而从事生产的人口少。虽然很少有实力的人背弃这块土地而选择离开，但我知道，故国和先人所传承下来的田地都有可能变换主人，何况灵巧和笨拙差别极大，强大和弱小也完全不同。那些生活在深山里的“土番”，恐怕已经在那里讥笑并议论汉人的今天。读到这本书的人们，不仅要感念先人艰苦奋斗创业的辛勤，也要想到社会时代的变迁。

丙辰年（1916）夏五月，台湾林资修序于雾峰山脚。

连横
自序

台湾之前的历史没有文字记载。荷兰殖民统治时期才开始有了所谓的文明活动，郑氏时期兴起了许多建设，清代继续经营，社会发展走上了正常的轨道，奠定了我们巨大的基业，到现在已经三百多年了。可是旧有的方志有许多错误，没有文采，只记载了清朝的事情，荷兰人和明郑时期的史事，有许多缺漏而没有记载，竟然还把他们看成是“岛夷”和“海寇”。唉！这难道不是旧时修史者的罪过吗？何况《台湾府志》是在乾隆二十九年（1764）重修的，台湾、凤山、彰化、淡水各厅县志虽然后来也有续修，但只局限于个别的区域，没有涉及全台湾。而且这些志书写成的时间也很久了，如果想要根据两三部陈旧的志书来了解台湾的整体面貌，就好比以管窥天、以蠡测海，会受到严重的局限。

台湾原来是海上的一座荒岛，经过我们先人的艰苦奋斗，开发出了这片土地，直到今天我们都还在仰赖他们的恩泽。但自从与海外通航以来，西方列强的势力逐渐东侵，世界潮流的趋势无法阻挡。于是就有了鸦片战争中英国人对台湾的侵扰、美国商船罗妹号事件、法国军队对台湾的侵略，各种外交事件和战祸接连凌驾台湾，但旧的方志都没有记载。台湾民间的领袖人物，先后兴起，朱一贵、林爽文以来，常常发动起义，血染山河，他们以反清复明为号召，这些民变，旧的方志也没有完整的记载。后来又有台湾建省、“开山抚番”、增设府县、清赋、加强防务、发展地方产业、鼓励教育等事，纲举目张，百事俱兴，台湾的面貌已经焕然一新了。

历史寄托着民族的精神，也是人们重要的借鉴。时代的兴盛或衰败，风俗的文明或野蛮，施政的成功或失败，物产的丰富或贫乏，都可以在其中得到反映。所以凡是文明的国家，没有不重视历史的。古人说过，国家可以灭亡，但历史不能够消失。即使是牵强附会的记载，也有存在的必要，即使是晋国、楚国的史书，也有许多可采用的内容。可是台湾却没有完整的史书，这难道不是台湾人的悲哀吗？修撰史书本来就很难，修撰台湾的历史就更难，在当下修撰更是难上加难。为什么呢？残缺散乱的文献，搜集不易；文字缺漏的史料，使人半信半疑，引证困难。阅历丰富的老者大多故去，以致没有人可以咨询。街头巷尾的传闻，大多不够真实，想要查证也很困难。再加上台湾被割让之时，兵荒马乱，官府的档案全部散失，私人收藏的资料，也大多被烧毁。想要用典藏的重要文献来完成乱世不朽的著作，是很难做到的。但现在去做，还不算最难，如果经过十年、二十年再去修撰，那真是更难了。这样台湾三百年来的历史，就无法清晰地展示给后人，这难道不是我们这一代人的罪过吗？连横不才，曾经明确告诉神明，发誓要撰写台湾历史，兢兢业业，不敢丝毫懈怠。于是用十年的时间，写成《台湾通史》。全书有“纪”4 篇，“志”24 篇，“传”60 篇，共计 88 篇。从隋代开始，写到台湾被割让，贯穿古今，大小事情都不遗漏，而台湾文献在这本书中得到了呈现。我们伟大的祖先横渡大海，来到这个荒芜边远的海岛，开发了这片土地，为子孙后代建立了永远的基业，他们的功劳实在非凡。追念祖先的恩德，想到民族的前途，如临深渊，我们应该更加警醒和谨慎。大家一定要切记！各位仁人志士，还有各位朋友，应该仁义孝悌，见义勇为，奉行公事，以此来发扬我民族的精神，这就是我要标榜的旗帜。婆娑的海洋，美丽的岛屿，郑成功和一众先民所赋予的伟大使命，是我们依靠的力量。

1918 年秋八月初一日，台南连横雅堂自序于剑花室。

卷一

开辟纪

卷一

开辟纪

（起隋大业元年，终于南明永历十五年）

台湾原为“东番”之地，从天文星野的分区来说，它的地理位置远远超过“南纪”之外，中央是层峦叠嶂的山脉，四面环海。远古以来，与文明世界不相往来。“土番”将头发盘结形成圆形发髻，千百成群形成各个部落。他们裸露上身而在腰际围上兽皮以遮下体，过着猎捕飞禽走兽的生活，仍然处在游牧时代。

用现代的考古学发掘出来的石器进行考证，远在5000年前，高山上的“土番”最为原始。但由于文献缺乏，所以一般知识分子或专家学者对此实在很难加以具体的描述。根据史书记载，秦始皇曾命令徐福率众渡海寻找海上的“三神山”，徐福一去不返。史书还说，齐威王、宣王以及燕昭王曾经派人出海寻找“蓬莱”“方丈”“瀛洲”，这三座“神山”传说在渤海之中，往往看到距离不远了，大风就会把船吹走。曾经也有人到过那里，发现有仙人以及长生不老药。岛上的物品和飞禽走兽颜色都是白的，宫殿都是黄金和白银建造的。没到的时候，远远望去一大片的景物，一旦靠近了，却又发现这三座神山反而都在海水底下了。船只靠近，就会被大风吹走，最终还是无法到达。两国诸侯心有不甘，但也无可奈何。到秦始皇统一了天下，疆域直到海边。方士们纷纷出主意应出海寻访神山，秦始皇认为既然已经控制了沿海地方，如果不尽快去找寻神山，恐怕自己就来不及找长生不老药了，于是命令官员带领一群童男童女，出海寻找。船队到了大海中，都往往被飓风吹散。回来说无法到达，只是远远看见而已。

也有人认为“蓬莱”和“方丈”是日本和琉球，而台湾就是“瀛洲”。因为古代航海技术还不够精确，当时的人也很少出海探险，海外的地理缥缈虚无，无从确知，只凭想象，所以会认为有仙境神山，这种认识都是很粗浅且不足以采信的。

台湾和日本、琉球，都屹立在东海，地理气候条件大致相同，而且山川秀美，一年四季，鲜花常开，青草不黄，这不就是方士们所说的仙境吗？徐福是否到过台湾，今天已经无法确证，但“五百童男童女”散布居住在日本、琉球，其后代繁衍昌盛，延续不绝，那么，秦始皇时代或许也有大陆的男女渡海来到台湾，也不是不可能。又有人说，澎湖就是古代所谓的“方壶”，而台湾就是“岱员”，发音确实很相近。《列子·汤问》中说道：

夏革曰：渤海之东，不知几亿万里，有大壑焉，实维无底之谷，其下无底，名曰归虚……其中有五山焉，一曰岱舆，二曰员峤，三曰方壶，四曰瀛洲，五曰蓬莱。其山高下周旋三万里，其顶平处九千里。山之中间相去七万里……而五山之根无所连着，常随潮波上下往还，不得暂峙焉。仙圣毒之，诉之于帝。帝怒，流于西极，失群圣之所居，乃命禺疆，使巨鳌十五，举首而戴之，迭为三番，六万岁一交焉，五山始峙而不动。

澎湖和台湾距离很近，中间有大海相隔，洋流“黑潮”从这里经过。风涛汹涌，瞬息万变，这里的海就像没有底的深谷，因此称为“落漈”，又有所有的水流都向东奔涌的险恶，人们说这是被风牵引的结果。台湾的山，有高到海拔 13600 余尺的[①]，是中国东部群山中最高的，它常年积雪，形态就像一块玉石，有人又说看去像被白云环绕一样。

又有人说，台湾就是古代的“东鳀”，《后汉书·东夷传》中说：

会稽海外有东鳀人，分为二十余国，又有夷洲及澶洲。传言秦始皇遣方士徐福将童男女数千人入海，求蓬莱神仙，不得，徐福畏诛，不敢还，遂止此洲。……会稽东冶县人有入海行，遭风流移至澶洲者，所在绝远，不可往来。

虽然台湾就是“瀛洲”“东鳀”，澎湖就是“方壶”，这些说法有一定道理，但是澎湖有人居住，更早在秦、汉之际。有人说，楚国灭越国，越国的子孙逃到福建，流落海上，或许就住到了澎湖。所以，澎湖与大陆有来往已经很久，但在史书上有明白记载的，则是开始于隋朝。《海防考》中说：

隋开皇中，尝遣虎贲陈棱略澎湖地。其屿屹立巨浸中，环岛三十有六，如排衙。居民以苫茅为庐舍，推年大者为长，畋渔为业。地宜牧牛羊，散食山谷间，各鼇耳为记。棱至抚之，未久而去。

这是中央政府经略澎湖的开始，也是向东进入台湾的一个开端。当时，天下已经没有战乱，国家已经统一，其声威及影响，一直到达了南方的边陲。澎湖靠近福建，是海上航道所经过的地方，朝发夕至，漳、泉两地民众早就往来于澎湖，从事耕种和捕鱼，没有外敌的侵扰和挑衅，过着几乎是太平盛世的生活。只是《海防考》

---

① 台湾最高峰玉山主峰海拔高度 3952 米。

的这段记载有些错误，陈棱官拜虎贲中郎将，事情发生在隋大业三年（607），可是上引的史书却说是开皇年间（581—600），难道是追述的话吗？陈棱经略台湾，在《隋书·流求传》中有详细的记载，其中说：

流求国在海中，当建安郡东，水行五日而至。土多山洞。其王姓欢斯氏，名渴剌兜。不知其由来有国世数也。彼土人呼之为可老羊，妻曰多拔荼。所居曰波罗檀洞，堑栅三重，环以流水，树棘为藩。王所居舍，其大一十六间，雕刻禽兽。多斗镂树，似橘而叶密，条纤如发之下垂。国有四五帅，统诸洞，洞有小王。往往有村，村有鸟了帅，并以善战者为之，自相树立，主一村之事。男女皆以白纻绳缠发，从项后盘绕至额。其男子用鸟羽为冠，装以珠贝，饰以赤毛，型制不同。妇人以罗纹白布为帽，其形方正。织斗缕皮并杂毛以为衣，制裁不一。缀毛垂螺为饰，杂色相间，下垂小贝，其声如珮。缀珰施钏，悬珠于颈。织藤为笠，饰以毛羽。有刀、矟、弓、箭、剑、铍之属。其处少铁，刃皆薄小，多以骨角辅助之。编纻为甲，或用熊豹皮。王乘木兽，令左右舆之而行，导从不过数十人。小王乘机，镂为兽形。国人好相攻击，人皆骁健善走，难死耐创。诸洞各自为部队，不相救助。两阵相当，勇者三五人出前跳躁，交言相骂，因相击射。如其不胜，一军皆走，遣人致谢，即共和解。收取斗死者聚食之，仍以髑髅将向王所。王即赐以冠，使为队帅。无赋敛，有事均税。用刑无常准，皆临事科决。犯罪皆断于鸟了帅，不服，则上请于王，王令臣下共议定之。狱无枷锁，唯用绳缚。决死刑用铁锥，大如箸，长尺余，钻顶杀之。轻罪用杖。俗无文字。望月盈亏，以纪时节。候草木荣枯，以为年岁。其人深目长鼻，颇类于胡，亦有小慧。无君臣上下之节、拜伏之礼。父子同床而寝。男子拔去髭须，身上有毛皆除去。妇人以墨黥手，为虫蛇之文。嫁娶以酒、珠、贝为聘，或男女相悦，便相匹耦。妇人产子，必食子衣。产后以火自炙，令汗出，五日便平复。以木槽中暴海水为盐，木汁为酢，酿米曲为酒，其味甚薄。食皆用手。偶得异味，先进尊者。凡有宴会，持酒者必待呼名而后饮。上王酒者，亦呼王名。衔杯共饮，颇同突厥。歌舞蹋蹄，一人唱，众皆和，音颇哀怨。扶女子上膊，摇手而舞。死者气将绝，舆至庭前，亲朋哭泣相吊。浴其尸，以布帛缠缚之，裹以苇草，衬土而殡，上不起坟。子为父者，数月不食肉。其南境风俗少异，人有死者，邑里共食之。有熊罴豺狼，尤多猪鸡，无牛羊驴马。厥田良沃，先以火烧，而引水灌。持一插，以石为刃，长尺余，阔数寸，而垦之。土宜稻、粱、禾、麦、麻、赤豆、胡黑豆等，木有枫、栝、樟、松、枌、楠、梗、梓、竹、藤，果药同于江表，风土气候与岭南相类。俗祀山海之神，祭以肴酒。战斗杀人，便将所杀之人祭其神。或倚茂树起小屋，或悬髑髅于树上，以箭射之。或累石系幡以为神主。王之所居，壁下多聚髑髅，以为佳。人间门户上必安兽类骨角。大业元年，海师何蛮奏言，每春秋二时，天清风静，东望依稀，似有烟雾之气，亦不知几千里。炀帝令羽骑尉朱宽入海访异俗，何蛮言之，遂与蛮同往，因到流求。语言不通，掠一人而反。明年，帝复令宽慰抚之，不从，宽取其甲布而还。时倭国使来朝，见之曰，此夷邪久国人所用，帝遣虎贲陈棱、朝请大夫张镇州率兵，自义安浮海，至高华屿。又东行二日，至鼊鼊屿。又一日便至流求。初，棱将南方诸国人从军，有昆仑人颇解其语，遣人慰谕之，流求不从，拒逆官军。棱击走之，进至其都，焚其宫室，载军实而还。自尔遂绝。

《隋书·陈棱传》中提到：

大业三年，拜虎贲中郎将。后三岁，与朝请大夫张镇州发东阳兵万余人，自义安泛海，击流求国，月余而至。流求人初见船舰，以为商旅，往往诣军中贸易。棱率众登岸，遣镇州为先锋。其主欢斯渴刺兜遣兵拒战，镇州频击破之。棱进至低没檀洞，小王欢斯老模率兵拒战，棱击破之，斩老模。其日雾雨晦冥，将士皆惧，棱刑白马祀海神。既而开霁，分为五军，趋其都邑，渴刺兜率众数千逆拒，棱又遣镇州为先锋，击走之。乘胜逐北，至其栅，渴刺兜背栅而阵。棱尽锐击之，从辰至未，苦斗不息。渴刺兜自以军疲，引入栅。棱遂填堑，攻破之，斩渴刺兜，获其子岛槌，虏男女数千而归。

《闽书》也说：福州的福卢山，在隋朝时，曾经掳掠了琉球五千户安置在这里，至今还有他们的后裔。这里提到的琉球，其实是台湾的古名，而今日所说的琉球，古代称冲绳[①]，与前面所说的流求或琉球，实属两个不同的地方。《蓉洲文稿》中说：

台湾海中番岛，考其源，则琉球之余种，自哈喇分支。近通日本，远接吕宋，控南澳，阻铜山，以澎湖为外援。

哈喇的发音很像渴刺，而波罗檀这个地方，现在是哪里呢？有人认为或许就是葫芦墩，两者的发音比较接近，又有人以为是琅峤的部落。隋朝时，大安、大甲两溪汇成一条河流，浊水溪以北，还是一片汪洋大海。波罗檀是海滨的高地，王都设在这里，以便据险固守。所以，从《隋书》以至宋元时代所说的琉球，大多都是指台湾。

① 琉球王国原来就自称琉球。

隋仁寿三年（603）八月，商人钦良晖从日本回国，和日本僧人圆珍搭乘同一艘船只，被北风吹到琉球，看见岸上有几十人拿着刀枪，良晖十分害怕，圆珍大声念经祈求不动尊菩萨保佑。不久风向转了，于是才到了福建。这是唐人发现台湾的开始，早于陈棱征伐流求四年。

唐贞观年间，马来群岛发生大洪水，灾民无处安居，很多人驾着竹筏出海避难，有些漂流到了台湾。当时，流求国欢斯氏遭隋军征伐之后，国破民残，势力很弱，马来人就在海边住了下来，开始在台湾繁衍，这就是外族侵入台湾的开始。因此，《台湾小志》说："生番"的语言，来自马来群岛的有六分之一，来自吕宋的有十分之一，往北一带 17 个社说的话很像是菲律宾的语言。有人说他们是从南洋的某一个岛迁来台湾，语言和台湾"土番"很像。以前来到台湾的马来人，后来由卑南王统一，王死了之后，各社分立，一直到现在。

到唐朝中叶，施肩吾率领他的族人迁居澎湖，他是分水（今浙江桐庐分水镇）人，元和年间（806—820）考中进士，但却不愿担任官职而在乡间隐居，他著有诗集传世，其中有以澎湖为题的诗，"鬼市盐水"[①]足以形容那时候澎湖的景象。但一直到唐朝结束，始终没有和台湾进行交往。此后，历经五代一直到两宋，中原动荡，战争不止，漳州、泉州沿海一带的民众逐渐来到台湾，而以北港为贸易的口岸。因此，台湾旧的方志就有台湾一名"北港"的说法。北港在云林县的西部，也称为"魍港"。当时，马来人在台湾的族群势力强大，于是排挤了原来的"土番"而分别占据了南北许多地方。南宋淳熙年间（1174—1189），琉球酋长率领数百人，突然到泉州的水澳、围头等村庄，大肆进行杀人抢劫。他们喜欢铁器和汤匙、筷子等餐具，村民如果把门窗关闭，就不会进门抢劫，而只是将门上的铁环挖去，村民将汤匙、筷子等餐具扔出去，他们就俯身去捡。看见披挂铁甲的战马，就争着上去挖战马上的铁甲，即使被杀了也不会害怕。他们打仗用标枪，在标枪的尾部系上一条十余丈的绳子，扔出去以后可以收回来，是因为爱惜铁而不忍心丢弃。他们不会驾驶船只，把竹子绑在一起做成竹筏，紧急时就大家一起将竹筏举起来，泅水逃走。

与那国岛是冲绳的一个岛屿，以前曾有"长耳国人"渡海来袭，把岛民抢走。与那国岛人筹谋抵抗，他们做了巨大的鞋子，把它们扔到海里，"长耳国人"看到这些鞋子，以为与那国岛上的人这么高大，就十分害怕地退走了。这是台湾"番族"侵扰掠抢外洋的开始，这些"番族"是马来人的后裔。他们当中比较聪明的人还有

① 施肩吾《岛夷行》写道："腥臊海边多鬼市，岛夷居处无乡里。黑皮年少学采珠，手把生犀照咸水。"

驾着独木舟，渡过大海，到吕宋，进行以物易物的贸易，然后再把带回来的商品转卖给高山上的“土番”，到现在台湾还保留有这样的商品。所以《宋史》说：“流求国在泉州之东，有海岛曰澎湖，烟火相望。……旁有毗舍耶国，语言不通，袒裸盱睢，殆非人类。”蒙古族崛起，打败了女真族，很多金国人出海避难，有些漂流到台湾。南宋末年，文天祥零丁洋抗元斗争失败，残余部队中也有到达台湾的。他们各自聚集为部落，自耕自足，同族之间互相扶持，共同防卫。

元世祖统一中国，建立元朝之后，国力威慑到了不同文化的地区，南洋群岛也都受到了影响。至元十八年（1281），元朝军队远征日本，舰队航行到九州海面的时候遇到台风，战船大多沉没，将领们各自搭乘坚固的舰船逃跑，到了澎湖和台湾西海岸时，又遇到大风，于是回到福建。至元二十三年，又组织军队建造舰船，准备再征日本，还没出发而告中止。至元二十八年秋九月，命令海船副万户杨祥、合迷、张文虎都为都元帅，率领军队出征瑠求，设了左、右两个万户府，官吏都由杨祥选拔。后来又听了福建人吴志斗的话，说杨祥不可信，对瑠求应该先行招抚令其归顺。于是就派杨祥为宣抚使，佩带虎符，以阮鉴为兵部员外郎、吴志斗为礼部员外郎，都佩带银符，带着皇帝的诏书前往瑠求招抚。第二年，没有到达瑠求就回来了。元朝之所以准备攻打琉球，是从控制日本的角度考虑的。所以，《元史》说：

> 瑠求在南海之东，漳、泉、兴、福四州界内。澎湖诸岛与瑠求相对，亦素不通。天气清明时，望之隐约，若烟若雾，其远不知几千里也。西南北岸皆水，至澎湖渐低，近瑠求则谓之落漈，漈者水趋下而不回也。凡西岸渔舟至澎湖已下，遇飓风发作，漂流落漈，回者百一。瑠求在外夷最小而险者也，汉、唐以来，史所不载，近代诸番市舶不闻至其国者。世祖至元二十八年九月，海船副万户杨祥请以六千军往降之，不听命，则遂伐之，朝廷从其请。继有书生吴志斗者，上言生长福建，熟知海道利病，以为若欲收附，且就澎湖发船往谕，相水势地利，然后兴兵未晚也。冬十月，乃命杨祥充宣抚使，给金符，吴志斗礼部员外郎，阮鉴兵部员外郎，并给银符，使往瑠求。诏曰：“收抚江南已十七年，海外诸番，罔不臣属。唯瑠求迩在闽境，未曾归附，议者请即加兵。朕维祖宗立法，凡不庭之国，先遣使招谕，来则安堵如故，否则必致征讨。今止其兵，命杨祥、阮鉴往谕汝国，果能慕义来朝，存尔国祀，保尔黎庶；若不效顺，自恃险阻，舟师奄及，恐贻后悔。尔其慎择之。”二十九年三月二十九日，自汀路尾澳舟行，至是日巳时，海洋中正东望见有山长而低者，约去五十里。祥称是瑠求国，鉴谓不知的否。祥乘小舟至低山下，以其人众，不亲上，命军官刘闰等二百余

人，以小舟十一艘，载军器，领三屿人陈煇者登岸[①]。岸上人众不语三屿人语，为其杀死者三人，遂还。四月二日，至澎湖。祥责鉴、志斗已到瑠求文字，二人不从。明日，不见志斗踪迹，觅之无有也。先是，志斗尝斥言祥生事要功，欲取富贵，其言诞妄难信，至是疑祥害之。祥顾称志斗初言瑠求不可往，今祥已至瑠求而还，志斗惧罪逃去。志斗妻子诉于官，有旨，发祥、鉴还福州置对。后遇赦，不竟其事。成宗大德元年，福建省平章政事高兴言：今立省泉州，距瑠求为近，可伺其消息，或宜招宜伐，不必它调兵力，兴请就近试之。九月，高兴遣省都镇抚张浩、福州新军万户张进赴瑠求国，擒生口一百三十余人而还。

这是中央政府经略台湾的又一重要历史事件。那个时期，澎湖的居民日渐增多，已经有1600多人，前去贸易的商船，每年多达数十艘，澎湖已成为泉州的边外地区。至元年间，于是在澎湖设立了巡检司，隶属同安县。澎湖设立官吏、施政治理，从这个时候开始。

明朝初年，天下还不太平，还有一些强悍的人聚集在一起，成为海盗，出入于澎湖，在沿海一带抢劫。洪武五年（1372），信国公汤和经营沿海，奏请把澎湖居民迁移到附近城市的近郊安置，这样可以防止沿海的一些祸患。朝廷同意了。洪武二十年，撤废了澎湖巡检司，把居民全部迁到漳州、泉州等地安置，把澎湖完全荒废，从此，澎湖就变成了海盗的巢穴。明成祖永乐年间，太监郑和率领舰队下西洋，很多国家和地区都贡献了礼物，表示诚服和友谊，唯独“东番”远避没有前来献礼。所谓“东番”，就是指台湾的“土番”。郑和不满，率领舰队进入台湾，“东番”因而臣服。郑和送每家一个铜铃，让他们挂在脖子上，他们的后人反而把铜铃当成宝贝，有钱人甚至收集了好几枚。这是中央政府第三次经略台湾。当初，郑和进入台湾，船只停泊在赤崁，在当地大井汲取淡水。赤崁是“番社”的名称，就是现在的台南府城，那口大井至今还在。而在凤山则有“三宝姜”，当地居民吃了这种姜，病就会好，说是郑和当年留下来的。说明郑和到台湾还曾进入内地，有传说到了大冈山。

嘉靖四十二年（1563），海盗林道乾骚扰沿海，逃到台湾。都督俞大猷率舰队追击，到了台湾西海岸，看到台湾航道迂回曲折，不敢贸然进攻，到鹿耳门巡逻之后，主力部队回到了大陆。留下一部分军队驻守澎湖，不久也撤走了，民众又来到澎湖居住。所以又设巡检司，不久又撤除。林道乾来到台湾时，跟随他的有数百人。

① “三屿”指吕宋岛马尼拉湾的三个岛屿，陈煇应是当地华侨。

他们以武力胁迫"土番"，待"土番"如同对待奴隶，"土番"愤怒，准备攻杀这些海盗。林道乾事先知道了"土番"的计划，于是夜袭杀死了许多"土番"民，拿"土番"的血来涂抹海盗船的缝隙，把大量的财宝埋在打鼓山[①]中，然后逃往北大年（马来半岛）。

万历二十年（1592），日本侵略朝鲜，明朝政府沿海戒严，谍报人员说日本有将入侵淡水、鸡笼的意图。明朝政府认为台湾离澎湖很近，因此决定在澎湖驻兵，防止可能遭到的危险。万历二十五年，开始设置游兵，春冬两季驻兵防守，于是澎湖又成为中央政府管辖的地方。万历四十五年，日本人入侵龙门港[②]，于是明朝政府才有派军队长期戍守的命令。当初，日本足利氏末期，政治混乱，百姓贫穷，萨摩、肥前几个藩国的流民相聚为盗，驾着"八幡船"，经常到中国沿海侵掠，深入福建、浙江两省的内地，而把台湾作为他们前往大陆沿海必经的地方，住在打鼓山山脚下，称为"高砂"，或称为"高山国"。"高砂"是日本播州靠海的地方，当地白沙青松，打鼓山一带的景色和那里很像，所以把它也称为"高砂"。但也有人说"高砂"其实是台湾"番社"的名称。当时，日本征夷大将军丰臣秀吉已经侵略朝鲜，图谋并吞台湾。早在万历二十一年十一月，丰臣秀吉就命令使者原田孙七郎到吕宋，路上经过台湾，就送公文给高山国，劝他们向日本进贡，该公文写道：

> 夫日轮所照临，虽至海岳山川、草木禽虫，莫不受他恩光也。予际欲处慈母胞胎之时，有瑞梦，其夜日光满室，室中如昼，诸人不胜惊愕。相士相聚占卜之，曰壮年辉德色于四海，发威光于万方之奇异也。故不出十年之中，而诛不义，立有功，平定海内。异邦遐陬向风者，忽出乡国，远泛沧海，冠盖相望，结辙于道，争先而服从矣。朝鲜国者，自往代于本朝，有牛耳盟，久背其约。况又予欲征大明之日，有反谋，此故命诸将伐之。国王出奔，国城付一炬也。闻信已急，大明出数十万援兵，虽及战斗，终依不得其利，来敕使于本邦肥之前州而乞降。繇之筑十个城营，收兵于朝鲜域中庆尚道，而履决真伪也。如南蛮琉球者，年年献土宜，海陆通舟车，而仰予德光。其国未入幕中，不进庭，罪弥天。虽然不知四方来享，分为其地疏志，故原田氏奉使命而发船。若是不来朝，可令诸将攻伐之。生长万物者日也，枯渴万物者亦日也。思之不具。

这是日本侵略台湾的开始。万历三十二年，山田长政前往暹罗，中途经过台湾，

---

① 打鼓山，今高雄市寿山。

② 今澎湖县湖西乡龙门。

当时，来台湾的日本人逐渐增多，有些在哆啰满[①]开采金矿，有些居住在小琉球。山田还去攻打鸡笼的“番社”，威胁说要占据他们的地方。明朝政府担心日本人势力进入台湾，于是增加了澎湖的游兵。丰臣秀吉死后，德川家康取得日本幕府大将军的职位，平定了日本的内乱，他有远大的抱负，鼓励海外贸易。日本商船如果出海贸易，幕府就颁发“朱印状”给予保护。万历四十三年，日本人村山等安领取了“高砂渡航朱印状”。村山等安是肥前（今日本九州佐贺县）人，信仰基督教。德川家康委任他经营台湾的任务，要他利用传播基督教，来收服台湾的“土番”，于是村山就带着儿子一起来。德川家康给他3000名士兵，希望他把台湾收服为附庸，但终因没有后援，没有成功。之前，中山国（琉球国）派使者告诉明朝，日本有夺取台湾的野心，明朝政府曾命令沿海警戒。村山等失败后，明朝才撤销了警戒。

天启元年（1621），福建海澄人颜思齐率领他的部众入驻台湾，郑芝龙也在其中，具体事迹记载于本书的《颜思齐、郑芝龙传》。于是，漳州、泉州两地的民众到台湾的也日渐增多，他们开垦田地，建立村落，安抚“土番”，和“土番”的关系也很好，没有什么猜忌。没多久，颜思齐死了，大家不知该拥戴谁为新的领袖，于是通过“拜剑”的方式决定并接受郑芝龙为首领。郑芝龙是他们中年纪最小的，但才华最突出，率领队伍横行海上，官军对他毫无办法。朝廷决定对郑芝龙招抚，因为泉州知府蔡善继和郑芝龙是熟人，就由他写信进行招降。郑芝龙感谢蔡善继的恩情，决定向官府投降。到了举行归降仪式的那天，蔡善继高坐在军营的大门前，命令郑芝龙和他的弟兄们拜伏在地上。郑芝龙自己五体投地拜了，但他的部众不服，大闹起来，竟然反叛而去。他们又回到台湾居住，经常在闽粤沿海抢劫商船。天启六年，船队停泊漳浦的旧镇，战胜了当地官军，乘胜逼近中左所。中左所就是厦门。明军副总兵俞咨皋和郑芝龙交战，战败逃走，中左所民众开门迎接郑芝龙。崇祯元年（1628）九月，郑芝龙率领部众向福建巡抚熊文灿投降，但是他的部众还有一部分留在台湾。当时，海盗曾一本、李魁奇先后占据了澎湖，不时侵扰福建沿海，后来都被明军消灭。

先前，万历初年的时候，有葡萄牙人的船只航行东海，经过台湾的北部，从船上看到，台湾的山脉如画，树木青翠茂盛，就把它称为“福尔摩萨”，意思是美丽。这是欧洲人发现台湾的开始。又过了30多年，荷兰人就来了。荷兰是当时欧洲的强国，明朝中叶时，荷兰侵占了爪哇岛，殖民掠夺土地，以攫取它在东方贸易的利

① 哆啰满，今花莲。

益。万历二十九年（1601），荷兰人驾驶“夹板船”，携带大炮，逼近粤东的香山澳，要求开港贸易，广东省的官吏感到很为难，不敢上报北京。当时，明朝政府闭关自守，不知道国际上的大趋势，移居到东南亚的华人已经有数百万，明朝政府还想禁止。福建海澄人李锦侨居马来半岛的北大年已经多年，懂得荷兰语，他的好友潘秀、郭震也在南洋做生意。李锦去见荷兰人的首领麻韦郎说：“若欲通商，无如漳州。漳州之南有澎湖，南北交通之要地也，诚能踞而守之，则互市不难。”麻韦郎说：“守土官不许，奈何？”李锦说：“税使高寀嗜金钱，无远虑，若厚贿之，必奏闻。得天子一报可，而守土官谁敢抗哉？”于是，李锦就帮助写信，分别给高寀和兵备守将，叫潘秀、郭震送去。守将陶拱圣看了大吃一惊，急忙呈报上级长官，把潘秀抓起来关进大牢。郭震当时很害怕，根本就不敢进衙门。荷兰人久等没有下文，于是在万历三十二年秋天七月，驾驶两艘巨舰抵达澎湖。那时，明朝军队已从澎湖撤离，荷人顺利登岸，伐木建屋，作长久居住的打算。李锦偷偷跑回漳州，谎称被荷兰人捉去，自己逃了回来，但当地官员已经知道了他的事情，因此把他捉起来关进大牢。明朝政府派人去澎湖要求荷兰人离开，没有达到目的。高寀也暗中派密使周之范去见荷兰人，说只要给高寀 3 万两银子，就可以同意进行通商贸易。荷兰人很高兴，就与高寀进行了约定。事情几乎就要成了，但总兵施德政知道了这件事，命令都司沈有容率领军队去澎湖劝告荷兰人。沈有容向来有勇有谋，他跟荷兰人大声辩论，荷兰人心服，说我们从来没有听到过这样的言论。他们想向高寀要回那笔贿赂的重金，改送他一些货物。高寀不予理睬。福建巡抚徐学聚公告严禁国人出海，违反者就要处死。李锦等人很快就被处死以正国法。荷兰人见事情无成，也离开了澎湖。

天启二年（1622），荷兰人又来要求和中国通商贸易，明朝政府还是不允许。于是荷兰人就侵扰沿海。冬天十月，荷军将领率领 17 艘舰船再到澎湖，并且登陆占领。澎湖民众数千人准备进行抵抗，但被荷军以武力压服，并被夺去渔船 600 余艘。荷兰人在妈宫筑城，强迫澎湖民众作劳工，被奴役致死的民众多达 1300 人。荷兰人又在风柜尾、金龟头、嵵里、白沙、渔翁等岛各造炮台，用来防守海上航道。当初，荷兰人从澎湖撤退的时候，巡抚南居益就上疏朝廷，建议加强澎湖的防备，但还没开始具体的行动，荷兰人又来了，于是南居益再上疏请求用武力驱逐荷军。天启三年六月，南居益派遣明军 2000 人进入镇海港，攻破荷军炮台，接着，进攻妈宫城。荷兰人害怕了，暗中勾结海盗，用 8 艘船只去骚扰福建沿海，出没在金门和厦门之间。天启四年正月，南居益又派遣总兵俞咨皋进攻澎湖，荷军大败，明军俘虏了荷兰将军高文律，将其斩首。八月，荷兰人请和，明朝政府方面允许了，同意双方之间可以通商贸易，于是荷兰人退出澎湖，而向东侵入台湾。此前，海澄人颜思齐已居住在台湾，郑芝龙也在其中。郑芝龙离开台湾之后，荷兰人来了，向“土番”借地，遭到拒绝，于是荷兰人就骗“土番”说：我们只需要一块像牛皮一样大的地，给多少钱都可以。“土番”同意了，于是荷兰人就把牛皮用剪刀剪成线一样细，将它连起来围成1里多，在上面建成了热兰遮城居住，驻军2800人。附近的“番社”大多被征服。

天启六年五月，西班牙政府从吕宋岛派遣远征军，以朗为主帅，率领舰队侵占鸡笼，建了一座山嘉鲁城，驻兵防守。台湾南北因此分别被荷兰和西班牙割据。在荷兰人入据台湾之前，日本人已先来到这里，因为台湾是日本到东南亚必须经过的地方，往来频繁。荷兰人到了以后，开始收人头税，日本人认为他们是先来的，拒绝向荷兰人缴税，即使荷兰人动用法令也无法强迫他们交税。于是，在台湾的日本人开始与荷兰驻台长官有了矛盾。荷兰东印度公司驻巴达维亚的总督卡本特想要打击日本人的贸易，于是提升他的儿子讷茨担任台湾长官，而且命令他前往长崎，处理荷、日间的交涉事件，讷茨上任没多久，滨田弥兵卫事件就发生了。先前，长崎代官末次平藏接到幕府将军的命令，航海到福州，经过澎湖，遭到荷兰人的刁难欺侮，非常愤怒。回到日本后，想要报仇雪恨，就和长崎人滨田弥兵卫商量，请他帮自己报仇。滨田弥兵卫向来认为自己既勇敢又侠义，就痛快地答应下来，和他的弟弟小左卫门、儿子新藏率领长崎的壮士12人，在崇祯元年（1628）三月二十到达台湾。同船的有一个中国人向荷兰人告密，荷兰人登船查验，搜出兵器，并把这些兵器和船桨扣留，将这批日本人也拘留起来，台湾长官将情况报告巴达维亚总督，请示如何处理。滨田弥兵卫被扣留在台湾4个月，无法回日本，带来的货物卖完了，久了连吃饭都成问题，非常愤怒。六月二十九，滨田弥兵卫带了3个人到台湾长官的办公厅，并且事先埋伏好了增援的人，当面要求台湾长官让他们回国。荷兰人不同意。滨田弥兵卫大怒，向前劫持了台湾长官，台湾长官的左右措手不及，目瞪口呆。这时，滨田弥兵卫埋伏好的援兵也迅速来到。有荷兰士兵带着武器进来想保卫台湾长官的，新藏就挥刀杀了他，其他的荷兰人都害怕不敢动。滨田弥兵卫就把台湾长官挟持到旅馆。长官告诉他的部下，要和平解决，如果日本人一定要想复仇，就用武力进行对付。滨田弥兵卫也担心情况会发生变化，所以就与荷兰人签订了协议。这个协议一共有4点：一、荷兰人方面，以长官的儿子、1名官员、3名荷兰人为人质；日本人方面，以末次平藏的侄子以及其他5人为人质。双方互换人质。二、台湾长官必须释放先前逮捕的11个“土番”以及汉人翻译，并且归还他们的财产。三、应该以价值相抵的货物送给滨田弥兵卫，以洗刷被扣留所蒙受的耻辱。四、日本人损失的中国丝绸20000斤，必须用86000荷兰盾来赔偿。这个协议经过了5天的谈判终于谈成。七月初四，双方交换了人质。第二天，把荷兰人载回长崎囚禁。不久，长官的儿子在长崎监狱中病死了。过了7年，才放荷兰人质回国。从此日本人的势力开始在台湾扩大，一直到日本发布锁国令后，日本人才在台湾绝迹。①

崇祯二年，西班牙人又到淡水，建罗岷古城，和鸡笼的圣救主城形成犄角的态势。在城中驻长官，并开辟田地，安抚当地的“土番”。当时，鸡笼和淡水都还很荒芜，汉人也很少来到这里，杂草丛生，瘴毒弥漫，来此居住的人，往往病死，所以西班牙人在这里的经营也是很困难的。崇祯五年，有西班牙的帆船被台风吹到蛤仔难（今宜兰县）②海岸，船上的人被当地“土番”劫杀，西班牙人派军队前往征讨。崇祯六年，他们开始到大浪泵③，最南到了竹堑（今新竹），想要在这些地方开展移民和开垦的活动，但他们派来的传教士总是被当地的“土番”杀害，因此就中止了。

当荷兰人侵入台湾的时候，福建人沈鈇就上书给巡抚南居益说：

红夷潜退大湾，蓄意叵测。征兵调兵，殊费公帑。昨僭陈移檄暹罗，委官宣谕，约为共驱。未知可允行否？澎湖虽僻居海外，实漳、泉门户也。无论红夷停泊，则日本、西洋、吕宋诸国亦所必经。地最险要，山尤平坦。南有港门，直通西洋，红夷筑城居之。北有港门，名镇海港，官兵渡澎居之。中间一澳，从南港门而入，名曰暗澳，可泊舟数百只。四围山地，可作园，栽种黍稷瓜果，牧养牛羊牲畜。未可遽垦为田，以山多顽土，无泉可灌也。今欲使红夷不敢去住澎湖，诸国不得往来澎湖，其策有六：

一曰专设游击一员，镇守湖内。二曰招募精兵二千余名，环守湖外。三曰造大船制火器，以备用防守。四曰招集兵民，开垦山荡，以助粮食。五曰建设公署营房，以妥官兵。六曰开通东西洋、吕宋商船，以备缓急。此六议似当斟酌举行者。夫澎湖险地，什倍南澳，地在海岛，夙盗薮也。万历初年，抚台刘凝斋公祖移会广东制台，题设副总兵坐镇于中，抵今兵民完聚，田土开辟，屹为海邦重镇，俾夷不敢窥伺，漳、潮赖以安枕，信明验矣。今澎湖可仿而行之。

---

① 这段关于荷兰人与日本人在台湾的斗争，有许多错误。所谓长官之子其实就是荷兰东印度公司驻巴达维亚总督卡本特的儿子，也就是台湾长官讷茨本人。还有其他的一些内容也不准确。

② 蛤仔难，后来改称噶嘛兰，今宜兰县。

③ 大浪泵，今台北市大龙峒。

请设游击一员，坐镇湖内，仍设左右翼把总哨官，为之辅佐，择闽中惯历风涛谙练水路者充之。无事则演艺守汛，有事则料敌出奇，俾诸夷不得复窥中土。并议久任责成，凡兵之进退、粮之出入，咸游击是赖。三载加衔，六载成绩，特升大将。每岁或委廉干佐贰，不时查点。如兵士有虚捏，月粮有克减，参处查究，追出银两，以充兵饷，庶知劝惩，永奠沃壤，殆与南澳一镇，并为闽中屏翰矣。此议设游击之策一也。

夫有官守，必有兵戍。戍守哨操之兵，非二千余名不可。每名月粮九钱，此定例也。其粮或出自漳、泉二府，或支自布政司库，原有定议。沿海捕鱼之民，慎择以充之。或拨出洋远探若干名，遇贼则攻击之。或拨守港内若干，有警则应援之。游击标下亲兵与把总哨官人役，各自另设。不许占用水陆戍兵一人，不许虚冒戍兵月粮一分，其月粮按季开支。该道委海防馆，照名数凿凿包封，逐名唱给，不许将官总哨代领，以防克减。尤不许防馆吏书需索常例，以夺兵食。此游兵营堡宿弊，亟宜申明禁革之。凡汛地之守探，具数总报院、道，以便查考。夷情之缓急，飞报院、道、防馆，以便调度。一或误事，自有军法。庶水陆并进，犬牙相制，澎岛一带，可保无虞。此议戍兵之策二也。

夫各寨游船，每板薄钉稀，委官制造，价银十不给半，一遇海涛，便自溃裂，安可出战？今宜令驾船者领价监造，每船历几汛方许修理，载几汛方许改折，而折造仅给半价，则造船驾船均出一手。或不敢以敝漏之舟，自试蛟龙之窟耳。若火药尤红夷所惧者，中左所火攻，已破其胆。火舟四集，自尔宵遁，则火器当多备明甚，而大铳大船尤不可少者。宜造大船十余只，安置大铳十余门，布列港口，俟贼至夹攻之。夷酋惮我长技，不惟不敢侵我疆土，且远遁走不敢再出。此议造船、火器之策三也。

澎湖山地虽云硗土，不堪垦田，而遍度膏腴之区，或可播种禾谷者。即黍、稷、麻、豆、甘蔗、果木，均可充兵民口食之需。须广招同安、海澄滨海黎庶乏田园可耕者，多四五百人、少亦二三百人，俾挈犁锄种子以往，就居拨地，听其垦种。每人量给二三十亩，仍带妻子，方成家业。并畜牛羊，捕钓鱼类，少资糊口。仍禁游击、总哨各官，不许索租粒食。各戍兵下班之日，有能用力种植者，亦听之。明示十年以内，绝不抽税。俟十年以后，田园果熟，酌量每亩抽银二三分，以为犒赏官兵之费用。务使民兵相安，永远乐业。此议招民开垦园地之策四也。

夫官既守海，必有公廨居之，戍兵寓民，亦须藉营房、寮舍为藏身计。今议盖游击府公署，或在镇海港口，或在娘妈宫前，当查旧基扩充之。标兵量拨百名，环列左右。仍设仓廒数间，为贮粮之所。择宽广为校场，以备操练。而暗澳口相对二铳城及东北面大中墩，各量置营舍，以为守御，方免各兵暴露。船兵、营兵轮流拨用，少均劳逸。即招募种植民居，就今自盖房舍，或官量给房价，咸附兵营居住，相依为命，守望相助。此议设官廨兵营之策五也。

夫澎湖大湾上下，官兵船只把港，则番船不许出入，红夷不许互市，无待言者。然泉、漳二郡商民，贩东西两洋，以代农贾之利，比比然也。自红夷肆掠，洋船不通，海禁日严，民生憔悴。一伙豪右奸民，倚藉势官，结纳游总官兵，或假给东粤高州、闽省福州及苏、杭买货文引，载货物，出外海，径往交趾、日本、吕宋等国买卖觅利。中以硝磺器械违禁，接济更多，不但米粮饮食也。禁愈急而豪右出没愈神，法愈严而衙役卖放更饱。且恐此辈营生无路，东奔西窜，如李旦、黄明佐之俦，仍走夷乡，代为画策，更可虑也。故不如俟澎湖岛设兵镇后，红夷息肩，暂复旧例。听洋商明给文引，往贩东、西二洋，经过澎湖，赴游府验引放行，不许需索阻滞。回船之日，若有夷人在船，即拿送上司，以奸细论。庶可生意饱商民之腹，亦可以夷增中国之利。俟澎湖设官建城之后，可徐议为之。此议通商便民之策六也。

以上迂议六款，似可为澎湖善后之一助。而通商一款，亦聊备后日变通之微权。伏望台宪不弃迂朽，仍会藩、臬、巡海、守巡司道洎总兵、副、参等衙门，面议停妥，一面题请，一面举行。非但澎湖一岛堪与南澳并称重镇，而八闽士民永有攸赖矣。

沈鈇的上书，南居益没有听从。崇祯八年，给事中何楷上奏，提出安定海疆策略的建议。他说：

今欲靖寇氛，非墟其窟不可。其窟维何？台湾是也。台湾在澎湖岛外，距漳、泉止两日夜程，地广而腴。初，贫民至其地，窥渔盐之利，后见兵威不及，往往聚而为盗。近则红毛筑城其中，与奸民互市，屹然一大部落。墟之之计，非可干戈从事，必严通海之禁，俾红毛无从谋利，奸民无从得食。出兵四犯，我乘其虚而击之，可大得志。红毛舍此而去，然后海氛可靖也。

朝廷也没有听从。崇祯十年，荷兰人侵犯广东东部，要求通商贸易。没有得到明朝政府的同意，回到台湾之后，加强了台湾的治理整顿。之前，荷兰东印度公司经营爪哇，占据台湾之后，势力更加增强。几年之间，台湾的土地被开垦的越来越多。台湾土壤肥沃，一年可以三熟。而来台湾的汉人日渐增多，总共有一万五六千人，荷兰人把台湾作为和中国大陆、日本贸易的转运站。荷兰东印度公司在台湾的官吏薪资不多，不够日常的开支，所以也都兼营自己的生意，谋取私利。所以，荷兰人的商业活动在东亚来说是最活跃的。但税收十分繁重，他们制定了名为“王田”的土地制度，招募移民耕种，以“甲”为单位计算田园的面积。[①] 每个成年男子征收人头税 4 盾，荷兰占领台湾的初期，每年收 3100 盾，后来增加到 33700 盾。因为大陆来台垦种的移民越来越多，所以人头税的收入也就大量增加了。

崇祯十二年，东印度公司派官员来台湾，视察在台湾殖民统治的效率和成果。六月，荷兰将领郎必即里哥率领夹板船侵犯闽、浙沿海，福建巡抚邹维琏任命郑芝龙为主将，率领明军将荷军击败。从此以后，荷兰人不敢再侵犯福建海域。

崇祯十三年，荷兰人因为西班牙人占据了台湾的北部，于是向爪哇总督提出申请，想要派兵北上将西班牙人赶走。这时，西班牙正在和葡萄牙联合，谋求夺取荷兰人的海上霸权。但荷兰的国力正在强盛时期。夏五月，台湾长官波宇烈士写信给西班牙人，要求他们撤走，说：“余不忍生民罹祸，女其速举城降。”西班牙长官昂萨路回信说：“城固在也，女其来取。”八月，荷兰人派战舰攻打鸡笼，但没有取胜。不久，吕宋的西班牙人有事，裁减了驻守台湾军队，荷兰人乘机攻占了鸡笼。第二年三月，荷兰人又派 500 名士兵进攻淡水。西班牙人初战失利，只好关闭圣多明哥城堡的城门死守，时间久了，又得不到增援。九月初四，只好放弃城堡乘船逃走。西班牙人占据台湾北部共 16 年，最后被荷兰人所赶走。

南明弘光元年（1645），台湾长官把归顺于荷兰人的“番社”长老集中在一起，设立评议会，宣布所谓的“自治”制度。将“番社”分成以大员为中心的南、北二路，设立村长，管理民众的事务，但都必须接受荷兰殖民当局台湾长官的约束。每年三月初八在北路开会，四月初四在南路开会。当时归顺荷兰人的“番社”有：新港、目加溜湾、萧垅、麻豆、大穆降、大杰颠。每年五月初二，主计官在公共场所集会，召来商人进行“贌社”。所谓“贌社”，就是承包村社贸易税。而这些承包的商人就称为“社商”。凡是“土番”耕种或猎取的物品，都必须交给社商，而社商就以“番民”需要的日常用品作为交换。这种“贌社”制度非常严格，“土番”不敢违反。当时，台湾土地才刚刚开始开发，大片森林和草地都处于原始状态，麋鹿之类的动物满山遍野。打猎的人向殖民当局领取执照，交纳税金，鹿皮可以抵税，然后再卖到日本，鹿肉则制作成肉脯。荷兰人为了获取经营畜牧业的利益，在南、

---

① 实际上，荷兰人计算田园面积的单位是“摩根”（morgen），和汉人用的“甲”大小差不多。

北二路都设了“牛头司”，牛群在山野中放牧自然繁殖，千百成群。小牛长大后，就把它们关在围栏中进行驯养，用来耕地或拉车。

南明永历二年（1648），荷兰人开始在新港社设立基督教堂，入教的“土番”有2000多人。在各个“番社”设立小学，每个学校招收学生30名，学习的课程是荷兰语、荷兰文和《新旧约全书》。牧师甘狄士（Junius）又用“土番”的语言翻译《基督教问答》和《摩西十诫》，传授给“土番”的儿童，并选拔优秀的毕业生担任教师。因此，“土番”中不少人都熟悉了罗马字，能用罗马字书写，他们把鹅毛管削成稍微尖斜的形状，沾上墨水，写起来很快，凡是契约、证券、公文都用它书写。永历三年，5个“番社”学校的学生一共有600多名。荷兰人又与“土番”的女子通婚，对“土番”的影响日益增强。

永历十年，荷兰人又修建了赤崁城①，背靠山岗，面向大海，在城堡中安放了大炮，增加了防守的兵力，与热兰遮城互为犄角。从闽粤渡海来台的中国移民虽然已经很多，但始终受到荷兰殖民当局的压迫和剥削，因此就谋求进行反抗。永历十一年，汉人首领郭怀一集合一些志同道合的人，想要赶走荷兰人，但因事前泄露了消息，反而被荷兰人杀了。郭怀一在台湾从事开垦，家庭富有，为人很讲义气，结交了许多朋友，众人都痛恨荷兰人的残暴，想要驱逐他们。九月初一，他集合了同伙，畅饮了酒，郭怀一激昂地说：“诸君为红毛所虐，不久皆相率而死。然死等耳，计不如一战。战而胜，台湾我有也，否则亦一死。唯诸君图之。”大家斗志昂扬，表示要与荷兰人斗争到底。初七晚上，郭怀一带领大家埋伏在赤崁镇外，放火烧了市镇的房子。居民大乱，见荷兰人就杀，郭怀一的队伍乘乱逼近荷兰人的据点。据点里荷兰士兵少，不足以守卫，急忙向热兰遮城报警。热兰遮城堡派军官富尔马率领120名士兵前来增援，将郭怀一的队伍击退。荷兰人又召集了已经归顺于他们的“土番”，一起向郭怀一的队伍发动进攻，在大湖激战。郭怀一的队伍大败，死者约4000人。在这次事件中，汉人杀死荷兰人1000多名②。

郭怀一起义失败之后，几年中台湾都没有发生什么大事。等听到延平郡王郑成功威震中国东南沿海，荷兰殖民者就害怕了起来，增加了许多军事防备。但郑成功因为抗清军务繁忙，还没有时间顾及征讨荷兰人。郑成功北伐南京失败后，他的势力局限在厦门、金门两岛，于是才出现了要转移到台湾的建议。荷兰人大加戒备，

① 赤崁城，即普罗民遮城，亦称普罗文查城。

② 实际在这次事件中被杀死的荷兰人没有这么多。

经常逮捕在台湾富有的汉人作为人质，遇到有嫌疑的人，就囚禁起来或杀掉。汉人怀恨在心，也就动荡不安，随时准备起来反抗。永历十四年，台湾长官鄂易度（即揆一）向荷兰东印度公司总部请求增援，请巴达维亚[①]派出12艘军舰，载运重兵前来帮助台湾防守，这样台湾的荷兰人兵力就会达到3500人。荷兰舰队司令认为台湾不会有什么危险，写信到厦门，问郑成功说："若欲战乎？抑欲和乎？"郑成功回答说："余不欲战也。"但台湾长官对郑成功前来攻打台湾的担心始终没有放下。东印度公司总评议会认为台湾长官没事找事，自找麻烦，就将派来增援的舰队召回。而舰队司令回到巴达维亚之后，弹劾揆一胆小怕事，巴达维亚的公司评议会决定将揆一撤职召回，改派郭冷谷（即克伦克）代替。克伦克还没到台湾，郑成功的大军就前来攻打了。

永历十五年，郑成功在地方狭小的金、厦两岛，孤军奋战，这时台湾的汉人长老何斌因欠荷兰人的债务逃到厦门，向郑成功大力宣扬台湾是一个沃野千里的天府之国，并且详细地说明了台湾可以攻取的具体情况。郑成功看了何斌献上的台湾地图，感叹地说："此亦海外之扶余也。"于是召集各将领前来商议。吴豪表示反对，他说："藩主以进取台湾下问，豪闻其水路险恶，炮台坚利，纵有奇谋，亦无所用，不如勿取。"郑成功说："此常俗之见，不足用于今日。"黄廷也说："果如吴豪之言，是以兵与敌也，勿取为便。"郑成功说："此亦常见尔。"马信说："藩主所虑者，以诸岛难以久拒清人也。夫欲壮其枝叶，必先固其根本，此万全之计。今乘将士闲暇，不如先统一旅，往视其地，可取则取，否则作为后图，亦未为晚。"大多数将领都认为攻取台湾是一件凶险的事情，最好不要去做，只有杨朝栋极力主张可以攻取。郑成功意志坚定，掉转船头，率领军队25000人东指台湾，轻装前进，三月，停泊澎湖避风，命令陈广、杨祖、林福、张在等将领留下驻守。按照惯例祈祷说："本藩矢志恢复，念切中兴。曩者出师北讨，未奏肤功，故率我将士，冒波涛，欲辟不服之地，暂寄军旅，养晦待时，非敢贪恋海外，苟延安乐也。唯天唯祖宗之灵，其克相余。"大军到达鹿耳门时，海水突然上涨了1丈多，大小战舰接连通过，毫无阻碍地进入了台江[②]内海。荷兰人惊慌失措，以为是神兵天降。郑成功指挥士兵登陆，攻克了赤崁城。荷军人退保热兰遮城，派240名士兵攻击郑成功的军队，郑成功军队4000人环绕热兰遮城堡和他们交战，这支出击的荷兰军队大败，

---

① 巴达维亚，即今印尼雅加达。

② 台江，流经今台南市安南区与台南县的内河。

死了一个队长。在台江内海，郑成功的战舰也击沉了荷兰人的军舰，其他的都逃走了。荷舰摩阿利（即马利亚号，Maria）逃离台湾，到巴达维亚报警，但因季风不顺，53天以后才到达。郑成功对热兰遮城发动了一次猛攻也没有攻下，四月二十六，他派人送了一封信给台湾长官揆一说：

执事率数百之众，困守城中，何足以抗我军，而余尤怪执事之不智也。夫天下之人固不乐死于非命，余之数告执事者，盖为贵国人民之性命，不忍陷之疮痍尔。今再命使者前往致意，愿执事熟思之。执事若知不敌，献城降，则余当以诚意相待。否则，我军攻城，而执事始揭白旗，则余亦止战，以待后命。我军入城之时，余严饬将士，秋毫无犯，一听贵国人民之去，若有愿留者，余亦保卫之，与华人同。夫战败而和，古有明训，临事不断，智者所讥。贵国人民远渡重洋，经营台岛，至势不得已，而谋自卫之道，固余之所壮也。然台湾者中国之土地也，久为贵国所踞。今余既来索，则地当归我，珍瑶不急之物，悉听而归。若执事不听，可揭红旗请战，余亦立马以观，毋游移而不决也。生死之权，在余掌中，见机而作，不俟终日，唯执事图之。

揆一回信拒绝。第二天，果然在城上树起了红旗，把所有的男子都聚集到城堡里，烧毁了大员市街。郑军攻打城堡，一时攻不下，于是就在城外四周构筑工事将荷兰人围困在里面。同时，又夺取了附近广大的地区，杀死了许多荷兰人，以报复荷兰人过去对汉人的残杀。郑军捉到了荷兰商人罗谷具，让他进城劝荷兰人投降。荷兰人拒绝，郑军又抓了500名荷兰人，统统都杀了。巴达维亚的评议会之前已经撤了揆一的职务，以克伦克代替。两个月后，从台湾逃出的马利亚号回到巴达维亚，荷兰东印度公司才知道郑成功的军队攻打台湾。于是又恢复了揆一台湾长官的职务，派兵700名、战舰10艘紧急增援台湾。克伦克来到台湾，从海上远远看到热兰遮城上树起了红旗，而且港口里又布满了郑成功的军舰，他和属下非常害怕，直接逃到日本去了。不久，巴达维亚派来的援兵紧跟着到了，热兰遮城内的荷兰士兵也乘势出击。郑成功军队奋勇作战，荷军又败，同时还损失了两艘战舰。于是揆一召回了驻守在鸡笼、淡水的荷兰军队，同时还暗中把妇女儿童送走，准备死守热兰遮城。郑军也暂时停止了进攻，采取围城待降的策略。这时，清朝派了使者从福州来到台湾，约荷兰人先去攻打金门、厦门。荷兰人同意了，派了5艘军舰前往。不料在台湾海峡遭遇大风，有的船只沉没了，其余的船只就跑回巴达维亚去了，而台湾的兵力就更加薄弱。当郑成功围城按兵不动的时候，有一名要向郑军投降的荷兰军官从城里逃出来，向郑成功建议发动一次快速的攻城行动，于是郑军展开猛烈的炮击，击毁并攻占了城堡南部的乌特列支圆堡。荷兰人十分恐慌，郑成功又再次劝降，荷兰人只好投降。十二月二十一，荷兰东印度公司的台湾长官带着残兵败将千人离开了热兰遮城堡，台湾又重新成为中国所有。这次收复台湾的斗争，包围荷兰人的城堡 9 个月，荷兰官兵死了 1600 人。从明天启四年到南明永历十五年，荷兰侵占台湾共 38 年，终于被郑成功所驱逐。于是，郑成功的威名传遍了全世界。

连横评论说：台湾的名称，什么时候才有？史书的记载都不详实，称什么也不一致。我们民族生长在这里，聚集在这里，却不知道台湾这个名称的确切由来，难道不也是一种数典忘祖吗？我曾经根据史籍考证，并且从地理位置进行查验，从隋、唐以后，一直到宋、元时期，台湾都称为“琉球”。到了明朝，那时的人没有弄明白，就把台湾称为“东番”。因此，《凤山县志》就说：“或元以前，此地与澎湖共为一国，而同名琉球。”《台湾小志》也说：“闽人初呼台湾为小琉球，而称冲绳为大琉球。”称台湾为“小琉球”，不知有什么根据？《文献通考》认为琉球在泉州的东方，有岛称澎湖，航海 5 天就到了，它的旁边就是“毗舍耶”。《台海使槎录》认为这个“毗舍耶”指的是台湾，其实不是。“毗舍耶”是吕宋群岛中的一个岛，离台湾很近，这个地名现在还有，所以才说就在澎湖的旁边。过去也有称台湾为“北港”的。《方舆纪略》说：“澎湖为漳、泉门户，而北港即澎湖之唇齿，失北港则唇亡齿寒，不特澎湖可虑，即漳、泉亦可忧也。北港在澎湖东南，亦谓之台湾。”据查，北港又名魍港，就是现在的笨港，地点在云林县的西部，古时是海船可以进出的港口，而来往的人就以“北港”来称呼台湾。《续修台湾县志》说：“荷兰入北港，筑城以居，因称台湾。”但台湾的名称真的是从荷兰人开始的吗？这部县志又说，荷兰人在北港设立集市，建造了砖城，城的形制像一个高台，而海边沙滩环绕弯曲的海岸就称为“湾”，凡是可以停泊船只避风的地方也称为“湾”，把高台和海湾合在一起，这就是台湾名称的由来。这种说法，是光从文字方面进行附会。台湾的名称如果真的是出自荷兰人，那么，荷兰人所写的书就一定会使用台湾的名称，为什么他们又称台湾是“小琉球”呢？《蓉洲文稿》说：“万历间，海寇颜思齐踞有其地，始称台湾。”颜思齐占有台湾比荷兰人早 3 年，如果采信这种说法，那么台湾的名称不是出于荷兰人就很明显了。但《蓉洲文稿》的说法，也有不准确的地方。《瀛壖百咏序》说：“明季周婴《远游篇》，载《东番》一篇，称其地为‘台员’，盖闽音之讹也。台湾之名入中国始于此。”根据这一说法，那么在“土番”时代，福建人就已经称“东番”为“台湾”了。周婴，福建莆田人。在明朝中期，漳州、泉州已有人到台湾居住，一苇可航，距离很近，听到的和看到的都比较准确。还有人说，台湾原名“埋冤”，是漳州、泉州人的称谓。明代漳州、泉州两地到台湾的人，往往受自然环境的影响，住下来的人总是病死，无法返回家乡，因此以“埋冤”来称呼，是说明到这里后的悲惨状况。后来觉得“埋冤”称呼实在不吉利，才改为台湾，这也是一种说法。延平郡王郑成功入住台湾，称台湾为“东都”，郑经继位以后，改“东都”为“东宁”，这是我们民族始建、必须保卫守护而不能被别人侵占的领土。我们台湾人应当追溯历史根源，来启发后人，不要忘记先人在台湾这块土地上筚路蓝缕的功绩。

卷二

明郑纪

卷二
明郑纪
（起南明永历十五年，终于三十七年）

南明永历十五年（1661）十二月，招讨大将军延平郡王郑成功收复台湾，就在台湾定居下来。郑成功，福建省南安县石井人，最初名森。他父亲郑芝龙在日本时，娶了日本女子田川氏。明天启四年（1624）七月十四日，郑成功诞生在日本九州长崎千里滨。当天夜晚，那一带特别明亮，就像万家灯火一起点亮一样，远近的人都感到很奇怪。几年以后，郑芝龙参加颜思齐的党伙当海盗，住在台湾，活动于闽、粤之间的海上。明朝朝廷曾对他进行招抚，但没多久他又离开继续为盗。崇祯元年（1628），郑芝龙才率领他的队伍向福建巡抚熊文灿投降。崇祯三年，郑芝龙因为平定广东海盗、征讨“生黎”[①]、火烧荷兰舰队、收服海盗刘香等功劳而升迁为都督。当时，郑成功在日本已经 7 岁了。在此之前，郑芝龙曾经几次派人去日本接郑成功回国，但都没有成功，这次终于接回来了。郑成功仪容端庄，俊秀潇洒，胸怀大志，经常向东远望，想念母亲。他的小叔叔郑芝豹经常欺负他，但另一个叔父郑鸿逵却特别看重郑成功，认为他以后一定是一个了不起的人物。郑成功读书十分聪慧，涉猎很广，不求甚解。同乡老一辈的王观光看到郑成功，就对郑芝龙说：“是儿英物，非尔所及也。”15 岁时，成为南安县儒学秀才，经过考试升等，成为县儒学 20 名廪生中的一员。到南京成为国子监太学生后，他听说虞山钱谦益在学界的大名，就诚心带着礼物去拜师，钱谦益就给他取了一个字号叫“大木”。南京有一个术士看到郑成功以后说：“此奇男子，骨相非凡，命世雄才，非科甲者。”

清兵入关攻克北京后，福王朱由崧在江南建立南明政权，定都南京，改年号为弘光，封郑芝龙为南安伯、郑鸿逵为靖虏伯。第二年，唐王朱聿键在福州登基，改年号为隆武，晋升郑芝龙为平虏侯、郑鸿逵为定虏侯，都加封太师的头衔。不久，

① 生黎，指居住在山里的黎族民众。

郑成功入宫晋见隆武帝，隆武帝看到郑成功气度不凡，抚摩着郑成功的肩膀说：“惜无一女配卿，卿当尽忠吾家，毋相忘也。”于是就赐郑森国姓朱，改名成功，字明俨，封为御营中军都督，赐尚方宝剑，待他的礼仪等同驸马。从此之后，中外都称郑成功为“国姓”或“国姓爷”。这一年，日本将郑成功母亲送到了中国。因为拥立隆武帝不是郑芝龙原来的想法，他每天都在朝中和文臣闹矛盾。有一天，郑成功看见隆武帝坐在那里发愁，就上前跪着说：“陛下郁郁不乐，得无以臣父有异志耶？臣受国厚恩，义不反顾，臣以死捍陛下矣。”到了清军攻克浙东、浙西，浙江、福建之间的关口解除了戒备，郑芝龙名义上带领军队出兵抗清，却在驻地停留不前。隆武二年（1646）六月，隆武帝封郑成功为忠孝伯。八月，隆武帝御驾亲征，驻扎在建宁府①。郑芝龙的部将武毅伯施福从浙闽关口仙霞岭主动撤兵，清军长驱直入，隆武帝一路奔逃，在汀州被清兵抓获殉难。郑成功也败退向南而走，清军迅速地进入泉州，郑成功的母亲田川氏殉难。郑芝龙退守安平，他的军队武器装备还很完整，力量还很强大，但他因为还没有得到清朝方面的明确许诺，还在犹豫观望，不敢投降清军。清贝勒博洛派人对郑芝龙进行招降，郑芝龙十分高兴，召郑成功前来商量。郑成功哭着劝说郑芝龙不可降清，但郑芝龙根本不听。郑芝龙向清军递交了表示投降的正式文书，到了福州，博洛立即将郑芝龙及其部属挟持到北京去了。郑成功虽然受到隆武帝的赏识而得到了爵位，但实际上却没有一天真正掌有军权，他的习性神态仍然还是一个书生。既然劝说父亲不听，又痛心母亲死于非命，因此悲愤激昂，准备誓师起兵。他带着秀才所穿的衣巾到文庙将其烧毁，并在孔子像前四拜说：“昔为孺子，今作孤臣，向背去留，各有作用，谨谢儒服，唯先师鉴之。”离开时，郑成功高举双手，合掌向孔子和各位往圣先贤拜别，大步走出文庙大门。立即召集队伍，进行祭旗誓师，誓师时，郑成功声泪俱下，非常激动。誓师之后，郑成功和平时关系较好的陈辉、张进、施琅、陈霸、施显、洪旭等以及愿意跟随他的 90 多人，乘坐两艘大船，斩断缆绳，到南澳招兵，招到了几千人。他给别人的文书中都自称“忠孝伯招讨大将军罪臣国姓”，当时他 23 岁。

第二年，郑成功听说永明王朱由榔在广东肇庆登基，改元永历，于是郑成功奉永历为正朔，率领军队，返回南澳，过去的部众也逐渐前来归附。这时，厦门、金门被郑彩和他的弟弟郑联所占领，郑成功就将舰队停泊在鼓浪屿，与厦门仅一水相隔。厦门就是中左所，金门就是浯州，都隶属于同安县，是两座岛屿。七月，郑成

① 建宁府，今福建省建瓯市。

功和郑彩兄弟一起攻打海澄，没有攻克返回。八月，和郑鸿逵合攻泉州，在桃花山击败清提督赵国佐，一直追到泉州城下，清军得到增援，郑成功回师鼓浪屿。郑鸿逵将战船停靠在泉州港，附近的民众纷纷起来响应抗清。

永历二年（1648）春天，永历帝驻扎在广西桂林。三月，郑成功攻克同安县城，任命叶翼云为知县，再次进攻泉州。七月，清将佟国器、陈锦、李率泰率领清军前来增援，郑鸿逵退兵进入潮州，郑成功返回鼓浪屿。他曾派遣使者到日本请兵支援，没有回应。不久，清军攻打同安，郑军守将邱缙、林壮猷以及知县叶翼云全部战死。十月，永历帝派使者到鼓浪屿，封郑成功为威远侯。

永历三年春天，永历帝驻扎在广东肇庆，郑成功到铜山[①]招募士兵。三月，派施琅、杨才、黄廷、柯宸枢、康明、张英带兵攻打漳浦，清军守将王起俸投降。接着挥军攻下云霄，直抵诏安，屯守分水关。清军全力反击，柯宸枢战死。七月，永历帝封郑成功为延平公，郑成功让使者带上福建地方特产进献给永历帝，自己率领军队进入潮州，到了海丰的碣石卫。这一年，广东全境都奉永历为正朔。

永历四年春天，郑成功攻打潮阳，没有攻下。当时，金、厦两岛被郑彩、郑联兄弟所占据，他们的部将章云飞尤其骄横跋扈，胡作非为。郑成功私下对诸将说："两岛吾家，卧榻之侧，岂容他人鼾睡？"于是做好部署，中秋节那一天到厦门，兼并了郑联的军队，有4万多人，威望更加强大。不久他把郑联杀了。郑彩则带着他的部属逃到南方地区，无所作为，过了几年回到家乡，死在家里。十一月，永历帝在南宁。十二月，清军攻占广州，镇守广州的南明将领杜永和逃往琼州[②]，郑成功计划前去接应。

永历五年正月，郑成功率领军队向南航行，二月，船队到达平海所[③]，郑鸿逵从揭阳起身返回厦门。福建巡抚张学圣巡视泉州，派马得功领清兵袭击厦门。郑鸿逵还没到达厦门，而防守厦门的郑芝莞事先没有防备，还未交战就逃跑了。在这次厦门失守的事件中，大学士曾樱自杀身亡。郑鸿逵赶到厦门，围攻马得功。马得功无法从厦门撤走，派人对郑鸿逵说："公等家属皆在安平，脱得功不出，恐不利公家。"郑鸿逵担心家人的安全，也没有想到郑成功会那么快赶到，就把马得功放了。四月，郑成功从平海所赶回厦门，但马得功已逃离两天了，郑成功以出战失利的罪名杀了郑芝莞。郑芝莞是他的堂叔，郑成功执法如此严厉，各个将领都很害怕，受

① 铜山，今福建东山岛。

② 琼州，今海南岛。

③ 平海所，今广东省惠东县平海镇。

到震撼，兵威也就重新振作起来，这时兵员达到6万多人。郑鸿逵心中羞愧，带领部下停泊在白沙[①]，在当地筑城寨居住。左先锋施琅得罪了郑成功，逃走投降清朝。这时，永历帝在贵州安隆所[②]。五月，郑成功攻打九龙江南溪一带。十一月，在小盈岭击败清提督杨名高。十二月，攻打漳浦县城，清守将杨世德、陈尧策投降。

永历六年正月，永历帝仍在安隆所。郑成功攻打海澄，清军守将郝文兴投降，于是乘胜攻取长泰。中提督甘辉在九龙江北溪遭遇清军将领王进功，双方激烈交战了一整天，王进功战败，郑军将清兵包围。清浙闽总督陈锦前来增援，又被甘辉打败。陈锦逃往泉州，郑成功攻占了长泰，附近的各县都被郑成功拿下。五月，清军金华、衢州总兵马逢知前来增援，突破了外面的重重包围进入漳州城。郑成功围困漳州，但未能攻下。于是防守镇门山，准备在这里筑堤引水灌城，由于水流湍急，堤坝无法筑成，不能淹到城里。但城里粮食吃光了，饿死的尸体到处都是，不少于70万人[③]。七月，浙闽总督陈锦驻军在凤尾山[④]，他的奴仆库成栋[⑤]刺杀他，提着他的首级来献给郑成功。郑成功长叹一声说："仆隶之人，而背戕其主，是天下无刑也。"先对他进行赏赐，但最终还是把他杀了。十月，清军将领固山额真金砺前来增援，郑成功解除了对漳州的包围，集中兵力保卫海澄。

永历七年春天，永历帝的行在仍在安隆所。五月，金砺率军进攻海澄县城，城墙被毁坏100余丈，郑成功亲自站在垛墙上，边上堆满了阵亡将士的尸体，他指挥若定，将士们大受鼓舞。清兵的箭和炮弹落如雨下，郑成功大声呼喊："天尚赞吾，无落吾军。"过了一会儿，郑成功下去休息，清军的一发炮弹打中了他刚才坐过的座椅。有一个晚上，清军连续打了几发号炮，郑成功对将士们说："是将临城矣。"部署将士们手持刀斧埋伏等待，下令："敌至方砍。"清军跳下城濠进入外城的时候，郑军发动攻击，清兵大败，金砺连夜逃走，海澄的防守更加稳固了。那时候，沿海一带动荡不安，粮饷的供应难以为继，郑成功特别委派黄恺为征集粮饷的总兵，这支队伍专门负责征集粮饷的工作。黄恺有些才能，但经常偷偷做些越权违法的勾当，被郑成功发现后，就把他捉起来杀了。郑成功起兵抗清后，军纪严明，绝对不允许奸淫杀戮的行为，军队行进过程中，妇女和小孩甚至可以和他们并行争道，因

① 白沙，今晋江市东石镇白沙村。

② 安隆所，今安龙县。

③ 实际上漳州城内没有那么多人口，据当时官方统计是饿死"数万人"。

④ 凤尾山，今厦门市海沧区凤山。

⑤ 其实没有库成栋这个人，而是李忠、李进忠、卢丕昌、陈恩、时有亮、陈憨、陈恕、李世登等人。

此，民众对郑成功及其军队都很喜欢。

永历八年春天，清政府派遣郑、贾两位使臣前来劝说郑成功归降，封郑成功为海澄公、郑芝龙为同安侯、郑鸿逵为奉化伯、郑芝豹为左都督。郑成功没有接受。于是，清政府就将郑芝龙囚禁起来，把郑芝豹流放到宁古塔[①]，郑成功听到消息，虽然心痛，但基于国家大义，依然不予理会。十月，成功攻打漳州城，清军总兵属下的千总刘国轩打开城门迎降，周围 10 个县城都被郑军攻下。郑成功乘胜前往攻取泉州府所属各县，清泉州守将韩尚亮奋力坚守。那个时候，郑成功水陆大军的兵力迅猛发展，达到了鼎盛时期。郑成功就把他的军队分成了 72 个镇，改中左所（即厦门）为思明州，任命邓会为思明知州。又设立了储贤馆、储才馆、察言司、宾客司、设印局、军器等局。设立六官分别管理军政事务，任命壬午年（1642）举人潘庚钟为吏官，兼任户官，丙戌年（1646）举人陈宝钥为礼官，世袭职位的张光启为兵官，浙江人程应璠为刑官，戊子年（1648）举人冯澄世为工官。把监国鲁王、泸溪王、宁靖王安置在金门居住，凡是明朝宗室，都给予赡养供给。以礼相待那些曾经在明朝有过官职、因躲避战乱而跟随他的王忠孝、卢若腾、沈佺期、辜朝荐、徐孚远、纪许国等人，他们都是著名的宾客，他经常向他们咨询请教军政大事。所有本来应该由朝廷决定但不得不临机处理的事情以及封赏、任命，郑成功一定身穿朝廷礼服向着北方行跪拜礼，再向着永历帝的方向，写好奏疏然后进行焚化。

永历九年春天，永历帝的行在仍在安隆所。正月，郑成功派林胜攻打仙游。五月，拜定西侯张名振为元帅，忠靖伯陈辉为副元帅，以 24 镇的兵力向长江进发，又加派户官洪旭为水师右军、北镇陈六御为五军戎政，一起攻打舟山，取得了胜利。不久清军反击，陈六御战死。清军台州守将马信、定海守将张宏德都来向郑军投降。六月，拆毁安平镇[②]以及漳州、惠安、南安、同安城墙。七月，派使者到日本，恢复以前的友好关系。十一月，清定远大将军济度率领大军进入福建，郑成功返回厦门岛。

永历十年春天，永历帝先期仍在安隆所，接着进入云南。正月，济度向福建沿海地区的郑军发动进攻。三月，攻击厦门、金门，遇到大风失利败走。四月，郑成功派苏茂、黄梧去攻打碣阳，没有攻克，郑成功根据规定把苏茂杀了。黄梧害怕自己被杀，就连同海澄县城一起投降了清军。海澄是郑军的一个战略重地。甘辉听到

① 宁古塔，在今黑龙江省牡丹江市。

② 安平镇，今晋江市安海镇。

黄梧叛乱，就带兵前往进攻，但没有取胜，于是进入土城，把郑军蓄积在那里的各种物资运回。然后根据郑成功的命令，攻占闽安，进逼福州，进而攻占温州、台州等府，整个浙东地区都受到强烈的波及。

永历十一年三月，永历帝在云南。郑鸿逵在金门病逝，郑成功返回厦门。随即派遣将领在福州峡江的牛心塔筑城，派陈斌、林铭、杜辉等在那里防守。清军前来进攻，林铭和杜辉退走，陈斌失去支援，只好投降，后来被杀。郑军甘辉、周全斌等进攻宁德，将清军副都统阿克襄斩于阵前，清军大为震骇。

永历十二年正月，永历帝在昆明，派遣漳平伯周金汤从海路到思明（厦门），晋封郑成功为延平郡王，甘辉为崇明伯，万礼为建安伯，黄廷为永安伯，赫文兴为祥符伯，王秀奇为庆都伯，其余重要人物都晋封了不同的爵位。郑成功召集部属商议大举北伐、前往光复南京的事情。七月，任命黄廷为前提督、洪旭为兵官、郑泰为户官，留守厦门和金门，安排各个将领做好防御。选出一批大力士，身披铁甲，铁甲上画着红绿色的虎纹，头盔上只露出两眼，手执斩马大刀，排列在队伍的前面，他们只砍敌骑的马脚，称为铁人，看见的人都认为是天上降下来的神兵，这支队伍由左虎卫陈魁统领。北伐的大军有甲士①十七万、习流②五万、习马③五千、铁人八千，号称八十万大军、战船八千，扬帆北上。到浙江，攻克了乐清等县城。船队经过羊山④时，遇到台风，很多船只破裂沉没，淹死了八千多人，郑成功幼小的儿子郑睿、郑裕、郑温都淹死了⑤。船队只好暂泊滃洲⑥休整。

永历十三年正月，永历帝在永昌⑦。五月，郑成功大军经过崇明岛，有些将领建议先把崇明岛打下来，郑成功没有采纳。六月，郑军离开吴淞口，进入江阴。七月，大军到焦山⑧，郑成功设坛祭告天地百神以及明太祖、崇祯、隆武几位皇帝，痛哭誓师，将士们都群情激昂。当时，清军已经占据长江上游，防守很严密，并且用大铁链横在江面上封锁长江，称为“滚江龙”。郑成功对众将说：“瓜镇为金陵门户，须先取之。”于是向各位将领面授机宜，命令程应璠督率右提督马信、前锋

① 甲士，披甲的战士，指陆战士兵。

② 习流，指水师。

③ 习马，指骑兵。

④ 羊山，今浙江省舟山市嵊泗县洋山镇。

⑤ 郑成功确实有 3 个幼子不幸死于这次遇风，但不是郑睿、郑裕、郑温。

⑥ 滃洲，今舟山群岛。

⑦ 永昌，今云南省保山市。

⑧ 焦山，在今江苏省镇江市。

镇余新等攻取谭家洲炮城，又派遣材官张亮督率水性好的士兵驾驶小船攻占瓜洲[①]上游，拆毁清军的木城[②]。大船从南边，小船从北边，由郑成功亲自率领亲兵卫队以及中提督甘辉、左提督翁天佑、先锋镇杨祖，建大将旗鼓，向瓜洲发动猛烈攻击。清军将领朱衣祚、左云龙等率领满、汉骑兵1万人，背靠港口列阵。两军刚交战，张亮率领的队伍就已经砍断了横在江面的“滚江龙”，扬帆直接攻向瓜洲。右武卫周全斌率领军队身披战甲从江上船只涉水登岸，冲破清军排列的战阵，斩清将左云龙于桥下。朱衣祚逃回城里。正兵镇韩英夺取城门冲进城里，登上城楼树起了郑军的旗帜。周全斌登上江岸的山头瞭望，指挥郑军迅速前进，攻破了瓜洲城的西北角，郑军涌进城内，清军全部被消灭。郑军擒获了朱衣祚，但郑成功把他放了。后提督万礼也绕到瓜洲城的后面，击溃了清军从瓜洲逃出的残余部队，清军大败，死者不计其数。

攻下瓜洲后，郑成功任命援剿后镇刘猷镇守瓜洲，监纪推官柯负责江防事务。命令兵部侍郎张煌言、督理戎政杨朝栋、兵部主事袁起震督率阮美以及罗蕴章等攻取芜湖。这时扬子江一带已经大乱，郑军又迅速向镇江进军。清军提督管效忠率领数万云南兵分几路赶到，夜晚在银山驻扎，以骑兵防守大路。郑成功认为银山是兵家必争之地，势必进行夺取和占领，因此，摆下阵势，准备和清军决战。快天亮时，清军分5路攻杀过来，3次逼近郑军的阵地，郑军坚守不动。清军骑兵射出的箭像雨一样落下，郑成功命令发射火炮对抗，炮声发出像鼓一样沉闷的响声，连房子的瓦片都会震动起来。清军下马步行死战。临近中午，郑军越战越勇，终于大败管效忠的援军，清兵血流成河，管效忠侥幸保全了性命。第二天，镇江的守将高谦和知府戴可进等人前来投降。郑成功登上镇江的京岘山，大宴全军将士，他心潮澎湃，慷慨赋诗。命令周全斌、黄昭两将镇守镇江，全府各县都被郑军所占领。他派张煌言、杨朝栋招抚江南，袁起震、徐长春招抚江北。于是，常州、徽州、池州、太平、滁州、和州、六合等府县抗清人士纷纷起兵响应。清廷十分恐慌，决定派重兵前来增援。甘辉对郑成功建议说：“瓜镇为南北咽喉，但坐镇此。断瓜洲，则山东之师不下，据北固，则两浙之路不通。南都可不劳而定矣。”但郑成功没有采纳。率领大军坐船直取南京，并且号令四方，昭告天下。

八月，到达南京观音门，任命黄安为水师总督，防守三叉河口。郑成功自己率

① 瓜洲，今扬州市邗江区瓜洲镇。

② 木城，又称木浮营，是清军建立的漂浮在江面上的巨型木构炮城。

领军队从凤仪门登陆，驻扎在狮子山。召集部分将领登上阅江楼，观看南京城的雄伟气势。命令战船排列在江东门外，自己率领十余人马，亲自巡视南京城外，安排营盘分别驻扎在汉西门、观音山，他和5队卫兵则驻扎在岳庙山，留先锋镇、中冲镇驻扎在狮子山，做长期围困南京城的准备。南京城的清军守将梁化凤和郑成功约定时间投降，郑成功同意了。甘辉劝阻说："以臣观之，则尚速也。夫兵贵先声，彼众我寡，及其熸且未定，则势可拔。若彼集御固，缓难图也，君必悔之。"郑成功还是没有听从。不久，清军派出千名骑兵前来试攻郑军前锋镇的军营，余新将他们打败，因此轻敌而防备松懈，甚至纵容士兵撒网捕鱼。郑成功急忙派张英前去制止，但余新依然懈怠。梁化凤知道余新的松弛，从凤仪门的城墙挖了一个隧道，乘夜悄无声息地直扑余新的营房。余新来不及穿上盔甲就应战，因此被抓，副将董延中、萧拱柱战死。郑成功听到了凤仪门方向的炮声，马上派遣翁天佑前往增援，但已经来不及了。过了两天，清军以几千名步兵从观音门出击，直接攻打郑成功的中军大营，郑成功率领亲军右虎卫陈鹏、右冲锋镇张禄击败清军。清军又以数万人从山后冲出，逼近左先锋镇的军营，杨祖领军抵抗，清军冲击3次，郑军退却3回。后劲镇杨正、援剿右镇姚国泰战败逃走，前冲锋镇蓝衍、行军司马张英战死于峡谷之中。清军又从山上向下攻击，右武卫林胜、左虎卫陈魁都努力奋战直至牺牲。后提督万礼扼守大桥头，杀伤清军最多，但因没有后援，最后全军覆没。副将魏标、朴世用、洪复和督理户官潘庚钟、仪卫吴赐等都全部战死。只有左提督、右提督、右虎卫、右冲锋、援剿后镇的官兵们保存比较完全。郑成功指挥军队撤退，将士们争先上船。甘辉断后掩护，且战且走，到达江边时，跟随他的部属只剩下30多人，被他们杀掉的清军有几百人。最后，甘辉因马被绊倒而被俘，不屈而死。郑成功退到镇江，决定收兵回厦门，派马信、韩英带领水师守护江口，周全斌、黄昭、吴豪等率领部属殿后，其余部队先后有序撤退。九月，进攻崇明岛，未能攻下，正兵镇王起凤战死。派陈辉、阮美、罗蕴章守舟山群岛。援剿后镇刘猷在温州与清军作战，战败而死。十月，郑成功军队回到厦门，建忠臣祠，祭祀这次北伐战役中牺牲的将领，甘辉排在第一位。

永历十四年，永历帝在缅甸。五月，清政府派遣将军达素会同福建总督李率泰合兵进攻厦门。大船从漳州出发，小船从同安出发。又命令广东的降清将领许隆、苏利等领兵到厦门会合。郑成功派陈鹏督率各军守高崎，遏阻来自同安的清军，郑泰从金门出动，阻断来自广东的援兵，而他自己督率部队扼守海门。海门在海澄的出海口，可以阻止清军从漳州来的战船。郑成功派五军都督府陈尧策传令各个将领，将船只抛锚停泊在海口中间，按兵不动，只要挥动军旗，就敲响战鼓。命令还没有传达完毕，从漳州来的清军战船就突然到了，郑军的将领们因为仓促接到命令，都不敢首先发动对清军的攻击。闽安侯周瑞和五军都督府陈尧策都由于遭到清军的突然攻击而战死。忠靖伯陈辉举火点燃火药，激烈的爆炸把蜂拥冲上郑军船只的清兵高高抛起，郑军的船只才得以冲出清军的包围。占据上游位置之后，郑成功亲自手挥令旗发动郑军攻击，引大船从侧面攻击清兵船队。这时，海上刮起了大风，风高浪急，整个海面上汹涌澎湃。清军多是北方人，他们不熟悉水性，因为晕船而无法作战，纷纷退却，落水和被杀者不计其数，尸体布满了海面。有清兵 200 多人，扔下船只，登上了圭屿[①]，郑军下令让他们投降，但到了晚上，就把他们淹死了。当天，从同安来的清军船只已经逼近高崎，郑军守将陈鹏已经和清军约定投降，命令部属按兵不动。清军依仗有人内应，船还没靠岸，就纷纷跳下船只涉水争先登岸。陈鹏的部将陈蟒没有和陈鹏同谋，这时大声地喊道："事急矣，当决死。"指挥自己统率的部属，和殿兵镇陈章一起向清军发动了攻击。满洲八旗兵身穿重装铠甲，撤退时陷在滩涂的泥沼之中，无法动弹，被杀死者十有七八，首领哈喇土星被俘虏。这一战，杀死满洲八旗兵 1600 多名。郑成功把陈鹏捉起来杀了，而以陈蟒取代他右虎卫的职务。从广东来的苏利等人率领的清军迟了两天才到，知道其他几路清军都已经失败，看见金门的太武山后就退回去了。达素因兵败在福州自杀[②]。一直到郑成功去世，清政府再没人敢提出要进攻厦门和金门的事情。

永历十五年春天，永历帝在缅甸。郑成功决定收复台湾，最终把荷兰人赶走，这些内容记载在《开辟纪》里。十二月，改热兰遮城为安平镇，改称"王城"，建桔栱门，表示不忘故土、反清复明的志向。在赤崁城设承天府，整个台湾称为"东都"。当年五月，设置一府、二县，以杨朝栋为承天府府尹，庄文列为天兴县知县，祝敬为万年县知县。澎湖另外设立了安抚司。各个行政区域都有重兵防守，任命周全斌总督南北各路的军事事务。不久，杨朝栋、祝敬都因克扣军粮罪而被处死。任命郑省英继任承天府府尹，黄安成守安平。郑成功率领何斌、马信、杨祥、萧拱宸等，带着操持火铳的士兵 300 名、持盾牌的士兵 300 名、弓箭手 300 名，巡视附近的"番社"，赏赐烟、布等物。各部落的头领都非常高兴，纷纷率领社众归诚，都表示愿意服从郑成功。郑成功返回承天府之后，就召集各镇将开会。郑成功说："为

① 圭屿，今厦门市海沧区鸡屿。

② 其实达素并没有自杀，而是回到北京。

治之道，在于足食。足食之后，乃可足兵。今赖皇天之灵，诸将之力，克有兹土，岂敢为宴安之计。然而食之者众，作之者寡，倘一旦匮饷，师不宿饱，则难以固邦家。今台湾土厚泉甘，膏壤未辟，当用寓兵于农之法，庶可以足食而后足兵，然后观时而动，以谋光复也。”黄安回应说：“开疆辟土，创业万世，诸将自当遵行，但其法何如？愿垂明教。”郑成功说：“夫法古者可以制宜，明时者可以图治。古者量人受田，量地取赋。至商虽变为井田，亦行九一之法。周代因之，乡出师徒、里出车马，兵民无分。及秦始废井田，后代不改。故兵自为兵，民自为民，筹饷转输，屡为国患。故善为将者不得不行屯兵之法，如充国之屯羌中，诸葛之屯斜谷，姜维之屯汉中，杜预之屯襄阳，而后战无乏粮，守无饥色。若夫元代之分地立法，太祖之设卫安军，乃天下已平，恐虚糜空乏，故为农者七，为兵者三，非无故也。今台湾为新创之地，虽僻处海滨，安敢忘战。故行屯田之法，仅留勇卫、侍卫二旅以守安平、承天，余镇各按分地，分赴南北开垦，使野无旷土，而军有余粮。三年之后，乃定赋税。农隙之时，训以武事，俾无废弛。有事则执戈以战，无事则负耒而耕，而后可以图长治也。”

各个将领都根据命令分头行事，于是五军、果毅各镇开赴曾文溪以北，前锋、后劲、左冲各镇前往二层行溪以南，分别选择适合的地点屯田，种竹子圈地表示屯田的范围，割茅草建造房屋，于是军队自给自足，没有供给不足的忧患。

永历十六年正月初一，郑成功在安平镇召集诸将领团聚，先向遥远的永历帝的方向参拜。随后就传来消息，说清廷已经将他的父亲郑芝龙处死于北京，跟随在郑芝龙身旁的子孙都一起被害。郑成功听了以后，捶胸顿足，号啕大哭，下令各个镇将守孝。更早的时候，清廷接受降将黄梧的建议，将山东、江苏、浙江、福建、广东5省的沿海居民强制迁入内地，禁止出海，想由此断绝沿海民众对郑成功的接济，并且挖毁了郑氏的祖坟。郑成功听到这种情况，感叹说：“使吾徇诸将意，不自断东征，得一块土，英雄无用武之地矣。沿海幅员上下数千里，竟委而弃之，使田庐丘墟，坟墓无主，寡妇孤儿，望哭天末，唯吾之故。以今虽披猖，亦复何用？但当收拾残民，移我东土，辟地休兵，养精蓄锐，以待天下之清未晚也。”

当时，永历帝被吴三桂捉到云南昆明，有传闻说他被杀了，也有说被囚禁了，还有说又逃走了，但郑成功仍然坚定地奉永历为正朔。

郑成功治军很严，所有的将士都不敢违反。马信曾劝说：“立国之初，宜用宽典。”郑成功说：“不然。法贵于严，庶无积弊，后之守者，自为易治。是故子产治郑、孔明治蜀，莫不用严。况台湾为新创之地，非严无以治军，非严无以统众。

唯在制宜而已。”

三月，派洪旭、祁辟等10人管理“番社”事务。命令各个将领分别把家眷迁移到台湾。南澳岛守将陈豹不从，郑成功派兵前去征讨，改派杜辉留守南澳。

在此之前，罗马天主教神父李科罗在厦门传教，郑成功礼待他，还聘请他为幕客，向他咨询一些事情。当时，在吕宋岛的华侨有几十万人，长久以来受西班牙人的虐待。将领们都建议攻取吕宋作为台湾在外地的府县。郑成功派李科罗为使者前往马尼拉，劝说西班牙驻吕宋的总督向郑成功进贡，同时暗中号召当地华人起来抗击西班牙人，郑成功将派水师进行支援。但是，机密被泄露，西班牙人进行戒严，在马尼拉集中重兵，毁坏当地的城寨，防止华人占据，而华人的反抗也已经兴起了。双方激战了几天几夜，华人最终被镇压，被西班牙人杀死了几万人。有人坐小船想到台湾，但大多数都沉到海里淹死了，安全抵达的，郑成功都予以抚慰。华人的反抗斗争虽然失败了，但吕宋还是动荡不安，西班牙人又担心郑成功出兵征讨，于是派遣使者跟随李科罗到台湾求和。将领们都主张要兴兵问罪，但还没有成行，郑成功却已经病危了。

郑成功有10个儿子，嫡长子郑经19岁，留守厦门，和弟弟的乳母私通，生了孩子，被郑成功知道了。郑成功大怒，命令董昱、洪有鼎到厦门，指令郑泰监督，处死郑经及其生母董夫人，处死董夫人的罪名是教子不严。各位部将大惊，又听到郑成功已经病重，就想办法来保全郑经和董夫人。他们认为，郑经是儿子，不可以抗拒父亲，众部将是臣属，不可以抗拒藩主。只有郑泰是郑成功的兄长一辈，兄长可以拒绝弟弟，于是只处死了乳母和私生子并回报郑成功。郑成功不同意，解下自己的佩剑交给董昱，让他再到厦门去执行命令。正好这时周全斌从南澳回厦门，也得到要他处死郑经的命令。厦门的将领们想办法把周全斌关了起来。五月初八，郑成功的病体已经非常沉重，还登上高台向西边的大海眺望。然后，穿上礼服，请出《明太祖宝训》，坐在胡床上，命左右侍者上酒，只读了三册，最终无法支持，长叹一声说：“吾有何面目见先帝于地下哉！”逝世于承天府的居所之中，享年39岁。在台湾的明郑将领请他的弟弟郑世袭临时代理招讨大将军职务。十四日，讣告传到厦门，郑经继位，宣布郑成功的死讯，办理丧事，并且写奏章送往永历帝的行在。听到郑世袭想要成为郑成功的继承人，郑经非常惊讶，于是命周全斌为五军都督，陈永华为谘议参军，冯锡范为侍卫，整顿大军准备东征。七月，清靖南王耿继茂、闽浙总督李率泰派遣使者前来劝说郑经归降，郑经拒绝了。郑泰等请示郑经如何应对清廷的招降，郑经说：“吾将东，诸君善图之。”于是，众将商议，以“照朝鲜事例”，将不剃发作为条件，派遣中军都督杨来嘉答复清方的招降。耿继茂、李率泰没有将此条件上报清廷。杨来嘉回到厦门。郑经派忠振伯洪旭、永安侯黄廷辅佐郑泰守卫厦门，并且下令铜山、南澳的将领不能松弛了军事的警戒。十月，郑经率领众将到澎湖，巡视了各岛之后，才前往台湾。黄昭、萧拱宸企图阻止郑经登陆，将军队布置在海边，被周全斌所杀。其余的将士纷纷投降，郑经把头盔脱下以示众人，黄安大声呼喊说：“此吾君之子也，其速往迎。”郑经进入了王城，郑世袭前来相见，叔侄关系恢复如初。十一月，郑经率领周全斌巡视了台湾，安抚了各个“番社”。

永历十七年正月，永历帝在昆明被吴三桂杀害的消息传到台湾，郑经依然奉明正朔，用永历年号。他派统领颜望忠守卫安平镇，勇卫黄安镇守承天府，并且指挥调度台湾南北各地的军务。自己则率领周全斌、陈永华、冯锡范回到厦门。由于郑泰暗中勾结黄昭、萧拱宸企图抗拒郑经的事情败露，六月，郑经安排酒宴邀请郑泰，并将其缢死[①]。郑泰死后，他的儿子郑缵绪以及弟弟郑鸣骏逃去投降了清军，十月，耿继茂、李率泰调集降清的原明郑将领，联合荷兰舰队从泉州出发，提督马得功从同安出发，降将施琅、黄梧从漳州出发，分路合击厦门。郑经对众将作了部署，命令周全斌统率进行抵御。十九日，两军在金门乌沙港海面交战，荷兰舰队的十余艘夹板船高大如山，而从泉州来的300艘战船展开簸箕形状围攻而来。周全斌指挥20艘“艨艟”[②]往来冲击清荷联军的船队，其行动迅捷，就像奔驰的快马一样，荷兰人发射的炮弹居然没有一发能击中。清军看得目瞪口呆，四处逃散而不敢向前。马得功殿后，被周全斌杀死。不久，耿继茂、李率泰率领的船队到了，施琅和黄梧也到了，郑军无法抵敌，退守铜山。清兵进入金门、厦门二岛，把城墙都毁了，废弃两地，将金银财宝和妇女掳掠而去，使两岛的民众处于水深火热之中。

永历十八年正月，援剿右镇林顺向清军投降。二月，驻守南澳的护卫左镇杜辉也降清了。洪旭建议说：“金、厦新破，铜山难守，不如退保东都，以待后图。”郑经同意了，命令陈永华、冯锡范送董夫人先行，明宗室宁靖王、泸溪王、巴东王、鲁王世子以及乡绅王忠孝、辜朝荐、卢若腾、沈佺期、郭贞一、李茂春都跟随船队一起出发。到了澎湖，郑经与洪旭一起巡视各岛，洪旭说：“澎湖为台湾门户，上通江、浙，下达南洋，必须建设重镇，以固海疆。若澎湖有失，则台湾无所措手足。”

① 其实郑泰是在被郑经囚禁后自缢而死。

② 艨艟，指具有良好防护性能的快船。

于是在妈宫建立了城堡，在左、右峙分别建立了炮台，烽火相望，加强警备，派薛进思、戴捷、林升等驻守。之前，周全斌奉命与黄廷殿后，因和洪旭有宿怨，迟疑着不愿前往台湾，于是投降了清朝；黄廷受到黄梧的引诱，也跟着降清了。郑经到台湾之后，将行政事务委托给陈永华。陈永华善于治理，他让老百姓休养生息。八月，改东都为东宁，改天兴、万年二县为州。陈永华又把原来承天府的府城划为4个“坊”，坊设签首，管理民事。把城外有汉人居住的区域分为34个“里”，里设乡长，实行乡治制度。那时台湾属于初建时期，一切设施都很简陋，于是永华就教民众烧瓦制砖，以便修建宫殿和衙署。礼待那些避乱来台、以前在明朝朝廷担任过官职的人，只要是明朝的宗室，都提供赡养和供给。另外，分给各镇土地，实行寓兵于农的屯田法，因此台湾得以安定下来。荷兰人被郑成功逐出台湾之后，企图恢复在台湾统治，占据了鸡笼，郑成功派黄安把他们赶走了。他们乘船离去，跑到福建，联合清军攻打厦门、金门两岛。清军攻占两岛之后，把民众都迁移到界内，李率泰等也收兵回去了。六月，荷兰将领波尔德攻打台湾。由于台湾防守坚固，很难攻下，于是荷兰舰队就向北航行，途经舟山群岛的普陀山附近海面时遭遇台风，船只都沉没了。至此，荷兰人再次攻打台湾的企图才告中止。九月，英国人来台湾要求进行通商贸易，郑经同意了。[①] 十二月，北路“土番”阿狗让率领社众叛乱，郑经命令勇卫黄安将其平定。

永历十九年正月初一，郑经率领文武各官在安平镇向永历帝殉难的方向行礼。听说施琅已经上奏请求攻台，郑经召集众将商议对策。洪旭说：“前者荷人失守，恃其炮火，凭其港道，而不防备澎湖，故我先王一鼓而下。夫澎湖为东宁门户，无澎湖是无东宁也。今宜建筑安平炮台，以炮船十艘防守鹿耳。别遣一将镇澎湖，严军固垒，以待其来，则敌不易渡也。”

郑经认为这样安排很好。于是，派杨祥守鹿耳门。颜望忠自告奋勇去守澎湖，郑经抚摩着颜望忠的肩膀说：“得公一行，吾无忧矣。”命令洪旭调派屯田士兵的十分之三回归战斗序列，再加上勇卫、侍卫各一半的部队，总共有1万多名士兵，分配炮船20艘，乌船、赶缯船各10艘，由戴捷、薛进思、林升、林应等率领。又考虑到台湾北部空虚，命令刘国轩率领一支军队守卫鸡笼，何祐率领一支军队守卫大汕头。三月，颜望忠到澎湖，驻扎在妈宫，同时对左峙、右峙的炮台进行了维修，派戴捷、林升防守。四月，施琅调集降清的各支队伍攻打台湾，船队到了外海，被

① 实际上，英国东印度公司向郑经提出通商要求是在1670年，双方签订通商协议是在1672年。

飓风吹散，狼狈逃回。清廷命令施琅和周全斌回北京。六月，郑经命令颜望忠回台湾，由薛进思、林升守澎湖。同时命令各兵镇归农屯田。七月，勇卫黄安病逝，郑经十分悲痛，举行隆重葬礼，并且把黄安的儿子作为自己的女婿。八月，以谘议参军陈永华为勇卫。陈永华巡视台湾南北各地，安抚各个“番社”，鼓励各镇垦荒种田，种蔗熬糖，开辟盐场晒盐，发展商业贸易。当年农业获得大丰收，民众的日子也富足了。陈永华又建议郑经建圣庙（即文庙），设立学校。郑经同意了，于是选择在宁南坊，面对魁斗山建立台湾第一座文庙，旁边建立明伦堂。

永历二十年正月，文庙建成，郑经率领文武官员举行祭祀先圣孔子的典礼，围绕着整个文庙和学校观礼的民众有数千人，人们从容大方，举止端庄，都有礼让谦和的风范。郑经命令各个“番社”也都要设立学校，聘请老师来教育子弟。天兴州和万年州每三年举行一次科举考试，州试合格者，就到承天府参加府试，府试合格者，就送到学院，院试合格的人才能进入太学。在太学学习三年之后，再举行考试，选拔成绩优秀的担任吏、户、礼、兵、刑、工六科都事，负责文书事务。三月，聘陈永华为学院[1]，以叶亨为太学的国子助教。从此，台湾有了一套教育系统，用以教育青年子弟，培养人才，台湾人的奋发向学，就是从这时开始的。

洪旭对郑经说：“有文事者必有武备，今施琅虽出军未定，而心不忘我，当训励将士，以待其变。”郑经说：“居安思危，古之训也，习劳讲武，军之则也。不谷受国厚恩，躬承先命，其敢以此自逸，愿与诸公勉之。”

于是命令各兵镇，要求他们在屯田的空余时间，抓紧操练演习，又下令伐木建造军舰。洪旭派商船前往日本进行贸易，并且购买制造铜、炮、刀剑、甲胄等军事装备，铸造永历钱。另外，向南航行到暹罗、安南、吕宋等各个地方，以拓展商贸。当年又获得大丰收，台湾更加富强。八月，吕宋的西班牙总督派遣使者前来访问，并且带来了当地的特产作为礼物，郑经指示宾客司给予礼貌款待。使者请求在台湾传布天主教，陈永华予以拒绝。郑经下令来使必须按照中国的礼仪朝觐，并且重申了双方必须遵守通商的协议，每年必须进贡不能停止，不能虐待在吕宋岛的华人。使者都恭顺地应答。不久，忠振伯洪旭去世了，郑经亲自主持丧礼，以洪旭的儿子洪磊为吏官、陈永华的侄子陈绳武为兵官、杨英为户官、叶亨为礼官、柯平为刑官、谢贤为工官，刘国轩为左武卫、薛进思为右武卫、何祐为左虎卫。九月，陈永华认为台湾已经安定，需要振兴商业，以江胜为水师一镇，驻扎到厦门，与清廷的守边

① 学院，即督学，或学政。

将领培养良好关系，不侵扰当地的百姓。当时，厦门已经被清政府所荒废，由海盗陈白骨、水牛忠占据，他们召集了一批亡命之徒，在沿海地区骚扰抢劫，被江胜和邱辉打败，邱辉占据了广东东部的达濠，江胜在厦门从事贸易，于是台湾的布匹、丝麻织品等物资再也不会短缺。凡货物进入江胜控制的区域，都以公平的价格购买，做到妇孺无欺。从此，迁界地区内外相安，物资的转运再也不会受到阻遏，台湾的物价也越来越平稳。十二月，把驻守澎湖的军队调回台湾屯田。

永历二十一年正月初一，郑经在安平镇向永历帝贺年行礼，赏给屯田的将士美酒。台湾军民都很高兴，这时的台湾社会路不拾遗，市场上卖东西也不会以欺诈的手段抬高价格。八月，河南人孔元章奉清政府的命令来台湾招抚，郑经以礼相待，提出依照朝鲜事例、不剃发来处理双方的关系。孔元章回去以后，施琅又上疏请求攻打台湾。

永历二十二年四月，清朝任命施琅为内大臣，裁撤福建水师提督一职，烧毁战船。派马化骐为总兵，驻守海澄。又将降清的原郑氏将领安插到全国各地。六月，清军水师游击钟瑞和中军守备陈升准备献出海澄向郑经投降，暗中通知江胜。郑经命令统领颜望忠率领船只前往支援。可是，事情泄露了，钟瑞等人逃往厦门，又到了台湾。颜望忠指责钟瑞此前叛变出卖铜山的罪行，郑经决定不予追究，把他的姓改成金，赐给名字，称汉臣。十月，水沙连的“土番”叛乱，杀死了在当地屯田的参军林圯，郑经派军队前往征讨。

永历二十三年二月，清廷下令放宽对滨海界外地方的控制。七月，刑部尚书明珠、兵部侍郎蔡毓荣到福州，与靖南王耿继茂、总督祖泽溥会集在泉州，商议和郑经议和的事情。先派遣兴化知府慕天颜携带皇帝的诏书前往台湾，郑经不肯接受清廷的诏书，只看了明珠的来信。信中说：

> 尝闻安民之谓仁，识时之谓知。古来豪杰知天命之有归，信殃民之无益，决策不疑，委身天阙，庆衍黎庶，泽流子孙，名垂青史，常为美谈。阁下通时达变，为世豪杰，比肩前哲，若易易尔。而姓名不通于上国，封爵不出于天朝，浮沉海外，聊且一时，不令有识之士为惋惜耶？今圣天子一旦恻然，念海滨之民，疮痍未复，其有去乡离井，漂流海屿，近者十余年，远者二十余载，骨肉多残，生死茫然，以为均在覆载之中，孰非光复之责。税车闽甸，会同靖藩、督抚、提督，宣谕宸衷，礼当先之以信。耑遣太常寺卿慕天颜、都督佥事李佺等，闻于左右。阁下桑梓之地，无论圣天子痌瘝在抱，所当仰体不遑。即闽之黄童白叟，大都阁下桑梓之父老子弟，而忍令其长相离散耶？况我国家与人以

诚，待人以信，德意咸孚，遐迩毕达。是以车书一统之盛，振古无俦。穷荒绝域，尚不惮重译来朝。阁下人中之杰，反自外于皇仁，此其有损朝廷哉？但为阁下惜之尔。诚能翻然归命，使海隅变为乐土，流离复其故乡，阁下亦自海外而暨中原，不亦千古之大快，而事机不可再得者乎！我皇上推心置腹，具有玺书。阁下宣读之余，自当仰见圣主至爱之心。伫候德音，临颖神注。

郑经召集很多文武官员前来，对慕天颜说："本藩岂不能战，因念生灵涂炭，故远处海外。癸卯以来，业已息兵，又何必深求耶？"慕天颜说："朝廷频频招抚，亦怜贵藩忠诚，不忘旧君。倘能翻然削发归命，自当藩封，永为柱石。不然，岂少楼船甲兵哉？"郑经说："先王在日，前后招抚，只差剃发二字。本藩岂肯坠先王之志哉。"郑经派遣礼官叶亨、刑官柯平作为使者跟随慕天颜到泉州回访，并回信给明珠说：

盖闻麟凤之姿，非藩樊所能囿，英雄之志，岂游说所能移。顷自迁界以来，五省流离，万里丘墟。是以不谷远处海外，建国东宁，庶几寝兵息民，相安无事。而贵国尚未忘情于我，以致沿海之人，流亡失所，心窃憾之。阁下衔命以来，欲为生灵造福，流亡复业，海宇奠安，为德建善。而贵使谆谆以迎敕为辞，事必前定而后可以寡悔，言必先定而后可以践迹。大丈夫相信于心，披肝见胆，磊磊落落，何必游移其说哉。特遣刑官柯平、礼官叶亨等面商妥当。不谷躬承先训，恪守丕基，必不弃先人之业，以图一时之利。唯是生民涂炭，恻焉在怀，倘贵朝果以爱人为心，不谷不难降心以从，尊事大之礼。至通好之后，巡逻兵哨，自当吊回。若夫沿海地方，俱属执事抚绥，非不谷所与焉。不尽之言，俱存敝使口中，唯阁下教之，俾实稽以闻。

郑经提出的"依照朝鲜事例"的条件，明珠有意准许，但是清廷坚持必须剃发。郑经坚持拒绝剃发。于是明珠又写信，再派慕天颜和郑经的两个使者一起到台湾。慕天颜对郑经说："贵藩遁迹荒居，非可与外国之宾臣者比。"郑经回答说："朝鲜亦箕子之后，士各有志，未可相强。"郑经又写了一封信给明珠说：

盖闻佳兵不祥之器，其事好还。天道好还。是以祸福无常倚，强弱无常势。恃德者兴，恃力者亡。曩者思明之役，不谷深悯民生疾苦，暴露兵革，连年不休。故遂会师而退，远绝大海，……自以为休兵息民，可相安于无事矣。不谓阁下犹有意督过之，驱我叛将，再起兵端。岂未闻陈轸蛇足之喻，与养由基善射之说乎？夫苻坚寇晋，力非不强也，隋炀征辽，志非不勇也，此二事者阁下之所明知也。况我之叛将逃卒，为先王抚养者二十余年，今其归贵朝者，非必尽忘旧恩而慕新荣也，不过惮波涛，恋故土，为偷安计尔。阁下所以驱之东侵而不顾者，亦非必以其才能为足恃，心迹为可信也。不过以若辈叵测，姑使前死，胜负无深论尔。今阁下待之之意，若辈亦习知之矣。而况大洋之中，昼夜无期，风云变态，波涛不测。阁下两载以来，三举征帆，其劳费得失，既已自知，岂非天意之昭昭者哉。所引夷、齐、田横等事，夷、齐千古高义，未易齿冷；即如田横，不过三齐一匹夫尔，犹知守义不屈。而况不谷世受国恩，躬承先训乎？倘以东宁不受羁縻，则海外列国，如日本、琉球、吕宋、越南，近接浙、粤，岂尽服属。若虞敝哨出没，实缘贵旅临江，不得不遣舟侦逻。至于休兵息民，以免生灵涂炭，仁人之言，敢不佩服。若夫重爵厚禄，永袭藩封，海外孤臣，无心及此。敬披腹言，维祈垂鉴。

同时，郑经又写信回复耿继茂说：

捧读华翰，有诚来诚往、延揽英雄之语。虽不能从，然心异之。执事中国英豪，天人合征、金戈铁马之雄，固自有在。而谆谆所言，尚袭游说之后谈，岂犹是不相知者之论乎？……虽居落部曲，日与为邻，正如张仲坚远绝扶余，以中土让太原公子，执事亦如其意乎？所云贵朝宽仁无比，远者不论，以耳目所闻见言之，如方国安、孙可望，岂非尽忠贵朝者，今皆何在？往事可鉴，足为寒心。执事倘能以延揽英雄，休兵息民为念，即静饬部曲，慰安边陲，羊、陆故事，敢不勉承。若夫疆场之事，一彼一此，胜负之数，自有天在。得失难易，执事自知，亦毋庸赘也。

明珠知道无法说服郑经归降，于是就和蔡毓荣回北京去了，清、郑之间的和谈，到此中止。十月，丘辉通过江胜的介绍要以达濠归顺郑经。郑经命令六官进行商议。陈永华说：“招降纳叛，自古已然，况辉能纠众备船，独踞达濠，此亦有为者。今倾心向化，理宜收录，庶足以鼓豪杰之心，而拓邦家之士。”郑经同意了，就任命丘辉为义武镇。从此达濠也听郑经节制。

永历二十四年三月，郑经以厦门、铜山、达濠等岛屿都归属台湾管辖，但舟山、南日还没有派将领防守，命令前奇兵镇黄应前往控制，又派柳索、吕胜、蓝盛、杨正分别率领水师协助防守。八月，斗尾龙岸“番社”叛乱，郑经自己率领军队征讨，并且命令右武卫刘国轩驻守半线[1]。十月，沙辘社“土番”叛乱，刘国轩将其平定。大肚社“土番”害怕了，就全族迁往埔里社。刘国轩在后追击，一直追到北港溪边，

①半线，今彰化县。

才收兵回半线。从此北路的“番社”都降服了。

永历二十五年，当年大丰收，东南沿海一带的岛屿也平安无事，漳州、泉州一带来台湾的人日益增多，开垦土地也逐渐向台湾南北两个方向拓展。郑经命令驻守沿海岛屿的将领不要侵扰沿边的民众。

永历二十六年正月，统领颜望忠、杨祥建议出兵征讨吕宋岛的西班牙人，侍卫冯锡范认为不可以，担心会损害和外国的关系，于是没有进行。

永历二十七年。先前，清廷以吴三桂为平西王，驻守云南，平南王尚可喜驻守广东，靖南王耿继茂驻守福建。耿继茂死后，由他的儿子耿精忠继承靖南王爵位。这时，清廷商议撤销三个藩王的爵位，耿精忠准备起兵造反。八月，耿精忠派使者黄镛到台湾告诉郑经这个打算，希望郑经一同反清，郑经立即率兵到澎湖等候。可是，耿精忠游移不定，郑经只好回台湾。十二月，吴三桂在云南、贵州、四川起兵反清，并且攻占了湖南、湖北。他派遣祝治国、刘定先分别到耿精忠和尚可喜处，约定联合反清，再到台湾，送上吴三桂的信，信中说：

令祖举全闽投诚，大有勋劳，横遭俎醢，百世必报之仇也。及令先王存心大义，至死靡他，诚大丈夫特立独行。每言及此，未尝不叹为伟人也。殿下少承家训，练兵养威，审时观衅。今天下大举，正千载一遇，乞速整貔貅，大扬舟师，经取金陵，或抵天津，扼其门户，绝其粮道。此以奇兵乘虚，万全之策也。复累世之大仇，泄天人之共愤，何快如之。

郑经礼待两位使者，并且派遣监纪推官陈克岐、副将刘文焕作为使者，立即前往拜访吴三桂，带去郑经的回信说：

顷闻台命，欲伸大义于天下，不胜欣慰。然敢献一言：自古成天下之大业，必先建天下之大义。以殿下之贞忠，而拥立先帝之苗裔，则足以号召人心，而感奋忠义之士。不谷亦欲依日月之末光，早策匡复之业也。枕戈待旦，以俟会师。

永历二十八年三月，耿精忠在福建抓住清朝总督范承谟，关了起来，并且派出快骑通告全省，短时间内，福建内陆七府都被他攻占。他派使者黄镛再到台湾，请郑经派军队增援。耿精忠又授予海澄公黄梧平和公的爵位，当时黄梧已经病死，就让他的儿子黄芳度暂时代理军务，担任海澄总兵。四月，清潮州总兵刘进忠献出潮州城投降耿精忠，被授以宁粤将军。郑经派柯平到福州，作为对黄镛的回访。耿精忠要调动赵得胜的军队，赵得胜不服从，邀请郑军右武卫刘国轩、左虎卫何祐到海澄，决定归顺郑经。五月，郑经让他的儿子郑克壆留守，陈永华辅助，他自己率领侍卫冯锡范、兵官陈绳武、吏官洪磊等，渡海西征，驻扎厦门。授予赵得胜兴明伯的爵位，让他组织军队的训练。派遣兵都事李德到日本，主要任务是买铜铸钱以及购买军械。户都事杨贤负责经营南洋的贸易，用所得的利润来充实军费。郑经派遣使者去见耿精忠，要求借用漳、泉两州来招募兵员。耿精忠不同意，因此，郑、耿两家关系交恶。郑经命令冯锡范攻取同安，守将张学尧投降，郑经授予他荡虏伯的爵位和左先锋镇的职务。耿精忠害怕了，派副将王进守泉州。六月，王进幼子王藩锡用计诱杀了泉州城守将赖玉，泉州的军民多数都愿意追随王藩锡，因此把王进赶走，归顺了郑经。郑经进入泉州，授予王藩锡指挥使，军事事务委托冯锡范、陈绳武主导。七月，清军围困潮州城，耿精忠无法援救。潮州守将刘进忠表示要归顺郑经，郑经派遣援剿左镇金汉臣率兵援助，在黄冈打败了清军，解除了潮州城的包围，刘进忠向郑经投降。郑经授予刘进忠定虏伯、前提督。九月，耿精忠派刘炎列犄角之势，命令王进去攻打泉州。十月，刘国轩和右虎卫许耀在惠安涂岭打败了王进，一直追到兴化才回师。吴三桂派了使者周文骥到郑经这里来，目的是调解郑经和耿精忠的关系。十一月，郑军攻打漳浦，刘炎投降，得胜回海澄。

永历二十九年正月初一，郑经率领文武官员和庶民百姓在泉州承天寺向永历帝贺年行礼。耿精忠派遣张文韬前来讲和，双方讲好以枫亭为界，恢复了良好的关系。二月，何祐攻打饶平，抓获了清朝授予续顺公爵位的沈瑞并把他带了回来，郑经授沈瑞为怀安侯。郑经又把叛将洪承畴的祠堂改成祭祀黄道周和蔡道宪，同时将洪承畴及杨明琅的家属百余口流放到台湾的鸡笼。杨明琅，是癸未年（1643）的翰林，李自成攻进北京，杨明琅向李自成投降，在郑经看来他有多项的罪行，后来死于流放的地方。五月，刘国轩到潮州，拨给何祐、刘进忠几千名将士，把潮州府属还没有占领的属县都拿了下来。平南王尚可喜的十几万大军，全部出动，前来进攻，双方相持日久，郑军粮食吃尽，准备退守潮州城。尚可喜亲自指挥骑兵，在清晨袭击何祐的军队，大战于鲎母山下，何祐率部全力抗击，刘国轩赶来参加战斗，尚可喜的军队大败。六月，郑经亲领众将包围漳州。郑经刚到福建的时候，授予黄芳度德化公的爵位，可是黄芳度表面上投降了郑经，暗中还是和清军勾结。事情泄露之后，郑军把漳州城团团围住。黄芳度的堂兄黄芳泰突围到广东求援。漳州城被郑军包围长达半年。黄芳度的堂兄黄芳世从广东带兵来救，将要到达。十月初六，漳州城守将吴淑和他的弟弟吴潜打开城门请郑经军队入城。黄芳度匆忙登上北门的山头，催促部队与郑军进行巷战，失败了，逃到开元寺，投入东边的一口井自杀。郑经进入漳州城，授予吴淑平虏将军、后提督，吴潜则被任命为戎旗二镇。郑经把黄芳度的亲属流放到台湾的淡水，把黄芳度的尸体碎尸万段，把黄梧的坟墓挖开，尸骨也进行了粉碎，以报当初黄梧建议挖掘郑氏祖坟的大仇。士绅们都认为郑经是孝子。

永历三十年正月初一，郑经率领文武官员和庶民百姓在漳州开元寺向永历帝贺年行礼。二月，吴三桂的军队到达肇庆、韶州[①]。碣石总兵苗之秀、东莞守将张国勋向刘国轩投降。这时，尚之信向吴三桂投降。吴三桂用文书告诉郑经，把惠州让给他。郑经派刘国轩进入惠州驻守。五月，耿精忠的将领刘应麟驻守汀州，攻下了江西的瑞金、石城两县，暗中和郑经联系并且归降。郑经授予刘应麟奉明伯的爵位和前提督的职务，命令吴淑前去汀州防守。七月，郑经调刘进忠到潮州，但他没有到。九月，清军攻入福建，生擒耿精忠。耿精忠的守将马成龙献兴化向郑经投降。郑经授予他殄虏伯的爵位和援剿左镇的职务，并派许耀进入兴化驻守。十月，许耀与清军大战于乌龙江，他固守涂岭之战获胜的经验，盲目轻敌，全不设防，因而吃了败仗。郑经调赵得胜、何祐取代了许耀。十一月，耿精忠的将领杨德献出邵武投降郑军，郑经授予他后劲镇的职务，派吴淑进入邵武驻守。十二月，吴淑和清军在邵武城外对敌，天气很冷，霜冻得将士们的手指都僵直了，皮肤皴裂冻伤，无法手持兵器打仗。吴淑兵败逃回厦门，刘应麟逃回潮州后死了。

永历三十一年正月，赵得胜、何祐与清军对敌于兴化城下。清军运用反间计扰乱了郑军的士气，赵得胜力战阵亡，何祐也战败了，兴化城被攻克。二月，泉州、漳州也先后失守，郑经返回厦门，大赏那些逃回来的将领，安排他们防守水、陆要地。以左虎卫林升守东石及其以南地区，水师一镇萧武驻守湄洲，防守兴化方向，水师四镇陈升、五镇蔡冲琱、七镇石玉、八镇陈胜分守蚶江、祥芝、崇武、獭窟，以稳固晋江、南安、惠安的沿海。水师二镇江元勋、三镇林瑞骥协守海澄、芝阴，凡属福清、长乐的沿海地区也归其防守。总制亲随协王一鸣守横屿，楼船中镇萧琛守定海，危宿镇陈起万守福宁，总制后协林日慧、前协吴兆纲分守福安、宁德，援剿后镇陈起明守同安港口。后提督吴淑驻大石湖，兼辖同安。扬威前镇陈昌守谢村，左镇陈福守澄海。戎旗一镇林应守井尾、连江、漳浦。左冲镇马兴隆守铜山，昭义镇杨德守五都，奇兵镇黄应守诏安，英兵镇李隆守南澳，房宿镇杨兴守浅山。以楼船左镇朱天贵、右镇刘天福一起率领水师，防守宁波、温州、台州、舟山等处沿海岛屿。宣毅左镇邱辉仍驻守达濠，以阻扼潮州、揭阳、惠来方向清兵的来路，作为策应。

清康亲王在漳州、泉州两地都已经平定，郑军还占据厦门、金门两岛的情况下，

① 韶州，今韶关。

派遣佥事朱麟臧前来劝郑经投降，并带来了他的一封信，信中说：

尝闻顺天者存，逆天者亡。又曰：识时务者在乎俊杰。我国家定鼎，风声所被，四海宾服，此固气数之所在，而亿兆所归心也。顷因吴、耿煽乱，贵将军乘间窃据，独不思海堤尺土，岂能与天下抗衡。而执迷绝岛，自非识时之君子。倘转祸为福，归顺本朝，共享茅土之封，永奠河山之固，传之子孙，岂不食报无疆哉。

郑经礼待来使，并且坚持依照朝鲜事例，不剃发。回信说：

夫万古正纲常之伦，而春秋严华夷之辨，此固忠臣义士所朝夕凛遵而不敢顷刻忘也。我家世受国恩，每思克复旧业，以报高深，故枕戈待旦，以至今日。幸遇诸藩举义，诚欲中原而共逐鹿。倘天意厌乱，人心思汉，则此一旅亦可挽回，何必裂冠毁冕，然后为识时之俊杰也哉。

郑经拒绝了清方的招降。四月，把那些投降过来的将领都移送到台湾。刘炎又投降清朝，反而在北京被分尸处死。六月，刘进忠向吴三桂投降，不久又去降清，也被清政府杀了。刘国轩这时也只好放弃惠州回到厦门，此前占领的闽、粤十府一时通通丧失。郑经不知还能做什么，就把军事大权都委托给了刘国轩。刘国轩确实是一个将才。七月，康亲王又命令兴化知府卞永誉、泉州知府张仲举两人各加上卿衔，以泉州士绅黄志美、吴公鸿辅助，重申之前招降的意图，要求郑经撤出沿海各岛。

郑经召集众将讨论，冯锡范提出，要让清政府开放沿海四府作为双方可以进行通商贸易的地方。清方两位使者回去之后，宁海将军喇哈达又有信送给郑经，其中大致说：

年来使车往还，议抚议贡，几于舌敝唇焦矣。而至今迄无定论者，良由贵君臣挟一尽节为明之见，以为汲汲议抚，我朝廷自图便利尔。夫议抚者，为全尔君臣之名节也，为培我国家万年之根本也。愿执事大破拘挛，俾得竭殚愚衷，一听贵君臣之自择可乎。昔箕子殷之忠臣也，殷祚既灭，就封朝鲜，以存殷祀。田横齐之义士也，耻臣于汉，与客俱刎洛阳。夫田横虽义，非箕子比也。愿贵君臣同于箕子，毋蹈田横之故辙。则何不罢兵休士，全车甲而归台湾，自处于海外宾臣之列。其受封爵惟愿，不受封爵亦惟愿。我朝廷亦何惜以穷海远适之区，为尔君臣完全名节之地。执事如果有意，肯降心相从，余虽武人，忝为勋戚，自当特请朝命，饬各有司，以岁时守护贵君臣先茔，恤其族姓宗支，不许兵民侵暴。行三代之旷典，成千秋之美谈，当亦我皇上所不靳也。执事如感朝廷之恩，则以岁时通贡，如朝鲜故事，通商贸易，永无猜嫌，岂不美哉。夫保国存祀，至忠也；护祖光宗，至孝也；全身远害，至智也；息兵恤民，至仁也。行一事而四善备，尔君臣亦何苦而不为此。如徒悍然不顾，希旦夕之安，忘先机之哲，一遇议抚，则大言夸词，要地请饷，此盖小人挟执事之谋，甚不足信。夫事势穷蹙之时，人心一散，祸变难防，舟中之人，皆敌国也。执事虽欲全师而归，恐不可得。且事势穷蹙之时，然后归，亦何面目以见父老乎？执事宜内断于心，与一二亲信有识者计议。道旁筑舍，三年不成，大惧身名之俱丧，以为执事辱也。如终不可复合，请断嗣音，虚意周旋，无复望焉。唯执事裁之！

郑经收到信以后，召集了许多文武官员商量。冯锡范说："先王在日，仅有两岛，尚欲大举征伐，以复中原，况今又有台湾，进战退守，权操自我，岂以一败而易夙志哉。"

永历三十二年二月，郑军攻打漳州，每战都取得胜利，任命刘国轩为中提督。当时，清军集中了很多兵力，刘国轩和吴淑等将领的兵力只有数千人，却能纵横驰骋，大体上是仿效了当年郑成功的战法。清军看见郑军的进攻，都显得软弱害怕，不敢应战。六月，清廷任命按察使吴兴祚为福建巡抚、逮捕了原来的福建巡抚郎廷相，并且任命随军的布政使姚启圣为福建总督，催促各路清军增援海澄，但几路援军都拖延不敢前进。海澄被郑军攻破，清军提督段应举上吊自杀，总兵黄蓝在巷战中死亡，清军战死者达 3 万余人[①]，马 1 万余匹。郑经就晋封刘国轩为武平伯、平北将军，吴淑为定虏伯、平虏将军，何祐为左武卫，林升为右武卫，江胜为左虎卫。郑军的势力在漳州地区又强盛起来，人数接近 5 万人。接着攻下了长泰、同安。七月，乘胜包围了泉州，并且攻打泉州府的属县。这时，清军集中了很多兵力前来增援，刘国轩率领了 28 个军镇回到漳州，他驻军在溪西，吴淑、何祐驻军在浦南，双方大战于龙虎山，郑军战败，郑英、吴正玺战死，刘国轩收兵保卫海澄。九月，姚启圣派遣张雄前来谈判，要求郑经把海澄还给清方，郑经拒绝。

永历三十三年，郑经以陈谅为援剿左镇，于定海击败清军。十月，清军攻打坂尾寨，不胜而回。十一月，郑军大将吴淑不幸在坂尾寨被倒塌的房屋压死，郑经非常悲伤，痛哭不已，举行了厚葬，并且让他的儿子吴天驷任建威镇，继续统领吴淑的部队。这时，清政府又严厉实行禁海的命令，强制沿海居民迁到界内。姚启圣在漳州设修来馆，诱使郑军官兵降清。

永历三十四年正月，清福建水师提督万正色大举进攻厦门，郑经以右武卫林升

① 据福建总督姚启圣当时奏报："满汉官兵一万二千余员名尽没于海澄县城。"

为统帅，率领援剿左镇陈谅、左虎卫江胜、楼船左镇朱天贵进行防御，刘国轩也放弃了海澄，前来支援。交战后，郑军失利，郑经带领众将士回到台湾。董夫人把郑经叫去予以严厉指责，说："冯、陈之业衰矣，若辈不才，徒累维桑，则不如勿往。"

永历三十四年四月，天上出现彗星。当初，郑经渡海西征时，将大权委托给陈永华主持，以长子郑克𡒉监国。郑克𡒉虽然年轻，性格却明毅果断，有他祖父郑成功的风范，而陈永华又尽心尽力地辅佐，因此台湾得到了很好的治理。内部抚绥汉人和"土番"，对外供给军队的粮饷，保证郑氏军队在大陆的征战物资不会缺乏。到郑经败归台湾后，许多将领都有些苟且偷安，陈永华忧心忡忡，主动辞去兵权，而郑经就把兵权交给刘国轩。不久，陈永华病逝。接着刑官柯平、户官杨英也相继去世。五月，传来消息称，清军将有攻打台湾的举动，郑经集合文武官员开会商议。命令天兴州知州张日曜按照屯兵籍册中人数的十分之一充入战斗系列，得到兵员 3000 多人。七月，彗星再次出现，直至十一月才消失。十月，派遣右武卫林升率领军队巡视台湾北部，将以前西班牙人留下来的鸡笼城拆毁。郑经从大陆败归之后，不理军政事务，在洲仔尾建造园亭，和一些将领停留在那里，欢乐宴饮、比赛射技。又兴建了北园别墅，让董夫人居住。军政事务，全部交给郑克𡒉，军民们都很满意。

永历三十五年正月初一，监国世子郑克𡒉率领文武官员在安平镇贺年，先去给董夫人拜年，又去洲仔尾向郑经拜年。郑经正要下令让民众在正月十五大闹元宵，郑克𡒉听到了，建议说：

> 偏僻海外，地窄民穷，频年征战，几不聊生，兹者屡闻清人整军备舰，意欲东渡，大仇未灭，人心汹汹，何必以数夕之欢，而耗民间一月之食。伏乞崇俭，以培元气，以永国祚。

郑经很赞赏郑克𡒉的意见，马上停止准备闹元宵，只是自己设宴，与刘国轩等一些将领纵酒畅饮而已。没多久，郑经就患了重病，临终时嘱托刘国轩辅佐郑克𡒉，死时 39 岁。郑经死后，他的几个弟弟声称："克𡒉非吾骨肉，一旦得志，吾属无遗类矣。"他们去董夫人面前挑唆，于是董夫人就下令将郑克𡒉的监国印给收了，对这种郑家的内部事务刘国轩无法表态。郑克𡒉被关在一间屋子里，到了晚上，郑经的那些弟弟命令黑人奴仆将郑克𡒉用绳子勒死了。郑克𡒉的妻子是陈永华的女儿，也自杀殉夫。于是，立郑经的次子郑克塽为延平郡王，佩招讨大将军印。郑克塽才 12 岁，就以郑经的二弟郑聪为辅政公。郑聪是一个贪鄙懦弱的小人，军政大事都由刘国轩、冯锡范做主，晋封刘国轩为武平侯、冯锡范为忠诚伯，派戎旗四镇董腾率领舟师驻守澎湖。清廷听到郑经死了，宁海将军喇哈达就立即写好告示，派人送到台湾，劝郑氏投降。郑经的弟弟郑明、郑智请求捐资募兵，冯锡范不同意，但刘国轩认为应当同意。郑克塽任命郑明为左武骧将军、郑智为右武骧将军。六月，董夫人死了。有人不喜欢董腾，就解除了董腾的兵权，派右武卫林升代替董腾守澎湖。董腾是董夫人的弟弟。十月，清福建总督姚启圣用计暗中诱降了明郑的宾客司傅为霖做内应，还联系了高寿、蔡恺等将领附从。建威后镇朱友举报了这件事，傅为霖等人被杀了，还牵连到怀安侯沈瑞，导致沈瑞全家被杀。沈瑞的妻子是礼官郑斌的女儿，虽然获准免死，但她却自缢死了。这时，姚启圣上疏推荐万正色为福建提督、施琅为福建水师提督，积极谋划攻打台湾。郑克塽派刘国轩为统帅，以征北将军曾瑞、定北将军王顺为副统帅，率领各兵镇防守澎湖。又派左武卫何祐为北路统帅，以智武镇李茂为副统帅，率领军队防守鸡笼。

永历三十六年春天，施琅在莆田平海训练水师。三月，竹堑[①]的“番社”叛乱，郑克塽派左协理陈绛前往镇压。十二月，姚启圣派遣副将黄朝用到澎湖，见过刘国轩，准备按照朝鲜事例进行双方的谈判，因此到台湾再进一步商谈。冯锡范、陈绳武都不同意。

永历三十七年正月，郑克塽派遣天兴州知州林良瑞到福州，作为对黄朝到台湾的回访。三月，何祐到淡水城防守。五月，淡水通事李沧建议通过采金来充实军饷。郑克塽派监纪陈福、宣毅前镇叶明率领部队前往，一直到卑南觅[②]，没有收获而返回。六月十四，施琅率领清军水师从铜山出发，集中停泊在八罩屿[③]，准备攻打澎湖。刘国轩守澎湖，初战郑军小胜，再战郑军大败，林升、邱辉、江胜、陈起明、吴潜、王隆都战死，烧毁、沉没大小战船200多艘。刘国轩知道大势已去，乘坐轻快的小船逃回台湾告急。郑克塽立即召开文武官员大会商讨如何应对危局。建威中镇黄良骥建议攻取吕宋，提督中镇洪邦柱表示支持，主动要求担任先锋。冯锡范准备表示同意的时候，刘国轩坚称不可行，因此决定向清朝投降。于是派协理礼官郑英平、宾客司林维荣携带给清廷的奏章拜见施琅，并且写了一封给施琅的信，要求投降之后郑氏及其部属仍然住在台湾。遭到施琅的拒绝。

七月十五日，郑克塽又派冯锡圭、陈梦炜、刘国昌再到澎湖，这次他们带去的

① 竹堑，今新竹市。

② 卑南觅，今台东。

③ 八罩屿，今澎湖县望安岛。

给清廷的投降书中说：

臣生自海外，稚鲁无知，谬继创垂之绪，有乖倾向之诚。迩者楼船西来，旌旗东指，箪壶缓迎于周旅，干羽烦舞于虞阶。自省重愆，诚为莫赎。然思皇灵之赫濯，信知天命之有归。逆者亡，顺者昌，乃覆载待物之广大。贰者讨，服者舍，谅圣主与人之甚宽。用遵往时之成命，爰邀此日之殊恩，冀守宗祧以勿失，永作屏翰于东方。业有降表具奏外，及接提督臣施琅来书，以复居故土，不敢主张。臣思既倾心而向化，何难纳土以输诚。兹特缮具表章，并延平郡王印一颗、册一副，及武平侯臣刘国轩印一颗，忠诚伯冯锡范印一颗，敬遣刘国昌、冯锡圭赍赴军前，缴奏版籍土地人民，待命境上。数千里之封疆，悉归土宇，百余万之户口，并属版图。遵海而南，永息波涛之警，普天之下，均沾雨露之濡。实圣德之渐被无方，斯遐区之襁负恐后。独念臣全家骨肉，强半孺呱，本系南人，不谙北土。合情乞就闽省地方拨赐田园庐室，俾免流移之苦，且养赡有资，则蒙高厚之生成，当绘丹青以衔结。至于明室宗亲，格外优待，通郑士庶，轸念绥柔，文武诸官，加恩迁擢，前附后顺，一体垂仁。夙昔结怨，尽与捐除，籍没产业，俱行赐复。尤当广推宽大之仁，明布维新之令，使夫群情允惬，共鼓舞于春风，万汇熙恬，同泳游于化日。斯诚微臣无厌之求，邀望朝廷不次之恩者也。

施琅收到投降书，接受了郑克塽的投降，命令台湾军民全部剃发。明宗室宁靖王朱术桂认为自己是明朝皇室的子孙，不能受侮辱，就上吊自杀了，他的五位妃子也一起自杀。

八月十三日，施琅到台湾，他亲自到郑成功庙祭拜，祭文说：

自同安侯入台，台地始有居民。逮赐姓启土，世为岩疆，莫可谁何。今琅赖天子之灵，将帅之力，克有兹土。不辞灭国之罪，所以忠朝廷而报父兄之职分也。但琅起卒伍，于赐姓有鱼水之欢，中间微嫌，酿成大戾。琅与赐姓，剪为仇敌，情犹臣主。芦中穷士，义所不为，公谊私恩，如是则已。

施琅读完祭文还哭了。施琅以台湾已经平定，上疏奏告清廷，将郑克塽等人送到北京。清廷封郑克塽为汉军公、冯锡范为汉军伯、刘国轩为天津总兵、何祐为梧州副将。将其他将领和明朝的几位王室发配安插到各省。从郑成功到郑克塽三代，共 38 年，奉明朝为正朔的势力全部败亡。

连横评论说，清同治十三年十二月，福州将军文煜、总督李鹤年、巡抚王凯泰、船政大臣沈葆桢联名上奏说：

明季遗臣，台阳初祖，生而忠正，没而英灵。恳予赐谥建祠，以顺舆情，以明大义事。据台湾府进士杨士芳等禀称：窃维有功德于民则祀，能正直为一者为神。明末赐姓延平郡王郑成功者，福建泉州府南安县人。少服儒冠，长遭国恤，感时仗义，移孝作忠。顾寰宇难容洛邑之顽民，向沧溟独辟田横之孤岛。奉故主正朔，垦荒裔山川，传至子孙，纳土内属。维我国家宥过录忠，载在史册。厥后阴阳水旱之沴，时闻吁嗟祈祷之声，肸蠁所通，神应如答。而民间私祭，仅附丛祠，身后易名，未邀盛典，望古遥集，众心缺然。可否奏请将明故藩郑成功准予追谥建祠，列之祀典，等因。并据台湾道夏献纶、台湾府周懋琦等议详前来。臣等伏思郑成功丁无可如何之厄运，抱未得曾有之孤忠。虽烦盛世之斧斨，足砭千秋之顽懦。伏读康熙三十九年圣祖仁皇帝诏曰："朱成功系明室遗臣，非朕之乱臣贼子，敕遣官护送成功及子经两柩归葬南安，置守冢，建祠祀之。"圣人之言，永垂定论。惟祠在南安，而台郡未蒙敕建，遗灵莫妥，民望徒殷。至于赐谥褒忠，我朝恢廓之规，远轶隆古，如瞿式耜、张同敞等，俱以殉明捐躯，谥之忠宣、忠烈。成功所处，尤为其难，较之瞿、张，奚啻伯仲。合无仰恳天恩，准予追谥，并于台郡敕建专祠，俾台民知忠义之大可为，虽胜国亦华衮之所及。于励风俗正人心之道，或有裨于万一。臣等愚昧之见，是否有当，理合恭折具奏。

诏令批准奏折，追封郑成功谥号为"忠节"，并且在台湾府城建立延平郡王祠，以明代与郑成功同时期的忠义人士 114 人配祀。而我台湾守护神郑成功[①]，将永远守护着这块土地。

延平郡王世系表

（此表据《郑氏总谱》《郑氏家谱》《石井本宗族谱》等资料进行订正）

郑绍祖（郑士表），字毓程，号象庭，世代居住在福建南安县杨子山下石井乡，娶徐氏，继娶黄氏，生芝龙、芝虎、芝麟、鸿逵、芝豹。

郑芝龙，字飞黄，先娶陈氏，继娶日本平户河内浦田川氏，改姓翁氏，生成功及七左卫门。翁氏归国，七左卫门仍居日本。后又娶颜氏、陈氏、李氏、黄氏，生五子：世忠、世恩、世荫、世袭、世默。

① 本卷原名《建国纪》，现根据史实，准确表述为《明郑纪》。称郑成功为"我台建国之大神"，是基于强烈的排满思想。连横有大汉族主义思想局限，他认同汉人建立的政权，认为郑氏在台湾坚持明朝正朔 20 多年，是明朝正统的延续。

郑成功，初名森，字大木，少名福松。隆武元年（1645）赐姓朱，改名成功，字明俨。二年六月，封忠孝伯。永历二年（1648）十月，封威远侯。三年七月，封漳国公。十二年正月，晋封延平郡王。娶董氏，另有侧室庄氏、温氏、史氏、蔡氏，生子经等 10 人。永历十六年五月，在台湾病逝。

郑世忠，跟随郑芝龙降清。

郑世恩，后来到北京探望父亲，被清政府处死。

郑世荫，后来到北京探望父亲，被清政府处死。

郑世袭，跟随郑成功住厦门，后来到台湾。

郑世默，后来到北京探望父亲，被清政府处死。

（按，七左卫门住在日本。在这五人之外。或者还有郑世袭的生平，有待进一步考查。）

郑经，字式夫，号贤之，袭封延平郡王。娶唐氏，另有侧室陈氏、赖氏、李氏、黄氏，生子克塽等七人。妾某氏，生克壓。永历三十五年正月在台湾病逝。

郑聪，娶朱氏，生克坦。

郑明，娶林氏，没有子嗣，过继郑裕次子克俊为子嗣。

郑睿，年幼时病死在台湾，没有子嗣。

郑智，娶洪氏，生克璋。

郑宽，娶林氏，生克培。

郑裕，永历三十七年随郑克塽一起降清，娶王氏，生克崇。

郑温，永历三十七年随郑克塽一起降清，娶刘氏，生克模、克杰。

郑柔，娶洪氏，生克玺。

郑发，早年去世，以郑温的儿子郑克圭过继作为子嗣。

郑克壓，曾经被郑经确立为继承人监国，后因郑氏内乱被害。娶陈氏，没有子嗣。

郑克塽，袭封延平郡王。永历三十七年向清政府投降，改封汉军公。娶冯氏，继娶史氏、苏氏，另有侧室朱氏、翟氏，生安福、安禄、安康。

郑克举，娶许氏。

郑克均，娶柯氏。

郑克坺，娶冯氏。

郑克墒，娶赵氏。

郑克圻，娶张氏。

郑克塙，娶刘氏。

卷三

经营纪

卷三

经营纪

（起清康熙二十二年，终于光绪二十年）

康熙二十二年（1683）八月，清朝取得台湾后，朝廷中有人议论要放弃这个地方。靖海侯、靖海将军施琅不赞同放弃台湾，他上疏说：

台湾北连吴会，南接粤峤，延袤数千里，山川峻峭，港道纡回，乃江、浙、闽、粤四省之左护。隔澎湖一大洋，水道三更。明季设水师标于金门所，出汛至澎湖而止，水道亦有七更。……然其时中国之民潜至，生聚于其间者，已不下万人。郑芝龙为海寇时，以为巢穴。及崇祯元年，芝龙就抚，将此地税与红毛，为互市之所。红毛遂联络土番，招纳内地人民，成一海外之国，渐作边患。至顺治十八年，为郑成功所攻破，盘踞其地，纠集亡命，窥伺南北。及其孙克塽，六十余年无时不仰廑宸衷。臣奉命征讨，亲历其地，备见野沃土膏，物产利溥，耕桑并耦，渔盐滋生，满山皆属茂树，遍处俱植修竹。硫磺、水藤、糖蔗、鹿皮，以及一切日用之需，无所不有。向之所少者布帛尔，兹则木棉盛出，经织不乏。且舟帆四达，丝缕踵至，饬禁虽严，终难杜绝。实肥饶之区，而险阻之域也。一旦纳土归命，此诚天以未辟之方舆，资皇上东南之保障，永绝边海之祸患，岂人力所能致哉。夫地方既入版图，民番均属赤子，善后之计，尤宜周详。此地若弃为荒陬，复置度外，则今台湾人居稠密繁息，农工商贾各遂其利，一行徙弃，安土重迁，失业流离，殊费经营，实非长策。况以有限之船，渡无限之民，非阅数年，难以报竣。使载渡不尽，苟且塞责，则深山穷谷，窜伏潜匿，实繁有徒，和同土番，从而啸聚。假以内地之逃军流民，急则走险，纠党为患，造船制器，剽掠海滨。此所谓藉寇兵而赍盗粮，固较着也。且此地原为红毛所居，无时不在贪涎，亦必乘隙以图。一为所有，彼性狡黠，善为鼓惑。重以夹贩船只，制作精坚，从来无敌于海外。若得此数千里之膏腴，必倡合党伙，窃窥边场，迫近门庭，此乃种祸。将来沿边诸省，断难晏然无虞。至时动师远征，两涉大洋，波涛不测，恐未易建成效。如仅守澎湖而弃台湾，则澎湖孤悬海外，土地卑薄，异于台湾，远隔金、厦，岂不受制于人。是守台湾即所以固澎湖也。台、澎联为臂指，沿海水师汛防严密，各相犄角，声气关通，应援易及，可以宁息。昔日郑氏得以负抗者，以台湾为老巢，澎湖为门户，四通八达，任其所之，我之舟师往来有阻。今地方既为我得，官兵棋布，风期顺利，片帆可至，虽有奸萌，不敢复发。臣业与部臣、抚臣会议，而部臣、抚臣未履其地，弃留未决。臣阅历周详，则不敢遽议轻弃也。且海氛既靖，内地溢设之兵，尽可陆续裁减，以之分防台、澎两处。台湾设总兵一员，水师副将一员，陆师参将二员，兵八千名。澎湖设水师副将一员，兵二千名。计兵一万，足以固守，又无添兵增饷之费。其防守总兵、副、参、游等官，定以三年或二年转升内地，无致久任，永为成例。然当此地方初辟，正赋杂饷似宜蠲豁。现在一万之兵食，权行全给，三年后开征，可以佐需。抑且寓兵于农，亦能济用，可以减省，无尽资内地之转输也。盖筹天下之形势，必求万全。台湾一地虽属外岛，实关要害，无论彼中耕种，犹能少资兵食，固当宜留。即为不毛之壤，必藉内地挽运，亦断不可弃。弃留之际，利害攸关。臣思弃之必酿成大祸，留之诚永固边疆。是以会议具疏之外，不避冒渎，以其利害自行详陈。

朝廷诏令认为可行。设置一府三县，隶属福建。府名叫台湾，附城郭首县也叫台湾。南部的叫凤山县，北部的叫诸罗县。而在澎湖设置了巡检，又设置台厦兵备道，驻台湾府城，兼理提督学政、按察使司事，派兵分别防守水路和陆路，这样台湾就成了海疆重镇。十一月，雨雪天气，坚冰厚达一寸多。

康熙二十三年春天，台湾文武官员全部到任。于是开始清查户口和征收田赋，台湾一共有田 7534 甲，园 10919 甲，户数为 12727，口数为 16820。施琅上奏请求减少田赋，皇帝下旨再议。经商议，最后确定上等田每甲征收稻谷 8 石 8 斗，上等园每甲征收稻谷 4 石，每个男丁征收银子 4 钱 7 分 6 厘，永远作为定例。当初，延平郡王郑成功收复台湾那一年，清政府下令将沿海的居民迁入内地，严禁接济台湾。到这时允许开放海禁，在鹿耳门设置海防同知，准许通商，但到台湾的人不许携带家眷。施琅认为，惠州、潮州一带的民众多和海上交往，特别禁止他们和台湾往来。这一年设立了台湾县、凤山县儒学。

康熙二十四年，设立台湾府儒学，是在郑氏时期圣庙的基础上扩建的，中间是大成殿，祭祀孔子。在每年仲春二月和仲秋八月的上旬丁日（初四日），举行释菜礼[1]。

康熙二十六年，闽浙总督王新命、福建巡抚张仲举上奏获准，台湾府学每年招文、武童生各20名，每次科试录取文童20名，廪膳生20名，增广生20名，岁贡生1人。台湾人开始参加福建乡试。

康熙二十七年，南明太仆寺卿沈光文在诸罗县去世。

康熙二十八年，开始在台湾铸造康熙铜钱。

康熙二十九年冬天，台湾大丰收。

康熙三十年八月，刮台风，损毁房屋，毁坏船只。

康熙三十一年，停止在台湾铸造康熙铜钱。

康熙三十二年，台湾大丰收。

康熙三十三年初，高拱乾主修《台湾府志》完成。

康熙三十四年，台湾知府靳治扬设立“熟番”社学。

康熙三十五年七月，新港人吴球想造反，没有成功，被杀。

康熙三十六年，仁和（今杭州）人郁永河到北投熬制硫磺，一路上经过许多“番社”。

康熙三十七年。

康熙三十八年二月，吞霄社土官卓个卓雾亚生发动叛乱。五月，淡水[2]土官冰冷也起兵响应。七月，水师到达淡水，抓获冰冷并将他处死。八月，代理北路参将常泰利用岸里社“土番”攻击吞霄社，抓获卓个卓雾亚生，斩首于集市。

康熙三十九年，清朝下诏恩赐明朝延平郡王郑成功和他的儿子郑经归葬福建南安，安排人守墓，建立延平郡王祠。

康熙四十年十二月，诸罗县刘却起事，烧毁下茄苳营，附近的“熟番”也跟着叛乱。官军出兵讨伐，刘却战败逃跑。

康熙四十一年。

康熙四十二年二月，刘却再次图谋起事，没有成功，被杀。

康熙四十三年，建立崇文书院。

康熙四十四年冬天，全台湾发生饥荒，朝廷下诏免除台湾、凤山、诸罗三县田赋。

① 释菜礼，古代凡是初入学，必须向先师孔子行释菜礼，用果蔬奠祭，而不用牲牢币帛。

② 淡水，今台北县淡水镇。

康熙四十五年，设立诸罗县儒学。

康熙四十六年冬天，台湾发生饥荒，朝廷下诏减免田赋的十分之二。

康熙四十七年。

康熙四十八年，泉州人戴岐伯、陈逢春、陈宪伯、赖永和、陈天章等5人建立“陈赖章”垦号，与“熟番”订立契约，前往开垦大佳腊[①]的荒地，这是开发台北的开始。

康熙四十九年，开始在淡水设置士兵防守，规定三年进行一次轮换。

康熙五十年，在台湾府城建立万寿宫。

康熙五十一年，朝廷下诏免除本年的田赋。

康熙五十二年，朝廷下诏以康熙五十年的丁册为准，多增加的人口，永远不增加人口税。北路营参将阮蔡文亲自到竹堑、大肚等“番社”，安抚慰问“土番”。

康熙五十三年夏天，台湾府城遭遇大火，烧毁数百户人家。秋季大旱，朝廷下诏减免台湾、凤山两县十分之三的田赋。这一年康熙皇帝派天主教神甫买剌（冯秉正、Joseph-Francois-Marie-Anne de Moyriac de Mailla）来台湾，测量经度，绘制地图。

康熙五十四年。

康熙五十五年五月，福建巡抚陈瑸奏陈海防法。岸里社首领阿穆请求开垦猫雾拺的荒地，诸罗知县周钟瑄批准了，这是开辟台中的开始。

闽浙总督满保上奏说：“……民番杂处，自入版图以来，所有凤山县之熟番力力等十二社，诸罗县之熟番萧垅等三十四社，数十余年，仰邀圣泽，俱各民安物阜，俗易风移。今据台湾镇道详报，南路生番山猪毛等十社，四百四十六户，北路生番岸里等五社，四百二十户，俱各倾心向化，愿同熟番一体内附。每年愿纳鹿皮五十张，各折银十二两，代输贡赋，载入额编，就台充饷。此外不得丝毫派扰，以彰怀远深仁。”

朝廷下诏同意。从这以后，“生番”归附朝廷的越来越多。

康熙五十六年冬天，发生饥荒，朝廷下诏减免本年田赋的十分之三。

康熙五十七年。

康熙五十八年初，《凤山县志》修纂完成。

康熙五十九年，建海东书院。十月初一，发生大地震。十二月初八，又发生地

① 大佳腊，今台北市一带。

震，连续十几天，房屋倒塌，民众死亡。朝廷下诏免除台湾府属康熙五十七年额征的汉民和“土番”的田赋和丁银。

康熙六十年五月，朱一贵在冈山起义，攻破府城，总兵欧阳凯、副将许云都战死了，台湾南北全都响应。朱一贵自称中兴王，建元“永和”，恢复明朝制度。闽浙总督满保听到消息，火速赶往厦门，命令南澳镇总兵蓝廷珍出兵，会同福建水师提督施世骠前往台湾讨伐。六月，攻克鹿耳门，逼近府城。朱一贵交战失败，被抓获，押送到京城分尸处死，余党也慢慢平息了。八月，台风毁坏民居，天空变成红色，许多军民被淹死。朝廷下诏免除本年的田赋，用库银赈灾抚恤。当时朝廷准备将台湾总兵移到澎湖，而在府城设置陆路副将，将水、陆两个中营撤归内地。蓝廷珍力争不可，上书给总督满保要求制止，福建提督姚堂也同意蓝廷珍的意见，于是才停止了这个讨论。特别设立巡台御史，满、汉各一名，每年巡视台湾，体察民众疾苦。

康熙六十一年五月，御史吴达礼、黄叔璥从京城来到台湾。总督满保认为沿山一带容易窝藏奸匪，于是勒令靠山十里以内的居民迁走。从台湾北部开始到南部为止，修筑长城进行区隔，深挖壕沟，作为永远的界限，越界的人以盗贼论处。蓝廷珍再次上书制止，于是下令在沿山的各个路口立石为界，禁止汉民深入内山。这一年阿里山、水沙连各社“番民”都接受了官府的招抚。夏天，凤山县的赤山山体裂开，火光冲天，有一丈多。

雍正元年（1723），增设彰化县及淡防厅，雍正五年升澎湖巡检为海防同知，增加防守士兵，以守卫南北，台湾的局面逐渐开展。这一年，傀儡社“土番”叛乱，派兵征讨。

雍正二年，朝廷下诏免除康熙十八年至五十年（1679—1711）各省欠交的田赋、丁银等项。给台湾班兵家眷发放口粮。这年初，《诸罗县志》修纂完成。

雍正三年，下诏免除成年“番妇”的人头税。

雍正四年初，台湾的盐由原来民众自行纳税晒用改为官办，归台湾府衙门管理。七月，水沙连“土番”叛乱，兵备道吴昌祚会同军队进行讨伐。

雍正五年，改台厦道为台湾道。朝廷下诏命令福建将官谨慎选拔到台湾换防的班兵。巡视台湾御史尹秦奏请设立社田，作为“土番”耕种打猎的场所，其余的草地都可以招民开垦，获得朝廷下诏同意。之后又有禁占“番地”的命令。当时朝廷认为台湾道职责重、事务多，命令汉御史兼理提督学政。

雍正六年，台湾镇总兵王郡上奏说，在台湾换班戍守的士兵，其中教其他士兵识字的人、舵工、缭手[①]、斗手[②]等，请求在台湾招募。朝廷不同意。

雍正七年，朝廷下诏特别恩准给在台湾戍守的士兵加发赡养家口的费用，每年共4万两银子。二月，山猪毛“土番”叛乱，总兵王郡前往征讨。

雍正八年，朝廷下诏，巡视台湾御史要新旧并用，即上一批要留一人与下一批一人一起工作一年，如此错开，周而复始。又命令调到台湾的官员到任两年后，福建的总督、巡抚要另选贤能官员到台湾协办，半年之后，才将旧官员调回，由新官员正式接任。

雍正九年十二月，大甲[③]西社“土番”叛乱，总兵吕瑞麟前往征讨。

雍正十年三月，凤山县吴福生起事，攻占埤头，守备张玉战死，原任总兵王郡率军平定了。六月，总督郝玉麟调吕瑞麟回府城，命令王郡前往征讨大甲西社“土番”，也平定了。朝廷下诏免除彰化县雍正八年、雍正九年还没有完成征收的田赋，因为“土番”的叛乱刚刚平定，这样可以稍微缓解一下民众的生活压力。大学士鄂尔泰上奏说，应当准许台湾居民携带家眷入台，获得同意。于是到台湾的人越来越多，都有在台湾开辟田地、建立房屋、繁衍子孙的想法。

雍正十一年，朝廷下诏减免台湾府属庄租十分之三。经总督郝玉麟上奏获准，允许台湾道员按照台湾总兵、副将的定例，任满三年后，调内地等候任用；台湾知府、同知、通判、知县就按照参将等武官的定例，任满二年后，奏请升级或补缺。

雍正十二年，经总督郝玉麟上奏获准，调到台湾的官员，年过40还没有儿子的，允许携带家眷去台湾。

雍正十三年，朝廷下诏减免各省田赋及官租的三分之一，以庆乾隆皇帝的登基大典。十月，眉加腊社“土番”叛乱，副将靳光瀚、同知赵奇芳出兵征讨。十二月，诸罗县湾里街发生大地震，毁坏民房，发放抚恤银3000两。

乾隆元年（1736），朝廷下诏，所有台湾4县的丁银全部根据内地的规定，适当参照中间等级降低标准，每丁征银2钱，今后永远成为定例。颁布书院的规训。严禁内地人民偷渡台湾。

乾隆二年，朝廷下诏减少台湾的“番饷”，按照汉民丁银的定例，每丁征银2钱。禁止汉民侵垦“土番”土地。禁止汉人和“土番”通婚。闰九月十二，朝廷诏令：“台地如有人民不法等事，嗣后许令武员移送地方官究治。如兵丁生事滋扰，许文

---

① 缭手，负责掌控船帆绳索的水手。

② 斗手，攀爬篷绳，登上船桅，负责看风向的水手。

③ 大甲，今台中县大甲镇。

员关会营伍责惩。如有彼此推诿者，照例罚俸一年。并饬令各该地方汛防员弁实力奉行，彼此按月稽查，取具并无兵丁滋扰印结，转报该上司查核。如或有意徇纵，即将地方官照徇庇例议处。”

乾隆三年二月，开始在北部登台、新庄两个地方设立义胜、永胜两寨。秋天，台湾、诸罗两县遭受风灾，朝廷下诏免除这两县的丁银。

乾隆四年，根据巡台御史诺穆布奏请，对台湾举人参加会试取中名额进行规定。建立校士院（考棚）。

乾隆五年，禁止台湾居民携带家眷到台湾。最初，台湾班兵换防时按惯例由台湾、诸罗两县官庄收入中支付路费，从这时起，改为由福建布政使司支付。闰六月，狂风暴雨，连续4天才停，盐水港[①]受灾尤其严重，发公款200两银子赈灾。

乾隆六年，巡台御史舒辂、张湄奏请建立台湾府粮仓，以防备荒年歉收，得到朝廷的批准。

乾隆七年诏令：“台湾地隔重洋，一方孤寄，实为数省藩篱，最为紧要。虽素称产米之区，迩来生齿倍繁，土不加辟，偶因雨泽愆期，米价即便昂贵。盖缘拨运四府及各营兵饷之外，内地采买既多，并商船所带，每年不下四五十万。又南北各港来台小船，巧借失风名色，私装米谷，透越内地。彼处概给失风船照，奸民恃为护符，运载遂无底止。且游手之徒，乘机偷渡来台，莫可究诘。闻此项人等，俱从厦门所辖之曾厝垵、白石头、大担、南山边、刘五店，及金门之料罗、金龟尾，安海、东石等处小口下船。一经放洋，不由鹿耳门入口，任风所之，但得片土，即将人口登岸，其船远棹而去，愚民多受其害。况台湾惟借鹿耳门为门户，稽查出入。今任游匪潜行往来，海盗便熟，将鹿耳门亦难恃其险要，殊非慎重海疆之意。朕所闻如此，着该督抚严饬所属文武官弁，将以上各弊，一一留心清查。并于汛口防范周密，不使疏纵，庶民番不至缺食，港路亦可肃清。该部可传谕知之。”

乾隆八年，规定淡水商船的数量。

乾隆九年，朝廷下诏禁止武官建置官庄。修改台湾田园征收田赋的标准。

乾隆十年八月，澎湖风灾，朝廷下诏发放公款600两银子赈灾。九月，朝廷诏令：“闽省丙寅年地丁钱粮已全部蠲免。惟是台湾府属一厅四县地亩额粮，向不编征银两，历系征收粟谷。今内地各郡既通行蠲免，而台湾地亩因其编征本色，不得一体邀免，非朕普遍加恩之意。着将台湾府属一厅四县丙寅年额征供粟一十六万余

① 盐水港，在今台南县盐水镇。

石，全数蠲免。”

乾隆十一年，朝廷下诏准许台湾人民携带家眷进入台湾。

乾隆十二年，朝廷下诏将台湾的丁银配入田赋交纳。

乾隆十三年。

乾隆十四年七月，大雨，发生水灾，台湾县所属的田园多被冲毁。

乾隆十五年七月，大雨，发生水灾。八月，刮台风，毁坏船只、房屋，台湾知府方邦基在莆田南日岛附近海域淹死。把淡水八里坌巡检移到新庄。

乾隆十六年。

乾隆十七年，改巡台御史两年一任为三年一任。由台湾道兼理提督学政事务。六月，发生地震。七月，发生火灾，风助火势，草木尽被烧焦。台湾府文庙棂星门坍塌。

乾隆十八年，朝廷下诏免去台湾、凤山、彰化三县乾隆十五年因水灾被毁田地的田赋。八月，大风损毁了很多稻田的禾苗。

乾隆十九年四月，淡水发生大地震，毛少翁社地陷沉入水中。九月，诸罗县大风，损毁了许多田里的水稻，朝廷下诏缓征当年的田赋，开仓救济灾民。

乾隆二十年，诏令免去诸罗县乾隆十五年因水灾被毁土地的田赋。

乾隆二十一年。

乾隆二十二年十二月，澎湖刮大风，军队巡逻的船只多数沉没。

乾隆二十三年，诏令废除通事、社丁一向由汉人充当的惯例，鼓励“熟番”充任。禁止汉人私垦“番地”。十月，诸罗县连续三天狂风暴雨，晚稻大多损毁，诏令缓征当年的田赋。

乾隆二十四年，将淡水都司移驻艋舺。建立玉峰、白沙两个书院。台湾县知县夏瑚因为有些大陆民众客死台湾，往往无法归葬家乡，带头捐献义款，帮助运送死者的棺柩到厦门，交给他们的亲属，当时的人们都认为他做了一件大好事。

乾隆二十五年，诏令准许台湾居民携带家眷到台湾同住。

乾隆二十六年，将新港巡检移驻斗六。

乾隆二十七年，诏令免除淡水厅乾隆二十四年划出“番界”外园地的田赋。

乾隆二十八年，建立明志书院。

乾隆二十九年，根据巡台御史李宜青的奏请，朝廷下诏禁止福建人士冒籍到台湾参加科举考试。

乾隆三十年九月，大风损毁了许多船只。

乾隆三十一年，开始设立鹿港同知，负责处理汉民“土番”交涉事务。八月，大风损毁了许多船只。

乾隆三十二年。

乾隆三十三年，漳州人林汉生到蛤仔难进行开垦。十月，台湾黄教起事。

乾隆三十四年三月，黄教起事被平定。

乾隆三十五年正月十三，府城枋桥头失火，雨水也不能将其浇灭。十五日夜晚，真武庙前又失火，烧毁房屋100余间。

乾隆三十六年，诏令免除台湾府属额定征收的田赋16万余石。八月，波兰人麦礼荷斯奇（Maurice August Benyowsky）到达台东，企图占地开垦。

乾隆三十七年七月，台湾水灾。天空中出现彗星。

乾隆三十八年。

乾隆三十九年。

乾隆四十年。

乾隆四十一年十一月，发生大地震，诸罗县尤其强烈，毁坏房屋，人员伤亡。

乾隆四十二年。

乾隆四十三年，诏令减免台湾、凤山两县因水灾被毁田地的田赋。

乾隆四十四年。

乾隆四十五年，诏令免除台湾府属额定征收的田赋。

乾隆四十六年。

乾隆四十七年，淡水、彰化两县漳州籍和泉州籍民众分类械斗，福建巡抚雅德将此事上奏。朝廷下诏说：“此等匪徒聚众械斗，案情重大，该镇道一经闻信，即应带领兵役，亲赴该处，严行查办。乃仅派委副将、知府前往，而雅德亦无饬行之语，殊属非是。该镇金蟾桂、该道穆和蔺一并交部，严加议处。”

乾隆四十八年初，漳州籍、泉州籍民众发生械斗，从这时候开始，查封没收领头人的家业田产。

乾隆四十九年，朝廷下诏开设鹿港为通商口岸。八月，大风雨，毁坏房屋、船只。

乾隆五十年。

乾隆五十一年，制定武官更换的条例。十一月，彰化林爽文起事，攻克县城，知府孙景燧、理番同知长庚、临时代理彰化知县刘亨基、都司王宗武等被杀。接着又攻克诸罗县城，夺取淡水。凤山县庄大田也起来响应，府城戒严。

乾隆五十二年正月，福建陆路提督黄仕简、水师提督任承恩率领军队到达台湾，观望不敢进兵。十月，朝廷下诏以协办大学士福康安率领侍卫内大臣海兰察，带领满汉官兵赴台。于是收复彰化，俘获林爽文、庄大田，台湾南北都平定了。

乾隆五十三年，诏令颁布在台湾设立屯丁的制度。二月，淡水下大雨雪，发生饥荒，一斗米要 1000 文钱。

乾隆五十四年。

乾隆五十五年，朝廷诏令，由于乾隆皇帝 80 大寿，免除台湾乾隆五十五年的田赋，和内地一样，分 3 年均匀减免。设立新庄县丞。六月，大风雨，大风引起大火，天空都成了红色，毁坏房屋、船只，澎湖受灾尤其严重。

乾隆五十六年。

乾隆五十七年，诏令开设八里坌为通商口岸。六月，府城发生地震。第二天，嘉义发生大地震，随即引起火灾，死了 100 多人。

乾隆五十八年。

乾隆五十九年。

乾隆六十年三月，彰化陈周全起事，北路同知朱慧昌、鹿港营游击曾绍龙、副将张无咎、代理知县朱澜等都死了，总兵哈当阿带兵平定。七月，淡水发大水。

嘉庆元年（1796），漳州人吴沙进入蛤仔难开垦，到这里的人日益增多。

嘉庆二年，淡水人杨兆企图造反，知府遇昌、同知李明心把他杀了。秋天，台湾遭受狂风暴雨，晚稻多被损毁，朝廷诏令说："台湾地临海洋，飓风常有。此次风势猛烈，致损禾稻，刮倒房屋，压毙人口，殊堪悯恻。哈当阿等务当查明成灾分数，应行蠲缓之处，据实奏明办理。其坍塌民房，照例给与修费。总期使得其所，不可靳费。所有应需赈恤银两，即于藩库内拨解，以资接济。至台湾全借晚收，以资口食，今猝被飓风，粮价未免增长，此或由朕政事有阙，或愚民等平日不能共敦淳厚，感召祥和，致有此灾。此时断不可稍存怨尤之念，惟当省过学淳。且风灾过后，勤于耕种，来春仍可稔收，尤当及时力作，不可稍有怠惰。再福、兴、漳、泉四府，夙借台米接济，今台湾既被风灾，目下仅堪自给，明岁春收后，或米谷充盈，可以运售内地，固属甚善。倘无余米可运，当于各属丰收之处，豫为筹备。并劝令百姓等撙节衣食，家有储蓄，不可再将米谷酿酒花费，致鲜蓄藏，豫为明岁之备。有无相通，随时运贩，以期民食有资，方为妥善。"

于是从福建布政司银库中拨出公款 20 万两白银，抚恤灾民，并且将原本应运往内地的 34000 多石军粮留在台湾，以备救济和平价出售。

嘉庆三年。

嘉庆四年，朝廷诏令免除乾隆六十年以前还没有交纳的田赋。

嘉庆五年十月，诏令禁止天地会以及分类械斗。

嘉庆六年。

嘉庆七年春天，小刀会的白启企图起事，被杀了。

嘉庆八年六月，海寇蔡牵袭扰鹿耳门，诏令由福建水师提督倪定得前往平定。此后，蔡牵多次袭扰台湾。

嘉庆九年，彰化“社番”头目潘贤文带领族人来到蛤仔难，和汉人争抢地盘。

嘉庆十年四月，蔡牵再次袭扰淡水。十一月，占据鹿耳门，得到“山贼”吴淮泗、洪老四的响应。十二月，攻占凤山县城，府城戒严。

嘉庆十一年二月，淡水发生漳泉械斗，被台湾道庆保平定。蔡牵攻打蛤仔难，落败后逃走。不久后朱濆又袭扰苏澳，海上不断受到侵扰，一直到嘉庆十四年八月才平静下来。朝廷下诏说：“台湾所属各地方，兹因蔡牵肆逆，间被滋扰，现在官兵云集，即日歼除。惟念贼氛所至，小民耕种，未免失时，深为廑念。着该督抚查明被贼蹂躏地方，将本年应征地丁钱粮，概行蠲免，以示朕轸念海隅黎庶之至意。”

嘉庆十二年，淡水增建义仓。

嘉庆十三年，在艋舺设立水师游击，兼管水陆官兵。

嘉庆十四年四月，淡水的漳州人、广东人和泉州人发生分类械斗，被台湾知府杨廷理平息。

嘉庆十五年三月，闽浙总督方维甸抵达台湾。四月，奏请朝廷将噶玛兰[①]收入版图，得到了批准。第二年就设立了噶玛兰厅。五月二十九日，朝廷诏令说：“噶玛兰田土膏腴，米价较贱，民番流寓日多，若不官为经理，必致滋生事端。现在检查户口，漳人四万二千五百余丁，泉人二百五十余丁，粤人一百四十余丁，又有生熟各番杂处其中。该处居民大半漳人，以强凌弱，势所不免。必须有所钤制，方可相安无事。其未垦荒埔，查明地界，某处令某籍人民开垦，某处某社番耕作，尤须分划公平，以杜争端。至所设官职，应视其地方之广狭，酌量议添，或建为一邑，或设为分防厅镇。俱无不可。唯台湾穹处海外，诸务废弛，今方维甸到彼，于地方营伍，力加整顿，酌改章程。若地方官谨守奉行，自可渐有起色，第恐日久生懈。且该处俱系漳、泉民人杂处，素性强悍，总须时有大员前往巡阅，使知儆畏。嗣后福建总督、将军，每隔二年，轮赴台湾巡查一次，用资弹压。”

① 噶玛兰，今宜兰县。

嘉庆十六年初，台湾每年运送福建兵眷的米谷，已积压了很多，闽浙总督汪志伊奏请雇船自运。六月，淡水的高夔起事，被平定。六月十八日夜晚，凤山县东港海上火山爆发，紧接着又刮起大风，热浪飘往小琉球屿方向，居民十分恐慌，热气蒸人，数刻后才退去，树叶全被烤焦。

嘉庆十七年二月，澎湖发生饥荒，朝廷下诏命令台湾总兵和台湾道用公款救济抚恤。

嘉庆十八年，朝廷下诏禁止鸦片烟进口，违反者依法治罪。七月，澎湖刮大风，海水一下子上涨了 5 尺多，房屋被毁，船只倾覆。

嘉庆十九年正月，朝廷诏令："闽省牌甲保长，所有缉拿人犯，催征钱粮，此后毋庸再派管理。至稽查户口，即当予以纠察之权。三年之后，果有成效，加以奖赏。其怠玩者，随时革究。而畲民、熟番，久与齐民无异，自当一律办理。"

嘉庆二十年九月，发生大地震，淡水尤其强烈，整个月余震不断。十二月，淡水下冻雨和大雪，结冰一寸多厚。

嘉庆二十一年，将鹿港巡检移到大甲。

嘉庆二十二年，淡水开始修建厅儒学。将彰化县儒学训导移到竹堑。八月，澎湖有大风。

嘉庆二十三年，彰化知县杨桂森提议停止台湾班兵福建兵眷米谷的专运，改为折算成银钱汇往福建，省里商议后认为不可行。三月，府城的天后宫失火。

嘉庆二十四年。

嘉庆二十五年，海寇卢天赐袭扰沪尾[①]，被游击李天华赶走，李天华在战斗中伤重而死。夏季，淡水发生大旱。秋天又发生瘟疫。

道光元年（1821）四月，海寇林乌兴袭扰沪尾，被官兵赶走。

道光二年六月，狂风暴雨。七月，又有大雨，曾文溪决堤，泥沙淤积在台江内海，导致这一带成为平地。

道光三年正月，发生大地震。七月，噶玛兰厅的工匠首领林泳春企图造反，被福建水师提督许松年平定。八月，彗星出现在东南天空，彗尾朝着西北方向，到第二年春天才消失。九月，北路理番同知邓传安到埔里社[②]，提议进行开发并设立行政建置。十一月，皇帝诏令：

---

① 沪尾，或作淡水，即今新北市淡水区北部。

② 埔里社，今南投县埔里镇。

> 台湾噶玛兰自嘉庆十六年奏准开辟后，委员勘丈，共田园七千五十甲零。原议每田一甲征租六石，每园一甲征租四石，经户部议驳，行令查照叛产成案，分别征收。迄今额征科则尚未议定，十七年后，陆续起征之租，俱未入册报销。兹据该督等查明，前次委员系用绳牵丈，核算户口约计，实在开垦五千七百馀甲，内原垦田地尚属有收，续垦田园率皆硗薄。且甫经开垦，尚须农民自费工本。兼之土沙浮松，溪水泛溢，实系限于地势，不能分则定赋。至官地荒田由民升垦，亦与叛产不同。此时不特租额不能议加，即亩分尚有缺短，如照部议增租，民力实有难支。着照该督所请，噶玛兰田园截至本年为止，除水冲沙压不计外，再行确实覆勘，垦熟田园实有若干，按地土之肥瘠，定租额之多寡。该督等即饬该道府督同委员，会同该厅履亩勘丈，取造册结报升。其历年租谷，即造册报部核销，毋许丝毫隐匿。如所垦田地将来渐就丰腴，即随时加议租额，以昭核实。

道光四年五月，福建巡抚孙尔准到台湾，讨论开发埔里社的事情。十月，下令台湾道必须兼管水、陆官兵的训练和风纪。十一月，朝廷下诏更改了台湾班兵换防的一些规定，千总及其以下军官三年期满后可以不用调回内地，但在台招募的土著兵丁和从他们中提拔的千总以下的军官不能超过官兵总数的十分之一。改艋舺营游击为水师参将，驻噶玛兰。

道光五年七月诏令：

> 台湾向系漳、泉、粤三籍人民分庄居住，上年匪徒许尚等纠众滋事，即有游民从中煽诱。兹据赵慎畛等奏请清庄之法，着照所请。嗣后台湾地方，如有面生可疑无亲属相依者，该庄头人立即禀报地方官，审明籍贯，照例逐令过水刺字，递回原籍安插，毋许复令偷渡。其投充水夫者，亦令夫头查明，果系诚实安分，具结准充，如来历不明，及好勇斗狠之徒，俱报明本管官，一律逐回原籍。并饬漳、泉府厅县，如遇递解游民到境，即责乡耆等严行管束。

道光六年五月，淡水发生闽、粤分类械斗，山贼黄斗奶诱导“生番”抢掠中港[①]，闽浙总督孙尔准到台湾，率领军队进行平定。十二月，朝廷诏令：

> 台湾所属系闽、粤两籍居住，闽、粤、漳、泉各分气类，每因械斗滋事。此次惩创之后，该督议立章程，以期永靖，着照所请。嗣后该地方官慎选总董，责成约束子弟。如积久着有成效，量予奖励，倘纵容滋事，即应严办。遇有不

① 中港，在今苗栗县竹南镇西部。

法匪徒潜匿，责令总董传送究治，务期除暴安良。至于风俗之淳浇，尤视厅县之能否。其贪黩严酷者，固难姑容，而因循姑息者，亦难资整顿。该督即率同司道秉公访察，将疲猷不振之员，即行澄汰。如该管道、府有意徇庇，据实参劾。

冬天，修筑淡水城。

道光七年，裁撤台湾镇标左、右两营。

道光八年，陈集成公司开始开垦大嵙崁[1]的土地。

道光九年。

道光十年，根据闽浙总督孙尔准的奏请，朝廷下诏禁止各省种植和贩卖鸦片。违反者依照贩卖鸦片烟的规定，发配到接近边疆的地方充军。从犯杖责一百，服劳役三年。八月，噶玛兰厅的挑夫发生械斗，被官府平定。

道光十一年，淡水同知娄云颁布保甲村规。

道光十二年，朝廷下诏暂缓澎湖的杂项税收。八月，狂风暴雨，靠近海边的田地和房屋多被淹没。闰九月，嘉义张丙起事，凤山也发生动乱。十一月，福建陆路提督马济胜领兵将其平定。

道光十三年七月，皇帝诏令：

朕勤恤民隐，惟日孜孜，总其成于上，而分其任于督、抚。为大吏者果能体朕之心为心，以民之事为事，正己率属，贤者知所劝，不肖者知所惩，吏治自日臻上理。上年台湾逆匪张丙等滋事，其始因抢米起衅，经吴赞牵控张丙，该县不办包米，转出赏格查拏张丙。其陈辨因抢牛起衅，攻打粤庄，事本细微。若得一良有司秉公办理，自可息争。乃邵用之不协舆情，吕志恒果于自用，遂致戕官攻城，竟同负隅之势。及讯明该逆因何造反，咸称地方官办事不公。虽系一面之词，如果循声卓着，该逆等何能藉口。总兵刘廷斌训练不勤，营伍废弛，该道平庆虽操守尚好，而不能防患未然，咎无可逭，俱交部严加议处。总督为特简大员，文武俱归统辖。若使孙尔准其身尚在，朕必加以惩处，不少宽贷。姑念该逆等尚未僭据城邑，邵用之等亦无贪婪劣迹，从宽免议。嗣后督抚大吏必须以察吏安民为当务之急，遇有不肖官吏，破除情面，立即参劾，勿稍瞻徇。若再因循疲玩，酿成大患，劳师动众，误国殃民，朕必从重治罪，毋谓训诫之不早也。

当年八月，淡水发生漳泉械斗，后被平息。

① 大嵙崁，今桃园县西南大溪镇。

道光十四年，由于械斗的缘故修筑后垅城。

道光十五年，诏令免除道光十年以前还没有缴纳的田赋。

道光十六年。

道光十七年，诏令禁止纹银流出海外。建立文甲书院。

道光十八年。

道光十九年，皇帝诏令：

朕因阿片烟流毒，传染日深，已成锢习，若不及早为民除害，伊于胡底？现在廷臣遵旨会议严禁章程，已颁发各直省遵行矣。该官民人等咸懔王章，迁善改过，自不难湔洗旧习，革除前非，共享全生之乐，藉免刑戮之加。即各地方官亦必懔遵新例，认真查办，悔过者予以自新，怙恶者不令幸免。但积习相沿，已非一日，若数月之间遽使各省一律肃清，恐不免有讳饰等弊。故予限一年六个月，俾查拿不致遗漏，而改悔亦不甚难。及至限满，仍复蕤法，是该军民等自外生成，无可顾惜，置之重典，尚复何词？此朕爱民之心，先德后威，中外所共睹也。惟官民人等皆朕赤子，既欲卫其生而除害，不能不视其死而垂怜。况法立如山，再三申谕，将来限满后，再犯者难邀宽典，朕甚悯焉。着各直省大吏趁此儆动之机，振刷精神，认真查办，务使贩吃各犯悉数破案，照例惩创。此时限内多获一人，则将来限外多贷一命，切勿因循懈怠，视为具文。倘该地方官等姑息养奸，锄莠不尽，日后身罹重典，乞贷无从，是该大吏以民命为轻，朕亦断不宽恕也，懔之！

当时姚莹担任台湾道，遵照圣旨严格督办，初犯者体罚，再犯者处死。

道光二十年十月，发生强烈地震，嘉义山体崩塌。

道光二十一年七月，英国军舰窥伺鸡笼①，从这以后在台湾沿海游弋。台湾总兵达洪阿、台湾兵备道姚莹共同筹划战守方略，频频打退了他们。十二月，皇帝诏令：

前据达洪阿等奏，英人滋扰台郡，官兵击沉船只，夺获器械，并擒斩洋匪多名。当有谕旨令该总兵等严饬在事文武，添派兵勇，严密防范，并谕令王得禄移驻台湾，协同剿办。嗣因日久未据续报，复谕令怡良等确探驰奏，迄今又将匝月，朕心实深廑念。台湾为闽海要区，向为英人垂涎之地。此次驶入船只，复经该总兵等歼剿，难保无匪船闯入，冀图报复。现据奕山等奏，英人有遣人

① 鸡笼，今基隆市。

回国添调兵船，于明春滋扰台湾之语。该总兵等接奉前旨后，于一切堵剿机宜，自宜先事预筹妥洽。现在情形若何，有无续来滋扰？万一英人大队复来，该处驻守弁兵及召募义勇是否足资抵御，其如何定谋决策，层层布置，可操必胜之权。着达洪阿会同王得禄悉心定议，一并会衔具奏，并着怡良等密速确探现在情形，据实奏闻。

给事中朱成烈奏请开垦台湾“土番”土地，于是商议开垦埔里社。

道光二十二年正月，英国舰船再次进犯大安港[①]，被击退。三月，草鸟匪船进犯堑南[②]各个港口。夏天，淡水获得大丰收。

道光二十三年，全台湾的田赋改为折成银两征收。自从归属清朝以后，到这时，台湾的汉民和“土番”人口总共达到250万人。

道光二十四年四月，因为田赋折银征收，台湾县保西里[③]民众不满，发生动乱，诏令逮捕知县阎炘治罪。

道光二十五年，诏令免除还没有交纳的田赋。

道光二十六年冬天，淡水获得大丰收。

道光二十七年四月，闽浙总督刘韵珂到台湾，巡视埔里社，奏请将这里收归官府管理，朝廷经讨论后没有同意。台湾县的钟阿三、邹戆狗、洪纪等先后企图造反，被杀了。

道光二十八年，徐宗幹被任命为台湾道，着手整顿吏治、建议改革募兵制度、整顿知识分子和官员们的作风，治理屯务，做了很多的改革。

道光二十九年。

道光三十年六月，淡水发大水，澎湖受灾，官府和民间合力赈灾，朝廷下旨嘉奖。

咸丰元年（1851）三月，澎湖遭受大风灾害，台湾总兵和台湾道共同商议进行抚恤，拨款5000两银子用来赈灾。朝廷下诏命令福建总督、巡抚分别办理，将本年应征收的地种、船网等税，延缓到咸丰二年秋后再一同征收，以舒缓民力。十月，诏令：“本年台湾澎湖厅属被风，业经降旨，分别缓征抚恤，小民谅可不致失所。惟念来春青黄不接之时，民力未免拮据，着传谕该督抚等，体察情形，如有应行接济之处，即查明据实覆奏，务于封印前奏到，候朕于新正降旨加恩。”

西洋轮船开始来沪尾、鸡笼港贸易，按照规定纳税。

---

① 大安港，位于今台中市大安区。

② 堑南，今新竹市南边。

③ 保西里，在今台南市归仁区北部。

咸丰二年六月，澎湖刮大风，台湾到福建参加乡试的船只在草屿[1]附近沉没。

咸丰三年四月，凤山县的林恭起事，攻克县城，围府城，不久噶玛兰的吴磋也起事，先后被平定。五月，大屯山[2]发生山鸣，持续了三天三夜。六月，大风雨。淡水发生漳、泉分类械斗。在台湾铸造咸丰钱。

咸丰四年正月，淡水发生闽、粤分类械斗。四月，海寇黄位占据鸡笼，被平定。美国海军舰队司令佩理（M.C.Perry）前来游历。

咸丰五年，械斗还没有停息，枋桥[3]、房里分别修筑城堡。十二月，淡水下大雨、下冰雹。

咸丰六年。

咸丰七年正月，淡水下大雪。

咸丰八年，黄位再次袭扰鸡笼。英国人签订协议采购樟脑。

咸丰九年。

咸丰十年，开放沪尾、安平[4]作为通商口岸。普鲁士军舰爱尔比号（Albie）到琅峤[5]，被当地“生番”阻止，军舰开炮攻击。八月，澎湖刮大风，下咸雨，毁坏房屋，倾覆船只。

咸丰十一年，设立全台湾厘金局，归台湾兵备道管理。

同治元年（1862）正月，发生大地震。三月，彰化县戴潮春起义，攻克县城，台湾兵备道孔昭慈被杀。随后包围嘉义，攻打大甲，整个台湾都受到波及。五月十一，又大地震，房屋被毁，人员伤亡。六月，沪尾海关归总税务司管辖。十月，颁布全台团练制度。朝廷下诏免除咸丰九年以前还没有缴纳的田赋。

同治二年八月，将鸡笼、旗后[6]作为沪尾和安平的外口开放。十月，新任台湾兵备道丁曰健率领军队到竹堑。十一月，福建陆路提督林文察也率兵到达台湾，于是收复了彰化，将戴潮春斩首，余党逐渐平定。朝廷下诏解除不许在淡水采矿的禁令。

同治三年，福州海关税务司提议准许洋人开采鸡笼的煤矿，被准许。淡水民众争相前往开垦南雅[7]的土地。

---

① 草屿，在今澎湖县西南，花屿之南。

② 大屯山，在今台北市北部大屯山系西南侧。

③ 枋桥，今台北县板桥市。

④ 安平，今台南县。

⑤ 琅峤，今屏东县恒春镇。

⑥ 旗后，位于今高雄市。

⑦ 南雅，今桃园市大溪镇。

同治四年三月，朝廷下诏说："漳州贼匪未平，深恐勾结渡台，为入海之计。着曾元福、丁日健仍遵前旨，于海口要隘妥筹防范，毋令阑入台地。"

英国人德克（John Dodd，或译约翰·陶德）在淡水推广种茶，从此茶业大兴。伦敦长老教会开始派遣牧师到台湾府城传教。

同治五年，把新庄县丞移驻艋舺。英国军舰笃甫号（Druide）到达琅峤，被"生番"攻击。四月，淡水大瘟疫。十一月，噶玛兰的罗东发生分类械斗，被平定。

同治六年，美国商船罗发号（Rover）到达琅峤，遭到"生番"攻击，美方调来军舰和清军合兵征讨。准许洋人进入内地采购樟脑。十一月，发生了大地震。淡水洪灾，冲毁房屋，民众伤亡。

同治七年，原闽浙总督左宗棠奏请裁减台湾兵员，增加军饷，朝廷下诏准许。于是保留士兵7700多名，设置道标营。公布食盐产销制度，归兵备道管理。德国人美利士（Milisch）图谋开垦南澳[①]的土地。

同治八年九月，英国军队夜袭安平，水师副将江国珍受伤后服毒自杀。

同治九年，开始设立通商总局，征收茶叶、樟脑的厘金和鸡笼煤矿的厘金。

同治十年，中国与日本的藩属国琉球民众被大风吹到琅峤，为"生番"所杀。八月，有大风，船只多被损坏。

同治十一年，加拿大长老教会开始派遣牧师到淡水传教。

同治十二年，日本派全权大使到北京，请求讨伐"生番"，没有成功。

同治十三年，日本派军队到台湾征讨"生番"，朝廷命令福建船政大臣沈葆桢率领军队前往台湾。事态平息后，奏请开发"番地"，将福建巡抚移驻台湾，筹划善后的事宜。设立团练总局。

光绪元年（1875）正月，诏令兴建明延平郡王郑成功祠，追封谥号"忠节"，以明朝末年众臣114人作为配祀。十二月，设立台北府，改原来的淡水厅为新竹县，噶玛兰厅为宜兰县，增设恒春、淡水两县。将南路同知移驻卑南，北路同知改为中路，移驻埔里社，各加抚民字样，用以处理"土番"事务。命令福建巡抚冬春两季驻台湾，夏秋两季驻省城。废除民众渡台以及进入后山"番界"的各项禁令。这些做法都是听从了钦差大臣沈葆桢的奏请。三月，征讨狮头社"土番"。北路统领罗大春打通到奇莱[②]的道路。宜兰的西皮、福禄两个北管乐派发生械斗，被平息。

---

① 南澳，在今宜兰县。

② 奇莱，今花莲县花莲市。

光绪二年春天，太鲁阁“土番”叛乱，派兵征讨。四月，澎湖有大风。十二月，福建巡抚丁日昌巡视台湾。

光绪三年春天，丁日昌奏请免除台湾的杂税。五月，恒春知县周有基勘查红头屿，将它收入版图。奇密社“土番”叛乱，派兵征讨。六月，台南龙卷风，所过之处，房屋的瓦片全被吹掉。冬天，建立埔里社厅城。

光绪四年春天，澎湖刮大风，通判蔡祥麟请求赈灾。秋天，台东加礼宛、阿眉两社“土番”叛乱，派兵征讨。

光绪五年十月，福建巡抚勒方锜巡视台湾。建立淡水县儒学。

光绪六年，建立台北府儒学和登瀛书院。

光绪七年闰七月至九月，福建巡抚岑毓英巡视台湾。把团练总局改为培元总局。建议把台湾道或台湾府中的一个官职移驻到彰化县所辖的地方。建造大甲溪桥，花费20万银元。六月，台南哥老会成员企图造反，两个主谋被抓获，都是军官，被斩杀。八月，台南府城发生大火。澎湖欠收，官民一起赈灾。

光绪八年春天，旗后准备建立行台和电报公所。设立支应局。九月，台湾兵备道刘璈派人查勘新开辟的道路和安抚“土番”事宜。

光绪九年，在澎湖的西屿[①]修筑炮台。五月，台南的台湾府城发生大火。中国与法国在越南北部发生战争，朝廷下诏命令各省筹办防务。台湾兵备道刘璈认为，台湾孤悬海外，是东南七省的屏障，防务最重要。而台湾筹备防务的困难，又比各边疆省份更大，它外部四面环海，周长大约3000多里，无险可守；岛内中部横亘群山，纵横大约2000里，紧靠“生番”。因此他建议把整个台湾分为5个防御区域，酌情派遣5支军队，分别负责防守。同时创办水陆团练，筹措军饷，招募士兵，进行战备。

光绪十年闰五月，朝廷赏给直隶陆路提督一等男爵刘铭传巡抚衔，督办台湾军务。九月，刘铭传被实授福建巡抚。夏季，发生大瘟疫，死了许多士兵和民众。六月，法国军舰进犯基隆，又进犯沪尾，都被清军击退。八月，法军占领基隆，刘铭传退驻台北，法军封锁中国东南沿海港口。

光绪十一年二月，法国军舰进攻澎湖，占领妈宫澳。三月，中法达成《中法和议草约》。刘铭传奏请专门驻扎台湾，筹办善后事宜。四月，澎湖又一次爆发大瘟疫，死了很多耕牛。六月，兴建械器局。九月，诏令：“台湾为南洋门户，关系紧

---

① 西屿，今澎湖县西渔翁岛。

要，自应因时变通，以资控制。着将福建巡抚改为台湾巡抚，常川驻扎，福建巡抚事务，即着闽浙总督兼管。所有一切改设事宜，该督抚详细筹议，奏明办理。”

于是，设立营务处。九月，马莱社“土番”叛乱，派兵征讨。

光绪十二年正月，大嵙崁“土番”叛乱，刘铭传亲自率领军队征讨。二月起，设立法审、官医、伐木各局及电报总局，颁行保甲制度，奏请设立抚垦总局。闽浙总督杨昌濬巡视台湾。三月，朝廷诏令：“闽、台防务关系紧要，该督抚等商办一切，务当和衷共济，不分畛域，力顾大局。上年谕令该督抚等会议台湾改设各事宜，并着一并妥议，毋稍迟延。”

升澎湖副将为水师总兵，归台湾巡抚就近管辖。四月，刘铭传奏请清理田赋。刘铭传到福州与杨昌濬筹商台湾分省事宜，于六月会衔上奏。九月，竹头角“土番”叛乱，派兵征讨。于是设置隘勇，改革屯政，从事抚垦。

光绪十三年正月，在八堵设立煤务局，由候补知府张士瑜督办，投资 14 万两。二月，建立台湾巡抚衙门，设置布政使司。把北路协营移到埔里社，由副将驻守。把大稻埕[①]定为与外国人通商的码头。三月，刘铭传奏请修建铁路，计划从基隆修到台南。设立厘金、招商、清道、樟脑、磺油各局，开设西式学堂。改建澎湖、基隆的炮台，以整顿军队的防务。八月，设立善后局。阿冷社“土番”叛乱，派兵征讨。九月，升台东厅为直隶州，基隆通判为海防同知。

光绪十四年，新设台湾府，统领台湾、彰化、云林、苗栗等 4 个县。改前台湾府为台南府，台湾县为安平县。建立布政使司的钱粮仓库，推行新邮政。这引来内外大臣们的嫉妒，而台湾的绅士们也大肆传播流言蜚语。八月，完成田赋清理。彰化县施九缎因为田地丈量费的缘故，纠集民众围困县城，被平定。卑南“土番”叛乱，派兵征讨。十月，刘铭传以台湾巡抚兼理学政。十二月，朝廷批准以太常寺少卿林维源为全台帮办抚垦大臣。

光绪十五年春天，建立台湾府考棚，各县纷纷建立儒学，刘铭传亲自主持年度考试。十一月，大嵙崁“土番”叛乱，派兵征讨。

光绪十六年正月，苏澳“土番”叛乱，刘铭传亲自带兵平定。二月，日本驻福州领事上野专一来台湾考察，回去后写了一篇文章，说台湾物产丰富，矿产丰厚，一切日用物资应有尽有，实在是上天赋予的一个天然宝库。但是台湾的政治因循守旧、苟且偷安，货物放在地上，人却坐在那里不去拿，实在是很可惜。如果从日本

---

① 大稻埕，在今台北市大同区。

的政策来看，那么日本人不可能不对台湾的将来多加关注。不久，英国驻上海领事也来到台湾。三月，派军队防守各地。九月，开始铸造银元。命令各县增建免收学费的私塾。开设台北番学堂和电报学堂。八月，刘铭传被革职留任。十月，刘铭传以生病为理由奏请辞职，朝廷命令布政使沈应奎暂时代理台湾巡抚。而台湾筹设2道、4府、2直隶州、12县的议论，到此停止。[①]

光绪十七年正月，任命邵友濂为巡抚，新政全部被废止。设立通志局。秋天，大嵙崁五指山“土番”叛乱，派兵讨伐。

光绪十八年，在台北建立钦差行台。六月，射不力社“土番”叛乱，派兵征讨。

光绪十九年，建立明道书院。澎湖歉收，澎湖厅通判朱上泮重建义仓。

光绪二十年，正式确定以台北作为台湾省会。设置南雅厅。三月，中、日在朝鲜开战，台湾戒严，以布政使唐景崧代理台湾巡抚。

①“筹设两道”在光绪十一年已被否决，从来没有“四府、二直隶州、十二县之议”。

卷四

抗日纪

卷四

抗日纪①

（起清光绪二十一年，终于当年九月）

光绪二十一年（1895）五月初一，部分民众尊奉巡抚唐景崧为“大总统”。

当初，中、日在朝鲜爆发战争，沿海地区戒严，清朝以台湾为海疆重地，命令台湾巡抚邵友濂筹备防务。邵友濂是个文官，不懂得如何用兵，因此又让在台湾的太仆寺正卿林维源会同办理军务。林维源是淡水人，家境非常富有。后来，又命令福建水师提督杨岐珍、南澳镇总兵刘永福帮同办理军务，分别带领兵勇渡海入台。光绪二十年七月，刘永福带领2营广勇到台南。八月，杨岐珍也率领10营士兵到台北，这些士兵都是新招募来的，还没有进行过系统训练。邵友濂命令提督张兆连率领13营军队驻守基隆。基隆是台北的门户，设有炮台。道员林朝栋率领台湾乡勇守卫狮球岭，巩固通往台北的交通要道。提督李本清率领7营军队驻守在沪尾，后来又让廖得胜代替他，而台南防务都由刘永福全权调度。部署刚定，邵友濂辞职而去，朝廷命令布政使唐景崧代理台湾巡抚。唐景崧也是文官，没有远大的谋略。澎湖是台湾的附属岛屿，群岛参差错落散布，防守非常困难。总兵周镇邦率领8营练勇驻防，又命令候补知府朱上泮率领4营士兵协助防守，分别安排水雷队和地雷队驻守各地，警戒沿岸。当时，清军在各地战场接连失败，朝廷曾下诏命令刘永福北上参战，刘永福没有前往。不久，威海、旅顺相继失守，台湾也岌岌可危。

光绪二十年九月三十日，唐景崧上奏说：

> 窃台湾自闻倭警，所有增营设备情形，历经前抚臣邵友濂奏明在案。
>
> 查倭人虽鸱张于北，而志不忘台。六月以来，时有倭轮游弋测水，故台湾设防与临敌同。南路于霜降后，涌浪渐平，与澎湖并形吃重。恒春县自大港口以迄凤山、枋寮，百有余里，昔为倭人盘踞半载有余，蹊径既谙，旧奸尤有，

① 本卷原名《独立纪》，记载台湾人民反对割让台湾和反抗日本侵占的斗争，现根据史实，准确表述为《抗日纪》。

炮台未设，海岸易登。该处防营尚单，又无大员统率，诚恐敌人乘虚就熟，不可不加意严防。帮办防务、南澳镇总兵刘永福，与台湾镇总兵万国本，并驻台南郡城，遥顾恒春，鞭长莫及。兹商以万国本专防安、旗一带，刘永福专防凤山、东港至恒春一带。该两镇臣相去仅百余里间，事机则仍可互商，部曲则不妨划守，庶几各有责成。惟刘永福仅带两营，不敷展布，商属派员回粤，增募四营。恒春至东港防营，均归节制，以一事权。酌裁疲卒，藉抵新募饷需。此续布南路防务之情形也。

从来争台者，必首争澎，盖以澎湖可泊数十艘，踞之足为巢窟。我能保澎，敌难寄椗，游行洋面，势不能长。困孤台而难守者，莫如澎。妈宫、西屿两岛对峙，中隔海程二十里，现止勇练八营，断难兼顾。兹调驻扎沪尾候补知府朱上泮率带四营，并募炮队前往协防。又开水旱雷一营，择要分置。该地不产薪米，一切粮饷、军装，非及时宽为储备，临警则接济无从，现惟竭力源源运往。此续布澎湖防务之情形也。

中路台湾府为南北枢纽，港口深者约二三处。该处民情浮动，旧有勇营分扎，仅能弹压。故以今日形势而观，必须有坚整之军，方可扼守海口。兹将现有四营，汰弱补强，并散为整。调取福建候补道杨汝翼以为统领，重新壁垒，用壮声威，不使台岛中权，稍留罅漏。此续布中路防务之情形也。

以上皆近日陆续筹办。海外轮稀物缺，措置艰难，至速亦须两月方能就绪。基、沪为台北门户，臣与提臣杨岐珍遇事会商，先以鼓舞士气，固结人心为第一要义，就近整饬，尚属不难。惟台湾港口林立，防营合计则多，分布犹薄。又不能以财力有限，遂昧远图。至于炮台欠密，军械欠精，虽非目前猝能增易，亦应随时力为筹购。惜有形之财，必愈糜无形之财，节平时之备，必重劳临时之备，则非微臣之所敢出也。

光绪二十一年二月十九日，日本联合舰队司令长官海军中将伊东祐亨率领军舰 7 艘、运输船 5 艘破浪前来，陆军大佐比志岛义辉也率领步兵 3000 人，从日本佐世保南下，到达澎湖。二十七日早晨，以第一游击队突入猴角。拱北炮台发现后，马上开炮攻击，打伤 2 艘日本军舰。而日军另用小船登陆，于是占据尖山，再向太武山进军，后续部队陆续跟进，占领了太武山。朱上泮听到报警，二十八日凌晨五更率领定海营 700 名士兵前去偷袭，到西溪遇敌，前锋部队奋勇攻击。日军用炮火防御，清军无法前进。后来主力部队赶到，双方激战几个小时，最后清军还是撤退了。第二天黎明时分，日军攻打大城山，另外派一队人马袭击拱北炮门，清军退守妈宫城外。在此之前，日军高千穗舰的舰长海军少佐丹治宽雄率领陆战队士兵240名，携带机关炮3门，偷偷潜入龙门港，占领拱北炮台的南面，控制了圆形半岛的退路。打败清军后，乘胜攻打妈宫城，守城士兵溃败，到中午城池就陷落了。二十九日，日军舰炮击中西屿弹药库，副将刘忠良战败，炮台失守。日军开始搜查猪母水村，守备郭俊山等率所部投降。朱上泮战败后，乘渔船逃到台南。唐景崧大怒，想杀了他。

那时候，北洋军队一败再败，朝廷下诏任命北洋大臣肃毅伯李鸿章为全权大臣，东渡日本议和，其子李经芳作为他的助手。日本政府派总理大臣伊藤博文、外务大臣陆奥宗光为全权大臣，双方在马关春帆楼会谈。日本提出6条款项，要求中国割让辽东、台湾。李鸿章据理力争，双方谈判争论了好几天，最后清政府被迫同意。李鸿章告诉伊藤博文说："台湾人民如不愿从，授受之际，恐生事变，当与中国无涉。"伊藤博文回答说："此我国之责也。"李鸿章又说："台民素称难治，聚众戕官，视为常事。今闻割台之信，经已鼓躁，誓不易主。"伊藤博文说："贵国但将治权让出，则治台之事，我国任之。"李鸿章说："台湾官绅交涉事件纷繁，应于换约后六个月方可授受。"伊藤博文认为这个时间太长了，最后定为两个月，割让台湾的条约于是谈成。三月二十三，双方分别草签了条约。其中第二款写道：

清国将台湾全岛及附属各岛屿，又澎湖列岛即英国格林尼次东经百十九度起至百二十度止，及北纬二十三度起至二十四度之间诸岛屿，永远让与日本。

第五款又写道：

本约批准互换之后，限二年之内，日本准清国让与地方人民，愿迁居于外者，任便变卖所有产业，退去界外。但限满之后，尚未迁徙者，酌宜视为日本臣民。

当时，台湾的举人正在北京参加会试，听到了这个噩耗，马上联名上书给都察院，力争不可割让台湾。而台湾士绅民众也发电报上奏：

割地议和，全台震骇。自闻警以来，台民慨输饷械，固亦无负列圣深仁厚泽，二百余年之养人心正士气，正为我皇上今日之用，何忍一朝弃之。全台非澎湖之比，何至不能一战。臣桑梓之地，义与存亡，愿与抚臣誓死守御。若战而不胜，待臣等死后，再言割地。皇上亦可上对列祖，下对兆民也。

没有回应。朝廷下诏命令台湾地方官员撤回内地。唐景崧马上致电刘永福，询问刘永福的态度。刘永福回答说要与台湾共存亡。成立"台湾民主国"的事情就这样定了，台湾总兵、台湾道、各府县官员交纳印信后都走了，提督杨岐珍也率领所部回到了厦门。之前，巡抚王之春访问俄国，中途经过巴黎，南洋大臣张之洞请他征询法国意见，是否将台湾抵押给法国，法国就能出面保护台湾。这事没有办成。张之洞又想把台湾抵押给英国，请求英国从中斡旋，他暗中请上海税务司与英国领事商量，把这个意思转达给英国政府。中国驻英公使龚照瑗也拜会了英国的外务大臣，说明了这个情况。外务大臣婉言谢绝说："此非本大臣之忘情于贵国也，亦非敝国之却地以示廉也。贵国惘惘而赠之，敝国昧昧而受之，于英无利，于华有害，是以辞也。"因此，当俄国、德国、法国阻止割让辽东半岛时，英国有意置身事外。

初二日，绅士丘逢甲带领台湾各界人士给唐景崧送上"台湾民主国大总统"的印章，唐景崧接受了，建年号为"永清"，使用蓝地黄虎旗。以工部主事丘逢甲为义勇统领，礼部主事李秉瑞为军务大臣，刑部主事俞明震为内务大臣，副将陈季同为外务大臣，道员姚文栋为游说使，派使者前往北京，说明建立"台湾民主国"的情况。设置了议院，召集了一些地方士绅为议员，大家推举林维源为议长。林维源推辞没有就任，其他议员也不愿出任，只有拔贡陈云林、廪生洪文光、街董白其祥等几个人就职，来商讨"台湾民主国"的军国大事。同时布告全台，照会各国领事，并发布文告向海内外宣布：

我台湾隶大清版图二百余年，近改行省，风会大开，俨然雄峙东南矣。乃上年日本肇衅，遂至失和，朝廷保兵恤民，遣使行成，日本要索台湾，竟有割台之款，事出意外。闻信之日，绅民愤恨，哭声震天，虽经唐抚帅电奏迭争，并请代台绅民两次电奏，恳求改约，内外臣工，俱抱不平，争者甚众。无如势难挽回，绅民复乞援于英国，英泥局外之例，置之不理。又求唐抚帅电奏，恳由总理各国事务衙门商请俄、法、德三大国，并阻割台，均无成议。呜呼惨矣！查全台前后山二千余里，生灵千万，打牲防番，家有火器，敢战之士，一呼百万，又有防军四万人，岂甘俯首事仇。今已无天可吁，无人肯援，台民惟有自主，推拥贤者，权摄台政。事平之后，当再请命，作何办理。倘日本具有天良，不忍相强，台民亦愿顾全和局，与以利益。惟台湾土地政令非他人所能干预，设以干戈从事，台民惟集万众御之，愿人人战死而失台，决不愿拱手而让台。所望奇材异能，奋袂东渡，佐创世界，共立勋名。至于饷银军械，目前尽可支持，将来不能不借贷内地。不日即在上海、广州及南洋一带埠头开设公司，订立章程，广筹集款。台民不幸至此，义愤之伦，谅必慨为佽助，泄敷天之恨，救孤岛之危。并再布告海外各国，如肯认台湾自立，公同卫助，所有台湾金矿、煤矿，以及可垦田可建屋之地，一概租与开辟，均沾利益。考公法让地为绅士不允，其约遂废。海邦有案可援，如各国仗义公断，能以台湾归还中国，台民亦愿以台湾所有利益报之。台民皆籍闽、粤，凡闽、粤人在外洋者，均望垂念乡谊。富者挟赀渡台，台能庇之，绝不欺凌。贫者歇业渡台，既可谋生，兼同泄愤。此非台民无理倔强，实因未战而割全省，为中外千古未有之奇变。台民欲尽弃其田里，则内渡后无家可依。欲隐忍偷生，实无颜以对天下。因此槌胸泣血，万众一心，誓同死守。倘中国豪杰及海外各国能哀怜之，慨然相助，此则全台百万生灵所痛哭待命者也。特此布告中外知之。

当时，全台湾的兵力，本地的、外来的、新的、旧的加在一起共有三百几十营，每营 360 人。唐景崧驻扎在台北，让丘逢甲率所部驻扎在附近，准备随时策应。提督张兆连驻扎在基隆，总兵廖得胜驻扎在沪尾，道员林朝栋带领栋军驻扎在台中，帮办防务总兵刘永福驻扎在台南。另外设置团练、筹防两局，让地方士绅来管理。以同知黎景嵩为台湾知府，俞鸿为台北知府，温培华为埔里社通判，史济道为台湾县知县，罗树勋为彰化县知县，罗汝泽为云林县知县，李烇为苗栗县知县，凌汝曾为淡水县知县，王国瑞为新竹县知县，卢自鏻为凤山县知县，孙育万为嘉义县知县，欧阳萱为恒春县知县。又以安平县代理知县忠满暂时兼管台湾道和台南府的印信。只有台东直隶州知州胡传、南雅厅同知宋维钊还在原来的职位上，其他的官员都已经先行离开任所回到内地去了。全台湾每年田赋杂税各项收入，共计 370 多万两银子，而布政使司银库中还有 60 多万两存银。战争发生以后，粮饷开支巨大，很快得到户部拨款 50 万两。南洋大臣张之洞奏请再拨款 100 万两，划拨交给驻上海的援台转运局，用来接济台湾。这样还担心费用不够，林维源首先捐款 100 万两，还出利息向民间借款 20 万两，而富商大户全力资助军队的，为数也很多。民间的武装到处兴起，自备好粮饷器械。花翎侍卫许肇清在鹿港建立了民间武装，附生吴汤兴在苗栗建立了民间武装，徐骧、姜绍祖在新竹建立了民间武装，简精华在云林建立了民间武装。他们率领的民间武装，有的上千人，有的数百人，都是乡里勇敢无畏的子弟。而广东人吴国华、庞大斌各自带了自己的人马，分别乘坐小船来台支援。刚刚部署好，日本军队就到达了台湾。

《马关条约》经双方政府批准在烟台互换之后，日本政府以海军大将桦山资纪为台湾总督，而清政府也以李经芳为委员，前往台湾办理交接手续，李经芳听到台湾人民已经自主建立了“台湾民主国”，不敢登岸。当天，他和桦山资纪在基隆外海的船上会面，签订协议二条：一，台湾全岛及澎湖列岛各通商口岸和在各府、厅、县的城堡、军事仓库及官方资产，全都交给日本；二，台湾到福建的海底电线，以后由两国政府再另外商议如何管理。就这样，台湾被割让给了日本。

当时，日本政府以近卫师团长能久亲王率领军队攻打台湾，经过中城湾，以少将东乡平八郎为海军司令官、大佐福岛安正为陆军参谋，率领浪速号、高千穗号两舰前往淡水，向英国军舰询问有关台湾的事情。台湾的炮台对日舰进行炮击，日本军舰就跑到基隆附近游弋。初六日，日军攻打金包里，以牵制台湾的军队，而第一旅团长川村景明偷偷在澳底登陆。总兵曾喜照驻守在这里，但还没有和日军交战就溃退了。初七日，日军翻越三貂岭。唐景崧听到报告，命令吴国华率领广东籍士兵700名赶往支援。初八日中午，两军在瑞芳相遇交战，台军小胜。唐景崧又命令胡连胜、陈柱波、包干臣分别率领军队前往增援。由于几个将领之间的不和，台军退守到了基隆，而日军又往前推进了一步。基隆是山海险要的地方，建有炮台，提督张兆连率领4营军队防御，通判孙道义率领2营军队协助他。日军因翻山困难，携带军粮步行，初九日晚上到基隆。两军交战，各有死伤，最后吴国华抵挡不住，带队退走。张兆连冒雨赶到，黎明时分吹起号角，重新组织队伍投入战斗，但日本军舰松岛千代田号、浪速号、高千穗号开炮攻击岸上，张兆连陷于不利境地，卫兵死伤殆尽。陈得胜、曾喜照冲入炮火之中去救他，最后陈得胜战死，曾喜照也受重伤，炮台还是被日军占领了。

十三日，日军一个大队逼近狮球岭，台湾民众请求唐景崧亲自驻扎八堵，做坚决抵抗。唐景崧没有采纳。营官李文魁跑到巡抚衙门，大喊道："狮球岭亡在旦夕，非大帅督战，诸将不用命。"唐景崧见他来，吃了一惊，站起来，拿起桌上的军令架子扔到地上说："军令俱在，好自为之！"李文魁转头去捡的时候，唐景崧就已经不见了。唐景崧跑进后堂，拿了巡抚印信，一路跑到沪尾，坐上德国商船逃走。快出海口时，炮台开炮攻击。刚好有德国军舰停泊在附近，因为炮台攻击德国的商船，军舰也开炮攻击炮台。当时，溃散的士兵到处作案，抢布政使司仓库、焚烧巡抚衙门，当地的匪徒也乘机发难，打死了500多人，街巷中都是哭声，这样混乱的局面连续了两天两夜。林维源、林朝栋、丘逢甲相继离开台北。艋舺绅士李秉钧、吴联元、陈舜臣等准备进行镇压，但又没有力量可以控制局面，于是就前往大稻埕和李春生商议，决定让人请日本军队来控制局面，但没人敢去。鹿港人辜显荣在台北，见事情紧急，自己跑到基隆，拜见日本台湾总督，请求平定乱局。桦山资纪同意了，日军向前开进。十四日半夜到达台北城外，城里的士兵还守了一段时间，到黎明时才被攻克。十五日，川村景明进入台北，派骑兵占领了淡水。十八日，能久亲王到台北。二十一日，总督桦山资纪也到了，于是在台北建立总督府，来管理军事民政。

台南听到台北的消息以后，决定奉刘永福为“台湾民主国”的“大总统”，刘永福不同意。大家请刘永福移驻台南府城。经再三请求，刘永福才勉强同意。于是在台南府儒学设立议院，以举人许献琛为议长，廪生谢鹏翀、陈凤昌等为议员，郎中陈鸣锵为筹防局长。民众中前来建议如何抵抗日军的人接连不断，因此商议防守的办法。以知州刘成良统领福军驻扎旗后炮台，提督陈罗率领翊安军守卫四草湖，中军游击李英率领镇海军守卫白沙墩，周明标、张占魁两营驻守喜树庄，都司柯壬癸率领吉林炮队，与郑超英、周得启、孔宪盈各军防守安平，以上是海口的防守。以副将袁锡中率领镇海后军驻守卑南，参将吴世添率领练军驻守台南府城，这是内地的防守。这些勇营，有总兵谭少宗的福字前军，总兵李维义的新楚军、副将杨泗洪的镇海中军，副将吴光忠的忠字防军，都司萧三发的福军前敌，都司丘启标的台南防军，守备王德标的七星旗队，知县忠满的忠靖营，知县刘光明的左右军。义民武装则有进士许南英的台南团练，吴汤兴的新竹义军，林得谦的十八堡义军。当时，土匪比较多，也进行招抚收编。各乡都办保甲，沿海也组织了渔团，守望相助。

日军占领台北城后，就开始攻取台北府所属各县，派出一支部队攻取宜兰，一支部队攻打新竹。二十日，日军攻克南雅，余得胜率领隘勇投降。到了半夜，义军突然来到，埋伏在险要的地方向日军攻击。日军坊城队退守娘仔坑，义军的围攻更加猛烈，坊城队弹尽粮绝，死者过半，得到增援后才得以幸免。攻取宜兰的日军在二十一日抵达头围，二十九日攻入宜兰县城。

闰五月初一，日军到达凤山溪，义军进行阻截，战斗持续到傍晚，新竹县城沦陷。经过了大小总共 20 多次战斗，北埔的义军首领富人姜绍祖战死。

初三傍晚，两艘日本军舰窥探安平，停泊在英国、德国军舰旁边，直到炮台开炮向它们攻击，才向北开走。初三，桦山资纪通过英国人传递书信给刘永福，要求他解散军队，停止抵抗，信中说：

> 自从客岁构兵以来，我军叠战叠胜，贵国简使议和，订约数款，台湾及澎湖列岛，皆为贵国所割让。授受之后，本总督开府台北，抚绥民庶，整理庶务，凡百就绪。迩闻阁下尚踞台南，慢弄兵戈，适会全局莫定之运，独以无援之孤军，防守边陬之危城，大势之不可为，不待知者而知矣。阁下雄才大略，精通公法，然而背戾大清国皇帝之圣旨，徒学愚顽之所为，窃为阁下不取也。阁下若解廷谕，速戢兵戈，俾民乐业，当以将礼送归，麾下士卒亦应宥遇。现在台

北等处，收容降败残兵，付船送还原籍者，计有八千人。本总督素闻声名，不嫌直告，顺逆之理，维阁下审计之。

刘永福收到书信后拒绝了日方的要求，回复说：

中日两国同隶亚洲之土，讲信修睦，载在盟府。不意贵国弃好寻仇，侵我疆域。中国宿将雄师，亦昭忠义，而兵机有失者，李鸿章之误尔。自古兴国之人，必先施仁布泽，而后可以得民心，而后可以感天意。刻下台北时疫大作，贵国兵队病故者多。民情不附，天灾流行，已可概见。而阁下犹不及时省悟，余甚惑之。余奉命驻守台湾，义当与台存亡。来书谓余背戾圣旨，又何见理不明也。夫将在外君命有所不受，况台南百姓遮道攀辕，涕泣请命。余既不敢忘"效死勿去"之语，又何忍视黎庶沉沦之惨？爰整甲兵，以保疆土。台南虽属边陬，然部下数十营，皆经战敢死之士；兼之义民数万，粮饷既足，军械亦精。窃以天之不亡台湾，虽妇孺亦知之。阁下总督全师，为国大将，雄才卓识，超迈寻常，何不上体天心，下揆民意，撤回军旅，归我台北。不唯台湾百姓感戴不忘，而阁下大义昭然千古矣！

桦山资纪知道无法说服刘永福，于是进兵。

当初，吴汤兴在苗栗组建义军，因为军饷的事情与知县李烇产生矛盾，发电报向刘永福告急，双方各执一词。刘永福感到疑惑，让幕僚吴彭年率领七星旗兵[①]700名前往苗栗，李维义作为副将。到了彰化，台湾府知府黎景嵩请求让李维义去支援头份，吴彭年也快速奔赴苗栗。六月二十，日军攻击头份，新楚军副将杨紫云战死，李维义战败返回。日军攻击苗栗，前线各军请求增援，刘永福没有办法再派出军队。当初，台南选择独立抗战的时候，台湾道衙门的仓库里还剩下7万余两银子，台南府的库银也只有6万余两，因此设立了官票局，暂时印发钞票，由庄明德负责管理，当时在市面上也很流行。南北洋大臣分别派人到台湾察看军情，谋求接济的办法，并且还有俄国愿意担任台湾保护人的说法。四川举人张罗澄传递书信给刘永福，请刘永福全力守住台湾，他将借朝鲜外兵来援助。但因为有《马关条约》的存在，这些做法都行不通，所以，台南军饷匮乏、武器不足，只有福建和广东的总督分别送了旧枪一二千杆，子弹几万粒而已。税务司麦嘉林（C. A. McCallum）请求设立邮政局，不到10天就征集了5千余两银子。二十日，刘永福责令议院筹集军饷，但都束手无策，而前线请求支援的呼声非常急迫，于是凑集了8千两银子支付。再派

① 七星旗兵，即黑旗军。

遣幕僚罗绮章乘船到厦门，呼吁各省援助，言辞十分痛切。

二十八日，3 艘日本军舰窥探台南，临近中午，1 艘军舰靠近安平，发射两枚炮弹后离去。七月初一，又窥探枋寮，接着到布袋嘴，以侦察兵上岸，询问刘永福的驻地。总兵谭少宗驻守在这里，没敢开战。这十来天，日本军舰在台南附近游弋，造成沿海高度戒备，日军这么做是为了牵制刘永福的力量而全力攻击大甲溪。在此之前，吴彭年增援苗栗，马上就地招募兵勇，没有招募到多少。二十四日，日军攻破苗栗，知县李烇逃到梧栖港，再逃回福州。李维义战败返回之后，仓促率领部属进行抵抗，得到吴汤兴和徐骧的协助，取得了小胜。初四日，日军派遣山根支队进攻，大部队跟在后面。管带袁锦清和林鸿贵都战死了，吴汤兴和徐骧退守台湾府城。吴彭年驻兵牛骂头，准备扼守大甲溪，但是招募来的兵勇夜晚哗变。吴彭年撤回彰化，发电报请求刘永福再派增援军队。彰化是台湾中部重要的城市，举人施菼、贡生吴德功设立筹防局，准备抵抗日军的攻击。刘永福命令安平知县忠满前往增援，忠满不服从，派人劝说刘永福出战，而由他据守台南。刘永福非常生气，撤了忠满的职，由郑文海担任安平县知县，率领 4 营兵勇前往增援彰化。但郑文海也逗留不前。

吴汤兴的部队索要军饷，围绕知府衙门大闹，知府黎景嵩无法控制，请吴彭年兼管吴汤兴的部队。吴彭年再电请增援，刘永福怀疑吴彭年规避战事，没有听从，而日军已经逼近大肚溪了。城里有官员建议放弃城池，吴彭年不同意。再向刘永福报告战况，刘永福发来的命令是："兵来御之，死守无恐。"吴彭年只好移驻城外。第二天，看到日本军队捆扎木筏渡溪，徐骧进行抵御，埋伏在茂密的草木中进行狙击。日军将要渡过大肚溪，而李邦华也率领乡勇数千人到达，但日军野炮的炮火非常猛烈，义军死者有千余人。吴汤兴、沈仲安赶来增援，把日军隔成两部分，将其击退。第二天，与日军再战于李厝庄，获得小胜，准备要夺取大甲时，接到葫芦墩危急情报，提督陈尚志战死。吴彭年调遣彰化知县罗树勋前往增援，在头家厝庄会合。庄里的豪绅林大春、赖宽豫设立国姓会，联络数十社，率领 1000 多子弟助战，与日军相持了一天一夜，最终战败。初七日，台湾府城陷落，罗树勋收兵回彰化，而日军也绕过北投，分成两支队伍，以川村为左翼，山根为右翼，进攻彰化。彰化是座小城，八卦山在它的东边，从山上可以俯瞰整座城市，八卦山被攻破就意味着彰化城也会被攻破，因此在八卦山上建有营垒、工事。夜晚，200 名地雷兵从南边来，想在大肚溪边埋设地雷，但地雷要从海路运到鹿港，还没有运到。次日，吴彭年誓师，让王得标率领七星旗兵 300 名守中寮，刘得胜率领先锋营守中庄，孔宪盈守茄苳脚，李士炳、沈福山各率领所部守八卦山。初九日黎明，日军派遣一中队涉水过溪，逼近黑旗军营，又派遣一中队从背后攻击。吴彭年率领将士冲出营垒作战，另外一支日军已经直捣八卦山。吴汤兴、徐骧奋力抵抗，弹尽力竭，吴汤兴战死。吴彭年回师救援，率领将士争夺八卦山，中弹阵亡，李士柄、沈福山、汤人贵等都战死，阵亡官兵近500人，黎景嵩、罗树勋分别改换服装逃走。日军进入彰化县城。

初十日，日军攻陷云林县城，占领大莆林，另外派遣一支军队攻打埔里社，气势很盛。刘永福赶到曾文溪筹备防御，黄荣邦、林义成、简成功及其子简精华都接受招抚，愿誓死效力。十一日，副将杨泗洪率领镇海中军以及吉林炮队攻取大莆林，林义成和简精华分别率领部下数千人助战。日军兵败，杨泗洪追击，被炮弹击中阵亡。管带朱乃昌奋力作战，夺回杨泗洪的尸体后，回头继续作战，而日军的山炮队到了，炮声震动了山谷。台湾军队埋伏在甘蔗林中作战，左右两边夹击，日军撤退。朱乃昌指挥军队直接前往夺取大莆林，只见远处火光冲天，喊声很大，经询问，原来是黄荣邦、林义成前来增援。趁势杀入大莆林，与日军伤亡相当，朱乃昌也在激战中阵亡。刘永福命令都司萧三发率领福军前锋部队前来代替杨泗洪，拿3千两银子犒赏军队。十三日，命令简成功统领义军。守备王得标与嘉义知县孙育万会师，与简精华的军队合力攻克云林。日军进入山中，遇到伏击被歼灭，又战败于芦竹塘。十六日，萧三发督促各军攻取彰化，从清晨持续到中午，被日军炮火阻止无法前进，只能占据险要的地方守候。当时，台湾军民抗击日军的声浪比较高，台湾中部和北部到处都有约定时间起来反抗的事情发生，但台南的军饷、武器已经耗尽，刘永福又命令吴桐林到厦门请求援助，走遍沿海，无人响应。二十五日，简精华、黄荣邦接连获得胜利，献上敌人的左耳请求发放军饷。八月初二，再次发电报请求，词语悲切，但刘永福也只能凑集1500两银子来接济，附近的许多村民都把牛杀了给士兵食用，因此还不至于饿肚子。当彰化陷落时，徐骧率领20人逃进后山，走小路回到台南，刘永福安慰他，让他到卑南招募强悍的士卒，招到700个矫健有力气的人，赶往前线。彰化的各路军队因围攻的时间很久，弹药即将用光了。初六日，黄荣邦誓死攻城，中弹阵亡。初七，林义成再次攻城，也受了重伤。十三日，日军组织大批人马猛攻萧三发的军营，徐骧、简精华都来援助萧三发。交战多日，徐骧战死，许多人都受伤不能继续作战，云林再次陷落。刘永福悲叹说："内地诸公误我，我误台人。"

二十日，日军进攻嘉义，王德标原来在郊外扎营，这时移到城内。日军占据了王德标原来的营盘，半夜时分地雷爆炸，炸死700多人。第二天，日军用炮火攻城，攻破了东门，总兵柏正材、营官陈开槱、同知冯练芳、武举刘步升、生员杨文豹等都战死了。王德标随简精华逃进后山。二十一日，日军攻占盐水港，另外派遣一支军队从海上到布袋嘴，谭少宗的军队和日军交战，战败了。日军到达铁线桥，沿途的村民拿起武器进行抵抗，相持了几天，生员林昆冈战死。日军伤亡不少，因此不能越过曾文溪继续向南。二十三日黎明，日军在枋寮登陆，进入恒春，接着占领了东港，准备攻取凤山。

当嘉义陷落的时候，刘永福知道大势已去。二十一日，刘永福托英国领事欧思纳（Nicholas Roderick O’Conor，通常译作欧格讷）传递书信给桦山资纪请求和解。当时日本军舰大量聚集在澎湖，欧思纳乘坐英国的军舰披古号到达澎湖，日本副总督高岛鞆之助接见欧思纳。刘永福的信中说：

查本年四月间，两军战事已毕，海宇共庆升平。惟和约中有台湾全岛割让贵国一节，台民以久隶大清国版图，世受皇恩，不愿反颜东向。是时我国遣官到台，密行慰谕，而民心匪石可转，公举本总兵为兼办台事大臣。本总兵以未奉明谕，无奈徇其所请，即以力保台民为己任，然非有自私自利于其间也。及见台民自遘战祸以来，其苦难以言喻，为此咨请贵督，愿以全岛相交。惟尚有二事相求者：贵部兵既至台南，不论何等民人宜悉优待，而不加以惩罚，一也。本总兵部下弁兵急须内渡，乞速拨船安送回陆，不论闽、浙、粤东或南洋大臣处，皆随尊意，二也。此二者度贵督亦必视为要图，故敢以为请。如别无指驳，即当迅备交台事宜。立候咨复。

鞆之助回信拒绝了刘永福。二十四日，刘永福派遣官员到披古号军舰，请求拜见英国、荷兰两国的领事，邀请一同前往吉野号。两国领事拒绝了，认为刘永福自己不来，去了也没有用。这天，吉野号到达安平，给了刘永福一封书信，约刘永福第二天早晨到军舰商量投降的事情，否则就开战。两国领事也尽力劝说刘永福前往，刘永福最终不敢去，而日军已经从水、陆两路同时发动进攻了。

二十六日，7艘日本军舰和2艘运输船攻打旗后炮台。守将刘成良是刘永福的义子，双方交战两个多小时，炮台陷落，刘成良逃回台南。刘永福发怒，想要杀了刘成良。第二日，日军进入凤山，二十八日占领旧城，派遣骑兵逼近台南。郑青率领军队在二层行溪抵抗日军，台南府城中一片大乱，人们争抢乘船逃往厦门。

九月初一，刘永福准备退守关帝庙庄，凭借山势进行防守，但军情不利的战报不断传来，仓促间未能实行。初二午后，有武官从安平快马进入台南府城，大喊援兵来了，府城里的人们都很高兴。到了晚上，刘永福带领几个卫兵巡视安平炮台，然后坐上英国商船爹利士号（Thales，或译塞里斯号）离去。第二天，陈修五、吴道源请英国牧师宋忠坚（Duncan Ferguson）到日军第二师团的前沿警戒部队，请求日军进城稳定局势。初四早晨，日军进入台南城，海军也到了安平，没有逃走的20多个士兵全部被杀，而“台湾民主国”也灭亡了。

卷五

疆域志

卷五
疆域志

光绪十一年（1885）七月初八，钦差大臣左宗棠上奏请求台湾建省。朝廷下旨让军机大臣、总理各国事务大臣、六部、九卿会同各省督抚商议后把意见再奏上来。九月初五，军机大臣醇亲王奕譞等人奏请将福建巡抚改为台湾巡抚，朝廷诏令表示同意。光绪十二年三月，朝廷又诏令："闽、台防务关系紧要，该督抚等商办一切，务当和衷共济，不分畛域，力顾大局。上年谕令该督抚等会议改设各事宜，并着一并妥议，毋稍迟延。"

光绪十三年四月，新任台湾巡抚刘铭传会同闽浙总督杨昌濬合奏，建议将台湾府县分别进行增改裁撤，以便管理。奏疏说：

台湾疆域，南北相距七百余里，东西近者二百余里，远或三四百里，崇山大溪，钩连高下。从前所治，不过山前迤南一带，故仅设三县而有余，自后榛莽日开，故屡增厅治而犹不足。光绪元年，沈葆桢请设台北府县，以固北路，又将同知移治卑南，以顾后山，全台官制，粗有规模。然彼时局势未开，择要修举，非一劳永逸之计也。臣等公同商酌，窃谓建置之法，恃险与势，分治之道，贵持其平。台省治理视内地为难，而各县幅员反较多于内地，如彰化、嘉义、凤山、新竹、淡水等县，纵横二百余里、三百里不等，仓猝有事，鞭长莫及。且防务为治台要领，辖疆太广，则耳目难周，控制太宽，则声气多阻。至山后中北两路，延袤三四百里，仅区段所设碉堡，并无专驻治理之员，前寄清虚，亦难遥制。现当改设伊始，百废俱兴，若不量予变通，何以定责成而垂久远。臣铭传于上年九月，亲赴中路督剿叛番，沿途察看地势，并据各地方官将境内扼塞、道里、田园、山溪，绘图贴说，呈送前来，又据抚番、清赋各员弁将抚垦地所陆续禀报。谨就山前后通局筹划，有应添设者，应改设者，应裁撤者。查彰化桥仔头地方，山环水复，中开平原，气象宏敞，又当全台适中之地，拟照前抚臣岑毓英议，就该处建立省城，分彰化东北之境，设首府曰台湾府，附郭首县曰台湾县，将原有之台湾府、县改为台南府、安平县。嘉义之东，彰化之南，自浊水溪始，石圭溪止，截长补短，方长约百余里，拟添设一县曰云林县。新竹、苗栗街一带，扼内山之冲，东连大湖，沿山新垦荒地甚多，拟分新竹西南各境，添设一县曰苗栗县，合原有之彰化及埔里社通判一厅四县，均隶台湾府属。其鹿港同知一缺，应即裁撤。淡水之地，东控三貂岭，番社歧出，距县太远。基隆为台北第一门户，通商建埠，交涉纷繁。现值开采煤矿，修造铁路，商民麇集，尤赖抚绥，拟分淡水东北四堡之地，撤归基隆厅管辖，将原设通判改为抚民理番同知，以重事权。此前路添改之大略也。后山形势，北以苏澳为总隘，南以卑南为要区，控扼中权，厥惟水尾。其地与拟设之云林县东西相直，现开路一百九十余里，由丹社岭、集集街径达彰化。将来省城建立，中路前后脉络，呼吸相通，实为台东锁钥，拟添设直隶州知州一员，曰台东直隶州，左界宜兰，右界恒春，计长五百余里，宽三四十里、十余里不等，统归该州管辖，仍隶台湾兵备道。其卑南厅旧治，拟请改设直隶州同一员。水尾迤南，改为花莲港厅，垦熟田约数千亩。其外海口水深数丈，稽查商舶，弹压民番，拟请添设直隶州判一员，常川驻扎，均隶台东直隶州属。此后路添改之大略也。谨按台湾疆土赋役，日增月广，与旧时羁縻侨置，情形迥不相同，因地制宜，似难再缓。况年来生番归化，狉榛之性，初就范围，尤须分道拊循，藉收实效。臣等身在局中，既不敢遇事纷更，以紊典章之旧，亦不敢因陋就简，以失富庶之基。损益酌中，期归妥协。

朝廷诏令表示同意。于是台湾分别设置3府、1州、3厅、11县，以台湾府为省会，驻扎巡抚，因为省城还没有建好，所以暂时驻扎在台北。

光绪十五年八月，刘铭传命令台湾知县黄承乙、中路统领林朝栋修建台湾省城，认为这里将来会成为台湾的政治中心。当初台湾建省时，彰化绅士蔡德芳、吴朝阳等人上书巡抚，请求将省会设在鹿港①。大概说：

台湾孤悬一岛，南北绵亘千余里，东尽番山，西临瀚海。重以土浮民靡，动辄变生，无事之时，耕渔亦足相安，有事则请兵筹饷，在在仰需内地。伏思开台之初，建设郡县，多从海口，独嘉义县城离海稍远，至如彰化县城，西距鹿港不过十数里，其东延内山，平原辽阔，伏莽滋多，兼以溪多林茂，防御难施，即如同治元年戴潮春之变，自内一发，城池立陷。城之西面，若断一桥踞一竹围，虽内地大兵数千屯驻鹿港，经年亦不能进。洎大兵夹击，收复之后，

① 鹿港，今彰化县鹿港镇。

犹可相争。故乾隆间贵西道赵翼有移鹿港之议，恳恩入告，事虽未行，要其大意，总在设城海口。今当盛朝威灵震叠，仰荷钦宪抚临此邦，营建省会，从此添兵足饷，重权镇慑，全台托庇，万无可虑之事。第圣人有言，处常固当思变，谨始乃以慎终。台湾果蒙建省，省会必归彰界。然前既有移县城近海之议，而今省城或转设近山，万一地方有警，一扼溪险，窃恐万兵难进。咫尺先不能通，何论南北，此尤大势之当筹者。至于来龙之归宿，海道之引导，或择其新地，深谋远虑，或仍其旧城，事半功倍。钦宪明见万里，斟酌自有权衡，固毋庸某等之多赘。且事关奏闻，尤非下士之所能置辩。唯生长于斯，闻见颇熟，抱此区区，又不能坐受知而不言之咎。爰敢披沥历来大局情形，附绘彰化旧城来龙宿脉图说一纸，恳乞转详。

刘铭传没有同意。光绪十七年五月，刘铭传辞职，由邵友濂继任。邵友濂是位文官，缺乏深谋远虑，奏请将台湾省会移设台北，以便今后的规划。大概说：

前卜定省城之地，虽当中枢，控制南北，而山岳四面围匝，距台南、台北两府各四五日程，其间溪水暴涨，交通颇烦。兼以沿海水浅，轮船难以驶入，南北有事，接济迟延。又省城必须建筑坛庙衙署等，经费浩繁，无由筹办。伏思台北居台湾之上游，衙署局库略已成工，商民辐辏，铁路亦通，舟车之利两备，故拟以该府城为台湾省会。

光绪十八年，先停止省城的修建工程，而省会也明确移到台北。

台南府下辖 4 县：安平县、嘉义县、凤山县、恒春县；1 厅：澎湖厅。

安平县

安平县是全台湾最早开始教化的地方，开发最早。荷兰人占领台湾的时候，曾在赤崁社修筑城堡，台湾人称之为赤崁楼，也就是现在的安平县城。而《台湾府志》认为是因为台湾盖房子多用红瓦，又喜欢盖在水边高处的地方，福建人称这种地方为“墈”，误传为“嵌”，因此和安平城一起都称为“赤崁”。乾隆十年（1745），巡台御史范咸作《赤瓦歌》，其中自序写道：“台人屋瓦皆赤，下至墙垣。”这就是赤崁城名称的由来。《台湾府志》的这种说法，拘泥于文字，和解释“台湾”名称的说法相似。台湾原来叫作“埋冤”，这是漳州话和泉州话的发音，所以有的称作“台员”，或者称为“大湾”。而《台湾府志》说：“荷人建城，制若崇台。海滨水曲曰湾，又泊舟处亦谓之湾。”声称这是台湾名称的由来。这是一种错误的说法，我已经论述过了。赤崁原来是“番社”的名称，这没什么好隐瞒的。《裨海纪游》说，《明会典》中有太监王三保出使西洋的途中在赤崁取淡水的说法，说明了赤崁原来一直都是“土番”居住的地方，取水的那个井至今还在，是最早的古迹。延平郡王郑成功收复台湾之后，建立了承天府，设置了天兴县和万年县，改一鲲身①为安平镇。安平原是泉州安海的名称，是郑成功起兵的地方，进入台湾后，就将“安平”这个名称移到这里，又修建了桔柣门，以保存对故土的怀念。而安平城也称作王城，赤崁楼是承天府的府衙。清朝统一台湾后，设立台湾府，下辖3个县，台湾县为附郭县。二百多年来，台湾文化日益发展，法规、礼俗逐渐与中原地区一样，名副其实地成为东南的一个大地方。光绪十四年，台湾建省后，将台湾县移到台中，作为省城的首县，原来的台湾县就改名为安平县。又因为巡抚暂驻台北，省府刚刚建立，大官很多，那些官场上的人，为了功名利禄都争相跑到那里，因此台南就日渐衰落了。安平县的疆域本来就比较狭窄，东边背靠群山，气象雄伟，罗汉外门庄②处在交通要道，所以以前设县丞来管理，现在已经裁撤掉了。山中的“土番”都已经归化，其中靠近城区的人和汉人已经没有什么区别。其他县还需要对“土番”进行防范安抚，而安平县的“土番”早就已经安定了。县城往西6里有安平镇，从前被大海阻隔，没有船就到不了，现在淤积之后已经有了宽阔的道路，车马可以往来。旧方志中说台江内海曾经是一片汪洋，可以停泊千艘船只。台江就是安平镇的内海，现在都是养鱼的池塘。道光二年（1822），夏秋时节连续20多天的大雨，导致曾文湾里各条溪流的洪水冲破堤岸，泥沙充填到内海，淤积成陆地，沧海因此就变成桑田了。安平镇左边接连鲲身，右边是菅仔埔③，西面就是鹿耳门，这里风浪很大，素称天险。荷兰和郑氏时期，这里都建有炮台，以守卫出海通道。现在也已经淤积了一半，只留下一些沙洲，大型船只不能进入，只能停泊在四草湖。安平镇作为通商贸易的口岸，驻有外国领事馆，设有海关，以振兴贸易。所以台南的商务活动为全台湾最多，仍然是富庶的地方。只是南到二层行溪④，与凤山县交界，北到曾文溪，与嘉义县相邻，距离不过50里，土地肥沃，人们崇尚礼义廉耻，士子们在学校认真读书，农民们快乐地在田野耕作，商贩们勤劳地在市场交易，工匠们聚集在作坊里做工。

---

① 一鲲身，台南古岛屿名。

② 罗汉外门，在今高雄市旗山区中西部及内门区东北部。

③ 菅仔埔，台江地区最早的地名。

④ 二层行溪，现称二仁溪，为台南市和高雄市界河。

乔木之思[①]，都能引起后人的感慨，更何况是古都旧城呢？生在这片土地上的人们，能不守护对这片土地的爱吗！

嘉义县

嘉义就是过去的诸罗。诸罗是“番社”名，也是山名。旧的方志以为“诸罗”就是“诸山罗列”的意思，其实并不是。康熙二十三年（1684），开始在佳里兴[②]设立县城，划曾文溪以北的地区归它管辖。佳里兴也是“番社”的名称，民众靠海居住。诸罗县的疆域很广，远到三貂[③]，那时候北部还没有得到开发。由于环境不适合居住，才换到现在的县城。平定朱一贵起义后，划虎尾溪以北的地方归彰化，因此疆域比以前小了一些，但土地开垦日益加快，人民殷实富裕，就像府城左边的臂膀一样。乾隆五十一年（1786），林爽文起义，彰化、淡水都被攻克，诸罗被围困了一年多的时间，居民们环城死守，尽心尽力地帮助守城而不肯逃走，皇帝下诏嘉奖他们的忠义，改“诸罗”为现在的“嘉义”，永远流传于后世。台湾建省后，又划牛稠溪[④]以北的地方为云林县，嘉义县的疆域又小了些，但依然还是方圆百里的一个县。全县靠山面海，田园纵横，地理形势和彰化县差不多。玉山屹立在东北方向，山高有13000多尺，在东部沿海中是群山之王，磅礴地势尤其集中在此，十分壮观。阿里山是玉山的支脉，森林资源在东部沿海中也是最丰富的，是上天赋予的宝藏。火山位于县城的东南，火焰从地上喷出，不远处的下面还有温泉，当地的人引山火来做饭，舀温泉水来沐浴，真是奇境啊。从前，斗六门[⑤]设县丞1员，加强管理，现在是云林县的县城。安平县和嘉义县交界的地方叫作大武陇，设巡检1员。嘉义沿海地方有很多港湾，只有布袋嘴水比较深，大船可以进入，像盐水港早就已经淤积了。嘉义县作为山海之间的区域，物产丰富，此地男人向往忠贞，女人心怀节烈，风俗之美和台南府城相同。这都是因为教化的作用，大家奉行良好的风俗习惯，就会变得越来越好。

---

① 乔木之思，《诗·周南·汉广》云：“南有乔木，不可休思。”后以“乔木”形容对故国、故里的思恋。

② 佳里兴，今台南市佳里区佳化里与佳兴里。

③ 三貂，今新北市贡寮区福连里与宜兰县头城镇石城里之间的海岬地带。

④ 牛稠溪，位于台湾南部朴子溪主流上游，因流经民雄乡之牛稠山而得名。

⑤ 斗六门，今云林县驻地斗六市。

凤山县

凤山县因山命名，旧县城在兴隆里，是郑氏时期的万年县，从二层行溪以南远到琅峤归其管辖，就像府城右边的臂膀一样。乾隆五十二年（1787），林爽文起义，庄大田起兵响应，县城遭到破坏。起义平息后，县城移到埤头，就是现在的地方。凤山位于县城南边30里处，形状像凤凰，实际上就是一个小山丘而已。凤山县的疆域面积比诸罗县小，而管辖的地方一直到卑南，但也只是控制而已。光绪元年（1875），划率芒溪以南为恒春县，疆域稍微小了一些，但仍然是有山有海的地方。凤山县辖境的东北一直到弥浓①，丘陵起伏、道路险阻。往西5里是旗尾，它是安平县与凤山县交界处最边上的通道。凤山县西南方向靠海，沿海沙洲迂回，鱼、盐的丰富全台湾第一。打鼓山在县城以西18里的地方，这里修建了堡垒，驻有军队，以防守海口通道。打鼓山的旁边就是旗后，是各国通商贸易的口岸，港内水很深，可以停泊大船。再往南20里是东港，也是商船往来贸易的口岸。小琉球屿在县城以南60里，与东港相望，屹立在海中，一只小船就可以渡过去，岛屿周长约20里，岛上居民从事农耕和打渔，整个环境十分清幽安静。下淡水溪是台湾的一条大河，源自内山，蜿蜒数十里，和赤山的冷水沟汇流后入海，引其河水灌溉上万甲的田地，年年丰收，百姓富庶，这是下淡水溪带给凤山县最大的好处。渡过下淡水溪到阿猴林，这里向来是违法乱纪的人出没的地方，因此设下淡水县丞在这里驻扎。率芒溪是凤山县和恒春县的边界，从溪口向北走就是枋寮，其位于偏僻的海边，比较靠近内山，以前驻有士兵防守。同治六年（1867），设巡检以追查盗贼，保护往来行人，作为照管南部的一个措施。凤山是一个老县，有大山也有大海，物力充足，但是，福建人和广东人都住在这里，占地争强，一言不合就大动干戈，到现在才稍微好一些。兄弟之间虽有不和，但应该联合起来抵御外侮，能重视公正的义理而抛弃私仇，这方面特别期望凤山县的人能做得更好。

恒春县

恒春县位于台湾的最南边，设立恒春县的想法，始于对牡丹社“土番”的征讨，而完成于“开山抚番”的时候。当初，福建船政大臣沈葆桢因为牡丹社事件，率领军队巡视台湾，迫切要求加强边疆的防备力量。光绪元年（1875），奏请划出率芒

① 弥浓，今美浓。

溪以南，新设县城于琅峤的猴洞山。由于这里山形环抱，中间是开阔的平原，常年温暖，所以命名为恒春。恒春县是全台湾最南的区域，只有北部和凤山县接壤。东、西、南三面都濒临大海，从率芒溪经过嘉鹿塘、枋山、枫港，最后到柴城[①]，总共60里，柴城是当年福康安驻扎军队的地方，有用木头搭建成的城堡，现在改为土堡。它的旁边是统领埔，相传是郑氏时期屯田的地方，土层厚而且肥沃。从县城往东经过射麻里、万里得、高士佛到八瑶湾[②]，总共53里路程，是恒春县与卑南厅的交界处。再25里就是牡丹湾，是"凶番"居住的地方，今已平定了。虽然恒春县三面临海，但港湾又小又浅，容不下大型船只，像大板埒、射寮、枫港等港口，在一定的时间里才可以进出大船。如果能进行人工开凿，那就好了。鹅銮鼻突出海中，水下有暗礁，向来被称为天险，上面建有灯塔，用来指示航道。这里南面连接南峤[③]，一水相隔，是东西洋往来必经的通道，不能因为偏远就搁置在那里。恒春县的"土番"向来分上、下，各有18社，现在有记录的有58社，他们的性情都比较温顺。如果能经常安抚加以教化，招来汉民开垦那里的荒地，修建水利进行灌溉，开辟道路方便那里的交通，让他们懂得道理以办好各种事情，教化和养育并重，不出几十年，热风瘴雨肆虐的地方，就会变成人们所说的人间乐土了。

澎湖厅

澎湖原来就是海疆重地，群岛交错林立，风涛汹涌激荡，是一个天然险要的地方，远古以来，不见史书记载。隋文帝开皇年间（581—600），虎贲中郎将陈棱开始经略此地，而居住在这里的人们，原来也是黄帝的后代。有人说，楚国灭掉越国后，越国的子孙迁到了海上，其中有人就住到了澎湖。唐、宋以来，居民数量逐渐增多，到了元代末期，开始设立澎湖巡检司，隶属于晋江县，没过多久就撤废了。明朝初年，天下尚未平定，一些没有家业的民众聚集在这里。明洪武五年（1372），将这里毁为废墟，把居民都迁到漳州和泉州，但不久人们又来了。嘉靖年间，为了海防的需要，又设置了巡检司，不久又撤掉了，而澎湖被弃为边疆荒地。澎湖是沿海地区重要的屏障，是东西交通的重要通道。将它毁为废墟的举动，实在是一个错误的决策。因此，海岛夷人前来侵犯，海盗将其占据，侵扰和灾害无休无止。之后延平郡王郑成功东征台湾，先收复了澎湖，设立安抚司进行治理。康熙二十二年（1683），

---

① 柴城，今车城。

② 八瑶湾，今屏东县满州乡九棚村东北。

③ 南峤，应为峤南，即岭南。

清军进入东宁。第二年，在澎湖设立巡检，隶属于台湾县，又将水师副将驻扎在这里。雍正五年（1727），改设通判，成为澎湖厅，兼管海防事务，澎湖成为海上重镇。朱一贵起义被平定后，朝廷中有人认为澎湖失守后郑氏政权只好投降，而澎湖存则台湾可守，准备把总兵镇移到澎湖。总兵蓝廷珍认为不可行，上书说明理由，这种议论才停止了。澎湖虽然是海上重镇，但土地贫瘠百姓贫穷，不产五谷，都要靠台湾的援助，一旦台湾的援助断绝，就马上无法支撑。守卫澎湖的策略，在于筹划能够长久坚持。修建炮台用来防御，设立船队用来巡逻，操练民兵让他们在打仗时用得上，索取军械粮饷保证其充足，然后才能够谈论防守，可以防守之后才可以谈论和敌人一争长短。战争的胜败依赖在外的将领，时机往往在于一瞬之间。防守的轻重缓急，由专门的官员担任，办法在于平时的训练。所以说：兵可百年而不用，不可一日而不备。为什么呢？东南海防的关键在于台湾，而澎湖是台湾的门户，一旦海疆有事，澎湖必然最先遭受战争。因此筹划台湾的防御，一定先要筹防澎湖，中法战争就是例子。澎湖距离台湾府城 175 里，南面可走南峤，北面可往登州和蓬莱，西面渡往金门、厦门，近的只要 1 天，远的或者要几天。海天万里，不过一水相隔而已。如果用庞大的海军扼守住这险要的地方，那么南北的交通就能隔绝，那台湾就不会有危险了。在澎湖许多岛屿中，大山屿面积最大，妈宫在它的西面，文武官员也都住在这里。外面以西屿为屏障，而里面就以新城和龟山互为犄角，驻扎军队，设置堡垒，防患于未然。群岛的范围东到阳屿，西到花屿，南到大屿，北到目屿，周围共 242 里。原来说有 36 个岛屿，实际上有名字记录的就有 55 个。渔村里有许多用贝壳烧灰盖成的房子，渔民们以海为田，因此当地人都熟习水性，冒险耐劳，很有坚毅的气概。大家同心同德，积聚力量，约定目标，共同前进，哪怕是平民百姓，也能成为台湾的捍卫者。人格高尚的人，应该知道自己该做的是什么事情。

台北府下辖 3 县：淡水县、新竹县、宜兰县；2 厅：基隆厅、南雅厅。

淡水县

淡水是台湾北部的中心，在荷兰人侵占台湾之前还没有什么名气，清政府统一台湾后，开始隶属诸罗县，后来又隶属彰化县。雍正九年（1731），设立淡水同知，厅城在竹堑，凡大甲溪以北的区域都归其管辖。二百多年来，淡水名望和文化发展都蒸蒸日上，已经是一个大都会了。同治十年（1871），淡水同知陈培桂根据民众的要求，提议把淡水厅升为直隶州，增加厅儒学生员的名额。还没来得及进一步施行，“开山抚番”便开始推行。钦差大臣沈葆桢奏请裁去淡水同知，建立台北府，以淡水县为附郭，艋舺为府城。艋舺过去是进行贸易的地方。台湾建省以后，贸易逐渐移到了大稻埕，艋舺没过去那么繁荣，但民众仍然富裕。淡水县的疆域，南到土牛沟，和新竹县交界；北边以三貂溪为界限，与宜兰县相邻；东部背靠深山，是“生番”的住地，设立了隘寮来防守。沪尾在府城西边30里，是各国贸易往来的口岸，设立了海关来征税，驻有领事来管理侨民，因此在这里修建了炮台，设置了重兵进行守卫。河水从鸡笼山而来，流经八堵、五堵、圆山，出关渡而流入大海。其他的支流，交汇于艋舺、大稻埕之间。航运的便利，使得商业兴盛，而河水灌溉田地面积很大，所以生产的粮食很多。淡水原来是“土番”的地方，左边环抱龟仑山，右边控握狮球岭，溪流纵横交错，金、煤、硫磺蕴藏丰富，山上生长着大量的樟脑、茶叶和木材。在郑氏政权的时候，这里用来流放罪人，康熙、雍正年间，这里还为瘴气瘟疫所苦。到了现在，繁荣奢华成为台湾第一，这都是因为人们治理得好。但是，这里到处都能看到官员的冠服和车马，什么地方来的人都有，读书人不讲求实际，女子沉浸歌舞，骄奢淫逸的现象，也是全台湾最突出的，这又是风气不良的地方。改变不良风气，重视法纪，在这方面希望淡水人能做得更好。

新竹县

新竹本来是“土番”部落的地方，原名竹堑，郑氏时期曾在这里进行军事活动。旧的方志认为这里原来围绕城区种植竹子，所以称为竹堑，这种说法大错特错。郑氏时期，还没有在这里设官，就已经有了竹堑的名称。后来蓝鼎元规划治理台湾，也有开垦竹堑埔的想法，其中所说的竹堑，是就整个县大的范围而言的。台湾归属清朝之后，竹堑开始时隶属诸罗县，当时农业尚未开发，来往的旅客也很少，因此仍然被看成是偏远荒凉的地方。雍正元年（1723），划入彰化县，同时设立淡水同知，盘查北部地区的违法活动，兼管彰化县的抓捕犯人的事务。雍正九年，又以大甲溪以北地区的刑事和钱粮事务专门归淡水同知管理，但同知仍然驻在彰化县城。乾隆二十年（1755），才将厅城移到竹堑。到光绪元年（1875），在台北设府，裁撤淡水同知，但台北知府仍然暂时驻在新竹。光绪五年三月，淡水、新竹分县管理，把土牛沟以南划为新竹县，以北划为淡水县，新竹县管辖的地方有6个堡。光绪十五年，新竹再次拆分为新竹和苗栗两个县。于是南到中港，与苗栗县相邻，北到土牛沟，与淡水交界，西靠大海，而东部深入“土番”居住的大山，南北相距85里，东西相距65里，还是一个泱泱大县。此地土地肥沃，人民富庶，文化兴盛，在台湾北部首屈一指。并且读书人讲究诚信，农民勤奋耕作，不像淡水县那样奢靡。但由于地处丘陵地带，福建人和广东人混杂居住，分类械斗的风气，长年都不停息。而且其地与“番”界接壤，“土番”有割人头来称雄的习俗，住在沿山附近的人也大多有练武习惯，这是很自然的。新竹县位于北台湾的腹地，群山高耸，就像拱卫着新竹的屏障，其中特别高大的山峰，就是雪山，海拔高达3884米。中港、香山的溪流，都发源于内山，水流长而流速慢。只是在入海口的地方处，水浅无法停泊大船，因此航运的便利只能依靠淡水港。新竹山水聚集灵秀，人物风采出众，希望这里的人们发奋努力，进一步将这里发扬光大。

宜兰县

宜兰就是蛤仔难，蛤仔难是“土番”的语言，有的称为甲子兰。这里三面环山，东靠大海，地势平坦，土壤肥沃，长久以来一直荒芜在那里。直到吴沙到这里开垦以后，漳州、泉州和广东的移民才相继而来，建土堡居住，从头围[①]到五围，开垦的土地越来越广，逐渐形成了许多聚落。吴沙死后，他的侄儿吴化能够管好这些民众，请求接受官府的管理。于是嘉庆十六年（1811），在此设置了噶玛兰厅，设通判以管理民政事务，厅城定在五围。当时许多事务都是刚开始兴办，星罗棋布的乡村聚落，多用“土番”的语言直接译成。同治十三年（1874），政府决定“开山抚番”，光绪元年（1875）设立了台北府，改厅为县，名为宜兰县，以作为北台湾的屏障和前后山之间的防卫。

宜兰县北部以三貂溪为界，南到苏澳，从三貂溪到草岭，深山密林，十分险要。过了草岭是大里简，东望东海，波涛汹涌，一望无际，这里是太平洋的边缘。北部边角30里处，有一个小岛屿名叫龟山，有驻兵防守。草岭往东，群山罗列，其中最高的叫玉山，终年积雪不化，高至万尺，十分壮观。海滨巨石嶙峋，其中设有一个关口，叫北关。而设在苏澳的，叫南关，它们屹立在那里，堪称台湾东北部的门户。苏澳的港口，水深四五丈，可停泊轮船，但要注意底下的礁石。南风澳和北风澳，又是苏澳的门户。泖鼻山在三貂溪的入海口，形如象鼻，直插入海。泖鼻山旁边有一个小海湾叫作琉球澳，礁石密布，船只无法停泊。头围在县城东北30里处，设有县丞。从头围经过大坪林，过景尾街，可以到达台北府府城，这是小路，里程

① 头围，今宜兰县头城镇。

约有 110 多里。从苏澳向南，沿海滨而行，可以到达台东，但险阻难行，溪流泛滥，很难徒步从水上走过，因此坐船前往更加方便。

宜兰过去是“土番”居住的地方，远古以来都属于化外之地，随着吴沙进入开拓，开垦荒地，耕种庄稼，建立居民聚落，招揽无业游民，扩大了官府治理的范围，这样的功业难道不是很伟大吗。这里地靠东海，森林丰富，因此长年多雨。以其丰富的水利资源、美好的自然环境，无论是读书还是种地，只要有坚强的意志，宜兰虽然是一个偏僻的地方，富庶兴旺也终将显现出来。

基隆厅

基隆是进出台湾北部的重要通道，也是通商贸易的大口岸。煤炭资源非常丰富，因此到这里的人日渐增多。但在 200 多年前，还是一个荒芜的地方。这里原来是“土番”聚居的地方，过去称鸡笼。地处台湾最北部，林木茂盛，瘴气多发，天气寒冷，长年多雨，因此有“鸡笼积雪”的景观，和现在的景象，早就已经不同了。

在明朝末年的时候，荷兰人已经占据了台南，西班牙人也侵占了鸡笼，在现在的社寮岛[①]修筑堡垒，驻扎士兵，同荷兰人相角逐。卧榻之旁，岂容他人鼾睡，荷兰人把西班牙人赶走了，拥有了整个台湾，但不久又被延平郡王郑成功所驱逐。清朝统一台湾之后，对鸡笼还只是进行一般的联络而已。乾隆、嘉庆以后，定居的人逐渐增多，农耕和渔业一并发展，人烟稠密，鸡犬之声相闻，从淡水到鸡笼，从鸡笼到噶玛兰，已经大规模地进行了土地开发。鸡笼开辟海上交通之后，就遭到了外国列强的觊觎，他们之所以对鸡笼关注和心动，是因为这里有丰富的煤炭资源，可以成为他们在东方海上的停靠补给站。所以当台北设府的时候，沈葆桢认为鸡笼的海防事务已经繁重，各种交涉诉讼案件尤其繁多，不是负责煤矿事务的小官所能管得了的，于是在这里设置了通判，改名基隆。光绪十三年（1887），又改设同知，以加重管理事务的职权。尽管基隆只管辖 4 个堡，不足以建立一个县，但向来是台北的屏障和拱卫。基隆的富庶，是由于人的努力，也因为矿产资源的丰富。经过艰苦努力，百事俱兴，缔造经营，与时俱进，那么这个商铺云集的地方不但会是台湾的大商业港口，也会成为东方海上的一个大都会。

① 社寮岛，今和平岛。

南雅厅

南雅是台湾一个经过了“抚番”招垦的地方，大嵙崁[①]是它的交通要道。当初，道光八年（1828），陈集成开始开垦这块土地，一边开垦，一边武装护卫，但“土番”的扰害一直没有停止。光绪十二年（1886），台湾巡抚刘铭传奏请设立抚垦大臣，设抚垦局，开垦良田，修建沟渠，砍树熬制樟脑，实行安抚“土番”的政策，对于那些抗拒的“土番”，就派遣军队进行征讨，从此大嵙崁的景象焕然一新。由于大嵙崁地处内山，离县城较远，而且定居的人日益增多，光绪二十年，就在附近的湳仔新设了通判，改名为“南雅”，以管理民众。政令刚刚颁布，忽遭台湾割让，治理的措施不是短时间内就能完成的。南雅山水环绕，景色十分壮丽，本身蕴藏着无穷的资源，再召集前来开垦务农的民众。大刀阔斧，培育发扬，还有待于后人的努力进取。

台湾府下辖 4 县：台湾县、彰化县、云林县、苗栗县；1 厅：埔里社厅。

台湾县

台湾是一个旧的名称，而台湾县却是新设立的。光绪十三年（1887）台湾建省重新划分行政区域的时候，认为彰化县的桥仔头庄[②]位于南北适中的地方，靠山面海，中间有平原交叉错杂，南边有湖日[③]的富饶，北边有大甲溪的险峻，开山修路，驻兵“抚番”，可以远达台东，指挥起来得心应手。一旦铁路修成，居中调度，可以控制全台湾。于是台湾巡抚刘铭传奏请在这里建台湾省会，将彰化县的北部划分出来，新设一个县，名为台湾，而把过去的台湾县改名为安平县。因为这个地方处在台湾的中心区域，所以也称作台中。光绪十四年，刘铭传命令栋军[④]修筑城池，建立官府衙门，修建儒学、孔庙，驻扎军队，核算赋税、劳役，将在这里建设一座新的城市。但建县城的地方原来是一片田地，土层肥厚、泉水甘甜，商业街区尚未形成，只有城外的大墩街稍有一些商铺，那些经商贸易的人，还是要前往彰化县城。

① 大嵙崁，今桃园市大溪镇。

② 桥仔头庄，今属台中市南区。

③ 湖日，今台中市乌日乡。

④ 栋军，指林朝栋的部队。

从台湾县城向北走20里是葫芦墩[①]，这里地势上控制着大甲溪，山地居民大多到这里进行贸易，这里也是兵家必争之地。隋朝时，曾派军队到这里，虎贲郎将陈棱的威名，如今早已消失了。葫芦墩东北20里是东势角[②]，又往东8里是抽藤坑[③]，又东南60里是埔里社。光绪元年，埔里社开始归官府管理，设官施政，以安抚当地的“土番”，让这里成为台中的后卫。梧栖[④]在台湾县的西部，是商船往来贸易的港口，也是海边的一个都市。台中原来是“土番”聚居的地方，过去称为猫雾捒[⑤]。康熙五十五年（1716），岸里社“土番”请求开垦他们的土地，诸罗知县周钟瑄同意了。到朱一贵起义被平定后，台湾总兵蓝廷珍认为这里土地肥沃，招募佃农来开垦土地，这里因此称为蓝兴堡。雍正元年（1723），划出虎尾溪以北到大甲溪之间的区域，增设彰化县，而台中就在其管辖之下。雍正十年，设置猫雾捒巡检，驻在犁头店，台中设置官员就从这时开始。乾隆二十四年（1759），设置南投县丞。南投在县城南边40里，中间隔着乌溪[⑥]，是进出内山的交通要道，汉民和“土番”混杂居住，商人来往贸易，也是山中的一个都市。就台中而论，山多海少，所以当地人重农轻商。但因为土地肥沃，水源丰富，生产的粮食多有剩余，家家户户都有储积。那些居住在山里的汉人，每天都要和“生番”争斗，冒着生命危险，面对艰难险阻，勇往直前，不屈不挠，因此他们都崇尚武力。林爽文、戴潮春先后在这里举行起义，不是可以说明当地民众性格的强悍吗？台中的上层人士如果能以道德约束自己，平和对待他人，用善良劝导民众，规范进行治理，那么，这样一个新的城市，就会气象万千，不断超越和发展，最后超过台南和台北，名副其实地成为台湾的中心，只是事在人为而已。

彰化县

彰化原来是一个叫“半线”的地方，郑氏时期，左武卫刘国轩在这里驻军，以讨伐沙辘[⑦]等几个“番社”。清朝统一台湾后，此地开始隶属诸罗县，那时还被看作是荒凉的地方。雍正元年（1723），划出虎尾溪以北的区域来设立一个新县，想

① 葫芦墩，今台中县驻地丰原市。

② 东势角，今台中县东势镇。

③ 抽藤坑，今属台中县新社区。

④ 梧栖，今台中县梧栖镇。

⑤ 猫雾捒，即巴布萨平埔人聚落，今台中市南屯区。

⑥ 乌溪，今台中县与南投县交界处，即大肚溪乌日以上河段。

⑦ 沙辘，原平埔人沙辘区，今台中县西南沙鹿镇。

要以此彰显天子的教化，因此名为彰化。当时台湾北部地区还没有大规模开发，地域广阔荒芜，汉人和“土番”混杂居住，土地肥沃但民风彪悍，经常因为小事就发生械斗，一向都被认为难以治理。随着土地开垦的日益发展，聚落不断形成，物产丰富，灌溉方便，民众大多富庶。彰化县城在八卦山[①]的山脚，很小的一个城，无险可守，而且反而可能有助于前来进攻的敌人，因此有将县城移到鹿港的议论。鹿港在彰化县城西面20里，是商船贸易的港口，商业的兴旺仅次于台南。鹿港以前驻有海防同知，与泉州的蚶江[②]对渡，台湾和大陆之间的海上航线没有比这更近的。但港口日渐淤塞，航运并不通畅，假如没有投资进行疏浚，就无法促进彰化的发展。光绪八年（1882），台湾兵备道刘璈认为彰化县位于台湾的中心地带，但县城的地理环境并不好，建议把县城移到鹿港，然后在大甲溪和大肚山之间，或者就在蓝兴堡的桥仔头庄，另外建一个新城，驻台湾道、重兵防守，以控制台湾南北。巡抚岑毓英颇为赞同。等到台湾建省之后，分湖日[③]以北为台湾县，浊水溪以南为云林县，而鹿港同知早已移到埔里社，彰化县的疆域于是缩小。尽管台中是当时台湾省的省会，但台湾府的知府还驻在彰化县城，政令仍然是从这里发布的。因为土地肥沃，文化繁荣，彰化的发展仍方兴未艾。

云林县

云林设县，是在台湾建省的时候，主要是出于抚垦的考虑。在此之前，光绪十三年（1887），划出嘉义县以北的区域建设新县，选择县城建在林圮埔[④]的云林坪[⑤]。云林地区是郑成功的部将林圮开辟的，因此名叫“云林”，以表彰他的功绩。云林县城位于浊水溪和清水溪之间的地方，每逢洪水泛滥，就无法往来。光绪十九年，就采用知县李烇的建议，把县城移到斗六门。斗六门是嘉义县北边一个险要的地方。乾隆二十六年（1761），设置巡检，以治理沿山的地区。到了光绪元年，又从集集[⑥]开辟通向台东璞石阁[⑦]的道路，作为东西交通的通道。而云林实际掌握了这条通道的枢纽，因此被称为“前山第一城”。集集在云林县城的东北，是“土番”

① 八卦山，原名了望山，后改定军山脚下，在今彰化县东北。

② 蚶江，今福建省石狮市蚶江镇。

③ 湖日，即乌日。

④ 林圮埔，今南投县竹山镇。

⑤ 云林坪，今属南投县竹山镇。

⑥ 集集，今南投县集集镇。

⑦ 璞石阁，今花莲县西南玉里镇。

做买卖的地方，这里可以砍樟树熬制樟脑，移民逐渐聚集，而陈有兰溪的两岸，杂草丛生，还没有开垦，肥沃的原野，还有待后人的开发。云林县的疆域，北边以浊水溪为界，与彰化县相邻，南边以牛稠溪为界，东部都是高山峻岭，人迹罕至。那些纹面纹身、生活在山谷中的人们，射鹿杀人，相互争强，只有恩威并举，才能让他们臣服。云林县的西面虽然靠海，但岸直湾浅，不足以发展航运。北港①是自古以来的通商口岸，宋、明时期，就已经有名，但现在也淤塞了。因为北港溪浑浊的洪水四处分流，挟带大量的泥沙冲击而下，出海口的地方逐渐淤积，沿海一带也就无法耕种。这里土地瘠薄、民众贫困，饮水都是问题，何况是吃稻米呢？台湾是个富庶的地方，农民努力耕作就会有好的收成。但澎湖的民众一直被咸雨困扰，二林②这个地方如果深耕了又担心把沙子挖出来，土地的肥瘠程度有的会相差好几倍，所以是不能相提并论的。尽管这样，云林县的优势，不在海而在于陆地，不在平原而在于山区，森林资源的丰富，细竹质量的优良，家禽家畜的多产，足以自给而有余，也是台湾的一个好地方啊。

苗栗县

苗栗是“土番”的话，叫作猫里，地处新竹县的南边，过去与彰化县接壤，“土番”住在这里。光绪十三年（1887）台湾建省重新规划行政区域以后，划中港溪③以南的地方为苗栗县，以北的地方为新竹县，各有 3 个堡，而苗栗县隶属台湾府，其县城就是猫里社原来的旧址。开发之初，制度都不完备，之所以要在这里建设一个新的县，也是从抚垦的角度考虑的。当时，推行“抚番”政策，限期进行。南湖④、罩兰一带的山野，有丰富的自然资源等待开发，开垦田地，熬制樟脑，先后进行，所以设县进行管理。苗栗县群山起伏，广东的移民居住在这里，沿海地带先前更多是漳州、泉州的移民。这里土地贫瘠，但人民很勤劳，无论男女都辛勤耕作，如果善于统治，这些民众是能够服从官府管理的。台湾有两条大溪，分别叫大安溪⑤和大甲溪⑥，都在苗栗县的南边。而大甲溪尤其是北部台湾的重要关口，一旦有失，

① 北港，今云林县北港镇。

② 二林，今彰化县西南二林镇。

③ 中港溪，在今苗栗县北。

④ 南湖，台湾岛中央山脉北部最高峰。

⑤ 大安溪，在今台中县北部。

⑥ 大甲溪，在台湾岛西部。

淡水、新竹几百里的地方，敌人就可长驱直入进行侵扰。嘉庆十四年（1809），在大甲[①]设巡检。道光十年（1830），驻守备，同时修建土城，加强防御。所以在戴潮春起事时，林日成3次攻打大甲，都无法攻破，台湾北部才没有受到侵害。地势的险要，完全可以阻断敌方的进攻。苗栗设县，到现在也没多久，安抚和治理的方法，在于谋求致富。如果用10年时间来聚集人力物力，10年时间进行教育训练，那么20年之后，苗栗县就可以像新竹县一样，成为一个重要的县城。

埔里社厅

埔里社在群山之中，位于台湾府城东南90里的地方，中间是一个盆地，周长30多里。这里土层深厚、泉水甘甜，适宜种植水稻和甘蔗，物产尤其丰富，取之不尽。南北两条溪流都发源于深山，奔流向西，汇入大海，这两条溪水能够灌溉的田地有十几万甲，是一个自然条件很好的地方。归化的“番社”一共有24个，其中有6个比较有名，分别是：埔里社、眉里社、田头社、水社、沈鹿社和猫兰社，特别是埔里社更有名。康熙、雍正以后，很久以来都有见到相关记载，那些封疆大吏却把这里视为边境荒地，能不感到可惜吗？埔里社地大物博，来到这里的人越来越多，禁止开垦的规定就根本行不通。于是邓传安首先倡导开发，史密附和他的意见，而刘韵珂更是提出了重要的看法，详细地陈述了开垦和设置官员的好处。但麻木不仁的朝中官员不知发展大计，依然以埔里社地方险恶偏远为理由阻止开发，真是愚昧啊。光绪时期，推行“开山抚番”的政策，台湾镇总兵吴光亮带兵中路，因此有招抚6社的请求，在征询其他官员的意见时，得到一致的赞同。于是设置埔里社厅，将鹿港同知移驻这里，改为中路抚民理番同知，厅城定在大埔城。经过开放疏导、教育培养，6社的土地和人口最终都归入了官府的管理。埔里社位于偏僻的内山，处在台湾的中部，这里地势险阻，危崖深谷，道路狭窄难以通行。从府城出南门20里到乌溪，水流湍急，无法徒步涉水过溪，只能驾筏渡过。又6里是草鞋墩[②]。往东8里是土城，是林爽文起义时海兰察驻扎军队的地方。又13里是龟仔头，又8里是内国姓[③]，郑氏时期，刘国轩带领军队来到这里攻打北港溪的“番社”，这里的居民多是广东籍的移民，每家都祭祀延平郡王。又12里是北港溪，两岸高山耸立，林木参天，过去“野番”经常埋伏在险要处杀人，设立隘勇驻守之后，这

① 大甲，在今台中县西北角。

② 草鞋墩，今南投县草屯镇。

③ 内国姓，今南投县国姓乡。

种祸害才停止了。又10里是松柏仑，地势很高，从盘山道路攀登而上，俯瞰大埔城，就在眼底下，翻过山向东走20里就到了。那些从葫芦墩越过抽藤坑来埔里的人，也要到北港溪，这是进入厅城的北路。从草鞋墩东行12里到南投，南投以前驻有县丞，现在已经裁撤。又12里是浊水溪，继续行12里是集集，再8里是柴围。向北越过鸡胸岭，15里到头社，土壤肥沃，地势平坦。又8里是水社，这里有景色优美的日月潭，潭水十分清澈。日月潭周长约20多里，潭中有座小山，叫做珠屿。“土番”围绕着珠屿居住，房屋极为稠密，只有中间空出来，住在珠屿的“番民”进出都必须乘坐“艋舺”。它是把大树的树干挖空后造成的独木舟，用双桨划动，大的可以容纳10多人。日月潭中盛产菱角、莲藕、鱼、鳖等等，“番”民取来食用。蓝鼎元把这些事记了下来，认为古时所谓的蓬莱仙境，也不过如此。绕过珠屿往北走5里是猫兰社，又5里是沈鹿社，又10里是白叶岭。经过白叶岭向北10里，是进入厅城的南路。从厅城向东，沿着眉溪向上游行走，能到达雾关。盆地的边沿，突然耸立着高山，是“野番”出没的地方。樟树、楠木一类的树木，郁郁葱葱，成片生长，远古以来，没有被砍伐过，因此树龄都很长。雾关山很高，与台东接壤，如果能开辟一条道路，就能到达花莲港。而守城大山独当一面，十分雄伟，巍然屹立，成为厅城的屏障。埔里社从开始开垦到现在，汉人争相来到这里，先来后到，再接再厉，垦成的田地已经上万甲，人口达到两三万。而“土番”的势力日渐衰弱，留下来的不到原来的十分之一，能够暂时维持其生活的，只有那些外来的“屯番”而已。但他们的语言和习俗，已经逐渐被汉人也就是我们同化了。优胜劣汰的规律，能不令人警惕吗!

台东直隶州。

台东州

台东州是新开辟的地区，高山大川，气势雄伟，疆域广阔可以设置1府3县。但自从归属清朝以来，长期任其荒芜，即使受到外国势力的窥伺，都不肯关心，那些带着农具和武器来到这里的，只有我们坚强辛勤的先民。他们筚路蓝缕，历经艰难险阻，与自然环境斗，与“野番”斗，与猛兽斗，濒临死亡是经常的事情。光绪元年（1875），推行“开山抚番”的政策，钦差大臣沈葆桢奏请设立卑南厅，来经营管理这块地方。卑南处于台东的中部，土地十分肥沃，只要开辟荒地，任由移民耕种，就能形成聚落，可是这样的好处以前却没有得到利用。在“开山抚番”政策的推行之下，砍去树木，修通道路，驻扎军队，招抚“土番”，前山的民众相继来到这里定居。到光绪十三年，台东升为直隶州，发展的机会也发生了很大的变化。台东从苏澳以南到得其黎[①]有140里，悬崖峭壁，难通车马，并且缺乏可以耕种的土地。其中分布有东澳、大南澳、大浊水、大清水、小清水5条溪流，河道险恶水流很大，船只无法通行。得其黎到新城60里，地势较为平坦，长满灌木荒草，土壤大多坚硬贫瘠。从新城经过花莲港、吴全城[②]、大巴垄到水尾社，总共150里，土地都比较肥沃，又有秀孤峦溪（亦称秀姑峦溪）的河水可以用来灌溉。溪水入海的地方叫大港[③]，即使大船也容易通行。从水尾社往西到璞石阁，这里有大军驻扎。经过平埔、石牌到达卑南，也是150里，土地大部分都比较肥沃，经过开垦，都可以变成良田，可惜已经开垦的还很少。卑南往西200多里是恒春，土壤比卑南稍差一点，但是像巴塱卫、八瑶湾这样的地方都是可以开垦的。以台东州疆域的广阔，土地的富饶，设官施政已经20年了，无边无际的大地，还是荒废在那里成为野兽之乡，主要原因是航运难通。沿海600多里，只有花莲港和成广澳可以停泊轮船，但风向没有规律，礁石错落，船只往来很不容易，帆船更是不能按时到达。而通过陆路行走，需要从璞石阁进山，经过八通关才能到达云林县的林圮埔，路程有260多里。沿途都是“土番”的地界，经过的人都很害怕，因此商旅不敢往来，贸易活动还很少。比较大的“番社”有：斗史5社，在大南澳。太鲁阁8社，分布在大浊水溪以北，依山居住，性格最为强悍。加礼宛6社，是“平埔番”，居住在鲤浪以北。在南边的叫南势7社，也是“平埔番”。秀孤峦之间共有24个“番社”，璞石阁的“平埔番”也有8个社。位于成广澳以北的，叫作沿海8社，以南的叫作阿眉8社，而卑南地区有记录的“番社”有46个。他们大多经过官府的招抚，稍微改变了原来的性格，但是仍然不从事农耕，以打猎为生。像“丹番”“峦番”“木瓜番”等“番社”，分散在深山当中，向来不与外界交往。经营治理这些“番社”，不是短时间就能完成的事情。如果能得到优秀官员的治理，给予他们因地制宜的权力，从长远发展的角度考虑问题，用心做事，不怕辛劳；而移居到这里的人，又能忍辱负重，群策群力，除害兴利。只有这样，台东的富庶才可能与前山[④]相比。

---

① 得其黎溪，今花莲县立雾溪。

② 吴全城，在今花莲县西南。

③ 大港，今花莲县秀姑峦溪下游。

④ 前山，指台湾岛西部。

坊　里

坊里的名称，始于郑氏时期，以后新开辟的地方，大多都称为堡。堡的意思就是聚，移住到这里的人，合力兴建土堡，以抵御各种灾害，就像城池一样。在澎湖坊里另外叫作澳。《禹贡》说："九州攸同，四隩既宅。"释文认为隩与澳的意思是一样的，都代表水边。就是指澎湖人本来就是靠近水边居住的人群。大的里有几十个村，有的还分上、下里，东、西里。商人错落居住的地方叫作街，汉人居住的地方称为庄，"土番"居住的地方称为社，而澎湖的居民居住地也有叫作社的。庄、社之间，各自种植竹子作为外围，形成险阻难以逾越，同族人聚集在一起居住，互相警戒互相帮助。福建人先到台湾，大多数居住在沿海的地区，广东人来得较晚，就居住在山区。而福建人当中，漳州人和泉州人最多，因为地域不同，经常发生械斗。交通发展之后，加强了彼此间的信任，近年来械斗的风气逐渐停止了。然而抚垦虽在大力推行，但"土番"和汉人的冲突依然剧烈，从长远治理的角度考虑，应该协调汉人与"土番"之间的关系，通过教化让习俗更加美好，这才是最好的。天下最重要的事情，就是集众人的力量成就一个家庭，集众家的力量成就一个国家。国家的利益，如同家庭的利益，所以知道爱护家庭的人一定懂得爱护国家。没有家将没有地方可以住，没有国就将无法立足世界，就会卑贱到如同奴隶，这是品格高尚的人最伤心的事。因此坊里的名称只是为了疆域的划分，而不是以此自我束缚。识时务的人，应当考虑更宏伟更长远的目标，这样才能实现太平盛世。

安平县城有 4 坊：

东安坊（后分上、下）	西定坊（后分上、下）
宁南坊（后分上、下）	镇北坊（后分上、下）

安平县下辖 43 里：

效忠里	新昌里	永宁里
仁和里	文贤里	依仁里
崇德东里	崇德西里	仁德南里
仁德北里	长兴上里	长兴下里
永康上里	永康中里	永康下里
内武定里	外武定里	广储东里
广储西里	新化里东堡	新化里西堡
安定里东堡	安定里西堡	善化里东堡（北部属嘉义县）

善化里西堡（北部属嘉义县）		新化东里
新化西里	新化北里	内新化南里
外新化南里	内新丰里	外新丰里
永丰里	保大西里	保大东里
归仁南里	归仁北里	嘉祥内里
嘉祥外里	罗汉内门里	罗汉外门里
楠梓仙溪东里	楠梓仙溪西里	

嘉义县下辖 37 堡：

嘉义东堡	嘉义西堡	大目根堡
打猫东顶堡（北部属云林县）		打猫东下堡
打猫南堡	打猫北堡（北部属云林县）	
打猫西堡	大槺榔东下堡	大槺榔西堡
茑松堡（北部属云林县）		大丘园西堡
牛稠溪堡	鹿仔草堡	柴头港堡
盐水港堡	太子宫堡	铁线桥堡
果毅后堡	哆啰啯东顶堡	哆啰啯东下堡
哆啰啯西堡	下茄苳南堡	下茄苳北堡
白须公潭堡	龙公潭堡	学甲堡
赤山堡	茅港尾东堡	茅港尾西堡
善化里东堡（南部属安平县）		善化里西堡（南部隶属安平县）
佳里兴堡	西港仔堡	麻豆堡
萧垅堡	沤汪堡	

凤山县下辖 26 里：

大竹里	凤山上里	凤山下里
小竹上里	小竹下里	观音上里
观音中里	观音下里	观音内里
长治一图里	长治二图里	文贤里
维新里	仁寿上里	仁寿下里
半屏里	兴隆内里	兴隆外里
赤山里	港西上里	港西中里
港西下里	港东上里	港东中里

港东下里　　新园里

恒春县下辖 13 里：

宜化里　德化里　至厚里　安定里

长乐里　治平里　泰庆里　咸昌里

永靖里　仁寿里　兴文里　善余里

嘉禾里

台湾县下辖 7 堡：

蓝兴堡　猫罗堡　捒东上堡（北部属苗栗县）

捒东下堡　大肚上堡　大肚中堡　大肚下堡

彰化县下辖 13 堡：

线东堡　线西堡　猫罗堡　马芝堡

二林上堡　二林下堡　燕雾上堡　燕雾下堡

武东堡　武西堡　东螺东堡　东螺西堡

深耕堡

苗栗县下辖 4 堡：

苗栗堡（在县的东北部，旧称竹南二堡）

吞霄堡（在县的西部，旧称竹南三堡）

大甲堡（在县的南部，旧称竹南四堡）

捒东上堡（在县的东南部，大甲溪以南属台湾县）

云林县下辖 17 堡：

斗六堡　溪洲堡　他里雾堡　沙连上堡

西螺堡　沙连下堡　打猫东顶堡（南部属嘉义县）

打猫北堡（南部属嘉义县）　大槺榔东顶堡

尖山堡　海丰堡　布屿堡

大丘园东堡　白沙墩堡　莿松堡（南部属嘉义县）

北投堡　南投堡

淡水县下辖 9 堡：

大佳腊堡　芝兰一堡　芝兰二堡

芝兰三堡　八里坌堡　摆接堡

兴直堡　文山堡　桃涧堡

新竹县下辖 3 堡：

竹堑堡（在县的中部，旧称竹北一堡）
竹南堡（在县的南部，旧称竹南一堡）
竹北堡（在县的北部，旧称竹北二堡）

宜兰县下辖 12 堡：

本城堡　员山堡　民壮围堡
溪洲堡　头围堡　四围堡
罗东堡　二结堡　清水沟堡
红水沟堡　利泽简堡　茅仔寮堡

基隆厅下辖 4 堡：

基隆堡　金包里堡　三貂堡　石碇堡

南雅厅下辖 1 堡：

海山堡

埔里社厅下辖 3 堡：

埔里社堡　北港溪堡　五城堡

台东州下辖 5 乡：

南乡（即卑南觅）　广乡（即成广澳）　奉乡
新乡（即新城）　莲乡（即花莲港）

台东州下辖“番社”11 大社：

斗史 5 社　太鲁阁 8 社　加礼宛 6 社
南势 7 社　秀孤峦 24 社　璞石阁平埔 8 社
成广澳沿海 8 社　成广澳南阿眉 8 社　卑南觅南 15 社
卑南觅西 22 社　卑南觅北 9 社

澎湖厅下辖 13 澳：

东西澳（在厅城附近，有 10 社）　嵵里澳（距离厅城 19 里，有 12 社）
林投澳（距离厅城 12 里，有 10 社）　奎壁澳（距离厅城 7 里，有 9 社）
鼎湾澳（距离厅城 10 里，有 9 社）　瓦硐澳（距离厅城 26 里，有 5 社）
镇海澳（距离厅城 22 里，有 4 社）　赤崁澳（距离厅城 29 里，有 2 社）
通梁澳（距离厅城 30 里，有 2 社）　吉贝澳（距离厅城 80 里，有 1 社）
西屿澳（距离厅城 20 里，有 12 社）　网垵澳（距离厅城 50 里，有 6 社）
水垵澳（距离厅城 50 里，有 3 社）

卷六

职官志

卷六
职官志

连横评论说，台湾是个边远的地方，中古时期，人民把草当作衣服，把树的果实作为食物，自生自灭，和其他人群老死不相往来，原本不知道什么是官府。等到隋、唐朝代更替的时候，逃避战乱的民众，聚集到澎湖，推举年长者为首领，以打猎、捕鱼为谋生手段，在山谷之间放羊，生产自己所需要的食物，相互之间没有欺凌，所以也就没有打官司一类的事情，也不需要官府的管理。蒙古崛起之后，澎湖也被它所占领。元世祖至元年间（1264—1294），在澎湖设立巡检司，隶属同安县，澎湖设置官吏从这时开始。但当时澎湖的居民还不到2000人，而且地方偏远不容易管理，不久就废除了澎湖巡检司。元朝灭亡后，残存者逃回了蒙古。明朝初年，天下尚未平定，无业游民相互聚集在一起，侵扰福建、广东一带沿海。洪武五年（1372），信国公汤和经营海防，把澎湖的居民迁走，从此澎湖沦为海盗的巢穴。嘉靖四十二年（1563），都督俞大猷征讨林道乾时，在澎湖留下军队驻防，又设立了巡检司，不久又裁撤了，后来澎湖就被荷兰所侵占。荷兰人侵占澎湖后，又进一步侵占了台湾，建筑城堡，派驻军队，传播宗教，安抚“土番”，设立知事进行殖民统治，隶属爪哇总督的管辖。西班牙也占据了淡水，开垦土地奴役民众，和荷兰相抗衡，台湾于是被这两个国家所瓜分。当时，延平郡王郑成功在金门、厦门兴兵抗清，准备收复中原，复兴明朝。南京战败后，处境窘迫，只占有金门、厦门两座岛屿，所以决定收复台湾，大军一举取得胜利。荷兰人投降回国，而台湾又重新成为我民族所拥有。

台湾向来就是我们民族开辟的土地，延平郡王郑成功到了以后，设置郡县进行管理，安抚民众。因战事而流离失所的人民，由于他的庇护，能安居乐业，这是上天在保佑黄帝的后裔，留这样一块海外的天地，以保存明朝的正朔。当初，郑成功在厦门设立府署，军国大事，日理万机，把他军队分为72个镇，命令六官分管各种事务，一时之间人才汇集，兴办了许多事业。凡是郑成功行使便宜行事的权力自行授官封爵的时候，都会穿好朝服向着永历帝的方向焚化奏疏，以表请示。收复台湾的那一年，郑成功改台湾为东都，设置承天府，任命杨朝栋为府尹，庄文烈为天兴县知县，祝敬为万年县知县，在澎湖设置安抚司，作为治理地方的制度。又派周全斌总督承天府南北各路的军事事务，委任官员安抚“土番”，分管“番社”事务，整顿法纪，法令和礼俗都很规范，很有一种蓬勃发展的景象。郑成功立法很严，而爱民如子，劝导人民忠诚，鼓励人民勇敢，差遣民众办事公正合理，安抚民众用平和的方法。福建、广东的民众，知道后都纷纷来到台湾，土地开垦远达南、北，台湾的人口因此大增。南明永历十六年（1662），郑经继位。永历十八年，任命谘议参军陈永华为勇卫，军国大事都委任给他。陈永华施政温文尔雅，让人民休养生息，把东都改为东宁，把天兴、万年 2 县改为州。永历二十年，台湾孔庙落成。同年三月，任命陈永华为学院，叶亨为国子助教，传授知识，教育学生，台湾人从此开始兴办教育。永历三十四年，陈永华去世。第二年，郑经逝世，其子郑克塽年幼，不能实行有效的治理，以致最后灭亡。

康熙二十二年（1683），朝廷收回台湾，朝廷中有人主张放弃这个地方，靖海将军施琅上疏反对放弃，清廷于是在台湾设置 1 府 3 县，隶属福建省管辖。康熙六十年，因为朱一贵起义的缘故，清廷特别任命满、汉巡台御史各 1 员，监察台湾的行政事务。当时漳浦人蓝鼎元跟随军队在台湾，他认为台湾北部地域辽阔，管理不周，建议在半线增设彰化县，他说的非常符合实际。雍正元年（1723），于是划分虎尾溪以北的地方，设置彰化县以及淡防同知，管辖的地方一直到达蛤仔难，而前来开垦的人也日渐增加。那时候，台湾处于开发的初期，又要横渡大海，往来风险很大，到台湾当官的都很害怕。康熙三十年，皇帝诏令说：

> 台湾各官自道员以下，教职以上，俱照广西南宁等府之例，将品级相当现任官员内拣选调补，三年俸满即升，如无品级相当堪调之员，仍归部选，着为令。

雍正七年，清廷经商议批准规定，台湾道、府、同知、通判、知县各级官员任满两年后，由总督、巡抚在福建省内地挑选贤能的官员，趁冬季北风之时，到台湾上任，和原任官员一起协同办公。半年之后，让原任官员乘夏季南风的便利，回到内地补用。政绩优良显著的官员准予加级，称职的官员准加一级，以鼓励官员前往台湾任职。雍正十二年，总督郝玉麟上奏得到批准，调往台湾的官员年过 40 岁还没有子嗣的，可以携带家眷赴任。台湾既然是海上疆域的重要地方，但在台湾任职的官员俸禄却比较少，按照旧的规定，分巡台湾道一年的俸禄是银子 62 两 4 分 4 厘，知府和台湾道是同样的俸禄，台防同知是 42 两 5 钱 5 分 6 厘，知县是27两4钱9分，县丞是24两3钱2厘，巡检是19两5钱2分，实在不够支付基本生活所需。乾隆八年（1743），奉旨增加养廉银。于是分巡台湾道每年1600两，知府同样是1600两，台防同知500两，台湾县知县1000两，其他县的知县800两，县丞、巡检各40两。但贪婪的官吏，用权力做交易，舞文弄墨，搜刮民脂民膏，三年任期结束后，满载而归，因此，台湾府县的职位，逐渐成为一些投机奸诈的官员争夺的目标。嘉庆十六年（1811），设置噶玛兰厅，从此增设越来越多，而台湾的人口也增加到200多万人，台湾的土地已经开垦到台东了。

牡丹社事件平息后，同治十三年（1874）十一月，钦差大臣沈葆桢奏请把福建巡抚的驻地移到台湾，大概说：

> 台湾洋务稍松，即善后不容稍缓，唯此次之善后，与往时不同。台湾之所谓善后者，即台湾之所谓创始也。顾善后难，以创始为善后则尤难。臣等曩为海防孔亟，一面抚番，一面开路，以绝彼族觊觎之心，以消目前肘腋之患，固未遑为经久之谋。数月以来，南北诸路，缒幽凿险，斩棘披荆，虽各着成效，卑南、奇莱各处，虽分列军屯，只有端倪，尚无纲纪。若不悉心筹划，详定规模，路非不已开也，谓一开之不复塞，则不敢知。番非不已抚也，谓一抚之不复疑，则不敢必。何也？台地延袤千百余里，官吏所治只海滨平原三分之一，余皆番社尔。国家养育番黎，但令薄输土贡，永禁欺凌，意至厚也。而奸民积匪，久已越界潜踪，驱番占地，而成巢窟；则有官未开而民先开者。入山既深，人迹罕到，野番穴处，涵育滋生，则有番已开而民未开者。叠巘外包，平埔中扩，鹿豕游窜，草木蒙茸，地广番稀，弃而弗处，则有民未开而番亦未开者。是但言开山，而山之不同已若此。生番种类数十，大概有三：牡丹等社恃其悍暴，劫杀为生，愍不畏死，若是曰凶番。卑南、埔里一带，居近汉民，略通人性，若是者曰良番。台北、斗史等社，雕题黥面，向不外通，屯聚无常，种落难悉，猎人如兽，虽社番亦惧之，若是者曰王字番。是但言抚番，而番之不同又若此。夫欲开山而不先抚番，则开山无从下手；欲抚番而不先开山，则抚番仍属空谈。今欲开山，则曰屯兵卫，曰刊林木，曰焚草莱，曰通水道，曰定壤则，曰招垦户，曰给牛种，曰立村堡，曰设隘碉，曰致工商，曰设官吏，曰建城郭，曰置邮驿，曰建廨署。此数者，孰非开山之后必须递设者。今欲抚番，则曰设土目，曰查番户，曰定番业，曰通语言，曰禁仇杀，曰教耕稼，曰修道途，曰给茶盐，曰易冠服，曰设番学，曰变风俗。此数者，又孰非抚番之时必须并行者。虽然，此第言后山，其繁重已若此。前山之入版图也，百有余年，一切规制，何尝具

备。就目前积弊而论，班兵之惰窳也，蠹吏之盘踞也，土匪之横恣也，民俗之蹈淫也，海防陆守之俱虚也，械斗扎厝之迭见也。学术之不明，庠序以容豪猾，禁令之不守，烟赌以为饔飧。官斯土也，非无振作有为、正己率属之员，始苦于事权之牵制，继苦于毁誉之混淆，救过不遑，计功何自？使不力加整顿，一洗浮浇，但以目下山前之规模，推而为山后之风气，虽多一新辟之区，适多一藏奸之薮，臣等窃以为未可也。尝综前后山之幅员计之，可建郡者三，可建县者十，固非一府所能辖，欲别建一省，又苦器局之未成。而闽省向需台米接济，台饷向由省城转输，彼此相依，不能离而为二。环海口岸，处处宜防，洋族教堂，渐渐分布。居民向有漳籍、泉籍、粤籍之分，番族又有生番、熟番、屯番之异，气类既殊，抚驭匪易。况以创始之事，为善后之谋，徒静镇之非宜，欲循例而无自。使臣持节，可暂而不可常，欲责效于崇朝，兵民有五日京兆之见。倘逾时而久驻，文武有两姑为妇之难。臣等再四思维，宜仿江苏巡抚分驻苏州之例，移福建巡抚驻台，而后一举而数善备。何以言之？重洋远隔，文报稽迟，率意径行，又嫌专擅。驻巡抚则有事可以立断，其便一。镇治兵，道治民，本两相辅，转两相妨，职分不相统摄，意见不免参差，上各有所疑，下各有所恃，不贤者以为推卸地步，其贤者亦时时存形迹于其间。驻巡抚则统属文武，权归一尊，镇道不敢不各修其职，其便二。镇道有节制文武之责，而无遴选武文之权。文官之贪廉，武弁之勇怯，督抚所闻，与镇道所见，时或互异。驻台则不待采访，而耳目能周，黜陟可以立定，其便三。城社之巨奸，民间之冤抑，睹闻亲切，法令易行，公道速伸，人心帖服，其便四。台民烟瘾本多，台兵为甚。海疆官制久坏，台兵为尤。良以弁兵由督、抚、提标抽取而来，各有恃其本帅之心，镇将设法羁縻，只求其不生意外之事，是以比户窝赌，如贾之于市，农之于田。有巡抚则考察无所瞻询，训练乃有实际，其便五。福建地瘠民贫，州县率多亏累，恒视台地为调剂之区，不肖者黩法取盈，往往不免。有巡抚以临之，贪渎之风，得以渐戢，其便六。向来台员不得志于镇道，及其内渡，每造蜚语中伤之，镇道或时为所挟。有巡抚则此技悉穷，其便七。台民游惰可恶，而戆直实可怜。所以常闻蠢动者，初由官以吏役为爪牙，吏役以人民为鱼肉，继则人民以官吏为仇雠，词讼不清，而械斗扎厝之端起，奸宄得志，而竖旗聚众之势成。有巡抚则能预拔乱本，而塞祸源，其便八。况开山伊始，地势殊异，成法难拘，可以因心裁酌，其便九。新建郡邑，骤立营堡，无地不需人才，丞倅将领可以随时札调，其便十。设官分邑，有宜远久者，有属权宜者，随时增革，不至廪食之虚縻，其便十有一。开煤炼铁，有第资民力者，有宜参用洋机者，就近察勘，可以择地而兴利，其便十有二。夫以台地向称饶沃，久为他族所垂涎，今虽外患暂平，旁人仍眈眈相视，未雨绸缪之计，正在斯时。而山前山后，其当变革者，其当创建者，非数十年不能成功。而化番为民，尤当渐积优柔，不能浑然无间。与其苟且仓皇，徒滋流弊，不如先得一主持大局者，事事得以纲举目张，为我国家亿万年之计。况年来洋务日密，偏重东南，而台湾孤悬海外，七省以为门户，关系非轻。欲固地险，在得民心，欲得民心，先修吏治营制。而整理吏治营制之权，操于督抚，总督兼辖浙江，移驻不如巡抚之便。臣等明知地属封疆，事关吏制，非部民属吏所应越陈。而夙夜深思，为台民计，为闽省计，为沿海筹防计，有不得不出于此者。敢不据实上闻，以为刍荛之献。

朝廷诏令福建总督和巡抚商议以后上奏。闽浙总督李鹤年、福建巡抚王凯泰上奏说："福、台关联甚巨，彼此相依，未可遽分为二，请以福建巡抚冬春驻台，夏秋驻省。"朝廷诏令表示同意。于是沈葆桢建台北府，改淡防厅为新竹县，噶玛兰厅为宜兰县，新设恒春、淡水两个县，设置台东、基隆两个厅。同时将北路抚民理番同知移驻埔里社，改为中路抚民理番同知，大规模进行了调整，以此革新行政管理，军队的管理也稍做了一些整顿，台湾的行政设置开始逐渐扩大。

光绪二年（1876）六月，江南道御史林拱枢上奏说："琅峤之役，沈葆桢暂任其事，议移巡抚驻扎台湾，俾善其后。以现在情形而论，区处台湾，非善后之谋，实创始之事。"十二月，刑部左侍郎袁葆恒也上奏说：

台湾之地，虽僻海滨，而物产丰富，各国垂涎。倘为外人盘踞，则南北洋各处，出没窥视，防不胜防，而以民番杂处，区划尤难。非专驻大臣，镇以重兵，举其地之民风、吏治、营制、乡团，事事实力整顿，洽以德意，孚以威信，未易为功。查直隶、四川、甘肃各省，皆以总督兼办巡抚，可否改福建巡抚为台湾巡抚，常川驻守，经理全台。其福建全省事宜，专归总督办理，庶事任各有攸司，责成即有所属，似于台湾目前情形，不无裨益。

巡抚丁日昌也以福建巡抚每年要分驻两个地方，来往不方便为理由，奏请在台湾派驻重臣，督理经办几年之后，再建行省。清廷有关部门讨论后没有同意。光绪七年春天，福建巡抚岑毓英巡视台湾，认为台湾孤悬海外，地域辽阔，筹备防御事务，必须和南北部联系都方便，才容易处理事情。彰化县城处在台湾的中间地带，应该把台湾道或台湾府这两个官职，根据轻重难易的程度，把其中的一个移到这里来，这样就可以居中控制整个台湾。台湾兵备道刘璈认为，彰化县管辖下的桥仔头庄可以作为建设都会的地方，建议移台湾道，并把埔里社的中路抚民理番同知改为台湾直隶州知州，和台湾道、北路副将都移到这里。划出大肚、八卦两山之间的地方归直隶州管辖。将彰化县移到鹿港，改为直隶州管辖。把猫雾捒巡检改为直隶州的吏目，南投县丞改为直隶州的通判，驻埔里社。分出凤山县的学官一员为直隶州的学正。把原来的台湾府改为台南府，专门管辖台南、凤山、嘉义、恒春4县，和台北府相并立。岑毓英赞同这样的调整。准备向朝廷上奏的时候，中法战争在越南爆发，朝廷派岑毓英到广东统领军队，台湾也进入戒严，朝廷下诏派直隶陆路提督刘铭传驻守台湾统率军队。战事平息之后，派刘铭传任福建巡抚。光绪十一年五月，刘铭传奏请专门驻守台湾，办理紧要政务，还报告了设防、练兵、清理田赋、“抚番”四件事情。七月，钦差大臣左宗棠上奏说：

今日之事势，以海防为要图，而闽省之筹防，以台湾为要地。台虽设有镇道，一切政事，必禀承督抚，重洋悬隔，文报往来，平时且不免稽迟，有事则更虞梗塞。如前次法人之变，海道不通，诸多阻碍，其已事也。臣查同、光之交，前办理台防大臣沈葆桢躬历全台，深维利害，曾有移驻巡抚十二便之疏，比经吏部议准在案。嗣与督臣李鹤年、巡抚王凯泰仍以巡抚兼顾两地覆奏。光绪二年，侍郎袁葆恒请将福建巡抚改为台湾巡抚，其福建全省事宜，专归总督办理。部议以沈葆桢原奏，台湾别建一省，苦于器局未成，彼此相依，不能离而为二，未克奉旨允行。厥后抚臣丁日昌以冬春驻台，夏秋驻省，往来不便，因有专简重臣督办数年之请。臣合观前后奏折，督抚大臣谋虑虽周，未免各存意见。盖王凯泰因该地瘴疠时行，心怀畏却，故沈葆桢循其意，而改为分驻之议。丁日昌所请重臣督办，亦非久远之图，皆不如袁葆恒从事外旁观，识议较为切当。夫台虽系岛屿，绵亘亦一千余里，旧制设官之地，只海滨三分之一，每年物产关税，较之广西、贵州等省，有盈无绌。倘抚番之政，果能切实推行，自然之利，不为因循废弃，居然海外一大都会也。且以形势言，孤峙大洋，为七省门户，关系全局，甚非浅鲜。其中如讲求军备，整顿吏治，培养风气，疏浚利源，在在均关紧要，非有重臣以专驻之，则办理必有棘手。以臣愚见，惟有如袁葆恒所请，将福建巡抚改为台湾巡抚，所有台、澎一切应办事宜，概归该抚经理，庶事有专责，于台防善后大有裨益。至该地产米甚富，内地本属相需，若协济饷项，各省尚通有无，亦万无不为筹解之理。委用官员，请照江苏成例，各官到闽之后，量缺多少，签分发往。学政事宜，并归巡抚兼管。勘转命案，即归台湾道就近办理。其余一切建置分隶各部之政，从前已有成议，毋庸更张，专候谕旨定案，即饬次第举行。

当时，内外官员建议台湾善后应如何进行的奏疏，共有10多件。贵州按察使司李元度也请求让福建巡抚专驻台湾，兼管学政，而且说驻台军队所需要的军火枪炮，都必须在台湾设军工厂，进行生产制造和存储，不能像从前一样都靠福建供给，以免有被隔离断绝的危险。日本距离台湾很近，日本的疆域比较像台湾，都是岛屿，但日本历代以来自强自立，最近又兼并了琉球，扰乱朝鲜，改为效法西方制度，自以为已经是世界强国了。日本的财力，全部来自国内，并不是有其他的来源，而且还相当的充裕，算得上富庶。台湾地大物博，许多资源还没有开发，如果能得到贤能的人来经营治理，经过一定的时间，还怕不如日本吗？不管国家强盛或衰弱，民众都是听从政府的，不善用人民的力量国家就弱，善用人民的力量国家就强。应选派巡抚、镇、道官员，让他们任职时间长一些，责成他们在台湾开垦土地、发展农业、征收赋税、加强军事能力，这样七省的屏障才能永远坚固，台湾也可以不受伤害。收到左宗棠的奏疏之后，皇帝下令军机大臣、总理各国事务王大臣、六部、九卿和各省总督、巡抚进行讨论以后再上奏。九月初五，军机大臣醇亲王奕譞、总理各国事务大臣庆亲王奕劻、大学士世铎、额抑和布、阎敬铭、张之万、北洋通商大臣李鸿章等上奏说：

> 臣等查台湾为南洋枢要，延袤千余里，民物繁富。通商以后，今昔情形，迥然不同，宜有大员驻扎控制。若以福建巡抚改为台湾巡抚，以专责成，似属相宜，恭候钦定。如蒙俞允，所有一切事宜，应由该督抚详细酌议，奏明办理。

皇帝同意了。于是设台湾巡抚，在下桥仔头庄建设省城，居中控制台湾南北。新设台湾府，下辖4个县，附郭县称台湾县（在今台中市），新设云林、苗栗两个县。改原来的台湾府为台南府，原来的台湾县为安平县。把台东厅升为台东直隶州，共3府、1州、3厅、11县，以刘铭传为台湾巡抚。清廷因为台湾南北绵延很远，准备增设台北道以分别管理。刘铭传回奏说：“增设台北道，不如增设布政使司。”清廷也同意了。于是委任沈应奎为台湾布政使，台湾兵备道仍然兼任按察使。又因为澎湖是福建、台湾的门户，不设重兵，就不足以控制海上的安全，清廷下令把澎湖副将与海坛镇总兵对调，台湾镇总兵撤去“挂印”二字，都归台湾巡抚指挥。光绪十二年，设督办台湾抚垦大臣，委任在籍的太仆寺正卿林维源为帮办，兼任团练大臣。刘铭传很有做事的才能，他大力推行新政，兴修铁路，开通航运，办理清赋，开辟山林，新建学校，筹备军械粮饷，开采矿产，振兴工商，安排时间，先后举行，将要带领台湾实现富强。但一些官员和读书人不能理解他的意图，朝廷方面也有很多的阻力，于是他就称病辞职了。他的继任者是邵友濂，文职出身，把刘铭传推行的各项事业都废止了。

光绪二十一年，日本侵占辽东，清廷割让台湾求和，下旨官员撤回内渡。五月，台湾人民自主成立了“台湾民主国”，推举前巡抚唐景崧为“大总统”，李秉瑞为军务大臣，俞明震为内务大臣，陈季同为外务大臣，姚文栋为游说使，其他一切照旧，府、县一级的官员大多都封存印章回到内地。很快，“大总统”也逃回大陆，“民主国”也就败亡了。

郑氏中央职官表

吏官　南明永历九年（1655）设立六官，分别管理政务。

户官

礼官

兵官

刑官

工官

学院　永历二十年设立，由勇卫陈永华担任。

国子助教　永历二十年设立，由叶亨担任。

行人　永历九年设立。

给事中　以下2个官职，都是明朝的旧制度。

各科主事

各科内都事

郑氏台湾职官表

承天府尹　永历十五年（1661）设置，掌管一府的行政事务。

天兴知县　永历十五年设置，驻在府城。永历十八年，改为知州。

万年知县　永历十五年设置，驻在兴隆里。永历十八年，改为知州。

澎湖安抚司　永历十八年设置。

北路安抚司　永历十八年设置。

清代职官表

福建台湾巡抚1员　光绪十一年（1885），奏准改福建巡抚为台湾巡抚，暂驻台北。光绪十三年，按照甘肃、新疆的先例，改称为福建台湾巡抚。

台湾布政使1员　光绪十三年设立，总管全台湾田赋、军费的考核和核算。并设布库大使1员，兼任出纳、文书的事务。

台湾按察使1员　乾隆五十三年（1788）接到圣旨，以后担任台湾道的官员，都加上按察使衔，让他有权上奏事情。光绪十三年，吏部决定，台湾道向来都兼按察使衔，不需要再专门设立，所有刑事案件，由台湾道管理，再设司狱1员。

提督学政1员　过去的规定是由按察使副使或按察司佥事作为提学道，每省1员。雍正四年（1726），改为提督学政。台湾向来由台湾兵备道兼任管理，雍正五年，改归汉人巡台御史兼任管理。乾隆十七年，又归属台湾道兼任管理。光绪元年，奏准由福建巡抚主管。光绪四年，归台湾道兼管。光绪十三年，又归台湾巡抚主管。

巡视台湾监察御史满、汉各1员　康熙六十年（1721）设置，驻在台湾府城。乾隆十七年规定，此后三年巡视一次，不必留驻。乾隆三十年接到圣旨，以后随时派往。乾隆五十二年，停派巡台御史，命令闽浙总督、福建巡抚、福建水师提督、陆路提督，每年轮流一人前往台湾巡视。

督办台湾抚垦大臣1员　光绪十二年（1886）设置，由台湾巡抚兼职管理。

帮办台湾抚垦大臣1员　光绪十二年设置，驻在台北大嵙崁。

分巡台湾兵备道1员　康熙二十三年（1684）设置，当时是台厦兵备道，驻在台湾府城。康熙六十年，去掉“兵备”二字，称为台厦道。雍正六年（1728），改为分巡台湾道。乾隆五十一年（1786），增加兵备衔。乾隆五十二年，增加按察使衔。

台南知府1员　康熙二十三年（1684）设置，当时是台湾府，总管各县刑事案件、田赋，发放军饷。光绪十三年，改成此名，移台湾府到台中。

台北知府1员　光绪元年设立。

台湾知府1员　光绪十三年设置。

台东直隶州知州1员　光绪十三年设置，驻在卑南。

台湾海防同知1员　康熙二十三年设置，驻在府城。乾隆三十一年（1766），改为南路理番同知，兼管海防事务。光绪元年，移驻卑南，裁撤海防同知本职。

南路理番同知1员　光绪元年设置，驻在卑南。光绪十三年，升为直隶州知州，裁撤南路理番同知本职。

北路抚民理番同知1员　乾隆三十二年设置，驻在彰化县城，办理淡防厅、彰化县、诸罗县汉民“土番”交涉事务。乾隆四十九年，鹿港开港，兼管海防事务。乾隆五十年，兼管捕盗事务。乾隆五十三年，移驻鹿港。光绪元年，改为中路抚民理番同知，裁撤北路抚民理番同知本职。

中路抚民理番同知 1 员　光绪元年设置，驻埔里社。光绪十年，奏仍驻鹿港。光绪十三年裁撤。

淡水捕务同知 1 员　雍正元年（1723）设置，驻在彰化。雍正九年，改为抚民同知，移驻竹堑。光绪元年，淡水设县，裁撤淡水抚民同知本职。

澎湖海防同知 1 员　雍正五年，设置澎湖海防通判，驻在妈宫城。光绪十一年，升为同知。

基隆抚民理番同知 1 员　光绪元年，设置海防通判。光绪十三年，升为同知。

南雅抚民理番通判 1 员　光绪二十年设置，驻在大嵙崁。

噶玛兰抚民理番通判 1 员　嘉庆十六年设置，驻在五围。光绪元年，改设宜兰县，裁撤噶玛兰抚民理番通判本职。

卑南州同 1 员　光绪十三年设置，隶属台东直隶州。

花莲港州判 1 员　光绪十三年设置，隶属台东直隶州。

安平知县 1 员　康熙二十三年设置，原来是台湾知县，附驻台湾府城。光绪十三年，改为现在的名称，移台湾知县驻台中。

凤山知县 1 员　康熙二十三年设置，驻在旧县城，后移到现在的县城。

嘉义知县 1 员　康熙二十三年设置，驻在佳里兴，当时称诸罗知县，后来移驻现在的县城。乾隆五十三年（1788），奉旨改成现在的名称。

恒春知县 1 员　光绪元年设置，驻在琅。

淡水知县 1 员　光绪元年设置，驻在台北府城。

新竹知县 1 员　光绪元年设置。

宜兰知县 1 员　光绪元年设置。

台湾知县 1 员　光绪十三年设置，附驻台湾府城。

彰化知县 1 员　雍正元年设置，驻在半线。

云林知县 1 员　光绪十三年设置。

苗栗知县 1 员　光绪十三年设置。

台湾县丞 1 员　康熙二十三年设置，驻在府城。雍正九年，移驻罗汉门。乾隆五十四年，改为巡检，裁撤台湾县丞本职。

凤山县丞 1 员　雍正九年设置，驻在万丹。乾隆二十六年，移驻阿里港。

诸罗县丞 1 员　雍正九年设置，驻在笨港。

彰化县丞 1 员　乾隆二十三年设置，驻在南投。光绪元年，移驻鹿港。光绪十年，仍旧驻在南投。光绪十八年，又移驻鹿港，裁撤彰化县丞本职。

下淡水县丞1员　光绪元年设置，驻在阿猴林。

头围县丞1员　嘉庆十六年设置，隶属噶玛兰厅。

新庄县丞1员　乾隆三十二年设置新庄巡检，隶属淡防厅。乾隆五十三年，改为新庄县丞。嘉庆十四年，移驻艋舺。

艋舺县丞1员　嘉庆十四年设置，光绪元年裁撤。

新港巡检1员　康熙二十三年设置，隶属台湾县。乾隆二十六年，移驻斗六门，裁撤新港巡检本职。

佳里兴巡检1员　乾隆二十六年设置，隶属诸罗县。乾隆五十二年，移驻大武垅，裁撤佳里兴巡检本职。

大武垅巡检1员　乾隆五十二年设置。

斗六门巡检1员　乾隆二十六年设置，隶属诸罗县。光绪十四年裁撤。

鹿仔港巡检1员　雍正十年设置，隶属彰化县。嘉庆十四年裁撤。

大甲巡检1员　嘉庆十四年设置，隶属淡防厅。后来隶属苗栗县。

猫雾拺巡检1员　雍正十年设置，驻在犁头店，隶属彰化县。光绪十三年（1887）裁撤。

下淡水巡检1员　康熙二十三年设置，隶属凤山县。康熙五十一年，移驻赤山。雍正九年，移驻大昆麓。乾隆五十三年，移驻兴隆里。

竹堑巡检1员　雍正十年设置，隶属淡防厅，兼管司狱事务。

八里坌巡检1员　雍正十年设置，隶属淡防厅。乾隆三十二年，移驻新庄。

罗汉门巡检1员　乾隆五十四年设置，隶属台湾县。嘉庆十六年，移驻地瓜寮。光绪元年，移驻澎湖八罩屿，裁撤罗汉门巡检本职。

枋寮巡检1员　光绪元年设置，隶属恒春县。

八罩巡检1员　光绪十年设置。

葫芦墩巡检1员　光绪十三年设置，隶属台湾县。

台南府经历1员　康熙二十三年设置，兼管捕盗事务。

台北府经历1员　光绪元年设置。

台湾府经历1员　光绪十三年设置。

各县典史1员　随县设置，管理捕盗和监狱事务。

台南府学教授1员　康熙二十三年设置。雍正十一年，添设训导1员。

台北府学教授1员　光绪元年设置。

台湾府学教授 1 员　光绪十三年设置。

各县学教谕 1 员　随县设置。

“民主国”职官表

府、州、厅、县如旧。

卷七

户役志

卷七
户役志

按户口征收赋税的制度，在夏、商、周时就已经很完备了。汉代沿袭战国时期以来的考绩制度，各郡县每年都要把人口的情况向宰相汇报，然后保存到太史那里，政府把这些数据作为管理国家、发布征役或征收赋税的依据。连横评论说，国家是人民的国家，治理国家离不开人民的参与。所以管仲担任齐国宰相的时候，把民众的组织管理和军队的编制结合起来，商鞅在秦国建立保甲制度来促进农业生产和军事力量，因此齐、秦两国才能称霸于天下。但都必须先知道人口的多少，才能让从事劳役和进行生产的人口基本达到平衡。台湾是边远的地方，明朝中叶，从漳州、泉州迁来的民众已经有几千人。到荷兰人侵占台湾时，他们强行征收人头税，每个男丁征收 4 盾，开始的时候，每年只征收 3100 盾，后来增加到 33700 盾，因为移民人数多，所以征收的税款也很大。郑成功后来改为每个男丁征收 6 钱银子，“熟番”也按照这个标准。当时渡海来台湾的人有 10 多万人，都是忠于明朝不愿意降清的人。所以坚持抗清的人都在台湾定居，还有一些经商过往的人，他们开辟土地，建造房屋，以维持南明的残局，当时汉族没有投降清朝的人只有他们了。南明永历三十四年（1680），郑经放弃金门、厦门后，来到台湾的人更多了。在菲律宾生活的华人，长期遭受西班牙人的残暴虐待，先后来到台湾的，都给予安抚，给他们提供田地，使他们有乐于从事的工作，所以他们都有长住台湾的愿望。如果用 10 年的时间去增加人口、积累财富，再用 10 年的时间进行训练，20 年之后，就有希望恢复明朝，甚至向海外拓展。然而郑军失利了，以至于最后败亡，多么伤痛的一件事啊！

清人统一台湾的时候，府志记载当时台湾有 12727 户，人口有 16820 人，一年征收的赋税是 8006 两 3 钱 2 分银子。这肯定是错误的，不然怎么会这么少？施琅上疏介绍台湾情况时说，明朝时，原来住在澎湖的民众就有五六千人，原来住在台湾的居民就有两三万人，都靠种地和捕鱼为生。到顺治十八年（1661），郑成功带去水、陆官兵及其家属 3 万多人。康熙三年（1664），郑经又带去六七千人。根据这些计算，台湾的人口就将近 10 万了，为什么府志中记载只有 16000 多人呢？而且施琅的奏疏中也有不准确的地方，郑氏的陆军有 72 个镇，按 1 个镇 1000 人计算，就有 72000 人，再加各种民众的数量，人数应该加倍。因此，这时台湾民众的数量应该接近 20 万人。否则以 16000 多人的数量，只不过是 1 个乡的规模，而奏请设立 3 个县，这是多么夸张啊！或许府志中所记载的，只是民众交纳丁税的数量。清朝律例中规定，凡是有家眷的作为 1 户，男子到 16 岁成为“丁”，每丁征收银子 4 钱 7 分 6 厘，而把妇女儿童作为“口”。当时的移民很多人都没有家眷，很多丁男四处流浪，居无定所，官府没有把这些人统计在内，所以统计中才会这么少。丁税的制度，就是古代的“庸”，就是承担国家的徭役。所以田租用来满足食用，田赋用来供养军队，而征用劳役，这是国家的法则，也是民众的义务，所以“社番”的男女也都要征收。过去规定，壮年“土番”男丁每人每年征米 1 石 7 斗，16 岁以下的“土番”每人每年征米 1 石 3 斗，“土番”妇女征米 1 石，而在教会和官署服务的“土番”男丁和“土番”妇女征收的标准一样。已经归附官府的 8 个“番社”，有 3592 人，每年共征米 4645 石 3 斗。攻克台湾那一年，清朝命令福建总督和巡抚，所有到台湾去的人都禁止携带家眷，而施琅也奏请申严海禁，不允许惠州、潮州的人到台湾，所以在台湾的大多是漳州、泉州的人。但有利可图的地方，人们一定会去追逐，何况是一个新开发的地区，大量宽阔肥沃的原野，又怎么禁止得了呢？

康熙五十二年，清朝诏令以康熙五十年登记的男丁数作为定额，增加的人口永远不增收人头税。雍正三年（1725），规定免除“土番”妇女的人头税，少年和壮年“土番”的人头税改成一样的标准，每 1 石小米折成银子 3 钱 6 分，总共征银 2016 两 9 钱 3 分 6 厘。乾隆元年（1736），乾隆皇帝下诏说：

> 朕爱养元元，凡内地百姓与海外番民，皆一视同仁，轻徭薄赋，使之各得其所。闻福建台湾丁银一项，每丁征银四钱七分，再加火耗，则至五钱有零矣。查内地每丁征银一钱至二钱三钱不等，而台湾加倍有余，民间未免竭蹶。着将台湾四县丁银，悉照内地之例，酌中减则，每丁征银二钱，以舒民力。

于是每年征收的人头税减少到 3765 两多一点，大约减少到只有以前数额的一半。乾隆二年，清朝又下诏令说：

> 台湾番黎大小共九十六社，每年输纳之项，名曰番饷，按丁征收，有多至二两有余及五六钱不等。朕思民番皆吾赤子，原无歧视，所输番饷即百姓之丁银也，着照民丁之例，每丁征银二钱，其余悉行裁撤。该督抚可转饬地方官，出示晓谕，实力奉行，务令番民均沾实惠。又闻澎防、淡防两厅均有额编人丁，每丁征银四钱有零，从前未曾裁减，亦着照台湾四县之例以行。

于是每年征收“番饷”349两，甚至不足原来的六分之一。之前，淡水设立海防厅，仅仅由彰化县拨归丁口11人，每年征银5两2钱3分6厘。而几年之间，因开垦竹堑等地，来到这里的民众快速增加，多到数万人，但在户籍方面没有登记，因此被统计在册的人口数量只有这么少。乾隆十二年，朝廷下令，各府县把人头税均匀分配到田园中去，按耕地面积来征收。于是上等田每亩平均分配征银4厘1毫8丝6忽，中等田平均分配征银4厘3毫8丝1忽，下等田平均分配征银4厘6毫3丝9忽，上等园平均分配征银4厘9毫2丝9忽，中等园平均分配征银5厘5毫5丝7忽，下等园平均分配征银5厘6毫3丝3忽，而人头税就彻底废除了。各县所征收的数额，下列的表格中有详细的记载。因为台湾地多人少，和内地其他的州府不一样，所以不征人头税，而根据土地的面积来征收，于是贫穷的民众就免去了被追讨赋税的担忧，而地方官员也没有了被拖累赔钱的痛苦。

从这以后，到台湾的移民日益增多，土地的开垦不断发展，全台湾的人口差不多到了100万。但来台湾的人仍然不允许携带家眷，“土番”的地界也禁止开垦，这是非常消极保守的政策。乾隆二十五年，福建巡抚吴士功上奏说：

台湾归隶版图，将及百年，久成乐土。居其地者，俱系闽、粤滨海州县之民，俱于春时往耕，西成回籍。迨后海禁渐严，一归不能复往，其生业在台湾者，既不能弃其田园，又不能搬移眷属，别娶番女，恐滋扰害。经升任广东抚臣鄂弥达具奏，凡有妻子在内地者，许呈明给照，搬眷入台，编甲为良。旋经议行在案。嗣于乾隆四年，前督臣郝玉麟以流寓民眷，均已搬取，即有事故迟延，亦属无几，谓停止给照。续于乾隆九年，巡视台湾御史具奏，以内地民人或闻台地亲年衰老，欲来侍奉，或因内地孤独无依，欲来就养，无如例有明禁，因甘蹈偷渡之愆。不肖客头奸艄，将船驶向外洋，如遇荒岛，诡称到台，催客登岸。人烟断绝，坐而饥毙。俄而洲上潮至，群命尽归鱼腹。因碍请照之难，致有亡身之事。请仍准携眷，经部议准。十二年，督臣喀尔吉善复以前奏未定年限，恐滋弊混，请定限一年之后，不准给照。自此停止以来，迄今十有余年。现在汉民已逾数十万，其父母妻子之身居内地者，正复不少，向之孑身过台者，今以开垦田原，足供俯仰矣，向之童稚无知者，今已少壮成立，置有田产矣。若弃之而归，则失谋生之路，若置父母妻子于不顾，更非人情所安。伏查乾隆十七年，原任台湾县知县鲁鼎梅纂修县志云，内地穷民在台营生者数十万，其父母妻子俯仰乏资，急欲赴台就养，格于例禁，群贿船户，顶冒水手姓名，用小渔船夜载出口，私上大船，抵台复有渔船乘夜接载，名曰灌水。经汛口觉察奸艄，照律问遣，固刑当其罪，而杖逐回籍之民，室庐抛弃，器物一空矣。更有客船串通习水积匪，用湿漏之船，收载数百人，挤入舱中，将舱盖封钉，不使上下，趁黑夜出洋。偶值风涛，尽入鱼腹。比到岸恐人知觉，遇有沙汕，辄绐令出船，名曰放生。沙汕断头，距岸尚远，行至深处，全身陷入泥淖中，名曰种芋。或潮流适涨，随流飘溺，名曰饵鱼。言之痛心！臣一载以来，留心察访，实属确有之事。然卒未有因陷溺而告发者。缘事在汪洋巨浸、人迹罕到之地，被害者既已没于波臣，侥免者亦干禁令，莫敢控诉。伏念内外民人均属朝廷赤子，向之在台为匪者，悉出只身之无赖。若安分良民，既已报垦立业，有父母妻子之系恋，有仰事俯育之辛勤，自必顾惜身家，各思保聚。此前督抚诸臣所以叠有给照搬眷之请也。及奉准行过台之后，亦未有眷口滋衅生事者。盖民鲜土著，则有离去之思；人有室家，各谋久安之计。乃因良民之搬眷，禁以奸民之偷渡，致令在台者，因羁逆旅，常怀内顾之忧；在籍者，怅望天涯，不免向隅之泣。以故内地老幼男女茕独无依之人，迫欲就养，竟至铤而走险，毕命波涛。非所以仰体皇上如天之覆，一视之仁也。

奏疏呈上，得到批准。于是到台湾的移民越来越多，开垦的土地越来越多。到嘉庆十六年（1811）时，地方官员汇报全台户籍人口，共有 241217 户，男女老少共有 2003861 人，而且“土番”的人口还没有计算在内。和清初相比，几乎增加了 100 倍。到现在又 100 多年过去了，而人口就要超过 300 万，这就是发展的力量。有土地还必须有人，有人才可以创造财富。创造财富的方法，以百姓能够定居为根本，分田地给他们耕种，设学校进行教育，修造船只、车辆方便他们的交通，鼓励工商业发展经济，这样国家就不会有流离失所的民众，也不会有荒废的土地。台湾的居民，漳州、泉州人居多，约占十分之六七，广东籍的略少，大多是惠州和嘉应州的人，他们来台湾的时间相对比较晚，所以称为“客人”。还有福建汀州来的人。而福建、广东的地域之分，经常造成民众之间的械斗，漳州、泉州人之间也是这样，但现在已经停止了。光绪十三年（1887），巡抚刘铭传奏请清赋，先命令各厅县编查户口，颁行保甲制度，当时造册报告共有男女 320 多万人。虽然不是很准确，但也知道大体规模。光绪十四年，改变征收田赋的标准，用“一条鞭”的办法，把人头税并入田赋之中，现在还在实行。

清代台湾户口表一（据《台湾府志》）

厅　县	户　数	口　数	备　考
台湾	8 624	10 865	乾隆二年（1737）
凤山	1 667	3 300	雍正九年（1731）
诸罗	2 436	3 955	乾隆二年
彰化		125	乾隆二年
淡水		30 342	乾隆二十九年
澎湖	2 752	24 052	乾隆二十七年
计	15 479	72 639	

根据府志记载，彰化县的人口数是缴纳人头税的男丁的人口，所以数量那么少。而实际的人口数，就不能知道了。即使是各个厅县的人口数，似乎也是定居人口的数量，那些新来、暂住的人口也没有统计进去，所以才显得那样少。

清代台湾户口表二（嘉庆十六年编查）

厅　县	户　数	口　数	
台湾	28 145	341 624	
凤山	19 120	184 551	
嘉义	126 628	818 659	
彰化	40 407	342 166	
淡水	17 943	214 833	
噶玛兰		42 900	
澎湖	8 974	59 128	
计	241 217	2 003 861	

清代征收丁税表一（康熙二十三年）

县　份	丁　额	税额（厘）	
台湾	8 579	4 083 604	
凤山	3 496	1 664 096	
诸罗	4 199	1 998 724	
澎湖	546	259 896	
计	16 820	8 006 320	

清代征收丁税表二（乾隆二年）

县　份	丁　额	税额（厘）	
台湾	10 865	2 173 000	
凤山	3 300	660 000	
诸罗	3 955	791 000	
彰化	24	4 800	
淡水	11	2 200	
澎湖	672	134 400	
计	24 875	3 765 400	

清代征收丁税表三（乾隆十二年）

县　份	田园亩数（毫）	匀配丁税（厘）	
台湾	133 908 398	693 272	
凤山	133 488 050	717 328	
诸罗		1 035 136	
彰化	144 006 859	1 160 110	
淡水	19 737 530	160 521	
澎湖			

清代征收“番饷”表一（雍正年间编定）

社　名	丁　数	征额（厘）	备　考
大杰颠	100	190 512	
卓猴	70	63 000	
新港	175	395 456	
下淡水	292		
力力	160		
茄藤	280		
放縤	186	2 016 936	
上淡水	237		
阿猴	161		
塔楼	234		
武洛	98		
目加溜湾	117	113 248	新庄仔社附在一起交纳

续表

社　名	丁　数	征额（厘）	备　考
萧垅	123	452 289	
麻豆	116	172 872	
大武垅	193	914 810	噍吧哖、木冈、芋匏、内攸等社附在一起交纳
哆啰啯	70	313 992	
诸罗山	62	65 228	
打猫	62	49 392	
他里雾	59	50 803	
斗六门	108	352 800	柴里社附在一起交纳
西螺	101	204 624	
东螺	102	370 440	眉里社附在一起交纳
大突	91	105 840	
马芝遴	104	215 913	
南北投	173	501 318	猫罗社附在一起交纳
二林	84	435 224	
猫儿干	94	106 500	
阿束	107	70 912	
大武郡	97	165 463	牛相触、二重坡 2 社附在一起交纳
沙辘	46		
牛骂头	55		
半线	114	331 442	大肚、柴坑、水里等社附在一起交纳
猫雾捒	45	29 635	
岸里		12 000	共 5 社
蓬山	350	134 416	共 8 社
后垅	307	98 784	共 5 社
竹堑	840	378 000	
南崁		98 784	共 4 社
淡水		22 579	共 6 社
鸡笼		22 579	金包里社附在一起交纳
麻薯		3 680	新、旧 2 社
奇冷岸		12 900	
大圭佛		17 982	
猴闷		49 392	
南社		806 500	

续表

社　名	丁　数	征额（厘）	备　考
加六堂		49 392	
琅峤		51 156	
琉球		9 878	
卑南觅		68 796	
山猪毛		12 000	共 10 社
傀儡山		21 600	共 18 社
猫仔		22 800	共 19 社
本禄		4 800	共 4 社
阿里山			共 8 社
崇爻			共 8 社
水沙连	688	3 525 687	共 24 社
巴荖远		7 200	共 4 社
沙里兴		2 400	
蛤仔难		30 000	哆啰满社附在一起交纳

清代征收“番饷”表二（乾隆二年改定）

社　名	丁　数	征额（厘）	备　考
大杰颠	100	24 000	
卓猴	70	14 000	
新港	175	35 000	
下淡水	292	58 400	
力力	160	32 000	
茄藤	280	56 000	
放縤	186	57 100	
上淡水	237	47 400	
阿緱	161	32 200	
塔楼	234	46 800	
武洛	98	19 600	
目加溜湾	117	23 400	
萧垅	123	24 600	
麻豆	116	23 200	
大武垅	193	38 600	噍吧哖、木冈、芋匏、内攸等社附在一起交纳

续表

社　名	丁　数	征额（厘）	备　考
哆啰咽	70	14 000	
诸罗山	62	12 400	
打猫	62	12 400	
他里雾	59	11 800	
斗六门	108	21 600	
西螺	101	20 200	
东螺	102	20 400	
眉里	97	19 400	
大突	91	18 200	
马芝遴	104	20 800	
南北投	173	34 600	猫罗社附在一起交纳
二林	84	16 800	
猫儿干	94	18 800	
阿束	107	21 400	
大武郡	97	19 400	
沙辘	46	9 200	
牛骂头	55	11 000	
半线	114	22 800	柴坑社附在一起交纳
猫雾捒	45	9 000	
大肚	118	137 600	水里社附在一起交纳
岸里		2 400	共 5 社
蓬山	350	70 000	共 8 社
后垅	370	61 400	共 5 社
竹堑	89	17 800	
淡水	579	115 800	淡水、南崁、鸡笼共 12 社
麻薯		960	
奇冷岸			
大圭佛			
猴闷			
南社			
加六堂			
琅峤			共 10 社
琉球			

续表

社名	丁数	征额（厘）	备考
卑南觅			
山猪毛		4 800	共10社
傀儡山		6 400	共18社
猫仔		9 120	共19社
本禄		1 920	共4社
阿里山			共8社
崇爻			共8社
水沙连	688	137 600	共24社
巴荖远		1 400	共4社
沙里兴		480	
蛤仔难			哆啰满社附在一起

卷八

田赋志

卷八

田赋志

连横评论说，井田制废除之后，乡村中强横狡猾而不守法纪的人，夺取百姓的田地，以扩大自己的利益，又利用丰厚的财富，勾结官府，过着骄奢淫逸的生活，势力超过了王侯。而他们的佃农，长期辛勤耕作，火耕水种，即使是丰收的年份也吃不到一顿饱饭。这些农民开始的时候耕种祖先留下来的土地，后来只好租种别人的土地，加上人头税和其他苛捐杂税的剥削，贫富的差别越来越大，贵贱的对立越来越明显，民众因此心怀怨恨与不满。古代实行井田制的时候，根据人口分配土地，1 个劳动力分给 100 亩，中间是公田，周围 8 家农民各占 100 亩，共同耕种公田，这就是所谓抽取十分之一税率的做法。所收的地租能够满足食物的需求，所征收的田赋能够满足军队粮饷的需要，所以人们出入劳作时相互陪伴，防御敌寇时互相帮助，设庠序学校进行教育。庠是培养人的意思，校是教书的意思，序是教人射箭的意思。所以当时的百姓都勇敢而且知道忠义，在家就拿起锄头耕种，外出就扛枪打仗，忠诚奉公，以保卫自己的国家，这就是从前贤王治理国家、管理百姓的良好制度。井田制时代的农民，他们的土地都是国家的。到了秦代以后，民众有了自己的土地。私人有了自己的土地，国家对这些土地征收赋税，并且说征收赋税是为了供养军队以保护田地，因此民众交纳赋税也不懈怠。如果民众失去土地，而且又横征暴敛，就会使民众在暴政下很难生活下去，就是把民众当成奴隶。台湾原来是海上的一片荒土，岛上的土地都是由民众自己开垦出来的，他们手握锄头，腰佩刀枪，和野兽进行斗争，经过艰苦奋斗，辛勤创业，才取得了在台湾的巨大发展，到了今天我们还在受益。他们艰苦开创的功劳，意义是十分深远的。

在明代的时候，漳州、泉州地区因土地不足，许多百姓离开家乡，到东南亚一带从事开发，到台湾的人也不少。当时台湾的山林还处于原始状态，瘴气毒雾猖獗，住下来的人都病亡，不能返回家乡，所以台湾有了“埋冤”的名称。到颜思齐来到台湾，郑芝龙也跟随来到，他们开垦土地，建筑房屋，逐渐形成了部落。颜思齐去世之后，郑芝龙又投降了明朝，漳州、泉州人居住在台湾的 3000 多人，自生自灭，自己供养自己的家庭，无人管辖。天启四年（1624），荷兰人来到台湾，他们向“土番”“借地”。过了两年，西班牙人也来到鸡笼，分别占领土地，进行适应性的开发，他们确立了“王田”的土地制度，招募民众前来耕种，从而强行征收赋税。用“甲”作为计算土地面积的单位，长1丈2尺5寸为1戈，方31戈2尺5寸为1甲。上等田每甲每年征收谷物18石，中等田征收15石6斗，下等田征收10石2斗。当时土地刚刚开垦，一年可以收获3次，种植甘蔗和稻谷都能获取很好的收益，可以补助殖民者海外收入的不足，因此他们招募到台湾的人也日益增加。崇祯年间（1628—1644），熊文灿担任福建巡抚，当时遇到大旱灾，他和郑芝龙商量，由郑芝龙招募了几万名受灾的民众，每人发给3两银子，3人合给1头牛，载运到台湾，开垦土地，搭建茅舍，他们也在解决温饱的问题之后，向郑家缴纳地租，因此郑芝龙是当时福建全省最富的。郑成功到这里定居之后，跟随他的人特别多，当时处于和清兵休战的状态，让老百姓休养生息，都投入到农业生产当中去。原来荷兰人的所谓“王田”，都成了郑氏的“官田”，耕作的人都成了替官府耕种土地的佃农，田赋的标准和荷兰殖民统治时期一样。明朝宗室、郑氏文武官员招募民众自行开垦的土地，称为“私田”，或称“文武官田”。田地征收赋税的标准，也分成上、中、下三等。地主收取地租之外，郑氏政权也要征收田赋。而当时官府征收田赋的“官斗”比较小，只相当中原地区谷斗的8升。当时可以开垦的肥沃土地很多，到处都是，耕种几年之后，就可以弃耕原来的田地。因此每三年丈量一次耕地，根据田地数量的增减、肥沃和贫瘠的情况征收田赋，这样来体恤民众的困苦。各个兵镇的官兵，也分配给他们土地，让他们进行开垦，自行耕种保障自己的供给，这些耕地称为“营盘田”。三年后，丈量土地，确定征收田赋的标准，以确定征收田赋的数量。士兵在农闲之时，就进行军事训练，实行寓兵于农的政策。永历十八年（1664），郑经把政务委托给陈永华处理。陈永华擅长治理，给各个兵镇分配土地，又实行屯田的制度，因此开垦的土地越来越多，最远的到了半线。永历二十四年，右武卫刘国轩征讨“大肚番”，追到北港溪，并在那里驻军戍守，这就是现在的国姓庄。宁靖王朱术桂到台湾后，因竹沪一带土地肥沃泉水清澈，开垦了100多甲的土地，每年的收获很多，自己食用之余就分送给故旧，不需要别人的供养。各兵镇屯田到现在还留下许多遗迹，这些都是当年郑氏政权富强的基础。

收回台湾后，朝廷中有人主张放弃这块地方，靖海将军施琅极力反对，于是在这里设立了1府3县。施琅还奏请降低台湾的赋税，他的奏疏大致说：

今部臣苏拜等所议钱粮数目，较郑克塽所报之额，相去不远。然在郑氏当日，自为一国之用，因其人地，取其饷赋，未免重科。兹部臣奉有再议之旨，不得不以此数目议覆。如以会议既定，当按数而征，在道、府责成所系，必奉行催科。兼以郑氏向时所征者乃时银，我之所定者乃纹银，纹之与时更有加等。且臣前议守此土者，非以其地可以加赋也，盖熟察其地，属在东南险远，关系数省安危。今既设官分治，拨兵汛防，则善后之计，宜加周详。而今所调守兵一万，乃就闽省经制水陆兵丁六万五千七百五十名数内抽调，兵无广额，饷无加增。就此议定钱粮数目，蠲减于寇虐之后，使有司得以仰体德意，留心安集抚绥。数年之后，人户繁盛，田畴贸易，赋税自充，有增无减，岂待按数而征哉。

皇帝诏令再次商议。于是最后确定上等田每甲征收稻谷8石8斗，上等园每甲征收4石，详见附表。

康熙六十一年，巡台御史黄叔璥认为台湾的田赋比内地更重，台湾的1甲田地，折算成内地11亩3分1厘多一点。内地上等田，各县征收的办法不同，折算成银子每亩大约从5—6分到1钱1—2分不等，照此，1甲地最高征收银子1两3钱。现在台湾征收稻谷8石8斗，即使是稻谷最便宜的时候，1石也要3钱银子，就已经要2两6钱4分还多，何况还有比这价钱更贵的，但台湾的民众不以为这有多大的危害。因为台湾的土地肥沃，上等田园的收获不用担心不够交纳田赋，中等田园也可以以多补少，还可以应付。但如果要丈量土地的实际面积，就很难按这样的标准征收了。雍正五年（1727），巡台御史尹秦上奏说：

台湾全郡尽属沙壤，地气长升不降，所有平原，总名草地，有力之家，视其势高而近溪涧淡水者，赴县呈明四至，请给垦单，召佃开垦。所开田园，总以甲数，每甲约抵内地十一亩有奇。郑氏当日分上中下三则取租。开台之后，地方有司照租征粮，而业户以租交粮，致无余粒，势不得不将成熟之田园，以多报少。欺隐之田，倍于报垦之数。臣等细访，向来任其欺隐不行清查之故，则其说有五：现征科则，计亩分算，数倍于内地之粮额。若非以多报少，不能完纳正供，一也。台湾沙地，每岁夏秋大雨，山水奔泻，冲为涧壑，流沙壅积，熟田亦为荒壤。若非以多报少，将何以补苴亏缺，二也。台地依山临海，田园并无堤岸保障，海风稍大，咸水涌入，田园卤浸，必俟数年，咸味尽去之后，方可耕种。若非以多报少，何以抵纳官粮，三也。台地土脉炎热，不宜施肥，二三年后，力薄寡收，便须荒弃两岁，然后耕耘。若非以多报少，焉能输将公课，四也。台湾佃丁皆系漳、泉、惠、潮之客民，因贪地宽，可以私垦，故冒险渡来。设使按亩清查，以租作粮，则不能支，势必各回原籍，以致田园荒废，额赋虚悬，五也。夫田粮之欺隐若此，其所以致此欺隐而难以清查者又若此，自宜作何变通，以除欺隐之弊。海疆重大，与内地不同，臣等愚昧，不敢轻议，谨具实奏请圣裁。至于北路彰化一带，县系新设，地稍偏远，臣等见其多属未辟之土，亦宜召民开垦。案查淡水同知王汧曾经具详，称北路虎尾溪以上，间原宽旷，召民开垦之法，毋许以一人而包占数里，只许农民自行领垦，一夫不过五甲，十夫连环互保，定限三年。比照内地粮额起科。再如熟番场地，向有奸棍认饷包垦，久假不归。若任其日被侵削，番众无依，必退处内山，渐变生番。宜令大社留给水旱地五百甲，中社四百甲，小社三百甲，号为社田，以为耕种牧猎之所。各立界碑，四至田亩，刊载全书，以俾日后势豪不得侵占。其余草地悉行召垦，并限三年起科。臣等细加寻绎，事属当行。唯召垦农民，似宜照臣等前折所陈，亦令归庄并田，务使匪类无处托足，以靖盗源。

雍正九年，清廷下令，台湾所有从雍正七年以后开垦出来以及自己向官府报备要交纳田赋的耕地，都一律改为按照同安县的田赋标准，把 1 甲改为 11 亩 3 分多一点，按亩征收银子，仍然以稻谷代交。按银 3 钱 6 分折成稻谷 1 石，稻谷 1 石折成米 5 斗，详情也见附表。新的征收田赋的标准比旧的标准轻了好几倍，每年征收稻谷 169266 石 9 斗 9 升多一点。规定从十月开始征收，到十二月结束。每 1 石稻谷征收损耗 1 斗，折成 5 分银子，以防止进入粮仓的损耗。全台湾征收田赋的稻谷，支付给班兵 15 营，需要米 44851 石 8 斗。还有分配运送到福州、兴化、漳州、泉州平价出售以及班兵和眷属食用的大米共 166500 石，还有运给总督标下的兵米，折成稻谷 15570 石，详细记载在本书的《粮运志》。考虑到全台湾征收田赋稻谷的数量，不够需要运送到福建内地的数额，每年把运到福建 4 府平价销售稻谷的金额，分给台湾的 4 个县，让他们采买稻谷补足额度。为防止损耗增收的银钱，就变成官府的公款，但地方上的官吏往往多征好几倍，以中饱私囊。所以一般的惯例，地方官吏催收田赋，只要收满八成，就记录他的功劳，而八成以上的部分，就被他们私吞。一旦成为催收田赋的官吏，就成了富翁，所以俸禄虽然很少，但各种好处都从民众那里获取。乾隆九年（1744），皇帝下诏说：

台湾田园已照同安则例，后经部议以同安科则过轻，应将台地新垦之田园，按照台湾旧额输纳。朕念台民远隔海洋，应加薄赋，以昭优恤。除从前开垦田园，照依旧额，毋庸减则外，其雍正七年以后报垦之地，仍遵雍正九年奉旨之案办理，其已照同安下则征收者，亦不必再议加减。至嗣后垦辟田园，令地方官确勘肥瘠，酌量实在科则，照同安则例，分别上中下，定额征收，俾台民输纳宽舒，以昭加惠边方之至意。

台湾是沿海重要的地区，经常有水旱灾害，地方官员就会奏请免收或减收田赋，因此民众比较容易获得好的收成，因此开垦的土地日益增多，逐渐深入“土番”的地界。开始的时候，佃农力量较小，无法自己进行开垦，有钱人家出资本，提供耕牛和种子，修造房屋，开挖水渠，负担所需要的费用。田地开垦好以后，就交纳收成的十分之一二给地主，称为大租，或者是收取水渠的租，称为用水的租谷，每甲土地应该交纳稻谷的数量，永远不变。道光四年（1824），代理台湾兵备道方传穟上书给闽浙总督孙尔准，极力说明业户制度的弊病。其中说：

千万人垦之，十数人承之，而一人所给垦照，或千数百甲，淡水地是也。万人垦之，千人承之，而地数千甲，给垦照者数千人，每人仅十甲，最多亦十数甲，并无业户，以民为官佃者，噶玛兰是也。夫业户之设，其弊无穷。其始豪强有力者十数人，出领垦照，名为自出工本，募佃垦荒。实则其人工本不多，鸠集朋党，私立约据，及其垦成报官升科，而业户一人，界广甲多，且易隐蔽。及赋已定后，或十余年，或数十年，遇有水旱偏灾，冲崩塌坏，亦任意影射。且征收供课，户只一人，实缺千万，一旦破败，更换为难。请以淡水言之，其地南自大甲，北至鸡笼，绵长三百余里，自山至海，腹内所宽亦四五十里，较诸台邑固自倍之。而考其正供，仅有台邑四分之一，业户编入征册者仅数十人，此所以地广赋少也。然则业户自宜殷富，每年自清国课，而每年实征，民欠犹十之二三，业户大半贫窭，何也？业户坐收其租，除完课外，别无所利，田园实非其有。历年既久，冲崩塌坏，渐就硗确，而佃户逃亡也。

之前，噶玛兰开垦的时候，吴沙父子邀请赵隆武、何绘等人到省里申请开垦土地，事先和佃户们商量好，将来开垦成功，应当由业户向官府申报并交纳田赋，佃户每甲田规定交纳大租谷 6 石，每甲园大租谷 4 石。到杨廷理筹备建设噶玛兰厅城衙署的时候，由于担心开办经费不足，建议减去业户这一环节，改为由单个的佃户向官府申报并交纳田赋。认为这样在噶玛兰所征收的田赋就可以和淡水拳和官庄的田赋差不多，报请上司把他的建议向朝廷上奏，并作为以后的惯例。户部经过讨论以后没有同意。理由是拳和官庄的做法由于年代已久，没有文件可查，如果按照屯田的办法进行处理，屯田的田园各分 6 个等级，噶玛兰的“园”征收田赋 4 石，已经相当于屯田的第 4 等，那么噶玛兰的“田”征收田赋 6 石，就不应该只相当于屯田的第 6 等，这样的差别过于混乱。因此拳和官庄和屯田这两种做法，都不能作为噶玛兰征收田赋的依据。但后来还是确定了田征收 6 石、园征收 4 石的田赋征收标准，土地经过丈量确定征赋标准之后上报户部。当时，噶玛兰共有田 2143 甲零，园 300 甲零，每年征收的稻谷 14063 石零。除了征收规定的损耗之外，还征收余租，这是其他地方所没有的。查台湾交纳田赋的有关规定，田和园都只征收田赋和规定的损耗，如果征收别的赋税，就不同时征收田赋。而噶玛兰特别增加征收余租，就像其他地方的杂征一样，是没有和征收田赋和规定的损耗一起列为官吏政绩考核的。因为征收余租实际上是为了筹备建设厅城衙署的经费，于是仿照淡水屯租的惯例，每石租谷折成银元 1 元，得到上司批准。后来就以福建同安县下等沙地征收田赋的标准进行征收，每甲田征收谷物 6 石，又征收田赋 1 石 7 斗 5 升 8 合 4 勺 7 秒 2 撮，规定的损耗 1 斗 7 升 5 合 8 勺 4 秒 7 撮，余租 4 石零 6 升 5 合 6 勺 8 秒 1 撮；每甲园征收谷物 4 石，又征收田赋 1 石 7 斗 1 升 6 合 6 勺 1 秒 1 撮，规定的损耗 1 斗 7 升 1 合 6 勺 6 秒 6 撮，余租 2 石 1 斗 1 升 1 合 7 勺 2 秒 8 撮。和最初建议的方案相比，每甲田规定的损耗减少了 6 升 8 合 3 勺 8 秒 3 撮，每甲园减少田赋 2 勺、规定的损耗 6 升 6 合 7 勺 5 秒 9 撮，减少的部分都并入余租，以满足噶玛兰建设的需要。

嘉庆二十三年（1818），台湾府知府认为噶玛兰地方刚开始开发，民众的经济能力还不够充实，向省里申请不要再征收余租，而福建省布政司将新的方案和原来的田征 6 石、园征 4 石的方案所征收的数额比较，实际上有所减少，因此没有同意。道光七年（1827），奏请修改田赋征收的标准，余租的部分就更加宽裕了。从前，台湾的田赋自荷兰殖民统治时期以来，都是征收稻谷，到了清朝统治以后，也把征收的稻谷作为军粮，由于稻谷在台湾的价钱很低，经手的人无法从中获利。道光二十三年，把征收谷物改成折算成银钱再征收，每石稻谷折成重 6 钱 8 分的银元 2 元。当时，市面上稻谷的价格每石只要 1 元五角，而征收田赋的人又另外苛求，加上所谓“火耗”（铸造钱币时的损耗）等名目，台湾县保西里的民众不满，几乎引起动乱。庄里有影响力的郭崇高到北京呼吁申诉，皇帝下令逮捕知县阎炘治罪，事情才得到平息。澎湖是海上的群岛，土壤贫瘠而且坚硬，向来不种稻谷，所生产的只有番薯和高粱等，一遇到咸雨，农作物就枯槁没有收成，所以这里的田地不征收田赋，需要的军粮由台湾供给。光绪三年（1877）春天，福建巡抚丁日昌奏请免除台湾的杂税，认为台湾、凤山、嘉义 3 县加起来长 290 里，额定征收的稻谷 13 万多石，而彰化、淡水、宜兰 1 厅 2 县加起来长 580 里，只征收 5 万 6 千多石。因为台湾、凤山、嘉义的土地开垦比较早，田赋都是沿袭郑氏时期的标准，而彰化、淡水、宜兰是新开垦的地方，是按新的征收田赋的标准，所以田赋比较轻。

光绪十一年，台湾建省，以刘铭传为巡抚，沈应奎为布政使。刘铭传富有行政才能，因为台湾的经费一向要由福建省补助，他想谋求台湾财政自给自足，因此振兴产业，充分发挥当地的资源优势。光绪十二年五月，奏请清理田赋。奏疏说：

窃查台粮课，自入版图以来，仍循郑氏之旧，每丁岁征银四钱八分六厘。乾隆元年，钦奉恩谕，台湾丁粮着照内地分中减则，每丁征银二钱，以舒民力，岁征银三千七百六十余两。及十二年，乃议匀入田园征收，其番众所耕田地，概免完赋，照旧就丁纳粮。至道光间，通计全台湾垦熟田园凡有三万八千一百余甲，又三千二十一顷五十余亩，谷种折地一千四百三十亩，年征粟二十万五千六百余石，租番银一万八千七百余元。至今已数十年，垦熟田园较前多至数倍，统计全台之额，仅征额银一万五千七百四十六两，洋银一万八千六百六十九元，又谷十九万八千五十七石，久无报丈升科。伏维我朝轻徭薄赋，亘古所无，而于台湾一岛尤为宽厚。雍正、乾隆间，屡奉恩谕，台湾赋税，不准议加。其时海宇澄清，升平无事，朝廷以台湾一隅无足重轻。今则海上多警，而台湾为海疆之要隘，奉旨改建行省，经费浩大，今昔不同。臣忝膺斯土，目击时艰，当此财用匮乏之时，值百废待兴之际，不能不就地筹画，三五年后，能照部议以台地自有之财，供台地经营之用，自成一省，永保岩疆。况迭次钦奉谕旨，开源节流。顾以额定之赋，应有之税，乃部库入款之常经，国家经久之至计。舍此不为，徒求邻省，虽至舌破唇焦，缓急仍不足恃。臣渡台以来，详查民间赋税，较之内地毫不轻减。而询其底蕴，全系绅士包揽。若某处有田可垦，先由垦首递禀，承揽包垦，然后分给垦户。垦首不费一钱，仅递一禀，垦熟之后，每年抽租一成，名曰大租，又有屯租、隘租各项名目，而粮课正供毫无续报升科。如台北淡水田园三百余里，仅征粮一万三千余石，私升隐匿，不可胜计。臣现由内地选调厅县佐杂三十余人，分派南北各县，又由各县选派公正绅士数人，会同先查保甲，就户问粮。一俟田亩查明，再行逐户清丈，委派台湾府知府程起鹗、台北府知府雷其达，各设清赋总局，督率办理。至于赋税之轻重，应俟丈量之后，再请旨饬部覆议。维念台湾民风强悍，一言不合，拔刀相向，聚众挟官，视为常事。林爽文之变，则言升科之逼迫。以是委员下乡清查，视为畏途。且万山丛杂，道路崎岖，若非勤实耐劳之员，协同公正绅士切实清查，毋裨实际，且恐竣事无期。惟有严定赏罚，以冀成效。若各地方委员、绅士等妥速办理，认真清查，臣请照异常劳绩从优奏奖，以示鼓励。倘有贿托隐匿等情事，抑或畏难延误，即行参革。庶得实力奉行，为朝廷经久之谋，除地方吞匿之弊，裕国便民，此期有裨台湾之大局。

六月，皇帝下诏批准。于是在台北、台南两府设立清赋总局，由布政使管辖，命令知府统一办理。各个厅、县设立清赋分局，任命总办，由同知、知县主持。

之前，刘铭传准备办理清赋的时候，先征求过各厅县的意见，有人主张应当先查明户口，再根据户口确定每户应征收田赋的数量。也有人主张应该先丈量土地，根据土地确定征收田赋的数额。大多数的人都支持前一种办法，认为这是从根本上处理好清赋问题的有效途径。于是先清查户口，办理保甲，限定两个月内完成。刘铭传把清赋的意义向全体民众通告说：

台湾地方自乾隆五十三年续丈之后，至今开辟田园数倍于前，久未报丈升科。从前海宇升平，朝廷视台湾一岛不足重轻，期无内患，不虑外侮，赋税一项，屡奉恩诏，格外从宽，此示绥远安边之意。现在海疆多事，台湾重地，久为外人窥伺，朝廷特设巡抚以资控制。本爵部堂忝膺斯土，应为地方远大之谋。故招抚生番，以靖内患，筹办海防，以御外侮，清查田亩，以裕饷需。不惮劳怨，惨淡经营，一时并举，以为长治久安之计。尔百姓等渡海迁来，当知创业不易，须为子孙立百年之业。官民一德一心，共保岩疆，同享乐土。查台湾素称沃壤，近年开辟日多，旧粮转形亏短，皆由业户变迁无定，粮额向不催收，故遇逃亡，莫从究诘。或由田园籍册失毁，户无确名，疆界混淆，土豪得以隐匿霸占，奸民从中包揽控争。或借防番抽收隘租，或称完粮自收大租，强者有田无赋，弱者有赋无田。更有近溪田园，水冲沙压，小民无力报豁，田去粮存。种种弊端，国计民生，皆有阻碍。若不及早清查，贻害胡底。现今奏明清丈全台田亩，委派南北两府，设立总局，克日举办。尔等田园一经清丈，编立字号，某字某号之田，则为某处某人之业。粮户何名，册籍昭然。遇有买卖，立即过户催收，可免侵占冒争，永杜构讼之弊。其有水冲沙压之地，亦可随时禀报，顿释累积之负，是于国计民生两有裨益。自示之后，一律办理。

接着就把清丈土地的具体操作规定向民众颁布。当时各地的业户大多担心增加赋税，土豪劣绅散布了许多流言蜚语。刘铭传没有受这些影响，督率鼓励地方官员，日夜不停地工作。八月，又向民众公示丈量土地的具体方法：

台湾田园举办丈量，前经按照《淡水县志》载定弓尺制度，每戈一丈二尺五寸为准，分颁各属应用在案。现据宜兰、新竹两县先后禀称，该二邑丈量田亩，向以一丈三尺五寸为一戈，与现颁之戈互相比较，每戈多加一尺。绅民哓哓，置辩不休，请示遵办等语前来。查台湾自国初始入版图，核算田亩，有所谓每戈每甲等名目，皆系郑氏一时权宜。雍正九年，特奉廷旨，台湾田园化甲为亩，系以戈数核为弓数。其弓定制六尺，积二百四十弓为一亩，载在志乘，遵行已久。现在举办丈量，犹用戈、甲名目，不过因其旧俗，以计总数，为将来积算之端。至于量则升科，仍应遵照定章，以弓计亩。如以一丈二尺五寸之戈，就一甲之田化弓计亩，有十一亩三分有奇。如以一丈三尺五寸之戈，就一甲化弓计亩，有十三亩一分八厘有奇。是长一尺之戈，每甲即多一亩八分八厘之赋，并无便宜。该二邑以弓小一尺，借词争执，难保不误，尚执戈大赋轻、戈小赋重之成见。亟应剀切晓谕，以昭定制，而释群疑。台湾田园化甲为亩，奉旨遵行定章，断不能仍复论戈纳赋。现在所用旧弓尚是五尺，迨清丈之后，仍应以戈伸尺，按六尺为一弓，积二百四十弓为一亩，计亩升科。尔人民将来供赋，不定于戈尺之短长，而定于弓数之多寡，其戈长者既不能有所取巧，戈短者亦决不至多完。尔绅民务当晓然朝廷治赋经邦，一秉大公，毫无偏拗。其各懔遵。

十月，各厅县陆续上报完成了土地的丈量。于是开始确定各个地块征收田赋的标准，仿效江南地区的“一条鞭法”，把从前的人头税和规定的损耗等项目合在一起，折算成银钱交纳，再加上“补水”“秤余”，来确定土地征收田赋的标准。共分四个等级。从前没有制定标准的，如新竹以北地区，就分为一等、二等、三等，彰化以南的地区，就分为平等、次等、下等。清丈单据分为天、地、人三种，鱼塘征收田赋的标准相当于“天”字号的田，所以拥有鱼塘的业户比较受益。台南的田，有早季养鱼而晚季种水稻的，获取的收益就更为丰厚，而需要交纳的赋税就比较轻。之前许多人建议废除大租制度，这时根据减去四成留下六成的原则，归小租户交纳田赋，而原来的业户只得到原租的六成。十二月，颁布征收田赋的规定，详见附表。于是全台湾的田赋一共征收 674468 两银子，实际增加了 491102 两。光绪十四年正月，布告领取丈单，每甲收取费用 2 元。嘉义、彰化两县的民众因此发生动乱，彰化知县李嘉棠一向贪污，施九缎奋起反抗，聚集民众包围了县城，提督朱焕明前往镇压时被杀。刘铭传派军队平息了动乱，减免了领取丈单的费用。光绪十八年五月，撤除了清赋局，整个台湾的清赋工作全部结束。

官　庄

当初，施琅攻取台湾之后，因为台湾土地肥沃，地广人稀，奏请设立官庄，让官员招募民众前来开垦，用其中的收入，补贴自家的费用。康熙四十九年（1710），台湾兵备道陈璸认为这种做法有弊端，奏请将其废止，把官庄的收入归官府。雍正元年（1723），漳浦人蓝鼎元上书巡台御史吴达礼说：

台湾旧有官庄，为文武养廉之具，今归入公家，各官救口不赡矣。夫忠信重禄，所以劝士，况官人于遐荒绝域，欲用其身心，而冻馁其妻子，使之枵腹从公，非情之平也。官庄犹古公田，更不病民，旧庄虽没，新地可再垦也。查台北有竹堑埔，沃衍百余里，可辟良田千顷，又当孔道要冲，襄以弃置荆榛，故野番敢于出没。唯地大需人，非民力所能开垦。莫若令全台文武各官，分地辟之，各捐资本，自备牛种田器，结庐招佃，永为本衙门恒产。不独一时之利，万世之利也。夫台地素腴，随垦随收，一年所获，足敷其本，二三年后，食用不竭。以天地自然之利，为臣子养廉之资，而又可以祛番害，益国赋，足民食，是一举而数善备也。

吴达礼将蓝鼎元的建议向朝廷奏报，得到准许。于是总兵蓝廷珍先开垦了猫雾捒的荒野，名为蓝兴庄，也就是今天台中府城的地方。这里的田地非常肥沃，有泉水可以灌溉，每甲田一年可以收获稻谷上百石。雍正八年（1730），总兵王郡奏请用台湾奖励抚恤士兵的钱，购置产业，收取利息。按照惯例收取租金，由总兵管理，委派官员进行征收。此后，台湾官庄共有125所，每年征收糖谷、牛磨、鱼塭等各种收入银子30739两9钱6分6厘，并且逐年增多。但也有一些奸佞狡猾的人，攀附武官，借官庄的名义，侵占“番地”，以牟取私利，“土番”十分怨恨，但又无可奈何。乾隆九年（1744），皇帝诏令说：

外省镇将等员，不许任所置立产业，例有明禁。内地且然，况海外番黎之地。武员置立庄田，垦种取利，纵无占夺民产之事，而家丁佃户倚势凌人，生事滋扰，断所不免。朕闻台湾地方，从前地广人稀，土泉丰足，彼处镇将大员无不创立庄产，召佃开垦，以为己业。且有客民侵占番地，彼此争竞，投谳武员，因而据为己有。亦有授受前官已成之产，相习以为固然，其中来历不明，是以民番互控之案，络绎不休。若非彻底查清，严行禁绝，终非宁缉番民之道。着该督抚派高山前往，会同巡台御史等，一一清厘。凡历任武职大员创立庄产，查明并无侵占番地，及与民番并无争控之案者，毋论本人子孙，或转售他人，均令照旧营业外，若有侵占民番地界之处，应秉公清查。民产归民，番地归番，不许仍前蒙混，以启事端。此后创立产业、开垦草地，永行禁止。倘有托名者，即将本官交部，严加议处，地亩入官。如该管官吏通同容隐，并行议处。

乾隆十七年，又在“番界”边上建立石碑，以禁止侵占开垦。但越界开垦的人仍然很多，最远的深入到了内山。乾隆五十五年，发布通告进行清查丈量，凡是侵垦的“番地”都没收上交官府。而由于时势潮流，防不胜防，这些法令也最终没有执行。

隆　恩

乾隆五十一年（1786），林爽文事件，钦差大臣福康安统率军队到台湾。事件平定之后，还剩下军饷50多万两银子，用这些钱，福康安奏请设立隆恩官庄，招募佃农耕种，或者购买大租权每年收取利息，作为赈济抚恤班兵的专款。台湾的士兵全部都是从福建调来，离家远赴台湾戍守，待遇比较优厚，但其中大部分被武官侵占吞没，没有达到让他们待遇更好一些的设想。这些隆恩官庄的田地大部分在彰化和淡水，收租的标准和官庄相同，每年征收田赋3700多石。光绪十八年（1892），布政使唐景崧通令全省各府县说：

台、澎各营原置隆恩官庄田园、糖部所收租息，除完纳正供外，余款由营造册送司，按年在请领台饷内扣存司库，入拨充饷。乃因递年租息参差不等，奉部行令，按照乾隆五十四、（五十）五两年租息，统算折半，匀计作为定额。盈则尽数造报，绌则令承办营员赔补。例定甲年征收，乙年造报，闽省历办在案。嗣因各营原置田园案券，间多被匪遗失，历年既久，官弁递更，逐年只向原佃收租，不复问及田园处所。间有被水冲塌者，亦久不报豁，佃户难免赔累，弊窦丛生。以致东移西扯，竟将所垦民业，希图免粮，混为官庄者有之；逐年滞欠短额，积压数年，始行造报者有之。是此项官庄从前业已混含不清，迨至全台一律清丈之时，南北情形又各不同。台南则就田查问，是以此次田园历历可考。台北则不问何项田园，统行清丈，在当时则借删除各项名目为辞，殊不知此项田园，系发帑买置，定由官收，与民田之缴纳番租、隘租、屯租，情形迥异。嗣因清丈完竣，民业钱粮议由小租户完纳，大租减收四分，贴给小租完粮。而台北官庄田园亦由佃户承粮，由台北府雷守议照大租章程，营中减收四成，司中只照六成，扣收租息，奉前抚宪批准，行司照办。当时办理，原为一时权宜之举，不能遽以咨部。何也？盖以各处扣饷之庄租，系除完纳正供之款，净收租息，清丈以后，供赋多至数倍。供多则租亦多，何以转少四成？是以难于咨部。台南各县田园历历可考，系清丈时查询，佃户自称，各县照所指之田园，年应征收钱粮秤水赴营催完。营中则较之前所纳供赋盈溢数倍，租息因之而短，各营所以纷纷借口。然台南官庄田园盈溢，可想而知。倘营中原置田园案券尚存，何难一一清理，租息尚可加增。只以各营案券毁失，兼以当时原置田园甲数，并无造册分送督、抚、司存案，以致上年赴闽查考，无从检出。现各营以新定钱粮，较之旧时供赋，溢出数倍，台北议以减四收六章程，而台南则不能完纳。迨至奏销迫届，由县详司，就饷核扣，而各营钱粮既多，租额因而减少，纷纷又以案照台北减四收六核扣租息为请。查此项隆恩田园，系属发帑购置，递年征收租息，完纳钱粮之外，扣存司库充饷，各数目均咨部有案。台北议以减四收六，实因田园混入民业，丈量未经指出，暂时权宜办理，然亦不能遽以咨部。现民业均已升科，而官庄历年瓜葛不清，若统照减四收六办理，递年司库短扣五千余两，从何弥补？亟须通筹全局，彻底清厘，俾得一劳永逸。拟将台南安、凤、嘉、彰四县官庄田园，清丈既已指出，应饬各县委员会营，按明图册所载前赴，就田问佃，向佃议租，重新整顿。台北淡、新、宜各县，虽无田园之可考，总有佃户之可凭。向佃追田，罢四六之议，逐一清理。或田甲不敷，租额短缺，究竟是何原委，抑系昔年被水冲塌，据实造册送司，分别核办。

于是各县联合各营军队进行了清理，但最终还是不能彻底追查清楚，每年所收的隆恩官庄地租只有十分之七八而已。

抄　封

抄封租也是官府征收的地租。抄封租有两种：一种称为“叛产”。当年林爽文事件，凡是他的党羽，田地都被没收，还有被牵连的，所没收田产每年的地租有几万石，大部分在嘉义和彰化两个县。此后每有动乱，都照例实行，作为官府每年的财政收入。叛乱者的其他产业，也包租给民众，收取租金，每年收租约银子54000两，称为“生息”。从前府、道金库的公款经常存有几百万两或几十万两，就拿来借贷给有钱人，收取一些利息，但利息比较低。遇到官府需要急用，就要收回贷款，但借贷者匆忙之间往往难以缴回。有的借贷者家道中落没有能力还款，就没收他的田地，进行抵偿。再把田地卖给其他人，补回贷款。叛乱者的产业按年进行出租，所收的租金，也是官府财政收入的一部分。具体的情况记载在本书的《度支志》。

抄封租的使用中，有的用来支付军饷，有的用来作为地方的经费，也有的用来购买军需物资。抄封租的产业分散在各县，统一由台湾府选派的佃户的首领来进行征收，但大多被富裕的乡绅所包办。这类田园各分三等：上等田每甲收租谷32石，中等田26石，下等田20石；上等园的租谷等同于中等田，中等园等同于下等田，下等园收租谷18石。道光年间（1821—1850），每年收取租金56000多两银子，但也像官庄一样实际只能收到十分之七八，每年还可以征收“秤余”4000多元，作为规定拨付给台湾士兵加饷中应该征收却没有收上来的那部分赋税的补充。同治六年（1867），代理台湾知府的叶宗元请求将“秤余”全部归公，得到批准。到了清赋的时候，也按照官庄办理。

番　租

台湾的土地原来都是“土番”使用。我汉民族到这里进行开拓，繁衍生息，到现在都发展得很好。但这样的成功，不是一朝一夕得来的。经过长期的辛勤劳动，甚至出生入死，然后才得到这样一块地方，怎么能够不珍惜呢？当初，我们汉民族进入“番地”开垦，最远到了内山，清政府下令设立“番界”，禁止出入，违反的人将被治罪，并且没收开垦的田地。但利益的驱使，仍然使民众趋之若鹜，禁止的人虽然在禁，而开垦的人仍然还在开垦。最终是法令无法推行，由此产生的诉讼事件层出不穷，这当然不是好的办法。雍正三年（1725），户部批复，准许台湾各“番社”的鹿场和荒地，可以开垦成耕地的场所，命令地方官发布通告，任凭各“番社”租给汉民耕种。雍正五年，巡台御史尹秦根据淡水同知王汧的报请，大社保留500甲土地，中社保留400甲，小社保留300甲，称为“社田”，作为各“番社”耕种和放牧打猎的地方，其他的地方全部召民开垦，并限定三年后开始征收田赋，奏请颁布实施。于是前往开垦的人先和“番社”签订契约，每年向他们缴纳地租，称为“番大租”。这种契约就称为“招垦字”，或者称为“永耕字”，上面写清楚地块的界址地租的数额，保存作为依据，有的还向官府报备。违背契约没有及时交租的，官府会帮助催收，以此保护“土番”的利益。番大租有两种：公有的称为公口粮租，由“番社”的首领收取，按照“番社”的规定，作为公共的经费；私有的称为私口粮租，由“番”民自行收取。但收租的标准并不一致，开垦的时候，双方先订立契约。如果是活租，就根据所收获的谷物数量来收取，有收十分之一的，有收十分之二的，有收十分之一五的。而死租就根据土地的肥沃情况来确定，大概也是总产量的十分之一，详细的情况见下列的附表。活租收取的比例虽然比较多，但一遇到收成不好的年份，就必须减租。如果是死租，就不管是丰收还是歉收，都不能增减。台湾一般民众土地的地租也都是这样。从这以后，开垦的土地日益增加，但欠租的人也很多，“土番”无力讨取。道光初年，淡水“土番”就由汉人来承包，代替他们催收“番大租”，而给与一定的费用。光绪十三年（1887）清赋之后，按照有关大租的规定，“番大租”也减去了四成而保留六成，并废除了承揽代收的做法，“番田”也就变成了民田。水沙连[①] 6 社的“化番”，拥有广阔的土地，“土番”无法耕种，就招募汉人开垦。田地垦成之后，交纳收获量的百分之五作为地租，称为“亢五租”，或者称为“空五租”。

道光十五年（1835），埔里和眉溪 2 社的正通事巫春荣与“社番”约定开垦 85 甲的草地，按甲收租，田每甲收取租谷 2 石，园每甲收取租谷 1 石，分早、晚两季交纳。后来的开垦者都按照这个规定交租，开垦者的积极性十分高涨，这里变成了他们的乐土，很快形成聚落，以至于设立埔里社厅来进行治理，但佃户大多都拖欠地租。光绪六年（1880），开始设立总理来进行包揽收取地租，再分发给归化的“土番”。光绪十一年，又命令义塾的教师和“土番”一起去收租，每年分给“番社”1000 石，其余的归官府，作为“土番”子弟的教育费用。光绪十三年，改为政府的官租。十月，台湾颁布有关官租的规定。埔里社厅通判吴本杰根据绅士的意见向布政使禀告，认为埔里社的田园已经缴纳了亢五租，如果再全额缴纳田赋，未免负担过于繁重，布政使同意了这种说法。于是在埔里社厅不设上等田，中等田征银 1 两 3 钱 6 分，下等田 1 两 9 分，园征收田赋的标准比田低一些，大约减轻三分之一。而亢五租改为每甲收取 1 石 8 斗，每年收租 2400 石，把 1000 石给“番社”，1000 石归官府，400 石作为收租的费用，因此亢五租也就变成了官租。之前，噶玛兰设厅的时候，台湾西部的土地已经被民众开垦完毕，而东部还没有开垦。从浊水大溪以南到苏澳，一共有 16 个社。大片肥沃的平原，还处于荒芜的状态，杨廷理派遣漳、泉、粤三籍的首领进行经理，分别分给他们开垦，共有 2583 甲。“土番”向来比较闲散，归化之后，更不和汉民相争，肥沃的土地都被汉人所占有。通判翟淦和杨廷理商议，禀请闽浙总督汪志伊，把各“番社”附近留存的土地给予“土番”，大社 2 里，小社 1 里，称为加留余埔，但“土番”无法开垦，官府为他们召募佃户开垦，以漳、泉、粤三籍的首领为佃户首领，负责收租，以社为单位按人口来分发，称为加留余埔租。每甲规定收租谷 4 石，经过丈量，共有土地 1255 甲 2 分。漳州籍佃户首领 2 人，分配田地 762 甲零，交租 3050 石 9 斗 3 升 9 合，负责 12 个社的加留余埔租的分发。泉州籍佃户首领 1 人，分配田地 383 甲零，交租 1533 石 9 斗 5 升 7 合，负责 3 个社的加留余埔租的分发。广东籍佃户首领 1 人，分配田地 135 甲零，交租 558 石 8 斗 3 升 1 合，负责 1 个社的加留余埔租的分发。从嘉庆十五年（1810）开始，到嘉庆二十三年，先后开垦完成，经过奏请，免去交纳田赋，汉民、

① 水沙连，在南投县日月潭一带。

“土番”都得到了好处。光绪十三年（1887）清赋之后，也按照减四留六的做法，变成了民田。

番大租之外，还有山租，也是汉民和“土番”经过签订契约而形成的。阿里山社是嘉义的“熟番”，归化的时间最久，土地广阔，出产的东西很多。汉人到这里开垦，上等田每甲交租3石，中等田交租2石，下等田交租1石，园比田降一个等级，每年根据稻谷的时价折算成银钱交纳。其他的物产按照收获量的百分之五交租，称为山面杂租。乾隆三十五年（1770），北路理番同知负责管理，由官府给予凭证。到刘铭传清丈田地时，也按照大租的做法，把六成分给“土番”，官府得四成，作为云林县抚垦局的经费。台湾的溪流都发源于内山，修圳引水灌溉田地。先要和“土番”签订契约，交纳水租。这种水租的多少和形式并不一致，有的交银钱，有的交稻谷，有的给牛肉和酒，借着事由互相亲近，而取得各自的利益，因此，这种水租也是“番租”之一。

屯 租

乾隆五十三年（1788），钦差大臣福康安奏请设立“屯番”，以负责防御事务，具体内容记载在《军备志》。从那时开始就有了屯租，把“番界”里没有开垦的土地，加上没收来的田产，一共有8800多甲，把这些地都分给“屯丁”，让他们自耕自给。后来又把没收来的3300多甲土地，拨去作为班兵的军饷，剩下的田地不够“屯丁”耕种。乾隆五十五年，通告清丈土地，查出侵占开垦的田园有3734甲零，都没收归入官府。分等级定租，每年可收租谷41000多石，把这些也作为屯田。招募佃农耕种，官府收租，在二月和八月分给“屯丁”，称为屯租。乾隆五十六年，闽浙总督下令委派泉州知府来台湾，考查屯田，按甲确定收租的标准，具体的情况见附表。每1石租谷折算成银元1元，每年收41261元4角6分6厘4毫2丝。屯饷多余的部分，作为隘饷，如果还有剩余就作为建设水利工程的费用和赏赐抚恤“屯丁”的费用。请求开垦佃户的申请由理番同知批准给予执照，这种执照有的称为“易知”，就像契约一样。从这以后，屯田逐渐荒废，经常被土豪占据，或者被佃户首领隐瞒。屯租的数量日益减少，不够使用。嘉庆十五年（1810），闽浙总督方维甸巡视台湾，因为官府分给各屯还没有开垦的土地，大多被奸民、通事串通欺骗，诱导典当出卖、越界侵垦，命令北路理番同知、凤山县知县分别调查南北各屯。如果是原本分给的埔地和应交纳屯租的田园，允许民众自行承认，不追究罪责。又因为奏明需要清理的，是属于原本分给的埔地5069甲，拨作屯务公用经费的为621甲，应收屯租的田园3735甲。只要查明原来的甲数，并不增加租金。汉民和“土番”各自的土地，都和原来的一样。按照这样的要求，发布通告，整顿得到了较好的效果。不久，屯田的管理又处于荒废的状态。光绪十三年（1887），闽浙总督杨昌濬上奏说：

台湾当初设屯授地，征租支饷，订立规章，法良意美。顾今已百余年，积弊愈重，征收屯租，不充其额，支发屯饷，仅给其半。盖以原给屯田之数，迭遭兵燹，档案不存。加以分隶各县，悉任佃首，田园界址及其租额，不得而知，故今亦不能详查。而佃户遂图蒙混，以硗确之地，易肥饶之田，又或禀报水冲沙压，冀请豁赦。故欲祛其积弊，似应别行丈量，造明图册，以知屯田之地，庶于防务或有裨益。

当时，台湾巡抚刘铭传通告进行清丈，因为屯田既交屯租，又征收田赋，担心负担过重。于是减去屯租十分之四，改为官租，根据田地的等级确定田赋，发给丈单，和民田一样。但佃户大多仍然隐瞒少报，并且抵制不交官租和田赋。光绪十六年，全台湾从屯田所收官租的数量，只有三分之一。光绪十七年以后，甚至没有人再交。当时各县的业户因清丈的缘故，民众对官府大多怨恨诽谤，所以刘铭传不想过激，以增加民众的怨恨。于是筹集其他的资金，发一半的屯饷，而屯租几乎就废除了。

隘 租

隘丁的设立，是为了防御“土番”的攻击。官府设立的“隘”，由官府分配土地进行耕种，或者支付口粮，以赡养这些隘丁。而民间设立的隘，就由民众负责供给，向隘内受保护的田园收租，称为“隘租”。隘租的标准，各地不同，有的每甲收租1石，有的多到8石，主要根据位置的远近和危险程度来体现差别。都在设隘的前后，商议确定。隘租由业户承担三成、佃户承担七成，由“隘首”收取，再分给“隘丁”，官府不过问。后来隘的制度日益松弛，名存实亡，乡里奸诈的土豪冒充隘首，捞取私人的利益。同治十二年（1874），钦差大臣沈葆桢奏请“开山抚番”，隘丁就由士兵代替。到光绪十二年（1886），台湾巡抚刘铭传改设“隘勇”，征收防御的费用。第二年清赋，先命令各地查明隘田的数量，废除了隘田，发给丈单，和民田相同。

荷兰王田租率表

地　则	一甲租率	地　则	一甲租率
上　田	18 石	上　园	10 石 2 斗
中　田	15 石 6 斗	中　园	8 石 1 斗
下　田	10 石 2 斗	下　园	5 石 4 斗

郑氏官田租率表

地　则	一甲租率	地　则	一甲租率
上　田	18 石	上　园	10 石 2 斗
中　田	15 石 6 斗	中　园	8 石 1 斗
下　田	10 石 2 斗	下　园	5 石 4 斗

郑氏文武官田租率表

地　则	一甲租率	地　则	一甲租率
上　田	3 石 6 斗	上　园	2 石 4 斗
中　田	3 石 1 斗 2 升	中　园	1 石 6 斗 2 升
下　田	2 石 4 斗	下　园	1 石 8 升

郑氏文武官田税率表

地　则	一甲税率	地　则	一甲税率
上　田	14 石	上　园	7 石 9 斗 6 升
中　田	12 石 4 斗 8 升	中　园	6 石 4 斗 8 升
下　田	8 石 1 斗 6 升	下　园	4 石 3 斗

郑氏田园征赋表（永历三十七年〈1683〉）

州　份	田额	园额	合计（厘）	赋额（合）
天　兴	485 607	854 955	1 340 562	63 109 864
万　年	267 849	236 971	504 860	29 018 122
计	753 456	1 091 926	1 845 382	92 127 987

清代民田租率表一（从康熙二十三年〈1684〉颁定至雍正六年〈1728〉）

地　则	一甲租率	地　则	一甲租率
上　田	8 石 8 斗	上　园	5 石
中　田	7 石 4 斗	中　园	4 石
下　田	5 石 5 斗	下　园	2 石 4 斗

清代民田租率表二（雍正七年〈1729〉依照福建同安的征收标准）

上　田	每亩按照民米的规定，征收银子 8 分 5 厘 3 毫 4 丝，另外征收秋米 6 合 9 秒 5 撮，按 2 石稻谷折成 1 石米计算。
中　田	每亩按照盐米的规定，征收银子 6 分 5 厘 8 毫 8 丝 4 忽，另外征收秋米 8 合 8 秒 7 撮。
下　田	每亩按照官米的规定，征收银子 5 分 7 厘 5 毫 5 丝，不征收秋米。
上　园	按照中田的规定。
中　园	按照下田的规定。
下　园	按照盐米不征收盐折的规定，征银 5 分 6 厘 1 毫 8 丝，不征收秋米。

清代民田租率表三（从雍正七年〈1729〉颁定至光绪十二年〈1886〉）

地　则	一甲租率	地　则	一甲租率
上　田	2 石 7 斗 4 升	上　园	2 石 8 升
中　田	2 石 8 升	中　园	1 石 7 斗 5 升
下　田	1 石 7 斗 5 升	下　园	1 石 7 斗 1 升 6 合

清代民田租率表四（从光绪十三年〈1887〉颁定）

地　则	一亩正耗	加一补水	一五秤余	计征银数（微）
上　田	2 244 080	224 408	336 612	2 805 100
中　田	1 835 280	183 528	275 292	2 294 100
下　田	1 513 120	151 312	226 968	1 891 400
下下田	1 210 496	121 049	181 575	1 513 120
上　园	1 835 280	183 528	275 292	2 294 100
中　园	1 513 120	151 312	226 968	1 891 400
下　园	1 210 496	121 049	181 575	1 513 120
下下园	968 396	96 839	145 205	1 210 440

清代民田租率表五（从光绪十三年〈1887〉颁定）

地　则	每甲折成银子的租率	地　则	每甲折成银子的租率
上　田	2 两 6 钱 6 毫 7 丝 5 忽	上　园	2 两 8 分 5 毫 4 丝
中　田	2 两 8 分 5 毫 4 丝	中　园	1 两 6 钱 6 分 4 厘 4 毫 3 丝 2 忽
		下　园	1 两 3 钱 3 分 1 厘 5 毫 4 丝 6 忽
下　田	1 两 6 钱 6 分 4 厘 4 毫 3 丝 2 忽	下下园	1 两 6 分 5 厘 2 毫 3 丝 6 忽
下下田	1 两 3 钱 3 分 1 厘 5 毫 4 丝 6 忽	天字园	4 钱 4 分
天字田	6 钱 6 分	地字园	3 钱 3 分
地字田	4 钱 4 分	人字园	2 钱 2 分
人字田	3 钱 3 分	鱼　塭	6 钱 6 分

备注：天、地、人为不列入上、中、下等级的。新竹以北称为一等、二等、三等，彰化以南称为平等、次等、下等，而鱼塘按照天字田的租率，较轻。

清代屯田租率表三（乾隆五十六年〈1791〉颁定）

地　则	一甲租率	地　则	一甲租率
一则田	22 石	一则园	10 石
二则田	18 石	二则园	6 石
三则田	14 石	三则园	5 石
四则田	12 石	四则园	4 石
五则田	10 石	五则园	3 石
六则田	6 石	六则园	2 石

清代番大租租率表

地　则	一甲租率	地　则	一甲租率
上　田	8 石	上　园	6 石
中　田	6 石	中　园	4 石
下　田	4 石	下　园	2 石

阿里山番租租率表

地　则	一甲租率	地　则	一甲租率
上　田	3 石	上　园	2 石
中　田	2 石	中　园	1 石
下　田	1 石	下　园	5 斗

清代田园甲数表（康熙二十三年〈1684〉）

县份 / 地则	台　湾	凤　山	诸　罗	合计（厘）
上　田	85 721	180 438	1 720	267 879
中　田	78 759	18 722	92 717	190 198
下　田	224 083	68 688	2 605	295 376
上　园	20 535	73 851	162 152	256 538
中　园	136 782	22 921	175 024	334 727
下　园	310 299	140 198	50 162	500 659

清代田园征赋表（康熙二十三年〈1684〉）

县　份	田　额	园　额	合计（厘）	赋额（合）
台　湾	388 564	467 617	856 181	39 641 557
凤　山	267 849	236 971	504 820	29 018 122
诸　罗	97 043	387 338	484 381	23 468 307
计	753 456	1 091 926	1 845 382	92 127 987

卷九

度支志

卷九

度支[1]志

连横评论说，台湾是一个自然条件优越、物产丰富的地方。官府经营得当，能在东南沿海地区中获得最大的收益。荷兰人占领台湾，想借以掌控通商的霸权。因为当时台湾还没有得到很好的开发，移民不多，每年的财政收入不过 10 多万荷兰盾，所以还要依靠东印度公司的财政补贴。郑成功收复台湾，许多民众一起跟来，养精蓄锐，等待恢复中原的时机，各项事业迅速发展。供养军队的数量，多到 72 个镇，就算 1 个镇为 1000 人，所需军械粮草的数量十分巨大，郑成功于是颁布屯田的制度，军队自己种地，供养自己，减轻民众的负担。谘议参军陈永华又进一步整治，因地制宜地发展生产，对外扩大贸易，海外贸易所获得的利润，每年大约有几十万元，因此没有财政难以为继的忧虑。到了郑经西征，军需耗费巨大，运送军需粮饷，源源不断，而多年来的财政积蓄也渐渐耗光了。但仍然没有向民众横征暴敛，而是把郑氏家族自己的积蓄拿来使用。郑氏抱着光复明朝的志向，倾尽家财来解救国家的危难，确实没有自私自利的心。文武官员以及一些明朝的旧臣都开垦有“文武官田”，跟随郑成功来到台湾的明朝宗室的供养的费用，也有地方供给。台湾的土地刚刚开辟，征收的田赋很轻，老百姓都安心做事，先公后私。明郑对台湾的治理，还有西周遗留下来的做法。可是上天不保佑明朝，郑氏三代就灭亡了，这也是无可奈何的事。

清朝取得台湾后，只设了 1 府 3 县。田赋和杂税多沿袭原来的规定，每年收入不过 88148 两银子，每年支出也只有 5674 两。戍守台湾的军队都从福建调来，从总兵到把总，加上战兵和守兵总共 7460 人，每年的俸禄饷银 4851 两，还有福建各营有抽调台湾班兵的兵米 89785 石，折银 26936 两，合计 37461 两，台湾每年的财政收支还有剩余。那时候米价很便宜，银价昂贵，差不多是现在的 10 倍。台湾 1 府 3 县的规模，经费竟然这么少。正式的收入之外，还有各种私底下的收入，可以

[1] 度支，原意为量入为出，这里指财政收支。

供调剂。有些贪官把手伸向老百姓，以饱私囊，而省里一些善于钻营谄媚谋的官吏也把台湾当成藏金的宝库。雍正以后，台湾开垦的土地逐渐扩大，增设了厅、县，物价也逐渐高涨，官吏的俸禄不够养家，因此有人提议重新设立官庄[①]，并颁布食盐专卖制度，归台湾府办理。到乾隆八年（1743），增加文武官员的养廉银，财政支出突然增多。

乾隆五十一年，林爽文事件，战事超过1年，耗费钱财巨大。战事平定后，还剩下军费50多万两。大将军福康安奏请设立隆恩官庄，购置田园，征收租息，作为班兵奖赏抚恤的资金。还有被官府没收的“叛产”[②]几万石，好像可以弥补一些财政缺口。但是官庄多数被一些武官侵占，因此台湾财政还是不充裕。嘉庆年间（1796—1820），蔡牵作乱海上，商船大多受到损害，贸易断绝，官府和民间都深受其扰。台湾的物产，以稻米和蔗糖最为重要，一旦米糖无法出口，商务就停滞了，农业衰退，农民们因此就贫困。当地的官员也得不到好处，官员和民众彼此都很困难。后来英国军舰又对台湾进行侵扰，多年动荡，海防经费耗费几十万两，台湾道、府两库的存银也逐渐用光了。但台湾每逢有大的事件需要出钱出力，就会有富绅出来捐助，他们为政府着想，热心全体人民的利益，因此官府也不至于窘迫。

道光三十年（1850），兵备道徐宗幹鉴于台湾财政困难，必须谋图补救，就写了《请筹议备贮书》呈送给闽浙总督、福建巡抚，其中说：

> 自古官有余俸，而后可以讲吏治，即无余而非不足，尚可责备也。民有恒产，而后可以讲风俗，即无产而得以谋生，尚可措理也。惟日不足，而万无不足之时，其台湾之官乎。不能谋生，而万无生之理，其台湾之民乎。其不足也，皆自至足来也，其谋生之难也，皆自谋生之易致之也。府有叛租，有盐课，厅有口费，县有正供、有杂税，皆有羡余也，皆有津贴也。仓有余粟，库有余帑，民有余钱，商有余货。昔之官于此者，皆公私绰绰然，加以存项充牣，无虑支绌。故至今无不以为台地之胜于内地，信而有征。履其地而后知十年前之不如二十年前也，五年前之不如十年前也，一二年内之不如五六年前也。其故安在？两言以蔽之，曰：银日少，谷日多。银何以日少？洋烟愈甚也；谷何以日多？洋米愈贱也。他郡县犹或可以补救，台地居海中，既无去路，又无来路。他郡县不过曰谷贱伤农，与其谷贵而有损于贫民，不如谷贱而有损于富民。台民则

① 官庄，指官府管辖的田庄。

② “叛产”，林爽文起事时，凡是支持林爽文的家族田产，都作为叛党产业被官府没收。

无业者十之七，皆仰食于富民，富民贫，贫民益贫，而官亦因之而贫。府中叛产每年额征洋八万余元，皆粜谷完纳，今易谷十石才五六元，而额完且多在十元以上，民间正供少亦在二十元以内，设法垫纳，以昔之有余，补今日之不足，亦未为苦也。乃逾一年而贱，逾二三年而更贱，向来承办之殷户，今皆纷纷禀退，恳求查抄，以延余喘。此难之在民者，于昔日至足，而今日至不足也。府库积欠历年，统计叛租垫二十余万，盐课欠十余万，营中官租欠六万零，司中按年照额划扣，库中按年挪款垫支。此外生息之款，及应由厅县归补而未解者，尚有二十余万。正供与叛租情形相同，办公日形竭蹶。是以司库已扣，而府库未收者，愈积愈多。无怪同任初接交代存库数十万，至今日而一空。此难之在官者，昔日至足，而今日至不足也。叛租既不足，尚有盐项，此向来府中之出息也，乃盐户又不能支持。问其故，则以私盐之日多也。私盐之所以日多，则以谷价日贱，富民不能养贫民，贫民无所佣趁，无所挑负，而私贩糊口也。禁之过严，缉之过猛，将趋而为盗矣。往年商船流通，地方繁富，鲜有饥寒者，故穷民无不以台为退步。今则不然，懦者为道馑饿死，强者犯法以苟免。昔无恒业，而寄居求食，便于自赡。今无生路，而惰游已惯，不耐劳苦。此谋生之难，皆自谋生之易致之也。夫生财之道，不外开其源，节其流。台地无源可开，但通其流，而源自裕。米谷不通，日积日多。望丰年乎？贱更甚矣；抑待歉年乎？贱如故也。盖由内地食洋米而不食台米也。不食台米，则台米无去处，而无内渡之米船。无内渡之米船，即无外来之货船。往年春夏外来洋元数十万，今则来者寥寥，已数月无厦口商船矣。各厅县虽有海口，几成虚设。然无来亦无去，犹可也，而烟土之禁，不弛而弛，即以每人每日约计之，须银二钱。就台地贵贱贫富良莠男女约略吃烟者，不下数十万人，以五十万计之，每日即耗银十万两矣。此有去之日，无来之日，业数十余年矣，安得而不穷且盗乎？谷多而银不缺，银少而谷易销，尚可苟延。二者夹攻，其何以堪？且谷已贱或有可贵之日，银已贵万无再贱之时。则以洋夷之殖本愈厚，而牟利愈巧也。台商之货，糖为主，今闻夷亦贩糖矣。台商困，则台民敝，台民敝，则台吏穷。夫事有便于官，而不便于民，或便于民，而不便于官。而今则官民皆沦胥以败，奚暇讲吏治哉？奚暇讲风俗哉？

现存备贮道库十万两，府库截至夏季止，仅存三万余两，秋饷尚敷，冬季已须别为筹垫。然非有叛租盐课等项之羡余，无可垫也。各处内地划饷，而由府转划者，兵丁不能嗷嗷以待，又须别为设措，然亦非叛租、盐课等项之羡余所可措也。此两项同任未征完及外欠者，将五十余万，近年征而未完欠而未缴者，又将十余万。承办者求退求查抄之不暇，比追岂能如数。则欲垫而无可垫，欲措而无可措。所恃者道库之十余万两，例不准无事擅动。然府中既无所筹应，海外兵饷攸关，不得不移借应之。及来年大饷到台，提还后，所存又无几。今年冬饷不敷，来年秋饷不敷，后年春夏饷亦不敷矣。地方殷富之时，干戈尚且屡起，穷蹙至此，尤可寒心。万一偶有蠢动，道库所存无多也，府库悬罄也，绅商大半皆破落户也，智如诸葛，勇如武穆，亦束手而无可如何。是非早为绸缪，大为更张，将有坐视其一溃而不可复振者。议者或请减兵额以节饷，曰：止见兵来扰民，未见兵去杀贼。减之似非防患之道，而实所以去患。兵不扰民，民必不乱。宋范镇所谓忧不在四夷，而在冗兵与穷民也。此一说也。或请筹公费以养吏，曰：于正供划出，如昔年耗羡归官，俾得办公有资。当此国用短绌之秋，尚为官吏计养赡，亦愚且诬矣。然台地县官无漕余也，无陋规也，地方绅商无通融借贷也，止有正供之羡，而正供之难征如此。加以兵谷半折等项，按年全数划扣而后收，总不能清款。并有仅完至六七分以上者，赔贴从何而来？全台摊款已十九万有奇，又从何弥补？即如幕丁之资费，僚友之应酬，眷口之食用，究出于何项乎？贤者亏挪耳，不肖者即不至簠簋不饬，惟望办军需耳，是惟恐不乱也。穷生贪，贪生酷，酷以济贪，终亦未有不乱者。即惟正之供，民间已有敲骨吸髓之苦。从前台地郭光侯洪协因抗粮激成巨狱，尚在殷实之时，今则祸变更易，人心散而盗贼起，所耗于国家者不可以数计。何如先为筹其饩廪，似费而所省实多。元崔彧曰，百官月俸不能副养赡之资，难责以廉勤之操。宜议者增俸钞民必受恩惠，其有以贪抵罪，又复何辞？此又一说。或请减粮赋以安民，曰额赋不能求减，每十石一车，减价收洋十元上下，其军饷不敷者，由内地另为筹拨，则民气大舒，而官无掣肘，始可责其尽心以治民。为此说者，亦知其不可而强为之词也。然其说似迂，而实为切要之计。明吴甘来曰，所虑兵闻贼而逃，民见贼而喜，恐非无饷之患，而无民之患。宜急轻赋税，收人心，其迹似损，而所益实大。此又一说也。

总之，台地之难，难于孤悬海外，非内地辅车相依可比。谚云，三年一小反，五年一大反，岂真气数使然也耶。天地所生以养人者，止有此数，财用有去无来，流民有来无去，欲不扰攘而不能。如咫尺之地，四面皆水，蒿莠丛生，其势不能相容。非斩刈之，则焚烧之，理势固然也。为今之计，先其急者。司库有应发还府库之项，筹拨若干，以为备贮，或以后扣划，少为变通，使常变皆有所恃而无恐，即一切支垫亦易于转运，而不至坐受其困。仍取责欠之有着者，设法追补，兼采众论之可行者，次第图维。台人有云，万不能断洋烟，不得已本地听其种烟，而银两或不至外出也。万不能绝洋米，不得已内地所附近各省均办采买，而米谷或可以流通也。皆言之易，而行之艰也。朱子所谓大势如人身重病，内自腹心，外达四肢，无一毛一发不受病者。台地先设法备贮府库，殆如奄奄待毙者，进之以参苓，姑延一息耳。近日么么海贼，洋面劫掠，不久即去。而雇备商艘，筹给舟师口粮，已觉搠挡之难。设有大憝如曩日朱、蔡者，其若之何？呜乎，败坏至此，非一朝一夕之故，其所由来者渐矣。大约元气之大伤，由于历年迭次竖旗分类，而又继以夷氛之扰，其一切逋欠之积重难返也。亦以近年官斯土者，衰病已久也。前官去者去、亡者亡，后人欲求近功速效而不能。悠悠忽忽，文恬武熙，苟安目前，得过且过。而病根日深，不发则已，发则不可问。知而不言，其咎益重。尝读雍正年间陕西潘总戎疏云，地方事宜有可设法措置者。以钱粮为重，而断不肯耗费于无用之地。若地方及营伍事宜，有必用钱粮始得谧安，常以地方为重，而断不敢博节省之名。是以不揣狂吠，激切上陈，无任干冒悚惶之至。

一为府库稍轻筹垫也。府中经征叛产，多在嘉、彰两县，自道光二十五年风灾案内，呈报水冲沙压者不可胜计，勘验清丈，分别是否堪以垦复，一时未及详办。佃户拖欠有因，而司库则已全划，营饷即须全支，佃首不能垫纳，府中不得筹款以应，以致日形支绌。可否将加饷六万四千两，除叛租征收五万四千两，尽数支除，并盐课项下拨给一万而外，再行加拨一万余两，减盐课应划之额，以补叛产短征之数。台地盐贩欠课，与内地盐商倒悬篷额无二，现在难于渎求者，以租产先其所亟，而亦知更张之未易也。

一为厅员稍轻赔累也。厅员承办配运，商船日见其少，每届奏销，即须由官雇运。鹿口向运本色，船载之加贴，盘量之所耗，友丁押运之修伙，皆在其次。风涛之险，一船失事，则数千元去矣。盘谷之费，一船上仓，又数百元去矣。台、淡二口向俱赍价赴买，而收谷者以谷非台产不肯盘收，于是私自议折，每十石自十八九元至二十二元为止。县交一三，余俱厅贴。淡口并有收本色而交折价者，其赔贴尤重。可否将雇运之事，议一定章，或交谷而酌加仓费，或折价而按照时值。此为非内地收谷厅县裁减规费，实由船少短配，逼于无可如何。尽归海外口员赔贴，似未足以示平允也。

一为各县属库稍轻筹垫也。县征正供，皆以为每石折收银二元二角，并不为少。而供谷最多之台湾县，已仅收二元，兰、淡则本收一元八角，经胥工伙食等项均出其中。即随征之耗羡，各项之案费，亦出其中。其买米给兵，买谷配运，谷价既贱，非无羡余，而应买米谷，只十分之三，所余无几。雇运则须一三交价，眷谷、半折，则须一四划饷。而所收正供中之营租、学租、叛产等项，则每石仅折纳一元，又勋业官租、书院寺庙等租，均折纳一元二角不等。是名为有余，而实则不足。所划所运所给，俱应年清年款，方能抵兑。当此民力凋敝之时，彰化至多收七分，淡、兰、台、嘉至多收八分，惟凤山可收至九分，而各项支应不容稍短。是以地方一切公事，有不暇兼顾者。可否将眷谷、半折两项量为减价，援内地部定例价每石七钱八分之数，照额划扣。盖兵只领谷，近年米价大贱，按二谷一米，每石已得银一两五钱六分，银价大贵，每石已得钱三千二百余文，在内地足敷买给，似无用每石二两折钱四千二百余文之多也。

以上姑为目前补救之计。府厅县办公稍裕，始得尽心于地方公事。即如防冬缉匪，稽查海口，一切须有余资，乃能应手。而催科听断中，不失抚字之道，庶几海外苍生，阴受其福，或可望其日久相安，不至生事。若徒恃兵刑，是遏其流而非清其源。且有事以后，必至糜帑殃民，幸而安定，隐患终在。更可虑者，即使地方无事，万一兵丁饷项支给不及，尤难约束。昔人所谓兵数不抽，军饷不减。食既不足，众何以安？不安之中，何事不有也。今如期支放，近日虽稍形敛戢，而间有串通匪徒，攘夺之时，饷项再不能随时应付，尚可问耶？至道署精兵之经费，船工之赔垫，以各前任捐摊，每年须五六千两，此职道己事，不敢哓渎。惟各属情形，为全台休戚所关，既有所见，不敢不据实直陈，为保全地方起见。非谓见好属员，轻议纷更，喜事多言，上烦廑念也。此心无他，谅蒙涵鉴。

经总督和巡抚奏请获准，每年由福建省协济。于是台湾财政稍微宽裕，官府与民间相安无事。

台湾的钱币大多是从大陆各省运来。旧方志引用《海东札记》说，台湾多用宋代的古钱，像太平、元祐、天禧、至道各年号的都有，这些钱的质地又小又薄，1千文钱串在一起，长度都不到1尺。传说台湾刚开发的时候，从地里挖出古钱千百瓮，有人说是来自粤东的海船。我到北部去，家僮在笨港的海滩泥土中得到古钱几百枚，铜钱质地好，深绿色，有些像古玩。才知道从前通商贸易，可能就经过这里，毕竟中间隔了这么多年。原来笨港古名北港，是宋代的海船通商的口岸，当年颜思齐、郑芝龙进入台湾，也是经过了这里，所以《台湾府志》有台湾又名北港的说法。

可惜家僮所捡到的古钱没有记载年号，到底是汉代、唐代或者是近代的，都不清楚。

南明永历二十八年（1674）夏天，郑经命令兵都事李德去日本，铸造永历钱。而日本因为和郑氏有姻亲关系，每年把“宽永”钱送给郑氏。他们的后人把这些钱大多拿来熔化后铸造钟鼎一类的器具，所以现在存世的很少。当时，海船通商前往西、南洋的，络绎不绝，各种钱币随着商务贸易来到台湾。而吕宋的银元特别多，是由西班牙殖民当局所铸造的，银币面上有国王头像，就是台湾人所称的“佛银”，重6钱8分，市场上交易都以这个作为标准。

康熙二十二年（1683），清统一台湾，台湾开始使用清政府制造的银钱。交纳赋税的时候纹银是用“两”来衡量计算的。但银子在熔化时有损耗，有贴水[①]的费用。凡是缴纳银元的，每两按惯例多收4钱。然后熔成元宝（银锭），送到省里，存在布政司银库。台湾需要用的时候，经申请发放使用。熔铸成元宝很复杂，运送过程很缓慢，奸诈的官吏往往上下其手，中饱私囊。而银锭在民间流通不畅就不说了。当初，清廷下诏禁止使用前代的旧钱，诸罗知县季麒光上书给总督、巡抚说：“台湾民番杂处，家无百金之产，各社番人，不识银等，其所买卖，不过尺布、升盐、斗粟、斤肉，若将旧钱骤禁，势必野绝肩挑，市无收贩，茕茕小民，实所难堪。窃思功令不得不遵，而民情不容不恤。查漳、泉等处，尚有老钱金钱，未尽革除。况台湾两隔重洋，实非内地可比。古者一道同风，必俟三年。今台湾声教虽通，而耳目未尽改观，性情未尽孚感，又非如郑氏之时，兴贩各洋，以滋其利。若一旦禁革，不特分厘出入，轻重难平，且使从前之钱，竟归无用，民番益贫而困。敢请俯顺舆情，暂行通用。新铸之钱源源而来，则旧钱不禁而自绝矣。”不久，内阁学士徐乾学也上奏说：“闽处岭外，听民兼用旧钱为便。”获得朝廷批准，于是废除了不许使用前代旧钱的禁令。

康熙二十七年（1688），福建巡抚张仲举奏请在台湾本地铸钱。户部颁发铸钱的模具的标准，正面有“康熙通宝”字样，背面阴刻“台”字作为区别。当时，全国富庶，各省大多在矿山就近铸钱。只有台湾铸的钱比较小，每贯不到6斤，所以不能在内地流通。商人、旅客得到台湾钱，必须降价换成银子带回去。台湾钱铸得越多就越来越不值钱，银子1两值台湾钱3000—4000文。发军饷时，规定银占七成，台湾钱占三成，军民都不方便。在市场上交易，经常发生纠纷。台湾总兵殷化行多次请求停铸，当权的人不同意。到殷化行调任襄阳总兵，入朝觐见皇帝，极力说明

① 贴水，指银钱兑换的补差价。

台湾钱的弊病。下旨福建总督、巡抚商议具奏。康熙三十一年，才停止铸造。

乾隆四年（1739），省里因为台湾的钱和其他地方不同，从前通用小钱，每3文只值内地钱2文。而外国银元1两，以前兑换小钱1500文，近来只能兑换800多文，军民都感到很多困难，决定把收存的黄铜器具8万多斤，先在福建省城铸造1万贯铜钱，全部运往台湾，用来发放班兵每月的军饷。至于还在福建其他地方铸造台湾使用的钱，另外再商议。第二年，福建巡抚王士任奏请采购云南铜20万斤，按照铸造青钱（青铜钱，含铜5成，还有锌、铅、锡等金属）的惯例，又买了白铅、黑铅、点锡，合在一起40万斤。在省城开炉铸造，钱面阴刻满文"宝福"二字。先后总共铸造了48000多贯，及时运往台湾，在市场流通。而海船从天津、宁波运进台湾的钱，每年大概也有几十万贯，每银元兑换钱2000文。物价也稳定，米1斗200文钱，肉1斤40文钱。生活富足，没有战乱，福建、广东的百姓先后来到台湾，土地开垦到达南北部边远的地方，后来开发的势头才稍微缓慢下来。事物发展到顶点之后就会走下坡路，这是自然的。

咸丰三年（1853），林恭起事，围攻台湾府城，两岸文书断绝，布政司发放的饷银也没有运到，台湾府库存有银元宝几十万两，分量大，不容易在市场流通。于是采取临时办法，召集工匠铸造，铸了三种银元，分别称为寿星、花篮、剑秤，都以它们的图形命名，重6钱8分，银元正面有"文如其重"字样，还有"府库"二字，用来区别外国银元。这是台湾自己铸造的银元。又熔化旧炮铸造铜钱，钱面文字有"咸丰通宝"字样，有当千（值1000文）、当百（值100文）、当十（值10文）三种。用来作为军饷发放，使当时的财政得以维持。事件过后，这种银元和钱就很少使用了。咸丰八年，《天津条约》开放台湾为通商口岸。从此，西方人每年都来，台湾也设立海关，征收关税，百货厘金也先后开始征收，收入款项逐渐增多。但关税归福州将军监管，合并南台、厦门两口实报奏销，而厘金开始时只有几万元。当时，各国贸易都用自己的银元，香港的银元用得最多，1枚重7钱2分；另外用的比较多的是墨西哥银元，也是重7钱2分。流通遍及中国内地，反而比元宝更便利。

同治元年（1862），彰化戴潮春起事，台湾北部都乱了。兵备道洪毓琛驻守府城筹备防务，福建的协济款还没有运来，每天接到请兵领饷的要求不断。于是就向德记洋行借款15万两，约定以关税抵还。不足的部分，又印行钞票。台湾借外债从这时开始。同治十三年，牡丹社事件，福建船政大臣沈葆桢奉命到台湾统领军队。事件平息后，开山抚番。增设了行政建置和官吏，需要庞大的经费，奏请把台湾的关税、厘金等全部截留下来，作为防务经费。而且还担心不足，又要求把福建海关关税的4成，拨付20万两，每年凑足80万两，拨给台湾，作为防务的经营。得到皇帝的批准。因为台湾孤立在大海之中，是东南7省的屏障，列强虎视眈眈，都想插手，台湾不能像从前那样闭关自守。想要防止外国的侵略，必须增强自身的实力；想要增强自身的实力，必须筹备足够的财政支持。修筑炮台，训练防守的军队，当然是抵御外敌的工具，而发展农业，培养人才，移民开发边远的地区，大力开辟财政来源，更是富强的基础。沈葆桢急于处理事件的善后，也是急于台湾面貌的创新。之前，台湾征收杂税，分为水饷和陆饷两种，每年收入不过5000多两。而名目琐碎，隐喻牵连。上交官府10，收取民众就要100。奸诈的小吏和狡猾的土豪狼狈为奸，串通谋利。光绪三年（1877），巡抚丁日昌奏请免除杂税，得到台湾人民的称颂。

中法战争期间，兵备道刘璈在台南统领军队，他把全台湾分为五个区域，驻兵两万，每月需要军饷12—13万两银子，加上采买军械、购置轮船、修造工事、营房，一年需要银子200万两。当时，道库存银100万两，府库也有50多万两，全台湾田赋之外，关税、厘金、盐税、鸦片税每年收入大约86—87万两银子，要承担一年的军费，已经不足，而福建协济的款项又不能如数拨付。刘璈以防务紧急、筹集经费困难为由，禀请福建总督、巡抚，命令善后局预先筹集，按月指定拨付，或者奏请江西、湖北两省，每月从关税、盐课中拨付10万两，用来协济台湾的军饷，也是保卫海疆的办法。但没有获得同意。不久，法国军舰攻打台湾，封锁南北口岸，皇帝下诏：“基隆要地，不容法兵久据。台湾银米尚未缺乏，且多富户豪民，尤应切实激励。如绅民中有能纠义逐法者，朝廷破格施恩，不惜爵赏。刘铭传向有谋略，着即随机应变，迅速筹办。捐饷者从优给奖。总期兵民合一，以纾廑系。”防务大臣刘铭传就制定了捐款、借款两种办法，命令刘璈办理。刘璈以台湾军饷先以10个月计算，需要银子200万两。全台湾各县，彰化县最广大，富裕人家也比较多，应摊派40万两；淡水县、嘉义县略差一些，各摊派30万两；凤山县、台湾县、新竹县、宜兰县又差一点，各摊派20万两；澎湖厅土地贫瘠，恒春县刚刚新建，都免予摊派。台南、台北两府的郊商各摊派10万两，分为10个月均匀缴纳。凡是家产达到10000两的，按照5厘计算，应当捐款500两。由地方官先提供盖印的票据，等接到户部的章程，再由官府实收银两，从优奖励叙功。而借款按1分计算，家产10000两的应当借款1000两，也由官府发给盖印的单据，定1年归还。过期没有归还，每个月加息5厘。等收到拨款后，本息一道归还。家产不到10000两的，暂时免予捐款、借款。捐款、借款的单据为三联票，编列号数，由道台盖印，转发知府、知县加盖印章。一联发给捐借款的富户，一联存放县衙，一联报送府衙，汇总备查。

台湾各地连年丰收，米谷很多，现在港口被封，货物和银子流通困难，捐款和借款，应当准许八成缴银、二成缴米。缴米的办法，以上等白米为标准，糙米加收一成，按当地当时的市场价格折算为银两，各就防地附近的米店出具票据缴纳。官府发放军饷，搭配发放二成稻米，由军营自行向米店支取。这就是台湾筹借内债的办法。

刘璈用捐款和借款，打算发行钞票，就派殷实的绅士开办银号，印制三联票，自行编号，先盖银号的图章，然后送县衙加盖印章。左右票根，一联留在县衙存案，一联留存银号，以便核对，而中间一联票据在市场流通。银票分为 1 元和 5 元，钱票以 500 文为标准。各县缴交田赋、盐税、厘金，都准许用银票缴纳，民间也一律通行。如果某个捐、借款人，到期没有银两缴纳，准许以田产、房屋经过公证后的契据抵押，都按契据票面的价值借给 5 成，每月利息 6 厘，多到 1 分 2 厘。3 年赎回。凡是银号家产在 10 万银两以上，准许发行钞票 5 万两，资产越多可以发行的钞票也越多。如果家产不到 10 万两，以及不是由官府点名并公示过的，不可以开设银号。银号银票如果出现短缺，准许向道、府、县三级银库暂借接济。上次借款还清，才允许续借。借出和收回款项都是利息 5 厘。至于民间通行的银票，出入都按照各省的行业的规定，报请县衙发布告示遵守。这是台湾发行使用钞票的办法。之前，内阁学士陈宝琛奏请长久的办法，其中有建议举借民债一条。但被总理衙门经过讨论之后驳回，皇帝命令通告全国，因此不能实行。当时，淡水的林维源先捐款 20 万两，台湾各地的绅士富豪也慷慨地捐助，所以筹备防务过程中，军饷没有缺乏。

战事稍微平息，刘铭传担任福建巡抚，上奏陈述设防、练兵、清赋、“抚番”四件事。到决定台湾建省，光绪十二年四月，刘铭传又和闽浙总督杨昌浚上奏陈述台湾改设行省的事宜，他们说：

> 台湾为南洋七省藩篱，整顿海防，百废俱举，加以改设行省，经费浩繁，如澎湖一岛办防，需银八十万两，业经先后奏请，饬部指拨。此外办防、制械、设电、添官、分治、招垦、抚番，在在均关紧要。至建立省城衙署坛庙各项工程，虽不妨稍缓，然既已分省，亦不能不次第举办。台地防营除裁撤外，尚存三十五营，分布沿海二千余里，势难再减。臣等悉心筹画，拟由闽海关本年照旧协银二十万两。经臣铭传咨请署福州将军古尼音布，嗣后由厦关径拨解台。其闽省各库局，无论如何为难，每年按限协银二十四万两，陆续筹解。并请旨饬下粤海、江海、浙海、九江、江汉五关，每年协银三十六万两，共成八十万两，以五年为度。统计闽省及闽海关所协四十四万两，合之台地岁入百万两，专为防军月饷之需。其五关每岁各协七万余两，尚属轻而易举，而台事稍得藉

手，庶不致尽托空言。仍求朝廷宽以时日，容臣铭传分别缓急轻重，次第举办。现已奏明清理田赋，并随地随事，力求整饬，变私为公。如三五年后，能照部议，以台地自有之财，供台地之用，即当奏请停止协款。一切改设事宜，清单内有未核裁者，容臣等续行奏咨办理。

当时，全台湾每年财政收入只有110多万两，而地丁、税饷、供粟、余租、官庄、叛产、耗羡等项总共只有186666两零。台湾的田地是天下最好的，但田赋却如此之少，是因为清廷有“永不加赋”的谕旨，新开垦的田园大多没有征收田赋，而各地的官府产业又多被官吏中饱私囊，不能点滴归公。刘铭传深知其中的弊病，所以整顿财政，就从清赋开始，被隐匿的田产要揭发出来，新开垦的田地要根据标准征收田赋。于是征收田赋的数额增加到511969两零，连同征收的补水①、秤余②128246两，加上官庄田租33657两，一共征收674468两，比旧的数额增加了491502两，除了补水、秤余用来作为各种津贴，每年实际收入增加363349两，这样才有经费可以经营新政了。

当初，台湾建省时，奏请在布政使之下设布政使司库大使一名，兼管台湾征收地丁税饷等款项。吏部同意了。把台湾各地征收赋税和军队粮饷的发放，全部归布政使管理，根据福建省原来的规定，台湾的这些事情，只要自己核查清楚向省里备案，福建布政使不需要联名奏报台湾的情况。于是就在台北设立支应、善后两个局，由布政使管理。而海关事务，按照浙江省的例子，也归台湾巡抚就近监督。光绪十三年，奏准每三个月造表报告一次。到这时台湾财政收支基本平衡，而刘铭传才可以展布新局。修筑铁路，购置轮船，开辟商场，开通邮政，设立学堂，实行保甲，制造军械，筹备海防，鼓励农桑，振兴工艺，各种新政，先后举行。又因为外国钱币纷纷进入台湾，官府铸造的钱逐渐减少，乡间的百姓经常因为零钱的缘故，引发争吵，甚至引起械斗，杀人罢市，屡屡发生。地方官员虽然每年不时出告示禁止，但几个月后就松懈了。钱币制度的混乱，没有比这更严重的了。于是商议筹备自行铸造钱币，命令通商局办理。光绪十六年，向德国购买机器，在台北设立官银局，由候补知府监督办理。先铸造副币，银元正面画有龙纹，重7分2厘，每年铸造几十万元，台湾南北各地通用。

光绪十七年三月，邵友濂担任台湾巡抚，新政都停止了，台湾发展的趋势受到了挫折。当时，海关洋税每年收入50多万两，鸦片厘金20万两，百货厘金7万多两，

① 补水，指银钱兑换的贴补费。补水，指银钱兑换的贴补费。

② 秤余，指因装卸和运途中的损耗的附加额。

茶叶厘金13万多两，盐税12万多两，樟脑、硫磺余利4万多两，加上田赋、官庄租息36万多两，共计142万多两。而福建协饷44万两，到这时候停止，于是财政支出不足30多万两。如果尽力整顿，可以弥补差额。但邵友濂害怕多事，情愿保守，极大阻止了台湾的进步。这一年，邵友濂奏请在布政司银库的当地钱粮项目下，除了规定的支出外，每年拨付台湾防务经费20万两。如果还有盈余，每年上奏报销时，截留款项，把数额报给户部，作为专款封存留用，以备海防需要时使用。皇帝下诏认可。之前，刘铭传还在任时，户部商议由于台湾财政逐渐宽裕，命令每年向朝廷缴交5万两，奏准在百货厘金项目下拨付。从光绪十六年起，这笔款汇交海军衙门。后来接到北洋大臣李鸿章发来的咨文，因为奏请修建关东铁路，命令把这笔款解送天津。而户部咨文不准许开支补水，命令将应解送的款项，改在当地钱粮项目中按年拨付。已经拨付的，也从当地钱粮项目拨还。这是台湾协济中央的款项。

光绪二十年，甲午战争，台湾战备，招募士兵，购买军械，需要的军费数额很大。后来宣布成立“台湾民主国”，设立了筹防局，内地各省也有很多的协济。台北城被日本人占领之后，刘永福驻台南统领军队，在台南府城设立官票局，由郊商庄明德办理。暂时发行银票，有1元、5元、10元三种。银票长9寸2分，宽5寸2分，为三联式，一联存在府衙，一联存在官票局，一联流通使用。银票上列有号码和年、月、日，盖台湾总兵、台南知府和办理全台防务总局的印章，还有“台湾民主国”的印章。银票在市场上流通，大家都使用。后来又发行股份票，就是公债，称为安全公司。股份票的票样、所盖的印章，和银票相同，分为1元、5元、10元，等赶走日本人、台湾光复后，付息三倍。当时有许多派购，用来补充军饷。这是台湾发行的军事公债。不久，嘉义、凤山都沦陷了，刘永福连夜撤离。战事纷乱，档案都丢失了，台湾财政的许多事情因此没有办法详知，只能从旧纸堆中大致了解一些，整理如下表。

台湾县年度收入表（乾隆二十年，据《台湾府志》）

项目	款数	项目	款数
正供	15305两4钱（供谷51018石余，每石折算银3钱）	陆饷	2030两7钱9分9厘
		水饷	1314两2钱5厘
丁银[①]	681两5钱5分4厘	官庄	1486两1钱9分2厘
番饷[②]	73两	盐课	756两1钱4分3厘
合计	21647两2钱8分3厘		

① 丁银，又名徭里银，即16岁以上、60岁以下丁壮必须缴纳的人头税。

② 番饷，指清代对台湾平埔族等“土番”征收的人口税。

台湾县年度支出表（乾隆二十年，据《台湾府志》）

项　目	款　数	项　目	款　数
分巡道俸银	62 两 4 分 4 厘	廪生 10 名	28 两 9 钱 9 分 3 厘
分巡道衙役	68 两 2 钱	伙夫门房	53 两 5 钱 3 分 3 厘
铺兵 2 名	12 两 4 钱	典史俸薪	31 两 5 钱 2 分
知府俸银	62 两 4 分 4 厘	又衙役民壮	62 两
知府衙役	229 两 4 钱	新港巡检俸薪	31 两 5 钱 2 分
同知俸银	42 两 5 钱 5 分 6 厘	又衙役弓兵	51 两 2 钱 6 分
同知衙役	105 两 4 钱	两察院吏役	68 两 2 钱
府经历俸银	24 两 2 钱 2 厘	府县圣庙香灯费	5 两 4 分
经历衙役	31 两	祀典费	196 两 2 钱
府儒学教授训导	85 两	乡饮费	15 两 3 分
府廪生 20 名	57 两 8 钱 6 分 6 厘	拜贺费	6 钱
伙夫	13 两 3 钱 3 分 3 厘	祈祷费	3 两
本县知县俸薪	45 两	坛庙修理费	40 两
县衙役	303 两 8 钱	新中举人旗匾年额	1 两 3 钱 3 分 3 厘
铺司兵	108 两 3 钱 3 分 3 厘	会试举人盘费年额	30 两
新港铺司番	28 两 2 钱 7 分 2 厘	进士旗匾年额	2 两
县丞俸薪	40 两	府县岁贡生旗匾年额	3 两 7 钱 5 分
又衙役民壮	86 两 8 钱	存恤孤贫费	260 两 6 钱 2 分 6 厘
县儒学教谕训导	80 两	囚犯口粮	30 两
合　计	2374 两 8 钱 4 分 6 厘		

凤山县年度收入表（乾隆二十年，据《台湾府志》）

项　目	款　数	项　目	款　数
正　供	13153 两 5 钱（供谷 45845 石余，每石折算银 3 钱。）	陆　饷	573 两 8 钱
		水　饷	1046 两 5 钱 3 分 2 厘
丁　银	709 两 4 分 5 厘	官　庄	9332 两 9 钱 6 分 7 厘
番　饷	551 两 3 钱 8 分 2 厘	盐　课	1680 两
合　计	27047 两 2 钱 2 分 6 厘		

凤山县年度支出表（乾隆二十年，据《台湾府志》）

项　目	款　数	项　目	款　数
分巡道薪凑银	42 两 9 钱 5 分 6 厘	下淡水巡检俸薪	31 两 5 钱 2 分
分巡道衙役	161 两 2 钱	又衙役弓兵	45 两 2 钱 6 分

续表

项目	款数	项目	款数
知府薪凑银	42两9钱5分6厘	两察院吏役	68两2钱
知府衙役	24两8钱	圣庙香灯费	2两5钱2分
府经历民壮	49两6钱	祀典费	162两
府儒学伙夫	12两4钱	拜贺费	6钱
本县知县俸薪	50两	祈祷费	6两
县衙役	303两8钱	乡饮费	31两5钱2分
铺司兵	197两9钱4厘	坛庙修理费	1两3钱5分7厘
县丞俸银	40两	新中举人旗匾年额	1两3钱3分3厘
又衙役民壮	86两8钱	会试举人旅费年额	30两
典史俸薪	31两5钱2分	进士旗匾年额	2两
又衙役民壮	82两	岁贡生旗匾年额	1两2钱5分
县儒学教谕训导	80两	存恤孤贫费	278两5钱2厘
廪生十名	28两9钱3分3厘	囚犯口粮	20两
伙夫门房	50两5钱3分3厘		
合计	1920两7钱5分1厘		

诸罗县年度收入表（乾隆二十年，据《台湾府志》）

项目	款数	项目	款数
正供	14428两8钱(供谷48096石余，每石折算银3钱)	陆饷	1262两9钱
丁银	1029两8钱3分9厘	水饷	780两7厘
番饷	218两3钱2分	官庄	18888两2钱1厘
合计	36608两6钱7厘		

诸罗县年度支出表（乾隆二十年，据《台湾府志》）

项目	款数	项目	款数
同知薪凑银	37两4钱4分4厘	又衙役弓兵	45两2钱6分
同知衙役	74两4钱	县儒学教谕训导	80两
知府衙役	193两4钱	廪生10名	28两9钱3分3厘
府经历俸银	15两7钱9分8厘	伙夫门房	50两5钱3分3厘
府经历衙役	6两2钱	两察院吏役	68两2钱
府儒学门房	18两6钱	圣庙香灯费	2两5钱2分
澎湖通判民壮	124两	祀典费	166两
本县知县俸薪	45两	拜贺费	6钱
县衙役	303两8钱	祈祷费	1两2钱
铺司兵	296两8钱5分6厘	乡饮费	6两

续表

项　目	款　数	项　目	款　数
县丞俸银	40 两	坛庙修理费	11 两 3 钱 5 分 7 厘
又衙役民壮	86 两 8 钱	新中举人旗匾年额	1 两 3 钱 3 分 3 厘
典史俸薪	31 两 5 钱 2 分	会试举人旅费年额	30 两
又衙役民壮	62 两	进士旗匾年额	2 两
佳里兴巡检俸薪	31 两 5 钱 2 分	岁贡生旗匾年额	1 两 2 钱 5 分
又衙役弓兵	45 两 2 钱 6 分	存恤孤贫费	238 两 6 钱 1 分 5 厘
斗六门巡检俸薪	31 两 5 钱 2 分	囚犯口粮	20 两
合　计	2197 两 9 钱 1 分 6 厘		

彰化县年度收入表（乾隆二十年，据《台湾府志》）

项　目	款　数	项　目	款　数
正　供	8826 两 9 钱（供谷 29423 石余，每石折算银 3 钱）	陆　饷	448 两
丁　银	1134 两 4 钱 6 分 4 厘	水　饷	206 两 3 钱 4 分 3 厘
番　饷	467 两 9 钱 2 分	官　庄	473 两 3 钱 6 分 6 厘
合　计	11556 两 9 钱 9 分 3 厘		

彰化县年度支出表（乾隆二十年，据《台湾府志》）

项　目	款　数	项　目	款　数
本县知县俸薪	45 两	圣庙香灯费	2 两 5 钱 2 分
县衙役	303 两 8 钱	祀典费	166 两
铺司兵	127 两 2 钱 2 分 4 厘	拜贺费	6 钱
县儒学教谕训导	80 两	祈祷费	1 两 2 钱
廪生十名	28 两 9 钱 3 分 3 厘	乡饮费	6 两
伙夫门房	50 两 5 钱 3 分 3 厘	坛庙修理费	11 两 3 钱 5 分 7 厘
典史俸薪	31 两 5 钱 2 分	新中举人旗匾年额	1 两 3 钱 3 分 3 厘
又衙役民壮	52 两	会试举人盘费年额	30 两
鹿子港巡检俸薪	31 两 5 钱 2 分	进士旗匾年额	2 两
又衙役弓兵	45 两 2 钱 6 分	岁贡生旗匾年额	1 两 2 钱 5 分
猫雾捒巡检俸薪	31 两 5 钱 2 分	存恤孤贫费	190 两 6 钱 9 分 7 厘
又衙役弓兵	45 两 2 钱 6 分	囚犯口粮	20 两
两察院吏役	68 两 2 钱	协济淡水厅费	203 两 2 分
合　计	1577 两 8 钱 3 分 7 厘		

淡水厅年度收入表（乾隆二十年，据《台湾府志》）

项目	款数	项目	款数
正供	1082两1钱（供谷3607石余，每石折算银3钱）	陆饷	16两8钱
丁银	157两6钱7分3厘	水饷	11两7钱6分
番饷	266两4钱4分		
合计	1534两7钱7分3厘		

淡水厅年度支出表（乾隆二十年，据《台湾府志》）

项目	款数	项目	款数
同知俸薪	80两	又衙役民壮	70两6分
同知衙役	204两6钱	八里坌巡检俸薪	31两5钱2分
铺司兵	212两4分	又衙役民壮	70两6分
竹堑巡检俸薪	31两5钱2分		
合计	902两8钱8分		

澎湖厅年度收入表（乾隆二十年，据《台湾府志》）

项目	款数
正供	159两6钱1分（地种折算银）
丁银	134两4钱
水饷	440两8钱6分
合计	734两8钱7分

澎湖厅年度支出表（乾隆二十年，据《台湾府志》）

项目	款数	项目	款数
通判俸银	60两	祀典费	18两
通判衙役	179两8钱		
合计	257两8钱		

噶玛兰厅年度收入表（道光十五年，据《噶玛兰志略》）

项目	款数
地丁	5543两4钱（征谷9239石余，每石折算银6钱）
耗羡	554两3钱4分（征谷923石9斗余，每石折算银6钱）
余租	1108两6钱8分（征谷1847石8斗）
盐课盈利	1679两（每年盐引7千石，每石售银3钱3分，计2310两，除缴引价840两，实际盈余此数）
合计	8885两4钱2分

噶玛兰厅年度支出表（道光十五年，据《噶玛兰志略》）

项　目	款　数	项　目	款　数
通判俸银	60 两	又民壮	49 两 6 钱
又养廉银	500 两	罗东巡检俸银	31 两 5 钱 2 分
厅衙役	351 两 8 钱	又养廉银	40 两
铺司兵	248 两 8 钱 8 分	又衙役	5 两 8 钱 4 分
头围县丞俸银	40 两	又弓兵民壮	64 两 2 钱 2 分
又养廉银	40 两	祀典费	20 两
又衙役	37 两 2 钱		
合　计	1489 两 6 分		

台湾文官养廉银表（乾隆八年颁定）

项　目	款　数
巡视两察院	2400 两（台湾县、凤山县、诸罗县、彰化县各解付 400 两，台湾府征收盐价解付 800 两）
分巡台湾道	1600 两（台湾县、凤山县各解付 400 两，诸罗县解付 800 两）
台湾府	1600 两（台湾县、彰化县各解付 200 两，凤山县解付 400 两，诸罗县解付 800 两）
台防厅	500 两（凤山县解付 200 两，诸罗县解付 300 两）
淡防厅	500 两（本厅耗羡支付 198 两 1 钱 8 厘，彰化县解付 301 两 8 钱 9 分 1 厘）
澎粮厅	500 两（本厅耗羡支付 87 两 5 钱 2 分 2 厘，台湾府解付 301 两 8 钱 9 分 1 厘）
台湾县	1000 两（本县耗羡支付）
凤山县	800 两（本县耗羡支付）
诸罗县	800 两（本县耗羡支付）
彰化县	800 两（本县耗羡支给）
府经历	40 两（台湾府耗羡支付 20 两，府征盐价支付 20 两）
台湾县县丞	40 两
台湾县典史	40 两（以上与经历同）
凤山县县丞	40 两（本县耗羡支给 20 两，府征盐价支付 20 两）
凤山县典史	40 两
下淡水巡检	40 两（以上与县丞同）
诸罗县县丞	40 两（本县耗羡支给 20 两，府征盐价支付 20 两）
诸罗县典史	40 两
佳里兴巡检	40 两
斗六门巡检	40 两（以上与县丞同）

续表

项　目	款　数
彰化县县丞	40 两（本县耗羡支给 20 两，府征盐价支付 20 两）
彰化县典史	40 两
鹿子港巡检	40 两
猫雾捒巡检	40 两（以上与县丞同）
淡水竹堑巡检	40 两（诸罗县耗羡支付 20 两，府征盐价支付 20 两）
淡水八里坌巡检	40 两（同上）

以上巡台御史 2 人、道台 1 人、知府 1 人、厅同知 / 通判 3 人、知县 4 人、经历 1 人、县丞 4 人、典史 4 人、巡检 7 人，合计款 11140 两。

台湾武官养廉银表（乾隆五十年，据《台湾府志》）

项　目	款　数	项　目	款　数
总　兵	1500 两	守　备	260 两
副　将	800 两	千　总	120 两
参　将	500 两	把　总	90 两
游　击	400 两	外　委	18 两
都　司	260 两		

以上总兵 1 人、副将 3 人、参将 2 人、游击 6 人、都司 3 人、守备 12 人、千总 26 人、把总 52 人，合计款 19000 两。

台湾武官薪俸银表（乾隆五十年，据《台湾府志》）

项　目	款　数	项　目	款　数
总兵俸银	67 两	又薪凑银	72 两
又薪凑银	144 两	守备俸银	27 两
副将俸银	53 两	又薪凑银	72 两
又薪凑银	144 两	千总俸银	14 两
参将俸银	39 两	又薪凑银	33 两
又薪凑银	120 两	把总俸银	12 两
游击俸银	39 两	又薪凑银	23 两
又薪凑银	120 两	外委俸银	18 两
都司俸银	27 两		

以上总兵 1 人、副将 3 人、参将 2 人、游击 6 人、都司 3 人、守备 12 人、千总 26 人、把总 52 人，合计款 66010 两，而外委在战兵之内，不给薪凑银，每月给

白米 3 斗。

台湾兵饷支付表（乾隆五十年，据《台湾府志》）

项　目	款　数	项　目	款　数
标兵三营兵 2770 名	共银 5540 两	淡水营兵 500 名	共银 1000 两
城守营兵 1000 名	共银 2000 两	安平水师三营兵 2500 名	共银 5000 两
南路营兵 1500 名	共银 3000 两	澎湖水师二营兵 2000 名	共银 4000 两
北路三营兵 2400 名	共银 4800 两		
合　计	兵 12670 名，共银 25340 两。此外，每兵每月给米 3 斗，由各县征收正供碾米发放。又兵丁恤赏之款，按例由官庄租息支给。		

噶玛兰营兵饷银支付表

（道光十五年，据《噶玛兰志略》，此款定由噶玛兰厅收入款支付。）

项　目	款　数
都司 1 员薪俸及养廉银	449 两 3 钱 9 分 4 厘
守备 1 员薪俸及养廉银	338 两 7 钱 5 厘 6 毫
千总 2 员薪俸及养廉银	384 两（每员 192 两）
把总 2 员薪俸及养廉银	300 两（每员 150 两）
外委 4 员薪俸及养廉银	72 两（每名 18 两）
战兵 462 名饷银	8316 两（每名 18 两）
守兵 240 名饷银	2880 两（每名 12 两）
加　饷	3350 两 4 钱（每兵每年加 4 两 8 钱，除外委外，共 698 名）
月米折算银	3086 两 6 钱 4 分（每兵每月给米 3 斗，共 702 名，每年须 2572 石 2 斗，每石银 1 两 2 钱）
眷谷折算银	1010 两 8 钱 8 分（每兵每年给谷 2 石 4 斗，共 702 名，须 1684 石 8 斗，每石折算银 6 钱）
盘费赏恤等	1000 两
合　计	20195 两 9 钱 9 分

台湾勇营每月饷银表

营　制	勇营饷额　钱	练营饷额　钱	屯兵营饷额钱	营　制	勇营饷额　钱	练营饷额　钱	屯兵营饷额钱
管带官	50.0	50.0	50.0	书　识	4.5	4.5	8.0
帮带官	50.0	50.0	——	亲兵什长	4.8	4.8	6.8
文　案	30.0	30.0	20.0	亲　兵	4.5	4.5	6.5
册　籍	24.0	24.0	20.0	护　勇	4.5	4.5	6.5

续表

营　制	勇营饷额　钱	练营饷额　钱	屯兵营饷额钱	营　制	勇营饷额　钱	练营饷额　钱	屯兵营饷额钱
账　房	24.0	24.0	12.0	什　长	4.8	4.8	6.8
营伍帮带	12.0	12.0	30.0	正　勇	4.2	3.6	6.0
哨　官	9.0	9.0	18.0	伙　勇	3.3	3.3	4.0
哨　长	6.0	6.0	——	长　夫	3.0	3.0	——

台湾建省后年度收入总表（光绪十四年至光绪二十年）

款　目	两　数	款　目	两　数
地丁实征	511969 两（光绪十四年清理田赋额）	邮政局	30000 两
补水秤余	128246 两（随粮征收）	煤务局	400000 两（光绪十五年收入额）
抄封叛产	56500 两（照旧）	伐木局	100000 两（光绪十五年收入额）
官庄租息	33657 两（照旧）	金沙局	20000 两（光绪十八年商办认缴额）
隆恩租息	3750 两（岁收租谷 3750 石，每石折算银 1 两）	茶厘局	144000 两（光绪十六年商办认缴额 200000 元，折算银两如此）
城　租	8000 两（岁收租谷 8000 石，每石折算银 1 两）	海关税钞	990146 两（光绪十五年收入额）
学　租		船　钞	5923 两（光绪十五年收入额）
陆　饷	10000 两（照旧）	鸦片厘金	446640 两（光绪十七年收入额）
水　饷	1000 两（照旧）	百货厘金	75000 两（这条不准确）
盐　课	130000 两（光绪十五年实际征收额）	文口规费①	5000 两（光绪十四年由各县征收）
脑磺盈利	400000 两	武口规费	2500 百两
商务局	400000 两（轮船铁路等款）	福建协饷	440000 两（光绪十七年停止）
电报局	60000 两		
合　计	4402325 两		

① 规费，字面意思是规定的费用，其实就是附加费。

卷十

典礼志

卷十

典礼志

连横评论说，礼是政治的辅助，要使国家得到治理、百姓守秩序、亲疏都能和睦相处、灾祸和动乱得到预防，不能不依靠礼。所以说如果只是用政令来引导百姓，用刑罚来约束百姓，百姓可能会免于刑罚，但会变得没有羞耻感。如果用道德来引导百姓，用礼教来约束百姓，百姓就会有廉耻心，而且具有做人的底线和标准。台湾是海上的蛮荒之地，延平郡王郑成功开发并加以治理，他的战功和教化之德，震撼和照耀着台湾，他的礼都是先贤圣王的礼。到现在两百多年人们秉持礼法的天性，历经灾难都不会消亡，这是礼乐精神的传承。将其发扬光大，正是有道德的人的作为。

庆　贺

郑氏时期，每月的初一和十五都一定要进行朝拜。如果遇到拜官授爵，都要穿着朝服向北叩拜，望着永历帝的方向将写好的奏折焚烧，即使君主不在了，也不敢忘记。清朝统一台湾初期，台湾每当有庆贺之事，都会在府城儒学明伦堂举行仪式。康熙五十年（1711），分巡台湾厦门兵备道陈瑸选择城东永康里的一块地方，建了万寿亭，前面设立了象征紫禁城正门的午门，门旁排列朝房，作为官员休息的地方，后面是祝圣殿。康熙五十六年，巡台道梁文科进行修缮，四周筑墙，东西设门，叫敷文门，叫振武门。康熙六十年，这些建筑在飓风中倒塌。雍正元年（1723）重建，后面增辟了僧室，负责洒扫。乾隆十七年（1752），巡台道金溶、知府陈玉友因为这里地处城外，开放关闭都不方便，仍旧在明伦堂行礼。乾隆三十年，知府蒋允焄在东安坊县儒学东边找了一块地，坐北朝南，就是原来校士院旧址。这里的建筑开阔敞亮，楼宇高大，用来供奉绣龙的帐幄。东西两边台地按顺序排列房厅，殿门外左右设更衣室，南面为正门，外围是东西朝房，四周矮墙环绕，东西开两个门。每到皇帝生日、元旦、冬至，文武官员在前一天斋戒沐浴，率领属下到明伦堂学习礼仪。当天四更，官员穿着朝服入宫，文官在东，武官在西，行三跪九叩礼。在此之前要进献贺表，穿着朝服行礼后，派人将贺表送到省城，由省里的官员附送到京城。

接诏

朝廷的诏书由总督派官员送来。船进入鹿耳门时，接到传报，文武官员准备好龙亭[①]、彩轿、仪仗、鼓乐，到西门外的接官亭迎接，将诏书恭恭敬敬地放进龙亭。文武官员穿着朝服向北方跪下迎接，然后鼓乐在前面开路，送到万寿宫。文武官员东西向站立，赍送诏书的官员向南站立，主持典礼的官员按顺序高声唱名到场的官员，然后奏乐，行三跪九叩礼。赍送官手捧诏书，宣读诏书的官员跪下接诏书，捧到案前，宣读诏书。官员们跪着听诏完毕，仍旧将诏书送还赍送官，由他恭恭敬敬地放进龙亭。大家再次行三拜九叩礼，然后依照次序退场。诏书交给知府，分送各个县衙，宣读颁布。

迎春

立春之前，地方官会用桑木、柘木和着泥土塑成春牛和芒神。牛身高4尺，代表4季；长3尺6寸，代表360天；头尾总共8尺，代表8个主要节气；尾巴1尺2寸，代表12时辰；鞭子用柳枝，长2尺4寸，代表24节气。春牛的颜色按照当年的年份来确定[②]，头、耳、角的颜色依照天干，身体的颜色依照地支，蹄、尾、腹的颜色依照纳音[③]，笼头根据立春这一天的天干取色。骨架用桑木，绳子孟日（寅、申、巳、亥日）用麻，仲日（子、午、卯、酉日）用苎，季日（辰、戌、丑、未日）用丝。塑春牛用的土，在冬至后的辰日从岁德[④]的方位获取。芒神身高3尺6寸，代表一年360日。服色是与立春日的地支相克的颜色为上衣[⑤]，与上衣相克的颜色为腰带。发髻颜色依照立春日的纳音，罨耳[⑥]颜色依照时辰，鞋子、裤子、裹腿布的颜色也是依照纳音，芒神的老幼根据当年的年份确定（寅、申、巳、亥年，扮老；子、午、卯、酉年，扮壮；辰、戌、丑、未年，扮幼）。

春牛和芒神塑好了，放在东郊的春牛亭。提前一天，府、厅、县的长官各自率

① 龙亭，结彩为亭，以盛香炉。也称香舆、香车。

② 古人五色与五行、天干、地支、音律都有一一对应的关系。

③ 纳音，古以五音十二律相合为六十音，与六十甲子相配合，按金、火、木、水、土五行之序旋相为宫，称为纳音。

④ 岁德，指岁中的德神，即当年最有权威的年神。

⑤ 如立春子日属水，衣用土，取黄色为服色。

⑥ 罨耳，似乎为一种掩住耳朵的器具。

领部属，身穿礼服，有前导开道前来。由司仪引导到位，上香、鞠躬、祭拜，献酒三爵[①]，诵读祝词，再次跪拜。仪式完成，头上插花并饮酒。下属官员走在前面，后面是长官，将春牛、芒神迎接到府、厅、县署衙的大门外。春牛面朝南，芒神面朝西。这天清晨，宰杀牺牲，摆设酒食，府、厅、县的长官穿着朝服，率领下属，由主持仪式的人引导到祭祀的地方，各自就位，鞠躬，跪拜，献酒三爵，诵读祝词，再次跪拜，起身。来到春牛前，各位官员手执彩仗，站在左右，长官击鼓，其他人击打春牛，行三揖[②]之礼。然后来到芒神前，作揖，退出。这就是鞭春的礼节。

耤　田

省内各府、州、县都在东郊建造了先农[③]坛，高2尺1寸，方2丈5尺，祭祀农神。旁边设置耤田[④]，备好农具和黑牛，选择本地适用的谷类储存。再安排两个农民，免除他的徭役，供给口粮，让他耕种。二月初一，官员提前沐浴，文武官员率领部属穿着朝服前往祭祀，献上丝绸1匹、猪羊各1头，摆上1铏[⑤]、1簠[⑥]、1簋[⑦]、4笾[⑧]、4豆[⑨]的饭食，行三跪九叩礼。行礼完毕，换好衣服，知府手持农具，副手捧着青色的装有种子的箱子，由知县播种。如果在州、县，则是知州、知县手持农具，副手捧着青色箱子播种。德高望重的老者一人牵着牛，两位农夫扶着犁，来回九趟，最终由农夫完成耕种。结束后，官员穿着朝服，率领老者、农夫向着皇宫的方向谢恩，行三跪九叩礼。耤田中收获的谷子，用来供奉祭祀，以示对农业的重视。

祭　社

各府、州、县都建有社稷[⑩]坛。府称为府社之神和府稷之神，红牌金字。规定祭坛坐南向北，高3尺，方2丈5尺。4面台阶各3级。每年春秋二月、八月初五日祭祀。主祭官祭祀前三日斋戒，祭祀前一日，审查祭品，整理礼器，把祭坛上下

---

① 爵，三足饮酒器皿，祭祀用具。

② 揖，拱手作揖，或上下，或左右，或推引的敬礼。

③ 先农，古代传说中最先教民耕种的农神。

④ 耤田，古代天子、诸侯征用民力耕种之田。

⑤ 铏，祭祀时盛羹的小鼎，两耳三足，有盖。

⑥ 簠，祭祀时盛稻粱的器具。

⑦ 簋，祭祀时盛食物器具，圆口，双耳。

⑧ 笾，祭祀时盛干食品的用具。

⑨ 豆，祭祀时盛肉或其他食品的器皿，形状像高脚盘。

⑩ 社稷，指土神和谷神。社，土地神；稷，谷神。

打扫干净，在中门临时搭建幕帐，在此夜宿。祭祀日早起，主事的人摆好礼器，土地的神位安排在谷神的东面，两边都献上 1 只羊、1 头猪、1 匹丝，摆上 1 铏、2 簠、2 簋、4 笾、4 豆的饭食。主祭官穿着祭服行礼，按照礼节退下，将神位放到城隍[①]庙。风云神、雷雨神、山川神、城隍同坛祭祀，都在社稷坛的右边，也在春秋二月、八月祭祀。祭坛高 2 尺 5 寸，方 2 丈 5 尺，4 面台阶，南向 5 级，其余各 3 级。雍正二年（1724），奏准风云、雷雨神居中，山川神在左边，城隍神在右边，祭祀的礼仪和祭社稷神相同，各府、州、县主官主持祭祀，武官陪同祭祀。祭祀完毕，把神位放到城隍庙。

释　菜

南明永历二十年（1666）春天，文庙[②]建成。延平郡王郑经按例亲自主持释菜仪式。归顺清朝后，康熙二十四年，巡台道周昌、知府蒋毓英组织重建文庙，作为台湾府儒学。康熙三十九年，巡台道王之麟建明伦堂。从此之后，各府、县都修建了文庙，以表达对先师的尊奉。每年春秋二月、八月初四日，举行释菜礼。提前三天，地方官员斋戒沐浴、停止执行刑罚。举行祭祀的前一日，在明伦堂学习礼仪，审查祭品，整理礼器。四更天，人员集合，主事的人各司其职。文官为主祭，武官陪祭。先在崇圣祠举行仪式，礼成后，祭祀孔子。以牛、猪、羊为供品，表演六佾[③]舞，以复圣颜回、宗圣曾参、述圣子思、亚圣孟子作为配祀。祭祀的官员就位后，打开门，举行迎神礼，表演六佾之舞，演奏太平乐曲，行三跪九叩礼。起身，停止音乐。行初献礼：主祭官先到盥洗的地方，再到放置酒樽的地方，然后到神位前，演奏太平乐曲。主祭官跪下，其他人都跪下，献上丝帛，捧上酒樽，叩头。起立，再跪，宣读祝词。停止音乐，行三叩之礼，回到各自位置。行亚献礼：演奏太平乐曲，礼毕，回到位置。行三献礼：演奏太平乐曲，礼毕，回到位置。食用献祭的酒肉，叩头。起身，回到位置，官员们行三跪九叩礼。起立，撤去酒食，演奏太平乐曲。送神：各位官员都行三跪九叩礼。起立，宣读祝词的祭者捧着祝词，掌管丝帛的祭者手捧丝帛，各自来到火堆旁，祭拜后焚烧，停止舞蹈、音乐，人们按次序退场。

---

① 城隍，守城之神。

② 文庙，奉祀孔子的庙宇。

③ 六佾，周诸侯所用乐舞之格局：分 6 列，每列 6 人，共 36 人。

祭　纛

纛，就是大旗。台湾总兵是挂印总兵，有奏事权，不但统率军队，也有统驭汉民“土番”的责任。每年霜降前一日，由总兵统辖的绿营兵和守城的各营将士，穿着铠甲，手执兵器，盛装来到北门外的练兵场迎接纛旗，并在这里设置幕帐驻扎。第二天黎明时分，摆开队形举行祭祀，以猪、羊为供品，献上丝帛，敬酒三次，礼毕。随后升旗鸣炮，包含秋猎的仪式。傍晚时分，军队整理行装入城，将纛旗归还宗庙。各营都是这样。

大　操

福建总督或巡抚巡视台湾时，遵照朝廷的旨意检阅军队操练。在此之前，总兵下令召集各营将士，驻扎在较场左右。到那天，总督或巡抚莅临较场，站在演武厅中，总兵以下的将官行军礼，总督或巡抚答礼，然后将官们穿着军装进见。仪式完毕，总兵下令开始操练，表演两军互相攻击的场面，从中考核出优劣，用牛肉和酒来犒赏。而后，副将和参将以下，穿着军装佩戴宝剑，按照礼节将总督或巡抚送出。总督或巡抚回到行馆后，各营将士拔营归队。

旌　表

乡里的男人和女人，对兄弟友善，又能自我勉励，坚守节操，地方绅士就会列出他们的事迹，向掌管教化的官员详细描述他们的情况，由邻里出面担保，由掌管教化的官员汇报给地方官，地方官汇报给总督、巡抚，由总督、巡抚奏报朝廷。礼部审查核实后，下圣旨进行表彰，赏赐 20 两银子建造牌坊，进入祠堂。地方官到他家中，邻里为此感到光荣，都前去祝贺。祭祀当日，掌管教化的官员率领乡绅行礼，族中子弟穿戴礼服礼帽进去跪拜，恭恭敬敬地抄写圣旨，藏在家中。百岁老人，以及一胎产下三个孩子，都是国家的祥瑞，或者有热心公益、乐善好施的人，也都得到赏赐匾额和财物，朝廷以此昭示后人。旌表的礼制，是为了鼓励百姓的善行。

乡　饮

乡饮礼由来已久，汉朝规定在太学宴请三老[①]，用来教化百姓推行孝道。顺治初年，朝廷下诏命令京城及中央直属各省的州县，每年正月十五、十月初一，在儒

① 三老，指上寿、中寿、下寿的老人，都在 80 岁以上。

学[①]举行乡饮礼。提前一天，主事的人布置礼堂，司正[②]练习礼仪。当天黎明时分，宰杀牺牲备好酒食，主席[③]率领着同僚、下属和司正到来，派遣使者催促主宾和僎宾[④]。来到后，执事报告："主宾到。"主人迎出学校大门，主宾向西行，一边谦让一边作揖，如此三次，然后登上大堂，站在东西两侧，行跪拜礼，就座。执事又报告："僎宾到。"主人又像前面那样迎接。一会儿，介宾[⑤]来了，坐在各自的位置。管事的告知司正举起酒觯[⑥]，司正从西边台阶上来，到大堂中，向北站立，主宾、僎宾以下都起立。司正作揖，主宾、僎宾都作揖。执事用觯斟酒，交给司正。司正举起酒觯说：

恭维朝廷，率由旧章，敦崇礼教，举行乡饮，非为饮食。凡我长幼，各相劝勉，为臣尽忠，为子尽孝，长幼有序，兄友弟恭。内睦宗族，外和乡里，无或废坠，以忝所生。

诵读完毕，司正饮酒，将酒觯递给执事。司正、主宾、僎宾都作揖，坐下。执事把律令文书捧到大堂，诵读律令的人上前，朝北站立，众人都起立，像前面一样诵读行礼。完成后，撤去文书，在主宾面前摆上酒食，其次僎宾，再次介宾，最后主人。这时，大宾[⑦]和主人同时起身，面朝北站立。执事斟上酒递给主人。主人来到大宾面前，把酒放在席上，稍稍往后退，拜两拜，大宾答谢也拜两拜。执事又斟上酒递给主人，主人走到僎宾面前，像前面那样行礼。这时大宾站起来酬酒，僎宾跟从，执事斟酒递给大宾，大宾来到主人面前，把酒放在席上，像前面那样行礼。介宾、3 位主宾、3 位僎宾按顺序依次斟酒，举起酒爵饮酒。端上汤羹后，再次斟酒。行 3 次酒礼后，撤去酒食，大宾、主人起身。僎宾和主人的幕僚、署下在东面，大宾、介宾和 3 位主宾在西面，两拜完毕，送大宾出门，由东向西走，行三揖之礼退出。凡是乡饮酒之礼，主席由府、州、县的主官担任，座在东南；大宾由乡绅中退休的官员担任，座在西北；僎宾由乡里年高有德行的人担任，座在东北；介宾由次一级的年长者担任，位于西南；三宾即次一级的主宾，座在大宾、主人、介宾和僎宾之间。宾客按年龄排序，同僚、署下按官位排序。司正由教官担任，执事由年老

---

① 儒学，在各府、州、县设立的供生员修业的学校。

② 司正，古代行乡饮酒礼或宾主宴会时的监礼者。

③ 主席，指主持宴会的人，即主人。

④ 僎宾，古代行乡饮酒礼时辅佐主人的人。

⑤ 介宾，古代行乡饮酒礼时辅佐宾客的人。

⑥ 觯，古代的一种饮酒器具。圆腹、侈口、圈足，形似小瓶，有盖。

⑦ 大宾，古乡饮礼，推举年高德劭者一人为"大宾"。

的书生担任。凡是有违法犯罪记录的，不能参加弘扬良善的乡饮酒席，违者按违反制度论罪。敢有喧哗或失礼者，要举起酒觯以礼责罚。然而，乡饮酒礼在台湾已经很久没有举办，只是保存了这一制度。

祀　典

《左传》说："国之大事，在祀与戎。"因此，将国家法律在百姓中推行的人应该祭祀，为国家尽职尽责奉献生命的人应该祭祀，劳苦功高定国安邦的人应该祭祀，能抵御大灾的人应该祭祀，有大祸患时能保护社会的人应该祭祀。不是这样的人，不会被列入祭祀的礼仪和制度。台湾是边远地区，郑氏的时候，才开始修建文庙，尊奉孔子。清代延续下来，且开始祭祀武庙[①]，弘扬武德。至于祭祀山川社稷的神坛，祭祀城隍、祝融[②]的庙宇，纪念名臣和节烈之民的祠堂，凡能够为百姓消除灾难为国家抵御祸患的，都酒食飘香、乐舞不断，得到最隆重的祭祀。延平郡王郑成功为台湾开创了基业，精忠报国，大义凛然，死后化为神灵，得到台湾人的祭祀。同治十三年（1874）冬天，钦差大臣沈葆桢上奏朝廷请求为他建立祠庙并赏赐谥号，以明末诸臣为配祀。只有对百姓有功德，才会被长久尊奉。此篇中所记载的，都是祭祀的礼仪和制度中规定要祭祀的，那些乡野间很少被祭祀的祠庙，不在此列。

各府厅县坛庙表

台南府（安平县附在府城）

社稷坛　在台南府城东安坊，旧为永康里，康熙五十年（1711），巡台道陈瑸修建。

风云雷雨山川坛　在台南府城的东安坊，康熙五十年，巡台道陈瑸修建。

先农坛　在台南府城的东门外长兴里，雍正五年（1727），知县张廷琰修建。

文庙　在台南府城宁南坊，郑氏时修建，祭祀先师孔子。康熙二十四年（1685），台厦道周昌、知府蒋毓英改建。中间是大成殿，东西两边的廊屋配祀[③]先贤先儒，前面是戟门和棂星门和泮池[④]，后面是崇圣祠。康熙三十九年，台厦道王之麟在大

① 武庙，清代称祀奉关羽的庙。

② 祝融，指火神。

③ 配祀，合祭；祔祀。

④ 泮池，古时学校前的水池。

殿的左边修建明伦堂。康熙五十一年，巡台道陈瑸修建名宦、乡贤两个祠堂。康熙五十七年，知府王珍把泮池移到棂星门外。乾隆十四年（1749），廪生侯世辉等捐资改建。正殿居中，左右两边是廊屋，前面是大成门，再前面是棂星门，有泮池，后面是崇圣祠，左右两边是礼乐库和典籍库。门的左右两边是名宦祠和乡贤祠，门外左边是礼门，右边是义路，再外边为大成坊和泮宫坊。庙左边为明伦堂，再左边为朱子祠，后面是文昌阁。同时可以铸造祭器和乐器，规制比较完备。

武庙　在台南府城镇北坊，永历二十二年（1668），郑氏修建，祭祀汉忠义侯关羽，里面有明代宁靖王手书的匾额，上题“亘古一人”。康熙二十九年（1690），巡台道王效宗修建，庙中有碑记。雍正五年（1727），朝廷诏令在二月初五、八月初五两日祭祀，用牛、猪、羊作为供品，演出八佾舞乐，追封三代。后殿有三代祠。此外，在街巷中的，都列在《宗教志》。

天后宫　在台南府城的西定坊，为明代宁靖王的故宅。康熙二十三年，靖海将军施琅修建，内有施琅纪功碑。康熙五十九年，列入祀典，每年二月、八月祭祀。乾隆五年，由台湾总兵所属游击石良臣在后殿增建左右厅，右厅祭祀总兵张玉麟。乾隆四十三年，知府蒋元枢修缮，庙中有碑记。其后重复修建。台湾奉祀天后的宫庙甚多，那些在街巷中不列入祀典的，都记载在《宗教志》。

府城隍庙　在东安坊台南府署衙右边。永历二十三年，郑氏修建，康熙二十五年修缮。乾隆二十四年，知府觉罗四明重修，在两边廊宇增建戏台，庙中有碑记。乾隆四十二年，知府蒋元枢重修。

龙神庙　在宁南坊，康熙五十五年，巡道梁文科修建。

田祖庙　在镇北坊，康熙五十五年，巡道梁文科修建。而郑氏修建的，一处在广储西里，一处在保大西里，现已倒塌。

仓神庙　在镇北坊，雍正十年，知县林兴泗修建。

风神庙　在西门外，乾隆四年，巡道鄂善修建。

火神庙　在小南门外，康熙四十七年，凤山知县宋永清修建。

海神庙　在镇北坊，为赤崁楼故址，光绪十二年修建。

五子祠　在镇北坊蓬壶书院之内，祭祀宋代关学（张载）、闽学（朱熹）、濂学（周敦颐）、洛学（程颢、程颐）五位先生，光绪十二年，知县沈受谦修建。

朱子祠　在台南府学的左边，康熙五十一年，由巡台道陈瑸修建，每年春秋二月、八月祭祀。

文昌祠　在东安坊，每年春秋二月、八月祭祀。

名宦祠　在文庙的棂星门左侧。

乡贤祠　在文庙的棂星门右侧。

孝悌祠　在台南府学的右边。

节孝祠　原来在镇北坊，雍正元年（1723）奉旨建造，祭祀烈女节妇，后改建在府学右侧。

旌义祠　在镇北坊，乾隆五十三年（1788），由知府杨廷理修建，祭祀在林爽文之战中阵亡的忠义百姓，每年固定的时间祭祀。与嘉庆十年（1805）在蔡牵战役中阵亡的百姓27人合祭。

府厉坛　在小北门，是康熙六十年事件中战死的台协水师游击游崇功灵魂安息之所，前面是地藏庵。雍正元年（1723），道员陈大辇修建。后来，官府商议在这里举办祭祀孤魂野鬼，并称其为“北坛”，每年在清明、七月十五、十月初一祭祀。先给台南的城隍发去通知牒文，在坛上设他的牌位，用羊和猪来祭祀，下方设“无祀鬼神”的牌位，摆上家畜等供品，焚烧纸钱，以安顿他们的亡灵。乾隆十一年，知县鲁鼎梅修缮。乾隆三十七年，道员奇宠格重修，有《重修记》。安平县为台南府附郭，不另外设坛。

延平郡王祠　在东安坊，永历间郡里的人修建，又称“开山王庙”。乾隆间，同邑的何灿鸠集资重建。同治十三年（1874）冬天十月，钦差大臣沈葆桢向朝廷上奏请求修建祠庙并列入祀典，春秋二月、八月由官府举行祭祀。中间祭祀延平郡王郑成功，东西廊屋配祀明末诸臣。后殿中间奉祀郑成功生母翁太妃，左边是宁靖王（朱术桂）祠，右边是监国世子（郑克𡒉）祠。

施将军祠　在宁南坊的檨子林，康熙二十五年，府城人修建，祭祀靖海将军施琅。康熙五十九年，地震倒塌。

吴将军祠　在东安坊，康熙二十六年，府城人修建，祭祀总兵吴英，皇帝恩赐“作万人敌”匾额。祠庙后有楼，名为“仰止楼”。乾隆五十三年，知府杨廷理修缮，后改为吴氏家庙，今已坍塌。

卫公祠　在东安坊府城隍庙内，康熙四十六年修建，祭祀台湾府知府卫台揆。

吴公祠　在西定坊关帝庙右边，雍正七年修建，祭祀台厦道吴昌祚。

蒋公祠　在镇北坊真武庙后，康熙三十年修建，祭祀台湾府知府蒋毓英。

高公祠　原在镇北坊关帝庙左边，康熙三十三年修建，祭祀台厦道高拱乾，后移到宁南坊。

靳公祠　在东安坊，康熙三十六年修建，祭祀台湾府知府靳治扬，后来坍塌。

洪公祠 在东安坊，同治二年奏请修建，祭祀台湾道洪毓琛。

游将军祠 在小北门外厉坛后面，雍正元年修建，祭祀水师游击游崇功。

王公祠 在东安坊清水寺街，光绪元年奏请修建，祭祀提督王德成。

五忠祠 在安平镇水师协署的左边，雍正五年，水师副将陈烱伦修建，祭祀水师副将许云、游击游崇功、千总林文煌、赵奇奉、把总李茂吉。

功臣祠 在宁南坊文庙南边，面朝西，乾隆五十三年下旨修建，供奉林爽文之战平定台湾的功臣的牌位，包括大将军、太子太保、大学士、贝子、公福康安，参赞大臣、超勇公海兰察，成都将军鄂辉，护军统领舒亮，护军统领普尔普，闽浙总督李侍尧，福建巡抚徐嗣曾等30人。房屋高大，地方宽敞，有皇帝御书的石碑八方，每块都有一丈多高，下面是雕刻赑屃[①]的石座，上刻皇帝手书的平定台湾的功臣的赞[②]词，满文汉文各四块，上面建造了亭子。又有一碑立在中间，刻着一首诗，字直径一寸，写道：

> 命于台湾建福康安等功臣生祠[③]，诗以志事：三月成功速且奇，纪勋合与建生祠。垂斯琬琰忠明着，消彼萑苻志默移。台地恒期乐民业，海隅不复动王师。曰为曰毁似殊致（近来以各省建立生祠，最为欺世盗名恶习，因令严行饬禁，并将现有者暨令毁弃。若今特命台湾建立福康安等生祠，实因台湾当逆匪肆逆以来，荼毒生灵，无虑数万，福康安等于三月之内，扫荡无遗，全部之民，咸登衽席，此其勋绩，固实有可纪。且令奸顽之徒，触目惊心，亦可以潜消狼戾，是此举似与前此之禁毁虽相殊，而崇实斥虚之意，则原相同，孰能横议？且以励大小诸臣，果能实心为国爱民，确有美政者，原不禁其立生祠也），崇实斥虚意在兹。

旁边配有满文。道光二年，命令台湾县学教谕郑兼才、训导王承纬监督修建，现已逐渐倾倒坍塌。

昭忠祠 原来在县儒学的左边，雍正元年下诏修建，祭祀台湾镇总兵欧阳凯等，后来倒塌。嘉庆七年，奉诏再次修建，依附在功臣祠一侧。嘉庆十一年，才设立牌位进行祭祀。道光元年，巡台道叶世倬开始将康熙以来殉难的官兵一律入祠祭祀。道光十三年，巡台道徐宗幹、知府裕铎率一些绅士重修，设立牌位祭祀。光绪十四年，改建在右营埔。

---

① 赑屃：传说中的一种动物，像龟。旧时大石碑的石座多雕刻成赑屃形状。

② 赞：一种文体，用于颂扬人物。

③ 生祠，指为还活着的人修建祠堂。

县文庙　在东安坊，也是县儒学。康熙二十三年，知县沈朝聘修建，中间是大成殿，东西两廊，前面是大成门，后面是崇圣祠。康熙四十二年，知县陈璸在大殿右边增建明伦堂。康熙五十四年，巡台道陈璸改建，崇圣祠以左是名宦祠，右是乡贤祠。雍正十二年（1734），贡生陈应魁在泮池前建棂星门。乾隆十五年，廪生侯世辉等捐资重建，大成门左是忠义祠，右是孝悌祠。

县城隍庙　在镇北坊，康熙五十年知县张宏修建。乾隆十年，知县李閶权修缮，有碑记。嘉庆十二年，知县薛志亮扩大其规模，建两边廊屋。安平镇也有城隍庙，乾隆十四年，水师副将沈廷耀修建。乾隆五十年，副将丁朝雄修缮，此后多次整修。

嘉义县

社稷坛　在县城东南，康熙二十四年（1685）建。

风云雷雨山川坛　在县城东南，康熙二十四年建。

先农坛　在县城东南，雍正五年建。

文庙　旧在县城西门内，康熙四十五年，代理知县孙元衡建。乾隆十八年（1753），知县徐德峻改建在西门外，中间是大成殿，东西两廊，前面是戟门，再前面是棂星门，后面是崇圣祠。

武庙　在县衙东北角，康熙五十二年，参将翁国祯建。

天后宫　在县衙左边，康熙五十六年，知县周钟瑄募捐修建。

城隍庙　在县衙左边，康熙二十四年建。

邑厉坛　在县城东北，康熙二十四年建。

名宦祠　在文庙内。

乡贤祠　在文庙内。

忠义孝悌祠　在文庙内，雍正元年（1723）奉旨修建。

烈女节妇祠　在文庙旁，雍正元年奉旨修建。

罗将军祠　在县城东门内，雍正二年，奏请朝廷后修建，祭祀北路营参将罗万仓。

凤山县

社稷坛　在旧县城北门。

风云雷雨山川坛　在旧县城北门。

先农坛　在旧县城东门外。

文庙　在旧县城北门外，康熙二十三年，知县杨芳声建。中间是大成殿，东西两廊，前面是戟门，再前面是棂星门，后面是崇圣祠。康熙四十三年，知县宋永清重建。

武庙　在旧的县城东门内，雍正五年，知县萧震建。

天后宫　在旧的县城龟山顶，康熙二十二年奉旨建。乾隆二十七年，知县王瑛曾重建。

八蜡祠　在旧的县城龟山之北，康熙四十五年，知县宋永清建。

城隍庙　在旧的县城北门外。嘉庆十九年（1814），改建在现在县城县衙的东面。

邑厉坛　一座在旧县城北门外，一座在下淡水，康熙五十八年，知县李丕煜建。

名宦祠　在文庙内。

乡贤祠　在文庙内。

忠义孝悌祠　在文庙左边，雍正元年奉旨建。

烈女节妇祠　在旧县城北门，雍正元年奉旨建。

曹公祠　在今县城凤仪书院内、东边，咸丰十年（1860）建，祭祀前凤山知县曹瑾。

昭忠祠　在县城外，光绪三年（1877）下旨修建，祭祀在开山死难的提督王德成、张光亮、李常孚、总兵胡国恒、福建候补巡道田勤生等，凤阳柳铭撰写的碑文在祠庙中。

恒春县

社稷坛　未建。

风云雷雨山川坛　未建。

先农坛　未建。

文庙　在城外猴洞山上，光绪十二年（1886），知县周有基建。中间是大成殿，是两廊，前面是棂星门，后面是崇圣祠，左边是明伦堂，右边是学官的办公地。

武庙

天后宫

城隍庙

邑厉坛

澎湖厅

社稷坛　未建。

风云雷雨山川坛　未建。

先农坛　未建。

文庙　在文澳。

武庙　旧在妈宫澳西面，乾隆三十一年（1766），通判胡建伟修，现已倒塌。光绪元年（1875），水师副将吴奇勋改建于红木埕，在与法国人的战争中被毁。光绪十七年三月，总兵吴宏洛发起捐款进行了重建。

城隍庙　一在文澳旧厅署的东面，咸丰元年（1851），代理典史吕纯孝重建，规模不大。一在妈宫城内，乾隆四十四年，通判谢维祺捐建，有碑记。自后续修。光绪十一年中法战争战乱之后，通判程邦基召集绅士黄济时等重修。

程朱祠　在城内，光绪十一年，通判程邦基建。光绪十九年，绅士蔡玉成等捐资于祠堂的左面建文昌阁，右边建讲坛。以为书院离城稍远，就将其作为诸生讲学的地方。光绪二十年夏天竣工。

文昌祠　在文石书院之后，乾隆三十一年建。光绪元年，绅士蔡玉成等重建，有碑记。

天后宫　在妈宫澳，明万历年间建。康熙二十二年，靖海将军施琅攻克澎湖，以为有神相助，奏请朝廷追加封号，派官员来祭祀，此事雕刻在文庙中。

风神庙　在妈宫澳城隍庙东，乾隆五十五年，通判王庆奎、水师副将黄象新等捐款修建。光绪七年，都司郁文胜重建。

龙王庙　在妈宫澳观音亭之东，道光六年（1826），通判蒋镛、水师副将孙得发等捐款修建。

施将军祠　在妈宫澳，康熙二十四年，人民合建，祭祀靖海将军施琅。道光六年，通判蒋镛筹款获取利息，将在澎湖岛殉难的文武官员与施琅合祭，在春秋祭祀。

昭忠祠　在妈宫澳，光绪四年十二月，副将吴奇勋等发起修建，祭祀同治元年（1862）围剿戴潮春战役中澎湖水师各营调赴台湾参战的阵亡官兵，暨代理左营守备蔡安邦等，及兵丁 134 名。

武忠祠　在妈宫澳协署的西面，建置无考。乾隆五十六年，护理水师副将黄象新等捐款修建。

胡公祠　在文石书院内，祭祀通判胡建伟等。

节孝祠　在天后宫西边，道光十八年，代理通判魏彦仪建，春秋祭祀。光绪五年，妈宫澳商户黄学周、黄鹤年重修。

台北府（淡水县附在府城）

社稷坛　在台北府城的东南，光绪十四年建。

风云雷雨山川坛　在台北府城东南，光绪十四年建。

先农坛　在台北府城的东门外，光绪十四年建。

文庙　在台北府城文武街，光绪十四年建。

武庙　在文庙左边，光绪十四年建。

天后宫　在台北府城府后街，光绪十四年建。

府城隍庙　在台北府城巡抚衙门后面，光绪十四年建。

县城隍庙　附于府城隍庙之内。

厉坛　在台北府城北门外，光绪十四年建。

名宦祠　在文庙棂星门左边。

乡贤祠　在文庙棂星门右边。

忠义孝悌祠

烈女节妇祠

新竹县

社稷坛　在县城东门外，道光九年（1829），同知李慎彝修建。

山川坛　在县城东门外，道光九年，同知李慎彝修建。

先农坛　在县城东门外，道光九年，同知李慎彝修建。

田祖祠　旧在南门内，乾隆三十四年（1769），同知宋应麟修建。道光九年，同知李慎彝移在先农坛右边。

龙神祠　在县城南门内，乾隆三十四年，同知宋应麟修建。

风云雷雨坛　未建。道光九年，同知李慎彝开始设置神位，附在龙王祠祭祀。

文庙　在县城东门内，嘉庆二十二年(1817)，同知张学溥修建。道光四年(1824)，同知吴性诚修建完成。中为大成殿，东西两廊，后为崇圣祠，左为明伦堂。

武庙　在县城南门大街，乾隆四十一年，同知王右弼发起修建。同治十年(1871)，县中人重修。

文昌祠　在文庙左边，嘉庆八年，同知胡应魁建。

天后宫　在县城西门内，乾隆十三年，县里人陈玉友捐建。乾隆四十二年，同知王右弼修缮。

城隍庙　在县衙的右边，乾隆十三年，同知曾曰瑛建。

邑厉坛　在县城北门外水田街，嘉庆九年，同知胡应魁建。

火神庙　在县城试院之左，光绪十三年，知县方祖荫建。

名宦祠　在文庙的左边，道光九年，同知李慎彝建。

乡贤祠　在文庙的左边，道光十三年奏请朝廷修建。

昭忠祠　在文庙的左边，道光十三年奏请朝廷修建。

节孝祠　在文庙的左边，道光九年，同知李慎彝建。光绪十七年改建。

孝友祠　在文庙的左边，道光九年，同知李慎彝建。光绪十七年，移到节孝祠祭祀。

德政祠　在明志书院的左边，旧为敬业堂。咸丰七年（1857），绅士许超英等改为祭祀同知曹谨、曹士桂，后又祭祀同知袁秉义、薛志亮、李慎彝、娄云等。

宜兰县

社稷坛　在县城南门外，嘉庆十七年（1812），通判翟淦建。

风云雷雨山川坛　在县城南门外，嘉庆十八年，通判翟淦建。

先农坛　在县城南门外，嘉庆十七年，通判翟淦建。

文庙　在县城，光绪二年（1876），进士杨士芳、举人李望洋捐钱修建。中为大成殿，东西两廊，后为崇圣祠。

武庙　在县城西门，嘉庆十三年，居民原来在米市街祭祀。嘉庆二十三年，文昌宫落成，通判高大镛移到文昌宫前殿祭祀。

文昌宫　在县城西门，嘉庆二十三年，通判高大镛发动筹建。前殿祭祀汉忠义侯关羽，后殿祭祀文昌帝。

天后宫　在县城南边，嘉庆十二年，官民合建。

城隍庙　在县城西街，嘉庆十八年，官民合建。

火神庙　在县衙的右边，嘉庆二十五年，居民合建。

神祇坛　即邑厉坛，在县城南门外，嘉庆十七年，通判翟淦建。

名宦祠　在文庙内。

乡贤祠　在文庙内。

忠义孝悌祠

烈女节妇祠

杨公祠　在文昌宫的右边，供奉开发噶玛兰长官杨廷理等 7 人的神主牌位。

南雅厅

社稷坛　未建。

风云雷雨山川坛　未建。

先农坛　未建。

昭忠祠　在厅治所在地大嵙崁，光绪十九年，巡抚邵友濂建，祭祀光绪十二年讨伐“土番”病死阵亡兵勇。邵友濂题写匾额“俎豆同荣”。

台湾府（台湾县附在府城[①]）

社稷坛　在台湾府城（今台中市）东门外，光绪十五年（1889）建。

风云雷雨山川坛　在台湾府城东门外，光绪十五年建。

先农坛　在台湾府城南门外，光绪十五年建。

文庙　在台湾府城小北门内，光绪十五年建。中为大成殿，东西两廊，后为崇圣祠，左为明伦堂，右为府儒学的办公区。

天后宫　在台湾府城大墩街。

府城隍庙　在台湾府城新庄，光绪十五年建

厉坛　在台湾府城北门外，光绪十五年建。

名宦祠　在文庙棂星门之左。

乡贤祠　在文庙棂星门之右。

林刚愍公祠　在台湾府城的田中，光绪十五年，巡抚刘铭传根据全台湾绅士的奏请修建，祭祀福建陆路提督林文察。

彰化县

社稷坛　在县城东门外，雍正二年（1724）建。

风云雷雨山川坛　在县城东门外，雍正二年建。

先农坛　在县城南门外，雍正二年建。

文庙　在县城的东门内，雍正四年，知县张镐建。中为大成殿，东西两廊，后为崇圣祠，右为明伦堂，后为教官衙署。乾隆五十一年，明伦堂、教官衙署毁于林爽文之役战火。嘉庆二年（1797），岁贡生郑士模捐银修建，尚未竣工。

武庙　在县城南门内，雍正十三年，知县秦士望捐建。嘉庆五年，知县胡应魁移建于原同知的县衙。

文昌祠　在县城文庙西畔，嘉庆二十一年，知县吴性诚建。而县所管辖的鹿港、西螺、北斗、员林、大肚、犁头店、牛骂头等地方的人士，也在各地修建了文昌祠。

天后宫　一处在县城北门内副将衙门后面，乾隆三年（1738），北路营副将靳光瀚建。一处在东门内，乾隆十三年，知县陆广霖建。一处在鹿港海边，乾隆五十五年，大将军福康安建。

城隍庙　在县城东门内，雍正十一年，知县秦士望建。

龙神庙　在县城南门内，嘉庆八年，知县曹世骏建。

---

① 台湾建省初期，省城设在原彰化县桥孜图，即今台中市地方。另设台湾府，作为台湾省首府。当时台湾县作为附在台湾府城的首县，疆域相当今台中市加上台中县的范围。

邑厉坛　在县城北门外，乾隆三十五年，北部理番同知李本楠捐银修建。

名宦祠　在文庙崇圣祠之左，道光十年（1830），知县托克通阿与县里的乡绅捐银修建。

乡贤祠　在文庙崇圣祠之右，与名宦祠同时修建。

忠烈祠　在县城西门内，道光二年，知县吴性诚捐款修建。祭祀在林爽文、陈周全、蔡牵三场战役中殉难的文武官兵。

节孝祠　在县城的东门内，建省之后，合祀台湾、彰化、云林、苗栗四县的节妇、孝子。

朱公祠　在县城西门内，光绪十五年（1889），巡抚刘铭传上奏朝廷请求修建，祭祀提督朱焕明。是祭祀戴潮春事件中协助政府殉难民众祠堂的旧址。

义民祠　在县城西门内，乾隆五十五年建，祭祀林爽文战役中殉难的百姓。

十八义民祠　在县城西门外。起初，雍正十年春天，大甲西社“土番”林武力作乱，总兵吕瑞麟率兵讨伐，多次交战都不能取胜，“土番”更加猖獗，恣意烧杀，县城戒严，淡水同知张宏章正好率领乡勇在村庄巡逻，经过阿束社时，受到“社番”的突然袭击，几乎无法逃脱。邻近的广东籍人正好背着农具出门，看见后大声呼叫，众人争相而至与他们搏斗，宏章得以逃脱。百姓战死共 18 人，有黄仕远、黄展期、陈世英、陈世亮、汤邦连、汤仕麟、李伯寿、李任淑、赖德旺、刘志瑞、吴伴云、谢仕德、江运德、廖时雨、卢俊德、张启宁、周潮德、林东伯。第二天，乡里人将他们葬在西门外，碑上题写“十八义民之墓”。后来，叛乱平息，督抚将事情上奏朝廷，下旨嘉奖，赏赐祭祀，每人发银 50 两，下令有关部门购地建祠，春秋祭祀，以表彰他们的义行。

云林县

社稷坛　未建。

风云雷雨山川坛　未建。

先农坛　未建。

文庙　未建。光绪十五年，暂时在文昌祠祭祀孔子。

武庙

城隍庙　原在旧县城，光绪十四年，知县陈世烈修建，后移到现在的县城。是暂时用竹子搭盖的屋舍。

厉坛　在县城南门外，光绪十年建。

朝天宫　在县辖的大槺榔东顶堡的北港街。祭祀妈祖。庙宇高大，信众很多。

起先，康熙年间，僧人树璧从湄洲迎奉神像前来，建造屋舍祭祀，香火越来越兴盛。雍正八年（1730），才修建了庙宇。乾隆十六年（1751），笨港县丞薛肇广、贡生陈瑞玉等捐资修缮，于乾隆三十八年十月开工，第二年九月落成，花费钱款15000元。道光十七年（1837），子爵王得禄因为在平定海盗的战役中，有海神显灵相助，上奏朝廷将其列入祀典，皇帝赏赐“神照海表”的匾额，命江安十郡储粮道王朝偏代朝廷祭祀。咸丰五年（1855）重修。

义民祠　在县辖的北港街。林爽文之战，北港街的百姓固守抗敌，死了108人，乾隆皇帝手书“旌义”二字，刻在石头上，上面修建亭子，号“旌义亭”。不久在亭子后面建“义民祠”来祭祀。

昭忠祠　在县城的西南。道光十三年（1833）奉旨修建，祭祀张丙之乱中殉难的官员和军民，追封原嘉义县丞方振声为知府、原千总马步衢为游击、原把总陈玉成为都司。光绪十四年（1888），斗六盐馆委员叶大镛监督修缮，以槟榔叶的税收作为祭祀费用。

将军庙　在都司署内，祭祀24将军，后堂祭祀台湾镇总兵林向荣。光绪四年，都司凌定国修建。

文昌祠　在县城，同治七年（1868）建。还有一处在林圮埔街。光绪二十年重修。

苗栗县

社稷坛　未建。

风云雷雨山川坛　未建。

先农坛　未建。

文庙　未建。光绪十五年，暂时就文昌祠奉祀孔子。

武庙

城隍庙　在县城。

台东直隶州

社稷坛　未建。

风云雷雨山川坛　未建。

先农坛　未建。

天后宫　在卑南厅马兰街，光绪十五年，统领张兆连建。先是张兆连上报巡抚，要求奏请朝廷赐给匾额。光绪十七年，卑南、大麻里各社正副社长及通事等捐银750元，购置耕地和围场，作为祭祀的费用。

昭忠祠　在卑南的宝桑海滨，光绪七年，同知袁闻柝修建。光绪十年，“土番”作乱被毁。光绪十八年，重建于鳌鱼山。

卷十一

教育志

卷十一

教育志

连横评论说，自东周井田制废除以来，学校提供供养的制度停止了，人才随之减少，朝廷所凭借的选拔人才途径，只有科举考试而已。科举不能有效选拔人才，人才的发现如果只靠科举，就会出现即使像管仲、商鞅这样的政治才干，董仲舒这样的经学造诣，司马相如、扬雄这样的文学水平，如果没有被主考官看上，也只能是一辈子不能出人头地。既然科举不能选拔人才，又对人才加以打压、摧残，闭塞人们的耳目，禁锢人们的思想，使天下人都受它的控制，杰出的人才也不能和这种制度对抗，统治者自然也就可以高枕无忧了。因此，学校的设立，是出于为天下育才的公心；科举制度的设立，是出于帝王巩固政权的私心。以私害公，是与王道对立的霸道的做法。上古时期，政府根据百姓家中人口授予土地，一个成年男子的标准为 100 亩，其收成可以使 8 口之家免受饥寒。设立乡学来教化民众，让他们 8 岁进入小学，学习以天干、地支记录时间，用东、西、南、北、中辨别方向，以及文字和计算方面的知识，15 岁进入大学，学习前代圣贤制定的礼乐制度。把优秀的学生从乡学选拔到城市的学校，城市学校中拔尖的学生选拔到诸侯国的少学。诸侯每年把少学中杰出的学生贡献给天子，让他们到太学就读，把这称为“造士”。学生的品德、才干如果难分高下，就用射箭来区分高下，确定了名次之后就分别授予官职，再根据在官位上的表现授予爵位，根据官位给予俸禄。因此可以说，古时候选拔人才的途径很宽畅，官员任用的标准很严格；后来人才的选拔很严格，官员的任用却很宽松，这样人才又怎么能被发现呢？

台湾是海上的岛屿，缺乏先王的礼教传统。荷兰侵占台湾后，才开始教育“土番”，但这只是想培养奴隶的殖民教育而已。他们侵占台湾三年后，就派牧师来传教，推行基督教信仰。当时接受荷兰殖民统治的“番社”有：新港、目加溜湾、萧垅、麻豆、大目降、大杰颠，分别都设立了教堂。每逢星期天，所有人都全部休息，聚集在教堂，做礼拜祈福诵经，因此信奉的人日渐增多。崇祯九年至十二年（1636—1639），各“番社”开始设立小学，每个学校规模为 30 人，教学的内容是荷兰语、荷兰文以及《新约》《旧约》。后来，牧师甘狄士又把《基督教问答》《摩西十诫》翻译成“土番”的语言，来教授“番童”，同时还选拔毕业生为教师。于是“土番”中许多人都学习了罗马字，并且能够书写。把鹅毛管削成略为尖斜的形状，然后沾上墨水，写起来很快。凡是契约、证券、公文都用荷兰文书写，因此没过几年，前后求学的学生就达到了600人。荷兰人所办学校宣扬的，是宗教色彩的敬畏天意、尊崇统治者、忠爱宗主国一类的内容，因此在荷兰殖民统治期间，“土番”没有出现反抗者，这都是教育引导的作用。[1]

郑成功收复台湾之后，各项制度还处于草创阶段，施政的重点是休战养兵、与民休息，还不能顾及设立学校。永历十九年（1665）八月，继位延平郡王的郑经任命陈永华为勇卫。陈永华辅政后，当年粮食又获得大丰收，因此请求修建孔庙，设立学校。郑经说：“荒服新创，地狭民寡，公且待之。”陈永华则解释说：

> 昔日成汤以百里而王，文王以七十里而兴。国家之治，岂必广土众民，唯在国君之用人求贤，以相佐理尔。今台湾沃野千里，远滨海外，人民数十万，其俗素醇，若得贤才而理之，则十年生聚，十年教养，三十年之后，足与中原抗衡，又何虑其狭小哉。夫逸居无教，则近于禽兽。今幸民食稍足，寓兵待时，自当速行教化，以造人才，庶国有贤士，邦以永宁，而世运日昌矣。

郑经同意陈永华的建议。学校选址在宁南坊，面对魁斗山，旁边还建了明伦堂。永历二十年正月，孔庙落成，郑经率领文武大臣举行了祭祀孔子的典礼，学校周围观看典礼的人有好几千人，但秩序井然，举止端庄，遵礼而谦让。郑经又命令各社都设学校，聘请来自内地各省的博学人士担任教师，给台湾的民众子弟传授知识。民众的孩子8岁进入小学，讲授和学习儒家经典、历史书籍、礼乐制度。天兴、万年二州3年举行一次选拔考试，通过者参加府试，府试通过者再参加以策论为内容的院试，最后录取者成为太学生。太学每月都要进行考试，并发给学生膳食补贴。3年举行大试，选拔其中特别优秀的人担任六科内都事职务。三月，郑经任命陈永华担任学院，叶亨担任国子助教，传授知识，培育人才，台湾民众从此开始勤奋读书。当时，太仆寺卿沈光文住在罗汉门，也以汉文教授“土番”。而那些避难来台湾的明朝官员和士绅，大多是博学鸿儒，他们携带典籍图书，聚集在延平郡王的幕府中，摊开经典，宣讲儒家学说，称颂并主张效法古代圣明君王的言行和制度，成为一时的盛况。

---

① 此误。荷兰殖民统治时期，面对殖民者的奴役和剥削，少数民族群众不屈不挠、前赴后继地抗争，如目加溜湾社抗荷、麻豆等三社团结驱荷等，其他零星反抗事件更是层出不穷。

清朝统一台湾后，康熙二十三年（1684），台湾知府蒋毓英在府城的东安坊最早设立了两所社学，给儿童进行启蒙教育，也称义塾。之后各县也都增设这类学校。新建了台湾、凤山两县的儒学。第二年，分巡道周昌、知府蒋毓英将此前郑氏时期的文庙旧址加以扩大，在旁边设立了府儒学，由省里派驻教授一名主持教学和相应的行政事务。各县的县学则设置教谕一人，隶属于学政，后来又各增设了训导一人。但往往是学宫虚设，义塾空名，并没有很好发挥它的教育功能。士、农、工、商四民子弟，到了七八岁都进入私塾性质的书房，由启蒙老师进行教育，先读《三字经》或《千字文》，这些读完之后，再教《论语》《孟子》《大学》《中庸》的所谓四书，严格要求学生进行背诵，并且还要读朱熹的集注，为将来参加科举考试做好准备。有学生没有达到要求，就会受到体罚。四书读完后，又教《诗经》《尚书》《周易》《左传》。在读这些儒家经典的过程中，还要学写八股文，用试帖[①]的方法考核学生的背诵能力，出题监督学生完成试卷。学习10年之后，可以参加科举考试。学生当中比较聪明的，还会广泛地阅读古文和历史书籍，以培养渊博的学识。当时父亲教导儿子，兄长勉励弟幼，都把科举考试作为一生最重要的事业，大家都刻苦励志，争先恐后。

当时的制度规定，三年中要举行两种考试，一种是三年一届的科举考试，即科考，一种是每年由各省学政主持的对童生和在学儒学生员的考核考试，即岁考。康熙二十五年（1686），福建总督王新命、福建巡抚张仲举奏请获准，台湾府学每年录取文、武童生各20名，每科录取文童20名，选拔廪生20名、增生20名。贡生以考取廪生成绩的高低为序，每年选送1人。考试之前，童生先到本县礼房[②]报名，填写自己的姓名、年龄、体貌特征、三代籍贯职业等信息，而且还要有本县的廪生作担保。衙门差役、奴仆、娼妓和艺人、贱民的子弟不能参加考试，如果有这样的人被发现已经录取为生员，其他的同学应该将他逐出儒学，为他担保的廪生也要受到同样的连坐处罚。考试的当天，知县亲赴考棚，点名之后分发试卷，考试的时候，考棚的大门要锁闭。考试的内容为两文一诗[③]，天黑了，考棚的大门才会打开，考生才能出来。考官评定试卷的优劣，几天后，放榜公布首批录取名单，之后还会进行两到三次复试，每次录取人数逐渐减少，直到最后确定县里的合格人员，推送参加府一级的考试。各县的考生聚集到台湾府，按照同样的程序再进行淘汰录取。

---

① 试帖，摘取典籍中的一句，让学生默写出这篇典籍的上下文。

② 县衙门中办理祭祀、考试等事务的下属机关。

③ 两文一诗，两文指《四书》文或《孝经》论，一诗指试帖诗。

台湾府隶属于福建省，由分巡台湾道兼管提督学政的事务。雍正五年（1727），学政事务改归巡台汉御史兼管。乾隆十七年（1752），又把学政事务归台湾道兼管。考试前一天，学政必须穿戴正式官服参拜孔子，然后在明伦堂席地而坐，面前摆放一张书桌，廪膳生站在前面诵读经典，其他生员陪站在两旁。仪式结束后，学政和生员进入考棚。考试先考古代经典学问，具体内容为诗、赋、策论[①]、经解[②]，新旧生员都要到场，不参加考试的也顺其自然。接着考旧有的生员，廪膳生、增广生都必须参加。除了上舍之外，名列一等的人，根据名次享受廪膳生的资格，没有参加岁考的人不能参加省级考举人的乡试。岁考成绩列在第四等的，将名单发给所在府、县儒学进行训诫。三次不参加岁考的生员，将革除他的功名。最后是考童生，也要锁闭考棚的大门进行考试，禁止挟带书籍，如被搜到就烧掉。几天之后发榜，选拔出十来名进行复试，根据各儒学规定的名额补进，不能超出，考生还须默写《圣谕广训》一两百字，否则不予录取。学政发红榜（即红案），将最终录取的名单发给所在的府县儒学，这些人就成了生员。学政会带领这些新录取的生员到孔庙进行参拜行礼，仪式结束之后，整个岁考才算完成。

台湾府学每年有 1 名贡生的推荐名额，各县学是每两年才有 1 个贡生的推荐名额，以后逐渐有所增加，这称为岁贡，是以廪生考核成绩排名的先后为根据来推荐的。贡生到国子监读书，每年有生活津贴，因此被称为上舍生。凡是遇到朝廷广施恩泽而增加岁贡名额，这样的贡生就称为恩贡，本来排名第二的生员就成为岁贡。顺治初年，朝廷下诏选拔府县生员特别优秀的到北京参加殿试，每 12 年举行 1 次，参加考试的生员被称为拔贡。雍正初年，改为 6 年选拔 1 次，台湾府学有 2 个名额，各县学 1 个名额，如果没有符合标准的则宁缺毋滥。乾隆八年（1743），又确定 12 年选拔 1 次，命令此后成为定例。省一级的科举乡试时，应考的生员有成绩优秀而限于名额不能取为举人的，可以录为副榜。台湾举人的名额都是正榜，考试合格但因名额不足而落榜者，就被录取为副榜，称之为副贡。乡试之后，学政还会在全省推举的优秀生员中通过考试选出几名，称之为优贡。以上五种生员都是通过选拔而获取贡生的资格，另外还有一种通过按照规定向政府捐纳钱财而获得贡生资格的，称为例贡。雍正二年（1724），朝廷下令，各省凡是例贡本身不是廪生的人，不能充当教职使用，现在已经担任教职的也要全部罢免，以此体现师道尊严。后来

① 策论，议论当前政治的文章。

② 经解，解释儒家经典的著作。

这项规定被废除，通过捐纳充当教职很普遍，这些人坐在讲台之上，冠冕堂皇，但其中有不少文理不通的人士。

过去的惯例是每三年举行一次乡试，各地生员聚集到省会，主考官由皇帝从京官中选派来到省城。秋季八月，参加三场省城考场的考试后，考中者名列解榜①，地方官府会表彰他的家，送给一份礼物，并把名单送到京城，称之为举人。第二年春天三月，皇帝命令大臣把他们关闭在礼部主办的考场进行三场考试，中选者再召集到宫中进行殿试，由皇帝亲自主持策问的考试，然后根据成绩分甲、乙两榜②，都称进士。

台湾从康熙二十五年（1686）设立学校，康熙二十六年，福建陆路提督张云翼上奏说："台士乡试请照甘肃、宁夏之例。闽省乡闱，另编字号，额取一二名，俟应试者众，乃撤去。"康熙下诏同意台湾另编字号，额定录取一名。康熙三十六年，闽浙总督郭世隆奏请，说台湾士子要求撤销单独编号，跟其他地方一样，参与全省中举名额的竞争，得到朝廷的批准。从这以后，台湾士子经常在乡试中无人中举，加上渡海到省城福州考试危险艰难，参加乡试的生员日益减少。雍正七年（1729），经巡台御史夏之芳奏请批准，台湾仍按原来的办法，另外编号，额取一名。雍正十三年，巡台道张嗣昌请求增加台湾乡试中举的名额，经福建巡抚卢焯奏请，朝廷诏令同意给台湾增加一个名额。乾隆元年（1736）恩科，福建增加30个举人的名额，台湾也增加了一名，以后就成为定例。嘉庆十一年（1806），海寇蔡牵作乱，台湾许多人士都崇慕忠义，协同官府抵御。第二年，粮储道赵三元巡视台湾，向总督阿林保和巡抚张师诚介绍了这一情况，建议增加台湾乡试中举的名额，并在台湾生员中选举优贡。嘉庆十五年，朝廷下诏同意，台湾的中举名额进一步增加为三名。

最初，台湾的广东籍童生参加"小试"③，和各县的本籍考生没有区别。乾隆五年，巡台御史杨二酉因为广东籍移民台湾已久，户口都登记在案可查，目前可参加应试的文童有700多人，奏请另外单独编号。台湾府4县全部学校一共录取8名，放在台湾府学读书，等到广东籍生员录取逐渐增多之后，再把廪生、增生、岁贡名额问题如何处理奏请决定。广东籍生员乡试的中举名额不单独编号录取，还是在省里原来给台湾的名额中竞争录取。道光八年（1828），经闽浙总督孙尔准上奏获准，在福建乡试中另编字号，专门给广东籍考生中举名额1名。因为广东人移居台湾的

① 解榜，即公布解试也就是乡试合格者的榜文。

② 明清时已不分甲乙榜，而分为一甲、二甲、三甲。

③ 小试，即考取生员资格的童试。

人已经很多，弃农读书者也不少。根据惯例，府学、县学的生员名额与缴纳赋税的多少是相关的，台湾从乾隆年间以来，土地开垦日益扩展，民众富裕，文化风气也随之振兴，文人中讲经学史的人可以和各省相提并论。因此到台湾建省的时候，全台湾生员的名额迅速增加，乡试中举的名额也定为 7 名。乾隆四年，巡台御史诺穆布、单德谟等奏请台湾举人参与会试也按照乡试的办法，另编字号，专门给 1 个名额。礼部商议，台湾举人参加会试人数达到 10 人，则奏请取中 1 名，而且作为定例。这以后台湾人就可以考中进士而成为翰林。

武举考试始于唐代，其制度规范与科举考试相同。清代沿袭明代旧制，设立甲乙两科，最初，武童考试也要考“四书”，当时认为文、武是互为表里的，后来改成仅默写一段兵书。每逢岁试，以舞刀、举石、骑马射箭、站立射箭为考试内容，选拔出武艺高强者参加高一级的考试。乡试、会试也是按照这样的内容和程序。

之前，乾隆二十九年，巡台御史李宜青任满回京后奏称：

台湾四县应试，多福、兴、泉、漳四府之人，稍通文墨，不得志于本籍，则指同姓在台居住者，认为弟侄，公然赴考。教官不及问，廪保互结不暇详。致窃取一衿，褰裳而归，是按名为台之士，实则台无其人。臣于上年抵台，行文观风，四县生员只八十余卷，询之官吏，据称俱在内地。夫庠序之设，凡以宏奖风教，使居其土者知所方向。今台湾南北二路，广袤一千数百余里，计其庄户不下数万，而博士弟子员寥寥不少概见，则皆内地窜名之所致也。查台地考试，从前具有明禁，非生长台地者，不得隶于台学。圣朝作养边陲之至意，人所共见。又定例入籍二十年，亦无原籍可归者，方准予寄籍考试。今四府之人，其本籍不患无可以应试之处，而远涉重洋，或两地重考，或顶名混冒，藐功令而窃荣名，莫此为甚。请将内地冒籍台属各文武生员，照冒籍北闱中式之例，悉改归本籍。仍请敕下该督抚，饬行兼管提督学政之台湾道，嗣后府县试及该道考试，应作何设法稽查，识认精细，其廪保等不敢通同徇隐及受贿等弊。斯则海邦皆邹、鲁，而作人之化，无远弗届矣。

朝廷下旨令礼部商议回奏，礼部上奏认可，得到批准。这是禁止冒籍的政令。到蔡牵袭扰台湾的时候，台湾各界人士义勇奉公，郊商也捐资协助军队。事情平定之后，奏请增加台湾生员名额，并且确定给郊商子弟 3 个名额，附在府学，以方便他们走上科举考试的道路。

早在顺治九年（1652），朝廷颁布学规，诏令各地儒学镌刻碑石树立在明伦堂，以作为教育的根本规范。它勉励学生要当忠臣、当清官。监察督促学生，不许上书评论时政利弊，不许拉帮结派仗势横行乡里，不许自行刊刻诗文沽名钓誉。凡是违反的生员都将被革除功名，主管的学官也会被连坐处分，规定非常严格。然而，国家培养人才，就是为了培养国家发展的力量。东汉时太学有学生3万人，评论时政的言论尖锐而且深刻，抨击豪强无所隐讳，公卿显贵都害怕受到他们的批评，社会舆论都把他们的批评看成是一种衡量的标准。宋代太学生拜伏于宫门外击鼓，请求起用李纲，夏、商、周三代贤王执政时期淳朴的社会风气，只有这件事最为接近。现在却禁止谈论国家大事，那学生读了书还有什么用？破坏人与人之间相处的伦理道德准则，打压民众的精神、意志，这不是很残暴吗？满人以骑马射箭征服天下，入关之后，仍然沿袭明朝的科举制度，因为科举制度可以笼络人才，所以制定了规范的科举考试程序，答题要求一定写楷书。生员束发进学校，终年苦读，只为了出人头地。有幸科举及第的人，就穿戴官服、佩带印绶、取得荣华富贵，成为宗族和友人称羡的荣耀。不幸而失意科场的人，就穷愁潦倒一生，老死窗前，无人询问，得不到重视。人才的选拔，仅以科举考试为衡量的标准，国家如何能够治理得好，教育如何能够振兴发展？

康熙九年（1670），朝廷颁布圣谕16条，规定各地官员在每月的初一和十五日，组织士绅和在学生员到明伦堂听讲，以便让军民都能知道。雍正元年（1723），又刊刻《钦定圣谕广训》，分发到各乡，让学童诵读。每逢初一和十五日，还召集民众在本地的公共场所，进行逐条宣讲。乾隆元年（1736），又颁布了《书院规训》。朝廷希望培养人才的愿望，算是很迫切了。但是，学校并没有得到很好的发展，而是崇尚表面上的浮华，朝廷又大兴文字狱，逮捕杀害了很多人，像这种对读书人的压制、对人才的玩弄摧残，即使是秦始皇焚书坑儒，也没有它严重。

台湾刚刚归附清朝的时候，在那里从事农耕的人大多是跟郑成功来的明朝遗民，他们关心庄稼的生长，心中眷念明朝，大多数人都不喜欢把当官作为一条出路。康熙四十三年，台湾知府卫台揆始建崇文书院。康熙五十九年，分巡台湾道梁文煊又建了海东书院。以后各县纷纷建立书院，为生员们继续学习提供方便。书院里设有宿舍，聘请名师执掌教务，又设监院负责监督管理。每月官师各组织1次考试，取生员和文童各20名为内课生，每人发给膏火银[①] 7钱。外课生童各取40名，每人发给津贴银3钱7分。书院山长的薪酬是400银元，加考小课[②]，就另外再加120元。

① 膏火银，即伙食费。

② 小课，由山长出题、阅卷并给成绩优秀的生员奖励的考试。

监院的月薪是10两银子，闭门考试期间，另发伙食补贴50元，都从学田所收的地租中支付。乾隆六年，分巡台湾道刘良璧亲自审定海东书院学规六条："一曰明大义，二曰端学则，三曰务实学，四曰崇经史，五曰正文体，六曰慎交游。"乾隆二十七年，分巡道觉罗四明又重新修订为："一曰端士习，二曰重师友，三曰立课程，四曰敦实行，五曰看书理，六曰正文体，七曰崇诗学，八曰习举业。"道光年间，徐宗幹担任巡台道期间，下大力气整顿学规，选拔优秀的生员进入书院继续学习。每天晚上都来到书院，给学生们提问题，让他们反复讨论，教导他们要有保全自己、树立远大志向的品行，鼓励他们努力读书写好文章。一时学生们竞相努力，相互借鉴学习，他教育过的学生，很多都成了人才。台湾府是全台湾教化最好的地方，文化风气兴盛，一座城市中，东、西、南、北都成立了文社，而以奎楼为聚会中心，因此奎楼也被称为书院。每当有教育或文化等方面的问题，大家聚集在一起讨论，提出建议，交给官府，但是不会提交过激的建议。至于奇文共欣赏、疑义相与析，则是按规定时间举行文会。

按照惯例，新官到任，一定会举行了解生员学习水平的考试，考试内容为诗、赋、策论，或者询问地方利弊，很有广泛征求民间建议的意思。古时候，文人通过文字，平民百姓通过公开表示不满，商人在市场上议论，工匠通过技艺，表达对社会的看法。每年正月，君主派往地方了解民情的使臣都会手持木铎巡游于乡里，搜集反映民情的民谣、诗歌，报告给君主，因此君主不出朝廷就能知道天下是否安定。但夏、商、周三代之后，社会评价是非的标准，全部由朝廷规定，而不是出于学校。因此，君主推崇的，众人都争相以为是，君主贬低的，众人都指责以为非，在这种风气影响下，世人都利欲熏心，道德和正义也跟着磨灭了。

光绪十一年（1885），刘铭传任台湾巡抚，调整行政区划，设置官吏，学校生员的名额也随之增加。后来经过礼部核议批准，命令各地儒学查明，由台南府学、台北府学拨归台湾府学的廪膳生、附生、增生共150名，武学生员86名。又由彰化县学拨归台湾县学生员52名，武学生员11名。彰化县学拨归苗栗县学生员11名，武学生员11名。嘉义、彰化2个县学拨归云林县学生员49名，武学生员22名。[①]各地原来规定的新增廪生名额，应由调整后的行政区划按生员的名次递补，从光绪十八年起，生员的生活补贴也由新划归的学校提供。

当时台湾巡抚兼任提督学政，核定的考试费用为岁、科两试共12000元，由台

① 鉴于台湾已设行省，在台湾中部增设台湾府，原台湾府改为台南府，故奏请调整学额，朝廷核准自光绪十八年（1892）施行新学额。

南府、台北府均分。其中岁试3300元、科试2700元。而新设的台湾府，则规定从光绪十七年辛卯科开始自行组织考试，考试经费按照台南、台北两府的章程，岁、科两试共6000元，其中科试2700元。这些费用都从盐税余款中支付。台南、台北两府的考试经费，则规定岁试各850元、科试700元，也都从盐税余款中支付。

之前，台湾生员到省里参加乡试，一向由海东书院发给路费，以帮助参加考试的生员。台湾建省之后，因为有官船往来，就改发船票。至于赴京参加会试的举人，如果是在海东书院学习的新科举人就发给路费100元，即使不是海东书院的学生，但如果连续两科考上秀才和举人的也同样发给100元，其他的举人则只给40元。台南府的举人应先到书院的监督那里报名，然后才能领取。如果是台北府的举人，在台北府报名统一领取发放，台湾府也是就近报名，呈送台湾道审核统一领取发放。海东书院对科举的鼓励真是做到了极致。

当时，百事俱兴，农、工、路、矿各项事业先后举办，因此借用了很多国外人才。刘铭传从培养本土人才考虑，光绪十二年，先在台北大稻埕①设立电报学堂，②让学生学习电报技术。光绪十六年，又在台北城内设立西学堂③，聘请了4名外国人当教师，选拔全台聪明的孩子来学习，教他们英文、法文、地理、历史、测绘、数学、物理、化学等课程，还聘请了中国教师4名，分别担任汉文和其他的一些课程。学生的费用都由官方提供，每年大约需要1万两银子。成效非常显著，台湾教育的面貌焕然一新。

安抚"土番"和开垦是治理台湾最重要的政务。以前虽然在"番社"设立了社学，又选拔其优秀的子弟为佾生，作为官府的恩赐，但这只是一种笼络"土番"的办法，而不是长久的政策。光绪十六年三月，刘铭传又创立了"番学堂"，先挑选大嵙崁、屈尺、马武督的"土番"儿童20人来就读。聘请罗步韩、吴化龙、简受禧当教师，教他们汉文、算术，以及官话、台语④。其日常起居礼仪，都按照汉族人的习惯。每三天带他们到校外游玩一次，让他们和汉族民众多接触，以改变他们粗野的习气，通过耳濡目染来感化影响他们。

刘铭传本人也时常亲临学堂，考察学生的学习情况，极力奖励。当时人才培养的趋势，蓬勃发展，再持续几年就可以收到明显的成效。但从邵友濂到台湾担任巡

① 大稻埕，在今台北大同区。

② 台湾电报学堂设立当在光绪十六年。

③ 光绪十三年，刘铭传奏请创办西学堂，初设于台北大稻埕六馆街。光绪十七年，迁至台北城内。

④ 台语，即闽南话。

抚之后，光绪十七年，撤销了西学堂，光绪十八年，“番学堂”也被停办了，实在让人惋惜。

台湾儒学表

台南府儒学　在台南府城，康熙二十四年（1685）建。以下都参见本书《典礼志》各文庙。

安平县儒学　在安平县城（附在台南府城），康熙二十三年建。[①]

嘉义县儒学　在嘉义县城，康熙二十三年建。[②]

凤山县儒学　在凤山旧县城，康熙二十五年建。

恒春县儒学　未建。

台湾府儒学　在台湾府城（今台中市），光绪十五年建。

台湾县儒学　未建。

彰化县儒学　在彰化县城，雍正四年（1726）建。

云林县儒学　未建。

苗栗县儒学　未建。

台北府儒学　在台北府城，光绪六年建。

淡水县儒学　未建。

新竹县儒学　在新竹县城，嘉庆二十二年（1817）建。

宜兰县儒学　在宜兰县城，光绪二年建。

台湾书院表

海东书院　在台南府城府学西边，康熙五十九年，分巡道梁文煊奏请创立，后改为校士院。乾隆四年，巡台御史单德谟奏请另建校士院。第二年，巡台御史杨二酉奏请按照福建省直辖书院的管理办法，以台湾府学教授为书院的主讲老师，通过考试录取生员进院继续学习，并且提供生活补贴。当时有拔贡生施世榜首先捐献稻谷1000石作为书院修缮的经费，又捐水田100甲为学田，以作为书院运行的经费，于是聘请府学教授薛仲黄为书院的主讲老师。乾隆六年，分巡道刘良璧亲自制定了书院学规，杨二酉立碑记载了这件事，石碑至今还在书院中。乾隆十五年，台湾知

① 台湾建省，于今台中设台湾府和台湾县，原台湾县改为安平县，原台湾县儒学改为安平县儒学。

② 乾隆五十二年，改原诸罗县儒学为嘉义县儒学。

府方邦基、台湾知县鲁鼎梅把台湾县衙门改建到赤崁楼的右侧，又把书院移到旧县署之中。乾隆十七年，朝廷下诏以台湾道兼任提督学政，岁试、科试的考场因此改到道台衙门，原来的校士院被闲置。乾隆二十七年，台湾道觉罗四明又把旧的书院加以修缮使用，并且立碑记载了这件事。乾隆三十年，台湾知府蒋允焄暂时代理台湾道事务时，又选择在府学西侧的山坡下另建了现在的书院，东西宽 30 丈、南北长 80 丈，坐西朝东，讲堂、宿舍全部齐备。后来书院又不断进行修缮。

崇文书院　原来在台南府城东安坊，是台湾府的义学，康熙四十三年（1704），当时的台湾知府卫台揆所建。乾隆十年（1745），台湾道庄年兼管台湾知府事务时进行了重修。乾隆十五年，台湾知县鲁鼎梅将海东书院迁到县署旧址后，把原来的海东书院旧址作为崇文书院。乾隆二十四年，台湾知府觉罗四明在台湾府衙门的东侧新建讲堂、宿舍，并且立碑记载了这件事，这块碑现在还在书院中。

南湖书院　在台南府城法华寺旁，乾隆二十九年，台湾知府蒋允焄所建，作为生员们学习的地方，现在已荒废。蒋允焄所撰写的碑文，收录在《台湾县志》中。

正音书院　在台湾县署的左面，雍正七年（1729）依据朝廷旨意设立[①]，凤山、诸罗两县也都设立，现在全部荒废了。

引心书院　原来在台湾县城樣仔林街，嘉庆十五年（1810），本地乡绅黄拔萃利用白莲教斋堂成立引心文社，并独自承担运行费用。嘉庆十八年，知县黎溶与黄拔萃商定，将文社改为台湾县属的引心书院，由黎溶和黄拔萃分别捐款购置院产，后来又迁到柱仔行街。之后，知县姚莹也捐款置产，以其利息，作为书院经费。光绪十二年（1886），改为蓬壶书院。

蓬壶书院　在县城赤崁楼的右边，光绪十二年，台湾县知县沈受谦建。

奎楼书院　在台南府城台湾道衙署旁，雍正四年建，为生员们集体讨论的场所。

凤仪书院　在凤山县衙署的东边，嘉庆十九年，知县吴性诚建。

屏东书院　在凤山县阿猴街，嘉庆二十年，凤山知县吴性诚、下淡水县丞刘荫棠共建。

玉峰书院　在嘉义县城西门内，是原诸罗县儒学旧址。乾隆二十四年，诸罗知县李倓改建。[②]

宏文书院　在台湾府城（今台中市），光绪十五年（1889）建。

---

① 当时有大臣上奏认为，“闽、粤两省之人，仍系乡音，不可通晓”，朝廷因此令福建、广东每县至少设立一所正音书院。

② 乾隆十八年，诸罗知县徐德峻以诸罗县学旧址取代已废的诸罗义学。

白沙书院　在彰化县文庙的东侧，乾隆十年，淡水同知兼管彰化县知县事务的曾曰瑛所建。乾隆二十四年，彰化知县张世珍重建。乾隆五十一年，林爽文事件中被毁，知县宋学颢将书院改建到文庙的西侧。嘉庆二十一年，知县吴性诚重修，规模进一步扩大。之前，嘉庆十六年，知县杨桂森曾倡议将南门外旧粮仓改建为主静书院，聘请名师讲学，为家庭贫困的生员提供继续学习的场所。当时已经募集资金1000余元，购置田产收租，后来主静书院没能建成，于是将这笔田租收入拨归白沙书院。

文开书院　在彰化县所辖鹿港的新兴街，道光四年，鹿港海防同知邓传安倡议建立。书院内正中供奉朱熹，两旁以沈光文、徐孚远、卢若腾、王忠孝、沈佺期、辜期荐、郭贞一、蓝鼎元配祀，这些都是寓居台湾的贤达人士。沈光文，字文开，因此书院以他的表字得名。邓传安为书院撰写了碑记，记载于《彰化县志》中。

龙门书院　在云林县城，乾隆十八年建。

蓝田书院　在云林县的南投街[①]，道光十一年，南投县丞朱懋邀请南北投、水沙连两堡的士绅、民众商讨建立书院，以生员曾作云、管俊升等具体负责。道光十三年，书院建成。书院正厅供奉朱熹，作为讲堂，两旁为宿舍，建设用款4100多元。众人又捐款购置田产，作为聘请山长、学生生活补贴等费用。贡生曾作霖为书院撰写了碑记，这块碑现在还在书院中。同治三年五月，乡绅吴联辉重建了书院[②]。因为戴潮春事件刚刚平定，兵备道丁曰健给书院题写匾额“奏凯崇文”。光绪十年，吴联辉之子吴朝阳又进行了修缮。

英才书院　在苗栗县城，光绪十三年建。

登瀛书院　在台北府城，光绪六年，台北府知府陈星聚建。

明道书院　在台北府城，光绪十九年，台湾布政使沈应奎建。

学海书院　在台北府城艋舺下嵌庄，原名文甲书院，道光十七年，淡水同知娄云倡议修建，但没有建成。道光二十三年，同知曹谨将它接续建成。道光二十七年，闽浙总督刘韵珂巡视台湾到了艋舺，将书院改成现在的名字。同知曹士桂曾经亲自担任书院的山长，在这里学习的生员有几十人，尚文崇学的风气很兴盛。同治三年十月进行重修。

明志书院　在新竹县城西门内。之前，乾隆二十八年，福建永定贡生胡焯猷把

① 在今南投县南投市。

② 道光末，因地震、水患，书院被毁。

他在兴直堡新庄[①]山脚下的旧房子设立了义学，匾额题写“明志”二字，并且捐资购买了学田收租，作为经费。淡水厅同知胡邦翰赞赏这一行为，向上级官府申请，把义学改为书院。第二年，闽浙总督杨廷璋树碑撰写碑文记载了此事。乾隆三十年，同知李俊原因书院距离淡水厅城太远，给生员们上课不方便，提议迁到厅城的南门内。乾隆四十二年，同知王右弼用考试经费结余款，对书院进行改建。乾隆四十六年，同知成履泰又因为书院所处的南门地势低洼，把书院移到西门内。道光九年，同知李慎彝进行修缮。

仰山书院　在宜兰县城文昌宫的左侧。最初，杨廷理到噶玛兰任职开始筹办书院时，认为宋代大儒杨时（号龟山）是闽学的宗师，而噶玛兰海中也有龟山岛，因此将书院取名为仰山，以表达仰慕杨时崇高的德行。嘉庆十五年，初建时只有1间房屋，到嘉庆二十四年，噶玛兰通判高大镛才开始聘请教师指导学生，但房屋已经逐渐倒塌。道光元年，通判姚莹在文昌宫后殿的左侧改建，也只有1厅1室，不久又倒塌了。道光十年闰四月，通判萨廉在书院的旧址上新建了房屋3间，作为生员们学习的地方。从道光初年以来，以本地清丈土地的余款作为租息，每年约有1000元的收入，作为书院运行的经费。

崇基书院　在基隆厅城，光绪十九年建。

文石书院　在澎湖厅所属文澳[②]的西部，乾隆三十一年，澎湖通判胡建伟依照贡生许应元等人的请求捐款新建。书院中间为讲堂，供奉宋代周敦颐、程颢、程颐、朱熹、张栻5位学者，两旁为宿舍，各有10间，因澎湖出产文石，所以把它作为书院的名称，后来经过多次修缮。道光七年，通判蒋镛与副将孙得发、游击江鹤等人带头捐出自己的俸禄并倡议各界捐款进行了维修，蒋镛还亲自担任主讲，并把束修[③]作为书院修建的工资。道光九年春天，在书院的东南方向修建了魁星楼，作为文教昌盛的象征，并筹款生息作为书院的经费。光绪元年，书院董事蔡玉成邀集士绅、商贾筹议修缮，共获得捐款2000多两银子。光绪二年冬天，书院落成，规模宏大，但日常经费还是短缺，蔡玉成又亲自到道台衙门请求拨款支持，台湾道刘璈同意给予帮助，当地生员生活补贴的经费才开始变得宽裕。

① 在今新北市泰山区。

② 在今澎湖县马公市。

③ 束修，即学费。

卷十二

刑法志

卷十二

刑法志

连横评论说，我听老人说，道失去了以后才有德，德失去了以后才有仁，仁失去了以后才有义，义失去了以后才有礼，礼失去了以后才有法，法失去了以后才有刑。所以，刑是不得已才用的。人们处在一国之中，相生相养，相爱相亲，但不能做到完全没有争端。一旦出现争端，强悍的人胜出而弱小的人失败，富贵的人开心而贫贱的人压抑，不满的情绪就会积累起来，动乱就会发生。所以圣人用刑罚来震慑人们，使他们相互告诫而不敢触犯，这样有争端的事情就会减少，人们不敢产生不正当的想法。所以说，刑罚的规定可以遏制刑罚的发生。然而法律的制止是在事情发生之后，而礼仪教化是在事情发生之前，礼仪的作用比较细微，刑法的作用比较显著。细微的作用经过长时间的积累会有明显的效果，而显著作用的时间久了以后就会生出弊端。所以说，用政治法令引导人们，用刑罚来约束人们，人们可以免于犯罪，但却没有了羞耻心。如果用道德来引导人们，用礼仪来约束人们，那么人们就会有羞耻之心，并形成做人的标准。社会并不是那么质朴淳和，人们也没有那么原始野蛮，他们能在没有法律的情况下平和相处，只是因为有善恶的观念而已。

台湾原来是一片荒芜的地方，我们的先民来到这里聚居，耕种捕鱼，没有尔虞我诈，出入劳作时相互伴随，和睦相处，抵御盗贼时，协同看守，互相帮助，有疾病事故时相互扶持。只有村规民约，没有国家法律，这样的状态不知道经历了多少年代。到了明代的时候，荷兰人入侵，布政施教，开始在台湾颁行他们的法律，说是附属地的法律。荷兰人把这些法律在爪哇颁布，并且也把它在台湾施行，“土番”敢怒不敢言。而郭怀一想要驱逐他们，虽然没有成功，死了很多人，但是仇恨日益积累，反抗不断。郑成功军队一到，荷兰人就败走了。延平郡王郑成功收复台湾后，养精蓄锐，以待时机，让民众得到休养生息，但是立法很严，触犯法律的人都不会被赦免。将领们认为立国之初，应该采用宽容的法令。郑成功不这样认为。他在思明（今厦门）设立刑官来管理诉讼案件，一律遵循明朝的法律，又设立了行军司马用来管理军政。郑成功管理军队，赏罚分明，众人都不敢触犯。南明永历十年（1656），左先锋镇苏茂在揭阳打了败仗，郑成功因他曾私下放走施琅，如今又触犯了法律，让文武官员讨论他的罪行，并决定把他杀了。由于苏茂建功多，将领中有人认为对他处置过严了，郑成功亲自给苏茂写了一篇祭文："王恢非不忠于汉，然误国家之计，虽武帝不能为之赦。马谡非无功于蜀，然违三军之令，虽武侯不能为之解。国无私法，余敢私恩，断不敢以私恩而废国法。今行国法而废私恩，眷言酬之，神其格之。"将士们听后都很心服。收复台湾以后，他任用贤能，关心民间疾苦，百姓也守法奉公，上下都很和睦，犯法作乱的事情没有了，诉讼案件也少了。郑经继位以后，遵循已有的法律，百姓们安居乐业，福建、广东等地民众迁居来台湾的越来越多，他们全心全意地从事农业劳动，彼此相安无事。到郑经西征的时候，把政务交给陈永华，让长子郑克壓监国。郑克壓英明果断，他的那些亲戚们都很忌惮他，不敢肆意违法，而且又有陈永华的辅佐，兴利除弊，百姓们都归功于他的德政。台湾人口因此也增加了很多。

清朝统治台湾后，颁行自己的法律。清朝制定法律制度开始于顺治三年（1646）。入关不久，吸收了很多明朝的律令，康熙、雍正两朝又有些修改，到乾隆时期基本完备，这就是所谓的大清律例。里面分为六部则例：一是吏部，二是户部，三是礼部，四是兵部，五是刑部，六是工部，总共436项，有一千数百条则例。五种刑罚：一是笞刑①，二是杖刑②，三是徒刑③，四是流刑④，五是死刑。十恶罪行：一是谋反，二是大逆⑤，三是谋叛⑥，四是恶逆⑦，五是不道⑧，六是大不敬⑨，七是不孝，八是不睦⑩，九是不义⑪，十是内乱⑫。还有八种身份的人犯罪，只要不是十恶大罪，经过皇帝的批准是可以减刑的，即所谓的"八议"，分别是：一是议亲⑬，二

① 笞刑，以竹或木板等拷打犯人臀部、背部和大腿。

② 杖刑，以荆条或大木板拷打犯人。

③ 徒刑，强制在一定期限内从事劳动。

④ 流刑，又称流放，把犯人遣送到边远地方服劳役。

⑤ 大逆，破坏皇室的宗庙、陵墓、宫殿等。

⑥ 谋叛，背叛朝廷。

⑦ 恶逆，殴打和谋杀父母、尊长。

⑧ 不道，杀戮无辜。

⑨ 大不敬，冒犯皇室尊严。

⑩ 不睦，谋杀亲属或女子殴打、控告丈夫。

⑪ 不义，同僚之间互相杀害、士卒杀害长官、学生杀老师、丈夫死女子不举哀或立即改嫁等。

⑫ 内乱，亲属间乱伦。

⑬ 议亲，皇亲国戚。

是议故[①]，三是议功[②]，四是议贤[③]，五是议能[④]，六是议勤[⑤]，七是议贵[⑥]，八是议宾[⑦]。这些都广泛采纳了历代的法律。

台湾隶属于福建布政使之下，府下面又分设厅、县，管理权委托给分巡道。乾隆五十三年（1788）五月十六日下诏，给分巡道加上按察使衔，以便处理诉讼案件。凡是要上诉的百姓，先把案情告诉所谓的“代书”，即专门帮人代写诉状的人，将案情写下来，呈交给厅县，由厅县告诉他们具体审讯的日子，并判定原告、被告的对错。有功名身份的人或者有封号的妇女可以让家人代为诉讼，称为“抱告”。不服从厅、县判决的人，可以向台湾府提起诉讼。如感到台湾府的判决还不公平，可以再向台湾道提起诉讼。但台湾道处理案件，一般都要求府里再调查取证，谨慎审理，只有重大的案件才会亲自审理。对台湾道判决不服的，可以向省里申诉，再不服者，就向京城提起控诉，被称作是叩阍。皇帝不亲自处理案件，命令刑部与都察院和大理寺审理，即所谓的三司会审。但路途遥远，花费众多，除非有奇冤大案，不会走到京城控诉这一步。

命案以及盗贼案件，由厅县审讯，取得口供，核对证据。如果有不招供的人，就用刑责来威逼他招供。招供之后，拟定罪名，把案情上报给府，由府再上报给道，由道造册，送往省城进行秋审，根据轻重缓急，由督、抚汇总上奏，刑部进行审查。如果有疑问的案件，发给台湾道复审。处以死刑的人，要记录他的名字，上报给皇帝，由皇帝亲自勾决，等刑部处决的文书一到，就地执行。没有被勾决的罪犯，就继续关在牢房等待，如果遇到皇帝施恩大赦天下，就能够减轻罪罚。监狱里的制度，由典史掌管，牢房有轻罪、重罪的牢房之分，犯人有已经定罪和还没有定罪的区别。监狱里十分肮脏，暗无天日，饥寒交迫，疾病丛生，经常有囚犯病死在狱中。看守牢房的人，经常勒索囚犯，如果有人不服从，就会遭到迫害，监狱里孤苦寂寞，随时都有可能死去，实在悲哀。判处徒刑或流刑的犯人，典史可以决定他服刑地点的远近：徒刑的人近的发配到澎湖，远的发配到泉州；流刑的人则发配到长城以北的边疆地区，或者发配到西南的边远地区。押送的时候，一定要在犯人的脸上刺字并

---

① 议故，皇帝的故旧。

② 议功，对国家有过大功勋。

③ 议贤，有德行的贤人。

④ 议能，有大才能。

⑤ 议勤，对国事特别勤劳。

⑥ 议贵，职官三品以上、散官二品以上、爵位一品者。

⑦ 议宾，前朝统治者及其后人。

涂墨，这是为了便于识别，除非遇到皇帝施恩大赦天下，永久不能回来，在流放地孤苦凄凉，随时都有可能死去，也是很可怜的。

人的容貌像天地，具有仁、义、礼、智、信的品性，聪明、精美、纯粹，是所有生物中最有灵性的。但是在困难窘迫的时候，或者成为盗贼，或者因为一时的愤怒，以至于杀人，这种行为按照国家法律当然应该诛杀，但按照人情则应该宽恕。在圣王治理天下的时候，颁行井田制度养护百姓，设置学校来教育民众，勉励他们做好自己的工作，处理好人际关系，回到家里要孝敬父母友爱兄弟，出门在外则要讲求忠诚和信用，端庄和蔼，恭敬有礼，和睦、快乐、悠闲。后来皇帝失去了道德，丢弃了典章制度，滥用刑法，法令多如牛毛，再加上横征暴敛，百姓出现了没有钱而且过度疲劳的状况，不知如何是好，产生了很多的怨恨情绪，因此出现了叛乱，而国运也就随着衰落了。这就是信任法律而不信任百姓的错误造成的。

台湾各厅、县把已招供的盗窃犯和杀人犯案件，送府进一步复审定案后，把犯人关在府、县的监狱里，杀人犯随时押送上路。盗案发配到军队戍边以及流放边疆、强制劳役的犯人，等得到刑部的批准，由所管厅、县造册派差役押送，从鹿儿门口岸搭坐商船，渡往厦门。如果是杀人犯直接押送到按察司审办，如果是盗窃犯就到同安县交收。经各地一路押送到省，根据发配地点行文予以发配，所以人犯没有积压的问题。到道光十九年（1839），英国发起战争，海上的局势不稳定，闽浙总督在泉州办理军务，公文事务繁杂，凡是从台湾押送的犯人有从漳州、泉州经过的，一律推迟解送。当时淡水厅抓获了英兵和印度兵两百余人，送到府里关押。台湾府和台湾县的监狱一时十分拥挤。兵备道姚莹命令将其他厅、县已定案的犯人发回各自的监狱关押。发回各厅、县的犯人，如果是台湾县、凤山县的，仍然从鹿耳门渡往大陆，其余各厅、县的犯人不必押送到府里。淡水从八里坌，嘉义从五条港，彰化从鹿港，直接渡往大陆，直到军情稳定下来为止。而商船来的较少，不足以安排搭乘，犯人越积越多，押送的费用更难筹措。厅、县官员卸任，把押送犯人的事情留给自己的后任，接手经办的官员，又因为前任没有把有关的费用留下来，就把事情束之高阁，所以监狱里人满为患。以前押送犯人的费用，由台防厅支付。道光十年，代理同知蒋镛行文说，杀人犯每名要台防厅拨给船钱 30 元，盗窃犯每人 20 元，台防厅赔垫的费用太多，无法支付。代理知府王衍庆申请经上级批准，由审理案件的厅、县平均补贴一半，这样，几年里相安无事。

道光十四年，代理同知沈汝瀚以同知是辅佐官员，俸禄微薄，不肯赔付这笔钱，知府周彦开始要求厅、县全部支付这笔费用，但是犯人越来越多，押送的费用越来越不足。到徐宗幹担任兵备道时，福建巡抚要求整顿清理。徐宗幹认为，一要减少费用，二要制订增加押送犯人搭乘船只的办法，三要制定严格的押送期限。三者都具备，才可能不会再有积压。查台湾厅、县押送犯人的费用，与内地各县比较，不止数倍之多。前道员姚莹已经对台湾各衙门的费用，大力核查缩减，随后根据淡水、噶玛兰二厅，台湾、凤山、彰化、嘉义四县，请求将杀人犯押送费用按照新的案件减少四成，旧的案件减少六成。过海人犯，文书方面会有纸笔的费用，差遣会有看管的劳务，需用在所难免。总的一起算数量还是比较大，确实应该像当初台湾府所说的一样，不分新旧，再行一律减半，以免繁杂琐碎。一名盗窃犯，押送的费用不到杀人犯的一半，数量不多，各厅、县也再要求减少，只好再准许减少十分之四。台湾的押送费用减少之后，各厅县又提出了应当减少内地沿途押送的费用。犯人到厦门以后，要向厦防厅缴纳投批费，以及向同安等县监狱缴纳寄监费，数量有多有少。厦防厅不过是验收一下犯人，同安等县不过是借用他们的监狱关押一晚，怎么需要很高的费用？尤其应当大加裁减。至于现在各口岸船只稀少，应该依照旧的规定，根据具体情况适当增加。我想就哨船来说，它有配载戍守兵丁来台湾的便利，回程时必然换成搭载撤防的兵丁内渡。如果根据情况分配搭载一些犯人，因为兵力集中，可以保证安全，不像商船不敢过多配载。这种情况，自然应当拿出一半的船费分给船长和水手，以此进行鼓励。费用已经减少，搭载的船只又有增加，各厅、县如果再敢推诿拖延，漫无限制，应该另立期限，根据情况分别给予记过、弹劾或撤职。从此公开设立章程，希望能够振作精神。即使不能做到监狱里没有在押的犯人，或许可以希望逐渐得到清理了。建议到省里，巡抚同意了。原来，杀人、盗窃判死刑立即执行的犯人，都由台湾道直接奏办，而没有勾决执行监候以及其他的杂犯则由台湾道提审，取得供词，呈送福建省按察使司查验后转刑部。徐宗幹到省，拜见总督和巡抚，提出仿照其他省份的做法，由道查验后直接转刑部，请求免去呈送省按察使司的主张。回到台湾后，询问僚属，得知案犯证据确凿需要判处死刑的，都留在省里处决，一向都由巡抚审定题报，发配到军队戍边、流放或强制劳役的犯人，最后都必须由省按察使司指定服刑的地点，即使可以避免经过按察使司衙门审问，但必须押送到省里都是一样的。只有经过台湾道衙门查验定案后，只把犯人的口供和名册送省，由省具奏题报，由刑部批准下文经省转发到台湾，到秋审的时候，仍然送到省里一起查验。至于发配到军队戍边等犯人都由台湾道奏报案情定罪，押送省按察使司决定发配地点，办理起来比较简单易行，不至于繁杂困难。徐宗幹向福建巡抚提出了这些建议，又得到了同意。

台湾的刑法都是遵循清朝的法律，清朝的法律社会上有书籍，所以不再记载。唯有不同的地方，台湾有禁止携带家眷及偷渡的法律、禁止侵垦“番地”的法律，禁止娶纳“番妇”的法律。到同治十三年（1874），钦差大臣沈葆桢视察台湾，开山“抚番”，奏请解除禁令，于是土地的开垦每天都在进步。光绪初年，白鸾卿当台湾知县，擅长治理盗贼，设置了各种刑具，轻者断指，重者处死，盗贼们没有了踪迹。白鸾卿任命皂总[①]李荣作为侦查消息的人，盗贼无处逃遁。李荣凭借权力接受贿赂，把持诉讼。巡抚丁日昌知道了他的恶行，杀了他，一时吏治得到了整肃。最初，由台湾道审理的案件，需要的费用很多，审问的时间很久，想要诉讼的人都不敢前来。等到刘璈担任兵备道时，深知民间疾苦，每逢初二与初八的日子，亲自坐堂，准许人们进来控告，旁边有差役侍立，一纸诉讼收费两元，随到随审，许多案件都得到了平反。所以刘璈虽然获罪流放远方，但百姓依然记得他的功德。

光绪十三年（1887），台湾建省之后，刑部认为台湾道原有按察使衔，新建的台湾省不需要再设置按察使司，所有犯罪案件都由台湾道来管理，于是只增设了按察使司狱一员，每年到了秋审，都由台湾道斟酌案情拟订罪名，在十月汇总造册报送给巡抚。然后由巡抚审核确定，分别给予实刑或缓刑。两三个月以后再次请示巡抚确定日期审查办案记录，派拨官船到台湾道驻地台南，台湾道带上所有经手的案卷到台湾巡抚驻地台北，协助巡抚处理。由巡抚向闽浙总督行文报告，总督再行文刑部具题，等候朝廷的圣旨。光绪十七年十一月，巡抚邵友濂行文台湾道，台湾的盗匪案件，向来都是禀请在当地执行死刑，如今台南台北距离很近，押送和查验都很迅速，如果不是反叛或土匪一类的罪犯，都不允许。

① 皂总，差役的领班。

卷十三

军备志

卷十三
军备志

连横评论说，古人曾经说过，自然界中金、木、水、火、土所属的各类物质，民众都要应用，缺一不可，又有哪个国家能离开军队呢？所以，轩辕黄帝有涿鹿一战，颛顼有和共工之间的争斗，大禹有对三苗的攻打，商汤有把夏桀驱赶到南巢的军事行动，周武王有和商纣王的军队在牧野的誓师决战。到了春秋时代，齐桓公、晋文公尊王攘夷，取得威望，奠定了霸主地位，没有军事实力是做不到的，所以子孙后代都不忘他们的功绩。秦、汉以后，用兵的目的就不明确了。

台湾是一座海上的孤岛，也是各方势力争夺的重要地区，没有军队无法防守，没有军队不能保存。因此军队可以百年不用，但不可一日不做防备。但我民族对外不采取军事行动已经很久了。明朝末年的时候，澎湖险阻遥远，海盗经常出没。万历二十年（1592），由于东边的台湾经常有海盗和日本人活动，明朝政府决定在澎湖设置游兵。万历二十五年冬天，开始在澎湖设立 1 员游击、1 员千总、4 哨人马，配鸟船 20 艘，士兵 850 余人。第二年春天，又考虑到澎湖不容易得到增援，增加守备 1 员，这样游击、守备、千总、哨队官兵就配齐了。又在海坛①、南日、浯屿、铜山②、南澳等驻兵较多的地方，各抽取哨官 1 人，带领坚固的战船 3 艘，巡逻的时候远达澎湖，以形成协同互动的声势。

后来因为兵饷难以为继，裁去 1 名游击，而海坛、南日、南澳 3 处巡逻的船只，也逐渐不再开往澎湖，澎湖的兵力只剩下 1 员千总、2 哨人马，配有鸟船 20 艘，士兵 850 余人。每月军饷由漳州、泉州二府共同提供。顾祖禹说：“海中岛屿，东南错列，以百十计。但其地有可哨而不可守者，有可寄泊而不可久泊者，若其险要而迂回，则莫如澎湖。盖其山周回数百里，隘口不得方舟，内澳可容千艘。往时以居民恃险为不轨，乃徙而虚其地，驯至岛夷乘隙，巢穴其中。力图之而后复为内地，备不可不早也。”又说：“海中旧有三山之目，澎湖其一尔。东则海坛，西则南澳，

① 海坛，今平潭。

② 铜山，今东山。

并为险要。是故守海坛，则桐山流江之备益固，可以增浙江之形势；守南澳，则铜山元锺之防益坚，可以厚广东之藩篱。此三山者诚天设之险，或可弃而资敌欤？”

之前，万历三十二年，荷兰人来到澎湖。随后被总兵俞咨皋驱逐。天启二年（1622），荷兰人再次来到澎湖，当时明朝驻兵已经撤离，因此荷兰人侵占了澎湖。而且进一步侵入台湾，派兵分守南北，建筑城堡进行防御。过了38年，荷兰殖民者被我延平郡王郑成功赶走。郑成功养精蓄锐，等待时机，谋求恢复中原，因而奔走前来归附的人，都是不愿意降清，时刻准备杀敌复仇的战士。郑氏不久以后也灭亡了，但它的影响保留了下来。安平的城堡，铁砧山的遗迹，在落日余晖和无边的波涛声中，还是十分令人感慨的，这都是我民族军威的表现。之前，郑成功在思明[①]设立大将军幕府，把陆师分成72镇、水师20镇。到郑经的时候，还有所增加。无论是在陆地还是海上都让敌人感到惧怕，军队的声威大振。

郑成功收复台湾之后，任命周全斌总管台湾南、北军务，士兵停止征战，让民众休养生息，发展农业，只留下勇卫、侍卫两镇官兵来守卫承天府[②]和安平，其余各镇全部屯田自给，所以没有养兵造成的负担。古代兵农合一，5个诸侯国为1属，设1属长；10个诸侯国为1连，设1连帅；30个诸侯国为1卒，设1卒正；210个诸侯国为一州，设1州牧。连帅每年检阅兵车，卒正每三年检阅一次部众，各个州牧每五年举行一次大规模的检阅兵车及部众。因此春季训练军队搜寻猎物，夏季野营守护禾苗免受野兽损害，秋季练兵举行打猎，冬季大规模检阅军队举行围捕，都是在农闲的时候进行。因此军队是国家的军队，能够拿起武器保卫国家，平时欢乐相处，战时患难与共。同时用政令来集结民众，用礼仪来指导民众，用道义来约束民众，用仁爱来对待民众，用勇气来鼓励民众，用忠诚来要求民众，用生产生活的技能教授民众，用平和的态度使用民众，用严厉的刑罚对待犯罪的人，用丰厚的利益来奖励有贡献的人。因此民众都能听从动员，所以才能取胜于天下。

南明永历十六年（1662）夏天，郑经继位，命令忠振伯洪旭、永安侯黄廷守厦门，自己率领军队进入台湾。同时命令铜山、南澳的各个将领不要放松戒备。永历十八年，郑经把行政事务委托给陈永华管理，又实行屯田制度，台湾社会更为安定。永历二十七年，清平西王吴三桂、平南王尚可喜、靖南王耿精忠相继起兵反清，邀请郑经会师。郑经到了厦门，进攻福建、广东各地，占领了10个府，都遵奉明朝正朔。

① 思明，今厦门。

② 承天府，指赤崁城。

当时郑经军队有几十万人，军队的声势再次威震四方。不久，清军进入福建，耿精忠降清，尚可喜也反过来向郑军发起攻击，因此郑经最终无功而返。但漳州南部的征战中，刘国轩、吴淑等各位将领，只有数千兵力，却抵挡了10万清军，神出鬼没，纵横驰骋，很有些郑成功的样子。清军胆战心惊，不敢对敌，郑氏军队的英勇善战，也是值得自豪的。

清朝统一台湾后，改设府、县，调兵分防各地，设总兵1员驻台湾府城，水师副将1员驻安平，陆路参将2员分别驻守诸罗和凤山县，领兵8000名。澎湖设水师副将1员，领兵2000名。这些官兵都从福建各军营抽调而来，3年一换，称为班兵。康熙六十年（1721），朱一贵起义，全台湾几乎都被起义军占领。平定之后，朝廷中有人认为，澎湖是海疆重地，想把总兵移驻澎湖，而台湾只设副将，并且裁去水、陆两个中营。台湾总兵蓝廷珍认为不可以，上书闽浙总督满保说：

> 若果台镇移澎，则海疆危若累卵，部臣不识海外情形，凭臆妄断，视澎湖太重。不知台之视澎，犹大仓一粟尔。澎湖不过水面一沙堆，山不能长树木，地不能生米粟，人民不足资捍御，形势不足为依据。若一二月舟楫不通，则不待战自毙矣。台湾沃野千里，山海形势，皆非寻常。其地亚于福建一省，论理尚当增兵，易总兵而设提督五营，方足弹压。乃兵不增而反减，又欲调离其帅于二三百里之海中，而以副将处之乎？台湾总兵果易以副将，则水陆相去咫尺，两副将岂能相下？南北二路参将止去副将一阶，岂能俯听调遣？各人自大，不相统属，万一有事，呼应不灵，贻误封疆，谁任其咎？澎湖至台虽仅二百余里，顺风扬帆，一日可到。若天时不清，台飓连绵，浃旬累月，莫能飞渡，凡百事宜，鞭长莫及。以澎湖总兵控制台湾，犹执牛尾一毛，欲制全牛，虽有孟贲之力无所用之，何异弃台湾乎？台湾一去，漳、泉先害，闽、浙、江、广俱各寝食不宁，即山左、辽阳皆有边患。廷珍无识，以为此土万不可委去，若遵部议而行，必误封疆。望恕狂瞽，且赐明示。

闽浙总督满保据以奏报，福建提督姚堂也赞同这个意见，于是才停止了要把总兵移驻澎湖的想法。

雍正二年（1724），皇帝下诏说："台湾换班兵丁，戍守海外岩疆，在台支给粮饷，其家口若无力养赡，则戍守必致分心。每月着户给米一斗。唯内地米少，可动支台米，运至厦门，交与地方官，按户给发，务使均沾实惠。"这就是台湾班兵眷米的起始。雍正五年，皇帝又下诏说："台湾防汛兵丁，例由内地派往更换，而将该营将弁往往不将勤慎诚实得力之人派往，以是兵丁到台，不遵约束，放肆生事。

历来积弊，朕甚患之。嗣后台湾班兵，着该营官挑选派往。如有不法，或经发觉，该营官一并议处。”雍正六年，台湾总兵王郡上奏称：“台湾换班兵丁，例由内地派拨，而其中有识字柁工、缭手、斗手、碇手等，向来多系雇募，本地之人冒顶姓名，并非实有兵丁。请照随丁之例，就地招募。”雍正皇帝下诏指示，“海洋操练水师，柁、缭、斗、碇关系甚重，若不换内地兵丁，而常令彼地之人执司其事，似有未便。应于换班之内，挑选学习，着兵部妥议具奏”。当初，班兵来台湾之后，由于籍贯不同，各成帮派，因此从前都把他们分散到各处，到这时王郡奏请废止将他们分派各地的做法，以便训练。没有得到清廷的同意。雍正皇帝下诏说：“驻台兵丁军器，悉系各营自制，是以易于破坏。然将内地精良军器，给与台军，亦非善策。着该督抚于存公项内动支制造，务必坚利精良。至台之日，又着巡视御史会同该镇查验点收，倘有不堪使用者，即据实奏参。”雍正七年，雍正皇帝又下诏，“台湾兵丁，每年赏银四万两，以为养赡家口之用。着总督等均匀分派，按期给发，以示朝廷恤兵之意”。

当初，朱一贵起义时，漳浦人蓝鼎元随军来到台湾，提出了许多治理军务的意见。他认为，半线以北的区域，长约八九百里，山海之间，汉民与“土番”混杂居住，而只有北路一个营的兵力守备，集中起来难以照顾远处，分散了又不足以树立军威。建议在半线规划设置一个县城，而让参将驻守在竹堑，以加固台湾北部的防守。雍正十一年，雍正皇帝下诏升台湾总兵为挂印总兵，授给方印，有向朝廷直接奏事的权利。增设城守营左右两营，改北路营为三个营，由副将驻守彰化，并由中营都司作为副手，而左营守备驻守诸罗县城，右营守备驻守竹堑，其他地方也有所增设，于是当时台湾的士兵共有 12670 名。但台湾的驻军积弊逐渐增多，军纪松弛，兵骄将惰，为害乡里，一旦有事，就溃败奔逃，结果往往不可收拾。

乾隆五十一年（1786），彰化县的林爽文起义，凤山县的庄大田起兵响应，攻陷了许多城镇，驻军无法应战。乾隆皇帝命令大将军福康安率领侍卫巴图鲁，带领湖北、四川、广东、贵州等兵 9000 名到台湾，经过几个月的征战，才平定了起义。台湾班兵的不堪使用已经非常明显。当时，广东籍“义民”以及归化“生番”协助清军镇压起义发挥了较大的作用。事后，福康安奏请设置屯丁，表彰义民，增添马兵，稍微作了一些整顿。当时阳湖人赵翼随军在厦门，就认为鹿港地处彰化的海口，从形势上控制着台湾的南北，建议将彰化县城改到鹿港，并驻扎总兵，居中调度。闽浙总督李侍尧也赞同他的看法，但还没来得及上奏。乾隆五十三年，清政府已经将安平水师左营游击移驻鹿港，从这以后，台湾北部的开垦不断进展，远达噶玛兰，甚至到了台东。嘉庆十五年（1810），改淡水都司为水师游击，兼管陆路，南到新庄，北到宜兰边界，而水师还远到苏澳，作为台北的防卫。道光四年（1824），又升水师游击为参将，这时淡水的东部和北部都已经得到开垦，移民大批来到。而噶玛兰因为山海阻隔，“生番”出没，海盗不时侵扰，又远离淡水六七天的路程，很难控制。闽浙总督赵慎轸建议将北路副将移驻竹堑，以右营守备为中营，中军都司为左营驻彰化，中军守备为右营驻扎艋舺。福建水师提督不赞成，还是将副将留驻彰化，在艋舺设置参将。

当时，台湾班兵累积的弊端已经很严重了，嘉义人陈震曜上书总督，请求裁撤绿营的班兵，招募台湾当地的乡勇入伍。台湾道也是这样的主张。但台湾海防同知姚莹认为不可以，他主张：

比闻大府檄下，议改台湾班兵，召募土著。愚窃以为过矣。台湾一镇水陆十六营，额兵一万四千六百五十有六。自督抚两院，水陆二提，漳州、汀州、建宁、福宁、海坛、金门六镇，福州、兴化、延平、闽安、邵武五协，五十八营抽拨更戍，多者七八百人，少者百数十人。其到台也，分布散处，每内一营分台营者十数，极多不过百人而已。匪特三年之中，分起轮班，出营收营，纷纷点调之烦。配坐哨船或商船，重洋风涛，岁有漂溺之患。而且戍台之兵，既有兵糈，又有眷米，岁费正供数十万石，何所取而必为之哉？盖尝推源其故，窃见列圣谟猷深远，与前人立法之善，而不可易也。夫兵凶战危，以防外侮，先虑内讧。自古边塞之兵，皆由远戍，不用边人，何也？欲得其死力，不可累以家室也。边塞战争之地，得失无常，居人各顾家室，心怀首鼠，苟有失守，则相率以逃。暮楚朝秦，是其常态。若用为兵，虽颇、牧不能与守。故不惜远劳数千里之兵，更迭往戍，期以三年。赡其家室，使之尽力疆场，然后亡躯效命。台湾海外孤悬，缓急势难策应，民情浮动，易为反侧。然自朱一贵、林爽文、陈周全、蔡牵诸逆寇乱屡萌，卒无兵变者，其父母妻子皆在内地。惧干显戮，不敢有异心也，前人犹虑其难制，分布散处，错杂相维，用意至为深密。今若罢止班兵，改为召募，则以台人守台，是以台与台人也。设有不虞，彼先勾结，将帅无所把握。吾恐所忧甚大，不忍言矣。其不可一也。

兵者貔貅之用，必使常劳，勿任宴逸。自古名将教习士卒，劳苦为先，手执戈矛，身披重铠，虽遇寒冬雨雪，盛夏炎蒸，而大敌当前，亦将整旅而进，苟平居习为安逸，何能驱策争先？故练技艺，习奔走，日行荆棘之丛，夜宿冰霜之地，寒能赤体，暑可重衣，然后其兵可用。今营制训练，各有常期，将弁操演，视同故事。惟班兵出营，约束烦难，且以数十处不相习之人，萃为一营，彼此生疏，操演势难划一。将裨惧罚，即欲不时勤操演，有所不能，是于更换之中，即寓习劳之意。盖以贤能将帅，讲习训练，斯成劲旅。若改为召募，则日久安闲，有兵与无兵等。其不可二也。

兵者猛士，以勇敢为上，胜败在于呼吸，胆气练于平时。百战之兵，所向无前者，胆气壮，故视敌轻也。古者名将教士，或卧于崩崖之下，或置诸虎狼之窟，所以练其胆气，使习蹈危机而不惧，然后大勇可成。台洋之涉，亦可谓危机矣。骇浪惊涛，茫无畔岸；巨风陡起，舵折桅欹，舟师散发而呼神，邻舶漂流而破碎；大鱼高于丘岳，性命轻于鸿毛。若此者班兵往来频数，习而狎之，胆气自倍。一旦冲锋镝，冒矢石，庶不致畏葸而却步。且平日海洋既熟，即遇变故，亦往来易通。兵法云，置之死地而后生，此之谓也。今若改为召募，免其涉险，则恇怯性成，遇难望风先走。胆气既无，鲜不溃败。爱之适足以死之，甚非国家所以养兵之意。其不可三也。

以必不可易之制，而欲变更，是以台地视同内地，毋乃于列圣谟猷，前人美意，有未之深思者乎？然大府之所以议改者，亦自有说。请释其疑，可以无惑。

一曰节糜费。闽省兵糈仅能支给，自林、陈、蔡三逆军兴，各府县运谷赴省，积贮空其大半，频年买补，尚缺额者十数万石。而台湾每岁运谷，不能时至，各动仓谷，垫放兵米。旧贮未满，又有新借，各县借口不免亏空。且台湾新设艋舺一营，兵米不敷支给，是闽省仓储颇形支绌。若改班兵为召募，则内地眷米一项，岁可省谷数万。数年之后，不惟补足，且有赢余，并可减运，以给艋舺兵米。此节糜费之说也。殊不知内地储仓，并不亏于军需，而亏于官吏。军需既缺，历年采买，不难报竣。所虑者有采买之名，无买谷之实，及至交代，辗转流抵，虚报存仓。至台谷不过运期稍迟，虽则借垫，运到即还，何至亏空。若艋舺不敷兵米，台地尚有别款可筹，何必贪节省之虚名，而误百年之大计。

二曰处游民。台地口禁虽严，而港汊纷歧。自鹿耳门、鹿港、八里坌三正口外，南路则打鼓港，东港、大港、喜树仔，北路则笨港、五条港、大甲、吞霄、后垅、中港、大安、乌石港，其他私僻港口，不可胜纪。无业之民，偷渡日多，非游聚市廛，则肆为盗贼，捕治不胜其众。若募为兵，若辈有可资生，亦所以区处之道。此处游民之说也。不知召募之额有常，而游民之额无限，不为兵者，又将何以处之？且若辈惰游无根，小不遂意，及或犯法，则逃去无所顾忌。若操之稍急，又鼓噪为变，一旦奸民蠢动，此辈皆其逆党矣。况台地漳、泉、粤三籍，素分气类，动辄械斗，将弁带兵弹压，非彼之仇，即彼之党，不更助之乱乎？其患无穷，不待智者而决矣。

三曰免烦扰。台湾班兵三年抽换，往来络绎，则有造册移报之烦；缺额事故，则有补革案牍之烦。台湾、鹿港、蚶江、厦防四厅，配船候渡者无虚日。内五十八营，外十六营，收营出营者属于途。且班满出营之后，多不遵约束，纷纷滋事，带兵员弁既畏如虎狼，地方厅县更难于治问。若改为召募，则诸弊皆清。此免烦扰之说也。不知文移案牍，不过书识之劳，厅营纷纭，各有旧章可守，倘其出营滋事，一能吏足以安之。若虑烦扰，务求安便，此事简民醇之区所宜讲求，而非所以施于繁要，况海外重兵之事乎？

然则由前三者，其害甚大，由后三者，并无所利，吾不知议者何取，而轻改旧章也。夫老将言兵，计出万全，忠臣谋国，期于久远。事必权其利害，而利之所在，弊即在焉，亦视其大小何如耳。班兵之制，于今一百余年，推其弊不过如此，其利则保障全海，而改为召募，则其害不可胜言，并无所利。可以决所从违矣。

姚莹还认为：

班兵之不可易如此，则大府欲易之也，其误明矣。吾闻大府入觐，尝面言事宜，已得俞旨。必有言之甚切者。此可揣而知也，以为班兵不得力耳。朱一贵之乱也，全台陷矣，林爽文之乱也，南北俱陷，不破者郡城耳。陈全周之乱也，始陷鹿港，既陷彰化。蔡牵之乱也，始入艋舺、新庄，既陷凤山，据洲仔尾，郡城受攻者三月。班兵不能灭贼，皆赖义民之力，继以大兵，而后殄灭。是为班兵不得力之明验。噫！此文武诸臣之罪也，班兵何与乎？台湾地沃而民富，糖、麻、油、米之利，北至天津、山海关，南至宁波、上海，而内济福州、漳、泉数郡。民商之力既饶，守土者不免噬肥之意。太平日久，文恬武嬉，惟声色宴乐是娱。不讲训练之方，不问民间疾苦，上下隔绝，百姓怨嗟。故使奸人伺隙生心，得以缘结为乱，仓卒起事，文武官弁犹在梦中。一贵致乱之由，言之使人痛恨。后来者不知炯戒，久而渐忘，又有爽文之事。陈周全本陈光爱余孽，诛之不尽。及彰化米贵，匪民肆抢，台守驰往，仅擒治二十余人。粉饰了事。又置周全不问，以致纵成大患，甫旋郡而难作。蔡牵大帮骚扰海上十余年，以重利啖结岸上匪类，受伪旗者万余人。一旦扬帆直入，匪民内应，故得直薄郡城。此皆诸臣经略不足，于班兵何尤？藉使不设班兵，当时已皆召募，能保无事耶？然吾闻朱一贵乱作，文员先载妻子走避澎湖，是以人心无主，总兵欧阳凯力战死难。若林爽文初据嘉义，总兵柴大纪一出而歼贼复城。陈周全别股贼首王快攻斗六门，千总龙升腾以兵百人败贼千数。蔡逆攻台，澎湖副将王得禄以水师兵六百人破贼数万于洲仔尾。

不三年卒歼蔡逆，台人至今犹能言之。则是班兵非不得力，顾用之何如耳。而欲改变旧制，岂理也哉。抑台营今日有宜讲者五事：一曰无事收藏器械以肃营规，二曰演验军装枪炮以求可用，三曰选取教师学习技艺以备临敌，四曰增设噶玛兰营兵以资防守，五曰移驻北路副将以重形势。

台湾班兵器械，除炮位铅药外，皆由内地各兵配带。因杂派各营，恐有遗失，向皆自行收管，不交弁备。然分类之习未除，每口角细故，彼此出械相斗，将弁不及弹压，已致伤人，虽屡加严惩，此风不免。良由器械在手，易于逞凶故也。今宜定制，自入营点名之后，所有器械，编号书名，交本营守备收入库局，惟操演教习，差派出营，逐捕盗贼，按名散给，无事则皆缴收，不许执持。各汛距营稍远，亦交千把总收管。如此则手无挟持，平时可免械斗，而营规整肃矣。

武备之用，利器为先。藤牌、鸟枪、长矛、半斩、腰刀，在在必须坚利。大小炮位一发击贼数十人，尤为取胜要具。台营军装，惟火药硝磺由内地运给，自行煎煮，其余皆由省局制造，委参、游诸大员解运赴台，旧坏者收回缴省。尝见刀刃脆薄，不堪砍斫，每斩决囚犯，仅一再用而缺，藤牌甚小，圆围不过三尺，牌尤轻薄，此仅利操演时腾舞轻便耳，若以临敌，不足遮蔽矢石。鸟枪尤短，不能及肩，安能中远？至于炮位，铁多未经熟练，又搀杂铅砂，掷地稍重，两耳即断，火门又或欹斜，往往炸裂伤人，至于不敢演。武备若此，虽有健锐，亦难胜敌。向者出局交营，皆顾瞻情面，草率收受，贻误军情，莫此为甚。今宜严定制度，务以厚大坚利为主，枪炮必经委员当面演放，并由镇、道会验，然后收营。否则驳回另造，且治工匠以应得之罪。如此则省局不敢偷减工料，委员不敢徇情解运，台营不敢草率点收，而军装可期坚利矣。

营制操演弓箭、鸟枪、藤牌、刀矛，各有用法，进退跳荡，腾走击刺，各有规矩。平时督抚、提镇较阅之时，皆按一定阵图演习，此不过死法陈规，练其步伐耳。及至既遇敌冲锋，则临机应变，惟以勇敢便捷整齐为上。必使手与器调，器与心调，心与伍调，伍与弁调，弁与将调，然后千人一气，众志成城，无不克敌之理。每见市中无赖，皆有膂力相尚。一营之中，岂无娴长技艺之人，苟能留心拔取，使为众兵教师，朝夕训练，将弁亲自董率，日省月试，考其优劣，能教十人以上者赏，百人以上者拔用。如此则人争以技艺见长，劲旅可成，临敌必能制胜矣。

噶玛兰新开，额设守备一员，千总一员，把总二员，战兵二百六十名，守兵一百四十名，归艋舺水师游击管辖。所拨班兵，皆用上游四府。惟兰境北至三貂，南至苏澳，边界横亘百余里，三面负山，口隘二十处，皆生番出没之所，东临大海。其内港则乌石、加礼宛二口，自三月至八月，港道通畅，民人贩载米石，小船络绎。外洋则苏澳、龟山、鸡笼洋面，南风司令，每有匪船游弋，防堵尤要。兰地僻远，在台湾极北山后，距郡十三日程，距淡水六日程，中隔三貂大山，径窄溪深，极为险阻，设有不虞，百人可以梗塞。今额兵仅四百名，分守汛防，未免单薄。须添设战兵一百二十名，守兵八十名，设都司大员统之，驻五围城内，守备移驻头围，千总移驻三貂，更设在城千总一员，外委二员，始足以资弹压。惟设兵即须筹饷，窃见兰地兵米饷银，皆就兰厅正供余租支放。每岁银谷皆有盈余，谷约五千石，余租番银二千。今若抽拨战守兵二百名添防，则岁增兵米七百二十石，不过用谷一千四百四十石，岁尚有余谷矣。增设兵饷，战兵一百二十名，每名月饷银一两四钱，守兵八十名，每名月饷银一两，岁约用银二千九百七十六两。都司全年俸薪、马乾、养廉银四百四十九两，千总俸薪、马乾、养廉银一百九十二两，外委养廉银三十六两，增设各兵加饷银九百五十二两耳，凡共需银四千六百余两。兰厅余租一项，颇有盈余。官弁养廉，戍兵加饷，足敷支给。至此项额兵，若再从内地抽拨，似觉纷繁。阅军册内，台郡城中驻城守参将一员，兵一千一百七十九名，北路左营都司驻嘉义，兵一千二百八十二名，额兵颇多。今若于城守及嘉义二营中酌量抽拨，即可足额，且无庸另筹饷银眷米。如此则兰营兵力无单弱之虞，而防守更为周密矣。

台湾府治东南至琅峤四百五十里，北路至苏澳一千二百余里，以形势而论，南短北长。兰境未开，初设北路副将一员，中营都司一员，额兵一千二百三十八名，驻彰化城内，辖嘉义都司为北路左营。竹堑守备，额兵七百二十六名，为北路右营。艋舺、新庄以上空虚，故嘉庆九年，蔡逆从沪尾登岸，径至新庄。后乃添设沪尾水师一营，驻游击一员，以艋舺营守备，陆路兵八百七名，及兰营陆路守备，皆归管辖。所以两营陆路皆辖于水师游击者，北路副将驻彰化，鞭长莫及。故为一时权宜之计耳。沪尾游击所辖洋面，上自苏澳，下至大甲，八百余里，中隔鸡笼，须候南风。由鸡笼至沪尾及于大甲，须候北风。此一路浅澳最多，向为匪船出没之所，哨捕稽查，殊为不易。今更统以陆路，实有顾此失彼之虞，一旦淡、兰有事，仍不得力。愚意不若以北路副将移驻竹堑，改右营为中营，抽拨彰化营额兵二百名，艋舺额兵一百名，归竹堑守备，加都司衔，随同副将驻扎。改彰化都司为北路左营，改艋舺守备为北路右营，同兰营守备，共四营兵，统归副将管辖。其嘉义所辖，驻左营都司，改归郡中城守营参将管辖。如此则北路副将中权淡水，南可以应彰化，北可以应艋舺、噶玛兰，形势始为扼要，郡城可无北顾之忧。而艋舺水师游击惟尽心洋面，以专责成，水陆两路皆可得力矣。以上五条，实为目前台湾之急务，见诸施行，必有实效。

然自古治法莫如治人，苟守土之官，平时廉正公明，勤于政事，不贪安逸，吾知台人必爱之如父母，畏之如神明，虽有奸宄，不敢萌心。即万一不虞，而吾以有备之兵御之，再以子弟之民助之，有不旦夕扑灭者，未之有也。又何致上廑宸衷，远烦数万大兵，耗费无限之粮饷也哉。

当初，姚莹把这些建议上书台湾总兵，总兵表示极为赞同。后来赵慎轸担任闽浙总督，看到这些意见，予以否定，但采纳了其中增改台北营制的建议。

之前，总兵达洪阿认为台湾班兵衰败，有意进行整顿，从各营中挑选了600人，要把他们训练成为精兵，每年发赏钱25000多缗[①]，台湾道周凯赞同这种做法，命令府、县捐助其中的一半。姚莹担任台湾道后，命令各属进行商议，凤山知县曹谨认为不可行。大致说：

台湾孤悬海外，中征内地五十二营之兵，三年一班，更番拨戍，人既杂则材力不一，时既暂则考校多疏。将与将不相习，兵与兵不相知，从前偾事，职此之由，则训练诚亟亟也。顾练之云者，讵惟是有兵六百，遂可恃无虞哉。朝廷慎重海疆，额设水陆步战守兵一万二千六百七十名，无一非镇帅之兵，即无一非镇帅当练之兵。凡各营操演之时，参游以上，皆有犒赏，戍兵所得，较之内地倍多，本是以固其心而作其气。其所以不练不精者，乃弁兵之负恩，非朝廷之吝赏。今议者不务遵守旧章，申明纪律，而动议变增。计所练之兵，仅全台二十分之一，而所赏较本兵粮饷倍之。试思朝廷设兵，原无彼此，此而当练，孰不当练？此而可精，孰不可精？如必厚赏而后精，则非厚赏遂不必精；必厚赏而后练，则非厚赏并不能练。事必岁捐数十万金，以为全台练兵之用而后可。如其不然，是予各兵以借口之端，而开各营推诿之渐也。且台地绵亘一千余里，精兵六百，以之自卫则有余，以之卫人则不足，一旦南北交警，此六百人者，

① 缗，或称串、贯、吊，即1000文铜钱。

顾此则失彼，顾彼则失此，势不能不驱未练未精之人，相与从事。况费之所出，非官则民。查一县捐摊，每岁数几盈万，已未能按款批解。现又加以千余，名曰捐廉，实则挪移公项，此派之官者之不可行也。若取之于民，则台民数经兵燹，十室九空，加之亢旱频年，则素封之家，所入不敷所出，此取之民者之不可行也。惟是练兵之举，将及三年，既议停止，必筹安置。计惟就现练精兵之中，择其年力精强，技艺娴熟者，分插各营，使之转相教习，除本营官照例于三六九操演外，镇军南北巡时，再按名操演。赏罚之政，备在中枢，实力奉行，何施不可。是镇兵虽有自练之名，而通台皆宿重兵，人人可成劲旅，官民之间，胥受其福。

台湾总兵和台湾道都听从了这个建议。到鸦片战争英军侵犯台湾，姚莹招募乡勇 600 名，增添粮饷进行训练，逐渐发展到台湾各营都有招募乡勇。但绿营班兵制度的败坏，是大家一致的看法。戍守台湾的兵丁，借住民家，包娼聚赌，拿着军械如同儿戏，而且还拉帮结派，私设公堂，互相争斗。姚莹于是行文台湾总兵将兵丁私设的公堂撤毁，勒令士兵回营房住宿，没有营房的，筹款修建，但他的主张大多还没有施行就离任了。道光二十八年，新任台湾道徐宗幹又继续完成他的设想。徐宗幹主张：一，都司、守备以上不用福建人，都司、守备以下不用漳州、泉州人。二，裁减精简兵丁一半，用省下来的经费，修理营房，分营居住。三，不是操演或有事的时候，军装器械，全部收缴仓库。四，府城内适当留驻部分精兵，其余的则分拨添加到其他驻防的地方，随时听候调遣。五，三年期满，换防回福建的那一年，不准在台湾逗留。六，换防的时间，漳州和泉州的士兵不要在同一年。七，减少调拨福建提督标下的兵丁到台湾，他们到台湾后全部分拨到府城之外的地方驻守。八、台湾道、府、厅、县多养屯丁、乡勇，经常训练，以补充兵力。徐宗幹把这些建议向福建督抚提出，得到闽浙总督的同意，班兵受到了一定的约束。但绿营的衰弱已经很严重，各省都是这样，虽有名将也不能有效指挥。太平天国起义，绿营望风而逃，湖南、安徽的一些杰出人物才出来训练勇营，建立功勋，取得了辉煌的战果。而彰化的林文察也率领乡勇数百名转战福建和浙江，攻城略地，所向告捷。因此，台勇的名声也传遍了军中，都认为他们尚武习劳，坚毅矫捷，是值得和他们同生共死的一支队伍。

同治八年（1869），清廷批准裁减淘汰一部分八旗绿营兵，增加军队的粮饷。在这种情况下，全台湾设总兵 1 员、副将 3 员、参将 4 员、游击 4 员、都司 9 员、守备 10 员、千总 17 员、把总 41 员、外委 56 员，马兵 70 名、战兵 3146 名、守兵 4488 名，而乡勇则逐渐被更多使用。

牡丹社事件之后，钦差大臣沈葆桢奏请“开山抚番”，由淮军担任，并建议大改营制。上疏说：

查台湾营伍废弛，曾经屡次奏陈。上年府城挑练两营，毫无起色，并将营官林茂英等参革在案。府城如此，外县可知，是其积弊之深，尤所罕见。汛弁干与词讼，勒索陋规；兵丁巧避差操，雇名顶替；而班兵来自内地，各分气类，偶有睚眦之怨，立即聚众斗殴。且营将利弁兵之规费，弁兵恃营将为护符，遇有兵民涉讼，文员移提，曲为庇匿。间有文员移营会办之案，亦必多方刁难需索，而匪徒早已闻风远飏矣。种种积习，相沿已久，皆由远隔海外，文员事权较轻，将弁不复顾忌，非大加整顿不可。臣等体察情形，计无逾于裁汛并练者。盖分汛裁撤，则骄诈擅扰，不禁自除；并营操练，则汰弱补强，渐归有用。台地除澎湖两营外，尚有十五营，拟仿淮、楚军营制归并，以五百人为一营，将台南、凤山、嘉义三营，调至府城，合府城三营、安平三营为一支，专顾台、凤、嘉三县。其北路协副将所辖中、右两营，合鹿港一营为一支，专顾彰化一带。艋舺沪尾、噶玛兰二营为一支，专顾淡、兰一带。均各认真训练，扼要驻扎，遇地方有事，接准札调移拨，立时拔队，不准延宕。其兵丁换班，固多疲弱，而就地招募，亦利弊参半，尚需详加察看。顾立法惟在得人，而事权尤宜归一，现既巡抚来台，似应归之统辖。千总以下，即由巡抚考拔，守备以上，仍会同总督、提督拣选题补。台湾镇总兵应请撤去挂印字样，并归巡抚节制。如蒙俞允，伏恳饬部另行颁换该总兵官关防，以昭信守。台地延袤一千余里，处处滨海，皆可登岸，陆防之重，尤甚于水。而台城以安平为屏蔽，安平向设台协水师副将一员，所辖三营，中、右两营都司驻安平，左营游击驻鹿港。现拟改为陆路，府城既有巡抚董率，又有道员随同办事，总兵拟请移扎安平，即将安平协副将裁撤，以镇标中营游击随总兵驻安平。其台协水师中、右两营都司改为镇标陆路左、右两营都司，原设的镇标左营游击随巡抚驻台，其抚标原设两营仍行驻省，改左营为中营，即以中军参将领之。原设台协水师左营游击改为台湾左营游击，归北路协副将管辖。守备以下弁兵缺额，均仍照旧。至巡洋艇船，万不及轮船之便利，应将闽厂现造轮船，分拨济用。台澎各营现仅存拖船八号，俟下届修时，应请裁撤，归厂变价，以节虚糜。

奏疏到了北京，朝廷认为台湾巡抚还没有确定设立，不能更改军队的驻防。只在总兵标下设置了练勇，而绿营依然如故。当时新设了恒春县，就以镇标左营前往驻防，而镇标右营隶属台湾道。

光绪十年（1884）中法战争，刘铭传到台湾统领军队，他自己率领淮军 10 个营防守，并且命令林文察的儿子林朝栋招募台勇，奔赴前线。战争结束后，刘铭传担任台湾巡抚，他向朝廷奏请在台湾办防、练兵、清赋、“抚番”，先后举行。建议裁撤班兵，又没有得到批准，于是把其中的老弱士兵，从驻防的兵丁改为隘勇、邮丁，而将台湾的水师都配置到澎湖，升澎湖水师副将为总兵。因为这时台湾面临的已经不是过去的形势，列强频繁侵犯，虎视眈眈，一旦有什么事情发生，往往发展很快，如果没有整军备战，占据险要地方进行防守，就不能保证安全。光绪十一年六月，闽浙总督杨昌濬上奏说：

> 福建岛屿林立，海道险恶，筹防之难，甲于他省。而台湾孤立重洋，物产丰腴，久为各国所窥伺。此次法祸之起，独趋福建，先毁马尾舟师。以断应援之路。继则肉薄基隆，分陷澎湖，无非为吞全台之计。仰仗天威，越南大捷，法人悔祸请和，台湾危而复安，使孤拔不死，固未尝一日忘也。从前丁日昌在台创议各事，实为至要之图，惜未及成而去。今防务已松，善后万不可缓，而省城兼顾不及，应否请派重臣驻台督办。中国海面辽阔，在在须防，请划水师为三路：北洋设于津沽，兼顾奉东各口；中洋设于吴淞，兼顾浙江定、镇；南洋设于台、澎，兼顾广东琼、廉。分布要害，声息相通，外侮之来，庶几克济。

兵部认为，南、北两洋已经设立海军，如果台湾、澎湖新设一支水师，需要的经费数量巨大，应当以后再说。因此刘铭传的想法也不能实现。

之前，台湾分巡道没有兵权，但可以统率练勇，以管理盐政事务。道光四年（1824）十月，才开始兼理营务处，颁给督办军务关防，得以参与军事机宜，奏行对将弁的赏罚，但军事大权仍在台湾总兵手中。光绪十二年（1886），刘铭传在台北设立营务总处，隶属台湾巡抚，以道员卢本扬担任。中、南各路设营务处，指挥管辖军事事务。又设支应局，隶属布政使司，负责粮饷的供应。当时分驻台湾各地的军队，北路是定海军的 4 个营，基隆是铭字军的 4 个营，中路是栋字军的 3 个营，南路是练勇的 4 个营，后山为镇海军的 8 个营，澎湖是宏字军的 4 个营，全部都装备洋式军械，而绿营已经逐渐荒废。光绪十三年十月，刘铭传上奏说：

> 台湾绿营，额设水师七营，陆师十一营，共兵一万四千余名。自同治八年，前督臣左宗棠奏准裁兵加饷，存兵七千七百余名。迨光绪三年，前抚臣丁日昌复奏请汰弱留强，暂停募补。至光绪八年，经台湾镇总兵吴光亮核明以故续裁，实存兵数四千五百余名，年支饷银十七万余两，此后如有革故，随时募补，是为水陆现存兵额。

当月二十日，户部行文说：“闽省现在裁减水陆额兵一成，以节饷需。台湾绿营兵额，能否照裁，应由台湾巡抚酌度情形，迅速议复。”

刘铭传又上奏说：“台湾地方辽阔，额设兵丁历次裁减，仅存四千五百余名。现在改为行省，分治开山，拓地日广，设汛益多，不足分布，以今观之，实不能再行裁减。”户部同意了。

中法战争中，台湾在上海设立转运局，以运输军饷器械。但台湾孤悬海上，一旦港口被封锁，航运无法到达，就只能坐而待毙。淡水向来出产硝磺，可制造火药，这一年，在台北设立军械机器局，以记名提督刘朝干为总办，聘德国人彼得兰为工程师，自制枪弹，供军用。又在大隆同[①]设火药局，在基隆、沪尾设立水雷营。南、北各海口增设炮台，训练炮兵，总计花费210多万两银子。刘铭传治理台湾，不只是办防练兵而已，造铁路以发展交通，通邮船以辅助和大陆的联系，发展产业以促进台湾的经济，开辟财源以抚育台湾的各项事业，改革内政以使台湾焕然一新，兴办教育让民众有知识、懂道理，国家不再贫穷，军队才能强大。军队，是用来禁止暴力、保持强大、巩固基业、安定百姓、团结民众、增加财富的，因此要战则能胜，守则必固，攻则必克，是军纪严整的军队。台湾的军队虽然没有达到这样的水准，但在刘铭传的整顿训练之下，用来防御外侮，也是可以信赖的。

郑氏武官表

正总督　永历三十二年（1678）设置，由左武卫刘国轩担任，郑经通过向已经亡故的永历皇帝焚烧奏章请示的形式赐予尚方宝剑，专门负责出兵攻打。

副总督　永历三十二年设，由后提督吴淑担任。

勇卫	侍卫	左武卫	右武卫
左虎卫	右虎卫	正提督	副提督
中提督	前提督	后提督	左提督
右提督	五军都督	中军都督	督理戎政
五军戎政	旗鼓中军	总练使	行军司马
谘议参军	参军	监纪推官	材官
正总兵	副总兵	参将	游击
都司	守备	千总	把总

① 大隆同，今台北市大同区。

郑氏各将军表

左龙骧将军　永历三十五年，由郑明担任。

右龙骧将军　永历三十五年，由郑智担任。

征北将军　永历三十二年，由刘国轩担任。

平北将军　永历三十七年，由曾瑞担任。

定北将军　永历三十四年，由刘天福担任。

定北将军　永历三十七年，由王顺担任。

平西（虏）将军　永历二十九年，由吴淑担任。

宁南将军　永历三十一年，由刘进忠担任。

安东将军　永历二十九年，由刘炎担任。

荡虏将军　永历二十八年，由张学尧担任。

殄虏将军　永历二十八年，由马应龙担任。

破虏将军　永历二十八年，由武弘谟担任。

平虏将军　永历二十九年，由吴淑担任。

征虏将军　永历三十年，由张国勋担任。

灭虏将军　永历三十年，由苗之秀担任。

郑氏陆军各镇表

勇卫前镇　每镇分中、前、后、左、右五协，又有总理、骁翊、领旗、领兵四协，由镇将掌管。

勇卫后镇　　　　勇卫中镇

侍卫前镇（与勇卫的编制相同）　　侍卫后镇

侍卫中镇　　　　左武卫前镇（与勇卫的编制相同）

左武卫后镇　　　　左武卫中镇

右武卫前镇（与勇卫的编制相同）　　右武卫后镇

右武卫中镇　　　　左虎卫前镇（与勇卫前镇的编制相同）

左虎卫后镇　　　　左虎卫中镇

右虎卫前镇（与勇卫的编制相同）　　右虎卫后镇

右虎卫中镇　　　　中提督前镇（与勇卫的编制相同）

中提督后镇　　　　中提督中镇

前提督前镇（与勇卫的编制相同）　　前提督后镇

前提督中镇　　　　后提督前镇（与勇卫的编制相同）

后提督后镇　　　　后提督中镇

左提督前镇（与勇卫的编制相同）　　左提督后镇

左提督中镇　　　　右提督前镇（与勇卫的编制相同）

右提督后镇　　　　右提督中镇

左先锋镇　每镇分中、前、后、左、右、五协，各由副将带领；协也称为营，以下各镇都是如此。

右先锋镇	冲锋前镇	冲锋后镇	冲锋中镇
冲锋左镇	冲锋右镇	援剿前镇	援剿后镇
援剿中镇	援剿左镇	援剿右镇	果毅前镇
果毅后镇	果毅中镇	果毅左镇	果毅右镇
宣毅前镇	宣毅后镇	宣毅中镇	宣毅左镇
宣毅右镇	扬威前镇	扬威后镇	扬威中镇
扬威左镇	扬威右镇	建威前镇	建威后镇
建威中镇	建威左镇	建威右镇	龙骧前镇
龙骧后镇	龙骧中镇	龙骧左镇	龙骧右镇
折冲前镇	折冲后镇	折冲中镇	折冲左镇
折冲右镇	护卫前镇	护卫后镇	护卫中镇
护卫左镇	护卫右镇	振义镇	奋义镇
昭义镇	彰义镇	正兵镇	奇兵镇
进兵镇	殿兵镇	游兵镇	亲兵镇
耀兵镇	英兵镇	前锋镇	中权镇
后劲镇	大武镇	仁武镇	义武镇
礼武镇	智武镇	信武镇	金武镇
木武镇	水武镇	火武镇	土武镇
虚宿镇	危宿镇	室宿镇	壁宿镇
奎宿镇	娄宿镇	胃宿镇	昴宿镇
毕宿镇	觜宿镇	参宿镇	井宿镇
鬼宿镇	柳宿镇	星宿镇	张宿镇
翼宿镇	轸宿镇	角宿镇	亢宿镇

氐宿镇	房宿镇	心宿镇	尾宿镇
箕宿镇	斗宿镇	牛宿镇	女宿镇
戎旗一镇	戎旗二镇	戎旗三镇	戎旗四镇
戎旗五镇			

郑氏水师各镇表

楼船前镇	楼船后镇	楼船中镇	楼船左镇
楼船右镇	水师前镇	水师后镇	水师中镇
水师左镇	水师右镇	水师一镇	水师二镇
水师三镇	水师四镇	水师五镇	水师六镇
水师七镇	水师八镇	水师九镇	水师十镇

郑氏台湾及各岛守将表

总督承天南北两路军务　永历十五年设置，由周全斌担任。

北路总督　永历三十五年设，由左武卫何祐担任，智武镇李茂担任副总督，驻守鸡笼。

承天府守将	安平镇守将	鹿耳门守将
澎湖守将	淡水守将	思明州守将
南澳守将	铜山守将	达濠守将
南日守将	舟山守将	

清代台湾水陆营制表

台湾镇标中营　康熙二十三年（1684）设置，驻守府城。

镇守台湾总兵官 1 员　康熙二十三年设置，雍正十一年（1733）按照山西、陕西两省交界地区总兵的例子升为挂印总兵，颁给方印。

游击 1 员

守备 1 员

千总 2 员，同治八年（1869）裁 1 员。

把总 4 员，同治八年裁 1 员。

外委 5 名，同治八年裁 1 名。

额外3名，同治八年裁1名。

马兵14名，同治八年裁12名。

战兵382名，同治八年裁135名。

守兵430名，同治八年裁135名。

计兵460名，除去抽调、裁减、革退、死亡、停募未补的44名，又抽调配备左翼练兵139名，实际在营中183名。

镇标左营　康熙二十三年设置，驻府城北部。光绪五年（1879），改为恒春营。

镇标右营　康熙二十三年设置，驻府城南部。同治八年改为道标营。

台湾城守营　雍正十一年（1733）设置，分为左、右两军。

参将1员

左军守备1员

千总1员

把总2员

外委4名，同治八年裁减1名。

额外1名

马兵7名

战兵205名，同治八年裁减75名。

守兵283名，同治八年裁减100名。

右军守备1员

千总2员，同治八年裁减1员。

把总2员

外委6名，同治八年裁减2名。

额外1名，同治八年裁撤。

马兵7名，同治八年裁撤。

战兵250名，同治八年裁减96名。

守兵345名，同治八年裁减120名。

左、右两军共计兵692名（其中左军313名，右军379名），除去抽调、裁减、革退、死亡、停募未补的177名（左军未补60名，右军未补117名），又抽调配备左翼练兵233名，分派8城以及炮兵176名，实际存营驻地防守的115名。

恒春营　光绪五年设置，驻守恒春。

游击1员

守备1员

千总2员，同治八年裁减1员。

把总2员

外委4名，同治八年裁减1名。

额外3名，同治八年裁减1名。

马兵14名，同治八年裁减11名。

战兵332名，同治八年裁减155名。

守兵400名，同治八年裁减145名。

共计兵435名，除抽练兵186名，又派各汛地防守185名，实际存营64名。

道标营　康熙二十三年设。拨镇标右营守备1员、左营千总1员、左右营把总各1员，3营兵各100名。康熙六十年裁撤重归镇标营。同治八年再设，升游击为都司，驻守府城。

都司1员，同治八年设置。

游击1员，同治八年裁撤。

守备1员，同治八年裁撤。

千总2员，同治八年裁减1员。

把总3员

外委5名，同治八年裁减2名。

额外2名

马兵14名，同治八年裁减11名。

战兵279名，同治八年裁减93名。

守兵353名，同治八年裁减81名。

共计兵461名。除去抽调、裁减、革退、死亡、停募未补的130名，实在存营331名。

南路营　康熙二十三年设置，驻守凤山。

参将1员

守备1员

千总3员，同治八年裁减2员。

把总3员，同治八年裁减1员。

外委6名，同治八年裁减3名。

额外4名，同治八年裁减1名。

马兵10名，同治八年裁撤。

战兵429名，同治八年裁减253名。

守兵580名，同治八年裁减336名。

共计兵420名。除去抽调、裁减、革退、死亡、停募未补的253名，实在存营及在汛地驻守的有167名。

下淡水营　雍正十一年设置，驻守下淡水。

都司1员

千总1员

把总3员，同治八年裁减1员。

外委3名

额外2名，同治八年裁减1名。

马兵6名，同治八年裁撤。

战兵348名，同治八年裁减214名。

守兵230名，同治八年裁减39名。

共计兵330名。除去抽调、裁减、革退、死亡、停募未补的203名，实在存营及在汛地驻守的有127名。

北路协中营　康熙二十三年设置，参将驻诸罗县城。雍正十一年，移彰化，设副将，增设成为中、左、右3营。

副将1员　雍正十一年设置。光绪十四年，移驻埔里社。

都司1员

千总2员，同治八年裁减1员。

把总4员，同治八年裁减1员。

外委9名，同治八年裁减3名。

额外5名，同治八年裁减3名。

马兵14名，同治八年裁撤。

战兵547名，同治八年裁239名。

守兵663名，同治八年裁217名。

共计兵754名，除去抽调、裁减、革退、死亡、停募未补的468名，又抽调驻防埔里社172名，实际存营以及在汛地防守的共114名。

北路协左营　雍正十一年设置，驻守诸罗，后称嘉义营。

参将1员

都司 1 员

守备 1 员

千总 3 员，同治八年裁减 2 员。

把总 4 员

外委 10 名，同治八年裁减 5 名。

额外 4 名，同治八年裁减 1 名。

马兵 14 名，同治八年裁撤。

战兵 512 名，同治八年裁减 197 名。

守兵 612 名，同治八年裁减 234 名。

共计兵 694 名。除去挑选、裁减、革退、死亡、未补的 388 名，又抽调练兵 72 名，实际存营以及在汛地防守的 234 名。

北路协右营　雍正十一年设置，驻守竹堑，后称竹堑营。

游击 1 员

守备 1 员

千总 3 员，同治八年裁减 2 员。

把总 6 员，同治八年裁减 4 员。

外委 9 名，同治八年裁减 3 名。

额外 3 名，同治八年裁减 1 名。

马兵 15 名，同治八年裁撤。

战兵 479 名，同治八年裁减 260 名。

守兵 522 名，同治八年裁减 206 名。

共计兵 535 名。除去挑选、裁减、革退、死亡、未补的 328 名，实际在营以及在汛地防守的 207 名。

艋舺营　康熙五十七年设置淡水营，驻守备 1 员，隶属于北路营。雍正九年，驻都司 1 员。嘉庆十三年，改都司为水师游击，兼管陆路，移驻艋舺。道光四年，改驻参将，沪尾水师营仍归其管辖。

参将 1 员

守备 1 员

千总 1 员

把总 2 员

外委 5 名，同治八年裁减 2 名。

额外 2 名

马兵 8 名，同治八年裁减 7 名。

战兵 265 名，同治八年裁减 90 名。

守兵 427 名，同治八年裁减 171 名。

共计兵 432 名，除去挑选、裁减、革退、死亡、未补的 225 名，实际存营以及在汛地防守的 207 名。

沪尾水师营　归艋舺参将管辖。

守备 1 员

千总 1 员，同治八年裁撤。

把总 2 员，同治八年裁减 1 员。

外委 4 名，同治八年裁减 2 名。

额外 2 名，同治八年裁减 1 名。

战兵 115 名，同治八年裁减 32 名。

守兵 237 名，同治八年裁减 60 名。

共计兵 260 名。

噶玛兰营　嘉庆十六年设置守备，驻五围，隶属艋舺营游击管辖。道光五年，改设都司，而移守备驻头围。

都司 1 员

守备 1 员，同治八年裁撤。

千总 2 员，同治八年裁减 1 员。

把总 2 员，同治八年添设 1 员。

外委 4 名，同治八年裁减 2 名。

额外 3 名，同治八年裁减 2 名。

战兵 455 名，同治八年裁减 303 名。

守兵 240 名，同治八年裁减 12 名。

共计兵 380 名，除去挑选、裁减、革退、死亡、未补的 170 名，实际存营以及在汛地防守的 210 名。

安平水师协标中营　康熙二十三年设置，副将驻守安平等处，统领中、左、右三营，光绪十四年，改中营为台东陆路中营。

安平水师协标左营

游击 1 员

守备1员

千总2员，同治八年裁减1员。

把总4员，同治八年裁减3员。

外委6名，同治八年裁减5名。

额外2名，同治八年裁减1名。

战兵326名，同治八年裁减194名。

守兵382名，同治八年裁减184名。

共计兵330名，除去挑选、裁减、革退、死亡、未补的193名，又原配乌龙江水兵1名，实际存营以及在汛地防守的166名。

安平水师协标右营　光绪十四年，改为台东陆路右营。

台东陆路中营　原来是安平水师中营，光绪十四年改设。

副将1员

都司1员

游击1员，同治八年裁撤。

守备1员，同治八年裁撤。

千总2员，同治八年裁减1员。

把总4员，同治八年裁减3员。

外委5名，同治八年裁减3名。

额外3名，同治八年裁减2名。

战兵351名，同治八年裁减207名。

守兵407名，同治八年裁减191名。

共计兵360名，除去挑选、裁减、革退、死亡、未补的195名，又抽调练兵68名，原配乌龙江水兵1名，实际存营以及在汛地防守的96名。

台东陆路右营　原是安平水师右营，光绪十四年改设。

都司1员，同治八年设。

游击1员，同治八年裁撤。

守备1员，同治八年裁撤。

千总2员，同治八年裁减1员。

把总3员，同治八年裁减1员。

外委5名，同治八年裁减3名。

额外3名，同治八年裁减2名。

战兵351名，同治八年裁减219名。

守兵407名，同治八年裁减209名。

共计兵330名，除去挑选、裁减、革退、死亡、未补的183名，又抽调练兵60名，原来配置乌龙江水兵1名，实际存营以及在汛地防守的86名。

澎湖水师镇标营　康熙二十三年设置，驻副将，统辖两营，游击、守备各1员、千总各2员、把总各4员、外委各7名、额外各3名，每营战守兵各1000名。乾隆四十七年，裁汰142名。道光六年，各裁减外委1名。同治八年裁兵加饷之后，两营改设都司1员、千总1员、左营把总4员、右营把总2员、外委各2名、额外各1名，左营士兵402名、右营士兵360名。战兵每名月饷2两5钱5分，守兵2两4钱。光绪十三年，升副将为总兵，左营设游击、守备，添兵20名，右营设都司。

镇守澎湖水师总兵1员　光绪十三年，奉旨将澎湖副将与海坛镇总兵对调。

左营游击1员

守备1员

千总1员

把总4员

外委2名

额外1名

战兵160名

守兵262名

右营都司1员

千总1员

把总2员

外委2名

额外1名

战兵144名

守兵216名

两营共计兵丁782名。

清代台湾水陆汛防表

设置军官、驻守兵丁的地方称为“汛”，分拨少数士兵守卫的地方称为“塘”。汛防的设立是为了保卫地方，而塘兵的设立除了保卫地方之外，还要传递军中文书，这就是绿营的制度。但从咸丰、同治年间以来，逐渐使用练勇，在地方上分别驻扎营、哨[①]，绿营几乎只剩下了一个名号。到同治八年（1869）实行裁兵之后，汛防多数都被裁撤，到了现在就更没有作用了。现将还存在的汛塘都列举如下：

城守营左军

府城汛　从前设置把总1员，兵85名，同治八年经过裁减存兵58名，现在设兵18名。

南炮台塘　从前归属府城汛分防，设兵5名，现已裁撤。

涂墼埕塘　从前归属府城汛分防，设兵5名，现已裁撤。

岗山汛　从前设置守备1员，把总1员，兵155名，同治八年经过裁减存兵108名，现在设兵5名。

大湖塘　从前归属岗山汛分防，设兵13名，同治八年经过裁减存兵7名，现在设兵3名。

半路竹塘　从前归属岗山汛分防，设兵6名，现已裁撤。

罗汉门汛　从前设置千总1员，外委1名，兵77名，同治八年经过裁减存兵61名，现在设兵2名。

茂公汛　从前设置外委1名，兵28名，同治八年经过裁减存兵18名，现在设兵2名。

猴洞口汛　从前设置外委1名，额外1名，兵81名，同治八年经过裁减存兵32名，现在设兵2名。

盐水埔汛　从前设置外委名，兵19名，同治八年经过裁减存兵14名，现在设兵2名。

埤仔头塘　从前归属府城汛分防，设兵10名，后来划归盐水埔汛，设兵5名，现在设兵1名。

港岗塘　从前归属盐水埔汛分防，设兵6名，同治八年经过裁减存兵5名，现在设兵1名。

角带围塘　从前归属盐水埔汛分防，设兵5名，现已裁撤。

城守营右军

府城汛　从前设置把总1员，额外1名，兵153名，同治八年经过裁减存兵88名，现在设兵40名。

---

① 哨，当时的勇营编制，一般100名士兵为1哨，5哨为1营。

加溜湾汛　从前设置千总 1 员，兵 35 名，同治八年经过裁减存兵 25 名，如今现在设兵 4 名。

北炮台塘　从前归属加溜湾汛分防，设兵 5 名，现已裁撤。

柴头港塘　从前归属加溜湾汛分防，设兵 5 名，现已裁撤。

茑松塘　从前归属加溜湾汛分防，设兵 7 名，同治八年经过裁减存兵 5 名，现在设兵 1 名。

木栅塘　从前归属加溜湾汛分防，设兵 5 名，现在设兵 1 名。

溪边塘　从前归属加溜湾汛分防，设兵 5 名，现在设兵 1 名。

麻豆汛　从前设置外委 1 名，兵 30 名，同治八年经过裁减存兵 18 名，现在设兵 4 名。

茅港尾塘　从前是汛，设置外委 1 名，兵 25 名，现在改为塘，归属麻豆汛分防，设兵 3 名。

水堀头塘　从前归属茅港尾汛分防，设兵 5 名，现已裁撤。

下加冬汛　从前设置守备 1 员，把总 1 员，外委 1 名，兵 136 名，同治八年经过裁减存兵 85 名，现在设兵 2 名。

铁线桥塘　从前归属下加冬汛分防，设兵 5 名，现在设兵 1 名。

急水溪塘　从前归属下加冬汛分防，设兵 3 名，现在设兵 1 名。

北势埔塘　从前归属下加冬汛分防，设兵 10 名，现已裁撤。

八桨溪塘　从前归属下加冬汛分防，设兵 5 名，现在设兵 1 名。

大穆降汛　从前设置外委 1 名，兵 46 名，同治八年经过裁减存兵 40 名，现在设兵 9 名。

旧社塘　从前是汛，设置外委 1 名，兵 40 名，现在归大穆降汛分防，设兵 2 名。

大武垄汛　从前设置千总 1 员，兵 53 名，同治八年经过裁减存兵 25 名，现在设兵 5 名。

萧垄汛　从前设置外委 1 名，兵 20 名，同治八年经过裁减存兵 18 名，现在设兵 4 名。

西港仔塘　从前归属萧垄汛分防，设兵 7 名，现已裁撤。

南路营

凤山城汛　从前设置守备 1 员，把总 1 员，外委 2 名，额外 4 名，兵 520 名，同治八年经过裁减存兵 265 名，现在设兵 141 名。

埤仔头塘　归属凤山城汛分防。

苦苓门塘　归属凤山城汛分防。

打鹿潭塘　归属凤山城汛分防。

旧城汛　从前设置千总 1 员，兵 116 名，同治八年经过裁减存兵 35 名，现在设兵 8 名。

观音山汛　从前设置把总 1 员，兵 75 名，同治八年经过裁减存兵 35 名，现在设兵 4 名。

小店塘　归属观音山汛分防。

阿公店汛　从前设置外委 1 名，兵 50 名，改设置把总 1 员，兵 40 名，现在设兵 5 名。

二滥塘　从前归属阿公店汛分防，改属岗山汛。

攀桂桥汛　从前设置把总 1 员，兵 51 名，同治八年经过裁减存兵 20 名，现在设兵 4 名。

土地公崎塘　归属攀桂桥汛分防。

枋藔汛　从前设置外委 1 名，兵 50 名，同治八年经过裁减存兵 30 名，现在设兵 4 名。

石井塘　从前是汛，设置千总 1 员，兵 115 名，改为归属阿公店汛分防，现在设兵 1 名。

水底藔塘　从前是汛，设置千总 1 员，兵 100 名，改为归属枋藔汛分防。

蕃薯藔塘　从前是汛，设置外委 1 名，兵 42 名，改为归属罗汉门汛分防。

下淡水营

山猪毛口汛　从前设置都司 1 员，外委 1 名，额外 1 名，兵 200 名。同治八年，经过裁减存兵 160 名，现在设兵 96 名。

万丹汛　从前设置把总 1 员，兵 50 名。同治八年，经过裁减存兵 40 名，现在设兵 8 名。

阿猴汛　从前设置把总 1 员，兵 69 名。同治八年，经过裁减存兵 30 名，现在设兵 6 名。

阿里港汛　从前设置把总 1 员，兵 80 名。同治八年，经过裁减存兵 30 名，现在设兵 5 名。

潮州庄汛　从前设置外委 1 名，兵 40 名。同治八年，经过裁减存兵 20 名，现在设兵 4 名。

东港汛　从前设置外委 1 名，兵 30 名。同治八年，经过裁减存兵 20 名，现在设兵 4 名。

新园塘　从前是汛，设置千总 1 员，兵 200 名，改为归属万丹汛分防，设额外 1 名，兵 15 名，现在设兵 2 名。

九块厝塘　从前是汛，设置额外 1 名，兵 20 名。改为归属阿里港汛分防，留存兵 5 名，现在设兵 2 名。

北路协中营

彰化城汛　从前设置都司 1 员，千总 1 员，外委 1 名，额外 2 名，兵 605 名。同治八年，经过裁减存兵 373 名，现在设兵 60 名。

八卦山汛　从前设置外委 1 名，兵 40 名。同治八年，经过裁减存兵 20 名，现在设兵 3 名。

大墩汛　从前设置外委 1 名，兵 40 名。同治八年，经过裁减存兵 30 名，现在设兵 5 名。

大里杙塘　从前是汛，设置外委 1 名，兵 50 名。改为归属大墩汛分防，留存兵 25 名，现已裁撤。

葫芦墩汛　从前设置千总 1 员，兵 85 名。改为设置把总 1 名，兵 60 名，现在设兵 5 名。

四张犁塘　从前是汛，设置外委 1 名，兵 30 名。改为归属葫芦墩汛分防，留存兵 14 名，现已裁撤。

外攸汛　从前设置把总 1 员，兵 30 名。改为设置外委一名，兵 25 名，现在设兵 2 名。

沙辘塘　归属外攸汛分防，设兵 5 名，现已裁撤。

大肚塘　从前是汛，设置外委 1 名，兵 15 名。改为归属外攸汛分防，留存兵 10 名，现在设兵 4 名。

许厝埔汛　从前设置把总 1 员，兵 60 名。同治八年，经过裁减存兵 30 名，现在设兵 3 名。

南北投汛　从前设置把总 1 员，兵 85 名。同治八年，经过裁减存兵 60 名，现在设兵 7 名。

崁顶塘　从前是汛，设置外委 1 名，兵 40 名。改为归属南北投汛分防，留存兵 22 名，现已裁撤。

内木栅塘　从前是汛，设置额外 1 名，兵 20 名。改为归属南北投汛分防，留存兵 15 名，现已裁撤。

燕雾汛　从前设置把总 1 员，兵 30 名。同治八年，经过裁减存兵 22 名，现在设兵 11 名。

赤涂崎塘　归属燕雾汛分防，设兵 5 名，现已裁撤。

东螺塘　从前是汛，设置外委 1 名，兵 20 名。改为归属燕雾汛分防，留存兵 14 名，现在设兵 4 名。

沙仔岺汛　从前设置外委 1 名，兵 20 名。同治八年，经过裁减存兵 14 名，现在设兵 4 名。

触口塘　归属沙仔岺汛分防，设置额外 1 名，兵 20 名，现已裁撤。

二林汛　从前设置额外 1 名，兵 20 名。同治八年，经过裁减存兵 10 名，现在设兵 3 名。

集集汛　从前归属嘉义营分防，设置外委 1 名，兵 10 名。光绪十四年，改为归属北路中营分防，设兵 3 名。

北路协左营，即嘉义营

嘉义城汛　从前设置守备 1 员，把总 1 员，额外 4 名，兵 400 名。同治八年，经过裁减存兵 340 名，现在设兵 112 名。

城外汛　从前设置把总 1 员，兵 32 名。同治八年，经过裁减存兵 29 名，现在设兵 9 名。

山底塘　从前归属嘉义城汛分防，设兵 5 名，现在设兵 2 名。

八掌溪塘　归属城外汛分防，设兵 5 名，现已裁撤。

水堀头塘　归属城外汛分防，设兵 5 名，现已裁撤。

牛稠溪塘　归属城外汛分防，设兵 5 名，现已裁撤。

店仔口塘　从前是汛，设置外委 1 名，兵 40 名。改为归属城外汛分防，留存兵 10 名，现设兵 4 名。

笨港汛　从前设置千总 1 员，兵 74 名。改为设置把总 1 员，兵 30 名，现在设兵 10 名。

朴仔脚塘　从前是汛，设置外委 1 名，兵 15 名。改为归属笨港汛分防，留存兵 10 名，现在设兵 4 名。

盐水港汛　从前设置把总 1 员，兵 90 名。同治八年，经过裁减存兵 30 名，现在设兵 8 名。

斗六门汛　从前设置都司 1 员，千总 1 员，外委 1 名，兵 160 名。同治八年，经过裁减存兵 90 名，现在设兵 30 名。

虎尾溪塘　从前是汛，设置外委1名，兵24名。改为归属斗六门汛分防，留存兵10名，现在设兵4名。

中路头塘　归属斗六门汛分防，设兵5名，现已裁撤。

西螺汛　从前设置把总1员，外委1名，兵74名。同治八年，经过裁减存兵30名，现在设兵8名。

三条圳塘　归属西螺汛分防，现已裁撤。

林圯埔汛　从前设置外委1名，兵30名。改为设置把总1员，兵30名，现在设兵12名。

水沙连汛　从前设置千总1员，兵50名，同治八年被裁撤。光绪十四年，又设置外委1名，兵50名。

他里雾汛　从前设置外委1名，兵40名。同治八年，经过裁减存兵30名，现在设兵12名。

涂库塘　从前是汛，设置外委1名，兵39名。改为归属他里雾汛分防，留存兵10名，现在设兵4名。

大仑脚塘　归属涂库汛分防，设兵5名，现已裁撤。

大莆林汛　从前设置外委1名，兵30名。同治八年，经过裁减存兵25名，现在设兵8名。

打猫塘　归属大莆林汛分防，设兵5名，现在设兵2名。

北路协右营，即竹堑营

竹堑城汛　从前设置游击1员，千总1员，外委1名，兵288名。同治八年，经过裁减存兵153名，现在设兵144名。

大甲汛　从前设置守备1员，千总1员，把总1员，外委1名，兵200名。同治八年，经过裁减存兵106名，现在设兵16名。

后垄汛　从前设置千总1员，额外1名，兵53名。同治八年，经过裁减存兵28名，现在设兵7名。

杨梅坜汛　从前设置把总1员，兵67名。同治八年，经过裁减存兵36名，现在设兵3名。

大安汛　从前设置把总1员，兵74名。改为设置外委1名，兵39名，现在设兵3名。

铜锣湾汛　从前设置把总1员，兵60名。改为设置外委1名，兵31名。光绪十四年，移驻苗栗县城，设兵2名。

中港汛　从前设置把总 1 员，外委 1 名，兵 58 名。同治八年，经过裁减存留外委 1 名，兵 29 名，现在设兵 3 名。

桃仔园汛　从前设置把总 1 员，兵 25 名。改为设置外委 1 名，兵 12 名，现在设兵 3 名。

吞霄汛　从前设置外委 1 名，兵 30 名，同治八年，经过裁减存兵 16 名，现在设兵 3 名。

斗换坪塘　从前是汛，设置外委 1 名，兵 40 名。改为归属中港汛分防，留存兵 21 名，现在设兵 1 名。

海口塘　归属杨梅坜汛分防，设置额外 1 名，兵 12 名。同治八年，经过裁减存兵 6 名，现在设兵 3 名。

香山塘　归属杨梅坜汛分防，设置额外 1 名，兵 10 名。同治八年，经过裁减存兵 5 名，现在设兵 3 名。

嘉志阁塘　归属后垄汛分防，设置外委 1 名，兵 38 名。同治八年，经过裁减存兵 20 名，现在设兵 9 名。

猫盂塘　归属大安汛分防，设兵 5 名。同治八年，经过裁减存兵 3 裁名，现已裁撤。

大甲溪塘　归属大安汛分防，设置外委 1 名，兵 10 名。同治八年，经过裁减存兵 5 名，现已裁撤。

南崁塘　归属大桃仔园汛分防，设置外委 1 名，兵 36 名。同治八年，经过裁减存兵 20 名，现已裁撤。

老鸡笼汛　新设驻兵 1 名。

磺油山汛　新设驻兵 6 名。

艋舺营

艋舺汛　从前设置千总 1 员，守备 1 员，外委 2 名，兵 422 名。同治八年，经过裁减存兵 262 名，现在设兵 182 名。

海山口汛　从前设置外委 1 名，兵 58 名。同治八年，经过裁减存兵 35 名，现在设兵 3 名。外委 1 名在光绪十五年移驻板曲桥汛。

龟仑岭塘　归属海山口汛分防，设兵 10 名。同治八年，经过裁减存兵 6 名，现在设兵 1 名。

水转脚汛　从前设置额外 1 名，兵 25 名。同治八年，经过裁减存兵 15 名，现在设兵 2 名。

大基隆汛 从前设置把总1员，兵90名。同治八年，经过裁减存兵55名，现在设兵7名。

三爪仔汛 从前设外委1名，兵10名。同治八年，经过裁减存兵6名，现在设兵1名。

暖暖塘 归属三爪仔汛分防，设兵10名。同治八年，经过裁减存兵6名，现在设兵1名。

三貂港汛 从前设置把总1员，兵30名。同治八年，经过裁减存兵17名，现在设兵1名。

灿光寮塘 归属三貂港汛分防，设兵10名。同治八年，经过裁减存兵6名，现在设兵1名。

马炼汛 从前设置额外1员，兵25名。同治八年，经过裁减存兵18名，现在设兵1名。

北投汛 从前设置外委1名，兵10名。同治八年，经过裁减存兵6名，现在设兵1名。

板曲桥汛 新设置外委1名，兵6名。

沪尾水师营

炮台汛 从前设置千总1员，兵570名。同治八年，经过裁减存兵175名，现在设兵71名。

八里坌汛 归属炮台汛分防，设置外委1名，兵30名。同治八年，经过裁减存兵15名，现在设兵10名。

北港塘 归属炮台汛分防，设兵10名。同治八年，经过裁减存兵5名，现在设兵1名。

金包里汛 从前设置把总1员，兵50名。同治八年，经过裁减存兵25名，现在设兵10名。

石门汛 归属金包里汛分防，设置外委1名，兵30名。同治八年，经过裁减存兵15名，现在设兵6名。

小鸡笼塘 归属石门汛分防，设兵10名。同治八年，经过裁减存兵5名，现已裁撤。

噶玛兰营

五围城汛 从前设置都司1员，千总1员，外委2名，额外1名，兵360名。同治八年，经过裁减存兵159名，现在设兵166名。

头围汛　从前设置守备1员，外委1名，兵100名。改为设置千总1员，兵51名，现在设兵10名。

三围塘　归属头围汛分防，设兵10名。同治八年，经过裁减存兵6名，现在设兵1名。

炮台塘　归属头围汛分防，设兵15名。同治八年，经过裁减存兵8名，现在设兵1名。

三貂汛　从前设置千总1员，兵50名。改为设置外委1名，现在设兵3名。

溪州汛　从前设置把总1员，兵40名。同治八年，经过裁减存兵18名，现在设兵8名。

北关汛　从前设置外委1名，兵40名。同治八年，经过裁减存兵19名，现在设兵6名。

加礼宛汛　从前设置额外1名，兵30名。同治八年，经过裁减存兵14名，现在设兵5名。

苏澳汛　从前设置把总1员，兵50名。同治八年，经过裁减存兵22名，现在设兵7名。

南风澳汛　归属苏澳汛分防，设兵30名，现在设兵1名。

龟山屿汛　从前设置把总1员，兵30名。现在设兵2名。

安平水师中营，改为台东陆路中营

安平汛　从前设置游击1员，守备1员，千总1员，把总2员，外委5名，额外3名，兵513名。改为设置都司1员，外委1名，额外1名，兵220名。现在设兵62名。

大港汛　从前设置把总1员，兵70名。同治八年，经过裁减存兵35名，现在设兵12名。

鲲身塘　归属大港汛分防，设兵5名。同治八年，经过裁减存兵3名，现在设兵1名。

鲲身头汛　归属大港汛分防，设兵5名。同治八年，经过裁减存兵3名，现在设兵1名。

喜树仔汛　归属大港汛分防，设兵5名。同治八年，经过裁减存兵3名，现在设兵1名。

茄萣仔汛　归属大港汛分防，设兵5名。同治八年，经过裁减存兵3名，现在设兵1名。

蛲仔港汛　归属大港汛分防，设兵5名。同治八年，经过裁减存兵3名，现在设兵2名。

鹿耳门汛　从前由水师中营负责防御，右营千总每隔1年轮流驻防，设兵50名。同治八年，经过裁减存兵40名，现在设兵4名。

蛟港汛　从前设置把总1员，兵80名。改为设置外委1名，兵38名，现在设兵8名。

青鲲身汛　归属蚊港汛分防，设兵5名。同治八年，经过裁减存兵3名，现在设兵1名。

马沙沟汛　归属蚊港汛分防，设兵5名。同治八年，经过裁减存兵3名，现在设兵1名。

北门屿汛　归属蚊港汛分防，设兵5名。同治八年，经过裁减存兵3名，现在设兵1名。

南鲲身汛　归属蚊港汛分防，设兵5名。同治八年，经过裁减存兵3名，现在设兵1名。

安平水师左营

鹿港汛　从前设置游击1员，千总1员，把总2员，外委2名，额外1名，兵343名。同治八年，裁去把总、外委，留存兵140名。现在设兵116名。

水里港汛　从前设置外委1名，兵20名。改为归属鹿港汛分防，留存兵20名。现在设兵3名。

王宫港汛　从前设置把总1员，兵45名。改为归属鹿港汛分防，设置外委1名，兵40名。现在设兵4名。

三林汛　归属鹿港汛分防，设兵15名。现在设兵2名。

番挖汛　归属鹿港汛分防，设兵10名。现在设兵2名。

笨港汛　从前设置守备1员，千总1员，把总1员，外委2名，额外1名，兵230名。同治八年，裁去千总、外委，留存兵70名。现在设兵31名。

海丰汛　从前设置外委1名，兵20名。改为归属笨港汛分防，留存兵20名。现在设兵2名。

鳀仔港汛　归属笨港汛分防，设兵9名。同治八年，经过裁减存兵7名，现在设兵2名。

猴树汛　归属笨港汛分防，设兵8名。同治八年，经过裁减存兵7名，现在设兵2名。

新店汛　归属笨港汛分防，设兵 8 名。同治八年，经过裁减存兵 6 名，现在设兵 2 名。

安平水师右营，改为台东陆路右营

安平汛　从前设置都司 1 员，守备 1 员，千总 1 员，把总 2 员，外委 5 名，额外 3 名，兵 643 名。同治八年，经过裁减存留守备 1 员，把总 1 员，外委 4 名，额外 3 名，兵 200 名。现在设兵 21 名。

旗后汛　从前设兵 10 名。改为设置外委 1 名，兵 52 名，现在设兵 10 名。

打鼓汛　从前设置把总 1 员，兵 30 名。改为归属旗后汛分防，留存兵 4 名。现在设兵 1 名。

蛲港汛　归属旗后汛分防，设兵 5 名。同治八年，经过裁减存兵 4 名，现在设兵 1 名。

赤崁汛　归属旗后汛分防，设兵 5 名。同治八年，经过裁减存兵 4 名，现在设兵 1 名。

万丹汛　归属旗后汛分防，设兵 5 名。同治八年，经过裁减存兵 4 名，现在设兵 1 名。

大莆林汛　归属旗后汛分防，设兵 5 名。同治八年，经过裁减存兵 4 名，现在设兵 1 名。

西溪汛　归属旗后汛分防，设兵 5 名。同治八年，经过裁减存兵 4 名，现在设兵 1 名。

下淡水汛　归属旗后汛分防，设兵 10 名。同治八年，经过裁减存兵 4 名。现在设兵 1 名。

东港汛　从前设置千总 1 员，兵 30 名。改为设置把总 1 员，兵 28 名。现在设兵 15 名。

茄莛汛　归属东港汛分防，设兵 5 名。同治八年，经过裁减存兵 4 名，现在设兵 1 名。

放縤汛　归属东港汛分防，设兵 5 名。同治八年，经过裁减存兵 4 名，现在设兵 1 名。

大昆麓汛　归属东港汛分防，设兵 5 名。同治八年，经过裁减存兵 4 名，现在设兵 1 名。

小琉球汛　光绪三年（1877）新设，驻兵 30 名。

澎湖水师左营

妈宫澳东汛　从前是专汛官管辖，炮台1座，汛兵28名，战船1只，配兵50名。改为设置把总1员，兵21名。

新城汛　归属妈宫澳东汛分防，设兵6名。

嵵里汛　炮台1座，汛兵15名，每个季节由1员千总或把总轮流，战船1只，配兵60名驻守。改为设置外委1名，兵14名。

文良港汛　每个季节派外委1名，战船1只，配兵50名协防。改为归属嵵里汛分防，设兵11名。

风柜尾汛　归属嵵里汛分防，设兵4名。

将军澳汛　炮台1座，汛兵28名，每个季节由1员千总或把总轮流，战船1只，配兵50名协防。改为设置把总1员，兵16名。

挽门汛　炮台1座，汛兵28名，每个季节派外委1名，战船1只，配兵50名协防。改为归属将军澳汛分防，设兵8名。

水垵汛　炮台1座，汛兵28名。改为归属将军澳汛分防，设兵8名。

澎湖水师右营

妈宫澳西汛　从前是专汛官管辖，炮台1座，汛兵28名，战船1只，配兵50名。改为设置外委1名，兵17名。

新城汛　归属妈宫澳西汛分防，设兵6名。

内堑汛　炮台1座，汛兵28名，每个季节由1员千总或把总轮流，战船2只，配兵100名驻守。改为设置把总1员，兵22名。

外堑汛　炮台1座，设置外委1名，汛兵15名。改为归属内堑汛分防，设兵16名。

小门汛　炮台1座，汛兵30名。改为归属内堑汛分防，设兵16名。

北山汛　每个季节由1员千总或把总轮流，战船2只，配兵100名驻守。改设外委1名，兵10名。

吉贝汛　每个季节派外委1名，战船1只，配兵50名协防。改为归属北山汛分防，设兵15名。

台东勇营驻防表

镇海后军中营　统领兼管带1员，光绪十年冬，中、前、左3哨驻守知本，右哨驻守水尾，后哨中的4个队驻守成广澳，4个队驻守大陂鹿寮。

镇海后军左营　原名飞虎军后营。光绪九年，改为驻守花莲港一带。随后以中、左、后 3 哨驻守花莲港，右哨 4 个队驻守加礼宛，4 个队驻守吴全城，前哨的 5、6、7、8 等队驻守象鼻嘴，3、4 两队和 6 甲一队驻守大巴垄。

镇海后军前营　光绪十四年冬天增设，中、前、左 3 哨驻守新开园，右哨驻守成广澳，后哨 4、5、6、7 等队驻守璞石阁，1、2、3 等队驻守鹿寮。

卑南屯兵 1 哨　光绪十四年原来设有 3 哨，光绪十五年夏天裁撤 2 哨，驻守大麻里、知本社、蚶子冈、巴塱卫等地方。

南路屯兵 2 哨　光绪八年原来设置 3 个营，光绪九年即裁撤。光绪十年，又招募了 2 哨，驻守归化门、大树林、出水坡、溪底等地方。

海防屯兵 2 哨　光绪十五年六月设置，原来驻守拔子庄。光绪十八年秋天，后哨调防巴塱卫。光绪十九年秋天，前哨调防大麻里等地方，与南路的屯兵换防。

屯　丁

乾隆五十一年（1786），台湾林爽文起义，大将军福康安率领清军入台作战，已经归附朝廷的各个“番社”积极协助清军，立下了显赫的功绩。平定后，福康安奏请朝廷，仿照四川屯练的例子，在台湾设置屯丁，并且拟定了 6 项章程。乾隆皇帝下旨命令军机大臣会同兵部尚书等商议以后再上奏。大臣们上奏说：

乾隆五十三年六月初七日，内阁钦奉上谕，据福康安等奏议称，台湾熟番向化日久，当逆匪滋事之时，各番奋勇，随同官军，打仗杀贼，颇能出力。钦奉谕旨，令将熟番补充额名。臣等因戍兵仍请遵照旧例换防，别将熟番挑募屯丁，酌拨近山未垦之地，以资养赡，先经附折具奏在案。兹将应行厘定章程，仿照屯练之例，通融酌议，逐一胪陈，恭请圣训等因。着军机大臣会同该部议奏，钦此。臣等查台湾地方，民番杂处，当逆匪滋事之时，该熟番均能奋勇出力，现在事竣，自应酌量挑补兵弁，分给田亩，以示抚绥，而资捍御。今据福康安等仿照屯练之例，通融厘定各条，悉心酌议，恭呈御览。

一、屯丁人数，应按各社酌挑，令其就近防守一款。据称全部熟番通共九十三社，台湾县属番社较少，淡水、彰化近山地方，番社最多，凤山、嘉义次之，每社番自数百至数十不等，约可挑选壮健壮番丁四千名，分为十二屯。大屯四处，每处四百人，小屯八处，每处三百人，作为额缺，毋庸别设屯所。即令在本社防守地方，稽查盗贼。其户口较少之社或数社并作一屯，或附入近处大社，庶番民等不致远违乡井，而校验调派，亦易于齐集。至各屯相距之地，道里难以适均。台湾县所属番社不过数处，不能多设屯丁，然台湾县地界本狭，郡城设有重兵，足以镇压。惟南北两路险要甚多，淡水一所尤为辽阔，原拨熟番在隘口搭寮防守，名为隘丁，零星散处，酌量地势情形，按照番社多寡，分别设屯，与各处营汛官兵，声势联络，则稽核查察巡防，自可倍加严密等语。查台湾熟番九十三社，挑选壮健番丁可得四千名，自应定额挑补，以资巡防。应如所请，准其于该处熟番内挑选四千名作为屯丁，分为十二屯。大屯四处，每屯四百人，小屯八处，每屯三百人，定为额缺，按各处厅县地势情形，分别安设。即令在本社驻守，其户口较少之社，或数社并作一屯，附入近处大社，均毋庸别设屯所。仍将各屯名目及屯丁花名，造册报部查核。

一、各屯番丁，宜设立屯弁，以资管辖一款。据称四川屯练兵，于额设屯守备、千总、把总、外委等官一百余员，今台湾屯兵弁目，无须似此之多，只应仿照其例，量为设立。查各社原有民人充当通事，管理一社之事，代为交纳社饷。但此通事积年充设，地方官佥派，本非番人同类，未便用为弁目，应于番社头目内，择其曾经打仗出力，及番社素所信服者，如岸里社潘明慈之类，拣选拔补。与南北两路额设屯千总二员，统领屯兵，把总四员，分管各屯。大小各屯每处设屯外委十二员，花名图册交理番同知稽核，仍将各屯事务交北路协副将、南路营参将就近管理。该番等素娴技艺，非招募新兵可比，应照四川省屯练之例，毋庸归营操演。点验屯丁，授补屯弁等事，统归台湾镇总兵、台湾道管辖，详报督抚，给与札付，报部存档。经管六年后，如果董率有方，曾着劳绩，由镇道详报督抚，加一等赏给职衔，以示鼓励。倘所管内有生事废业之人，及苦累番众情弊，即行咨革究处。遇有事故出缺，仍拣选番社悦服之人，详报拔补等语。查四川屯练之兵丁，向设屯土守备、千总、把总、外委管辖。今台湾番社既经挑补番丁四千名，亦应设屯弁以资经理。如所请南北两路，额设屯千总二员，把总四员，其大小各屯，每处各设屯外委一员，统率分管。该弁等本系番社，毋庸归营操演。责令北路协副将、南路营参将各就近约束，并将花名图册造报理番同知稽核。其一切点验兵丁，拔补屯弁等事，统归台湾镇总兵、台湾道办理。该弁六年，如果董率有方，着有劳绩，即由镇道详报督抚，加赏职衔，以示鼓励。倘有生事废业，及苦累番众之事，即行之咨革究处，毋庸稍事姑宽。所有该弁等应给札付，由镇道详报督抚给与，仍随时报部存案。

一、屯丁番丁，毋庸筹给月饷，应酌拨近山埔地，以资养赡一款。据称台湾东界内山，本多旷土，禁民越垦，准令熟番打牲耕种，以资生计。无如游民聚处日多，越界佃耕，新成熟业，以致争夺之事，控案甚多。前经勒浑奏明，转委镇、道确切勘丈，尚未勘明详报，就逢逆匪滋事。现经臣等提奏核查，共计丈出垦埔地一万一千二百甲，每一甲合内地民田十一亩三分一厘，均应查明民垦番垦，分明升科办理。此外尚有未垦荒埔五千四百四十一甲，又四十八、五十一等年漳、泉械斗及互控结会案内，抄没翁云宽、杨光勋等入官埔地三千三百八十余甲，均属界外之地，迫近内山。应请将新设屯丁四千名，每名拨埔地二甲，千总每员十甲，把总每员五甲，外委每员三甲，令其自行耕种。责令地方官勘明界址，造册绘图，载明四至段落，通报立案，以备稽查。屯丁出缺，即挑其子弟充补，承受田亩。如有私行典卖者，按律治罪，追赔契价充公，其地仍归番社。所有拨给埔地，应照番田之例，免其纳赋，以示体恤，即毋庸别行筹给月饷等语。查台湾各社熟番，既经作为屯丁，令其巡防，自应酌给地亩，以资养赡。今将军公福等请于界外未垦荒埔，并械斗结会案内，抄没入官埔地八千八百余甲，每一甲合内地民田十一亩三分一厘。今新设屯丁四千名，每名拨给埔地二甲，千总每员十甲，把总每员五甲，外委每员三甲，令其自行耕种，照番田之例，免其纳赋，毋庸别行筹给月饷等因。臣等核其拨给埔地，系按屯丁、屯弁约定数目，应如所奏，行令该省督抚，即将筹给该丁、弁等埔地，饬令地方官于设屯处所，就近照数拨给。仍令勘定界址，造册绘图，载明四至段落，通报立案，以备稽查。其屯丁内遇有事故出缺，即挑其子弟充补，将分给田亩顶给承种，以资养赡。如有私行典卖者，按律治罪，追赔契价充公，将该地亩移给别挑屯丁承受。

一、请查已垦埔地，以定界址一款。据称台湾东面依山，地势宽广，从前因淡水、彰化二处，垦辟日增，别行画定界限，设立土牛，禁止奸民越界占垦，免滋事端。乃生聚日繁，民人私向生熟番黎佃地耕种，价格稍轻者，谓之租瞨，价值稍重者，谓之典卖。熟番等归化日久，渐谙耕作，所以业经典卖与民，无由取赎。是以各处番地，不特嘉义以南多有侵越，即淡水等处立定土牛之界，亦成虚设。此时若不将埔地彻底清厘过境，迁移址界，必仍滋淆混。除未垦荒埔五千四百四十余甲，拨给新募屯丁外，其已垦一万一千余甲，自应分别办理。查民人租瞨之地无多，原系民为佃户，番为业主，自应同番社田亩，一体免科。其业经卖断与民者，既非番业，即应令民户一体报升。第民买番地之后，所费工本原多，佃人有每年抽给科则，按甲计亩征银，免其纳粟。仍出示晓谕番社，使知租额无亏，俾得永资生计。民人畴籍有纳赋明文，世守其业，亦可永杜争端。其集集埔、虎仔坑、三貂、琅峤等处，接壤生番，私垦田亩甚多。此等偷越民人，本应重加惩治，惟念开垦以来，与生番日久相安，并无事故，一经驱逐，沃土既须抛荒，而游民又无归宿。应请照核定卖番地之例，一概升科，免其查究。应令该处民、番将租贌典卖地亩，先行呈报。一俟割获登场，臣徐嗣曾专委大员前往细查，并将此处有无续垦地亩，一并查明，分别办理，咨部存案。自此次清查之后，即以所垦地方为界，俾人一望而知。仍交巡视台湾之将军、督、抚、提督及地方官等，不时周历巡查，如有越界私垦，即行从重治罪，失察之地方文武各官，一并严参究治等语。查台湾地方，民田薄征租赋，番地免其升科，乃皇上优恤海外民番，格外加恩之至意。今将军公福等奏称，将佃垦生熟番埔地一万一千余甲内，民人租贌之地，同番社田亩，免其升科，其业经卖断与民者，照同安县下沙科则，按甲计亩征银，免其纳粟之处，系属推广皇仁，俾得番民得业起见。亦应如所奏办理，令该省督、抚出示晓谕民番，各知遵守。并将业经卖断与民地亩，查照同安下沙科则，造具每亩征银若干清册，送部查核。至所称集集等处民人田亩，既据声明，自开垦以来，与生番日久相安，并无事故，一经驱逐，沃土即须抛荒，而游民又无归宿。应如所请，准其照现定民买番地之例，一体升科。仍令该督、抚转饬民番，将租贌典卖地亩数目，即查明呈报。一俟割获登场，即专委大员前往细查，如此外复有续垦地亩，一并查明，造册报部。自此次清查之后，即将所垦地方立石为界，仍交巡视台湾将军、督、抚、提督及该处地方官等，不时巡查。如再有越界私垦，即行从重究治，失察地方文武各官，一并严参究处。

一、屯丁习用器械，应令自行制备，报官点验一款。据称番民打牲捕鹿，所用镖枪、鸟铳、竹箭、器械不一，均属犀利，即如岸里社番善用鸟铳，随同官兵打仗杀贼，最为贼匪所畏惧，一切器械，均可毋庸制给。但现在严禁民间私藏军器，屯兵所用枪箭，亦应官为点验，以备稽查。所有新设屯丁四千名，不必照绿营之例，拘定鸟枪兵若干名，弓箭兵若干名，只以该番习用器械为准，呈报总兵，逐加印烙，编号备查。每年令总兵巡查之便，照点一次，如无火烙印记，即照民人私藏军械之例，一体治罪等语。应准所奏，屯丁所用器械，毋庸拘定枪箭，令该总兵逐加印烙编号，每年巡查之便，点验一次，如无印烙，即照私藏军器之例，一体治罪。

一、屯丁徭役，酌予优免，以恤勉力一款。据称台湾各社熟番，质朴淳良，最堪怜悯。从前文武员弁出差巡察，无不调拨番兵，背运行李。其余如地方兴筑，递送公文，亦皆社番应役，其劳苦急公之处，较之台湾民人不啻数倍。今既挑补屯丁，分处防守，遇有搜捕盗贼等事，又须听候征调。所有一切徭役，免其承应，其未补屯丁之番民，亦只递送公文，不得以私事役使。倘地方文武及理番同知不加体恤，有苛派扰累之事，令该镇、道实力访查，严加参究等语。查台湾熟番经挑补屯丁，即有防守之责，自应加以优恤，以免扰累。今将军公福等奏请，新设屯丁之番民，也只递达公文，不得以私事役使之处，应如所奏。行令该督抚转饬遵照，倘地方文武及理番同知不加体恤，复有苛派扰累之事，令该处镇、道实力访查，严行参究。臣等酌议缘由，是否有当，伏候圣谕遵行。

乾隆帝同意了这些建议，命令闽浙总督觉罗伍拉纳遵旨报告具体实施的各项事宜。乾隆五十五年十月二十三日，伍拉纳上奏，具体提出了实施的 12 条措施：一、分别设立驻屯的地方，根据当地具体的情况，达到有利于防守的目的。二、要严格规定屯弁的责任，加强管理约束。三、屯丁承受耕种的田地，应当适当调配拨给。四、清查出来的侵占“番界”的田园，要规定等级征收田赋，以显示公平。五、已经开垦的田园，应当根据实际情况分别升科或免除。六、现在用来丈量土地的戈声图册[①]，应发到厅、县存档，每户都要发给有四周相邻地界的丈单，以便将来转拨。七、土地面积丈量完成之后要确定田租，以垂永久。八、征收赋税，应当适当规定平均的留存，以保证屯丁的基本食用和管理的经费。九、拨付屯丁的饷银，应当制定章程，以杜绝弊端。十、屯丁使用的器械，应该分别编号点验，以适应“土番”的方便。十一、照旧安排设置隘丁，以重“番界”的边防。十二、重新设立“番界”的石碑，以杜绝越界。乾隆皇帝下旨，将伍拉纳的建议交军机大臣会同兵部尚书讨论后提出意见后上奏。军机大臣等再次上奏，十一月十一日，乾隆皇帝同意了他们的意见，从乾隆五十六年春天正月开始举办。伍拉纳命令台湾镇、道通令所属遵照执行，并发告示通知广大汉民和“土番”。于是在南路设立大屯 1 个，小屯 2 个，设屯千总 1 员，把总 1 员，外委 3 名，隶属南路营参将管辖，共 12 社。北路设大屯 3 个，小屯 9 个，设置屯千总 1 员，把总 3 员，外委 12 名，隶属北路协副将管辖，共 83 社。所有大屯屯丁 400 名，小屯屯丁 300 名，共计 4000 名，分给荒地，使其耕种，以解决供养问题。屯丁分布的具体情况有如下表。又因为屯务刚刚设立，需要经费支出。经奏请决定，屯千总每年支给俸银 100 元，把总 80 元，外委 60 元，屯丁饷银 8 元，每年共需银元 33240 元。派遣人员勘察丈量“番社”的田园，责成厅、县按甲征收田赋，由抚民理番同知进行管理。

---

① 戈声图册，即丈量土地的工具地弓的形状、尺寸标准规定。

嘉庆十六年（1811），噶玛兰设厅。嘉庆二十年春天二月，通判翟淦建议，东势、马赛、西势等地的荒埔，有的已经被私自开垦，有的还没有开垦，请求准许隘丁和熟番就近开垦耕种，按甲征收田赋，每年可得银元 130 元。仿照设立屯丁，可以设立屯丁 150 至 160 名，可以应对当地防务的需要。但台湾总兵和台湾道认为，这些地方的“土番”属于“流番”，不应当在这里设屯，下令将这里的田园按照规定征收赋税，设屯的事情到此结束。道光中期，水沙连 6 社归属政府管理的时候，台湾道徐宗幹向督、抚申请，建议 6 社的“土番”男女 1000 多人，可以挑选壮健“土番”400 名，设一个大屯，补充任用外委 1 名，隶属北路屯千总统辖，招佃人开垦荒地，以供给屯饷。得到福建督、抚的同意。从那以后，屯务逐渐荒废，屯租往往无法实收，以至于不能满足支出。

光绪十二年（1886），台湾巡抚刘铭传奏请清理田赋，并建议整顿屯务。台湾道陈鸣志命令中路抚民理番同知蔡嘉穀提出意见进行调查，于是蔡嘉穀就提出了整顿的策略。大致说：

查乾隆五十三年，将军公福奏准，九十三社之化番，挑选壮丁四千，以为屯丁。则设大屯四，小屯八，星罗棋布，联络各营，有事之际，随时调集，农隙之时，为之训练。计丁给地，除征租地界之外，未垦荒埔五千六百九十一甲余，均分拨屯丁。其近屯之地，每丁一甲或至一甲一分，距屯稍远者，一甲三四分。命其自耕，以为赡养。即照番田之例，减免租赋，立石为界，官为巡视。至于屯田，以查出界外私垦田园三千七百三十余甲，按等升科，以充其用。每年计征租谷四万一千二百六十一石四斗六升六合四勺三撮，每石折银一元，可得四万一千二百六十一元四角六分六厘四毫三瓣。又有九芎林口租谷折银八十元，除给隘丁、佃首饷费二千一百三十元，及屯弁、屯丁俸饷等项三万三千二百四十元，此外尚剩五千九百七十一元四角六分六厘四毫三瓣，收存各县，调拨口粮，俾充赈恤，专为屯务之用。伏查屯丁设置以来，百有余年，父以传子，子以传孙，数代相承，得免饥饿，实赖此屯。然此养赡之地，辗转佃耕，百弊丛生。或私自卖买，或竟被侵占，埔地日削，几无聊生。谨陈整顿之策五条，伏祈宪鉴。一曰，清屯饷。查屯田征饷每年四万一千余元，例由本厅移牒各县，造册送呈宪鉴。而近来各县或称水冲沙压，或言旱魃为灾，以是征额每多缺损。兹请先令各县清丈本项屯田，查勘地方段落四至，造成鱼鳞清册，分别报告。如有被害丈溢之业，妥为处置，以充屯饷之需。二曰，选精壮。屯丁久沐皇恩，一旦裁撤四千之众，失其衣食，弱者转于沟壑，强者聚啸生事。今请妥为拣选，弃弱留强，以其子弟补缺。并造名簿，由本厅给发腰牌，俾之携带，以定壮丁之额，免糜饷项。三曰，分调遣。拣选番丁成屯之后，分调二千名，以六营为巡防。大屯仍旧四百名为一营，小屯三百名为一营，或分为四营，以一二年交代，均其劳逸，以资操防。四曰，备工作。全台建省之时，需工甚多，故月给工食，或开山垦地，或修路造城，仍给器械，以惯其用。勒以兵法，假如一旬之中，七日作工，三日操演，认真训练，自成劲旅。五曰，分饷需。屯饷旧田若能清丈，溢出必多。然以现在每月支饷甚巨，欲望骤增，实有至难。伏思台湾土勇数营，曾立战功，故未遣散。顾两三年来，病故逃亡甚多，十不存一。请减每营为二百名，或改营为旗，每旗二百四十名。如以改减为难，遇有病故逃亡之时，暂不填募，任其渐次减少，以节饷需。既以剩余之款，改充屯饷。屯丁工作既毕，俟其训练又精，再将驻屯之处，分给荒埔开垦。征租继饷，以充饷需，似足大减国帑。

陈鸣志很赞同这些建议，代为报告巡抚刘铭传请求采用。只说分饷这一条，因为营勇的增减本有固定的名额，而屯租的征收也有规定的数目，绝对无法把台湾土勇的饷银拿去作为屯丁的饷银。如何采用，请巡抚裁决。十二月，刘铭传通令各厅、县查勘屯田甲数，并命令总兵朱名登、通判金提会同各厅、县点验检阅屯丁，考核优劣，以备取用或舍弃，而屯租也就改成了官租。

南北屯弁分给埔地表

屯名	屯弁数	分给埔地	每人甲数	总数（终位毫）
南路	屯千总 1 员	凤山南坪顶	10.000	10.000
放縤大屯	屯把总 1 员	同上	5.000	5.000
同上	屯外委 1 员	同上	3.000	3.000
搭楼小屯	屯外委 1 员	同上	3.000	3.000
新港小屯	屯外委 1 员	凤山大北坪	3.000	3.000
北路	屯千总 1 员	彰化罩兰	10.000	10.000
竹堑大屯	屯把总 1 员	淡水武陵埔	5.000	5.000
同上	屯外委 1 员	同上	3.000	3.000
武朥湾小屯	屯外委 1 员	淡水三角涌	3.000	3.000
萧垄小屯	屯外委 1 员	彰化永平坑	3.000	3.000
柴里小屯	屯外委 1 员	彰化内木栅	3.000	3.000

续表

屯　名	屯弁数	分给埔地	每人甲数	总数（终位毫）
东螺大屯	屯把总 1 员	彰化沙辘	5.000	5.000
同上	屯外委 1 员	同上	3.000	3.000
北投小屯	屯外委 1 员	彰化内木栅	3.000	3.000
阿里史小屯	屯外委 1 员	彰化水底寮	3.000	3.000
麻薯大屯	屯把总 1 员	彰化罩兰	5.000	5.000
同上	屯外委 1 员	同上	3.000	3.000
日北小屯	屯外委 1 员	淡水马陵埔	3.000	3.000

南北屯丁分给埔地表

屯名	屯丁数	分给埔地	每人甲数	总数（终位毫）
放縤	39	凤山埔羌林	1.179	46.000
茄藤	121	同上	1.181	142.000
力力	69	同上	1.220	83.000
下淡水	111	凤山南坪顶	1.200	133.200
上淡水	60	同上	1.180	71.000
塔楼	155	同上	1.260	195.990
武洛	50	同上	1.220	61.000
阿猴	71	凤山南嵌林	1.180	83.000
上淡水	24	凤山南坪顶	1.175	28.500
新港	201	凤山大北坪	1.685	338.776
卓猴	68	凤山南坪顶	1.630	111.450
大杰颠	31	凤山南嵌林	1，670	52.000
萧垄	41	彰化永平坑	1.500	61.500
麻豆	50	同上	1.500	75.300
萧里	20	同上	1.500	30.000
湾里	46	彰化八娘坑	1.506	69.502
大武垄	36	彰化八姑婆	1.502	54.072
茄投	20	同上	1.502	30.040
芒仔芒	30	同上	1.502	45.060
嘉义	20	彰化沙辘	1.500	30.000
哆啰啯	20	同上	1.500	30.000
内攸	10	嘉义十张犁	1.015	10.156
阿里山	7	嘉义大埔	1.161	8.128

续表

屯名	屯丁数	分给埔地	每人甲数	总数（终位毫）
柴里	38	彰化内木栅	1.400	53.400
阿里山	40	嘉义芋蓁仑	1.660	46.600
水沙连	90	彰化八娘坑	1.000	90.000
打猫	15	彰化沙辘	1.400	21.000
他里雾	20	同上	1.400	28.000
西螺	56	彰化水底寮	1.360	73.460
猫儿干	29	同上	1.360	39.440
南社	12	同上	1.360	16.320
东螺	152	同上	1.000	152.000
马芝遴	23	同上	1.000	73.000
二林	28	同上	1.000	28.000
眉里	50	彰化校栗林	1.010	50.500
大武郡	28	彰化万斗六	1.030	28.840
半线	13	同上	1.030	13.390
大突	76	彰化水底寮	1.000	76.000
阿束	30	同上	1.000	30.000
北投	128	彰化内木栅	1.000	128.000
南投	23	彰化虎仔坑	1.020	23.500
猫罗	45	彰化万斗六	1.000	45.000
柴仔坑	33	彰化水底寮	1.000	33.000
大肚北	31	同上	1.000	31.000
大肚南	31	同上	1.000	31.000
猫雾捒	10	同上	1.000	10.000
阿里史	119	同上	1.000	119.000
水里	26	同上	1.000	26.000
牛骂南	35	同上	1.000	35.000
牛骂北	14	同上	1.000	14.000
乌牛兰	32	同上	1.000	32.000
沙辘	27	同上	1.000	27.000
迁善南	35	同上	1.000	35.000
迁善北	14	同上	1.000	14.000
感恩	14	同上	1.000	14.000
大肚中	47	彰化大姑娘	1.000	47.000

续表

屯名	屯丁数	分给埔地	每人甲数	总数（终位毫）
麻薯旧	38	彰化鸡油埔	1.010	38.380
岸里	111	同上	1.010	112.110
翁仔	25	同上	1.010	25.300
葫芦墩	25	同上	1.010	25.300
崎仔脚	21	同上	1.010	21.210
西势尾	23	同上	1.010	23.230
樸仔篱	144	同上	1.010	145.440
猫里兰	13	同上	1.010	13.130
日北	70	淡水黄陵埔	1.680	118.000
日南	74	彰化马陵埔	1.609	119.100
大甲东	40	淡水黄泥塘	1.670	66.000
大甲西	40	同上	1.670	66.000
大甲中	32	淡水四方林	1.900	61.000
双寮	44	淡水淮仔埔	1.670	73.500
竹堑	95	淡水武陵埔	1.580	154.100
房里	44	同上	1.680	73.920
苑里	12	同上	1.680	2.016
吞霄	25	同上	1.680	42.000
猫孟	8	同上	1.680	13.440
后垄	39	淡水芎蕉湾	1.150	45.000
新港	52	淡水内湾	1.140	59.390
猫阁	30	淡水盐水湾	1.110	33.300
中港	33	同上	1.117	36.861
双寮	42	淡水武陵埔	1.683	70.686
霄里	20	同上	1.680	33.600
武朥湾	32	淡水山坑仔	1.190	38.080
摆接	13	同上	1.190	15.470
里族	14	同上	1.190	16.660
雷里	24	淡水淮仔埔	1.193	28.682
猫里	14	同上	1.193	16.702
锡口	14	同上	1.190	16.660
搭搭攸	16	同上	1.190	18.040
圭泵	15	淡水尖山脚	1.190	17.850

续表

屯名	屯丁数	分给埔地	每人甲数	总数（终位毫）
八里坌	5	同上	1.190	5.950
圭北屯	11	同上	1.190	13.090
毛沙翁	4	淡水八连港	1.030	4.120
大鸡笼	22	同上	1.030	12.360
金包里	28	淡水七堵埔	1.030	28.840
北投	22	同上	1.030	22.660
三貂	21	同上	1.030	21.630
小鸡笼	6	淡水田寮港	1.030	6.180
龟仑	23	淡水七堵埔	1.030	23.690
南嵌	14	淡水三角涌	1.080	15.120
坑仔	16	同上	1.080	17.280

隘　勇

台湾设隘，是从郑氏时期开始的。南明永历十九年（1665），谘议参军陈永华请求实行屯田制，郑氏军队开垦了原先由“土番”使用的大片荒地，民众中私自进行开垦的人也日益增多，经常会受到“土番”的袭击，于是就筑“土牛”为界线，禁止汉民的进入或“土番”的外出。“土牛”就是把泥土堆成牛的形状，设置在重要的通道上，驻守士兵进行防守，现在还留有遗迹。有的称为红线，用泥土建成矮墙，墙上砌有红砖，以此作为标识，开垦耕种的人不能越过这条界线。清朝仍然沿用了这种方法，但开垦的范围越来越广，渐渐的深入到内山，官府无法保护。垦民从自卫的角度考虑，设置隘寮，招募隘丁，用来防御“土番”的袭扰。使用的经费就从这个隘所保护的田园中进行征收，称为隘租。土地的开垦不断向前，武力的保护始终作为先导，南到琅峤，北到淡水，都有汉人的足迹，但官方的力量却还没有到达。康熙六十年（1721），朱一贵起义，全台湾都受到影响。平定之后，闽浙总督满保认为，沿山一带，是盗匪和“土番”出没的地方，准备将民众全部迁到离山10里以内的地方，堵塞各个隘口，修筑长墙，以断绝平埔和山地之间的往来。总兵蓝廷珍坚定反对这种意见。康熙六十一年，福建巡抚杨景素奏请沿“番界”设立石碑，派遣军队巡逻防守，这是官隘的开始。雍正六年（1728）冬，山猪毛社“土番”发生叛乱，派兵征讨。雍正十一年，派南路营兵300名驻守，从此，“土番”不敢出山，但还没有出现隘的名称。雍正十三年，彰化眉加腊社“土番”发生叛乱，派兵征讨，于是设隘于柳树湳，在乌溪的北面，也就是现在的台湾府城（今台中市）的附近。当时台中都属于“番地”。乾隆五十三年（1788），大将军福康安奏请设立“屯番”的制度，在近山的地方，按照以前的办法设置隘丁，有的分给土地让他们耕种，有的提供口粮，都由民人和“土番”自行捐助办理。现在这些土地归屯所有，屯丁的口粮应该从官府征收的租谷中提供，同时责成各个隘首，率领隘丁，用心巡查，和驻防的军队同心协力，相互支持。于是在凤山、嘉义、彰化、淡水的近山地界都设立了隘，每个隘都设隘首1名，隘丁10来名，或20—30名。每名每年给口粮30石，折成银元30元，隘首加倍。只有九芎林隘，官府征收的屯租全部留用，不足的部分，官府提供四成，民众提供六成，成为官设隘。但官设隘的能力有限，而民众从事开垦的却越来越多。

嘉庆七年（1802），吴沙招募漳州、泉州、广东三籍的游民，开垦蛤仔难，修筑土堡居住。沿山的每个隘，都派乡勇驻守，称民壮寮，因此，参加开垦的民众不会受到“土番”的袭扰。每个民壮寮都拥有田园数千甲提供经费。设噶玛兰厅后，那些开垦的田园虽然由官府征收田赋，但是靠近隘的田地，仍然留给隘丁耕种，自给自足。这种做法，得到朝廷的旨意准行，成为民众私设的隘。蛤仔难地处台湾的东北部，背靠高山，面朝大海，原来都是“土番”的土地。从三貂岭翻山而行，是远望坑，设有民壮寮。开始时设它是为了开通道路，后来用它保卫道路的安全通行。过了远望坑往西，是大里简，也设了民壮寮。再往西是梗枋、乌石港。远望坑往南是金面山、白石、汤围、柴围。往西是三围，再往南是四围一结、四围二结、四围三结、旱溪、大湖、叭哩沙湳、鹿埔、清水沟、崩山、员山庄、马赛，总共20个地方，都设了隘守护。以前行人经过，隘丁要进行护卫，对每个行人收取的酬庸是40文钱。到噶玛兰设置官府以后，隘丁的经费就由官府支出了。

嘉庆十七年，漳州人林朝宗等请求开垦苏澳的荒地，增设了施八坑隘。施八坑在东势山脚，树木密布，荒草茂盛，“土番”占据其中，且山口非常狭小，西面连接叭哩沙湳。离开施八坑向东就是苏澳，是个通海的地方，土地广阔而又肥沃，过去民众申请开垦，但官府总以距城太远，担心暗藏不法之人为借口，没有同意。到道光元年（1821），在这里耕种的人已经有300多人，代理通判姚莹就把这里的田地进行了登记，准备在这里设隘，还没有完成就离任了。道光六年夏天，淡水发生闽、粤械斗，广东人黄斗乃居住在淡水的斗换坪，乘机煽动“生番”作乱。平定后，在南庄设了一个隘，设屯把总1员、屯兵60名驻守。道光十四年冬天，淡水同知李嗣业因为南庄的土地已经开垦完了，而东南方向的山地还没有开辟，于是就命令姜秀銮、周邦正召集闽、粤的民众，共有24支队伍，一起设立金广福隘，用来保护开垦荒地。从树杞林一直到北埔，一共设了15个隘寮，所管辖的范围，南北长30多里，东西宽10—20里，收取田租，提供隘丁的费用。这是集体所设的隘。

同治十三年（1874），钦差大臣沈葆桢奏请“开山抚番”，当时设隘的做法已经荒废很久了，所以就用军队来代替。光绪十二年（1886）巡抚刘铭传奏请颁布隘勇的制度，收取防守费用，废除原来的隘租，进行整顿。光绪十四年，阿罩雾[①]人林朝栋、林文钦共同设立了公司称“林合”，获得了台湾各县沿山数千甲土地的开垦权，同时经营樟脑业。担心遭到“土番”的袭扰，请求设立隘勇2营，每营500人，自行提供粮饷和武器，分别以林荣泰、刘以专统领。从抽藤坑到集集，设置了许多隘寮，称为“铳柜”。平时隘勇敲梆子巡逻守护，有情况就开鸟铳报警，听到报警，隘勇全部出动，占据有利地形进行攻击，所以，“土番”的袭扰逐渐减少。“土番”出来猎人头，每次都是乘人不备，或是在黑夜突袭，所以防守要非常严密。而担任隘勇的人，大多是强悍不怕死的，会以谁杀死前来袭扰的“土番”更多作为比赛厉害的标准。

凤山县辖隘寮沿革表

隘寮社隘　官府设置，在山猪毛口，原来设隘丁30名，现已裁撤。

溎陂社隘　官府设置，在南太武山的南边，原来设隘丁15名，现已裁撤。

茄藤社隘　官府设置，在大昆麓，原设隘丁20名，现已裁撤。

力力社隘　官府设置，在佳佐山麓，原来设隘丁20名，现已裁撤。

放綀社隘　官府设置，在三条仑岭，原来设隘丁20名，现已裁撤。

淡水厅辖隘寮沿革表

火焰山隘　民间设置，在大甲堡西南，也就是大甲溪。原来设隘丁8名，现已裁撤。

日北山脚隘　民间设置，原来在日北山的山脚下，后来移到鲤鱼潭的山岗上，属苑里堡。原来设隘丁6名，现在设8名。现在隶属苗栗县。

三叉河隘　民间设置，在苑里堡内山的山岗上，在日北山隘的北边，现在移到

① 阿罩雾，即雾峰。

番仔城[1]，原来设隘丁 50 名。现在隶属苗栗县。

内外草湖隘　民间设置，原是高埔隘，后来移到苑里堡东面的内山，而南势湖隘也归并到三叉河隘的北边。2 隘原来设隘丁 17 名，现在设 20 名。现在隶属苗栗县。

铜锣湾隘　官府设置，在后垄堡铜锣湾内山的险要地方，在草湖隘的北边。原来设隘丁 25 名。现在隶属苗栗县。

芎中七隘　官府设置，在后垄堡芎蕉中心埔七十分三庄之中，所以以此命名。在铜锣湾的北边。原来设隘丁 30 名。现在隶属苗栗县。

大坑口隘　官府设置，原是中隘，后来移到后垄堡内山的横岗，是芎中七隘北边的大坑口隘。原来设隘丁 30 名，中隘 10 名，现在设 40 名。现在隶属苗栗县。

蛤仔市隘　官府设置，在后垄堡蛤仔山内的横岗，在大坑口隘的北边。现在设隘丁 20 名。现在隶属苗栗县。

嘉志阁隘　民间设置，在嘉志阁庄，后改为军队的汛地，移到内山，在蛤仔市隘的北边。原来设隘丁 20 名，现在设 30 名。现在隶属苗栗县。

南港隘　民间设置，在中港、南港的内山，在嘉志阁隘的北边。原来设隘丁 15 名。现在隶属苗栗县。

三湾隘　民间设置，在中港堡三湾的内山，在南港隘的北边。道光六年（1826），奏请派驻屯把总 1 员，屯丁 60 名，通事 1 名，防守中港、三湾、大北埔等隘。现在改设隘丁 42 名，屯把总 1 员。现在隶属苗栗县。

金广福隘　民间设置，原来在淡水厅东部的盐水港、南隘、茄冬湖、石碎仑、双坑、大崎、金山面、圆山仔、大北埔、小铜锣圈等 10 个地方。小铜锣圈隘，就是过去的中港尖山隘，因为开垦的发展，已经越过了旧的隘址，于是裁撤为一个隘，移到五指山的右边，沿山 10 多里，都设隘防守。石碎仑隘原来设隘丁 40 名，由官府拨给隘租，弥补经费的不足。而大北埔中港、尖山 2 隘，也是由官府奏请设立，由民众提供经费。盐水港、南隘、茄冬湖、小铜锣圈 4 隘，原来各设隘丁 20 名，双坑 14 名，大崎、金山面各 18 名，圆山仔 6 名，都是由民众提供经费。现在合起来设 120 名，就地取粮，每年由官府拨田租 400 多石，发串着令自收。现在隶属新竹县。

砊仔隘　民间设置，在三湾隘的北边，在厅城东边 30 里。原来设隘丁 15 名，现在仍然保持 15 名。现在隶属新竹县。

---

① 番仔城，今苗栗县鲤鱼潭村。

猴洞隘　民间设置，在砖仔隘的北边，在厅城东边34里。原来设隘丁15名，现在仍然保持15名。现在隶属新竹县。

树杞林隘　民间设置，在猴洞隘的北边，在厅城东边25里。原来设隘丁15名，现在设20名。现在隶属新竹县。

九芎林隘　民间设置，也就是南河隘，在厅城东边40里。原来设隘丁10名，由官府拨给屯租，现在由民众提供经费。现在隶属新竹县。

咸菜硼隘　民间设置，在九芎林隘的北边，在厅城东边50里。原来设隘丁20名，现在仍然保持20名。现在隶属新竹县。

大料崁隘　民间设置，在桃涧堡的内山。原来设隘丁30名，现在仍然保持30名。现在隶属南雅厅。

三角涌隘　民间设置，在海山堡内山大料崁隘的北边。现在设隘丁10名。现在隶属南雅厅。

大铜锣圈隘　民间设置，原来在四方林，后来移到桃涧堡的内山。过去设隘首1名，隘丁没有定额，现在设隘丁10名。现在隶属淡水县。

三坑隘　民间设置，在桃涧堡的内山，在大铜锣圈隘的北边，现在设隘丁20名，现在隶属淡水县。

大坪隘　民间设置，在桃涧堡的内山，在铜锣圈隘的北边。现在设隘丁20名。现在隶属淡水县。

溪洲隘　民间设置，在桃涧堡的内山，在大坪隘的北边。现今设隘丁10名。现在隶属淡水县。

横溪隘　民间设置，在摆接堡的内山。现在设隘丁5名。现在隶属淡水县。

暗坑隘　民间设置，在摆接堡的内山。现在设隘丁10名。现在隶属淡水县。

万顺寮隘　民间设置，在摆接堡的内山，在暗坑隘的北边。原来设隘丁12名，现在设15名。现在隶属淡水县。

十份寮隘　民间设置，在石碇堡的内山。原来设隘丁10名，现已裁撤。

三貂岭隘　民间设置，在三貂岭汉民和“土番”交界的地方。原来设隘丁10名，后来改成由军队驻守的汛地。

噶玛兰厅辖隘寮沿革表

远望坑隘　民间设置，在厅城北部的偏远地区，和淡水交界。以前设置民壮寮，现已裁撤。

大里简隘　民间设置，在厅城的北边。以前设置民壮寮，后来改成由军队驻守的汛地。

梗枋隘　民间设置，在厅城的北边。以前设置隘丁，后来改成由军队驻守的汛地。

乌石港隘　民间设置，在厅城的北边。以前设置隘丁，后来改成由军队驻守的汛地。

金山面隘　民间设置，在厅城北边25里。原来设置隘丁8名。

白石山隘　民间设置，在厅城北边20里。原来设置隘丁10名。

汤围隘　民间设置，在厅城北边17里。原来设置隘丁8名。

柴围隘　民间设置，在厅城北边12里。原来设置隘丁5名，现已裁撤。

三围隘　民间设置，在厅城北边12里。原来设置隘丁5名，现已裁撤。

四围隘　民间设置，在厅城北边8里。原来设置隘丁6名。

旱溪隘　民间设置，有的称礁溪隘，在厅城北边9里。原来设置隘丁8名，现在移到摸壁潭。

泉大湖隘　民间设置，在厅城西南边25里。现在设置隘丁13名。

葫芦隘　民间设置，在厅城西南边16里。现在设置隘丁6名。

施八坑隘　民间设置，在厅城南边30里。现在设置隘丁12名。

马赛隘　民间设置，在厅城南边30里。原来设置隘丁12名，现已裁撤。

员山隘　民间设置，在厅城南边25里。原来设置隘丁10名。

鹿埔岭隘　民间设置，在厅城南边25里。现在设置隘丁12名。

清水沟隘　民间设置，在厅城南边15里。原来设置隘丁8名，现已裁撤。

崩山隘　民间设置，在厅城南边20里。原来设置隘丁8名，现在移到摆燕山。

大埤隘　民间设置，在厅城西北边10里。现在设置隘丁8名。

三关仔隘　民间设置，在厅城西北边5里。现在设置隘丁8名。

叭哩沙湳隘　民间设置，在厅城西边30里。现在设置隘丁12名。

内湖隘　民间设置，在厅城西边15里。现在设置隘丁6名。

大湖隘　民间设置，在厅城西边42里。原来设置隘丁12名。

颖广庄隘　民间设置，在厅城西边7里。原来设置隘丁5名。

枕头山隘　民间设置，在厅城西边6里。现在设置隘丁10名。

乡 勇

康熙六十一年（1722），朱一贵起义平定之后，台湾各地还没有完全安定，台湾总兵蓝廷珍向闽浙总督满保建议，请求在台湾实行保甲制度，获得同意。后来又请求举办团练，他认为，府城现在虽然有防守的军队2000人，看起来足够调遣，但南路下淡水、冈山分去了400多名，北路下加冬、半线又分去了400名，所剩下的防卫力量也就是1000名，编制内各营的士兵又大多分派去各汛地防守，府城关系重大，实在不能说兵力是充足的。现在，应该紧急训练乡里的壮丁，联络各个村社，以弥补军队防守的所有漏洞。这些乡勇，没有战事的时候都是农民，有战事的时候都成为士兵，这样就可以让盗贼没有藏身之地。这就是事急治标，是一刻也不能拖延的。以后就把这作为一种惯例，每当遇到有战事的时候就举办。

林爽文事件，台湾南北部不少地方都被起义军占领。广东人居住的村庄大多出来协助清军，出了不少力。鹿港的郊商也招募乡勇进行自卫，所以没有受到损害。林爽文是漳州人，漳泉械斗刚停止不久，又和粤庄结下仇恨，所以很多人都抗拒他。起义平定之后，乾隆下旨嘉奖那些为政府出力的“义民”，立功的给予纪功牌，阵亡者官府给予祭祀，春秋二祭，以此来表彰他们忠义英烈，因此民众更愿意为政府出力。

鸦片战争，英国军舰侵犯台湾沿海，总兵达洪阿、台湾道姚莹治军有方，并且组织民众和乡勇，协助防御，所以台湾没有受到外敌的伤害。淡水同知曹谨请求停止海防的经费，专门招募乡勇，姚莹不同意。当时，班兵制度已经累积了很多的弊病，几乎完全不堪任用。姚莹选拔了精兵600名，增加他们每个月的饷银，进行训练，想要以后逐步推广到台湾的各个部队，但还没有完成就离任了。

道光二十八年（1848）徐宗幹担任台湾道，他和台湾总兵商议，准备逐渐整顿绿营的制度。他还因为驻守澎湖的军队远隔海洋，给福建督、抚上书，请求把澎湖的驻军改为在当地招募。大概说：

> 澎人皆捕海为生，极为勤苦，且熟谙水性，履波涛如平地，壮健丁勇挑选入伍，以备不虞，较诸水师实为得力。不但可以省戍兵换班之费，且可以收海岛无业之民。沙线既熟，守望亦专，是一举而数善备也。

但没有获得同意。太平天国战争，湖南、安徽的一些将领大多靠训练乡勇，戡乱平定了大难，于是才逐渐淘汰了绿营。到戴潮春起义，起义军攻占了彰化县城，台湾南北都受到了很大的影响，清军官兵没有经过战斗就败溃了，台湾道孔昭慈也死了。才再次设立团练，由淡水的绅士林占梅担任团练大臣，驻扎在大甲，阻止戴潮春的队伍向北发展。各个村庄都组织了许多“义民”的队伍，和起义军作战，建立了很大的功劳。但一些土豪恶霸利用团练来谋求私利，依仗拥有的势力称王称霸，在乡间胡作非为，没人敢过问。一些多年惯匪，在团练的庇护下，往往一句话不投机，就兴起争端，逐渐形成了一种以武力解决问题的风气，而官府也不敢过问。光绪七年（1881），团练总局改成了培元总局。

中法战争，台湾沿海戒严，台湾道刘璈召集士绅，再次举办团练，亲自制定了17条章程，在府城和各县城里都设立一个团练总局，东、西、南、北、中各推举团练1人，归各城团练总局管理。城外各乡远近不同，大约以周围30—40里的地方作为一个分局，委任团总1人，并设团佐为助手。无论是福建人还是广东人聚族而居的地方都可以设置族团，由族长管理。凡要参加团练的壮丁都要进行登记，并且分为义勇、练勇、团勇三种类型。义勇常年都要住在团练局，每天要进行操练，每个月给伙食费4元8角；练勇每10天操练1次，每次给银元2角，他们的费用都由店铺商户捐助。练勇8名的费用相当于义勇1名。不使用捐款经费人为团勇，自带口粮，每个月操练一次。由团练局参与选出干练的义勇作为百长，来带领练勇，又从练勇中选出什长，来带领团勇。衣服、装备和旗帜，由商户捐款制作，分成各种颜色，以利于辨别。其中如果有胆大勇敢的人，愿意到前线作战，准许他们自告奋勇，另外登记在册，由县衙报送军营，宣布军队的纪律，跟随军队外出作战，但不会让他们担任前锋，担心他们打乱了阵脚。论功行赏，赏罚严明，以此来进行鼓励。以前犯法的人，如果能够改过自新，将功抵罪，举办团练的绅士，将特别为他请求奖励。团练的设立，目的在于自卫，在城里的就守卫城池，在乡间的就守卫乡里，可以弥补军队作战的不足，只在举办的人是否处理得当。八月初一，又制定了渔团章程20条，通令绅民和沿海渔民遵守执行。大概说：

渔团办法与陆团不同。沿海渔户贫苦居多，既难如陆团捐勇出资，又难如陆团派绅设局。情形既异，头绪尤繁。兹议就渔团以选水勇，借水勇以联渔团，互辅而行，较为妥便。除照原详水勇名数，由各路挑选泅水精壮渔民，先后招募成军，以固要防。并将渔团办法厘定章程，以清内乱，而御外侮。其办法则于海口陆团派委团绅一名，会同水营管带，编造渔户清册，每船每筏给以白布小方旗一面，上书某路某口几甲几牌几号之船，凡近海十里之内，或二百名、三百名、四百名联为一团，派管带、帮带各一员统率之。每哨置正、副哨长。又于水勇之中，每船派充什长一名，每筏伍长一名。每哨配船四只、筏八只，无筏者即用小划。其船逐月租价七两，筏一两四钱，衣、旗、军器由官给发。每旬逢五，操练一次。无事之时，仍准出渔，有事则分哨守战，以与陆团策应。如有勾通外寇，泄露军情，潜为引港者，杀无赦。

当时，台湾巡抚刘铭传驻台北，也举办团练，奏请简任林维源为团练大臣，各府、厅、县设立团练总局，任命当地有名望的绅士来管理。厅、县以下设分局，在每个乡设团，划分地段，以保卫乡里，严格防守瞭望，盘查盗贼，实行的办法很完善。

乙未年反抗日军占领台湾的斗争，成立“台湾民主国”，由进士丘逢甲担任团练使，统率义军，并办理渔团。一时民众奋起，拿起武器，和军队一起作战，奋勇杀敌不怕牺牲的人非常多。但局势已经无可挽回，也就没有办法了。古代兵民是一体的，存亡与共，民众也是国家的军队，所以能够有勇气而且懂得道义。从实行募兵制开始，军队和民众就分开了。军队和百姓分开之后，军队就成了朝廷的军队、军阀的军队、暴戾将领的军队。军队成为他们豢养的工具，且为他们的私利服务，国家的威望也就没有了。想要提高国家的威望，应当实行全民皆兵，远的学习夏、商、周三代，近的效法欧洲，然后才可以自立于世界民族之林。

师　船

台湾是一个海上的岛屿，军事攻防的策略不在陆地而在于海洋，所以治理台湾的人大多重视海防。过去荷兰凭借夹板船的威风，大海踏浪，控制了东南亚地区的海上贸易。接着，郑成功也建设水师的兵镇，他的军队乘风破浪，如履平地，清朝军队之所以不敢进攻台湾，就是因为台湾海峡的天险，不是人马众多就可以克服的。郑芝龙向来熟悉海洋，他在安平①建设府第，船舶可直通卧室，凡海船出海经商，没有得到郑氏的令旗，不能往来，每条船规定每年交纳2000两银子，他的财富可以和国家相比较。郑成功收复台湾以后，也不断建造了巨大的商船，和东、南洋各国通商，获取利润。如果郑氏没有败亡，整顿军队、经营武备，就一定会拥有一支强大的海军，而最后走向败亡，只能说是天意啊。

清朝统一台湾后，分别在陆地和沿海驻军防守，安平水师副将率领3个水师营，拥有战船54艘，澎湖水师副将率领2个水师营，拥有战船33艘。后来又增设了淡水营水师都司，率兵500名，拥有战船2艘，以此作为台湾沿海防御。台湾、澎湖各营的船只，通常由全省厅县分派修造，康熙三十四年（1695），改归只由内地州、

① 安平，今泉州晋江安海镇。

县修造。那些已经不能驾驶但还可以修好的船只，由内地州、县派遣人员，并准备好所需要的工料，运到台湾进行修理。到了根据田赋多少分派修造船只，台湾的3个县才开始也能分配到修造几条船的额度，这并不是对台湾有所优待，而是原来的办法让内地各船厂人员力量分散，而台湾造船的工人和材料都很方便，不需要从内地运往，可以保证按时完成修造工作。之前，康熙十三年，兵部规定各省的战船要3年进行小修，5年进行大修。康熙二十九年，奏准沿海各省新造的战船，要3年进行小修，再过3年要进行大修，以后再过3年，如果还能在海上继续行驶，就又要进行大修，否则就要奏明进行改造，改成内河的船只。后来又奏准各省战船到应该改修的年份时，从部文到达之日算起，限1个月之内，船厂领取应修的船只，1个月内对维修费用进行估价上报兵部。经过兵部同意之后，应该从兵部同意的文件到达的日期算起，大修限3个月完成，小修限2个月完成，如果超过期限还没有完成维修任务，就按照规定进行处分。后来又奏准福建省的战船平均分派全省的道、府监督修造，台湾、澎湖的92艘战船，由台湾道和台湾府各负责18艘，其余的仍然由内地的道、府负责。于是，台湾道、府开始设立船厂，采伐内山的樟木，作为修造战船的材料。不久，战船的修造权又收归内地。康熙四十四年，战船的修造权又重回台湾道、府。这时，分派给台湾府修造的数量是台湾道的一倍，省里命令台湾府和福州府合作进行修造，并且决定在部规定的价格、津贴、运费之外，省里每艘船再捐助补贴150元，缴交盐粮厅代办其中的一半，道、镇、协、营、厅、县共同协助完成这件事。后来战船修造的事又专门由台湾府负责，台湾道的船厂也就撤废了。雍正三年（1725），两江总督查弼纳奏请在江湖交通方便的地方设立造船总厂，派遣道员前往监督，拨款修造战船，再派副将或参将1员共同监管，务必减省不必要的费用。部里规定价格不足的部分，历来都由州、县协助补贴，这些仍然照旧。雍正同意了。福建总督也上奏说，请求台湾、澎湖的战船就在台湾设造船厂，委派台湾道和水师副将监督修造。于是台湾、澎湖的战船全部归台湾造船厂修造，而台湾道和水师副将的责任就特别重了。雍正七年九月，福建总督高其倬奏请改为福建分别设立福州、漳州、台湾3个造船厂，分摊全省所需战船的修造，福州造船厂由盐驿道和兴泉道监督，承担修造海坛等营的133艘战船；漳州造船厂由汀漳道监督，承担修造福建水师提督标下各营的101艘战船；台湾造船厂由台湾道监督，承担修造台湾、澎湖水师各营98艘战船；后来又增设了泉州造船厂，由兴泉道监督承办，而福州造船厂仅由盐驿道监督承办。

乾隆元年（1736），闽浙总督郝玉麟上奏说：

福建战船，福厂承修七十六只，泉厂五十三只，漳厂九十九只，台厂九十六只。而台厂远阻重洋，难以匀派。顾台湾自设厂以来，开办料馆，沿山樟树概归官有。南之琅峤，北之淡水，均委匠首。而匠首以伐木之外，私揽熬脑，而赢其利。然台厂自数十年来，津贴较少，工料日腾，修造战船，届期难竣，或至脆弱，不堪驾驶，历任搁置，赔累为难，是有修船之名，而无用船之实。到徐宗幹担任台湾道时，上书福建总督、巡抚，请求改革船政，他写道：

昔刘晏曰，成大计者不惜小费，置船厂置事者，当先使之私用无窘，则官物坚完矣，诚古今之通论也。曩者台地船工，道、府有余项，价宽则易完；舟师有口粮，物固则不腐，是以一船得一船之实用也。查船厂所需料物，有购自内地者，若松杉，若铁，若油，若棕之类，皆由厦口商船配带交厂，例不许民间私售；厂用有余，则发商匠领卖，而交价浮于原值。旧船椗、柁等料，亦有厂户承领缴价，以津贴工料例价之不敷，如有延欠同存料，并于交案作抵，此官私皆有利益也。乃日久而利之所在，弊即生焉。今移交册内，孔、刘、邓、平四任，流抵一万余两，周、刘、沈等任，流抵三万六千余两，姚、熊两任，列抵厂料及匠欠九千余两，熊任又抵存厦料四千余两，其匠欠作抵。是以现存之项，为办公之余囊，而以待追之项，为悬抵之空账也。又各属有料差，有匠首，承办料物，由各澎船运厂，向来于差役中点派，有应交公费，亦为厂中工需津贴。如恐其厉民而裁革之，则采伐料物，无所责成，或土棍影射滋扰，为害更甚。然官有余资，民少困穷，亦利弊参半，而久则有弊无利矣。今者道府之存款，有减无增，舟师之出巡，有名无实。应修应造之船，例应由营驾厂，因港道不能疏通，修船者得以卸责，而弁兵亦乐于折价，虚报领收，便可搪塞。或购买以补额，即补额亦为兵丁贩运耳。已修已造之船，例应由营领驾，因港口不能安泊，驾船者得以借口，而工匠亦乐于草率，埔岸高搁，何须坚固。或粉饰以备验收，即验收亦为兵丁需费耳。由是而料物之余存者益多，则以发匠领卖为利；由是而铺匠之积欠者益多，则以移居折抵为便。领售多而完缴愈少，所追者半穷丐子孙，流抵多而存款愈少，所垫者皆寄存要款。完缴愈少，而比追无着，则不能不问及保人，追保人不能不累及铺民，铺民视为畏途，而接充者无人矣。是欲发料物以为津贴，不可得也。存款愈少，而工需急促，不能不取及料差造料。差不能不累及匠首，匠首皆苦无赢余，而愿充者无人矣。是欲借料差以为津贴，又不可得也，是诚不如不开港、不驾厂之为便也。今一旦力矫其弊，而正告之曰，有船必造，有船必修，则应之曰，造必如何而后可用也，修必如何而后可用也。如其式而造之修之，则又曰，用不可也。即用之矣，而终置之无用之地。曰非不用也，造不如式也，修不如式也，是诚不如不修船而给以修之之费，不造船而给以造之之费之为便也。然而又不应也。曰料物不能私取也，工匠不能听其使令也。则仍归厂修造，而令水师营员监视之，其奉委者不过千、把等官，或曰此旧料不必用也，作价与我可也；或曰此新料不必用也，作价与我可也。不得已而与将官亲督之，则工皆实用矣。然而已造之船，桅、柁皆完，驾未久而弃置者有之；已修之船，帆索悉备，领未久而折卖者有之。即不准其弃置，不许以折卖，而无兵丁以守之，无炮械以实之。有兵丁矣，有炮械矣，无官弁以统之，无口粮以养之，欲其不变价而不能也，欲其不贩卖而不能也。私用窘而官物焉能全也，将官则知之而无如何也。数年而届小修如是，数年而届大修如是，又数年而届拆造亦复如是。其间或偶遇风暴，则曰不堪修葺，甚且以为片板无存，修无可修，而造难遽造。久之而文册中有船，海洋中无船矣。嗟乎！洋面无兵船，则洋面皆盗船；洋面皆盗船，则洋面无商船。商船绝而台民危矣。今盗船渐以台洋为逋逃薮，因循再久，患不远也，势不能不亟起而改图之变。

全台原设及裁改，应共存战船九十六只。内台协中营十九只，内省造四只，本年新拆造二只，本年及来年已届大修四只，小修三只，应造补三只，又应归府厂造补三只。台协左营十四只，内省造六只，新拆造一只，应造补一只，届大修一只，小修二只，又应归府厂造补二只，小修一只。台协右营十四只，省造四只，应造补二只，届大修四只，小修二只，应归府厂造补二只，小修二只。澎协左营十七只，省造六只，应造补二只，届大修五只，拨府拆造二只，大修二只。澎协右营十六只，省造一只，届大修十三只，拨府造补一只，小修一只。艋舺营十四只，省造四只，应造补六只，届小修一只，大修一只，拨府大修一只，拆造一只。除省造二十五只，新造补三只外，未修未补者尚有六十八只。大同安梭船新造实销银一千零五十两零，内支台耗二百两零，实领司库八百四十七两零。拆造实销银六百二十八两零，支台耗一百四十二两零，实领司库四百八十六两零。大修实销银四百七十三两零，支台耗九十二两零，实领司库三百八十两零。小修实销银三百三十七两零，支台耗六十三两零，实领司库二百七十四两。中小同安梭以次递减。大号白底船新造实销银二千一百十二两零，拆造银一千一百五十八两零，大修八百七十二两，小修六百二十一两零。小号白底船又以次减。例销之价，实苦不敷。如前所谓料价等无可津贴，则赔垫益多。或曰，请将道、府两厂应拆造造补之二十三只，归道、府赶紧办理，其余届限大小修之各船，竟请归台湾镇督饬水师将备，各归各营领价承修，勒限报验。其料物仍由道厂支给，照例价于领项内扣收。台协各营即在道厂兴办，由营员经理。澎湖、艋舺各营由该营将官督修，责成该厅据实查报，或由镇委员验收，既免驾厂之迟逾，又无领驾之周折。如届拆造，则以旧船拆料运厂，或应造补，即由厂兴工，旧料无用再运，则事以简而易集，工以分而易完矣。或曰，届限大小修之船，大半皆不堪修葺，由修造以后，多搁于海埔。风日暴烈，雨水浸淋，责营承修，亦仍有名无实，不如一概全行由道府拆造，以大修两船小修三船之费，各按大小号拆料添补，改为新造一只，庶几工归实在。于原设额数不符，另行筹议造补。其实照原额实备一半，即已得用，余即补足，亦无兵无械，徒虚设耳。或曰，拆造、造补之船，请全归省厂兴办，例价不敷，由道府将拆料变价，再另行筹捐，划解省局。配渡到台后，大小修仍归营承办，料物多需于内地，盗船不绝，商船日稀，料物不能源源配渡，不如就省制造之便。所需于台地者惟樟木耳，回班哨船可带运也。如此则所谓发料佥差诸弊之有累于地方者，不过大小修之用，旧例即不能革除，而亦可稍为轻减矣。如循旧由台厂修办，所有厦口料物，亦须商、哨并运，方无误工需也。择于斯三者而变通行之，全台幸甚。

明戚继光言，军工当任武臣，不当任文臣。航海者渔人，而造舟者梓人，彼何与于利害，而劳苦以经营之，加倍以赔补之，不过苟且塞责而已，无补国家。佟中丞云，工料本贵，给价不敷，虽造成器具，总属无用之物。所谓惜小误大，其害不可胜言。由此观之，台地之船工，责成舟师大员之贤者，而厚给其值，其为上策。不然积习相沿，徒糜帑项，而海洋之防仅有虚名，商民之受害其小焉者也，此可为长太息也。

又因为到造船厂的航道淤积堵塞，不方便出入，选择在府城小西门外向南的地方，建造了一个船坞，中间开了一条航道，到三鲲身入海，工程费用共计2400多元。但从开口通商以来，轮船和铁甲舰在海上纵横驰骋，而老式的船只不被重视。中法战争，台湾道刘璈驻守台南，认为台湾、澎湖四面环海，既无法与法军交战，防守也很困难，于是禀请南、北洋大臣派遣战船前来援助，没有同意。战争结束后，刘铭传整顿海防，购买添置轮船，作为邮政传递的工具。但还是不能筹建舰队，是因为财力的限制。而从此海上作战的态势出现了很大的变化。

炮台

明代，海上很不平静，明朝政府开始派兵驻守澎湖。澎湖是台湾的屏障，群岛参差错落地耸立在海面上，风浪和波涛汹涌澎湃，船只遇上就会被打破，所以防守台湾的人都很重视澎湖，而妈宫是澎湖群岛的枢纽。万历二十五年（1597），明朝在澎湖增设了游兵，万历四十五年又增设了冲锋游兵，在妈宫的左右两边都建造了小城堡，在其中安放了火铳进行防守，称为铳城。天启二年（1622），荷兰将领高文律趁明军驻守兵力薄弱，率领10多艘军舰侵占澎湖。又以澎湖为据点，肆无忌惮地经常骚扰漳州、泉州沿海一带。福建总兵俞咨皋赶走了荷兰人，收复了澎湖，在暗澳①修筑了城堡，城高1丈7尺，城墙厚1丈8尺，东、西、南方向各开一个门，北边方向设立炮台，城堡里建造了官署和军队营房，开凿了水井，驻扎军队，作为防卫妈宫的军事堡垒。妈宫的左边是风柜山，高7—8尺，荷兰人在它的上面挖工事，把土堆成像墙垛的样子，明军把它摧毁了。安排兵力进行驻守，和案山、西垵成犄角之势。东面是嵵上澳、猪母落水。南面的航道入口处，过去有水师驻守，也修建了铳城，防止横向的攻击。西面是西屿②，北面是北山墩，更北是太武山，地势较低的地方是赤崁楼，顺着航道进去是镇海港，在镇海港也修建了城堡，以控制航道。澎湖的防守就是这样。

荷兰人侵占台湾之后，在一鲲身修建了城堡，也是炮台，称热兰遮（Zeelandia），台湾人称为王城。城基周长276丈6尺，城墙高3丈多，分为两层，用大块砖头砌成，把桐油和石灰调在一起，涂抹砖缝，墙垛上钉上铁，所以很坚固。城上设有多个瞭望亭，相互之间可以看见，城墙的上层向里缩进了1丈多，设了3个门。东面设有几个凹陷的地方，是弯曲的城洞和幽邃的地宫。城墙的4个角都向两旁伸展开来，设置了20门火炮。城堡内南、北各有一口圆井，深度打到海面以下，泉水上涌，水质清凉，可以在城墙上取水，防备火攻。城堡内还设置了10门大炮，都有千斤重。在城堡的北边环绕城墙还修建了外城，形状极其雄伟，有军队在那里驻守。靠着城墙有一栋楼，房屋的椽子和栋梁都十分粗大坚固，装有吊车，可拉重物上楼，楼上也设置了几门火炮。内城的北面，设有排水道，需要弯着腰才能进去，石阶蜿蜒曲折。城堡中设有地下室，高、宽分别有1丈多，长数丈，出口处弯弯曲曲。靠海的地方又建有一处地下仓库，里面贮藏着铅丸。城堡的险固就是这样。

---

① 暗澳，今文澳。

② 西屿，今渔翁岛。

荷兰人在热兰遮城堡中建立了殖民统治机构，来管理汉人与“土番”。热兰遮城外就是大海，航道迂回曲折。鹿耳门环卫着，加上水师船只帮助，而靠台湾本岛方向与赤崁楼成犄角之势。赤崁楼在镇北坊，现在是海神庙，也是炮台，修建于明永历四年（1650），荷兰人称为普罗民遮（Provintia），也设有殖民统治的代理机构。用砖砌成的围墙，坚固相当于石头，围墙周长 25 丈 3 尺，上面安放大炮。南北两边设有瞭望亭。楼高 3 丈 6 尺多，雕梁画栋，高高耸立，视野开阔。下面有地道，弯曲且宏大幽深，在它的右边挖了一个洞，左边挖了一口井。前门的左边又开了一个瞭望孔，以便向下俯看街市的状况。当时，荷兰人殖民统治的地方，南边到打鼓，北边到诸罗，而蚊港[①]作为北部地区通商贸易的口岸，猴树港、盐水港、茅港尾几条溪流和港汊的水都汇聚到这里。港外是青峰阙，荷兰人修建了炮台来进行防守，形状就像一个城堡。里面挖了一口井，还经常派军舰来巡逻。后来又赶走了西班牙人，夺取了他们原来占领的土地，在鸡笼、淡水各据有炮台，控制了东洋贸易，一时几乎无人敢对抗。

郑成功收复台湾后，就在赤崁城居住，改名为安平。南明永历十八年（1664），郑经视察澎湖，命令修建城堡，并在左、右峙各修建炮台，彼此相距不远，命令薛进思、戴捷、林升驻守澎湖。永历十九年听到施琅奏请攻打台湾，洪旭对郑经说：“前者荷人失守，恃其炮火，凭其港道，而不防备澎湖，故我先王一鼓而下。夫澎湖为东宁门户，无澎湖是无东宁也。今宜建筑安平炮台，副以炮船，扼鹿耳门，别遣一将镇澎湖，严军固垒，以待其来。”郑经同意了。永历三十六年春天，施琅奉命攻打台湾，郑克塽任命刘国轩为正提督，驻守澎湖。刘国轩整修各个城堡、炮台，四周都设了炮阵地，军队逼近防守。但经过激战，最终还是战败投降。

清朝统一台湾后，以安平为府城的要塞，派驻水师副将，设炮架 30 个、炮台 19 座、炮墩 43 处，以防守沿海。并且在鹿耳门也修建了炮台，作为安平的屏障。彰化是府城以北的交通要道，八卦山在县城的东边，从山上可俯瞰城中，如果八卦山被攻破的话彰化也会失陷了。所以在八卦山修建炮台，驻兵固守，作为对彰化县城的保护，这就是所谓的固定防守工事。从八卦山上可以直接看到海，但一有战事发生，山就会被敌方占据，并把炮搬到山上攻打县城，所以人们都主张将炮台摧毁放弃。鹿港是彰化的通商口岸，乾隆五十四年（1789），由 1 员水师游击驻守，北从大安，南到海丰，都修建了炮台，并派军队驻守。当时，台湾沿海

---

① 蚊港，今云林北港。

升平无事，所要防备的只有海盗而已。开口通商以后，西方的侵略势力逐渐向东方扩张，甲板轮船，在海上称雄，一旦发生事端，沿海就要进入戒严状态。旧式的火炮，射程不能打得很远，威力不能穿透坚固的东西，只能拱手退让，即使全军覆没也束手无策。

同治十三年（1874），福建船政大臣沈葆桢到台湾统领军队，奏请按照西式方法修筑安平、旗后等炮台。中法战争之后，台湾巡抚刘铭传奏请加强台湾海防。光绪十二年（1886），动工改建各炮台，向英国购买新的钢铁后膛炮 31 门以及加农炮，装备到各炮台，共计花费 649000 多两银子。光绪十四年，又聘请德国工程师重新改造基隆炮台，形状极其坚固，并且训练炮兵进行演习。炮兵之外，还设了水雷营，这都是有利于攻防的强大的武器，台湾的海防逐渐趋于完备。但是，有了好的武器还要有好的军队，然后才能有好的结果，否则不但没有用，反而帮助自己的敌人增强了力量，甚至成为败亡的祸害，这是多么可悲啊！

郑氏澎湖炮台表

妈宫屿上、下炮台 2 座。

风柜尾炮台 1 座。

四角屿炮台 1 座。

鸡笼屿炮台 1 座。

东、西蒔里炮台 4 座。

内、外堑炮台 2 座。

西屿头炮台 2 座。

牛心湾顶炮台 1 座。

清代台湾炮台表

鹿耳门炮台　在安平镇的西边，下面就是大海。清初在这里修建炮台，后来因海水上涨，炮台因此沉没。

安平小炮台　在安平镇南边，早期修建，到修建了大炮台，就撤废了。

安平大炮台　在安平镇南边，距离台南府城 6 里。同治十三年（1874）沈葆桢奏请修建，光绪元年（1875）十一月竣工。炮台中挖了一个大水池，炮台有护城河，挖了一条壕沟，把海水引进护城河。炮台里安置大炮 5 门、小炮 4 门，委派水师副将率领炮兵 300 名驻守，城门上写着“亿载金城”四个大字。

打鼓炮台　在凤山县城的西山，面临大海，后来又增修了旗后炮台，互为犄角。

旗后炮台　在凤山县城的西边，与打鼓山[①]相对，是通商贸易的口岸，中间有航道，轮船可以进入。光绪元年，聘请英国的工程师修建，结构宏伟壮观，中间安置大炮，派兵驻守。

东港炮台　在凤山县城的西南，两岸相距3里多，水深1丈多，福建、广东的商船经常来东港贸易。同治十三年，沈葆桢奏请修建，安置10门大炮，驻兵500名，但不久就撤走了。中法战争时期，又驻兵200名，以防备法军南侵。

青峰阙炮台　在嘉义县西南部，距离县城60里，是蚊港的出海口，炮台是荷兰人所修建的，倒塌很久了，大炮也被海水浸烂。嘉庆十年（1805），蔡牵袭扰台湾，金门镇总兵王得禄在原来炮台的附近又修建了炮台3座、烟墩3座、望楼1座，委派安平水师守备1员、千总1员、把总1员、士兵180名驻守，现已经倒塌。

鹿港炮台　距离彰化县城20里，临近大海，乾隆五十四年（1789）修建，现在已经倒塌。

水里港炮台　距离彰化县城西北20里，过去是贸易的口岸，进港的航道淤塞很久了，炮台也倒塌了。

三林港炮台　距离彰化县城西南40里，进港的航道淤塞很久了，官兵的防地移到番挖，炮台也倒塌了。

海丰港炮台　距离彰化县城西南70里，进港的航道淤塞很久了，官兵的防地移到宗元，炮台也倒塌了。

大安港炮台　在苗栗县城的西边，过去这里属于淡水，是贸易的口岸，后来由于进港的航道已经淤塞，炮台也倒塌了。

沪尾炮台　在台北府城的西边，是通商贸易的口岸，地理上控制着由淡水河进入台湾北部的重要通道　光绪二年开始修建炮台，中法战争中，在这里据险防守，到刘铭传担任台湾巡抚后又进行扩建，安置大炮11门，炮台的门口上写着“北门锁钥”。

基隆炮台　基隆是通商贸易的口岸，过去就建有安放大炮的城堡。光绪二年，改建为炮台进行防守，中法战争中被炸毁。光绪十四年，仿照西方的方法重新修建，安置钢铁大炮。

妈宫炮台　在澎湖厅城的北边，过去就建有安放大炮的城堡，加上水师船只进

---

① 打鼓山，今万寿山。

行防守。光绪元年，改建为炮台。光绪十三年，刘铭传命令吴宏洛重新进行修建，驻重兵把守航道。

大城北炮台 在妈宫的西面 10 里，光绪元年修建，光绪十三年重修，驻兵 1500 名，与妈宫炮台互为犄角。

西屿炮台 在妈宫的西边，过去把炮台建在外垵。光绪十四年，另建炮台于内垵，俯瞰大海，驻兵 1500 名。

桶盘澳炮台 过去所修建，现已撤废。

卷十四

外事志

卷十四
外事志[1]

连横评论说，远古时代，各部落分别管理自己的族群，爱护自己的民众，在自己的区域内活动，不与其他人群交往，当然也就没有所谓的外交问题。但在春秋时期，以维护周天子为中心的礼乐制度受到了严重的冲击，诸侯争霸，齐国、楚国、秦国、晋国相继成为盟主。像郑国这样的小国，在这些大国之间，只能通过适当的访问交往，保持着友好的关系。孔子说："子产有辞，诸侯赖之。"说明贤明人士的外交活动是有益于国家的。台湾在郑氏时期，以一个弹丸之地的岛屿，却能对抗统治大陆的清朝，用玉帛和各国交往，就像一个大国一样。东边与日本交好，西边震慑荷兰，北边结交三藩[2]，南边安抚吕宋。交往广泛，格局宏大，超过了春秋时期的郑国。可惜继承人郑克塽年幼，旁边又没有很好的人辅佐，将领叛变降清，最后就只能败亡了。清政府拥有台湾之后，世界潮流发生了巨大的变迁，西方列强的势力逐渐向东扩张，大潮流的力量所向披靡，但清朝的内外大臣却想用一些泥丸来阻挡，说明有多么的不自量力。阻挡的想法越固执，则冲击的力量就越激烈，冲击的力量越激烈，破损的决口就越大，台湾的对外关系只能是全部遭遇挫折和失败。现今的国际局势已经和古代完全不同，西方强盛、中国羸弱的情形已经十分明显。弓箭的锐利不能抵挡强劲的火炮，传统车、船的速度又怎么比得上使用蒸汽机的快船。贤能的聪明人都知道，如果不整顿军队、加强军备，国家财政经济良好，民众生产发展，就没有办法谈论外交的事情。德国宰相俾斯麦说："世界无公理，唯铁血尔。"就像他所说的，大国兼并小国、强国吞食弱国，外交的失败，甚至国家灭亡的例子，不可胜数。悲惨啊！谚语说：前面的车翻了，后面的车要引以为戒。我选择台湾在外事方面得失的一些例子，写下了这篇内容，作为兴衰的借鉴。

---

① 本卷原名《外交志》，现根据史实，准确表述为《外事志》。

② 三藩，指清初三个汉族藩王，即云南的平西王吴三桂、广东的平南王尚可喜、福建的靖南王耿精忠。

日本聘问

日本与中国是近邻，唇齿相依。明朝灭亡的时候，明朝的官员和一些有名望的读书人纷纷东渡日本，络绎于途。郑成功与日本往来尤其频繁。郑成功起兵抗清的时候，就派了使者前往日本访问，他在写给德川幕府的信中说：

洲同赡部，就一水以判东西；境迩蓬莱，连三岛而橐天地。域占为雷之位，光拂若木之华。百篇古文，早得嬴秦之仙使；历代列使，并分上国之车书。道不拾遗，风欲追乎三代；人重然诺，俗更敦于四维。恭维上将军麾下，才擅擎天，勋高浴日。铸六十五州之刀剑，雌雄为精；服五百一郡之版图，砾沙皆宝。文偕丹府，屡有表使至金台；释辅儒宗，再见元公参黄蘗。虽共临乎覆载，远独奠其山河。成功生于日出，长而云从。一身系天下安危，百战占师中贞吉。叨世勣之赐李，恩重分茅；效文忠之祚明，情深复旦。马嘶塞外，肃慎不数余凶；虏在目中，女真几无剩孽。只缘征伐未息，以致玉帛久疏。仰止高山，宛寿安之在望；溯洄秋水，怅沧海之太长。敬勒尺函，稍伸丹悃。爰赍币篚，用缔缟交。旧好可敦，苍鸟使于今复往；中兴伊迩，丹凤诏不日重来。文难悉情，辞不尽意。伏祈鉴照，无任翘瞻。

德川幕府接受了郑成功的好意。南明永历三年（1649），郑成功又派使者去日本请求军事援助，送去的信中说：

大明龙兴三百年，治平日久，人遂忘乱，鞑靼乘虚而破两京，神州悉污腥膻。成功深荷国恩，不敢坐视。故渫血以报仇为念，徘徊闽、浙之间，以义感人，从者颇众。然孤军悬绝，千辛万苦，中心未遂，日月几何。成功生于贵国，仰望实深。今际艰难之时，愿贵国怜之。乞假数万之兵，则感义无限矣。

当时，日本正在实行锁国政策，文臣武将只贪图安逸享受，不愿意参与国外的事务，所以经幕府会议决定，不能派兵，但可以经常赠送一些粮饷予以帮助。到郑成功收复台湾之后，在台湾的日本人都受到了很好的对待。永历二十年，忠振伯洪旭派商船到日本进行贸易，购买制造铜炮、刀剑、盔甲等一类的军械，并且铸造“永历钱”。永历二十八年夏天，发生了“三藩之乱”，郑经到了厦门，又派兵都事李德访问日本，在日本制作兵器并且铸钱。而日本也每年把“宽永钱”送给台湾，双方的贸易繁荣兴盛。到郑克塽降清以后，德川幕府也严厉实行封锁港口，于是台湾与日本的往来就断绝了。

当初，郑成功从日本回到中国之后，他的弟弟七左卫门就改成了母亲的姓，姓田川，留在长崎居住。

吕宋经略

当初，天主教罗马公教神父李科罗到厦门传教，被郑成功聘为幕客，经常向他咨询一些军政方面的事情。郑成功收复台湾当年（1662），把李科罗招到台湾。三月，郑成功派李科罗去吕宋，劝西班牙人进献财物和特产，暗中号召当地华侨反抗西班牙人的统治，并且许诺将派水师进行支援。李科罗到了马尼拉之后，受到吕宋总督的礼遇。当地华人听到台湾派使者来，强烈地刺激了他们反抗的意志，因为长久以来他们受到西班牙人残酷的压迫和剥削，早就想把西班牙人给歼灭了，以报累积的怨恨。可是事情泄露了，西班牙人实行了戒严。五月初六，以骑兵100名，步兵800名，分别驻守在马尼拉的各处要地。凡是华人经商或做工的地区，西班牙殖民者都要去把城寨以及一些坚固的建筑拆毁，因为担心被华人先行占据利用。这时候，华人的反抗斗争也已经兴起了。双方激战了好几天，华人终于抵挡不住西班牙人的攻击，被杀的人有好几万。很多人要坐小船逃往台湾，半数人在中途因船沉而淹死，侥幸逃到台湾的，郑成功都给予安抚照顾。而吕宋的局势依然动荡不安，西班牙人担心郑成功派军队前来攻打，于是就派使者跟随李科罗到台湾。郑氏一些将领主张出兵攻打吕宋，还没有成行，郑成功却已经病危了。

永历二十年八月，西班牙的吕宋总督派使者进贡当地特产，而且请求允许在台湾传播天主教。勇卫陈永华拒绝了在台湾传教的要求，要求来使按中国人的礼节觐见郑经，申明双方进行通商的约定。于是，台湾和南洋各地的贸易蓬勃开展起来，远到安南[①]、暹罗[②]、噶拉巴[③]等地，海外通商贸易的利润，使郑氏的财政日益充实。永历二十六年正月，统领颜望忠、杨祥请求攻打吕宋，作为台湾以外的州府。侍卫冯锡范表示反对，他说：“吕宋既已入贡，修好往来，今若伐之，有三失焉：师出无名，远人携贰，一也；残扰地方，得之无用，二也；戍兵策应，鞭长莫及，三也。且自频年以来，岁幸丰稔，民乐其业，岂可复兴无益之兵。”因此，攻打吕宋的想法也就取消了。

永历三十七年六月，清军攻克澎湖，一些将领认为台湾情势危急，已经无法居住，建议用郑氏的全部军队去攻占吕宋。建威中镇黄良骥极力主张这样的

① 安南，今越南。

② 暹罗，今泰国。

③ 噶拉巴，今印尼雅加达。

建议，中书舍人郑德潜大力支持，拿出吕宋地图，指出当地的险要之处给大家讲解，他说：

诸岛之中，惟吕宋待我国人最无礼。先王在日，每欲征之，以雪我中国人之恨。然因开创，至世藩业已兴师，乃接耿藩之变，遂移兵过厦，而事又止。吕宋之兵不过千有余人，所恃者城上之大炮而已。自西班牙窃据兹土，于兹已百四十余年，我漳泉人积骸其地者，何啻数十万。羁魂厉魄，痛恨何如！夫积怨者神人所共愤，而丛货者兴盛所取资也。吕宋富饶甲诸国，今之积于公班巴礼者数十万，是皆昔所诱惑愚昧死而括藏之物。天下安有久积而不散，虐侮而不复之理？又安知非天鐍其藏，以待兴王之探取耶？故以议取吕宋者为上策。

提督中镇洪邦柱愿意担任攻打吕宋的先锋。正总督刘国轩认为这时前往攻取吕宋不可行，冯锡范问为什么，刘国轩说："吕宋非不可取，顾当取之于无事之日。今清兵已迫，救亡不暇，尚何能劳师远袭？若事机一失，进退两难，则灭亡随之。"郑克塽对攻打吕宋的事情也犹豫不决，于是决定向清朝投降。当年准备南征吕宋的事情，到现在没有人再说了。

英人之役

清朝取得台湾之后，采取了闭关自守的政策。清中叶以来，外国列强对中国的威胁逐渐逼近，英国人首先发难。当初，英国人把大批鸦片运到中国贩卖，给中国人民的健康和国家的财政经济造成了极大的危害。道光十八年（1838）冬天，朝廷任命林则徐担任两广总督，并且下令严厉禁止贩卖和吸食鸦片，违反者处以死罪。并且销毁鸦片 19000 余箱，以杜绝鸦片危害的祸源。英国人不满，把军舰调派到广东，索取赔款，发动鸦片战争，台湾戒严。当时，台湾兵备道姚莹有才干，也很得民心，他和台湾总兵达洪阿共同筹划台湾战守的策略，增建了炮台，加强了海防，因此，英国人找不到攻击台湾的机会。道光二十年五月，英国军舰企图侵犯鹿耳门，清军官兵发炮将其击退。朝廷命令福建水师提督王得禄移驻台湾，协同督办台湾防务。不久厦门失守，警报不断地传来，台湾军民更是一心防御外侮。姚莹前往台湾南北，召集地方绅士耆老，训练乡勇，以其中的一半由官方根据需要调遣，总共有 47100 多人。汉奸到台湾来勾结内应的，抓到就予以处死，所以台湾没有内部的人充当他们的接应。

道光二十二年正月三十日，有几艘英国军舰到大安港，远远就看到海岸上防守的军民很多，正严阵以待，就想驾船离去，可是却撞上了暗礁搁浅。清军开炮攻击，英军舰破损，捕获英军士兵 20 名、印度兵 65 名，另外缴获大炮 20 门以及英军在镇海、宁波军营中抢去的物品。三月，英国人调来 19 艘军舰，向台湾大举进攻，而且还勾结海盗作为帮凶，又被台湾军民击退了。朝廷嘉奖，升姚莹为布政使衔、达洪阿提督衔，两人都世袭轻车都尉。但是英国军舰仍然经常到台湾，在南北海面游荡。八月，有一艘英国军舰准备靠近旗后，发现清军做好了防备，就向北方开走了。十四日，这艘军舰侵犯淡水，被清军击退。十八日，又去侵犯鸡笼，参将邱镇功调派守备许长明、欧阳宝等进行防御，淡水同知曹谨委派澎湖通判范学恒巡逻沿海，知县王廷幹偕同艋舺县丞宓维康驻守三沙湾炮台。英国军舰将要驶进港口时，被炮台开炮击中，桅杆折断，船只触礁沉没，又捕获了一些英兵。九月，又有一艘英舰来犯，同样被清军击退。从此，英国军舰再不敢侵犯台湾。

但是，福建、浙江、广东三省还都被英军侵扰，清廷命大臣和英国人讲和。这年秋天，《南京条约》签订，双方交换俘虏，但是在台湾捕获的印度兵已经在五月就奉旨处斩了，只是把英国的士兵交还。英国领事璞鼎查就诬蔑台湾总兵和台湾道妄杀英国遭受船难的军民。在南京和英国签订条约的大臣和福建失守地方的文武官员忌妒台湾军民的功劳，于是就制造了许多流言蜚语。钦差大臣耆英根据福建已故总督苏廷玉、提督李廷钰两人家信中的内容，弹劾姚莹、达洪阿两人有罪。朝廷命领新任福建总督查核奏报。新任总督到台湾，查阅相关案卷，发现姚莹、达洪阿两人的奏疏，都是依据所属军队和地方官员以及绅士民众的禀报写的，并没有假冒功劳的事情。但为了和英国人讲和，就强迫姚莹和达洪阿两人承认对他们的污蔑，好向英国人赔罪。姚莹和达洪阿两人将被押送北京的时候，台湾的军人和民众都异常愤怒，纷纷起来示威罢市，姚、达两人反而温和地安慰和劝解这些军民，新总督也马上称病辞职了，朝廷又改派刘鸿翔担任新总督。台湾军民就向刘鸿翔诉说姚、达二人的冤枉，请求他向清廷奏报澄清。刘鸿翔就把原来文武官员的禀报一起送呈军机处，朝廷才知道姚、达二人的冤枉，很快又重新起用了他们。但英国的军舰还是经常来到台湾。道光二十八年，台湾兵备道徐宗幹撰写了防备夷人的书，颁发给台湾民众，而台湾民间也订立了《禁烟公约》。

咸丰十年（1860），朝廷下令开放安平和淡水口岸，准许和英国人通商贸易。基督教紧跟着进入台湾，台湾民众和教会、教徒之间，经常产生矛盾和争斗。具体的内容在《宗教志》里。同治七年（1868），英国人荷恩来到苏澳，娶“土番”女子为妻，企图开垦南澳的荒地。噶玛兰通判派人前往阻止，未被听从，照样在那里开垦耕种。台湾兵备道于是和英国领事交涉，但英国领事不予理睬。不久，荷恩前往噶玛兰，途中在河里淹死，事情才得到平息。

当年，又发生了“安平事件”。之前，英国人由于兴建领事馆买地，跟当地居民有过争执。不久，领事丢了东西，就照会地方官员抓捕盗贼。但地方官员不熟悉和外国人打交道，而当地民众有排外情绪的人，又经常生事，所以，不断产生纠纷交涉事件，大小累积了 18 件。英国领事吉普理经常提出责问，但总是得不到回答。吉普理十分愤怒，就向英国驻香港的总督禀报，派军舰前来要挟，想让台湾的官员和民众感到害怕。九月，英国军舰 3 艘来到安平，停泊在港口外。吉普理登上军舰，说明他在台南的情况，英国军舰突然就向岸上开炮，炮弹落在海边，当地居民惊慌失措，纷纷逃走。第二天，安平副将江国珍禀报总兵衙门，总兵刘明灯听到警讯，率领军队驻守在海岸上，要与英舰对垒，部下军官萧瑞芳制止说：“英人以炮击我者，非欲出于战，先声而夺我尔。卑职颇知洋情，愿掉三寸舌，说之释兵。彼如不听而击之，则曲在彼矣。”刘明灯同意了。萧瑞芳登上英国军舰，回来报告完成使命，并且说，英军舰长听说过江副将的威名，想见一面。第二天，英军舰长果然来了，江国珍设宴款待他，并且谈了英国人退兵的事情。英军舰长走了，萧瑞芳说，洋人很讲究信用，他们的军舰既然表示愿意离开，而我们的军队却仍在岸上布阵，他们会说我们不遵守约定。于是刘明灯就命令各部队撤回军营。当天夜里，萧瑞芳去见江国珍，到了二更左右，忽然看见一道白光从海上冲上云霄，江国珍大吃一惊，问：“胡为者？”萧瑞芳说：“火号也，舰将出口矣。”说完，就急急忙忙离开了。而英军士兵已经驾驶小艇靠岸登陆，并迅速包围了副将官署。江国珍惊慌失措，大叹一声说：“竖子误我。”翻墙躲藏到民众的家里。英军四处搜查找不到江国珍，就将水师协的军装局和火药仓库烧毁了。附近居民从睡梦中惊醒，闹腾了整个晚上。第二天早上，有人说江国珍已经自杀死了，英军才离开。府城里听到了这个事变，人心慌乱，动荡不安。台湾总兵和台湾道商议决定和英国人讲和，但没有官员敢前去谈判。绅士黄景祺自告奋勇，并且推荐许经秋担任翻译。吉普理追索赔款，而且要求先交 40000 两银子作为抵押以后才让见面，黄景祺家原本富有，就让他的家人把银子抬来交给英国人。见了面之后，吉普理提出了更多的要求。许经秋和他们进行了激烈的辩论，据理力争。吉普理也担心跟台南的绅商和民众结下仇恨，就同意了撤兵。

在这之前，府城里的绅士许廷勋和英国人共同经营樟脑生意，吉普理刚到台南，就租住在许廷勋的房子里，双方就有了宾主的关系。许廷勋和堂兄许廷道因为分家产的原因，到官府打官司，但案子一直挂在那里没有审结。后来，许廷道因为其他的罪行被关进监狱，许廷勋经营樟脑生意也赔了钱，这次英国军舰前来挑衅，吉普理在索要赔款时，就列举了和许廷勋经营樟脑生意赔钱的事，因此有人就说许廷勋和英国人勾结。许廷道的儿子告发这件事，并且说英国军舰炮击安平，是许廷勋提议的。台湾兵备道曾献德马上就把这事禀告了闽浙总督。闽浙总督上奏，清廷下令严办，许廷勋被捕。英国人尽力庇护许廷勋，到了整个事件平息之后，许廷勋才被释放出来。英舰离开后，吉普理将40000两银子还给了黄景祺，当地的官员和民众也都称颂黄景祺的功劳。朝廷认为台湾道不善于外交，解除了曾献德的职务，而英国政府也将其领事吉普理召回，同时追究英军舰长挑起事端的罪过。但萧瑞芳却被认为有功晋升为安平副将。萧瑞芳是广东人，本来姓苏名阿成，以撑船为生，第二次鸦片战争时，给英国人当间谍，两广总督叶名琛被英军劫持的事情，他也曾参与。后来改换了姓名，通过贿赂，变成了军官。江国珍的死，萧瑞芳确实有和英国人勾结的责任。过了几年，萧瑞芳在愤怒之下用鞭子痛打了跟随他的士卒，那个士卒就把萧瑞芳暗地里干的事情说了出来。叶名琛和江国珍的儿子不忘父亲冤死的仇恨，联合起来向清廷控诉，清廷下诏将萧瑞芳在台湾斩首。英国领事知道消息赶往拯救，萧瑞芳的人头已经悬挂在台湾道衙门的辕门之上了。

美船之役

台湾“生番”长久以来都在官府的教化之外，把杀人当作英雄的行为。航海遭遇风暴，或者到了他们的地界，都往往被害。而清政府的“理番”政策也有不适当的地方，因此经常产生对外交涉事件，危害台湾安全的事情已经有好几次了。

早在咸丰八年（1858），英国商船“西尔偏笃号”遭遇风暴，触礁沉没于凤山县辖的枋寮海上，船员好不容易登岸，却遇到当地“生番”出草，不是被杀就是被俘虏，逃掉的只有几个人。咸丰十年，德国军舰“优尔麦号”也到了这个地方，舰上的官兵上岸打猎，途中遇到“生番”，相互进行攻击。最后，舰长用舰炮轰击，“生番”才躲进深山，但也不能对他们产生永远震慑的作用。台湾南部的“生番”是科亚尔族，分布在琅峤一带，那里地势险要，族群人多而且强悍，不服从官府的政令。而且，地方官员又很怕事，不敢进山征讨，因此，出草杀人的情形特别严重。同治六年（1867）三月初九，美国商船“那威号”从汕头驶出，遭到风暴，漂到台湾南端岬角，触礁沉没。船长马西德率船员乘坐小艇到琅峤上岸，被“生番”伏击，都被杀了。只有一个广东水手，躲在草丛中幸免，他往西走了数百里，到了打鼓[①]，前往官府报警，请官府通知英国领事。英国领事通过电报报告给英国在北京的公使，英国公使再转达给美国公使。美国公使知道之后，立即向清政府交涉。当时，英国军舰“优尔摩厉德号”正好停泊在安平港，舰长甫鲁道听到之后，就立即驾驶军舰赶往琅峤，寻找美国人，希望还能拯救他们。二十六日上岸之后，又受到“生番”的伏击，不能前进，只好回到打鼓，前往厦门。在这之前，美国公使已经照会清朝政府，要求讨伐这些“生番”，以保证航线的安全。清政府回答说“番界”之内不服从台湾官员的政令。美国公使就报告给美国政府，自己派军队前往征讨。六月，美国海军舰队司令彼理率领军舰 2 艘、士兵 181 名，于十九日到达琅峤。“生番”进行抵抗，美军舰队副司令马特西节战死。美军大败，退回军舰上。当地是台湾南部最偏远的地方，山谷险峻，荆棘丛生，特别是当地的科亚尔族非常彪悍，经常到各处杀人，如果打败了就逃进深山，依靠险要的地势，外人无法攻破。彼理将战况报告给美国，美政府表示一定要惩罚这些“生番”，于是彼理就和台湾总兵、台湾道员商议联合征讨。九月，台湾的清军和美军一起行动，由美国驻厦门领事李仙得领导。到了柴城（今屏东县车城镇），清军就显露出不愿意尽力的样子，李仙得也知道就是打了也不一定能够打胜，不如说服“生番”投降。于是带着通事来到“番社”，有 5 人陪同，看到了“生番”的首领，他是“琅峤八社”当中最强大一社的头领，李仙得指责他乱杀遇到海难的美国人的罪过。“番社”首领表示道歉，摆酒席款待李仙得一行，并归还了美国船员的头颅，立誓和好。还说以后再有漂流到这里的人，如果需要供应他们短缺的物品，可以举红旗作为信号。事情都商量好之后，李仙得就回去了，从此之后琅峤地区的“生番”没有再发生伤害外国人的事情。

牡丹之役

美船遇难之后，过了 6 年，就发生了日本军队跑到恒春半岛攻打“生番”的牡丹社事件。之前，同治十年（1871）春天三月，有一艘琉球商船遇到台风，漂到台东的八瑶湾，被牡丹社“生番”抢劫杀死了 54 人。牡丹社是台湾南部非常强悍的一个“番社”。同治十二年，琉球小田县的 4 个县民又被牡丹社的“生番”杀害。于是日本政府想兴师问罪。但由于“生番”属于台湾的户籍，不能随便出兵进行惩治。当时日本驻北京的全权公使是副岛种臣，日本政府指令他向清政府进行交涉，并且

① 打鼓，今高雄。

要他质疑台湾“番地”的主权。副岛种臣派副公使柳原前光去询问清政府的总理各国事务衙门。得到的回答是：“番人杀害琉民，既知其事，若杀贵国人，则未闻。然二岛俱我属土，属土之人相杀，裁决在我。我恤琉人自有措置，何预贵国而为过问也。”柳原前光争辩琉球是日本版图，而且说明了小田县民被台湾“生番”杀害的情况，而且说：“贵国既知恤琉人，而不讨台番者何？”总理各国事务衙门的官员回答说：“杀人者番，故且置化外，日本之虾夷亦不服王化，此万国所时有也。”柳原前光说：“生番杀人，贵国舍而不治，然一民莫非赤子，赤子遇害而不问，安在为之父母？我邦将往问罪，以盟好故，使使者先告。”双方反复争辩，几天都没有结果。柳原前光只好回去把情况报告给日本公使副岛种臣。

当初，日本九州鹿儿岛县参事大山纲良奏请日本政府派兵攻打台湾“生番”，支持的人很多，但参议木户孝允极力反对。认为：“内治未修，遽生外衅，胜败固未知，而糜饷损兵，已先苦累吾民，岂为国家之福，且适以速祸尔。台湾不过东海一撮土，蛮夷好杀，其性使然。今以横杀琉人之故，遽往伐之，岂足以扬国威？夫琉人虽已内附，其意半在中国，常闻其人所言，日本父也，中国母也，持其两端，固为弱国之常。则我之待其人，自有缓急之别。夫内国为本，属土为末，先末后本，绝非长治之计。”但副岛种臣坚决主张开战，日本政府听从了他的意见。

同治十三年正月，日本政府在长崎设置台湾“番地”事务局，由参议兼大藏大臣大隈重信担任局长，陆军中将西乡从道担任“番地”都督，陆军少将谷干城、海军少将赤松则良担任参军，率领军队前往台湾。又以陆军少佐福岛九成担任日本驻中国厦门领事，兼管台湾“番地”事务。另外，聘请美国人李仙得担任参谋。李仙得之前是美国驻厦门领事，当台湾“番地”的争论兴起的时候，他就被日本政府聘为顾问，来协助日本对中国的交涉。四月，西乡从道率领日本海陆军从品川①出发，并且租用了英、美两国的船只来运送军用人员和物资，不久到了长崎。美国驻华公使先以局外中立应秉持的态度，命令美国驻厦门领事发出逮捕李仙得的通令。英国驻华公使也表示英国如果介入，中国政府一定会对英国政府提出抗议。英、美的态度，让日本政府内阁有些犹豫起来，于是就派了“权少内史”金井之恭到长崎传达天皇的旨令，命令大隈重信停止出兵，而且返回东京。大隈重信将天皇的旨令告诉西乡从道，西乡从道拒不接受，说：“近日朝政不定，令人危疑，况召集精锐，驾驭一失，误溃四出，祸且不测，岂止佐贺之比。必欲强留，从道请奉还敕书，躬自

① 品川，在今日本东京市。

捣丑虏巢穴，死而后已。苟中国果异议，朝廷目某等为亡命，则咎之乎何有？”大隈重信用电报将西乡从道的抗命情况报告给日本政府，日本政府大伤脑筋。因此派遣内务大臣大久保利通到长崎。西乡从道最终还是不听从政府的劝告。大久保利通只能告诫西乡从道先不要开战，等待政府后面的命令，带着李仙得回到了东京。

五月初二，日进、孟春、三国等军舰从长崎出发，初五日，到达台湾射寮[①]港，日军登陆，随后将阵地转移到龟山。马上派出一支小队深入内山侦察，牡丹社的“生番”埋伏在草丛中进行袭击，日军小队向后退却。过了两天，日军以“熟番”为向导，进攻竹社、风港、石门。这时，西乡从道搭乘高砂舰也到了。二十二日，参谋佐久间左马太亲率两个小队，攻破了险要的石门，打伤了“生番”的首领。一些“生番”先后投降，于是日军退守龟山，在当地建司令部，设医院，修建桥梁和道路，做长久驻扎的打算。

在出兵的同时，日本政府又派柳原前光前往北京、领事福岛九成到厦门。福岛九成发公函给闽浙总督李鹤年说：“台湾番界之事，昔者副岛大使既告贵国政府。今我国将兴问罪之师，若贵国声教所暨，则秋毫不敢犯。疆场密迩，愿毋骚扰。”李鹤年回答说：“台湾我之境土，土番犯禁，我自处置，何假日本之力。请速收军出境，毋启二国之衅。”李鹤年同时将日本侵台的事情向清廷进行了奏报。当时，总理各国事务衙门已先行进行了奏报，清廷命令福建船政大臣沈葆桢督率军队到台湾。柳原前光到北京，与总理各国事务衙门官员进行辩论，双方言论十分激烈，根本无法谈拢，事情的发展势必构成军事冲突。中国官员和民间大部分人都主张对日作战，其中江苏布政使应宝时所写的文章论调最为激烈，他说：

> 日本借词构衅，闯入我边地，虔刘我番民。中国欲全旧好，据理与争，不遽用武，并许为建造楼塔，保护商船，可谓宽大极矣。讵料彼以虚言款我，久踞番社，诱胁番人。群番迫于凶焰，势必尽受羁縻，则台湾之地与我共之。夫台湾虽小，我圣祖仁皇帝勤劳二十年而得之者也。台湾有事，则处处戒严。古人谓，一日纵敌，数世之患。今台湾番事之谓也。且诸国通商以来，所以犹就范围，不启戎心者，以有条约在也。今日本不守条约，若令得志，非惟为所耻笑，西人更加藐视中国。为今之计，宜举其事，布告诸国，直与之战尔。虽然古之御外者，必能守而后和可恃，亦必能战而后守可完。与其战于内地，不如战于外洋。与其战于外洋，不如战于彼国。然则综而计之，今日畀以番地，曲

① 射寮，在今屏东县车城乡。

全和约，兵端若可少弥，而后患无穷，且和亦难恃，策之下也。决计驱逐，待其入境，随时御之，策之中也。先为非常之举，以奋积弱之势，虽得失参半，犹愈于坐而受弱，策之上也。

沈葆桢到台湾之后，马上筹备防务，募集兵员分派各地防守，在澎湖各岛修筑炮台，又铺设海底电缆以联通闽台之间的军务联系。后来又调来了淮军到台湾协助防守。而在中、日两国居住的欧美人士，每天都在报纸上评论是非曲直，乘机鼓惑煽动，想要收取渔翁之利。日本军队不断增兵台湾，在台兵力总数已达 3658 人，因盛夏气候潮湿闷热，病死 561 人。当时有消息说，福建巡抚王凯泰率领军队 20000 人将要渡海来台，如果一旦开战，战争将连绵不断，带来无穷的灾难。之前，闽浙总督命令福建布政使潘霨、台湾兵备道夏献纶去和西乡从道谈判。六月初一，他们带着两个法国人搭乘军舰到琅峤，第二天到柴城，和西乡从道见面，双方反复辩论。初七日再行谈判，从早到晚，又没有谈成。潘霨拂袖而起，准备离去。西乡从道请他别走，说："我国暴师海外，糜财劳人，为贵国辟草莱，除顽梗耳，费用耗损，岂可胜计？"潘霨说："若然，将为日本偿军费。"于是双方签订协议三条。八月，日本政府派参议大久保利通为办理大臣，作为全权代表，到中国谈判。初六日，从东京出发，美国人李仙得随行。九月十九日，到北京总理各国事务衙门谈判。一开始就争论台湾的"番地"是否属于中国的疆界，双方各持己见，相持不下。大久保利通宣称不谈了，要回国。还送来公文说："诸公所言，辄引条约，以背盟罪我，是阳唱和我而阴疏斥我也。我已束装，或和或否，期以十日裁复。"英国驻华公使威妥玛出来调解。军机大臣文祥坚持不要与日本妥协，沈葆桢也上奏主张拒绝日本的要求。但最后清廷为了顾全两国的友好关系，签订了协议，十一月十二日盖章通过。协议的主要内容是：

一、日本国此次所办，原为保民义举，清国不指为不是。二、前次遇害难民之家，清国许给抚恤银十万两。而日本在番地修道建房等件，清国愿留自用，先行议定筹补银四十万两。三、凡此次往来公文，彼此撤回注销，作为罢论。该地生番，清国自行设法，妥为约束。

第二天，大久保利通回日本。日本政府下令日本军队从台湾撤离。十二月，西乡从道率领军队回日本。作为善后，沈葆桢奏请开发台湾的"番界"，增添行政建置，增设官员管理，台湾的局面出现了新的变化。

法军之役

法国是欧洲的强国，在拿破仑时代，其野心是把欧洲全部吞并，还把势力向东方扩展，企图吞并越南。越南是中国的藩属国，当时中国因太平天国的兴起，国内动荡不安，没有余力照看越南。越南君臣只能拱手听从法国人，每天都在担心政权不保，因此法国人越来越嚣张。光绪九年（1883）冬天，越南国王请求中国出兵保护越南，于是清朝命令兵部尚书彭玉麟前往两广督率军队。法国也增派军舰调集兵员到越南，以致中、法在越南开战。清朝认为，台湾是中国东南海疆的战略要地，因此下令当地官员要严加戒备。当时，台湾兵备道刘璈驻守台南，他很有才干，也深得民心。他接到谕旨之后，立即整顿军队和装备，修筑炮台，兴建工事，购置新枪，布置水雷，分兵把守海上和陆地的各重要据点。以曾文溪以南到恒春作为南路，安排士兵5000名，由他自己率领。曾文溪以北到大甲作为中路，安排士兵3000名，由台湾总兵率领。又以大甲溪以北到苏澳作为北路，安排士兵4000名，由提督曹志忠率领。东部地区从花莲港到凤山的地界作为后路，安排士兵1500名，由副将张兆连率领。而澎湖各岛作为前路，安排士兵3000名，由水师副将率领。总共集结士兵共16500名，分别防守各自的防区，一旦有事，还要互相策应。考虑到兵力还是薄弱，不足以抵御法军的进攻，于是兴办团练。以陆团防守内地，渔团防备海口，各村庄也实行保甲制度，保卫自己的家乡。刘璈认为台湾地方辽阔边远，防守的责任重大，禀请闽浙总督移驻台湾，可以居中调度。没有被接受。又奏请朝廷派通晓军事的大将前来监督办理，以便统一指挥。于是清廷就派了代理福建陆路提督孙开华带领所属部队擢胜军3营人马来到台湾，办理台北的防务。不久，提督章高元率领淮军，提督杨金龙率领湘军，也先后到了台湾。

当时，法军的军舰时常在沿海游弋，以窥探台湾。光绪十年三月十八日，一艘法国军舰进入基隆，三人上岸且爬上山顶瞭望，像是在绘制地图，还想进入炮台，但被台湾的官员阻止。他们回到军舰之后，还写了一封信责问基隆通判，说台湾士兵无礼，必须向他们道歉。又说基隆的商人不肯卖给他们煤炭，因为官方禁止。限基隆通判要在第二天早上七点半将煤炭送到法国军舰上，否则就要炮轰基隆。税务司出面调停，把官方经营煤矿所产煤炭1000担通过德记洋行卖给他们，军舰才离开基隆港。刘璈知道之后，把法军的无礼向南、北洋大臣禀告，请他们通过外交与法国交涉。事态很明显，法国人想在台湾挑起事端。四月，朝廷任命提督刘铭传为台湾防务大臣，五月二十九日，到基隆，后驻台北，设立团练局。又在上海设立台湾军械粮饷总局，委托苏松太道代为办理，紧急筹备战争需要的物资。刘璈也赶赴台北，和刘铭传商讨军机。这时，法国军舰已经前来攻打台湾了。

六月十四日，法国舰队司令孤拔搭乘旗舰奥尔札号，率领5艘战舰，载有3000名陆军士兵，进入基隆港，另外3艘军舰窥伺沪尾[①]。刘铭传得到报告，立即率领提督曹志忠、苏得胜、章高元、邓长安等前往抵抗。十五日凌晨，法舰开炮攻击。清朝炮台进行反击。法军另外又用小艇搭载1000名士兵登陆，猛攻清军二重桥的阵地。曹志忠、章高元两军奋力抵抗，把法军击退。杀死法军中队长1人以及士兵100多名，夺取军旗两杆。法军在逃回军舰的过程中，许多人都淹死了，丢下了许多军械。十七日，孤拔通过税务司请刘铭传到军舰上见面，被刘铭传拒绝。战况报到北京，朝廷下令嘉奖，从国库中拨出3000两银子犒赏将士，清军士气高涨。台湾沪尾通商委员李彤恩认为沪尾的航道宽阔，无险可守，建议将港口的航道堵塞。英国驻台领事担心秋茶就要上市，怕港口被堵，会影响茶叶的出口，提出反对。李彤恩反复来回进行说明和争辩，英领事最后也同意了。而法国军舰就不能从淡水河口进来了。

七月初二，孤拔率领8艘军舰侵犯福州，在马尾港停泊。闽浙总督何璟向来怕事，防务大臣张佩纶年纪轻，没有军事谋略。当时有传闻说清廷要与法国进行和谈，福建船政大臣何如璋看见法国军舰从闽江口进入马尾，居然下令所有的军队不准开火。而清军福建水师的10多艘军舰就停泊在附近，没有任何的举动。省城福州的官员和百姓都已感到了危险，纷纷逃离走避，但张佩纶却像完全没有事情一样。初三黎明时分，法国军舰忽然升起红旗宣战，清军军舰没有丝毫的准备，还在等候张佩纶的指示。不久，法国军舰开炮向各处攻击，中国军舰先后沉没，而且船政局造船厂也被炸毁了。何如璋连鞋子都没来得及穿，逃到了鼓山。福州将军穆图善驻守长门，开炮攻击，法国军舰才从容开走。福州严重挫败之后，台湾的局势就更加危险了。

二十日，刘铭传到沪尾视察，孤拔也率领舰队来到淡水河口，探测航道，无法进入，于是在沿海游弋，观察台湾的动静。八月十三日，又前往攻打基隆，派500名士兵从仙洞登陆。清军恪靖巡缉营、霆庆中营抵抗法军的进攻，章高元也率领他部属200多人前来支援。法军战败逃走，但却迷了路，被围困到中午，又被清军杀死100多人。但法国军舰的舰炮仍攻击清军的炮台。刘铭传站在那里指挥作战，左

① 沪尾，淡水港。

右有几个人都被炮火炸死了，部下请刘铭传退到安全的地方，被他拒绝了。将士们在他的激励下更加奋勇地作战。不久，有谍报人员报告有5艘法舰进犯沪尾。沪尾离台北城只有30里，刘铭传立即下令撤兵前往沪尾救援。各提督都劝他不要放弃基隆，刘铭传不听。只留下曹志忠的部队300人以及统领林朝栋的栋军驻守狮球岭。有人提出反对的意见，刘铭传说："是恶知吾之深谋也。"后来，法国军舰发动了3次对沪尾的进攻，都被清军打退受损而去。法军占领基隆之后，企图进攻台北，派陆军2000人向前推进，但都被林朝栋的栋军所阻拦。双方相持了一个月，法军另外又派了4艘军舰进攻沪尾。九月十九日黎明，法舰将要进入淡水河口，清军的炮台开炮攻击，法舰退回海上。第二天，法舰又来，偷偷地用小艇把陆军载送登岸，两军短兵相接，逼近作战。孙开华领兵当面阻击，张李成则率领300名乡勇截其后路，往来冲杀，无人能挡。法军大败，争上小艇，很多人都掉进水里淹死了。清军在战斗中打死法军50人，获取头颅30颗。法军从此再不敢侵犯台北。张李成小名阿火，是梨园花旦。他的模样长得很妩媚，但出于对外敌入侵的义愤，奋不顾身，英勇杀敌，立下战功。刘铭传十分赞赏，授予他千总的官职，后来又因功升到守备。

之前，马尾的惨败，引起了清廷的震怒，剥夺了张佩纶的官职，另派文华殿大学士左宗棠督办福建的军务。又任命刘铭传为福建巡抚，加兵部尚书衔，刘铭传辞谢了。基隆失陷后，内外大臣纷纷上奏，广东道御史赵尔巽奏请进攻越南，来分散法军的兵力。沿海各省因台湾局势比较危急，也纷纷协济军饷支援军械，同仇敌忾。其中南洋大臣支持最多，北洋大臣第二，广东省也支援银子10余万两、士乃得步枪500杆、前门枪3000杆，因此缓解了台湾的困难。当时，许多将领都要求收复基隆，但刘铭传没有同意。台北府临时性招募的文书陈华通过刘铭传的卫兵队长奚松林，也请求授权让他去招募士兵1500名，自备武器，他们保证夺回基隆，但每名士兵每月要发军饷12元。刘铭传也没有同意。因为淮军和楚军都没有这么高的军饷。如果真能把基隆收复，当然会给予重赏。记名道员朱守谟听到了这件事，就和陈华约定让他进行招募，几天后就招来了1500人。刘铭传很生气，下令遣散。十五日，孤拔宣布封锁台湾沿海港口，北起苏澳，南到鹅銮鼻，总共339海里的海岸，禁止任何船只进出。分派军舰巡逻，苏澳到基隆8艘、淡水到安平3艘、打鼓到恒春2艘。并且规定，在台湾沿海航行的船只，必须距离海岸5海里以上，否则就要炮击。于是台湾和外界的贸易往来就停止了，岛内物价高涨。不少商船受到炮击，和大陆之间的各种文报无法传递，只能暗地里用渔船传送。兵备道刘璈在台南带领军队，他筹饷练兵，鼓舞激励士气。他收到法军封锁台湾港口的公文之后，对法国公然违反国际公法的行为非常气愤，就和各国驻台领事会见，请他们出面干涉。领事们都以事关重大必须由本国政府决定为由回复。

二十九日，刘璈用密件的方式，暗中将奏章送出台湾，并请沿海的总督、巡抚代奏。十一月初六，这份奏章才到达内阁。其中说：

法人突称封口，查万国公法，本有战国封堵敌国海口之例，局外各国原不能禁。惟论法人今日情形，其不合公法，不应封口者五。不应封而准封，有碍各国今后通商者亦五。不能不先请咨明各国，一为理论。查公法例载：交战师出有名者谓义战。若违背公法，即谓不义之战，局外诸国例得辩问。法人始则无理侵我属国，继则无理扑我防营，反索我赔款，又先攻我基隆及福州船厂。迨基隆、沪尾败后，又分船扰及台南安平、旗后二口，犹复冒昧侈谈封禁。试问封口先凭义战，战且不义，口何由封？台湾原只提出基、沪、安、旗四口，留与各友国通商。各国行栈林立，独无法国商人。法果理直兵强，专欲夺占台地，则台、澎沿海四千余里，无处不可登岸，所建城池，无处不可进攻。乃法兵到处畏缩，偏于各国通商不过出二三十里之口岸，肆行骚扰，可知法人固不能得利台湾，特陷害各国通商尔。其不合义战封口之例一。

又，例载军旅虐待居民，掳抢烧杀，奸污妇女，毁坏房屋，及一切残忍之事，皆为战例所严禁。并载陆路交战，有散兵劫掠，必以之为强盗等语。今法人占基，弁兵奸掳烧杀，无恶不为，甚将该妇女孩童掳入兵船，有数百名之多。又在南北海面，假稽查之名，截劫民船鱼米杂物，掳掠民人。此等暴行，实同强盗，尚何配为敌国而公然封口乎？其不合战例封口之例二。

又，例载城池地方被战者围困，局外不得与之贸易，封港亦同一例。今法兵声言攻台，不能为竟日岸战，与我中兵争尺寸土，仅窃踞我自弃之基隆偏隅，隔离城池远甚，何谓围困。抑知公法必待围困而后准封口者，原以敌国军械粮草缺乏，必仰济于通商。战国始乘胜封口以困之，使速求和，故局外各国甘受禁商之损而莫违。今台湾兵精粮足，器械裕如，已非法兵所敢近犯。即再征兵，全台义民百万，素习刀枪，一闻君父之仇，随呼随应，靡不裹粮坐甲，誓与仇寇不共戴天。一切军需，就地取用不竭，并无须求助外人。是困之无法困，速和转速战也。法人封口果何为者？其不合围困封口之例三。

又，例载战国徒以出示禁绝往来，则非实力封堵，与只派数船在洋面梭巡而无定所者，亦不作封堵论。今台湾沿海商民船只，四通八达，若实力封堵，非有累百兵船不能。法舰犯台，统计不过十余艘，其巡弋台南安、旗二口者仅一二艘，时去时来，渺无定所。其不合实力封堵之例四。

又，例载封堵敌国口岸，其势衰弱，而不实力办理，即作为废弛。又载师败归为废纸。今法酋一败于基，再败于沪，屡战屡北，于台南并不敢登岸交兵，其衰弱已可概见。各国应即作为废弛，法人何得觍然封禁，徒碍通商。其不合实力办理之例五。此五者，皆法人自外于公法，原不应有封口之举。

而于各国通商有五碍者，只得更申其说：如通商口岸教堂、洋行、货物、商民所在甚多，素由中国竭力保护。今法兵偏欲攻犯商岸，作为战场，彼此枪炮相加，更何能分辨某国某行某人，势必至互有毁伤，保护不及。其各国受害商民，自应向法国理偿，不与中国相关。即中国受害之处，亦应取偿于法。因法人违例擅禁，偏扰商岸，其碍一。

通商交涉，所欠洋行各款，向地方官提追。今商岸封禁，原欠商民皆借口于生计已绝，莫能归还，且有迁徙他处，官中无可提追者，势不能不概从缓办，其碍二。

通商以洋药为大宗，台湾每年进口洋药售银计在四五百万两，法人封口，洋药不通，曾经绅耆公请，从权划出官庄，准民自种罂粟，照例纳税助饷，无碍民地五谷，免贻洋银漏卮。言本有理，事又为公，地方官应准如所请。将来罂粟广种，洋药势必禁销，其碍三。

中国各省通商口岸甚多，若尽如台湾，法人仅以数船虚声，便听封船，则何口不可虚言示封。恐各口商民均有坐困之虞，大为通商之害，其碍四。

各国派拨兵船，保护商民，原系公法正办。今法船突来封港，中国官照例严禁探水引港接济，有犯立斩。各国兵船自不得与法船往来同泊一处，以避嫌疑，而免误伤。惟护船离岸太远，保护难周。若泊岸太近，法兵犯及近岸，中兵必尽力开炮抵击，恐有枪炮误伤，均不得归咎中兵，其碍五。

法人于公法既有五违，于各国通商又有五碍，要皆与中国无损，中国原不值与辩。只以臣历奉保护友国商民之恩旨，今法人逞兵台湾，专扰商岸，倘各国未能执公法，以全通商之区，台官亦只能照战例，稍谢保护之责。并不设法保护，而势有碍难，不得不先以直告。法兵现据基隆，基口原许封禁，此外各口应否一概听其虚言示封，及应否专攻通商口岸，以全友邦之处，应请旨饬令总理衙门咨明通商和好各国，以申公论，而顾大局。

朝廷得知法国军舰封锁台湾之后，命令南洋大臣派军舰5艘，任命总兵吴安康率领，联合北洋舰队，限期赶赴台湾支援。又把陕甘总督杨昌濬调任闽浙总督，率领所属部队到台湾，根据实际情况进行指挥，以求收复基隆。光绪十一年正月二十一日，法军猛攻狮球岭。林朝栋率领栋军奋力抵抗，没有退却。法军发动第二次攻击，双方战斗到中午，栋军转移到六堵防守。这里已经逼近台北城了。而澎湖孤悬海上，四面受敌。当时防守澎湖的只有绥靖、德义等5个营，以及炮勇练军，总共只有3000人，而澎湖岛屿众多，港湾复杂，兵力不够分配防守，刘璈对此十分担忧，禀请左宗棠委派重要将领率领军队前来驻防，配备海军，才能保证澎湖的安全。但这些布局还没有实施，而法国军舰已经到了。二月十三日，孤拔率领5艘战舰攻打澎湖，先攻渔翁岛炮台。炮台应战，进行还击，但都没有命中。2艘法国军舰闯进了妈宫，炸毁了观音亭火药局。副将周善初在这里驻守，但未战而逃。半夜，有500名法军士兵在嵵里登陆，十四日凌晨，逼近绥靖营。营官陈得胜率兵凭借战壕迎敌，法军被击退，一直追到海边，法军付出了更大的伤亡。法国军舰看到情况危急，开炮支援，陈得胜无法抵挡法舰的炮火，但仍然顽强战斗。德义中营的广东士兵就驻扎在附近，竟紧闭营门不参战。陈得胜只好暂时收兵，在珠母水建立阵地，到了傍晚，又退守大城北。他对将士们说："法军屯双港仔，凭垒而守，余以为可破，余先选死士，突入其垒，诸君从之，则敌可败也。"大家都说好。十五日黎明，陈得胜发动进攻，督率部属向前冲锋，法军在左右两侧都布置了阵地进行迎战。战斗非常激烈，陈得胜策马冲进法军阵地，想要拔掉法军的军旗，却中弹从马上摔了下来，部属拼命将他救走。周善初在双头跨建立阵地，又被打败，部属大多都逃走，澎湖通判郑膺杰坐小船逃回赤崁，于是澎湖被法军占领。

二月初二，孤拔乘军舰到安平，通过英国领事要求会见台湾兵备道刘璈。刘璈答应了，准备前往时，官绅都劝他不要去。刘璈说："彼以此要我，不往谓我怯也。咄乃公岂畏死哉！"并提醒安平炮台随时观察法舰的举动，"有警即开炮击，毋以余在不中也。"刘璈登上了法国军舰。孤拔与刘璈热情握手，会见的气氛轻松愉快，没有谈到军事方面的问题，台南因此也没有发生恐慌。当刘铭传放弃基隆时，刘璈曾向左宗棠揭发刘铭传的失职，左宗棠据以上奏，因此剥夺了李彤恩的职务。刘铭传上疏为李彤恩辩护，和刘璈之间经常相互攻击。由于刘璈兼任营务处总办，有军营行政方面的职权，不太服从刘铭传的指挥，刘铭传有些怀恨在心。

当时，孤拔认为澎湖地势险要，想要长期占据，作为法国在远东的军港。但在越南的中国军队接连打了胜仗，已经迫近宣光一带，法国有停战求和的想法。法国政府向议会请求追加军费，遭到拒绝，迫使内阁改组。新的内阁也不想把这场战争拖下去，孤拔对失去政府的支持很气愤，而且法军也因水土不服，瘟疫流行，多有死亡，自己也生病死了，他的职务由舰队副司令李士卑斯接任。中法展开和谈之后，法国公使提出了很多的要求，甚至提出要在基隆驻守 5 年。被李鸿章拒绝了。于是双方约定停战，中国撤回在越南宣光地区东西两边的军队，回到广西、云南的边境地区。在台湾的法军也于三月初一停战，同上解除对台湾各港口的封锁。可是在前线的清军将领都气愤难平，拒绝奉命，纷纷表示要继续战斗，在前方督办军务的统兵大臣彭玉麟更是据理力争，而且揭发李鸿章有丧权辱国的罪状。李鸿章为自己辩解说："台湾郡县也，越南藩服也。以余度之，宁失藩服，毋损郡县。"电报的命令传到福建。左宗棠以协议中只有在台湾停战的文字，却没有交还基隆的内容，因此上疏，请朝廷不要批准这个协议。可是，李鸿章已经和法国公使在协议上签字换文了。三月初一，法军解除了对台湾港口的封锁，双方交换了俘虏。刘铭传优待法军俘虏，每人送了 100 两银子。初五，命令记名提督吴宏洛到澎湖接管。十二日，李士卑斯率领舰队离开台湾，法军侵略台湾的战事终告结束。内阁学士梁曜枢以刘铭传丧师失地、贻误大局，上疏请求将其罢免申斥。刘铭传也自行检举自己的过失，请求惩处，朝廷却只是下令，要他处理台湾的善后。

卷十五

抚垦志

卷十五
抚垦志

连横评论说，台湾原本是“土番”的地方，后来汉族先民进来拓垦，绵延子孙、开枝散叶，维系到现在。所以从开辟以来，官府所经营策划的、百姓们设法考虑的，都是以安抚、教化“土番”为重要任务。大体上来说，台湾的“土番”尚未开化，自由自在，没有经过先贤仁义礼智的教化；居住于山谷洞穴中，没有城墙来进行防守；有射飞禽、追走兽的本领，但没有枪炮这样的火器；他们各族群之间虽然南北隔绝不相往来，但却会互相吞并，没有统一的指挥和管制。所以当他们依恃险要地势而强横施暴时，就必须派遣军队前往征讨；如果能主动地归顺朝廷，那就必须施行德政加以安抚，这才是台湾“理番”的基本策略。但清朝政府守旧短视，看不出大势所趋，曾经颁行禁止越界的政令。而我先民仍然冒险前进，铲除荆棘，历经艰难困苦，开垦田地，形成都会聚落，为子孙建立百年发展的基础，这样的功劳是不可以被泯灭的！“牡丹社事件”之时，船政大臣沈葆桢带兵到台湾，向朝廷上奏建议开发后山，建设新城。到刘铭传担任台湾巡抚时，更加急切于“理番”工作，设立抚垦总局，专门负责治理“土番”的一切事务，这时台湾有关“土番”的事务才受到重视而蓬勃发展。台湾的“土番”，不能只用禁制的方式治理；得到他们的土地可以耕种，得到他们的人才也要进行使用，蕴藏其中的自然资源，可以说是取之不尽的。如果能把人群的作用也发挥好，便可推动这一地区的深入发展。所以“理番”的事务，是台湾的大事，成功或者失败，严重影响全局。我因此论述其前后发展的过程，让将来的人能够了解，也可以作为成败得失的借鉴。

荷兰侵占台湾后，曾经召集归顺的“土番”进行安抚，制定“王田”制度，设立学校，召开长老会议，订立了许多规定，对“土番”的文化教育和经济生活进行约束和限制。而“土番”只能听命而不敢违抗。荷兰殖民统治台湾的期间，“土番”没有人作乱。那时候，西班牙人也占据了台湾北部，通过行政和宗教来安抚“土番”，却常常遭到“土番”的杀害，即使进行残酷的镇压也不怕。因为北部“土番”民比较强悍，不像南部“土番”那般温和，因此西班牙人的统治也大费周章，后来又被荷兰人赶出了台湾。

南明永历十六年(1662)，延平郡王郑成功刚攻克台湾不久，就巡视了归顺的“番社”并加以抚慰。第二年的春天，派部将10人管理“番社”事务。以新港①、目加溜湾②、萧垅③、麻豆④为四大社，征收鹿皮，和他们进行贸易。永历十八年十二月，台湾中部大肚社头目呵狗让率族人反抗，郑经派勇卫黄安率领军队前往平定。⑤永历十九年，谘议参军陈永华建议郑经施行屯田制度，以拓垦“番地”，郑经同意了。于是台湾从最南端的琅峤，到最北端的鸡笼，都有汉人的足迹。“土番”抵挡不了，逐渐逃入深山，于是挖筑土牛沟来作为界线。⑥当时，明宁靖王朱术桂也自请到竹沪⑦的田野拓垦。台湾每年都能大丰收，人民都能富足，郑氏政权的财政也比较充盈。永历二十二年，台湾中部水沙连⑧“土番”作乱，杀了来此拓垦的参军林圮，林圮部下也大多被杀害。汉人并不因而退却，仍然前仆后继前往这地区开垦，就是现今的林圮埔⑨。永历二十四年，沙辘社⑩“土番”也发生乱事，左武卫刘国轩分派到半线⑪拓垦，便率领军队前往征讨，“土番”抵抗不敌，聚落被烧毁，全社几乎被杀光，只剩下6人逃往海口藏匿。邻近的大肚社⑫“土番”十分害怕，将族人迁移到埔里社。刘国轩的军队把“土番”赶到北港溪，并在那里阅兵、展示军威后才返回。不久斗尾龙岸⑬“土番”又乱，郑经亲自带兵征讨。斗尾龙岸社居住在大甲溪的北岸，地势险要，人数众多且强悍，脸部刺青、涂墨，全身纹有各种图案，如魔

---

① 新港，约在今台南市新市区附近。

② 目加溜湾，约在今台南市善化区附近。

③ 萧垅，约在今台南市佳里区附近。

④ 麻豆，约在今台南市麻豆区附近。

⑤ 郑成功军队援剿后镇、后冲镇官兵在屯垦过程中与大肚社“土番”发生冲突，郑军遭受重大伤亡。郑成功派兵都事李胤监督各兵镇不准搅扰“番社”，并将激化与“番社”矛盾的军队调回。这个事件发生在南明永历十五年（1661）七月，这里把时间记为永历十八年十二月以及记载派兵者是郑经，都错了。

⑥ “土牛沟”不是明郑时期设置的，清朝治理期间才把它作为汉“番”边界的标志。

⑦ 竹沪，今高雄路竹区。

⑧ 水沙连是以日月潭为中心的南投、彰化一带的地理名称，是邵族群的居住区，清代设置有水沙连堡的行政区域，范围包括今天的竹山镇、鹿谷乡、名间乡、集集镇、水里乡、信义乡、国姓乡、埔里镇、鱼池乡、仁爱乡等地。

⑨ 林圮埔，今南投县竹山镇。

⑩ 沙辘社为拍瀑拉族群(Papula)的一支，拍瀑拉族群早期分布于今台中市大肚区、大甲区、沙鹿区、龙井区、梧栖区、南屯区和清水区一带的海岸平原。沙辘社的生活区域即今台中市沙鹿区一带。

⑪ 半线，今彰化市光南里一带。

⑫ 大肚社是拍瀑拉族群的一支，分布在今台中市大肚区一带。

⑬ 斗尾龙岸是拍瀑拉族群的一支，原居地在今台中市后里区，大甲溪北岸，后南移至潭子、丰原、神冈一带。

鬼般，以杀人自豪，杀人后还把头割下当作饮酒的器具，附近“番社”都惧怕他们。郑经率军往北路视察，听到有这么个部落，亲临其地，却见不到一个人影。当时正值正午，天气非常炎热，士兵们都很口渴，纷纷砍取甘蔗来吃，刘国轩正好来到，见此场面后大声惊呼：“你们怎会来到这里！”急忙命令士兵们迅速割草作为防护的掩体。果然没多久“土番”就来了，大约500人，四面放火，火焰燃烧猛烈，“土番”乘火奔窜攻击，气势颇为凶猛。郑军守在掩体后奋战，“土番”见无机可乘只好退却，郑军趁机反守为攻击退他们，烧毁他们的聚落。郑经于是登上铁砧山[①]，留下100人在此屯垦，以防范大甲溪流域的蓬山各社[②]“土番”。永历三十六年三月，竹堑[③]“土番”又发生乱事。早些时候，驻守鸡笼的军队，如果遇到冬季北风强烈的时候，船只无法行驶，就会命令“土番”从陆路转运。沿途征派徭役以供驱使，“土番”难以忍受繁重的徭役，加上监督的官兵又十分严厉地驱赶鞭策，于是合谋作乱，杀了通事，抢夺粮食和军饷，竹堑、新港[④]各社群起响应，混乱的情况一度使得路上无人敢行走。消息传来，侍卫冯锡范向郑克塽建议派左协理陈绛率领军队前往讨伐，宣毅前镇叶明、左武卫左协廖进担任副将一并前往。作乱的“土番”害怕了，逃避到山里，驻扎平乱的军队也不敢离开。吏官洪磊因此建议说：“土番之变，势出无奈。劳师远讨，似非所宜。盖以番如野兽，深山藏匿，难捣其巢，不如宽以抚之。怀德远来，善为驾驭，则番当自服。况当国家有事之时，尤不宜震动，以生外侮。”郑克塽听从他的建言，派遣各社的通事前往招抚。又命叶明、廖进带领兵马守在各个山谷的隘口，军事围困和招安两手同时进行。“土番”不敢出山，但还是会趁守备不注意时进行突然袭击，于是就建立木栅栏来加以围困。“土番”得不到食物，穷困窘迫后终于投降。郑克塽要求他们各自回到原来的住地，必须听从约束，然后调回平乱的部队。当时有同安人王世杰参与军队的运输工作，见局势稳定，请求准许在竹堑一带开垦，得到允许。永历三十七年正月，有消息传出清朝将派兵攻打台湾，为加强防务，筹集军用物资，但财力不足。五月，上淡水社[⑤]的通事李沧建议通过采金来充实财力，安抚司林云向郑克塽说了这个事，于是派监纪陈福率领宣毅镇的官兵前往，请“土番”带路，到了卑南觅[⑥]，没找到金矿败兴而归，

① 铁砧山位于台中市大甲区的东北角、大安溪下游南岸，海拔 236 公尺。

② 蓬山社群，又称崩山社群，属台湾道卡斯族群，分布在台中大甲溪流域和苗栗县沿海一带。

③ 竹堑为新竹的旧称，最早是道卡斯族群竹堑社的活动区域。

④ 此处新港社应指新竹旧港附近的平埔族群，不是台南西拉雅族群的新港社。

⑤ 上淡水社早期分布在北屏东一带，约在今屏东县万丹乡社皮村附近。

⑥ 卑南觅，今台东。

不久郑氏政权也灭亡了。

清康熙二十二年（1683）八月，清军进入台湾，招抚各“番社”，设置土官来治理，征收赋税的情形和以前一样。蒋毓英是清朝派任台湾府的首任知府，他到任以后，划定了台湾、诸罗、凤山三个县的疆域，将一些流民聚集起来，开垦荒地，安抚各“番社”，教授他们耕作生产的技术。康熙三十二年，有淡水人陈文、林侃乘船遭强风漂流到奇莱，开启汉人和台东“土番”之间的贸易。过了两年，赖科也从鸡笼翻越山岭来到崇爻[①]，于是台东广阔的山野，逐渐有了汉人的足迹。康熙三十六年，浙江省仁和县的秀才郁永河到台湾采集硫磺，从台湾府城一路来到北投，所到之处都有“土番”为他准备干粮，背负弓箭护卫，历经两个月时间才抵达。郁永河的著作当中，有很多关于“土番”民的记载，他的文章提到：“番为人愚，又畏法。若能化以礼义，风以诗书，教以蓄有备无之道，制以衣冠、饮食、冠婚、丧祭之礼，远在百年，近三十载，将见改易狉榛，率循礼法。岂与中国之民异乎？”那个时候，大量荒芜的土地才开始开辟，农民有很多田地可供耕作，争垦“番地”的情形还没开始，所以“土番”还不会仇视外人，对路过的行人旅客还不会施加伤害。但是后来汉人开垦逐渐推进，拓垦的地域越来越大，如杨志申、吴洛、施世榜等人，先后到半线，开垦土地，兴修水利，奠定了彰化现在的规模，这些人的功劳很大。

康熙三十八年，吞霄[②]“土番”作乱。当初，通事黄申负责承包吞霄社的赋税缴纳，以此为由，对社众不断进行征派，“土番”难以忍受，其头目卓个卓雾亚生生性勇武凶悍，密谋反叛。二月，“土番”将要出猎，黄申要他们先缴纳完税款后才能出猎，“土番”本来就对黄申有怨恨，一怒之下便把他杀了，同伙数十人也一起被杀。消息传出，台湾镇总兵张玉麒及福建分巡台厦兵备道王之麟派人前往晓谕招降，却无法进入，于是征调北路参将常泰率领镇标和道标的官兵前往征讨，并调来新港、萧垅、麻豆、目加溜湾四社的“土番”为先锋。吞霄社“土番”进行了英勇抵抗，造成四社“土番”较大的伤亡。于是他们向常泰建议：听说岸里社人很勇猛矫健，擅长翻山越岭横跨山涧，想要捉拿作乱的头目，非他们不可。当时岸里社还没有归顺政府，就请通事作为中介，用牛肉和美酒作为赏赐，岸里社表示愿意效劳。八月，岸里社“土番”从山后袭击吞霄社，官兵也从正面夹击进攻，吞霄社战败无计可施，正准备逃入深山。又遭到拦截，卓个卓雾亚生被岸里社擒获献给清军，被押送到府

① 崇爻，原为阿美语，意思是猿猴，因阿美族群居住在平地，见到花东山区的泰雅人身手灵活，便称其为崇爻，后来崇爻遂成为花东山区的代名词。

② 吞霄，今苗栗县通霄镇。

城处决，他的头颅送到各番社进行展示。前往平乱的官兵们因瘴疠而罹病死亡的多达数百人。

正当吞霄社作乱之际，北投社[①]“土番”也发生动乱。北投社盘踞在上淡水溪畔，虽然已经归顺了清朝，但还是经常杀人。土官名为冰冷，孔武有力，他的亲属的女儿许嫁给名为金贤的通事，不久金贤便要来聘娶，因女儿年龄还小没答应。金贤大怒鞭打女孩父亲，女孩父亲向冰冷告状，冰冷于是杀了金贤叛变，并派人向吞霄社通报请求互相响应。恰巧有个水师把总带兵到北部巡逻刚到淡水，暗中将兵船停靠在港口，招募其他“土番”设计成一个买卖市场的样子，诱骗冰冷前来，突然把冰冷抓到船上杀死。北投社只好通过通事要求归顺，将事件平息。康熙四十年，诸罗县刘却起事，北路扰乱不已，各“番社”也乘机外出，经常杀人，刘却起事平定后才停止。最初，归附的“番社”通常都用通事，以及社商来包揽他们应该交纳给政府的赋税。“番社”之间的贸易往来，也由这些社商控制主持，凡事剥削搜刮，通事和社商彼此勾结，狼狈为奸，而汉人侵垦“番地”的现象，到处都有，“土番”无处可以求救投诉。福建分巡台厦兵备道王敏知道后，严厉训诫辖下官员，凡是在准许开垦之前，必须先请官府查勘地界，再决定准或不准。又惩办了几个违法乱纪的通事和社商进行公示，“土番”被剥削和“番地”被侵占的情形才稍有收敛。康熙四十七年，泉州人陈天章等人申请到大佳腊[②]的荒野开垦，当时担任诸罗知县的宋永清派遣社商、通事与土官一起会同查勘，然后报批许可。现在成了台北府城，从那以后移民逐渐到来。康熙五十七年，开始设置淡水守兵。然而，这个地区有不少瘴疠毒气，南崁[③]以北地区，山谷幽深湿热，一年到头阴雾笼罩，晴朗的天气很少，住在这里的人很多病死，驻守的士兵生还者不到十分之三。康熙五十二年，北路营参将阮蔡文亲自到北路视察，经过大肚[④]、牛骂[⑤]、吞霄、竹堑等“番社”，所到之处便召集“土番”加以安抚慰问，“土番”欢欣鼓舞。

康熙五十三年，诸罗县知县周钟瑄认为向“番社”征收的社饷重了一些，便向总督觉罗满保请求减轻他们的负担。大致说：

番俗淳朴，太古之遗。自居民杂至，强者欺番，弱者媚番。地方隐忧，莫

① 北投社，在今台北市北投区一带。

② 大佳腊，又作大加蚋，今大台北地区。

③ 南崁，旧时桃园平原的总称。

④ 大肚，今台中市大肚区一带。

⑤ 牛骂，今台中市清水区。

甚于此。查社饷一项，凤山、淡水八社番米，在郑氏原数五千九百三十三石八斗，嗣后酌减为四千六百四十五石三斗。而诸罗社饷七千七百八两有奇，未邀裁减。从前犹可支持，以地皆番有，出产原多。比年以来，流亡日集，以有定之疆土，处日益之流民，经月累年，日事侵削；番人世守之业，竟不能存什一于千百。且每年正供七千八百余金，花红八千余金，官令采买麻石又四千余金，放行社盐又二千余金，总计一岁所出二万余金。而通事头家假公济私，何啻数倍。土番膏血有几，虽欲不穷，得乎？

当时福建分巡台厦兵备道陈瑸正主张吏治为治理海疆最重要的事，因此也建议适当减少，并通知台湾南北各地的通事动员“生番”前来归附。于是南路山猪毛[①]等10社、北路岸里[②]等5社，总计4753人请求前来归附。总督觉罗满保将周钟瑄所述的情形向朝廷禀奏。陈瑸也自己准备干粮，带着几位随身仆从，到北部巡视到淡水，晚上就睡在乡下的房子，了解“土番”的疾苦，他见到的人都摇头叹息。康熙五十五年，岸里社土官阿穆请求到猫雾捒[③]开垦，官府准其所请，开垦的区域，东边一直到山，西边靠近沙辘[④]，北边以大甲溪为界，南达大姑婆[⑤]，这一带就是现在的台中地区。

康熙六十年夏天，朱一贵起义，游击周应龙请求前往征讨，率领400士兵，并征调新港、萧垅、麻豆、目加溜湾四社的壮丁一起赴战，下达命令：杀造反者1名，赏给银子3两，“土番”生性好杀，有了这个命令，他们更是滥杀良民，到处放火烧毁房屋，引起许多民众怨恨而纷纷响应朱一贵起义，整个台湾几乎都要落到起义者的手里。起义平定之后，觉罗满保主张要在台湾沿山划定“番界”，把划进“番界”的汉族移民都要尽数迁出。总兵蓝廷珍认为不可行，回复说：

执事留意海疆，谆谆切挚，议论高明。果能如此，文武皆可卧治，何其幸也！唯是台地自北至南一千五百余里，山中居民及附山十里以内民家，未经查确，不知其几万户，田园几万亩，各山隘口几何处。应俟委员勘核，造册报闻。但天下非常之事，必非常人乃能为。廷珍筹度再四，未得善法。唯执事明以教之。欲迁数万户之民居，必有可容数万户筑室之处。而此数万户又不能不耕而食，

① 山猪毛，今屏东县三地门乡。

② 岸里，今台中市神冈区。

③ 猫雾捒，约在今日台中市一带。

④ 沙辘，今台中市沙鹿区。

⑤ 大姑婆，今台中市西屯区旧地名。

必有可容十数万人耕种之田。则度地居民，为此日第一急务矣。今全台山中之地既欲尽弃，附山平地又弃十里，即以三十里而计，已去一千五百余里之三十里。截长补短，应得纵横各四百五十里之地，以为被迁之民之田畴庐舍，不知此地从何拨给？所当筹度者一也。人情安土重迁，非尽恋恋故地，亦苦田舍经营，所费不赀。富家栋梁瓦桷可以搬赴新居，工匠墙垣亦费其十之六；贫家土舍茅檐无可移用，一经迁徙，则当从新建盖。以乱后残生饔飧不继之穷民，何以堪此茅绹土木之繁费！嗟叹之声，既不忍闻，势不得不有以资之。每屋一间给银五钱，计费钱粮五六万两，不知动支何项？所当筹度者二也。各山隘口未知几何。即以罗汉门一处而论，已有三四路可入。则此一千五百里之山，其隘口不止百计。每口伐木挽运，百夫亦须三五日，计用人夫不下三五万。不知系官自雇募，抑或派之于民？所当筹度者三也。一千五百余里之界墙，一千五百余里之濠堑，大工大役，海外仅见，计费钱粮不下十万两。将给之自官，则无可动支之项；将派之于民，则怨声四起，必登时激变。所当筹度者四也。寇乱风灾之后，民已憔悴不堪，百孔千疮，俱待补救。即使安静休养，时和年丰，尚未能遽复元气；况又有弃去田宅、流离转徙之忧？即使有地筑舍，有田开垦，而五钱之惠，能成屋宇几何？薙草披荆，能望西成几何？况又有无资可借、无地可容之忧；谁肯餐风宿露、相率迁移于无何有之乡乎？民而肯迁，岂不甚善；假如强项不依，哓哓有辞，将听其不迁而中止乎？抑以兵威胁之乎？所当筹度者五也。既已三令五申，费尽心力，复听其不迁而中止，则宪令不行，是教民凶悍，而开犯上之风，非所以为治也。若以兵胁之使移，则民以为将杀己，抗拒亦死，不抗拒亦死，必制梃与兵为敌。至于敢敌，亦遂不容不杀矣。无故而歼我良民，于心不忍。歼不尽则祸不已，歼之尽则人又不服。既上乖朝廷好生之德，又下失全台数百万之人心。所当筹度者六也。自古以来，有安民，无扰民，有治民，无移民；无故而使千五百里之人，轻弃家乡以糊其口于路乎？开疆拓土，臣职当然；蹙国百里，诗人所戒。无故而掷千五百里，如带之封疆，为民乎？为国乎？为土番盗贼乎？以为民，则民呼冤；以为国，则国已蹙；以为土番杀人，则划去一尺，彼将出来一尺。界墙可以潜伏，可以捍追，正好射杀人民。以为盗贼，则千五百里无人之地，有山有田，天生自然之巢穴，足以逞志。不知于数者之外，或有他取乎？夫事必求其有济，谋必出于万全，循此檄也以行，能必其有济乎？无济而不召乱，犹之可也；残民而有功于国，亦未为不可也。能必其不召乱，不残民，而又能有功于国，则计出于万全矣。不然，愿执事之熟思之也。

觉罗满保因此打消了划界迁民的计划，只是竖立石碑禁止汉人进入“番地”。当时，阿里山发生“土番”作乱，康熙六十一年，诸罗县知县孙鲁派人前往招抚。水沙连“土番”也一起归顺，附在阿里山“番社”中一同献纳赋税。先前，台湾知府靳治扬招抚“土番”，台湾县各“番社”都设立不收学费的学校教育“土番”的儿童，到台湾道陈大辇上任时，从这些学堂挑选优秀的学生担任文庙中举行祭祀时表演乐舞的童生。雍正元年（1723），知府高铎又对这些学童进行奖励，于是“熟番”的子弟逐渐接受学校的教育。那时候，半线一带已开垦，人口渐多已形成市镇。而诸罗县所管辖的地区过于辽阔，不容易控制，觉罗满保便接受蓝廷珍的建议，划出虎尾溪以北至大甲溪的地区，设彰化县。而大甲溪以北到鸡笼，设淡水同知管辖，同知驻地在竹堑，以掌管百姓和“土番”的事务。漳州府漳浦县人蓝鼎元曾随军队来台湾，积极建议开垦竹堑“番地”的好处；又在给台湾道吴昌祚论治理台湾的书信中认为：彰化土地大多荒芜，应该下令百姓前往开垦为良田，不要让其闲置荒废。以前都因为是“番地”禁止汉人入侵开垦，现在已经设县管理，没有仍旧弃置任其荒芜的道理。如果说是“番地”，全台湾的土地以前都是“土番”在使用，要还是还不完的。可以先出告示让“土番”自行开垦，以一年为限，必须将土地全部开垦为田园，否则就得任由汉人垦耕，并依照户部的规定，这些垦户就成为土地的业主，或者让这些垦户替“番社”缴纳官府的赋税，换取土地的开垦，这也是双方都得利的事情。后来的当权者都根据这个建议，颁行了一些规定，台湾的开垦事业取得飞速发展。

傀儡社[①]“土番”生活在深山之中，凭借地势险要盘踞一方，以杀人猎头为能事。荷兰殖民统治和郑氏治理台湾时，多次前往征讨仍旧无法降服。到朱一贵事变时，其余党王忠逃入该处山区，总兵蓝廷珍调派外委郑国佐和通事章旺前往搜捕，却抓不到人。秋天，心武里社[②]女土官兰雷被客家人所杀，同族的八歹社[③]率领加者膀眼社[④]数百人，伏击东势庄[⑤]，杀了当地庄民3人。消息传来，派兵征讨，攻破两社，并安抚附近的“番社”才收兵。

---

① 傀儡是汉人对恒春半岛鲁凯及排湾等族群的泛称。

② 心武里社，为“傀儡番”25社之一，活动范围在今屏东县玛家乡隘寮溪上游南岸，属排湾族群。

③ 八歹社，为旧高燕部落，活动范围在今屏东县玛家乡隘寮南溪南岸，属排湾族群。

④ 加者膀眼社，为旧“好茶部落”，活动范围在今屏东县雾台乡隘寮南溪北岸，属鲁凯族群。

⑤ 东势庄，今屏东县内埔乡东势村。

雍正四年，下诏免除“番妇”的人口税；而“熟番”的人口税，每稻谷 1 石改成征银 3 钱 6 分，下令以此作为以后的标准。水沙连[①]的荷摩社[②]原本已经归顺清朝，但在朱一贵事变时，乘机作乱。接受招抚之后，他们的土官骨宗仍仗着“番社”地势险要难行，经常出来杀人，官兵始终未能及时征讨遏止。秋天九月，福建总督高其倬命令台湾道吴昌祚到省城，询问“土番”的情况，传授治理的方法和策略，让他作为主帅，以北路参将何勉作为副帅，又调淡水同知王汧协助征讨。当时巡台御史索琳在台湾府城，和吴昌祚于斗六门[③]会面，商议进剿的策略。十月，官兵到了水沙连。“土番”进行抵抗，被官兵大败，周围的“番社”受到震慑接受招抚。过了几天，官兵又攻到水里社[④]，活捉了骨宗和他的两个儿子，加以处决。从此水沙连 25 社又像以前那样缴纳赋税。

雍正五年，沙辘“土番”又发生叛乱。沙辘社自从明郑时期遭到军队的镇压后，势力衰弱，但他们的地方土地肥沃，汉人争相购买开垦。土官嘎就向族人说：祖宗们留下这块不大的土地，让子孙们可耕种也能打猎，提供生活所需，并交纳政府的赋税。现在如果都卖给了汉人，一定会受人欺侮，我们将无法生存下去。于是杀害汉人而叛变。彰化县知县张缟请求派兵平乱，后来经过通事的请求，允许他们归降。那时候，淡水同知王汧认为“番地”逐渐被侵占开垦，或者以低价卖给汉人，“土番”没有食物可吃，越来越穷困，就会引起争端仇杀，于是上书向巡台御史尹秦建议，经尹秦上奏后确定，大的“番社”留给水、旱田 500 甲，中等的“番社”留给 400 甲，小的“番社”留给 300 甲，作为他们耕种或狩猎的土地，分别竖立界碑，永远给予保留。其余的荒地全部招募开垦，垦成三年后必须向政府缴纳赋税。

雍正六年冬天，山猪毛“土番”作乱，杀了 23 名汉人。第二年二月，总督高其倬命令总兵王郡、巡道孙国玺会同办理，以游击靳光瀚、同知刘浴率领官兵一同前往征讨，再调诸罗县知县刘良璧从后山围堵，发动内攸社[⑤]“土番”进行截击。北路营参将何勉也率军进入楠梓仙山，部队刚到邦尉[⑥]，叛乱的“土番”就投降了。雍正十一年，开始将南路营 300 名士兵调往山猪毛驻守，从那以后，“土番”不敢出来杀人。

---

① 以日月潭为中心的南投、彰化一带的地理名称。

② 水沙连，荷摩社在日月潭附近，是邵族水社的一支。

③ 斗六门，今云林县斗六市。

④ 原文“水里社”应为“水社”之误。水里社属拍瀑拉族，在今台中市龙井区，和水社距离甚远。

⑤ 内攸社，即内悠社，又称内忧社、美陇社，聚居在高雄市桃源区、那玛夏区一带，属拉阿鲁哇族（Hla'alua）。

⑥ 邦尉，内攸社另一部落。

雍正九年，大甲西社①林武力②暗中筹谋作乱，串联朴仔篱③等8社，在十二月起事，任意烧杀。淡水同知张宏章仓皇逃走免于难，但当地居民很多被杀害，台湾北部动荡不安。总兵吕瑞麟当时刚好在北部巡察，到了淡水，中部乱事消息传来，便急忙赶回，刚到猫盂④，就被包围了。吕瑞麟奋力作战，突围逃到彰化，向府城征调兵勇，多次交战仍平定不了。雍正十年五月，林武力再度集结沙辘、吞霄等十几社“番社”一起反叛，围攻彰化县城，居民逃避，道路上尽是百姓的嚎哭声。张宏章率领乡勇团练巡守各村庄，经过阿束社⑤时被“土番”伏击，乡勇溃败，有正在附近锄田作业的18个广东籍农民看见了，立即拿起农具棍棒相救，张宏章得救，但他们却都战死了，彰化人事后将他们收尸合葬，称为18义民。六月，总督郝玉麟将吕瑞麟调回府城，命令新任命的福建陆路提督王郡前往彰化征剿。七月，王郡偕同巡台御史觉罗柏修率领大军到鹿港，派遣参将李荫越、游击黄林彩、林荣茂、守备蔡彬等人，集中兵力进攻阿束社。“土番”无法抵挡，逃窜潜回深山。王郡再派参将靳光瀚、游击黄林彩、守备林世正等人各率士兵控制扼守各个隘口。八月，官兵渡过大甲溪，再派遣各将领分头攻击。林武力退守到山里，占据险要地形作困兽之斗，官兵紧紧追击，过大安⑥，登大坪山，一路直达“番界”。侦察人员说林武力已经遁逃到南日内山，又再继续追击，山路难走，士兵必须攀附他物才能上山。“土番”据守在陡峭的山崖上，箭矢和石头齐下，官兵以大炮轰击，炮声震撼山谷。“土番”退却，官兵捣毁了他们的大本营，捆绑了林武力以下许多人，将其杀死。这场战斗共捕获俘虏1000多人，有的被杀，有的被释放。十二月，官兵班师回防，在彰化东郊建“镇番亭”，将大甲社改称为德化社，改牛骂社为感恩社，改沙辘社为迁善社，而汉人也开始大批进入垦耕他们的土地了。

雍正十三年，眉加腊⑦“土番”作乱，官府派兵征讨。眉加腊社是彰化县的“野番”，没有归顺政府。多年来，经常在柳树楠、丁台各庄附近出没，焚烧房屋杀害汉人。十月，北路副将靳光瀚、淡水同知赵奇芳联合兵力前往征剿，抓到几个人，处决了他们。于是在柳树楠设隘防守，台中地区设隘防守从这时开始。

---

① 大甲西社，约在今台中市大甲区一带。

② 林武力，道卡斯人，姓名汉化。

③ 朴仔篱，约在今台中市东势区附近。

④ 猫盂，今苗栗县苑里镇。

⑤ 阿束社，约在今彰化县和美镇、彰化市茄冬脚一带。

⑥ 大安，今台中大安区。

⑦ 眉加腊社，水沙连北港社群之一，约在乌溪上游和其支流眉溪北岸一带。

乾隆二年（1737），朝廷下诏减少“熟番”成年人口的人口税，可以依照汉人成年人口税的规定，每个成年人口征银2钱，其余的全部裁减。巡台御史白起图上奏提议：“嗣后汉民不得擅娶番妇，番妇亦不得牵手汉民，违者则行离异。汉民照民苗结亲例，杖一百。土官通事照民苗结亲媒人减一等例，各杖九十。地方官照失察民苗结亲例，降一级调用。其从前已娶生有子嗣者，则行安置为民，不许往来番社，以杜煽惑生事之端。”得到朝廷认可。在此之前，大学士鄂尔泰等人认为台湾居民已有数十万，开垦荒地、租地耕作，人人自谋生路，但因禁止携带眷属来台，没有家室的单身汉，只能娶“番妇”为妻，恐怕会产生一些危害社会稳定的事情，奏请解除禁止赴台者携眷的命令，得到朝廷的允准。于是福建、广东漂洋过海到台湾的人就更多了，争相拓垦“番地”，种植稻谷和甘蔗。台湾稻米和蔗糖的盈余，还可以供给其他的省份，每年可以分别卖出一百几十万两银了，贸易往来的兴盛，让家家生活富足、人人衣食充裕，大家都有长远的规划，为子孙打算。可是没多久，不准越界开垦的禁令又颁布了。

乾隆三年，总督郝玉麟上奏建议：“台湾熟番与汉人所耕地界，饬令查明。其已有契可凭、输粮已久者，立界管业。此后不准人民侵入番界，瞨买番业。应令地方官督同土官，划界立石，以垂永久。”这不准越界开垦的禁令虽然颁布，但“官庄”开辟的范围却越来越大。“官庄”的制度，大致上和郑氏时期的屯田差不多。文武官员各拿出资金，招募佃农开垦荒地，作为自己的产业，而这些土地大多都在“番界”。乾隆九年，朝廷下诏禁止官员设置官庄。乾隆十七年，又在“番界”立下石碑，禁止汉、“土番”民众随意出入；如此一来，台湾的拓垦事业一时受到了阻碍。那时候，归化的“熟番”已逐渐依从汉人的习俗，于是便要求他们剃发留辫，赐给汉姓，以遵守国家的体制。从此以后，汉人和“土番”混杂相处，各自在田地里安分耕作，但是彼此之间产生的矛盾和需要协商解决的事情也越来越多。乾隆三十一年，奏请增设南、北理番同知，北路理番同知驻彰化，南路理番同知驻府城，专门掌管汉人和“土番”之间交涉的事务。当时南北两路的“熟番”共有93社，“归化生番”有二百数十社。这些“土番”，缴纳赋税，听从管束，有任务要调遣派用，也能恭敬接受命令。在林爽文事变时，大将军福康安率领大军来到台湾，各“番社”争相报效朝廷，建立了不少军功。乾隆五十三年，福康安上奏建议仿效四川屯田练勇的制度，抽调“土番”壮丁，设置屯防，全台湾设大屯4个、小屯8个，相关内容在本书《军备志》中已有介绍，不再赘述。又将还没有开垦的荒地5441甲，查封没收的田园3380余甲，分给屯丁，作为他们耕作的土地和供给生活需求的来源，相关内容在本书《田赋志》中也有介绍。但是参加屯防的“土番”壮丁不熟悉农活，大多雇佣汉人来耕种，这样屯田的收入无法供应生活所需。后来又把查封没收的田园拨充班兵的粮饷。乾隆五十五年，清查丈量土地，查出侵垦“番界”的田园有 3734 甲多，全部没收。将这些田园租给佃农耕作，将其租金作为屯丁的粮饷，而“番地”的开垦又不断向前了。

蛤仔难①在淡水厅的东北部，或称为“甲子兰”，是当地“土番”的语言。这个地区靠山面海，土地宽阔，溪流交错，西班牙人曾经到过这里，却被“土番”所杀。乾隆三十三年，淡水有个叫林汉生的人到蛤仔难垦荒，也被“土番”杀害，从此就没有人再敢进入。福建省漳州府漳浦县的吴沙住在三貂岭，有侠气，乐于助人，能与“土番”做买卖。他在嘉庆元年（1796），招募分别来自漳州、泉州、广东三地的流民一千数百人，和自己组织的 200 多名民乡兵进入蛤仔难。九月，来到乌石港②，筑土堡供众人居住，就是头围③。嘉庆二年，吴沙到淡水厅申请开垦蛤仔难的执照，官府颁给他“义首”的戳印。于是他带领众人开山砍树，订立合作开垦的规定，设立防卫“土番”攻击的隘寮，因此来这里开垦的人越来越多，开垦的地区扩展到二围④。吴沙病死，他的侄儿吴化带领这些人，继续开垦到五围⑤。蔡牵袭扰台湾，他的同伙朱濆企图盘踞苏澳⑥，吴化配合官兵打败朱濆，请求将拓垦的区域纳入政府治理的范围。台湾知府杨廷理曾因征剿朱濆率兵来到此地，熟悉这里的地理环境，也把吴化的请求向上司转达，但上面的大官认为这个地方险远难治，担心以后会有变乱，没有同意。嘉义县学教谕谢金銮曾撰写《蛤仔难纪略》6 篇，他说：

> 古之善筹边者，却敌而已。开疆辟土，利其有者，非圣主所欲为。顾是说也，在昔日不可以施于台湾，在今日复不可以施于蛤仔难。其故何也？势不同也。台湾与古之边土异，故筹台湾者，不可以彼说而施于此也。夫古之所谓筹边，其边土有部落，有君长，自为治之。其土非中国之土，其民非中国之民，远不相涉。偶为侵害，则慎防之而已。必欲抚而有之，有其土而吾民不能居也，徒为争杀之祸，故圣王不愿为，而为之者过也。若台湾之在昔日，则自郑氏以前，

① 蛤仔难又称“噶玛兰”，是宜兰旧称，是用闽南语将当地语言音译而来，原意是“平原之人”。

② 乌石港，位于今宜兰县头城镇东北方约 1 公里的港区。

③ 头围，今宜兰县头城镇。

④ 二围，今宜兰县头城镇西南部，约在今二城里西南半部、中仑里西南部。

⑤ 五围，今宜兰县宜兰市。

⑥ 苏澳，今宜兰县苏澳镇。

荷人据之，海寇处之。及郑氏之世，内地之人居之，田庐辟，沟浍治，树畜饶，漳泉之人利其肥沃而住者日相继也。其民既为我国之民，其地即为我国之地。故郑氏既平，施靖海上言以为不当弃，遂立郡县。岂利其土哉，顺天地之自然而不能违也。夫台湾之在当日，与内地远隔重洋，黑水风涛沙汕之险，非人迹所到，然犹不可弃，弃则以为非便。若夫今日之蛤仔难，较为密迩矣。水陆毗连，非有辽远之势；而吾民居者众已数万，垦田不可胜计，乃咨嗟太息，思为盛世之民而不可得，岂情也哉？况杨太守入山，遮道攀辕，如赤子之觏父母，而民情大可见也。为官长者弃此数万民，使率其父母子弟永为逋租逃税、私贩偷运之人而不问也；此其不可者一。弃此数百里膏腴之地，田庐畜产，以为天家租税所不及也；此其不可者二。民生有欲，不能无争。居其间者，漳泉异情、闽粤异性，使其自斗自杀自生自死若不闻也；此其不可者三。且此数万人之中，有一雄黠材智桀骜不靖之人出而驭其众，深根固蒂，而不知以为我疆我土之患也；此其不可者四。蔡牵窥伺，朱濆钻求，一有所合，则藉兵于寇也；此其不可者五。且就其形势观之，南趋淡水、艋舺为甚便，西渡五虎、闽安为甚捷，伐木扼塞以自固则甚险。倘为贼所有，是台湾有患，而患则及于内地；此其不可者六。今者官虽未辟，而民则已开，水陆往来，刊木通道，而独为政令所不及，奸宄凶人以为逋逃之薮，诛求弗至；此其不可者七。凡此七者，仁者虑之，用其不忍之心；智者谋之，以为先几之哲。其要归于弃地弃民之非计也。

或曰，台湾虽内属，而官辖之外，皆为番境，则还诸番可矣。必欲争而有之，以滋地方之事，斯为非宜。不知今之占地而耕于蛤仔难者已数万众，必当尽收之，使归于内地，禁海寇勿复往焉，而后可谓之还番，而后可谓之无事。否则官欲安于无事，而民与寇皆不能也。非民之好生事也，户口日繁，有膏腴之地而不往耕，势不能也。亦非寇之好生事也，我有弃地，寇将取之，我有弃民，寇将劫之。故使今之蛤仔难可弃，则昔之台湾亦可弃。昔之所以留台者，固谓郡县既立，使吾民充实其中，吾兵捍防其外，番得所依，寇失所据。所谓安于无事者此也。今之蛤仔难亦犹是矣。

或又曰，蛤仔难之民，久违王化，其心不测。骤欲驭之，惧生祸端。信哉是言也！夫君子之居官，仁与智二者而已。智者之虑事，不在一日而在百年。仁者之用心，不在一己之便安，而求益于民生国计。倘敬事以爱民，蛤仔难之民，即尧舜之民也，何祸端之有？杨太守之入也，欢声动地；驱为义勇，则率以从；索其凶人，则缚以献。安在其久违王化哉？苟其图利于身，弗达时务，抑或委用非人，土豪奸吏把持行私乎其间，则其启祸也必矣。故此事非才德出众者，不可与谋也。一方之辟，必有能者筹度乎其间。其见诸事者，蔚为功业矣。或徒见诸言，而其时不能用，后卒不易其言焉，则皆此邦之文献也。自施靖海以后，善筹台事者，莫如陈少林、蓝鹿洲二公，可谓筹台之宗匠矣。当康熙时，彰化、淡水未曾设官，政令巡防，北至斗六门而止，或至半线、牛骂头，要不越诸罗辖内二百余里之地。自半线以北，至于鸡笼，七八百里悉荒弃之，亦委于番。即台邑之罗汉门，凤山之琅峤，皆摈弗治。当事者逡巡畏缩，志存苟安，屡为画地自守之计，唯云禁民勿侵番地，实则藏奸矣。故少林作《诸罗县志》，慷慨着论。鹿洲呈巡使黄玉圃之诗，亦言之。其所陈利弊，又皆与今日相类，是皆先事之师也。且夫制治之方，视民而已。民之所趋，不可弃也。沃足以容众，险足以藏奸，台湾之地大概如此。有类乎蛤仔难者，尚当以渐致之。其事非止于蛤仔难也。然而自昔以来，苟安者众，焦头烂额之事，乃使后人当之。岂所以为民为国也哉。

嘉庆十三年春天，福州将军赛冲阿向朝廷上奏建议在蛤仔难设屯丁防守，开垦的土地免向政府交纳赋税，户部决议不准。十月，少詹事梁上国上奏建议："台湾淡水厅属之蛤仔难，田土平旷丰饶，每为海盗觊觎。从前蔡牵、朱濆皆欲占耕，俱为官兵击退。若收入版图，不特可绝洋匪窥伺之端，且可获海疆无疆之利。"朝廷下诏命令福建总督及巡抚进行商议后提出建议，总督阿林保委托代理台湾知府徐汝澜前往实地察看，也主张设屯防守，不久后阿林保即把意见上奏朝廷。嘉庆十四年正月，朝廷下诏："阿林保等查勘蛤仔难地势番情，另行酌办一折，蛤仔难北境居民，现已聚至六万余人。且于盗贼窥伺之时，复能协力备御，帮同杀贼，深明大义，自应收入版图，岂可置之化外？况地又膏腴，若不官为经理，妥协防守，设为贼匪占踞，讵不成其巢穴，更为台湾肘腋之患乎？着该督抚等熟筹定议，应如何设官经理，安立厅县，或用文职，或驻武营，随宜斟酌，以期经久尽善。"嘉庆十五年，闽浙总督方维甸因漳、泉籍民发生械斗事件，奉旨前往查办，来到艋舺，土官包阿里等人率领各"番社"壮丁，来到总督的住所请求接见，要求将蛤仔难地区派官治理，承领开垦执照的业户何绘等人也请求官府根据田园的等级征收他们的田赋。方维甸据以向朝廷上奏，陈述了治理蛤仔难的好处，并派知府杨廷理和巡检胡桂等人前往勘察，划分地界，作设置官署治理的打算。那时候，移民到蛤仔难拓垦的民众，来自漳州的有 42500 多人，来自泉州的有 250 多人，广东客家的有 140 多人，都是成年男子。而"熟番"有 5 社 990 多成年人口，"归化生番"有 33 社 4550 多成年人口，这个地区东西宽约二三十里，南北长约六七十里，广阔的程度可成为一个大县。杨廷理到了以后，筹谋规划用了3个月时间，最先提出废除业户制度，向省里陈述理由，但巡抚衙门认为事情复杂不好处理，迟迟没有批准，又要台湾总兵和台湾道商议后再提出建议。闽浙总督汪志伊刚上任，马上行文饬令台湾道张志绪进一步审核调查。嘉庆十六年，总督和巡抚联名上奏，朝廷下诏命大学士会同各部提出意见。十月，终于在蛤仔难地区设噶玛兰厅管辖，派驻"抚民理番通判"，这个地方就是现在的宜兰。那时候，荒芜的土地还很多，而"土番"不会农耕。通判翟淦便决定，让大的"番社"增加保留一块周长为2里的地势比较平坦的地方，小的"番社"增加保留一块周长为1里的地方，给"熟番"学习农业种植的技术。西势[①]一带，划为"土番"永远的产业。东势[②]16个"番社"的土地，分给来自漳州、泉州、广东籍的汉人开垦，由"番社"收租。从那以后，来此拓垦的移民大量涌入，建筑田间灌溉的沟渠和道路，兴修水利设施，连地势艰险难行的地方都聚集了人潮，测量土地的方位与面积，噶玛兰俨然成了人间乐土。

在此之前的嘉庆十五年，闽浙总督方维甸认为，台湾的"番政"已经荒废到了极点，虽然有一系列的禁令，但许多人玩忽职守。例如：汉族佃农侵垦"番地"，管理"番屯"军官侵吞屯丁的饷银，通事的剥削，官府的种种不合理规定，防守"番界"隘丁的空缺，工匠师傅利用技术诈取财物，征粮小吏的非法勒索，"番割"[③]形同土匪抢劫，军队士兵因军事行动的需求，游民的追逐利益，都足以扰乱"番社"而造成祸患。颁行告示严加禁止，违反的人严加查办。没多久，开垦埔里社的建议提出。埔里社在彰化群山峻岭之中，距彰化县城有90多里，群山间有一块盆地，周围有30多里。土地肥沃，水质甘甜，物产丰富。南、北两条溪流都起源于内山，蜿蜒曲折流经数十里然后注入大海，可引水灌溉的田地有十多万甲，已经归附的"番社"有24个，其中以埔里社、水社[④]为大社，这两社"土番"生性柔顺善良，不胡乱杀人。水社区域中有一个日月潭，水面有七八里宽阔，水很清澈，潭中有座小山称为珠屿[⑤]，景色极美。雍正初年，漳浦人蓝鼎元曾经到这地方游历，以后就很少有人到过这里。乾隆五十三年实施屯丁政策的时候，水社、埔里社2社共有屯丁

---

① 西势，今兰阳溪北岸。

② 东势，今兰阳溪南岸。

③ "番割"，从事与"番社"贸易的中介商人。

④ 此处"而以埔里、水里为大"的"水里"应指分布在日月潭附近的水社，非分布于台中市龙井区一带的水里社。

⑤ 珠屿即今之拉鲁岛（Lalu），传说是邵人最高祖灵的居处，南投县政府指定拉鲁岛为邵人祖灵圣地，一度称光华岛，今正名为拉鲁岛。

90名，拨给的屯田有100多甲，留给“土番”自己耕种的田地也有100多甲。

嘉庆十九年，水沙连隘首[①]黄林旺，贪图这个地区土地肥沃，和分别是嘉义县、彰化县的陈大用、郭百年暗中图谋前往开垦。得到在知府衙门看门人黄里仁的帮助，他们借已经死亡的土官的通事名义来到知府衙门，声称“番社”积累拖欠应该缴纳给政府的赋税，“土番”无法生活，愿意用祖先留下的水社、埔里社2社的土地租给汉人开垦。官府同意了。嘉庆二十年春天，知府衙门下令彰化县要发给开垦执照，但并没有到彰化县办理具体的手续，受到约束的只有水沙连社，其他24社并不知情。郭百年拿到知府衙门的批示之后，带了大批人马进山，先到水沙连社的社仔[②]地区开垦土地300多甲，再由社仔侵入水社，开垦土地400多甲。又进一步深入到沈鹿社[③]，用泥土修筑围墙，再开垦土地500多甲。这3个“番社”的势力比较弱，不敢抵抗。郭百年还打扮成高官气势很盛的样子，率领壮丁佃农一千好几百人到埔里社，用沙袋筑成土城，在城上竖起红色的旗帜，旗上写着“开垦”的大字。埔里社“土番”不服，和他们对峙僵持一个多月。郭百年假说要撤垦，但要“土番”的壮丁到深山猎取鹿茸贡献作为撤退的条件，趁“番社”的壮丁不在时，闯进“番社”肆意烧杀。“土番”无法抵敌，只好逃入大山深谷之中，族人聚集号哭长达半月。郭百年一行抢得驯服熟牛、未驯服生牛数千只、粮食数百石，还有各种器物无法计算。“土番”习俗死后会用器物陪葬，郭百年又派人挖掘了“土番”的坟墓百余座，得到刀、枪共100多把。夺取了“土番”的土地之后，就在那里修筑了13座土堡和1座用木栅围起来的城堡，招来更多的佃农垦耕。劫后余生的埔里社“土番”没有地方可去，逃到北边的眉社[④]避难，并在眉溪旁的赤崁台地定居。先前，郭百年与埔里社冲突僵持的事，台湾总兵和台湾道都略有所闻，派人前往侦查，回来报告说：这是住在深山的“野番”和当地已归附官府的“社番”之间的争斗，“社番”不熟悉耕种，招募汉人代为耕种换取粮食生活，他们人少力量薄弱，就向当地汉人求援，汉人便帮助他们，被杀的都是“野番”。嘉庆二十一年冬天，台湾总兵武隆阿到北路巡视，知道了这件事，严厉追查责问，彰化知县吴性诚便下令要将入垦的汉人佃户赶走，但是垦户们却倚仗着拥有台湾知府衙门的批示，不愿离开。有迎合

① 隘首，汉民与“土番”交界区关口的管理者。

② 社仔，今南投县水里乡车埕、明潭、新兴村等村。

③ 沈鹿社，今南投县鱼池乡新城村、中明村一带。

④ 埔里社和眉社都位于今天的埔里盆地，并以眉溪为分界：埔里社在眉溪南边，有说属布农族群，也有说属邵族群支系；眉社则分布在眉溪北边，属于泰雅族群的系统。

知府衙门意旨的人说：汉人的佃农已有一万多人，所投入的人力和物力巨大，一旦将他们赶走，恐怕会滋生变乱。吴性诚上书认为：

> 埔地逼处内山，道路丛杂，深林密菁，一经准垦，人集日多。命盗凶徒，从而溷迹。若招聚亡命，肆为不法，事且奈何。且此地固生番打鹿之场，开垦以后，理疆定界，而奸人无厌，久必渐次私越。番性虽愚蠢，凶悍异常，一旦栖身无所，势必铤而走险，大启边衅。不若乘未深入，全驱以出，尚可清患于未然也。

台湾总兵和台湾道听从了他的建议，下令知府衙门必须将侵垦的汉人全部撤还。嘉庆二十二年六月，传唤相关人等到知府衙门会同讯问，将郭百年戴上枷锁并加以杖责，其他人则被宽恕。代理北路理番同知张仪盛和彰化知县吴性诚亲自前往沈鹿社，拆毁垦民所修筑的土城，将佃农赶走，“土番”才回归自己原来的部落。官府还在水沙连南北两个入口乌溪和集集竖立石碑，明文禁止汉人和“土番”出入。从这以后埔里社地区的土地重新又为“土番”所有。但水沙连24社日渐衰弱，汉人又逐渐入垦，社仔社被迫迁出并入头社①，而猫兰社②也并入了水社，而多咯唧③、福骨④2社与沙里兴社⑤很近，便依附沙里兴社又成为“野番”。分布在埔里社西部和北部的眉里、致雾、安里万3社也常常利用“野番”的势力来巩固自己的地盘。

埔里社人丁稀少，虽然和水社和睦，但无法相互救援，危机意识比较强。道光三年（1823），万斗六社⑥的通事田成发因出事被革职，暗中和埔里社“土番”商议，要他们招引其他的“番社”来帮助防卫，而把埔里社的土地给其他“番社”耕种，埔里社听从了。田成发于是伙同北投社被革职的屯弁⑦乃猫诗、被革职的通事余猫尉等人招募附近的“熟番”，偷偷到埔里社地区重新进行垦耕，汉人在后面暗中操持。后来因为田成发的同伙和水沙连社的屯丁首领萧长发有仇怨，萧长发便向官府揭发了田成发等人所做的事情。九月，北路理番同知邓传安带着营兵深入埔里社视察，经过一番安抚、慰问后返回。邓传安有要开发这个地方的想法。绍兴人马峨士在台湾居住了很久，听说埔里社地区土地富饶，便到了福州，游说商人林志通前往

---

① 头社，在今南投县鱼池乡西南部，约头社村、武登村东北半部一带。

② 猫兰社，在今南投县鱼池乡的中部，约中明村一带。

③ 多咯唧，即哆咯社，在今南投县仁爱乡干卓万山附近。

④ 福骨，在今南投县仁爱乡发祥村一带。

⑤ 沙里兴社，约在今台中市石冈区。

⑥ 万斗六社，约在今台中市雾峰区南部及东南部，范围大致包括今六股里、旧正里部分。

⑦ 屯弁，管理屯丁的低级军官。

开垦。闽浙总督赵慎轸就把这件事向原来担任过台湾知县的姚莹咨询。姚莹说："台湾生齿日繁，游手亦众。山前已无旷土，番弱不能有其地，不及百年，山后将全入版图，不独水、埔二社也。然会有其时，今则尚早尔。"道光四年五月，福建巡抚孙尔准到台湾，想要讨论这件事，邓传安便尽力陈述开垦埔里社的好处。孙尔准有些心动，想依照噶玛兰的模式来处理，以此向台湾知府方传穟探询，当时姚莹在台湾，方传穟前往拜访。姚莹说："如果一定要开垦二社土地的话，有八件重要的事情要办，你得跟他说。"方传穟问："是哪八件事？"姚莹说：

往者噶玛兰之开也，乾隆年间则有汉人潜往，嘉庆元年吴沙率众入山，占夺攻杀，凡十余年。杨廷理往开时，大局已定，故众番献纳舆图，设官经理。然委员督垦之初，东势番尚持不从，强而后可。今埔里开垦之民已逐，社番又未输诚，前此汉人焚杀之怨未忘。若往开设，必先和睦番情。其要一也。汉番言语不通，抚番须用通事，而通事多奸人，彼不以朝廷安抚为辞，而以危言恫喝。番惧而从命，心实不服。设有异谋，殊伤国体。况开设之际，交涉事多，斗殴小故，皆足酿乱。则通事必求良善。其要二也。水社在外，如社仔、沈鹿之地已为汉人占垦者无论矣，埔地周围数十里，番自垦成者仅十有一二，余皆荒埔。今外社熟番往垦者不过二百余人，官垦则招佃，约费巨万，将以何者为番田，何者为官佃，官课番租，不可淆混。其要三也。社东北沿山各社，则非埔里之地。其内蹊诸处亦并开否，或以山为界。山外通噶玛兰及奇莱、秀姑峦之处，开后不无人民私越，往来其中。则界址作何开闭？其要四也。前此汉人往垦，各有头人领照，其意在充业户，此时必萌故智。业户之设，其弊无穷。征收租课，逋尝十万。一有破败，更换为难。不若官自召佃，永除业户之名。其要五也。地方数百里，垦田数千甲，用佃殆将万人。纷纷乌合，苟无赖人经理，不但无从约束，且工本何出。昔兰人之法，合数十佃为一结，以晓事而资多者为首，曰小结首。合数十小结首，举一富强有力而众服者为大结首，有事官以问之，然后有条不紊。视其人之多寡，授以地，垦成众佃公分，结首倍之，或数倍之，视其资力。今开埔地，亦当略仿此意行之。其要六也。兰地南北百余里，并山计之几二倍。东西腹地亦四五十里，不足置县，故设一厅。今埔地方三十余里，并水社山埔计之，或百余里，似不足为一厅县。然其地在万山中，南自集集，北自乌溪，两路入山，皆极迂险。内逼凶番，后通噶玛兰、奇莱诸处，盖全台之要领，前后山之关键。而去彰化县城辽远，非佐杂所能镇抚，不得不略如厅县之制。文武职官廉俸兵饷，作何筹给，不可不为计及。其要七也。

田园日辟，生聚日多，不特商贾通行，则所产米谷民食亦必出山粜籴。其南由硿口进水社，山岭重峻，势不可行。唯北路乌溪水道可通，而溪水上流颇浅，乱石巑岏，亦当开通，以便舟楫。其要八也。

方传穟将姚莹的意见呈报，巡抚孙尔准看了以后便觉得很难施行。当时吴性诚担任淡水同知，吕志恒为噶玛兰通判，方传穟更召集他们一起商议。吴性诚、吕志恒都主张禁垦，邓传安没能坚持以前的意见，也同意禁垦。方传穟于是上报仍像以前一样禁垦。

早些时候，竹堑沿海各地已被陆续开垦，近山"番界"土地宽阔而且肥沃，汉人逐渐开始侵垦。嘉庆末年，有广东人黄祈安只身来台，到斗换坪①和"土番"生意往来，赚了不少钱。于是便随从"土番"的习俗，改名字为"斗乃"，娶"番女"为妻，生了两个儿子。不久招来同乡张大满、张细满等人入山，结拜为兄弟，也都分别娶了"番女"，和"土番"往来密切，就在南庄②一带开垦。道光六年夏天四月，彰化县发生闽粤械斗，蔓延数十个村庄，大甲以北地区也纷纷响应，广东人势力比较弱，很多人都逃到南庄。黄斗乃于是煽动"土番"，率领他们出山，大肆进行杀人抢夺，所到之处扰乱不安。八月，闽浙总督孙尔准到台湾查办此事，派兵征讨，对阵时斩杀"土番"7人，擒获黄斗乃等21人，全部处死。事件平息后，便在南庄设隘站防守，设置屯把总1员、屯丁60名，以防范"土番"伤人破坏。

道光十四年冬天，淡水同知李嗣业认为南庄的开垦既然已经开了头，而当地东南山区的土地还没有开始拓垦，于是就命令姜秀銮、周邦正召集闽籍、粤籍客家人，合作设立"金广福"垦号，从事拓垦、开辟山林的工作。从树杞林③一直到北埔④，几年之间，开垦田地几千甲，但经常会和"土番"发生争斗。后来，李嗣业向台湾总兵和台湾道禀告详情并请求他们向朝廷联名上奏，颁给金广福垦号铁印，每年再多加费用400元，委以开垦国土的重任，职权在守备之上。从此竹堑东南部的"番地"也逐渐开发了。那时候，淡水的吴全也招募垦民到台湾东部地区开垦，修建了城堡以解决住宿，就是现在的吴全城⑤。大势所趋，垦荒的潮流不可阻挡，但前山那些已经开垦的土地，逐渐产生了人满为患的问题，垦荒的目光所向不得不

① 斗换坪，也称斗焕坪，今苗栗县头份市东部，其范围大致包括斗焕里、新华里、流东里西南端。

② 南庄，今苗栗县南庄乡。

③ 树杞林，今新竹县竹东镇。

④ 北埔，今新竹县北埔乡。

⑤ 吴全城，今花莲县寿丰乡志学村与平和村吴全社区。

转向“番界”。所以过了没多久，开垦埔里社的话题再度被提起。埔里社自从把垦耕的汉人赶走后，经常受到“野番”的攻击，自己的力量无法保证生存，于是招募了嘉义县和彰化县的“熟番”进入开垦，想要借助他们力量作为自己援助，前后来垦耕的有 72 社，联合起来以抗拒汉人的入垦。道光二十一年，给事中朱成烈上奏说，台湾荒芜的土地很多，应该准许开垦。朝廷下诏命令闽浙总督颜伯焘商议后回复。当时台湾总兵武攀凤、台湾道熊一本和台湾知府仝卜年进山实地勘查，都回报陈述开垦埔里社的好处。但颜伯焘却认为和“土番”争夺利益，很难防止后患，向朝廷上奏，建议按照过去一贯的做法禁止拓垦。但是台湾民间倡议开垦埔里社的呼声，前呼后应，台湾县、嘉义县、彰化县的业户捐助的开垦费用达 18 万元，开垦田地 7000 甲。绅士王朝纶、王云鼎等人还想要开垦内国姓、外国姓和长鹿埔等地方。所以说，封界的禁令，在这时是已经不能实行了。

道光二十六年正月，北路理番同知史密会同北路协副将叶长春、南投县丞冉正品率领通事、土官一行人来到埔里社山区，埔里社头领督律与水社头领毛蛤肉、田头社[1]头领摆典、猫兰社头领六改二、沈鹿社头领排搭母、眉里社头领改努等，带领 6 社“土番”共计 1663 人请求归附朝廷。史密详细调查他们的田地，埔里社可垦 4000 多甲，但“土番”只有 27 人，生活穷苦，而埔里社南部的土地，已经被“熟番”私自开垦的大约有 1000 甲，“熟番”人数已达 2000。水社可供垦耕的土地有 300 多甲，社众有 434 人。田头社可供垦耕的土地有 800 多甲，社众有 288 人。猫兰社可供垦耕的土地有 700 多甲，社众有 95 人。沈鹿社可供垦耕的土地有 4000 多甲，社众有 52 人。眉里社可供垦耕的土地有 2000 多甲，社众有 124 人。这地区总计可供垦耕的土地大约有 13000 甲，如果以每甲征谷 1 石，那么每年政府可征收稻谷 13000 石，用来作为设置官府、戍守士兵的费用，绰绰有余。史密想个人捐出 2000 甲土地作为开垦的费用，为汉人入垦起示范作用，请求能按照噶玛兰开垦的做法实行。巡道熊一本、知府仝卜年将史密的建议上报给闽浙总督知悉。总督刘韵珂很高兴，垂问埔里社开垦可能面临的问题和需要关注的七件事，熊一本逐条回复筹办情形，大力主张应当开垦设治。十月，刘韵珂把对这件事的建议上奏朝廷，大致说：

> 台湾孤悬海外，民情浮动，不逞之徒，动辄械斗，甚至谋为不轨。迨至兵役缉捕，而匪徒以水沙连内山为缉捕难至之区，相率逃入，潜匿深藏。若开辟则地归疆理，建厅设汛，棋布星罗，匪徒无从托迹，地方则可安谧。是其祛弊

① 田头社，即头社。

者一。台湾向无土著，多系闽、粤之人。前此地旷人稀，物产丰富，力作经营，皆可谋食。今则生齿日繁，生产乏术，有游民而无恒产，鲜不从为盗贼。若开辟则驱之力田，耕凿相安，自消患于未萌。是其祛弊者二。水沙连土地肥美，甲于全台。虽例禁私越，然小民趋利若鹜，难保无私越之人。即使加谨巡防，迭增厉禁，亦难保无官来则去、官去复来之弊。若开辟则按户授田，奸人无从混迹，可免意外之虞。是其祛弊者三。佳里兴等社野番在水沙连各社之后，不法之徒，向有勾引野番潜出扰害之事。而兵役不能深入查拏，以致负固恃险，毫无顾忌。若开辟则番社悉为我有，摘要防守，奸人既不能私入，野番则不敢越界。是其祛弊者四。水沙连各社生番向以抽藤吊鹿为生，不谙耕耨。兹因封禁日久，社地荒芜，俯仰无资，吁恳归附。若不允其所请，既见拒于官府，必串谋于熟番。即不串谋，而汉奸必有私诱生番之理。该生番始虽舍熟番、汉奸而求官，后必结熟番、汉奸而抗官矣。若开辟则番众必安，可杜私垦之渐，而熟番、汉奸亦无由串谋勾结。是其祛弊者五。

台地夙称殷富，近因物力有限，户口频增，以致日形凋敝。若开辟则利较溥，岁可产米百万石，而木料、樟脑、药材诸物更属不少，通工惠商，培养生机，元气可以渐复。是其兴利者一。台湾饷银须内地拨解协济，不特虚縻解费，而且重洋远涉，疏失堪虞。若开辟则岁得正供数万石，即可就地酌拨。在台湾多一分饷银，则内地少一分协济。是其兴利者二。台湾为海外岩疆，仓储不可不裕。若开辟之后，正供既有盈余，而该同知捐垦之二千甲，一经成熟，又可酌提充公。从此仓储日充，则可为地方缓急之用。是其兴利者三。台湾北路向设屯丁三千余名，岁给饷银，不敷衣食。若开辟则调取无业番丁，酌给荒田农具，令其自行耕作，由官给械，随营操演，使之生计裕如。无事则保卫水沙连，有事则协助兵力。是其兴利者四。水沙连内山前控嘉、彰两县，后近噶玛兰厅，为全台腹背重地。若开辟则前后呼吸相通，全台可资策应。是其兴利者五。

其祛弊也如此，其兴利也如此，若竟重拂番情，拒而不纳，未免坐失事机。伏思国家承平二百余年，深仁厚泽，遐迩倾心，辟土开疆，所在多有。虽远方瓯脱，无不列入版图。今水沙连各社虽只弹丸一隅，而该生番伏居崖谷，性类犬羊，一旦感承高厚，薙发易衣，献图纳款，统榛榛狉狉之俦，遵荡荡平平之路，亦未始非太平之盛事也。

刘韵珂上了奏章以后，朝廷便下诏要大学士和军机大臣们商议后上奏，仍决议不可行。但又命令刘韵珂渡台实地调查，谋划能长治久安的方法。北路理番同知史密却认为时机已成熟，不能停止埔里社和水沙连地区的开垦，奉命与台湾道、台湾府会商，决定官方先试垦，以安定“土番”的情绪。于是许多官员都捐出工本招募佃农开垦，台湾道熊一本也捐垦1000甲的经费，同时派兵200名前往维持秩序，并在十二月进入埔里社山区。因为曾经接到朝廷中一些官员认为不可行的奏文，史密担心事情又会发生变化，第二年二月，再次上书给闽浙总督刘韵珂说：

台湾之番与别省异，献图开辟，不自今始。全台无地非番，一府数县皆自生番献纳而来。由诸罗而彰化，由彰化而淡防，纳土开疆，百余年来，安于无事。即远在后山噶玛兰，开垦以来，四十余年，亦未闻番害。盖台番之所以迥异者有故。凡番情滋事，志在金帛牲畜，始有抢掳拒捕各情。而台番最愚，一无所图。既无大志，安有大事。此台番之情也。番夷生事，必仗其器械精工，炮火便利，方能得力。而台番猎食为生，所用者竹箭、铁镖，火药绝少。一闻铳声，远窜无踪。番酋每以声势相通，易于结党。而台番散处四山，各自为谋，绝不相属。社虽多名，多至数百人而已。彼此不敢往来，呼应不通，从无纠结。此台番之势也。夫番情番势既如此，其所以不同于别省之番，而绝无大患。然犹概指生番之大略，至若归化埔水六社之番，其情尤为可靠。地近外山，常与汉人交接，和顺晓事。附近六社番情同于埔水，而势皆衰弱。此十二社仅有一千六七百人。除妇女老幼，只有壮番七八百人，散于各社，穷苦可悯。见官经理，如婴儿得母，投怀望哺之不暇，尚何敢生事，亦何能生事？安抚经年，调遣奔走，已成熟番。番性最直，又重薙发。全台十数万熟番，其初何一非生，又何一难测？此生番改熟番万无可虑之实在情形也。

然而开辟之初，动计万全。在无可虑之中，必存一可虑之心，而通盘筹划，防患未然。查六社外远近生番，业经陆续献地归化者八十余社。例应增设大小各屯，挑取壮丁，大屯四百名，小屯三百名，增设屯弁管束。所有千总、把总、外委、屯目、土目、通事，则择其本社强力头人，充当委任，使之自相管辖，责成钤制，数百里同于臂指。此控制之法也。每丁例给闲田二甲。生番既改熟番，仍不能谙耕作，佃给租谷筹饷八圆。番不需钱，准折盐布。再按开垦之田，定给谷石。番愚无知，但谓归化献图，便可有租。延颈经年，今岁万不可无谷。未召业主，不得不官垦先给，以慰番情。此抚绥之法也。分别调遣，驱使当差，杂于熟番，俾其渐习渐驯，渐知礼法。更调强壮，以牵制全番，使不敢动。此驭治之法也。尽去东南北三面近山大树丛林、深菁密草，一望平坦，无可伏匿。分守各隘炮台，募番设隘，隘勇多用熟番，以番防番。此备御之法也。投诚归命，尽属欢忭待哺之番。但须安置得宜，衣食有赖，便作良民。第一要筹在于设屯挑丁，自相维制。一番以至万番，若网在纲，虽多奚虑?

然此事试办已一年有余，经道府再四筹商，事关重大，慎之又慎。非全局在胸，何敢孟浪？自去年正月至今，大局已成，部署悉定；入山试办，又经数月。汉番安堵，并无事端。然而准办则然，否则其情顿别。不知者谓办则可虑在后日，有识者谓不办则可虑在目前。穷番无以自谋，苦无生路。一旦输诚薙发，求改熟番，天下无不准归化、不准为百姓之理。峻拒骤绝，众望俱空，是激之使怒，其变有不待智者而决。自古倾心内附，无不抚收安置，况归化例题之件，雍正、乾隆历办有案。熟番皆生改，设屯筹饷，不有闲田，则遵例安置之处，从何措手？故归化与开垦原系两事，而别无旷土，不得不并案以办者也。

四月十五日，刘韵珂搭船到鹿港，命令淡水同知曹士桂、北路协副将叶长春、参将吕大升及北路理番同知史密等人随行。五月十三日，从南投入山，经过田头、水社、猫兰、沈鹿、埔里、眉里等社，“土番”听到闽浙总督到来，扶老携幼，在道路两旁拜伏欢呼，纷纷有人献上鹿皮、“番布”、鸡蛋、“番饽”。刘韵珂则以盐、布犒赏他们。而属北投社[①]的平来万社[②]、南港的丹社[③]、吻吻社等，属尚未归化的“野番”，也先后前来献上礼物表示愿意降服。在此之前，“熟番”徐戆棋带头侵垦“番地”，还挖掘了“番社”头目改努姪的坟墓，倚仗势力烧杀抢劫，引起“土番”的强烈不满。刘韵珂听说了徐戆棋的恶行之后，下令将其秘密抓捕并斩首示众。二十日，刘韵珂从内木栅[④]回到彰化。八月十六日，他又向朝廷上奏说：

我国家开疆拓土，二百余年，声教所敷，东渐西被，远边僻壤，无不尽入版图，幅员之广，为汉、唐以来所未有。兹水沙连六社番地，不过蕞尔一隅，或禁或开，本属无关得失。特以生番率众来归，由于不知耕耘，生计日蹙，而招佃之熟番，又皆减租欺蒙。其所以欲得官为抚治者，实藉此为保护身家之计。若不俯顺番情，则生番日益穷困，熟番日益肆横，势不至不尽戕其生而尽并其地不止。久之呼朋引类，日聚日多，无赖之徒、负罪之犯，亦得以无官查察，潜迹遁藏。从此侪类互分，必致倚强凌弱，党羽既众，更恐拒捕抗官。得逋逃之所，为负嵎之谋，其贻患殊难逆料。纵熟番不难驱逐，而利之所在，人所必趋，能

① 北投社，今南投县草屯镇一带。

② 此处“北投”是指水沙连20多社中的北投社，约分布于今南投镇草屯镇一带。平来万社又称“平了万社”。

③ 丹社，属布农族，分布在今南投县信义乡地利村和花莲县万荣乡马远村一带。

④ 内木栅，今南投县草屯镇土城里。

禁今日之不来，不能保异日之不往。从前竖碑立界，设隘分防，立法何尝不密，乃私垦者仍有二千人之多。禁令虽严，难期历久无弊。则驱逐之后，厉禁迭增，无敢或有逾越。而被逐之熟番数至二千，既无本社可归，又无田庐可家，饥寒交迫，势必流而为匪。台湾地狭人稠，本多不靖，又何堪再益此二千流匪耶？若一经开垦，则分疆画界，计亩授耕。生番收其租息，熟番得以力田。而抚驭兼有文武，巡查又有兵役，则一切无赖之徒、负罪之犯，更属无从托足。顾议者谓台地民情浮动，械斗竖旗，层见叠出。若再开垦番地，将来内地匪徒，竟与番类勾连，剿办必更费手。不知匪徒与番声气本不相通。溯查历年档案，只有官兵不敷派拨、酌调屯兵协剿之案，未有匪番勾结，随同附和之事也。又或谓生番世隶化外，罔知法度，现虽困苦来归，迨衣食充裕，无所顾虑，安见不始顺终悖。不知汉奸诈伪百出，每多首鼠两端，而生番则不识不知，绝无机巧。纵使谲变无常，而所需之械与所习之技，又无一足恃，剿捕亦甚易易。况台地自郑氏灭后，则为中国所有。陆续开垦，无处非生番之地。百余年来，涵濡帝泽，共安耕凿之天，从未闻生番为害，调兵征剿之举也。又或谓台地本属外洋，现在闽省两口通商，洋情或不无叵测。若六社番地一开，土地广而财赋多，外洋之垂涎更甚。不知洋情只在通商，并不贪图土地。而六社僻处山隅，距海口甚远，外人断无垂涎之理。必谓外人之垂涎，专以六社之垦否为行止，臣固未敢深信也。臣才识梼昧，非不知省事为为政之要，诿事为便己之方。特以六社番地，开之则易于成功，禁之竟难于弭患。以臣愚见，似不若查照前奏，仍援淡水、噶玛兰改土为流之例，一体开垦，设官抚治。俾六社生番均得优游圣世，附隶编氓，以昭盛治。

此疏上奏后，大学士穆彰阿等人仍坚持不可以，奏请遵照以往的规定封界禁垦，埔里社开垦设官的建议又一次被阻止。

道光二十八年，徐宗幹被派任台湾道，刘韵珂要他提出处理有关埔里社拓垦所遗留问题的建议。水沙连6社头领都来到巡道衙门，一群人围着徐宗幹苦苦哀求，希望能让他们改成“熟番”，态度恳切，不舍离去。徐宗幹向刘韵珂报告，建议设置屯丁：

台地情形与他省异，一经归化，番即我民，地即我地。而番地能为后患者，在汉而不在番。汉民日聚日多，稽查不及，小则争斗，大则攘据。数十年，由彰化而辟淡水，由淡水而辟噶玛兰，迹似开疆，意实除害。今日之六社，即昔日之淡、兰也。禁则必有事端，不禁则转可绥靖。故设屯之议，亦出于不得已，非以调停于目前也。而其议则以番养番，以番防番，无创建糜费之烦，无戍兵流弊之虑。

刘韵珂也表示赞同，埔里社开垦的事务才没有废弛。琅峤在台湾的最南边，也称作“郎娇”，是当地“土番”的语言。归化的“土番”共有18社。雍正初年，曾经禁止越界开垦，林爽文事变时，庄大田起兵响应，大将军福康安曾在柴城驻扎军队，以剿灭残余的党羽。当时这个地方仍然荒芜，从福建、广东来的移民先后进入开垦，凤山县的“熟番”也常常把族人迁来此处，汉人和“土番”之间的冲突，逐渐增加。但地方官员依旧把这个地方当作化外之地。台湾开口通商之后，外国船舶经常往来，这一地区又是东、西方海上交通的要道，船只在此遇到风浪触礁遇难，经常引起中外交涉的事件。同治五年（1866），英国船舰笃甫号漂流到鹅銮鼻[①]，被“土番”攻击。第二年，美国船只那威号（Rover，又译罗发号）也漂流到这地方，也被科亚尔社[②]“土番”所杀，这事详见本书《外交志》。于是福建巡抚李鹤年奏请朝廷应该对这个地方进行开发，设置官员派兵驻守，命令福建省有关部门和台湾总兵、台湾道进行全盘的规划。台湾总兵刘明灯主张应进行开发设官，曾代理过台湾总兵的曾元福则建议按照旧例继续封禁，而台湾道吴大廷则把他们两人的建议进行了提取和折中，认为应在枋寮[③]设置官员派兵驻守，琅峤、柴城设置屯丁，选福建籍和广东籍的汉族垦户为总理，赋予防御“生番”并保护遭遇船难的外国船只的责任，至于对已开垦土地进行丈量和征收田赋的问题，可以慢一点再商议。于是台湾镇总兵和台湾道以及护理过台湾道的梁元桂等人多次会商，提出了他们主要的建议。省里的有关部门也对这事进行了讨论，但都没有合适做法，于是命令原本任职平潭同知的郑元杰等人前往实地勘查，并绘制观点说明意见，充分吸收了大家的建议。认为琅峤地区的柴城和风港[④]，汉人和“土番”混杂居住，不方便设官治理，还是按照以前的办法，在靠近山区关口的地方，设立隘寮，分段设置隘丁防守。而枋寮偏僻靠近“番界”，建议将凤山县的兴隆里巡检移到这里驻守。又从道标营中拨派千总1员、士兵50名，加上南路营的士兵50名，一同前往驻扎，以保卫地方安全。福建籍的民众大多居住在近海的地方，广东籍的民众大多居住在靠山的地方，山里居住的主要是“土番”，建议在这三种百姓当中，各选出正、副总理2人，率

① 鹅銮鼻，台湾最南端霞岬角，在今屏东县恒春镇。

② 科亚尔社（Kulaliuc），又称龟仔律社、龟膀律社或龟仔角社，约分布在今屏东垦丁森林游乐区旁。

③ 枋寮，今屏东县枋寮乡。

④ 风港，枫港旧地名，今屏东县枋山乡南部。

领隘首以及隘丁 50 名，分别防守要害的地方。而风港另外再选出正、副隘首 2 名，隘丁 50 名，都归属千总管辖指挥。至于千总、巡检每年额外贴补饷银 200 两银子，兵丁除加饷外，每月给薪蔬银[①]4 钱，3 年轮换。正隘首年给薪俸 80 元、副隘首 60 元、隘丁 8 元，合计每年增加的饷银 880 两、隘寮的费用 720 元，都从台湾府叛匪充公财产的利息中按季节支付。郑元杰的这些建议得到了采纳。

同治十年，琉球人的船被风吹到台东地区[②]，被牡丹社"土番"所杀。第二年，有日本小田县[③]人的船也遇大风漂流至台东卑南的马武窟[④]被劫杀。同治十三年四月，日本派军队来讨伐，清政府派福建船政大臣沈葆桢到台湾主持有关军事活动。事件平息后，朝廷下诏命令沈葆桢筹划善后事宜。十一月，沈葆桢上奏朝廷建议解除有关台湾的各种禁令，大概说：

全台后山除番社外，无非旷土。迩者南北各路虽渐开通，而深谷荒埔，人迹罕至。有可耕之地，而无可耕之民，草木丛杂，瘴雾下垂，凶番得以潜伏狙击。纵辟蹊径，终为畏途。久而不开，茅将塞之。日来招集垦户，应者寥寥。盖以台湾地广人稀，山前一带，虽经蕃息百有余年，户口尚未充裕，内地人民向来不准偷越。近虽文法稍弛，而开禁未有明文。地方官思设法招徕，每恐与例不合。今欲开山，不先招垦，则路虽通而仍塞。欲招垦，不先开禁，则民裹足而不前。臣等查旧例，台湾不准内地人民偷渡，如拿获偷渡船只，将船户等分别治罪，文武官议处，兵役治罪。又如有充为客头，在沿海地方引诱偷渡之人，为首者充军，从者杖一百徒三年；互保船户及歇寓知情容隐者杖一百、枷一个月，偷渡之人杖八十，递回原籍；文武官失察者分别议处。又内地商人置货过台，由原籍给照；如不及回籍，则由厦防厅查明，取保给照。该厅滥发，降三级调用。又沿海村镇有引诱客民过台、数至三十人以上者，壮者新疆为奴，老者烟瘴充军。又内地人民往台者，地方官给照盘验出口，滥给者分别次数，罚俸降调。又无照人民过台，口岸失察之官，照人数分别降调，隐匿者革职。以上六条，皆严禁内地人民渡台之旧例也。又称人民私入番境者杖一百；如在近番处所抽藤、钓鹿、伐木、采棕者杖一百、徒三年。又台湾南势一带山口，勒石分为番界。如有偷越运货者，专管之官失察降调，该管上司罚俸一年。又台地人民不

① 薪蔬银，购买柴火和蔬菜的钱。

② 难民上岸地点在台湾东南部尾端的八瑶湾，即今屏东县满州乡九棚湾。

③ 小田县，今日本冈山县小田郡。

④ 马武窟，今台东县东河乡。

得与番民结亲，违者离异治罪，地方官参处。从前已娶者，毋许往来番社，违者治罪。以上三条，皆严禁台民私入番界之旧例也。际此开山伊始，招垦方兴，臣等揆度时势，仰恳天恩，请将一切旧禁，尽与开豁，以广招徕，俾无顾虑。

朝廷允许了他的建议。于是沈葆桢接着建议要开通台湾前、后山①的道路，并请将福建巡抚移往台湾驻守。调派台湾海防捕盗同知袁闻柝率领3营士兵，分成2路，一路从凤山的赤山一直到卑南，由袁闻柝负责施工，总计路程长达175里；另外一路从射寮也到卑南，由总兵张其光负责施工，共214里，这是台湾开山的南路部分。调派总兵吴光亮率领3营士兵，开通从彰化县的林圮埔璞石阁②的道路，总共265里，这是台湾开山的中路部分。调派福建陆路提督罗大春率领13营士兵，开通从噶玛兰的苏澳到奇莱的道路，总共205里，这是台湾开山的北路部分。军队施工时，沿途的“野番”虽有袭击骚扰，想阻止队伍前进，但清军采取剿抚两手策略，建立堡垒驻兵，进行警戒守卫。才一年时间就获得成功，从此台湾东、西部之间的道路打通了。台湾东部肥沃的原野有数百里，可设置1府3县。沈葆桢认为建府城的地方，应选在奇莱，其他像新城、三层、马邻③、鲤浪④这些地方只能作为军队的驻地，尤其必须把大清水溪以南地区划归奇莱管辖，以北地区归大南澳⑤管辖，这样才能更好地控制。十二月十三日，沈葆桢率领台湾府知府周懋琦、前代理台湾总兵曾元福至琅峤，住在柴城，实地踏访察看地理环境。认为柴城以南15里的猴洞⑥，可以建造县城，准备取名为“恒春”，因为这地方的气候常年温暖。分巡台湾道夏献纶向沈葆桢建议南、北两路的理番同知，都应该移驻“番地”。得到沈葆桢认可，各自上奏题请，经过吏部商议后核准。

光绪元年（1875），朝廷下诏设立台北府，以及卑南、埔里社两厅，将台湾南路理番同知驻守卑南，北路理番同知改为中路理番同知驻守埔里社，官衔名称都加上“抚民”两字，可以办理汉人和“土番”之间交涉的事情。增设恒春、淡水两县，改淡水厅为新竹县、噶玛兰厅为宜兰县。令福建巡抚春、冬两季驻守台湾，增设行政建置加派官员，安抚“土番”和开垦同时推行，治理“土番”的政策有了一番新气象。在开凿台湾前、后山道路的同时，招募垦民一同前往，分配田地让他们耕种，

---

① 前、后山，台湾西部、东部山区。

② 璞石阁，今花莲县玉里镇。

③ 马邻，即玛璘，今宜兰县礁溪乡东南部。

④ 鲤浪，美仑的旧称，今花莲市民政、民勤、民德等里。

⑤ 大南澳，今宜兰县苏澳镇南强里、朝阳里等地区。

⑥ 猴洞，今屏东县恒春镇。

于是设置抚垦委员，将台湾东部分成三路，派总兵吴光亮办理。南路是卑南，设台东抚垦局；中路是璞石阁，设抚垦分局；北路在花莲港，也设抚垦分局。而恒春另外设立一个抚垦局，以知县兼任抚垦委员。又在厦门、汕头、香港等处分别设立招垦局，订立章程，保护应募垦民的利益，只要是响应招募的人都给予便利，每天发给口粮，每人分配土地1甲，提供垦耕所需要的牛只、种子和农具，三年之后，才征收田赋。那时候，福建、广东的人大多会前往南洋，甚至远到澳洲，都说到那边可马上赚到很多钱财，所以来台湾的人较少。恒春知县黄延昭向上司禀告说："台湾开拓后山，于兹三年，生番渐次受抚，而招垦尚无成效。今大军分驻后山，需粮较多，米粮价贵，输运甚难，宜广募农民，以开荒土。"上司同意了。于是召集台湾民众，配发耕种的农具，每人每月发给生活费用6两银子，垦成的耕地三年免征赋税，作为鼓励。然而，台湾东部的土地虽然肥沃，但是因瘴疠盛行，住在那里的人不少因病死亡，所以农业开发的事还没有很大的发展。先前，日军撤退的时候，狮头社①"土番"乘守备空虚时出山侵扰，残杀官兵和百姓。光绪元年二月，沈葆桢上奏请求前往征讨，派陆路提督唐定奎统领淮军，兵分三路攻入，另外又招募乡勇1千多人修筑山路，砍伐沿山一带的树木。二月二十日，中军提督周志本、副营提督章高元率兵深入到"番社"区域，"土番"在险要地方埋伏抵抗，官兵无法前进。二十二日，周志本率领所辖的部队，从南势湖②挺进，左边是山崖右边是溪谷，道路狭窄难以通行。"土番"500多人突然冲出迎击，官兵攀山越岭，激战两个时辰，将"土番"击败，长驱直入攻克草山社③，烧毁其部落，战斗中斩杀"土番"10多人，官军副营左哨官游击束维清也战死。三月十七日，唐定奎进攻竹坑社④，这是进出狮头社的必经之路。清军以提督张光亮率领武毅左军为中路，左军游击陈有元、何迪华为左路，右军副将宋先聘为右路，又以武毅营总兵章高元、候补知府田勤生绕到竹坑山后⑤，攻其背面要害，杀死"土番"数十人，攻破竹坑社。进攻龟纹社⑥时，宋先聘带领的军队镇守山顶，以阻断对龟纹社的援助。将近20天没下雨，天气非常闷热，人就像在蒸笼里一样，张光亮病死，王德成、章高元也卧床不起。四月十五日，唐定奎亲自率领各队兵马，直攻内狮头社，接连攻破"土番"的防线。

① 狮头社，分布在今屏东县狮子乡一带。

② 南势湖，今屏东县车城乡南势湖一带。

③ 草山社，今屏东县狮子乡南世村草山部落。

④ 竹坑社，今屏东县狮子乡狮子村，位于枫港溪与枋山溪之间。

⑤ 竹坑山后，位于今屏东县狮子乡东边。

⑥ 龟纹社，又称龟文社，分布地区约在屏东县枫港到枋寮的东侧。

龟纹社派300多人来援助，遇到官兵的埋伏被击溃，“番社”头领的弟弟被杀。另外，提督周志本率领副将刘朝林为中军前营进攻外狮头社，提督梁善明为左路，总兵余光德为右路，三路并进攻破外狮头社，各路都有斩获。“土番”已无退路请求投降，唐定奎同意了，但要他们遵守七个条件：一、遵制剃发以表达归顺；二、户口编入民籍，缴纳赋税；三、交出杀害官兵和民众的凶犯；四、禁止“番社”间的仇杀；五、选出总头领自我约束；六、把“番社”的土地开垦出来；七、设立“社学”[①]。于是定龟纹社的头领野艾为总头领，让他领导各社的“土番”。并将竹坑社改名为永平社，本武社改为永福社，草山社改为永安社，内、外狮头社改称内、外永化社。六月，军队班师回归驻地。朝廷下诏在凤山建立昭忠祠，以祭祀阵亡的将士们。

同年，北路统领罗大春带兵打通前往奇莱的道路，经常和“土番”交战。到大南澳[②]时，“土番”抗拒阻拦，经常出没杀死过往的行人。于是另外开辟一条道路，分往新城[③]，这是一条可以避开海边悬崖，同时又可以阻止“凶番”从岔路出来杀人的一条道路。十一月，命令千总冯安国率领士兵渡过溪流，“土番”突然出来攻击，人数将近有千人，官兵奋力作战，杀了数人后，“土番”才退去，官兵也略有死伤。十五日，官兵行军到山谷中，两边高山峭壁，忽然听到铳声，“土番”大声呼啸而来。激战了两个时辰，“土番”越来越多，守备黄明厚对冯安国说：他们所有的人都出动了，部落里肯定空虚，可领兵前往攻取。于是调拨一队官兵直接攻击他们的部落，果然空无一人，只见架子上满满地摆着死人的头骨，于是将部落烧毁。“土番”看见部落火起，心无斗志，如鸟兽般一哄而散。千总吴金标也沿途招抚木瓜社[④]、大巴垄社[⑤]等29社，收服“番丁”17719人，其中以木瓜社[⑥]最凶悍，被逼到绝境才肯归顺。罗大春于是派宣武左右两军，分别戍守东澳[⑦]、大南澳、大

---

① 社学，专门教育“土番”子弟的学校。

② 大南澳，今苏澳。

③ 新城，今新城乡。

④花莲木瓜社是指分布于木瓜溪上游的“土番”，有纹面习俗，其远祖是属于泰雅(Atayal)族群的东赛德克群，后来太鲁阁社的部分族人扩张到木瓜溪上源的巴都兰溪，形成“巴都兰番”，常与木瓜社发生冲突，木瓜社被迫迁到木瓜溪之南的木瓜山一带。

⑤ 大巴垄社，应为太巴塱社，台湾阿美族群最大部落，位于花莲县光复乡东边。

⑥ 木瓜社，约在今花莲县秀林乡文兰村、铜门村一带。

⑦ 东澳，今宜兰县苏澳镇南方东澳里。

浊水[①]、得其黎[②]、新城、加礼宛[③]、花莲港、吴全城等地，以防备意外事件的发生。只有中路这支开山队伍比较少受到“土番”的袭扰。

光绪二年，太鲁阁“土番”作乱，罗大春出兵讨伐。太鲁阁社为台湾东部的“野番”，凭借所在地区地势险要，经常出动杀人。罗大春带兵攻破他们的“番社”。“土番”埋伏在山上，滚下大石头，幸好官兵死伤不多。于是在三栈溪旁筑城堡防守，名为顺安城[④]，作长期驻守的打算。“土番”无家可归，由通事出面请求投降，罗大春答应了。捕获了3名首要人物，解送到台北处死。光绪三年，奇密社[⑤]“土番”杀了总通事林东涯后叛乱。八月，统领吴光亮命令林福喜前往征讨，没有攻克。于是亲自带兵，联合孙开华、罗魁、林新吉的军队一起前往征讨。“土番”投降，并约定在第二年的春天全社每名“番丁”各献米一担。到了约定的时间果然到齐。吴光亮命令士兵关上大门，进行屠杀，鲜血飞溅哀声四起，被杀死的“土番”有165人，只有剩下5人侥幸逃脱，从此奇密社就衰弱了。

红头屿[⑥]在恒春县的外海中，距离县城东边有80里，“土番”住在岛上，性情温顺善良，在山中放养羊群，羊只用剪耳朵作为记号，不会相互争斗欺诈。岛上土地肥沃，有很多椰子树，种植杂粮谷物，以捕鱼和畜牧作为生计。全岛周长差不多有60多里，山高五六十丈。共有7个“番社”，分散居住在四处，男女总共不到千人。所说的话有些像西洋话，实在无法猜测是什么原因。以前汉人曾和他们做买卖，但是没有纳入政府的管理。当年，恒春知县周有基率领船政学生游学诗、汪乔年等人首次来到这岛上，实施招抚。又有火烧屿[⑦]，全岛长宽20多里，和红头屿一起耸立在外海，距离卑南60里，岛上居民有500多人。过往的商船为了躲避台风，偶尔会到这里。

光绪四年正月，商人陈文礼到台湾东部加礼宛社[⑧]地区开垦时，被“土番”杀害，当地驻军的营官要求“土番”要认罪抵过，他们不但不答应，还杀了士兵，

---

① 大浊水，今花莲县秀林乡和平村附近。

② 得其黎为太鲁阁语，意思为渔产甚多之地。位于花莲县秀林乡崇德村附近，日本殖民统治时期改称为“立雾”，光复后又改为崇德。

③ 加礼宛人（Kaliawan）为撒奇莱雅及南势阿美对花莲地区噶玛兰“土番”的统称。19世纪初，加礼宛人从宜兰平原移居到后山的加礼宛（今花莲县新城乡嘉里村）。

④ 顺安城，今花莲县新城乡三栈溪北侧顺安村。

⑤ 奇密社，在今花莲县瑞穗乡奇美村附近。

⑥ 红头屿，今台东县兰屿乡，位于台东县东南外海。

⑦ 火烧屿，今台东县绿岛乡，位于台东县东方外海。

⑧ 加礼宛社，新城乡嘉里村。

并和竹篙宛社[1]一起发动叛乱。消息传来，六月，陈得胜率领驻扎新城的士兵前往征讨，并不顺利。吴光亮亲自带兵前往，分别调派张兆连从花莲港、刘凤顺从吴全城、吴乾初从六合庄、吴孝禄从农兵庄[2]、刘国志从浊水营带兵出发联合进剿。七月二十六日，攻破竹篙宛社。乘胜再攻击加礼宛社，“土番”难以抵御，逃进了东角山。当时正是大风雨的天气，很多人饿死，有老“土番”前来请求投降，吴光亮同意了。用酒和布买下他们的土地，东边到加礼宛溪，西边到山，南到荳兰社[3]，北到加礼宛山，凡是荳兰溪[4]以北的地区划为官方的土地，以南地区划为“番地”，各自进行开垦，不能相互侵占欺凌。并将加礼宛社改称为佳落社，竹篙宛社改称为归化社。这些“土番”民都服从了官府的管束。光绪十年，台湾西南部的率芒社[5]进行叛乱，官方派兵征讨。

中法战争期间，刘铭传到台湾督办军务。战争平息后，经营筹划善后事宜，向朝廷奏请办理防务、练兵、清查赋税、“抚番”四件事，详细内容见本书《刘铭传列传》。他认为要经营建设台湾，必须扩大土地的开发、广泛召集百姓，这样台湾才有足够的资源成为一个行省。朝廷于是下诏设台湾府于台中，将原来的台湾县改为安平县，另外增设云林、苗栗两个县，将台东厅升为直隶州，基隆通判升为北路抚民理番同知。光绪十二年四月，刘铭传就任台湾巡抚，奏请增设台湾抚垦大臣，由巡抚兼任，并任命在家乡的太仆寺正卿林维源担任帮办台湾抚垦大臣，将抚垦总局设于大嵙崁。将全台湾的“番地”分为三路，从埔里社以北到宜兰为北路，埔里社以南到恒春为南路，台湾东部一带划为东路。设置抚垦局以及抚垦分局。又设置番市司事，管理“土番”和汉人间的贸易，振兴茶和樟脑的产业，以作为抚垦事业的经费。于是开垦的土地越来越多，征收的租税也迅速增加，台湾局面有了一番新的气象。

先前，台湾前后山道路开通后，台东、埔里社、恒春、凤山等地都设立了义塾，专门教导“土番”的儿童，颁布“训番俚言”[6]，让他们经常朗读学习，希望能够陶冶并改变他们旧有的习性。而吴光亮也亲自撰写了“化番俚言”32条，长达几

① 竹篙宛社，属撒奇莱雅族，文献又称“巾老耶社”、“筠耶耶社”，世居于花莲奇莱平原，势力范围约在立雾溪以南，木瓜溪以北。

② 农兵庄，今花莲市国民里附近。

③ 荳兰社，约今花莲县吉安乡南昌村、宜昌村、北昌村等地。

④ 荳兰溪，今吉安溪。

⑤ 率芒社，属排湾族，日据时将原率芒社及其附属部落迁移到现今屏东县春日乡春日村西侧。

⑥“训番俚言”，用通俗易懂的文字写出的要求“土番”遵守的行为规范。

千个字，命令通事们经常为“土番”讲解。希望“土番”能融到汉文化之中。到了这时又颁布法令和规章，主要有五项内容：第一项有关“正朔”（要正确使用当时皇帝的年号纪时），第二项有关“恒业”（要懂得私人产业的不可侵犯），第三项有关“体制”（国家最基本的制度，如归顺必须剃发等），第四项有关“法度”（不能随意杀人，杀人必须偿命等），第五项有关“善行”（不能行凶作恶）。严禁五种行为：一、“做飨”（聚众饮酒，另有一说，秋季八九月间出猎人头，也称“做享”）；二、“仇杀”（“番社”间互相仇杀）；三、“争占”（侵占其他“番社”的土地）；四、“佩带”（佩带利器）；五、“迁避”（整个“番社”迁徙，躲避应当交纳政府的赋税）。在台北府城设置“番学堂”，选择“番社”头领的子弟来接受教育。让“土番”的社会风尚与汉人一致，逐渐革除粗鲁野蛮的习俗。有不服从政府管理的就出兵征讨。征讨和安抚两手并用，都处理得比较适当。

在开垦罩兰[①]的时候，前来开垦的民众与日俱增，在砍伐树木修整土地的过程中，常常被“土番”杀害。光绪十一年四月，统领林朝栋率领栋军 3 个营，以郑以金为副将。统领柳泰和也率领他所管辖的部队 2 个营，进入罩兰驻扎。派人前往说服苏鲁社[②]、马腊邦社[③]归顺。这两社不但不归顺，还勾结东势角、大湖[④]各个“番社”与官兵对抗。五月，林朝栋分兵三路进行征讨，双方相持了好几个月，因“土番”扼守的地势险要无法进兵。第二年七月，林朝栋进兵时被围困。消息传来，刘铭传亲自率领百名部属和兵勇、屯丁 9500 人，大规模出动前往征剿，“土番”吓得四处逃窜。刘铭传将指挥部驻扎于埋伏坪[⑤]，在大隙山、什只屋山各建炮台，做合围的准备。但是“土番”往往躲在树林里，经常进行偷袭，官兵死伤不少。九月，刘铭传率兵进攻，直达“番社”，却看不到一个人。回师的路上遭到埋伏，又损失了数百名官兵。于是决定留下 350 名官兵驻守，堵死了“土番”出行的道路，“土番”被困没有粮食可吃，于是就请老屋峨社头领出面请求投降。十月，把官兵撤回，刘铭传以老屋峨社头领有功，授以六品衔的官职，并赐名为“白麻凤”。之前，屈尺[⑥]一带的污来社[⑦]，也经常出来杀人。光绪十一年九月，统领刘朝佑率领铭军 3

① 罩兰，今苗栗县卓兰镇。

② 苏鲁社，原居大安溪上游左岸山麓，今苗栗县卓兰镇坪林里。

③ 马腊邦社，分布在大安溪上游松永山南麓，今苗栗县泰安乡士林村。

④ 大湖，今苗栗县大湖乡。

⑤ 埋伏坪，今台中市和平区自由里。

⑥ 屈尺，今新北市新店区屈尺里。

⑦ 污来社，即乌来社，分布于新店溪支流南势溪流域，今新北市乌来区一带。

营前往征讨，“土番”投降。

光绪十二年正月，大嵙崁[①]“土番”叛乱。刘铭传亲自率领3营兵勇到甘指坪[②]进行征讨。“土番”恐惧兵威请求投降，刘铭传赐给“土番”衣物和粮食表示安抚。不久，盍文坪[③]的“土番”又进行叛乱。八月，甘指坪的“土番”也有骚动，不太受管束。于是决定前往征剿。兵分两路，一路从水流东[④]往攻盍文坪，一路从甘指坪攻击竹头角[⑤]。宜兴社[⑥]头领联合附近各个“番社”，全力抵抗。由于山路陡峭危险，瘴气毒雾浓密，不利行军打仗，官兵战死、病死的有数百人。双方僵持了4个月，最后只好与“土番”和解，官兵撤军回营。十月，分巡台湾道陈鸣志、统领镇海后军副将张兆连先后提出建议：台湾东部地区的“番社”还有很多没有接受招抚，南到卑南、恒春，北至苏澳、奇莱[⑦]，如果从水尾[⑧]这个适中的地方和台湾西部的彰化县之间开通一条道路，东西的联络就通畅了，先招抚东部中路一带的“番社”，这样南、北路所有的“番社”都会向他们学习归顺官府。否则虽然招抚了这些“番社”，但东西部仍然隔绝，只能是浪费经费，很难收到实际的效果。刘铭传接受了这个建议，命令代理台湾镇总兵章高元率领炮兵部队，以及镇海中军前营、定字左营和地方练勇700人，加上一些工人，从集集[⑨]向东部开辟道路。张兆连由东部的水尾向西部开路，规定期限会合，一起施工。章高元于是从拔社埔[⑩]开凿到丹社岭[⑪]，总计施工路程122里，张兆连也从东部开到了丹社岭，总计施工路程60里。从冬天到春天，全部完成。同时，张兆连以管带黄定国、毕宝印招抚水尾南、北两溪[⑫]流域、丁仔老[⑬]地区24个“番社”，接着又从花莲港至苏奇沿山一带，招抚他良等12个“番社”。张兆连认为太鲁阁、木瓜等“番社”的势力最强大，如

---

① 大嵙崁，今桃园市大溪区。

② 甘指坪，今桃园市复兴区石门水库附近。

③ 盍文坪，今桃园市复兴乡枕头山附近。

④ 水流东，今桃园市复兴区三民里。

⑤ 竹头角，今桃园市复兴区长兴里。

⑥ 宜兴社，在水流东附近。

⑦ 奇莱，今花莲。

⑧ 水尾，今花莲县瑞穗乡。

⑨ 集集，今南投县集集镇。

⑩ 拔社埔，今南投县水里乡东部民和村、顶崁村东南端。

⑪ 丹社岭，今南投信义乡丹大山。

⑫ 水尾南、北两溪，今秀姑峦溪、富源溪。

⑬ 丁仔老，又称丁仔漏，属阿美族群，今花莲县丰滨乡的丰富部落。

果能让他们归顺，其他“番社”都会跟着顺从。于是率领3营兵勇，前往驻扎在太鲁阁社和木瓜社的山口，劝他们归降，否则就要开炮攻击。两社的头领害怕请求招抚，而大马鞍[①]、大巴垄[②]等53社也跟着接受招抚。张兆连将军队转移到卑南，逐步前进。东部平原的南部地区，以吕家旺社[③]最为强大，凭借他们人多势众，坚持不接受招抚，附近的各“番社”大多也抱持观望的态度。张兆连把军队推进到吕家旺社的山脚下，派通事米清吉前往谴责，“番社”头领知道无法与官兵对敌，就接受了招抚，并联系附近巴六凡[④]等26社一起归顺，而八栳社等13社也前来归顺。卑南地区与凤山县、恒春县土地相连，险峻的山峰层层重叠，人们无法通过，“野番”盘踞其间。这些“野番”中，在凤山县的以三条仑地区[⑤]的势力最大，在恒春县的以牡丹湾社[⑥]最凶悍。张兆连命令凤山营都司蓝凤春、管带林维桢分两路前进，先后招抚六仪社[⑦]等15社、阿眉社[⑧]等22社、中心仑社[⑨]等42社。管带黄定国、毕宝印也招抚了大兰大、打腊等12社，他们住的地方十分隐蔽，都在高山上，从来不和其他人来往，到了这时也出来接受招抚。之前，刘铭传命令统带镇海前军副将陶茂森招抚位处凤山县前山[⑩]部分的各个“番社”，于是沙摩溪社等6社、柏叶社[⑪]等18社、粪箕社等4社都归顺了官府。当章高元开辟东、西部道路的时候，从水底寮[⑫]至埔里社，沿途招抚北港社、万雾社[⑬]等5大社，眉加腊[⑭]、吻吻社[⑮]等44小社。又在开辟从拔

---

① 大马鞍即马太鞍部落，属阿美族群，分布在今花莲县光复乡马锡山山脚下，活动范围包含大同、大马、大平、大华、西富村、大全、大兴等6个村，是阿美族群最大的部落之一。

② 大巴垄，约在今花莲县光复乡东富村、西富村、南富村、北富村等地。

③ 吕家望社，即利嘉部落，活动范围在今台东县卑南乡利嘉村。

④ 疑为卑南族大巴六九部落，活动范围在今台东县卑南乡泰安村一带。

⑤ 应指三条仑古道上的“力里社”“归化门社”等部落。

⑥ 牡丹湾社，即旭海部落，活动范围约在今屏东县牡丹乡旭海村。

⑦ 六仪社，约在今屏东县春日乡具马奴山附近。

⑧ 阿眉社，即老佛阿眉社，属阿美族，活动区域约在今屏东县满州乡老佛山与港口溪附近。

⑨ 中心仑社，约在今屏东县狮子乡狮子村北方。

⑩ 前山，指台湾中央山脉以西。

⑪ 柏叶社，应为今三地门青叶部落，属鲁凯族，在今屏东县三地门乡青叶村。

⑫ 水底寮，今台中市新社区。

⑬ 万雾社：（雾社，属赛德克族，在今南投县仁爱乡大同村）与“平来万社”的万大社（属泰雅族，在今仁爱乡亲爱村的万大社区）合称“万雾社”。

⑭ 眉加腊，水沙连北港社群之一，在今乌溪上游和其支流眉溪北岸一带。

⑮ 吻吻社，水沙连南港社群之一。

埔[1]至丹社岭[2]的道路时，招抚了卓大社、意东社[3]等61社。嘉义县和彰化县交界处也有“土番”盘踞，斗六门县丞陈世烈在云林坪设抚垦局，郡社[4]、峦社[5]、丹社[6]等53社也都归附政府，剃发表示投降。这是最凶悍的族群，横行于台湾中部的山谷中。分巡台湾道陈鸣志传令镇标中军易豫俊前往招抚大喃[7]等24社，又派游击刘智坤继续招抚了大武垅社[8]、内攸等4社。只有新竹县的五指山社凭借地势险要难行，不愿意接受官府的管束，屡次杀害前往开垦的农户，民众要求官府前往征讨。十二月，刘铭传传令统领林朝栋从十八儿社[9]进攻石加碌[10]的南边，营官郑有勤率领一支队伍进击石加碌的北边，分别以“化番”为向导，深入70多里，开凿山路，设立关卡，对“土番”形成强大的压力。石加碌5社及哇西熬[11]等17社都请求投降，并招抚密拿栳[12]等24社后撤兵回营。

光绪十三年，刘铭传向朝廷上奏：

臣自上年十月，亲督大队，剿抚中、北两路生番，归化后，现在数月之间，所有后山各路生番二百十八社，番丁五万余人，一律归化。前山各路续抚生番至二百六十余社，番丁薙发者三万八千余人。水尾、花莲港、云林、东势角等处，可垦水旱田数十万亩。不独开疆辟地，且可免民番仇杀之祸。此皆朝廷威灵，远播遐荒，遂使深山幽谷茹毛饮血之类，咸知向化归仁，化狉獉而登衽席，实非臣所敢逆料。唯抚招愈多，经费愈巨。现已捐输截止，支绌异常。经饬各军仍回防所，筹划设官分治。俟有经费，再行续抚，以期全台生番一律归化。

之前，北港溪流域的“土番”接受招抚后，许多汉人便前往开垦，而林朝栋也

① 拔埔，今南投县水里乡拔社埔。

② 丹社岭，今南投县信义乡丹大山。

③ 卓大社是布农最北的社群，分布区域在今浊水溪上游区左岸与干卓万山之间，建立有许多小社，意东社应是其间的一个部落名称。

④ 郡社原居地在今嘉义山区、云林县斗六市和南投县竹山镇一带。

⑤ 峦社原居地在大肚溪以南彰化鹿港一带。

⑥ 丹社是由峦社群中分离出来，向更深山的丹大溪流域及太平溪流域中游区发展所建立的部落。

⑦ 大喃，应为大湳社，在今苗栗县南庄乡蓬莱村。

⑧ 大武垅社，原居地在台南玉井盆地，现今主要分布在台南、高雄两地区的丘陵和河谷地带。

⑨ 十八儿社，即今五峰部落，在新竹县五峰乡大隘村。

⑩ 石加碌，即今石鹿部落，在新竹县五峰乡桃山村。

⑪ 哇西熬，又称西熬社，今茅圃部落，新竹县五峰乡大隘村，在上坪溪左岸。

⑫ 密拿栳疑为今新竹县五峰乡、尖石乡一带的那罗部落。

得到在内国姓[①]、乾溪湾[②]和抽藤坑[③]等几个地区的开垦权，开垦之后，可获得田园数百甲。可是阿冷、白毛两社[④]“土番”经常出来杀人，林朝栋对他们进行劝止，不听，于是便请求进行征讨。八月，率领士兵2500名，分四路推进，扼要的地方，都修建了炮台。“土番”不敢随意出没，潜伏在草木茂密的地方进行偷袭，官兵多有死伤。稍来社[⑤]头领出面进行斡旋，阿冷、白毛两社表示愿意接受官府的管束。十月，林朝栋撤兵回营，但在险要的地方设立隘寮，派乡勇驻守。这一年，埔里社“熟番”和水社、田头社、猫兰社、沈鹿社与卓大社等部落联合起来叛乱，驻守的官兵抵挡不住，退出驻防处所，造成台湾中部山区的道路，交通往来暂时断绝。

光绪十四年六月，台东“平埔番”大社因地方官员横征暴敛，无法忍受而进行叛乱。水尾溪[⑥]南北各社都一起行动，大巴垄社[⑦]、马太鞍社[⑧]等各“番社”也纷纷响应，气势很盛，威胁花莲港营官兵的安全。前来增援的都司李得胜带领官兵进行阻击，“土番”败走，前往投靠同族的七脚川[⑨]、薄薄[⑩]2社。这2个“番社”早已归顺官府，假装同意收留他们，在他们喝得大醉时将其全部杀死，还把他们的头颅献给官府。过了两天，“平埔番”联合阿美族群[⑪]，人数达到几千人，大举前往卑南，围攻台东直隶州衙门。统领张兆连率领官兵迎战，坚守了半个月，“土番”还没有退去。这时有军舰从台北开来，开炮轰击围攻的“土番”，并派兵登陆援助。“土番”抵挡不住，终于解围而去。八月，统领刘朝佑率领400名士兵，从宜兰小坡塘坑进入山区，到了冻死人坑[⑫]，被南澳“土番”老狗社[⑬]袭击，经奋力作战才幸免于难。

---

① 内国姓，今南投县国姓乡国姓村。

② 乾溪湾，今南投县国姓乡乾沟村。

③ 抽藤坑，今台中市新社区南部地区。

④ 阿冷社和白毛两社即今之南势部落，位于今台中市和平区南势里。南势部落以大甲溪支流打铁坑溪为界分成两个聚落，位于东方台地上的称为南势，溪边的则称为稍来社。南势的白毛社与阿冷社族人原本住在南势对岸的山地以及山谷中，日本殖民统治时期被迫迁下山来，到支流白毛溪居住，后因用水不足迁到对岸的南势，形成聚落。

⑤ 稍来社位于今台中市和平区南势里，原本是住在打铁坑溪的中游山腹。

⑥ 水尾溪，今花莲县秀姑峦溪及其支流富源溪。

⑦ 大巴垄社，位于今花莲县光复乡东边。

⑧ 马太鞍社，在今花莲县光复乡马锡山山脚下。

⑨ 七脚川，位于今花莲县吉安乡太昌村。

⑩ 薄薄，即簿簿部落，位于今花莲县吉安乡仁里村。

⑪ 阿美族群，原书作亚米士族，主要分布于花东纵谷平原与海岸平原地区。

⑫ 冻死人坑，在今宜兰县冬山乡寒溪一带。

⑬ 老狗社，今宜兰县“流兴社部落”，位于宜兰县南澳乡金岳村，由武塔社（Buta）及利有亨社（Leyoxen）两社的族人迁入组成，以前曾称鹿皮部落。

光绪十五年，刘铭传决定进行征讨，从福建调来军舰支援，以同安水师副将傅德高为先锋，军舰停靠在苏澳，大部队继续开进。游击王冠英率领镇海前营从小南澳[①]登陆，攻击老狗社的后面，总兵窦如田调派铭字各营控制老狗社的正面，定海、永保两艘舰只负责运送兵员和补给，靖远号作为护卫，在海上游弋，随时准备支援作战。刘铭传亲自指挥全军，驻扎苏澳。傅德高派出数人前往侦察，被“土番”所杀。窦如田率领2000名士兵深入“番地”，“土番”害怕逃走，藏匿在荒山野谷中，不敢出来。相持了两个月，官兵不少人因瘴气造成伤亡，于是收兵回营，留下镇海前营驻防苏澳。当时，吕家望社也进行叛乱，张兆连带兵征讨。九月，大嵙崁的马速社[②]杀了在隘勇20多人，刘铭传派兵征讨，“土番”就投降了。

光绪十六年三月，牡丹社头领带领几个壮年的男子到田中央庄[③]，伏击杀死了庄民3人，庄民也杀了这个社的“土番”，还把他们的肉拿来烹煮。牡丹社“土番”非常气愤，联合高士滑社[④]、加芝来社[⑤]等“番社”五六百人，攻打柴城[⑥]、田中央2个村庄。庄民进行抵抗，激战了好几天。恒春县知县吕兆璜得到消息，命令柴城把总派兵前往平息事态。“土番”不听从，还杀死了官兵，吕兆璜于是请求派兵征讨。十二月，台湾总兵万国本率两营士兵前来，宣布要大举进兵，实际上却按兵不动。接着派遣通事，和“土番”达成和解，要求他们和汉人村庄之间不要再互相仇杀。光绪十七年正月，万国本撤兵后，“土番”方面又出现了强横暴戾的行为，于是再请求派兵征讨。万国本以官兵1000多名驻扎在牡丹山下，不敢再前进。几个月后，再派通事前往，重申之前的约定，便撤兵而去。

光绪十八年六月，射不力社[⑦]“土番”杀害枫港的庄民，庄民也杀了“土番”。“土番”组织力量进行夜袭，人数高达1000多人。枫港庄民得到警讯，全力进行抵抗，还派人赶往恒春县府求救。知县高晋翰与恒春营游击张世香率领士兵赶到，下令双方和解，没有听从。高晋翰生病返回县城，不久就死了。张世香请求进行征讨，总兵万国本率领1000多名士兵前来，分别驻守在各个山口，命令通事进山劝降，

① 小南澳，今宜兰县冬山乡大进村附近。

② 马速社，即马学社，位于今新竹县横山乡。

③ 田中央庄，今屏东县车城乡兴文里。

④ 高士滑社，即高士部落，又称高士佛，今屏东县牡丹乡高士村。

⑤ 加芝来社，位于今屏东县牡丹乡大梅溪下游一带。

⑥ 柴城，今车城乡。

⑦ 射不力社，在今枫港溪北岸至牡丹乡之间。

仍不听从。于是出兵先攻打老佛社[①]、巴士墨社[②]这2个“番社”，攻下后，烧毁了他们的房屋。又招募枫港庄民60人为向导，进攻其他的“番社”。汛官汪斌一向孔武有力，带领几名壮士杀入“番社”内，很快就把“番社”的头领擒获带出，将他斩首示众。八月，狂风暴雨来袭，山洪暴发，山中无法扎营。新任知县陈文炜对总兵万国本说：“悬军深入，空老我师，不如且约之和，以待后举。”于是派通事邀集各“番社”头领，和附近汉族村民达成协议。但是等到万国本撤兵回营之后，汉人和“土番”之间还是互相仇杀。那时候，刘铭传已经离任而去，邵友濂接任台湾巡抚，所有的事情都荒废了。但是只有民众开垦“番地”这件事情，却是始终向前发展，前仆后继，再接再厉，同心合力，团结一致，因此形成了许多都市和聚落。光绪二十年，设南雅厅于大嵙崁。光绪二十一年正月，台东直隶州观音山庄[③]“平埔番”又发生叛乱，杀害大庄总理宋梅芳。十五日，花莲港营官丘光斗率领官兵将事件平定。

郑氏各镇屯田表

参军庄　在凤山县长治二图里（今高雄市湖内区南部及路竹区西部地区），为参军陈永华所开垦。

前镇庄　在凤山县大竹里（今高雄市前镇区附近），为中提督前镇所开垦。

前锋庄　在凤山县仁寿上里（今高雄市冈山区西南部），为前锋镇所开垦。

后劲庄　在凤山县半屏里（今高雄市楠梓区锦屏里、玉屏里、金田里、稔田里和瑞屏里），为后劲镇所开垦。

后协庄　在凤山县仁寿上里（今高雄市冈山区后协里），为先锋镇后协所开垦。

右冲庄　在凤山县半屏里(今高雄市楠梓区西部右昌一带),为右冲锋镇所开垦。

中冲庄　在凤山县仁寿上里（今高雄市冈山区），为中冲镇所开垦。

援剿中庄　在凤山县观音上里（今高雄市燕巢区东燕里、西燕里和南燕里），为援剿中镇所开垦。

援剿右庄　在凤山县观音里（今高雄市燕巢区安招里），为援剿右镇所开垦。

中权庄　在凤山县小竹下里（今高雄市林园区小竹里），为中权镇所开垦。

角宿庄　在凤山县观音上里（今高雄市燕巢区角宿里），为角宿镇所开垦。

① 老佛社，即老佛阿眉社，约在今屏东县满州乡老佛山与港口溪附近。

② 巴士墨社，属排湾族的斯卡罗族系，约在今满州乡永靖村附近。

③ 今花莲县玉里镇观音山。

仁武庄　在凤山县观音下里（今高雄市仁武区），为仁武镇所开垦；而嘉义铁线桥堡也有仁武埔，与查亩营庄相近。

北领旗庄　在凤山县维新里（今高雄市路竹区北岭里），为侍卫领旗协所开垦，并有水圳。

三镇庄　在凤山县维新里（今高雄市路竹区），为戎旗三镇所开垦。

左镇庄　在凤山县兴隆外里（今高雄市左营区），为宣毅左镇所开垦。

营前庄　在凤山县长治一图里（今高雄市路竹区），肯定是在某一个镇营前，因此取这样的名称，营后也一样。

营后庄　在凤山县长治一图里（今高雄市路竹区）。

五军营庄　在嘉义县赤山堡（今台南市柳营区北部，大致包括太康里北端、重溪里西半部、大农里西北端），为五军戎政所开垦。

查亩营庄　在嘉义铁线桥堡（今台南市柳营区），为清查田亩的地方。

果毅后庄　在嘉义县果毅后堡（今台南市柳营区的果毅后、新厝、大脚腿、小脚腿、山子脚等地区），为果毅后镇所开垦。

新营庄　在嘉义县铁线桥堡（今台南市新营区），镇名不详。

旧营庄　在嘉义县铁线桥堡（今台南市盐水区三明里旧营），镇名不详。

中营庄　在嘉义县茅港尾西堡（今台南市下营区茅营里中营），镇名不详。

后营庄　在嘉义县麻豆堡（今台南市西港区后营里），镇名不详。

下营庄　在嘉义县萧垅堡（今台南市下营区），镇名不详。

大营庄　在嘉义县新化北里（今台南市新市区大营里），镇名不详。

二镇庄　在嘉义县赤山堡（今台南市官田区二镇里），为戎旗二镇所开垦。

左镇庄　在嘉义县外新化南里（今台南市左镇区），为折冲左镇所开垦。

中协庄　在嘉义县赤山堡（今台南市官田区官田里中协），为左先锋镇中协所开垦。

林凤营庄　在嘉义县赤山堡（今台南市六甲区中社里林凤营），为参军林凤所开垦。

林圯埔庄　在云林县沙连堡（今南投县竹山镇），为参军林圯所开垦；林内也一样。

统领埔庄　在恒春县兴文里（今屏东县车城乡统埔村），为某统领所开垦，在柴城附近。

台湾抚垦局管辖表

抚垦总局　光绪十二年（1886）设置，驻在大嵙崁，隶属于巡抚衙门，管理全台湾的抚垦事务。

大嵙崁抚垦局　隶属于总局，负责管区的抚垦事务，下设分局。

双溪分局　三角涌分局　咸菜瓮分局　五指山分局　南庄分局。

东势角抚垦局

大湖分局　马鞍龍分局，光绪十四年裁撤。

大茅埔分局　光绪十四年设置。水长流分局　同上。北港分局　同上。

埔里社抚垦局　设在今南投县埔里镇。

蜈蚣仑分局　木屐兰分局

叭哩沙抚垦局

阿里史分局　苏澳分局

林圯埔抚垦局

蕃薯寮抚垦局

隘寮分局　枋寮分局

恒春抚垦局

台东抚垦局

璞石阁分局　花莲港分局

台湾抚垦局局制表

总办一员　以三品文员担任，总理局中一切事务。

委员一员　以七品文员担任，或以营官兼任，掌管抚垦事务。

幕宾　总局四员，局二员，随时聘用，处理文案等事。

司事　二名或四名，分别办理各种事务和会计。

通事　人数不等，分别担任翻译。

局勇　人数不等，保护垦务，并监督隘勇。

医生　各局设置一二名，以担任医务。

教读　各社设置一名，以教“番人”读书。

教耕　各社设置一名，以教“番人”耕田。

卷十六

城池志

卷十六

城池志

《易经》说："王公设险，以守其国。"所以分封百里的王公，一定有十里的都城；分封五十里的王公，一定有三里的都城，这是用来驻扎军队、保卫人民的。连横评论说：台湾建城的历史已经很久了。在澎湖虎井屿的东南，有一座沉城，天空晴朗，风平浪静的时候，可以看到水中：城墙环绕，错落有致，周长有数十丈。渔民常常得到墙砖，色红，硬得像铁一样，当然只有潜水才能挖到，上面长满了牡蛎和贝类，像是一千多年的东西。有人说，这是隋朝建造的，但是没有文献记载，乡绅也说不清楚。明朝嘉靖末年，海寇林道乾作乱，占据了澎湖。都督俞大猷出兵征讨，在澎湖驻扎了一些军队，并在暗澳筑城，遗址还在。天启二年（1622），荷兰人来到这个地方，在妈宫筑城，城墙周长 120 丈，因劳役而死的有 1300 人。外面建有炮台，分别守住海路，台湾人称它为红毛城。天启四年八月，荷兰人进入台湾，在一鲲身筑城，可以俯瞰大海。城基周长 276 丈 6 尺，高 3 丈多一点，有两层，四个角落设置大炮，派兵守卫，称为热兰遮城。天启六年五月，西班牙人进入基隆，建造山嘉鲁城，随后进入淡水，建造罗岷古城，分别派驻士兵为犄角之势。不久荷兰人驱逐了他们。南明永历十五年（1661），延平郡王郑成功攻克台湾，居住在荷兰城，改建了内府，台湾人称为"王城"。另外开辟一个门称为"桔柣"，因为春秋时期的郑国有这个门。官署和市镇另建在永康下里，也就是今天的台南府城。那个时候，管辖的范围仅仅在承天府，而基隆和淡水还很荒芜。永历三十七年，听说清军要进攻台湾，三月，命令左武卫何祐以淡水为城，增加防守兵力。六月，清军攻占澎湖，郑克塽投降，改承天府为台湾府，设立三个县，但是都没有筑城。朱一贵之乱被平定之后，总督满保提议建筑府城，只是将官署和仓库围在其中。总兵蓝廷珍认为这样不好，回复建议说：

夫设兵本以卫民，而兵在城内，民在城外。彼蚩蚩者不知居重驭轻之意，谓出力筑城卫兵，而置室家妇子于外，以当蹂躏，夜半贼来，呼城门而求救无及矣，理宜包罗民居为是。北从总兵大营后围起，环台湾县署而东，跨沟为水门，遂包东岳庙、台湾县学、凤山公馆，南包郡庠、防厅、台厦道公署，西包天后宫，而北环左营游击署，计一周不过十里。北跨高坡，南瞰鬼子山，西俯海岸。东北当北路要冲，东南控南中二路，方得建郡形胜。幸即具题请旨，开输砖石城工事例，诸罗、凤山皆可克日行之。不然道旁筑舍，偷安目前，实非经国安邦之道也。

建议到了总督那里，没有批准。雍正十一年（1733），因广东巡抚鄂弥达上奏请求在台湾筑城，圣旨要求大学士等商议答复。福建总督郝玉麟等上奏说："台湾城工浩繁，或可因地制宜，先于城基之外，栽植刺竹，可资捍卫。再于刺竹围内，建造城垣，工作亦易。"朝廷认为：郝玉麟等人的意见，不过是考虑到台湾府城临近大海，工程量巨大而且费用很多，所以才有用刺竹做藩篱的建议。却不知道城墙的建设，是用来防御外敌入侵的，如果必须建造城墙，即使花费大笔的金钱又有什么可惜？台湾的变乱，大多都是从内部产生，不能和防御外敌相比。不但城墙可以不建，而且建造城墙反而是不好的。台湾的门户是鹿耳门，与府城相近，号称天险。里边设置炮台，是一个可以依赖的坚固阵地，布局很好。从前平定郑克塽、朱一贵的时候，都是乘大风和海潮靠行船入港，所以短时间可以攻克。如果他们有城墙可以作为防守的工事，再利用府库里的银钱和城里的民众进行固守，攻城不下，官军坐守安平，长时间对抗，要战胜敌人也不容易。因为外海的形势和内地不同，所以不能轻易就提建城的事情。现在郝玉麟等所上奏的，因地制宜，很有好处。淡水的各处炮台，一定要建造。各地的炮台也应该增加修建，不要为了省钱。于是栽种刺竹作为府城的城围。到林爽文起义，又商议建城，也就是今天的台南城。先前，乾隆四十年（1775），知府蒋元枢因为府城的城墙没有修建，而所属各厅县的城墙容易倒塌，于是带头倡导各厅县官员共同捐款 12000 元，分别交给 4 县，每县 3000 元，置办田产收取租息，每年可获得租谷 8000 石，作为预备修缮城墙的费用，称为"城租"。如果遇到大的工程，就由富绅捐款，或者奏拨库银，作为修缮费用。光绪十一年（1885），台湾建省，选择在东大墩山脚下的位置，命令林朝栋率领的军队修筑省城，用来控制南北两路，而各个县也在这个时期建造县城。以下的篇章，就记录这些建设工程的情况。

台南府城　安平县城和府城同城

雍正元年（1723），台湾县知县周钟瑄开始建造木栅作为城围，周长达 2662 丈，建造 7 个门：正东靠近龙山寺，称大东门。南边环绕着山川坛的，称小南门。向南环绕在文庙前面的，是大南门。从东向北越过右营公署的，是小东门。北边靠近城守营的，是大北门。西北紧挨乌鬼井的，是小北门。向西挨着船厂，再往南横跨水沟的，是水门。木栅经过妈祖楼西边而终止，唯独缺西门。雍正十一年，福建总督郝玉麟奏请栽种竹子作为城围，从小北门到大南门，共计栽种刺竹 17983 丛，也缺西边没有种植。在小北门和小西门，各建造一座炮台，并设置了敌台、城门和瞭望楼。乾隆元年（1736），政府拨款，采石建造 7 座城门，城门四周都建有矮墙保护，每个门的矮墙周长 25 丈，高 2 丈 8 尺，又建造士兵的住所 15 座。乾隆二十四年，知县夏瑚加种绿珊瑚作为外护。乾隆四十年，知府蒋元枢进行修缮，并在土墼埕的西边建造了小西门。乾隆五十三年，大学士福康安、工部侍郎德成、巡抚徐嗣曾等联名上奏，请求改筑砖城，因为台湾没有烧砖，就改用土筑。进士郑光策认为台湾多地震，不宜筑城，请求延用旧制，加挖壕沟，作为防护就足够了。这个建议没有被采纳。当年十月二十七日开工，在东、南、北三个方向都沿用旧址，只有西边因为靠近海岸，往里缩了 150 余丈。从小北门到小西门，形状就像半个月亮沉落江中，所以称为半月城。城墙高 1 丈 8 尺，墙顶宽 1 丈五 5 尺，墙基宽 2 丈。新建大西门楼，总共八个门，东叫迎春门，西叫镇海门，南叫宁南门，北叫拱辰门。建士兵的住所 16 座。乾隆五十六年四月十一日完工，总计费用 124060 余两。由于蔡牵袭扰台湾，府城戒严，又由于郊商大多住在西城的外边，于是在新港墘捐建了瓮城，用来防备海路。道光四年（1824）发生了许尚事件，道光十二年发生了张丙事件，南北都受到侵扰，官绅建议修建外城，未获许可，只在东边修筑了外城的城门，旁边栽种刺竹，设立仁和、永康两座门用于出入。同治元年（1862）五月十一日，发生大地震，城墙多数毁坏，进行了修缮。光绪元年（1875），钦差大臣沈葆桢动用政府的款项，进行了大修。光绪十三年，台湾府县移到台中，原来的台湾府改称台南府，县名改称为安平县。

嘉义县城

康熙二十三年（1684），设诸罗县城于佳里兴堡，也就是从前的诸罗“番社”。康熙四十三年，迁移到现在的县城。知县宋永清最早开始在县城周围设置木栅，周长 680 丈，建 4 个城门。雍正元年（1723），知县孙鲁改筑土城，城墙周长 795 丈 2 尺，墙基宽 2 丈 4 尺，城墙上方宽 1 丈 4 尺。护城的壕沟深 1 丈 4 尺，宽 2 丈 4 尺，周长 835 丈 5 尺。雍正五年，知县刘良璧在 4 个城门建造城楼，东门的城楼称襟山楼，西门称带海楼，南门称崇阳楼，北门称拱辰楼，每个城门各设两门大炮。雍正十二年，知县陆鹤又在城外环绕一圈种植刺竹，用来加强城池的防卫。林爽文起义发生时，曾经环攻县城几个月，但由于城中死守，久攻不下。朝中听到此事，皇帝颁发诏书，改诸罗县名为嘉义。后来屡次遭受战火，城墙多半倒塌。道光十三年（1833），绅士王得禄等人捐款重修，并修筑炮台。九月开工，道光十六年二月竣工，花费了119360两银子。同治九年（1870），因大地震又倒塌了。光绪十五年（1889），知县包容与绅士林启东等人捐资重修。

凤山县城

以前设置在兴隆内里的前锋庄，康熙二十三年（1684）修建，因为这个地方有一座凤山，所以称为凤山县。康熙六十一年，知县刘光泗最初修筑土城，城墙周长810丈，高1丈3尺。建造四座门，左边倚靠龟山，右边连接蛇山。城外的壕沟有1丈宽，8尺深。雍正十二年（1734），知县钱洙奉命环城种植刺竹。乾隆五十一年（1786），林爽文起义，庄大田响应。县城被攻破之后，文武百官多数丧生，于是把凤山县城移到埤头店，环城种植刺竹。嘉庆十一年（1806）蔡牵袭扰台湾，他的部众吴淮泗攻陷凤山新城。事后，赛冲阿将军商议恢复旧城，并且用石头建造，后来因为花费巨大而停止。道光三年（1823），总督赵慎轸商议修建，命令知府方传穟查核复命。第二年，巡抚孙尔准巡视台湾，上奏请求重新修建。而在那个时候，恰好碰上杨良斌变乱，偷偷地攻入新城，于是修复旧城的建议就定了下来。十一月，方传穟和乡绅百姓商议，捐款140000两银子。道光五年七月开工，知县杜绍祁担任监督，绅士黄化鲤、吴尚新、黄名标、刘伊仲等担任董事。在旧址的基础上扩大，把龟山围在城内，城外连接蛇山，用石块砌成，高1丈2尺，宽1丈零5寸。城墙上方建有排列如齿的矮墙，开设四个城门：东边为凤仪门，西边为奠海门，南边为启文门，北边为拱辰门。四个城角分别建造了炮台，合计花费92100两银子。道光六年八月竣工，选择良辰吉日宣告要搬迁，可是知县杜绍祁却忽然死亡，大家认为不吉利，于是就没有人敢搬迁。新建的衙署也就逐渐荒废。于是又建造新城，筑土为墙，略具规模，也就是现在的县城。

恒春县城

同治十三年（1874），钦差大臣沈葆桢抵达琅峤，奏请建设县城，选择了猴洞这个地方。这里群山环绕，左边靠近海岸，右边是一片平原，全台湾到了这里，再往南就没什么地方了。名为恒春，因为它的地理位置在台湾的最南边，四季都是春天。光绪元年（1875）开工，第二年竣工。城高2丈8尺，城墙周长972丈，用土石建筑，建有四座城门。

台湾府城（建省初期的台湾府城，即今台中市）　台湾县城和府城同城

光绪十三年（1887）建省，把原来的台湾府移到这里，附郭首县也称台湾。原先，

福建巡抚岑毓英巡视台湾，选地在蓝兴堡东大墩的山脚下，建议在此建城，以便居中控制台湾。台湾巡抚刘铭传也认可这个意见，决定在这里建设省城。光绪十五年开工，先建造八座城门和四座城楼。东门称灵威门，城楼称朝阳楼。西门称兑悦门，城楼称听涛楼。南门称离照门，城楼称镇平楼。北门称坎孚门，城楼称明远楼。而小东门称艮安门，小西门称坤顺门，小南门称巽正门，小北门称乾健门。光绪十六年，命令栋军统领林朝栋督率士兵筑城，绅士吴鸾旗等人监督工程。光绪十七年二月大致完工，城墙周长650丈，花费215000两银子。刘铭传一离任，建城工程就停止了。

彰化县城

雍正元年(1723)在半线建设县城。雍正十二年，知县秦士望环绕县城种植刺竹，建造四座门。林爽文起义发生后，刺竹砍伐殆尽。嘉庆二年（1797），知县胡应魁再次种植。嘉庆十四年，总督方维甸巡视台湾，绅士王松、林文濬等人请求捐款建城。认为城东靠近八卦山，形势不利，商议把八卦山围进城内。然而工程太大，还是依照旧址，另在八卦山上建造炮台。知县杨桂森带头捐款，众人跟随，总共得到捐银140000余两。嘉庆十六年开工，嘉庆二十年竣工。城墙周长922丈2尺8寸，高1丈5尺，矮墙高3尺，墙基宽1丈5尺。建城门4个：东门称乐耕门，西门称庆丰门，南门称宣平门，北门称拱辰门。城楼分两层，高3丈9尺，建有炮台12座，水洞6个，士兵居住的铺房16个。先前，林爽文起义发生后，阳湖[①]人赵翼跟随军队来到台湾，提出应该把彰化县城移到鹿港，其后陈震曜也有在鹿港建城的建议，但都没有得到采纳。他们的理由是，城在山下，一攻就会被攻破。

云林县城

光绪十三年（1887）建县，县城选择在林圯埔的云林坪，原来是郑氏部将林圯所开垦的地方。第二年二月，知县陈世烈奉命建城，城墙周长1300丈多一点，宽6尺，城墙外种植三重刺竹。完工后，建造旌义亭，用来纪念这项工程，并且题写了“前山第一城”几个字。但是这个地方处于浊水、清水两条溪的地域，每当河水泛滥的时候，就无法和外界往来。十九年，知县李烇请求把县城移到斗六，建城居住，城墙周长1160丈，高5尺，宽8尺，城墙外种植刺竹，开辟四座城门。刺竹外环绕壕沟，沟深7尺，宽8尺。

苗栗县城

未建。

① 阳湖，今江苏省常州市。

台北府城　淡水县城与府城同城

光绪元年（1875），钦差大臣沈葆桢奏请建设台北府城，选择地点在大佳腊堡。光绪四年，知府陈星聚和乡绅百姓商议，捐款20余万两，光绪五年正月开工，光绪八年建成。城墙由石块砌成，周长1506丈，城外壕沟的长度稍微大一些。开设5个城门：东门称照正门，西门称宝成门，南门称丽正门，北门称承恩门，小南门称重熙门。而东、北两门各又修筑了一座附城，上面题写了“岩疆锁钥”几个字。台北城建成后，来到这里的人逐渐增多，后来又修建了巡抚衙门，于是成为省会。

新竹县城

雍正元年（1723），在竹堑埔设立淡防厅，这里原本是“番社”。雍正十一年，同知徐治民开始种植刺竹，城围周长440余丈。开设4个门，建有城门楼。嘉庆十一年（1806），蔡牵袭扰台湾以后，城中的民众在城围上加筑了土墙。嘉庆十八年，同知查廷华扩建，城墙周长1404丈，高宽各1丈，壕沟深1丈。董事林超英、吴国步等人也改建了4个城门，而且增建了士兵居住的处所。道光六年（1826），总督孙尔准巡视台湾，同知李慎彝听从了绅士郑用锡的意见，请求改建，砌石修筑，城墙周长860丈，高1丈5尺，城墙上方建有排列如齿的矮墙3尺，墙基宽1丈6尺，上宽1丈。虽和旧城相比略小一些，但是更高而且坚固。同样开设4座城门：东门称迎曦门，西门称挹爽门，南门称歌薰门，北门称拱辰门。城门楼为二层建筑，高1丈9尺，分别建有炮台。道光七年六月开工，道光九年八月完工，总共花费147498两银子，都是官员和民众的捐款。这项工程的建设，巡台道孔昭虔亲自勘查现场，绅士郑用锡、林国华、林祥麟等人各自负责工程事项。后来城墙多次倒塌，又经过多次修缮。光绪十九年（1893）四月，知县叶意深再用政府的拨款重修，总共支出3824两银子。先前，道光十九年，巡道姚莹命令同知龙大惇在西门外另外建造一座城为犄角之势，那个地方面对港口，用来防卫海路。道光二十年为了防卫英军，同知曹谨又作了扩大，城墙周长495丈，高1丈。建造4座城门楼，东门称宾旸门，西门称告成门，南门称解阜门，北门称承恩门。又开设4个小城门，小东门称卯耕门，小西门称观海门，小南门称耀文门，小北门城天枢门。城外种植刺竹，挖掘壕沟，沟宽2丈，深1丈5尺。绅士郑用锡等人监督工程。道光二十三年建成。同治九年（1870），增建炮台。如今已倒塌。

宜兰县城

宜兰就是原来的蛤仔难，嘉庆十六年（1811）设立噶玛兰厅，选择在五围地方。委办知府杨廷理开始修筑土城，周围约3里，长640丈，城的东西两边对等，南北相距 180 丈，城墙高 6 尺多一点，环城种植九芎树，所以称为“九芎城”。嘉庆十七年，通判翟淦加种刺竹，并修建四座城门，分别以方向命名。嘉庆二十四年，通判高大镛重建。道光十年（1830），萨廉进行修缮。城内原来有水圳两道，从西向东，于是将水引到壕沟，沟深 7 尺，宽 1 丈 5 尺。光绪元年（1875），改为宜兰县。

台东直隶州城

未建。

埔里社厅城

光绪四年（1878），北路理番同知改为中路抚民理番同知，驻扎在埔里社。总兵吴光亮用公款 4000 元，修建厅署，筑土为城，城外种植刺竹，有 4 座城门，城墙周长约 3 里，称为大埔城。

基隆厅城

未建。

南雅厅城

未建。

澎湖厅城

郑氏时期，设置安抚司，驻扎在暗澳旧城。归清以后，设立巡检，而城已经倒塌。康熙五十六年（1717），修筑一座小城，称为新城。雍正五年（1727），澎湖设厅，厅城还没有建造。光绪十一年（1885），法军侵台，澎湖被法军占领。光绪十三年十二月，总兵吴宏洛派兵筑城，光绪十五年十月竣工，城墙周长 789 丈 2 尺 2 寸，高 1 丈 5 尺，齿形的矮墙高 3 尺，有 570 个齿形墙。墙基深 3 尺 5 寸，宽 2 丈 4 尺。开设 4 座城门，西、南方分别增建一座城门，城门楼建得都很壮丽。东南方向靠近海岸，西边连接金龟头炮台，北边挖了护城濠沟。总共花费了 23537 两银子，由台湾善后局支出。这一年，厅署搬到现在的厅城。

衙　署

延平郡王府　在安平镇王城内，今倒塌。

东都总制府　在承天府府城西定坊的大埕，土名统领巷。同治年间，陈氏子孙因陈永华曾担任总制，改建成宗祠。

承天府衙　在府城东安坊的南边。台湾归清以后，改为台湾府衙署。

天兴县衙　在府城镇北坊米市，今荒废。

万年县衙　在兴隆里，也就是凤山县旧县城，今荒废。

台湾巡抚衙门　在台北府城抚台街，光绪十三年（1887），巡抚刘铭传修建。

台湾布政使衙门　在台北府城，原来为巡抚行台。光绪十三年，布政使沈应奎修建。

满汉两察院衙署　在台南府城东安坊。雍正元年（1723）建，今倒塌。

台湾抚垦大臣衙署　在南雅厅城。光绪十二年，帮办抚垦大臣林维源用他的庄园暂代。

分巡台湾道署　在台南府城西定坊。康熙二十三年（1684），巡台道周昌修建。

台南府衙　在府城东安坊。原来是台湾府衙，台湾建省后改称。雍正七年，知府倪象恺在明承天府衙的基础上改建。

台南府经历司　在府衙的东南边。

台北府衙　在府城，光绪四年，知府陈星聚修建。

台北府经历司　在府衙。

台湾府衙　未建，暂时设在彰化县衙，使用原来的北路理番厅署。

台湾府经历司　在府衙。

台东直隶州衙门　光绪十三年，南路抚民理番同知袁闻柝修建。光绪十四年秋天，因“土番”作乱被毁坏。十二月，知州吴本杰经请示在旧址的南侧新建，四围各宽30丈。

台湾海防厅　原来在鹿耳门。雍正八年，移到现台南府城西定坊修建。光绪十一年裁撤，衙署废弃。

淡水海防厅　原址在竹堑士林庄。雍正二年，同知王汧修建。乾隆二十一年（1756），同知王锡缙移建于厅城。光绪元年裁撤，曾暂作台北府衙署。

澎湖海防厅　原来的巡检署，在大山屿西澳，康熙二十三年修建。

北路理番厅　原来在彰化县城。乾隆五十三年，迁移到鹿港。嘉庆二年（1797），同知汪楠修建于粟仓南侧。光绪九年裁撤。

中路理番厅　在埔里社大埔城。光绪四年，总兵吴光亮修建。

基隆海防厅　原来的基隆通判署。

南雅理番厅　在大嵙崁庄，光绪二十年修建。

噶玛兰通判署　在厅城五围东街。嘉庆十八年，通判翟淦修建。光绪元年，改为宜兰县署。

基隆通判署　在厅城。光绪元年建。光绪十三年，改为海防同知署。

卑南州同署　在卑南庄，衙门设于安抚军营内。

花莲港州通判署　未建。

安平县署　即原来的台湾县署，旧址在现台南府城东安坊。乾隆十五年，知县鲁鼎梅移建于镇北坊。

安平县典史署　在县署右边。

凤山县署　原在凤山县旧城。康熙四十三年，知县宋永清修建。乾隆五十三年，移建于现在的县城埤头街。

凤山县典史署　原在旧城，后来移到现在县城县署右边。

嘉义县署　原在佳里兴。康熙四十三年，迁移到现在的县城。康熙四十五年，代理知县、同知孙元衡修建。乾隆二十七年，知县卫克堉重建。

嘉义县典史署　在县署右边，雍正二年修建。

恒春县署　在县城。光绪元年，知县周有基修建。

恒春县典史署　在县署右边。

淡水县署　在台北府城，光绪四年修建。

淡水县典史署　在县署右边。

新竹县署　在县城，光绪元年修建。

新竹县典史署　在县署右边。

宜兰县署　原来的噶玛兰厅署。

宜兰县典史署　在县署右边。

台湾县署　在府城新庄仔庄，光绪十四年修建。

台湾县典史署　在县署右边。

彰化县署　在县城之中。雍正六年，知县汤启声修建。林爽文起义时被毁坏。乾隆五十三年，知县宋学灏重建。戴潮春起义又被毁坏。同治十二年（1873），知县孙继祖再建。

彰化县典史署　在县署右边。乾隆十二年，典史朱江重建。

云林县署　原来的斗六门巡检署。

云林县典史署　在县署右边。

苗栗县署　在县城，光绪十四年修建。

苗栗县典史署　在县署右边。

罗汉门县丞署　乾隆二十七年修建，乾隆五十四年改为巡检署。

万丹县丞署　乾隆二十六年，移到阿里港。

笨港县丞署　原来在笨港。雍正十一年，移建于坂头厝。

下淡水县丞署　即原来的下淡水巡检署。

头围县丞署　嘉庆二十五年，县丞朱懋移建于乌石港南边。

南投县丞署　乾隆二十四年，县丞张成器修建，林爽文起义后被毁坏。乾隆五十三年县丞徐英重建。

新庄县丞署　乾隆五十五年修建，后来移到艋舺。

大武垄巡检署　康熙年间修建。

佳里兴巡检署　雍正十年修建。

新港巡检署　康熙年间修建。

斗六门巡检署　乾隆二十六年修建，后来改为云林县署。

鹿仔港巡检署　雍正六年修建。

大甲巡检署　嘉庆十四年修建。

猫雾捒巡检署　在犁头店，雍正十年修建。乾隆五十三年重建，今废弃。

葫芦墩巡检署　光绪十一年修建。

枋寮巡检署　光绪元年修建。

竹堑巡检署　乾隆二十一年修建。

八里坌巡检署　雍正十一年修建。乾隆十五年由于风灾倒塌，移到新庄。

罗汉门巡检署　原来的县丞署。

八罩巡检署　光绪十一年修建。

镇守台湾总兵官署　在台南府城镇北坊，康熙二十五年，总兵杨文魁修建。乾隆五年，总兵何勉加筑土城，高 1 丈 1 尺，城墙周长 330 丈，开设东西两座城门。

中营游击署　在台南府城镇北坊。

左营游击署　在台南府城镇北坊，光绪元年移到恒春。

右营游击署　在台南府城镇北坊，光绪元年撤废。

城守营参将署　在台南府城镇北坊。

道标营都司署　原来的镇标右营游击署。

南路营参将署　在凤山县城。

北路营副将署　在彰化县城县署的东边，雍正十一年修建，乾隆五十三年重建。

噶玛兰营都司署　在宜兰县城原守备署，嘉庆十八年，守备黄廷耀修建。

镇守澎湖水师总兵官署　在妈宫城内，原来的水师副将署。

左营游击署　在妈宫城。

右营游击署　在妈宫城。

安平水师副将署　在安平镇，乾隆三年，副将王清修建。

中营游击署　在安平镇。

左营游击署　原在安平镇，乾隆五十三年移建鹿港北头。乾隆六十年毁坏，改建于土城内。

右营游击署　在安平镇。

艋舺水师参将署　在艋舺原淡水营都司署，嘉庆十三年修建。

局　所

全台团练总局　在台南府城，咸丰三年（1853）设置，从此以后凡有战事则开办。中法战争，台北也设置，各厅县都设置分局。

培元总局　光绪七年，台湾道刘璈将团练总局改为培元总局，仍然委托绅士办理，处理地方公事。中法战争，重新改为团练。

全台筹防总局　一在台北府城，一在台南府城，都是光绪十年设置。光绪二十年再设。

保甲局　各府厅县都设置，无事时办理冬防。

台湾通商总局　在台湾道台署，咸丰九年设置，办理通商事务。光绪十三年，台北也设置通商总局，归布政使督办。

全台清赋总局　一在台南府城，一在台北府城，均光绪十二年设置，各厅县都设置分局。光绪十八年，清赋结束后裁撤。

全台抚垦总局　在淡水县辖大嵙崁，光绪十二年设置，各地多设置分局。

转运局　在上海，光绪十年设置，委托苏松太道办理，处理台湾军械、饷项、转运事宜。

支应局　在台北府城，光绪十一年设置，由布政使督办。在台南设置分局。

捐输局　在台北府城，光绪十一年设置，由布政使督办。在台南设置分局。

善后局　在台北府城，光绪十二年设置，由布政使督办，处理战后事宜。

招垦局　光绪元年设置于厦门、汕头、香港，办理闽粤人来台开垦事宜。

招商局　光绪十二年设置于新加坡，办理南洋华侨来台经营事宜。

铸钱局　在台南府城东安坊，康熙二十四年设置，后来裁撤。

官银号　同治二年设置在沪尾，负责关税的收缴和拨付。后来，旗后、安平、基隆各口岸也先后开办。

官银局　在台北府城，光绪十六年设置。

台南官票局　在台南府城，光绪二十一年设置。

法审局　在台北府城巡抚衙署内，光绪十二年设置。

官医局　在台北贡院内，光绪十二年设置。光绪十七年裁撤。

军器局　在台北大稻埕，光绪十一年八月设置，第二年十月竣工，花费款项120000余元，记名提督刘朝干担任总办，聘请德国工师制造军器。

电报总局　在台北府城，光绪十二年设置，各地大多设有分局。

厘金总局　在台北府城，由布政使督办。最初是台湾开口通商之后，奏请在沪尾、安平设立厘金局，用来征收各种货物的厘金，后来各处增添设置，合计有38个分局。

烙号局　同治五年设置于沪尾、安平，用来给包装鸦片的货箱烙上号码，从而征收厘金，归台湾道督办，后来改由商人承揽包办。

金沙局　在基隆厅辖瑞芳，光绪十七年设置，而在暖暖、六堵、七堵、四脚亭、顶双溪各处设置分局。

脑磺总局　在台北府城，光绪十三年设置，由巡抚督办，而在大嵙崁、彰化、恒春、宜兰各处设置分局，另外又设置支局。光绪十七年改归招垦局代管。

煤务总局　在基隆，光绪五年设置，聘请西方人用机器开采煤炭。

磺油局　在苗栗县城，光绪十三年设置，光绪十七年裁撤。

铁路总局　在台北府城，光绪十三年设置。

军装局　在台北府城，光绪十一年设置。在台南设置分局。

火药局　在台北大隆同庄，光绪十二年设置。台南设在小北门外。

水雷局　一在沪尾，一在基隆，都是光绪十二年设置。

硝药局　在台北大稻埕，光绪十二年设置，归军器局代管，用来自制火药。

伐木局　在台北大稻埕，光绪十二年设置，归军器局代管，用机器锯木材，卖到上海，也用作台湾铁路的枕木。

蚕桑局　在台北大稻埕，光绪十六年设置。

台北通商局　在台北东门外，光绪十三年设置，主管台北城内商铺的建设。

清道局　光绪十三年设置，在台北及通商口岸各处分别设置一局，用来清理街道。光绪十七年裁撤。

邮政总局　在台北府城，光绪十四年设置，各地大多设有分局。

通志局　在台北登瀛书院内，光绪十七年设置，各厅县都设置采访局，用来编纂《台湾通志》。

台南乐局　在台南府城奎楼内，由绅士办理，主管文庙祭祀典礼，每年征收租谷几千石。

卷十七

关征志

卷十七
关征志

当年大禹治理洪水，划定九州之地，按照各地的土特产制定贡品，这是我国赋税定义的开始。田赋与税收主要用以建设军队和养育百姓，国家的这些费用充足了，百姓也得以安宁。然而，暴君与贪官污吏将天下财产占为己有，横征暴敛，吸取民脂民膏，百姓愤怒，揭竿而起，结果国家败亡，暴君和贪官污吏身遭屠戮，为天下所耻笑。连横评论说，明代以前，台湾孤悬海外，为边远地区，是“土番”居住之处，海寇盘踞之地，从未施行中原王朝制度。明朝末年，荷兰人侵占台湾，进行远东地区贸易，设置官职实施行政制度，设立王田招募百姓耕种，以征收租赋，具体内容可参见《田赋志》。当时，已归附的“土番”每年要交纳鹿皮，按村社大小而有差别。其后沿袭下来，每年五月初二，主计官集中在村社公所，召集民众贌社[①]，大家围成一圈观望，官员列举各村社租佃款数，在高处大声呼叫，租佃者响应他，谁出价最多就给谁，于是将姓名及租佃款填写在簿册上，取富户作担保，分四季交纳租款，负责这种交易的人叫作“社商”。社商有时会率领伙计到“番社”贸易，众人一起管理财物，一人负责记账，而由社商统领。凡是“土番”耕作狩猎所获之物，统统交给社商，而社商以布匹、盐铁、烟草、火药等进行交换。该规定非常严密，“土番”不敢徇私。村社的钱款收入，大社有数千两银子，小社也有数百，是为杂税之一。当时，土地初开辟，地广而肥沃，一年三熟，福建、广东沿海的百姓相继来此，以追逐十倍的利润，每年差不多有数千人来此，荷兰人课以人丁税，每人每年交纳 4 盾。荷兰人侵占台湾之初，年收入 3100 盾，其后 20 年间，增加至 33700 盾，大体上迁来垦殖的人多了，而年收入也多了。台湾山地多麋鹿，狩猎者领证纳税，每月征税 1 盾，驱放猎犬入山，大肆捕杀，于是麋鹿渐渐少了。以后增至 15 盾，每年收入 36000 盾，少的时候也有 20000 多盾。麋鹿的肉干、毛皮贩卖到大陆、日

①贌社，是荷兰殖民统治台湾时实行的村社承包制度，荷兰人将村社的交易活动交给承包商经营，承包商拥有征税权，可独占村社内的一切交易，每年缴纳一定税额给荷兰人，其余归承包商所有。此制度至清朝统治台湾时仍旧实行。

本等地，每年大概收入十余万两银子。设关征税，以稽查市场商品，每年收入也有十余万两银子。至于山林川泽的收入，工商业的发展，都要权衡其轻重，以补充行政管理的费用。荷兰官员的俸禄收入，每年都是入不敷出，于是各自私下做生意，以欺诈获取利益，粗暴对待平民百姓，侵夺人民田宅，上下相争，贿赂成风。甲螺人郭怀一眼见百姓怨声载道，于是纠集一些志同道合的人密谋驱逐荷兰人，后因事情败露被杀，株连数千人。一些亡命之徒辗转聚集，以继续抵抗荷兰人。又听说延平郡王郑成功将率领军队光复台湾，荷兰人感到恐惧，就请求爪哇总督增兵驻守台湾，增收杂税，以补充军队开支。然而荷兰人之间内讧不断，沉溺于抢夺，以至于灭亡。国家以百姓为本，百姓富裕则国家富裕，百姓贫穷则国家贫穷。所以说，不担忧收入少而担忧收入不均，不担忧贫穷而担忧不安定。荷兰人占据台湾，肆无忌惮横征暴敛，侵占我们的土地，欺负虐待我人民，剥夺我人民的权利，有人评论说，这是殖民的政策。呜呼，痛心啊！

郑成功收复台湾之后，财政经费不足，沿用了许多荷兰人的旧制度。到了郑经即位，谘议参军陈永华开始筹划长治久安的政策，尽心经略谋划，建立保里的方法，颁布屯田制度，开辟渔盐之利，砍伐林木之材，对内征收农桑税，对外发展贸易。十多年来，移民大批迁来，多至数十万人，开垦土地远及台湾南北边远地区，台湾人口因而大增。孔子说："道千乘之国，敬事而信，节用而爱人，使民以时。"所以百姓皆能勤劳乐业，先公而后私。所以说，衣食富足可以知晓荣辱，清廉谦让可以平息争讼。自从郑成功收复台湾以来，与民休息，而陈永华又苦心劝导，晓以政治道理，闲论人间情谊，教以务业本领，促进社会和睦，渐晓待人忠诚，激励人以勇气，劝导利国利民，严肃刑法律令，百姓的税赋可以负担。20年间，台湾经常大丰收，取民用多余的部分，足以供应明郑的财政费用，百姓也乐于交纳赋税而不懈怠，美好的道德教化已深入人心。自陈永华去世后，政治教化功能薄弱，而杂税的征收也开始泛滥成灾。

清朝统一台湾之后，有人建议将人迁出而使台湾成为废墟。靖海将军施琅极力主张此法不可行，于是就设置一府三县，田赋制度略同大陆各省，而杂税征收仍沿旧制，有的重新设立，名目繁多，变本加厉。那些设在陆地上的杂税叫陆饷，附在水上的叫水饷。厝饷[1]始于荷兰人，大小有差别，每年征银1466两有余。雍正元年（1723）五月，地方官员查验府城的百姓房屋，除了遭到破坏之外，共有大厝7074间，

① 厝饷，就是房屋税。

每间征银1钱5分1厘9毫，小厝1703间，征银为大厝的一半。按户发给凭照，交纳税银后有倒塌损坏的，允许缴出凭照然后注销，而新建的房屋征银也是如此，规定成为惯例。磨饷[①]是郑氏集团所设立，一首牛磨征银5两6钱。蔗车[②]是新税，一张蔗车也要征银5两6钱。开当铺的要权衡本金与利息，每年征银5两，称为官典，政府保护它，虽然收受赃物也不治罪。然而当铺多为势力豪门所设，而地方官员从中稍分一些利润。不征收税银的当铺称小典，军营里的下级官兵常以微薄的资金来博取重利。还有如瓦窑、菜园、檨[③]宅、槟榔宅等，也要按大小征收税银，但它的税银是微不足道的。这就是陆饷的大致情况。渔塭[④]可养鱼，水潭也可养鱼，而渔塭的收获优于水潭，后来渔塭按照下等园地征税，并纳入田赋之中。澎湖盛产鱼类，以海为田，施琅入台后，将它占为己有，每年收取规费1200两。许良彬到后，奏请归政府所有，以作为提督衙门的办公经费，而一些鱼行的老板任意苛求，渔民多受盘剥，深受其苦。乾隆二年（1737），朝廷谕令禁止，命令总督郝玉麟饬令地方官员按照条例，编列渔船的号码数，以按时检查。渔船有大有小，按载重量计担[⑤]征税，每担7分7厘。其次叫尖艚，每只征税8钱4分。其次叫杉板，每只征税4钱2分。网一张征税3两5钱，小的1两7钱5分。所谓箔，就是用竹篾编成帘子，长10余丈，插在浅近的海面上，利用潮汐涨退以捕鱼，每张箔税1两2钱6分。所谓沪，就是用土筑起围挡，高1尺多，凿开一道门，让潮水流入，而将网放置在凿口处进行捕鱼，每口沪征税8钱4分。縤是垂放鱼饵以钓鱼，每条征税5两8钱8分；縺也是钓鱼，税额与縤相同；还有如罟、罾、罾，都是用于捕鱼的，而捕获的鱼多少并不相同，所以征税轻重也有区别：罟一张11两7钱6分，罾5两8钱8分，罾4两2钱。所谓乌鱼旗，也叫作藏，每年冬至之前，乌鱼自北向南游弋，多至数以万计，渔户应事先去领乌鱼旗，一面旗征税1两2钱，要钤盖县衙门的大印，列出号码以备检查，凤山县最多。这就是水饷的大致情况。

同治十三年（1874）十二月，钦差大臣沈葆桢上奏说：

旧例台湾鼓铸锅皿农具之人，须向地方官举充，由藩司给照，通台只二十七家，名曰铸户。其铁由内地漳州采买，私贩者治罪。迩来海口通商，铁

① 磨饷，是对磨征收的税。

② 蔗车，制蔗糖的工具。

③ 檨，芒果。

④ 渔塭，一种滨海水产养殖场，择点设闸，潮来任其涨满，潮退在闸口置网，以捕获鱼类。

⑤ 担，1担等于100斤。

筋载在进口税则。昔杜内地之出，今自西洋而来，情形迥异。而不肖兵役人等，往往借端勒索，该铸户亦恃官举，任意把持，民甚苦之。又台产竹竿，向因洋民不靖，恐有接济，因禁出口，以致竹竿经过口岸，均须稽查。不知海船蒲布皆可为帆，无须用竹，立之厉严，徒为兵役留一索诈之端，民间多一受害之事，应请无庸查禁。

朝廷下诏同意。光绪三年（1877）春天，巡抚丁日昌巡视台湾，亲眼见到杂税之苦，于是就奏请免除。奏文说：

查台郡当郑克塽归诚时，仅有台湾、凤山、嘉义三县之地，其彰化县、淡水、噶玛兰两厅，皆系后辟之土。东至内山，西至海，地皆浅狭，唯南北袤长。计台、凤、嘉三县合长290里，其额征供谷13万余石，而后辟之一县两厅合长580里，仅征供谷5万6千余石。核计彰、淡、兰之地，比台、凤、嘉几多一半，而所征之谷，反不及一半，何也？盖凤、台、嘉开辟之地较早，所征税则皆沿郑氏之旧，而彰、淡、兰新垦之地，则由朝廷新定科则，故赋课较轻也。然其为民累者，则莫如杂饷。查杂饷名目繁多，内如归化生番，无亩可计，无粮可科，以纳鹿皮为饷。而所谓塭饷者，则征于畜鱼之所，所谓廍饷者，则征于熬糖之所，虽谓苛细，而稽其赢利，酌取一二，以益正供，于民尚无大损也。他如海水支流曰港，洼深积水曰潭，凡可养鱼之所，则如塭饷征收。而小道可通之处，竹筏小艇运货往来，亦按照征收。又如建屋之基，磨面之场，瓦窑、菜园、槟榔、番樣之类，莫不按数征饷。若其征诸渔户者，曰罟，曰罾，曰罾，曰縺，曰箔，曰缯，曰网，曰沪，曰乌鱼旗，吏役勒索，横取穷民。而佣户渔人又多去来无定，官役不能尽悉，假手土豪，出为揽办，预纳承充之费，垄断浮收，舐糠及米，输于官者十，取于民者百，民奈何而不困耶？臣到台后，查悉各弊，则拟稍为厘剔，而各项名目琐碎，影射牵连，非尽断葛藤，终难以绝弊窦。除番饷、塭饷、廍饷之外，其港、潭等项杂饷，统计各属共征银五千二百二十三两九钱六分五厘，均应豁免，以除民累。伏查台、凤、嘉三县正供，征收既重，而杂饷名目犹繁。小民终年勤劳，所得无几，而一经吏役隳突叫嚣，遂有枷棒在手，鸡犬无声之叹，民困何由而苏，元气何由而复乎？且此项杂饷，征收不过数千余两，就地支发，归入奏销。台湾近年出产茶叶、樟脑等厘税，均属新征，较此多至数倍。而台北现议开矿，则地利更可勃兴。谨将前项杂饷查列清单，请自光绪三年起，永远一律蠲除。

朝廷下诏同意。台湾人欢欣鼓舞，至今还在称颂这件事。

契税[1]为税收入款之一种，也属于杂税范畴。旧例每百元缴税加上其他费用共计 13 元，百姓认为收税过高，多不交税。光绪二年（1876），当地绅士蔡霞潭嘱托某御史上奏，朝廷下旨户部商议，决定自光绪三年开始，税费减为一半，即 100 元征税 6 元 5 角，其他费用全部裁减。然而经办人还是做不到完全废除，每项缴税都要加缴司单 6 角，若税费在 1000 两以上的，由县里送到府里加盖印章，或者由业主自己送上，每次收取规费二三十元。税款中，每经过府里转交给省布政司 3 元，知县按例可得 1 元 8 角，其余由书吏、家丁、房总、差役等分肥。所以知县到任之后，就会向民众告示税契，按期轮番追征，从而获取私利，多的有数万元，少的也有几千元。已经纳税的税契叫红契，尚未纳税的叫白契，白契不是有效的凭据，所以百姓也知道契税的重要性。

安平是台湾府城的通商口岸，向来由台防同知管理，征收船费，称为交口。派官员检查，凡是内地来台湾的商船，应该查验牌照。出口之时，船上必须挂上红旗，巡丁来到船上，丈量载重担位，与所报无差异，就委派有关人员发给牌照收取费用。每 100 担征收 5 元 6 角 6 分，每年约 5000 余元。不换牌照的视为走私，船与货一律充公。光绪元年（1875），台防同知移驻卑南县，征收船费仍旧归其负责。到光绪十四年，改由安平县负责收费，以抵偿津贴一半的数额。当时帆船逐渐少了，每年收费约三四千元，而轮船则归海关收税。又有武口，归安平水师副将管理，也派驻士兵，以查验船只出入，盘诘盗贼。每船征费 2 元，每年约 2 千余元。

《天津条约》签订后，允许在台湾开设口岸通商贸易。咸丰九年（1859），两江总督何桂清奏请准许美国先在潮州、台湾通商，福州将军东纯、闽浙总督庆端、福建巡抚瑞瑸联名奏请在台湾开设海关。继而英法两国请求按照美国征税，又奏准一律办理，其税项仍旧解送关库，归福州将军督办，统合南台、厦门两个口岸奏销[2]。咸丰十年，奏请委派道员区天民会同台湾镇林向荣、兵备道孔昭慈、知府洪毓琛等商议办理，商议以淡水八里坌为通商码头，而在对岸的沪尾设立海关。北路的鸡笼、香山、后垅、中港，南路的鹿耳门、打鼓，大小各口岸，一律禁止外国轮船前来贸易。同治元年（1862）六月二十二日，沪尾开关征税。同治二年正月，奏请委派道员马枢辉接办，适逢彰化县动乱，各地也开始动乱，道员马枢辉未到，就委派淡水同知恩煜代替他。恩煜请求设置关渡查验关卡，以检查外国商人进出，巡

① 契税，指土地、房屋等不动产产权交易时，就当事人所订契约按价值一定比例向新业主征收的一次性税收。

② 奏销，清代制度，各省每年将钱粮征收解拨的实数报部奏闻，叫奏销。

逻仍旧使用关船[1]。税务司[2]又禀报总理衙门，请求在鸡笼、旗后、安平三处，照例通商贸易，户部商议后允许。八月十九日，鸡笼开设通商口岸，委派副税务司来办理。同治三年四月，旗后也开口通商。以沪尾为正口，鸡笼、安平、旗后为外口。征税银册，都由通商总口转缴到关库，归福州将军督办。同治四年二月，旗后税务司以安平征收的外商税，逐年增多，各商人赴旗后缴税，有许多不便，于是请求在安平添设银号，负责税银的出入。将军庆麟调查原委，以为安平仅为查验口岸，只准许外国轮船暂时停靠卸货，不准许开设银号，而打鼓的海关委员德协领又认为此规定实际上方便了中国商人。后来经户部核准，于同治六年十月开办。随即又设置船政厅，管理港务，征收船钞。当时贸易尚未兴盛，税项也少。大概是因为中国协定的税率很轻，而土货贸易往来则另外征收厘金。

厘金的设立，始于道光末年。当时正当战事纷繁，征税困难，所以为了权宜之计，设置厘金以助军资。凡货物进出，按担征税，不论粗细，所以称为厘。咸丰十一年，知府洪毓琛禀奉饬令遵照办理，省里也派候补知府程荣春来到淡水，设立机构开始征收厘金，其中以鸦片的税收为最大项。分设机构之外又有验卡，征收厘金照前。而那些办理文书的小吏，徇私舞弊，格外苛求，以中饱私囊，商贾备受其害。厘金的设立，是为了挽救一时的危急，而并非可以永久施行的。所以，自从形势稳定之后，官绅阶层很多人都请求裁撤，将其归并到海关，然而朝廷不听。自从通商以来，地利日益得到开发，物产日益兴盛，蔗糖、大米、茶叶、樟脑等货物的出口，每年大概数百万元。大米是百姓的食物之本，主要供应给福建，所以不征收厘金。蔗糖每担征收 2 钱，主要销售到天津、上海，其次是香港、日本。茶叶另外征收厘金，征厘机构设在大稻埕。樟脑的利润，有的归官府，有的归百姓，其厘金较多。而煤炭、金沙的收益，先后兴盛，所以其详细情况是可以听得到的。光绪十八年，旗后的商人以波罗麻一项，每 100 斤征收厘金 6 角，折合白银 4 钱 3 分 1 厘，而海关一向征收税银 7 钱，并且从光绪十六年三月，并入苎麻类，一律改征，减为 3 钱 5 分。原本是税重厘轻，如今反而是税轻厘重，所以请求审核减轻。波罗麻就是凤梨丝，主要配售到汕头，用以织成夏布，其数量较多，整个台湾的厘金局都将它作为出口货物。还有如土茯苓 100 斤，海关征收税银 1 钱 3 分，厘金规定为 1 元；牛皮胶 100 斤，海关征银 1 钱 5 分，而厘金为 5 角，这是税轻而厘重啊。又如芝麻 100 斤，海关征

① 关船，海关设置的查缉船。

② 税务司，清代中国海关聘用的各口岸海关外籍负责人。

银1钱3分5厘，而厘金为1角4分；樟脑每100斤，海关征银7钱5分4厘，而厘金为5角5分，这是税重而厘轻。虽然关税与厘金原本就有差异，不得以百货的厘金，完全按照关税减半征收。其子口半税[1]，原指外国商人请求领取的三联发票，货运到最后子口，缴纳半税而言。若是中国商人则每逢关口都要纳税，遇到厘卡必抽厘金，那得引援出口半税的惯例。但是中国商人近来市场情景萧条，销路尤其不通，旗后的波罗麻出口，每年征收厘金约二三百两银子，为数很少，姑且准许核减，并入苎麻章程，每百斤改征4角2分，折合白银3钱2厘，以体恤商人的艰辛。税厘的设立，是为了提供国家的费用，而民间也有私下征收。城区的市场，村落的墟市，牛猪等畜场，蔬菜水果市场，凡是来到这些地方贩卖的，每次都要收取税费，以作为庙宇祭祀等义举的善款。但必须禀报官府公示账目，以杜绝纷争，所以人们才乐于交纳。当初，道光年间，府城里商务繁盛，牛车进入城中，每天有数百辆，城里当兵的欺负乡下人愚昧，向他们勒索规费，每辆收钱100文，多的达数百文。乡下人不堪忍受这种勒索，群起呼吁府城官绅帮助，于是台湾总兵和台湾道联名发布告示禁止，违反者治罪，从而这些弊害就比较少了。

郑氏征收杂税表

厝税　每间6钱2分，共6270间，每年征税3887两7钱1分。

瞨社　公27所，每年征税3060两。

港潭　每年征税19388两。

梁头牌　每担1钱1分，共13637担，每年征税1500两7分。

澎湖船只　共110只，每年征税73两8钱。

安平镇渡船　共34只，每年征税400两。

牛磨　每首24两，共27首，每年征税648两。

蔗车　共100张，每年征税1976两。

大小网箔　共80张，每年征税208两4钱。

罟罾縺缯等　每年征税840两。

乌鱼旗　共94枝，每年征税141两。

入港货税　每年征税13000两。

出港盐税　每年征税200两。

---

①“子口”是相对“母口”而言，母口是对外通商口岸，子口是内地常关、厘卡所在口岸。子口半税是1858年《天津条约》后对洋商征收的一种内地关税，是一种代替内地关、卡应征的各种捐税、厘金的税收。

僧道度牒　僧每名2两，道士5两，每年征税200两。

清代陆饷征收表（据乾隆二十九年《台湾府志》）（终位厘）

厅县 款目	台湾	凤山	诸罗	彰化	淡水	澎湖
厝饷	1 256 193		200 500			
牛磨	225 204					
蔗车	274 400	562 800	871 900	100 800	5 600	
檨宅	70 000		60 000			
槟榔宅		6 000	3 000	347 200	11 200	
菜园			12 500			
瓦窖	50 000		115 000			
当铺		5 000				

清代水饷征收表（据乾隆二十九年《台湾府志》）（终位厘）

厅县 款目	台湾	凤山	诸罗	彰化	淡水	澎湖
渔船	645 641	387 926	226 669	155 885		223 020
渡船		76 153				
港潭	425 624	442 974	351 417	44 538		
鱼塭	16 500		100 000			
大小网						154 000
箔		11 760				3 150
沪						32 130
罾	32 400	8 400	8 400			28 560
罟	70 560	129 360	5 880	5 880	11 760	
罖	17 670	5 880				
縺	52 920	64 680	28 400			
蠔	52 920	47 020	47 040			
缯			11 760			
乌鱼旗		98 700				

台湾海关征收税钞表

年份	淡水及基隆	安平及旗后	合计（两）
光绪七年	320 469	218 395	538 864

续表

年　份	淡水及基隆	安平及旗后	合　计（两）
光绪八年	285 320	186 961	472 281
光绪九年	296 931	194 895	491 826
光绪十年	297 879	210 214	508 093
光绪十一年	372 720	152 375	525 095
光绪十二年	382 156	154 088	536 244
光绪十三年	534 523	337 576	872 099
光绪十四年	598 383	404 205	1 002 588
光绪十五年	590 944	399 202	990 146
光绪十六年	584 241	461 031	1 045 272

台湾海关征收船钞表

年　份	淡水及基隆	安平及旗后	合　计（两）
光绪八年	1 897	5 067	6 964
光绪九年	2 283	4 939	7 222
光绪十年	1 961	5 491	7 452
光绪十一年	656	2 548	3 204
光绪十二年	1 442	2 415	3 857
光绪十三年	707	2 475	3 182
光绪十四年	4 869	3 422	8 291
光绪十五年	3 199	2 724	5 923
光绪十六年	1 630	4 059	5 689
光绪十七年	2 065	1 727	3 792

卷十八

榷卖志

卷十八
榷卖志

连横评论说，当年姜太公治理齐国，设立盐铁管理机构，以增加经济利益。管仲继承这一策略，齐国因此富强，所以能够称霸诸侯，抵御别国侵略，丰功伟业流传数代。汉代兴起至武帝时期，为了开拓疆土，频繁调兵遣将，军队每年都要出征，导致国家经费不足，于是设立盐铁官营机构，并征收酒的专卖税。文官们认为这是聚敛行为，与民争利，而功利主义者却认为这能使国家富有。台湾的专卖制度，起始于清代，初期实行食盐、硫磺的专卖，后来纳入煤、樟脑的专卖，因为这些都是台湾的自然资源，假如能振兴发展起来，足以使国家富裕，民众也会受益。起先台湾熔金属以铸造铁锅、器皿、农具的匠人，按例由地方官举荐，布政使颁发执照，并向他们收税，全台定额 27 家，称为铸户。所使用的铁从漳州采办，私自贩卖会被治罪。大概是因为台湾孤立于海上，顾虑有人私制兵器，所以派官员监管。可是开港通商以后，开放外国的铁进口，已明确写入新的税则，旧的规定就成了一纸空文。同治十三年（1874），钦差大臣沈葆桢奏请废止旧规，铸户们就方便多了。专卖制度，各国都有，大小轻重，或有不同，而台湾所施行的就是这样。《论语·颜渊》记载说：“百姓足，君孰与不足？”其中的道理深刻啊！

盐

台湾作为滨海之地，煮海水为盐，其利润很大。先前的时候，台湾出产的盐的味道苦涩，不适合食用，多从漳州、泉州运来。南明永历十九年（1665），谘议参军陈永华开始教民众晒盐，选址在天兴州的南边，也就是现在的濑口。其方法是在海边筑池型空地，铺上碎砖，引海水入池，等待海水发卤，再泼出去曝晒，当天便可制成。如此产出的盐，颜色白而咸，花费劳力很少。官府允许民众自行贩卖，而向他们课税。台湾归属清朝后，制盐户越来越多，销路也越来越广，盐户们争相晒盐贩卖，价格不一。雍正四年（1726）春天，当地官府奏请收归官办，由政府管理，分设盐场4处：州南盐场、州北盐场，在台湾县武定里[①]；濑北盐场，在台湾县盐埕庄[②]；濑南盐场，则在凤山县大竹里[③]，邻近打鼓山麓。每个盐场设管事1名，巡丁10人，或者8人，或者6人，视盐场规模的大小而定，以防止私下走漏。盐户晒盐的时间，一般都在春冬两季，春天叫大汛，冬天叫小汛，因为夏秋两季雨水较多。盐制好后便运到盐场，再定其价格。每石价格为当时银价1钱2分，濑南价格稍低，减2分。每年收盐约9万石，有时到10万石。府城设立一个总盐馆，市镇各设分馆。贩盐商户需自行至市镇分馆缴税，领取贩盐凭证“盐引”。盐馆卖出的盐每石银3钱。经过水运或是陆载，以路途远近定售价，所以各地的盐价格都不一样。盐税的收入，除了每月发给盐户以及经费外，都存进府库，造册申报，以充作兵饷。乾隆二十一年（1756），增设濑东盐场，在嘉义县的井仔脚。而布袋嘴[④]、北门屿也先后设立。因为彰化、淡水两地设立了县、厅机构，开垦的农户一直都在向北发展，因此设立盐场以供给他们的需要。乾隆五十五年，商定除台湾盐的定额之外，所有池底的泥盐[⑤]每年约2万石，分拨给各厅县销售，每年征税1818两余银子，列入财政收支奏销。嘉庆十五年（1810），设置噶玛兰厅，所需要的盐来自濑北盐场，每年销售7000石，归厅署采运，每石售银子3钱3分，共征收2310两。除原价及折纹银外，可得盈余纹银1337两。之前，莆田、惠安的渔船，每到春夏之交的季节，遇到大风就停泊在噶玛兰的地方，然后运盐零卖，每斤价钱七八文。其中有人囤积居奇，到秋冬时，价格涨到二三十文。到设官治理后，禁止私人卖盐，决定按照汀州行销广东潮州盐给予通行证的办法，招募鸡笼小船，发给执照，让他们到莆田、惠安的盐场收购贩运，以供民众食用。因为噶玛兰地处台湾的东北，台湾府的盐运到淡水，又要等待顺风才能进入，费用大而耗时久，还要担心断绝了供应，因此盐价高昂。然而台湾道台署不允许，认为噶玛兰作为台湾府属，买卖府盐，可杜绝私卖，而且时间上完全可以保证及时供应，议定归厅署管理。从嘉庆十八年三月开始，每斤盐的价格为16文，消费者感到满意。

道光四年（1824）闰七月，省府因为之前供应南靖、长泰二个县食盐的供货出现了问题，奏请由台湾盐代销。于是每年征收台湾盐17000石，加上台湾自晒自用

① 武定里，在今台南市安南区。

② 盐埕庄，在今台南市南区。

③ 大竹里，在今高雄市盐埕区。

④ 布袋嘴，今布袋港。

⑤ 泥盐，含泥量较高、颜色没那么白的盐。

的盐总共 13 万石，盐的收入款项巨大。从这以后，北部旷野地区日益开辟，淡水厅所属地方居住的民众就有几十万人，而仍然行销府盐，采买和贩卖都不方便。咸丰年间，开始允许在虎仔山自行晒盐。一时间私盐泛滥，盐税锐减。同治六年（1867）二月，改归由台湾道台署办理，严厉缉捕私盐贩者，虎仔山盐场也收归官府管理。同治七年转为由知府衙门管理。同治九年二月又转回由道台署管理，同治十年仍归知府管理。而发给盐贩的执照也越来越多了。

澎湖四面环海，小岛交错林立，到处都是盐碱地，可以自行晒盐，但还是只能行销府盐，1 块银元可以买到 80 斤，盐的颜色呈灰色，味道略有些苦。澎湖人以海为田，从事渔业生产，盐的需求量较大，一旦盐不能及时供应，人们的生产、生活都会受到影响。光绪初年，商议设立盐场，上级官府没有批准。光绪十一年（1885），台湾建省，光绪十四年整顿盐务，台南、台北两府各设盐务总局管理相关事务。台南府的盐务总局归兵备道管辖，而台北府的盐务总局归台湾布政使管辖。基隆、艋舺、宜兰、新竹、大甲、鹿港、嘉义、凤山、恒春、澎湖等地各设盐务总馆，其余各地仍旧设立小馆，由民间承揽经营。这些馆主大多是乡绅或者官员的亲眷，从中获利不少，大的盐馆一年能盈利上万元，小的也有一两千元。台湾销售的盐如果按人口计算，每人每天需要 3 钱，一年就需要 6 斤 12 两，以 300 万人计算，则需要盐 2025 万斤。每斤平均值银 1 分，就有 202500 两，实在是每年征税收入的一大项。

“生番”比较落后，居住在山林深处，茹毛饮血，对盐的需求十分迫切。其中归化的“土番”所需的盐由官府供应，或者可以交易买到。另根据旧方志记载，崇爻山里有咸泉，挖地将泉水取出，编竹为锅，内外涂上泥土，把咸泉水煮成盐。像中坜、后垄几个地方的“熟番”，有把含盐的沙土用水将其中的盐分过滤出来煮成盐的，官方都不予征税。因为他们归化时，曾经向朝廷奏请得到准许。

硫　磺

硫磺产于淡水，也就是今天的北投，当西班牙人侵占台湾时，曾经开采过。然而瘴疠肆虐，蚊虫滋生，水有毒，开采的工人经常生病。清朝统一台湾后，康熙三十五年（1696）冬天，福州火药局发生火灾，主管者担负主要赔偿责任，想要派下属前往，却没有人敢去，来自杭州的秀才郁永河刚好在福州，便主动请求前去。康熙三十六年二月到达台湾府城，四月北上，先命令淡水社通事张大前往北投建筑房屋。到了当地之后，便召集“番社”的头目一起喝酒，告诉他们要采集硫磺的事情，并与他们约定采集一筐硫磺可以换布 7 尺。“土番”十分高兴，各自背着磺土前来。随后命令工人将这些磺土进行熬煮。硫磺有黄、黑二种，比较沉重而表面有光，用手指一捻，能够发出飒飒声响的，品质比较好，不能发出声响的，品质就比较差。首先将磺土粉碎成粉，通过太阳暴晒使粉末成为十分干燥状态，在锅中倒进油，然后慢慢地加入磺土，要有两个人持竹竿不断地搅拌。磺土和油拌在一起后，硫磺会自己渗出，油土相融，而后形成硫磺。一锅可制作四五百斤，或一两百斤，火候掌握得准确与否十分关键。产硫磺的地方在内北投，当地的石头是蓝靛色，有沸腾的泉水，草色枯黄，没有生机，山脚下白气缕缕冒出，仿佛白云开始升腾，那就是硫磺气孔，风吹来时硫磺的气味就更加难闻。再往前走半里，地上草木不生，地板像刚烤过一样，50余道白气都从地底下喷涌而出，声响如雷般震撼猛烈，地面随时都有要发生震动坍塌的感觉，之所以没有下陷，是因为有热气将它顶着。硫磺气孔中毒焰扑人，一接触到就感到头痛欲裂。左边有一溪流，声音如同一个倒挂的峡谷，这里就是沸泉的源头。郁永河所著《裨海记游》，其中所写的大概如此。那时候，淡水还没有开发，而北投又在“番社”的地界，不轨之徒偷偷来到这里，私制火药。乾隆年间，官府出告示明令禁止，接着又命令屯兵把守。每年四季，北路营副将派遣官兵进山，烧毁草木，以杜绝私自熬煮硫磺。同治二年（1863），福建巡抚徐宗幹奏请开采硫磺，以益军务。同治六年，淡水同知严金清禀告说不可行，认为开采有四个方面要考虑。同治八年，卢壁山奉南洋通商大臣的命令，来台湾采办硫磺，招募工人进行熬煮。不久闽浙总督英桂命令总兵杨在元、兵备道黎兆棠派人一同前往勘察。因为当时整顿军备，要经常用到火药，所以决定开采。但因为硫磺的产量不够大，又怕耗费太多的经费，同治九年，又把它封禁。到刘铭传任台湾巡抚时，谋求开发地方自然资源。光绪十三年（1887），奏请设立硫磺总局，和樟脑都归官方经营，硫磺的产量越来越多，直到现在。

煤

煤是最重要的矿产，台湾各地多有煤矿资源，其中以基隆的储量最大。当西班牙侵占台湾北部的时候，就曾经开采使用，其遗迹至今还保存着，就是现在的仙洞。清朝统一台湾后，仍然还有开采。乾隆年间，移民逐渐增多，大家认为开采有伤龙脉，请求官府进行禁止，然而还有私自偷挖的。道光十五年（1835），淡水同知娄云再次明令禁止。道光十七年，同知曹谨再次申禁。可是，当时已经开口通商，东西方往来，都要经过台湾，于是各国就更加关注基隆煤矿。鸦片战争时，英国军舰就曾经觊觎基隆，战争结束后，英国人便来到台湾，谋求通商。道光二十八年，英国水师游击吴伦到达基隆调查煤矿的储量，回去报告英国政府。道光三十年，英国驻中国公使申请由英国人开采，清政府没有同意。咸丰四年（1854），美国水师提督彼里也来勘察，认为基隆煤矿煤层丰厚，曾图谋占据这个地方，建设军港，以方便美国的贸易，但是当时台湾人并不知道这件事。《天津条约》的签订，允许基隆开口通商。同治三年（1864），福州税务司上书，列举开采煤矿的种种好处，请求批准英国商人租用基隆煤矿进行开采，淡水税务司也赞成这样的说法。福建巡抚徐宗幹向朝廷上奏，认为不行，而台湾当地的绅民也订立公约说："鸡笼山一带，为合境来龙，灵秀所钟，风脉攸关。近有沿海奸民，讹言山根生有煤炭。难保无人偷掘，一经损伤，全台不利。如遇偷挖，即行围捕送官。倘敢抗拒，格杀勿论。有不遵者，公议惩罚。"但是后来私自采挖的人越来越多，其趋势已不能禁止。

同治九年正月，闽浙总督英桂命令代理台湾道黎兆棠派人前往基隆煤矿查勘，于是委任江苏候补道胡斌与淡水同知会同进行调查。据调查后禀报，基隆港东边的深澳、八堵、土地公坑、竹篙厝、偏坑、田寮港、后山、石梗、暖暖、四脚亭、大水堀等处，都属于旁边的支系山脉，不会影响主系山脉，远离民居，而且对田园、坟墓等也没有妨碍。总共有92个矿洞：已经关闭停止采掘的有23个矿洞，其中的煤已经采完，土地归还山主；停止开采的有21个矿洞，因为煤的价钱便宜又卖不出去，旁边的溪流水浅也不好运输；现在开采的还有48个矿洞，其中如四脚亭4个矿洞，夏秋季节的时候，也是水浅难以运输，要等到八九月时才能运出。于是召集山主及地方人士，商定开采章程，树立石碑限定界址，不允许租给外国人，也不准私相买卖。各矿洞南北相距25里，东西五六里。已经关闭的不得再开，开采的矿洞最多以70为限。而煤户必须是本地人，并且有亲族坟墓在这里的人，这样可以互相连环保护，曾经为洋行工作过的人不能参加煤矿的开采。采煤工人也必须是本地人，家在50里以内的人才能雇用。每个矿洞雇佣的工人不能超过20个人。煤户必须具结保证，所开采的煤必须交给煤行再进行售出，官府负责监督，违反规定的要进行惩罚。禁止开采的规定虽然解除了，但是各种约束还是很严格。当时，基隆、沪尾已经是通商口岸，轮船进出，使用的煤炭日益增多，还有运到福州、厦门的，每年产煤多至三四十万担，少的也有10余万担。这里的煤分为3等：上等叫角煤，每担值200文钱；中等叫中煤，价格稍低；下等是煤粉，价格最便宜，每担只值五六十文。这些是在山里煤行的价格。如果运到市场上销售，就要看路途的远近而有所差别，按照规定每担要征税5厘，只有船政局买的煤可以免税，而煤户也不用交税。

同治十三年（1874），钦差大臣沈葆桢上奏说：

台湾之地，病于土旷，而土旷之病，由于人稀。重洋远隔，势必获利三倍，而后内地食力之众，不召而来。然垦田之利微，不若开煤之利巨；垦田之利缓，不若开煤之利速。南北各省按日以煤炊爨，入冬以煤御寒，若出口畅旺，煤价必昂，于民间不无窒碍。而台湾则炊爨、御寒均无需此，除出口外，别无销路。虽其煤质松脆，不敌西洋之产，而较之东洋，尚去不远。然台煤虽富，年来开采仍不甚旺，其故由于滞销。西洋之煤，金山最伙，从前船只皆绕金山而来，货物之外，以煤压载，煤佳价平，固非台煤所能敌。自埃及红海开通以后，洋船无须绕道金山，而金山之煤遂稀，价亦日昂，而台煤仍不畅销。则必减轻税率，以广招徕。此后税率虽减，而入款仍不悬殊，则于民间生计当有起色。至船局所用台煤，向系免税，不在定则之内。今拟将出口之煤，每吨减为税银一钱。如蒙天恩允准，伏恳饬下总理各国事务衙门，札行总税务司，言明台煤无关民间日用，为洋舶所必需，是以减税惠商，南北洋各口均不得援以为例。

朝廷下诏同意。

光绪二年（1876），聘请英国人台札为采矿工程师，并购买机器安装在八堵，进行大规模开采，出口量也有所增加。但是煤矿费用繁多，收入不足以支付开销用度，且委派的管理人员虚报贪污，积弊越来越严重。光绪八年二月，台湾道刘璈向福建总督和巡抚禀报：

台北煤务为台湾漏卮，中外疑议，已非一日。职道履任以来，亟思设法整顿，以期除弊兴利。盖以煤务事属创办，职道又未亲履其地，远观悬揣，漫议章程，失刻失疏，均虞未协。然屡奉钧批，又不敢以月耗巨帑，责归台防之事，置诸后图。从前张升道深知其难，请由船政主办，实由于此。嗣后黎星宪复称统归船政办理。盖以煤务之坏，坏于历办不得其人，浮费过多，成本过重，随处浮冒，任意报销尔。郑倅接办以来，自禀牍观之，较前诸员似有把握，然以册报论之，似其不实不尽之处，仍所不免。八堵以总炭一万九千八百五十余石起解，基隆只收一万六千五百五十余石，十余里间，少去三千三百余石，已属不解。而八堵以粉炭九千零十石起解，基隆仅收三千四百三十石，竟少去五千五百八十石。基隆收发之时，又各有失耗，大较又去一成。既减成色，又失斤重，一转移间，一月之内，耗至八千余石，揆之于理，似欠圆通。又工匠等听烧官煤，月至数千石，洋人三名月烧官煤九千斤，路旁三灯月烧官煤四万斤。其间不应滥支之处，不可胜数。此煤斤滥耗之情形也。至于银钱数目，采煤工价，浮于所收之额，多至三千四百余石。车运之价，亦难实按。种种糜费，悉难枚举。今拟委补用同知史悠菜、候补通判李嘉棠会同办理，不过欲于台湾漏卮，稍求补苴尔。于是又重新制定了8条章程，竭力进行整顿。当时毕德卫洋行要揽销全部的煤炭，船政局认为不行，于是在上海自行设立台湾煤务分局，又在汕头、香港、厦门委托商家代售，总计每年生产原煤一百四五十万石，可得20余万元，而煤炭的经销费用不过数万元，收入多支出少，逐渐有了起色。如果能扩大煤炭的销路，完全可以从中获利。法军侵略台湾，基隆失守，煤矿被毁。战事结束后，巡抚刘铭传奏请设立煤务局，委派张仕瑜办理，投资14余万两，重新购买机器，又聘外国煤矿工程师，招聘工人开采。到光绪十三年，每天出煤可达100吨，但经营还是不理想。刘铭传委用广东商人代办，遭到众多的非议，户部也以为不可，又回归官办。到邵友濂担任台湾巡抚时，就把煤务局裁撤了。

煤 油

煤油或称石油，它的好处很多，但以前的人不懂。台湾人点灯一般都用豆油，直至西方人发现煤油以后，把它运进台湾，一开始只在城市能见到，没过十几年就遍布乡村了，因为它不但价格便宜而且亮度增倍。煤油的使用，以美国彗星牌为最多，其次是俄国和澳大利亚的产品，每年大约要消耗数十万元。然而台湾自己有煤油，却不知道如何开采，十分可惜。咸丰末年，广东人邱苟是通事，他勾引“生番”杀人，被官府追捕紧急，逃到深山。到猫里溪上游，看见水面有油，味道很难闻，因为当时没有蜡烛，就把这种油拿来点上，发现特别亮。邱苟心里高兴，把这个秘密告诉了吴某，吴某用百两银子的价钱租得这块地方，却不知道如何开发。邱苟又租给宝顺洋行，每年得银千余两。于是两家之间互相争夺权利，聚众械斗，争斗了很久。同治九年（1870）二月，淡水同知逮捕邱苟治罪，又以外商在内地没有开矿权为由，将其查封。到沈葆桢巡视台湾时，听到了这件事。光绪四年，聘请了美国工程师2人前往勘探，得知后垄的油层最丰富，于是购买机器进行开采。一开始钻出的大多是盐水，钻到一百几十丈深时，打到了油层，石油滚滚而出，每天可以得到15担。时间一久，美国工程师与官府管理人员产生了矛盾，竟然辞职而去，开采因此无法进行。光绪十三年，巡抚刘铭传设立了煤油局，委派栋军统领林朝栋兼管，但是产油不多，入不敷出。光绪十七年，巡抚邵友濂将其撤废。听矿学家说，台湾地层含油面积很广，从苗栗到安平县的噍吧哖①，蜿蜒千里，如果能够开采出来，足以供

① 噍吧哖，今台南县玉井乡。

台湾使用而有余。此外，台湾多火山，其中有瓦斯，质地像炭，亮度胜于煤，它的用处更广。

樟脑

樟脑是台湾的特产。当郑芝龙住在台湾的时候，他的部众进山开垦，砍伐樟树熬制樟脑，就在现在嘉义县的地方。将樟脑卖到日本，作为制药的原料。熬制樟脑方法从泉州传来。清朝统一台湾后，对“番地”实行封禁，违反的人处死。康熙五十九年（1720），曾逮捕熬制樟脑的100多人治罪，这个行业逐渐荒废，而山脚下的民众还有私自熬制的。雍正三年（1725），闽浙总督满保奏准在台湾设立船厂，修造台、澎水师的战船，由台湾道和台湾水师副将监督。于是在南、北二路各设立了军工料馆（采集造船材料的工场），采伐大的木材，作为造船的材料，招募工匠首领来担任此事。台湾北部樟树比较多，樟树有两种，有香味的可以熬制樟脑，气味比较臭的只能用来制作器具。因匠首要带领工人进山，所以允许他熬制樟脑，让他得到一些好处，而其他人都是禁止的。道光五年（1825），开始在艋舺设立军工厂，并设军工料馆，同时从事经营樟脑业务，内山所熬制的樟脑都归他们收购，然后再由他们卖出。鸦片战争中，英国舰船曾经到鸡笼，暗中用鸦片交易樟脑。不法之徒为了谋取利益，私熬樟脑的越来越多，法令几乎不能禁止。咸丰五年（1855），英商德记洋行开始与台湾道签订购买樟脑的合同，每石价格为16元，卖到欧洲，但经营樟脑的商人只能拿到8元，其余的利益都归给了道署。咸丰十年，台湾开口通商，外国商人陆续来到。樟脑作为出口的货物，每年大约卖出20万元，台湾道陈方伯决定收归官办，设立机构来进行收购。同治二年（1863），艋舺料馆改为脑馆，竹堑、后垄、大甲等处都设小馆，以管理相关事务。当时艋舺、大甲等地出产的樟脑特别多，每年分别达到一万两三千石，竹堑、后垄也各有一两千石。而噶玛兰、彰化的内山也有熬制樟脑的。销售的量越来越大，但因为是官办的原因，外商不能从中得利。同治五年，安平英国领事要求改归民办，兵备道吴大廷不同意。驻京英国公使认为樟脑官办会阻碍通商，就向总理各国事务衙门提出交涉。同治六年，闽浙总督派兴泉永道曾献德到台湾，与英国领事商议。光绪八年，废除官办，新订立的采购樟脑章程规定，凡外国商人进入内地采购樟脑，必须先向总税务司申请护照，填明商行的名号、采购者的姓名，并缴纳出口税的一半，作为内地税。运到口岸后，需要报明海关，按照章程纳税，然后才能出口。如果没有护照，樟脑全部充公，经营的人也要治罪。如果不是通商口岸，外国商船不能停泊，也不能私自贸易。

同治九年，开始设立厘金局，用来征收樟脑厘金，每100斤征收税银5钱。最初由商人承办，后来归厘金局管理。

光绪十三年（1887），巡抚刘铭传上奏说：

樟脑一项，近来日本出产甚多，而香港脑价日落，如归官办，每石可获利二三元。台湾产脑每年约出万石，硫磺则台产最佳。前两江督臣沈葆桢奏请开禁，采备官用，历年办有旧章。每石成本洋一元，官买每石洋三元，每年出产六七千石，上等硫磺每年只出千石，均归官用，其次积聚三千余石，官既不用，商禁未开，不能出口。日久月聚，愈积愈多，不独糜费、弃置可惜。且香港年销硫磺至万余石，运至江南、天津一带，熏炙葵扇草帽，蒸炊饽饽，制造爆竹，销路甚广。台湾硫磺既佳，奸民私熬贩运，出口不少。夫以自采之磺，禁不出口，既听日本畅销，又不能禁止私熬。若设法经理，获利虽尚未多，而于抚番经费不无少补等因。臣查樟脑、硫磺两项，民间私熬私售，每多械斗滋事，恳请归官收买出卖，发给执照出口。以目前情形而论，年可获利三万余元。以后若能出产较多，销路较畅，经理得人，日渐推广，以自有之财，供无穷之用，实于国计民生，两有裨益也。

朝廷下诏准许，于是设立全台脑磺总局，隶属于巡抚管辖，并在北路的大嵙崁、中路的彰化，各设脑务总局。在南庄、三角涌、双溪、罩兰、集集、埔里社，都设立了分局，由委员负责分局事务，又有司事、执秤、查灶、勇丁等各种职务。在宜兰、恒春也另设脑务总局，为了促进脑务的进行，按照开灶的数量，征收防务费，作为“抚番”的资金。这些熬制出来的樟脑全部归脑务局，每石8两银子，以12两卖给商人，每年可获利100余万两银子。当时出口事务由台北的德国商行公泰洋行承办，卖到香港，每石可卖20两银子，多的达20余两。光绪十六年五月，台北的脑务改由蔡南生承办，彰化的脑务由林朝栋承办，每石缴费30元，厘金和防务费都包含在内，以12元给脑户，其余的归官府。当年出口6480余石，光绪十七年为15980余石，光绪十八年为13120余石，而樟脑的价格也日渐上升。其原因在于欧美市场销售得越来越多，化学技术日益精进，樟脑可以成为很多药物的原料。

当初，德国人晦实禄在台湾南部开设瑞兴洋行，先到集集设馆熬制樟脑，自行卖到香港，数年之间，获利不可估量。由于收归官办，突然间失去了这项利益，因此迁去汕头，将樟脑业务交英商怡记洋行承办。光绪十六年五月，怡记洋行从集集运送700余石樟脑至鹿港，九月又运540石。彰化局丁认为是走私，强行予以没收，安平的英国领事照会巡抚要求索还，巡抚不同意。事情僵持在那里，关系好像要决裂。驻京英国公使就与总理各国事务衙门进行交涉，其他国家也认为这有碍通商，要求撤除官办。下旨要求户部商议拿出意见。户部上奏说："熟考古今律例，盐、硝、硫磺均归官办，严禁私贩。除此三项之外，未尝别有所禁也。台湾内山今以出产樟脑之多，奸商夤缘贿赂，挟谋其间，不准他人售卖，实属无谓。今英商收脑数万斤，为巡察委员所没，是则奸商之故意而后至此，即台湾巡抚亦难辞其责。况樟脑一物，原系药材，未可禁止私贩。如英国地多虫蚁，以脑熏尸，可免虫蚀，此销用之所以较多也。此后各省新出，不论利益多寡，应先奏明而后举办，方为得策。伏乞谕饬台湾巡抚刘铭传，即将樟脑一项改为民办，官府但可征税。"得到朝廷的认可。十一月，废除官办，撤走隘勇。于是"生番"乘机出来毁坏脑寮和杀人，沿山一带受到骚扰，造成纷乱，樟脑的生产受到了很大损害。于是请求设立隘勇并缴纳防务费，凡樟脑 100 斤征税 8 元，脑丁每灶 1 粒月征 8 角，以 10 灶为 1 份。出口的则纳海关税 1 元 1 角 5 分 5 厘，厘金 5 角 5 分，收入仍旧不少。光绪十七年，改脑磺事务隶属布政使司，仍于北路的大嵙崁、中路的彰化，各设脑务稽查总局，下设分局，全部由抚垦分局委员兼任，因为它们分管的事务是有关联的。光绪二十一年，裁除灶费，每 100 斤改征厘金 4 元。当时外国的销售量越来越大，香港每石达到七八十元，甚至达到 100 元。

沙　金

台湾开采黄金始于 300 年前。旧方志称郑氏后期，派遣官员陈廷辉前往哆啰满[1]开采黄金，年老的"土番"惊讶地说："台湾难道要出大事吗？"有人问为什么这么说，他回答："日本人要采金而荷兰人来，荷兰人要采金而郑氏到，现在郑氏又要来开采，这样还能平安无事么？"不久清军果然入台。这句话虽然不是很合常理，但也可以知道台湾采金是很久远的事了。《海上事略》说："郑氏时，上淡水通事李沧请取金自效，监纪陈福偕行。至淡水，率宣毅镇兵，将至卑南觅。土番伏莽以俟。曰吾辈以此为生，汉人来取，必死战。福不敢进，归至半途，遇土番泛舟贩。福攻之，禽其酋，获金二百两。令道取，不从。"又说："金出山后，其番为傀儡种，人迹罕至。自淡水乘蟒甲，自西徂东，返而自北而南，溯溪进，匝月方至。土番善泅者从水底取之，如小豆，藏之竹篚，或秘之瓿甒，间出交易。"《番境补遗》说："哆啰满产金，淘沙出之，与瓜子金相似。土番熔成条，藏巨甓中，

① 哆啰满，今花莲。

客至每开甓自炫，然不知所用，近岁始有携至鸡笼、淡水易布者。”《台湾志略》说：“港底金在蛤仔难内山。港水深且冷，生番沈入，信手捞之，亟起，口噤不能言，爇火良久乃定。金如碎米。”按照这些说法，台湾出产黄金已经很久，并且多在东北部。乾隆三十六年（1771），波兰人麦礼荷斯奇图谋开拓台东，与马波奥时科“土番”作战。“土番”投降，献金20斤，银800斤，都是此地的产物，也就是现在的瑞芳附近。这说明台湾所出产的黄金早就被外国人所垂涎了。光绪十一年（1885），中法战事平息后，巡抚刘铭传要修筑台湾铁路。光绪十五年，修建八堵车站边上的桥梁，工人潜入水中建造桥梁的基础时，偶然发现了沙子中有黄金，就取出沙子进行淘金。当时造桥的监督是都司李家德，广东顺德人，曾经去过美国，而筑路工人大部分也是福建人和广东人，有的曾经去到过澳大利亚的墨尔本新金山和美国的旧金山，知道后都抢着去挖。当地居民也跟着效仿，都有收获，每两金沙能够换银8两。光绪十六年九月，淘金者达到3000余人，开采的地方也逐渐扩大。光绪十七年八月，官府出告示进行禁止。但一些追求利益的人趁着黑夜进行偷挖，违法偷挖的人数很多。基隆同知黎景嵩建议由官府经营金矿的开采，巡抚邵友濂同意了。光绪十八年二月，得到朝廷的批准后开办，在基隆设立金沙总局，在瑞芳、暖暖、四脚亭、六堵、七堵、顶双溪各设分局，派人进行管理。开采者必须领取官方颁发的执照并交纳税款，派驻乡勇维持秩序。当年冬天，商人金宝泉申请承包经营，每年认缴2万两银子，一切费用以及乡勇的饷银，全部由他负责。官府同意从光绪十九年起，撤了金沙局归商办。而从光绪十八年二月到年底，共收厘金27112余银两。除了上缴的局费一成，以及新招的乡勇一哨的薪粮、衣物器械、账房等费用外，实际剩余17662余银两，把这笔钱划归海防费用，上奏后保存在案。没多久，金瓜石、大石坑也发现了金矿苗，开采的人越来越多。当时的金价比较便宜，每两在矿山上换银元18元，之后逐渐变贵，一年开采出来的黄金价值银元一百数十万元。而台东的新城、秀姑峦、花莲港、得其犁，宜兰的苏澳、叭哩沙等地，纵横60余里的地方，也有金矿苗的发现。但是因为台湾东部开发的时间没多久，“野番”还经常出没，当地居民容易遭到伤害，所以黄金的开采还比较少。

鸦片厘金

台湾鸦片的由来，始于荷兰侵占台湾之时。荷兰人的贸易中，鸦片占了很大的比例，销售到福建、广东两省，逐步深入到内地。在明朝的时候，已有中国人吸食，然而只是把它当作药。所以《本草纲目》称它“合敷融”，或者叫“阿芙蓉”，就是以罂粟果实的浆汁熬制出来的。鸦片出产在印度，它是国家税收的大项，而土耳其、埃及、伊朗都有出产。上好的叫作公班土，就是黑土，味道浓效力大。第二等的叫作白皮，第三等的叫作金花，也就是红土。台湾的鸦片销售，一开始多用黑土，接着才开始用红土，价格比较便宜，所以吸食的人比较多。乾隆、嘉庆年间以来，国家安定，上自官员，下至差役，都以吸食鸦片为乐趣。到道光十八年（1838），朝廷下诏禁止，以林则徐为两广总督，销毁英国人的鸦片13600余箱。英国人不服，于是便发动战争。台湾道姚莹也奉旨禁止鸦片，初犯的人进行刑罚，再犯的人予以处死，一时之间，鸦片几乎禁绝。可是，英国人就把鸦片用夹板船运到鸡笼，私下里与不法分子进行交易，来换取樟脑，因此山区和海边还有吸食的人。《南京条约》签订后，徐宗幹任台湾兵备道，写有《防夷论》这样一篇文章，再次希望能够将鸦片禁止。他说道："银何以日少？洋烟愈甚也；民何以日贫？吃烟愈多也。以每日每人约计之，须银二钱，就台地富贵贫贱良莠男女约略吃烟者不下数十万人，以五十万计之，每日耗银十万两矣。"而台湾民众也自行订立了禁烟公约，吸食鸦片的人会被大家瞧不起，由于上下一致，雷厉风行，社会上吸食鸦片的人几乎断绝。咸丰元年（1851），外国商人开始来台湾进行贸易，按照规定征税。咸丰十一年，设立厘金局，其中鸦片是很大的进项，称为"洋药"。同治五年（1866），淡水同知王镛向上司提出申请，凡是进入台湾的鸦片，不论内地是否已经征税，每箱都要征收厘金50元。上级官员批准了这项要求。每年大概收入十余万两银子，而安平的此项收入也大约是这个数额。光绪五年（1879），厘金局改归台湾道衙门管理，招募富商来承包，各地设局，每一小包鸦片都必须烙上印号，才能够在市场上出售，否则以走私论处，不但要被充公而且要处以重罚。但是走私的事情还是时有所闻，厘金局的官员也是防不胜防。光绪十年，中法战争，台湾南北的港口被封锁，商船杜绝，鸦片运不进来，市价日益上涨，每箱涨至千元。兵备道刘璈上奏说："台湾通商，以洋药为大宗，每年进口售银四五百万两。今法人封口，洋药不通，曾经绅耆公请，从权划出官庄，准民自种，照例纳税。"于是嘉义、彰化一带就有很多的人种植，味道比较淡，而云南、四川、福建也有生产。不过，台湾销售的以印度鸦片为多，有洋人运来交易的，也有台湾商人自己进口的。台南贩卖鸦片的商人联合起来设立了一个商会，叫作芙蓉郊，按照年度轮流负责管理，每箱征收费用2元，用来作慈善事业。售卖鸦片的店铺叫芙蓉铺，也有联合公会，鸦片的销售很广，几乎和米、谷、麻、丝一样普遍。之前，商人陈郁堂承包台南的鸦片厘金，欠款46000两银子，中法战争台湾进行防备的时候，军费浩大，屡次催促不予缴纳。

巡抚刘铭传传令要求将他整治撤办，捉到巡抚衙门来讯问追究，但台湾道刘璈却继续让他承包。刘铭传大怒，以他们相互勾结为由，奏请革职查办。刘璈因此获罪。

台湾鸦片进口表

年　份	沪尾及基隆	安平及旗后	合计（箱）
光绪四年	1 848	2 853	4 701
光绪五年	2 165	3 387	5 552
光绪六年	2 149	3 647	5 796
光绪七年	2 142	3 739	5 881
光绪八年	1 584	3 012	4 596
光绪九年	1 265	2 752	4 017
光绪十年	1 270	2 308	3 578
光绪十一年	1 436	2 339	3 775
光绪十二年	1 633	2 913	4 546
光绪十三年	1 622	2 626	4 248
光绪十四年	1 974	2 672	4 646
光绪十五年	1 983	2 752	4 735
光绪十六年	1 967	3 076	5 043
光绪十七年	2 181	3 401	5 582
光绪十八年	2 103	3 036	5 139

台湾征收鸦片厘金表

年　份	沪尾及基隆	安平及旗后	合计（两）
光绪十三年	131 280	168 008	299 288
光绪十四年	157 957	213 608	371 565
光绪十五年	158 809	219 903	378 712
光绪十六年	157 603	246 200	403 803
光绪十七年	174 553	272 087	446 640
光绪十八年	169 158	242 902	412 060

图书在版编目（CIP）数据

台湾通史：译注本：上下册/连横著；闽台历史文化研究院译注. --福州：福建人民出版社，2024.2（2025.5 重印）

ISBN 978-7-211-09345-8

Ⅰ.①台… Ⅱ.①连… ②闽… Ⅲ.①台湾—地方史 Ⅳ.①K295.8

中国国家版本馆 CIP 数据核字（2024）第 029470 号

台湾通史（译注本）（上下册）

TAIWAN TONGSHI（YIZHU BEN）

作　　者：连　横　著　闽台历史文化研究院　译注

责任编辑：林　顶

美术编辑：陈培亮

责任校对：林乔楠

出版发行：福建人民出版社

电　　话：0591-87533169（发行部）

网　　址：http://www.fjpph.com

电子邮箱：fjpph7211@126.com

地　　址：福州市东水路 76 号

邮政编码：350001

印　　刷：福州德安彩色印刷有限公司

地　　址：福州金山工业区浦上 B 区 42 幢

电　　话：0591-28059365

开　　本：787 毫米×1092 毫米　1/16

印　　张：53.75

字　　数：953 千字

版　　次：2024 年 2 月第 1 版

印　　次：2025 年 5 月第 3 次印刷

书　　号：ISBN 978-7-211-09345-8

定　　价：280.00 元

台湾通史

译注本　　下册

连横　著

闽台历史文化研究院　译注

海峡出版发行集团 THE STRAITS PUBLISHING & DISTRIBUTING GROUP | 福建人民出版社 FUJIAN PEOPLE'S PUBLISHING HOUSE

卷十九

邮传志

卷十九
邮传志

连横评论说，台湾地处海中，四面环水，远古以来，久不与外界接触。而高山直耸天际，平地也能起云，兽蹄鸟迹交错，“土番”在此生活也不知道有多少年了。台湾与福建、广东毗邻，顺风驾船，指日便可到达。隋代虽然已经开始招抚“东番”，宋朝时人们也来此地做生意，但主要是交通不方便。明朝时候，葡萄牙商船“发现”台湾，于是荷兰、西班牙两国就分别加以侵占，各自管理自己侵占的地方，其间相隔数百里，还是没有相互往来。当时，台湾的名声远播到欧洲，而日本的八幡船也在海上出没，海滨不大的一块地方，就成了东西洋人接触的区域。郑成功收复台湾，成千上万的民众一起前来。福建、广东人扶老携幼来到台湾，福建人住在近海的地方，广东人住在靠山的地方，守望相助，交往都很友善，于是交通有了开拓。清朝统一台湾以后，开垦的区域日益扩大，南人坐船，北人骑马，人员来来往往，但陆地和海上的运输仍然按照旧的习惯，还不足以促进府城、县城等几个中心地区交通的进步。到了刘铭传任台湾巡抚时，制定了发展的政策，购买轮船，修筑铁路，设立邮政，连通电线，经营布置，使当时的交通面貌一新。可惜所做的这些事还没有全部完成，就卸任而去，真是让人遗憾！但刘铭传的功劳，还是应该大书特书而不能让它泯灭的。记得《中庸》里说过：“登高自卑，行远自迩。”今试写以下各篇，分别是：陆运、海运、邮电，而把灯台作为附录。

陆　运

台湾在郑氏时期，统治的区域只在承天府，半线以北的地方还很荒芜，只有军队巡防的人员才会到达这里。清朝统一台湾后，沿袭旧的办法，设置驿站驻扎士兵，逐渐扩展到北边偏远的地方。康熙三十六年（1697），仁和人郁永河开始到北投采集硫磺。当时，斗六门以北还是未经开发的地方。清代中期以后，到达台湾的人日渐增多，南到琅峤，北到三貂，台东那么远的地方也有人去。从最南端到最北端，路程将近 800 里，一般要走十三四天，最快也要八九天，加上溪流宽广空漠，遇到洪水，就会导致阻碍不前，甚至 10 天也过不去。而台湾的陆路运输仅靠人力，没有使用车马，有驾牛车的，只是用来运载蔗糖或粮食，一天走二三十里。牛车的形制，两个轮子在车的两边，轮子的直径将近 2 丈，每辆可载 10 石，笨重难行。有溪流的地方，一般多用竹筏或木筏运载，台湾人把这叫作渡。如果是官渡，由官方掌管，不收过渡费用。如果是义渡，由乡里掌管，所收船钱，作为善款的补充，或者作为寺庙的香火钱，但这需要官府的批准。如果是私渡，由民众私人掌管，用来载运客人和货物，但经常有勒索的事情发生。官府出了禁令之后，勒索的风气稍有平息。小的溪流上一般都架有竹桥，中间或堆积石头作为支撑。深山峡谷里，经常多用藤绑制的桥，两边固定在大树上，长十多丈，人走在上面，像在虚空中走路，摇摇晃晃，胆子小的不敢走过去。但是在山谷中生活的居民，走在上面如履平地，因为已经习惯了这种危险。近来则多在藤桥上加绑了铁丝，藤桥稳固多了，出行的人更为方便。台湾地方没有车，因此用轿子。轿子的形制与漳、泉有些相同，一天可走五六十里。《汉书》中记载淮南王劝阻汉武帝征伐南粤，说在那里要坐轿子翻越山岭。说明那时南粤的道路还没有很好地开辟，就像台湾一样。

同治十三年（1874），钦差大臣沈葆桢奏请“开山抚番”，以总兵吴光亮率领中路人马，同知袁闻柝率领南路人马，提督罗大春率领北路人马，分三路开辟前进，从前山到达后山，测地绘图，沿途标记里程，这片原来只有鸟兽活动的地方，才开始成为人们往来的通道。沈葆桢在奏疏中说：

> 南路一带，自九月间袁闻柝率绥靖一军，翻昆仑坳而东，张其光随派副将李光领前队继之。十月初一日，李营至坳东，袁闻柝乃拔营前进，自昆仑坳至诸也葛，计程不过数十里，而荒险异常，上崖悬升，下壑胥坠，山皆北上，日光不到，古木惨碧，阴风怒号，相顾失色，不能不中途暂驻，以待后队之来。当袁闻柝驻营诸也葛之日，正张其光内埔办理凶番之时，有老鸦石者，昆仑坳之西境也。初八日，张其光左营有勇丁五人，暮经该处，突有数番杀伤二人，都司张欣、守备周恩培等，即派队追赶，该番逃散无踪，随传内埔社头人，查系七家蛋社凶番。二十四日，参将周善初出哨双溪，途见无首勇丁横卧血渍，旋见凶番多人，执械狂窜，麾勇追之，适周恩培出哨，横截坡前，枪毙其一，擒其三，余悉散走，俱为陈阿修社番，即将三人就地正法。二十日，都司张朝光率两哨营于大石岩，都司张天德亦率队至诸也葛，袁闻柝乃得拔营前赴卑南。诸也葛以下，地略平坦，然榛芜未剪，焚莱伐木，颇费人功。闻柝露宿空山，染病甚重，舆疾率旅，径抵卑南。张天德一军亦已趋扎大猫里，与之犄角。辰

下卑南一带，业已开通，昆仑坳左近，虽有凶番出没，已分别惩儆，谅无敢生心，惟山道险远，粮运殊艰。而卑南一带海口，波涛拍岸，船不能泊。自内埔至卑南，均已派营分布，声势尚能联络。此南路近日开山之情形也。

台北一带，提臣罗大春自九月十八日，派都司陈光华为首队，守备李英、千总王得凯为次队，游击李得升为三队，前赴新城。别遣军功陈辉煌率两哨赴大清水溪，总兵戴德祥以三哨扎大南澳，二哨扎大浊水溪。时正风雨连山，诸军阻不能进。二十五日天晴，陈辉煌先至大浊水溪，旋有凶番抗拒，击毙二人，遂即走散。李得升、李英、陈光华等踵至，会勘形势，近溪荒壤，周围约宽数十里，惟地皆砂石，不及大南澳之膏腴。溪岸南北约距三十余丈，波流陡急，副将周维光等，连日赶造正河、支河木桥各一，工程既竣，各军乃得越溪而前。自大浊水溪以往，前者曰小清水溪，后者曰大清水溪。十月初八日，陈光华一营扎小清水，而陈辉煌等进扎大清水，即有新城通事李阿隆等，率太鲁阁番目十二人来迎，愿为向导。随至新城，营于溪东。又有符吻、豆兰社番目来迎，我军遂进驻奇莱、花莲港之北，为后山横走秀姑峦之道。自苏澳至新城，计山路二万七千余丈，自新城至花莲港，计平路九千余丈，统计二百里有奇。而沿途碉堡，除苏澳至大南澳已设者不计外，应添建十有二处，均已兴工。惟大南澳至大浊水溪一带，凶番充斥，狙杀行人，乃于大南澳山腰，再辟一路，旁通新城，一以避海滨悬崖之险，一以塞凶番歧出之途，经派千总冯安国带勇往办。涉溪五重，方开十余里。十一月十一、十三等日，正在开路，突有凶番千余，分伏放枪。我军竭力抵敌，击毙四人始退，而我军阵亡者四人，伤者十八人。十五日，行至崇山之麓，我兵正在峡中开凿，忽闻枪声四起，抵御两时，至者愈多。黄明厚、冯安国以该番倾社而至，其中必虚，分兵绕捣，阒其无人，惟见新旧髑髅，每寮或数十颗，或百余颗，乘风纵火，毁寮十数，阵番始散。是日计亡兵勇四名，重伤二十名。其驻大浊水溪之勇，由小南澳运粮而归，于十三日，途过石壁，突遇凶番蜂拥包抄，阵亡二人，溺死四人，重伤一人。经守备朱荣彪驰队赴救，始各骇散。罗大春以番族肆扰，难疏提防，而山地辽阔，不敷分布，飞函商请添兵。臣等即檄驻彰化之宣义左右两军驰赴，日内可到。惟新城、奇莱一带，应如何设立营汛，建造墩台，俟罗大春亲至相度，再筹布置。此北路近日开山之情形也。

他又说：

罗大春以本年正月初五日，自苏澳起程。初九日，至新城，履勘三层城、马邻溪等处，旁绕加礼宛、南势，直抵花莲港之北，中界得其黎。得其黎以北百四十里，山道崎岖，沙洲间之。而大浊水、大小清水一带，峭壁插云，陡趾浸海，怒涛上击，眩目惊心，军行束马，扪壁而过，尤称险绝。以南六十里，则皆平地，背山面海，如悉垦种，非无良田，然地旷人稀，新城汉民仅三十余户，外尽番社。自大浊水至三层城，依山之番，统名太鲁阁，曰九宛，曰实仔眼，曰龟女，曰女沙，曰符吻，曰仑顶，曰实空，曰实亚八眼，凡八社，凭高恃险，野性靡常。奇莱平埔之番，居鲤浪港之北者，曰加礼宛，曰竹仔林，曰武暖，曰七结仔，曰谈仔秉，曰瑶歌，凡六社，统名加礼宛番，其性畏强欺弱。而居鲤浪港之南者，曰根老爷，曰匏干，曰薄薄，曰斗难，曰七脚川，曰理刘，曰脂屘屘，凡七社，统名南势番。男女共七千七百有七人，虽悉就抚，而薄薄、理刘二社既顺复贰。除薄薄能煮盐，加礼宛颇耕种，余则茹毛饮血，叛复不常，时当防范。他日建城之地，宜在奇莱。若新城、三层、马邻、鲤浪不过营汛之区，然必截大清水以南隶奇莱，以北隶大南澳，方足以资控制。罗大春自率大队入新城，添设碉堡，该番骤生疑虑，呼聚悍党，昼则伏莽，夜则扑碉，叠经奋击，时有斩获。自苏澳之五里亭起，至秀姑峦之鹊子埔止，计地三百四五十里，拟分五段，沿途建碉三十有二，各派营哨屯之，俾得一气联络。即以宣义左营驻三层城，策应鹊子埔以北；宣义右营驻加礼宛，策应鹊子埔以南。此花莲港以北筹办之情形也。其南为走秀姑峦之道，固木瓜番游猎之场也，登高一望，平沙无垠，茅苇盈丈，人迹不到。该番凶悍不亚斗史，故沃壤旷如。南北溪道阔及三十余丈，欲造木桥，苦无巨材，乃先建支河一道。陈辉煌业率所部，结筏以济，直趋吴全城，距秀姑峦只数十里，即有成广澳番目来营乞抚，别有大巴垄社、马达唵社皆近附强番，亦就抚。平埔之番，闻已尽此。平埔既附，以之专图高山，事势较易。此花莲港以南筹办之情形也。中路原派前南澳镇总兵吴光亮带两营驻集集埔一带，嗣经臣等奏派台湾道夏献纶督理开山抚番诸事。吴光亮以本年正月初九日，率勇由林圯埔、社寮分开两路，至大坪顶，合为一路。进向大水窟，至顶城，计开七千八百三十五丈有奇。二月初七日复开工，直抵凤凰山麓，跻半山，越平溪，经大坵田，跨扒不坑等处，而入茅埔，又开三千七百七十五丈有奇。两处凡建塘防八所，沿途桥道沟渠木围宿站俱渐兴修，分派兵勇，自集集至社寮、大水窟、大坵田、茅埔、南仔脚、万东埔各隘，逐节配驻，并招抚水里、沈鹿等三十九社，男女七千二百九十有二人。现方循途渐入，斩棘披榛，以出秀姑峦之背。倘能因势开通，将与北路诸军联为一气。

此又中路一带开山之情形也。

他又说：

吴光亮以三月初九日起，至四月初八日止，自茅埔越红魁头，经头社仔坪，过南仔脚万，至合水，计开四千六百八十丈，递建塘坊四，营垒一，茶亭木围公所各二，以便往来。自初九日至于五月初八，大雨兼旬，工程稍滞。然自合水历东埔社中，走霜山，至东埔坑头，又开三千七百九十丈，公所兵房随地建置，当再陆续前进，别以人工从牛辒辘旁开一道，侧接茅埔，俾得分达埔里、集集、社寮、南投各处，以便商旅时通。

于是中路从东埔、坑头穿过八通关。八通关一带的山是群山中最高的，与台东的秀姑峦对峙，气象雄伟，树木生长繁茂可以蔽天，自古以来，人迹罕至。光亮为其命名，并在摩崖上刻字，其遗迹到现在还保留着。八通关往东，是雉公关、先锋印、雷风洞，地势都很险峻，再经过黄祈山，在光绪元年（1875）冬天十一月到达璞石阁。南路从恒春的四林格，经牡丹湾、吧塱卫、卑南觅到大庄。北路从宜兰的苏澳，经新城、花莲港到大巴垄，都在光绪元年的秋天竣工。这样，南北道路相通，东西往来通达，对“理番”和开垦土地都是一个大的推进。这项工程开路859里，耗时将近一年，但经费不过3万余元，主要是依靠兵勇的力量。可是由于山谷险峻，瘴疠横行，“生番”攻击，造成了较多的损失。然而将士们无论碰到什么危险，都是不屈不挠，困苦备尝，不断超越向前，开辟这条旷古未有的道路，可说是一大功劳。于是沈葆桢奏请予以奖励：罗大春以革职提督重新恢复原官，吴光亮、袁闻柝各升一级，剩下的人也一并嘉赏。

光绪七年，福建巡抚岑毓英巡视台湾，他以大甲溪位于南北重要通道上，但溪流湍急，经常因过渡感到困难，于是劝当地的绅士和富商捐款，加上官府的资金，筑堤架桥，用铁桶装满石头作为桥墩的基础，桥长150丈，用款20万元。第二年的六月十七八日，山洪暴发，激流挟带着木头汹涌而下，桥墩的基础被冲毁，岸堤溃损600丈。巡道刘璈想要进行维修，命令台北府勘察，预计维修费用需要数万元，刘璈再纠集当地绅士和富商讨论捐款的事情。大家觉得溪流湍急流量大，恐怕修不好。而且当时正好是秋天洪水季节，不能马上施工，因此就停下来了。刘璈认为台南作为最早教化的地区，却道路狭窄，市场拥挤，难以安民居而使商贸得到发展。于是提议开挖运河，引水入城，东边引五空桥之水，南边引二层行溪之水，北边引柴头港之水，然后汇流到海，能够清除积压的泥沙，有利于运输。河岸两旁改修大道，不但种树，而且修建整排的房屋，作为府城的样板。

以前，安平之水可以到达府城中，船只可以开到大井头街，但是河道逐渐淤塞，水多混浊，所以刘璈想要疏通它。可是府城里的人认为疏通河道需要拆除一些房屋，损失很大，坚持不同意，这项动议又被终止。安平距府城相隔六里，中间有水路相连，往来可以乘船。刘璈命令驻防军队加筑河堤，堤旁种上榕树和柳树，于是河堤上开始有马车通行，往来的人都觉得方便。光绪十三年，巡道陈鸣志、镇海后营副将张兆连联名请求巡抚刘铭传另外开辟后山之路，从彰化县的集集直达台东的水尾，限定工期完成，东西两边同时开工。从正月到三月，工程完成，前后山连结的距离相较之前又更近了。

先前，光绪六年时，刘铭传上疏，请求修造铁路以图国家强盛。大概说：

臣尝私患窃叹，以为失今不图自强，后虽欲为，终恐无及。夫自强之道，练兵制器固宜次第举行，然其机括莫急于筑造铁路。夫铁路之利于漕务、赈务、商务、矿务、厘捐、行旅者，不遑殚述，而于用兵之道，尤急不可缓之图也。查中国要道，南路宜开二条，一自清江经山东，一自汉口经河南，俱达京师。北路宜自京师，东通盛京，西通甘肃。惟是经费浩繁，急切未能尽举。拟请先修清江至京师一路，与本年议修之电线，相为表里。事关军国，安危系之。若辗转迁延，视为缓图，徒托空言，永无自强之日矣。

圣旨要求内外大臣商议后上奏。李鸿章、刘坤一都赞成这个提议，而驻德公使刘锡鸿刚刚从欧洲归来，一再上奏说不可行，这个提议于是被搁置。等到刘铭传任台湾巡抚，光绪十三年，奏请试办铁路，大概说：

台湾既为我国海防之要，当此建省之时，宜速振兴殖产，招徕工商，以为富强之计。而欲行其事，必先利其器。曩者奏派革职道张鸿禄、候补同知李彤恩等，考察南洋商务，今既归台复命，新设轮船公司，以往来淡水、新嘉坡、西贡等港。然以台湾内地运输未便，遂致沿山货物，不能配至港口。据该委员禀称，南洋侨商素闻台湾土地肥沃，出产繁盛，官府又竭力鼓励，多欲来台经营。然荆棘满地，道路崎岖，欲期工商聚集，贸易勃兴，实非易事。拟请筑造铁路，起自基隆，以达台北，与各港连络，不特可以振全台之商务，而亦大有裨于海防也。又据该委员等禀请，当此国家财政困难之秋，官办非易，请招募商款一百万两，发行铁路股票，以其得利，摊还母息，则不动公款，而铁路可成，诚计之善者也。臣愚以为台湾不独海外之孤岛，实为东南七省之屏蔽，将来通商惠工，开辟利源，全台经费，足以自给。而台北驻防之兵，调动自在，永保岩疆。如练军清赋以及架设电线，次第举办，本年内外当可陆续告竣。至如筑造铁路，臣已深信不疑，唯以经费之故，踌蹰至今。兹幸该委员等，请以商款措办，唯由官府保护，将来坐收其利。其议甚善，似可举行。至如筑造铁路之利，除驿递开垦商务之外，尚有益于现今台事者三，请略陈之。台湾四面皆海，防不胜防，基隆、沪尾、安平、旗后四口，现虽建造炮台，驻兵防守，而新竹、彰化沿海一带，港汊分歧，一旦有事，敌兵上陆，南北隔绝，全台立危。若筑造铁路，则调拨军队，朝发夕至，是其便于海防者一也。台湾既建一省，选择省城，控制南北，其地襟山带海，最为适当。然距海较远，将来建筑衙署庙宇，鸠工治材，运输不便。若铁路开通，则商业可致繁盛，是其便于建省者二也。自台北至台南，计程六百里，中多巨溪，春夏之际，山水暴涨，行旅遏绝。臣今拟于大小各溪上流窄处，架设桥梁，通算工费须银三十万两。今若许准建筑铁路，则此桥梁二十余条，一齐兴工，可为朝廷节省巨款，是其便于台湾工事者三也。

奏疏到了朝廷，下旨照办。于是设铁路总局于台北，以记名提督刘朝干为总办，从事招股活动，响应入股的人很多。以德国人墨尔溪为监督，英国人马礼逊为总工程师，勘测路线，从台北至基隆 20 英里。当年六月，先从大稻埕开工，以余得昌所带昌字四营作为施工队伍。中间经过狮球岭，需要开凿隧道，隧道长 261 米。第二年，由台北向南施工，过淡水河，需要架设桥梁，桥长 1520 英尺，随时可以开启或关闭，桥下可通船只。穿过龟仑岭，经过桃园、中坜、大湖口再到新竹，总计长 42 英里。中间要经过 3 座大桥，如红毛田溪的桥长 229 米，凤山崎溪的桥长 207 米，荳仔埔溪的桥长 188 米，这是工程施工难度很大的地方。台北至基隆在光绪十七年十月通车，台北至新竹则是光绪十九年十一月才竣工。路宽近 4 米，铁轨为 1.067 米宽的窄轨，每米铁轨重 36 公斤。机车重 15 吨，或 25 吨。车次号之外，还另起名称，分别叫“腾云”“御风”“超尘”“掣电”，都是形容它的快速。火车分上下两等座位，设备比较简陋。每节客车长约 2 丈，货车也差不多。全路共设车站 16 个，都是用土筑成，叫火车房，站长称为司事。因为属于草创时期，车站里没有设立信号机，也没有升降场。开始时每天行车 6 趟，后来减为 4 趟。在路途中如果遇到了火车，随时可以搭乘，所以到站时间并不准时。每逢大稻埕祭祀城隍的日子，就会临时增加班次，以方便往来，而每年年初岁末及元宵、清明、端午、中秋、重阳等五大节日时都会停开。乘车的费用，从台北到基隆每张票 4 角 4 分，到新竹 8 角 6 分，上等票加倍，每里差不多要 2 分 1 厘。货物则每 100 斤按照 1 人来收票。平均每天的客人，台北与基隆之间大概 500 人，台北与新竹之间大概 400 人。因为当时民众还不习惯乘坐火车，物产也不够丰富，加上基隆河的水比较深，船运比较便宜，铁路运输还无法与水运竞争，所以铁路的营收还比较少，每月客运16000元、货运4000元，收支入不敷出。刘铭传还想把铁路修到南部，以加速全台的交通。但从新竹往南，溪流又多又宽广，不是那么容易通过。因此让德国工程师测量大安、大甲两条溪流，筹架铁桥。这个想法如果实现，那是台湾人的福气。可当时刘铭传为了推行新政，清赋加税，民众抱怨他过于严厉，朝廷又多方牵制，批评的声浪很高，而工程的进度又很缓慢。光绪十七年，刘铭传称病辞职。邵友濂继任台湾巡抚，上疏说修建铁路的种种困难。大概为：

臣查台湾为海外孤岛，港汊分歧，欲为居中控制之策，固宜建筑铁路，然经营七年之久，仅得台北竣工。从前筹划不为不善，而卒未能相副，何也？台湾土地松浮，田园漫衍，培筑不密，随见崩塌。又或坡陀参差，峦壑倚伏；曲直不定，高下靡常。北穿狮岭，洞隧百寻；南度龟仑，坂逾九折，路工之难如此。又或溪涧纵横，宜临宜束；水流湍急，因势筑防；矗址重渊，构基陡岸；洪波方迅，垒石旋倾；积沙既深，插桩亦陷，桥梁之难又如彼。加以工银料价，共须倍加，此后增进，计难逆料。

奉旨批准后，台湾铁路就决定修到新竹为止，不再准备修到台南，实在是一个挫折。而从基隆到新竹的里程总共是62英里70锁，用款1295960两，每英里仅26575元，与其他国家修建的铁路相比，造价较少。这是因为使用了士兵参加修建的缘故，所雇佣的工人工资也比较少，每名每天给3角工钱。工程师大多用广东人，如淡水铁桥就是广东人张家德主持修建的，技术很精巧。铁路经过的地方，共有大小桥梁74座、沟渠568条。轨道虽从英国买来，而枕木都是用台湾自产的，所以另外设立了伐木局，由统领林朝栋办理这件事，进山采伐。松树的枕木1根价格是3角5分，樟树的枕木1根是4角5分，通过溪流运输。樟木较耐用，而且取之不尽。邵友濂既奏准停工，由福建布政使司的金库借拨104万两银子，将铁路赎回官办，裁撤了伐木局，将铁路局与通商局合并，以缩小它的规模，台湾铁路的建设因此也就停下来了。

前山道里表

从恒春（15里）柴城（18里）柴寮（15里）枫港（15里）枋山（13里）嘉鹿塘（4里）率芒溪（5里）枋寮（12里）芦竹塭（14里）东港（7里）王爷宫（16里）芎蕉脚（8里）凤山东门；

从凤山（9 里）大将庙（11 里）楠梓坑（10 里）桥仔头（10 里）阿公店（20 里）大湖（7 里）二层行溪（10 里）大林庄（3 里）安平南门；

从安平（3 里）柴头港（4 里）三崁店（10 里）看西街（15 里）曾文溪（9 里）茅港尾（15 里）火烧店（15 里）下茄苳庄（18 里）水堀头（12 里）嘉义西门；

从嘉义（5 里）牛稠溪（8 里）打猫街（7 里）大莆林（10 里）他里雾（12 里）虎尾溪（5 里）刺桐巷（20 里）宝斗街（15 里）二抱竹庄（12 里）茄苳庄（8 里）彰化南门（由他里雾别行 10 里至云林城）；

从彰化（5 里）茄苳脚（7 里）大肚街（15 里）沙辘街（8 里）牛骂头（8 里）大甲溪（5 里）溪北（5 里）大甲街（10 里）房里街（10 里）吞霄（20 里）后垄（15 里）中港（17 里）香山（8 里）新竹西门；

从新竹（13 里）凤山崎（10 里）大湖口（15 里）杨梅坜（7 里）土牛沟（13 里）中坜新街（15 里）桃仔园（10 里）龟仑岭（15 里）新庄（12 里）淡水南门；

从淡水（12 里）锡口（15 里）水返脚（16 里）八堵（9 里）暖暖街（25 里）三爪仔庄（8 里）龙潭堵（15 里）三貂岭（25 里）三貂溪；

总共 793 里。

后山道里表

从三貂溪（9 里）牡丹坑（8 里）草岭头（15 里）大里简（21 里）北关（9 里）头围（15 里）礁溪（11 里）宜兰北门；

从宜兰（15 里）溪洲渡（5 里）罗东（12 里）猴猴庄（18 里）苏澳（20 里）东澳（30 里）大南澳（35 里）大浊水（25 里）大清水（35 里）得其黎（10 里）新城（50 里）花莲港；

从花莲港（20 里）吴全城（39 里）大巴垄（22 里）周塱社（22 里）水尾（3 里）璞石阁（24 里）石牌庄（45 里）卑南草寮（50 里）卑南宝桑；

从卑南（20 里）知本（25 里）大猫里（33 里）干仔辟（20 里）巴塱卫（10 里）阿郎壹溪（27 里）牡丹湾（25 里）八瑶湾（20 里）万里得（20 里）射麻里（13 里）恒春东门；

总共 808 里。

前山至后山道里表一

从林圯埔（17 里）大平顶（7 里）大水窟（7 里）凤凰山麓（18 里）茅埔（18 里）南仔脚（19 里）东埔社（10 里）东埔坑（15 里）铁门洞（18 里）八通关（13 里）八母坑（18 里）双峰仞（9 里）大仑溪（25 里）雷风洞（31 里）打淋社（40 里）璞石阁；

总共 265 里。

前山至后山道里表二

从枫港（10 里）射不力（15 里）双溪口（20 里）大云顶（15 里）英华岭（20 里）阿郎壹溪（10 里）巴塱卫（20 里）干仔辟（20 里）干仔仑（13 里）大猫里（25 里）知本（20 里）卑南；

总共 236 里。

前山至后山道里表三

从下淡水（12 里）赤山（15 里）双溪口（20 里）昆仑坳（10 里）大石岩（40 里）诸也葛（20 里）干仔仑（13 里）大猫里（25 里）知本（20 里）卑南；

总共 175 里。

前山至后山道里表四

从艋舺（8 里）枧仔尾（9 里）樟脚（6 里）深坑（12 里）仑仔洋（18 里）铳柜（11 里）头围（15 里）礁溪（15 里）宜兰北门；

总共 103 里。

中路道里表

从鹿港（12 里）马鸣山（5 里）三块厝（3 里）彰化西门（5 里）大竹围（10 里）内快（10 里）本县庄（10 里）营盘口（5 里）南投（20 里）集集街（10 里）风谾口（20 里）头社（10 里）水社（10 里）新城（10 里）白叶岭（10 里）埔里社；

总共 150 里。

航 运

荷兰为海上的强权，通过侵略台湾以拓展自己的商业贸易。夹板船的便利，使东西洋之间虽远可及，而安平则成为停泊的港口。当时的安平航道水深且宽阔，大船可以直接到热兰遮城，小船可以到达赤崁楼。安平的北边是台江，船只千艘汇聚在这里，可现在这里已经变成陆地了。荷兰人既占据了安平，就派兵驻守，开凿运河至柴头港。并往北边延伸到看西，以联通萧垅、麻豆诸社，这条旧河道现在还存在，就是现在的盐水溪。安平的南边是七鲲身，当时港汊众多交错，现在也已经淤为陆地了。当时航运便利，往西可以到福建、广东，往东到日本，往南到爪哇，安平的港口就成了交通枢纽。郑成功收复台湾，也依靠航运，因此能够横渡大海，并以海峡为天险，清朝军队也不能相抗衡。永历十八年（1664），英国人来请求通商。永历二十年，吕宋总督派使者来访问。永历二十八年，命户都事李德前往日本，又造大型商船前往暹罗、吕宋、葛拉巴进行商业活动，之后相互贸易，都是因为航运的便利。当时，清政府实行严厉的海禁，凡入海者杀无赦，而福建、广东人住在南洋的已经有数百万，都把台湾当作内地的府县，也是因为有海洋交通的便利。

清朝管理台湾后，虽然取消了海禁，但是渡台的商船需要申领执照，由厦防厅负责管理，到达台湾后由台防同知进行核验。这些商船都是漳州、泉州的有钱人建造的，有糖船、横洋船，材质坚固而体量巨大，大的船可以运载六七千石，南至南洋，北到宁波、上海、天津、牛庄，从贩运中，都能得到利益，所以台湾府城的商务一时非常兴盛。后来摊派商船运载戍台兵眷的米谷，分配运载换防的班兵，船户的经营深受影响。积压的兵眷米谷越来越多，于是就有了雇船进行官运的商议，此事记载在《粮运志》中。接着因为蔡牵作乱，蔡牵在海上劫掠船只十多年，商船多被毁坏，到达台湾的商船越来越少，而渔船却越来越多。但是渔船又轻又小，无法分配公家的差事，港口的管理人员按照规定只是检查出入，所以滞留下来的公文几个月都送不到。咸丰元年，巡台道徐宗幹决定，渔船也兼送公文，以免造成公文传递的阻碍。以前，台湾有太平船 2 艘，专门用来运输士兵尸骨并附载百姓的灵柩，招募郊商[①]来承担这项业务，被废弃将近十年了，到这时又决定重新恢复。

台湾开放通商口岸以后，外国货物不断涌进，于是才有了轮船，并设立船政厅

① 郊商，清代从事闽台海洋贸易的商业组织与商人。

进行管理。同治七年（1868）十一月二十一日，总理各国事务衙门咨文说：

本年九月初十日，据赫总税务司将引水章程十五条，改为引水新章十条，申送本衙门。于九月十五日，照会布、俄、英、法、美、日各国驻京大臣去后，除日本国未接照复外，兹据布、俄、英、法、美各国驻京大臣先后照复，允饬各口领事试办等因前来。除札知赫总税务司遵照外，相应抄录总税务司所改章程十条，咨行查照。

闽浙总督接到咨文后，就命令台湾道遵照办理，于是又制定了台湾各个港口引水章程 10 条，与之前的专门条款相比略有更改。同治十年，英国海轮开通台湾的航线，已往来于安平、淡水、厦门、汕头、香港之间，每两星期一班。它的船比较小，载重仅 277 吨，但是货物和旅客比较多，获利丰厚。于是就设立了得忌利士公司，以爹利士号轮船航行于香港、汕头、厦门、安平，科摩沙、海龙、海门号轮船航行于汕头、厦门、淡水，台湾的航运业都被他们包揽了。

光绪七年（1881），福建巡抚岑毓英巡视台湾后，认为台湾孤悬海外，没有船就难以渡海，与福建船政大臣商议后，派拨琛航、永保 2 艘轮船，循环往返于闽台之间，以便加速公文信件的传递，并准许商人搭载货物。这是属于官方管理的船只。搭载客人从安平到厦门，或者从基隆、沪尾、艋舺到福州，每人 3 元，从安平到福州以及从台北到厦门为 5 元，还有从台南到台北的也是 3 元。货物的运载，比照招商局的价格减少二成，这些做法一时削减了外船的利益。后来又增加伏波、万年清 2 艘船，以加快邮政传递的速度，而运载煤炭到上海的船只也比较多。中法战役期间，沿海被封锁，船只出入台湾被禁止，只有帆船有时可以偷渡，但经常遭到击沉，往来非常危险。光绪十一年，巡抚刘铭传以飞捷、威利、万年清 3 艘轮船航行于台湾及中国内地各港口。光绪十二年，于新加坡设立招商局，又以 32 万两银元购买驾时、斯美 2 艘船，往来上海、香港，最远时也会到新加坡、西贡、吕宋。而外国船只运载糖、茶的多到日本、美国，太古轮船有时也会来到台湾，于是航运业逐渐兴盛。之前，光绪二年，帆船到达淡水的有 111 艘，而轮船仅 44 艘。到光绪十六年，帆船减为 8 艘，而轮船增加到 126 艘，载货量有 177500 余吨。因为自从刘铭传治理台湾后，货物的生产大为增加，商业日益兴盛，而航运业因此得到了带动。

当初，刘铭传在修建铁路的同时，还计划疏通基隆港以连接陆路运输。光绪十三年，任命林维源为总办，测量港口航道，准备从牛稠港到蚵壳港，包括鲎屿在内，填平海岸，以建设车站。又从小基隆到鲎屿，新建商贸市场和码头，与车站相连接。

其中需要建造一座铁桥，长12丈，作为车马往来的通道。可惜这项工程尚未完成，刘铭传就离职了。旗后是台南的外口，港道比较狭窄，历任税务司多次申请开凿，福建巡抚丁日昌也曾奏请疏浚，兵备道夏献纶也禀请遵照执行。丁日昌担心疏浚时有三大难处：一、港口底下有石头；二、地理环境不利防守；三、需要经费太多。夏献纶又说：

> 开港与挖煤不同，只将浮沙挖去，并无石隔，一免虑也。地方形势，既建炮台，可以防守，二免虑也。经费一途，可由台饷提用，似可裕如，三免虑也。且通商以来，中外遭风船只，时有所闻，如不开浚，设有洋船遭风之事，藉此要求，反落后着。故献纶以为开之便。

但是还没开始施行，夏献纶就去世了。张梦元接任，仍然不想进行。于是就推说筹款还没有着落，照会税务司，并禀报总理衙门，以前疏浚工程估价53000余元，后来估价204000余元，数额巨大，决定依照吴淞的例子暂时停止。光绪九年，安平英国领事霍必澜认为航道日益淤塞，容易导致船只搁浅，这种情况逐年严重。现在有可以疏浚港口航道的船只，提出的价格不到5000元，愿意由他们报价进行疏浚，或者由中国自己进行疏浚。这个提议没有被采纳。到刘铭传任巡抚，光绪十六年五月，命英国人马礼逊进行勘查，将要大兴这项工程，以发展贸易。可是尚未开工而刘铭传就离任了。安平到府城的运河，按惯例是由北郊、南郊、糖郊三郊自行疏浚，数十年之后，逐渐淤塞。而安平港口又因沙汕阻隔，从夏到秋，波涛澎湃，轮船不能进入港口，大多只能停泊在四草湖外，一旦遭遇到大风，就只能开到旗后港躲避，远的甚至到澎湖停泊，货物装卸非常困难，商务的发展因此受到严重影响。

台湾处在大海之中，又有澎湖相隔，黑潮所经过的地方，水流特别湍急，澎湖四周有很多礁石，船只撞到就会破裂。所以自开口通商以来，轮船遇难的共有数十次。虽然有军队的巡逻船担任救护，但事情发生往往很仓促，很难周到准备。光绪二年夏天六月，福建巡抚发文要求各厅县，推举沿海各地的地甲头目，分划地段，责成他们处理中外船只在海上遭遇风暴的后事。并颁行图册章程告示，派员前往各海口确切检查，由各厅县给发号旗，作为准许的凭证，以便他们指挥乡民，尽力救护。光绪十年秋天八月，一艘英国船只在旗后遭遇大风，漂到草湖。当时正是法军侵犯台湾之时，沿海戒严，庄民看到后，以为是敌船，于是持械自我防卫，刺伤船长，并夺取货物。鹿港同知邹鸿渐前往处理，北路营游击郭发祥、代理彰化知县蔡祥麟也赶到，救护船只及船员，追还所丢失的货物。兵备道陈鸣志还和英领事霍必澜商议赔款，但是船主不同意。后来委托凤山知县李嘉棠再与英领事交涉，反复几次，最后以七兑银[①]7000元给予赔付，事情才得以平息。光绪十一年夏天六月，琉球渔民陈文达等12人遇大风漂到基隆，庄民救了他们，花了修船费6元，还给他们路费，送他们回归故乡。十二月，又有日本驳船漂至后山高士佛，恒春知县派人救助，资助其回国。光绪十四年十一月，英国船只威定号在海中遇难，澎湖右营都司李培林率兵救起50余人。光绪十八年八月，澎湖大风，海水汹涌澎湃，英国船只卜尔克号从上海开往香港，触礁沉没，溺死洋人130余名。澎湖官民赶往救助，得救的有23名，送到府城，知府唐赞衮以礼相待，水师总兵王芝生赠送300银两，英国人非常高兴。参加救护的人官府分别都有奖赏。当初，新西兰海上保险公司来台开办保险事务，委托瑞兴洋行办理。不久华洋保险公司也在台南和台北分设保险公司，商务逐渐兴隆，而航运也日益昌盛。

邮　电

设置邮政来传递信息，这种做法由来已久。明代制度是10里设置一铺，每铺设铺长1名，主要的道路设铺兵10名，偏僻的道路设4—5名。就在道路附近居民交纳丁银和田赋在5斗以上2石以下的人群中指派担任，本人必须是少壮年轻。每铺设12时辰的日晷[②]一个，以查验时间。铺前设牌门1座、牌匾1块、簿册2本。铺兵自备夹板1副、榉木铃铛1副、缨枪1把、棍1根、签收的簿册1本。如果递送公文，以1昼夜为100刻，每3刻要走完1铺，1昼夜能走300里。公文一到，不问多少，随时递送，不分昼夜，响着铃声，快步行走，以交付给下一铺，而且要在签收簿册上写明到铺时刻，作为稽查考核的凭证。郑氏时期也继承这种方法，南北各设铺兵，所以台湾人称10里为一铺。清代沿用明朝的制度。乾隆二十一年（1756），裁撤驿丞一职。而台湾因为远隔重洋，一直没有设驿丞这个官职，只设立了铺兵从事邮件的递送，当有战争发生的时候，才兼用塘兵[③]。这些都是公家所使用的，民间私人的信件必须寻找走得快的人来投寄。市镇比较繁华的地方，有的会设立信局，以帮助人们传递书信。送信的资费，按照路途远近而有所差别，但经常会有迟滞或者遗失，不能做到朝发夕至。

同治十三年（1874），爆发了牡丹社事件，钦差大臣沈葆桢到台南指挥军队，

① 七兑银，由民间银庄发行的可兑换0.7两银子的纸币。

② 日晷，按照日影测定时间的仪器。

③ 塘兵，清代的一种兵制。清代绿营兵的防区分营区和汛地，比汛地狭小者叫塘，驻防于塘的士兵为塘兵，专供传递文书、巡更查夜。

奏请朝廷在台湾架设电线，以便加快军情的传递。于是由丹麦人德勒耶承办。光绪三年（1877），福建巡抚丁日昌建议从台南府城到凤山的旗后，先行开始架设。命令游击沈国先率领福州船政电报学堂的学生苏汝灼等，从七月初十起在台湾府城开工，到九月初五建成。共两条线，一条从府城到达安平，一条从府城到达旗后，总共长 95 里。这是台湾南部电报线路的开端。光绪十年，法国军队侵犯台湾，往来的军事公文特别多，巡抚刘铭传认为南北电报没通，不利于随时掌握战机。光绪十二年，命令通商局委员李彤恩与上海德国商行泰东洋行签订合同承办。共两条线，一条从台北府城分别到沪尾、基隆，一条从台北府城到台南，与已有的旧线连接，共长 800 里，并且在新竹、苗栗、彰化、云林、嘉义等地设电报局办理业务。光绪十四年四月竣工，以候补道张维卿为总办。这是台湾南北连通的电报线路。之前，光绪十三年八月，还架设了从淡水到福州芭蕉岛海底电缆，而安平也有线路连接到澎湖。八月二十一日，轮船飞捷号作为海底电缆的施工船从福州开工，第二天到达沪尾，与台湾岛上的陆上电线连接，接着赶赴澎湖，以连接到安平的海底电缆。海陆两线接通之后，电报从台湾可通福州，远的还能通东西洋各国，都是瞬息万里，台湾从此不再是信息孤岛。

当时，刘铭传已经修筑了铁路，方便了交通，又认为传统的铺递邮寄迟缓，奏请朝廷改设邮政。光绪十四年，设立邮政局于台北，各地皆设分局。邮票两种，一种为官用，不收费用；一种为民用，按照站数计费。每站长 100 里，凡信函一封重 2 钱以内的邮费 20 文，交付邮寄时交纳。从台南到台北一共 13 站，每封信函须 260 文。如果是邮政线路以外的地方，另外加收费用。如果有发到中国大陆以及外国的，就用轮船运送。还有邮政船两艘，名叫南通号、飞捷号，定期往来于上海、福州以及台湾的各个港口，以传递邮件。只是邮票雕印得比较粗糙，上面画一条龙，代表国徽，下面画一匹马代表驿站，以此来表示中国的邮政。光绪十五年十一月，奏请颁布台湾邮政章程，统一归巡抚管理，以候补道负责具体事务。每年收入达 1 万两银子，而民间的信局仍旧开设，一定程度上会影响官府邮政的收入，但如果逐步改革，达到完善，邮政的前景必然会出现可观的局面。当年，还设立了电报学堂，聘请西方国家的教师，以教授台湾人的子弟。而英国医师梅威令还在旗后，自己设立医馆，传授医术。光绪十六年九月，还申请架设电话，以扩大业务，但通商局不同意。到邵友濂担任台湾巡抚后，电报学堂也停办了。1895 年台湾军民反对日本侵占台湾的战争，刘永福驻守台南，安平税务司麦嘉林请求帮助抗日军民设立邮政，制度与之前大致相同，同时也吸收了欧洲邮政的一些做法，让税务司兼管。邮票上印一只老虎，这是“台湾民主国”的标记，票面价值共3种，分别是30文、50文、100文，由士兵负责传递工作。当时，战事纷繁，私人传递信件已经断绝，所以民间也大多采用这一途径。没多久台南也陷落了，这一邮政制度随即停止。

灯　台

台湾作为南部海域的一个岛屿，是东西洋交通的要道，船舶往来都需要经过这里。可是台湾海域礁石暗藏，风涛汹涌澎湃，稍有不慎，船只就会撞碎。以前船舶从厦门到台湾，过澎湖后，远远地看到王城[①]的老榕树，以确定航向，距离越近越清晰。城在安平的海边，地势高而且能够看得远，是荷兰人建造的。但当天气不好或晚上没有月亮的时候，四周都是茫茫一片，方向无法分辨。于是就在台湾道的衙署里竖立一根挂灯的木杆，高度达到三丈多，每天晚上点亮灯光，用来照亮远方，这是台湾灯台的雏形。按照原来的规定，船舶进出，由台湾道负责监管，所以将道署作为航路的标识。雍正、乾隆年间，台湾的商业活动得到很大发展，商船络绎不绝，北到天津、牛庄，南到泰国、菲律宾，都要经过澎湖，而澎湖错落在大海中，群岛相望，沉船的事故，经常都能够听到。乾隆三十四年（1769），台湾府知府蒋元枢下令澎湖通判谢维祺，选择在西屿的杙仔尾建造七级石塔，基座周长约五丈，每天晚上亮灯，灯光照耀海上，这是台湾灯塔的开端。道光八年（1828），进行了修缮。光绪元年（1875），模仿西洋的方式改造成灯台。此前，同治六年（1867）三月，美国商船那威号遭遇大风，船漂到凤山县的鹅銮鼻，触礁沉没。事后美国领事请求建造灯台，以方便海上航行，清政府答应了但没有马上建造。没过多久，日本攻打牡丹社“生番”，驻军琅峤，也请求尽快修建。同治八年，聘请英国人为工程师，工程费用7万两银子，灯台的规模很大，灯光能照及20多海里。灯台建成后，通知了各国。因为这个地方靠近“番界”，驻兵加以防守。

安平灯台　在安平海岸的旁边，用砖头建造，圆形白色。距海平面7丈7尺，灯的亮度为350烛光，灯光可以照射14海里。每4秒钟发光一次，为第六等闪烁白光。光绪十七年修建。

打鼓灯台　在凤山县打鼓的哨船头，用石头建造，呈四角形。距海平面16丈4尺，灯的亮度为350烛光，可照射10海里，为连续的白光。光绪十八年建造。

鹅銮鼻灯台　在恒春县鹅銮鼻庄船帆石的南边，用石头建造，圆形白色。距海

① 王城，指安平的热兰遮城。

平面18丈，灯的亮度为26000烛光，可照射20余海里，为第一等连续白光。

淡水灯台　在淡水海关的旁边，用石头建造，四角形白色。距海平面3丈3尺，灯的亮度为100烛光，可照射9海里，灯光或红或绿，以示区别。而沪尾街上另外建了灯杆，光源为煤气灯，灯光白色，每2秒钟发一闪光。灯高3丈5尺，距水面14丈2尺，灯的亮度为350烛光，可照射15海里。都是光绪十四年建造的。

西屿灯台　在澎湖厅的西屿，也就是渔翁岛，厦门航行到台湾的船，都以这个灯台为航标。乾隆三十四年（1769），开始建灯塔。道光八年进行修缮。光绪元年，改为灯台。它的灯光是第四等连续白光，距海平面15丈8尺。灯的亮度为500烛光，可照射15海里。

卷二十

粮运志

卷二十

粮运志

连横评论说，台湾是天底下一个开发较晚的地区，土地肥沃，适合种植稻谷。刚开辟的时候，稻谷一年三熟，所以当地的居民没有饥饿的威胁。明郑时期养兵72镇，谘议参军陈永华在此推行屯田制，以满足士兵的粮食需求，还能够把多余的粮食，卖给漳州、泉州，并从中得利，所以财政经费也不缺乏。清朝统一台湾后，驻守台湾的士兵，都是从福建调来的，三年轮换一次，征收稻谷称为正供，以作为福建士兵的粮食。凡有商船到台湾贸易的，必须领取执照，按照船梁的大小，配载米谷，称为台运，这项工作由厦门海防同知负责管理。福建水陆官兵有50个营，加上驻防的八旗兵超过10万人。每年征收的稻谷，只有延平[①]、建宁、邵武、汀州、兴化[②]五府因为是产米的地区，能够充足提供士兵的粮食，而福州、福宁[③]、泉州、漳州四府是兵多米少，经过调剂还是不够，所以只能提供一半的军粮，其余一半只能折算成银子发给。督标[④]、金厦、漳镇、铜山[⑤]、云霄、龙岩、南澳各营，甚至还有全部折算成银子发放的。雍正年间，先后奏请支付一半的米谷，从台湾征收的正供米谷中拨运，称为兵米。后来又增加了戍守台湾士兵眷属的眷米，也是从台湾米谷中运送供给，于是台湾每年运给福建的兵眷米谷就有85297石，遇到闰年还要加运4298石。乾隆十一年（1746），福建巡抚周学健向朝廷奏请后决定，这些米谷都由商船配运，载到福建的有关粮仓。这就是“台运”的由来。台湾的商船都是漳州、泉州的富裕人家所建造的，通过渡海贸易，以获取利润，当时商务繁盛，因此都能积极配合朝廷的号召乐于运输。但从乾隆五十九年发生水灾之后，又发生了械斗，接着又有蔡牵骚扰海上，战乱的时间几乎达20年，漳州、泉州两地的人民陷入困苦的境地。台湾也是一样，百货萧条，海上往来越来越少，于是台湾米谷不

---

① 延平，今南平。

② 兴化，今莆田。

③ 福宁，今宁德。

④ 督标，总督直属的军队。

⑤ 铜山，今东山。

能及时运出，而福建的军粮又需求迫切，各有关厅县都借用了储备粮，连粮仓都已经空了。商船大的能载货物六七千石，小的也能载货二三千石。官府规定商船的梁头宽2丈以上的，配运米谷180石，1丈6尺以上的，配运130石，每石付给运费银子6分6厘，初期都还比较顺利。但不久之后，管仓库的官吏就出现了多方挑剔、耽误时间等现象，由于给民间运货1石运费为3钱银子，有的甚至到6钱，比官运要高几倍到10倍，在这种情况下，谁还乐意为官府运货呢？况且台湾的商船载货，大多是前往宁波、上海、胶州、天津，还有远到盛京[①]的，然后返回福建。来回要几个月的时间，官谷在船舱中放久了，担心海上湿气使其发生霉变，管理仓库的官吏不肯接收，所以多数是私下换成银子然后买货。回来的时候也是用银子交给粮库，粮库不同意时，才购买稻谷交付。管粮库的官吏都以这种方式来获取好处，久而久之就成了陋规，就像江浙一带的漕运一样。

嘉庆十四年（1809），闽浙总督方维甸因为台湾米谷的运送经常出现拖延积压，奏请朝廷开放八里坌港，和鹿耳门、鹿港一起承担台湾米谷的配运，鹿耳门港应当运送49000余石，鹿港22000余石，八里坌港14000余石。当初，户部决定按照船梁的宽度，不同的商船配运从100石到300石不等。乾隆三十七年，福建地方官员经报批获准，规定糖船每艘配运160石，横洋船80石。乾隆四十八年，又接到户部的决定，每逢闰年必须进行加运。等到增加了两个口岸配运之后，决定鹿耳门的糖船配运360石，横洋船配运180石，鹿港的厦门船也配运180石，蚶江船140石。因为蚶江船比较小，而八里坌渔船中可以渡海的，也命令它配运，从30石到80石不等。但是有关部门执行得不够严格，商人又采用各种办法躲避，因此台湾米谷拖延积压的状况依旧如故。

乾隆十六年，闽浙总督汪志伊奏请官方自行运输，命令厦门、蚶江两厅封存雇佣商船20艘，每艘商船各载一二千石，除了按照惯例给予运费外，每石再加银子2分，派文官副职、武官游击或守备各一员负责监督运输，经过三次就运回了10万石。乾隆二十二年，又雇佣商船运回了7万石，商人虽然勉强执行了运粮任务，但台湾一听说要进行“专运”，米价迅速攀升，民众的生活受到很大影响。彰化知县杨桂森请求改为折成银子交纳田赋，奏请朝廷停止台运。省里的官员认为不可以。鹿港的卢允霞听到后就说，这是很不合理的一件事啊，于是就对他熟悉的商人说，我可以改变这项陋规。大家相信他，以他为主进行谋划，还设置一个办事的场所，征收

① 盛京，今沈阳。

了一些船家的钱作为诉讼费。但是台湾府城和泉州、厦门的商船没有跟随这种做法。

乾隆二十五年，巡台道叶世倬到鹿港后听到了各种反映，考虑到商人们的困难，回去后想要进行一些改变，主张制造官船由官府自行运送，并把这个想法告诉台湾知县姚莹。姚莹说："未可，台谷岁十万石，舟以二千为率，当用五十艘。一艘以五千为率，当费二十五万圆。弁兵、管驾、舵工、水手每舟不下数十人，岁费又数万圆。海舟驾驶，三年一修，费又数万。而重洋风涛不测，一有沉失，舟谷两亡。是漕艘之外，又增国家一病也。"叶世倬怀疑姚莹有私心，等到担任福建巡抚时，极力坚持自己的主张，但来不及实行就离任了。随后赵慎轸、孙尔准担任闽浙总督和福建巡抚，他们担心商运积极性不高，就命令台湾知府方传檖思考对策。方传檖认为鹿港港口泥沙淤积、水道过浅，导致商船无法前来停靠，道光四年（1824），就开辟了五条港[①]以方便商船进出。而且当年奉旨要专运米14万石到天津，因此免掉配运兵谷的商船有60艘，于是配运米谷的船只就更少了。方传檖说：

今虽极力疏通，不足运本年之额，计来岁积欠当十万以上，势又必需雇运，然非善策也。重洋险阻，岁有漂沉，平时配运只百余石，糖市倍之，失水责偿，为数无多，故行之可久。若雇船专运，每船何止十倍，设有不虞，官商难赔，虽前已三次行之，而未可恃也。昔时商本丰厚，船料坚固，今则商船薄小，沉碎较多，民间买货千石，犹必分寄数船，以防意外，而官谷岂可不重乎？积谷十三万，用船六七十艘，厦、蚶二厅雇拨，当为四起，或五六起，每起必有文武正副委员护送，弁兵供应犒赏，取诸四县，赔累已甚。而内地各仓，既失商运之利，则必多所挑驳。此累之在官谷也。官谷运费，每石六分六厘，较之民货，仅为十分之二。每船以二千石为率，船户仅得运银一百余两，不敷费用，其船本及修整篷索桅碇之需，皆于何出？每逢雇运，行商及通港之船，皆科派津贴，而商户仍不免赔。此累之在商也。台湾三口，来往商船只有此数，既运积谷，则明年新谷必有短配。是疏积欠，反增新欠，亦非计之得者。况台地近年米贵，一闻专运，市价忽腾，是官商既病，复以病民。计唯有渐停新谷，折色支放。请饬厅县查明积谷，照旧配运，其新谷悉易银，按中平市价，每石折番银一圆三角，分四季解至内地，有谷厅县领回，折放兵食。内地番银一圆可易制钱八百余文，以二谷一米计之，每米一斗可折放制钱二百文。俟积谷运竣，仍配新谷，再有屯积，亦可仿此而行。则免雇运之害，而台之积谷可清，内地

① 五条港，在今云林县台西乡。

之仓储可补矣。

赵慎轸赞同他的看法，而水师提督许松年认为不行。当时正好遇上卢允霞进京上诉，请求停止商运。这件事就下交总督、巡抚商议，福建省的布政使司和台湾道都主张采用杨桂森的说法，停止商运，请将台湾的正供，一半仍收米谷，用来供给台湾的军粮，一半折成银子，每石谷子，折收银子 1 两 2 钱，用来供给福建的兵眷米谷。把台湾的正供全数拨抵台湾的兵饷，可以减少台湾的军饷要到福建领取、福建的兵眷米谷要从台湾解送的麻烦，每年还可以节省运费 6000 余两。赵慎轸说：

闽省漳、泉诸府，负山环海，田少民多，出米不敷民食。台地产米之区，故令征收本色，运给内营兵糈。原以台地之有余，济内营之不足。今如改解折色，已失立法之意。台郡各属征收供粟，向无半本、半折之例。方守所议暂解折色一年，犹属一时权宜之计，尚可由官酌办。若改征半折，则台民有谷之家较多，纷纷粜谷完银，必有平水火耗之加，更滋流弊。是利商以病民也。更易旧章，未可草率，其再议之。

于是台湾道孔昭虔、台湾知府方传穟、台防同知杜邵祁、鹿港同知邓传安、淡水同知吴性诚、台湾知县李慎彝、嘉义知县王衍庆会同商议，都认为商运不能停止。台湾民众听说田赋的征收将要改交现银，群情激愤。乡绅们都说：民间缴纳正供，已经有百余年历史，虽然现在和过去情况有所不同，私下里折算成银两，也都是按照当时价格的高低，并没有固定的钱数。如果征粮改成征收银两，每石谷子征收银子 1 两 2 钱，这样就会变成固定的规则。实行久了之后，势必又会加征银子的平水[①]和火耗[②]，使民众受累更深。而且台湾民众在市场上交易，用的都是“番饼”[③]，没有标准纹银，纹银全靠每年的兵饷而流通到民间，纹银和银元在市场上流通方便，所以银、钱的价格才能平稳。如果军饷永久不用纹银发放，那么纹银就将断绝，银元的价格就会上升，必然导致民众和商户都受到伤害，结果十分不好。孙尔准对于这种将田赋折算成银子以抵充军饷的说法，听取了方传穟的意见。方传穟正式上书说：

今之纷纷言商病者，皆务虚名，未计其实。商船往来台洋一次，贩货之获利，与船户之水脚，所得凡数千金。以数千石之船，而仅运百余石之官谷，复给以

① 平水，银子的标准成色。

② 火耗，原指碎银熔化重铸为银锭时的折耗。明清时期，征税加征的火耗大于实际的火耗，差额归官，百姓亏损。

③ “番饼”，外国银元。

每石六分有奇之运费，国家恤商，可谓厚矣。何病之有？所谓病者，有司之陋规尔。有国法在，罪之可也，裁之可也。若改易旧章，设有他弊，又何以处之？自古无不弊之法，利之所在，弊即生焉。苟鉴于末流，遂并亡其本，是为因噎废食，乌可不察？夫商船运谷，虽以养兵，其端原于正供。台地产谷之区，颇艰银货，故昔人因地定赋，有供粟而无地丁。虽有匀丁杂税，为数无几。而漳、泉、福州兵民繁庶，产谷不足，故以有易无，运台谷以济各地之兵糈，发帑金以给全台之兵饷。各得其所，民便久矣。虽近时台属正供不无折收，内地兵米不无折放，船户运谷不无折交，然名存法在。每有需谷之时，犹可立备。一经改制，则内地永无得谷之期，台地永无见银之日。一旦需用，反费周章。其不便者一。台属贸易俱用番饼，官民收用纹银，皆仰给于台饷。给兵之后，散布民间，舍此则海外纹银断绝矣。其不便者二。全台兵饷岁发银二十一万一千有奇，逢闰发银二十二万六千有奇，又加饷银六万七千有奇。台属额征盐课、叛产、官庄杂项钱粮捐款，尽数划扣。历年司中尚应发银十四、五万有奇。今以通台运谷折价，即使年清无欠，裁十万尔，不足抵大饷之数。设岁又歉收，民欠积累，立形支绌。海外兵饷攸关，贻误匪细。其不便者三。自古三代不废力役之征，国有征发，里出车徒马牛惟所用。唐定租庸调之法，史犹称善。盖军国之需，不能不资民力，匪特赖以济事也，亦阴以维持上下，使民知趋事赴功、尊君亲上之义，故民安其分而忘其劳。今西北直省犹有车马差徭，故其民情愿朴，以奉公为分所应尔。东南诸省民俗浇偷，一切便民，犹谤其上者，不知分与义也。海船无他徭役，官使往来，皆予雇值。独过台配载军士，回棹配载运谷，此二事尚有奉公之意尔。然亦有水脚之给。虽稍有赔费，亦由船户自图巧利，为口员、胥吏之所挟持，遂成陋规，非无故而致也。若裁去运谷，则商船自此不识奉公之义。设一旦有意外之征发，反兴嗟怨，以为不当役使之意。履霜坚冰，由来有渐。其不便者。卢允霞一无赖讼棍尔。昔尝以唆讼拟遣，逢恩赦归。又盘踞鹿港，煽惑商民。假控革陋规之名，设立公馆，每船抽费数十。是以奸民暴敛也。各商船户唯泉郊数人稍稍附之，余皆已悟其奸，有赴厅控其假公者。此前岁邓丞所以往毁其馆也。彼挟此恨，又为众船户所归尤，故冒死叩阍，以塞众人之责。始因敛费而控陋规，继因陋规而陈改制。是以一奸民而敢横议，变乱祖宗成法矣。虽停罢商运之议，启自杨桂森，然桂森之议，昔已不行。今则因卢允霞之控而行之，是奸民舞智，反优于邑令之建言也。其不便者五。州县亲民之官，必使有力办公，乃可不形竭蹶。台谷陋规，不但内地各属赖之，即台属厅县亦有折半征收之利。每谷一石折收番银二圆，或一圆八角，可当纹银一两四钱，或二三钱。今使以半折抵给台饷，则官无丝毫余羡，而厅县从此大困矣。海外经费无一不倍内地，幕友修金岁常四五千圆，捐赔之款又一二千两。廉俸无几，何以供之，非尽为私肥之计也。其不便者六。虽有廉吏，亦必俾能自给，然后不侵国帑，不朘民膏。陋规既尽，势必亏空仓库。否则词讼案牍，掊克赃私，民间受祸更烈，海外隐忧自此深矣。其不便者七。夫病商之弊，其实犹小；若以便商之故，而病官与民，因以病国，则害更巨。古之为政者，利均则权之以义，害均则权之以大小轻重，不可不谨。

孙尔准采纳了方传穟的意见。赵慎畛也写信给方传穟说："此阅陈议，所见正同。事关国制，不可不尽言。"但众人都持不能进行商运的意见。方传穟所说的先配运旧粮停运新粮的办法，也搁置了下来，第二年仍然需要雇人运粮。方传穟又建议停运眷米，每1石米抵给纹银1两，布政司在发给台湾的军饷中扣发，台湾则以折算银子的方式向政府缴纳田赋，以抵充军饷。此时赵慎畛已经离开福建，建议虽然暂时实行，还来不及咨请上奏，方传穟也调到其他地方去了。

道光七年（1827），经商议决定不再根据梁头的大小、船的名目，凡是厦船配运米谷150石，大的蚶江船配运100石、小的80石，横洋船配运180石，糖船配运360石，想要把以前积压拖延未运的米谷全部清完，结果积压的情况还是依然如故。于是向朝廷奏请将米谷折算成银子付给，从这年开始，每石米折成纹银1两，让每个兵眷自行买米，这样商船也就没有困扰了。

鹿耳门应运兵眷米谷表（米从△，谷从▲）

运出之地	收用之地	兵米兵谷	眷米眷谷
嘉义	厦防厅仓	▲24 154	▲1 920
台湾	龙溪县仓	▲2 370	
台湾	龙溪 同安 平和		▲3 806
凤山	福州府仓	△1 500	
凤山	南澳厅仓	▲3 638	
凤山	漳浦县仓	▲5 914	
凤山	海澄县仓	▲983	
凤山	漳浦 诏安		▲3 476

鹿港应运兵眷米谷表

运出之地	收用之地	兵米兵谷	眷米眷谷
嘉义	福州	△5 500	
		▲5 500	
彰化	福州	△875	
		▲875	
彰化	莆田		▲3 727
彰化	晋江		▲5 414
彰化	南安		▲465

八里坌应运兵眷米谷表

运出之地	收用之地	兵米兵谷	眷米眷谷
彰化	闽县	▲1 040	▲5 500
彰化	罗源	▲2 205	▲460
彰化	福安	▲2 073	
彰化	侯官	▲2 381	
彰化	连江		▲456
彰化	长乐		▲648

仓　储

仓储制度，仿效西周，用以提供军粮，满足百姓的食用，而且可以平稳市场的米价。汉朝时期开始兴建常平仓，由官府主管，在粮价便宜时以较高价钱买进，粮价上涨时以较低价钱卖出，根据具体情况进行调节，所以叫作常平。唐朝时期又设立义仓，则是由官府和民间共同设置的，以防备荒年的需要。到了宋代，朱熹又创立社仓的制度，后代得到推广，民众对此感到方便。台湾是天底下一个后开发的地区，土地肥沃，一年三熟，把当地多余的粮食，供给福建，漳州和泉州的民众对此都有相当的依赖。郑氏时期，曾经兴建天兴、万年两个粮仓，遗址至今还在。清朝统一台湾之后，每个县都增设了粮仓，一种叫文仓，储备征收上来的正供（田赋）稻谷。以前的正供多是交纳实物，所以设立文仓收储，官府可以在荒年时用这个仓库的粮食平价出售。一种叫武仓，用于储备兵粮。戍守台湾的士兵按月发米，所以设立武仓存储兵粮。一种叫义仓，官方和民间捐助设立。而民众自己设立的叫作社仓。《大清会典》记载说：一般民间百姓在收获的时候，将他们剩余的粮食酌量捐献一些；建立仓库储存，以备乡里的人借贷，叫作社仓。公推乡里家境富裕、品行清正的一人担任社长，能读书写字的一人为副社长。按照保甲组织的印牌，有进行劳作但仍然贫困的人，春夏时节向粮仓借米，到秋冬稻谷成熟时，加一成偿还。当年的收成如果中等就减去利息的一半，当年的收成如果不好就免去全部的利息。社长、副社长根据簿册检查核对，每年要将社仓稻谷的数量上报官府，负责借出与收还，就是为了方便民众，官府不能以官方的规定来要求他们。丰收的年份劝说民众向社仓捐献谷物，只是顺应民情，禁止官吏强制摊派。如果有乐善好施能捐 10 石甚至 100 石以上的人，根据不同的数量给予相应的奖励。社长、副社长管理得好，也按年给予奖赏。这种制度非常好。还有“土番”社仓，用来贮存“熟番”“番社”的口粮，做法大致相同。康熙四十三年（1704），经商议规定了福建各粮仓稻谷存留和售卖的数额，各个州县按照规定的数额存留。而常平仓的稻谷，就按照当时的市场价格全部卖出。因为台湾岛孤悬海外，除了现在还有的捐谷 8600 余石、常平仓稻谷有 11 万余石外，各县按照规定应当存留的稻谷，其余的全部都投放到市场上换成了银子，以备荒年赈济。另外，台湾、凤山、诸罗 3 县所储存的正供稻谷，现有 70 余万石，数量已经很多，放久了容易腐烂。应该留存 20 万石，用来供给三年的军粮，其余的也全部卖掉，作为兵饷。雍正四年（1726），经商议规定台湾每年除了运到福建平价出售的大米 5 万石以外，另外还要从正供稻谷中运米 10 万石，分别储存在福建沿海各处。如果台湾丰收，可以根据情况加运。雍正七年，总督高其倬上奏说：“台湾之谷，只可存备全台及金、厦两处兵糈。若漳、泉平粜之米，请将官庄之款采办。”这个奏议被批准通过。乾隆十一年（1746），省里认为福州、兴化、漳州、泉州的食粮，不能不借助台湾，而台湾的粮食收成可能丰收也可能歉收，也不能不预先筹备。于是决定台湾各厅县每年买稻谷 40 万石，成为永远的定例，存储在台湾的粮仓。如果遇到福建缺乏粮食的时候，就拨往福建接济，马上以省布政使司的钱款，发给台湾各厅县购买稻谷补上。两年之后，又规定了福建常平仓储存稻谷的数量，其中台湾应当储存 40 万石。台湾是出产稻谷的地方，开垦的土地日益增加，收成也越来越多，若非遇到战乱或水旱灾害，食用的粮食不再缺少，即使遇上灾年，但台湾民众崇尚道义，业户平价出售粮食，乐善好施的人也会捐献赈济，所以不会发生路旁有饿死者的惨状。道光十七年（1837），淡水同知娄云又劝说各庄设立社仓，民众踊跃响应，先后都设立了起来。由于正供改成征收银子的原因，后来又裁减了班兵，文武各仓很多就成了虚设，逐渐就倾倒坍塌了，只有义仓还保留着。现在列举所知道的，编写在表中。

台湾官仓表

台湾府仓　一个在府城台南镇北坊县衙署左边，共 67 间；一个在东安坊县旧衙署右边，共 37 间。共储存稻谷 20 万石，其中收储不下的部分由台湾、凤山、诸罗三县拨仓收储。

台湾县仓　一个在县旧衙署的左边，共 57 间；一个在县衙署的右边，共 14 间；一个在安平镇，共 2 间；一个在罗汉门，共 3 间。共储存稻谷 3 万石。又有监仓，在县衙署的左边，共 20 间，乾隆二十四年（1759）奉旨修建的。

凤山县仓　一个在府城台南钱局，共 28 间；一个在东安坊，共 21 间；一个在大埔街，共 20 间；一个在安平镇，共 25 间；一个在旧县城（今高雄左营），共 8 间。乾隆五十四年，知县常明修建，共储存稻谷 5 万石。另有监仓，在旧县城粮仓的后面，共 5 间，乾隆二十四年修建。

嘉义县仓　一个在府城台南东安坊，共 136 间；一个在县城，共 80 间；一个在笨港，共 109 间；一个在斗六门，共 9 间。乾隆五十五年，知县单瑞龙修建，储存稻谷 5 万石。监仓没有修建。

彰化县仓　一个在县城半线堡，共 15 间，康熙五十四年，诸罗知县周钟瑄修建，用来存储半线至竹堑的兵粮，是武仓。雍正二年（1724），移归给彰化县。嘉庆十六年（1811），知县杨桂森改建到县城内。一个在鹿港米市街，共 16 间；一个在猫雾捒堡，共 1 间，都是雍正年间修建的，共储存稻谷 5 万石。

淡水厅仓　一个在竹堑，共 12 间，康熙五十五年，诸罗知县周钟瑄修建，用来存储淡水至南崁的兵粮。雍正二年，移归淡水厅。嘉庆二十二年，同知薛志亮修建。一个在八里坌，共 12 间，不久就倒塌了，移到艋舺。一个在后垄，共 1 间；一个在南崁，共 1 间，都由薛志亮修建，共储存稻谷 2 万石。又有监仓 2 所，一个在竹堑，共 5 间；一个在厅衙署内，共 6 间。

澎湖厅仓　在厅衙署的所在地妈宫。雍正七年，经商议决定调拨收储仓谷 5000 石，命令台湾、诸罗二县各自先拨运正供稻谷 1500 石，等到冬收后，分别再运 1000 石稻谷以凑满其数。后由于通判王仁以澎湖气候潮湿为由，担心收储的稻谷腐烂，请求下令寄储在原地，如果遇到歉收年份就运到上级官府的粮仓。没有得到同意。先期运来 2000 石，还缺 3000 石，很久都不能补足。后来的通判胡建伟上报请求知府查看旧的规定，命令台湾、诸罗两县各自再行拨运 1500 石，以符合原定的数量。乾隆二十四年正月，诸罗县运来了他们额定的数量，但台湾县应运的数额仍然缺着，因此额存3500石，以准备需要时平价出售。此外还有官捐的稻谷，每年3石，但现在已经没有了，仓库也大多坍塌了。还有武仓，也在妈宫，就是从前碾米支付兵粮的仓库。向来惯例，澎湖军营到台湾运米，每年7200石，由储仓拨给。乾隆二十年，通判王祖庆禀报说："澎不产谷，唯借客米贩济民食，然风信靡常，每值市上缺乏时，幸赖月运兵米六百石，照期散给，互相调剂，而年来每至逾期。查妈宫现有武仓十间，缘澎地潮湿，储米易烂，请改为谷以一米二谷计之，凡七千二百石，贮存武仓，令文员管之，按月碾给，则与常例无违，而兵民两益。"经上级官员奏准之后决定实行。以后就改谷为米，由澎湖厅向台湾县支领米价，自行采买。同治年间，因接济迟缓延误，戍守的士兵索要兵饷，才开始直接由台湾县负责澎湖兵米的拨付，但是具体的采买经办仍由澎湖厅发票监理发放，各个士兵自己向船舱支领，而武仓就形同虚设，近年来也多数坍塌了。

噶玛兰厅仓　一个在厅衙署所在地五围，一个在头围。嘉庆二十一年，通判翟淦修建，存储稻谷2万石。

台湾社仓表

台湾社仓　原来在镇北坊，共4间，康熙五十年（1711），台厦道陈瑸修建。乾隆十五年（1750），知县鲁鼎梅改建县衙署，沿袭用县官仓来储藏社谷。后来移建到龙王庙的左边。据同治六年（1867）乡绅董事黄应清汇总的清册记载，共有仓库12间，贮存稻谷16021石。

凤山社仓　康熙四十四年，知县宋永清捐款修建。一个在兴隆里，一个在下中洲，一个在内土库，一个在半路竹，一个在下埤头，一个在埃顶，一个在万丹。其中大多数已经坍塌了。

嘉义社仓　一个在诸罗山，一个在安定里，一个在斗六门，一个在茅港尾，一个在新化里，一个在打猫社，各1间，至今大多数都已经坍塌。道光十五年（1835），绅士王得禄带头在县城修建了一所社仓，贮存稻谷2万石。

彰化社仓　在县城小西门，共16间，是道光十四年台湾知府周彦、彰化知县李廷璧劝说绅士罗桂芳等人捐资修建的。一个在沙连堡林圯埔街，乾隆十六年，庄民捐献稻谷共同修建的。

淡水社仓　道光十七年，同知娄云创设，劝说各业户捐献稻谷，但粮仓还没有修建好，已经上报奏请奖励记录在案。同治六年，代理同知严金清又捐出自己的养廉银1000元，购买稻谷1000石，并劝说业户林恒茂、郑永承等人共捐出稻谷

49000石，另外拨出捐谷3600石作为义塾的经费，就在竹堑、艋舺两个地方各设明善堂，来管理相关事务。因竹堑是买地新建的房屋，花费了2972多元，艋舺的旧仓已经毁坏很久了，就在旧址上重建。又因为大稻埕捐谷比较多，商议设立总仓，没能实行。除此之外，各地多有捐设。一个在大甲文昌祠里面的左边，有仓库5间。一个在后垄，一个在猫里，一个在桃仔园，捐谷数量不能详知。一个在北埔，业户江大宾等人捐谷550石，后来又继续捐了85石。一个在九芎，林业户詹国和等人捐谷571石。一个在中港，业户叶廷禄等人捐谷840石。一个在新埔，业户陈朝纲等人捐谷850石。一个在大湖口，业户张阿龙等人捐谷850石。一个在大溪漧，业户叶从青等人捐谷900石。粮仓都还没有建立起来，暂时由捐户自己贮存。

澎湖社仓　雍正八年（1730），福建督抚上奏请求创办社仓，命令各个地方的官民捐谷。从雍正九年起到乾隆十六年（1751），文武官员共捐259石。乾隆十六年八月，台湾知府陈关以澎湖原属台湾县，应该将社仓的稻谷归入台湾县拨贮的3万石总额中造表上报。通判何器于是就将储存的稻谷215石碾米移送军营，抵作拨给台湾县的数额。又在乾隆十八年，再将8石调拨给台湾县，剩下的36石根据规定改成溢捐（捐献超出规定的数额），作为官仓的稻谷存储。道光十一年（1831），通判蒋镛捐献俸银700千文，副将吴朝祥也捐200千文，同时劝说乡绅富户陈均哲、黄宽、纪春雨等人各捐420千文，其他人也都乐意捐献，共得到3585千文。从道光十三年起，分发给各澳[①]的总董作为本钱产生利息，如果遇到歉收的年份，可以购买一些薯丝杂粮等以接济民众，等到有了盈余，修建粮仓进行存贮，不断把陈年粮食放出改成新的粮食存储，希望能够永久延续下去。社仓的总理5年一换，由乡绅和总董推举担任，以杜绝私自作弊。光绪十九年（1893），发生了咸雨灾害，候补知府朱上泮奉命到澎湖考察情况，认为社仓不可废除，向台湾巡抚和布政使禀报，希望拨款作为倡导。通判潘文凤捐献俸银100元，劝谕绅民黄济时、蔡玉成等人共捐1435两银子，南郊、北郊、糖郊三郊合捐163两，而代理总兵王芝生也捐银300两，并劝说官兵共捐银924两，总计得银约3000两，作为社仓的资本。于是把旧文仓的库房修理了3间，又新建了3间用来存储粮食，推举黄济时、蔡玉成等人担任董事，凡是捐银50两以上的人，都给予“义举襄成”的匾额作为嘉奖。到这时，澎湖的义仓终于建成了。

① 澳，海岛弯曲可停船住人的地方，指渔村。

台湾“土番”社仓表

台湾县“土番”社仓　一个在大杰颠社，一个在新港。

凤山县“土番”社仓　一个在放綵社，一个在茄藤社，一个在力力社，一个在上淡水社，一个在下淡水社，一个在塔楼社，一个在武洛社，一个在阿猴社，各一间。

嘉义县“土番”社仓　一个在诸罗山社，一个在打猫社，一个在他里雾社，一个在柴里社，一个在萧垅社，一个在大武垅头社，一个在加麦社，一个在芒仔芒社，一个在哆啰嘓社，一个在阿里山社，一个在麻豆社，一个在湾里社。

彰化县“土番”社仓　没有设置。

淡水厅“土番”社仓　一个在搭搭攸社，一个在蜂仔峙社，一个在摆接社，一个在雷里社，一个在武朥湾社，一个在圭柔山社，一个在大浪泵社，一个在八里坌社，一个在毛少翁社，一个在北投社，一个在奇里岸社，一个在小鸡笼社，一个在金包里社，一个在大鸡笼社，一个在三貂社，一个在南崁社，一个在龟仑社，一个在坑仔口社，一个在霄里社，一个在竹堑社，一个在后垅社，一个在中港社，一个在猫里社，一个在新港社，一个在加志阁社，一个在吞霄社，一个在宛里社，一个在房里社，一个在猫盂社，一个在德化社，一个在大甲社，一个在双寮社，一个在南日社，一个在麻糍旧社。

卷二十一

乡治志

卷二十一

乡治志

连横评论说，古时候圣王治理人民，筑内外城墙让民众有安全的居所，建房屋井田让民众平等使用，开市场商铺让货物自由流通，设学校私塾让民众得到教育，士、农、工、商，都有自己的事业。因此，政府中没有腐败的官员，城镇中没有无所事事的游民，田野中没有荒芜的土地。管理民众的方法，要以这块土地上居住的民众为根本，把 5 个家庭作为 1 邻，5 个邻作为 1 里，4 个里作为 1 族，5 个族作为 1 党，5 个党作为 1 州，5 个州作为 1 乡。一个乡有 12500 户，邻长是最底层的管理人员，由此往上，依级递升，乡长已经是高级长官。因此行政事务不用号令就能举办，风俗教化不用费心就能一致，兵不用养就能做好战备，税不用收就能满足费用，这就是乡治的制度。连横评论说，西方国家的政治，也是知道了这样的道理和方法，因而才使国家强大、人民富裕。台湾在郑成功时期，社会秩序刚刚建立，成千上万的民众跟随而来，扩大耕地，增加人口，逐渐聚集形成繁华的都市，这就是实行乡治制度的结果。当时，颁布屯田的法令，推行鼓励开垦的政策，招徕避难的民众，开拓海上通商贸易，从而使这个弹丸小岛能够承继明朝的法统，安置明宗室，汇集众多贤才，建立大明招讨大将军府署，和清朝对抗。等到郑经当政的时候，把施政大权委任给勇卫将军陈永华，将东都改为东宁，把都城分为四坊，分别叫作东安坊、西定坊、宁南坊、镇北坊。各坊设签首一职，管理民众事务；都城之外设 34 个里，里设总理，里之外还有社；10 户为 1 个牌，每牌设 1 个牌长；10 牌为 1 甲，每甲设 1 个甲长；10 甲为 1 保，每保设 1 个保长，管理户籍事务。凡是有关民众迁徙、职业、婚嫁、生死的事务，保长都要向总理汇报。每年农历二月，总理再把各里的事务向官府汇报，官府据此来考核各位总理处理事务的好坏和赏罚是否分明。各总理还要劝导民众进行农业或手工业生产，禁止卖淫赌博，合理安排民众的徭役，严厉禁止偷盗和抢劫，进而又用诗书来教育民众，宣扬礼义观念，用法律规范民众的行为，鼓励民众懂得忠诚和敬畏，因此民众都有勇气而且知道道义。这都是郑氏实行乡治制度的结果。

清朝统一台湾之后，沿用了郑氏的乡治制度，但官吏对这个制度的施行不够细心慎重，逐渐就松懈废弃了。朱一贵起义被平定之后，地方上还不安宁，总兵蓝廷珍上书总督满保，请求实行保甲制度。要求各县推举精明能干、勤劳谨慎、家庭富裕、品行端正的人担任乡长，让全县的各个乡能够联合起来，守望相助。并且提供游兵[①]，专门从事一些奔走传令的工作，如有一家被盗，他的前后左右各家就一起出来救援，堵截各个出口，协力将盗贼抓获。同时，在全县再设大乡总一到二人，专门负责统一管理、监督、稽查各个乡长的工作。乡长如果有滋事扰民、纵容奸匪的现象，而大乡总知情不报的，也和他同罪。这样实行起来，虽说没有乡兵的名义，却等于有了乡兵的事实。台湾县属于中路，准备设乡长 6 名；南路凤山县设乡长 8 名，各设大乡总 1 名；北路诸罗县设乡长 12 名，另设大乡总 2 名，进行统一领导。每个乡长配备 4 名提供给养的游兵，授予大乡总外委[②]千总或把总的头衔，配备提供给养的游兵 10 名。每名士兵每月给银子 1 两，米 3 斗，从官庄的收入中支付，而乡长、大乡总则适当给予一些报酬。只要地方发生盗窃或抢劫案件，就命令乡长限期捉拿归案。第一次期限到还没有将罪犯抓捕归案，追究游兵的责任。第二次期限到还没有抓获，追究乡长的责任，施以身体上的刑罚。第三次期限到还没有抓获，就要对乡长进行重罚。只要三次不能捕获破案，乡长就要被革职，大乡总就要被撤销外委的官衔。对于勤劳谨慎处理公务，三年都没有过失的乡长，根据他的表现可以进行提拔录用，以表示鼓励。总督满保同意了这个建议。于是设置大乡总 4 名、乡长 26 名。蓝廷珍考虑这样做还不够完善，又请求变通办法举办团练[③]，认为现在府城虽然有协防的士兵 2000 名，好像足够调遣，但将他们分派南北防守后，剩下的已经不多，应该立即训练乡民壮丁，联络各个村庄，以补充兵力的不足。这些经过训练的乡勇平时务农，有战事发生就成为士兵。紧急情况发生时能够先派遣团练应付一下。这以后训练乡勇的方法便成了惯例，每有战事发生，都举办团练。乾隆五十一年（1786）林爽文起义，台湾南北许多地方都被起义军占领，府城戒严，各乡大多都举办了团练，遣派义民[④]，协助府城的战守。而鹿港的郊商也招募乡勇自卫，所以没有受到损失。这些都是防止内部动乱的事情，在抵抗外敌时尤其凸显它的作用。

---

① 游兵，流动的士兵。

② 外委，额外委派的武官。

③ 团练，将民众编组进行训练。

④ 义民，协助官府的民众。

道光末年鸦片战争，英国舰船窥伺台湾口岸，引起台湾民众很大愤慨并与其交战。中英之间签订了《南京条约》，朝廷下诏开放五口通商，于是台湾有了倡导抵御外族入侵的舆论，并且发布公约宣称：

曩者英人犯顺，罢兵议抚，准其通商。而不通商之地，则不许登岸，违者送其领事治罪，此人人共知者。台湾非英人应至之地，我等知朝廷宽大，许其和约，不与抗拒，非畏之也。彼既俯首恭顺，我等岂敢生事。且所谓和者，但见之不杀尔，非听彼之使令也。彼先侮我，我岂让彼？我百姓如为所用，是逆犯也，是犬羊之奴也，饿死亦不肯为。我百姓自为义民报国，地方官亦不得牵制。如彼本无异心，而奸徒从中指引，则我等不杀其人，而杀勾通之人，于抚洋之道，固并行而不悖也。风闻英人欲于台地贸易，如果成事，贻祸无穷。习教惑众，是子弟罹其害也。占地盖房，是居民遭其殃也。霸揽货税，是商贾绝其生计也。买用男妇，是子女受其荼毒也。台地孤悬海外，无可徙避，亟宜及早图之。一曰勤瞭望。沿海城乡居民随时于高处探望，但见洋船踪影，即飞报该管文武衙门，一面探其驶入何口，再行阻截，不得专恃口岸吏胥。一曰联声势。洋船如来停泊，并无逞强情形，我百姓多至千人，少数百人，暗藏刀棍，排立港岸，阻其深入，不与斗狠，静以待之，久则自退。一曰查奸细。洋人不足虑，虑土匪勾结尔，如有私与交接者，公同拿送文武衙门。若查出确有勾通证据，或造谣乘间抢劫，应报地方官杀毙。一曰选壮丁。无事之时，各街乡除鳏寡孤独及家无次丁外，每家各出一人，年约在五十以下二十以上。殷实绅商各自添备，不拘定数。先造名册，存于各义首处。一旦有事，呼之即至，违者公罚。至有事动支口粮，或由官给，或由民捐，临时定议，宜从优厚。即有一二死伤，定邀褒恤。一曰筹经费。防堵军需，自有帑项。我百姓仍须备储，同保身家。每街乡公议以公正绅耆为义首，查明现在经商及田产较多者，每家每日捐钱数百文或数十文，一月一支，零星积存。俟有成数，再议生息。除却防洋，不准动用。一曰备器械。刀枪牌铳，家家俱有，人执一器，即成劲旅，所虑者洋人之炮尔。然彼炮在船，远不能及，我炮在岸，近而易攻。但令大炮不能登岸，则其技已穷。我不必用炮，唯御彼之炮，而其技亦穷。每家或三两家，各置遮牌一面，以木版高与身齐，或编竹为之。内安鼻纽，外钉牛皮铺棉纸，或加网丝，或涂蔗糖，此台地所易办者。得壮士千百人，持此为前，则炮火不能伤。人人胆壮，有进无退，则一鼓而歼之矣。

那时候，徐宗幹担任巡台道，特别鼓励乡民自卫，所以民众同仇敌忾的气氛很浓厚。徐宗幹认为，想要抵御外侮，必须先清除内奸，通令各个总理，在自己所管辖的村庄里若有不法之徒害怕法律惩罚而想要悔改的，要允许他们将功折罪。如果他们当中有愿意充当线民或参与缉捕的，就应当马上到附近负责防卫的官府衙门替他们申请。如有愿意担任差役的，经过考核技艺才能，可充当乡勇。愿意留在乡里的，登记姓名，派去守卫村庄，根据具体情况供给口粮，让他们可以赡养家人。如果有一贯作恶不思悔改的人，总理就带领大家把他缉拿押送到官府。又颁布告示晓谕各村社的族长：

查姚前道任内，给各社家长，以各庄丁口万人千人，最少数百人。贼虽多不过数十，少仅十余人，尔族丁十倍于贼，贼虽强，焉敢伺夜深入。此必有与贼通者，通贼者非他，即本族本庄贫乏人尔。若辈无业忍饥，富者不肯赡给，故怨而通贼。尔社内富家可出公费若干，将社中贫乏无业而年壮者，悉召归之，日给饭钱，使为壮丁。大社四十人，中社三十，小社二十。分为两班，每夜一班巡社防守。一人执锣不鸣，一人击梆，余执大挺，不许持刀枪鸟铳。自三更起，绕行社外，向明而止。见贼则鸣锣大呼，一社之人群起应之，贼必不敢入社。一社鸣锣，则邻社皆应，不逐贼者罚之。贼既走，不可远追击捕，恐其穷迫伤人。此法一行，则各社贫者有以自养，皆自保其社，不但不通贼，亦不复出而为外盗矣。姚前道任内，各社遵行，立见安谧。至隆冬以后，平日各须妥议章程，以期闾里益臻清静。凡子弟为非，父兄同罪。当绸缪于未雨，期任恤之可风。各社内一人兴讼，众人牵连，一家滋事，大家破费。官兵至则妻孥移散，壮勇来则鸡犬皆惊。典田鬻产，为无益之虚糜；积怨深仇，遭不测之祸患。与其为难于事后，何如早筹于事前。人无愚智，各具天良，境处饥寒，易成地棍。各社家道殷实者公议按捐地亩若干，各家分收近支族中贫苦孤独子侄若干人，或借给粮食，佣工出力，按年抵扣。或支付铜钱，小本营生，余利归还。或祠堂公提生息，或本社捐置赡田。幼而慧者设义塾以免游闲，壮而钝者习技勇以防奸宄。如怙恶不悛，公请族长责惩逐出，本支联名送官究处，不准回社。如改过自新，或保送衙门，充当壮勇。尔等同心协力，庶几有安享太平之日，其各勉旃。

徐宗幹在任期间，尽心尽力处理公务，兴利除弊，实事求是，一时民心向善，民俗浇淳，直到今天仍然为人们所称道。

淡水位于台湾的北部，地大物博，福建籍和广东籍的人居住在这里，福建人住在近海的地方，广东人住在靠山的地方，分别拥有一方天地，一向很少来往。福建人因为是先来者，所以称广东籍的移民为客家人，广东人则称福建籍的移民为福佬人，二者风俗不同，语言也不一样，一有争端，就会发生械斗。福建人、广东人发生械斗，漳州人和泉州人就会联合在一起。漳州人、泉州人发生械斗，广东人就在后面观望，大量民众被无端卷入，局面纷乱不堪，有时械斗会蔓延好几十个村庄，而官府无法阻止。道光十一年（1831），淡水同知娄云订立4条庄规、8条民约，要求民众遵守。澎湖是位于海中的群岛，居民喜欢打官司，那时也订立了乡约，其中规定说：不能什么时候都赌博，只能在新年最初的六天时间里才可以；不能偷盗；不能放任耕牛践踏别人的农田；不能侵犯别人的海域；不能表演思想邪恶的戏曲；不能逃避公共的劳务；不能动不动就打官司。违反者罚钱1000文，不服从的人报请官府治罪。

之前林恭起义，徐宗幹用淡水林占梅举办北路团练，维护地方稳定。等到戴朝春起义，淡水同知秋曰觐遇害，整个台湾都发生了骚乱。林占梅又召集乡绅，筹备守护地方。当时徐宗幹已经担任福建巡抚，授权林占梅办理全台团练事务，颁给木质印章，通知全台湾各个地方。但是台湾总兵和巡道都驻扎在府城，筹备兵力和军饷，必须设置团练总局，于是由巡道委派士绅来担任负责人。把府城内划分为5个区段，设置总签首。东城区段设置2个总签首，1个管辖六合处居所，1个管辖八协处居所。西城区段设2个总签首，1个管辖六和处居所，1个管辖六兴处居所。南城区段设1个总签首，管辖八结处居所。北城区段设1个总签首，管辖18处居所。中城区段设1个总签首，管辖21处居所。小西门外也设1个总签首，管辖4处居所。大西门外是商务活跃繁荣的地方，分为南北两区，各设置1个总签首。而三郊分别设置3名大签首，管理事务。所谓三郊，指的是糖郊、南郊和北郊，他们的办事处设在水仙宫，称三益堂。每当有交涉事务，便自行开会公断，不需要官府介入。每当地方上有重大的需要民间出力的事情，就捐饷协助军队，集资赈济社会，在地方上发挥着重要的作用。因为当时商业发达，贸易利润多，而三郊管事的人又能急公好义，所以很多人都很尊重他们，后来才逐渐由盛到衰。刚开始的时候，各县绅商都是义民首领，义民随军出战，每条街的铺户都派出壮丁，每处居所10名或者20名，叫作铺民。每天晚上登上城墙巡逻，到天亮才回来，只留一个人看守。每个人一夜给60文点心钱、10文油烛钱，5天发一次，到时由各街的签首向团练局领取。事情平息之后，还留有签首的名称。城乡的人如果发生争执，都会向总签首去辩明是非，而官府也经常会根据签首的意思，来兴利除弊。光绪七年（1881），兵备道刘璈将团练总局改为培元总局，来管理一切慈善事业。培元总局的总办由巡道衙门发文委任，下设由乡绅们组成的董事，凡是清理沟渠、修建道路、救灾恤贫、施救医疗等方面的善事，每年花费数万元，都从鸦片厘金项目中开支，从而使城市的秩序达到了最好的状态。到了中法战争时期，又举办团练，刘璈亲自制定章程 17 条予以公布。不久又颁布渔团[①]章程20条，通告绅民以及沿海渔民遵守执行，收效显著，具体内容可参见《军备志》。

当时福建巡抚刘铭传驻守台北，也举办团练，奏请朝廷任命林维源为团练大臣。光绪十二年，奏请办理清查田赋，命令下属先办理保甲，清查造报户口。10户为1牌，每牌设牌长；10牌为1甲，每甲有甲长；10甲为1保，每保有保正，都隶属于保甲局。保甲总局设在台北，以候补知府担任总办，各个厅县都设置分局，委任副职官员负责。每个季度都要汇报，先送按察使司核查核，然后上报给巡抚汇总题奏，把辖区民众的数目登录到户部，进而得知户口的增加或减少。刘铭传励精图治，希望把台湾变得富强，但是因为经费不足的缘故，没能实现志向。乙未年（1895）的战争中，又举办团练，让进士丘逢甲担任团练使。在此之前，台南府城每年都举办冬防，查办盗贼，严防水火灾害。光绪十年（1884），知县俞鸿详细报请道府，从抄封的公款中拿出库平七钱二分的银元 6000 元，发放到各个当铺收取利息，每 1000 元月利 10 元，每年利息 720 元，又把外新丰里的鱼潭贌租 200 元也拿来作为团练的费用，还有不够的部分，就从盐税的盈余部分拨付。

保甲制度可以保护民众，使他们相安无事。但民众不可能永远都平安无事，水旱灾害不时发生，瘟疫疾病偶有发作，鳏寡孤独之人无依无靠，都必须尽心尽力去解决。事前做好防备，事后进行抚慰，人们才能安居乐业。大家都是一乡一县的人，出门回家要相伴为友，遇有警情要互相协助，有人生病要互相关心帮助，百姓之间就会亲近和睦。因此建立义仓平抑粮价，开设医馆治病救人，设立养济院抚养鳏寡孤独，而后才可以达到乡治的目标，进而才可以实施治国平天下的方法。台湾人重视家法，敬重祖先，因此大家族一定会建立家庙，四季时节更换之时，大家聚集一起饮酒联欢，共同设置义田[②]，供给祭祀的费用，又作为培养人才、婚嫁、抚恤孤儿、救济贫困的资金。其中大家族则联合全台湾同姓子弟，建立大宗族，追怀祭祀始祖，增进了同姓亲族之间的感情。驻守台湾的士兵大多来自福建，任期满后就要换班，在等待换班期间，各建公厅作为集会的场所。因此，府城中

① 渔团，渔民团练。

② 义田，或称族田。

有福州公厅、诏安公厅、云霄公厅，都在镇北坊，纠合党羽，肆行不法行为。道光年间，巡道徐宗幹对这些公厅采取了迁移或禁毁的措施，不良的风气才得以平息。外省居住在台湾的人，有两广会馆、浙江会馆，也是同籍官员和商人集会的地方，联络同乡情谊，集中众人意见。有流落在外无法回乡的人，就出资送他回去，所以乡亲没有穷途困苦的悲哀，这也是同乡情义的体现。台南府城大西门外，有五大姓，蔡姓人口最多，郭姓第二，黄、许、卢三姓相对少一些，各占据一条街道，互相依靠，外人不敢侵犯。因这里是郊商屯集的地方，货物进出靠这里运输，因此争相拥有这个地方利益。一府之中，每个族只管自己的事情，每个团体也只管自己的事情，就会产生分离，进而产生私斗。但如果能妥善利用，也可以借用它的力量。朱一贵起义，广东人没有附从，因省籍不同。林爽文起义，泉州人不响应，因府别不同。蔡牵袭扰台湾，不同祖籍的人协力同心，争相杀敌，因为敌人是从外面来的。《诗经》说："兄弟阋于墙，外御其侮。"诗作者应该是懂得乡治的道理。所以说："日月食于外，而贼在其内。"

台湾善堂表

台北官医局　在台北城内考棚，光绪十二年（1886），巡抚刘铭传开设，任命候补知县担任总理，招聘西洋人为医生，救治百姓的疾病，不收费用，并在里面设置了官药局。

台北病院　也设在考棚，光绪十二年，巡抚刘铭传开设，用来救治士兵和乡勇的疾病。

台湾养济院　在台湾县城（此处指台南）镇北坊，康熙二十三年（1684），知县沈朝聘设置。

台湾普济堂　在台湾县城城隍庙内，乾隆十一年（1746），巡台御史六十七、范咸命令台湾县李闻权设置，总共12间房子，拨公款1000余元，用于收养穷苦民众。

台湾栖流所　在台湾县城圣公庙街，光绪十二年，知县谢寿昌禀请设置，用来收留流浪的贫民，所需钱款由普济堂拨给。

台湾育婴堂　在台湾县城外新街，咸丰四年（1854），富户石时荣倡导设置，捐出自己的房屋来使用，并且捐出5000元作为本金，产生的利息作为经费，又劝说绅商们集资数千元，报请官府批准，凡是从安平港出入的商船，抽取一定的税收充当经费，而一些富裕人家也各自捐出田地商店，收入的钱款很多。后来巡台道黎绍棠认为这是义举，更加鼓励乡绅们举办，并从鸦片厘金中拨出一些钱来作为经费。

到光绪八年，巡台道刘璈废除此例，而从司库平余[1]以及盐税余款中拨出1000余元作为经费。

台湾恤嫠局　在台湾县城，同治十三年（1874），钦差大臣沈葆桢倡导设置，他自己捐出1000元，命令巡道夏献纶调拨公款，并劝说绅士富户捐款9000元，购置田园，收取利息用来抚恤寡妇。凡是年龄在30岁以内，家庭贫穷而守节的妇女，邻居担保证明，每人每月领取2元。

嘉义养济堂　在县辖区内的善化里东堡，康熙二十三年，诸罗知县季麒光设置。

嘉义育婴堂　在县城城隍庙内，同治七年，绅商捐款设立，名额限收20名。

凤山养济院　在县辖区内的土墼埕，康熙二十三年，知县杨芳远建立。

彰化养济院　在县城八卦山下，乾隆元年知县秦士望设置，用来收养因麻风病致残的人约40名。

彰化留养局　在养济院的左侧，乾隆二十九年，知县胡邦翰设置，用来收养穷苦贫民100名，捐款置办田园，每年收取租银1284元作为经费。

彰化育婴堂　在县城，道光年间官绅共同设立，因时间久荒废。光绪七年，知县朱干隆劝说乡绅富户重新设置，把被抄封的房屋拿来使用。

淡水留养局　原来在竹堑城内，乾隆二十九年设置，用来收养贫民。到同治元年动乱，佃册纷纷丢失，所收租金逐渐减少，仅能收养70名。光绪十五年分治时，在淡水县辖境重新设立，将以前的局产拨充使用，并募捐经费，限定名额收养40名。

淡水育婴堂　在县城艋舺学海书院后面，同治九年官绅共同建立，拨出三郊鸦片抽捐每箱4元的一半，用来作为经费。

淡水保婴局　在县辖区的摆接堡枋桥庄，富绅林维源倡议设立，他自己捐了5000元，并且劝说其他富户集资2000元，置买田产收取利息，用来作为经费。

新竹栖流所　在县辖区的树林庄，用来收养孤老贫民100余名，同治三年被毁，随后重新修建。

新竹育婴堂　在县城龙王庙右侧。

澎湖普济堂　道光六年（1826），通判蒋镛筹建，捐款400元交妈祖宫董事收取利息，后来又认为贫民暂时还有房子住，不需建房屋。道光九年，澎湖绅商合捐210元交给盐税馆收取利息，接着又捐制钱47500文收取利息，又经过报批获准可以向小船征收费用，每年收入19800文，用来作为口粮的支出，名额定为30名，

① 司库平余，省一级财政在正供之外附加多收的部分。

每人每月给 300 文。

澎湖栖流所　在妈祖宫，嘉庆二十四年（1819），郊商德茂号等捐款建置房屋，作为安置难民的地方，禀告官府记录在案。

澎湖育婴堂　在妈祖宫，绅商捐款设立，后归厅署管理。每年收入 324000 文的租金，每月又从盐税中拨款 50 两银子作为经费。大约收养 30 余名女婴，每名每月给 800 文。从中拨出一部分款项抚恤养济院的贫民，每名每月给 300 文，如有人病故，另外给 400 文。

台湾义冢表

台湾县义冢　一处在县城大南门外魁斗山，已有很多年。一处在新昌里，康熙五十九年（1720），由监生陈仕俊捐款设置，与魁斗山接近。一处在水蛙潭，一处在北坛前，一处在海会寺前面，都是乾隆十七年（1752）知县鲁鼎梅购买设置的。还有一处也在大南门外，俗称师爷冢，由江浙游幕人士共同设置，并且修建一座厅堂，春秋两季祭祀，共同推举一人为董事。

嘉义县义冢　一处在县城附近，共 7 所。一处在打猫堡，共 6 所。一处在盐水港堡，共五所。一处在他里雾堡，共 4 所。一处在下茄苳堡，共 3 所。一处在哆啰啯，共 3 所。一处在茅港尾堡，共 2 所。一处在麻豆堡，共 2 所。

凤山县义冢　一处在县城西门外蛇头埔，雍正二年（1724）知县钱洙设置。一处在府城南门外魁斗山后面。

彰化县义冢　一处在县辖区内快官庄，知县苏渭生设置。一处在八卦山以及番仔井山等地，知县胡邦干设置。一在各处官山，历任知县秦士望、刘辰骏、胡应魁、吴性诚等出告示任由百姓安葬。嘉庆十六年，绅士王松等人请官府派人勘查各处官山冢地，公示禁止侵占开垦。又一处在鹿港街外，乾隆四十二年，绍兴人魏子鸣和巡检王坦倡导设置，买地作为义冢，称“敬义园”，用剩下的钱款置办产业收取利息，每年推举泉州、厦门的郊商担任董事。

新竹县义冢　一处在县南部的巡司埔尾，一处在中冢傍，都是道光十六年乡绅捐款设置。一处在枕头山，一处在土地公埔，一处在鼻头庄，都是乾隆年间业户黄意使捐置的。一处在后垅庄，一处在大甲庄，现在已经属于苗栗县。

淡水县义冢　一处在艋舺，共两所，为林士快、陈长茂捐置。一处在大隆同，乾隆三十年邱文华设置。一处在沪尾，嘉庆元年，何宗泮设置。一处在圭柔山，嘉庆二年，陈晃生设置。一处在新庄，同治九年，县丞邹祖寿设置。

澎湖厅义冢 一处在妈宫澳东北，一处在尖山乡，一处在林投垵，一处在西屿，一处在瓦硐港，一处在网垵澳，还有一处在北山后紫湾。凡有海中漂尸，就收殓埋葬在这些地方。

卷二十二

宗教志

卷二十二
宗教志

连横评论说，古往今来，天下各国都是依靠政治和礼法来治理国家、安定百姓的。政治有助于获得民心，礼法则有利于规范民俗，如同车子的两个轮子，相辅相成。但是在《诗经》和《尚书》的记载中，经常谈到鬼神的事，都会说人间祸福的降临，都跟天帝有关，好像冥冥之中，真有一个主宰者。《诗经》中说："赫赫不显，上帝维辟。"《尚书》也说："维皇上帝，降衷于下民。"宗教的兴起，由来已久。因此一般读书人说上天，一定是以世间的人为指向的。所以《尚书》里说："天视自我民视，天听自我民听。"还说："天讨有罪，天秩有礼。"这样就把所有治国安民的行为，都说成是代替上天的意志执行的。所以祭天地的礼仪，主持祭祀人的祝词，都要取信于鬼神，不敢慢待诓骗，这才是真正的美德啊。政治有助于获得民心，有时也会造成混乱，礼法可以规范民俗，有时也会造成败坏。然而要想约束一个人一生的思想，就不得不借助于宗教了。神道教是这样，佛教、道教是这样，景教、回教①也都是这样。所以，宗教若能善用，会促进社会公德的进步，如果用不好，就会导致社会公德的败坏，产生一些欺诈和品行不端的人。连横以为，台湾各宗教混杂在一起，难以放在一起论述，所以依次分别论述它们的好处和坏处。

神　道

神道成为宗教，出于人的本性。人的本性是喜欢好的东西，讨厌坏的东西，趋利而避害，所以圣人劝导人们要尊崇"道"。道是始终存在、一刻也不会离开的，它将事物引导到好的方向还是凶险的方向，只有天可以昭示。但天是无形的一个空间，没有声音，没有味道，可以看见，又无法看明白，可以听见，又无法听清楚。根据音读它是"巅"，说明它的高，从字形看它是"一大"，说明它的大，根据字义解释为"自然"，所以天具有极高极大的景象，而且不受人的干预而自由发展的

① 本书所用宗教名词，与当前通行概念差异颇大。如神道，包括儒教和一些民间信仰。景教原为古代东方基督教，本书指代整个基督教。而以回教指称伊斯兰教，显然不妥。为保存本书原貌，不做改动。

本质。天至高至大，普通人是很难理解的，因此不得不借助天帝的名义。天帝就是自然，因此也称天然。台湾人没有不敬天的，都崇拜祭祀天帝，初一和十五一定向上天祈福，成年仪式和婚礼都要祈求上天的保佑，杀牲备酒，极其丰盛，极其真诚。台南府城设有天公坛，供奉玉皇上帝，每年的正月初九是玉皇上帝的诞辰，这是方士们根据《周易》乾卦爻辞中“初九见龙在田”[①]附会假借而来的。古代皇帝祭天，诸侯只能祭祀辖区内的名山大川。台湾是府县级别的地方，祭祀山川，在国家祭祀仪礼中有规定，但没有听说可以祭天的。所以这个天公坛，是民众私自建立，以祭祀天帝的，这里应当先说清楚。

其次是祭祀三官，祭祀的礼仪比祭祀玉皇上帝低一等。《神仙通鉴》里说，天官是尧，地官是舜，水官是禹。尧在位时，命人推算天时，观察日、月和金、木、水、火、土五星的运行，制定了历法和节气。孔子说过：“大哉尧之为君也，巍巍乎唯天为大，唯尧则之。”所以尧被封为天官。舜把天下划为12个州，以安定百姓，所以被封为地官。禹治理洪水灾害，使人民能够安居，所以被封为水官。他们都是古代的圣王，功垂后代，死后被人祭祀，是应该的。但台湾人所相信的天官赐福、地官赦罪、水官消灾的说法，却是巫师编造的。东汉时，张道陵在四川的鹤鸣山修炼，假造出了一种符箓[②]，欺骗信徒，让生病的人，自己写下姓名以及做过的错事、坏事，表示愿意承担罪责等，制作成三份：一份烧了送上天，一份埋入地下，一份沉入水中，三官的名称是从这里开始的。到北魏的时候，社会崇信道教，寇谦之沿用了张道陵的说法，把农历正月十五、七月十五、十月十五作为三元日，而相沿至今。

再就是祭祀五帝，五帝的说法记载于《史记·封禅书》，住在东方的称青帝，住在西方的称白帝，住在南方的赤帝，住在北方的称黑帝，住在中间的称黄帝。秦汉时，皇帝按时祭祀，仪式特别隆重。台湾祭祀的五帝有两种。一种是五显大帝，供奉的庙宇在台南府城的宁南坊。《夷坚志》中说五圣庙就是五显大帝的祖庙。《七修类稿》说五通神即是五圣，而《陔余丛考》则说五圣、五显、五通，名称虽有些不一样，但说的都是同一样的神灵。五通神的祭祀，宋朝时就已经很兴盛，清朝初年，汤斌担任江宁巡抚时，奏请予以废除，其危害才得到杜绝。台南祭祀的五显大帝，是红色脸庞三只眼睛的一座神像，是巫师们假借五帝的名义供奉的神，因此又称为五显灵官。另外一种是五福大帝，供奉的庙宇在台南府城总兵衙门的右侧，是

① 此处有误，当为九二爻辞。

② 符箓，道教符文，也称符书、符图、符术、灵符等。

福州人所修建的，军营中的官兵特别信仰，很像是五通神。但五位神灵的姓却分别是姓张、姓刘、姓钟、姓史、姓赵，都是公爵的爵位，都被称为部堂（朝廷中各部尚书和侍郎的称谓，各省总督兼兵部尚书衔的，也可以这样称呼），僭越礼制就好像帝王一样，每年六月外出巡游，叫作“逐疫”。巡游那天，信众们乔装打扮，在神像前后组成仪仗队，前呼后拥地向前走，锣鼓喧天，男女混杂，并且拿出许多的钱财来还愿，其情景让人觉得愚昧而又可怜。过了两天，用纸糊一艘船，长两丈，船上放着五福大帝的纸像，以及各种用纸和绸扎成的器具、财物、兵器等，大小不一。愚昧的信众还争相把自己许愿的文书放进船中，带着柴米，把船抬到海边烧掉，称为送王。七月初七，信众们又到海边去迎接王船。五福大帝其实就是瘟神，和五显灵官一样都是盗用了五帝的名号，是不合礼制的祭祀。

还有王爷的祭祀。王爷的传说，很多穿凿附会的地方。有人说，是澎湖将军澳的神。旧方志说神的姓名事迹无法考证，难道是隋大业六年（610）虎贲郎将陈棱征流求到了这里，因此祭祀他吗？又有人说，《台湾府志》记载，府城东安坊有开山王庙，现在倒塌了。开山王庙祭祀的神，是明招讨大将军延平王，是我们开辟台湾的祖先。清乾隆年间，台湾府城人何灿集资重建。同治十三年（1874）十月，钦差大臣沈葆桢和闽浙总督李鹤年、福建巡抚王凯泰、福州将军文煜联名上奏，把开山王庙改建为祭祀郑成功的专祠，春、秋两季定时祭祀，这已经记载在本书的《建国纪》。所以开山王庙本来就是祭祀郑成功的。祭祀陈棱的庙在西定坊新街，面向大海，叫作开山宫，是明郑时期所建，以纪念陈棱开辟台湾的功绩。而《台湾府志》误认为开山宫祭祀的是保生大帝吴真人，还说台湾有很多漳州、泉州人，因为吴真人是神医，所以他的庙建得很多。但吴真人只是一个医生，怎么能担得起开辟台湾的“开山”称号。须知开山宫所祭祀的神，一定是对台湾有巨大功勋的人。只是台湾所祭祀的王爷，从城市到乡村，从偏远的山区到海边，庙宇都高大雄伟，有水旱灾害民众一定前往祷告，岁时节庆一定前往祈福，尊为一方的神灵，普通民众，不敢轻慢亵渎。王爷庙有的称作王公庙，或是大人庙，或是千岁庙，神像雄伟刚毅。王爷外出巡游，称为代天巡狩，如果想问神的姓名，却又没人知道。到底是什么神，能让台湾人崇拜祭祀到这种程度呢？我从老年人那里听说，延平王郑成功到台湾后，开辟土地，推广教化，保存明朝正朔，坚持抗清，他的忠义精神，影响深远，死后，民间建庙来祭祀他。但清朝统一台湾后，对郑成功的纪念有忌讳要避嫌，所以闪烁其词，而用王爷来称呼。这就如同五代时的花蕊夫人，为了祭祀国破身亡的丈夫——后蜀末帝孟昶，而将其假托为梓潼之神张仙。亡国的痛苦，由此可见。所谓的代天巡狩，是指明朝灭亡之后，郑成功在台湾设立招讨大将军府衙，替明朝皇帝代行处理各项军国大事。所以祭祀王爷的庙宇，都称为代天府，把其中的神尊称为大人或者千岁，不敢直说其名。连横评论说，确实如此。我曾经去过埔里社，途经内国姓庄，那里曾经是明郑将领右武卫刘国轩驻军的地方，以安抚北港溪“土番”。现在有几十户人家，全都祭祀郑成功。我还曾登览关仔岭火山，参访碧云寺，寺中供奉释迦佛祖，但在前殿也供奉郑成功。这些事情都发生在清代中期，国家的法治比较宽松。如果是在雍正、乾隆之际，政府严厉打压民意，大兴文字狱，民众处于水深火热之中，哪里还敢存留一点对前朝的思念。所以台湾府县的旧方志虽然记载了开山王庙，却不说是什么神，全部抹杀明郑时期的功劳，并且还要加上“伪郑”的称呼，就像桀犬吠尧一样，只知道为主子效劳，而不分贤愚善恶。台湾人祭祀郑成功，本来是崇德报功的举动，后代的人不知道事情的原委，于是产生了这些荒唐古怪的说法。而巫师神汉们趁机敛财，造大船，做法事，变本加厉，蛊惑世人，对社会的危害实在是太大了。先民们虽说缺乏知识，但绝对不会糊涂到这个地步。但两百年来，没有人能够纠正其中的错误和荒唐之处，现在我发现了其中的不是，先民们如果有知，能不感到欣慰吗？

最后是祭祀天后，也称为天上圣母，台湾人中不论男女都信奉她，而郊商和从事海洋贸易的人们更是尊她为保佑平安的海神。天后姓林，福建莆田人，世代居住在湄洲岛。她的父亲林愿，五代时官任都巡检，妻子王氏，生了 5 个女儿 1 个儿子。宋太祖建隆元年（960）三月二十三日，天后诞生，取名九娘，满月了都听不到她的哭声，所以又叫默娘。8 岁时出外读书，能够理解深刻的道理，生性喜欢拜佛。13 岁时老道士元通到她家，说这个孩子有礼佛修行的心性，能够在修行道路上有所成就，于是就传授给她重要的典籍和秘密的修行方法。林默在 16 岁观看一口水井时得到铜符宝镜，从中学到了许多奇妙的法术，能够乘席渡海，救助海上遇难船只。宋太宗雍熙四年（987）九月初九升天成神，也有说法是二月十九，这年天后 28 岁。从此以后，经常有人看到她穿红衣，乘祥云，在岛屿之间遨游，于是同乡的人就开始祭祀她。《显圣录》中就是这样记载的。清康熙十九年（1680），闽浙总督姚启圣上奏说：“荡平海岛，神佑灵异，请锡崇封。”于是清廷封她为天上圣母。康熙二十二年，清军攻打台湾，靖海将军施琅上奏说：“澎湖之役，天妃效灵，及入鹿耳门，复见神兵导引，海潮骤涨，遂得倾岛投诚，其应如响。”朝廷派遣礼部郎中雅虎到澎湖进行祭祀。祭文中说：

国家茂膺景命，怀柔百神，祀典具陈，罔不祗肃。若乃天休滋至，地纪为之效灵，国威用张，海若于焉助顺。属三军之奏凯，当重译之安澜。神所凭依，礼宜昭报。惟神钟灵海表，绥奠闽疆，昔借威灵，克襄伟绩，业隆显号，禋享有加。比者虑穷岛之未平，命大师以致讨。时方忧旱，川泽为枯，神实降祥，泉源骤涌。因之军声雷动，直捣荒陬，舰阵风行，竟趋巨险。灵旗下降，助成破竹之功；阴甲排空，遂壮横戈之势。至于中山殊域，册使遥临；伏波不兴，片帆飞渡。凡兹冥佑，岂曰人谋。是用遣官，敬修祀事。溪毛可荐，黍稷维馨。神其佑我邦家，永著祝宗之典；眷兹亿兆，益宏利济之功。维神有灵，尚克鉴之。

朝廷加封林默娘为天后，在庙中刻碑记载了这件事，并下令在湄洲岛建庙祭祀。施琅平定台湾后，把明宁靖王的府邸改建成祭祀海神的庙，就是现在的天后宫，也刻碑予以记载。五十九年（1720），翰林海宝奉旨册封琉球国，回来后上奏说："神佑封舟。"朝廷下诏每年春秋两次祭祀天后，并把这一规定写入记载祭祀仪礼的典籍。此后，台湾府、县的天后庙，都用牛、羊、猪三牲全备的标准来祭祀天后。雍正四年（1726），巡台御史禅济布上奏说："朱一贵之役，天后显灵，克奏肤功。"于是雍正皇帝题写了"神昭海表"的匾额，悬挂在府城的天后宫。雍正十一年，总督郝玉麟、巡抚赵国麟奏请赐匾。雍正帝又亲笔题写了"锡福安澜"，悬挂在福州南台的天后庙中，并命令沿江沿海的各省，一律修祠祭祀天后。从那以后，每位皇帝都有题写匾额表彰天后，台湾各地也新建了许多天后宫，都是祭祀海神的。被列入国家祭祀典籍的只有天后，其他没被列入的就记录在表中。

道　教

道家学说的传播，和记载历史的史官有很大的关系。他们记载了从古到今的成败、存亡、祸福演变的规律，懂得把握事物的本质、要害和趋势，用清静无为作为自己的操守，用谦卑的态度来约束自己，这是君王实行统治的策略。等到狂放没有操守的人来宣扬道家的学说，就要切断与礼学的联系，抛弃仁爱与正义，这是道家的不足之处。道家都以老子为宗师，老子是周朝的柱下史[①]，效法遵循黄帝的学说，所以合称为黄老学说。黄老学说的思想，汉朝时用它治国，天下得到了治理，晋朝时用它治国，则天下大乱。并不是黄老学说有纯正和不纯正的区别，而在于用得是否得当。台湾的道教，不是黄老的学说，在学术上不值得一提。而在民间流行的，是张道陵传下来的道教。张道陵用符书迷惑驱使信徒，张鲁继续宣传鼓动，相信的

① 柱下史，掌管中央奏章、档案、图书和地方上报材料的官员，常站立在殿柱之下，因此得名。

人越来越多。朝廷和官员们也都相信他们的法术，朝廷封张道陵为真人，尊称天师，世代继承，掌管道教，雄踞一方，道徒们都称作道士。但台湾的道士没有潜心修炼，只是借助神仙和道教，来养活自己，其卑下的身份是不能和普通百姓等同的。只有三官堂的道士，来自江西，留长发（清朝规定民众必须剃发）穿汉服，行医卖药，自称海上方[①]，很守道家的规矩，而市井中的道士，只是受人雇佣做事而已。街坊在建庙塑神像时，都要用三牲和甜酒祭祀，还要宰杀白鸡，用鸡血为神像点睛，称作开光。遭遇自然灾害和火灾，人们因恐惧而修身反省，要设法坛祈祷消灾，称作建醮。干旱肆虐，要向龙王祷告，早晚诵经，称作祈雨。父母亲去世后，守孝期间，在一个月之后举行卒哭祭，礼佛诵经，祭拜忏悔，称作报恩。如果妇女、儿童外出，遇到什么不祥的害人之物，就要画符吹号角驱鬼，称作收煞。病人痊愈，全家高兴，向神明致谢文、烧纸钱，称作补运。妻子不孕，求助于神明，换斗栽花（台湾特有的以求生子女或改变胎儿性别的道家法术），称作求子。这些都用得上道士。而道士常常夸大其词，来欺骗愚昧的民众，妇女当中迷信这些方法的人特别多，但这还不是为害最严重的。最能蛊惑世人的，还是男女巫师。

台湾的巫师有这样几种：第一种是瞽师，占卜卖卦为生，奉祀鬼谷子。其法术师徒相承，秘不授人，主要是通过制造蛊毒或以压胜术[②]害人，以达到其邪恶的目的。第二种是法师，有些像道士但又不是真道士，红巾包头，身穿白衣，禹步[③]作法，口念咒语，手持蛇鞭[④]，让油锅出现假沸状态，说是可以驱邪。第三种是红姨，能到阴间传达信息，能请来鬼的魂魄和人交谈；或代表九天玄女说话，进出女子的内室，刺探家庭隐私。第四种是乩童，裸露上身，披头散发，向上向前跳跃，就像中风了一样。还要割舌刺背，鲜血淋漓，因为得到神的庇护，虽然受伤但不会疼痛。第五种是王禄，懂得一些魔术，能够让剪成的纸人来回走动，还兼任治病和算卦，还会念咒语，诅咒他人生病或死亡，以此谋生。这些都是道教中的旁门左道，而且在背离道教根本的道路上越走越远。道家以清静无为为根本，主张保持本性、自然无为，主张人的本性自由发展。但却一变为炼汞烧丹，追求长生不死；再变为画符作法，驱鬼求神；三变为蛊惑民众，心如蛇蝎，这就是道教衰落的原因。而台湾的道教更是不再兴旺。

---

① 海上方，神仙开的药方。

② 压胜术，又称厌胜术，即通过隐藏施加了法术的符文、钱币或物体来损害人。

③ 禹步，传为夏禹所创，步法按照北斗七星排列的位置行进转折，又称“步罡踏斗”。

④ 蛇鞭，又称法杖。

佛　教

佛教进入台湾，已经有几百年了，各宗派大多由福建传来。黄檗宗的信徒需要传承衣钵，而斋堂则多出于禅宗。斋堂属于在家修行的佛教，维摩诘居士能够在家修行取得正果，精通大乘佛教的教义，所以台湾的斋堂也很兴盛。最初在明郑时期，福建漳州龙溪县的举人李茂春躲避战乱来到台湾，住在永康里，建了一栋茅草屋称“梦蝶”，早晚念经，人称“李菩萨”。而南明太仆寺卿沈光文也逃到罗汉门山里，建造了简陋的房屋，当了和尚。明清交替时期，战乱不止，社会动荡，社会秩序和礼节法度极度混乱，忠义之士作为逃避现实的借口，并不是真的把遁入空门当作人间乐土。当时，台湾的建设刚开始，社会体系正逐步形成，延平王郑经看到承天府[①]还没有佛教寺庙，于是在东安坊修建了弥陀寺，请和尚前来住持。庙宇的建筑高大雄伟，花草树木很多，是全台湾著名的古寺庙。这以后，谘议参军陈永华带兵经过赤山堡，看到这里山水环抱，环境清幽，也修建了龙湖岩，岩就是寺。所以早在明郑时期，台湾的佛教就已经逐渐兴起了。

清朝统一台湾的时候，宁靖王朱术桂全家自杀殉国，把他的府第施舍出来改为寺庙，靖海将军施琅就在旁边改建为天后宫，而原来的观音堂还在那里。当时，郑氏的将领痛心明朝的败亡，出于气节不愿臣服清朝，于是改穿僧人的服装，逃避到深山荒野的有几十人。但史书中并没有记载他们的事迹，忠义之士不能得到应有的表彰，实在令人伤心。康熙二十九年（1690），台湾道王效宗、台湾总兵王化行把郑氏修建的北园别墅改建为海会寺。郑氏昔日强盛的基业烟消云散，转而变为对佛教的宣扬提倡，世事沧桑，怎能不令人感慨。从此之后，移民来台日益增多，佛教日渐兴盛，弘扬佛法，觉悟世人，高僧大德不断涌现。其中黄檗寺僧人的事迹格外突出，应该就是属于大智大勇的人吧。这个僧人不知道是哪里的人，姓名也失传了，住在寺庙里，勇力非凡，能脚踢院中巨石，一跳能有几丈远。他平时经常和官员乡绅们来往，与台湾知府蒋元枢的关系尤其密切。有一天，蒋元枢收到来自闽浙总督的紧急公文，密令逮捕这个僧人，如果没有捉到将被治罪。蒋元枢秘密查访，得知这个僧人是海盗首领，恐怕激起事变，惹祸上身，于是邀请僧人到知府衙门做客，把僧人留在府衙中住了好几天，几次来，对他欲言又止。僧人知道有事，就说：“窥公似大有心事者，大丈夫当磊磊落落，披肝见胆，何为效儿女子态哉。”蒋元枢回

① 承天府，指原承天府治所在地赤崁，在今台南市中区。

答道："不然。事若行，则上人不利，不行，吾又不能了，故踟蹰尔。"并把密令拿给僧人看。僧人沉默一会儿，说："不慧与公有前世因，故一见如旧。今愿为公死，但勿求吾党人，不然竭台湾之兵，恐不足与我抗。"蒋元枢回答说："省宪只索上人尔，余无问。"僧人说："可。"僧人让官府把他的部下叫来，对他说："而归取籍来。"他的部下带了好些人把籍册抬到府衙，一看，都是登记士兵、粮饷、兵器和船只、马匹的名册和账簿，全部用火一一烧毁。蒋元枢十分吃惊。僧人说："我祖为郑氏旧将，数十年来久谋光复。台湾虽小，地肥饶可霸。然吾不猝发者，以闽、粤之党未劲尔。今谋竟外泄，天也。虽然，公莫谓台湾终无人者。"又说："公遇我厚，吾禅房穴金百余万，将为他日用，今举以赠公，公亦好速归，不然，荆轲、聂政之徒将甘心于公也。"蒋元枢将僧人押送到了省里。总督讯问他，他对自己的身份供认不讳，问他的同伙，不回答，刑讯逼供，还是不答，于是判决处斩。处决的当天，有几个男子在刑场周围往来走动，监斩官担心会发生变故，不敢追问。临行刑时，一名黑脸长须的人在旁边怒目站立，僧人大声训斥他说："小奴尚不走？吾昨夜谕汝速改恶，勿妄动，今如此行迹，欲何为？勿谓吾此时不能杀汝也。"话音刚落，黑脸人就不见了。事后，总督责问狱吏，为什么会允许他人进出监狱。狱吏回答说，从早到晚都没有看到有人进监狱，况且僧人神勇非凡，所戴枷锁刑具轻易就能折断，所幸他不想逃走。听到的人都非常吃惊。在寺庙的沉寂清静当中，突然出现这种叱咤风云的英雄气概，实在是少有的奇事。

当初，朱一贵起事的时候，有僧人穿着奇特，走街串巷，说是上天派他来告诉台湾民众，四月底会有大难来临，到时，如果在门前设置香案，在黄色的旗子上写上"帝令"二字插在香案上，就可以免除灾祸。等到朱一贵的队伍到达时，各家都按僧人所说的那样去做，官兵看见了，认为民心已经归附了朱一贵，都不战而逃。到林爽文、戴潮春起事的时候，也是以天地会、八卦会的名义来发动民众的。相传天地会是郑成功所创立的，以光复明朝为宗旨，福建、广东等地很多的人听从它，所以林爽文率领他们起事。而在八卦会的入会仪式中，排列竹子像一座小城，分设4个城门，中间摆设3层香案，称为花亭，上面供奉五祖，中间安放戴潮春的官职，称为奉天承运大元帅，旁上放一张低矮一些的香案，把朱一贵、林爽文作为先贤配祀。已经入会的人称为旧香，赤脚散发，头包红布，分别承担各项事务。凡是要入会的人每人交4钱银子，在夜间举行过香仪式，十几人为一队，敲门进入竹城。仪式主持人问："从何来？"回答说："从东方来。"又问："将何为？"回答说："欲寻兄弟。"主持者引导他们跪在案前，杀鸡歃血盟誓："会中一点诀，毋对妻子说。若对妻子说，七孔便流血。”主持者宣布戒律约定后，然后新入会者离开竹城，拉开一条白布作为长桥，众人从桥下经过。主持人问：“何以不过桥？”回答：“有兵守之。”又问：“何以能出？”回答：“五祖导出。”主持人接着发给他们可以放在腰间的会员标志“八卦”①，传授他们会中的暗语。八卦会的会众相遇，都称对方为兄弟。八卦会就这样辗转招纳，发展到几万人，而戴潮春因此借以起事。

佛教以慈悲为根本，以忍耐克制为宗旨，普度众生，修成正果。所以成佛就是觉悟，能自己先觉悟又启发他人觉悟。六尘②不染，五蕴③皆空，一切的存在都圆满地融合在一起，人间天界不断轮回，这才是佛教与其他宗教不同的精妙之处。但台湾的佛教，越来越沦落为欺骗，僧人中缺少高僧大德，信众也难以领悟佛法的智慧，那些建寺庙造神像的人，大多是为了获取好运，求得幸福和利益，消除灾祸。更下等的已经堕落到搞不正当的活动，思想和行为都很污秽，无法摆脱各种灾难，真是可悲。生命有过去、现在和未来，这三者都有因果关系，不会有因无果。因果报应的说法，是佛所说的。所以，在苦海之中，每个人都应当努力修行，自我检束，达到觉悟，自己觉悟之后，才能帮助他人。

台湾斋堂的设立，参与的人很多，有先天、龙华和金幢三个派别，都是从禅宗六祖慧能大师那里传下来的，到了明朝才开始分派。先天派中，又分为三乘④：抛弃家庭、不娶妻子、专门进行佛学教义的学习和感化，是上乘⑤。住在家里但按照出家人的标准修行，在尘世间生活却不沾染六尘，是中乘⑥。一边过着平常人的生活，自由自在，一边又在修行佛法，是下乘⑦。龙华派中，也分为九品：一是小乘，二是大乘，三是三乘，四是小引，五是大引，六是四偈，七是清虚，八是太空，九是空空。金幢派中，只分护法和大众。三派传入台湾的时间，龙华派最早，之后是金幢派，先天派最晚。乾隆末年，白莲教起义，蔓延到四省，清廷经过数年征剿才得以平定，因此下诏拆毁全国各地的斋堂。当时，台湾府城檨仔林有龙华派聚集信徒讲授经书，于是官府就把斋堂改为培英书院。道光年间开始，斋堂的传播又逐渐扩大，到了咸丰年间，有来自福建的先天派教徒黄昌成、李昌晋在台湾传教。黄昌

①“八卦”，又称腰凭、腰平或八角招牌。

②六尘，指色、声、香、味、触、法。

③五蕴，指色、受、想、行、识。

④三乘，菩萨乘、缘觉乘、声闻乘。

⑤上乘，即菩萨乘。

⑥中乘，即缘觉乘。

⑦下乘，即声闻乘。

成在台南传教，在府城东安坊右营埔建立了报恩堂，而李昌晋则往台湾北部传播，两人各自发展信徒，至今还很兴盛。全台湾的斋堂，新竹最多，彰化第二。信徒以妇女为主，半数属于通过忏悔进行修行，还有为守贞不嫁的。斋堂的信徒以净修为主，禁止杀生，不吃五辛[①]，认为这样能够保持身体的洁净。身体洁净后才能够除去私心杂念，除去私心杂念后才能够专心致志，专心致志后才能知道自己的本性，知道自己的本性后才能了解事物的规律，了解事物的规律以后才能够觉悟生死，解脱轮回，自我觉悟而且启发他人。但斋堂信徒往往过于执着，只能独善其身，心中没有芸芸众生。独善其身也是好的。佛说过，一切众生，我都会引导他们修成功德圆满、没有烦恼、免受轮回的境界，这样才能成为佛。如果假借净修的名义，偷偷去做一些奸邪恶的勾当，情欲没有消除，污秽的德行广为人知，那么就是佛教的罪人了。

台湾的家庭妇女，大多遵行观音斋，逢九的日子，一定要禁绝荤腥。此外还有早斋、朔望[②]斋和元日[③]斋。以九皇斋[④]为例，大多数人都会遵行，祭拜天地，奉祀百神，前一天就要斋戒。皇帝撤去乐舞，诸侯停止施行刑罚，大夫停止政务，士人要反省自律，平民要谨慎严肃，这样才能够纯净心灵而与冥冥中的上天相沟通。遵行斋戒的好处在于，可以养生，可以修善积德，可以厚积财物，可以爱护万物，不仅仅是祭祀的仪式，而愚昧无知的人不懂其中的道理，以为遵行斋戒是成佛的方法，实在是糊涂。当初，台南府城的吕祖祠，尼姑破坏了清规戒律。当地的老百姓赶走了她们，把这里改成了引心书院，从此吕祖祠不复存在。台湾佛教也逐渐走向衰弱。

景　教

景教有二派，称新教的，就是基督教；称旧教的，就是天主教。这两派传入台湾，都在明朝末年。当荷兰人侵占台湾的时候，大肆传播基督教，用来诱导“土番”。他们建造教堂，开办学校，翻译《圣经》，传授十诫，经过30年，收效显著。当时，牧师的权力很大，极力排斥异教，凡是崇拜偶像的人，会被他们定为有罪，当众施以鞭刑。对此荷兰评议会认为处罚太严，不同意。西班牙人侵占台湾北部，传播天主教，他们的神甫甚至深入蛤仔难，往南到了竹堑，作为上帝的使者来教化“土番”。教育方面的事情分别记载在《教育志》。但北部的“土番”性情凶悍，

① 五辛，指葱、蒜、韭菜、洋葱、兴渠五种辛辣的蔬菜。

② 朔日，初一。望日，十五。

③ 元日，正月初一或吉日。

④ 九皇斋，北斗九皇的生日，从九月初一到初九都要遵行斋戒。

与人打斗像野兽般凶猛，不像南部的“土番”温顺，所以西班牙人的教化，也不是很容易的事情。郑成功收得台湾后，有一些在“番社”的牧师留了下来，而郑氏也还是允许他们的存在。当时，意大利神甫李科罗在厦门传教，郑成功把他作为上宾对待。收复台湾后，郑成功将李科罗招到台湾，派他作为使者前往吕宋，准备攻打西班牙人。李科罗出使归来，郑成功已经去世，于是他就居住在台湾。永历二十年（1666），吕宋的西班牙人派来使者，要求在台湾传播天主教。谘议参军陈永华不同意，但重申了双方通商往来的一些规定。

清朝统一台湾后，闭关自守。从鸦片战争开始，对外的战争逐渐增多，而台湾民间抗拒外族入侵的人，就主张把基督教和鸦片一同严禁。《天津条约》签订之后，台湾开口通商，外国人来得更多了，基督教和天主教也在台湾更加传播。同治元年（1862），有西班牙人到凤山县力力社，建造天主教堂，谎称和“社番”是同一宗族，进行勾引，当地一些游手好闲、品行不端的人也把这种原本疏远的关系说得很亲密，使得力力、赤山和加匏朗3社的“土番”有200多人加入了天主教。事情被官府知道后，凤山知县派官员偕同下淡水县丞前往调查，召通事潘永泉、土目①潘岐山等人，通知他们这些地方不是通商口岸，外国人不得居住，将他们赶走，于是西班牙人迁往旗后附近的前金庄②。

同治四年，英国长老会也派遣牧师马雅谷来到台湾。马雅谷精通医术，通过治病救人来传教，在府城台南看西街建造教堂，吸收了大批信徒。仇视基督教的人大肆编造谣言想要排挤走他，地方官害怕惹祸，照会英国领事请他们把教堂迁移到口岸。马雅谷于是转到旗后，在凤山县城另建教堂，聚众传教，在当地相安无事。不久，长老会又派甘为霖、卢加闵来台湾传教，甘为霖到了嘉义，而卢加闵到了彰化。这两个地方都不是通商口岸，见有外国人来，都很惊讶，经常有人尾随围观，于是卢加闵就到了岸里大社。岸里社在葫芦墩③以西，是“土番”的大部落，族大人多，林爽文起义的时候，曾帮助清军参与镇压起义军，立有战功。岸里社对卢加闵盛情款待，并捐献房屋作为教堂。卢加闵也懂医术，就设立了医院，“土番”中很多人都去看病，也跟随着信教。甘为霖最初在嘉义传教时，信徒很少，他到店仔口庄时，土豪吴志高曾唆使人乘夜袭击他。甘为霖躲在荒野中，几天后才回到府城。同治七年八月，前金庄教堂因为讲经传教的原因，和当地村民产生矛盾。村民敲锣聚众，

① 土目，“土番”头领。

② 前金庄，今高雄市前金区。

③ 葫芦墩，今台中丰原区。

围攻教堂。当地的有威望的老人害怕事情激化，出面加以制止。消息传开后，凤山县城的民众也聚集了几十个人围攻教堂，拆毁房屋，毁坏东西，杀死了两名教徒，并把守护教堂的职员高长也抓走了。马雅谷在旗后教堂，听说了凤山教堂的事情，打算前去，但旗后教堂也遭到乡民的围困，后来在商人的帮助下才得以解脱。最初县城里的儿童经常丢失，县衙里的差役猫角就叫人偷来儿童的骸骨埋在教堂的房间里，想把它作为证据来陷害马雅谷。第二天，凤山知县凌定国前来勘察现场，围观的民众把教堂围得水泄不通，猫角又极力证明，掘地查找到那个房间，果然发现白骨，知县信以为真，拘捕了高长严加审问。高长并不承认，被关入监狱，案情上报到台湾府，并且照会英国领事。英国领事认为案情出于捏造，迅速上报英国驻京公使，让他和总理各国事务衙门交涉，双方各执一词，互不相让。于是命令兴泉永道曾献德与英国驻厦门领事吉普理到台湾会同办理，查清是猫角诬陷，将他定罪并发放到泉州，赔偿教堂维修费用1000两银子，并对死亡教徒的家庭进行抚恤，这一案件才得以了结。

凤山教案爆发的时候，府城里的坏人听了很高兴。过了三天，他们也烧毁了小东门内的天主教堂，神甫逃到百姓家里躲了起来，官府听到后派兵镇压，众人才散去。事后官府按照凤山教案的例子予以赔偿，民众和信徒们才稍微安定了一些。马雅谷住在台湾府城，更加全心全意地传教，在大东门内修建了教堂，同时还传授医术，使得西医远近闻名。他还把上海翻译出来的西方书籍在教会内流通，让教徒们逐渐了解了世界发展的趋势，所以有人就派子弟去福州、香港学习英文和西方文化，以此培养人才。但这些人所学的只是景教的神学，对整个社会没有好处。教徒中许多人又拘泥于基督教的成见，对台湾人的敬奉上天、祭拜祖先和多神信仰大肆攻击，想要把中国几千年来历代圣人建立相承的礼仪制度和法律秩序全部抛弃，这正是基督教与中国文化格格不入之处。甘为霖在台湾府城居住，考察民情，学习汉语，几年后到了也是“土番”部落的埔里社。当时这里还没有设厅，甘为霖历经险阻，积极传教，才使埔里有了基督教的兴盛。

同治十一年，加拿大长老会也派牧师偕里士到淡水传教。光绪八年（1882）八月，长老会准备按照中国义学的方式，聘请老师设立学校，让贫穷人家的子弟可以读书。兵备道刘璈认为，外国人办学育人，虽然是一种义举，但教学与娱乐不同，此例一开，恐怕会逐步推广，导致一种不正确的发展方向。况且，让外国人来栽培中国人的子弟，那么当地的官员情以何堪？于是决定每年由台北府支付聘请老师的经费，遇到教师考核鉴别的时候，可以由台北府会同加拿大领事一同适当给予奖赏，原来义学的体制不变。从此以后，基督新教逐渐流行，而天主教势力还是比较弱。大甲溪以南是伦敦教会的势力范围，以北是加拿大长老教会的势力范围。中法战争中，基隆失守，台北民众同仇敌忾，抗击外敌。但也有一些不讲道理的人认为是教徒勾引了外敌，召集了一大批人，前去烧毁了八甲[①]教堂，不久，枋隙[②]、锡口[③]等地的教堂也被烧毁。事后，英国领事照会台湾地方官，请求加以保护，于是当地官府赔偿了10000银元给教会。光绪十七年，荷兰政府以台湾过去曾是他们的殖民地为借口，和清政府商议派传教士再来传教，以便和英国、西班牙的教会势力竞争，不久后因为有其他缘故而中止。

回　教

伊斯兰教的传播，在台湾极少，信奉的人只是外省的人，因此，台湾还没有清真寺。

连横评论说，宗教信仰，每个地方都有，所处地方不同，祭祀的神祇自然也不一样。因此，住在山里的人祭祀虎，居住在水边的人祭祀龙，居住在陆地上的人祭祀牛，住在低洼地方的人祭祀蛇，我们不能认为祭祀老虎是对的，祭祀龙就不对。考察奉祀这些神的原因，不外是人们出于增大福祉、消除灾祸的心愿，而把他们当神罢了。台湾的人大多来自福建、广东，而福建人又有漳州、泉州的区别。广东人所到的地方，大多祭祀三山国王，而漳州人祭祀开漳圣王，泉州人祭祀保生大帝，这都是他们的家乡所祭祀的神，是为了增大福祉、消除灾祸的。就像是读书人祭祀文昌帝君，商人祭祀关帝，农民祭祀土地公，药铺祭祀神农氏，木工祭祀鲁班，占卜算卦的人祭祀鬼谷子，行业不同，所祭祀的神也不同。这些信仰都有追念先人、报恩思源的意义，不敢忘记祖先的恩德。

台湾庙宇表

（表中列出的庙宇大多都在府城、县城中，乡间的庙宇，大多都省略了。）

台南府（首县安平，府城和县城同城。）

小南天　在府城番薯崎上，祭祀土地公。荷兰人侵占台湾时，汉人大多都住在

① 八甲，在今台北市万华区。

② 枋隙，今台北市迪化街。

③ 锡口，在今台北市松山区。

这里，当地是一个小山丘，下面有一条小溪，溪水慢慢向西流进海里，被称作竹仔行[①]，后来逐渐发展为集市，但土地公庙一直都在。据说庙宇的匾额“小南天”三字还是明宁靖王朱术桂亲手写的，但现存的已经不是当初的匾额。

开山宫　在府城内新街，明郑时期建立，祭祀隋代虎贲中郎将陈棱，乾隆五年（1740）重修。而《台湾府志》认为祭祀的是保生大帝吴真人，还说台湾有很多漳州、泉州人，因为吴真人是神医，所以给他建了很多庙。吴真人只不过是一名医生，怎么当得起开山的名号。明郑时期，追念过去的圣贤，因为陈棱有开辟台湾的功绩，所以建造了这个庙宇。现在又把它误称为开仙宫，更是不了解来龙去脉。

兴济宫　在府城的镇北坊，明郑时期建立，祭祀吴真人，称为保生大帝。神原名吴夲，福建同安白礁人，生于宋太平兴国四年（979），吃素戒色，精通医术，施药救人，廉洁宽厚，从不获取不应得的钱财，景祐二年（1035）去世。乡里人祭祀他，有求必应，朝廷赐号“慈济”，庆元年间（1195—1200）又赐号“忠显”，开禧二年（1206）封英惠侯。

北极殿　在府城东安坊，明郑时期建立，祭祀北极真君，也叫作玄天上帝。玄武，是四象中的北方七宿，形象是龟蛇组合。

东岳庙　在府城东安坊，明郑时期建立，祭祀东岳泰山神。康熙年间建立，乾隆十六年，举人许志刚等人重修。

马王庙　在府城东安坊，明郑时期建立，祭祀天驷之神[②]，而民间认为祭祀的是开漳圣王陈元光麾下五辅将军之一的辅信将军。

总管宫　在府城西安坊，明郑时期建立，所供神明姓倪，名字不详，是航海船舶的总管，死后被奉为神明。另一处总管宫在府城大西门外中楼仔街，康熙三十年（1691）台湾道高拱乾建立。

天公坛　在府城西安坊，祭祀玉皇上帝。

三官堂　在府城宁南坊，乾隆四十三年建立，祭祀道教三官大帝。

五帝庙　在府城宁南坊，康熙时期建立，祭祀五显大帝，又叫五显灵官。

药王庙　在府城西定坊，康熙时期民间建立，祭祀神农氏。

水仙宫　在府城西定坊，面朝大海，康熙五十四年，漳州、泉州商郊共同建立，祭祀 5 位神明，具体是什么神不清楚。有人认为是大禹、伍子胥、屈原，另外两人

---

① 竹仔行，即柱仔行，今台南市府中街。

② 天驷之神，即玉帝的天马。

有人说是项羽和鲁班，也有人说是王勃和李白。大禹治理水土，功绩影响万代，伍子胥渡江离开楚国为了报仇，屈原投汨罗江自尽，人们认为他们是忠臣，是应当被祭祀的。但是项羽和鲁班，如何能够配得上呢？王勃和李白，也同样配不上。在我看来，如果要将另外二神实名，不如改为祭祀伯益和冥。伯益协助大禹治水，用火焚烧山泽，驱赶了鸟兽虫蛇，发展了农业，功劳是可以和大禹相比的。冥为官勤政，因为治水而死，商朝时就已经有人祭祀他。这两人都配得上和另外三人一同得到祭祀。乾隆六年重修，旁边建有三益堂，是郊商开会商讨事务的场所。由于历年积累下来的公款数量很多，加上置办产业获取的利息，所以，水仙宫的建筑比其他的庙宇都更雄伟壮丽。

奎楼　在台湾道衙门东南，雍正四年（1726）建立，祭祀魁星[①]。楼下是关帝厅和观音堂。奎楼又叫奎楼书院，是文人们集中讨论的地方。

海安宫　在府城大西门外，靠海边西向。乾隆五十三年，大将军福康安建立，祭祀天后。在府城祭祀天后的庙宇，还有多处。

开漳圣王庙　在府城大南门内。咸丰元年（1851），由漳州籍士绅商人合建，祭祀开漳圣王。圣王名叫陈元光，唐末官任福建观察使，作为王审知的部将率军进入漳州[②]，驱赶当地的“土黎”来安置汉族，在龙溪县柳营江[③]的西边修筑城寨，设置唐化里，任职将军，担任漳州刺史。漳州的开发就是从这时开始的，所以很多漳州人都祭祀他。

精忠庙　在府城东安坊，祭祀宋代岳忠武王岳飞。

三山国王庙　在府城镇北坊，雍正七年，台湾知县杨元玺、游击林梦熊率领潮州商人建造，祭祀潮州巾山、明山、独山的神明。三座山都在潮州揭阳县内。

普济殿　在府城西定坊，祭祀王爷[④]。

元和宫　在府城镇北坊大铳街，祭祀吴真人。

良皇宫　在府城镇北坊，祭祀吴真人。

弥陀寺　在府城大东门内，明郑时期郑经建立。康熙五十七年，当地人董大彩重修。康熙五十八年，来自武夷山的僧人一峰募资建造西堂，当地人陈仕俊又加以扩建，殿宇宽敞，花木丛生，曲径深幽，景观是府城寺庙中最好的。

① 魁星，主管文运的神。

② 此处记载有误，陈元光为唐朝前期人，王审知是唐朝末期人，陈元光不是王审知的部将。

③ 柳营江，九龙江下游。

④ 王爷，指威灵王池府千岁陈文魁。

观音亭 在府城镇北坊，明郑时期建立，康熙三十二年进行修缮，乾隆五十六年，当地民人陈漳山等人重修。

海会寺 在台湾县辖的永康里，距离府城大北门3里，是郑氏的北园别墅。康熙二十九年，台湾道王效宗、台湾总兵王化行将这里改建为寺庙，当时树碑记载了这件事，石碑还在。购置了田产50甲，园地6甲，芒果园一所，以维持寺庙开支，并聘请僧人志中前来住持。花木丛生，曲径深幽，殿宇的高大雄伟，超过了其他的寺院。乾隆十五年，台湾道书成进行了修缮，并将寺庙改称榴禅寺。嘉庆元年（1796），提督哈当阿又进行了重修，又改名为海靖寺，也叫开元寺，之后又进行了多次重修。寺庙祭祀释迦牟尼，并供奉延平王神位。

黄蘗寺 在府城大北门外，康熙二十七年，左营守备孟大志建立，康熙三十一年失火。康熙三十二年，寺中僧人募资重建，寺庙占地面积大，环境优美，在这里吟诗题字的人很多。现在已经倒塌毁坏。

竹溪寺 在府城大南门外，康熙三十年建立，曲径林深，清溪环绕，堪称美景，山门匾额题称小西天。乾隆五十四年，当地人蔡和生倡议进行修缮。嘉庆元年，又进行重修。

法华寺 即明郑遗老李茂春故居梦蝶园旧址，康熙二十二年改建为寺庙，知府蒋毓英将寺庙后面的2甲土地捐给寺庙作为香火钱。乾隆二十九年，知府蒋允焄重建，并在寺前挖了一个池塘，称作南湖，旁边建造一栋楼，称作半月楼。

广慈庵 在府城东安坊，康熙三十一年建立。

慈云阁 在府城东安坊，康熙三十五年，诸罗知县周钟瑄建立。乾隆十六年，诸罗知县周芬斗修缮，嘉庆八年，当地人王琳等重修。

龙山寺 在府城大东门外，雍正年间，当地人共同建立，乾隆五十四年，当地民人王拱照等进行了重修。

清水寺 在府城东安坊。

万寿寺 在府城东面的永康里，康熙五十年建造了万寿亭，作为向朝廷表示庆贺的地方。雍正元年进行重建，在亭后设置了僧房供奉佛像，购置了田地50甲作为寺庙的开支。乾隆三十年，在府城城内新建了万寿宫，城外的万寿寺仍然存在，但原有寺田的租金拨给了崇文书院，寺庙因此日渐衰败，现在已完全倒塌。

大士殿 在台南府城镇北坊海神庙的右侧，光绪十二年（1886）建立。

白龙庵 在府城台湾总兵衙门的右侧，福州人建立，祭祀瘟神五福大帝。后来在亭仔脚街另外设立了扶乩的场所，称作西来庵。

临水夫人庙　在府城东安坊。

五妃庙　在府城大南门外桂子山。康熙年间，当地人在南明宁靖王朱术桂的五妃墓上建造寺庙。乾隆十一年，巡台御史六十七、范咸下令海防同知方邦基进行维修，并写诗刻在碑上，立在大南门的城边上，至今还在。

辜孝妇庙　在府城东安坊，当地民人建立，祭祀姓辜的妇女，她的事迹记载在本书“列传七”中。后来把黄宝姑也附祀在庙中。

嘉义县

龙湖岩　在县辖赤山堡六甲庄[①]，明郑时期谘议参军陈永华建立，庙前有龙湖潭，花木丛生，曲径通幽，景色优美。乾隆元年（1736），六甲庄人文超水、漆林庄人蔡壮募款重建，同时增加了对延平王郑成功的祭祀。

碧云寺　在县辖哆啰啯堡[②]的火山上。康熙十四年，福建僧人参彻来到台湾，在龙湖岩住留，偶然到了这里，看到这里环境优美，于是在这里建了一座简易的房屋修行，奉龙湖岩的佛进行祭祀，早晚诵经，严守戒律。附近的乡民被他感动，于是修建了一座寺庙，叫大仙岩。后来，参彻让他的徒弟鹤龄在这里住持，自己又在玉案山的深山中建造了一座寺庙，就是碧云寺，大殿奉祀如来佛，前殿供奉延平王郑成功的神位。乾隆五十五年二月，参彻去世，弟子将其葬在庙前，并建塔纪念。乾隆五十六年，当地百姓洪志商募款进行修缮。嘉庆二十四年（1819），子爵王得禄进行了重修。

凤山县

双慈亭　在县城，俗称大庙，乾隆初年建立，道光八年（1828）进行重修。前殿奉祀观音，后殿奉祀天后，所以称“双慈”。

宁靖王庙　在县辖维新里竹沪庄[③]的田地中，这块田地是宁靖王朱术桂开辟的，宁靖王死后与原配妃子罗氏合葬在这里，佃户为他建庙塑像，进行祭祀，到现在，当地的人还是称他为老祖，每年七月二十七和九月二十五进行祭祀。庙前的两棵古榕树，树荫遮盖面积达到几亩，环境十分清静幽邃。

超峰寺　在县辖嘉祥里外里的岗山[④]，旧府志中以“岗山树色”作为凤山县的八景之一。雍正年间，僧人绍光在这里搭建茅屋修行，乾隆二十八年，台湾知府蒋

① 六甲庄，今台南市六甲区。

② 哆啰啯堡，今台南市东山区东南侧。

③ 竹沪庄，今高雄县路竹乡竹沪村。

④ 岗山，今高雄县阿莲乡大岗山。

允君把它扩建为寺庙。

兴隆寺　在旧县城龟山的山脚下，也就是兴隆里，康熙三十三年建立。

元兴寺　在县辖打鼓山的山脚下，乾隆八年，由僧人经元募款建立，光绪十七年（1891）发生火灾。

清水岩寺　在县城的南边的凤山[①]，县志称凤山有13景，清水岩就是其中之一。道光十四年，乡绅简立募款建立。

澎湖厅

水仙宫　在妈宫澳[②]码头，康熙三十五年，右营游击薛奎建立。光绪元年，妈宫街商人重修。

观音亭　在妈宫澳，康熙三十五年，右营游击薛奎建立。中法战争中，佛像遭到毁坏，光绪十七年，总兵吴宏洛捐资重修。

地藏庙　在妈宫澳武忠祠的旁边。

真武庙　在妈宫澳，乾隆五十六年，通判蒋曾年、副将黄象新等捐资修建。光绪元年，董事高其华重修。

祖师庙　在厅城[③]东边3里左右，祭祀清水岩祖师。厅志记载，康熙年间，有僧人从泉州安溪清水岩到这里，不说姓名，给人治病，功效神奇，不收药费，送他钱米也不接受。僧人离开后，乡民感念他的恩德，建造庙宇来祭祀他。

真人庙　祭祀保生大帝，各澳大多建有这类庙宇。

将军庙　在八罩屿的网垵[④]，神的姓名和事迹无法考证，将军澳的得名就是因为有这个庙。《台湾府志》说：“岂隋大业中虎贲陈棱略地至此，因祀之欤？”将军澳的名称由来已久，因此这个庙的建立应当在明代，只可惜没有文献加以证明。

大王庙　1座在八罩屿，1座在龙门港[⑤]，1座在通梁澳[⑥]，此外其他各澳也有。《澎湖纪略》认为祭祀的是金龙大王之类的神，也是土地神。西屿大王神[⑦]，尤其灵验，海船进出口门，都要准备酒肉祭品，投入海中来祭祀他。

---

① 凤山，今高雄县林园乡潭头村。

② 妈宫澳，今澎湖县马公市。

③ 澎湖厅城，今马公市内。

④ 网垵，今望安岛的望安。

⑤ 龙门港，今湖西乡龙门。

⑥ 通梁澳，今白沙乡通梁。

⑦ 西屿与通梁一水之隔，西屿指大王神应即通梁大王神。

台湾府[①]

天后庙　在新设台湾府城大墩街。

彰化县

庆安宫　在县城东门内，嘉庆二十二年（1817）建立，祭祀吴真人。

定光庙　在县城北门内，乾隆二十七年（1762），北路营副将张世英建立，祭祀定光佛。

威惠宫　在县城南门内，雍正十年（1732），漳州籍人士合资建立，祭祀开漳圣王陈元光。

开化寺　在县城北门内，雍正二年，彰化知县谈经正倡议建立，祭祀观世音菩萨，是彰化县最古老的寺庙。

虎山岩　在燕雾上堡白沙坑庄[②]，乾隆十二年，当地民人赖光高建立。“虎岩听竹”是彰化县八景之一。

清水岩　在武东堡许厝庄[③]，乾隆初年建立。寺庙在大武郡山的山脚下，处在山谷树林泉水之中，宁静清幽，所以“清水春光”也是彰化县的八景之一。

云林县

沙连宫　在县辖东埔腊街[④]，咸丰六年（1856）十一月，秀才刘汉中倡议修建，祭祀延平王郑成功，规模宏大，香火很旺。光绪十三年，秀才刘士芳等重修。另一座沙连宫在林圯埔街。

广福宫　在县城西南，祭祀开漳圣王陈元光，光绪十九年，乡绅陈一尊倡议修建。

吴凤庙　在县辖嘉义东堡的社口庄[⑤]，嘉庆二十五年，当地民人杨秘等建立，祭祀阿里山通事吴凤，他的事迹记载在本书“列传三”。光绪十八年，县民请求将吴凤列入官府的祭祀，没有得到批准。

三山国王庙　在县城的南角，广东籍的9个村庄合资建立。

---

① 建省初期，将省城设在原彰化桥孜图，即今台中市地方，另设台湾府，作为台湾首府，另设台湾县为附郭首县，相当于现在台中县地方。

② 白沙坑庄，今彰化县花坛乡。

③ 许厝庄，今彰化县社头乡。

④ 东埔腊街，今南投县鹿谷乡东埔蚋寮子。

⑤ 社口庄，今嘉义县中埔乡社口。

台北府（首县淡水，府城和县城同为一城）

霞海城隍庙　原址在大佳腊堡八甲街[①]，是霞海[②]人合资建立的。咸丰三年（1853），艋舺发生漳、泉移民之间的械斗，街区被毁坏，城隍庙移到大稻埕[③]重建。

龙山寺　在艋舺街[④]西南，乾隆三年（1738）建立，为台北府城最古老的寺庙。嘉庆二十年（1815），受地震影响，全部毁坏倒塌，后来重建。

慈圣宫　在大稻埕，同治五年（1866），郊商合建，祭祀天上圣母。

保安宫　在大佳腊堡大隆同街[⑤]。

惠济宫　在芝兰一堡石角庄的芝山岩[⑥]，乾隆五十三年，芝兰堡民人吴庆三等建立，祭祀开漳圣王陈元光。庙宇建在一个小山丘上，沿数十级石阶而上，建了一个山门，右边有一块石头，上面刻有“洞天福地”四个字。

文昌祠　与惠济宫相邻，道光二十年（1840），当地民人潘定民建立，祭祀文昌帝君。

剑潭寺　在芝兰一堡剑潭[⑦]旁边。《台湾志略》记载，潭边有数人才可环抱的大树，据说荷兰人曾经在树上插剑，因此称“剑潭”。明郑时期，居住在这里的汉人，搭建简陋的房屋祭祀佛祖，到乾隆三十八年，僧人荣华募资新建。

西云岩寺　在八里坌堡观音山山脚的狮头岩[⑧]。乾隆三十三年，胡焯猷、林作哲捐地建寺庙，又名大士观，山高2000多尺，中间的山峰高高耸立，从远处看，就像观音盘腿端坐在那里。寺外有两块反经石，其中一块马鞍形状，把罗盘放在上面，指针会从子午方向转向卯酉，因此得名。

文昌庙　在摆接堡枋桥庄[⑨]，同治二年，当地民人林维源建立。

广济宫　在摆接堡枋寮庄[⑩]，雍正年间，到这里开垦的移民共同建立，这是摆接堡最古老的寺庙。

---

① 八甲街，在今台北市万华区。

② 霞海，原属福建同安，今属厦门市集美区。

③ 大稻埕，在今台北市延平区、建成区一带。

④ 艋舺街，今台北市万华区广州街。

⑤ 大隆同街，今台北市大同区哈密街上。

⑥ 芝山岩，今台北市士林区中部。

⑦ 剑潭，今台北中山新桥桥下的基隆河河段。

⑧ 狮头岩，在今新北市五股区。

⑨ 枋桥庄，在今新北市板桥区。

⑩ 枋寮庄，在今新北市板桥区。

慈祐宫　在兴直堡新庄街[①]，康熙二十五年（1686）建立，祭祀天上圣母。

文昌庙　在兴直堡新庄街，嘉庆十八年（1813），艋舺县丞曾汝霖捐款建立。

武圣宫　在兴直堡新庄街，乾隆二十五年，贡生胡焯猷建立，祭祀汉寿亭侯关羽。

先啬宫　在兴直堡二重埔庄[②]，乾隆二十一年建立，祭祀先农（神农氏）。

龙山寺　在淡水县辖沪尾街[③]，乾隆年间建立，规模很大。光绪十二年（1886），台湾巡抚刘铭传奏请朝廷赐予匾额，皇帝亲手书写了“慈航普渡”四个字，挂在庙里，至今还在。

福祐宫　在淡水县辖沪尾街，乾隆年间建立，祭祀天上圣母。光绪十二年，台湾巡抚刘铭传奏请朝廷赐予匾额，皇帝亲手书写了“翼天昭佑”四个字，挂在庙里，至今还在。

慈生宫　在芝兰二堡唭里岸庄[④]，永历二十三年（1669），龙溪、同安两县移民共同建立，祭祀五谷大帝、三官大帝、天上圣母、福德正神，是淡水县最古老的庙宇。这里原来是“番社”的土地，所以移居到这里垦荒的民众建庙祭祀神明，祈求洪福。乾隆四十四年，水灾冲毁寺庙，乡民重新修建，之后又多次重修。

三将军庙　在芝兰二堡嗄唠别庄的关渡[⑤]，康熙五十四年，当地民人共同建立，祭祀明郑时期的三位将领：中提督刘国轩、左武卫何祐、智武镇李茂，因为他们对于台湾北部的开发有功绩，每年四月十七举行祭祀，香火很旺。

关渡宫　在芝兰二堡嗄唠别庄的关渡，祭祀天上圣母，俗称关渡妈祖，香火很旺。康熙五十六年，漳州、泉州和兴化的移民共同建立，乾隆四十七年重建。

宝藏岩　即石壁潭寺，在拳山堡[⑥]，下临新店溪，景色清幽，康熙年间，郭治亨将自家园地捐出，与康公共同建立，后来郭治亨的儿子郭佛求成了宝藏岩的僧人。

新竹县

长和宫　在县城北门口街，乾隆七年（1742），淡水同知庄年、守备陈士挺共同建立，祭祀天后，嘉庆二十四年（1819）重修。

水仙宫　与长和宫相邻，同治二年（1863），郊商捐资建立，祭祀夏禹。

地藏庵　又叫岳帝庙，在县城东门后街，道光八年（1828），淡水同知李慎彝、

---

① 新庄街，今新北市新庄区。

② 二重埔庄，在今新北市三重区。

③ 沪尾街，今新北市淡水区中正路。

④ 芝兰二堡唭里岸庄，今台北市北投区。

⑤ 关渡，在台北市北投区。

⑥ 拳山堡，在今台北市中正区。

守备洪志宏带头捐资建立，祭祀地藏王菩萨和东岳大帝。

天公坛 在县城东门内，咸丰元年（1851）建立，祭祀玉皇上帝。

北极殿 在竹北一堡芦竹庄[①]，道光九年（1829），林功成倡议建立，祭祀玄天上帝。

金阙殿 在竹北一堡客雅庄[②]，乾隆年间建立，祭祀玉皇上帝，后来又祭祀道教三官神。

慈天宫 在竹北一堡北埔庄[③]。之前，曾经金广福在这里设隘开垦土地，祈求神明的保佑。咸丰三年建立了庙宇。中间供奉释迦牟尼佛，两旁以天上圣母、神农大帝、文昌帝君、三山国王等神明配祀。淡水同知李嗣业、垦首[④]姜秀銮、姜荣华三人在同治十三年重修。

文昌祠 在竹一堡新埔庄[⑤]，道光二十三年，举人陈学光倡议建立，每年春、秋祭祀文昌君，同时这里还是当地的文社。

文武庙 在竹南一堡大南埔庄[⑥]，道光二十五年建立，祭祀汉忠义侯关羽。

文林阁 在竹北一堡高梯庄[⑦]，光绪二年（1876）建造，祭祀文昌帝君，也是当地的学校。

五谷大帝庙 在竹南一堡五谷王庄[⑧]，嘉庆二年（1797），业主张徽阳等倡议建立，祭祀神农氏。

三山国王庙 在竹北一堡树杞林庄[⑨]，嘉庆十五年，在当地开垦的广东籍移民建立，同治九年（1870）重修。这类庙宇还有几处，都是广东籍的移民祭祀的。

三圣宫 在竹南一堡顶街头庄[⑩]，咸丰四年建立，祭祀开漳圣王陈元光、开台圣王郑成功、保生大帝。

龙凤宫 在竹南一堡草店尾街，祭祀王审知，称开闽圣王。王审知，河南固始人，唐末为福建观察使，率军入闽平叛有功，被封为琅琊王。跟随他的固始人很多，

---

① 竹北一堡芦竹庄，今新竹县关西镇。

② 竹北一堡客雅庄，今新竹市客雅里。

③ 当为北埔庄，在今新竹县北埔乡。

④ 垦首，向官府承揽包垦的人。

⑤ 当为“竹北二堡新埔街”，今新竹县新埔镇新民里。

⑥ 竹南一堡大南埔庄，在今苗栗县南庄乡南富村。

⑦ 当为九芎林庄，今新竹县芎林乡。

⑧ 竹南一堡五谷王庄，今苗栗县竹南镇新南里。

⑨ 竹北一堡树杞林庄，今新竹县竹东镇。

⑩ 竹南一堡顶街头庄，今苗栗县竹南镇中港里。

唐朝灭亡后，社会动荡，于是王审知就自立为闽王。台湾有很多漳州籍移民，所以祭祀他。[①]

褒忠庙　在竹北二堡枋寮庄[②]，也叫义民亭。最初，朱一贵、吴福生起事的时候，各县都建立义民祠，春、秋祭祀。在林爽文事件中，当地民众协助官军而战死的人很多，朝廷下诏赐予“褒忠”的匾额，才建立了这个亭子。乾隆五十三年，林先坤等共同建庙，来祭祀广东籍的义民，同时也供奉三山国王。同治二年，福建巡抚徐宗幹送上“同心报国”的匾额，光绪十四年，台湾巡抚刘铭传也送了“赴义捐躯”的匾额。

集义亭　在竹北二堡新埔庄[③]，光绪三年建立，祭祀死难的义勇。

褒忠祠　在竹南一堡头份庄[④]，光绪十年，头份庄以南 120 个村庄的民人张维垣等捐资 10000 两银子共同建立，祭祀在朱一贵、吴福生、林爽文等事件中协助官军死难的义勇。

军大王庙　在竹北一堡埔尾庄[⑤]，同治六年，当地民人建立，以祭祀先民，不知如何称呼，而称为军大王。这个地方原来属于“番界”，感受瘴气而生的疾病盛行，移民的先辈们冒着各种危险，开垦荒地，因此染病死在这里的人不知有多少，所以后人建立庙宇祭祀他们，安置他们的灵位，同时也是为了纪念他们的事迹和精神。光绪十五年重建。

万善庙　在竹北一堡大窝庄[⑥]。之前，咸丰五年，当地民人在三重埔庄[⑦]建庙，祭祀因为开垦“番地”而死难的人。光绪三年，改建到现在的地方。

竹莲寺　在县城南门巡司埔旁，祭祀观世音菩萨。最初移民刚到这里时，只建立了一个小庙，后来业主王世杰捐地进行扩建，是新竹县最古老的寺庙。道光五年，士绅林绍贤加以修缮。到同治五年，士绅庄荣升、汤奇才等又募捐重修。

金山禅寺　在竹北一堡金山面庄[⑧]，乾隆五十年，郭、陈、苏三姓移民开始设

---

① 此条记述内容混乱，宫观名称、具体地点和祭祀对象三者难以贴合。并无龙凤宫建造过程的记载，且将开闽与开漳混为一谈。故所记或为苗栗县竹南镇后厝龙凤宫，但祭祀对象是天后，而非王审知。存疑。

② 枋寮庄，今新竹县新埔镇下寮。

③ 新埔庄，今新竹县新埔镇新民里。

④ 头份庄，今苗栗县头份市头份里。

⑤ 埔尾庄，在今新竹县北埔乡。

⑥ 大窝庄，今属新竹县竹东镇。

⑦ 三重埔庄，今新竹县竹东镇三重里。

⑧ 金山面庄，今新竹市金山里。

置隘防，从事开垦荒地，当时修建了简陋的房屋祭祀佛祖，祈求福佑。咸丰三年，正式建立寺庙，称香莲庵。同治年间又进行了扩建，因为寺庙前有泉水流出，因此称为灵泉寺，又名金山禅寺。

卷二十三

风俗志

卷二十三
风俗志

连横评论说，六艺是圣人的书，因此，《礼》用来节制人们的行为，《乐》用来启发人们平和的心态，《书》用来叙述史事，《诗》用来表达情意，《易》用来演绎变化，《春秋》用来阐述道义。把混乱的社会引导到正确轨道上来，没有比得上《春秋》的。春秋时期，王道崩坏，民间的诗歌也就衰亡了，孔子很痛心因此整理《春秋》，用来探讨自然规律和人间社会的关系，考察历史发展演变的进程，寻求历代兴衰成败的规律，对人们的指导作用非常显著。如果完全服从自然，就不能治理好人间社会；如果完全按照古人的方法去做，就不能管束现在的人们。风俗的形成，需要几十年，几百年，甚至上千年的时间，潜移默化，深入人心，而凝聚成为社会的公德，因此风俗和民族的发展关系很大。夏朝人尊崇政令，商朝人尊崇诚实，周朝人尊崇礼法，每个朝代的兴起，都有自己的规定。所以，以稻米为主食的人性格比较温和，以麦子为主食的人性格比较刚强，以稷[①]为主食的人气量比较偏小。吃的东西不同，人的性格就会有差异。台湾的人，都是中国人，是来自福建和粤东的族群。来自福建的人大多住在沿海，来自广东的人往往住在近山的地方，住的地方不同，所以风俗也不一样。因此福建人比较有进取精神，而广东人比较趋向保守。因为进取，所以志向远大，但做事任性随意，有时可能得不到好的结果。因为保守，所以意志坚定，但行动目标有限，有时候会比较狭隘。这些都是具有地方特点的属性，是不容易改变的。想想过去，我们的祖先横渡大海，进入台湾这个荒凉偏僻的地方，历尽危险和苦难，长期开垦和经营这块土地，就像欧洲的清教徒宁可远赴美洲大陆开垦，也不愿屈服为奴隶一样。所以台湾人往往好勇斗狠，不惜生命，慷慨悲歌，即使过了十代，还保留着这种精神。台湾人的社会公德之所以没有消失，实在和风俗有关，所以不能小看了风俗的重要性。

---

① 稷，小米、黄米、高粱一类的粮食作物。

岁　时

立春的前一天，官府预先塑造好了春牛，放在城东的郊外，到了立春日，人们前往迎接，称之为“迎春”。到时男女盛装前往观看，满街衣香扑鼻、扇影纷飞，很是热闹。春牛经过的地方，儿童争相抚摸它的耳朵，或者鞭打它的身体，认为这样可以得到福气。迎春如果在年头，就会更加热闹，好像太平盛世的景象。

元旦，即正月初一，各家先打扫干净房屋，置换桃符，布置一新，三更过后，便开门祭祀神明，点蜡烛，放鞭炮，叫作“开春”。接着跪拜长辈，献上祝福的话。出门访友，投送名片贺卡，见面的时候，也要说吉祥的话。有客人到，拿甜点、槟榔招待，品尝一下就行。如果亲友的儿女来访，就要用红线串几十文或100文钱赠送，称之为“结带”。这一天，每家都吃米做的丸子，表示团圆的意思，有的人家还不吃荤，还要祭祀井神、门神、灶神，鞭炮的声音，日夜不绝。

初二，在家祭祖。新婚夫妇要一大早就去妻子娘家拜年，娘家设宴招待，女婿回家时，娘家还要赠送礼物。

初三，去郊外扫墓，用年糕、甜点祭祀。从这一天到农历三月，墓地中扫墓的人络绎不绝。

初四，准备好祭祀用的牲礼，烧纸马，叫作“接神”，店铺开始开门营业。

初九，相传为玉皇大帝的诞辰，每条街道都组织演戏来祭祀。从正月初一到正月十五，有官职或做过官的人家，经常设宴请客，交际应酬，都以过春节喝酒的名目互相祝寿。

元宵的晚上，从城市到乡村，到处张灯结彩，大放烟火，还进行龙灯表演比赛。男女老少上街游玩，音乐歌声通宵达旦。每条街道大多都会举办庙会，台南府城的三山国王庙就举办赛花庙会，陈列水仙花数百盆，并评出优劣，也是一件很高雅的事情。《赤嵌笔谈》说：“元宵，未字之女，偷折人家花枝竹叶，为人诟詈，以为异日必得佳婿。”这种风俗现在已经没有了。

二月初二，是土地神的诞辰，每条街道大多集资祭祀，并聚集在一起吃饭喝酒，叫作“头衙”（头牙）。而以农历十二月十六为“尾衙”（尾牙）。头是一年的开始，尾是一年的终了，衙，就是聚集的意思，把这一天当作是为了春耕而举行的第一次聚集。所以，在农村中尤其盛行，在经商的人群中也同样流行。

三月初三，古代称为“上巳节”，漳州人称为“三日节”，要祭祀祖先和扫墓。

而泉州人将清明扫墓称为“尝墓”，“尝”即是春祭的意思。祭祀用饽饼[1]，置办牲礼，挂纸钱（在墓前焚烧纸钱，或把纸钱挂在墓树和墓碑上），祭祀回家后把供品吃了。饽饼以面皮包裹，里面包着蔬菜和肉，如果用油炸过就称为“春饼”。春祭扫墓，富贵人家一年举行一次，一般人家经常是两三年举行一次。妇女儿童扫墓回家的时候，都会插一根小榕树枝在头上，以祛除不吉祥的东西。

三月十九，相传为太阳的诞辰，其实是纪念明思宗崇祯帝朱由检殉国难的日子。用面做成猪和羊的样子，猪 9 头，羊 16 头，就像古代帝王或诸侯祭祀时所用的太牢礼（太牢包括牛、猪、羊三牲齐备）一样。向东拜祭，意为天子出自东方。家家点灯，要让它更加明亮，以此表达对明朝亡国的深远哀思。

三月二十三，是天后妈祖的诞辰。台湾南部和北部的许多人都前往北港[2]进香，广东人的村庄尤为盛行。从正月一直到三月底，进香队伍的旗帜和锣鼓音乐声在路上连续不断，进香的人，强盗不敢抢劫，抢了怕会受到神的惩罚。

五月初五，古代叫作“端午节”，台湾人叫作“午日节”。过节的时候，要在门上插上菖蒲，用艾草的水洗澡，用粽子和时令水果祭祀祖先。妇女佩戴茧虎[3]，用五色丝线制作鸟、兽、花、果一类的图案，给儿童佩戴，认为可以避免或驱除邪恶的东西。沿海地方举行龙舟比赛，寺庙和航海的大船都敲锣打鼓进行助兴，称为“龙船鼓”。从前台南商贸兴旺的时候，郊商各自集资制作奖品，每项奖品价值数十两银子。提前几天就敲锣打鼓把奖品接来，然后挑选年轻健壮的人参加比赛，岸上观看的人很多，比赛要好几天才结束。

六月初一，每家都用米做的丸子祭祀祖先，称为“半年丸”，也有选择在六月十五进行祭祀的。

七月初一，叫作“开地狱门”，每家都进行祭祀。从这一天一直到月底，街坊们轮流做普度，请僧人诵念经文，忏悔所造下的罪恶，布施饿鬼饮食。在普度前放置水灯，为幽魂照路。拜鬼的习俗，漳州、泉州地区最盛行，浪费钱财巨大，很难改变。

七月初七，古人称为“七夕”。读书人供奉执掌文运的魁星[4]，用羊头祭祀，上加红蟳，称之为“解元”。祭祀的主持人拿着供品回家说是好兆头，因为羊头有

---

① 饽饼，或称薄饼、春饼、春卷等。

② 北港，在云林县。

③ 茧虎，用黄色的新蚕茧，描画成老虎的形状。

④ 魁星，也作奎星，北斗七星之一。

角称为“解”，以蟳的形状像“元”字。富有的人家，子女到了16岁，就会糊一个纸做的亭子来祭祀织女，杀牲摆酒，庆贺子女成年，亲友也会前来祝贺。到了晚上，妇女在庭院中摆设花、果，祭祀牵牛和织女二星，就像古人乞巧[①]的风俗。

七月十五，叫作“中元”。台湾人以清明为春祭，中元为秋祭，冬至为冬祭，都是祭祀祖先，祭祀必须诚心，祭品必须丰盛，否则，就不是好子孙。

八月十五，叫作“中秋”。每家都祭祀土地神，挂灯笼，演戏曲，和二月初二一样，春天祭祀是为了祈求丰收，中秋祭祀是为了报答神明的护佑。儿童们会用残砖破瓦搭建一个简易的宝塔，在其中点燃捡来的木头、树枝，称为点宝塔灯，并拿出家中的古玩在月光下陈列。读书人轮流举办宴请，制作月饼，用朱笔写上“元”字，掷骰子，得到四红者就能夺得月饼，取可以在科举乡试中一举夺魁的意思。夜深时，妇女们可以依据在神前焚香祷告的启示，在特定方向从听到的路人对话来卜算吉凶祸福。

九月初九叫作“重阳”。用粘有芝麻的糍粑祭祀祖先，儿童放风筝。从这月的初一起，许多人家都奉行斋戒，叫作“九皇斋”，泉州籍民众尤为盛行。

十月十五称为“下元”，每家都祭祀神明。

冬至这一天，祭祀祖先，用米做的丸子粘在房屋的大门上，表示敬门神。前一天晚上，儿童们用米粉捏成鸡、猪等形状，叫作“添岁”，就像古代把过冬至叫作“亚岁”一样。

十二月十六，祭祀土地神，叫作“尾衙”（尾牙）。这在工人中最为流行，以大家在一起工作了一年的时间到这一天就要分开了。乡间的私塾也以上元（正月十五）开课，到这一天放假。外出的人，也大多在这一天回家过年。

十二月二十四，置办牲礼，焚烧纸钱，每家都祭祀自己所祀的神明，叫作“送神”。到第二年正月初四，以同样的礼仪进行祭祀，叫作“接神”。第二天，是天神下凡的日子，考察人间的善恶，所以人们不敢亵渎冒犯，说话都要很谨慎。

除夕这一天，用年糕祭祀祖先，同时祭祀家神、门神和灶神。祭祀时，把一碗饭、一碗菜放在神位的前面，上插红春花，以表示有余粮的意思。除夕前几天，亲友之间互相赠送礼物。到了除夕晚上，点蜡烛，放鞭炮，叫作“辞年”。全家围坐在放有火锅的圆桌上聚餐喝酒，火锅周围放着一圈的钱，吃完之后，每人都拿走一份钱，叫作“过年钱”。然后把家里进行一番布置，等待新年的到来。

---

① 乞巧，乞求能有一双巧手。

宫　室

台湾的房屋，大多和漳州、泉州的一样，城市之中，建的都是有瓦片的房屋，用砖垒墙，房子一栋连着一栋，楼房比较少。因为经常发生地震，所以房屋栋梁必须坚固，房屋的椽子必须严密，才能经历几十年到一百年都不毁坏，对房屋建造的设计，都是从长远考虑的。

富有的人家，都要建筑大栋的房子，外面环绕着围墙，进门是一个院子，上了台阶才是住的地方。一般都是 1 厅 4 房，房间分布在两旁。比较大的厅一般有 1 丈 8 尺宽，上面奉祀着神祇或者祖先，还能作为庆贺摆宴席使用。左边的房间由长辈居住，仆人和奴婢住在两旁。如果是大家庭而没有分家，就会有很多的房间连在一起，通过走廊彼此相通。

乡村的房屋，大多是竹子和茅草搭建的，也有瓦房，筑土为墙，这种墙时间越久越牢固。房子的周围用荆棘制作成篱笆，以饲养鸡、猪一类的家禽、家畜，这就是村民的宅院。以前开垦荒地的人都是聚集在一起居住，外面修筑土墙，来防御“土番”的侵害，因此称为“堡”，而澎湖的人大多住在海岸弯曲的地方，因此称为“澳”，这说明到处都是可以住人的。

澎湖靠海，修墙都使用硓砧石[①]。硓砧石生长在海边，像石头，但更脆，螺、蚌一类的海洋生物经常以它为巢穴，硓砧石还可以用来烧石灰。它价格低廉，用途广泛，取之不尽，台湾府城也有使用。

台湾虽然生产木材，但建房用的杉木大多取自福建的上游地区。砖瓦也从漳州、泉州运来，台湾南北各地也有自烧的砖瓦，但颜色偏红。

屋脊的上面，或者有站立着的泥塑的人像，骑马弯弓，形状十分威猛，那是蚩尤的像，据说可以避邪祈福。在狭隘的巷口上，有的旁边会竖立一块石碑，上面刻着“石敢当”三个字，石敢当是古代的勇士，可以杀鬼的人。

台湾的有钱人家很少修建花园，有的只在房子里种植少量花木。但台南府城吴家的花园，亭、台、水、石具备，布局很好。其中以飞来峰最为优美，叠石成山，幽深曲折，虽然处在城市当中，但能得到山林和溪谷的乐趣。还有像新竹林家的潜园，那是当时飞觞吟诗的好地方，这种把酒赋诗的风流潇洒，现在已经消失了。而雾峰林家的莱园，依山修建，古树茂密，很有天然生成的美感。

---

① 硓砧石，一种珊瑚礁的化石。

衣 服

台湾气候比较温暖，南北稍微有些差别，夏天穿葛衣，冬天穿一般动物毛皮的衣服，就能度过一年，因此没有必要准备狐、貉皮毛大衣的需要。而一些到台湾当官履职的人所带来的皮毛大衣，只在过年的时候穿一下。但春天的天气已经暖和起来，山野的花儿也逐渐开放，在温暖的台湾披上皮毛大衣，只能是汗流浃背了。

台湾南北气候以大甲溪为分界。大甲溪以南，越是往南，气候就越加温暖，到了恒春，气候就很炎热了，所以冬天也不用穿毛皮衣服。大甲溪以北，越往北越冷，基隆还会有积雪。现在随着人口日益增多，地面气候也逐渐变暖，立夏以后，全台湾都变得很热，人们都穿葛布衣服了。

台湾本地不种植棉花，因此没有纺织行业，所有的纺织品都来自岛外。男女大多使用单色的棉布，乡村中喜欢使用青色和黑色，因为看起来不容易染黑变脏。青色和黑色的布台湾各地都能自染，洗刷不褪色，外省的人都觉得很难得，认为适合当地的水土。其实是因为台湾的溪水很清澈，漂洗过的白布容易上色。沿海的渔民都用薯榔[1]来染衣物，颜色为红褐色，碰到脏水不会留下污垢。从事的行业不同，所穿的衣服也不一样，因此可以一眼就看出来。

绸缎一类的丝织品来自江、浙，有身份和富有的人家才会使用。台湾建省以后，杭绫[2]最为流行，局缎[3]排第二。很多人都用蓝色的作长袍，黑色的作长、短褂，还有粉红和浅绿的，争奇斗艳，花色不断翻新，五花十色，满足人们不同的需要。

台湾开口通商之后，外国机织布匹销量大增，呢子、羽绒之类不断输入，尤其是花布最受欢迎，由于花色不断翻新，妇女们最喜欢购买。像泉州的白布、福州的绿布和宁波的紫花布，还在乡村地区行销。

衣服的样式会随着时代的发展而产生变化。从前男子的衣服，长度都超过膝盖，袖子宽 4 到 5 寸。从同治末年以来，衣服逐渐变短，但袖子却逐渐变宽，有宽到 1 尺 2 寸的，现在又逐渐恢复到原来的样子了。

少女和青年妇女的衣服，选色和用料都会追求时尚。台湾以红色为吉祥，遇到有喜庆的日子，都会穿红裙，即便是年纪大了也这样。寡妇和小妾则不能穿红的，但现在这种风俗正逐渐减弱。

---

① 薯榔，一种可作为染料的植物。

② 杭绫，杭州出产的一种丝织品。

③ 局缎，织造局出产的一种丝织品。

男女结婚的时候，先选好吉祥的日子，请有福气、好命的妇女，来帮助用白布作成衣裤，称为“上头服”，取贞洁的意思。婚后把这套衣服收起来，死时还要穿这套衣服入殓下葬。

漳州、泉州籍的妇女大都缠足，以小为美，所穿的三寸弓鞋，制作和绣花都极其讲究。而广东籍的妇女就不一样，她们耕田劳动，和男子没有差别，平时经常打赤脚。广东籍妇女从事农业生产，群居在山中，生活俭朴，因此衣服大多是青、黑的布料做成的。妇女的衣服，只以本色布作为镶边，裤子也一样。每当出门的时候，就用黑布包在发髻上，缠绕到脖子后面。习惯上广东籍妇女都不穿裙子，富裕人家也是这样，主要是为了劳作方便。

沿海风大，靠山的地方瘴气多，因此商人、工人、农民和渔夫都在头上包裹黑布。读书人则戴小帽，穿长衣，比较正式的场合还一定会加上短褂，显得彬彬有礼，温文尔雅。

鞋袜都要从市场上购买。以前多来自漳州、泉州，也有台湾本地制作的。台湾建省以后，逐渐崇尚上海的款式，装饰的物品也是这样，有官职或当过官的人家更是日益追求加奢华精美。

妇女的首饰，大多用金银制作，发簪和耳饰，经常变换。富贵人家喜欢珍珠宝玉的首饰，有的价值千金。缠足的少女，有的佩戴金脚环，环边系有小铃铛，走路时发出的叮咚之声，从远而近，花前月下，就像妇女走路时玉佩发出的声响。

发髻的式样，城乡各不相同，老少也有区别。女孩长到14—15岁，才开始梳头，有的梳成盘蛇状，有的梳成坠马髻[①]。而广东籍妇女则梳成高鬟（高起的环形发髻）燕尾（垂在脑后的分叉发髻），别有风韵。

以前妇女出门，一定会携带雨伞，用来遮挡面部，称为“含蕊伞”，相传是朱熹治理漳州时留下的风俗。后来将伞合起作拄杖使用，台湾开口通商以后，改用布伞，以遮挡阳光。

清朝统一台湾以后，台湾遵行清朝的制度，但有“三不降”的说法，就是官降吏不降，男降女不降，生降死不降。清代的官服都有严格的品级，但在衙门当差的胥吏的服饰依然照旧。结婚时，男子戴红帽、穿袍褂，但女子珠冠霞帔、蟒袄角带，端庄华丽，就像明代的宫装。在入殓的时候，男女都用明朝的服装，只有获取功名的人才遵从清代的制度。可见，对故国的思念是很深远的。

---

①坠马髻，形同骑马坠落。

饮 食

台湾生产稻谷，因此人人都吃米饭，从城市到乡村，都是一日三餐，其中大多数人是一顿喝粥，两顿米饭。富家可以自足，贫穷的人也可以吃地瓜，没有饿肚子的忧虑。地瓜最早来自吕宋，所以又称番薯，在沙坡贫瘠的地方都可以种植，价格很便宜，吃了容易饱。在春、夏之交，番薯大量出产，把它刨成长一寸左右的细丝，经过晒干之后，叫作“薯纤”，以备需要时食用。澎湖人常年都食用薯纤，可称为上天馈赠给贫穷人的食粮。番薯作为一种食物，可以生吃，也可以磨制淀粉，可以酿酒，可以蒸糕。只是经常食用的人，需要加一些盐来帮助消化。如果用糖去煮，只是作为茶点而已。

米质软糯的稻谷是秫稻，糯米的味道甘甜，性能湿燥适中，可以用来磨米粉、可以酿酒，可以蒸糕。台湾人每逢节日喜庆，一定会吃米做的丸子[①]，取团圆的意思，汤圆就是用糯米做成的。端午节的粽子、重阳节的糍粑、冬至包馅的汤圆、春节的年糕，都是用糯米做成的。因为台湾生产稻谷，用稻米加工的食物也就很多。

小麦是温带的农产品，台湾生产比较少，面粉大多来自其他省份，近来则多用外国面粉。做饼和加工面条都用面粉，因此销量很大。节日庆典一定要用红龟[②]。白色的是馒头，用在丧葬祭祀场合。糕饼的馅多用豆类，或者用芝麻，或者用捣碎的花生和糖搅拌而成。台湾产糖，因此糖也吃得比较多。

酒是用来完成礼仪的，祭祀神明，宴请宾客，一般用老酒。用糯米酿造，酒味甘甜醇厚，陈年的酒品质更好，因此称“老酒”。市场上虽然可以买到酒，但都不如家里酿得好。红色的老酒用于嫁娶等喜事，取其颜色的吉利。农村中有用地瓜酿的酒，味道比较淡。“番社”中则以黍酿酒，亲朋相见，就喝这种酒，喝到醉才停止。同时，载歌载舞，颇有上古的风气。“土番”的习俗，凡是有人犯罪，罚他牛肉和酒，大家一起畅饮之后，罪名就解除了，因此不要用到刑罚。而汉人和“土番”讲和也用牛肉和酒。但“土番”因为好酒，喝醉之后，往往坏事，携带枪弹而出，以杀人为壮举，这是他们的性格决定的。外省的酒，如北方的高粱酒、绍兴的花雕酒，销量都很大。台湾开口通商之后，逐渐也有人喝洋酒，但数量很少，只是作为官员、士绅应酬的东西，还不至于成为国家利益外流的漏洞。

台湾的饮食和福建、广东相同，沿海盛产鱼虾，山区多产麋鹿，因此人们都以

① 丸子，汤圆。

② 红龟，染上红色的龟形米面饼。

肉类为食。饮食中的珍品是鱼翅和鸽蛋，都是台湾当地的土产。举办丰盛的宴席时，都要有烤乳猪，而广东籍的村庄就要杀猫，以猫头招待贵客。闽、粤都有精美的菜肴，只是喜好有所不同而已。

过去的规定禁止宰杀耕牛，吃牛肉的人很少，而且讲因果报应的人认为吃牛肉有罪。因为只有祭天和祭孔圣人时才能杀牛，平常是不能杀牛来吃的，因为牛有耕田的功劳。凡是杀牛的人称为“牛户”，按规定向官府纳税，但农村中还是有偷杀的。在久旱求雨或久雨求晴的时候，官府一定禁止宰杀，民间在建醮祀神时因不能吃荤，也不许宰杀，以符合斋戒的本意。

芒果是台南的时令水果，没有成熟的时候，削皮腌盐，可以作为美味的食品，有的拿来煮生鱼，味道酸美，吃了健胃。成熟后，汁多甘甜，许多人都很爱吃，有时拿来下酒，但不是台南人不会懂得这种味道。《赤嵌笔谈》说台湾人用菠萝蜜煲肉，用凤梨煮猪肺，都是内陆没有的奇特做法，应当是真的。

番石榴也叫奈茇，郊外旷野，到处都有生长，成熟季节，切皮去籽，加油、糖搅拌，再放点盐，煮熟就能食用，也可以当菜下饭。槟榔可以祛避瘴气，所以台湾很多人喜欢吃，亲戚朋友之间的往来，也往往以槟榔作为礼物赠送。槟榔籽颜色青绿像枣，将其剖开为二，卷上蒌叶[①]和石灰，吃起来略有点辛辣，不久后就会有点回甘，吃多了牙齿就会发黑。槟榔具有消积祛湿的特性，可以当药。近来吃的人逐渐减少，因为窈窕女郎都以牙齿洁白为美的缘故。槟榔的树梢像笋一样，拿来切丝炒肉，味道非常鲜美，台湾人称为“半天笋”。

台湾的水果很多，成熟季节，价格很便宜。而台湾又出产糖，因此各地多生产蜜饯，像新竹的萌姜、嘉义的梅李、凤山的凤梨糕，都很出名。近几年来，旗后医生林玑璋开始用西方技术制造凤梨罐头，卖到其他地方。如果能扩大生产规模，销量更大，也是一个财源。

冠　婚

成人礼，男子成年加冠，女子成年盘发插笄，台湾人大多都在举办婚礼之时同时举行。只有富裕人家的子女到 17 岁时，在七夕日（七月初七）祭祀神明祖先，由父亲或者老师取一个大名或者表字，亲戚朋友前来祝贺，拿纸制作一个亭子祭祀织女，用来祈福。

---

① 蒌叶，一种胡椒科、胡椒属植物。

议婚的时候，媒人先送女方的生辰八字帖到男方家，写上订婚的年月日。3天内双方家中平安无事就订婚，如果期间家中有不小心损坏器物的，就改个时间进行卜算，这也是古代婚俗中“问名”的礼俗。

订婚这一天，男方家送戒指给女方家，还加上糕饼一类的礼物。由男方的母亲或嫂子亲自前往，订婚的女子奉茶，婚约确定之后，女方家留男方代表用餐；也有只派媒人去送礼订婚的。

纳采礼，俗称“插簪”。男方家将一对金簪系上红丝线，放在盒子里；有的只用银簪，看男方家庭的贫富状况。并置备猪肉、羊肉、糕饼、糖果、鲜花、老酒、大烛等物品，由媒人坐轿在前带路，吹吹打打送到女家。女方用糕饼、时令水果作为回礼，像香蕉、凤梨、芋头、红柑之类。男方把女方的这些回礼，再分别送给亲友。

纳证礼，俗称“完聘”。男方家准备好婚书、聘金，加上凤冠、蟒袄、衣服、绣靴、金镯子、珠花、大饼、糖果一类的物品，送到女方家。同时还要送上用锡打制的槟榔两座，每座四片叶子，一座写“二姓合婚”，一座写“百年偕老”，女方家收一座槟榔，交还婚书，并用糕饼、时令水果作为回礼。同时又拿红帽、缎靴、袍褂、鞋袜、荷包、扇袋、书籍、笔砚一类的物品送给女婿。另外还要送两座锡盒，一座种植莲蕉[①]，一座种植石榴，用四颗银制的石榴果实和几朵桂花系上红丝线缠绕枝头，表示“连招贵子”。男方把莲蕉和石榴种在院子里，表示会兴旺发达。纳证礼和纳采礼大致相同，在台南一般同时举行。

请期（商量迎娶日期）的那一天，让媒人将算好的结婚日期写在红笺上作为礼书送到女方家，同时还要准备更仪（一般是红烛、鞭炮一类的礼物）。女方家回书表示同意。所谓“更仪”，一般认为是催促新娘梳妆的礼物。

迎亲的日子，男方算好吉时为新郎举行加冠礼，选择亲戚中父母、兄弟俱全的少女为宾，仿照的是古时候选择吉日、选择正宾的礼俗。新郎坐在大厅上，把头冠、鞋子、新衣服放在竹筛上，用香薰一遍，以祛除不祥的东西。那位作为宾的少女用梳子梳三遍新郎的头发，再为他戴上头冠，代表三次加冠的意思。加冠结束，新郎先拜祖先，祭告家庙。然后拜父母，没有父母的，由主婚人代表。父母向新郎敬酒，并对新郎进行一番训导，就像宴席上的敬酒一样。再拜各位叔伯兄长，他们都回拜，尊重新郎已经成年。这时女方家也举行加笄礼，仪式和男方家的差不多，只是选择的宾用的是童子。加笄礼结束后，女方家设宴席为新娘送行，新娘坐在首位，父母、

---

① 莲蕉，一种多年生草本植物。

兄弟、姐妹作陪，酒过三巡就撤席。加冠、加笄的仪式，俗称“上头”，先用糯米磨成粉做成大丸子，点上红色，分送给亲朋好友，迎亲这一天全家一起食用，取团圆美满的意思。

迎亲的时候，新郎穿戴整齐，乘坐大轿，围戴红花，媒人在前引导，乐队吹奏跟随。以四个同辈朋友醒目地随行，两个提灯，两个敲锣，沿途燃放鞭炮，即使遇到官员也不避让。凡是送聘礼、迎亲都要准备礼盘，一人挑着走在前面。礼盘内放猪、羊肩肉各一块，鹿脯两片，猪蹄筋两把，冬瓜、冰糖各数斤，红酒两瓶。女方家收下礼物后，以糕饼、时令水果作为回礼。在迎亲时鹿脯换成鸭子，鸭子很像大雁，表示行奠雁礼。

新郎到女方家，轿子停在庭院，女方家把四位随行的新郎的朋辈请到其他房间接待，新娘的妹妹为新郎送上三次茶水，新郎每次都要准备礼物答谢。随后新娘的妹妹送新郎荷包，新郎回送白绢裙子，以及花炮。新娘盛装走到大厅，父亲向新娘敬酒，母亲让新娘站在厅堂上，向外行拱手礼三次，新郎回礼。母亲为新娘穿上白绢裙子，父亲为她蒙上盖头。新郎退出女家门外，花轿进门，伴娘将新娘扶上花轿，乐队吹奏起行，两童子提宫灯在前，随嫁的婢女跟随在后。女方家燃放鞭炮，关闭大门，表示新娘出嫁后，从一而终，不会再回娘家。没有亲自去迎亲的新郎就在自家的厅堂上等着，礼仪的规格稍低。

花轿的后面盖有竹筛，用红笔画着八卦，可以祛避不吉祥的东西。到了男方家，在庭院稍作停留，一个童子端着放有两个柑橘的盘子，请新娘出轿，新郎也作揖相请，新娘拱手回拜，伴娘扶新娘出轿。让福大命好的女性长辈一手牵着新娘，一手高举竹筛遮在新娘的头上。新娘走在红毯上面，新郎与之并行，直接走进洞房。把竹筛放在床上，桌子上放着一面铜镜。新郎新娘对拜之后，新郎为新娘揭开盖头，两人并坐在桌前，点亮红烛，饮交杯酒。第二天，伴娘回新娘娘家回话，告诉婚礼情况，男方家用鲜花、糖包赠送。

第三天，新娘进祖庙拜祖先，表示正式成为男方家庭成员。随后拜公婆，公婆坐着受礼；接着再拜伯父、伯母、叔父、叔母，他们都站着受礼并回礼。大家坐下，新娘敬茶，送上鞋袜一类的东西作为礼物，根据尊卑长幼不同分送红包，被敬的人也要准备礼品回送。敬茶结束以后，在祖庙大厅宴请新娘，伯母、叔母和新郎的姐妹陪同，婆婆倒酒，敬酒几轮后就结束。送新娘回家，引新娘进厨房，让她学习料理家务，熟悉家庭祭祀的礼仪。当天，女方娘家为新娘准备了食物，让新娘的妹妹送来，再转送给婆婆，另外还送来首饰、香奁[①]一类的东西。新娘的妹妹坐轿前来，乐队鼓吹前引，新郎迎接进来，请她坐在客厅的左边，先敬茶。接着引进新房，俗称“探房”，然后再宴请。新郎、新娘要送她礼物，亲家公、婆也要送，还要用糕饼、柑橘、香蕉一类的水果作为回礼。

回娘家的日子，台南在婚后的第四天，其他地方也有第五、六天或第七、八天的。首先娘家父母写好请柬，让新娘的妹妹前去邀请。新娘、新郎一起回来，乐队鼓吹前引。到了娘家，新娘先进门，新郎随后跟进，一起拜祖先，接着拜新娘父母和各位伯叔及婶母，送上礼物，但都退还。再按照尊卑长幼送上礼物，这才接受而不回礼。新人就座，敬茶。接着宴请开始，新郎坐在左边位置，新娘的桌子则设在房间里，也坐在左边的位置。宴请结束之后即辞别回家，新娘的母亲率内眷出来送别，新郎作揖答谢。新娘的父亲备好一桌的酒菜送给新郎家，以表示对亲家赠送礼物的答谢，另外送新郎礼金、米糕、糖豆、大饼、红桃和时令水果一类的礼物。还要把两对小鸡放在轿中，让女婿家饲养，表示繁衍不息的意思。

凡是新婚，亲戚朋友都会前来祝贺，第三天女方宴请自家的宾客，第四天男方宴请自家的宾客。几个月之后，两家有喜事时，就准备宴席邀请对方的亲属参加，这就是互邀亲属相见的礼俗。

丧 祭

父母病危，在厅堂的左边摆置一张床，称为“搬铺”，更换床席，表示人即将死去。死去之后，开始大哭，披头散发，捶胸顿足，哭了一会儿，要将丧事分别通知亲属。已经嫁出去的女儿听到消息马上回娘家，看到里巷的大门或村口就开始哭。第二天将死者入殓。

准备入殓前，为死者梳洗擦身，更换尸衣，把珠、玉、贝、米一类的东西放在死者的口中，在厅堂设立死者牌位，置备物品祭奠，称为“辞生”。准备好之后，子女扶死者入棺，手扶棺木痛哭，亲朋好友前来吊唁。

在大厅设灵堂，早、晚都要有人哭，早、晚还要给死者供饭。7日一祭，称为一旬（头七），七旬（七七）后停止哭泣，请僧人诵念经文，为死者忏悔，这天夜里就把灵堂撤了。根据死者家庭的经济情况的好坏，有三七就撤灵的，也有满100天才撤灵的。如果死者地位比较低、年纪比较轻，礼仪就会降低。

---

① 香奁，女性妆具，放置香粉、镜子、胭脂等物品的匣子。

三七时，女婿前来祭拜，并把祭品分送给死者的亲属，而亲朋好友的祭拜，大多在撤灵的时候进行。

对前来吊唁的亲友的答谢在晚上进行。死者的儿子身穿孝服，一人手持灯笼，来到亲友的门前，脱帽拜谢，将书帖塞进门缝，不与亲友照面。把祭拜用过的肉分给别人，称为“答纸”[①]。

撤除灵堂的时候，把象征收有死者灵魂的绢帛放进木匣里，祭拜的时候才打开。逝世一周年称为小祥，两周年称为大祥。这期间，每逢初一、十五的早晚都要进行祭奠和哭丧，即便不戴孝了，也只能穿白衣或本色的衣服，表示没有忘记哀思。

凡是在撤灵之后才下葬的，前三天都要高声号哭进行哀悼。早晚进行祭奠，称为“开堂”。亲朋好友都来祭拜，称为“辞堂”。出葬那一天，移动棺木先进行祭奠，棺木出门，魂轿[②]和香亭[③]一类的东西都要准备好，一个人在前面撒纸钱，乐队随行。富裕人家有的还会用纸糊制方相[④]，再装扮一些鬼卒，称为“开路神”，到了墓地就烧掉。亲友穿白色衣服送葬，或在道路的左边进行祭奠，死者之家以布帛答谢。棺木将到墓地时，死者的儿子跪谢送葬的人们，亲友返回，分别给予布帛答谢。下葬的时候，死者的儿子先用手捧上一把土撒在棺木上，其他人完成安葬。安葬完毕，请有名望的人在事先写好的墓碑上把“×××之神王”用红笔将“王”字加点改为“主”字，称为“点主”，然后进行祭祀，返回。回到家中，设置死者灵位进行祭拜。三天以后，备牲礼到墓地祭祀，同时酬谢土地神。

大祥以24个月为期限。台湾人有将闰月也算在一起的，认为死者没有闰月的说法，只有有身份的人家才遵行满两周年的规定。

死者的忌日一定要进行祭祀，生日也要祭祀。富有的人家还有请戏班子和办酒席的做法，称为“做阴寿”。亲戚朋友也备好礼物前来庆贺，这是不符合礼仪制度的。

清明节这一天，在宗祠祭祀，冬至那天也一样，祭祀完毕进行宴饮。规模小的宗祠，整个家族一起祭祀。规模大的宗祠是联合同姓的家族共同建立的，都分别置有祀田[⑤]，大家推举一个人管理，或者轮流管理。凡是祀田不能私自变卖。没有宗祠的人就在家里祭祀祖先。

---

①“答纸”，答谢亲友前来祭奠。

②魂轿，供死者灵魂乘坐到冥界报到的纸扎的轿子。

③香亭，里面放置香炉的纸扎亭子。

④方相，逐疫驱鬼的神。

⑤祀田，土地的租息专供宗族祭祀所用。

家中祭祀祖先的礼仪，在“岁时”中有记载，泉州人在中午祭祀，漳州人和潮州人是在天刚亮时祭祀。

演 剧

戏剧是文学艺术的一种，表现美好的戏剧可以启发人们的善心，揭露丑恶的戏剧可以劝诫人们不要有纵欲放荡的思想，其作用和《诗经》相似。但是台湾的戏剧还没有达到这样的水平。台湾的戏剧，有一种叫作“乱弹”，传自江南地区，因此叫作“正音”。唱腔大多是二黄、西皮，间有一些昆腔。现在能唱乱弹的人已经日趋减少，不但能表演的人少，喜欢听的人也不多。第二种叫作“四平”，来自潮州地区，大多是广东曲调，喜欢的人比乱弹还要少一些。第三种叫作“七子班”，从古代梨园戏传承而来，唱词、道白都用泉州音，演的都是男女悲欢离合的故事。另外，还有傀儡班、掌中班，削木头为人偶，用手来掌控表演，所演的大多是民间传说和故事，和说书的内容差不多。台湾演戏，一般都在迎神赛会的时候，各个街坊村社，集资请戏班子，在空地上搭台演戏，白天黑夜都很热闹，男男女女聚集在一起观看，人非常多，一派欢乐的景象。还有一种“采茶戏”，在台北一带表演，一男一女进行对唱，表现荒淫颓废的内容，和史上所谓的郑、卫之风差不多，官府屡禁不止。

歌 谣

台湾的人，来自福建、广东，他们的风俗不同，歌谣也不一样。福建人称“南词”的，泉州人很喜欢。广东人称“粤讴”的，因为他们靠近山区，也称为“山歌”。南词的曲调，思想感情深沉，加上管、弦乐器的伴奏，音调悠扬，如诉如泣，听了使人意志消沉。而粤讴则比较悲凉激越。城市中到处都是北管[①]，与乱弹一样。也有集中在一起表演戏剧和登台表演的。妓院里唱的，一开始喜好南词，间杂有小调。台湾建省以来，京剧传入，台北的妓女，大多学习了徽剧，而学习南词的人逐渐减少。台湾人比较喜欢音乐，其中擅长演奏琵琶的人才辈出。比如祭孔的音乐，用金、石、丝、竹、匏、土、革、木 8 种材质制成的乐器合奏，其间还有诗篇的吟唱，可称为盛世的音乐。

---

① 北管，北管相对于“南管”，又名北曲、小曲、小调、曲仔，是流行于泉州惠北的一种传统民间管弦音乐。

卷二十四

艺文志

卷二十四

艺文志

三百年来，台湾以文章闻名海上的，一代也没有几人。郑氏时期，太仆寺卿沈光文才以诗著称，那时来岛上避乱的士人，眷恋故土、登山临水、唱和赋诗，语多激愤，君子亦为之感到悲伤。连横评论说，听说延平王郑成功来到台湾后，喜欢吟诗作赋，中间遭遇了战乱，文稿失散。传下来的只有他写的北征檄文，以及给父亲郑芝龙的信，激昂悲壮、满腔热血，读后令人鼓舞，真是宇宙间的好文章啊！郑经即位之后，清人来讲和，其间往来书信，委婉得体，府署中可以称得上是人才济济！春秋时期，郑国虽为小国，访问应酬，都不失礼仪，连齐、楚、秦、晋这样的大国也不敢欺凌它。孔子说："子产有辞，诸侯赖之。"这正是文章对于国家的有益之处。清朝占领台湾后，老一代有才华的人都已亡故，沈光文也老了，他还出来与韩又琦、赵行可、郑廷桂等人结社，称为"福台新咏"诗社。那时台湾刚刚开始发展，文学生机勃勃，但清朝选拔人才，依旧用八股文。士子们人人研习科考的讲义，家家传授做八股的技巧，遮蔽了人的聪慧，抹杀了人的天性，台湾文坛更加衰落。连横评论说，我们的祖先并非不能以文章显名啊！他们开辟这方土地时，手执农具、腰悬刀铳，和猛兽做斗争，筚路蓝缕、开辟山林，都是为了光大民族。他们艰难地开创基业，忍受了太多的辛劳和困苦。他们并非没有能力以文章显名，而是不愿意以文章显名啊。创业时期大都尚武，守成时期才会崇文。当年周王朝兴起，在牧野排兵布阵，一袭战袍平定天下。到周成王、周康王继承大统，开始注重培养和选拔人才，而后制作礼乐，成为后世王者的典范。汉高祖马上得天下。陆贾说："陛下以马上得之，能以马上治之乎？"所以，汉朝的文章在历史上最为卓越。台湾在郑氏时期，才开始初步开发，人们也才刚来到这里。延平王郑成功心怀对明朝败亡的巨大悲痛，虽势力不如清军强大，仍立志复明中兴。我们的祖先追随他，无不兢兢业业，与他同仇敌忾、并肩作战，希望能力挽狂澜、扭转乾坤。他们因此不愿意，也没有时间和精力以文章显名。

台湾山川秀美、海涛壮丽，飞鸟鱼虫、草木禽兽变化万端，足以开阔眼界、激荡胸怀。只要将所见所闻描绘出来，一起分享品味，即是天然的诗歌境界啊。过去那些来此为官的外地人，有不少的作品，如孙元衡的《赤嵌集》，陈梦林的《游台诗》，张湄的《瀛壖百咏》，皆可吟诵。光绪间，灌阳的唐景崧来此担任巡台道，道台衙门以前有一座“斐亭”，唐景崧就把它修缮翻新，邀约同僚和下属来此饮酒作诗。凡是台湾士人中擅长写诗的都以礼相请。一时间风雅标举、文人云集、诗兴勃发。不久景崧任布政使，在台北任职。那时台北刚刚被设立为省会，外来的官员来此寓居，高官显贵也纷至沓来，景崧按照节气时令组织聚会，吟诗作赋、歌颂升平，成为当时一方盛事。

台湾本没有史书，康熙三十三年（1694），巡台道高拱乾开始编撰《台湾府志》，初具规模。乾隆二十九年（1764）再次修订，之后再无人补续。各县即便有些地方志，年久多有遗佚，即使有，语言多粗枝大叶，作为一方的文献资料远远不够。光绪十八年（1892），台北知府陈文騄、淡水知县叶意深报请编撰《台湾通志》。巡抚邵友濂采纳了他们的建议，将编撰总局设在台北，任命布政使唐景崧、巡道顾肇熙为监修[①]，陈文騄为提调[②]，给各部门统一下达命令，广泛采集素材，由地方绅士主持编撰。光绪二十一年，文稿基本完成。汇集到总局之后，突然遭遇了割让台湾的战役，军情紧急，文稿多有散失，幸存部分也残缺不全。

早年，海东书院藏书颇为丰富，这次也因为战乱影响，有关台湾的文献也都丢失。这里只能列出书目和作者，以供后人研究考证。

表　一

《台湾府志》十卷　康熙二十三年，巡道高拱乾辑。

《重修台湾府志》二十卷　乾隆六年，巡道刘良璧辑。

《续修台湾府志》二十五卷　乾隆十一年，巡道六十七辑。

《新修台湾府志》二十六卷　乾隆二十九年，巡道觉罗四明辑。

《台湾县志》十卷　康熙六十年，知县王礼辑。

《重修台湾县志》八卷　乾隆十七年，知县鲁鼎梅辑。

《新修台湾县志》八卷　嘉庆十二年（1807），知县薛志亮辑。

《凤山县志》十二卷　康熙五十八年，知县李丕煜辑。

---

① 监修，监督编修书籍的官员。

② 提调，负责指挥调度的官员。

《重修凤山县志》十二卷　乾隆二十九年，知县王英曾辑。

《诸罗县志》十二卷　雍正二年（1724），知县周钟瑄辑。

《彰化县志》十二卷　道光十二年（1832），知县李廷璧辑。

《噶玛兰志略》十四卷　道光十七年，通判柯培元辑。

《噶玛兰厅志》八卷　道光十九年，通判萨廉辑。

《淡水厅志》八卷　同治九年（1870），同知陈培桂辑。

《澎湖厅志》十五卷　光绪十九年，同安林豪辑。

以上方志 15 种，共 200 卷。

表　二

《台湾志》稿□卷　台湾王喜撰。

《淑斋诗文集》四卷　台湾陈鹏南撰。

《刚斋集》二卷　台湾张从政撰。

《通虚斋集》二卷　台湾王克捷撰。

《半石居诗草》一卷　台湾曾曰唯撰。

《草庐诗草》二卷、《东宁游草》一卷　台湾黄仁撰。

《东宁自娱集》一卷　台湾陈斗南撰。

《半嵩集》四卷　台湾章甫撰。

《鹤山遗集》六卷　台湾陈思敬撰。

《达五斋家诫》四卷、《海内义门集》四卷、《小沧桑外史》二卷、《风鹤余录》二卷、《归田问俗记》四卷　嘉义陈震曜撰。

《陶村诗集》二卷　彰化陈肇兴撰。

《戴案纪略》二卷、《施案纪略》一卷、《让台记》二卷　彰化吴德功撰。

《偷闲集》一卷　淡水陈维英撰。

《石房樵唱》一卷　淡水施钰撰。

《淡水厅志稿》四卷、《北郭园集》十卷　淡水郑用锡撰。

《净远堂诗文抄》三卷　淡水郑用鉴撰。

《潜园琴余草》二卷、《潜园唱和集》二卷　淡水林占梅撰。

《一肚皮集》十八卷、《三长赘笔》十三卷、《经余杂录》十二卷、《小草拾遗》一卷　淡水吴子光撰。

《周易义类存编》三卷、《易义总论》一卷、《古今占法》一卷、《观潮斋诗集》一卷　淡水黄敬撰。

《周易管窥》四卷　淡水杨克彰撰。

《读史札记》二十四卷、《竹里馆诗文集》　淡水彭培桂撰。

《凫湖居笔记》四卷、《傍榕小筑诗文集》四卷　淡水彭廷选撰。

《新竹采访册》十二卷、《十癖斋诗文集》　新竹陈朝龙撰。

《竹梅吟社击钵吟》四卷　新竹陈瑞陔辑。

《偏远堂诗集》二卷　新竹郑如兰撰。

《越南纪略》四卷、《炎荒纪程》四卷、《香祖诗草》一卷　澎湖蔡廷兰撰。

《凤山采访册》八卷　凤山卢德祥撰。

《云林采访册》十卷

《台东采访册》五卷

以上台湾人士著书40种，共203卷。

表　三

《台湾舆图考》一卷、《草木杂记》一卷、《流寓考》一卷、《台湾赋》一卷、《文开文集》一卷、《文开诗集》一卷　鄞县沈光文撰。

《福台新咏》一卷　沈光文辑。

《岛噫诗》一卷、《岛居随录》二卷　同安卢若腾撰。

《靖海记》二卷、《平南事实》一卷　晋江施琅撰。

《台湾郡志稿》六卷、《台湾杂记》一卷、《山川考略》一卷、《海外集》一卷、《蓉洲文集》一卷　无锡季麒光撰。

《郊外集》一卷　铁岭沈朝聘撰。

《东宁唱和诗》一卷　季麒光、沈朝聘合撰。

《台湾纪略》一卷　长乐林谦光撰。

《海上纪略》一卷、《郑氏纪事》一卷、《裨海纪游》一卷、《番境补遗》一卷　仁和郁永和撰。

《平台纪略》一卷、《东征集》六卷　漳浦蓝鼎元撰。

《游台诗》一卷　漳浦陈梦林撰。

《赤崁笔谈》四卷、《番俗六考》一卷、《番俗杂记》一卷　大兴黄叔璥撰。

《巡台录》一卷　浮山张嗣昌撰。

《台湾风土记》一卷　衡阳刘良璧撰。

《台湾采风图考》一卷、《番社采风图考》一卷、《使署闲情》一卷　满洲六十七撰。

《瀛壖百咏》一卷　钱唐张湄撰。

《婆娑洋集》二卷　仁和范咸撰。

《澄台集》一卷　长洲庄年撰。

《赤崁集》四卷　桐城孙元衡撰。

《桴园诗》一卷　丹霞吴蕖撰。

《碧浪园诗》一卷　轮山杨宗城撰。

《澎湖志略》十二卷　江夏胡格撰。

《澎湖志略续编》二卷　三水蒋黄梅撰。

《澎湖纪略》一卷　安岳周于仁撰。

《小琉球漫志》十卷　邵武朱仕价撰，内分六编，分别是《泛海纪程》《海东纪胜》《瀛厓渔唱》《海东誊语》《海东月令》《下淡水寄语》。

《海东札记》二卷　武陵朱景英撰。

《东瀛祀典》一卷　贵阳蒋允君撰。

《台湾志略》三卷　济宁尹士俍撰。

《噶玛兰说略》一卷、《东游诗草》一卷　马平杨廷理撰。

《蛤仔难纪略》一卷　闽县谢金銮撰。

《东槎纪略》四卷　桐城姚莹撰。

《渡海前记》一卷、《渡海后记》一卷、《东溟文集》二卷　南通徐宗幹撰。

《治台必告录》八卷　大兴丁曰健辑。

《六亭文集》四卷、《台湾守城私记》一卷　德化郑兼才撰。

《台湾随笔》一卷　徐怀祖撰

《台北纪事》一卷　丹阳胡应魁撰。

《东瀛载笔》二卷　马克惇撰。

《台湾小记》一卷　龚柴撰。

《台湾番社考》一卷　邝其照撰。

《搜箧拾遗》一卷　龙溪石福祚撰。

《台湾地舆图说》二卷　新建夏献纶撰。

《东瀛识略》八卷　无锡丁绍仪撰。

《海音诗》一卷　侯官刘家谋撰。

《台湾杂记》一卷　湘阴黄逢昶撰。

《训番俚言》一卷　宝应王凯泰撰。

《化番俚言》一卷　揭阳吴光亮撰。

《日本窥台始末》一卷、《开山记》四卷　乐平袁闻柝撰。

《巡台退思录》三卷　岳阳刘璈撰。

《潜园寓草》一卷　闽县林维垣撰。

《草草草堂诗草》二卷　海宁查元鼎撰。

《台阳闻见录》六卷、《澄怀园唱和集》二卷、《诗畸》四卷　善化唐赞衮辑。

《东海集》一卷　安溪林鹤年撰。

《台海思恸录》一卷　思恸子撰。

以上因做官而在外地的人士著书 80 种，共 160 卷。

卷二十五

商务志

卷二十五

商务志

《周易》说：“日中为市，致天下之民，聚天下之货，交易而退，各得其所。”这种交易行为从远古以来就一直持续着。连横评论说，台湾是天下一个富庶的区域，无论是农业、矿业还是山林资源，都蕴藏着大量的财富，商务的兴盛，在太平洋西部海域首屈一指。早在宋代，大陆商人就已经来到台湾北港贸易，具体的情况虽然无法详考，但那时已经开始了商业贸易的先河。当时，住在北港一带的马来人势力忽然兴起，逐渐从事外洋贸易。他们操驾竹筏，横渡大海，到吕宋经商，再把得到的商品转卖给内山的“土番”，有的物品到现在还保存着。荷兰是一个善于经商的国家，他们侵占土地并向所征服的地区移民，入侵到东方海域。明天启二年（1622），侵占了澎湖。天启四年，又占据了台湾，和中国进行贸易。这在《开辟纪》中有详细的记载。之前，荷兰人成立了东印度公司，侵占了印尼的爪哇，不费一兵一舰，得到数千里的土地，由于掌控了制海权，大肆蚕食周边的土地，一时没有人敢于和他们抗衡。台湾也遭到荷兰东印度公司的殖民统治，当时土地刚刚开垦，一年三熟，出口的货物，糖大约值 15 万荷兰盾，米大约值 10 万盾，羽毛、皮革之类大多销往日本，每年也有几万盾。日本幕府当时正厉行海禁，只允许与荷兰人贸易，因此荷兰人在日本的商业活动一家独大。荷兰的制度，官吏薪酬微薄，不足家用，于是各自经商，获取利益，和民众争利，而且他们征收的赋税也很重。日本人也欲侵占台湾，借口先来此贸易，经常与荷兰人发生纠纷，以致后来发生了滨田弥兵卫事件。

南明永历十五年（1661），郑成功收复台湾，奉行让民众休养生息的政策，并且整军备战，等待时机。当时财政经费并不匮乏，因为有海外贸易获得的大量利润支持。之前，郑芝龙驻守晋江的安平，自己建造坚固的船舰，到南洋群岛贸易。海船凡是没有得到郑氏令旗的，不能在海上航行。每艘船规定要交白银 2000 两，每年收入上千万两，凭着这一项收入就富可敌国。到郑成功进入台湾，清政府实行严厉的海禁和“迁界”政策，沿海数千里的地方不许下海经商，所以郑氏反而得到独享海上贸易的好处，通令驻扎在金门、厦门、铜山、达濠的各兵镇，和民众交易，不许欺诈。凡是中国的商品，海外的商人，都必须依靠郑氏提供。因此，才能以弹丸小岛供养 72 镇的军队，如果不是每年的收入充裕，如何能够负担得了。谘议参军陈永华又推行屯田制度，对内振兴产业，对外强化军事战备，所以台湾平安无事。永历二十八年，郑经命令户都事杨贤督率海船，前往暹罗、爪哇、吕宋贸易。那时候华人在南洋已经有数百万人，但多数遭到异族的虐待，而清朝政府不但不能保护他们，反而将他们看作是“叛民”，任殖民者欺凌杀戮，以致他们倾家荡产，投诉无门。所以郑成功曾有准备征讨吕宋的举动，而郑经也有经略南洋的打算。如果当时实际付诸行动，既保护了华侨，也扩张了国力，开辟了外围的土地，那么南洋群岛就归我所有了。但郑成功不幸病亡，郑经也英年早逝，以致局限在台湾一岛而不能向外发展，难道不是天意吗！当年，英国舰队司令奉命东来，八月，驾驶两艘夹板船到台湾安平，请求通商。郑经命令礼官接待，准许开放安平、厦门为口岸，订立了通商协议，这是和英国通商的开始。那时，欧洲各国在东方海洋侵占的地方，葡萄牙有澳门，西班牙有吕宋，荷兰虽然失去了台湾，但还有爪哇，东印度公司的势力并未终止。这些国家都和台湾有贸易往来，每年的贸易额大约有几十万两银子。而对来台湾的日本商人，郑经都给予礼待，特别开放鸡笼作为对日本贸易的商埠，允许他们侨居。台湾所用的铜都来自日本，德川幕府还曾以宽永钱帮助郑氏发放军饷，每年大约有几十万贯。这些都是郑氏通商的政策，这对于当时的国计民生很有帮助，所以漳州、泉州的民众争相依附。因此台湾变成了农业和商业共同发展的地区。

清朝统一台湾后，逐渐开放了海禁。这一年，福建省商议，郑氏时期，台湾每年都以白糖和鹿皮与外国进行贸易，准备按惯例让台湾每年准备鹿皮 9000 张、白糖 20000 担，卖到外国。在征询台湾官员意见时，诸罗知县季麒光认为，和外国贸易，关系到国家的经济，但所用的船只不能不预先准备。以前郑氏的商船，现在大多停泊在厦门，请求拨付使用。这个建议得到了批准。康熙四十二年（1703），经过商议批准前往远洋的商船，准许使用双桅杆，于是漳州、泉州的商人前往东南亚贸易的逐年增多。朝廷中有人认为，漳、泉商民为追求巨额利润，走私贩卖粮食，台湾的商民又经常和吕宋往来，都应当进行严密防范。因此，特别召请闽浙总督进京商议。康熙五十六年，于是决定禁止海船前往南洋贸易，只准许外国人前来贸易。雍正五年（1727），闽浙总督高其倬奏称：“闽省福、兴、漳、泉、汀五府，地狭人稠，自平定台湾以来，生齿日增，本地所产，不敷食用。惟开洋一途，藉贸易之赢余，佐耕耘之不足，贫富均有裨益。从前暂议停止，今外国之船许至中国，广东之船亦许至外国。彼此来往，历年守法，应请开禁。”得到了朝廷的批准。台湾的商业活动因此得到很大的发展。到乾隆年间，对外贸易十分繁荣，进出口货物每年达到数百万银元，其中三郊是主要的经营者。所谓三郊，就是南郊苏万利、北郊李胜兴和糖郊金永顺，他们各拥有巨大的资本，保证商业活动的顺利进行。南到南洋，北到天津、牛庄、烟台、上海，商船首尾相望，络绎于途，这些商船都以台南的安平港作为来往的港口。而南边的旗后，北边的北港，也经常有商船出入。乾隆四十九年（1784），朝廷下诏准许开放鹿港。乾隆五十七年，又准许开放淡水河口的八里坌港，作为和泉州贸易的口岸，而商务活动也暂时在台北兴盛起来。但到了蔡牵袭扰台湾的时候，由于商人的财富被大量抢劫，损失巨大，台湾的商业活动一时陷于停顿。嘉庆十四年（1809）正月，福州将军赛冲阿进京觐见嘉庆皇帝，他上奏说："漳、泉二郡向不产米，全仰台湾，从前商贩流通，食货赡足，皆缘商船高大，梁头有高至一丈数尺者，又准配带炮位器械，间遇盗船，克资抵御。近年洋匪不靖，恐其牵劫商船，梁头不准过高，又恐炮械出洋，有接济盗贼之事，不准携带。商船畏惧，无不裹足。间有出洋之船，多被掳劫，米石既资盗粮，船只复为盗有。是以商贩不通，漳、泉米贵。刻下蔡牵势已穷蹙，可否仍准用高大梁头，并配带火药器械，则遇盗足以抵御矣。"嘉庆皇帝下诏说："盗船接济之源，最重食米，其劫掠既专注台湾商贩之船，则商贩往来，首当防范。朕思兵船在洋剿贼，东追西逐，未能肃清，迨经严饬，又往往以海洋辽阔，未能遇贼为词。揆厥缘由，或系盗船畏惧兵威，望而却走；或因兵船无可劫掠，故不驶近。若照赛冲阿所议，遽令改易大船，多带火药器械，又虑为贼牵劫，所获滋多。而商船出洋之后，更难保无不肖奸徒，阴为接济。此时欲求其有利无弊，莫若酌派兵船，与之同行，既可无虑盗劫，更可借以攻剿。唯兵船、商船向来各有旗号，不如混为一色，则盗船驶近，可以乘机注击，并可剪缚巨魁。且商贩流通，漳、泉得免米贵，而盗船无由接济，此为正本清源之道。但须妥议周详，不致窒碍，方为尽善，其速议奏。"于是，确定了用兵船保护商船的办法，而海盗也逐渐平息了。

《天津条约》签订后，清政府准许台湾开放通商口岸。英国、美国、法国、德国相继而来，派驻领事、划定租界、设立商行、建筑货物仓库，来往的商船逐渐增多，而商业纠纷也随之更加频繁。咸丰九年（1859），在台湾道衙门中设立了通商总局，由台湾道管理，设提调官 2 员、委员 4 员、翻译 2 员、文书 2 名、抄写员 2 名，以负责办理租界商务、保护旅游考察、领事往来、教堂传教，以及中外诉讼的事情。在沪尾、鸡笼、安平、旗后各设分局，派驻委员。光绪十三年（1887），台湾布政使司也设立了通商总局，归布政使管辖，而台南的通商总局仍归台湾道管理。当时，对外贸易额虽然不多，但逐年在增加，到光绪十九年，竟然已经达到1117万余两，可见十分兴盛。自从刘铭传担任台湾巡抚以来，开垦土地，经营产业，茶叶和樟脑的生产大增，运往欧美的各个港口。人口增加很多，将近300万，所需要的外国商品也增加很多，进出口基本平衡，略有顺差，所以台湾能够百业并举，民户殷实。如果能够持续下去，台湾的富裕不可限量。台湾对外国的贸易，以英国为最多，美国、德国排在其后。英国商品中最多的，又以鸦片为第一，每年4000箱，每箱值500银元，也就是200万元。这是台湾利益外流的大漏洞。台湾南部的土产以蔗糖为最多，开始时大多卖往天津、上海，同治九年（1870），旗后的陈福谦就自己运到日本横滨去卖，每年大概2万—3万担，获得不少利润。同治十三年，又在横滨设立了顺和货栈，用以扩大台糖的销路，这是台湾人与日本通商贸易的开始。这一年，陈福谦还直接用夹板船运糖3万担至英国，此前卖往英国的糖大都由香港转卖。光绪十一年，刘铭传担任台湾巡抚，官府经营山海，大力开发资源。光绪十二年，在新加坡设立招商局，委派革职道员张鸿禄、候补知府李彤恩一起前往南洋考察商务，招募华侨，以筹划振兴台湾产业。同时又购买了“驾时”“斯美”两艘轮船，航行于上海与香港，乃至远到新加坡、西贡、吕宋等地。而“飞捷”“成利”“万年清”三艘轮船，则往来于台湾沿海及东南各省，运载货物，使货物不至于积压滞留。要发展商业，首先要加快交通，所以岛内修建铁路，对外开通航运，才能充分发挥地利的优势。当初《天津条约》规定，准许开放淡水，但淡水的范围很广，凡淡水河流经的地方，都可以通商。当时淡水厅设在竹堑，也统称为淡水。而朝廷中的官员不懂地理，轻率地签订了条约。淡水的德国领事想趁机扩大商权，刘铭传知道后，就决定以台北城外的大稻埕作为通商口岸。这个地方濒临淡水河，航运方便，并且劝说富商林维源、李春生合建千秋、建昌两条街道，作为贸易市场。岛内外的茶商来了很多，日渐兴盛。光绪十三年，邀请江、浙商人集资5万两银子，设立了兴市公司，新建了台北城内的石坊、西门、新起几条街道，以安顿各地的商人，并修建了大路，通行马车。聘请日本专家凿井取水，称“自来水”，居民的用水方便许多。第二年，又兴办了电灯照明，用煤发电，所以巡抚、布政使各衙门，机器局以及台北主要街道，都用电灯照明。大稻埕的铁桥也在这一年建成，耗资7万多元，桥上方便行人，桥下通行船舶，只要按动开关，铁桥可以自动开启或关闭。当时，台北作为省会刚刚开始建设，在这里的官员很多，江、浙、闽、粤各省的商人，很多来到这里贸易，而蔗糖、樟脑、茶叶、黄金的出产也日益兴盛，征收的厘金也日益增多。后来就把招商局改为通商总局，以管理商业事务，台湾的商业也呈现出一派日新月异的景象。

各国立约通商表

英吉利（英国），咸丰八年（1858）五月十六日，《中英天津条约》第11款。
法兰西（法国），咸丰八年五月十六日，《中法天津条约》第6款。
美利坚（美国），咸丰八年五月初八日，《中美天津条约》第14款。
俄罗斯（俄国），咸丰八年五月初三日，《中俄天津条约》第3款。
普鲁士（德国），咸丰十一年七月二十八日，《中德通商条约》第6款。
丹麦，同治二年（1863）五月二十八日，《中丹北京条约》第11款。
荷兰，同治二年八月二十四日，《中荷北京条约》第2款。
西班牙，同治三年九月初十日，《中西北京条约》第5款。
比利时，同治四年九月十四日，《中比北京条约》第11款。
意大利，同治五年九月十八日，《中意北京条约》第11款。
奥地利，同治八年七月二十六日，《中奥北京条约》第8款。
日本，同治十年七月二十九日，《中日修好条规》第1款。

台湾外国贸易表

年　份	沪尾及基隆	安平及旗后	合计（两）
同治二年（1863）	247 366	347 867	595 233
同治三年	659 881	927 405	1 587 286
同治四年	710 628	1 893 455	2 604 083
同治五年	862 254	1 862 313	2 724 567
同治六年	782 339	1 832 648	2 614 987
同治七年	822 846	1 296 679	2 119 525
同治八年	759 657	1 537 796	2 297 455
同治九年	985 766	2 144 899	3 130 655
同治十年	1 239 820	2 277 961	3 517 782
同治十一年	1 493 944	2 159 280	3 653 224
同治十二年	1 445 910	1 829 898	3 275 808
同治十三年	1 626 945	2 303 229	3 930 174
光绪元年（1875）	1 842 221	2 279 470	4 121 691
光绪二年	2 410 370	2 698 320	5 108 690

续表

年　份	沪尾及基隆	安平及旗后	合计（两）
光绪三年	2 766 595	2 837 714	5 582 692
光绪四年	3 089 309	2 493 383	5 582 692
光绪五年	3 633 186	3 750 925	7 384 111
光绪六年	3 926 995	4 527 544	8 454 539
光绪七年	4 165 880	4 059 311	8 225 191
光绪八年	4 018 723	3 170 667	7 189 390
光绪九年	3 561 682	3 772 996	7 334 678
光绪十年	3 653 416	3 084 608	6 737 484
光绪十一年	4 537 465	2 478 681	7 016 146
光绪十二年	5 462 503	2 583 625	8 046 128
光绪十三年	5 641 990	2 762 538	8 404 528
光绪十四年	5 701 185	2 862 020	8 563 205
光绪十五年	5 294 796	2 746 464	8 041 260
光绪十六年	5 579 713	3 575 723	9 155 436
光绪十七年	5 352 554	3 131 260	8 483 814
光绪十八年	5 796 284	2 932 311	8 728 595
光绪十九年	7 880 204	3 295 869	11 176 073

台湾糖出产表

年　份	出口斤数	自用斤数	合计斤数
同治九年	59 745 200	17 923 560	77 668 760
同治十年	58 385 400	17 515 620	75 901 020
同治十一年	62 882 300	18 864 690	81 746 990
同治十二年	50 746 800	15 224 040	55 970 840
同治十三年	68 627 000	20 588 000	89 215 000
光绪元年	48 889 600	14 675 200	63 564 800
光绪二年	88 054 600	26 416 380	114 470 980
光绪三年	60 806 000	18 241 800	79 047 800
光绪四年	41 368 400	12 410 520	53 778 920
光绪五年	76 535 900	22 960 770	99 496 670
光绪六年	106 414 600	31 924 380	138 338 980
光绪七年	75 489 200	22 646 760	98 135 960

续表

年　份	出口斤数	自用斤数	合计斤数
光绪八年	61 345 400	18 403 620	79 749 020
光绪九年	77 573 100	23 261 930	100 835 030
光绪十年	96 716 800	29 150 400	125 867 200
光绪十一年	55 898 000	16 769 400	77 667 400
光绪十二年	39 015 521	11 704 656	50 720 177
光绪十三年	55 448 800	16 634 640	72 083 440
光绪十四年	65 567 800	19 670 340	85 428 140
光绪十五年	57 013 500	17 104 050	74 117 550
光绪十六年	72 318 100	21 695 430	94 013 530
光绪十七年	56 999 000	17 099 700	74 098 730
光绪十八年	60 110 100	18 033 030	78 143 130
光绪十九年	51 067 088	15 320 126	66 387 214
光绪二十年	73 557 400	22 067 220	95 624 620

本表根据海关的报表和外国人著作的数字编列，但其中有可疑之处，光绪六年台湾自用糖的数量为3192万多斤，而光绪十二年降为1170万多斤，仅仅6年之间，锐减到大约三分之一，好像不太妥当。台湾糖业市场的盛衰，虽决定于收成的多少，但按照台湾人用糖量统计，每人每年约5斤，全台湾300万人，每年大概消费1500万斤，根据这个数据推算出台湾的产糖量，列表于后：

台湾产糖推算表

年　份	斤　数	年　份	斤　数
同治九年	74 745 200	光绪九年	92 573 100
同治十年	73 385 400	光绪十年	111 716 800
同治十一年	77 882 300	光绪十一年	70 898 000
同治十二年	65 746 800	光绪十二年	54 015 521
同治十三年	83 627 000	光绪十三年	70 448 800
光绪元年	63 889 600	光绪十四年	80 567 800
光绪二年	103 054 600	光绪十五年	72 013 500
光绪三年	75 806 000	光绪十六年	87 318 100
光绪四年	56 368 400	光绪十七年	71 999 000
光绪五年	91 535 900	光绪十八年	75 110 100
光绪六年	121 414 600	光绪十九年	66 067 088
光绪七年	90 489 200	光绪二十年	88 557 400

续表

年　份	斤　数	年　份	斤　数
光绪八年	76 345 400		

台湾糖出口表

年　份	担　数	年　份	担　数
同治九年	597 452	光绪九年	775 731
同治十年	583 854	光绪十年	967 168
同治十一年	628 823	光绪十一年	558 980
同治十二年	507 468	光绪十二年	390 155
同治十三年	686 270	光绪十三年	554 488
光绪元年	488 896	光绪十四年	655 678
光绪二年	880 546	光绪十五年	570 135
光绪三年	608 060	光绪十六年	723 181
光绪四年	413 684	光绪十七年	569 990
光绪五年	765 359	光绪十八年	601 101
光绪六年	1 064 146	光绪十九年	510 670
光绪七年	754 892	光绪二十年	735 574
光绪八年	613 454		

卷二十六

工艺志

卷二十六
工艺志

连横评论说，我读《考工记》，从而知道古人制造工艺的精湛。制造车轮的工匠专门制造车轮，制造车厢及其底座的工匠专门制造车厢，制造车辕的工匠专门制造车辕，一辆马车的完成，需要各种工匠施展自己的技能，通力合作，才能形成巨大的作用。人是可以组织起来的，组织起来的人们就能够相互促进、相互成就。如果人们不再相互促进、相互成就，人群就会涣散。涣散之后就会分离，分离之后就会相互争夺，而人们的道德也就败坏了。古代圣人治理天下，发明农具让人们耕作，编织渔网让人们捕鱼，建造房屋让人们居住，让犯人穿着画有特殊标志的衣服代替不同的刑罚，制作弓箭以显示军事的威力，制作钟鼓以达到音乐的和谐。物尽其用，让民众生活富裕，民众就不会躲藏起来，国家的治理才算完善。但后来的学者不懂这个道理，认为“形而上”① 的东西才是“道”，“形而下”② 的东西只是“器”，专门空谈一些深奥不切实际的道理。所有利国利民的东西都不去讲，这样的“道”还有什么用？秦、汉以来，历史学家很多，但没有人为“工艺”写志，我感到非常遗憾。音律、度、量、衡等设定官方标准，陶工、木匠工艺技术的变迁，都可以看到社会的进步。西方的文明原来落后于中国，从东方传入的古老工艺，在西方社会却功效大增。到了近代，蒸汽机和电的发明，工艺的巧妙，就像神明一样，统治了天下。而我们黄种人不够敏捷，遗失了许多古老的技艺，因此，周公发明的指南车、鲁班发明的飞鸢、张衡发明的浑天仪、诸葛亮发明的木牛流马，从事工艺技术的人不但不能继承下来以发扬光大，反而轻蔑地认为这些都只是“器”。“器”遗失了，“道”又在哪里呢？真是令人痛心！台湾是一个海上的荒岛，居民都来自福建和广东，器具也都和福建、广东的一样，在工艺技术方面很少有自己的贡献，没有什么可观的东西。但是，台湾府城的皮箱、大甲的草席，以及府城的云锦绸缎，都驰名

① “形而上”，指无形的、意识形态的。

② “形而下”，指有形的、物质的。

京城，作为上贡朝廷的物品，这就值得载入史书了。再大的车也要从车轮做起，高楼立于最早的基础之上。以后的人们看现在，一定会超过我们现在看过去，所以记载一些工艺方面的梗概，供后人参考。如果要在这方面取得更多的成就，则有待于以后的志士仁人。

纺　织

台湾气候温暖，土壤肥沃，最适宜种桑养蚕。但从开辟以来，还很少有人去从事这方面的事情。台湾人的风俗崇尚奢华，绸缎、纱罗一类的纺织品大多来自江、浙一带，棉布的消费更是大量，每年高达100多万两银子。布匹多是宁波、福州、泉州所出产的，商船贸易，布匹是大宗的货物。郑氏时期，曾经准备种植棉花，自行纺纱织布，但由于一切还在初创，这个建议还没有来得及实行。雍正元年（1723），漳浦人蓝鼎元上书巡台御史吴达礼，讨论治理台湾的事情，其中有一条说："台地不种蚕桑，不种棉苎，故其民多游惰，妇女衣绮罗，妆珠翠，好游成俗，则桑麻之政不可缓也。制府满公抚闽时，尝著《蚕桑要法》，绘十二图，颁行郡县。台土宽旷，最宜树桑，可仿而行之。漳、泉多木棉，俗谓之吉贝，可令民于内地收其核，赴台种之，并令广种麻苎，织纴为冬夏布。妇女有蚕桑纺绩之务，则勤俭成风，民可富而俗可美也。"但后来一直到道光年间，桑蚕业在台湾还没有推行。因为台湾土地肥沃，种植水稻甘蔗，获利较多。沿山的园地种植麻苎，以安平县、嘉义县最多，新竹县其次，卖到汕头、宁波，用来织布，然后再卖到台湾，因为台湾人不能自己纺织。凤山县一直以来就盛产凤梨，凤梨的叶子可以割下来抽取纤维，这种纤维可以织成夏布，但台湾也不能纺织，只有将凤梨叶子的纤维卖到汕头，再转售潮州，每年能卖10多万元。台湾地方很热，夏布销量很大，但却不能自给。很好的自然资源，却让利他人，真是糊涂啊。

咸丰初年，江南因为遭受太平天国起义，有一个姓蔡的南京织造局工匠，来到台湾府城的上横街，织造绸缎纱罗，以"云锦"为商号。生产的云锦质地柔软而有韧性，花色很多，染上的色彩经久不会褪色，销路很广，驰名各省，凡是要到北京的大多都以此作为台湾的特产送人。但它的原料生丝还是取自江浙，台湾还不能自给。蔡某死了之后，将云锦的制作工艺传给了儿子，作为世代相传的技艺。同治初年，广东人凌定国担任台湾府城守营参将，深知在台湾发展蚕桑业可以获利，就从广东买进蚕种桑树苗，在做蔑街租房子，聘请工人养蚕，在府城的东门外种植桑树。因为台湾的桑树叶子太小，不适宜养蚕，所以专门引进了优良的桑树种。但开始经营的时候，效果并不好，有的时候，蚕的数量多了而桑叶不够，有的时候，桑叶很多但蚕的数量很少。经过几年的经营，损失惨重，只好放弃。光绪元年（1875），决定开发台湾后山之后，台东地区也开始设官分治，士兵和移民陆续来到，台湾道夏献纶命令驻守台东的军队种植棉花，以发展当地的产业。但台东气候多雨，棉花容易霉烂。到刘铭传担任台湾巡抚，每天都不忘振兴产业，光绪十五年十月，他委派云林知县李联奎等到江苏、浙江、安徽各省，搜集蚕、桑品种，以及栽种和饲养的方法，并且编印成书，颁发给民众，大力鼓励民众种桑养蚕。又买来了棉花种子，通令各厅县劝谕农民种植。于是淡水富绅林维源在大稻埕种植了许多桑树，以筹备养蚕，一时兴起了风潮。但刘铭传离任之后，这项事业也就停止了。之前，云锦商号织造的绸缎十分抢手，闻名京城，光绪皇帝大婚时，宫中命令台湾布政使采买上贡，款项高达数万元，床上用品和各类衣服都能按照图样织成，宫中大喜，甚至认为比江浙官办织造局出产的还好。云锦得到这么好的声誉，但却不能扩大其产业，子孙游荡懒惰，产业逐渐衰落，令人感到惋惜。当时，竹堑福林堂的尼姑素莲也购置了织布机，来维持尼姑庵的衣食。素莲姓黄，年轻时丧偶，持斋守节，和女弟子们共同从事纺织，所出产的布，人们争相购买。

台湾的“土番”也能自己织布，以苎麻夹杂树皮的纤维来纺织，每匹的长度不超过1丈，汉人买来制成内衣，吸汗效果很好。而水沙连的“番妇”则用苎麻夹杂狗毛纺成纱，用茜草染色，交错织成各种花纹，称为“达戈纹”。道光年间，大甲的“番妇”开始采集兰草编织草席，质地坚韧耐久，可以卷展自如，汉人跟着学习编织。于是大甲席声名鹊起，远近都知道。一张上等的草席，价值高达20—30两银子。大甲人以此谋生，到现在还是如此。

刺　绣

台湾的妇女不从事纺织，但擅长刺绣。刺绣技术的巧妙，几乎可以超越苏、杭一带。有钱人家的女子见面时，都是比较自己所做的女红。妇女穿的衣服也大多是自己缝制的，家境比较贫穷的女子还有以缝纫为生的，因此有家无存粮、仅靠女子的纤纤十指就可以养家糊口的说法。只是近来淡水的少女争相学唱歌曲，从事卖笑的行业，而女红的手艺都荒废了。台南妇女特别善于制作人造花，或者用通心草，或者用杂色丝制品，一花一叶，鲜艳欲滴，栩栩如生。繁华都市的市场上，都有卖这种花。

雕　刻

雕刻的技术，以木工最精巧。台南的最好，台中的葫芦墩次之。曾经有能工巧匠以口径 1 尺的坚硬木头，雕刻出山水、楼台、花卉、人物，内外精巧细致，栩栩如生，大的祠堂和寺庙都有这种雕刻，作为华美的外观。还有像屏风、床榻、几案一类的物件，加上精美的雕刻，就可能值 100 多两银子。因为选用的木料要好，而雕刻的技艺也十分精巧。只是台湾的玉雕和石雕，还不如福建和广东。

绘　画

绘画是文化艺术的一种，从台湾开发以来，画得好的人并不缺乏。而台南府城的火画，其技艺尤其精湛。台南府城附近有很多槟榔树，人们常取它的箨①制作扇子，画家又挑选其中雪白的作画，用点燃的线香②在上面烧制。各种字体、各种笔法的绘画，都能表现出来。再镶上用彩色丝织品缝制的边缘，装上象牙手柄，一把扇子可卖几两银子或者几百枚钱，看工艺的好坏优劣。西洋人买去作为送人的礼物，认为这是台湾特有的工艺。在台湾各府县中，只有台南有卖，其他府县很难见到。

铸　造

台湾本地铸造铁器，过去由地方官举荐充任，由省布政使司颁发执照，全台总共只有 27 家，称作“铸户”。所铸造的器具，都属于铁锅、犁锄一类的生活、生产用具，严禁铸造兵器，担心被盗匪利用。同治十三年（1874），钦差大臣沈葆桢奏请解禁，开放铁器的铸造。但铸造小刀的工匠，台湾各地都有，只有淡水士林的小刀最好。台湾还出产黄金，所以妇女佩戴的首饰多数是用黄金打制的，不论是簪子还是耳环，制作都非常精美。特别是台南制作的银花，质地轻薄而色白，像牡丹、像蔷薇、像荷花、像菊花，惟妙惟肖，十分好看。所以西洋女子很喜欢购买，作为自己的玩赏与爱好，或作为礼物赠送他人。

---

① 箨，枝干顶端靠近叶片部分的包皮，犹如笋壳。

② 线香，没有竹芯的香。

陶　制

郑氏时期，谘议参军陈永华开始教台湾民众烧瓦，烧制瓦片都是红色的，所以巡台御史范咸写有《赤瓦之歌》。但当时台湾的陶瓷工艺还没有发展，盘、盂、杯、碗一类器具大多来自漳州、泉州，而上等的瓷器则来自江西的景德镇，只有砖可以自给自足。乡村建造房屋，用模具制作长方形土块，厚约2寸，在太阳底下晒到极干，用它垒墙，坚如砖，称为“土墼”，比烧制砖块节省费用数倍。光绪十五年（1889），有兴化人来到台南，居住在米市街，用模具制作各种器物，拿到市场上售卖，但由于经营规模很小，没过多久就收摊了。只有在彰化有个叫王陵的人，善于制作烟斗，绘上花鸟，釉彩极为精细，一个烟斗能卖几块银元。其次是台南府城的三玉，技法来自江西。王陵还能够制作小口大腹的陶瓷容器，也是极其精巧，可惜只是一些玩赏的东西，不能与景德镇媲美。

煅　灰

灰有两种：一种叫蠔灰，还有一种叫石灰。沿海的地方多养殖牡蛎，台湾人称为“蠔”，取牡蛎壳进行煅烧，所生产的灰颜色很白，用来抹墙建造房屋。而在靠近山区的地方，就挖石灰石进行煅烧，所生产的石灰价格比较低廉。

烧　烟

住在山区的民众，砍伐杂木，堆积在一起用火煅烧，取木灰煮㶷[①]。㶷有二种：固体的称为“㶷砣”，用作染布的原料；流体的称为“㶷油”，可以用来调制食品，色黄有微毒，能够帮助消化。烧㶷的木头，一般以山蕉、贯众两种植物为最好，在市场上可以买到。

竹　工

嘉义盛产竹子，用来造纸，销路很广。用竹子编制各种器具，用途也十分广泛。水沙连的竹子，口径能大到1尺多，捆绑成竹筏，可以横渡大海，波涛再大也不会沉没，所以沿海捕鱼都用竹筏。竹工手艺灵巧的，可以制作竹床、竹几、竹篮、竹筐。日常使用的竹器，各地都有。

---

① 㶷，即碱。

皮 工

台南府城的皮箱，制作得十分坚固，漆也涂得很牢，遇到水也不会湿了。其次是鹿港的皮箱。卖到外省，都称“台箱”。台湾多产兽皮，可惜没有制革的工厂，得以制成各种皮具，因此只能制作皮枕、皮鼓而已。

卷二十七

农业志

卷二十七
农业志

连横评论说，古人曾经说过，一个男子不去耕种，就会有人挨饿。国家以人民为根本，民众以吃饭为天大的事情，农业是非常重要的。台湾作为海上荒岛，古人称为“毗舍耶”，这是梵语。“毗”是稻土，“舍耶”有庄严的意思，所以又称为“婆娑世界”。台湾可以成为农业的乐土，这是大自然赋予的优越条件。但是台湾的“土番”还不懂得耕作，只会打猎赖以生存，还处在原始社会阶段。宋朝时期，开始通航贸易。元、明以来，汉族移民逐渐来到台湾。明末崇祯年间，熊文灿担任福建巡抚，当时福建正遭受大旱灾，他和郑芝龙商量，由郑芝龙招募福建饥民数万人，按照每人给银3两、3人给牛1头的标准，发放牛种银，把他们运到台湾，让他们开垦田地，修筑房屋。到秋收的时候，收成多出内地一倍，因此来台湾的人逐年增多。荷兰人到台湾之后，实行“王田”制度，招募汉人耕种，生产的农产品，以稻米和蔗糖为最多。因为自用之外有剩余，所以将稻米、蔗糖卖到中国大陆，远的卖到日本和南洋，每年数额达几十万两银子。郑氏接收了荷兰人的“王田”，把它改成“官田”，又颁布屯田的制度，漳州、泉州、惠州、潮州等地的民众望风而至，向南北两个方向开垦，生产的农产品更加丰富。当时，台湾土地刚刚开辟，由于土壤肥沃，播种之后，农作物自行生长，不需要什么管理，但收获却是成倍。粮食存放在田野中也不会丢失，物产丰富，民众富足，财政充裕，所以郑氏能以弹丸之岛与中原相抗衡。清朝统一台湾后，台湾的农业得到更大的发展。原来交给政府的田赋，每年征收稻谷92127石，到雍正十三年（1735），新开垦的田园又增收田赋80075石。而蔗糖的生产也逐渐增多，台湾、诸罗、凤山3县，每年出产的蔗糖大约60多万篓，每篓170—180斤。青糖[①]每100斤价值银子八九钱，白糖每100斤价值银子一两三四钱。全台湾赖此为生，最能赚钱的就是蔗糖，因此成为贸易的大宗货物。但自从朱一贵起义被平定后，官方规定了出海商船必须一起开行的办法，商船没有几十天不能凑

① 青糖，用青皮甘蔗熬制成的青黄色红糖。

齐。到了厦门后，又要进关盘查，每条船都要经历两次护送、八次检验，每个地方都需要花钱。因为船不能马上走，运费又很贵，所以糖卖不出好价钱。

当时，彰化县刚刚设立，淡水的开发也已经起步，前往这些地方的移民致力于开垦田地。施世榜、杨志申等人，投入巨资兴修水利，以发展农业生产。台湾的溪流，发源于深山而流向大海，源头远但支流多，引水入渠，再开凿水圳导引，蜿蜒数千里，根据需要进行开启或关闭，因此没有旱涝的担忧，每年可收成两季。或者在山脚边上的洼地上建陂①，积蓄雨水，用来灌溉。大的陂塘占地数十亩，保证旱田也能有收成。贫瘠的山地用来种植番薯、山菁②，没有歉收的担忧。台湾的田地，水田种植水稻，园地种植甘蔗。种植甘蔗，可以连收两年，再改种杂粮，以休养地力。而稻田则因为水源丰富，施肥较多，因此可以年年耕种。一般情况，一甲上等田可以收稻谷 100 石，中等田 70 石，下等田 40 石。收成的多少还要看耕作者的勤劳与否。雍正九年（1731），户部确定台湾应征收田赋的稻谷是 169266 余石。支给戍台士兵的口粮稻谷 89730 石，按惯例运给督标③士兵的口粮稻谷 15570 石，福建眷米、金厦兵米 55217 石，又运往福州、兴化、漳州、泉州 4 府平粜的米 120287 石，总共所征的田赋不够起运。于是，把福州、兴化、漳州、泉州 4 府平粜米的谷价发给台湾，分给台湾、凤山、嘉义、彰化 4 县采买，以补足额。这在《粮运志》中有详细记载。

之前，雍正元年（1723），巡台御史黄叔璥认为，台湾的米出口日益增多，一怕接济海盗，二怕米价大涨，引起社会不安，因此奏请禁止台湾米谷出口。得到朝廷的批准。由于漳、泉的民众平时都是依靠台湾米粮的，就受到了粮食缺乏的困扰。雍正四年，闽浙总督高其倬上奏说：

> 台湾地广民稀，所出之米，一年丰收，足供四五年之用。民人用力耕田，固为自身食用，亦图卖米换钱。一行禁止，则囤积废为无用，既不便于台湾，又不便于漳、泉。究竟漳、泉之民势不得不买，台湾之民亦势不能不卖，查禁虽严，不过徒生官役索贿私放之弊。臣查开通台米，其益有四：一、漳、泉二府之民，有所资藉，不苦乏食。二、台湾之民，既不苦米积无用，又得卖售之益，则垦田愈多。三、可免漳、泉、台湾之民，因米粮出入之故，受胁勒需索之累。四、漳、泉之民，既有食米，自不搬买福州之米，福民亦稍免乏少之虞。

---

① 陂，池塘。

② 山菁，一种可作染料的植物。

③ 督标，指福建总督标下。

至开通米禁，有须防之处二端，亦不可不加详虑。其一，于冬成之时，详加确查。若台湾丰熟，即开米禁；倘年成歉薄，即禁止贩卖。虽年岁稍丰，而一时偶有米贵情形，亦即随时查禁。其一，漳、泉之民，过台买米者，俱令于本地方报明，欲往台买米若干，载往某处贩买，取具联保，详报臣等衙门，即飞行台湾及所卖之府县，两处稽查。如有不到，即系偷卖，必严惩联保，究出本船之人，尽法重处。如此查防，自不至接济洋盗矣。

奏疏得到批准。漳、泉的人也认为是个好办法。但大米出口增多，米价自然涨起来。不久就规定，到厦门的商船每船限定只能运米60石，防止偷漏。漳、泉米少人多，依赖台湾供给，一旦供应不足，就会造成缺粮的现象。于是许多民众就来到台湾，每年大约几万人，一半成为无业流民，坐在那里等吃，米价逐渐提高。乾隆七年（1742），巡台御史书山、张湄上奏说：

台湾虽称产米之区，而生齿日繁，地不加广，兼之比岁雨旸不时，收成歉薄，盖藏空虚。历奉谕旨，台民无不感激。唯是内地臣工未履其地，徒执传闻。如御史陈大玠生长泉州，尚疑台郡有歧视漳、泉之见，不知台湾固为东南之藩篱、八闽之门户，而与漳、泉所系尤非浅鲜。台湾四面俱海，舟楫相通，唯泉、厦尔。而泉、厦又山多地少，仰藉台谷。是台湾之米有出无入，猝有水患，非如他郡可有邻省通融、商贾接济也。臣等蒙皇上畀以巡视重任，岂不知春秋严遏籴之戒。况全隶闽省版图，原无彼疆此界。而与海口之米，不得不责成官吏，严其出入，实由事势使然也。若任其运载透越，则台谷指日可竭，而地方不能安谧，日后之漳、泉亦无从而仰藉矣。此臣工之籍隶漳、泉者，亦宜为久远计，而毋徒务争目前之利也。夫台地之所出，每岁止有此数，而流民渐多，已耗其半，复有兵米、眷米及拨运福、兴、漳、泉平粜之谷，以及商船定例所带之米，则通计不下八、九十万石。此则岁岁丰收，亦断难望其如从前之价值平减也。是以臣湄同前任满御史臣舒辂有请建府仓以裕民食之请，工部给事中杨二酉有先实台仓之奏，臣等于上年十月，亦有请禁透越私渡之折。即今闽省督、抚二臣议复科道杨二酉等条奏，亦以台仓之积贮不充，则内地之转输易竭，海外设有缓急，他处难以接济为虑。但督抚所议，今台湾四县贮粟四十万石，恐怕一时买足，为数太多，为期太迫，应定三年之限，照数购买。而部臣议复，以采买仓谷，定例年岁丰稔，应全数采买，并无逾限三年之期。臣等伏思台湾上年收成实止七分，既非丰稔，似不得全数采买。且杨二酉原奏，请先实台仓，然后买运内地。该督抚等以内地兵糈民食，无从措办，关系非小，仍请照旧拨运。

部议既准其奏，而本处贮谷，又不宽其期限，未免米价更昂，转于民食有碍，是不若督抚所请三年之议为得也。再，杨二酉所称内地发买谷价，仅三钱六分，或三钱不等，装运脚费俱从此出。从前谷贱之年，原足敷用，今则不免赔累，嗣后必依时价运费发买。该督抚亦请以后按岁丰歉，酌量增减，所见相同。而部臣拘于成例，谓从前并无以岁之不济，稍议加减，恐启浮冒捏饰之端，是犹以从前之台湾视今日也。查上年台湾于收成之际，米价每石尚至一两五钱，则谷价亦在七钱上下，与从前大相悬殊。可知原议谷价，即不论装运脚费，已不抵时价之半，倘仍不议增，必致因循岁月，互相观望。若勒以严限，迫之使趋，非县令受赔偿之累，即闾阎罹价短之苦。小民终岁勤劳，至秋成而贱买之，既失皇上爱民重农之意。若使有司赔垫，势必挪移亏空，亦非皇上体恤臣下之心。伏乞准照督抚所议，按年丰歉，酌量价值，及时采买。庶于海外地方，实有裨益。

于是，减去运往福建4府平粜的稻谷70287石，以充实台湾的仓储，而内地的贫苦民众由于没有吃的，来台湾的人越来越多。乾隆二十年，全部停止运往福建4府平粜的稻谷。由此移民到台湾的人更多，以至于跨越“番界”，争垦“番地”了。

台湾熬制蔗糖的厂，称为“廍”。第一种称为“公司廍”，是由合资股份设立的；第二种称为“头家廍”，由业主独资所设立；第三种称为“牛犇廍”，由蔗农联合设立。每奔为3头牛，可加工9甲蔗园的甘蔗。通常1廍有9奔（27头牛），用6奔（18头牛）运送甘蔗，3奔（9头牛）碾榨甘蔗，按照抓阄的情况轮流。大家通力合作，办法很好，各乡都有设立。制糖的时间开始于冬至前，到第二年清明结束。每甲竹蔗可熬制青糖60—70担。熬制糖的时候，必须聘请糖师，把压榨出来的蔗汁倒进大铁锅中烧煮，观察火候，加入一些石灰，等糖即将熬成，再加入一些蓖麻油，恰到好处的时候，就把糖汁移到槽中，用棍子搅拌，糖汁逐渐冷却变硬，就成为青糖了。最好的青糖称为“出类”，第二等的称为“上斗”，第三等的称为“中斗”。还有白糖，制作的方法是，在青糖成糖的时候，倒进碥中，下面放一口铁锅，以盛放滤下的糖汁，也称为糖水，在碥的青糖上面盖上泥土，大约过了14天，青糖的颜色逐渐变白，更换泥土再盖上，经过3次换泥之后，青糖全部变成了白糖，只是碥的最下层的青糖还稍微有点青黄色而已。白糖最好的称为“头挡”，颜色皎白味道香甜，以前大量销往苏州。次一点的称为“二挡”，再差一点的称为“三挡”，颜色稍微差一点但味道还是很甜的。台南府城所生产的白糖，称为“府玉”，驰名各个商埠。用碥下糖水再熬制的糖称为“赤沙”，性凉可以解毒，也可用来酿酒。白糖再熬制成块，然后破成小块，坚硬如冰，因此称作“冰糖”，也称为“糖霜”，价格比白糖贵。清朝统一台湾以后，户部准备每年采买台糖外销。诸罗知县季麒光担心此举会使地方官民受累，因此上书福建总督巡抚，大致说：

白糖兴贩，关系军需。在国赋为最重，在民力为最难。二十四年，台湾办糖一万一千石之额，派于台湾县者六千石，派于凤山县者一千五百石，派于诸罗县者三千五百石。凤、诸两县以车少糖亏，兴贩需时，皆挪移正项，重价购买，自知有累考成，不敢计及利害。但明年糖数又复倍增，六千石者将一万二千石矣，一千五百石者将三千石矣，三千五百石者将七千石矣。查民间蔗车并未添设，若取足于民，断不能使穷山荒海之残黎堪此重困。若取足于官，更不能使蹈险履危之贫吏胜此累赔。即立加参处，而终无所济。卑县等悉心筹画，不得已欲照内地按田办课。援今年漳、泉之例，计三县田园之数，照甲匀办，庶几众擎易举。计按田办糖，其便有三，而应议者亦有三。每田园一甲，出糖数十斤，给以部价，不致赔累，一便也。种蔗之园，有糖可完，不烦别买，未种蔗之田，零星买纳，不须趸办，糖价不至顿昂，二便也。佃丁知今年之糖出之于田，明年不烦督劝，皆急公插蔗，糖额自敷，三便也。其所应议者，一、水田与旱田之分也。官佃田园多系水田，不宜插蔗，其收倍厚。文武官田皆属旱地，虽可种蔗，其收甚薄。故郑氏之糖，皆办于水田之佃丁。今总计三县水田几何，应办糖几何，旱田几何，应办糖几何，斯则难易均矣。一、官田与民田之分也。民田者令佃耕无主之地，按甲而纳糖，众所愿从。自将军以下各自管耕督垦，即为官田，其数已去台湾田园之半。今使之急公办课，不特事难势格，仰触忌讳，即佃丁管事亦非县令所能制。纵目前自认均办，在民田竭蹶而供之，而官田之糖，临时违误，咎将谁任？一、官车与民车之分也。种蔗之人既竖车熬糖矣，若使之一无供办，反可昂价转售，是利归车户，而累及百姓也。查三县民车旧额计五十张，而各衙门新立之车亦不下五十张，按车而责以一百石，在民车较今年之征已省三分之一，即官车之糖，现有部价支领，谁敢阻挠？而佃丁亦不必拘每甲一石之议，可以少纾贫民衣食之资矣。卑县臆见，以官车与民车均派，官田与民田匀办，再为分别水田旱田之轻重。约计官民之车百张为率，可得糖一万石。官佃田园八千三百九十一甲，文武官田一万六十二甲九分，就田匀派，以审乎轻重之宜，毋误赋，毋厉民。立一时之计，垂万世之规，则小民颂德，下吏沾仁，共为不朽矣。

台湾生产的糖，以台湾、嘉义、凤山 3 县居多，彰化县还比较少。到了乾隆、嘉庆年间，糖的贸易极度发展，北至京、津，东到日本，几乎全部为台糖所独揽。

府城里的糖商设立了糖郊，和南郊、北郊成鼎立之势，称为“三郊”。台糖贸易所获得的利益也惠及农民。农业丰收，物产丰富，人口大量聚集，呈现出一片繁荣景象。但到蔡牵袭扰台湾的时候，十多年间，航运断绝，货积难通，糖价不断跌落，农民也受到很大损失。当时，噶玛兰刚刚开发，当地产米较多，糖价也逐渐恢复。接着是英军侵扰台湾，海上又传警报。从那以后，台湾开口通商，暹罗、安南的米，爪哇、吕宋的糖输入中国，和台湾竞争。但台湾土地的开发已经很广泛，每年生产大米约 700—800 万石，糖也有 70—80 万担，运往各个商埠，还能与之相抗衡。

从台湾开口通商后，外商云集，台北的制茶业也因此而发展起来。台湾产茶由来已久，旧方志称水沙连的茶，色如松萝[①]，能够祛除瘴气和暑气。至今五城的茶还在市场上有销售，以崠顶茶为最好，但产量不多。台北产茶将近百年，嘉庆年间，有一个叫柯朝的人从福建回台湾，开始将武夷山的茶种种植在鱳鱼坑，生长良好。接着又播种了 2 斗茶籽，收成也很好。于是就互相传播开了。由于台北地方多雨，一年可采摘 4 次茶叶，春夏季节采摘最多。最好的茶叶产自淡水的石碇、文山 2 堡，其次是八里坌堡。新竹的茶叶称为“埔茶”，颜色和味道都比较差，价格也比较低。开始台湾的茶叶只在本地销售，道光年间，才开始运往福州，每担需交入口税银 2 元，才能拿到茶行去卖。到同治元年（1862），沪尾开口通商，外商陆续来到。当时英国人德克来设德记洋行，贩卖鸦片、樟脑，深知茶业有利可图。同治四年，就从安溪运来茶种，劝农户种植，并贷款给他们。茶叶采收时，全部包收，制好后运销海外。南洋港口城市以前都经销福州茉莉花茶，而台北的包种茶质量也差不多，只是没有花的香气，香味不浓。于是又劝农民种花。具有芬芳气味的花有茉莉、素馨、栀子，每甲土地收成多的能达到 1000 元，比种茶更为有利，所以艋舺、八甲、大隆同一带，多以种花为业。台北的乌龙茶有独特的风味，卖到美国，销路越来越好。从这以后，台湾茶业迅速发展，每年能卖 200 多万银元。厦门、潮汕商人前来开设茶行 20—30 家，制茶工人也多是安溪人，春天到台湾，冬天回家乡，贫苦人家的妇女拣茶[②]为生，每天可收入 200—300 钱，台北的经济状况因此发生很大的变化。到刘铭传担任台湾巡抚时，又大力鼓励发展茶业，种茶的人越来越多。当时林朝栋正经营开垦事务，垦田种树，从长远打算，也在乾溪万斗六的山上种茶。但不到 10 年，林朝栋就解甲而去，战乱期间，所种的茶树也被砍伐殆尽，实在可惜！

---

① 松萝，形容颜色棕黄。

② 拣茶，分拣茶叶。

之前，刘铭传筹划振兴产业，特别是要大兴水利，以灌溉农田。当时，大嵙崁新设抚垦局，因为当地土壤肥沃，想开辟成水田。光绪十三年（1887），刘铭传让德国工程师墨尔溪前往调查水源，准备开挖大型水渠，用来灌溉海山、桃涧等堡的土地，结果还没做，刘铭传就离任了。又由于台湾的纺织品都要仰赖外省，每年的需求很大，刘铭传也劝导农民种植桑树和棉花。具体的记载在《工艺志》中。按惯例，内地省级官员每年都在二月初一举行藉田的典礼。刘铭传履任后，也率领部属照样实行。他常常召集老农，询问年景如何，要他们教育子弟，专心耕作，不要因为玩乐而荒废了农事，不要放荡淫乱作邪恶的事情，勤劳的子弟要进行奖赏，并成为惯例。台湾的农产品，以大米为第一，蔗糖第二，茶叶第三，对国计民生的贡献都很重要。管子说过："仓廪实而知礼义，衣食足而知廉耻。"国家所依靠的是民众，而民众最看重的是农业生产。所以保护他们的地权，减轻他们的赋税，平衡他们的负担，鼓励他们辛勤耕作，使他们的力量都用在土地上，而不被剥夺，这样就能强盛起来。

稻的类别

粳稻　就是平常食用大米的水稻。有早稻和晚稻的区别，品种很多。

白壳　谷粒长而且大，蒸饭最香，十月收成。

乌壳　和白壳相同，只是谷皮略微有些黑。

早占　种子来自越南占城，有乌占、白占两种。谷粒小而尖，蒸饭最好。清明播种，大暑可以收成。

埔占　米色略有些红，种在园地（旱稻），八、九月收成。

三杯　谷粒皮薄粒大，形状有些像早占，可以长久储藏。早季六月收成，晚季九月收成。

花螺　有高秆、矮秆两种，谷壳有微斑，颗粒大。

清油　有大粒、小粒两种，又分白秆、红秆两类，早、晚两季都有种。

银鱼草　早春播种，70天就能收获，所以又称为"七十日早"。

圆粒　谷粒短而肥，种植的方法和"埔占"一样（属于旱稻）。

羌猴　谷粒长，有红、白两种。

唐山　种子来自福建，谷粒长，谷皮薄，色白味香。有两种：一种称为"含穗"，一种称为"厚叶"。煮粥极佳。

润种　种子来自润州（今江苏镇江），有三种：高秆润种、矮秆润种、软枝润种。种在水田，霜降后收割，谷粒长，谷皮薄，色白味香。

格仔　有高秆、矮秆、红秆三种，和“润种”大致相同，都是上好的米。

棉仔　谷穗尾部有红须，长5—6寸，不怕含盐度高的水，可以在海滨种植。

齐仔　种在贫瘠的土地上也能收成，乾隆年间从中国内地传入。

乌踏赤　米粒略有些红，有点像“齐仔”，可以种在贫瘠的土地上。

银朱红　谷皮红米粒白，播种后70多天可以收成。

园早　就是旱稻，播种后100多天可以收成。

白肚早　米粒很白，由此得名。

一枝早

安南早　种子来自安南（今越南）。

吕宋早　种子来自吕宋（今菲律宾），有红、白两种，谷粒小而尖，播种方式和“埔占”一样，但稻谷不能长久储藏。

万斤献

大伯姆　米粒白而且大，种在低洼田里，不怕水深。

天来

大头婆　米粒圆味道香。

香稻　又名“过山香”，米粒比其他的米大一倍，色很白，拿一点和其他的米掺在一起蒸饭，都是芳香的味道。是稻米中最好的。

糯稻　就是秫稻。用来酿酒，并且可以制作糕点，品种也很多。

鹅卵　谷粒形状像鹅蛋，粒短，皮薄，米色白，性软，糯米中品质属最好的。

鸭母潮　性黏，糯米中品质属好的。

红壳　有高秆、矮秆两种，也名“金包银”，又名“占仔秫”，谷皮稍厚，米粒微红，水田和园地都可以栽种。

虎皮　谷皮色红有纹，米粒白而且大。

芒花　谷皮微黑，大暑后播种，霜降后收成，秫米中品质比较差的。

火烧　谷粒长，谷皮厚，米色微褐。

猪油　有高秆、矮秆两种，谷粒长，谷皮薄，米色白。

叶下藏　谷粒长，谷皮稍厚，米味香、色白。

乌占　谷粒长，谷皮薄，米味香、色白，大暑后播种，霜降收成，糯米中品质属好的。

乌踏　有些像“乌占”，糯米中品质属最好的。

竹丝状　米色微绿，故名。

圆粒　有黑、白两种，水田和园地都可以种，谷粒肥胖皮薄，米粒味香、色白，用来蒸糕最好。

番秫　谷粒大，“土番”种植用来酿酒。

红米　米色红，味香，彰化、淡水有种植。

乌米　米色黑，味香，凤山县中有人种植，把米炒到微焦，用来作茶饮。

菽（豆）的类别

土豆　就是落花生（属豆科植物）。有许多种，如大花、二花、鸳鸯、钮仔等，蔓延生长，开黄色花，结果实在土中，因此命名。种植在沙质园地里，澎湖种得最多，嘉义、彰化等靠海边的地方也不少。花生用来榨油，销路很广。或者用来佐餐，或者用花生仁煮糖水，或充当茶品，台湾人都很喜欢。

白豆　粒圆，又名珠豆。

黄豆　粒圆，用来磨制豆腐。

黑豆　四、五月播种，八、九月收成，用来酿造酱油，很甘甜，并且可以用来制作豆豉。

青仁豆　属黑豆一类。皮黑，肉青，性温，炒过以后，可以煎汤作为茶饮。

绿豆　正、二月种植，四、五月收成。性凉解毒，夏天时人们经常食用，还可以用来作饼馅。

米豆　皮白，粒微弯，经常和米一起煮食，所以命名。八、九月收成。

菜豆　有白、紫两种。豆荚长1尺多，藤蔓生长，豆荚下垂，秋季时盛产。连同豆荚炒熟作菜，味道很美。紫色的又称裙带豆。

肉豆　就是扁豆，也称蛾眉豆，有青、白两种。一穗可结10多个豆荚，冬季时盛产，煮熟用来作菜佐食。

黄荚豆　也称皇帝豆。冬季时盛产，一荚中有2—3个籽粒，煮食味道很美，台南出产。

虎爪豆　形状如同虎爪，因此命名，也有人称荚仔豆。煮食味道也很美。

肥猪豆　豆荚修长而硕大，人不吃，用来养猪容易催肥。

荷兰豆　种来自荷兰。花有红、白两种，冬季时盛产，豆荚的颜色新绿，味道香嫩。

麦的类别

大麦　台湾地气炎热，种麦较少，只有嘉义、彰化靠近海边的地方有种植，用来充当口粮。

小麦　有两种：一种是九月种，正月收；一种是十二月种，三月收。用来碾成面粉制作面食。

荞麦　出产也很多。

黍的类别

黍　谷穗低垂谷粒细小，“土番”地界多种。还有一种鸭蹄黍，谷穗如同鸭掌，因此命名。用来酿酒很好。

芦黍（高粱）　高6—7尺，叶子像芦苇，因此命名。北方称高粱。用来酿酒很好，澎湖有种植，作为口粮。

玉蜀黍（玉米）　又名番麦，高7—8尺，叶大如同甘蔗，籽粒像黄豆，各地都有种植，以作为粮食。

芝麻　就是胡麻，出产很多。炒熟之后用来榨油，性热，或者用来制作饼馅，用处很广。

稷（小米）的类别

稷（小米）　有小米、黄米两种。“土番”地界和澎湖种植比较多，用来作为粮食或酿酒。

枲（麻）的类别

苎（苎麻）　就是纻。山地种植，一年四收，剥皮抽取纤维，用来织夏布，出口比较多。

麻　山地多自然生长，取纤维织布，秆可以用来烧火。

蓝（蓝靛）的类别

山蓝　也称大菁。山地多产。用来给田地作肥料，肥效很好，果实卖往泉州，秆可以用来烧火。

木蓝　也称小菁。种子来自印度，荷兰人移植到台湾，适合种在地势高和干旱的地方。一年可收三次，用来制作蓝靛染料，每 400 斤可得蓝靛 30 斤。

薯的类别

番薯　也称地瓜。种子来自吕宋。明万历年间，福建人带入，开始在漳州、泉州种植。瘠薄的土地以及沙土，都可以种植。用藤蔓就可以种植，几个月就能收获。果实长在泥土中，大小成串，大的可以达到 1 斤多重，生熟都能食用，台湾人把它作为粮食。可以用来淘洗淀粉，也可以用来酿酒，枝叶还可以拿来喂猪。长年都会生长，夏秋季节生长最旺。大量出产时，刨薯为丝，晒到极干，作为每天的食物。澎湖缺少粮食，以此为生，很多是从安平县、凤山县卖过去的。番薯有好多个品种：称为“鹦哥”的，皮红肉黄，种得最多；称为“乌叶”的，皮和肉都是白色的；称为“青藤尾”“鸡膏”的，品质比较差。还有把番薯煮糖当作茶点的，风味很好。

豆薯　藤蔓生长，果实如同番薯，皮肉都是白色，切片炒肉，味道如同荸荠。

马铃薯　种子来自西洋，近代才传入台湾，蒸来吃味道很好。

蔗的类别

竹蔗　皮白而肉厚，肉比较硬，蔗汁甘甜，用来制作蔗糖。

红蔗　皮红而肉薄，肉脆蔗汁甘甜，生吃的比较多，也可以用来制作蔗糖。

蜡蔗　皮微黄，枝干高 1 丈多，茎比竹蔗大 2—3 倍，肉脆汁甜，只供生吃。

茶的类别

包种茶　叶片比较细，味道清纯，出口很多。

乌龙茶　叶片比较大，味道比较浓，出口很多。

蓏（瓜）的类别

西瓜　种子来自西域，适宜在沙地栽种。瓜皮绿色，瓜瓤有白有红，味道甘甜但性凉。台南地方炎热，十月就成熟了。清代曾经作为给朝廷的贡品，瓜园在台南的小北门外。

王瓜（黄瓜）　也称刺瓜，因为皮有一些刺，在台湾比较早熟。

苦瓜　味道有些苦，吃后会有些回甘。也称谏瓜。煮来吃最好，夏季时盛产。

菜瓜　也称丝瓜。元宵前后播种，夏秋时节盛产。还有一种称为七叶瓜，藤蔓生长，只要长出 7 片叶就开始结瓜，人们多搭架种植。

冬瓜　夏季出产最多，大的重20—30斤，性凉，可以作菜，或者切成小条，和糖煮制（制作成冬瓜糖），作为茶点，用途很广。

金瓜　也称南瓜。大如斗，皮黄分瓣，肉也是黄色，民间忌讳与羊肉同吃。还有一种只有碗大，色红可爱，只供玩赏。

涵瓜　有青、白两种，夏季盛产，腌盐当菜。又有小的像手指一样大的，用豆酱腌制，称作酱瓜，台南出产的最好。

匏　有两种：一种称为长匏，也称为蜡条匏，长的可达到3尺；一种称为劲匏，也称为葫芦匏，都可以用来作菜。劲匏越老越坚硬，剖开可以作为器具。

葫芦　是另外一种匏，形状较小，只能作为玩具，或者用来装盛药物。

蔬菜的类别

姜　春天播种，夏天成熟，山地种植最多。

芥　秋天播种，冬天成熟，种子可制作芥末。有油芥菜的种子，可以榨油。

葱　有风葱、香葱、麦葱三种。风葱可以作药，治风寒感冒一类的疾病。

韭　四季都有，秋初开花。

蒜　有软茎、硬茎两种，气味熏人。

菘　即白菜。有两种：一种称为土白菜，味道略有些苦；一种称为山东白菜，种子来自山东，味道很美，冬季盛产。

芹　有水、陆两种。

茄　有紫、白两种。还有野生的，果实黄色，圆形，称为黄水茄，不能吃。

迦蓝（芥蓝）　俗称隔篮菜。还有一种番迦蓝，叶片为紫色而且粗硬，不能吃。

菠薐（菠菜）　种子来自西域颇陵国，误为菠薐，或者称为赤根菜。台南称为“长年菜”，因为过年时必须吃这种菜。

莙荙（牛皮菜）　俗称厚末菜。

冬荷（茼蒿）　属于菊类植物，有香味。

苋　有红、白两种，民间忌讳与甲鱼同食。

瓮菜（空心菜）　种子来自东夷古伦国，装到瓮中带进来，因此得名。水中和陆地上都可以种植。

蒝荽（芫荽）　种子来自西域，汉朝时传入中国，俗称烟荽。叶片细小，茎柔细，根部多须，味道辛辣有香气。

茴香　即小茴。叶片如同蒝荽，枝干高达数尺。

萝卜　俗称菜头。

高丽菜　种子来自高丽（朝鲜），传入台湾不久。形状像白菜。

芋　有红心、白心两种。还有一种紫纹的，称为槟榔芋，特别好。

葭获苟　种在池塘沼泽，九月盛产。

萵苣　俗称锅仔菜。

辣椒　俗称番姜。种子来自南洋，有两种：称为“鸡心”的，个头比较小；称为“羊角”的，个头比较长，都是以其形状命名。味道很辣。又有甘椒（即甜椒），个头大并且有棱，炒来吃最好。

香菰（香菇）　产于内山。

木耳　产于内山，集集镇最多。

紫菜　产于海滨石头上，澎湖最多。

浒苔　产于海滨石头上。

水果的类别

檨　就是檬果（芒果）。种子来自南洋，荷兰人种植的，到现在还有存活的。旧方志以为从日本传入，是错误的。树大可合抱，花小有点白，夏季盛产。有肉檨、柴檨、香檨三种。肉檨先出，味道稍微差一点。柴檨最多，青的拿来切片，拌上豆酱可以当蔬菜，或者腌盐收藏，可以拿来煮鱼，味道特别酸甜鲜美，可以醒酒。黄的可以生吃，内山则把它晒干，拌糖蒸熟，卖到福建、广东等地。香檨肉脆味香，最迟上市。又有牛心檨，大如牛心。出产檨的地方，以台南为最多，彰化以北比较少见。

梅　嘉义出产很多，用来制作蜜饯。

桃　有甜桃、苦桃两种。还有水蜜桃，种子来自上海。

李　有红李、黄李、血李、夫人李多种，红李最多。嘉义用来制作蜜饯。

柑　有仙柑、红柑、卢柑、虎头柑四种。红柑品质最好的，以西螺出产的为第一。虎头柑果实大皮粗厚，很酸难吃。

橘　有金橘、月橘、四时橘多种。金橘用来制作蜜饯。月橘全年都有出产，有人称为公孙橘。

柚　有红柚、斗柚、皮山柚、文旦柚多种。文旦柚出产于麻豆庄，皮薄肉白，果汁多像蜜一样甜，驰名内外。旧方志没有记载。种到其他地方，味道就没有当地的好。

橙　味道很酸，台湾人称为雪柑。

柿　嘉义、新竹出产比较多，有大、小两种。快成熟时采下，用针把泲油刺入，几天后肉软，称为红柿。如果浸到草木灰水中，可以去除涩味，果肉呈黄色，爽脆像梨，称为“浸柿”。八月盛产。或者晒为柿饼。还有一种毛柿，种子来自西域。

梨　有鸟梨、牛心梨、棕包梨。

栗　云林、内山野生的比较多，只是果实较小。

枣　有酸枣、甜枣、红枣。

椰子　凤山、恒春两县比较多，台东的“番社”也有种植。树高数丈，直立没有旁枝，结实累累，用途很广。树干可以制作柱子，树叶可以盖屋顶，树叶的纤维可以制作绳子，椰子的肉可以制作饼，椰子汁可以酿酒，果壳可以制作器具。因为是热带植物，种在海滨，可以生财。

椎子　新竹、内山野生的比较多，果实像金橘，有红点，可带皮吃。

橄榄　又名青果，出产不多。

油柑　果实小得如同纽扣，颜色微黄，味道有些涩，腌盐以后可以吃，能消积食。

黄弹（黄皮）　果实像弹丸，黄色，味道有些酸。

番柑　就是柠檬。种子源自欧洲，荷兰人移植到台湾。果实比橘大，肉酸皮苦。夏天取汁，加到盐水中作为饮料，可以解暑。

杨梅　味道不如漳、泉所产。

枇杷　新竹比较多，用来制作蜜饯。

甘蜜　形状像柑，煮糖用来作为茶点。

葡萄　出产不多，味道也比较差。

薏苡　凤山县有种植。

无花果　叶子可作药，去毒收湿。

南无（莲雾）　或称软雾，译音。种子源自南洋，传入台湾不到百年，因此旧方志没有记载。树高3—4丈，叶子长而且大，春初开白花，多须毛，结实成串，大小像茶杯，有大红、粉红、大白、小青4种。味甜如蜜，夏季盛产。台南出产最多，彰化以北比较少见。果实晒干煎茶，可以治痢疾。

释迦　种子源自印度，荷兰人移植到台湾。用种子种下，2—3年就可以结果实。树高1丈多，果实大小如柿子，形状酷似佛头，因此得名。果皮碧绿而果肉色白，味道甜到腻人，夏秋时盛产。

菩提　一名香果，种子源自印度。叶子像南无但比较薄一些，开白色花，多须毛，果实像蜡丸，中空有子，味道很香。夏季盛产。

菠萝蜜　又名优钵昙。种子源自印度，荷兰人移植到台湾。在安平县城（今台南）、归仁里、旧社当时所种的，现在还有存活。树高几丈，果实长在树干上，一大串就像皮肤上长了多余的疣子，果实大如斗，有7—8斤重。剖开果皮，肉黄有瓤，气味芳香。每个瓤房都有果核，大小如同枣仁，可以吃。菠萝蜜分干苞和湿苞两种，干苞汁水不多，湿苞正好相反。果瓤可以生吃。果核可以煨肉，风味特别好。全台湾只有安平、嘉义有这道菜，其他地方没有见到过。

佛手柑　形状像香橼，只是瓣长如同人的手指。五、六月开始成熟，运到江浙售卖。

香橼　树像佛手柑。果实成熟时，切片腌盐，可以当菜，或者晒干煎茶，味道香甜，可以消食解酒。台北出产比较多。

宾婆　种子源自西域，汉代传入中原。树大叶片也大，春初开花，果实成串，里面有仁，皮青肉红，成熟时自然裂开，有仁2—3个，削皮见肉，就像蛋黄，因此也称凤凰卵。煮汤加糖，其味道胜过板栗。

香蕉　台湾出产的品质很好，味道很香甜。还有红蕉，果实比较小，可治咽喉疼痛。

凤梨　叶长成簇，有些像凤尾，可以抽取纤维织夏布。果实长在叶丛的中心，皮有鳞甲，削掉皮才能吃，味甘甜而有微酸。夏季盛产，采摘后用脚踩碎叶丛的中心，到秋天就能再长果实。果实比较小的，味道特别甘甜香脆，放在屋中，香气袭人。台湾人用凤梨炒肉，也是一道美味佳肴。凤山、彰化出产最多。

荔枝　台湾出产的比福建、广东出产的略差。

龙眼　有大、中、小三种，嘉义、云林两县出产特别多。晒干的龙眼称为福圆，剥肉烘干的称为福肉。每年卖到上海、天津，属于出口的大宗货物。

木瓜　种子源自爪哇。树高到1丈，亭亭直上。开花很小，果实结在树干上。可以用来腌酱或煮糖，味道都很好。台湾人用木瓜煮肉，产妇吃了通乳。

石榴　种子源自西域，汉朝时传入中国。台湾婚俗纳采（送求婚礼物）时，女方家必须回送莲蕉、石榴，男方带回种在院子里，寓意婚后多子多福。

奈茇　也称番石榴。有红心、白心两种，自然生长在郊野，树干坚硬，花朵洁白，结果实如同石榴。成熟时颜色金黄，味香，切片去心，用一点猪油和糖一起煮，用来当菜，味道很好。

羊桃　有甜、酸两种，还有广东种。果实大，汁水多，树干粗大，叶子细小而密集。春季时，花开在树干上，花小色红。果实有5—6个棱，酸的用来制作蜜饯，或泡糖水作茶饮，可治肺热，止嗽。

槟榔　高1—2丈，树干挺直没有枝杈，叶大上竖，向四周展开。苞皮可以做扇子。花小，颜色淡黄，有香味。果实像大枣，果皮绿色，一树可长几十粒。从秋到冬，可以不断结果。把果实剖开，加以蒌藤、石灰，台湾许多人都喜欢嚼食，认为可以祛避瘴气。

蒌藤　就是扶留藤。采它的叶子和槟榔混在一起吃。一年四季都有。

爱玉子　出产于嘉义县山中，旧方志没有记载它的名字。道光初年，有一个同安人居住在府城的妈祖楼街，经常往来嘉义，采买土特产品。有一天经过后大埔，天热口渴难耐，跑到溪边喝水，看见水面结冻，捧起来就喝，感到清凉入心脾。心想这里正值盛夏，怎么会有冰？再仔细看水面，有不少果子落在水里，搓揉一下有浆溢出，就知道是这种果实化成的冻，就捡了一些回家，用水搓洗，很快就成了冻，加上糖，风味特别好。如果加上一些儿茶[①]，颜色如同玛瑙。这人有一个女儿名叫爱玉，15岁，楚楚动人，就拿着冻去卖。吃的人很喜欢，就称为“爱玉冻”。从此传遍市面上，采摘的人日益增多，还卖到福建、广东。这个爱玉子就是“薜荔”（凉粉子），性清凉，可以解暑。

台湾各属陂圳表

安平县

参差陂　在文贤里，荷兰殖民统治时期，当地人王参差所修筑。

公爷陂　在新丰里，明郑的一位公爵所修筑。

甘棠潭　在保大东里，明郑时期，当地民人联合修筑，因为潭边有许多甘棠树，因此得名。

王有潭　在仁和里，明郑时期，当地人王有所修筑。

鸳鸯潭　在文贤里，两潭相连。

鲫鱼潭　在永康里，蜿蜒30多里，潭中生长着许多鲫鱼，灌溉永康、广储、长兴三里。望去像一个湖泊，因此县志记载有“鲫潭霁月”的景色。现在已经淤积缩小。

莲花潭　在文贤里，用来灌溉。

① 豆科植物，用它的枝干去皮干燥煎汁成茶，具有清热、生津、化痰、止血等功效。

埃下陂　在永康里。

新港陂　在新化里，当地民人联合修筑，有东、西2陂。

凤山县

王田陂　在嘉祥里，荷兰殖民统治时期修筑，现在已经荒废。

大湖陂　在长治里，明郑时期修筑。

三镇陂　在维新里，明郑时期，戎旗三镇所修筑。

中冲陂　在仁寿里，明郑时期，中冲镇所修筑。

北领旗陂　在维新里，郑氏时期，侍卫领旗协所修筑。

左协陂　在维新里，明郑时期所修筑，现在已经荒废。

赤山陂　在赤山庄，周长100多丈，明郑时期修筑。

乌树林陂　在维新里，明郑时期所修筑。

新园陂　在长治里，周长200多丈，明郑时期修筑。

草陂　在观音上里，蓄水多，灌溉面积大。

三老爷陂　在维新里，明郑时期修筑。

大陂　在嘉祥里，明郑时期修筑。

角宿陂　在观音上里，明郑时期，角宿镇所修筑。

仁武陂　在仁武庄，明郑时期，仁武镇所修筑。

将军陂　在凤山下庄，靖海将军施琅修筑。

眠牛湖陂　在观音山官庄，大、小两陂，雍正四年（1726）修筑。

凤山陂　在凤山庄，乾隆年间修筑。

二滥埔陂　在维新里。

林内陂　在兴隆里。

石壁陂　在兴隆里。

石湖陂　在观音山下。

赏舍陂　在凤山庄，现在已经荒废。

硫磺陂　在硫磺港，康熙四十五年（1706），知县宋永清募民修筑。

菱角潭　东边灌溉嘉祥里，西边灌溉长治、维新2里的水田。

曹公圳　道光十八年（1838），知县曹谨招募乡民修筑，用来灌溉小竹、观音、凤山等里的水田。第二年，又修筑了一条水圳，名新圳。此事记载在《循吏列传》。

嘉义县

番子陂　在县城的北边，康熙三十四年（1695），“土番”汉民联合修筑，引北香湖的水灌溉农田。

台斗坑陂　在县城的北边，康熙四十五年（1706）修筑，用来灌溉负郭的水田。

诸罗山大陂　就是柴头港陂，水源来自八掌溪，长20多里，即使大旱也不会干涸。

柳子林陂　水源来自八掌溪，支渠长10多里。

埔姜林陂　水源来自八掌溪，支渠长10多里。

马稠陂　水源来自内山，由土地公崎流出。

枫子林陂　在下茄苳庄，向东引来白水溪的水用来灌溉。

佳佐林陂　水源来自草潭。

安溪寮陂　水源来自白水溪，长10多里，灌溉安溪寮等庄。

王公庙陂　在下茄苳庄东南，引白水溪的水用来灌溉。

新营陂　水源来自白水溪，长30多里，灌溉新营等庄。

哆啰嘓大陂　水源来自九重溪，长20多里，灌溉哆啰嘓等庄。

大脚腿陂　在大脚腿庄，水源来自十八重溪，长10多里。

新陂　在北新庄，水源来自番子坑，长10多里。

大溪厝陂　在大溪厝庄，水源来自番子坑，长10多里。

朱晓陂　在外九庄，引荷包屿的水来灌溉。

树林头陂　在外九庄，引八掌溪的水来灌溉。

牛桃湾陂　在外九庄，引龟仔港的水来灌溉。

土狮子陂　水源来自牛稠溪，南边灌溉六加甸，北边灌溉土狮子。

狗咬竹陂　水源来自牛稠山，长20多里，灌溉狗咬竹庄。

打猫大潭　庄民联合修筑，灌溉打猫、青埔二庄。

打猫大陂　水源来自三叠溪，长10多里，灌溉打猫、南路厝、火烧庄等。

虎尾寮陂　在打猫庄北，水源来自三叠溪。

双溪口大陂　在仑仔庄，水源来自三叠溪。

西势潭陂　水源来自三叠溪，两条支渠分别灌溉西势潭、柴林脚二庄。

洋子庄陂　在茅港尾庄东。

番子沟陂　庄民联合修筑，灌溉佳里兴、茅港尾二庄。

龙船窝陂　庄民联合修筑，灌溉龙船窝、乌山头、三镇等庄。

北社尾陂　庄民联合修筑，灌溉北社尾、水牛厝二庄。

大目根陂　水源来自牛稠溪，灌溉大目根堡的农田。

槺榔陂　庄民联合修筑，灌溉大、小槺榔二庄。

头桥陂　在打猫庄东。

中坑仔陂　在打猫庄东北。

龙湖　就是赤山庄大潭，庄民引水灌溉田地。

恒春县

柴头陂　又名竹桥陂，庄民合力修筑，引阿猴林的水灌溉田地。

万丹陂　在港西里。

台湾县（今台中市）

快官圳　在快官庄，由业户杨、曾二姓合力修筑，灌溉田地4000多甲。

猫儿高圳　就是快官庄下陂，由业户张、陈二姓合力修筑，灌溉半线堡的田地1000多甲。

二八圳　康熙年间，业户杨志申修筑，水源与快官圳相同，灌溉田地1000多甲。

猫雾捒圳　又名葫芦墩圳，乾隆年间，业户张振万与蓝、秦二姓合力修筑，引大甲溪的水灌溉捒东堡的田地1000多甲。

大甲溪圳　庄民合力修筑，引大甲溪的水灌溉牛骂头、沙辘等庄的田地。

险圳　在南北投堡，乾隆十六年（1751），业户池良生修筑，引乌溪之水灌溉堡内70多庄的田地，工程很大。

万丹坑圳　在南北投堡的东边。

万斗六圳　在猫罗堡，业户吴伯荣修筑，引万斗六溪的水灌溉堡内的田地1000多甲。

马龙潭陂　在猫雾捒，渠长20多里，大旱不会干涸，灌溉田地很广。

南投圳　在南投堡，引哮猫的水灌溉堡内的田地。

马助圳　在险圳之下，引乌溪支流灌溉上、下茄荖的田地500多甲。

阿辘治圳　在马助圳之下，水源都是乌溪，灌溉石头、埔庄等地的田地500多甲。

聚兴庄圳　在捒东堡，光绪十六年（1890），业户林朝栋修筑，引葫芦墩圳分流的水灌溉聚兴庄的田地。

内国姓圳　光绪十七年，业户林朝栋修筑，引北港溪的水灌溉内国姓庄的田地。

彰化县

打马辰陂　在西螺社东，引虎尾溪支流灌溉西螺的田地2000多甲。

引引庄陂　在西螺杜，康熙五十三年（1714），诸罗知县周钟瑄募资修筑。

打廉庄陂　在东螺社西北，康熙五十五年，诸罗知县周钟瑄募资修筑。

燕雾庄陂　在半线社南，康熙五十五年，诸罗知县周钟瑄募资修筑。

施厝圳　又名八堡圳。在东螺堡，康熙五十八年，业户施世榜修筑，灌溉田地很广，具体的情况记载在施世榜的传记中。

埔盐陂　业户施姓修筑，引施厝圳支流灌溉好收庄等田地几百甲。

十五庄圳　在大武郡堡，康熙六十年，业户黄仕卿修筑。

二八水圳　在东螺堡，横卧在施厝圳和十五庄圳之间。

王田圳　在大肚堡，业户董显谟修筑，引大肚溪的水灌溉山脚下7庄的田地。

中渡头圳　在大肚堡，业户王绵远修筑，引大肚溪的水灌溉龟山等庄的田地。

福马圳　业户施世榜修筑，引大肚溪的水灌溉李厝庄等田地1000多甲。

大肚圳　雍正十三年（1735），业户林、戴、石三姓合力修筑，引大肚溪的水灌溉百顺庄的田地600多甲。

福口厝圳　在马芝堡，业户陈士陶修筑，引快官、施厝两圳支流灌溉上、下寮的田地。

云林县

斗六圳　在县城附近。

大竹围圳　在大竹围庄。

鹿场圳　雍正年间修筑。引虎尾溪分流到溪州堡吴厝庄外进入水圳，又分为两条水渠，灌溉田地4000多甲。

他里雾圳　在他里雾杜，“土番”、汉民合力修筑。

埔姜仑圳　在他里雾社的西边。

猴闷圳　在他里雾社的北边。

柴里圳　在柴里社，水源来自庵古坑。

尖山圳　在尖山社。

走猪圳　水源来自石龟溪，灌溉走猪、排仔路二庄。

荷包连圳　水源来自石龟溪，灌溉田地大约300甲。

加冬脚圳　在他里雾社的南边，水源来自石龟溪。

石龟溪圳　水源来自石龟溪。

水碓圳　在斗六堡，分为上、下二圳。

六十甲陂　在新廓仔庄，水源来自庵古坑。

观音陂　水源来自小坑仔溪。

社口陂　水源来自溪边厝溪。

林内圳　水源来自浊水溪，灌溉林内、石榴班等庄。

顶下横沟圳

海丰圳

老发圳

番子圳

虎尾圳　水源来自陂仔顶溪，灌溉虎尾溪庄。

和溪厝圳　在沙连堡，水源来自清水溪。

东埔蜡圳　乾隆二十一年（1756），业户刘姓修筑，灌溉田地200多甲。

坪仔顶圳　道光元年（1821），业户张天球修筑，水源来自清水溪。

清水沟圳　嘉庆二十四年（1819），佃户廖阿礼修筑，水源来自清水溪。

三角潭圳　道光二十四年，业户陈希亮修筑。

大水窟陂　水源来自崠顶山下的泉水，邱、董二姓合力修筑。

羌仔寮圳　乾隆五年，业户叶初修筑。

隆兴陂　乾隆年间，业户张天球、陈佛照合力修筑，灌溉浊水溪南岸的田地400多甲。

茄苳湖陂　源出梅仔坑溪，灌溉田地460甲。

林仔陂　在仑仔庄，灌溉田地450多甲。

沟心陂　水源来自林仔陂。

石圭溪陂　水源来自大湖口。

阿丹陂　水源来自嵌顶厝溪。

竹头角陂

将军仑陂

新陂

南势陂

十三庄圳　水源来自西螺溪，灌溉田地1000多甲。

通济圳　水源来自虎尾溪，到赤丘仔分为南、北、中三圳，灌溉28庄800多甲田地。同治十二年（1873），大丘园开堡庄民合力修筑。

大有圳　在布屿堡。雍正十三年（1735），业户张、方、高等姓合力修筑，引虎尾溪支流的水灌溉大有庄等，和鹿场圳相通。

嵌顶厝圳　水源来自大湖溪。

苗栗县

猫里圳　在后垄堡，乾隆三十四年（1769），佃户合力修筑，引合欢坪的水灌溉田地 448 甲。猫里，就是现在的苗栗县城。

蛤仔市圳 在后垄堡，乾隆五十二年，佃户合力修筑，水源来自合欢坪，灌溉田地 600 多甲。

嘉志阁圳 在后垄堡，乾隆三十三年，佃户合力修筑，水源来自合欢坪，灌溉田地 140 甲。

狮潭圳 在后垄堡，佃户合力修筑，水源来自狮潭，灌溉田地 300 多甲。

四成陂 在苗栗一堡，光绪十六年（1890），帮办抚垦林维源修筑，引大安溪的水灌溉月眉、六份等庄的田地 500 多甲。

马龙陂 在后垄堡。

大安溪圳 在大甲堡，水源来大安溪，灌溉田地大约 400 甲。

火焰山脚圳 在大甲堡。

新庄陂 在大甲堡。

濑施陂 在大甲堡。

九张犁圳 在大甲堡。

日南圳 在大甲堡。

七张犁圳 在大甲堡。

安宁庄圳 在大甲堡。

西势圳 在苑里堡，水源来自大安溪。

苑里圳 在苑里堡。

古亭笨圳 在苑里堡。

淡水县

大安圳 在摆接堡溪的东边。乾隆年间，业户林成祖修筑，引三叉河的水灌溉大安寮等庄的田地 1000 多甲。

永丰圳 在摆接堡，也是林成祖所修筑，灌溉枋寮庄的田地 190 多甲。

暗坑圳 与永丰圳相邻，嘉庆年间，业户林登选修筑。

瑠公圳 又名金合川圳。乾隆年间，业户郭锡瑠修筑，引大坪林溪的水灌溉拳山、大佳腊两堡的田地 1000 多甲。

大坪林圳 在拳山堡，庄民合力修筑，水源来自青潭溪，灌溉田地 465 甲。

内湖陂 在拳山堡，庄民合力修筑，水源来自内湖，灌溉大佳腊堡西边的田地 700 多甲。

顶陂头陂 在大佳腊堡，庄民合力修筑，灌溉田第 100 多甲。又有下陂头陂，灌溉田地较少。

双连陂　在县城附近，灌溉田地100多甲。

双溪圳　在芝兰堡，雍正年间，业户郑维谦修筑，引七星墩的水灌溉堡内的田地。

番仔井圳　在芝兰堡，乾隆年间，业户潘宗胜修筑，灌溉田地100多甲。

七星墩圳　在芝兰堡，雍正年间，业户王锡祺修筑。

水枧头圳　在芝兰堡，乾隆四十一年，“土番”、汉民合力修筑。

灵潭陂　在桃涧堡，乾隆十二年，霄里社通事知母六募佃合力修筑。

霄里大圳　在桃涧堡，乾隆六年（1741），业户薛奇龙偕知母六募佃修筑，灌溉番仔寮6庄的田地。后因水量不足，佃户张子敏等又修筑了一条水圳和它连接。

永安陂　在海山堡，乾隆三十一年，业户张必荣、张沛世合力修筑，水源来自摆接溪，灌溉田地600多甲。

福安陂　在海山堡，业户张必荣、吴际盛合力修筑，水源来自摆接溪，灌溉田地300多甲。

隆恩陂　在海山堡，水源来自摆接溪，灌溉隆恩田310多甲。

万安陂　又名刘厝圳，在海山堡，乾隆二十六年，业户刘承缵募佃修筑，水源来自摆接溪，灌溉田地260多甲。

七十二份陂　在海山堡，灌溉田地72份，因此得名，现在大多淤积为田地。

十八份陂　在海山堡十八份庄，业户林启泰等修筑，现在大多淤积为田地。

新竹县

隆恩圳　又名四百甲圳，在竹堑堡。雍正初年，业户王世杰募佃合力修筑，引九芎林溪的水灌溉竹堑埔一带的田地大约2000甲。

振利圳　在竹堑堡，道光初年，业户吴振利修筑，引隆恩圳分流以灌溉县城附近的田地。

花草林圳　在竹堑堡，同治年间，业户金惠成修筑，引五指山溪的水灌溉花草林庄的田地。

藤寮坑圳　在竹堑堡，同治年间，业户钱朝拔修筑，引五指山溪的水灌溉新庄仔庄的田地。

九层头圳　水源来自油罗溪，道光年间，业户刘万政修筑。

谋人崎圳　水源来自油罗溪，道光年间，业户徐元官修筑。

猴毫圳　水源来自油罗溪，道光年间，业户刘万政修筑。

坪林圳　水源来自花草林溪，嘉庆年间，业户金惠成修筑。而树杞林圳、鸡油林圳也是金惠成所修筑。

石壁潭圳　水源来自油罗溪，咸丰年间，业户刘阿成重修。

高枧圳　水源来自石壁潭。

九芎林圳　水源来自九芎林溪，道光初年，业户姜胜祉修筑，灌溉田地 400 多甲。还有五块厝圳，也是姜胜祉所修筑。

顶员山圳　水源来自树杞林溪，道光初年，业户陈彻修筑。

下员山圳　水源来自树杞林溪，乾隆年间，新“社番”通事某人修筑。

七份仔圳　水源来自九芎林溪。

麻园圳　水源来自九芎林溪。

隘口圳　水源来自九芎林溪。

六张犁圳　水源来自九芎林溪，乾隆年间，业户林先坤修筑，灌溉六张犁等庄田地 160 多甲。

泉兴圳　在麻园堵庄的后边，引隆恩圳的水灌溉田地。嘉庆年间，业户林泉兴所修筑，还没有修完而工程款已经用尽，何胜续款修筑完成，因此也称何胜圳。

二十张犁圳　水源来自九甲埔溪，灌溉田地 100 多甲。

新陂圳　水源来自九芎林溪，乾隆年间，新“社番”修筑。

翁厝圳　水源来自九芎林溪，业户翁姓修筑，灌溉田地 120 多甲。

乌瓦窑圳　水源来自金门厝溪，业户金永和修筑。

土地公埔圳　水源来自新埔溪，灌溉田地 100 多甲。

涂沟仔圳　水源来自隙仔溪。

南埔圳　水源来自五指山，道光年间，垦户金广福修筑。还有南埔溪底圳、北埔嵌下圳、中兴庄圳，都是金广福所修筑。

月眉圳　水源来五指山。

隆恩圳　在竹南堡，水源来自内湾溪。乾隆年间，业户陈晓理、林耳顺等合力修筑，灌溉田地 1100 多甲。

香佃圳　水源来自头份溪北岸，灌溉田地 400 多甲。

南庄圳　水源来自大东河溪，光绪初年，业户黄流民修筑。还有田尾圳、南埔圳，也都是他所修筑。

三湾圳　水源来自南庄溪，咸丰九年（1859），业户徐昌赞修筑。还有腰堵角圳，也是他所修筑。

内湾圳　水源来自二湾溪，咸丰七年，庄民合力修筑。

牛栏堵圳　水源来自内湾溪，咸丰四年，业户林梅二修筑。

茄苳坑圳　水源来自内湾溪，道光年间，业户徐九二修筑，灌溉田地150多甲。

水流潭圳　水源来自头份溪，道光年间，业户刘焕文修筑。

咸菜瓮嵌上圳　在竹北堡。还有嵌下圳。

蛤子窟圳　水源来自咸菜瓮溪，道光年间修筑。

石冈子圳　水源来自咸菜瓮溪，灌溉田地100多甲。

水汴头圳　水源来自咸菜瓮溪，嘉庆年间修筑。

新埔圳　水源来自咸菜瓮溪，乾隆年间修筑。

四只厝圳　水源来自霄里溪，道光十八年（1838），业户林坤修筑。

枋寮圳　水源来自霄里溪，乾隆年间修筑，灌溉田地200多甲。

猫儿椗圳　水源来自凤山崎溪，乾隆十二年（1747），业户合力修筑。

菁埔圳　水源来自三脚寮溪，垦户徐国华修筑。

三七圳　在竹北堡大溪湄南岸。乾隆八年，垦户曾昆茂修筑。分别灌溉大竹围庄田地700甲，又灌溉隘口寮等庄田地300甲，因此称三七圳。

宜兰县

陂头圳　在珍珠里简社，水源来自罗东。

冬瓜山圳　水源来自山脚大陂。

武荖坑圳　水源来自西畔溪，灌溉南兴、广福等庄的田地。

马赛圳　水源来自武荖溪。

金大成圳　业户合力修筑，水源来自浊水溪，圳长2000多丈，分别灌溉三阄二、四阄二等庄田地900多甲。

罗东北门圳　业户合立修筑，引罗东西北的水灌溉田地100多甲。还有南门圳，灌溉溪州庄的田地。

万长春圳　业户合力修筑，引鹿埔溪的水灌溉田地1000甲。

大湖圳　水源来自大湖山麓的陂。

四阄二结圳　水源来自梅州围山，灌溉田地200多甲。

豆仔罕圳　水源来自西势大溪。

四围圳　水源来自大陂。

三十九结圳　水源来自四围山麓。

三围圳　水源来自三围山麓。

卷二十八

虞衡志

卷二十八

虞衡志

连横评论说，天下哪个地方是否富裕，取决于世代居住在当地的人民；财富增长的来源，取决于当地的物质资源。因此，上天不吝惜赋予时机，大地不吝惜它蕴藏的宝藏，人民不吝惜勤劳努力，国家就可以强大，家庭就可以自给自足。过去姜太公治理齐国，设职官经营山海，管仲沿袭他的政策，齐国得以称霸。台湾是南方海上的一个岛屿，气候温暖，土地肥沃，加上山林资源丰饶，沼泽湖泊富有，矿产的丰富，渔盐的利益，家禽畜产的大量养殖，飞鸟、走兽、鱼虾各种动植物资源，取之不尽，用之不竭，这是大自然提供的无尽宝藏。台湾原来是“土番”所居住地方，也被其他一些岛屿的居民侵犯过。我们的先民，横渡大海，进入蛮荒边远的地方，开垦了这片土地，为子孙建立了万年的基业，这个功劳实在是很伟大。古时候设立了虞衡的官职，专门管理山林、河泽。《周礼》记载，职方氏掌管地图，他根据全国各地地理、气候的条件，繁育了九种农作物（一般认为是黍、稷、秫、稻、麻、大豆、小豆、大麦、小麦），分别圈养了六种家禽、家畜（指马、牛、羊、鸡、狗、猪），顺应了自然规律，又有所作为，使天人、草木、鸟兽各种事物的关系都得到了协调发展。后来君王无道，横征暴敛，自然界提供的各种资源都枯竭了。甚至还和民众争利，搜刮粮食，盗掘坟墓，满足上层的私欲。百姓因此破产，流离失所，而统治者却漠然不顾，真是令人痛心。台湾是形势险固、土地肥沃、物产丰富的地方，积蓄众多，人民富庶，虽有很多的水、旱、兵燹灾害，只要经营得道就容易兴盛，治理得当就容易安定。本篇所载都是天然的物种，其中主要的都已经记载在农业、工艺、榷卖几个志中。这不是为了让人们能知道更多奇异的东西，而是希望能够善加利用，好好经营，造福我们的后人。

草的类别

台湾的草，多达5000多种。平原、沼泽、山丘、谷地，到处都繁茂丛生。旧方志记载的，大多用的是土名，所以，《山海》[1] 里没有记载，岐伯[2] 也没有尝过，但台湾的草资源非常丰富。本篇只列举那些有用或可以作为药材的。

茅　野生，乡下的老百姓把它盖屋顶，用处很大。

蔺　大甲种植用来编织草席，质地极为柔韧。

蒲　俗称咸草，用来织席。

艾　可以作药。

蘋

萍

藻

藜　叶子嫩的时候可以食用，枝干老的可以当拐杖。

蕈　品种很多，都有毒。只有雨后生在竹下的称为竹菰，清早采摘煮食，味道很美，但过了中午就会长虫。

茯苓　蔓生，生在松林之下，集集出产最多，有重达 30—40 斤的。

蓖麻　种子可以榨油，用途很广。

香茅　味香，可以制作香水。

仙草　高大约 5—6 尺，晒干，用水煎熬，冷却成冻，色黑，加糖作为饮品，可以清凉解暑，夏天吃的人很多。

通草　野生很多，截取草心，切为薄片用来制作假花，可以染成各种色彩，远销外省。

风草　初春长叶子，有经验的农民用它来验证当年是否有飓风。

茜草　用来染色。

烟草　内山有野生，近来也有人种植，味道浓烈。

姜黄　叶子像姜，花白色，呈长条形，像鸡毛掸，根可以用来染黄色，安平县的噍吧哖一带野生很多，销售到外国。

芊蓁　叶子比茅草大，晒干以后铺排作墙壁，经久不会朽坏。

泽兰　可以作药。

菖蒲　可以作药。端午节插在门上，民间认为可以辟邪。

紫苏

① 《山海》，《山海经》的一部分。

② 岐伯，上古时期的“医圣”，有尝遍百草的传说。

薄荷

木通

沙参

香附

白麴草　用来制作曲酿酒。

鼠麴草　用来制作米粿。

龙舌草　俗称露荟，叶片长过 1 尺，厚大约半寸，旁侧有刺，形状像舌头。有人种植，浆汁很黏稠，用来光润头发，和润发油脂的效果没有差别。

书带草　又称七弦草。叶片的颜色有些绿，就像水稻的秧苗，上面有 7 道白色条纹，到冬天变成红色，花像兰花。有人说把草夹在书中，可以驱除蠹虫。

含羞草　高 4—5 寸，叶子像槐树的叶子，以手指触碰，就会收起叶片低垂，开黄色小花。

车前子　就是古人所说的芣苢，俗称五根草。婴儿出生后，把车前子榨汁加些蜜给孩子喝，可以去除胎毒。

夏枯草　冬天生长，夏天枯萎，可以作药。

虎耳草　可以治耳朵的疾病。

金银花　可以解毒。

鸡舌红　叶子红色，如同鸡舌。

珍珠红　叶子小，花红色，像珠子，有人种植，可以治喉咙的疾病。

金石斛　内山野生的很多。

金线莲　叶子像新的荷叶，上面有金色的条纹，治中暑，埔里社山里野生的很多。

仙人掌　叶片和手掌一样大，绿颜色，汁液有毒，溅入眼睛经常导致失明。

凤尾草

天门冬　台湾中部靠近山区处野生的较多，有用来制作蜜饯的。

麦门冬

蒲公英

益母草

马尾丝　生长在湿地，用它的根擦拭被蛇咬的伤口，立见成效。

羊角草

木贼草　可以作药，也可以用来擦拭铜、木各种器具。

金锁匙　可以治疗疳积[1]。

一枝香　又名马蹄金。

叶下红　又名消息草。

万年松　叶子像松树但比较小，晒干后泡水又可以恢复绿色，可以治肚子痛。

醎酸草　可以治喉咙痛。

蚶壳草　可以治痧[2]。

猪母草　可以治瘵[3]。

曼陀花　人服食之后会产生幻觉，甚至发狂，但它的叶子用开水泡过之后敷贴痈疽（毒疮）上，可以将其治愈。

苍耳子

白蒺藜

天南星

九层塔　治跌打损伤。

鸭嘴黄　又名定经草，可以调理月经。

鸡屎藤　可以治风病（疯癫病）。

水烛草　生在池塘沼泽中，叶片如蒲草，花像蜡烛，可以治刀伤。

羊甘草　可以治黄疸。

姑婆草　可以治中毒。

马鞍藤　可以治痈疽。

树木的类别

台湾地处热带，树木种类之多，不可胜数。崇山峻岭，高入云天，海拔高达12000-13000尺，比如玉山就是如此。高山常年积雪，大树挺立，从寒带到温带的树种，都能生长，实在是天然的宝库。但100多年来，缺乏林业管理，乱砍滥伐，城郊边远地区的树木，都被砍光了。向东看到的内山，仍是郁郁葱葱，气象万千，还可以发展巨大的产业。以前英国人瑞讽来到台湾，遍游南北，曾经撰写《台湾植物志》一书，认为台湾森林的丰富，前所未见，而且多是有用的木材。我也喜欢游览，几次进入“番界”，跋山涉水，看见茂密的森林和美丽的大树，常常进行一番

① 疳积，小孩的肠胃病。

② 痧，因风寒、中暑、病毒、饮食不卫生等引起的季节性疾病，有热痧、寒痧、绞肠痧等区别。

③ 瘵，一种类似结核的传染性疾病。

考察，所以，对于树木可以说略知梗概。本篇所记载的，多属本人亲眼看到的，再参考其他书籍，说明它的作用，和旧方志相比，可以看到具体很多。

桑　有种植的桑树和野生桑树的区别，它的果实红透了就可以食用，皮可以作药，称为“桑白”。

樟　台湾出产很多，有两种：香樟用来熬制樟脑，臭樟用来造船和制作器具。

桧　阿里山最多，有大到4—5人才能合抱的，建造房屋，制作器具，用途很广。

榕　各地都有，树叶极为茂密，树荫面积有大到4—5亩的，树汁可以制作胶。

松　内山非常多，松子可食用。

柏　内山也很多。还有扁柏，叶子可以作药。

杉　内山也很多。另外还有油杉、红杉，材质尤其坚固。

楠　有香楠、奇楠、臭楠、石楠等多种，用途很广。还有虎皮楠，树皮像虎纹。

梓　俗称大中黄，埔里社比较多，制作家具特别好，颜色光润如象牙。

柳　有水柳、垂柳几种。

柽　就是丝柳，叶条像丝而且绿，种植在庭院湖畔，袅袅动人。

杨

楝　俗称苦楝，因为它的果实味道是苦的。晚春时节开花，朵小而颜色深红，一串有数十朵，种植容易生长，木材可制作器具。

楮　俗称鹿好树，因为鹿喜欢吃它的叶子。树皮可用来造纸。

朴　木材可以用来制作器具。叶子粗而且利，用来擦拭铜锡器，可以很光亮。

枫　木材可以用来制作器具。还有青枫、石枫。叶子都是五角尖形，入秋变红。

槐

榆　俗称白叶树。

棕　皮可以用来制作绳子。

椅　叶子像桐树但更小，阿里山和红头屿比较多。

柃　俗称油叶茶。

橡　俗称杆仔皮，木材可以造车。

桐　有梧桐、白桐等不同的种。还有油桐，产于台湾、嘉义两县的山里，结子特大，可以榨油。

榉　俗称鸡油树，有几种，木质很好，可用来制作车辆。

柯　新竹比较多，木质坚硬，可以作为斧柄。还有水柯，皮可作染料。

杜　叶子像蒲荆，树干直径大到3—4尺，木心暗红。

椿　树干高，叶子可以作药。

林茶　又称为林投，是根据“土番”语言音译的。台南以南的地方，野生很多。树高能够达到 1 丈，直干无枝，叶片成簇生长，长 4-5 尺，尖刺排列像锯齿。剥下树叶提取纤维，可用。果实像凤梨，但不可食用。种子像金铃。老树木质坚硬，有纹理，可制作碗筷、歌板、月琴各种器具。根可以编织草鞋。

山杉　就是竹柏木中最好的，色泽像象牙，制作器具很好看。

石柳　生长缓慢，木材质地非常好，颜色像象牙。

柏乌　台北比较多。晚秋时树叶变红。木材可制作器具，子可榨油，又可制作蜡。

埔柿　树如柿树，不结果实。

山荔　树如荔枝树，不结果实。

梢楠　叶子像松，又称黄肉树，材质极其坚美。

茄苳　树高大，木质呈黑色，极其坚固，制作器具很难朽坏，叶子可以作药。

木棉　俗称斑枙，因为它的花是红色的。果实可作棉花。安平、嘉义两县的内山野生很多。

厚栗　或称为校力。木质坚固，可以作栋梁。

水松　喜欢靠水边生长，皮湿润，厚如棉被，树枝高而向上弯曲，叶子细小而带粉。

铁树　树干黑色，叶尖而梗硬，不容易开花。因此，台湾人有“铁树开花”的谚语，意思与“黄河水清”差不多。

榛榔　树干笔直，没有叶，树枝可以作扫帚。

石柃　木质极其坚固。

山漆　还有一种水漆，生长在海滩淤泥中。叶子有粗毛，人接触到皮肤会肿痛，也称为“咬人狗”。

刺桐　像桐但有刺，台南府城还没有建造城墙时种植，作为藩篱。

蒲荆　就是蔓荆，叶子像杨树，容易生长。

肉桂　树皮如同桂花树，有油，有香味。

乌松　就是赤榕。叶子比榕树大，刚长出来的时候，叶苞像笔，新叶颜色鲜红。

茄萣　生长在海滨，木头可作薪柴，树皮赭红色，可以用来染渔网。安平县有茄萣庄。

薯榔　出产于内山，根像薯块，赭红色，用来染布。

枸杞　嫩叶可作为蔬菜，果实可以作药。

破布子　叶子像桐树但更小，秋初结果实，像苦楝子，用盐腌来吃，味道甘甜。

黄目树　就是无患树。高2—3丈，果实像枇杷，色黄而皮皱，可以用来洗衣服，果浆像肥皂。

百日青　就是罗汉松。砍伐之后，树皮保持青色，用来制作茶几、卧榻，质量很好。

烂心木　质地非常坚固，只是树心是空的，就像烂了一样，因此得名。

相思树　叶子像杨树，木质坚硬，开黄花，果实像红豆，左思《吴都赋》有记载。台湾最多，附近山区都有种植，用来烧炭。

八角树　木质坚固，树皮可以用来染黄色，果实称作八角，味道香，可以作药。

乌心石　叶子像夜合花，又像含笑，木质坚硬如石，颜色暗黄，制作器具特别好。

红厚壳　木质极其坚固，可以用来造船和车辆。恒春沿海有出产。

红淡树　叶子像榕树，木头可以制作器具，基隆比较多，有地名就称“红淡林”。

红豆树　就是相思子，俗称鸡母真珠。种子鲜红可爱，有人说有毒。“番”民用来妆饰。叶子可以作茶。

金刚纂　俗称火秧。树干巨大直立，呈三角形。棱有刺，叶子小，开黄色花也很小，分泌的树汁非常毒。种植作为篱笆，牛羊不敢逾越。还有一种大的，叫作奇楠，因为老树能分泌香脂，香味如同奇楠。

绿珊瑚　枝干像珊瑚，折断以后分泌的树汁很毒，可以种植作为藩篱。

苦林盘　生在海岸，可以防风和防止海浪冲击，保持水土，也可以作药。煎叶洗浴，可以祛除湿毒。

海茄苳　台南沿海有出产。

土沈（沉）香　开白花，5个花瓣，结子黄色如豆大，根部有香味。《赤嵌笔谈》称：打鼓山有香木，颜色类似沉香，香味更浓，不知是什么香，人们也不知它的贵重。听说早年有苏州客商认得，载走了几十担，后来有一个官员用来作手杖。现在留下来的只是一些碎木头，有人把它加工成扇子。

金龟树　因为金龟多寄宿在树上，因此得名。

山胡椒　果实小而香，北部的“番”民把它当盐。

馒头树　树干像梧桐，但不直，春夏开花，花小色绿，1簇30—40朵。

番豆树　树大如同槐树，果实有荚，肉白可食用，有的称为刺豆。

竹子的类别

刺竹　土产，各地都有。高4—5丈，节处有刺，像鹰爪，质地坚固，不容易腐朽。每个乡村都环绕种植，坚固不容易逾越。台湾府城的城墙还没有建造之前，也是种植这种竹子，作为防卫。建筑房屋，制作器具，都会用到。只是笋是苦的，不能吃。凡是种竹子，在五月初八种植就能活，这一天称为“竹醉日”。

绿竹　台南种植特别多。每丛几根，叶片大没有刺，笋非常甜脆，夏秋盛产。

麻竹　高度和刺竹差不多，叶子和枝干都比较大，林圯埔出产的特别大，可以扎制竹筏。切笋晒干，味道特别酸甜可口，销售外省。

圭竹　径宽2尺，高达4丈。

黑竹　枝干黑，大小如手指，产于嘉义县山中，可以用来制作茶几、卧榻。

红竹　高数尺，叶片大而颜色红，枝干可用来丈量土地，也有绿色的，种植在庭院中，开花成簇。

石竹　大如圭竹，可用来制作器具。

棕竹　淡水有产，皮像棕，竹节密，高4—5尺。

芦竹　就是芦苇。生长在水边，笋可食用。

斑竹　产于嘉义。皮有斑点，用来制作箫管、床几。

白竹　《诸罗县志》记载诸罗有产，现在没有见到。

黄竹　高不到1丈，枝干黄色，产于台湾县的黄竹坑、北坑沟一带，笋非常好吃。

猫儿竹　嘉义、云林两县所产比较多，冬季长笋，称为冬笋，味道可口。

长枝竹　高2—3丈，节长1尺多，用来制作茶几、卧榻。

空涵竹　产于山中，高2丈多，径2—3寸，没有旁枝。

观音竹　高不到1丈，枝干细叶片小，种植作为藩篱，密绿可爱。

珠篱竹　又名篓篱竹。高1丈多，大小如手指，用来编织篱笆。

金丝竹　又名箭竹，大如小手指，质地柔韧，“土番”用来作箭。

七弦竹　高约1丈，枝干白色，有青纹6—7条。

人面竹　嘉义有产，高4—5尺，竹节密，形状如同人面。

藤的类别

水藤　内山野生很多。一根长几十丈，用来制作椅子、卧床各种器具，用途很广。

风藤　形状和藤不同，像木通（一种药用植物），浸酒服用，可以治风疾。

黄藤　可以作药，治腹痛。

钩藤　可以作药，一茎双钩的药效特别好。

鱼藤　叶片并生，有毒性，服用能致死，农村人用来毒鱼。

乳藤　叶子像扶留藤，把茎折断会流出乳汁，花淡黄色，有香味。

蒌藤　就是扶留藤，用叶子和槟榔一起嚼食。

紫藤　种子来自中国大陆，花很美。

三叶藤　生长很快，花朵3个瓣，像叶子，颜色绛红，中间有黄心。

花的类别

梅　台湾气候炎热，嘉义以北比较多，而台南则很少。延平郡王祠有古梅一株，相传为郑成功亲手种植，十月就开花。之前，清代台南台湾知府衙门的右边有鸿指园，是在明郑承天府衙门的里面，这棵梅花就在其中，枝干上枝杈奇出，肯定是郑氏时期留下来的。光绪初年建延平郡王祠的时候，移栽到这里，到现在成为宝物。

桃　花有重瓣、单瓣等几种。

李　嘉义、彰化两县很多。

樱　淡水竹仔湖和埔里社内山野生的很多。

桂　有月桂、丹桂两种。

杏　淡水和埔里社内山野生的很多，有红、白两种。

牡丹　每年从上海移种，开花后就枯萎。

夜合　各地都有。

仙丹　有红、白两种。

木槿　开白花的，台湾人称为水锦。

佛桑　又名扶桑。有红、黄、黑红几种。

紫荆　开白花的台湾人称为九芎，木质坚固，可制作器具。

山茶　有红、白、八宝、八角几种，彰化最多。

玉兰　种源来自广东，传入台湾不久。树高数丈，花白像兰花，气味极为清香。

木笔　就是辛夷（也称紫玉兰、望春花）。

栀子　花瓣重叠的是玉楼春，台湾南、北都有种植，春季盛开，采来熏茶，果实可以用来染色，台北称为蝉薄。

木兰　又名树兰。高数丈，叶子像山矾，开黄色小花，一簇数十朵，香味像兰花，台南用来熏茶。

木莲　产于内山，花开像莲花。

蔷薇　有多种，还有野蔷薇。开白色小花，台湾人称为刺仔花，掘它的根可以做茶。

玫瑰　与蔷薇同类，香味更浓，花可沏茶。

长春　也是蔷薇一类，花比较小，一年四季都会开花。

唐棣　花像李花，红色，春天开的满树都是。

赪桐　花像仙丹花，有须毛，颜色很红，也有白色，五月盛开，俗称龙船花。

杜鹃　鸡笼（今基隆）山上野生很多，盛开时，红似火焰。

木香　花朵像茉莉，香味浓烈。

海棠　台湾气候炎热，花比较小。淡水的三貂岭有秋海棠，很多，俗称山海棠，花红枝干绿。

含笑　台南最多。

贝多罗　种子源自西域，俗称番花。树高 2—3 丈，叶片长 1 尺，白花，花瓣从里到外有 6 层，花心黄色，很香，可以防治春虫。

七里香　就是山矾，花白，香味浓烈。

木芙蓉　俗称九头芙蓉，或者称为红霜降花。

番胡蝶　花像蝴蝶，有须，中红外黄，一枝花有几朵，四季常开。旧方志认为是台湾当地的产物。

夹竹桃　有红、白两种。

指甲花　又名水木樨。花白，比丁香花还小，把叶子捣烂用来染指甲，颜色会变得鲜红。

马缨花　花像装饰马的缨须，淡水比较多。

刺球花　高数尺，有刺，可种植成篱笆，秋冬季节开黄花，密密聚集像绒毛，台湾人称为消息花。可制作香水，果实像豆荚，根可以用来染绛红色。也称为番苏木。

虎子花　花黄色，须长，形状像虎头。

山踯躅　花比杜鹃小，红色，苗栗山上野生的很多。

马蹄花　叶子像栀子，花白有香味。

红蜡花　种子源自西域。树干多刺，折断有树汁流出，花红像海棠。

山芙蓉　叶子小，开黄花，香味极其浓烈，九月盛开。

山茱萸　野生。

卉的类别

兰　一棵开一朵花的是兰，一棵开几朵花的是蕙。台湾蕙多兰少，有人认为是传自福建。内山野生的，香气比较差，只有淡水观音山出产的才好。

菊　有几十种。台南气候比较暖，从秋天到春天，花开不绝，因此有“荷花献岁菊迎年”的诗句。还有万寿菊，气味不好。

荷　清明才开，晚秋凋谢。有一种午时莲，种在盆中，花小如同钱币，中午时花开，过午就枯萎。

葵　有大、小两种。

水仙　每年从漳州移种，开花后就枯萎。

芍药　台湾很少栽种。

昙花　种子源自西域。有红、白两种，开白花的，台湾人称为隐水蕉。

兰蕉　又称莲蕉。叶子像芭蕉而花像兰，有红、黄两种。

月桃　叶子像兰蕉但比较大，可以用来包粽子。花白像桃花，一棵上面长10余朵。

绣球　开白花，一团团聚集在一起像球。

喷雪　花小，像雪。

鹿葱　就是萱花，又名宜男草。单瓣的是金簪花，可以当菜吃。

茉莉　又名抹丽。有单瓣、重瓣两种，一年四季都会开花，夏季开得特别多。淡水种来熏制茶叶，每甲田地可获益上千元。还有一种番茉莉，木本，花大像菊花，香气比较差。

素馨　俗称四英，一年四季都开花，淡水种植用来熏制茶叶。

凤仙　有红、白两种，红花捣烂可以用来染指甲。

石竹　俗称锦竹。

剪绒　就是剪秋罗。

瑞香　蔓生，花色微绿，有尖瓣、圆瓣两种。

荼蘼

燕支　花有几种颜色，傍晚才开，果实去皮可以制作胭脂粉。

玉簪　叶子像萱草。

罂粟　种子源自印度。花有几种颜色，结果之时，割取浆汁，可以熬制鸦片。种子小如黍米，可食用，壳可以作药。光绪年间，嘉义、彰化两县有种植。台湾兵备道刘璈也曾禀告闽浙总督，请求准许民间自种，以堵塞白银外流的漏洞，只是品质不如印度的产品。

兔丝　野生，俗称烛仔花。

玉葱　叶子像韭菜，一棵一朵花，有红、白两种，雨后盛开。

百合　台北有出产，只用来作药。

珍珠兰　俗称鸡爪兰，花像金黄色的小米，气味像兰花。

胡蝶兰　产于恒春山中，寄生在枯木上。一棵可以分蘖为5—6枝，每年春、秋两季开花，一枝多达10余朵，花白色，形状像蝴蝶。因为是热带植物，其他地方见不到。移植到室内，根不必种在土里，只要浇水就行。

鹤顶兰　产于嘉义山中。叶子大小像刚种的槟榔，一棵开10余朵花，形状像兰花，花瓣有红点，就像鹤的头顶，因此得名。

百子兰　种苗源自南洋，传入台湾不久。叶片长2尺，环簇而生，锋利能抵御人的侵害，中间长出一根花枝，高3—4尺，开花100多朵，花白色，像兰花而比较大，可惜没有香味。

鹰爪兰　蔓生，叶子像菩提，傍晚才开花。花五六瓣，颜色微黄，形状像兰花，但香气更浓烈，枝干有刺，像鹰爪，因此得名。结的果实像橄榄，几十粒成团。台湾人种植作为篱笆，高不可攀。

倒垂兰　枝干像火秧，攀附在墙上生长，到夜晚才开花，白色，像莲花，从上下垂，摘下放入瓶中，插上蜡烛，可以做灯。

晚香玉　又名月下香。种子源自西域，有单瓣、重瓣两种。

西番莲　又名天竺牡丹。种子源自印度，传入台湾不久。花像菊，有10多种。播种种子和剪枝扦插，都能生长。

夜来香　蔓生，花色微黄，大小像丁香，一簇数十朵，到晚上特别香。

子午花　又名金钱花，种子源自古印度。午时开花，子时凋落。

美人蕉　像蕉，但更小，花红色，像莲花。

鸡冠花　有高、低、红、白许多种。

胡蝶花　又名金茎花。叶片长像蒲草，花黄色，像蝴蝶，有红点，有须毛。台湾人用它的根作药。

日日春　花有5个瓣，有大红、浅红、粉白3种，一年四季都开。

水鸳鸯　生在水里，叶子有些圆，花是绛红色，一株10余朵，浮游在池塘沼泽中，生长很快。

一丈红　有红、白两种。

老来娇　又名雁来红。

牲畜的类别

牛　有水牛、黄牛两种。耕地、拉车都靠它们。只是水牛的力气大，一只可以运载千斤，黄牛不如。荷兰殖民统治时期，南、北各设牛头司，野外放牧，自然繁殖。清初之时，还有很多野牛，千百成群，人们把它们捉来驯养。后来随着土地开垦日益扩大，野牛逐渐减少。清代的法律禁止杀牛，只有祭祀典礼才可以宰杀。乡村卖牛的地方称为墟，定期交易。

马　台湾出产比较少，都是从北方省份运来，由军营使用。

羊　黑颜色，毛短，从中国大陆传入，农家饲养，在山野中放牧。

豚　就是猪，农家饲养最多，生长也很快。肉猪公、母都要阉割，有重达400—500斤的。

犬　有家犬、猎犬，还有洋犬。洋犬是台湾开口通商以后，才从外国传进来的。

鸡　有土产，也有外面的品种。还有火鸡，由外国传来。

鸭　有水田鸭，从福建传来。番鸭是土产。还有土番鸭，是水田鸭和番鸭杂交繁殖的后代。道光年间，传入人工孵化的办法，繁殖饲养很多。

鹅　有白、黑两种。

鸟的类别

鹫　像鹰但体形更大，张开翅膀，长度能达到3—4尺。

鹰　每年清明时节，有鹰成群从南向北飞，到大甲溪边的铁砧山，聚集鸣叫，声音很像极其哀痛的哭泣，彰化人称为南路鹰。

鸢

鹊　乡村人根据鹊巢的高低，来判定本年有没有暴风。

鸠　有火鸠，还有一种毛绿嘴红的称为金鸠，另外白鸠在澎湖比较多，而且能报更。

鸽　有家鸽，俗称粉鸟，野鸽俗称斑鸽。

雀　筑巢在屋檐下，俗称粟鸟。

莺

燕

雉

鸥　俗称水鸭。

鹭

凫

鸠

鸦

鸱　俗称猫头鸟，白昼视力差，夜晚则视力奇佳，好捕食鸟类。

鹡鸰

鸬鹚

驾鸰　也称为迦陵。黑色，像鹊，产于台南，驯化后能学人的语言，就是鸲鹆（八哥）。

画眉　善于鸣叫，饲养用来斗鸟。

鹌鹑　饲养用来斗鸟。

竹鸡　形状像鸡但更小。

苹雀　形状像雀但更小，叫声叽叽喳喳，饲养以后很听话，飞出去后能自己回来。

布谷

乌鸶　形状犹如鸲鹆（八哥），喙尖尾长，飞行速度快，凶恶的鸟也不敢靠近。

翡翠　俗称钓鱼翁。

鸳鸯

练雀　俗称长尾三娘。翠绿色的翅膀和朱红色的喙，光彩照人。

鸺鹠　“土番”出草时，听到它的声音就返回。

鹈鹕　俗称食蛇鸟，像鹤但更小，羽毛淡红色。

海鹅　俗称南风鷔，翅膀和尾巴上的羽毛可以制作箭。

孔雀　从越南引入，有人家饲养。

鹦鹉　从香港引入，有人家饲养。

信天翁　彭佳屿最多。

海鸡母　产于海屿中，黑色羽毛，绿色的脚，比鸡大一些。

白头翁

倒挂鸟　种源自吕宋，脚短爪长。

兽的类别

鹿　台湾当地的鹿有斑点，称梅花鹿。从荷兰殖民统治以后，鹿脯、鹿皮都是出口的货物，到现在已经逐渐减少。也有人工饲养的，每年割取鹿茸。

麞　体形像鹿但比较大。

羌　体形像鹿但比较小。

豹　俗称石虎。

熊　产于内山。

兔　有白、黑、红褐色三种。家庭饲养，作为肉食。

鼠　有家鼠、田鼠、飞鼠、钱鼠。还有白鼠，身长只有1寸多，眼红像朱砂，有人用橱子饲养，橱子里安放一个轮子，旁边放一个钟，鼠踩动轮子，带动钟鸣响。另外还有一种大的白鼠，长有1尺，种源来自粤东，但不会踩轮子。

猫　有家猫、野猫、果子猫。

獭　产于溪边。

猴　种类很多。也有白猴。

山猪　毛粗，獠牙锐利，会攻击人，重量可达到300—400斤。猎人用铳将它打死。

山羊　沿山许多地方都有。

虫的类别

蜂　有蜜蜂，家养用来取蜜。有野蜂、竹蜂、黑蜂。还有虎头蜂，蜂巢像虎头，体大刺毒，螫人很严重。

蚁　有红的、黄的、黑的。还有白蚁，生在潮湿的地方，一巢有数万只，房屋器具，常被蛀食，危害很大。

蝶　种类很多，埔里社的蝴蝶最多，大的如同蝙蝠。

蝉

蜩　俗称红蒲齐，就是北京一带的人所说的齐了（知了）。

螗　像蝉但更大，灰色。俗称吉黎，根据它发出的声音得名。

蛇　种类很多：称为“山辣”的，长可1丈多，能捕食老鼠；称为“草花”的，长1—2尺，以上两种都无毒。称为“龟壳”的，背花色像龟纹。称为“饭匙倩”的，头扁如饭匙，见人就会昂首追逐。称为“青竹丝”的，长1—2尺，青色像竹子。称为“百步癀”的，最毒。还有称为“雨伞节”的。

蛙　俗称水鸡，有两种。

蚊

恙　很小，生在草中，人如果被叮咬，就会发热。

蚤

蝇

萤

蛾

蠹

树蛤　像蛙但更小，青色，生长在树上。还有生长在田中的，称为田蛤。

蟋蟀

梭鸡　俗称灶鸡。

螽斯（蝈蝈）

螳螂

螟蛉

蜾蠃　俗称鸳鸯蜂。

蜘蛛

蛸蟏（喜蛛）

蜻蜓

蜈蚣

蜥蜴　像蛇，身体扁平，有4条腿，长1尺，俗称四脚蛇。《说文解字》说："在草丛中的称为蜥蜴，在墙壁上的称为蝘蜓（即壁虎）。"

蝘蜓　就是守宫，俗称神虫。到了晚上会鸣叫，声音像麻雀，但南过了下淡水溪，北越过大甲溪，西到了澎湖，就不会鸣叫了。

蚯蚓

蝇虎

蛸虫　生于橱中，屎可以作药，称为蛸虫沙。

水蛭　俗称蜈蜞，误食者，喝醋可以化解。还有树蛭，生长在树上。

蜣螂

土猴　形状像蟋蟀，身肥，须短颜色白，油炸可食用。

蔗龟　生于甘蔗中，油炸可食用。

蜂虎

蜉蝣

毛虫

金龟　形状像乌龟，绿色而且有光泽，6 条腿，有翅膀能飞，生在树上。

虾蟆　俗称蟑螆。

蝙蝠　俗称蜜婆。筑巢于古屋，台南府城赤崁楼井中最多。还有筑巢在树上的，用爪倒挂树枝，俗称倒吊连，喜欢吃树上的果实。

鱼的类别

台湾四面环海，周围有温暖的洋流经过，鱼的种类之多，不可胜数。而且有还咸水和淡水的区分。淡水鱼生长在河流溪涧，或者养在池塘里，而咸水鱼则从大海里捕获。捕鱼的器具，有网、罟、缯、罾、縺、箔，捕乌鱼的网具也称为“藏”。每年捕鱼时，都要向官府申请证照，以前都要缴税。光绪三年（1877），巡抚丁日昌奏请免除，渔民认为是一种恩惠。鱼塭，在海滨筑堤用来养鱼，以前也要交税。光绪十四年清丈之后，就把税收的标准降到比下等园地还低，分天、地、人三等征收。台南沿海向来以养鱼为业，所养的鱼是麻萨末（虱目鱼），是“土番”语言的音译。也有人说，延平王郑成功收复台湾时，船停泊在安平港内，才开始有这种鱼，所以又名国姓鱼。台南府城水仙宫前，从前汪洋一片，帆樯林立，古时候有称为安平晚渡的景致，就是台江。从道光年间以来，河流的泥沙日益聚积，以致淤塞不能通行，人们于是筑成鱼塭，由于赋税轻获利大，因此群起经营。其中大的鱼塭面积能达到 100 多甲，其中沟渠纵横，也能用来蓄水泄洪。现在台江留下来的印迹，只能见到一条水道直通安平而已。台湾的养鱼业起源于台南，南到凤山，北到嘉义，都是以此为生。确信这就是大自然所赋予台湾的有利条件。澎湖岛屿林立，人们以海为田，收成的好坏，全看渔获是否丰收，因为当地民众的衣食来源，都依赖于此。但捕鱼的办法，还没有提高，如果能够探讨技术，改良器具，以经营这片海域，一定能得到无穷的利益。只是台湾的鱼，用的都是土名，这里特别罗列其中比较雅致的名字；有不知道雅致名称的，仍然用土名说明。

鲳　有黑、白两种。

鳜

鲈

鲥

鳁

鲨　有10多种，大的有1000多斤，肉粗但鱼翅极为可口，销售到外省，东港、澎湖出产比较多。

鲸　俗称海翁。重达万斤，船小无法捕捉。有时随潮水进入，死在海滩上的，渔民只是取下脂肪熬油。

鲂　有10种，锦鲂身圆，有花点，大的300—400斤。

鲦　长大约1寸多，白色。

鲟　比鲦更小，纯白色，刺很软。也名饲儿饭，给儿童食用，不用担心刺硬。

鳊　鱼身薄，晒干油炸，味道特别香甜可口，凤山县比较多。

鮀　是海鱼中最好的，重10多斤。皮润滑微黑，身上没有鳞刺，只有一根脊骨，骨也是脆的。鱼肉鲜甜，制作生鱼片特别好。每年初冬就来，晚春才稀少。但只有台南、澎湖有这种鱼，其他地方没有见到。有人说，郑成功收复台湾之后，某都督拿这种鱼进献给郑成功，因不懂得什么名字，所以命名为“都督鱼”。

乌鱼　即《本草纲目》中的鲻鱼。有江鲻、河鲻两种。台南六、七月间，鱼塭中饲养的鲻鱼上市，长1尺，没有鱼籽，味腥，这是江鲻。老人们常说乌鱼原产于黄河，为了避寒来到台湾，这是河鲻。每年冬至前10天，鱼群就到安平，肉味鲜美，鱼卵肥润，称为“正头乌”。从这里向南，到了恒春的枫港产卵，然后再回来，就肉瘦味道也不好，称为“回头乌”。过了这段时间就不见了，所以又称为“信鱼”，认为它来去都很准时。各港都有乌鱼出产，只是安平、东港最多，每次来时团聚在海上，有时甚至高出水面，渔民要用竹篙将其击散，才能下网，1网就有数千尾。乌鱼的卵，结为一块，略分为2瓣，长1尺，重10多两，腌盐后晒干，用石头压到很坚实，可以久藏。吃的时候，先用米酒沾湿，再用文火烤，烤到皮起细泡，但不可过焦，切成薄片，味道极其甜香，是台南的美味佳肴。

敏鱼　俗称鮸鱼。冬、春季节盛产，重20多斤。台南人把这种鱼和青檨一起煮，味道极其酸甜可口。

虎鱼　形状像虎头，大口无鳞，长不满1尺，肉嫩而且鲜美。

飞乌　形状像江鲻，有翅膀能飞。

海鲤　俗称红膏鲤。

赤鯮　红色，形状像海鲤但更大，春、夏季节盛产，基隆最多。

银鱼

黄鱼

魛鱼

鱿鱼　生长在海滩淤泥中，长3—4寸，黑色，善跳。俗称花鱿，因为其身上有白点。

花鲶　身上有花点。

独鱼　大如手掌，皮粗，晒干后可磨木器。

乌鲗　俗称木贼（乌贼），又名黑鱼。

蝚鱼　形状如黑鱼，但鱼身长瘦，晒干味道很美。还有更小一点的叫小卷，基隆比较多。

章鱼　形状像乌鲗但更大，澎湖比较多。

沙蚕　生在海泥中，形状像蚕，晒干炸油，味道可口。

沙梭　形状像梭子。

马鲛　形状如鮀，略小一些，味道也不如。

金精　细鳞有花点。

秋姑

三爵　身体薄小，多刺。

金钱　形状像花鲶，体薄多刺。

花身

旗鱼　黑色，背翅像旗，鼻端有一根长刺，大的长2—3尺，极为坚硬锐利，重达600—700斤，在海中游得飞快。

蜈鱼　俗称海竖，头像猪，大的有1000多斤，经常从水面跃起，高到1丈多，喷水像雪花四溅。

魟鱼　形状像章鱼，8条腿中有1条腿特别长，腹部大，没有骨头。

海参　小琉球、花莲都有出产。

水母

河豚　肝脏有毒，吃了会死。

鱼虎　俗称刺鲵，体圆口小，全身有刺，有毒不可食用，鱼皮可以制作灯。

海龙　出产于澎湖。头、尾都像龙，没有脚，长约1尺，冬季成双跳跃在海滩。用来入药，功效倍于海马。

海马　也产于澎湖，形状像马，颈部有鬃，4个翅。渔民撒网捕到，认为不吉利。

麻萨末　清明前后，到鹿耳门捞取鱼苗，非常小，只能看到白点，饲养在鱼塭中。稍大一些，就放到大鱼塭里，用猪粪喂食。或者把鱼塭先晒干，施用茶粕，放水使其生出海苔，鱼吃海苔容易长大。到了夏、秋间，鱼长到大约1尺长，就可以捞起来卖了。入冬之后就停止卖鱼，小的鱼继续养着，第二年比较早就可以上市。肉嫩，味道鲜美。台南沿海都有养这种鱼，在盐田养得特别好。鱼苗虽然捕捉自鹿耳门，但海中却见不到这种鱼，嘉义以北也没有养殖，可以说是台南的特产，当地渔业的重大利源。

比目鱼　俗称贴沙。味道鲜美，形状像鳊鱼，背黑腹白，只是鱼身比较狭长。

龙舌鱼　形状像舌头。

白带鱼　也称裙带鱼，没有鱼鳞。

铁甲鱼　鳞硬如同铠甲，除去鱼皮才能食用。

狗母鱼　长 1 尺多，多刺，和酱瓜一起煮，汤极其鲜美。

鹦哥鱼　形状像鲤鱼，绿色，嘴尖而且弯曲，因此得名。

狮刀鱼　形状像长刀，无鳞多刺，味道鲜美。

三牙鱼　颜色微黄，有 3 颗牙齿。

田鸽鱼　身体圆形。

梳齿鱼　黑色，有花点，牙齿像梳子，鱼肚有毒，吃下去马上就会死。

龙尖鱼　澎湖多出产，晒干尤其好。

乌鸡鱼

石首鱼

赤海鱼　红色。

安美鱼　细鳞，味美。

交网鱼

归秉鱼

牛尾鱼　形状像牛尾。

五色鱼　产于基隆海中。（以上咸水）

鲤　俗称鮘。有红、黑两种，养在池塘中。

鲫　产于溪流中，或养在池塘里，仲春（二月）最肥。

鲢　每年从江西买进鱼苗，养在池塘中。

鲠　养在池塘中。

鲂　海里出产的特别大。

鳞　俗称国姓鱼，也称为香鱼。产于台北溪流中，产于大嵙崁的最好。

鳗　咸水也有，另外有一种芦鳗，生长在内山溪流中，专门吃芦茅，身体的径围达到 1 尺，重达几十斤，力气很大，味道鲜美。

鳝　就是鱓。台湾风俗，凡是持观音斋的人禁止食用。

草鱼　养在池塘中。

金鱼　养在水池里。

斗鱼　俗称三斑，生长在溪流沼泽之中，形状像手指，长2—3寸，红绿相间，尾巴鲜红，身有黄点，性情喜欢争斗。

涂虱　头扁身黑，长5—6寸，生长在溪流沼泽之中。

涂鳅　像鳝但更小，身上多涎液，很难握在手中。（以上淡水）

甲壳动物的类别

台湾介类（甲壳类动物）也多。沿海一带，多养殖牡蛎，它的壳可以烧煅成灰，为许多人带来了好处。同治九年（1870），曾有英国人来到打鼓[①]，搜集甲壳类动物化石，携带回国。可惜我学识浅陋，不能深入探讨。但本篇所载，都是有用的物产，不是普通的东西。

鼋　俗称鼊，大的有几百斤，渔民捕获，不敢杀，好行善事的人都是买下之后放归大海。

龟　生长在海里的特别大，民间习俗禁止食用。

鳖　产于溪流山涧中。

鲎　壳坚硬，可作杓等用具。

螺　有香螺、花螺、响螺、肉螺多种。其中香螺最可口，是海味中的上品。响螺可以吹，卖肉的人常用。还有珠螺，很小，产于澎湖，腌后食用，味道甜美。

蟹　生长在溪流中的称为毛蟹，生长在海里的有多种：称为“沙锥”的，黄色，壳两端有刺，很尖锐。称为“沙马”的，赤红色，善于爬。称为“大广仙”的，就像拥有剑，一只螯特别大。称为“虎狮蟹”的，全身长有红点。称为“青蚶蟹”的，两只螯很大。称为“金钱蟹”的，身体扁平，颜色略有些红。

蟳　像蟹但更大，也称螃蟹。膏多的称为红蟳，没有膏的称为菜蟳。有的养在鱼塭中，鱼塭里同时喂养鸭子，蟳的膏容易长得更肥。

蠘　形状像蟹，壳上很多白点，螯很锐利。

蠔　就是牡蛎，种在石头上的称为石蠔，种在竹子上的称为竹蠔。

蚶　有血蚶、毛蚶几种，产于海滨。

① 打鼓，今高雄。

蛲　就是蜃。

蛤　有花蛤。

蚌　沿海有产。

蚬　沿海有产。

蛏　有竹蛏。

虾　有龙虾、红虾、草虾、沙虾几种，龙虾体形最大，红虾味道最美。

九孔（鲍鱼的一种）　肉美像螺，壳有9孔，因此得名。淡水县出产很多，基隆也有。

空豸　生长在海滨，壳很薄。以前1斤只值几文钱，近来比较少。

蛤蜊

鬼蟹　形状像傀儡。

瑇瑁（玳瑁）　像龟，产于澎湖。

虾姑　像虾但身体更宽，它的卵味道特别鲜美。

海蜇

水龟　又名龙虱，腌后食用很可口。

石螺　生长在溪流沼泽之中。还有生长在水田里的，比较大一些，称为田螺，只有大甲的铁砧山池塘、沼泽里生长的田螺都断尾。

海蒜　壳像蛤，肉垂下3寸多，白色，上有黑点，吃了多患腹泻。

陵鲤　又名穿山甲。生在山谷中，台湾人吃它的肉，认为可以清毒。甲可作药。

江瑶柱　台南有产。

西施舌　打鼓（今高雄）、鹿港出产比较多。

夜光贝　产于小琉球屿，可作纽扣。

寄居虫　形状像螺但有脚，像蜘蛛。幼体原本无壳，钻入空螺中载着行走，一有触碰就会缩进去，用气吹才会出来。

日月蛏　也是蛤类，它的壳一红一白，可以当窗镜。

矿的类别（附）

金　淡水、台东都有出产，详见《榷卖志》。

银　淡水的瑞芳有出产，只是不如黄金多。

铜　台东有矿，还没有开采。

铁　淡水近山和台南的火焰山麓都有出产。

卷二十九

列传一

铅

水银

玉　相传玉山之中有玉矿，但还没有发现。

石　种类很多，有火山岩石，有水层岩石。只是质地比较粗脆，不适合雕琢。所以建房、刻碑的石头，都来自泉州、宁波。而取来煅烧石灰的石灰石，许多地方都有。还有淡水观音山的石头很不错，可以用。

砚石　《彰化县志》记载，东螺溪石可以作砚，颜色浅绿中又带有红黑，质坚有栗木之感。有金沙、银沙、水纹的区别，但上品很少。

石棉　台东内山有产。

瓦石　《诸罗县志》记载，内山有松石，可以成片凿下来，长宽1丈左右，可以代替陶瓦，看起来像天然的石屋。另外，宜兰的苏澳有一种石头，黑色，可制作砚台，也可以当作瓦片。

文石　产于澎湖海滨，有花纹，五色交杂，可以制作玩具。

空青　产于澎湖海中，大如鸡蛋，中间蓄有清水，可治眼病。

海青　宜兰海滨有产，是海水凝结成的。

水晶　《噶玛兰志略》记载，玉山的山脚下有水晶。

硓砧　产于淡水、澎湖的海滨，形状很奇特，用来筑堤、烧石灰。

硫磺　产于淡水的北投，详见《榷卖志》。

煤炭　各地都有出产，基隆最多，详见《榷卖志》。

煤油　苗栗和嘉义的十八重溪有出产，详见《榷卖志》。

海棉　澎湖有出产。

珊瑚　产于澎湖海中，是珊瑚虫骨骼的聚集物，高达几尺，只是颜色不是纯红。

卷二十九

列传一

颜思齐　郑芝龙

连横评论说，台湾原是海上荒岛，我们的先人来到这里开拓，在这里养育子孙，直到今天，还依赖着这片土地生活。自开辟以来，我华夏民族的子孙，在这里不知道度过了多少年，但史书、文字记录零散，没有听过伟大德行的事迹，让我感到非常遗憾。我曾经登高涉水，寻访古迹，凭吊盛衰，徘徊不已，久久不忍离去；我也曾经到过诸罗郊外，游览三界埔，听到农夫与老人常常说起颜思齐的故事。但颜思齐的墓门已经坍塌，墓地也长满杂草。哎！这是最先开辟台湾的壮士，如今却是这样的状况。因此，我撰写列传，以颜思齐为首，并将郑芝龙的事迹附在后面。

颜思齐，福建省海澄县[①]人，字振泉。强壮有力，武艺精湛。他因为遭受官宦人家的欺辱，气愤中，失手杀了那人的仆人，只好逃亡到日本，在那里从事裁缝的工作。几年后，身家逐渐富裕，颜思齐仗义疏财的行为，获得大众的信任与倚赖。天启四年（1624）夏天，有许多中国船只到长崎从事贸易，有一位叫作杨天生的船主，也是福建省晋江人，为人凶悍、狡猾而足智多谋，与颜思齐交好。

当时，日本是由德川幕府掌权，文官只知道贪图安逸，武将一味追求玩乐。颜思齐谋划起兵，杨天生相助。他们游说串联了李德、洪升、陈衷纪、郑芝龙等26位豪杰之士，在农历六月十五，邀众人一起聚集在颜思齐的住所，祷告天地，按照年龄大小的顺序结为兄弟。当时郑芝龙最小，年仅18岁，但才能谋略高人一等，颜思齐很看重他。

郑芝龙，南安石井人，少年时名叫一官，字飞黄。父亲郑士表，是泉州知府叶善继的小官吏。郑芝龙10岁时，曾丢石头玩，不小心打中了知府的额头。知府将郑芝龙抓起来准备惩罚，但看了他的模样，笑一笑就把他放了。不久，郑芝龙落魄

---

① 海澄县今为漳州龙海市海澄镇，颜思齐的出生地青礁村，今属厦门市海沧区。

流落到日本，娶平户士人的女儿田川氏为妻，生下郑成功。

颜思齐谋划起兵的事情败露，德川幕府下令逮捕，他们就各自驾船出逃。等到出海后，却不知要往何处去。陈衷纪提议："我听说台湾是个海上荒岛，地理位置重要，可控制东南，土地肥沃，农产富饶，在那里可以建立霸业。现在我们应当先拿下台湾，然后经略四方，那么我们海外的事业就可以成功了。"大家听了他的话，航行 8 天后抵达台湾。从北港驶入，构筑村寨居住，稳定并安抚"土番"，分派部下到各地防守并就地耕种狩猎。不久，郑芝龙的父亲郑士表过世。他的兄弟大多也来到台湾，漳州和泉州许多失去生计的人，也先后来到，共有 3000 多人。

天启五年九月，颜思齐率领体魄强健的部下到诸罗山打猎，欢畅饮酒，喝得酩酊大醉，不幸感染风寒，病情一天比一天严重。颜思齐召集郑芝龙等人说："我和你们共事了两年，本来期望能够建立功业，发扬中国声威。如今壮志未酬，半路夭折，你们要接替我做下去啊。"颜思齐说完后就哭了，大家也跟着哭。颜思齐死后，埋葬在嘉义东南方的三界埔山，他的墓如今还在那里。颜思齐病逝百日之后，杨天生提议推举一人担任首领，获得大家的同意。众人歃血为盟，把剑插在米上，各自朝着剑跪拜，大家约定哪一个人跪拜时，剑从米里跃起来的，他就是首领。到郑芝龙跪拜时，剑从米里跃出，掉落在地上，众人信服，推举他为首领。但大权仍归陈衷纪掌控。陈衷纪也是海澄人，凶暴而倔强，郑芝龙表面上也让着他。

天启六年二月，郑芝龙谋划出兵。他召集众部下计划商议，他说："人一懒惰，就会变得脆弱，众人齐心协力，就会变得强大。如今台湾的各项事务，大体准备就绪，可以自守，应当筹划进一步的计策。我打算自己率领 10 艘兵船，前往金门、厦门，如果能够趁其虚弱占领这两处，就可以把它当作台湾的外围拱卫。你们认为如何？"陈衷纪同意了。郑芝龙于是命令部下，以芝虎、芝豹为先锋，芝鹗、芝豸为副先锋，芝彪、张泓为左军，芝獬、李明为右军，芝鹄、芝蛟为冲锋，芝莞、芝蟒、芝燕、陈衷纪为护卫，芝麟、陈勋为游动警戒，芝麒、吴化龙为监督，杨天生、洪升为参谋。每条船有 60 名战士，都是漳州、泉州熟悉水性的人。并且安排林翼、杨经、李英、方胜、何斌等 10 余人留守台湾。三月初十，攻打金门，十八日攻打厦门，朝廷的军队不能抵挡。不久郑芝龙的军队迫近广东，沿海一带戒严。朝廷准备进行招安，因为蔡善继认识郑芝龙，所以由他写信招降。郑芝龙对蔡善继很感激，就归顺了朝廷。到受降时，蔡善继坐在辕门前，命令郑芝龙等人伏地磕头，郑芝龙委曲求全，对蔡善继跪下磕头，但其他人不同意，一哄而起，不愿归降。因此，又把队伍重新拉回台湾，继续在福建和广东沿海之间，劫掠过往的商人和百姓。

崇祯元年（1628）正月，郑芝龙率领的舰船停泊在漳浦的旧镇。福建巡抚朱之凭派遣都司洪先春攻打他们。战斗从早上一直持续到傍晚，没有分出胜负。由于晚上涨潮，洪先春的船队失去有利的位置。郑芝龙暗中派出一些船只越过前山，绕到洪先春船队的背后。洪先春腹背受敌，身上受了好几处创伤。郑芝龙本来就有接受招安的念头，于是故意放走洪先春。郑芝龙的船队又来到中左所。中左所即是厦门。福建总兵俞咨皋和郑芝龙作战，战败后，郑芝龙又放走他。厦门民众接纳他们进城驻守。于是，郑芝龙名字威震南部海疆。七月，泉州知府王猷派人来招抚，郑芝龙就率领自己的部下向福建巡抚熊文灿投降，被授以海防游击。这个时候，陈衷纪在澎湖，势力较弱，被海寇李魁奇杀害了。李魁奇是惠安人，水性很好，能力举千斤，他纠集了一些渔船，抢劫来往的商船。杀了陈衷纪后，占据了澎湖。崇祯二年四月，李魁奇攻打金门，停泊在料罗湾[①]，郑芝龙前往攻击。李魁奇虽然也很能打仗，但最终还是被郑芝龙杀了。崇祯三年，郑芝龙因为平定广东的海盗、征讨黎族、焚毁荷兰舰队、消灭海盗刘香有功，升迁为都督。这时，在日本的郑成功已经七岁，郑芝龙屡次派人去接郑成功回国，但都没有成功。郑芝龙于是让使者带着金币，在文书上画了一些郑芝龙大将威仪和军容强大的画面，德川幕府的官吏接受了他的贿赂，就让郑成功回到中国。

崇祯十七年（1644）北京城被李自成攻破后，福王朱由崧在南京登基，改元弘光，封郑芝龙为南安伯。次年，郑鸿逵、黄道周迎唐王朱聿键到福州即皇帝位，改元隆武，郑芝龙晋封平虏侯，加封太师。他的兄弟也多有封爵。郑芝龙从小就熟悉航海，许多海盗都曾与他结盟，或是他的部众。自从郑芝龙归顺明朝政府后，海上的船舶没有郑氏的令旗不能往来。每艘商船规定交 2000 两银子，每年的收入以千万计，郑芝龙因此富可敌国。他自己在安平[②]建了一座城堡，船只可直通卧室。他统领的兵，军饷自给，不需要官府提供。如果有盗贼跑到海上，发个文书给郑芝龙，要抓到非常容易，就像寄存取物一样。所以，郑氏的权威震慑整个福建。

不久，郑成功拜见隆武帝，隆武帝对他的相貌和对答都很满意，就赐他国姓朱，改名成功，封御营中军都督。郑芝龙拥立隆武帝原本不是真心，平时经常与文臣争权闹矛盾。他知道隆武政权偏安一隅，无法抵御清军的军队，暗中有了投降清朝的想法。当时清政府负责招抚江南的大学士洪承畴、招府福建都御史黄熙胤，都是泉

① 料罗湾，位于金门岛东南海岸。

② 安平，今福建晋江安海。

州人，和郑芝龙有书信往来。等到鲁王在浙东和浙西战败，浙、闽之间的关口已经不是不便逾越的界限，隆武帝准备出闽亲征。郑芝龙也知道不出关不能满足民众的愿望。十二月，命令水师先锋副将崔芝送信到日本请求出兵援助，另外要求采购盔甲 200 副，结果被日本幕府拒绝。

这时，清军已经逼近福建。郑芝龙分兵两路，声称万人，实际上还不满一千。以郑鸿逵为元帅，出兵浙东；以郑彩为副元帅，出兵江西。隆武帝模仿淮阴侯韩信的故事，在郊外筑坛拜将，举行隆重的出征仪式，为将士们壮行。但郑鸿逵、郑彩分别来到闽浙、闽赣的关口后，上疏称军饷短缺，驻足不前。被隆武帝下诏严厉斥责之后，不得已出关，但前进了四五里又退了回来。

隆武二年（1646）三月，隆武帝亲征，到了延平。六月，晋封郑芝龙为平国公、郑鸿逵为定国公、郑成功为忠孝伯。郑芝龙上疏，借口海盗袭击，为了海上商路通行、财饷供应不致断绝，他要亲往征讨。奏疏上报后，郑芝龙马上离开延平。隆武帝派使者阻止，已经来不及。郑芝龙抛下隆武帝之后，又命令镇守入闽关口仙霞岭的武毅伯施福撤兵回安平。清军长驱直入，隆武帝逃至汀州[①]被害。郑成功到了金门。当清军还没到达的时候，郑芝豹进入泉州，向富裕人家大肆索取军饷，不给的马上杀掉。临近傍晚，已经得到了数万两银子。因清军贝勒博洛和固山额真[②]韩代部突然来到，才离开泉州。郑芝龙的妻子田川氏不肯离去，用剑自杀。郑成功知道这事之后，号啕大哭，悲痛不已。

郑芝龙退守安平，军队的阵容还很强大，但由于洪承畴和黄熙胤方面的信息还没有确定，因此犹豫不敢迎接清军。博洛命令泉州士绅郭必昌前往招抚。郑芝龙说："我不是不效忠清朝，只是害怕因为拥立唐王而成为清朝不肯饶恕的罪状。"当时，韩代的兵逼近安平，郑芝龙派人质问博洛说："既然准备招降，为什么又如此相逼呢？"于是，博洛向韩代下令，军队离开安平 30 里驻扎，并给郑芝龙写信说："我所以看重将军，就是因为将军能立唐王。当臣子的侍奉君主，如果还能有所作为，一定要竭尽全力。如果回天无力，就应当投效圣明的君主，乘时机建立非凡的功业，这才是大丈夫的作为。如果将军没有拥立唐王的事情，我根据什么喜欢你呢？现在两广还没有平定，我铸好闽粤提督印等你。所以希望将军能够过来，是要和你商量地方的人事安排。"郑芝龙收到博洛的信后非常高兴，招郑成功前来议事。郑成功

① 汀州，今福建长汀。

② 固山额真，汉名都统。

哭劝说："从来父亲教儿子都是应当忠诚，没有听说教儿子可以背叛的。清朝没有信用，不能相信他们说的话。"郑芝龙说："动荡的年代，此一时，彼一时，谁能保持一直不变。像你这样年轻，哪里懂得人间的事情。"郑鸿逵也极力劝阻，芝龙同样不听。于是，向博洛送上了投降书，经过泉州时，大肆张贴文告，炫耀投诚的功劳。到了福州拜见博洛，握手言欢，折箭立誓，饮酒狂欢达三天三夜。博洛知道郑成功是个杰出的人物，想等他一起来，但始终没有等到。郑芝龙叹息地说："这小子不来，清朝的那一套还行得通吗？"半夜，清军拔寨起行，挟持郑芝龙北上。郑成功则举起了抗清的义旗，清政府对郑成功也无可奈何。

永历八年（1654），清朝派使者到泉州，想要封郑成功为海澄公、郑芝龙为同安侯。郑成功不接受。清政府将郑芝龙下到死牢，郑成功并不因此而有所顾忌。永历十五年，郑成功攻克台湾。十月，清政府把郑芝龙处死在柴市，子孙在北京的也都被杀了。郑成功听到消息大哭说："我早就知道会有今天！"命令全军发丧，设牌位祭奠。

连横评论说，西方有人说，中国人没有冒险进取的精神，其实不然。像颜思齐这样的人，难道不是非常豪放的人物吗？成王败寇，他的作为不愧为一个男子汉大丈夫。而郑芝龙则从一个民间的侠义少年，不断崛起，直至封侯，也足够豪迈的了。但晚节不保，跪拜于异族的马下，是令人不齿的行为。开始的时候很豪迈，到最后十分保守，人的胸襟为什么会有这样相反的变化呢？孟子说："富贵不能淫，贫贱不能移，威武不能屈，这才是大丈夫的行为。"

宁靖王

宁靖王，名术桂，字天球，别号一元子，是明太祖朱元璋九世孙辽王的后代。最初被授封为辅国将军。崇祯十五年（1642），张献忠攻陷荆州，朱术桂陪同惠王和其他明朝宗室逃到洞庭湖中。崇祯十七年，北京沦陷，崇祯皇帝以身殉国；福王朱由崧在南京称帝，改元弘光。朱术桂和兄长长阳王入朝，被封为镇国将军，随同长阳王镇守宁海。第二年夏天，浙西再次沦陷，长阳王率领家眷来到福建。当时郑遵谦从绍兴迎接鲁王朱以海为监国，不知道长阳王的生死下落，于是让朱术桂袭封长阳王。不久郑芝龙保护福建，拥立唐王朱聿键为帝，改元隆武，朱术桂上表庆贺。隆武帝根据鲁王的封号，承认他为长阳王。但后来朱术桂听到自己的兄长还在人世，已经袭封了辽王，于是上疏请求把长阳王的封号让给兄长的儿子，没有得到同意。后改封朱术桂为宁靖王。朱术桂仍依从鲁王，监督方国安的军队。五月，清军渡过钱塘江，朱术桂逃到宁海，乘海船到石浦[①]。鲁王也从海门[②]来和他会合，一同到舟山。十一月，郑彩率领水师来迎接，陪鲁王一同南下。接近年关时抵达厦门，此时隆武帝已经在汀州被杀，郑芝龙也降清了。

当时，郑成功军队先是在安平，后前往鼓浪屿停泊，声势颇大。郑鸿逵也迎接淮王朱常清到军中，请朱术桂为监军，并且和郑成功联合，攻打泉州，未能攻克。郑鸿逵载淮王到南澳[③]，朱术桂跟从。早些时候，广东原来担任过明朝将领的李成栋拥立桂王的儿子朱由榔在肇庆称帝，改元永历（1646）。朱术桂到了揭阳，永历帝命令他在郑鸿逵的军中监军。永历二年春天，又命令兼任郑成功军队的监军。永历四年冬天，广东抗清势力溃败。永历五年春天，朱术桂和郑鸿逵回福建，占领金门。当时郑成功已经在厦门建立官署，礼待逃避战乱的明朝宗室，朱术桂便居住在金、厦二岛，郑成功以王礼相待。

永历十八年三月，郑经奉请朱术桂渡海来到台湾，在台南西定坊建造府邸，并每年向他提供日常费用。朱术桂看到台湾刚刚开辟，土壤肥沃，就在万年县竹沪[④]开垦了数十甲田地，每年都能得到丰收，有多余的就赏给佃户们。不久，嫡妻罗氏[⑤]去世，就葬在竹沪。朱术桂身材高大，容貌很好，胡须和眉毛都很漂亮，擅长文学，书法尤其瘦硬有力，承天府庙宇的许多匾额都是他题写的，至今还珍藏在那里。

永历三十六年，朱术桂听到原来降清的将领施琅要来攻打台湾，而郑氏的许多将领却没有进行防备，因此暗自痛哭。永历三十七年六月，清军攻下澎湖，郑克塽准备投降。朱术桂认为自己是天潢贵胄，不能受到羞辱，就召集姬妾告诉她们说：“我没有德行，因此颠沛流离，落难海外，所以保全自己的性命，是为了将来能在九泉之下面见先帝先王。如今大势已去，我一定不会苟活。你们还很年轻，可以自谋生路。”姬妾们哭着对朱术桂说：“殿下既然能保全气节，我们也不愿失身。我们与您同生共死。请让我们先走一步！”于是穿戴整齐，一同在中堂自缢，这一天是六月二十六日。朱术桂在墙壁上用大字题写：“自壬午流寇陷荆州，携家南下，甲申避乱闽海，总为几茎头发，保全遗体。远潜外国。今已四十余年，六十有六岁。时逢大难，全发冠裳而死，不负高皇，不负父母。生事毕矣，无愧无怍。”第二天，

① 石浦，今浙江宁波象山县石浦镇。

② 海门，今浙江台州市黄岩区东北海门。

③ 南澳，今广东汕头南澳岛。

④ 竹沪，今高雄市路竹区一带。

⑤ 罗氏，钮钴禄氏。

朱术桂穿戴王冠王袍，佩上系官印的丝带，把宁靖王的印交给郑克塽，又对天地、列祖列宗的灵位进行了跪拜，招来一些老朋友从容饮酒告别。附近的老年人和小孩子前来跪拜，朱术桂就拿出家中的财物送给他们。还题写了一首绝命词："艰辛避海外，总为数茎发。于今事毕矣，祖宗应容纳。"从容自缢而死，两个服侍他的宦官也跟着自杀。台湾人悲伤地说："王者后代的刚烈可与北方人媲美啊！"自此明朝全部灭亡。十天后，被安葬在竹沪，与嫡妻合葬，墓地没有封土没有植树。而他的姬妾被安葬在承天府郊外的桂子山[①]，台湾人叫作五妃墓。五妃，分别是袁氏、王氏、荷姑、梅姑、秀姐。朱术桂没有儿子，就把益王后人俨鉁作为子嗣，俨鉁当时才 7 岁，清军入台后，被迁到河南杞县。当初，郑成功攻克台湾，优待明朝室宗。鲁王世子朱桓、泸溪王朱慈旷、巴东王朱江、乐安王朱俊、舒城王朱著、奉南王朱熺、益王朱镐，都先后入台，郑氏按照应有的礼制对待他们。施琅来到台湾后，夺走了他们的册印，并把他们迁往各省。

连横评论说，我到竹沪，竹沪人很多都是朱氏的子孙。每年六月，祭祀宁靖王时都很悲伤。我也到过宁靖王的墓地，来回行走，不忍离去。可悲啊！宁靖王贵为皇室子孙，只因身逢乱世，避走台湾，最后还是国破家亡，毅然以身殉国。明朝的江山虽然已不复存在，但宁靖王的英灵却永存天地间。

诸　臣

连横评论说，明朝灭亡已经很久了，但延平王的声威还存于天地间。那时候，忠义之人奔走相告，不怕艰难跋涉，从遥远的地方赶来依附他，在这样一些为了保全故国的人中，根据我所听到的，谘议参军陈永华是其中的佼佼者。陈永华有辅佐成就帝王事业的才能，在艰难困苦的局势中，他处理事情就像诸葛亮一样，而不能辅佐英明的君主光复故土，真是天意啊！然而陈永华运筹帷幄，开发治理，奠定了台湾发展的基础，人们至今仍然受到他的恩惠，这是多么伟大啊。可是，我看一些旧的方志，常常污蔑延平王的忠义，而那些明朝遗臣的姓名，连提都不提。唉！天底下还有什么比这更令人伤心的事呢？

清同治十三年（1874）冬天十月，福建将军文煜、总督李鹤年、巡抚王凯泰、船政大臣沈葆桢首先根据台湾绅民的申请，奏请建立延平郡王祠，春秋两祭，以明末诸位大臣配祀。皇帝下诏同意，于是配祀者有 114 人。而这些人原本不为人民所

---

① 桂子山上，今台南市中西区五妃街。

知的美德和光辉，终于传播于东海。这篇传记中所记载的，仅仅是列举了他们的名字。但林圯开拓“番地”，林凤战死海上，竟然不列于配祀，这难道不是一时的过失吗？就像沈光文、徐孚远等几位，被郑成功待为上宾，实际上相当于隐士，因此另外予以列传，记述他们的事迹。

太子太保文渊阁大学士　路振飞
东阁大学士　曾樱
尚书　唐显悦
都察院左副都御史　徐孚远
兵部侍郎总督军务　王忠孝
太仆寺卿　沈光文
兵科给事中　辜朝荐
兵科给事中　谢元忭
御史　沈佺期
南京主事　郭符甲
谘议参军　陈永华
举人　李茂春
定西侯　张名振
定南伯　徐仁爵
仁武伯　姚志倬
闽安侯　周瑞
怀安侯　沈瑞
平西伯　吴淑
兴明伯　赵得胜
崇明伯　甘辉
中书舍人　陈骏音
浙江巡抚　卢若腾
监纪推官　诸葛斌
内监　刘九皋
内监　刘之清
户官　杨英
惠来县知县　汪汇
吏部主事摄同安县知事　叶翼云
同安县教谕　陈鼎
参军　柯宸枢
参军　潘赓钟
建安伯　张万礼
建威伯　马信
忠振伯　洪旭
庆都伯　郝兴
五军都督　张英
五军戎政　陈六御
征北将军　曾瑞
总练使　王起凤
督理江防　柯平
戎旗镇　林胜
义武镇　邱辉
智武镇　陈侃
智武镇　蓝衍
殿兵镇　林文灿
进兵镇　吴世珍
正兵镇　卢爵
正兵镇　韩英
中权镇　李泌
侍卫　陈尧策
前锋镇　张鸿德
参宿镇　谢贵
斗宿镇　施廷
大武镇　魏其志

同安守将　林壮猷　　同安守将　金缙
同安守将　金作裕
以上配祀东边廊屋。
副将　洪复　　副将　林世用
副将　蔡参　　副将　魏标
副将　杨忠　　副将　黄明
江南殉难　杨标　　江南殉难　张廷臣
江南殉难　魏雄　　江南殉难　吴赐
水师三镇　林卫　　中提督中镇　洪邦柱
折冲左镇　林顺　　中提督前锋镇　陈营
中提督后镇　杨文炳　　右提督后镇　王受
后劲镇　黄国助　　总兵　沈诚
戎旗二镇　吴潜　　戎旗五镇　陈时雨
火攻营　曾大用　　援剿后镇　刘献
援剿后镇　万宏　　援剿后镇　陈魁
援剿后镇　金汉臣　　右先锋镇　杨祖
右先锋镇后协　康忠　　水师四镇　陈升
水师后镇　施举　　侍卫中镇　黄德
潮州守将　马兴隆　　左镇卫　江胜
右提督右镇　余程　　宣毅左镇　黄安
宣毅左镇　巴臣兴　　护卫右镇　郑仁
援剿右镇　黄胜　　亲随一营　王一豹
亲随一营　黄经邦　　龙骧左镇　庄用
奇兵镇部将　吕胜　　定海守将　章元勋
铜山守将　张进　　厦门守将　吴渤
澎湖殉难　张显　　澎湖殉难　廖义
澎湖殉难　林德　　澎湖殉难　陈士勋
海澄殉难　叶章　　定海殉难　阮骏
东石殉难　施廷　　东石殉难　陈中
祖山殉难　张凤　　怀安侯弟　沈珽
殉难世子　郑裕　　殉难世子　郑温

殉难世子　郑睿

以上配祀西边廊屋。

连横评论说，我读野史，每每读到郑氏旧将的事情，就感到痛心。以他们的才能，足够指挥一支队伍，建立功名，但是他们遭遇国破家亡，藏身在世俗之中，终身隐姓埋名，这是非常可悲的事啊！战败的将军，无法谈论他们的英勇，但是执掌权力甚至成为封疆大臣的人，难道都是英雄豪杰吗？不过风云际会，时势造英雄罢了。唉！以成败论人，这是我不忍心做的事情。屠夫、钓客之中，可能有很多的奇才，只是没有机遇罢了，怎么能以他们现在的身份来衡量他们的得失呢？明郑灭亡之后，江苏无锡有个姓华的人，住在荡口古镇[①]。一天他到一个小地方，看到许多人团团围在那里，一个算卦的先生，仪态端庄，身材高大，面色微红，像是一个经过磨难的人。听他说话，精妙深奥难懂，感到很特别。傍晚，人们散去后，华氏跟着这位算卦的先生进了一座古庙。华氏问他："先生是什么人？"这人回答："是个算卦的。"又问他，回答还是一样。华氏说："我家很近，能否请先生过去坐一下？"没有回答，华氏就邀请他到家。刚坐了一会儿，就起身打算离开，举止高傲。华氏一再要求请他坐下，并叫子弟出来跪拜，请他教这些子弟读书。算卦先生笑着说："我只是一个算卦的人，怎么能够坐在老师的位子上？"华氏说："先生相貌不凡，谈吐深沉，一定是个不寻常的人，如果您不嫌弃我家贫寒低微，请在这里设立课堂，让我的子弟得到您的教益。"开始不同意，许久才答应下来。

当初，这个地方有一伙大盗，劫持人质抢东西，没人敢出面捉拿。一天，华氏的一个亲戚拿着强盗的名帖来，说今天晚上强盗就要到他家抢劫，现在情况紧急，该怎么办？强盗想要抢劫某一家，就先送名帖来，有先礼后兵的意思，并且显示强盗的勇气。接到名帖的人不敢报官，报官了也没有好处。因此强盗越发肆无忌惮。华氏说："我家有位教书先生，是位奇人，我们可以问问他，他如果想出办法，应该就不会受害。"华氏于是携亲戚入见，说明了情况。先生低着头，捋一捋自己的头发说："这件事容易解决。但如果让别人去做恐怕不能胜任。"一定要亲自前往。华氏的亲戚说："先生与强盗过去有过交往？"先生一听很生气："这个强盗怎么可能和我有交往？我怎么会和强盗有交往呢。"气得不打算去了。华氏的亲戚跪下道歉，华氏也替他求情。最后，先生才说："勉强为你们走一趟吧。"

---

① 荡口古镇，位于今江苏省无锡市锡山区东南鹅湖镇境内。

到了华氏亲戚的家，这位算卦先生看了一遍周围的环境，就说：强盗应该会从这个地方进来。取来砖块排列在门外，垒成几堆，告诫这家的人关好门窗睡觉，不要出声。他自己也去睡。过了很长的时间，听到有人和马的声音由远而近，火炬照得好像白天一样。这家人悄悄起来偷看，强盗的队伍有数百人，武器相碰发出许多声响，气势嚣狂。到砖堆的地方一直在那里绕圈。从一更一直到黎明，都不知道他们要干什么。算卦先生也醒了，问："强盗来了吗？"回答说："来了。""在哪里？"回答说："在门外绕来绕去。"算卦先生说："那么我出去叫他们离开。"大家在门外摆上一把椅子，等算卦先生出来。等他坐定后，用拂尘朝着众强盗一挥，强盗们就像睡着了似的都倒下了。先生回头对众人说："把他们都绑起来。"众人先后将强盗们反绑手臂，把他们赶过来跪在先生的面前。算卦先生大声地说："大男子身负力气，不去为国家效力，却甘当土匪，来欺凌乡里，罪当该死。我今天先饶了你们，但你们要改过自新，不要轻举妄动。"先生回头让华氏的亲戚取来百两银子，让他解开强盗身上的绳索，发给他们一些零钱，训斥他们离开。

算卦先生住在华家，与主人相处融洽，课余时间，独自待在房中，不与他人往来。年终时，主人赠送的酬金和礼物，他也不接受。华氏一再要求他收下，他说："我在这里也没做什么事。"华氏兄弟和他谈论文史，他总是对答如流。每当谈到改朝换代、国亡家破的惨状，就会悲从中来，眼睛里含着泪，却强颜欢笑。一天，先生让华氏准备餐具，煮了 4 斛[①] 的米饭，说："明天会有客人来。"果然像他所说的，来了两位僧人，身材魁梧，操闽南口音，一见到先生就俯身跪拜，起身后就恭敬地站着。先生让他们坐下，他们也不敢坐。问他们问题，就跪下回答。算卦先生说："你们不用再这样了。现在怎么还用过去的礼仪？我在这里，你们都知道。你们做的事情，我也没有不知道的。从现在起彼此心中明白，不用再多说了。等会儿你们马上离开，不要再来，我已经为你们准备了饭。"把饭菜端出来请他们吃。两位僧人敞开衣服大吃起来，不一会儿就吃完了。摸着肚子说："我们吃饱啦。从这里回到驻地，可以不用再吃了。"再三拜别，出门走了。算卦先生也显露出黯然不舍的样子。后来有一次重阳节，学生们都放假了。华氏兄弟邀请先生出外游玩，他们在田陇边悠游，玩得很高兴。随即，先生指着一块地，问是谁家的，华氏兄弟作了回答。他说："可以把我葬在这个地方。"华氏很惊讶，认为这样说不吉利。先生笑着说："人的寿命长短是上天注定的，我的生命明天就要终结了。"华氏兄弟十分

① 斛，1 斛为 5 斗。

吃惊，流着泪说："自从先生来到我们家，已经有12年了，还不知道您的籍贯和姓名。我们当然知道您是一位有伤心往事的人，因此也不敢强问。如今时间已经不多，您还是宁愿忍着最终不说一句话吗？"先生也流着泪说："命薄的人，没有什么好说的。一定想要了解，我腰带里藏有一个小佩囊，死后你们可以取出来看。"第二天果然就去世了。开启佩囊，果然有一张寸宽的帛书，字迹模糊不能够辨读。大略只能了解其中的一点点意思。大概是郑氏从前的将领，明郑灭亡后，隐姓埋名，远离俗世，那两位僧人是他曾经的部下，虽颠沛流离，仍不失礼节。华氏于是将算卦先生葬在他说的那个地方，建了一间房子来祭祀他，可惜仍然不知道他的姓名。唉！心怀忠义的人，何止一个算卦的先生呢！我写通史，很希望能够去表彰他们。

诸 老

连横评论说，正气在天地间的存在是很重要的。《论语》记载历代遗民，把伯夷、叔齐的事迹放在最前面。孔子赞美他们为"不降其志，不辱其身"。唉！这是孔子的深意。商殷衰亡，周武王讨伐商纣王，在牧野[①]会盟，一穿上战袍，就平定了天下，八百诸侯王没有敢不臣服的，唯有伯夷、叔齐为这种降服行为感到耻辱，坚持不吃周朝的粮食，隐居在首阳山[②]，一直到饿死。这就是人们所说的但求心中所愿的人啊。

明朝灭亡的时候，满人夺取政权，颠覆国家，帝位被夺走，官员们转头就对新主子五体投地，磕头的声音如同山崩一样响，显得极其忠诚，伦理道德丧失殆尽，恬不知耻。独有延平王郑成功在天底下伸张大义，在思明州[③]建立府署，坚持在福建和广东进行抗清活动。当时，一些勇士以及忠心不二的臣子都赶来投靠，连一些原本疏远的人都来归附，共赴国难。虽北伐没有成功，军队在南京战败，但开辟了东都，来延续明朝的正朔，这不就是正气的存在吗？我听说郑成功进入台湾后，东渡来台有官职地位的人大概有八百多，但他们的姓名大多遗失，他们的德行功勋也没人知道；这是史家的罪过啊。台南赤崁楼的郊外，有一个没有职务、叫石虎的人的墓地，不知是什么时候的人，也不知道他是哪里的人，我认为他是明代的遗民。这个墓在法华寺的边上，石碑还在，但过去的方志都没有记载。隐士们的得失进退有一定的时机，但像这样被完全埋没而不被人知道，可悲啊！

① 牧野，今河南省新乡市。

② 首阳山，今河南洛阳市偃师区邙岭乡。

③ 思明州，今厦门。

汉代的司马迁说："伯夷、叔齐虽贤，得夫子而名益显。"我感念沈光文、卢若腾几位贤良人士的事迹没有被泯灭，而且台湾还有许多隐姓埋名有才德的人，因此我访求他们不被世人了解的故事，发扬他们隐藏的光彩，把他们作为现在的典范。《诗经》说"虽无老成人，尚有典刑"，就是这样的吧！

沈光文，字文开，号斯庵，浙江鄞县[①]人。少年时作为成绩优秀的秀才成为贡生，得以进入太学学习。福王元年（1645），参与以钱塘江为中心的鲁王朱以海政权，被授予太常博士。第二年，随鲁王渡海来到长垣岛[②]，又参与闽江口琅岐岛附近的几次军事活动，晋升为工部郎中。隆武二年（1646）秋天八月，清军入闽，拥立隆武政权的军队溃败，鲁王的队伍也受到影响。鲁王败逃时，沈光文没有跟上，听说桂王朱由榔在广东登基，于是就赶往肇庆，几次升迁之后，任太仆少卿。永历三年（1649），沈光文乘船从潮阳到金门。清福建总督李率泰正招徕明朝的遗贤，暗中派使者带着书信和钱币招请沈光文，沈光文很决绝地烧毁书信并退还了钱币。这时，广东的南明小朝廷已经无力支撑残局，沈光文于是就留在福建，他想举家迁到泉州的海边居住，没有想到在海上，他搭乘的船突然遭遇飓风，被漂到台湾。当时台湾被荷兰人占领，沈光文找了一块地方住下来，受尽了流落他乡的困苦，没有任何的周济和帮助，并且和中国大陆音讯断绝，也没有人知道他的生死。

永历十五年，郑成功攻克台湾，知道沈光文还活着，十分高兴，以宾客的礼仪召见他。这时，许多明朝遗老也来到了台湾，都以还能再相见感到荣幸。郑成功让手下送去粮食，并且赠给土地和房子给予赡养。不久，郑成功去世，郑经继位，变更了许多他父亲的臣子和施政，沈光文作赋有所讽刺。有人向郑经说了沈光文的坏话，险些让沈光文遭受不测。沈光文于是变换服装为和尚，逃到北边，在罗汉门山中搭建茅屋居住。有人替他跟郑经说情，郑经这才免除了对他的追究。罗汉门山外有目加溜湾[③]，是"番社"。沈光文在那里以教书为生，不足的部分则以帮助人们治病来补贴。他常常感叹："吾二十载飘零绝岛，弃坟墓不顾者，不过欲完以见先皇帝于地下尔。而卒不克，命也夫！"不久，郑经去世，郑氏其他人又像过去那样以礼相待。永历三十七年，清朝占领台湾，许多明朝的遗臣都已故去，沈光文也老了。福建总督姚启圣招他，沈光文推辞了。姚启圣又写信来问候，沈光文回信说："管宁无恙。"姚启圣想要派人将沈光文送回他的家乡鄞县，但因姚启圣去世，没

---

① 鄞县，今浙江宁波。

② 长垣岛，在今马祖列岛。

③ 目加溜湾，今台南县善化镇。

有办成。诸罗知县季麒光是一位贤达人士，不但给沈光文提供日常的粮食和肉类，而且每十天就要登门拜访一次。这时，来到台湾的官员和文人逐渐增多，沈光文于是和宛陵韩又琦、关中赵行可、无锡华衮、郑廷桂、榕城林奕、丹霞吴蕖、轮山杨宗城、螺阳王际慧等人一起组织诗社，诗社的名字叫作福台新咏。沈光文不久后在诸罗去世，并安葬在那里。

沈光文在台湾居住了三十多年，从荷兰乃至明郑的兴衰，他都亲眼见到。此前一些明朝遗老的著作，大多在战火中遗失，只有沈光文颐养天年，著作得以传世。台湾的文献，以他的著作为最早。著有《台湾舆图考》一卷、《草本杂记》一卷、《流寓考》一卷、《台湾赋》一卷、《文开诗文集》三卷。他的同乡全祖望经过寻访，将这些著作刊印了出来，写台湾志书的人很多都参考了其中的资料。和沈光文同时居住在台湾的，还有徐孚远、玉忠孝、辜朝荐、沈佺期等人，也都是国家中才能、德行好的人。

徐孚远，字闇公，江苏华亭[①]人。崇祯十五年（1642）举人，和同乡夏允彝、陈子龙组织建立几社，以道德文章闻名一时。到了因农民起义天下大乱的时候，徐孚远暗中招募壮勇人士进行部署，准备在日后派上用场。陈子龙担任绍兴府推官[②]，介绍东阳[③]人许都和徐孚远见面，让许都招募义勇，前往西边诛杀反贼。还请几社成员何刚为他推荐。不久，许都在东阳因当地的贪官污吏诬告嫁祸愤而起兵造反，陈子龙一个人骑马进入许都的军营，承诺只要投降，可以不杀。许都投降之后，浙江巡按左光先认为不行，竟然把许都给杀了。徐孚远给陈子龙写信说："彼以吾故降，今负之，天下谁复敢交子龙哉？"因此，陈子龙虽按功升任给事中，但他推辞没有赴任。

弘光年间，马士英、阮大铖祸乱朝政，徐孚远韬光养晦，闭门不出。等到南京的弘光政权灭亡，夏允彝起兵抗清，徐孚远出来辅佐，授任福州府推官，又晋升为兵科给事中。隆武政权灭亡后，徐孚远从海上进入浙江。当时抗清的队伍到处兴起，各立山头，不相统属，徐孚远在他们之间斡旋，从国家有难大家应当协力的角度来劝说他们，但郑彩、周瑞等蛮横的将领都不听。徐孚远于

① 华亭，在今上海松江区。

② 推官，掌管推勾狱讼的法官。

③ 东阳，在今浙江金华市。

是返回浙东，进入蛟关[①]，在定海[②]柴楼安营扎寨。监国鲁王到舟山后，徐孚远前往庆贺，因劝说人们向鲁王缴纳钱粮，升任左佥都御史。等到舟山被攻破，鲁王到福建，徐孚远航海跟从。当时，招讨大将军郑成功在厦门建立府署，礼待在各个南明政权当过官的人，不愿降清的官员和德高望重的遗老都来归附。徐孚远是他们中间的领头人物，军国大事，郑成功时常向他咨询。

永历十二年，永历帝在云南，派遣漳平伯周金汤到福建，封郑成功为延平王，升徐孚远为左副都御史，其他的人也都分别授予了爵位。这年冬天，郑成功派徐孚远随周金汤到云南觐见永历帝，在安南迷路。安南王要徐孚远以臣子之礼觐见，徐孚远不答应，说："我为中朝大臣，何可辱？"安南王欣赏他的气节，让他回到厦门。攻克台湾那一年，徐孚远跟随郑成功到台湾，郑成功对他的礼遇十分优厚。徐孚远常自己感叹说："司马相如入夜郎，教盛览，此平世事也。以吾亡国大夫当之，伤如之何？"十月，清政府下令沿海居民内迁，各省动荡不安。兵部尚书张煌言给郑成功写信，希望郑成功乘机夺取福建；并给徐孚远写信，劝徐孚远代他请求郑成功出兵。当时郑氏刚到台湾，各项事业的基础还在建立，士兵和百姓需要休养生息，因此没有按照张煌言所说的去做。过了一段时间，徐孚远就去世了。有人说，永历十七年，清军攻破厦门，徐孚远逃到饶平山中，清朝提督吴六奇将他隐藏了起来，得以保留完整的头发死去。徐孚远住在台湾时，生了一个儿子，儿子护送徐孚远的棺材到松江，还没有下葬，儿子也去世了。

张煌言，字玄著，浙江鄞县人。崇祯年间举人，跟随监国鲁王。鲁王战败，张煌言率领残部数百名漂荡海上。延平王郑成功邀他到厦门，被永历帝授以兵部左侍郎。

永历十三年，张煌言与郑成功联合北伐，一直打到南京。郑成功对张煌言说："芜湖为上游门户，倘留都不旦夕下，则江楚之援日至，控扼要害，非先生不可。"七月初七日，张煌言率领军队到芜湖，向周围的府县派送檄文，长江南北各地相继前来归附。不久，郑成功的军队战败，张煌言来到铜陵，与从湖北前来增援的清军相遇，军队溃败。张煌言改姓易名，一路经建德[③]、祁门[④]山中，走天台[⑤]出海，仍

① 蛟关，即蛟门，在今浙江省宁波市东海中。

② 定海，今浙江宁波市镇海区。

③ 建德，今安徽省池州市东至县。

④ 祁门，在今安徽省黄山市。

⑤ 天台，在今浙江省台州市。

然和郑成功一起平定台湾[①]。

这时，东都[②]刚刚建立，军队还不够精壮。张煌言见郑成功没有西征的意图，作诗讽刺他："中原方逐鹿，何暇问虹梁！"又说："只恐幼安肥遁老，藜床皂帽亦徒然。"郑成功对此一笑置之。

不久郑成功病逝，其子郑经继位。张煌言知道不足以与郑经共谋大事，心里更加郁闷不乐。于是解散了自己的部众，拂袖离去。他渡海过江，来到杭州西湖，找到一处山间偏僻的小草屋，在那里隐居下来。看着草屋外的篱笆，张煌言心中仍抱有期待。他的踪迹被杭州地方官侦察到，和爱将罗子木、健壮的仆人杨冠玉同时被捕，这两个人也都是英勇无比的人。张煌言戴着头巾，穿着粗布短衣，不说话也不吃东西，只喝一点水。赴刑场时，两个士兵用竹轿子把他抬到江口。张煌言从轿子中出来，看到两岸的青山、清澈的江水，说了一句："绝好江山！"又要来纸笔写下绝命词三首交给行刑人，端坐受刑。杨冠玉和罗子木一同受刑。两人稍稍振动一下手臂，身上的绳索就断了。站着受刑，死了也不肯倒下，行刑的人深受震撼，只能朝着他们跪拜。当时是永历十八年的中秋节。张煌言所写的诗词都装在一个布袋里，都被巡逻的狱卒给烧毁了，只有绝命词留在世上。

王忠孝，字长孺，号愧两，福建惠安人。崇祯元年进士，以户部主事的职务到征收关税的机构任职。因参劾太监，忤逆了旨意，被当廷杖责下狱，还被发配戍守边境，当时有千余名士卒赶到京城为他送行。崇祯三年，王忠孝被免罪。福王朱由崧在南京登基时，授王忠孝为绍兴府知府，后来又升任为副都御史。隆武元年，隆武帝朱聿键召见王忠孝，王忠孝陈述了他的光复山河策略。隆武帝听了高兴，授他为兵部左侍郎，总督军中事务，赐予尚方宝剑，遇事可自主随机处理。不久福州被清军攻破，王忠孝居住在家中，闭门不出。延平王郑成功在厦门设立储贤馆，礼待前来躲避战乱的官员。王忠孝前往拜见，郑成功想要委以官职，但被王忠孝推辞了，于是郑成功就把他待为宾客。当时明朝遗老许多都来到厦门，王忠孝与辜朝荐、沈佺期、卢若腾等人都是郑成功幕府中的贵宾，军国大事，郑成功经常向他们咨询。永历十八年，王忠孝和卢若腾到台湾，得到郑经的厚待，每天都和其他寓居台湾的遗老作诗饮酒。在台湾居住四年后去世。

辜朝荐，字在公，广东揭阳人。崇祯元年进士。刚开始时担任江南安庆府推官，

---

① 此处记载有误，张煌言没有参加收复台湾。

② 东都，即赤嵌，后改名东宁。

一直都在谏官官署任事，后来晋升为京城中负责文书收发、起草的官员。北京城被攻破后，辜朝荐回到南方，居住在金门。不久他成了郑成功的座上宾。后来到台湾，并在那里去世。他的儿子辜文麟，长大后回到了故乡。

沈佺期，字云又，福建南安人。崇祯十六年进士，授任吏部郎中。隆武帝朱聿键在福州登基，升任右都副御史。隆武帝汀州被害后，沈佺期南下，随郑成功在泉州桃花山起兵，成为幕府中的贵宾。后来到台湾，凭借医药方面的知识帮助他人。永历三十六年去世。

卢若腾，字闲之，号牧洲，福建同安金门人。崇祯八年举人，崇祯十三年成为进士。崇祯皇帝因为国家多变故，亲临文华殿，简选任用新科进士 30 人，放到兵部实习，卢若腾也在其中。当时兵部尚书杨嗣昌夺情[①]被崇祯皇帝起用，但到任后忽视敌情，且沉溺于礼佛诵经，卢若腾弹劾他的罪行，因此皇帝下旨严厉责备杨嗣昌，天下人都赞赏卢若腾的勇气。几次升迁后任武选司郎中，负责京卫武学[②]。他曾三次上疏弹劾定西侯蒋维禄。有人不喜欢他性格过于刚直，因此被迁任宁波、绍兴巡海道。临走时，还弹劾宦官田国兴种种违法乱纪的事情。崇祯皇帝采纳了他的弹劾，逮捕田国兴治罪。到浙江后，洁身自好，爱护百姓，兴利除弊，地方豪强势力大为收敛，不敢逞强。又平定了大盗胡乘龙等，地方安宁。当地百姓为他建立生祠以纪念。

福王朱由崧在南京建立弘光政权，擢升卢若腾为凤阳巡抚。因为马士英、阮大铖把持朝政，使社会秩序和国家的法纪遭到很大的破坏，卢若腾婉辞没有前往赴任。等到唐王朱聿键在福州即位，下旨征召，卢若腾单骑前往应召。授浙东巡抚，驻守温州，负责率领军队北伐。他特别推荐了久经沙场的老将贺君尧担任水师总兵，招募靖海营水兵，扼守要害地方。以同宗兄弟游击将军卢若骥镇守盘山溪，作为外围的护卫。奏请简派提督学政进行科举考试，以达到选拔人才和得到读书人支持的目的，他的意见得到了采纳。这一年温州大饥荒，卢若腾捐资赈济灾民，得到隆武帝的嘉奖，加兵部尚书衔。

鲁王朱以海在绍兴起兵，自称监国，他的臣子不服从隆武政权的命令，对温州虎视眈眈，有兼并的意图。贺君尧指挥军队抗拒鲁王军队的侵扰。而鲁王的部下于颖也接到了巡抚浙江的命令。卢若腾上疏隆武帝：“十羊九牧，号令不一，恐误封疆。”请求撤去自己浙东巡抚的头衔。隆武帝不同意。同是鲁王系统的郑彩杀害兵

① 夺情，指为国家夺去孝亲之情。当时杨嗣昌父亲和继母去世，本应丁忧守孝。

② 京卫武学，设在北京，培育军事后备人才的教育机构。

部尚书熊汝霖后，众人害怕他的势力，没有人敢说话。卢若腾公开揭发他的罪行，朝中大臣十分震惊。隆武帝英明果断，能够识人。而郑芝龙独掌大权，日益专横跋扈。大学士黄道周对此十分憎恨，向隆武皇帝奏请要求带兵出征，企图攻取江西。在途中写信将自己学生托付给卢若腾，卢若腾回信进行勉励。

不久黄道周兵败被害，鲁王的军队也溃散了。清军逼近温州，卢若腾和贺君尧竭力守城，粮食断绝了无法支持，七次上疏请求援助，都没有得到任何音讯。城中的百姓提议投降，卢若腾拒绝了，愿以死殉城。城池被攻破后，卢若腾率领卫队进行巷战，背上中了三箭，被靖海营水师救了，乘船回到福建，上疏请罪。此时镇守仙霞关①的军队已经撤退，郑芝龙已经降清。卢若腾回到故乡金门后，和有同样志向的傅某等人组织了一个团体，企图东山再起，但这只是他们的愿望而已。不久，因为粮食耗尽而解散。

桂王朱由榔在肇庆称帝，改元永历，卢若腾上表庆贺。永历帝下了一个谕旨表示感谢。这时，招讨大将军郑成功在厦门建立府署，招徕有名望的耆老，卢若腾也前往依附，被礼待为贵宾，军国大事，经常接受咨询。永历十八年三月，卢若腾和沈佺期、许吉燝等人同乘一条船到台湾。到澎湖，由于疾病发作，寄居在太武山下。

临终时，让人给自己的墓碑写上“有明自许先生卢公之墓”，享年66岁。郑经亲临他的葬礼，用隆重的礼仪把他葬在太武山的南边，墓地至今还在。生平著作相当丰富，有《留庵文集》26卷、《方舆互考》30多卷、《与耕堂随笔》《岛噫诗》《岛居随录》《浯洲节烈传》《印谱》各若干卷，后来大多散失。同乡人林树梅求得几种，将它们刊印出来。

许吉燝，福建晋江人，崇祯十六年进士，从知县提拔为刑部主事。国家遭逢变乱后，回到家乡，闭门不出。到郑成功攻克台湾，遗老许多都前往依附。永历十八年春三月，与卢若腾乘同一条船到台湾，在台湾去世。

李茂春，字正青，福建龙溪人。隆武二年举人。性格淡泊恬静，风雅端庄，擅写文章。经常往来厦门，和诸多名士交往。永历十八年春天，郑经即将到台湾去，邀请躲避战乱的明朝旧官员东渡台湾，李茂春也一起跟从，定居在永康里，搭建的草屋取名称“梦蝶”。谘议参军陈永华为他写了一篇《梦蝶园记》。李茂春亲手种下梅花和竹子，每天以吟诵佛经为乐，人称“李菩萨”。死后安葬在新昌里。

① 仙霞关，浙闽边界的重要关口。

郭贞一，字元侯，福建同安人。崇祯十三年进士，授监察御史，任浙东巡抚。福王在南京登基，升郭贞一为都察院右都御史。有太监不遵从朝堂排列的位次，郭贞一上疏纠正，宦官从此不敢造次。郭贞一交往的都是贤良人士，他上疏推荐夏允彝、陈子龙、徐石麟、徐汧、沈延嘉、叶廷秀、熊开元等人，都有忠诚爱国的真心，请求皇帝召见任用。又检举都察院都御史王梦锡靠贿赂升官，吏部郎中刘应家贪污受贿，请求定他们的罪。他的言行让人们感到敬畏。南京被攻破，他来到福建。不久郑成功在厦门建立府署，以礼相待。后跟随郑成功来到台湾，居住几年后去世。

诸葛倬，字士年，福建晋江的贡生。隆武年间，被推荐担任翰林院待诏[①]，加御史衔，监督郑鸿逵的军队，出兵浙东。不久，福州被攻破，跟随郑成功来到厦门。永历年间，晋升光禄寺卿。他的一个同学降清之后，写信来招降，说只要他肯投降，可以马上得到监司[②]的官职，利诱之外，还威胁恐吓了一番。诸葛倬回信说："圣祖隆唐虞之德，小臣守箕山之操，代有其人。新朝政尚宽大，须弥大千，何问微尘？必欲相强，便当刳胸著地，勿问是肝是肉也。"那人收到信后非常失望。诸葛倬后来到台湾，并在那里去世。

黄事忠，字臣以，不知哪里人，任兵部职方司。隆武年间，奔波辗转于福建和广东之间，几次起兵，谋求光复明朝。兵败后，母亲和妻子都被杀害，黄事忠前往厦门，依归郑成功。永历十二年冬天，黄事忠和御史徐孚远、都督张自新作为使者奉命前往云南。途经越南，和越南国王在礼仪方面有所争执，最终使其信服，保全性命归来。后来进入台湾。

林英，字云又，福建福清人。崇祯年间，以岁贡生的身份担任昆明县知县，施行惠民政策，县里的老百姓都称赞他。永历帝在云南期间，担任兵部司务。等到永历帝被抓到昆明，林英也流离失所，凄凄惨惨，剃发当了和尚，从偏僻的小路，跋山涉水来到厦门，随后进入台湾。

张士椰，福建惠安人。崇祯六年，乡试考中副榜。明朝灭亡后，归隐山林，几年不出。耿精忠事变时，到金门躲避战乱。后到台湾，住在府城东安坊。吃斋念佛，闲适淡泊，超然物外。三年不吃五谷杂粮，只喝茶吃水果。99 岁时去世。

黄骧陛，字陟甫，福建漳浦人，是大学士黄道周的侄儿。天性敦厚诚笃，书读过多次后就能背诵，能背诵之后就把书烧掉，此后终身不忘。他是天启四年（1624）

① 待诏，负责校对文书的官员。

② 监司，监察州县之权的地方长官。

举人，在家中设课堂，门下的子弟大多都能成才。北京被攻破后，和同乡林兰友组织了一支队伍准备抗击农民军。福建被清军占领，渡海到台湾，和徐孚远等人四处游荡，感慨往事，抒发情怀。许久之后去世了。

张灏，字为三，福建同安人，是巡抚张廷拱的儿子。万历年间进士，官任兵部职方司郎中。明朝灭亡，在大嶝岛[①]隐居。后来到了台湾，居住在承天府[②]的郊外。清军攻占台湾后，施琅听说张灏贤能，准备船只送他回故乡，到澎湖时病死，就地安葬，享年95岁。他的弟弟张瀛，字洽五，崇祯十五年推举为孝廉，跟随兄长居住在台湾。在田间耕种，怡然自得。后在台湾去世，享年84岁。

叶后诏，福建厦门人。崇祯十七年，因成绩优异成为贡生，得以进入太学学习。突然遭逢国家大变，南归返乡，和徐孚远、郑郊等人结交，成为方外七友，纵情诗酒。后来渡海到台湾，著有《鹈草五经讲义》，刊行于世。

连横评论说，我的开台始祖兴位公在永历三十五年出生，过了两年明朝就灭亡了。始祖年少时父母丧亡，常常怀有远走他乡的想法，于是离开龙溪，远移台湾，住在郑氏的旧城台南，到我这一辈，已经七代了。保持着天然纯真的本性和忠贞的操守，每代都有不为人知的美德，考察历史，博览群书，不参加科举考试，大概是对汉人的天下沦为清人的统治仍怀有伤痛。因此从兴位公一直到我的祖父、我的父亲，都在临终时交代，要以明朝的衣服入殓。对故国的思念，情感深远悠长。我虽然没有出息，但害怕先人高尚的美德就此没落，因此兢兢业业，在文史方面多下功夫，以发扬那些为国增光的人和事，也反省那些糊涂而愚蠢的行为。怀念那些隐士高人，他们贤良谨慎，不愧是有学问、有修养、品德高尚的人啊！

陈永华

陈永华，字复甫，福建同安人。父亲陈鼎为同安教谕，在清兵破城时自杀身亡。陈永华当时刚满15岁，考试得了第一名，已经是秀才了。他得到父亲去世的消息，放弃了儒学学习，专心研究天下事。这时，招讨大将军郑成功在厦门建立府署，谋求恢复明朝，广招天下贤士，兵部侍郎王忠孝推荐了陈永华。郑成功见了陈永华，和他谈论时事，谈了一整天都不觉得疲倦，郑成功十分高兴地说："复甫就是当今的诸葛亮。"于是授予参军之职，以宾客之礼相待。陈永华为人深沉安静，平时谈

① 大嶝岛，今属福建厦门。

② 承天府，今台南赤崁楼一带。

吐似乎不是很利索，但谈论国家大事的时候，却慷慨陈词，都能抓住关键；遇事果断，能看到事情的本质，决定事情和解决疑难问题的时候，不会受众人的意见影响。与人交往，力求真诚。闲居在家，也没有丝毫的懈怠。布衣蔬食，生活俭朴平淡。永历十二年（1658），郑成功决定要北伐抗清，许多将领都说不好，只有陈永华赞同。郑成功很高兴，让陈永华留在厦门，辅佐郑经。郑成功曾对郑经说："陈先生当世名士，吾遗以佐汝，汝其师事之。"永历十六年，郑成功攻克台湾，陈永华被授以谘议参军的职位。

郑经继位后，军国大事，必先询问陈永华。永历十九年八月，陈永华晋升为勇卫，亲自视察南、北各社，勘查地形。考察回来之后，又颁布了屯田制，分配各镇到各地进行开垦。插竹子成篱笆，砍下茅草建房屋，种植五谷杂粮。田地因刚开垦，肥力较足，一年三熟，戍守在各地的将士，都能丰衣足食。又利用农闲的时间来练兵，所以当时的人都有勇气而且知道道义，能先公而后私。东宁[①]刚开始建设的时候，制度很不完备。陈永华在城市周围筑起栅栏，兴建衙署，教工匠烧瓦，伐木建造房屋，让民众有稳定的住房。分城市为东安、西定、宁南、镇北四个坊，每个坊设置签首，管理各种事务。把都城以外的区域分为 34 个里，里底下有社，社设乡长；以 10 户为 1 牌，牌有牌首；10 牌为 1 甲，甲有甲首；10 甲为 1 保，保有保长，保长管理户籍的事情。当时，鼓励农业生产，禁止卖淫赌博，查办盗贼，因此地方上没有流离失所的人，"番地"逐渐得到开垦，农田日益扩大。地势较高缺水的地方，就教百姓种植甘蔗，制成蔗糖，运往国外贩卖，每年能得到数十万两银子。那时候，福建和广东两地追求利益的民众都聚集到这里来，一年有好几万人。郑成功立法严明，但陈永华从宽处理。往日的险阻都成了人们的聚集之处，根据地方的条件选择发展方向，台湾人民得到了最好的治理。十二月，陈永华请求建立孔庙、设立学校。郑经听从了，选择在宁南坊建立。永历二十年正月，孔庙建成，郑经举行了祭祀孔子的典礼。三月，学院建成，叶亨担任国子助教，聘请大学者来教德行才艺出众的人。各社都设小学，施行教育，台湾文学日益发展。陈永华不但教育民众培养人才，那年还获得大丰收，家家户户都殷实富足，但还怕财政费用不足，请求郑经派遣一支军队驻扎厦门，和清朝守边的将领搞好关系，彼此往来，以博取贸易利益。因此，台湾的物价非常平稳。

永历二十八年春天，耿精忠占据福建，请求和郑经会师。郑经让郑克壓监国，

① 东宁，台湾。

以陈永华为东宁总制使。郑克壄是陈永华的女婿，大小事情，都听陈永华的。陈永华施政温和儒雅，军粮的转运接济从未缺乏。郑经西征失败回台之后，意志消沉，不问政事，有些苟且偷生，大权仍在陈永华手中，遭到冯锡范和刘国轩的嫉恨。永历三十四年三月，陈永华自请解除兵权，郑经开始不同意。后来见陈永华态度坚决，就同意了，把他的部队交给刘国轩。陈永华看郑经没有西征的志向，各个将领又满足于安乐享受，因此郁闷不乐。一天，陈永华斋戒沐浴，跪拜祈祷，希望能代替民众承受痛苦。有人在边上说，您执掌政务大权，人民才有希望。陈永华叹息说："郑氏之祚不永矣。"过了几天，陈永华就去世了。郑经亲自参加丧礼，给陈永华谥号文正，追赠资政大夫正治上卿。台湾民众听说陈永华去世的消息，没有一个不痛哭流涕的，纷纷跑到他家来吊唁。当初，郑经知道陈永华家里比较贫穷，送他可以到远洋贸易的商船。商人租这样的船进行贸易，一年的租金就可以拿到几千两银子。但陈永华没有接受，而是自己招人来开垦田地，每年收获的谷物有几千石。收获的粮食都送给那些生活有困难的亲友，留下只够全家一年的食粮。妻子洪氏，小名端舍，天生气质幽静娴雅，擅长写文章。早上起床，梳洗完毕，夫妻整理好衣服以后，才恭敬地相互说话。家中非常和谐自然。夫妻两人合葬在天兴州赤山堡大潭山①，清政府取得台湾后，归葬福建同安。儿子陈梦纬、陈梦球住在台湾繁衍后代，现在是当地有名望、有地位的家族。

连横评论说，蜀汉丞相诸葛亮，具有非凡的治国能力，在末世之乱中，君臣关系和谐，在蜀地建立国都，来保留汉朝的国统，世代都称颂他。陈永华的才华胆识和建立的功业与武侯诸葛亮相当，却不能辅佐圣明的君主光复明朝，彷徨、逗留在孤岛台湾，这是天意呀！但他通晓事理，办好各种事情，实行仁道，让所有的人都能幸福地生活，到现在还受到他的好处，恩泽实在深厚啊！

林圯　林凤

林圯，福建同安人，是延平王郑成功的部将，多次立下战功，官至参军，跟随来到台湾。到郑经时，实行屯田制，林圯率领将士到斗六门开垦荒地。这块地是"土番"打猎的地方，土壤肥沃，泉水甘甜，地势险要。林圯到了这里，在驻地围起栅栏，每天都和"土番"作战，开垦荒地，一直开垦到水沙连。过了很长的时间，"土番"大规模来袭，林圯率众奋力作战，无法取得胜利，最终被"土番"众人包围，

① 大潭山，在今台南市柳营区。

粮食逐渐快没了。大家商议离开斗六门，林圯不赞同，坚定地说："此吾与公等所困苦而得之土也，宁死不弃。"大家也同意留下来。又过了几天，粮食终于耗尽，林圯和所部数十人被杀。"土番"离开后，当地居民把林圯与部下合葬，每年按一定的时间进行祭祀，安葬之地以后就被称为林圯埔①。

连横评论说，开辟土地的功劳是很大的！林圯埔在嘉义的东北部，背靠层层叠叠的山峦，右边靠着浊水溪，那一带住着数万居民，大多都是林氏子孙，他们读书务农，具有坚韧不拔的气质，这难道不是林圯遗留下来的风骨吗？光绪十四年（1888），开始在这里建县城，县的名称是云林。用来纪念林圯的功劳。过了五年，听从知县李烇的建议，把县城移到斗六门，但林圯埔还是像从前一样繁荣。天下没有失败的事情，久远的年代一定会有成功的事业。林圯刚开始开垦斗六门的时候，披荆斩棘，驱逐野兽，苦心经营，没有一天的安闲。当时又被"土番"逼迫，自己死了，部下也牺牲了，林圯应当自怨自己是一个失败者。但他死后没多久，郑氏军队的其他人继续向前开垦，组织有序，再接再厉，以至于从前强横的"土番"也降伏于汉人。岁月因我而更加光明，山河因我而得到改造，草木也因我而更加茁壮成长，从这个角度，林圯就应该感叹他的成功了。《大雅》中说："立我烝民，莫匪尔极。"同胞都应该感念他。

林凤，福建龙溪人，是延平王郑成功的部将，随入台湾。永历十五年（1661），林凤率领部队到曾文溪北部屯田，也就是在今天叫林凤营的地方。当初，清福建总督李率泰和荷兰人结盟攻打台湾。永历十九年，荷兰人占据了基隆。消息传来，郑经命令勇卫黄安督率水陆军队进行驱逐，以林凤为先锋，不幸战死。荷兰人也被打败后离开。郑经感念林凤的功劳，现在所开垦的地方也成了都市。

连横评论说：我经过曾文溪时，经常面对溪流感叹，追思郑氏兴亡的事迹，感到十分惋惜。溪流源自高耸的阿里山，水流大而且湍急，向西奔流，直入大海。旁边是平坦开阔的万亩良田。水稻麦子都长得很茂盛，这是我民族赖以生存并用以养育子孙的土地。如果不是因为有当年郑氏开垦的功劳，那这里还是野兽出没的地方。穿过溪流向北走10里，就是"番仔田"，有一块碑立在田中，上面写的是荷兰文，文字剥落已无法阅读。再走10里就是林凤营，再10里是新营，北边是旧营，东边是五军营，西边是查亩营，都是郑氏驻兵屯田的地方。当年为了强兵延续明朝的法统而屯田，现在我们还能感受到那种强大的威势。而世道一变再变，林凤的衣冠文

① 林圯埔，位于今台湾嘉义县。

物已荡然无存，只有让一个凭吊古迹的人在傍晚时分的偏僻村庄来回走动，舍不得离开而已。

刘国轩

刘国轩，福建汀州府人。身材高大，但怀才不遇，在漳州城当城门把总。永历八年（1654）十月，招讨大将军郑成功攻打漳州，刘国轩开门迎降，参军冯澄世十分赏识，向郑成功举荐，被提升为护卫后镇。永历十年秋天，刘国轩跟随中提督甘辉攻下闽安。永历十二年，随郑军大队北伐南京。永历十五年，参与收复台湾。

郑成功死后，郑经继位，分派军队防守台湾，派刘国轩驻守鸡笼山[①]，征剿和安抚各个“番社”，开辟的地方越来越大。永历二十年，晋升为右武卫，驻扎半线。永历二十四年八月，斗尾龙岸社[②]“土番”造反，郑经亲自率兵讨伐，刘国轩参与，顺利攻下“番社”。十月，沙辘社“番乱”，刘国轩将其平定。大肚社“土番”见刘国轩攻无不克，感到害怕，就将族人迁移到埔里社，刘国轩一直追到北港溪，才班师回兵。从此之后，台湾北部的“番社”全部归服。

永历二十八年，靖南王耿精忠在福建反清，派使者到台湾，约郑军到福建参战。郑经率领侍卫冯锡范和吏、户、礼、兵、刑、工六官等人渡海西征，刘国轩也在此行列。耿精忠想要调遣赵得胜的军队，赵得胜没有听从，耿精忠要求刘国轩的军队到海澄，刘国轩说要听郑经的。而郑经向耿精忠借漳州、泉州二府让他招兵买马，耿精忠也没有同意。因此，耿、郑两家交恶。六月，郑经的军队进入泉州，耿精忠的部将王进前来进攻，刘国轩和右虎卫许耀在惠安涂岭打败王进，乘胜一直追到兴化。七月，清军围困潮州，耿精忠无法救援。驻守潮州的总兵刘进忠就向郑经投降，郑经派遣援剿左镇金汉臣率领军队前往援救，潮州因此得到解围。郑经任命刘进忠为中提督，刘国轩担任他的副手。

永历二十九年二月，左虎卫何祐攻打饶平。五月，刘国轩进入潮州，和何祐、刘进忠率领数千官兵攻打潮州所属那些还没有打下的县城。平南王尚可喜出动十多万精锐部队前来进攻，相持了一段时间之后，刘国轩的军队粮食耗尽，准备退守潮州城。尚之喜的儿子尚之信带领麾下的骑兵，在清晨浓雾的掩护下进攻何祐的军队，双方在鲎母山下激战。何祐身先士卒，以有我无敌的气概，直接冲到敌人队伍的

① 鸡笼山，在今台北基隆。

② 龙岸社，住在今台中市后里区一带。

中间，横冲直撞。刘国轩的军队紧跟其后，大败尚军，狂追 40 多里，砍下敌军 2 万多个首级，俘虏 7 千人，尚军相互践踏而死的人遍布山谷。从此刘国轩、何祐的名号威震广东。十月，郑经进入漳州。

永历三十年二月，吴三桂的军队来到广东肇庆和韶州，碣石总兵苗之秀、东莞守将张国勋到刘国轩军前投降。尚之信向吴三桂投降。吴三桂命令把惠州让给郑经，刘国轩因此进驻惠州防守。五月，耿精忠的守将刘应麟在汀州向郑经投降，郑经命令后提督吴淑进驻防守。七月，郑经调刘进忠到潮州，刘进忠没有来。九月，清军进入福建，擒获耿精忠。耿精忠的部将马成龙在兴化向郑经投降，郑经派许耀入守兴化。十月，许耀和清军在乌龙江[1]交战，战败而归，郑经另派赵得胜、何祐应战。十一月，耿精忠守将杨德在邵武向郑经投降，郑经派吴淑进驻防守。十二月，吴淑和清军在邵武城下交战，战败而返。

永历三十一年正月，清军攻打兴化，何祐和赵得胜应战。清军用反间计，结果赵得胜战死，何祐也战败而归，因此兴化失陷，漳州、泉州的郑军也被击溃，郑经退到厦门。六月，刘进忠向吴三桂投降，不久又投降清朝，结果被杀。刘国轩也放弃了惠州，离开时，惠州民众为他送别。总共十府一下子全都丢失，郑经不知道该怎么办，看到刘国轩来了，十分高兴，把军事的事情全都委托给他。刘国轩作为将领，爱惜士兵，有功劳的进行奖赏，有罪过的进行惩罚。打仗出奇制胜，其他人都无法预测他意图。因此，每次出兵，一般都能取得胜利，即使战败，也能全身而退，其他将领都比不过他。

永历三十二年正月，刘国轩晋升为正总督，吴淑为副总督。郑经上奏章给永历帝，赐刘国轩尚方剑，独掌出兵打仗的大权，所有的将领都必须听从于他。二月，攻打漳州，先后攻下玉州、三叉河、福河、下浒等堡，截断江东桥，阻断了清军粮饷的通道。正好有清方的援军赶到，刘国轩派军队进行攻击，并连夜攻取石码，连续几战都取得胜利，于是乘船直入镇门，攻取湾腰树、马洲、丹洲几个堡，军队的声威日渐彰显。那时，来救援漳州的清军，福建总督郎廷相、海澄公黄芳世、都统胡克都拥兵不前。提督段应举从泉州出发，宁远将军喇哈达、都统穆黑林从福州出发，平南将军赖塔从潮州出发，先后到达。刘国轩和吴淑只有几千人的队伍，却暴风骤雨般地快速突击，颇有点像当年的郑成功，清军将领胆战心惊，不敢应对。于是，刘国轩、吴淑威名又震慑闽南。

---

① 乌龙江，位于福建省福州市。

永历三十二年闰三月，刘国轩、吴淑在湾腰树打败了黄芳世、穆黑林；在镇北山打败了胡克率领的副将朱志麟、赵得寿；连前来救援的姚公子、李阿哥，也一并被击败。接着又在祖山头打败了段应举，段应举逃入海澄。刘国轩乘势拿下平和、漳平，对海澄实行了三层包围。六月，清廷以随军布政使姚启圣担任福建总督、吴兴祚担任福建巡抚，督促各军援救海澄。清援军到了葛布山，再到了隔带水，高筑堡垒，只求自保，与海澄只是隔远相望而已。海澄城里粮食吃完，城被攻破。段应举在城门楼上吊自杀，总兵黄蓝在巷战中战死。郑军杀死满、汉官兵数万，捕获俘虏数千，缴获马匹万余。战后，晋升刘国轩为武平伯、征北将军，吴淑为定西伯、平北将军，何祐为左武卫，林升为右武卫，江胜为左虎卫，郑军士气大振，队伍发展到近五万人。刘国轩又攻取长泰、同安，乘胜围攻泉州，攻占南安、永春、安溪、德化等县。

永历三十二年八月，清方出动水陆军队支援泉州，学士李光地、宁海将军喇哈达、平南将军赖塔从安溪出兵到同安，巡抚吴兴祚从仙游出兵到永春，提督杨捷从兴化到惠安，总兵林贤、黄镐、林子威率领水师从闽安[①]出定海[②]，在规定的时间内全部抵达。郑军楼船中镇萧琛与林贤相遇，未战先败退。郑经让宣毅后镇陈谅、援剿后镇陈启隆在海山防御，刘国轩率 28 镇回师漳州，构筑了 19 个营寨。九月，刘国轩派吴淑、何祐、江胜等 11 个镇的兵力，大约 2 万人，在浦南驻扎，自己率领林升、林应、吴潜、陈昌等 17 镇的军队，大约 3 万人，在溪西驻扎，直逼漳州城的北面。军队气势很盛。第二天，双方在龙虎山决战。

清军方面，耿精忠为左翼方阵，赖塔为右翼方阵，姚启圣在前，胡克又在姚启圣的前面，率领两万军队先和郑军交战。刘国轩先将胡克打败，姚启圣也被打败。耿精忠亲自督战，杀了三个退缩的士兵，然后高喊着向前冲锋，赖塔的军队紧跟在后面。两军激烈交战，海澄镇郑英、吴正玺都战死了。刘国轩带领军队撤退，收拾残兵，来保全湾头。亢宿镇施明良受到姚启圣的贿赂，暗中密谋将厦门献给清军，他得到郑经的宠爱，时常陪伴在郑经的身旁。刘国轩奉劝郑经说：“今军破国残，蹙地千里，殿下宜效先王之志，卧薪尝胆，亲君子，远小人，中兴之业，乃可图也。”郑经听从了他的劝言。而施明良的密谋加紧进行，刘国轩就把施明良给杀了。这事牵连到施世泽，施世泽是施琅的大儿子，任女宿镇，曾背叛郑军后来又向郑军投降，

① 闽安，在今福州。

② 定海，在今福建连江。

这次参与施明良的阴谋，所以刘国轩也杀了他。

永历三十四年正月，清军大举进攻厦门，郑经任命左武卫林升为总指挥，率领各个兵镇抵御清军。双方一接触，郑军就溃败了。但刘国轩也能完整地把军队带回台湾。

永历三十五年，郑经逝世，其子郑克塽继位，刘国轩晋封为武平侯。十月，清廷以万正色为陆路提督、施琅为水师提督，准备攻打台湾。郑克塽派刘国轩驻守澎湖，官拜正总督，颁给符节，可以随时处死违反军令的人。以征北将军曾瑞、定北将军王顺为副总督；提升林亮为右虎卫，改名林豪；以援剿左镇陈谅为右先锋，负责指挥调度陆军；右武卫林升为水师提调，左虎卫江胜为副水师提调；援剿右镇邱辉、援剿后镇陈启明各为先锋。修战舰，筑炮台，准备器械粮草，等待迎战清朝的军队。

永历三十七年六月，清军从铜山出发，伺机攻取澎湖。刘国轩知八罩屿海况险恶，农历十五前后当有台风会来，亲自率领精兵二万多人镇守。以戎旗一镇吴潜守风柜尾；果毅中镇杨德守鸡笼屿；后提督中镇张显守中湾游兵镇陈明守四角山，中提督前镇黄球协助；果毅后镇吴禄守内堑，侍卫后镇颜国祥协助；壁宿镇杨章守外堑，右先锋镇李锡佐助；右虎卫领兵江高守东峙，侍卫殚忠营王鲤协助。沿海大型战船，星罗棋布。周围设置炮台，军队逼近防守。邱辉请求说："彼兵远来，乘其未定而击之，可破也。"建威中镇黄良骥说："先人有夺人之心，击之便。"刘国轩没有听从。不久，清军大量来到，围绕花、猫二屿停泊。邱辉又请求进行攻击，刘国轩还是没有允许。

十六日黎明，微风拍打着船舷，钲、鼓四处鸣响，两军即将交战。施琅以 7 艘船突入郑军的船队。刘国轩以林升、江胜、邱辉、曾瑞、王顺各船迎战，烧杀十分激烈，溅血声腾。当时正由南向北涨潮，施琅的船只被急流冲散。刘国轩的船队集中在一起，从两侧合攻。施琅被困无法冲出重围，先锋蓝理突破重围前往营救，被炮火打伤胸部，施琅也受箭伤退却。林升几乎就要抓到施琅，被清军射中三箭，都不肯退；直到被炮打伤大腿，才后退。邱辉、江胜想要追击清军，刘国轩没有同意，请求晚上再战，也没有答应。过了 6 天，施琅把船队分为 8 队，每队都是 7 条船，各以 3 层排列，呈品字形。

将开战时，有风从西北来，乌云翻滚，直冲清军，士兵们看的都两腿发抖。郑军舰队居于上风位置，刘国轩指挥着舰队冲向清军。施琅看见大吃一惊，连忙向天祷告，不一会儿，雷声响起，立刻转为从南而来的大风，清军士气又开始重新振奋。

刘国轩听说这件事，掀翻桌子大喊："这是天意啊！"

于是两军开始决战，发射火箭及喷火筒，火焰激烈燃烧，海水都照成了红色。宣毅左镇邱辉与清总兵朱天贵相遇，用炮打沉他的船，往来冲杀。施琅指挥几条船围住攻打，邱辉两条腿都受了伤，忍痛苦战，最后因情势所迫，自己点燃火药桶，船毁人亡。左虎卫江胜的船，冲进清军阵中，杀伤许多清军。清军的船只聚集向他进攻，最后也炸沉自己的船只而死。征北将军曾瑞、定北将军王顺、水师副总督江钦、右先锋陈谅、援剿右镇郑仁、援剿后镇陈启明、护卫镇黄联、后劲镇刘明、折冲左镇林顺、斗宿镇施廷、水师一镇萧武、水师二镇陈政、水师三镇薛衡、水师四镇陈立、中提督中镇洪邦柱、中提督右镇尤俊、中提督后镇杨文炳、中提督亲随一镇陈士勋、龙骧左镇中协黄国助、龙骧右镇左协庄用、侍卫中镇黄德、侍卫右镇蔡智、侍卫骁翊协蔡添、侍卫领旗协林亮、侍卫左总辖毛兴、勇卫中协张显、勇卫左协林德、勇卫右协陈士勋、勇卫前协曾遂、中提督领兵协吴略、中提督左协林德、中提督前协曾瑞、中提督领旗协吴福、中提督前锋协陈升、中提督总理协陈国俊、右武卫右协吴逊、右武卫随征二营梁麟、水师二镇前锋副将李富、水师二镇左营副将张钦、水师三镇左营副将许端、水师三镇右营副将林耀、援剿右镇右营廖义、援剿前镇前锋营庄超、折冲镇左营陈勇、左提督后镇左营王受等，纷纷战死。折损兵员12000，沉没损失大小兵船194艘。戎旗一镇吴潜驻守西屿头，远远看到郑军的船只逐渐沉没，想要督率部下前往援救，却没有船只，拔剑感叹："大丈夫既不能为国驰驱，岂可偷生苟活，为世所笑乎！"于是拔剑自杀而死。刘国轩见军败势穷，乘坐小艇，从吼门回到台湾，与文武官员商议让郑克塽投降。施琅到台湾，送郑克塽到北京，清政府封郑克塽为汉军公。刘国轩被授任天津总兵。

连横评论说，古代所谓良将，像白起、王翦之类，都能开拓疆土，使军队强大，以帮助他们的国家。后人称赞他的功劳，是因为他们遇到好时机。不然，像刘国轩这样的军事才能，如果有合适的机会发号施令，也是可以显赫一世的，而最终却成了败军之将，为什么呢？《论语》说："大厦将倾，非一木所能支。"吴淑、何祐都很矫健勇猛，也都不出名，是因为得不到好时机。我为他们感到悲哀！

卷三十

列传二

卷三十

列传二

施　琅

施琅，字琢公，福建晋江人。少年时就参军，唐王朱聿键在福州登基时，授予他左先锋的官职，是平西侯郑芝龙的部将。不久，郑芝龙投降清朝，他的儿子郑成功在安平起兵，施琅和弟弟施显参加了郑成功的队伍，他们来到南澳招兵，队伍扩大到几千人。于是夺取了金门和厦门。

施琅年纪虽轻，以善于打仗著称，仗着自己有才能，在性格方面有些倔强固执。一个部下犯了罪逃到郑成功那里，施琅把他抓了回来，郑成功马上派人传令说不要杀，但施琅还是把他杀了。郑成功对此非常生气，把施琅以及他的家人都抓起来，杀了施琅的父亲和施显。施显当时担任援剿左镇的职务。施琅乘夜脱逃，看四寨环海，没有办法渡海，藏在荒山野谷中三天，几乎饿死。正好有种地的兵丁来锄地，施琅出来见他，告诉他自己逃亡的原因。种地的兵丁听说过施琅的才能，就拿饭来给他吃饭。郑成功到处追捕施琅，并说："此子不来，必贻吾患。"传令下去，帮助施琅躲藏的人都要被灭族。施琅和佃兵一起来到他的部下苏茂家，苏茂大惊失色。收留两天后，追捕他的人还是根据蛛丝马迹找到苏茂家，苏茂让施琅躲在卧室，幸好没事。考虑到此地不能久留，于是借助一艘小船、一把剑、一个小童子，连夜渡过五通[①]，进入安平。过了一段时间降清，被授予同安副将的职务，后升任总兵。康熙元年（1662），被提拔为水师提督。康熙二年，参加攻打厦门、金门的战役，因功加右都督。康熙四年，被授予靖海将军，上疏奏请攻打台湾。四月，率领军队从铜山出发，到了外海，船队被飓风飘散而返回。

康熙六年，清朝派遣孔元章到台湾招抚议和，被郑经婉拒。施琅知道后，上《边患宜靖疏》；康熙七年，又上《尽陈所见疏》，大致说：

郑经窜逃台湾，负嵎恃固。去岁朝廷遣官招抚，未见实意归诚。伏思天下

① 五通，厦门岛北部通往内陆的港口。

一统，胡为一郑经余孽，盘踞绝岛，而折五省边海地方，画为化外，以避其患。况东南膏腴田园及所产鱼盐，最为财富之薮，可资中国之润，不可以塞外风土为比也。倘不讨平台湾，匪特赋税缺减，民困日蹙，即边防永为定例，钱粮动费加倍。是输外省有限之饷，年年协济兵食，何所底止？万一有惧罪弁兵、冒死穷民，以为逃逋之窟，似非长久之计。且郑成功之子有十，迟之数年，并皆长成，若有一二机智才能，收拾党类，结连外岛，联络土番，羽翼复张，终为后患。我边海水师虽布设周密，以臣观之，仅能自守，若欲使之出海征剿，实亦无几。况此精锐者老，习熟者疏，何可长恃？查自故明时，原住澎湖百姓有五六千人，原住台湾者有二三万，俱系耕渔为生。至顺治十八年，郑成功挈去水陆官兵眷口计三万有奇，为武操戈者不满二万。康熙三年，郑经复挈去官兵眷口约六七千，为武操戈者不过四千。然此数年，彼处不服水土，病故及伤亡者五六千人。历年渡海窥视，被我水师擒杀者亦有数千，相继投诚者亦有数百。今虽称三十余镇，皆系新拔，并非夙练之才。或辖五六百兵，或二三百，计之不满二万。船只大小不及二百，散在南北二路，垦耕而食，相去千有余里。郑经承父余业，智勇不足，战争匪长，各镇亦皆碌碌之流，不相联属。而中无家眷者十有五六，岂无故土之思？郑经之得驭数万之众，非有威德制服，实赖汪洋大海，为之禁锢。如一意招抚，则操纵之权在乎郑经；若大师压境，则去就之机在于贼众，是为因剿寓抚之法。夫大师进剿，先取澎湖，以扼其要，则形势可见，声息可通。然后遣员往宣德意，若郑经势穷向化，可收全绩；倘顽梗不悟，俟风信调顺，即率舟师联䑸，直抵台湾，据泊港口，以牵制之。一往南路打鼓港，一往北路蚊港、海翁港，或用招诱，或图袭取，使其首尾不得相顾，自相疑虑。彼若分则力薄，合则势蹙。于以用正用奇，相机调度，次第攻击，可取万全之胜。倘彼据城固守，则先清剿其村落党羽，抚辑各社土番。狭隘孤城，仅容二千余众。以得胜之卒，攻无援之城，即使不破，亦将有垓下之变，固可计日而平也。夫兴师所虑，募兵措饷。今沿边防守经制，及驻扎投诚闲旷官兵，皆为台湾而设。如听臣会同督、提诸臣，挑选精锐，用充军旅，无事征募动费之烦。此等兵饷，征亦用，守亦用，与其束手坐食于本汛，何如简练东征于行间。至修整船只，就于应给大修银两领收，可无额外动支。若不足用，则浙、粤二省水师，亦为防海设立，均可选用。仍行该省督、提，选配官兵，各举总兵一员，领驾协剿。安配定妥，无论时日，风信可渡，立即长驱。利便之举，诚莫过于此者。

朝廷下令召施琅进京，询问具体的计划与策略，让他担任内大臣，裁撤福建水师提督的职位，把所有的战船都烧了，表示没有再攻取台湾的打算。

康熙二十年，学士李光地上奏：“经死，克塽幼，诸部争权，攻之必克。”他又趁机说施琅熟悉海上的情况，可以专任攻打台湾的事情。闽浙总督姚启圣也推荐施琅。于是，施琅又被授予福建水师提督职务，加太子太保衔。施琅到任后，挑选船只，训练水兵，准备出兵台湾。康熙二十一年七月，天空出现彗星，给事中孙蕙上疏请求暂缓攻打台湾，尚书梁清标也认为应暂缓出兵。皇帝下诏军队停止行动。施琅的意志很坚决，又上奏说：

我皇上御极以来，宇内廓清，无思不服。唯郑氏抗逆颜行，深费南顾之忧。臣复荷启用，重臣以水师提督之任，责臣以平定台湾之患，面奉天语，温谕谆谆。衔命以来，兼程疾走，抵厦视事。至本年四月终，方得船坚兵练，事事俱备，移请宁海将军臣喇哈达、侍郎臣吴努春阅看。臣即于五月初三日，会同督臣姚启圣统率舟师，至铜山，以俟夏至南风当令，联䑸进发。第督臣以五月初一日，准部咨以进剿台湾关系重大之旨，随转意不前。三军侧听，一尽解体。臣自初七日，与督臣决计进取，力争十余日。至十六日，将军二臣抵铜山营所，臣又面恳将军，而督臣终执旨意。臣不便抗违，姑听主疏展期，实非臣之本意。本月初七日，承准兵部札付，以宁海将军喇哈达等疏，称督臣提臣谓南风不如北风，臣深骇异。窃思臣在铜山，与将军二臣言，并无此语。且日与督臣争执南风进剿，不惟三军皆悉其情，通省士庶亦无不知。且督臣日遣各总兵分道劝臣，权依督臣之议。今将军二臣具疏，竟不分析明白，陷臣推诿不前。若非皇上宽置不究，则臣先后具疏，自相矛盾，罪当万死。夫南风之信，风轻浪平，将士无晕眩之患。且居上风上流，势如破竹，岂不一鼓而收全胜？臣见督臣意坚，难以挽回，故聊遣赶缯快船三十二号，令随征总兵臣董义、投诚总兵臣曾成等领驾前往澎湖，瞭探消息。据其回报，来去无阻，见有明征矣。臣年六十有二，血气未衰，尚堪报称。今若不使臣乘机扑灭，再加数年，将老无能，是以臣鳃鳃必灭此朝食。如蒙皇上信臣愚忠，独任臣以军事，令督、抚二臣催载粮饷接应。俾臣整顿官兵，时常操演，勿限时日，风利可行。则出其不意，攻其无备，何难一鼓而平？若事不效，治臣之罪。伏乞皇上大赐乾断，决策严旨，事必见效。民生幸甚，封疆幸甚！

康熙皇帝同意由施琅专征。

康熙二十二年春天，施琅在海上练兵。李光地请假回乡，在旅店中偶然遇到施琅，就问他大家都说南风不利行军的缘故。施琅说：“非也。北风猛烈，入夜更甚。自此至澎，鱼贯而行，幸而不散，然岛屿悉为敌据，未能一鼓夺之，无可泊舟。风涛振撼，军不能合，将何以战？若夏至前后二十余日，风微夜静，海水如练，可以定泊，聚而观衅，举之必矣。故用北风者邀幸于万一，而南风则就十全之算也。”李光地赞同这种看法。六月十四日，施琅率领军队从铜山出发，在澎湖八罩屿会合，伺机占领澎湖。当时，郑氏大将刘国轩驻守澎湖。他知道八罩屿一带海况险恶，六月十五日前后会有台风。于是亲自统领超过两万的精兵，聚集在风柜尾、牛心湾等几个地方。又命令林升、邱辉、江胜、陈起明、王隆、吴潜等将领在鸡笼屿聚集，周围遍设炮台，逼近防守。施琅命令大小战舰，都在风帆上用大字写上将领的姓名，这样就能知道船只的进退，战后可以以此来定赏罚。

十六日黎明，微风吹拂船舷，海面上钲、鼓响声震天，两军即将交战。施琅命令蓝理、曾诚、吴启爵、张胜、许吴、阮钦为、赵邦式等 7 艘船，冲进郑军的船队，两军厮杀十分激烈，血花飞溅，杀声四起。此时潮水正从南边涨来，清军前锋的几条船被急流冲散，此时郑军又展开了合围，两翼一起进攻。施琅看到蓝理的船，估计他没有办法冲出重围，就率领自己的坐船，突围前往援救蓝理。蓝理被大炮击伤，但被救回。施琅也被箭伤了眼睛。清军船队当晚收泊八罩屿。

十八日，施琅用战袍裹住受伤的眼睛，召集各个将领，重申军令。总兵以下的几名将领，因首战打得不好，都按征战失利的有关规定准备问斩，将领们跪下求情，施琅同意让他们立功赎罪。士气重新振奋，拿下了虎井屿。第二天，施琅独驾小船，悄悄巡视各个营寨，还命令各支部队挖井。澎湖的地下水大多是咸水，但这次施琅叫人挖出的井水，竟然是淡水，众将士都非常高兴。

二十二日，进行誓师。把船分为 8 队，每队 7 条船，都分别排列成 3 排。施琅亲自统领 1 个大队，居中调度，有 80 多艘船，成为他的后援。50 艘船从东边的岛屿断郑军后路，50 艘船从西边的牛心湾、内外堑作为疑兵，牵制郑军。要开始交战前，一阵风从西北吹来，乌云翻滚，直冲清军而来，将士看了都害怕得两腿发抖。施琅顺着船队的方向大声喊道：“唯天唯皇上之灵，尚克相余。”说完，风向改变，清军将士变得十分兴奋，两军大战，连海水都被火光映红了。清军方面，总兵朱天贵战死，总兵林贤也受了重伤。从早晨打到中午，还没有分出胜负。施琅激励各个将领们奋勇争先。结果，郑军方面，林升、邱辉、江胜、陈起明、吴潜、王隆等都战死，被烧毁大小战船近 200 艘，战死的士兵万余人。刘国轩知道局势严峻，乘坐小船从吼门逃出回到台湾。澎湖被攻占后，郑克塽就投降了。

施琅派遣二等侍卫吴启爵先进入台湾，通知所有的官员百姓都要按清朝的规矩，剃头发，梳辫子，以示归顺。八月十八日，施琅到台湾，郑克塽前往迎接。过几天，施琅准备了三牲供品，前往郑成功庙祭拜，他说："自同安侯入台，台地始有居民。逮赐姓启土，世为岩疆，莫可谁何。今郎赖天子之灵、将帅之力，克有兹土，不辞灭国之罪，所以忠朝廷而报父兄之职分也。但郎起卒伍，于赐姓有鱼水之欢，中间微嫌，酿成大戾。郎于赐姓，前为仇敌，情犹臣主。芦中穷士，义所不为。公义私恩，如是则已。"说完，施琅流下了眼泪。台湾民众听说这件事，都感叹说："父仇一也，陨公辛贤于伍员矣。"平定台湾的捷报传到北京，康熙皇帝十分高兴，解下自己穿过的衣袍赐给施琅，封他为靖海侯，可以世代承袭，仍掌管福建水师提督事务。下令侍郎苏拜到福建，与福建总督、巡抚及施琅商讨台湾的善后事宜。当时，朝廷中有人认为台湾险远，想要放弃这个地方，施琅上疏认为不可以。皇帝下旨要议政王大臣会议，仍然没有最后的意见，皇上只好又咨询几位朝廷大臣。大学士李霨请求听从施琅的建议，姚启圣也说保留台湾这个地方的好处。于是决定在台湾设立一府三县，派巡道驻守，隶属福建，调水陆军队防守，以总兵统领。施琅又上疏奏请减轻台湾的田赋，也同意了。康熙二十四年，上疏申严海禁。康熙二十七年，到北京觐见皇帝，获得皇上亲口赞赏和优厚的赏赐。康熙三十五年三月，施琅在福建水师提督任上去世，享年76岁。追赠太子少傅，皇帝派人前往致祭并赏给安葬的费用，并给予"襄壮"的谥号。雍正十年（1732），皇帝下诏让他入祀贤良祀。他的儿子施世范承袭靖海候的爵位，第六个儿子施世骠也有名气。

施世骠，行伍出身，担任守备职务，跟随父亲施琅攻打澎湖，有功，多次提拔直到当上总兵。康熙四十七年，升任广东陆路提督。康熙五十一年，调任福建水师提督。康熙六十年夏天五月，朱一贵在台湾起义，攻克府城和县城，自称"中兴王"。施世骠听到消息，就召集将领们商议，认为厦门是闽南的门户，到这里避乱的人会越来越多，担心会给当地的治安带来变数，就部署军队严加防堵，自己率领水师船队到了澎湖。而总督满保也已经传令南澳镇总兵蓝廷珍前来会师。六月十三日，施世骠派遣林亮、董方为先锋，进攻鹿耳门，取得了胜利；又进克了安平，直逼府城。朱一贵的队伍逼近抗衡，双方在二鲲身进行激烈的战斗，蓝廷珍也率领部队参战。朱一贵战败而逃，施世骠乘胜追击，进入府城。他在前一天就已经传令水陆官兵进行联合进攻，派军队驻扎南较场。闰六月，朱一贵被捕，押送到北京，余党也相继被平定。八月十三日，怪风、暴雨接连为灾，造成大量军民死亡。施世骠整夜站在露天外抗灾，因此生病。九月，在军中去世。朝廷下旨悼念，追赠他为太子太保，皇帝派人前往致祭并赏给安葬的费用，并给予“勇果”的谥号。

蓝理，字义甫，又号义山，福建漳浦人。年轻时桀骜不驯，狂妄自大，不屑于和一般的年轻人为伍。他身材高大，能够力举800斤。因为犯罪被逮捕入狱准备问斩。耿精忠参与“三藩之乱”时，把他放了出来，让他到耿精忠军前效力，蓝理没有听从。听到清康亲王前来讨伐福建的耿精忠，他从偏僻的小路出仙霞关，到康亲王军前拜见。康亲王欣赏他的勇武，让他从军。因立功授任松溪营游击。不久后升迁为参将，又因为犯罪入狱。康熙二十二年，清军攻打台湾，靖海将军施琅听说蓝理的勇武，奏请赦免他，让他代理提标右营游击，担任先锋。有两个士兵到街上买柴火，被提标噶叭什殴打，而且还诋毁蓝理。蓝理把噶叭什抓来杀了，并上报说：“今日上吉，先锋启行。”施琅听到这件事很不高兴，但马上又说：“虎将也，必成功。”率领军队跟随蓝理，大战于澎湖。蓝理深入郑军的船队，被炮弹打中，肠子都流了出来。本族子侄辈的蓝法跟在蓝理的身旁，撕裂了丝织的衣服为蓝理包裹伤口。尽管蓝理身受重伤，仍然奋勇战斗。郑军的船队又包围过来，死伤惨重。施琅估计蓝理的船最终无法突围，亲自驾船前往救援。当天晚上，清军船队收泊八罩屿。施琅上报了蓝理的功劳，并到蓝理的船上慰问。之后两军再次交战，施琅交代不要让蓝理知道。但当施琅的船遇到危险，无法从重围中冲出，侦察人员飞快传来消息。蓝理带伤奋起，迅速前往解救施琅，最后清军获得了胜利。

台湾平定后。蓝理论功第一。蓝理请求回乡省亲。过了两年，蓝理进京城，在赵北口，遇到康熙皇帝的车队，他下马躲进附近的一座庄园。皇上派遣侍卫问，是谁的马，蓝理出来，拜伏在地上说：“臣蓝理从福建来者。”皇帝问：“是征澎湖时拖肠血战之蓝理否？”蓝理回答：“是。”皇帝问他血战的情况，让他解开衣服察看伤疤。皇帝又把蓝理召到行宫里，授他陕西神木副将。蓝理还没有赴任，改授宣化镇总兵官，挂镇朔将军印。几年后转任天津总兵，升任福建陆路提督。后来蓝理因罪编入八旗，过了几年，恩赐还乡，最后在家中去世。

吴英，字为高，泉州人，长期居住在莆田。康熙二年，因为攻打厦门和金门的功劳，授任都司。耿精忠参与“三藩之乱”时，吴英担任浙江提督左营游击。当宁海将军前来视察部队时，问谁可以担当重任时。提督认为吴英可以，于是任命吴英为先锋。每次战役都建立军功，因此被提拔为副将，任浙闽总督中军，后升任同安总兵。当时清廷实行沿海迁界的政策，百姓失去了自己的土地家业，又遇到荒年，吴英请求总督姚启圣允许百姓出海捕鱼，保全了很多人。吴英又转任兴化镇总兵。康熙二十二年六月，清军攻打台湾，吴英统领陆军为副帅。攻克澎湖，驻守台湾好几个月。期间，制止强暴，查办奸盗，市场秩序稳定。凯旋回师后入京进觐，康熙皇帝和他进行了一番温和恳切的谈话，对他予以嘉奖褒扬。调任舟山总兵，不久后提升为四川提督，在四川镇守了 11 年。又调任福建陆路提督，不久后改任福建水师提督。后来因为年老请求退休，又加授威略将军。死后追赠太子少保。台湾人在府城建立专祠进行祭祀，现在已经塌掉了。

朱天贵，福建莆田人，是郑经的部将，担任楼船左镇。康熙十九年，清军攻打厦门，朱天贵在林升的统率下进行抵御。但战斗刚开始就投降了，清军授给他总兵职务，经过几次调动，任平阳镇[①]总兵。康熙二十年，总督姚启圣把他奏调到福建。康熙二十二年夏天六月，靖海将军施琅攻打台湾，朱天贵参与，在澎湖大战中，朱天贵中炮死亡。姚启圣上报朱天贵的功劳，下诏追赠他太子少保，给予“忠壮”的谥号。

当时参加平定台湾立功的人，有海坛镇[②]总兵林贤，金门镇总兵陈龙，铜山总兵陈昌，厦门总兵杨嘉瑞，副将蒋懋勋、林葵、詹六奇，参将罗士珍，游击林瀚、王朝俊、许毅、张胜、何应元、曾成、吴辉、赵邦试，二等侍卫吴启爵，他们都得到了不同的晋升和封赏。

连横评论说，施琅是郑成功的部将，得罪郑成功后归降清朝，于是隶属满人，来颠覆明朝的社稷。很残忍啊！施琅有伍子胥一样的杀父怨恨，所以做了灭亡楚国同样的事情，我又怎么好指责他呢？只可惜台湾没有伍子胥，不能完成颠覆清朝的举动，可悲啊！

吴球 刘却

台湾由清朝统治后，人们思念明朝，经常图谋光复，因此而产生的起义有十多次，吴球的起义是一次。吴球，明朝的遗民，居住在诸罗的新港[③]，向来有远大志向，和草莽英雄谋划举办大事还未付诸行动。朱佑龙是明宗室后裔。明朝灭亡后，住在村子里，与吴球经常往来。朱佑龙也是一个有志向的人。

康熙三十五年（1696）七月初一，吴球在家举办盂兰盆会，还演出戏剧给大家看，有十几个人到场。当时，他的妹夫陈枢也来拜访。陈枢是凤山县的粮吏[④]，因

---

① 平阳镇，今浙江平阳。

② 海坛镇，今福建平潭。

③ 新港，在今台南新化镇。

④ 粮吏，负责征收粮饷的低级官吏。

为刚侵吞了官府的谷物，害怕事情败露而受罚。当晚，吴球留宾客夜宴，大家十分高兴地纵情畅饮，在桌上有人诉说官吏残暴欺压百姓的行为，无不叹息。吴球说：“吾辈亡国之人，贱于豕犬，生死宰割，权操自彼，亦唯自怨其不辰尔，夫何言？”陈枢听了，起来大声地说：“诸君岂皆无血气哉，大丈夫亦好自为尔！”吴球说：“弟固有心者，特患少同志尔。”大家说：“吴大哥苟有所命，生死以之。”当时大家都喝醉了，吴球又说：“吾辈久遭残暴，全台愤怨，今若举大事，推佑龙兄为首，以复明之旨，号召四方，则我台同志必有助我者。”大家举杯宣誓，约定起义的时间后，各自散开。陈枢藏在吴球家，招募到的人越来越多。他的同伙余金声和保长林盛友约定要求给予帮助，林盛友表面答应下来，但却连夜跑到府城告发。府里的官员派遣北路营参将陈贵前往拘捕，吴球策划抵抗。初八日，召集大家手持器械准备迎敌，分别通知各个相约的男子，但招募没有成功，大家都因为害怕不敢前来。官兵到，吴球尽力抵抗仍无法抵敌，最终被捕。陈枢等 6 人也一起被抓。官兵烧毁了吴球的房子，把他们抓到府里审讯，在了解了整个案情之后，把他们都杀了。朱佑龙躲进深山。过了 5 年之后，又有刘却起义。

刘却也是诸罗人，帮别人管事，精通搏击，以武力称雄一方，各地游手好闲的人都来依附，歃血为盟，聚集健儿数百人，没有盗贼敢进入他们居住的村庄。其中有人想要发动起义，担心刘却不答应，于是夜里在房顶的瓦上燃烧樟脑，火光熊熊，亮光直冲云霄。刘却看了觉得很奇怪，大家聚在一起议论纷纷，都说这是一个好兆头。刘却听了很得意，于是着手谋划起义。当时，明朝虽然已经灭亡，但民族特性的思想还深入人心。台湾归清朝后，朝廷对台湾并不重视，地方官员也不称职，刘却看不起他们。他在自家房子的地下挖洞，表面上是添置种田的农具，实际上是在储备兵器，并约好了起义的时间。

康熙四十年十二月初七日，刘却召集所有的同伙，扬旗击鼓，攻下了茄苳营，并把它烧毁。袭击茅港尾[1]，进入街市，防守当地的清兵看见他们就逃跑。附近的“熟番”也乘机作乱，到百姓的家中抢劫。刘却退到急水溪，清军北路营参将白通隆集合军队进行防御，台湾总兵和台湾道也从自己的直属队伍中派人增援。十二日，清军大批赶到，双方在急水溪交战，伤亡相当。但没有多久，刘却抵挡不住，同伙陈华、何正等十多人都战死了。刘却逃入山里，其他人各自散去。

过了两年，他们又谋划起义，经常到北港暗中召集同伙。二月上旬到秀水庄，

① 茅港尾，今台南市下营区。

被官兵侦察得知。刘却拿着棍子站在门外，上下飞击，击中者全被打倒，于是官兵放火烧他的房子。刘却冲出包围，中弹倒在地上被擒。押送到台湾府衙门，在集市上被处死。刘却的长子被杖毙，妻子和子女都被发送到边远地区为奴。

连横评论说，吴球、刘却以一个普通的百姓，不忘国仇，奋勇起义，先后被杀。别人笑他们愚蠢，我钦佩他们的勇气。这可不是一时的激愤才有的作为。

朱一贵

朱一贵，小的时候叫朱祖，漳州长泰人，有人说他是明郑的部将。明朝灭亡后，居住在罗汉内门[①]，以养鸭子为生。这个地方比较边远，政府的管理比较薄弱。朱一贵喜欢见义勇为，所交往的大多是思念前朝的人和民间的壮士，以及特立独行的和尚和精于剑术的人。他常常留这些人住在自己家里，杀鸭煮酒，沉痛地谈论明郑灭亡的种种事情，悲愤叹息不止。当时，太平的日子过了一段时间，地方官追求安逸享乐，根本不把吏治民生放在心上，朱一贵想要改变这种状况。

康熙六十年（1721）春天，凤山县知县空缺，由知府王珍代管，但他把凤山县的政务委托给他的次子去处理，贿赂之风盛行，征税十分苛刻，县里的民众都很怨恨他。听说有人结盟就惩处了几十个人，有人违反禁令进山砍竹就惩处了几百个人，大家投诉无门。黄殿，也是罗汉门人，和朱一贵关系很好，准备起义来诛杀贪官污吏，总共召集了数百人。三月，李勇、吴外、郑定瑞等先后来到朱一贵家。大家商量说："今地方长官但知沉湎樗蒲尔，政乱刑繁，兵民瓦解，欲举大事，此其时矣。"朱一贵说："我姓朱，若以明朝后裔，光复旧物，以号召乡里，则归者比众。"大家都同意。

四月十九日，李勇、吴外、郑定瑞、王玉全、陈印等52个人就在黄殿家奉朱一贵为主，向天地祷告结盟，杀牛宴客，到场的有一千多人。树起一面红旗，上面写着"大元帅朱"。当晚就攻克了清军驻守的冈山汛。消息传来，台湾总兵欧阳凯准备出兵。中营游击刘得紫请求打头阵，未被允许，命令右营游击周应龙率领400士兵前往；又告诉台湾道和台湾府，派遣台湾县丞冯迪调新港、目加溜湾、萧垄、麻豆四社"社番"随同前往。当天下小雨，周应龙走了5里路，驻扎在半路店。第二天，又走了15里，驻扎在角带围。朱一贵的队伍来到槺榔林，击败了把总张文学，缴获了很多清军的装备。周应龙的队伍隔着一条小溪，却无法援救，于是朱一

① 罗汉内门，在今高雄旗山镇。

贵的队伍就攻取大湖去了。广东人杜君英住在凤山县的下淡水，听说朱一贵起义了，也举旗响应，有队伍数百人。而郭国正、翁义在草谭响应，戴穆、江国论在下埤头响应，林曹、林骞、林琏在新园响应，王忠在小琉球响应，都愿意跟从杜君英，和朱一贵一同起义。于是朱一贵转移驻扎到冈山的山脚下。周应龙率领清军进到小冈山，两军相遇交战。朱一贵不敌，退往袁交友庄，周应龙也收兵回二滥，纵容士兵烧杀掠抢，“土番”乘机杀了很多人，引起地方不安。清军进驻楠梓坑，而这时杜君英已经攻破了清军的下淡水汛。南路营参将苗景龙请求援助，周应龙率队来到赤山。朱一贵、杜君英联合向周应龙发动进攻，清军狼狈逃走，千总陈元战死，把总周应遂被俘虏。朱一贵乘胜追击，进逼台湾府城。杜君英也攻破了凤山县城，杀死把总林富，守备马定国战败后自杀。苗景龙逃到万丹，被郭国正杀死，还把他的头颅割下献给了朱一贵。府城里突然听说清军在赤山战败，极为震动，文武官员遣送家眷连夜逃走，纷纷坐船逃出鹿耳门，一般的士兵和民众也先后逃窜。总兵欧阳凯率领1000多名士兵出城驻扎在春牛埔，水师副将许云也率领500名士兵前来会合。当时府城还没有城墙，当晚总兵属下的士兵十分惊恐，四处逃散，天亮后才陆续前来集中。四月的最后一天，朱一贵的队伍到了。许云率领清军进行抵抗，水师官兵奋勇当先，陆营官兵紧随其后。朱一贵的队伍稍微有些不利，退驻苄蓁林。五月初一日，朱一贵的队伍又开始进攻，杜君英也率部前来，共有几万人。总兵的队伍还没交战就先溃败了，把总杨泰把欧阳凯刺落马下，众人割下了他的脑袋。守备胡忠义、千总蒋子龙、把总林彦、石琳都战死，游击刘得紫、守备张成被俘虏。许云率领水师官兵竭力作战，和游击游崇功、千总林文煌、赵奇奉、把总李茂吉都先后战死，剩下的各自坐船逃走。台湾道梁文煊、知府王珍、同知王礼、台湾知县吴观域、县丞冯迪、典史王定国、诸罗知县朱夔、典史张青远一起逃到澎湖。

杜君英先进入府城，入驻台湾总兵的衙署。朱一贵后到，入驻台湾道的衙署。他们贴出告示安抚民众，禁止烧杀抢掠。打开赤崁楼，这是以前郑氏用来贮存军械的地方，40年来没有人开启过，因此获得了很多大炮、刀枪、硝磺、弹药。当天，诸罗县人赖池、张岳、郑惟晃、赖元改、万和尚、林泰、萧春等起兵响应。过了三天，他们攻破诸罗县城，清军北路营参将罗万仓战死，赖池、张岳取了他的人头献给朱一贵。大家看见台湾所有的府县都被攻取，就奉朱一贵为中兴王。

朱一贵头戴通天冠，黄袍玉带加身，筑坛接受各方庆贺，祭拜天地、列祖列宗和延平王郑成功，遵照明朝的旧制，年号永和。对外宣告：

在昔胡元猾夏，窃号神州，秽德彰闻，毒遁四海。我太祖高皇帝提剑而起，群士景从，以恢复区宇，日月重光，传之万世。逆闯不道，弄兵潢池，震动京师，帝后殉国。地坼天崩，椎心泣血。东南忠义，再造邦基，秣马历兵，方谋讨贼。何图建虏，乘隙而入，借言仗义，肆其穷凶，窃据我都邑，奴僇我人民，颠覆我邦家，殄灭我制度。长蛇封豕，搏噬无遗。遂使神明胄子，降为舆台；锦绣江山，沦于左衽。乌乎痛哉！延平郡王精忠大义，应运而生，开府思明，经略闽粤。旌旗所指，喋血关河，使彼建虏，疲于奔命。则有熊罴之士，不二心之臣，戮力同仇，效命宗国。南京之役，大勋未集，移师东下，用启台湾。率我先民，以造新邑。遥奉正朔，永戴本朝。蓄锐养精，俟时而动。虽张坚之王扶余、田横之居海岛，史策所载，犹未若斯之烈也。天未厌祸，大星遽陨，兴王之气，猝尔消沉。然东都片壤，犹足以抗衡海上焉。嗣王冲幼，辅政非人，大厦将倾，独木难柱。以故权奸窃柄，偷事宴安；叛将称戈，甘为罪首。沧海横流，载胥及溺。茫茫九州，无复我子孙托足之所矣。哀哉！夫盛衰者时也，强弱者势也，成败者人也，兴亡者天也。古人有言，炎炎之火，可焚昆冈。是以夏后一成，能复故国；楚人三户，足以亡秦。况以中国之大，人民之众，忠臣义士之眷怀本朝，而谓不足以诛建虏者乎？不佞世受国恩，痛心异族，窜逃荒谷，莫敢自遑。伫苦停辛，垂四十载。今天启其衷，人思其旧，揆时度势，否极泰来。爰举义旗，为天下倡。群贤霞蔚，多士云兴。一鼓功成，克有全土。此则列圣在天之灵实式以凭，而中兴之运可操左券也。夫台湾虽小，固延平郡王肇造之土也。绝长补短，犹方千里。重以山河之固，风涛之险，物产之饶，甲兵之足，进则可以克敌，退则可以自存。博我皇道，宏我汉京，此其时矣。唯是新邦初建，庶事待兴，引企英豪，同襄治理。然后奖帅三军，横渡大海，会师北伐，饮马长城，捣彼虏庭，歼其丑类，使胡元之辙复见于今，斯为快尔！所望江东耆艾，河朔健儿，岭表孤忠，中原旧曲，各整义师，以匡诸夏。则齐桓攘夷之业，晋文勤王之劳，赫赫宗盟，于今为烈。其或甘心事敌，以抗颜行，斧钺之诛，罪在不赦。夫非常之原，黎民所惧；救国之志，人有同心。敢布区区，咸知大意。二三君子，尚克图之。

于是大肆封赏各个将领：以王玉全为国师，王君彩、洪阵为太师，杜君英、陈福寿、李勇、吴外、翁飞虎、陈印、戴穆、郑定瑞、郭国正、颜子京、杨来、黄殿、刘国基、黄日升、江国论、王忠、林曹、薛菊、林骞、林琏、陈正达、张秀、赖池、赖元改、郑惟晃、郑文苑、陈成等为国公，张岳不受公爵，为将军，陈灿、苏天威等为侯爵，张阿山、卓敬、陈国进等为都督，萧斌、詹遴为尚书，内阁办事，麻恩、林玉为辅弼大将军。文官的部、科级官员，武官的副将、参将级官员，共有几十人。郑定瑞、苏天威尤其勇猛，朱一贵命令他们率领3000士兵，据守鹿耳门。下令军民都要留长头发，恢复明朝时候的模样。

当初，杜君英进入府城时，想要立他的儿子杜会三为王，众人不服。杜君英非常不满，经常对朱一贵傲慢不顺从，抢了7个妇女，关在自己的府署中。朱一贵曾命令禁止抢掠奸淫妇女，戴穆强娶民女，朱一贵就把他杀了；洪阵私卖官方文书，朱一贵也把他杀了，众人都感到了震惊和害怕。杜君英抢来的妇女中，有吴外的亲戚。吴外请求杜君英把她放了，杜君英不肯，吴外生气，准备攻打杜君英。

朱一贵说："立国之初，宜严法典，如此妄举，何以长民？"派遣杨来、林琏进行调解，杜君英不听从劝说，反而把他们扣留起来。朱一贵很生气，命令李勇、郭国正出兵攻打。杜君英战败，率领几万广东人向北到了虎尾溪，驻扎在猫儿干。

清军淡水营的守备陈策听到发生起义的消息，统率士兵把守要害。有一个叫范景文的人，偷偷潜入淡水营的辖境，准备发动起义，结果被杀。在这种情况下，陈策急忙派人到厦门请求救援。这个时候，闽浙总督觉罗满保也已经接到台湾有起义发生的报告。连忙赶到厦门，命令南澳镇总兵蓝廷珍出兵，而福建水师提督施世骠已经率兵先赶赴澎湖了。六月十六日黎明，清军到达鹿耳门。朱一贵方面，苏天威率领士兵据守险要之处，炮台也发炮抵抗，另外还用小船往来冲击。清军前锋林亮、董方凭借6艘大船冒死前进，发炮还击。两军交战，血花四溅，喊声震天，没有分出胜负。林亮看见炮台上火药堆积，向其瞄准发射炮弹，一发炮弹引起强烈爆炸，大火熊熊燃烧，火光映红了天空。苏天威退守安平，清军随后赶到。苏天威和郑定瑞摆好阵势迎战。双方激战了几个时辰，林亮和董方陷入民军的包围。好在蓝廷珍率领5000名清兵赶到，苏天威只好退守府城。

朱一贵派遣杨来、颜子京、张阿山、翁飞虎率兵8000多人进攻安平。清军另外派出一队人马到四鲲身攻击民军，到傍晚时才停止。第二天，清军又攻击涂墼埕。第三天，朱一贵命令李勇、吴外、张阿山、翁飞虎、陈印、杨来、郭国正等率领数万人马，以牛车为盾牌，冲在队伍的最前面，再次向安平发起攻击，双方大战于二鲲身。翁飞虎气盛，率领乌龙旗部队为先锋，驾驶牛车，排列盾牌，冒着炮火向前冲击，大部队跟着往前冲，杀伤力很强。清军无法抵挡，只能眼睁睁地看着朱一贵的大军杀进来。蓝廷珍见情况紧急，亲自指挥大炮连环射击，那些盾牌无法抵挡。翁飞虎丢弃牛车，近身接战，双方伤亡惨重。清军的援兵到达，又以炮船靠岸发炮夹击。翁飞虎虽然顽强奋战，但最终还是无法抵挡，于是退保府城。

朱一贵集合众将商讨战守计策，王玉全说："东都之险，在于安平。安平已失，无险可据。不如退守诸罗，扼财赋之区，用民番之众，表里山河，犹无害也。"江国论说："古人有言，卧榻之侧，岂容鼾睡？今清军在安平，战胜而骄，臣愿率一旅，从西港仔偏袭之。邀天之幸，乃为后图。"朱一贵说："将军为国效命，忠勇可嘉。"命令林曹、黄殿、林骞、林琏等一同前往。

施世骠接到情报，秘密派遣林亮、董方、魏大猷、洪平率领1200名士兵前往抵御。第二天早上，蓝廷珍知道了这件事，急忙会见施世骠说："谋必出于万全，岂可怙胜轻举？闻敌多在萧垅、麻豆之间，西港仔乃其肘下，距府不远，呼应立至，又多竹林可埋伏。彼如以数千人分布要害，四面掩击，则我军危矣。"施世骠惊悟地问："怎么办？"蓝廷珍说："我当亲往。"二十一日黄昏，蓝廷珍留下所带领的三分之一士兵攻打府城，率领水师官兵5500多人前往攻击。江国论已经和林亮、董方在苏厝甲激战，清军眼看就要被打败。蓝廷珍把带来的兵分成8队，自己带领麾下500名士兵为中军。江国论前来挑战，喊杀声震天动地，全都奋勇冲杀，双方死伤人数相当。清军实力强盛，江国论收军撤退，傍晚时分到达犁头店，晚上前往偷袭清军营盘，蓝廷珍早有准备，没有得手。第二天，双方又在木栅交战，施世骠也率领军队攻打府城的南边。朱一贵亲自率领众将进行抵抗，从早到晚，所有的据点都被清军攻破，带着部下败走。施世骠、蓝廷珍先后进入府城，并向厦门报捷。总督满保让蓝廷珍代理台湾总兵，命兴泉道陶范带着皇帝的谕旨到台湾，并代理台厦道的事务事；汀州知府高铎任台湾府知府，建宁通判孙鲁代理台湾府同知，同时兼理台湾县知县事务；海澄知县刘光泗代理凤山县知县，漳浦知县汪绅文代理诸罗县知县。

朱一贵败走后，驻扎在大目降。蓝廷珍派遣参将王万化、林政等南下，攻取凤山县。颜子京、郑定瑞等前往接战，失败被杀。蓝廷珍又派遣游击林秀、薄有成等攻打大目降。朱一贵逃到湾里溪，在清军的追击下，逃往下茄苳。此前，漳浦人王仁和经常来到沟尾庄，和庄人杨石关系很好，知道他们家族的杨旭、杨雄等是当地的领袖人物，可以谋划办事，就用甜言蜜语劝诱，杨石答应了。王仁和暗中告诉蓝廷珍，可以用分别授予他们守备和千总的官衔和文书为条件，命令他们捉拿朱一贵。而苏山、黄遵为、李祖写信给杨旭，也参与这件事，于是杨旭秘密召集沟尾等庄的壮丁做好了准备。闰六月初五日，朱一贵率领1000多人到达。杨旭、杨雄杀牛款待，并答应朱一贵号召6庄子弟前来相助。朱一贵说："能如是，岂唯孤受其赐，其自太祖以下实嘉赉之。"第二天，朱一贵到月眉潭庄，杨雄邀请他们回来。傍晚时下了场大雨，杨雄将朱一贵的队伍分开居住，召集6庄的壮丁表面上为他们警卫，暗中把水灌进朱一贵队伍的大炮。深夜，喊声四起，朱一贵受惊醒来，埋伏在周围的人都冲了出来，捉住了朱一贵，王玉全、翁飞虎、张阿山也一起被捕，吴外、陈却率领一些人冲出重围，其余的人大多也逃走了。

杨旭将朱一贵绑在牛车上送到八掌溪，交给游击林秀押解到颜世骠的军营。蓝廷珍一起来审讯，朱一贵高傲地站着。蓝廷珍大声责骂，要他跪下，朱一贵就是不跪。蓝廷珍骂他说："朝廷深仁厚泽，待汝不薄。汝何反？速自陈。"朱一贵说："孤为大明臣子，兴师光复，何言反？汝等堂堂汉人，甘心事虏，乃真反尔。"蓝廷珍大怒，命人捶击他的脚，直到他不能站立，趴在地上大声喊叫。朱一贵对翁飞虎说："大丈夫死忠义尔，事之不成天也，卿其无怼。"翁飞虎说："君有所命，敢不勉从。"于是被囚车押送到厦门，满保命令押送到北京。

当初，赖池、张岳攻占了诸罗县城，清军北路营千总陈徽、把总郑高逃入山中，不久又组织兵力反攻，夺取了县城，杀了赖元改，拿他的头祭奠参将罗万仓。朱一贵听到了消息，命令翁飞虎、江国论前往来救援，重新收复了诸罗。这时，蓝廷珍命令游击朱文福、谢希贤等率领军队来到，万和尚被杀，杨来也被大排竹的人杀了，吴外、陈印、李勇、陈正达、林曹、林骞、林琏、郑惟晃、张看等先后被清军擒获。淡水营守备陈策已经领兵南下半线，谢希贤也派兵北上，与前来支援的淡水营的军队会合。此前朱一贵起兵时，下淡水庄广东人侯观德、李直三等人不顺从，独自树立大清义民旗，联络周围的村庄，筹备战守事宜。朱一贵派遣陈福寿、刘国基、薛菊、王忠、刘育等率领起义民众数万人前来攻打。六月十九日，大战于下淡水溪。刘育阵亡，陈福寿战败后自杀，被旁人所救，于是逃入山中。刘国基、薛菊、王忠都逃奔琅峤。外委陈章听到以后，与林尚、苏庚驾船前往劝说他们投降，3人都答应了。有清军提督派遣的官员前来，举止十分傲慢，责令他们跪拜。王忠说："现在都这个样子，到了府城会怎样可想而知。"于是就逃走了。陈章把刘国基、薛菊送去见蓝廷珍。

七月，江国论、郑元长召集剩余的同伙，在阿猴林重新集结。蓝廷珍发兵前往攻打，江国论、郑元长都逃往北路。蓝廷珍派遣张腾霄前往招降，2人率部前来归附。

杜君英逃走后，很长一段时间躲在罗汉门山中。当听到陈福寿已经向政府投降，也心动了。蓝廷珍派守备施恩、陈祥说服他投降。杜君英担心被骗，想见陈福寿询问实情。蓝廷珍立刻派陈福寿前往，杜君英果然出来相见。过了三天，他的儿子杜会三也从藏匿的地点出来了，他们都被留在府署中。不久后，蓝廷珍把杜君英等人叫到他办公的地方，骗他们说："顷得制府来书，欲授若辈备弁。今有船可速赴厦考验。"江国论认为不能去。蓝廷珍大声训斥说："汝福薄，固知非有官相者。"杜君英答应了。江国论知道自己不能留下来，也请求前往，于是就和陈福寿、郑元长、杜会三一起到厦门。总督满保将他们押送到北京，和朱一贵对质。审讯的时候，主审官问朱一贵："汝一匹夫，敢谋大逆，果何为者？"朱一贵说："欲复大明尔。"于是和李勇、吴外、陈印、王玉全、翁飞虎、张阿山一起被处以磔刑[①]，亲属也遭到连坐。杜君英、杜会三、陈福寿因为是投降的缘故，在集市上被斩首。黄殿、江国论、郑元长等也先后被杀。只有王忠逃入后山卑南觅，几年后才被抓到。皇帝下诏，这次台湾事变中有罪责的文武官员，令福建总督、提督会审。十二月十八日，全部在台湾处斩，朱一贵事件逐渐平息。

连横评论说，朱一贵事件，漳浦人蓝鼎元随军赴台，著有《平台纪略》，其中的记载多可采信。但他说台湾人安居无事就爱好作乱，被平定了以后还会再反复发生，这就是诬蔑台湾人了。我听说延平王郑成功进入台湾之后，生怕部众忘记明朝，亲自创建天地会并且担任首领，其用意就是以光复明朝为目的。延平王死了以后，天地会的章程还存在。几经传播之后，遍及台湾南北，而且横渡大陆，深入全中国的人心，在现在的福建和广东尤其发扬光大。婆娑的大洋，美丽的岛屿，都是依靠郑成功的在天之灵，才发展至今。台湾的民众本来就应当以郑成功的心愿作为自己的心愿。可是，我看旧的方志，经常污蔑延平王郑成功的正道，而把朱一贵当作盗贼。中国做历史研究的人，原本就没有什么确定的见解，都是成者为王，败者为寇。汉高祖、唐太宗只是比较幸运，难道他们真的能比陈胜、李密更贤能吗？只是朱一贵特别不幸而已。推翻以前的结论，让真相更加明显，公道自在人心，千年以后都不会泯灭。蓝鼎元关于台湾人好斗的言论，不要去相信它。

欧阳凯

欧阳凯，福建漳浦人，康熙五十七年（1718），担任台湾总兵，加左都督衔。康熙六十年春天，朱一贵准备起义，广东人高永寿以做买卖为生，在半路上遇到一个快饿死的病人，高永寿救了他，也没有问他的姓名。一天，高永寿到台湾的南部，遇到了那个人，对他感激涕零，把他带到山上设酒款待，带他一起去见朱一贵。只见现场刀枪排列整齐，那人向他说明将要起义的事情，并邀他入伙。高永寿假意答

① 磔刑，处死时分裂肢体。

应，找机会到清军南路营告发，没人相信。到了府城，又向总兵衙门举报，欧阳凯也不相信，还以为高永寿疯了。欧阳凯会同台湾道梁文煊一起审讯，认为他妖言惑众，本应当处死，但从宽处理，押送回原籍。那个时候，文官武将只懂得贪图安逸，完全没有把国家的安定或动乱放在心上。不久，朱一贵果然起兵，攻破清军的冈山汛。消息传来，中营游击刘得紫请求带兵前往，欧阳凯不同意。右营游击周应龙，身材高大魁梧，平时喜欢泛泛而谈，生动而有趣，便让他率领400名士兵前往对敌，结果大败而逃。朱一贵紧追不舍，直逼府城。欧阳凯率领镇标官兵出城驻扎到春牛埔，军营里当晚由于惊恐而官兵四散，天亮以后才陆续集中。五月初一，朱一贵前来进攻，镇标官兵发生内乱，把总杨泰刺欧阳凯于马下，割下他的头颅后离开。右营守备胡忠义、千总蒋子龙、把总林彦、石琳都战死，府城也落入民军之手。事件平息后，皇帝下诏追赠欧阳凯为太子少保，皇帝派人前往致祭并赏给安葬的费用，荫封他的一个儿子为守备。胡忠义，陕西长安人；蒋子龙、林彦，都是福建闽县人；石琳，永定人，担任汀州镇标中营的把总，当时带领班兵渡海到台湾，参战而死；马定国，陕西人，担任台湾南路营的守备，死于凤山县；陈元，福建侯官人，担任镇标左营千总；林富，福建长汀人，担任南路营把总，都死在赤山。这些人全部给予抚恤，皇帝派人前往致祭并给予安葬的费用，荫封他们一个儿子为卫千总。孙文元，云南人，康熙五十七年，担任台湾镇左营游击，兵败，逃到鹿耳门，投海而死，追赠拖沙拉哈番[①]，皇帝派人前往致祭并赏给安葬的费用，荫封一个儿子担任守备。他们都供奉在忠义祠。

许云，福建海澄人。康熙五十七年，担任台湾水师副将。在朱一贵事件中，台湾南部被起义军占领之后，总兵欧阳凯出城移驻春牛埔，许云率领水师支援。五月初一，朱一贵攻下府城，镇标官兵战败，欧阳凯被杀。许云奋勇血战，和游击游崇功、千总林文煌、赵奇奉、把总李茂吉一道，振臂高呼，所向披靡，从黎明到中午，箭和炮弹都用完了。许云受了重伤，下马步战，还亲手杀了几十个人，随从亲兵都战死了，第二个儿子许方度在旁边，许云对他说："吾为副将，义当死。汝其速突围出，将安鹿耳门各炮封钉，无畀敌。"许方度听父亲的话冲出了重围，许云阵亡。这件事上报后，朝廷追赠许云世袭拉布勒哈番[②]的爵位，皇帝派人前往致祭并赏给安葬的费用，荫封他的一个儿子担任守备。许方度后来跟随参将王万化进攻鹿耳门、

① 拖沙拉哈番，满文爵位名，即云骑尉。

② 拉布勒哈番，满文爵位名，即骑都尉。

安平镇有功，补授台湾镇中营游击。游崇功，福建莆田人。康熙六十年春天，游崇功担任台湾水师左营游击，巡逻到笨港，听到朱一贵起义的消息，驾船带兵赶回鹿耳门。看到文武官员家眷的船只逃出，叹息道："官者兵民之望，官眷逃则民心散，大事去矣。"游崇功登岸，立刻准备投入战斗。女婿勒马问他家属如何安排，游崇功呵斥说："今日遑知有家哉？"带领军队来到春牛埔，手持大刀，左右冲杀，直至战死。追赠拖沙拉哈番，皇帝派人前往致祭并赏给安葬的费用，荫封一个儿子担任守备。赵奇逢，广东人；林文煌，侯官人；李茂吉，漳浦人，皇帝都派人前往致祭并赏给安葬的费用，荫封一个儿子为卫千总。他们都被列入忠义祠祭祀。安平人为他们的死感到哀伤，还专门建造了五忠祠祭祀他们。

罗万仓，福建平和人，康熙五十八年，担任台湾北路营参将，驻守诸罗。朱一贵事件中，府城被攻破后，罗万仓立即做好了战备。五月初四，赖池、张岳、郑惟晃等率领大队人马前来进攻，罗万仓与千总陈徽、把总郑高、叶旺分守不同的城门，罗万仓自守南门，战况尤为激烈。没有增援的队伍，部下几乎全部伤亡，最后被陈碧用枪刺中喉结，张岳、赖元改挥刀将他砍死，把头颅献给朱一贵。小妾蒋氏看到罗万仓所乘坐的马逃回，全身溅满了鲜血，大声说："吾夫其死矣。"于是上吊身亡。此事上报后，追赠其后代世袭拖沙拉哈番的爵位，皇帝派人前往致祭并赏给安葬的费用，荫封一个儿子为守备。下旨表彰蒋氏，将她入祀节烈祠。

蓝廷珍

蓝廷珍，字荆璞，福建漳浦人。年轻时恭敬勤勉，努力种田，一天忽然有所感悟，感叹说："我是不是应该去做一个手握长戟的人啊？"他的族祖[①]蓝理在舟山当总兵，蓝廷珍于是放下农活前往从军。康熙三十四年（1695），蓝廷珍被提升为把总，经多次升迁成为温州镇右营游击，抓捕海寇有功。康熙五十八年春天，升为澎湖副将，不久又被授予南澳镇总兵。康熙六十年夏天五月，台湾朱一贵起义，占据了府城。蓝廷珍听到这一消息，马上挑选士兵，准备军械和粮草，向总督满保要求前往参战，同时陈述了进军的相关安排。总督满保正赶往厦门，在半路上收到了蓝廷珍的报告，十分高兴，下令让他统率12000名水陆官兵、400多艘战船，前去攻打台湾，这时，福建水师提督施世骠已经先行到达澎湖。蓝廷珍与施世骠会合后，商议好了进军方略，进行了相应的部署，确定以林亮、董方为先锋。

①族祖，祖父的堂兄弟。

六月十六日，清军先攻克鹿耳门，又攻克了安平镇，逼近府城。朱一贵因为之前的失败，不敢出城迎敌。施世骠采用投降的人所献的计谋，准备夜里派遣林亮、董方率领1200名士兵，从西港仔偷渡插到府城的后面。蓝廷珍知道后说："此诚奇计。顾彼众我寡，脱有失，将奈何？"施世骠说："然则何如？"蓝廷珍说："公宜速遣将弁至濑口、涂堑埕等处，分道夹击，某当亲率大军，以继林、董二将之后，方可万全。府治恢复，在此数日间尔。"天刚亮，两军在苏厝甲展开激战，朱一贵的军队稍微有些退却。再战，清军追到木栅，又在茑松溪取得胜利。朱一贵失败逃去，蓝廷珍进入府城，施世骠随后也到了。

闰六月，朱一贵被捕，地方逐渐平息。蓝廷珍代理台湾总兵，仍旧统率各路人马。九月，施世骠病逝，蓝廷珍暂时代理福建水师提督，通过招抚擒获了杜君英父子并给他们戴上了刑具，其他党羽也逐渐平息。满保治理台湾，准备沿山划一条界线，禁止百姓出入。蓝廷珍回复说：

> 人情安土重迁，既有田畴庐舍，室家妇子，环聚耕凿。一旦驱逐搬移，不能遍给以资生之藉，则无屋可住，无田可耕，失业流离，必为盗贼，一可虑也。其地既广且饶，宜田宜宅，可以容民畜众。而置之空虚，无人镇压，则是弃为贼巢，使奸宄便于出没，二可虑也。前此台地何人非贼，国公、将军而外，伪镇不止千余，今诛之不可胜诛，俱仍安居乐业，而独于附近贼里之人，田宅尽倾，驱村众而流离之。邻贼之罪，重于作贼，三可虑也。台寇虽起山间，在郡十居其九，若欲因贼弃地，则府治先不可言。况郎娇并无起贼，虽处极边，广饶十倍于罗汉，现在耕凿数百人，番黎相安，已成乐土。今无故欲荡其居，尽绝人迹往来，则官兵断不肯履险涉远，而巡入百余里无人之地。脱有匪类聚众出没，更无他人可以报信，四可虑也。锯扳抽藤，贫民衣食所系。兼以采取木料，修理战船，为军务所必需，而砍柴烧炭，尤人生日用所不可少。暂时清山则可，若欲永永禁绝，则流离失业之众，又将不下千百家，势必违误船工，而全台且有不火食之患，五可虑也。疆土既开，有日辟，无日蹙。台地宋、元以前，并无人知，至明中叶，太监王三保舟下西洋，遭风至此，始知有此一地。未几而海寇林道乾据之，颜思齐、郑芝龙与倭据之，荷兰据之，郑成功又据之。国家初设郡县，管辖不过百余里，距今未四十年，而开垦流移之众，延袤二千余里，糖谷之利甲天下。过此再四五十年，连内山山后野番不到之境，皆将为良田美宅，万万不可遏抑。今乃欲令现成村社废为坵墟，厉禁不能，六可虑也。曩者诸罗令周锺瑄有清革流民以大甲溪为界之请，凤山令宋永清有议弃郎娇之

详。今北至淡水、鸡笼，南至沙马、矶头，皆欣然乐郊，争趋若鹜。虽欲限之，恶得而限之？职等愚见，以为人无良匪，教化则驯；地无美恶，经营则善。莫如添兵设防，广听开垦，地利尽，人力齐，鸡鸣狗吠相闻，而彻乎山中，虽有盗贼，终无逋逃之薮。何必因噎废食，乃为全身远害哉？今窃议于罗汉内门中埔庄，设汛防兵三百名，以千总一员驻扎其地，郎娇亦设千总一员、兵三百，控扼极边一带。三六九期，操演之外，准其自备牛种，就地屯田，以为余资，虽险远而弁兵便焉。檨榔林在平原旷土之中，杜君英出没庄屋，久被焚毁，附近村社，人烟稠密，星罗棋布，离下淡水营内埔庄汛防不远，无庸更议。至各处乡民欲入深山，采取树木，或令家甲邻右互结，给与腰牌，毋许胥役需索牌费一分一厘，听从其便。伏读宪檄，添防之制，宜速议定，以便题覆。夫今所宜更议者，惟罗汉门、郎娇而已矣。外此则移八里坌汛千总驻扎后垅，为半线淡水适中之地，及添设文员诸事，尚未举行。其余俱经遵照宪檄，于南路增设下淡水营守备，带兵五百驻扎新园，设冈山守备，带兵五百，驻扎淡水溪埔，扼罗汉门诸山出没窦径。北路增设半线守备一营，带兵五百，居诸罗、淡水之中，上下控扼，联络声援。以诸罗山守备驻扎笨港，增兵二百名，添设下茄苳守备一营，兵五百。郡治添设城守游击一营，兵八百，与镇标三营相埒。再加罗汉门、郎娇各添设汛防兵三百，则全台共计增兵三千六百名，较宪檄前指之数，止多一百。但此三千六百之兵，不须请旨额外添设，就内地各标营分额招募，按班来台，如往例三年一换，然后内地不至空虚，无顾子失母之病。诸罗地方辽阔，鞭长不及，应划定虎尾溪以上，另设一县，驻扎半线，管辖六七百里。鹿子港虽口岸扼要，离半线仅十五里，不用再设巡检。将巡检设在淡水八里坌，兼顾鸡笼山后。笨港设巡检一员，驻扎笨港，佳里兴巡检仍还佳里兴驻扎，兼管目加溜湾，移典史归诸罗县治。南路凤山营县，虽僻处海边，不如下埤头孔道冲要，然控扼海口，打鼓、眉螺诸港乃匪类出没要区，当仍其旧，不可移易。添设凤山县丞一员，驻扎搭楼，稽察阿猴林、笃佳等处，弹压东南一带山庄。下淡水巡检一员，不许留郡，仍令驻扎下淡水，稽察下淡水以南各庄及诸海口。台、凤、诸各县各练乡壮五百名，在外县丞、巡检各练乡壮三百名，无事则散之陇亩，有役则修我戈矛。乡自为守，人自为兵，此万全之道也。

满保也认为这样很好，于是划界迁民的计划就停止了。

康熙六十一年，朝廷中有人认为，两次平定台湾，都是先驻军在澎湖，然后再向台湾进军，因此主张将总兵移到澎湖，而台湾府城只设陆路副将。蓝廷珍认为这样不行，上书给总督满保，说明不行的理由，他的话在《军备志》中有记载。而福建水师提督姚堂也有上奏，要求总兵驻扎台湾府城。蓝廷珍还对台湾的善后工作提出许多看法，包括在府县筑城，增加戍守的官兵，实行保甲制度，办理团练，等等，许多建议都有采用价值。之后蓝廷珍班师回大陆。

雍正元年（1723）冬天十月，蓝廷珍被授予福建水师提督，加左都督，世袭三等阿达哈哈番[①]爵位。到任以后，蓝廷珍整顿军务，赏罚分明，爱惜人才，他所举荐提拔的人，许多都当到了将帅的职务，士兵和民众也都十分拥戴他。雍正七年冬天十一月，蓝廷珍在任职期间去世，享年66岁，皇帝赏赐治丧费用，追赠太子少保，并给予襄毅的谥号。他的孙子蓝元枚也是个有名的人。

蓝元枚，字简侯。乾隆三十三年（1768），以世袭的爵位补授广东参将的职位，不久升为副将。乾隆三十八年，升为台湾总兵，又调任金门总兵。乾隆四十九年，任江南提督。乾隆五十二年，林爽文起义，台湾南北被阻断，清军几个将领都没有取得明显的战功。朝廷认为蓝元枚熟悉当地的情形，命令他迅速赶往泉州，代理福建陆路提督。当时福建水师提督黄仕简、陆路提督任承恩手中掌握大量军队，却不敢发起进攻。皇帝下诏解除了任承恩的职务，以蓝元枚取代。四月，诏命授为参赞，协助处理台湾军务，率领2000名福建的士兵，由福建晋江蚶江渡海前往鹿港，进军图谋彰化，后到的浙江清军也归他指挥。六月，蓝元枚会同总兵普吉保进攻柴坑，取得了胜利。皇帝下旨嘉奖，赏戴双眼花翎。接着上奏，会合柴大纪夹攻斗六门，没有攻克。八月，病死在军中。皇帝下旨表示哀伤悼念，追赠为太子太保，赏赐治丧费用，派人参加他的葬礼，也给予“襄毅”的谥号。谥号和他的祖父相同，也是一段佳话。

林亮，字汉侯，福建漳浦人。4岁时母亲去世，孤苦伶仃，性情豪放，不受拘束，喜欢结交英雄豪杰。曾经说：“男子桑弧四方，安能屈守乡间，长为农夫没世哉？”他的家乡在沿海比较动荡，林亮下决心参军，练习骑马射箭刺枪击剑各种武艺，关心海上事务，无论海岛或港湾是崎岖还是平坦，船只航行是方便还是困难，扎营布阵征战，都力求熟练和心中有数。了解他的人，都认为他有将才。康熙四十五年，被提拔为台湾水师右营把总，经过几次升迁，成为澎湖右营守备。康熙六十年，朱一贵起义，整个台湾都落入民军之手，驻守台湾的文武官员，或者死了，或者逃往澎湖。澎湖、台湾之间，只有一水之隔，澎湖的居民，也动荡不安，澎湖水师的官

① 阿达哈哈番，满文爵名，汉文名轻车都尉。

兵认为孤岛难守，大家主张撤退到厦门，各离开驻地上船，准备要走。林亮力排众议，手按剑柄大声说："朝廷封疆，尺寸不可弃。我等享升平，食禄廪，捐躯报国，正在今日。焉有锋刃未血，而相率委耶去？大丈夫死忠义耳，宁能骈首市曹，为法吏所辱！请整兵配船，防御要害，决一死战，战不捷而亮死，公等归亦未迟。"大家都同意了，愿意死守澎湖。

林亮驾船快速离开岸边，传达主将号令，驱赶官员百姓家属全部回到岸上，如果再有敢说撤退回厦门的人，就处以斩首，众人的心态才平稳下来。因为台湾提供给澎湖的军粮没有及时运到，林亮担心军中没有吃的，于是捐出自家的财产，买稻谷碾米供给部队，制造打仗所需要的器械和其他的军需物资，准备征战。不久，福建水师提督施世骠、南澳总兵蓝廷珍率领军队来到澎湖，任命林亮和千总董方为先锋，率领水师 570 名从澎湖岛出发。六月十六日黎明到鹿耳门，清军官兵奋勇争先，以 6 艘战船冒死向前冲锋。远远看见炮台上堆着一大堆火药，便命令对着火药开炮。炮台燃起大火，官兵马上夺取炮台，乘胜又攻下了安平。鹿耳门、安平都是地势险要的地方，也是台湾的要害，一天之内两次获胜，清军士气大振。十七日、十九日两天，双方又在鲲身交战。林亮驾船夹击，横冲敌方阵营，朱一贵的军队溃败，退守府城。施世骠命令林亮和董方、魏大猷、洪平率领 1200 名士兵从偏僻的地方偷渡西港，来到府城的背后，蓝廷珍又率领大军跟在他们后面。二十二日黎明，双方在苏厝甲发生激战。林亮连续几战都获胜，对清军收复府城助益极大，评功当属第一。总督满保问身旁的将领，谁有能力担当重任。蓝廷珍说：

> 水师提标营游击林秀、南澳镇左营游击守备吕瑞麟，节刚愎傲上，有好大飞扬之气，然胆略并优，勇敢出群，实国家骁将也。秀矜夸，瑞麟沉鸷；秀不拘细谨，瑞麟凛于操持。弗拥节旄，二人俱弗肯已，但瑞麟似较远大尔。闽安协左营游击朱文，小心谨慎，虽刚毅不足，而可当一面藩篱之寄。汀州镇左营游击王绍绪，整饬营伍，有轻裘缓带之风。福宁镇右营游击郭祺，老成练达。海坛镇左营游击谢希贤，简易果敢，虽不无卤莽之处，要自瑕不掩瑜。抚标左营游击边士伟，晓畅军务。金门镇右营游击薄有成，质直严肃。陆路提标右营守备康陵，壮猷沉厚。漳浦营守备苏明亮，谦和谨饬。烽火营守备蔡勇，雄伟朴实。兴化协左营守备刘永贵，刚劲端严。诸人气度，似与偏裨稍别，皆太平之良帅也。澎湖协右营守备林亮，平台首功，且有抗守澎湖之大节，人品将略在军前诸将以上，提镇之任，靡所不宜。将军标右营游击魏天锡、海坛镇右营守备魏大猷，系同胞兄弟，皆奇谙水性，能顶盔束甲，游海面，又能赤身入海

底，潜行一二百里。如安平镇至台湾府，水程五十里，大猷、天锡入海中潜行，顷刻即至。同安营守备叶应龙，钢筋铁骨，刀棍不能伤，以石击其头，石反碎。三人皆奇杰卓荦，非寻常将弁可比，畀以封疆，谁曰过分？但魏天锡已病，恐不及待节钺尔。千总董方、胡广、王郡、林君卿，皆将帅才。董方好大矜功，恐未免为人所嫉。胡广勇锐英发，王郡厚重精明，殊不可量。林君卿果敢质实，罔惮勤劳。四人皆志切上进，不愿以偏裨自拟，虽现居下弁，勃勃有封疆之气，未可以名位微末少之。

满保收到蓝廷珍这份报告之后非常高兴，拿400两银子犒赏林亮，亲自写字表扬，后来让他升任安平水师副将。而吕瑞麟等人大多都当到了提督、总兵，就像蓝廷珍说的一样。

刘得紫，字树公，直隶文安①人，在辽阳②住了一段时间，就把家定居在那里。父亲刘朝英，担任江夏③知县，在任上去世了。刘得紫少年时无依无靠，生活贫困，但喜欢读书，尤其擅长骑马射箭。康熙四十七年，由步军校④经过几次升迁当到侍卫。康熙五十九年，调任台湾镇中营游击。康熙六十年夏天四月，朱一贵起义，刘得紫请求前去征讨。总兵欧阳凯不同意，派遣右营游击周应龙前往，结果打了败仗。朱一贵进攻府城，欧阳凯率领他的部队驻扎在春牛埔，刘得紫跟从。五月初一，双方在中路口大战，总兵的队伍全军覆没，刘得紫前往营救不成，自己还被捉住了，被关在府儒学的朱子祠中，以礼相待，让他无法寻死。朱一贵听说他为人正直，派人送食物给他吃，刘得紫不吃。几天里，一起被抓的陈士珍送《紫阳纲目》三卷给他，早晚都读，几乎忘记了饥渴，七天了也没有饿死。把总张文学、赞礼生⑤陈时遇知道他的意思，亲自煮粥劝他进食。刘得紫流着泪说："食禄不分忧，乘马不济难，纵彼怜我而生，吾何面目见东宁父老乎？"这时，朱一贵与杜君英互不相下，双方不和，秀才林皋、刘化鲤说了这件事，刘得紫才开始吃了一些东西。众人相继给他送钱送衣服，有个他曾经带过的士兵看到刘得紫睡在地上，便搬了一副床给他，泥水匠也送了一条毡子给他，刘得紫都不知道他们的名字。六月十六日，清军攻克鹿耳门，又收复了安平镇，刘得紫听了十分高兴。又过了几天，朱一贵战败，看守刘

① 文安，今河北省廊坊市文安县。

② 辽阳，今辽宁省辽阳市。

③ 江夏，今湖北省武汉市江夏区。

④ 步军校，清朝八旗步军营的基层武官。

⑤ 赞礼生，专门主持各种传统礼仪仪式的人。

得紫的人都跑了，才得以自由。刘得紫前往拜见清军统帅，请求让他立功赎罪，便招募了 150 名壮丁，随征府城以北地区，每次战斗都有战功。闰六月初七，沟尾庄人用计抓住了朱一贵，刘得紫带领士兵前往接应。朱一贵事件平息以后，台湾有人将刘得紫坚守气节的事情告诉清军在台湾的最高将领，请求对他进行表彰。

杨文魁　殷化行　阮蔡文　王郡

杨文魁，字子伟，号逸斋，奉天[①]人。康熙二十三年（1684），以都督佥事担任台湾镇总兵。当时台湾才归附清朝，行政区划也才划定。杨文魁分别布置军队的营盘和汛地，研究军队的各种事务。又建立了免收学费的学校，聘请内地的名儒做老师，置办学田，资助求学的费用，因此来求学的人越来越多。当初，杨文魁被大学士巴泰所推举。当蓝理进京觐见皇帝时，皇上问蓝理，台湾总兵表现怎么样？蓝理回答说："练兵马，兴学校，洁己奉公，兵民相安，每日惟食腐菜。"第二天，皇帝对巴泰说："杨文魁为封疆大臣，惟食腐菜，可谓清矣。"当时蓝理上奏说，在台湾屯田，可以节省兵饷。要在台湾 10000 名士兵中，选出 4000 士兵前往屯田。这件事下发总督、巡抚、提督、总兵讨论后再将意见上奏皇帝。杨文魁上奏说："台湾之田皆民业，夺为兵田，已万不可。况兵皆内地调徙，父母妻子，隔海相望，谁肯举家渡海，以事屯田乎？"朝廷听取了他的意见。士兵和百姓都很高兴。他举报了一些军政方面的不良行为，被他举报弹劾的人都没有怨言；而被他提拔的武官，许多都当到总兵且有声望。康熙二十六年，杨文魁升任本旗副都统。台湾军民感念他的恩德，为他画像建立生祠。还没到北京，就已经被提升为都统。

殷化行，字熙如，陕西咸阳人。20 岁时中武举。康熙九年，考中武进士。康熙二十六年，任台湾镇总兵。台湾是孤悬海外的一个地方，岛上的福建人和广东人分开居住，民间崇尚武力，还有生、熟"土番"住在其中，是有名的难以治理的地方。殷化行到了以后，进行道德教化，使军队和民众之间相安无事，互不猜忌。当时正在讨论在台湾府城建筑城墙的事情，殷化行认为，台湾地方表土比较松软，经常地震，不能建筑城墙，而且台湾孤悬海外，只有依靠国家强大的声威，军民同心协力，来进行保护和捍卫。殷化行表态后，建筑城墙的议论就停止了。于是仅建造了总兵衙署的木城，但抓紧整治军备，经常训练，以提高军队的战斗力。

起初，明郑时期台湾通行永历钱，归属清朝后，上级官府要求改铸。户部颁发"台"

① 奉天，今辽宁省沈阳市。

字钱的样式，台湾钱比较不值钱，不能通行于各省。商人和旅客得到台湾钱，一定会降价换成银子回去，台湾钱铸得越多就越不值钱，甚至一两银子可以换三四千枚台湾钱。而给士兵的军饷只有7钱3分的银子；以官方的价钱去买东西，商家大多关门或藏着不卖，几乎激起事变。殷化行反复晓谕军民，严防矛盾的激化，多次请求停止铸造台湾钱，福建的总督和巡抚没有听从。等到调任襄阳总兵，入京觐见皇帝时，他终于有机会说明台湾钱的弊害。皇上吃惊地说："此大有关系，若在任时，胡不言？"殷化行回答说："武臣不敢与钱谷事。"皇上要他写成奏疏，果然到通政司就被卡住了。再次上奏，并把皇上的旨意也说明了，奏疏才到了皇帝那里。圣旨下发户部讨论，户部没有同意。又下发给福建总督巡抚讨论，才停止铸造台湾钱。台湾的士兵和民众都感到方便。过了数年，调任宁夏总兵，后来在从征尼鲁特[①]战役中功，这些事都记载在《清史稿》中。

阮蔡文，字子章，号鹤石，福建漳浦人。父亲到江西做生意，于是住在新喻[②]。11岁能写文章，性格刚强勇猛，喜欢舞枪弄棒，周围的孩子都很怕他。13岁时中了秀才，过了12年才考中举人，多次赴京参加礼部主持的科举考试不中。福建巡抚张伯行请他到福州的鳌峰书院讲授洛学[③]和闽学[④]，并分担编纂先世儒者书籍的任务。五年后，回到家乡处理母亲的丧事。康熙五十一年，因为劝说海盗陈尚义投诚，被皇帝召见。皇上问他："书生此行良苦。颇警怖否？"他回答："臣仰仗威灵，顽梗革面，无所怖。"论功升为知府，授官陆凉州[⑤]。还没上任，改任厦门水师中营参将。第二年，调任台湾北路营参将。诸罗知县周钟瑄，是奉公守法的好官，二人一见如故。共同约束官吏士兵，安抚"土番"，整顿军队，走遍沿海地方，添设军队防守汛地。台湾府城以北地区绵延千里，半线以北，汉民少"土番"多。大肚、牛骂[⑥]、吞霄[⑦]、竹堑等许多地方，山谷幽深，自然条件恶劣。南崁[⑧]、淡水全年云雾缭绕，难见晴朗天气，硫磺产生的毒气弥漫，在这里驻守的士兵大多病死，巡逻的队伍也不敢到达。阮蔡文准备去那里视察，旁边的人都进行劝阻，他

① 尼鲁特，噶尔丹。

② 新喻，今江西省新余市。

③ 洛学，宋代以洛阳人程颢、程颐为代表的学派。

④ 闽学，以福建人朱熹为代表的学派。

⑤ 陆凉州，今云南省曲靖市陆良县。

⑥ 牛骂，今台中县清水镇。

⑦ 吞霄，今苗栗县通霄镇。

⑧ 南崁，今桃园市芦竹乡。

不听。自己带着帐篷，准备了干粮，白天有时候在马上赋诗，夜里点上蜡烛，记录沿途所经历的地理、山川河流、风土人情。他写了一篇祭奠戍守死亡将士的祭文，文字悲伤而又激昂慷慨，听到的人都十分感动。山谷里的各个“番社”准备了牛肉和酒来欢迎他，他都一一予以抚慰。召集社学中的“番童”坐在帐篷前，对他们说：“我是你们的老师，不用怕。”能够背诵“四书”的人，就用钱或者布给予表扬鼓励。还给他们讲解孝顺父母、兄弟友爱、努力耕田的道理。所有的“番社”都很高兴。但不幸感染瘴气生了疾病，升任福州城守营副将，在前往北京的路上病情加剧，到了宿迁去世，终年 50 岁。

王郡，字建侯，陕西乾州[①]人。康熙六十年，以千总从军，在平定朱一贵事件中有功，后来担任台湾南路营参将。雍正六年（1728），升任台湾镇总兵。雍正七年，平定凤山县山猪毛“番社”的动乱。雍正九年，彰化大甲西社林武力造反，台湾北路骚动，而凤山县的吴福生也乘机闹事。总兵吕瑞麟正在攻打林武力，府城空虚。当时王郡已经被任命为福建陆路提督，听到消息，急忙派遣游击李荣率兵前往凤山。不久侦察人员前来禀告吴福生攻打陴头情况紧急，立刻亲自带领军队连夜出发，和参将侯元勋、守备张玉三路合兵攻打。吴福生战败逃走，第二天就被抓到了，凤山县的乱事被平定。总兵吕瑞麟征讨“番乱”没有取得战绩，而且还被包围了，向府里征调部队增援。总督郝玉麟命令王郡前往平定“番乱”。王郡到了鹿港，派遣参将李荫樾、游击黄贵等联合进攻阿束社，参将靳光瀚、游击林黄彩等分别扼守隘口，渡过大甲溪，直抵阿束社，屡次都有斩获。林武力战败，逃往南日山，那里地势险峻，只有一条砍柴人走的小路。王郡督率军队向上进攻，亲自冒着箭矢和擂石，开炮攻打，炮声响彻山谷，捣毁了林武力盘踞的地方，把他们积蓄的东西也烧毁了。“土番”十分害怕，乞求投降，还把林武力绑来进献，王郡把林武力斩了。台湾北路也得到了平定。王郡于是前往就任福建陆路提督。

奎林，满洲人。乾隆五十三年（1788），担任台湾镇总兵。台湾的军队都从福建调来，根据不同的属别或地域，分成不同的类别，分别在府城设立公厅，作为聚集谈论的场所。来自提督标下的兵占据宁南坊，来自同安的兵占据东安坊，而来自漳州镇诏安、云霄的兵则占据镇北坊，本地招募的兵也占据西定坊，各自拥有一块区域，包养娼妓、聚众赌博，没有人敢进行交涉，小则抢人抢物，大则拿着兵器进行争斗。官府害怕不敢管理，军队的大小将官也予以容忍，就是怕激起事变。奎林

① 乾州，今咸阳市乾县。

到了以后听说这件事，进行严厉的治理。那些兵要纠集大批人马来缴纳刀枪，奎林同意了。公布了缴纳刀枪的日期，规定5个人为一组，按次序进入缴纳。奎林设立了一个大帐篷，放置令箭，传5个人进去，很久没有出来。又传了5个人进去，也没有出来。像这样反复进行了3次。那些兵在外面等待。过了一会儿，从帐篷里扔出了5颗头颅。在外面等待的士兵惊恐地赶快逃走。已经进入帐篷的兵，叩头请求赦免，于是把他们打了一顿军棍后革退，全军从此恭敬谨慎，再也不敢乱来。

连横评论说，台湾是海疆的军事要地。水陆士兵，号称万人，而军事指挥大权都归于总兵一人。给方印[①]，树立旗鼓，发号施令，指挥管辖汉民和“土番”，责任重大。杨文魁操守清廉，不占夺民众的田产；殷化行有益于民众，能直言铸造台湾钱的害处；王郡军纪严明，威严震慑敌人；奎林沉着坚毅，用严法管束骄横的士兵：他们都是国家捍卫者的杰出人选。像阮蔡文循规儒雅，能在马上赋诗，尤其有士大夫的风雅气概。

① 从雍正十一年（1733）起，台湾总兵为挂印总兵，发给方形大印，有奏事权。

卷三十一

列传三

卷三十一
列传三

王世杰

新竹原来是“土番”居住的地方，地理位置上控制着从府城到台湾北部边远区域的要道，文化发展和社会秩序都很良好。发展的进程，一点也不输给嘉义和彰化，但在200多年之前，这里还是一个荒凉没有开发的地方。鹿和野猪四处游荡，猿猴以这里为家，我们的祖先来这里开发，斩除荆棘，驱逐猿猴、野鹿、野猪，繁衍子孙直到现在。当初，永历三十六年（1682）春天，北部“土番”作乱，新港、竹堑等“番社”也起来响应。延平王郑克塽命令左协理陈绛率领军队前往讨伐，“土番”四处逃散。当时有一个叫王世杰的人因运送军粮有功，军队凯旋后，郑克塽允许他在这里开垦，于是，竹堑就成了汉民居住的地方。

王世杰，泉州同安人，到台湾做生意，得到在新竹开垦的批准之后，招来了100多名泉州人，割茅草，建房屋。他首先开垦原来竹堑社的土地，直接在“番田”上耕种，引来了水灌溉，当年就获得好收成，这个地方就是现在新竹县城的东门大街到暗仔街一带。接着，又开垦西门大街到外棘脚的土地，开垦出数百甲田地，加入开垦的人越来越多，县城一带都成了可以耕作的土地。王世杰从种田起家，又和“土番”约定进行货物交易，每年赠送他们牛和酒。新竹的“番社”自从遭受重创之后，力量微薄，人数也少，不敢进行反抗，因此王世杰的开垦事业不断发展。

康熙五十几年的时候，他们开始开垦靠海边的土地，这些地方的地名分别是大南势、小南势、上羊寮、下羊寮、虎仔山、油车港、南庄，一共有24社，将其开垦成耕地几千甲，每年收成稻谷几万石。然后又开垦向南延伸的地带，分别是树林头、后湖庄、八卦厝、南雅、金门厝、姜寮、北庄，总共有13社，成了这一带最有实力的人。那时，新竹还没有建立县城，诸罗县的政令只能到达彰化，大肚、吞霄等地山谷幽深，自然环境恶劣，全年云雾缭绕，难见晴朗天气。郑氏把它们作为流放罪人的地方。康熙四十九年（1710），开始设置淡水防兵，能够从这里生还的罪人，每年不到三分之一。军队巡逻都不到这里来。王世杰辛苦经营，住茅屋，早出晚归，手脚都磨出了老茧，和佃农同甘共苦，来和他一起垦荒的人越来越多，他也就成了一个巨富。族人王列从泉州来台湾，王世杰提供资金让他种植苎麻，用来织粗麻短衣，所以新竹苎麻生产很多，这个地方就是现在的苎仔园。王世杰死后，他的孩子们相处不和睦，分家产各自居住。乾隆初年，又和郑氏打官司。案子在知府衙门久拖不决，家道因此中落。王世杰以一个普通人的身份，凭借毅力，鼓起勇气，帮助国家扩大新竹的户口疆域，他的功劳也是很伟大的。王世杰死后，又有追随者像他一样，虽然成就没他显赫，微不足道，但对开垦新竹也有功劳，所以把他们的传记也附在这里：

徐立鹏，广东陆丰人。雍正三年（1725），开垦新庄仔的土地。过了两年，同样来自陆丰的徐里寿、黄君泰一起合作开垦员山、顶崁、头厝等地方，同安人曾国诘也参与了这些地方的开垦。

郭青山，广东海丰人。雍正八年，开垦员山仔的福兴庄。而陆丰的黄海元、张阿春，也在这时一起开垦槺榔仔的福兴庄和东势的土地。

李尚，福建同安人。开垦后湖、田九厝、车路头的土地。雍正六年，大功告成。

郭奕荣，福建惠安人。雍正九年，前往上山脚、下山脚、山边等地开垦。同县人范善成也成功开垦了竹围仔的土地。

徐锦宗，陆丰人。雍正十年，成功开垦了茄苳坑的土地。

欧天送，同安人。雍正十年，和福建南安人曾六一起开垦大庄、崁顶厝的土地。惠安人杨梦樵也开垦了顶树林。

罗朝宗，陆丰人。来到台湾之后，听说竹堑地广人稀，农业还没有开发，雍正十一年，带领他同县的黄魁兴、官阿笑一起开垦十一股的福兴庄和中仑、大竹围、下崁、头厝等地，第二年完成开垦。当时，有广东镇平县的巫阿政前往开垦青埔仔，福建同安县的许判生、温明鼎一起开垦后面坡仔头、下崁仔脚、拔仔窟，福建南安县的张春始也开垦了大眉庄，各自建立村落，让佃农们有地方居住，而竹堑的开垦工作规模也越来越大。

陈仁愿，福建晋江人。准备开垦“番地”，与中港社“土番”约定，每年缴纳租金，召集佃农，要开垦香山[①]这个地方。当初，香山原本在“番界”之外，土地给了“屯番”，“屯番”不知道如何耕种，陈仁愿来了以后才完成了开垦工作。盐水港也是中港社“土番”的土地，与香山相望，由泉州人开垦，总共有10多个社。

① 香山，今新竹市香山区。

周家，也是晋江人。乾隆二年（1737），开始来到竹堑，前往开垦城东六张犁的土地，就是过去的“雾仑毛毛”。

姜朝凤，也是陆丰人。乾隆二年前往开垦红毛港附近的土地。红毛港在县城的西北边，靠海，西班牙人占据台湾北部时，曾经把船只停泊在这里，因此得名。后来，就成了新竹县的商贸码头。

林耳顺，泉州人。乾隆四年召集30多名福建、广东人，和中港社“土番”订立契约，从事开垦土地的工作。几年间，就建立了蟠桃、菁埔等12个社，大社人数有100多人，小社也有二三十人。他们分别开辟田地，建立房屋，挖沟引水灌溉，作长久居住的打算。乾隆十六年，广东镇平人林洪、吴永忠、温殿玉、黄日新、罗德达等人一起招募流民，开垦上、下田寮，而头份一带的土地，也都被汉人所拥有。

许山河，福建漳浦人。乾隆三十几年来台湾，与“社番”签约开垦中港的地方，而彰化的张徽扬等人首先开垦了中港的海口，不久泉州府属的人先后来到，形成一个大聚落，和泉州往来贸易，是新竹县进行海上贸易的码头。

连横评论说，朱一贵事变，漳浦蓝鼎元跟随军队来到台湾。著有《东征集》一书。他在论述竹堑这个地方的时候说：“其地平坦，极膏腴，野水纵横，处处病涉，俗所谓九十九溪者。以为沟浍，辟田畴，可得良田数千顷，岁增民谷数十万，台北民生之大利，又无以加于此。然地广无人，野番出没，必棋置村落，设营汛，奠民居，而后及农亩。当事者往往难之，是以至今弃为民害。不知此地终不可弃，恢恢郡邑之规模，当半线、淡水之中间，又为往来孔道冲要。即使半线设县，距竹堑尚二百四十里，不二十年，此处又将作县，气运将开，非人力所能遏抑，必当因其势而利导之。以百里膏腴天地自然之乐利，而惮烦弃置，为百姓首额疾蹙之区，不知当事者于心安否也。有官吏，有兵防，则民就垦如归市，立致万家。不召自来，而番害亦不待驱而自息矣。”蓝鼎元说得多好啊！天底下社会发展的趋势，往往是从北到南。而台湾却是从南到北，明郑的时候，仅仅只有台南一带，浊水溪以北，只是维持联络而已。到朱一贵被平定之后，在半线设县，在竹堑设淡水厅，派遣士兵戍守，保护人民，以开发北部地区，这里日新月异，得到了快速的发展。光绪元年（1875），台北设府，而新竹成为一个县，台湾北部的富庶几乎超过了台南。以前所谓的“番地”，全部都被汉人开垦了。经营创造一直到今天，都是谁的功劳呢？有句话说，刚开始的时候都很简单，经过长期的努力，获得的成功往往是巨大的。这些都值得我们怀念。

吴凤

男子有许多杀身成仁的例子，大的为了一个国家，小一点的为了一方百姓，再小一点的为了自己的朋友。像荆轲、聂政这样的人，为了报答知遇之恩，舍生忘死，也足以提振懦夫的气概，成就侠客的威名，历经百代也不会泯灭。像吴凤这样的人，其实是为汉人而死的，如今到阿里山的人，在谈到他的时候，没有一个人不赞叹的。像吴凤这样的人在汉族中是不能缺少的，应该受到崇拜，他的塑像应当镀金而受到祭祀，这样才能报答先民的伟大德行。

吴凤，字元辉，诸罗县打猫东堡番仔潭庄人，现在这个地方属云林县。小时候读书，知晓为人处世的大道理，以豪爽乐于助人闻名乡里。康熙年间，各“番社”纷纷归附政府，地方官招募能讲“番语”的人担任通事。吴凤向来了解“土番”的情况，人又勇敢，因此，各“番社”对他都很敬畏。

康熙五十一年（1712），吴凤担任阿里山通事。阿里山是诸罗县境内的大山，居住着大大小小的“番社”48个，每个社都有自己的首领，每个社有几百人或几千人不等，他们生性凶猛，依靠打猎为生，喜欢杀人，没有汉人敢到这些地方。以前的通事与“土番”约定，每年汉人给“土番”送来2名男女，“土番”秋收时，就把这2人杀了，用来祭祀，“土番”把这叫作“飨”，如同汉人的谢神。这期间，他们杀牛宰羊，聚在一起饮酒高歌，颂扬他们的祖先，希望能像他们一样的雄健威武。然而，他们并不遵守约束，还经常有外出杀人的行为，官军也不敢进行征讨。

吴凤上任后，听说这些事，感叹说：“彼番也，吾汉族也，吾必使彼不敢杀我人。”有人说：“有约在，彼不从奈何？且岁与二人，公固无害也。”吴凤很生气地说：“而何卑也？夫无罪过而杀人，不仁也；杀同胞以求利，不义也。彼欲杀我，而我则与之，不智也。且我辈皆汉族之健者，不能威而制之，已非男子，而又奴颜婢膝，以媚彼番人，不武也。有一于是，乃不公为也。”

这一年，“土番”来了，请吴凤履行约定。吴凤用酒食款待他们，并告诉他们说：“今年大丰收，要给你们的人，很难买得到，我先用牛代替，明年再补偿给你们。”“土番”同意走了。第二年来，吴凤又这样哄他们。像这样过了五年，“土番”终于知道吴凤是在哄骗他们，于是聚在一起商量说：“今岁不与人，则杀凤以祭。”有人把这个消息告诉吴凤，吴凤说：“吾固不得去，且吾去，公等将奈何？彼番果敢杀我，吾死为厉鬼，必歼之无遗。”吴凤居住的村庄本来就靠近山，当地伐木抽藤的人有100多人，都是矫健有力气的人，吴凤把他们编成四队，在险要的地方埋伏等待。吴凤对他们说："番逃时，则起击。"又制作纸人像自己的形状，眼睛睁得很大，眼球突出，披散头发，提一把长刀，骑着烈马，面对着大山。并事先和家人说："番至，吾必决斗。若闻吾大呼，则亦呼，趣火相，放爆竹，以佐威。"过了几天，"番社"首领来了，带了几十个人，直奔吴凤家。吴凤正襟危坐在自己家的厅堂上，精神饱满，斗志昂扬。"番社"首领说："公许我以人，何背约？今不与，我等不归矣。"吴凤斥责说："蠢奴，吾死亦不与若人。""土番"气愤，拿刀砍吴凤，吴凤也拿刀与他们格斗，最终被杀。临死前大声叫喊："吴凤杀番去矣。"听到的村民也都大喊："吴凤杀番去矣。"同时敲锣打鼓，声震山谷，"土番"吓得四处逃散，吴凤的乡亲奋起反击，"土番"几乎全部死伤，有少数几个逃回山里的，又总觉得吴凤在后面追他们，大多也惊吓而死。"番社"里的妇女由于害怕，藏匿在家中，得不到吃的东西，最后也都饿死了。不久又爆发了瘟疫，48个番社的人，都能看到吴凤在山里追逐他们，于是聚集在一起说，这肯定是因为我们杀害了吴凤的缘故，现在应当请求吴凤饶恕我们。各"番社"都推举出一名长老，跪拜到吴凤的家门，祷告说："公灵在上，吾族从今不敢杀汉人，杀则灭。"把誓言刻在石头上，埋进土中，从那以后才得到平安。于是尊吴凤为阿里山神，建祠祭祀，至今进入阿里山的人都不会受到伤害。

连横评论说，吴凤的死，有人说是康熙五十七年，又有人说是乾隆三十四年（1769）的八月初十，前后竟相差52年，我在后面再把它说清楚。朱一贵事件平息之后，阿里山的"番社"才开始归附朝廷，吴凤担任通事，应当在乾隆年间。吴凤出生于康熙三十八年正月十八，死时71岁。妻子姓陈，生了两个儿子，大的叫吴汀援，小的叫吴汀巽。光绪年间，他的后人请求把他列入祀典，嘉义县的人士也提出了这样的建议，事情还没有办成，台湾就被割让了。但吴凤的威名，至今仍然在阿里山传扬。君子害怕死了以后名声不显扬，像吴凤这样的人永远都不死。

施世榜　杨志申　吴洛　张振万

施世榜，字文标。初年在凤山县居住，喜欢古的东西，擅长写楷书。康熙三十六年（1697）成为拔贡生，后来选任福建寿宁县儒学教谕，接着升任兵马司副指挥。他好行善事，亲戚朋友很多都得到他的帮助。后来在府城居住，捐建敬圣楼，又捐银200两，用以修缮凤山县儒学，购置千亩田地，以其租息作为海东书院生员们学习的津贴，生员们都得到了帮助。他有5个儿子，都以文章显名。最小的儿子施士膺也成为拔贡生，授任福建古田县儒学教谕，曾经遵循父亲的意思，捐给社仓

1000 石的稻谷，《台湾县志》记载并称赞了这件仁义的行为。

当初，半线刚刚开辟时，平原万顷，溪流众多，但农业还没有进行开发，到处荒芜，都是野鹿野猪出没的地方。康熙五十八年，施世榜召集流民，开发东螺的田野，并且引来浊水溪的支流灌溉田地。工程竣工之后，水却流不过来，施世榜十分忧虑，招募能使水渠通水者，并承诺奖励 1000 两银子。

有一天，来了一位林先生求见，他说："闻子欲兴水利，而苦无策，吾为子成之。"施世榜问他的名字，没有得到回答。林先生仔细查看地势，指示开凿水渠的方法，说：哪个地方地势高，应该把它削平，哪个地方地势低，应该把它垫高，哪个地方水流急，应该引走一些水，哪里沟渠狭窄，应该疏通加宽。施世榜听了他的意见，水流果然通了。大家因为施世榜在这个水利工程上的贡献，给它取名为施厝圳。又叫作八堡圳，因为彰化县有十三堡半的土地，而这条水渠就能满足其中八堡的灌溉。每年征收水的租谷多达几万石，施氏的子孙接连几代都财富雄厚，都是从这项水利工程得到的好处。

当水渠完成之时，施世榜大办宴席，取来千两银子为林先生祝寿，林先生推辞不受。不久竟然离去，也不知道他的去向。佃农们怀念林先生的功德，把他作为神来奉祀，到如今还是如此。

杨志申，字燕夫，台湾县人，住在东安坊。少年时父亲离世，对母亲十分孝顺。有兄弟 6 人，他排行第二，对待几个弟弟都很好，以立身齐家的为人之本来鼓励他们。康熙二十四年，知府蒋毓英要扩建台湾府儒学，杨志申父亲的坟墓在扩建的范围内。有人告诉杨志申，要向官府请求迁移父亲的坟墓，并把原来的地方送给官府。杨志申照办，结果蒋毓英很赞赏他的行为，替他在魁斗山的山脚下选择了一块墓地，那里的地形平坦，像手掌一样，面积有二三亩，当地人称这个地方的风水为"金盘摇珠"。杨志申把他的父亲重新安葬之后，有人又告诉他说："子素行孝义，子孙必有昌者。虽然，子当远徙，十稔之后，可致巨富。"那时候，半线刚刚开发，荒芜的土地都还没有被开垦，杨志申就到那里去，住在柴坑仔庄，租"土番"的土地耕种，带领几个弟弟，用心从事农业。几年之后，逐渐富了起来，开垦的田地也越来越多，于是开凿了二八圳，引来猫罗的水灌溉，灌溉的田地有一千几百甲，每年收入稻谷上万石。后来又将福马圳凿深，半线东、西两堡的田地都成为杨家所拥有。他还把力量，投入到开垦淡水的佳腊埔金包里，每年也收入稻谷几千石。杨家雇佣的佃农有数千人，由于他们的辛勤耕作，半线也一天天兴旺起来。雍正元年（1723），这里变成了彰化县城，杨家也迁移到了县城的东门街。

杨志申致富之后，好行善事，对宗族和睦，照顾乡里，救济穷人，修建桥梁，县里的人没有不称赞他的。当初，台湾县学租每年不够用，杨志申带头捐在彰化县一块地的田租进行补充，每年的租谷有166石。又因为县文庙的灯油钱等没着落，杨志申跟台湾县儒学训导说，他愿意继续捐赠。这件事还没办完，他就生病了，而且很危重。他交代他的儿子将凤山县196石田租的田产捐出来，并且说："聊践吾言，非为子孙求福应。女曹但能读书为人，毋负吾志可矣。"死了以后葬在彰化。后来遵照大家的意见，将杨志申入祀台湾县孝悌祠。因为长子杨振文的缘故，追封中宪大夫。

杨振文从小读书，为人识大体，经科考成为府学生员，因捐纳钱款获得知府级别的头衔。林爽文事件，起义军攻陷彰化县城，杀死了地方官，进占了南北许多地方，声势十分浩大。听说了杨振文的名声，准备了金钱要聘用他。杨振文不愿听从，逃到海上，林爽文悬赏千两银子想要得到他，也没有达到目的。林爽文很生气，就挖了他父亲的坟墓。杨振文到了泉州，当时大将军福康安率领军队平定台湾，驻扎在厦门，招募了解台湾情况的人，当地的官员推荐了杨振文。福康安派人召见，杨振文进见福康安，分析台湾的形势，头头是道。福康安非常高兴，命令先率领一支军队进入台湾，以中营把总2员、外委6员、战兵300名归他调遣。杨振文又到泉州，自行招募乡勇300名，迅速渡海到鹿港，通知民众做好迎接大军的准备；对已经参加起义军愿意投降的人，就给他们"盛世良民"的旗子，禁止杀害；又招募向导百人，分别安排到各支官军队伍里去，因此，彰化县城里的各种情况，山谷的崎岖或平坦，官军都能了如指掌。福康安收复彰化之后，杨振文仍然跟随军队出征，随时提供咨询。事件平息之后，福康安准备对杨振文以知府实职奏请即用。可杨振文却以不熟悉行政事务为由推辞了，于是由朝廷赏戴花翎。他的儿子杨应选也有名气。

吴洛，字怀书，泉州晋江人。父亲吴家槐是漳州总兵标下的千总，兄弟三人，老大老二都不幸早死。吴洛性情孝顺友善，侍奉父母，抚养几个侄儿就像对待自己亲生的孩子。雍正间，以军功咨文兵部，加卫守府[①]，被召见接受札付，以亲人老迈推辞，在乡里教书，专心社会的事情。乾隆十五年（1750），通过科考成为贡生。不久，父亲去世，吴洛守孝期满，来到府城，进入某官员衙门担任幕僚。那时，彰化刚刚设县，荒芜的土地很多，沿山一带，土地尤其肥沃。吴洛招募佃农进行开垦，修筑水渠灌溉，亲自监工督促。先开垦丁台的荒野，然后到阿罩雾、万斗六，这些

① 卫守府，象征性荣誉，五品空衔。

都是“番社”的土地。荒芜的田野被开辟之后，来的人越来越多，远到南、北投庄，这些地方都形成了聚落，每年收入的租谷上万石，吴洛就把家搬到彰化县城。

吴洛富裕之后，修建了吴氏宗祠，刊印了家谱，添置了祭田[①]，把租谷1500石割让给几个侄儿。为了回报故乡，吴洛捐资修缮了泉州府学，还购置良田作为清源书院的费用；在台湾也分别捐赠海东书院和白沙书院租谷各数百石。哪里需要慈善捐助，吴洛都积极参与。地方长官对他予以嘉奖，多次赠送匾额，题写“儒林楷模”“清时硕彦”。吴洛死后，被追封为中宪大夫。他有13个儿子：吴南金，捐纳成为州同知；吴南辉，乾隆十八年成为拔贡生；吴道东，乾隆六十年成为岁贡生；其他的儿子，也大都经过科举考试进入府、县儒学成为生员，可以说是书香门第。

张振万，彰化人。居住在猫雾捒葫芦墩，靠种田起家，拥有巨额资产。他附近的土地，原来都是“番社”所有，土壤肥沃、泉水甘甜，但“土番”却不会耕种。以前，岸里社“土番”曾经请求开垦，诸罗知县周钟瑄允许了，但因这块地方非常广阔，还是长期处于荒芜状态。乾隆初年，张振万邀请蓝、秦两家，招募佃农一起合作开垦。开垦出的田地很好，稻谷产量很高，一年能有两次收成，但苦于水源不足。张振万从罩兰内山引来大甲溪水，开凿水渠，一直通到岸里、阿里史等社，1000多甲的土地都得到了灌溉，每年收成稻谷几万石，家也更加富裕，子孙一直享受好处。到现在，葫芦墩的米在台湾还是最好的。

林详，泉州人。住在彰化鹿港。听说内山土地广阔而且肥沃，能够致富，于是纠集资本，招募佃农，嘉庆十六年（1811），到牛辐辘[②]开垦竹仔脚山的南麓，开凿水渠，引水灌溉他们的田地，田地面积有100多甲。几年之后，被大水淹没，仅剩下20多甲。更早的时候，乾隆四十五年，泉州人杨东兴到集集开垦的，也是“番社”的土地，到这里的人极少。

连横评论说，开垦土地的功劳实在很大。天下的富足在于农业，而台湾又是农业发达的地区。施世榜、杨志申都以务农起家，成为当地的望族，他们乐善好施，不是那种只注重积累个人财富的人。上等的富人珍惜时机，中等的富人运用心智，下等富人使用劳力。而如今见识浅薄的人，往往忘记远大的规划，而做侥幸投机的事情，就想比肩陶朱公范蠡和猗顿，坐着就想收入万金，真是愚蠢呀！

---

① 祭田，以其收入作为家族祭祀费用的田地。

② 牛辐辘，今南投县鹿谷乡。

林成祖 胡焯猷 张必荣 郭元汾

林成祖，福建漳浦人，世代务农，为人有远大的志向。当时，淡水刚刚开辟，土地的利益还没有得到很大的显现，林成祖想要开垦土地，但苦于没有资金。得到朋友们帮助，有了数百两银子。雍正十二年（1734）来到台湾，住在大甲，租“番社”的土地耕种。这里的土地肥沃，作物一年两熟。林成祖能吃苦耐劳，雇佣佃农督促耕作，家业慢慢发展起来。于是开凿大甲圳，引水灌溉，每年收入稻谷万石，开垦的土地渐渐变多。

乾隆十五年（1750），又向官府申请了摆接堡和兴直堡的开垦，把这些土地转租给佃户，每甲收取租谷 8 石。这些地方常常干旱，于是就开凿大安圳，把内山的水引来。圳宽 2 丈 4 尺，长 10 多里，经过干涸的溪谷，就在地底下埋了土制的管道作为连接。可是一遇到溪谷发洪水，这些土制的管道就被冲毁，林成祖苦心经营数年，耗费钱财 10 多万，这条水渠才终于修成。灌溉水田 1000 余甲，每年收入租谷 10000 余石。后来又开凿了永丰圳，穿山导流，也灌溉了数百甲的田地。那时，南势角、中坑一带的地方，“野番”常常出没，很多佃农都非常害怕。林成祖向官府禀告，获得淡防厅的批准，自备粮饷，设置隘寮，东边到达秀朗溪，西边到达摆接溪，南边到达摆突突，北边到达武朥湾，日夜巡防。“野番”的为害才渐渐收敛。而林成祖也移居深丘庄，也就是今天的枋桥城外。所开垦的地方，取名为新庄、新埔、后埔、枋寮、大佳腊，每年收入稻谷 10 多万石。林爽文事件，彰化、淡水林姓大多受到株连，林成祖也被押捕到北京讯问。

他的二儿子林海门素有才华，携带巨款赶往北京设法营救。福建漳浦人蔡新当时担任太子太傅，正受到重用，林海门以同乡人的名义求见。蔡新赞赏林海门的孝心，把他留在家里，并将女儿许配给他。林成祖得到豁免，抄没的家产也被归还。但不幸林海门在离京回台湾的途中溺水身亡。

林成祖回到台湾之后，年事已高，仍然每天致力于农耕活动，和众人同甘共苦，又开垦了里族的荒野。有人劝他适当休息一下，他说：“我生长农家，义当食力，何可坐而燕安？况此为国家之地，久置荒芜，开之亦足生利。”所以他能以一个人的力量，拥有田园数千甲，成为当时的大富豪。死时 72 岁。长子林海筹因为大安圳坍塌，拿出了很多的钱进行维修，财产有所减损。三子是林海庙，海庙的儿子林登选也开凿了暗坑圳，能继承家业。

胡焯猷，字攀林，福建永定人。他以生员的身份通过捐纳成为例贡生。乾隆初年来到台湾，住在淡水的新庄山脚下。当时新庄刚刚设立巡检，而兴直堡一带的土地大多还没有开垦。胡焯猷就前往淡水厅申请开垦这片区域，出资招募佃农，建立村落，修筑水利设施，致力于农事活动。经过十多年的时间，就开垦了田地数千甲，每年收入租谷数万石，成为一方富豪。胡焯猷本是个读书人，考虑到淡水的教育还没有基础，乡里子弟没有老师可以请教，乾隆二十八年，他自己设置了义塾，名为明志义塾，捐置水田 80 甲，用这些土地的收入作为办学的经费，还聘请名师来执教，来这里学习的学生经常有数十人。淡水同知胡邦翰听说了这件事，向上级官府申请改为书院。闽浙总督杨廷璋很赞赏这种行为，刻了一块石碑记载这件事，这就是现在的明志书院。观音山在八里坌堡内，东边俯瞰平原，西边面向大海，山峰高险，古木丛生，是一个幽深僻静的好地方。胡焯猷登到山上，在上面建立了佛寺，建置香火田[①]，现在已经成为著名的寺庙。胡焯猷富裕之后，便住在这里。旧的方志没有给他立传，因此他的事迹知道的人很少。

张必荣，淡水海山堡人，务农致富。乾隆三十一年，和族人张沛世合作修筑永安圳，引来摆接溪的水，建造大陂[②]用来蓄水，架设引水木槽通流，水渠总长达 30 里。以前，海山很多都是旱田，水渠修成之后，足够灌溉所有的田地，摆接堡的西盛、柏仔林，兴直堡的新庄、头重埔、二重埔、三重埔等这些地方，都依赖永安圳的水，这些土地共有 600 多甲，所以永安圳又称张厝圳。张必荣又和吴际盛合作修筑福安陂，也是引摆接溪的水，来灌溉海山堡内的田地 300 多甲，上自石头溪，下至三角埔。后被大水冲坏，业户林弼益召集佃户重修。早些时候，也是海山堡人的刘承缵，在乾隆二十六年，修筑了万安陂，引摆接溪的水到兴直堡的新庄，以灌溉中港厝的田地，也有数百甲。

郭元汾，字锡瑠，漳州人。乾隆年间来到台湾，居住在淡水大佳腊堡，开垦田地，种植稻谷，资本渐渐雄厚。当时，拳山一带大都是荒地，没有水利设施，郭元汾就雇人开凿水圳，引新店溪的水，在大坪林修筑水库蓄水，穿山架设引水木槽，把水引到溪仔口，流经挖仔内、公馆街，到达内埔，然后分成三股，水道纵横交错，长数十里。台北附近的土地都由它灌溉，共有 1000 多甲。水圳修成之后，名为金合川圳。而佃农们感念郭元汾的功绩，把它称为瑠公圳。

连横评论说：如今的台北，古时候都是荒芜的土地，郑成功用来流放罪人。康

① 香火田，以其收入作为寺庙香火钱的田地。

② 陂，池塘、小水库。

熙四十七年（1708），泉州人陈赖章开始开垦大佳腊的土地，就是现在台北府城附近的地方。由于旧的方志没有记载，老人们也无法讲述，很是可惜。林成祖、胡焯猷都是大户农家而且致力于农业劳动，他们开渠引水，造福深远，到如今，民众还在受到水圳的恩泽，这全都归功于开垦土地的这些人。台北今天的富庶，以及文化的繁荣，如果不是我们先辈的艰难缔造，怎么能够实现呢？而住在这里的人，忘记了当年的筚路蓝缕，而做出奢华淫靡的事情，是多么的愚昧啊！

台东拓殖

连横评论说，台东这个地方是天府之国，平原万亩，既可以发展农业，也可以发展工业，而森林的富有、矿产的丰富，早就被世人所称道。台湾开辟已经200多年了，但台东却很少有人去经营。嘉庆元年（1796），漳州人吴沙招募漳州、泉州、广东三籍的流民，进入蛤仔难开垦，开辟数百里的土地，于是建立了噶玛兰厅，这事记载在《吴沙传》中。从这时开始，台东的北部才稍有汉人进入。光绪元年（1875），“牡丹社事件”已经平息，钦差大臣沈葆桢奏请设立恒春县，将凤山县最南的一部分划入，以扩大恒春县的辖境，而台东的南部也有人去了。那时候，“开山抚番”正在推行，总兵吴光亮率领队伍在中路，同知袁闻柝率领队伍在南路，提督罗大春率领队伍在北路，分三路开山进入台湾东部，招募商户和工人随行，设立招垦局，奖励移民，设立卑南厅进行管理。来的人越来越多，于是许多人就有了在这里开辟田庐繁育子孙的计划。光绪十一年，台湾建省，将卑南厅升为台东直隶州，而台东的发展局面也发生了更大的变化。可是谁知道，当台东还未被垦荒时，这里充满了瘴气毒雾，野兽猖獗，“生番”出没。而我们的先辈像陈文、赖科、吴全等人就进入这块地方，开垦这里的土地，利用这里的物产，勇往不屈，历经了各种艰难险阻，才造就了台东现在的富庶，他们的功绩怎能被泯灭！这里列举出他们所做的事情，以及他们的远大志向，希望能够鼓励和鞭策后人。

陈文，彰化人，住在淡水，年轻豪迈有侠气。和朋友林侃合作经商，往来沿海一带。康熙三十二年（1693），遇到风暴，船漂到歧莱，这里原是“生番”居住的地方，还没有和汉人交往。陈文到这里和他们进行贸易，在这里住了几年，懂得了一些他们的语言，并能够熟悉当地的港口航道。汉人到台东，是从陈文开始的。

赖科也居住在淡水，是鸡笼的通事，一向很勇敢。经常出入“番社”，听说后山还有没见过的“番社”，就想和他们往来。康熙三十四年八月，他带领七名身强力壮的人，翻过高山，昼伏夜行，经过几十个“番社”，到达崇爻[①]。当地的“土番”很高兴，带领他们游历各社，那里小米等作物长得非常茂盛，家家户户都比较富裕。他们告诉赖科说：“吾族人聚居此地，已数百年，而野番来掠劫，杀人为害，欲约西番夹击，间阻不得通。若归，寄语长官，若能以兵相助，则山东万人，亦将凿山刊道，和睦往来，共为天朝之民矣。”赖科和“土番”亲近熟悉后，便招抚他们归附官府。附在阿里山“番社”缴纳粮饷。当地共有9个“番社”，分别是均榔社、斗难社、竹脚宣社、薄薄社、芝兰武社、机密社、猫丹社、丹朗社、水辇社，一共有480户，男女老少大约2000人，每年赎社的人都用小船载着烟、布、盐、糖、农具来交易，一年往返一次。和赖科同行的潘冬也是勇士。

林汉生，淡水人。乾隆三十三年（1768），召集许多人进入蛤仔难开垦。这个地方在台湾的东北部，三面靠山，东面向海，土壤肥沃，但这里的“土番”生性强悍，总是出来杀人。林汉生竟然被杀害，大伙也都散去了。后来，吴沙继承了开垦的工作。

吴全也是淡水人。以种田起家，听说台东土地富饶，就和他的朋友吴伯玉一起准备到台东开垦。道光八年（1828），吴全招募了2800名噶玛兰人到台东垦荒，筑土城居住，划分地界开垦，兴修水利，几年以后，开垦渐成规模，但被瘴气侵害，住在这里的人大都病死，“土番”又经常出没。吴全千方百计进行防备，但无济于事，最终由于忧虑和操劳而死，吴伯玉带领剩下的人也离开了。这个地方就是现在的吴全城，是台东的一个大市镇。

黄阿凤也是淡水人。咸丰元年（1851），募集数万圆的资金，招募穷苦的流民2200多名前往开垦歧莱的荒地。这个地方在大南澳[②]南边70里，港口比较狭窄，但在港内可以容纳大船，水流很急。每年三四月，汉人到那里贸易，“土番”用绳子拉着船进港，只要每个人给盐一二合[③]，他们就会高兴地离开。接着，又各自携带鹿茸、兽皮来交换货物，不用钱币，因为钱币对他们没有什么用处。黄阿凤到了之后，自封为总头人，就像官府的长官一样，其他几十个人都听从他的约束，分到各个地方进行管理。但瘴气还很严重，黄阿凤因为不服水土，才几个月就病死了。各个地方的头人又不能彼此亲善和睦。5年之后，资本逐渐耗尽，又与“土番”相互仇杀，已经垦好的土地荒废了。佃农纷纷离开，剩下的人都移到秀孤峦山麓的璞

① 崇爻，即花莲港。

② 大南澳，今宜兰县南澳乡。

③ 合，计量单位，10合等于1升。

石阁，或者叫朴实阁，是“番语”的音译。那里地势平坦肥沃，有水可以灌溉。之前已经有汉人来到这个地方，有千户住家，于是成为一个大聚落。

郑尚，凤山县水底寮人。咸丰五年，到卑南和“土番”进行贸易，并且教授他们农业耕种的方法。“土番”很高兴，把他当作老师一样对待。土地日益开辟，郑尚也因此富裕起来，于是招募佃农进来拓垦。卑南地处台东的东部，山脉与凤山相连，陆路可通。康熙六十一年，朱一贵事件，残部王忠还有千人逃入卑南，他们聚集在大湖，蓄发持械，耕田自给。总兵蓝廷珍担心他们会再次发动叛乱，命令千总郑维嵩让他前往告知土目[1]文结进行搜捕，凡是汉人都要赶走。文结的祖先也是汉人，避难逃到卑南，在这片土地自立为头领，能用汉人的制度改变“番”民的习俗。子孙们都敬畏祖训，不杀人，不反抗官府。他之后的女头领宝珠，穿戴如同汉人的贵妇，管理家庭很有办法。对官府的各项命令，遵照执行，谨慎行事。所以到这里的汉人越来越多，而台东被开垦的土地也越来越多。

连横评论说：麦礼荷斯奇的事情，旧方志没有记载，可西方的史书却记载了，这是相当危险的。那时，西方的势力已逐渐渗透到东方，且有扩大的趋势。荷兰占据爪哇，西班牙占据吕宋，而英国侵略印度。麦氏的策略如果实行，那么台东就可能不归属我国了。可是台湾的各界人士却对这件事情茫然无知，完全没有听说过，这是多么愚昧啊。麦礼荷斯奇这个人，是波兰的一个伯爵。乾隆三十四年，俄国和波兰交战，麦礼荷斯奇被俘虏，流放到堪察加半岛。乾隆三十六年，他和28名同伙越狱逃跑，夺取了一艘俄国的舰船，乘船离开北太平洋，走日本海。八月二十六日，到台湾东岸，就是现在的秀孤峦溪口。上岸探险时，遭遇“生番”袭击，便跑回舰上并做好战斗的准备，之后逐渐征服了“生番”。其他“土番”又经常乘虚而来抢夺物品，把他们击退后，麦礼荷斯奇见此地没有机会，便解缆向北航行，黎明时到达东北海岸。二十八日上岸，汉人见到他们，用惊讶的目光观望，但语言不通，不能彼此问候。傍晚时，他们遇到两个西班牙人，十分惊喜。西班牙人是逃亡的军官，在这里已经住了很久，深得当地人的认可，家住在西边附近的汉人村落里。二十九日，西班牙人带麦礼荷斯奇等人到自己的家，向他们介绍这个地方的情况。麦礼荷斯奇于是就用自己的名字命名这里的港口，考察这边的地理情况，筹划殖民的事情。那时，台东虽然属于中国的版图，但“野番”时常出没，瘴气猖獗，政府的管辖到不了这里，天然宝藏被置于这化外之地。麦礼荷斯奇既有了在这里开拓的想法，就

[1] 土目，“土番”的头目、首领。

认为“抚番”是其中的重点。当地“番族”最强的是富亚波族，有25000多人，但他们因和其他族群争地，常常相互争斗。麦礼荷斯奇想要利用他们作为自己的羽翼，便乘船到“番社”，和首领相见，说服他们结盟，表示要把以后侵占的土地共用。首领答应了。第二天就开始建造房子，搬来武器，设大炮4门，用8名汉人守护。晚上举办宴会，以西班牙人米优鲁尼摩为参谋。十一月初一，麦礼荷斯奇带领着富亚波族前进，山路崎岖，天气炎热如火，备尝辛苦。初二日半夜到了一个大山谷，用了3个小时才走出来。找到一个湖泊，旁边有一个小社，把他们招降了。初三日，快到马波奥时科族的地方，事先进行军事部署，命令富亚波族“土番”打头阵。初五日黎明，双方交战，麦礼荷斯奇发动炮击，马波奥时科族大败。乘胜追击了好几里，占据了他们的领地，俘虏了男女24名。马波奥时科族首领请和，麦礼荷斯奇就让富亚波族统领他们，等他们发誓后放回领地。马波奥时科族交出了20斤的黄金、800斤的白银，都是当地出产的。麦礼荷斯奇详细了解了这里的一切，把它作为将来开垦殖民的地方。回到船上以后，草拟了殖民政策12条。大略是：台湾拓垦殖民的策略，让这里的住民自己管理自己，而请欧洲某国保护，编为属地。先借国家的资金振兴发展，派兵驻守，以保卫这块地方上的人民。将来拓垦殖民成功之后，势力强大了，就可以掌握东方贸易的航海权。对于所借用的国家资金，三年后，归还本金和利息。又考虑到将来的拓垦殖民，一定要熟悉“番语”，因此留下一个少年在这里学习。十一日，他返回欧洲。先去说服法国政府，没有得到回应。又去说服奥地利皇帝，也没有结果。于是到伦敦，每天都以他的想法去鼓动英国的富人们，以为可以达到目的，但最终还是没有人理睬他。几年后，他死在法国。之后欧洲人才开始有谋求拓殖台湾的议论。

吴福生　黄教

吴福生，凤山县人。在台湾南北走动。有人说，他是朱一贵的余党。朱一贵失败后，吴福生还想重新造反。雍正九年（1731）冬季，大甲西社“土番”叛乱，总兵吕瑞麟带领军队进行讨伐，台湾的防备力量比较空虚。第二年三月，吴福生因为“番乱”还没有平定，就图谋起事，他的朋友商大概等一起参与。他们商议说，现在如果我们暗中召集党伙，趁官军没有准备，袭击陴头，就可以一举拿下。陴头距离凤山县城有10多里，商家很多，是现在的县城。二十八日，吴福生在家里竖起了大旗，到他家的人有100多人，他们夜袭清军冈山汛，并把它烧毁。第二天，又把旧社汛给烧了，整个凤山县都受到了震动，虎头山、赤山都树旗响应。四月初三夜，吴福生带领众人攻打陴头，守备张玉、把总黄升进行抵御，他们无法攻进去，就另外派了一支队伍前去摧毁万丹巡检署。巡检秦辉正好去了府城，所以没有遇难。当时总兵标下的各支军队大多都到北部征讨“番乱”去了，府城中的兵力很少，原任总兵王郡听到叛乱的消息，就命令中营游击黄贵留守府城，自己于初四夜带领军队出发。早晨到了陴头，参将侯元勋、守备张玉、林如锦各自带领军队，分兵进攻。吴福生也集中力量严阵以待。官军火炮齐发，杀伤对方很多人。吴福生的队伍退却之后又重新集合，从早晨一直打到中午，杀声震天。守备张玉、外委徐学圣、千总郑光宏都战死了。随后官军的增援赶到，王郡也申严号令，官军奋起战斗。吴福生的队伍抵挡不住，各自逃散。官军俘虏了萧田、萧夷、萧韶、李三、许举、李成等人，初六日回到府城，就把他们杀了。又过了几天，吴福生、商大概等 30 多人全部被捕，解送到省里审讯之后，也都处死了。六月，“番乱”平息。过了 39 年，又有黄教事件。

黄教，台湾县人。住在大穆降，离城东有 10 多里，因为有层层山峦的保护，这里成为草寇盗贼出没的地方。黄教作为首领，许多亡命之徒都到这里归附他。他们拜见黄教时，都用牛作为见面礼，而且一定是选择肥壮的牛才敢拿来送。入伙之后，衣食住行、吃喝玩乐都由黄教提供。没几年，来投靠的人越来越多。同族的黄弼和黄教不和，黄教手下的人去侮辱他，黄弼到官府告状。台湾知县派差役去抓捕，差役不敢去。知县问为什么，差役说：“教客多健者，侦及城市，今闻差往，则半途被杀矣。”知县讥笑他胆小，另外派了两个差役前往。走了五六里路，遇见一名壮汉从树林的空隙处跳出来，问他们去哪里，差役支支吾吾不敢回答。壮汉说：“余固知女行也，而为令所命，杀而无益。然女辈倚官势，虐小民，罪当死，今先断一指，归报而令，头颅须自重也。”知县害怕了，不敢再派人抓捕。黄弼告到闽浙总督那里，总督命令台湾地方官严行缉拿，而附近的村庄因为牛被偷走而报案的一个月就有十多起。乾隆三十三年（1768）十月，黄教集合众人起来造反，在夜里袭击了冈山汛，杀死汛兵，并占据了冈山。台湾府知府邹应元接到报告，会同总兵的队伍一同剿杀，攻围了好几天，双方互有杀伤。朝廷听说这件事，下旨严厉谴责地方官员，限定一个月内平定叛乱。于是黄教的党伙大多被逮捕，而黄教竟逃进深山。因黄教久未捕获，台湾道张珽被弹劾撤职。后来，官府组织搜山，乾隆三十四年三月二十七日，黄教被搜山的军民杀死，这件事才算平息。

林爽文

林爽文，漳州平和人。来台后住在彰化县大里杙庄[1]，赶车度日。大里杙庄距彰化县城 20 多里，靠近内山，溪流交错，村庄的周围种了一圈刺竹作为藩篱。附近的村庄有许多大家族，经常会发生械斗，往往蔓延几十个村落，林爽文也组织村民进行自卫。

乾隆四十八年（1783），有一个名叫严烟的人从福建平和来，传播天地会，林爽文以客人相待。天地会相传是郑成功创办的，以光复明朝为目的。于是彰化的刘升、陈泮、王芬，诸罗的杨光勋、黄锺、张烈，淡水的王作、林小文，远到凤山，都有很多人加入天地会，立盟誓，表示有事相互救援。一些心怀不满而为非作歹的人也加入进来，人数多达上万，地方官员害怕这些人，不敢查办。

乾隆五十一年七月，台湾道永福、知府孙景燧听说这件事，秘密命令部属会同军队进行缉捕，石榴班汛把总陈和抓获了黄锺，押送到诸罗县。而杨光勋和他的弟弟杨妈世一直不和，杨妈世也创办了雷光会，结党与杨光勋对抗，连他们的父亲杨文麟也无法阻止。代理诸罗知县的董启埏把杨文麟抓起来，向他追索他的儿子。陈和又抓获了张烈，当晚住宿斗六门，被天地会的党伙所杀。总兵柴大纪接到报告，和台湾道永福一起前往诸罗，放任士兵抓捕了几十人。为了把事情说得小一点，还把天地会说成是添弟会。说是因为杨光勋兄弟不和，因此成立添弟会来相互争胜，并归罪于杨文麟一家，准备将他们依法惩处，家产充公。按察使李永祺来台湾复审，也按照这样定案上奏。定案之后，天地会的会众纷纷来到大里杙，准备造反。庄里人林石认为不可以，林爽文也想阻止，但局势已经无法控制了。

十一月上旬，总兵柴大纪到北部巡视来到彰化，理番同知长庚请求柴大纪驻守彰化镇压，没有听从。长庚匆忙回到府城，派遣游击耿世文率兵 300 名，和知府孙景燧一起前往彰化，但靠近山区的一些地方已经先后起来造反了。二十五日，彰化知县俞峻和北路营副将赫生额、游击耿世文到达大墩，严令庄人捉拿天地会会众，先烧毁了几个小村进行威慑。大墩距大里杙只有 7 里，无辜受害的妇女和儿童在路上号啕大哭。林爽文因为民众受害的愤怒，在二十七日晚上袭击了大墩。大墩里的官兵全军覆灭，文武官员全都战死。接着又进攻彰化，彰化城中士兵只有 80 人，根本不足以防守。二十九日彰化县城被攻破，杀了知府孙景燧、理番同知长庚、代理知县刘亨基、都司王宗武、代理典史冯启宗。护理淡水同知程峻和守备董得魁正

[1] 大里杙庄，今台中市大里区。

在中港巡逻，听到彰化的事情，马上赶回竹堑。遭到王作、李同等人的拦截，程峻自杀。十二月初一，淡水厅城竹堑被攻陷，竹堑巡检张芝馨被杀。大家拥戴林爽文为盟主，遵照明朝的制度，建立年号为“顺天”，进驻彰化县衙门，以刘怀清为彰化知县，刘士贤为北路海防同知，王作为征北大元帅，王芬为平海大将军。林爽文戴着黑色丝缎做成的帽子，帽子上盘着两条金龙，系着一条黄色的带子，带子从头顶垂到背上；他穿着皇帝穿的礼服，高坐在大堂之上，大家都高呼万岁。

十二月初六，林爽文攻破诸罗县城，杀了代理诸罗知县董启埏、原任代理知县唐镒、典史钟燕超、左营游击李中扬及台湾道幕友沈谦、沈七等人。诸罗是府城的要害，财税的重要来源。诸罗县城被攻破，府城就陷入了非常危险的境地，因此急忙筹备防御。这时，各个地方都起来响应林爽文，斗六门、南投、猫雾捒都被林爽文攻破，杀死了县丞周大纶、陈圣传、巡检渠永湜，府城大受震惊。没多久，凤山县庄大田也起兵响应了。

庄大田也是漳州平和人，随父亲渡海来到台湾，居住在诸罗。父亲去世后，他就迁居到凤山县竹仔港庄，专心务农，拥有丰厚的家产，乡里有人发生急难的事情，庄大田总会给予周济抚恤，因此，侠义的名声在台湾南部广为人知。自从他加入天地会，与林爽文经常通过书信交往，成了莫逆之交。林爽文起义的时候，庄大田的同宗弟弟庄大韭、庄大麦号召竹仔港庄人，推举庄大田作为首领，宰牛歃血，共同盟誓，到场的有 20 多个人，庄锡舍、王阮郭、简天德、许光来、李惠也各自带领手下前来。庄大田出资打造武器，树立大旗，自称南路辅国大元帅，有的人自称定南将军，有的人自称开南将军。几天之内，队伍发展到几千人。

十三日，庄大田带兵攻打凤山县城。清军南路营参将胡图里带领 300 名士兵，防御北门，还没开战，这群人就开始逃跑了，千总丁得秋、把总许得升、外委唐宗保、王朝桂全被杀死。庄大田入城，杀了知县汤大绅、典史史谦。教谕叶梦苓、训导陈龙池逃到陴头，召集义民，谋求反攻。

林爽文、庄大田合攻府城。海防知府杨廷理兼理台湾知府事务，他招募乡勇，在城上修建瞭望台，日夜筹备防守，并派人渡海告急。总兵柴大纪在盐埕桥抵御起义军，下令游击蔡攀龙率领澎湖兵 700 名，驻扎在桶盘浅。但林爽文的队伍这时已经占据大穆降，距府城只有 20 里，沿山而行，就能到达台湾南部。杨廷理和守备王天植领兵准备对大穆降进行讨伐，千总沈瑞先行出发，到了大湾战败而死。杨廷理、王天植突围冲出，林爽文的队伍在后面追赶，于是包围了府城。闽浙总督常青听到发生事变，急忙调遣水陆官兵赶往泉州，居中策应。

乾隆五十二年正月，福建水师提督黄仕简率领金门、铜山的2000名士兵进入鹿耳门；福建陆路提督任承恩统提标、长福、兴化的2000名士兵到鹿港；海坛镇总兵郝壮猷、副将徐鼎士也各自统领官兵前来。黄仕简命令柴大纪攻取诸罗，而郝壮猷向南出发20里，就按兵不动，50天后才抵达凤山县城。凤山县城人去城空，官府召集民众前来恢复营业，天地会会众趁机混入，官吏没有察觉。三月初十，凤山县城再次落入起义军手中。福宁游击延山、安平游击郑嵩、同知王隽都被杀死，郝壮猷逃往府城。任承恩到了鹿港，距离大里杙并不远，也不敢进军。林爽文起义正好在台湾经历了漳州人和泉州人互相械斗之后，鹿港是泉州人做生意的重要港口，所以鹿港人没有响应。两位提督既然已经来到台湾，理当争相报效国家，却不知道如何行动，迟疑观望。

乾隆皇帝下诏任命常青为将军前往督帅军队平乱；以李侍尧为闽浙总督，调用广东兵4000名、浙江兵3000名，以及驻防福建的满洲八旗兵1000名，派遣江南提督蓝元枚赶赴军前，和福州将军恒瑞都作为参赞，协助常青办理军务；将郝壮猷诛杀，逮捕了任承恩，以柴大纪取代。蓝元枚到台湾，不久就在鹿港病亡。常青到台湾时，率领的军队有10000人，气势还很盛，等到他看到军情紧迫，便连忙加固防御工事先求自保，并请求朝廷派兵前来增援。

二十四日，庄大田再次攻打府城，官兵抵御，退驻中洲。第二天，陈灵光、谢桧劫掠府城东郊，逼近草店尾，许尚、陈聘也攻打小北门，屯扎在柴头港，这些都是庄大田的队伍。林爽文的弟弟林永率领部下1000人到大穆降，庄大田和林永约定联合进攻府城。二十七日，庄大田亲自领兵攻击桶盘栈，庄锡舍攻打小南门，谢桧进攻大东门，林永攻打大北门，许尚进攻小北门，四面合围，对外宣称有十万兵马。常青也分派部下进行防御，派遣游击丘维扬、守备黄象新守柴头港，守备曾绍龙守草店尾，守备王天植守小东门，都司罗光照守小南门，参将宋鼎守大北门，参将左渊守小北门。命令蔡攀龙固守桶盘栈，自己佩带弓箭到大东门督战。义民数万人出城协助官军，从早晨战斗到中午，战况非常激烈。官军枪炮齐发，前面稍有退却，后来又向前推进。

蔡攀龙在桶盘栈防守，庄大田带领队伍往东边走，蔡攀龙向前追去，中了庄大田的埋伏，无法逃脱，所乘的战马受伤，徒步继续作战。常青在城楼上看见，命令参将特克什布赶快前往救援，蔡攀龙朝着来援的方向奋力冲杀，才得以冲出重围。把总余寿、王泽高战亡，兵丁死者也有100多人。而谢桧等人又逼近小东门下，纵火焚烧城墙上御敌的城楼，王天植领兵扑灭了火势。义民们饿了没有东西吃，退入城内。城里百姓以为战况不利，议论纷纷，争相逃往海口，一时发生了骚乱。但没多久庄锡舍倒戈投降，单骑进城求见常青。常青十分高兴，马上给予六品顶戴，赏银 200 两，命令他出城助战。庄大田听到以后大为震惊，担心军心有变，急忙收兵退回南潭，林永也退去，府城的围困才得以解除。

庄锡舍，泉州晋江人，住在凤山县陴头庄。庄大田起义，纠集许多漳州人，而庄锡舍也召集泉州人，两股力量实力相当。众人推举庄大田作为首领，庄锡舍屈居其下。庄锡舍第二次攻下凤山县城，建功多，更加自负。庄锡舍有亲属在台湾道衙门担任差役，经常有书信往来。庄大田对此有所怀疑，派人讽刺庄锡舍说，看敢不敢跟他互换部属，庄锡舍更加生气。台湾道永福知道庄锡舍的态度，让亲属送信前去进行招降，庄锡舍答应归降。这时果然归降，庄锡舍请求前往竹沪招募义民，以断绝庄大田的后路。常青没有允许。知府杨廷理认为这件事没有坏处，就让庄锡舍前去。半路上被庄大田的人抓住，准备杀他。许光来劝说：庄锡舍的投降，不是出于本心，现在既然回来了，仍然应当重用，不应该伤害手足之情，使大家产生离心离德的想法。许光也是泉州人，因此为庄锡舍着想。庄大田听从了许光来的话，把庄锡舍安置在自己身边，到哪里都带着他。[①] 当庄大田分兵攻打诸罗，防守稍微松弛时，庄锡舍就派人秘密地把自己的妻子儿女送入府城，准备做内应。

五月十二日，常青带领 3000 名士兵亲自进攻南潭。庄大田已经不在此地，庄锡舍捉住林红、金娘献给常青。金娘是下淡水的“番妇”，熟悉符咒，能够治病，庄大田信任她，军中都称呼她为仙姑，林爽文也封她为一品夫人，林红是她的男宠。两人都被押往北京处死。

十三日，参赞恒瑞率领侍卫 8 名、士兵 1000 名到府城，总兵梁朝桂、魏大斌也领兵先后到达。常青准备出兵，而林爽文这时包围诸罗县城已经很久了。林爽文南下之后，北庄的广东籍监生李安善召集义勇趁机收复彰化，抓获杨振国、高文麟、陈高、杨轩，关在囚笼中押送到福州。淡水同知幕友寿同春也收复了竹堑，将王作分尸处死，斩杀了郑加，召集义民 13000 人守卫竹堑。当柴大纪带兵北上时，鹿仔草武举人陈宗器、双溪口武举人黄奠邦，分别率领泉州人跟同官军作战。

正月二十三日，官兵收复诸罗县城，杀死侯元。林爽文回师攻破彰化，又围诸罗县城。柴大纪竭力防守，多次请求支援。五月十五日，常青下令从府城出兵，派遣总兵梁朝桂、魏大斌作为前锋，副将谢廷选、蔡攀龙从左右侧率领各营将官 437 员、

① 据常青后来奏报，庄锡舍自三月二十七日投降后，即前往凤山县之盐水埔庄纠集“义民”，始终与庄大田为敌，并没有发生又被庄大田擒获并安插在身旁的这样一段插曲。

满汉士兵5500名，从府城大北门校场出发，祭旗之后即刻启程。以庄锡舍作为向导，听说庄大田在南潭，便派遣梁朝桂去攻打，没有取得胜利。常青自己驻扎在关帝厅，军营中整夜纷乱吵闹，直到天亮才平息。第二天，侦察人员说庄大田集中各路队伍，占据濠树栅，做长久驻守的打算。常青集中全部兵力前往攻打，又没有取得胜利，守备林士春、千总谢元、把总刘茂贵都战死了。连忙写奏章急送北京，再请求派兵增援。乾隆皇帝下旨严厉责备，并且命令舍弃南边的庄大田，追击北边的林爽文。

六月二十四日，常青派遣魏大斌率兵1500名增援诸罗，在鹿仔草被打败。又派参将特克什布、游击蓝田玉、副将蔡攀龙等三次前往支援，结果都被阻击，损兵大半，剩下的才得以进入诸罗县城。皇帝下诏任命柴大纪为参赞大臣。但诸罗被包围得越来越紧密，城中的人已经没有什么东西可以吃，只能挖树根，煮豆粕来充饥，但守城的意志却更加坚定。

八月，广东副都统博清额、江宁将军永庆各自带兵到台湾，常青仍在府城按兵不动。恒瑞和总兵普吉保两路援兵各有五六千人，也不敢进兵，反而对局势惊慌失措，请求再调增加援兵六万人。皇上下诏解除了常青、恒瑞的职务，以协办大学士陕甘总督福康安，带领侍卫内大臣参赞海兰察取代他们，并下令柴大纪可以保护民众出城，再考虑后面的安排，柴大纪没有听从弃城的意见，坚持死守。皇上下旨嘉奖，把诸罗改名为嘉义。

福康安在赴台的路上也奏请增加援兵后进军，被皇帝下旨严厉斥责。十月二十九日，福康安统领侍卫巴图鲁120余员、满汉士兵9000名，到达鹿港。林爽文接到情报，派遣部队进行抵敌。十一月初四，双方在八卦山激战。索伦佐领阿木勒塔先登上八卦山，林爽文的军队战败逃走，彰化又被清军收复。福康安率军南下，在仑仔顶[1]遇到敌军。海兰察率领侍卫巴图鲁兵分五路，派1000多名义民分兵在左右两侧，再战于牛稠山，林爽文又一次战败。初六日，清军进入嘉义城。第二天，福康安也来到嘉义。初九日，林爽文率领几万人再次攻打嘉义城西北角。海兰察出城应战，杀伤很多农民军，林爽文退守到斗六门。福康安命令海兰察、普尔普、鄂辉等率领军队从十四甲向北进攻，自己和恒瑞在后面策应，双方大战于兴化店。护军统领舒亮也接受计策，从鹿港出发进攻中寮，攻下大肚溪后向南进攻，打通通往海上的道路。十八日，清军攻打斗六门。林爽文利用防御工事进行防守，并且决堤放水用来阻挡清军，另外派兵驻守大埔林和中林大埔尾，又在东边庵古坑驻守援军。

① 仑仔顶，今仑丰。

福康安分派兵力前进，隘口处都布满了竹钉，不利于行军，清军一边破坏竹钉、竹围，一边向前。林爽文逃往大里杙，筑起土城高墙，设置大炮，里面又设置了两层木栅，沿着溪流设置关卡，以抵抗清军。

二十四日，福康安来到丁台庄。林爽文乘夜对清军发动袭击，一排排的火炬把夜晚照得如同白天一样，清军反应很镇静，等农民军逼近之后再进行应战，弓箭枪炮一齐发射，双方互有死伤。第二天，福康安分派将领从西南、西北两路进兵，奋力拼杀。林爽文无法抵敌，携带妻子儿女逃往集集。清军进入大里杙，杀死了林素、林成、林快、江近、许三江、刘怀清等 200 多人，缴获大小炮 160 多门，器械和粮食不计其数，将其毁坏。

十二月初五，清军到达集集镇。林爽文在溪谷的山崖上建筑堡垒，砍倒树木堵塞道路，在山上列阵以待。福康安派遣普尔普绕到山后，海兰察率领侍卫顺着溪谷涉水向前，四川来的练兵则从山崖攀爬而上。林爽文逃到小半天[①]，把妻子儿女藏在“番社”中。社丁杜敷将他的父亲林劝、弟弟林垒、母亲曾氏、妻子黄氏绑起来献给清军。清军继续追击，林爽文逃到埔里社山中。福康安分派军队驻守各地，命令已经归附政府的“土番”进入深山搜索。

乾隆五十三年正月初四，林爽文到老衢崎，知道自己已经难逃被捕的命运，跑到好友高振家说：“我可以让你富贵。”高振把林爽文和他的弟弟林跃绑送官府。福康安统领军队向南进军，驻湾里溪，肃清了台湾中部的起义军。二十四日，攻克凤山。庄大田逃到琅峤，那个地方非常险要，福康安决定先驻军柴城。二月初五，福康安派侍卫乌什哈达从海边发动进攻，海兰察、鄂辉从山里进军，自己统率军队到风港，穿山越岭深入 30 里。庄大田带领全军进行抵抗，清军三路人马合力进攻，从早上到中午，庄大田的队伍有 2000 多人战死，自己和弟弟庄大韭、母亲黄氏等 40 多人被擒获。庄大田被押送到府城，因为病得很重，将其分尸处死。而林爽文、严烟、刘升等人都用囚笼押送北京，其余的人都在街头斩首示众。至此，台湾南部和北部都平定了下来。

十七日，福康安到府城，海兰察、普尔普班师回到原驻地，常青、恒瑞进京。柴大纪因为耽误军机而被处斩，黄仕简、任承恩的罪责一样，免于他们一死。李永祺、永福都被论罪。另外，以蔡攀龙为福建水师提督，梁朝桂为福建陆路提督，普吉保为台湾镇总兵，知府杨廷理代理台湾兵备道，徐梦麟代理台湾知府，其余的人

---

① 小半天，今南投县鹿谷乡竹林村。

各有提拔升用。命令福州将军魁伦渡海前往台湾，协助办理善后事宜。

连横评论说，林爽文事件，台湾南北都起来响应，动乱持续三年，直到调用了四个省份的兵力，才平复动乱。跟朱一贵事件比起来，情况更加严重。台湾的动乱，不是民众自己要造反，而是被压迫之后才造反的。朱一贵起来造反，起始于王珍的滥用刑罚，接着因为周应龙的滥杀无辜，跟随朱一贵的人才会很多，最后造成不可收拾的局面。像林爽文原本是一方的豪杰，务农致富，组织会党也是为了自我保全，因为村民被不公平对待，才进行起义，血流遍地，最后逃窜到荒山野谷，猜想他也是因为有同情心。郑兼才说得好："林爽文之变，实激之使起。"包括后来的张丙事件、戴潮春事件，哪一个不是因为被欺压而起来造反的呢？有人评论说台湾人喜欢造反，怎能这样颠倒是非啊！

孙景燧

孙景燧，浙江省海盐县人，进士。乾隆四十九年（1784）一月，担任台湾府知府。乾隆五十一年十一月，彰化天地会计划起义，兵备道永福命令他和游击耿世文率领士兵前往办理。当林爽文攻打县城，守城的士兵仅仅只有80名，不足以防守，孙景燧和都司王宗武、原任知县张贞生、代理典史冯启宗等人分守各个城门抵御。城被攻破后，都被起义军捉拿，不肯屈服而死。

俞峻，浙江临安[①]人，举人。乾隆五十一年冬天十月，担任彰化知县，这时候天地会已经计划起义，他和北路营副将赫生额率领士兵前往大墩攻剿。遭到林爽文攻击，战败被杀。

冯启宗，浙江山阴人。乾隆五十一年，担任鹿港巡检，兼彰化县典史。林爽文事件中，起义军攻破彰化县城后被杀。

周大纶，籍贯不详。乾隆五十一年，担任南投县丞。当林爽文攻陷彰化时，因为南投没有城池需要防守，他前往诸罗，和知县董启埏一起筹谋战备。诸罗县城被攻破，周大纶在巷战中身亡。

渠永湜，籍贯不详。前任斗六门巡检，后调任代理猫雾拺巡检。林爽文事件中，大墩被攻下后，他途经犁头店时被捉，不肯屈服而死。

陈圣传，浙江山阴人。乾隆二十七年乡试中举，被授为盐场大使[②]，到福建候补，

① 临安，今杭州市临安区。

② 盐场大使，管理盐场的官员。

两次充任同考官[1]。按规定要转任知县，因为忤逆上级官员的意见，被授予罗汉门县丞。乾隆五十一年，调任斗六门县丞。斗六门是诸罗和彰化之间的交通要道，兵家必争之地。陈圣传到斗六门之后，急忙招募100余名乡勇守卫分成两队，查办不法之徒。乾隆五十二年正月二十一日，林爽文的队伍前来进攻，来势汹汹，乡勇大多数逃走，陈圣传仍然尽力苦战，有人劝他逃走，他不听，骑马巡视阵地，大声呼喊："我是斗六门的县丞，奉劝你们赶快投降。"因此被杀，跟随他的仆人顾景也死了。

程峻，安徽六安州人。乾隆五十一年，护理[2]淡水同知。林爽文攻破了彰化县城，将要进攻淡水，同党林小文准备策应。程峻到中港进行防御，战败受重伤，到柯仔坑时死去。

张芝馨，直隶南皮[3]人。乾隆五十一年，担任竹堑巡检。林爽文的同伙林小文率部众前来进攻，张芝馨急忙招募乡勇进行防御，城破被抓获，不肯屈服而死。

汤大绅，江苏武进人，担任凤山县知县。林爽文事件，庄大田起兵响应，攻破凤山县城，汤大绅受伤，他的儿子汤荀业不离左右保护他，最后都被杀了。常州人因为他们父子忠孝，建祠祭祀。汤荀业写了一本《竹居诗》，但只剩下半卷。

王雋，浙江仁和人，举人。前任台湾北路理番同知，离职后到省城，正好碰上林爽文起义。福建巡抚徐嗣曾命令他前往台湾，台湾道永福让他护送粮食到凤山县城以接济郝壮猷。当凤山县城又被攻破时，王雋被杀。

刘亨基，湖南湘潭人。乾隆四十九年，担任北路理番同知。林爽文起义的时候，彰化知县俞峻前往大墩剿办，以刘亨基暂时代理知县事务。彰化县城被攻破，遇害。他的女儿刘满姑17岁，跟随在父亲身边，害怕被侮辱，起身跳进水池，水池太浅不能没顶，她就把头埋在烂泥中。刘亨基一家死了12个人。

从孙景燧以下，朝廷都给予抚恤，承袭官职，列入昭忠祠祭祀。而刘满姑受到乾隆皇帝的特旨褒奖，派人前往致祭并赏给安葬的费用，在原籍建立牌坊。

寿同春，浙江诸暨人，是辅佐淡水同知程峻的幕僚，当时年纪已经72岁，但精神矍铄能办事。乾隆五十一年冬天，林爽文攻破彰化县城和竹堑，程峻战死，寿同春也被俘虏。王作听过他的名字，以礼相待，希望能得到他的指教。寿同春表面上答应了，暗地里则派人散布传言，说内地政府的大军已经来了。天地会的人听了，很害怕。寿同春于是就和原来任职竹堑巡检的李生椿、明志书院的主讲孙让等商定，

① 同考官，科举乡试中协助主考官阅卷的官员。

② 护理，以低一级官阶临时代理。

③ 南皮，今河北省沧州市南皮县。

组织义民 13000 人于十二月十三日同时发动，收复了竹堑，活捉了王作、许律、陈觉、郑加等人，并将他们在街市上斩首示众。他们还给省里的官员写报告，说明这件事的经过。在此之前，福建巡抚徐嗣曾听到民变，上奏调派闽安副将徐鼎士率领士兵支援淡水，被大风阻碍，一个多月后才到台湾，驻扎在艋舺。这时，福建人和广东人的各个村庄都蠢蠢欲动，寿同春进行了安抚才平静下来。而且新任的淡水同知徐梦麟也就职了。大甲各庄邻近彰化，寿同春担心受到影响，亲自前往鹿港，拜见提督任承恩，请求合力攻打大里杙。任承恩没同意。白石湖、金包里等地的福建人和广东人又开始械斗，漳州人半数屯驻在白石湖山上，徐梦麟去招抚他们，愿意回家的人很少；寿同春前去劝说，大家才听从回家。第二年十月，寿同春率领义民驻扎在乌牛栏，到三十张犁庄时，和起义军相遇交战，他骑的马失蹄，跌落马下被擒，不愿屈服而死。朝廷追加赏赐寿同春知县的名号，荫护他的一个儿子担任知县，并让他的牌位入祀昭忠祠。

胡远山，浙江某县人，岁贡生，彰化白沙书院主讲。范琪耀，浙江会稽[1]人，王某、俞某也是浙江人，都是彰化知县俞峻的幕僚，县城破时被杀，都进入昭忠祠配祀。

福康安

福康安，字瑶林，号敬斋，姓富察氏，满洲镶黄旗人。大学士一等忠勇公傅恒的第四个儿子。乾隆三十二年（1767），被任命为三等侍卫，后提升为一等侍卫。在金川战役中，因功被封为三等嘉勇男爵。后来又晋升为侯爵，协办大学士，担任陕甘总督。

乾隆五十一年冬天，彰化林爽文起义，凤山庄大田起兵响应，台湾南北都动荡不安。清廷先后下令闽浙总督常青、将军恒瑞、陆路提督任承恩、水师提督黄仕简率领军队前往镇压，都没有取得战功。皇上下诏严厉斥责他们，仍然观望不前，还多次请求增援。乾隆五十二年八月，皇上下诏任命福康安为大将军，领侍卫内大臣超勇侯海兰察为参赞，率领领队大臣普尔普、护军统领舒亮、浙江提督许世亨、四川松藩镇总兵穆克登阿、江南狼山镇总兵袁国璜、四川副将张芝元、头等侍卫穆塔尔，和巴图鲁侍卫等 120 多人，调湖南兵 2000 名、广西兵 3000 名、贵州兵 2000 名、四川屯练兵 2000 名，前去平定叛乱。福康安到北京，皇帝向他面授机宜。

当时，林爽文已经包围诸罗县城很久，台湾镇总兵柴大纪和民众坚守城池，宁

① 会稽，今绍兴市。

死不肯撤离。城中没有东西吃，大家就挖树根、煮豆粕吃。皇上下诏命令各个将领赶快前去救援，但都迟疑不前。又命令柴大纪保护民众出城，城池以后再考虑。柴大纪上奏说："诸罗府城北障，诸罗失，则府城亦危。且半载以来，深濠增垒，守御甚固，一朝弃去，克复为难。惟有竭力固守，以待援师。"乾隆皇帝看了奏疏后落泪，下诏说："大纪当粮尽势急之时，唯以国事民生为重，虽古名将，何以加兹。其封为义勇伯，世袭罔替。令浙江巡抚以万金赏其家，俟大兵克复，与福康安同来瞻觐。"福康安在途中也请求增兵，被皇帝下旨严厉斥责，同时皇帝命令内库将大吉祥右旋螺交给福康安，以帮助他渡海。十月到泉州，召见进士郑光策、举人曾大源，询问台湾动乱的原因。郑光策回答说："守土好侈，民生日削，为乱之阶。夫台湾固殷富之地，然官贪财则民贫，民贫困则乱作，固自然之势也。"福康安认为说得对，立即撤去行营中奢华的器具，命令各地官员办事不可铺张浪费。有来献地图、献计策的人都予以接见。

十月二十一日，从厦门大担门出发，由于风向不利，到惠安崇武候风。二十八日，各路军队全都聚齐，于是进军鹿港，派遣举人曾大源、监生陈文会、职员杨振文等人登岸，招抚附近的村庄，分发告示，宣布被迫跟从起义的人不会被治罪，归顺的人会拿到盛世良民的旗子，把这旗子插在村庄里，官军到的时候，就不会进行攻打，这样一来，就瓦解了起义军的许多力量。

这时，林爽文包围诸罗县城已久，他自己驻扎在牛稠山上。十一月初四，福康安命令海兰察率领巴图鲁打下了八卦山，收复了彰化县城。乘胜前往解救诸罗。林爽文在仑仔顶抵抗失败，在牛稠山的交战中又失败，于是对诸罗县城的围困被解除。清军进军攻破斗六门，破坏了大里杙。林爽文逃到集集，福康安率领军队追到小半天。林爽文又逃到老衢崎，最后终于被捉住，押送到北京。捷报传到北京，福康安被封为一等嘉勇公爵。福康安转向台湾南部进军，在楠梓坑与庄大田交战，收复了凤山。庄大田逃窜到琅峤，清军水陆并进，终于把庄大田擒获，将他在府城分尸处死，其余党羽也全部平定。那个右旋螺按命令存放在福建布政司的仓库里，以后凡是有将军、总督渡海到台湾或到琉球册封，都佩戴它前往。

当诸罗县城的围困解除之时，柴大纪出城迎接福康安，以参赞、伯爵自居，没有佩戴箭袋弓囊，执行下级军官参见军事统帅的礼仪，福康安不满，就参劾他前后奏报不实，对朝廷说了谎话。但皇上下诏却认为：大纪固守孤城，时逾半载，非得兵民死力，岂能不陷。若谓诡谲取巧，则当时何不遵旨出城。其言粮食垂尽，原所以速外援，若不危急其词，岂不益缓救兵。大纪屡蒙褒奖，或稍涉自满，于康安礼节不谨，致为所憎，遂直揭其短，殊失大臣休容之度。又福康安抵诸罗后，凡有攻剿，皆不派大纪、蔡攀龙，而于拥兵不救之恒瑞，非惟不劾，且屡叙其战功，曲为庇护。恒瑞本应军前正法，恐骇听闻，其逮交刑部治罪。不久恒瑞被派遣戍守伊犁。当时侍郎德成从浙江回京，乾隆皇帝询问他怎么看待福康安弹劾柴大纪的事情。德成启奏说，柴大纪在任贪污，还命令自己的士兵私自回内地做生意，等到叛乱发生，又不能及早扑灭，导致后来迅速发展，不可收拾。皇上又审问提督任承恩，供词也基本相同。这才命令福康安和闽浙总督李侍尧查明奏报。

乾隆五十三年春天正月，皇上下诏说："柴大纪前此久困孤城，不肯退兵。奏至时，朕批阅坠泪。即在廷诸臣凡有人心者，无不叹其义勇。用人者当录其大功，而宥其小过，岂能因据福康安虚词一劾，遽治以无名之罪。前询李侍尧之旨，至今尚未复奏，殆亦难于措辞乎？"

不久李侍尧的奏疏到，大略也和福康安所说的一样。福康安上奏说："大纪盐埕桥之战，尚能出力，守御诸罗，亦有微劳。惟以专阃大员，既不能整饬于平日，又不能扑灭于临时，皆纪律不明所致，请即解京正法。"七月，柴大纪被逮送到北京，命令军机大臣、大学士、九卿复审。柴大纪再三称冤，等到在朝廷上审讯的时候，才承认自己的过错，但还在说明自己有被冤枉的地方。皇上下诏说："福康安等拟大纪斩决，朕念其守城微劳，原欲从宽末减，改为监候，乃展转狡辩取死，岂可复从宽典，其即依所拟正法。"于是柴大纪被处斩，当时也有人认为他是冤枉的。

台湾平定后，福康安提出台湾善后的16条建议，要点在于加强军备，清除奸民，整肃吏治，加速邮传。皇上下旨批准施行。又提出可以让归化"土番"为军队服务，仿照四川屯练的制度，设置屯丁，这在《军备志》中有记载。八月，皇上下令在台湾府城和嘉义县城分别为福康安建立生祠，亲自撰写诗文记录这件事，并在紫光阁绘制了20位功臣画像。福康安凯旋班师的时候，正好皇帝到了热河，就在热河进行赐宴、赋诗和立碑。

当时正好热河文庙建成，乾隆皇帝亲自题写碑文说：

> 瀛壖外郡，闽峤全区。厥名台湾，古不入图。神禹未略，章亥所无。本非扼要，弃之海隅。朱明之世，始回中国。红毛初据，郑氏旋得。恃其险远，难穷兵力。每为闽患，讫无宁息。皇祖一怒，遂荒南东。郡之县之，辟我提封。一年三熟，蔗薯收丰。渐兴学校，颇进生童。始之畏途，今之乐土。大吏忽之，恣其贪取。既嬉其文，复恬其武。匪今伊昔，叛乱屡睹。向辛丑年，昨丙午岁。一贵、爽文，其乱为最。水陆提督，发兵于外。奈相观望，贼益张大。天启予

衷，更遣重臣。百巴图鲁，勇皆绝伦。川、湖、黔、粤，精兵万人。水陆并进，至海之滨。至海之滨，崇武略驻。后兵到齐，恬波径渡。一日千里，以迟为速。百舟齐至，神佑之故。驰救诸罗，群贼蜂拥。列阵以待，不值贾勇。如虎搏兔，案角陇种。顷刻解围，义民欢动。斗六之门，为贼锁钥。大里之杙，更其巢落。长驱扫荡，如风卷箨。夜携眷属，内山逃讬。生番化外，然亦人类。怵之以威，赉之以惠。彼知畏怀，贼窜无地。遂以成禽，爽文首系。狼狈为奸，留一弗可。自北而南，如上临下。海口遮罗，山涂关锁。遂缚大田，略无遗者。二人同心，其利断金。曰福康安，智超谋深。曰海兰察，勇敢独任。三月成功，勋扬古今。既靖妖孽，当安民庶。善后事宜，康安是付。定十六条，诸弊祛故。永奠海疆，光我王度。凡八武成，蒙佑自天。虽今耄耋，敢弛惕乾。如曰七德，实无一焉。惟是敬勤，励以永年。

这年冬天，福康安调任闽浙总督，多次担任内外各种职务，后来又因功晋封为贝子。嘉庆元年（1796）去世，被晋封为郡王，谥号文襄，进入贤良昭忠祠祭祀，并得以附在朝廷宗庙祭祀，这在《清史稿》中有记载。

海兰察也是满洲人，勇敢善战，福康安每次统领军队，都以他为参赞，战无不胜。林爽文事件中，因为战功晋封为超勇公，和舒亮、普尔普一起画像进入紫光阁，皇上亲自撰写《平定台湾二十功臣像赞》。其余的人也都得到不同程度的晋升与提拔。

杨廷理

杨廷理，字双梧，广西马平[①]人。以拔贡生的资历担任侯官[②]知县，经多次升迁，担任台湾海防同知。乾隆五十一年（1786）十一月，彰化林爽文起义，知府孙景燧被杀，全台湾震动，由他代理知府。当时林爽文已经围困诸罗，凤山庄大田也起兵响应，台湾府城戒严。府城原本没有城墙，只是种植刺竹作为屏障，再围上一圈木栅栏，但因为时间久了，很多地方都已经毁坏。杨廷理急忙召集当地有势力的人和民众筹备防守事宜。每条街道负责修缮一段木栅，并派人防守。木栅还没有全部修好，诸罗县城就已经陷落了。

总兵柴大纪率领军队扼守盐埕，府城里守军空虚。杨廷理手里拿着一杆旗，旗上写着“募义勇”几个大字，骑着马在街上边跑边叫：“好男儿，跟我来！”听到

① 马平，今柳州。

② 侯官县，今福州市闽侯县。

的人，迅速集合，不到三天就集中了8000人。杨廷理告诉他们守城的意义和做法，他们都承诺一定会做好。又招募了海口水手1000名，调“熟番”1000人，总共达到10000人。添置寮屋帐篷，整理枪炮器械，准备粮食草料，几天之内，各项战备工作都已就绪。于是派4000人防守各个关隘，6000人驻守城内。当时各省的援军还没到，府城是南北交通的要道，林爽文和庄大田合兵攻打。

乾隆五十二年正月初一，起义军逼近东门。杨廷理率兵从小东门出，左营游击古渊从小南门出，合兵将其击退。三月二十四日，庄大田又来进攻，四路合围，号称有10万兵力，杨廷理率众抵抗。双方刚开战，起义军首领庄锡舍忽然倒戈投降，原来杨廷理曾经以书信招降他。庄大田知道后，顿时气馁，再不敢攻打府城。十月，大将军福康安到达鹿港，攻克彰化。杨廷理率领义勇，跟随援军，三战三捷，打通了台湾中部，在丁台庄拜见了福康安，福康安对他进行慰问。林爽文被捉拿后，移师南下，进攻庄大田，将其抓获。台湾最终平定。

乾隆五十三年春天，杨廷理代理台湾道，加按察使衔，负责台湾善后工作，建筑了府城的城墙。乾隆六十年，因为他在担任侯官县知县期间亏欠公款，被贬流放伊犁。嘉庆八年（1803），被赦返回。嘉庆十一年，通过捐银恢复知府原官，分发到福建。

嘉庆十二年，杨廷理再次担任台湾知府。当时，蔡牵骚扰东南沿海，屡次侵犯台湾。七月，南澳镇总兵王得禄在鸡笼港内打败朱濆，朱濆逃到苏澳。杨廷理率兵北上，来到五围[①]，召集当地有威望的耆老，予以抚恤和安慰。又了解到“熟番”头领潘贤文暗中和朱濆有联系，就以优厚的条件与他结交，阻断他和朱濆的交往。不同的人都受到鼓励，愿意为政府效力。在这种情况下，杨廷理和王得禄合攻朱濆，朱濆大败逃走。

杨廷理巡视蛤仔难，计划进行开发建设。但上级官府因为这里地处险峻边远，汉民和“土番”杂居在一起，担心会有变乱而没有同意。嘉庆十五年四月，闽浙总督方维甸巡视台湾，来到艋舺，蛤仔难汉民和“土番”都请求将其收入版图。于是，方维甸就命令杨廷理和巡检胡桂前往勘查。杨廷理认为台湾的业户制度弊病很多，极力主张将其废除。业户们不接受，经多次劝说，才开始各自领单清丈土地。杨廷理把筹办的有关事项，向闽浙总督和福建巡抚报告。而清廷中有人认为台湾被大海阻隔，事情难以凭空决定，要求交给台湾总兵和台湾道商议后再行奏报。

① 五围，今宜兰县城。

嘉庆十六年十月，设立噶玛兰厅，杨廷理任通判。十二月，调任建宁知府。百姓感念他的政绩，在文昌坛右边为他设立牌位进行纪念。

郑其仁　李安善

郑其仁，字彭年，号静斋，台湾府城西定坊人。少年时就很有力气，能够把大石头放在手上挥动。18 岁，成为凤山县的武秀才。三次去考武举，都没考上，于是就居住在凤山县的姜园庄，努力耕田，经营产业。乾隆五十一年（1786），林爽文攻破彰化县城，庄大田起兵响应。有人认为郑其仁有威望，也请他出来领头。他不愿意，连夜跳墙跑走。他的妻子林氏担心被害，忧虑过度引发大病，村里人准备把她运到乌树林塭，没等到达就去世了。郑其仁把她埋葬在沙洲。然后找船来到了府城，代理知府杨廷理命令他招募义勇协助官军作战。不久，庄大田攻打府城，郑其仁中弹还未痊愈，就带伤参战。接着跟随副将丁朝雄从水路攻打东港，将其攻克，因功被授予守备。东港靠近姜园，郑其仁很熟悉那里的情况，他召集因战乱流离失所的人，给他们口粮，把他们组织起来进行防卫，当地民众的气势愈加高涨，因此不怕起义军的进攻。乾隆五十三年春天，福康安在平定台湾北部以后，率领军队南下，杨廷理带兵协助征剿。郑其仁自愿作为前锋部队，在放縤庄作战时遇到埋伏，尽力作战到死，年仅 34 岁。经上报，追加都司衔，谥号忠勇，皇上敕令派人前往拜祭，入祀京师的昭忠祠，世袭云骑尉，葬在府城小北门的洲仔尾，妻子林氏也葬在一起。嘉庆十二年（1807），县里有人请求让他和薛邦扬、许鸿都入祀忠义孝悌祠，皇帝下诏同意。

薛邦扬，字垂青，府城宁南坊人，台湾县廪生。乾隆五十一年，林爽文攻打府城，薛邦扬招募义勇协助防守。粮饷难以为继，就典卖自己的田地和房产作为接济。跟随游击蔡攀龙驻守桶盘栈，历经多次战斗。乾隆五十二年五月初三，庄大田联合多路兵马前来进攻。清军和民众合力抵御，薛邦扬亲自攻入敌阵，被炮击中，坠马身亡。他妻子的兄长在身旁，把他的尸首抢回来。死时年仅 28 岁，妻子陈氏生下了遗腹子。

许鸿，台湾府城镇北坊人，入选武秀才。在林爽文事件中，总兵柴大纪率兵在三崁店进行防御，许鸿作为义勇随从作战，在战斗中陷入包围。知府杨廷理见他处境危险，统领众人前去营救，但许鸿已经战死，只把他的尸体带回。死时年仅 34 岁。

李安善，字乔基，广东嘉应州[①] 人。祖父来台湾，曾招募乡勇随军参加征讨朱一贵，

① 嘉应州，今梅州市。

因功被授予职衔，并因此居住在彰化县的北庄，开垦土地，种田致富。李安善从小读书，通过捐纳财物成为监生。乡亲们有什么事情，他知道了就一定帮忙，大家都很敬重他。乾隆五十一年冬天，林爽文起兵攻克彰化县城之后，前往攻打诸罗，以杨振国、高文麟留守彰化。当时彰化广东人居住的村庄因械斗留下的怨恨，没有跟随造反。李安善得知彰化县城的空虚，召集子弟对他们说："彰化县城可以拿下。"广东籍的民众一听，都愿意效力，共召集了好几千人，分成四队。和前任知县张贞生、千总陈邦光一起，在十二月十二日分成几路攻打彰化县城，并且顺利攻下。抓获杨振国、高文麟等人，解送到省里处死。当时，城里人多数逃离，李安善召集的队伍中有人以搜捕为名，焚烧村庄，抢夺财物。李安善无法制止，带着自己的乡亲撤回北庄，彰化县城再次失守。北庄距离大里杙不远，林爽文担心北庄成为肘腋之患，命令部下进行攻击。李安善进行全力抵抗，并向各庄求援，没有得到其他村庄的响应。他孤身一人前往鹿港，向驻守在那里的官军申请给予铅弹和火药的支援，以应付战守的需要。而林爽文悬赏要抓李安善，当他返程经过牛骂头时被抓获，送到大里杙，林爽文劝他投降。李安善不肯，就被杀了。事情上报后，朝廷派人前往祭拜并予以抚恤，追赐知县头衔，特许他的一个儿子以知县任用，并让他从祀忠烈祠。

陈周全　高夔

陈周全，台湾县人，天地会的成员。林爽文起义失败之后，台湾各地社会稳定，民众生活殷实，守土官员不再把地方的治理放在心上，而只顾谋取私利。陈周全于是和凤山县的陈光爱商量，招人加入天地会，结果有几百人入会，因此就准备起来造反。乾隆六十年（1795）二月，陈光爱攻打石井汛，没有攻破，反而被同知朱慧昌擒获斩杀。陈周全逃到彰化。彰化原本是天地会成员集中的地方，林爽文的部众还有人残留下来，陈周全和黄朝、陈容就召集这些人，自己担任会首，任用洪栋为军师。祭旗誓师，纠集队伍，来了有几千个人。三月十三日，袭击鹿港，杀死同知朱慧昌。鹿港营游击曾绍龙、外委任向标都战死了。代理北路副将张无咎在彰化听到事变的消息，命令游击陈大恩迅速前往救援。陈大恩在半路上听到鹿港失守的消息，全军返回屯扎在八卦山。张无咎见势不妙率先逃走，代理知县朱澜也跟着弃城逃走。第二天陈周全攻打彰化县城，先攻击八卦山。都司焦光宗赶来增援，还没赶到，八卦山就已被攻破。陈大恩自焚而死，张无咎、朱澜都被杀死。焦光宗自杀没死，被人救了，藏在武生林国泰家。典史费增运、千总吴见龙、郭云秀都在巷战中被杀。

陈周全入城后，占据了彰化县衙门，到处张贴文告。斗六人王快也起兵响应，攻破了清军的斗六营，逼近嘉义。军报传到府城，台湾道杨廷理负责守城，总兵哈当阿、知府遇昌、游击麦瑞合率领水陆官兵900名前往镇压，到达湾里溪时，被洪水阻拦，不能前进。之前，汀州府同知沈飏接受委任来到彰化，遇到事变，藏在百姓家，暗中和贡生吴升东、廪生杨应选等人，召集乡里的青壮年，等待官兵的到来。大肚、鹿港各庄也和他们一样。陈周全知道自己的力量薄弱，弃城而去。林国泰率领义民数百前来，用竹轿子抬着焦光宗入城。府城中听到报告，以前嘉义知县单瑞龙代理彰化县知县事务，沈扬代理鹿港同知。陈周全南下，来到埔心庄，被庄人陈祈擒获，解送到军营。哈当阿连夜渡过虎尾溪，把陈周全迅速押送到府城，并下令搜捕余党。黄朝、陈容、洪栋先后被捕，都在府城被处死。陈周全兵败的时候，凤山人郑贺了解到府城中兵力空虚，准备在晚上偷袭。他的朋友许强事先听到官府的通告，就和他周旋，将他灌醉捆绑起来，献给台湾道衙门。没多久，王快也被杀了。事情报到朝廷，文武官员和乡绅百姓都受到了不同的惩处和赏赐。过了16年，又有了高夔事件。

高夔，淡水人。当时淡水的漳、泉械斗刚平息，一些游手好闲、品行不端的人又准备挑起事端，各个村庄开始骚动不安。高夔纠集了100多人。嘉庆十六年（1811）六月上旬，和族人高姣前往柑园，准备起事。队伍还没召集好，新庄县丞简清瀚听到这件事，会同艋舺都司庄秉元率领士兵前往抓捕，高夔逃进五指山，其他的人都星散而去。过了一个月，知府汪楠、同知查廷华各自率领士兵进山大肆搜捕，高夔、高姣相继被抓，包括其他的一些人，都被分尸处死。

卷三十二

列传四

卷三十二
列传四

海　寇

台湾原来是海上的一座荒岛，明朝中期，林道乾在福建海域骚扰，都督俞大猷对其进行征讨，林道乾逃到台湾，接着逃到大泥[①]。后来，颜思齐、郑芝龙等人也出没在这片海域。直到颜思齐去世，郑芝龙投降明朝政府，海上才逐渐比较平静，但台湾已被荷兰人所侵占。郑成功收复台湾，传了三代，整顿军务，让人民休养生息，台湾成了一个人们向往的地方，后来，就被清朝统一了。台湾想反清复明的人，时常起兵造反，但海上却平安无事。

乾隆六十年（1795），安南的海盗船侵犯福建，抢劫沿海居民，海坛游击李长庚将他们击败。安南海盗溃散后，又有了蔡牵之乱。蔡牵，福建同安人，一向当强盗，因犯法逃入海中，聚集了一大批党伙肆意劫掠杀戮，还兼并了安南海盗溃散后的余党，陆地上又有一批不法之徒对他们进行接济。因此，北到山东，南到两广，沿海商贸都受到很大的影响，台湾的损失尤其严重。嘉庆八年（1803）六月，蔡牵抢了台湾大米数千石，将其中的一部分送给了朱濆。朱濆是广东的海盗，于是就与蔡牵开始合作。八月，蔡牵突然闯入福建，皇帝诏令李长庚统率福建、浙江两省的水师予以平定。李长庚也是同安人，蔡牵害怕他的勇武，每次相遇都避让。当时蔡牵刚遭遇大败，船只破损比较多，认为朱濆打仗没有尽力，有些埋怨。朱濆一气之下离开，蔡牵的势力因此有些衰弱。嘉庆九年四月十五日，蔡牵进犯鹿港，没多久，又把船只停靠在鹿耳门。鹿耳门是府城的重要关口，原来有水师驻防，但很久已经没有设防了，因此蔡牵的船只进出自如。二十八日，蔡牵趁雨天进攻北汕[②]。官军溃败，大炮无法发射，游击武克勤、守备王维光战死。蔡牵烧了木城，毁了炮台，并将铁炮抢走，官军毫无办法。傍晚，府城中突然听到北汕失守，居民们都十分恐

① 大泥，即今泰国南部的北大年。

② 北汕同南汕为鹿耳门两翼，鹿耳门乃是台湾门户。

慌。总兵爱新泰移到安平亲自坐镇，因为安平是府城的咽喉要地，而府城的大西门又是通向大海的要道，并派兵驻守。台湾县学教谕郑兼才、拔贡生林朝英、廪生徐朝选、生员张正位各自带人协力助防，前来助防的乡勇也络绎不绝。但当时台湾水师没有战舰，因此不能出击。三十日夜里，蔡牵焚毁鹿耳门的清军营署，安平都能看到熊熊火光。五月初二，又烧毁商船 1 艘。第二天，他派 12 人驾小艇逼近安平，焚毁哨船 3 只，又抢走 2 只。营兵、义民满布海岸，谁也没有办法。船户没有了官府的依靠，只好各自前去找蔡牵商议赎金，保证自己船只的安全。十三日，海上刮起了东南风，蔡牵带着大量的财物从容而去。十二月初三，李长庚追到淡水，对蔡牵发动攻击，海盗落水淹死者不少。

嘉庆十年二月，蔡牵到南方海域骚扰。四月，再到淡水，拥有船只数百艘，声势很大。他预先勾结山匪洪老四等人，招诱当地无赖，加入他们团伙的有数千人。被他们抓到船上的人中有读过书的，就以蔡牵得天时地利人和之类的话进行附会。蔡牵听了洋洋自得，以为自己可以南面称王了。于是发布文告，自称镇海威武王，年号为光明，祭天地。蔡牵占据了沪尾，焚烧了艋舺。交战中，清军代理都司陈廷梅战死，前淡水同知胡应魁也受了伤，清军看见蔡牵的队伍都望风披靡。十七日，府城得到蔡牵来袭的消息，进行戒严。第二天，总兵爱新泰率领军队支援台湾北部，知府马夔陛随后起行。蔡牵自己到了沪尾以后，就立刻派遣他的部下直奔凤山，凤山当地的吴淮泗起兵响应。台湾道庆保听到事变，下令台防同知钱霨在二十一日率领把总曾瑞、王正华等人，带领乡勇“屯番”前往凤山镇压。二十四日，蔡牵到达鹿耳门。爱新泰回师保卫府城，让马夔陛驻守嘉义，这时，大小槺榔、盐水港、萧垅、北埔等地的山贼纷纷起来响应，爱新泰命令千总陈安、陈登高等人前去征讨。十二月初一，清军在木栅与蔡牵的队伍相遇交战。协助清军作战的义民首领陈凤被杀，黄兴被抓到船上杀死，千总陈安负伤以后逃走。蔡牵的队伍占据了洲仔尾，这里距离府城才 6 里地，台湾的南北交往因此被隔绝。台湾县知县薛志亮见情况紧急，想到如果不发动当地的乡绅和富商，府城就无法保全，于是轻车简从，从海口进城，召集当地有名望、有势力的人物，说明眼前的局势和保护地方的大义，劝他们来共同来守护府城。贡生韩必昌、陈廷璧首先率领众人来领义旗，不到一天，就招得义民首领 250 人、义民超过 10000 人，全都自备军粮，愿意前来抵御海盗。当初，三郊商人从事海上贸易，自从海寇骚扰台海以来，商船大多被抢劫，当他们听到蔡牵来了，个个出来捐资募勇，供官府调度，还捐助军饷数万两银子。所谓三郊，就是南郊、北郊和糖郊的总称，他们的商行都集中在府城的大西门外，处在海口进城的交通要道，所以自卫的意愿特别强烈。三郊的总义首、布政司经历衔陈启良获得台湾道同意，在海口建立一座木城，从府城小西门越过大西门到小北门，总共长1200丈，花费了6000多两银子，只用了三天三夜就建成了。庆保还命令贡生游化龙前往东部，协调闽、粤各庄的关系，以防止内乱的发生。当初，凤山发生动乱时，庆保命令代理守备陈名声借用游击的三品顶戴前往执行军务，陈名声还没赶到，凤山县城就已失守。钱霨和凤山知县吴兆麟逃入粤庄，陈名声也收兵回到埤头。十一月二十九日，粤庄子弟护送钱霨和吴兆麟到下淡水溪的南岸，正在渡溪，前面的队伍就遭到了敌人的攻击，而后面的队伍又自行引发了火药燃烧，场面一片混乱。海盗的队伍趁机在半路上拦截，于砖仔窑庄杀了吴兆麟。钱霨的胡须眉毛都烧光了，捡了一条命，和陈名声一起逃到内埔。蔡牵的部下陈棒、叶豹、黄灶、李琏、卢章平等人于是率众攻击在楠梓坑的清军游击吉凌阿。当时吉凌阿因为增援凤山驻扎在这里，带领的军队只有300人，但敌人有数千，经过奋力作战，多次取得胜利。因军粮早已吃完，于是用计撤出楠梓坑回师，等到敌人察觉时，他们已经回到府城。

蔡牵南下，图谋占据府城，他自己住在船上，观看那些与他合作的山贼的举动。十二月初五，蔡牵开始进攻安平。第二天，又向府城发动进攻，被城中军民击退。城外居民多携带家眷进入城内，人员往来十分杂乱，商铺也全都关门停业。一日之内，多次传出贼寇入城的消息，守城的地方官员有的换了服装私自逃走，如果不是乡绅和商人协助防守，府城早已失守。陈鸿禧是总兵衙署稿房陈鸿猷的弟弟，被派去防守西门的木城。陈鸿猷有谋反之心，想通过陈鸿禧来扰乱军心。当时天已经黑了，陈鸿禧运送军备物资和民众争抢城门，导致军备物资被抢，现场乱成一片，后面的人不能进城，哭成一团，进城的道路越来越混乱，大家都在传说贼寇已经逼近府城了。三郊总义首陈启良听到这个讯息，知道木城安好如故，就请都司许律斌派兵30名，又和义首郭拔萃、郭振春等人分别招募义勇80名，协助防守木城。夜里又把陈鸿猷的情况向台湾道说明，庆保立即拜访总兵，抓捕陈鸿猷，并搜出了他通贼的白旗，把他杀了。从此，防止内奸的工作更加严密，各城门紧闭，只开大西门让郊外的民众通行。夜晚城墙上火炬亮如白昼，巡查的官兵往来不绝，民心才比较安定。但山贼每逢三、六、九日一定攻城，城中的军民就用火炮将他们击退。二十四日，爱新泰外出巡视，遇敌交战，被打败了。千总薛元勋战死，爱新泰也陷入包围，好在吉凌阿很快赶到，爱新泰才得以脱身。而这时浙江水师提督李长庚已经统领水师到达了台湾。

嘉庆十一年正月初五，李长庚命令金门镇总兵许松年、澎湖水师副将王德禄向蔡牵发起攻击。蔡牵担心官军来到台湾，就在鹿耳门航道沉船来进行阻挠。李长庚知道南北汕的大港门小船可以通过，就事先派兵把守，另外派两个将领驾驶澎船进入鹿耳门。当时的风向对清军有利，于是他们就放火焚烧蔡牵的船只，烧毁了 30 多艘，俘虏了 100 多人。蔡牵只好退守洲仔尾，官军则进泊内港。山贼对府城的攻势越来越猛，听到官军到了，想要分散官军的兵力，更加猛攻大南门。南坛有个叫澄潭的和尚，暗中勾结贼人，把他抓起来审问，知道了其他准备内应的人，都杀了。十六日黎明，贼寇又分批进攻，义民和乡勇进行抵御。十八日半夜，贼人将来进攻，都司许律斌移驻木城。贼寇知道木城有防备，就转向安平。巡逻的清军见到他们，就开炮攻击。他们又转向北边，想和蔡牵会合。二月初二，台湾道庆保会集各路人马攻打林茶，三郊义首也率领众人从小北门出击。不久，守备吉凌阿、都司许律斌、游击官朝赞、知县薛志亮都到了。三郊的义勇请求攻击洲仔尾，而且说明可以拿下来。正在讨论间，爱新泰到了，下令出兵，三郊义勇奋勇当先。到达洲仔尾时，山贼方面没有防备，被军民一个冲锋就打败了。内港的清军水师进行助战，李长庚另外派遣将领从南汕出击，从后面焚烧蔡牵的船只。蔡牵大败，贼首周添寿、陈番等人各自逃去。这一日，是社公[①]的诞辰，附近村落的从贼之人大多回乡祭拜，利用这个机会，一举打败了他们。第二天，收复了桶盘栈庄。贼首陈棒听到蔡牵战败的消息，不战而溃。蔡牵知道山贼不能有什么作为，于是准备逃走，但被官军困住。初六日，风浪大作、潮水暴涨，原来沉在航道下的船只漂了起来，蔡牵用重金贿赂浙江的士兵，黎明时分偷偷冲出鹿耳门。李长庚挥师追赶，夺取船只十几艘，终因福建的士兵没有帮助控制好各个港口，竟让蔡牵逃走了，但他船只的篷、舵大多都已毁坏。蔡牵到了福宁，又得到山贼的接应，势力逐渐恢复。李长庚把事情的经过上奏朝廷，诏令褫夺闽浙总督玉德的职务，逮送到京城治罪，由阿林保取代担任闽浙总督。当初玉德忌妒李长庚的功劳，主张对蔡牵实行招抚，因此福建的士兵才没有全力作战。

陈棒自从在桶盘栈溃败后，十四日回到埤头，又战败，逃到桃仔园，进入“番界”。吴淮泗也从旗后躲到船上逃走。不久，清军擒获了陈番和许和尚，都处死了，自此台湾南部逐渐平定。十二日，总兵爱新泰率领安平副将张良树、北路副将金殿安、参将英琳等南下，收复凤山县城。粤人居住的村庄听到清军来了，送陈名声、钱霨与他们会合，并分头剿灭剩余的贼寇。期间，良民常常遭受诬陷，有的被抓，

① 社公，土地公。

有的逃走，军队到了以后，民众也有许多痛苦。在台湾的福建人和广东人向来不和，没什么事情都会发生械斗。当时广东人居住的村庄因为抵抗蔡牵有功，而帮助蔡牵的是福建人，因此广东人借清除蔡牵余党来达到自己的目的，但官府并不了解这些情况。地方刚刚平静，而闽、粤之间又要挑起事端。郑兼才上书台湾道，要求停止清剿，那些被迫跟随蔡牵的，可以不予追究，闽、粤之间的争斗才平息下来。十六日，蔡牵的船队又来到台湾，停泊在鹿耳门。过了两天，李长庚也到了。蔡牵转而停泊到王爷港，也知道不可能占据，于是继续往北走，企图占据噶玛兰。噶玛兰位于台湾北部东面，很偏远，当时官府尚未收治管理，乾隆末年，漳浦人吴沙开始招募流民进入开垦。嘉庆元年，吴沙在乌石港南边建造土围，嘉庆三年，吴沙逝世。他的侄儿吴化继承他的事业，跟随者越来越多。蔡牵来到这里，想要攻占此地，大家都很害怕。吴化想办法进行抗拒，夜里召集了数百名乡勇，把守住要害地方，又命令当地的“土番”埋伏在岸上。第二天早晨，海贼到集市上买东西，被当地民众抓获了13个人。蔡牵大怒，发起进攻，吴化指挥众人砍断大树堵塞港口和航道，蔡牵船只无法进入，过了一段时间就离开了。五月十七日，蔡牵再次占据鹿耳门，劫掠过往的商船，又使海道不通。二十九日，福宁镇总兵张见陞、澎湖水师副将王得禄联合向蔡牵发动进攻，清军殊死奋战。蔡牵指挥船队冲出，但鹿耳门航道狭窄，左右都是沙洲，每当夏秋之时，风涛汹涌澎湃，蔡牵的船只多被打破，狼狈逃走，从此不敢再侵犯台湾。不久，又有朱濆的扰乱。

当初，朱濆和蔡牵是分开的，各自率领自己的部众，横行海上。嘉庆十二年秋天七月，在广东大莱芜外洋战败，被澄海副将孙全谋追杀，逃到鹿港，或到淡水，找机会进行抢掠。当时王得禄驻扎在铜山，听到朱濆侵犯台湾，派船进行追踪。有天夜里王得禄到了鸡笼，发现朱濆的船只藏在港口里，便发动了突然袭击。朱濆逃到噶玛兰，船上运载很多农具，到了苏澳，企图夺取溪南的土地。苏澳是台东的“番界”，在噶玛兰的东南方，官军还没有到过这个地方。五围的头人陈奠邦向官府告急。知府杨廷理北上，与王得禄会合，联合水陆官兵剿办海寇。岸里社“土番”土目潘贤文身处罗东社，在当地很有影响力，朱濆想要与他结交。李祐从中牵线，私下勾结海盗。杨廷理得知其中的实情，召来潘贤文，晓以大义，犒赏“土番”哔吱10匹、红布500匹、银元1000元，“土番”都十分高兴，愿意为官府效力。于是在海口设立木栅栏，捕捉私通海盗之人。李祐害怕了，带着妻子儿女逃到海盗的船上。九月初九，杨廷理从艋舺到了五围，召集众人进行抚慰。义首林永福、翁清和愿意率领乡勇效力，王得禄的水师也到了苏澳，朱濆用粗大的绳子系上铁锹沉入港口进行阻拦。而杨廷理已经命令义首各自率领“土番”，沿山砍下树木，直达苏澳，潘贤文也断绝了朱濆烧柴和淡水的来源。二十日，两军夹攻，烧毁贼船 3 只、大船 1 只。朱濆大败，率领 16 艘船顺流向东而去，后来被许松年歼灭。从此台湾再无海盗。事情平定后，皇帝下令在噶玛兰设官治理。在此期间，曾命令福州将军赛冲阿巡视台湾，参战文武官员和乡绅各根据实际战功入奏，受到不同的赏赐。

十二月二十五日，李长庚追蔡牵进入黑水洋。蔡牵形势极为不利，就在即将被捕之时，他的仆人开炮击中李长庚，将李长庚打死。事情报到朝廷，下旨哀悼，封他为伯爵，谥号忠毅，并为他建立专祠。李长庚死后，朝廷先后任命王得禄担任浙江提督和福建水师提督。王得禄，台湾嘉义人，长年跟随李长庚，立下许多战功。嘉庆十四年八月十七日，他和浙江提督邱良功南下，追击蔡牵到鱼山外洋，蔡牵处境窘迫，闽浙两省的水师舰船围困着他。十八日，到达黑水洋，海盗的船队几乎全被击沉，蔡牵知道自己无法逃脱，自己开炮沉船，落水而死，他的妻儿下属也都全部落水而死。此事上奏朝廷，升王得禄为子爵，其他人也受到嘉奖。从此海寇全部被平定。

王得禄

王得禄，字百遒，号玉峰。先祖世代居住在江西南城，曾祖父王奇生任职千总，随军征讨朱一贵，在凤山战死，赏赐恩骑尉爵号，家人迁居到诸罗县沟尾庄。王得禄 15 岁中了武秀才。乾隆五十一年（1786）冬天，林爽文起义，攻破诸罗县城，王得禄到府城求援，还招募了义勇 500 人等待时机。乾隆五十二年十一月，大将军福康安收复诸罗，王得禄参战有功。接着攻打大里杙，他一马当先，后面的军队紧紧跟上，于是攻破林爽文坚固的堡垒。林爽文逃到内山，福康安率领军队向前推进，让王得禄隶属汀州镇总兵普克保旗下。平定林爽文之后，王得禄被赏赐花翎顶戴，以千总实缺使用。乾隆六十年，补授督标右营守备。陈周全事件，王得禄随闽浙总督伍拉纳到台湾，完成任务后离开。

当时，福建和广东的海面上有许多海盗，蔡牵和朱濆是其中主要的头领，他们拦劫船只抢夺货物，商务活动受到严重影响。闽浙总督命令铜山营参将李长庚前往征讨，王得禄跟随李长庚立下了一些战功。嘉庆五年（1800）三月，李长庚担任福建水师提督，专门负责剿灭海盗，王得禄和邱良功成为他的主要助手。四月，王得禄护送册封使者的船只前往琉球。十一月，回到福建。随即率领舰队出海，时常都能擒获海盗，因功晋级。

嘉庆九年十一月，王得禄暂时代理澎湖水师副将。当时蔡牵有侵犯台湾的意图，而澎湖是台湾的门户，孤立地处在大海之中，王得禄于是抓紧筹备防守，请求上级拨付器械和粮食、修筑炮台，防备海盗的侵扰。嘉庆十年正月，蔡牵到澎湖，进入虎井屿，将要上岸时，被王得禄击退。八月，王得禄代理澎湖副将。十一月，蔡牵进入鹿耳门，勾结当地的盗贼，围攻府城，王得禄跟随李长庚前去征剿。蔡牵用沉船来阻止他们进入台江内海，自己则驻扎在岸上。王得禄知道通过大港可以到达安平，于是自己驾驶了一条小船进入安平，和台湾总兵、台湾道商量围剿的策略。接着和义军的首领吴春贵、柯纬章、王得昌等人率领义民 300 人，嘉庆十一年正月初五，严格行军纪律，告诫所有船只都不要点灯，等靠近蔡牵军队时，才奋起突然攻击。蔡牵的船队扬起风帆想要逃走，王得禄指挥船只堵截，投射火罐、火箭予以焚烧，烈焰吞没敌船，海盗、山贼惊慌失措，许多人都落水而死。这次战斗，烧毁蔡牵船只 22 艘，缴获 3 艘，捉拿头目蔡正等 168 人，斩首 8 人，缴获器械无数。蔡牵的气势大减，但仍占据险要进行防守。二月初二，王得禄的兵船行驶到洲仔尾，看到岸上军民防守的队伍很不整齐，东南方向的情况更加恶劣，吃惊地说："不马上援助，贼兵一定埋伏在草丛中，士兵和义勇将无法抵敌。"他率领的船只安置了 12 门劈山炮，指挥众人上岸，开炮轰击。并对将士们说："看我的令旗行事。"这时潮水将退，每条船由 6 名善于游泳的人推着前进，根据旗令开炮。蔡牵的队伍果然埋伏在草丛中，没料到官军突然来到，贼众争相逃跑，但水上和陆路被阻隔开来，没有人能进行援助，而府城中的义勇反而来了好几队。海贼的形势更加窘迫，自己放火烧了营地。蔡牵大败，想要逃走，但航道堵塞无法通行。初六日，风大潮水突然猛涨，蔡牵得以趁机逃脱。李长庚和王得禄进行追击，没能追上。只缴获了 10 多艘船只，还有一些其他斩获。皇帝对蔡牵的逃脱很不满，革除了王得禄等人的顶戴。三月，将军赛冲阿来到台湾，下令对海寇进行围堵。五月，蔡牵再次停泊到鹿耳门。赛冲阿命令王得禄率领兵船 12 艘、小澎船 20 艘出战，和福宁镇总兵张见陞内外合攻。王得禄还在为此前被蔡牵逃逸感到气愤，这次奋勇向前，直冲蔡牵船队的中坚，缴获了 10 艘船，击沉了 11 艘船，擒获了蔡牵部下头目林略、傅琛以及党徒 200 多人，蔡牵战败逃走。皇帝下诏加王得禄总兵衔。

嘉庆十二年正月，王得禄与浙江提督李长庚在广东海面征剿蔡牵，颇有斩获。后来调任南澳镇总兵。到了铜山，听说朱濆在鹿港骚扰，前往追击。七月，到达鸡笼，看到朱濆的船藏在港口内。又刺探到朱濆打算夜袭，先发动了突然袭击，杀死贼众 700 人，缴获船只 9 艘，烧毁 2 艘，击沉 3 艘，并救回商船 1 艘。朱濆败后跑到苏澳，企图长久占据这个地方。王得禄也追到苏澳，看到港口比较狭小，就用小船载着引火器具进港，纵火焚烧，港口外面埋伏着大型战船。朱濆的船只争相出逃，港外大船开炮轰击，朱濆船队狼狈逃出，沉没船3艘，被缴获1艘，损失器械无数。朱濆于是向东逃去，从此不敢再侵犯台湾。十二月，李长庚追蔡牵至黑水外洋，被炮弹击中而死。嘉庆十三年正月，皇帝下诏任命王得禄为浙江提督。统率福建、浙江两省的兵船，想要为李长庚报仇雪恨。五月，王得禄履行浙江提督职务。六月，调任福建水师提督。他和闽浙总督阿林保联名上奏说："台湾北路守兵单薄，请改兴化协左营守备为水师，移驻沪尾，以延平协左营守备移驻艋舺，管辖陆路。"得到朝廷的批准。嘉庆十四年八月，会合浙江提督邱良功在浙江定海鱼山外海围剿蔡牵，当时蔡牵的情况已经比较狼狈，王得禄一直紧追不舍，不敢丝毫懈怠。第二天仍然占据上风的位置，接近中午的时候过了黑水洋，看见绿水，眼看就要逃到外海。王得禄怕蔡牵再次逃走，指挥闽、浙的兵船进行堵截。蔡牵拼死抵抗，把船用绑船帆的绳索连接在一起，用绽钩（应指抛出后能绽开铁钩的抓具）钩住浙江提督的船，用矛刺穿了邱良功的腿肚子。邱良功的船毁坏了绽钩后才得以脱开，而王得禄的船又逼近了蔡牵的船，双方交战了很长的时间，血花四溅，杀声震天。蔡牵的铅弹打光了，就用银元当铅弹。官军也用大炮轰击，烟硝遮蔽了整个海面。王得禄右额受伤，倒地后又爬起来大声呼喊杀贼。蔡牵知道自己无法幸免，就炸沉了自己的座船，他的妻子儿女也都一起死了。捷报传到北京，皇帝下诏封王得禄为二等子爵，赏戴双眼花翎。

嘉庆十五年四月，王得禄率领水师出海，搜捕海盗余党，接纳了许多人的投降，海上稍为平静。但还有黄治在海坛岛聚集，抢劫过往的商旅，王得禄带兵征讨。这以后陆续又有一些斩获，海盗逐渐被平定。嘉庆十六年九月，王得禄入京觐见皇帝。皇帝询问了一些水师情况，并温和地对他进行了一番肯定和赞扬。嘉庆十八年二月，福建巡抚张师诚上疏说："台湾之鹿耳门、鹿港两处，港内悉系暗沙，须浅水船只始能守御。应造守港及八桨快船，分设防堵。王得禄素谙台地情形，请令酌定船式。"王得禄于是绘图上交，并奏请，等船造好之后，分别拨给鹿耳门16只，鹿港和八里坌各8只。得到了批准。又以厦门是福建重要的口岸，港道混乱不一致，商旅往来经常担心被抢劫，因此上奏请求动用收取的房租，添加建造有桨的巡逻快船，以有利于缉拿巡捕。也得到了同意。不久，到台湾阅兵，同时请假回家扫墓。王得禄年少时母亲去世，长嫂许氏养育他长大，因此特别请求皇帝追封他的长嫂为一品夫人，长兄追赠为振威将军，这在当时是很特别的例子。七月，王得禄回到水师提督岗位，整顿军队，做了许多更改。嘉庆二十五年，再次前往台湾阅兵。道光元年（1821）正月，调任浙江提督。第二年六月，因病请求回乡，捐资运送米谷到天津，以解救当地的粮荒，并且带头捐资修建凤山县城。皇帝要吏部对王得禄从优叙功晋升官职。道光七年八月，入京觐见皇帝。返回福建后，将家安置在厦门。

不久，嘉义张丙起事，台湾南北都有响应，王得禄立即招募了义勇500人，跟随水师官兵到朴仔脚，协助作战有功，下诏加封太子少保的名号。王得禄因为嘉义城墙被张丙破坏，倡议重修，并且修建义仓，储谷20000石，为战乱时备用。居住在家乡期间，做了不少善事。道光二十一年，鸦片战争期间，驻守澎湖。十二月，在澎湖逝世，享年72岁。朝廷追赠他为伯爵，加太子太师名号，谥号果毅，皇帝派人前来拜祭。王得禄有10个儿子，长子王朝纲，担任山东济东道道员；次子王朝纶，担任候补员外郎。

谢金銮　郑兼才

谢金銮，字退谷，福建侯官人。少年时孤苦贫寒，照顾母亲很孝顺，喜欢读《宋儒言行录》和《五子近思录》。他经常说："士以忠孝好学为立志，伦常日用为力行。空言存诚、慎独、主敬、存养，而不读书有体，则失之偏。"乾隆五十三年（1788），他乡试考中举人。嘉庆六年（1801），担任邵武教谕，后来调任南靖、安溪，所到之处，都以振兴教育为己任，当地读书人对他的评价都很好。嘉庆十年，担任嘉义教谕。当时蔡牵作乱，在海上抢劫，攻陷了凤山县城，台湾南北都采取了严格的警戒措施。嘉义知县向谢金銮询问筹备防御的策略，谢金銮回答说："此间士民曾遭林爽文之乱，造栅凿濠，治兵习炮，皆有成法，可召而谋之。"正像他所说的，民众果然聚集来参与防守。谢金銮陪同知县一起巡视四个城门，指挥调度，分配人员落实各地防守，到了半夜，已经全部安排妥当。不久，总兵武隆阿率领军队到达，蔡牵的队伍全部离去。武隆阿了解到谢金銮的才华，到县儒学时，看到墙上的教员守则，惊叹地说，真是一个学识渊博的人啊！便以礼相待。

当初，蔡牵企图占据蛤仔难作为基地，朱濆也多次谋占苏澳。谢金銮认为蛤仔难地处台湾东北，形势上控制全局，如果被贼寇占有，危害将无休止。于是他搜集有关记载蛤仔难的著作，访求它的历史，写了《蛤仔难纪略》六篇：第一篇原由，第二篇宣抚，第三篇形势，第四篇道里，第五篇图说，第六篇论证，这些内容在《抚垦志》中有比较详细的记载。把它交给官府，请求把这里收进版图。但有关官员都认为这里险恶偏远，很难去做这件事情，谢金銮于是通过邮寄给同乡人少詹事梁上国看，请他让朝廷知道此事。皇帝下诏让闽浙总督派人经理此事，最终设置了噶玛兰厅。台湾知县薛志亮聘请谢金銮和府学教谕郑兼才一同编撰《台湾县志》，郑兼才也是主张开发蛤仔难的人。任职期满后，谢金銮调任南平教谕，随后又移任彰化。又调到安溪，他想辞职，生员们都恳请他留下。不久，他因病返回故里，去世时64岁。他写的教谕语流行海内，又著有《二勿斋文集》。道光五年（1825），入祀乡贤祠。

郑兼才，字文化，福建德化人。乾隆五十四年，被推选为拔贡生，担任正蓝旗官学教习，后来被授予闽清县教谕。嘉庆三年，以乡试第一名中举，改任安溪县教谕，调任台湾府学教谕。不久蔡牵侵犯台湾府城，占据鹿耳门北汕，山贼也四处发动。府城中商议战守的事宜，由郑兼才驻守大南门，严查出入，他昼夜巡防，废寝忘食。事情平定后，因功被授予江西长宁知县。但他辞谢了这个职务，请求改为参加教谕的考核，于是被任命为建宁府学教谕，后来又调任台湾府学教谕。当时都在讨论开发蛤仔难的事情，但众说纷纭难以决定。郑兼才认为蛤仔难地处上游，漳州人和泉州人在这里混杂居住，容易发生争端，万一有什么闪失，台湾的祸患就会变多，因此他极力主张在蛤仔难设官治理。后来采纳了他的意见。当初，凤山县经过蔡牵之乱后，闽、粤庄民借机罗织罪名，进行陷害，奸猾的官吏和土豪，又以搜捕贼人余党的名义，攀附关系，牟取利益。郑兼才听说这些事后，告诉了台湾道，这些害人的事情才开始收敛。府城昭忠祠中祭祀阵亡的官兵，有许多疏漏，郑兼才四处征求，广泛收集，补充祭祀了2480多人。郑兼才虽然只是学官，但对于吏治和民生方面的事情，也都进行了认真的研究。写了一本《六亭文集》。

连横评论说，开发噶玛兰的建议，前后有很多，谢金銮的意见最切合实际，郑兼才的话同样有道理，他们说的都是有用的东西。有学问的人读书论事，提笔写文章，可以永垂不朽；而轻浮的人，只讲究文采，见识粗浅的人，讲的大多是空话，对治理国家没有任何的帮助。不懂也发表议论，是不聪明的行为；知道了不说，是不忠于国家的表现，不聪明又不忠心，这种人不值得信任。像谢金銮和郑兼才担任的都不是什么重要的官职，却能够为拓土开疆提出有用的计策，这就是那种能够“立言”的人啊！

吴沙

吴沙，漳浦人。年少时，潦倒失意，来到台湾后，居住在北部边远的三貂岭。他有担当，乐于帮助别人，可以和“土番”进行贸易，附近的“土番”因为他讲信用和义气，都很喜欢他。汉人中有生活窘迫的人前来投奔，吴沙就给他一斗米、一把斧头，让他到附近的山中砍伐树木、抽取藤条维持生活，于是前来投奔的人就越来越多。淡水厅担心会带来动乱，派人对他进行笼络控制。林爽文起义，全台湾都受到影响，事情平息之后，余党许多都逃到北部来，躲进深山。淡水同知徐梦麟知道吴沙是一个有作为的人，请上级命令吴沙进行防堵。

吴沙由于和“番民”进行贸易，曾经深入蛤仔难，看到这里地势平坦广阔、土壤肥沃，可以开垦成田。蛤仔难是“番地”，三面环山，东面靠海，有平原面积广阔，多条溪流分别入海，是天然肥沃的土地。从三貂岭翻山而行，一两天就可以到达，但汉人却很少到达这个地方。乾隆三十三年（1768），林汉生首次召集众人进入开垦，被“土番”所杀。后来又有人前往，但都无功而返。吴沙决定到这里开垦荒地后，就和友人许天送、朱合、洪掌商量，这三人也都是“番割”[①]。分别招募漳州、泉州、广东三籍贯无业流民，率领乡勇200多人前面开路，佃农随后跟进。

嘉庆元年（1796）九月十六日，吴沙等人抵达乌石港，建土堡居住，就是现在的头围。开辟的土地日益扩大之后，当地“番民”开始感到害怕，集中了全部的力量来进行对抗。乡勇奋力和他们进行争斗，吴沙的弟弟吴立战死。吴沙虽然遭到“土番”的阻碍，但想尽了一切办法，动用了所有的力量，没有丝毫退却的念头。他派人告诉“土番”：“吾辈奉官命而来，以海寇将踞兹土，为番人患，非有心贪而之土地也。且驻兵屯田，亦借以保护而之性命尔。”“土番”相信了，争斗稍微平息。没多久，“土番”传染天花，死了很多人，整个“番社”集体搬迁到其他地方。吴沙送给他们药物，不敢吃，吴沙强迫他们吃下，病很快好了。一共救活了100多人。“土番”都以吴沙为神明，献上土地作为酬谢，不到一年得到土地几十里。

当初，吴沙要到蛤仔难开垦荒地，苦于没有资金，淡水的柯有成、何缋、赵隆盛听到后，都提供了帮助。吴沙招募的大部分是漳州籍，约有1000人。泉州籍也逐渐加入，而广东籍的主要担任乡勇。不久，漳州人萧竹来到这里，吴沙以礼相待，萧竹于是为他出谋划策。嘉庆二年，吴沙前往淡水厅申请开垦荒地的执照。淡水厅批准了，给他“吴春郁”义首的印戳，只是做了一些大致的规定，具体的内容都由吴沙自主安排。于是吴沙召集佃农，订立乡约，征收租谷，砍伐树木修筑道路。在沿山的各个隘口一共设置了11所隘寮，名为民壮寮。招募青壮年防守，每个隘寮10多人或50—60人不等，不管白天黑夜都有人敲梆子巡视，过往的旅客都很平安。所以，来这里的人都有在这里做开垦田园、修建房屋、繁衍子孙的长期打算。吴沙

---

①“番割”，与“土番”民进行贸易的汉族商人。

每年的收入也越来越多，有能力将开垦的土地扩展到二围。

嘉庆三年，吴沙逝世。其子吴光裔无能，由侄儿吴化代理相关事务。不久，吴眷、刘胎、蔡添福前来归附，开垦土地直到汤围。“土番”担心他们太过靠近，又时常发生争斗，互有杀伤。吴化于是和“番民”谋求和解，约定互不侵扰。“土番”大喜，开垦推进到四围，都是漳州人所占有。起初，这里的泉州人不到200人，只分得二围的菜园地，广东人没分地，民工的衣食都要依赖漳州人。广东人不满，而且知道泉州人比较弱，就去攻打他们。泉州人被打败，就想放弃土地逃跑，漳州人予以挽留，并把柴围的三十九结、奇立丹两个地方的土地送给他们。吴化和吴眷等三人都告诫自己的队伍，不要再继续向前开垦，漳州、泉州、广东三籍贯的人也就相安无事了。嘉庆七年，到这里的人越来越多。漳州人吴表、杨牛、林循、简东来、林瞻、陈一理、陈孟兰，泉州人刘钟，广东人李先，共率领1816人开垦得到五围的土地，这些人就称为九旗首。所谓九旗，就是每个旗首分别做一种不同颜色的旗帜，插在地上，以旗帜颜色的不同作为地界的区分。于是，漳州人得到金包里、股员、山仔、大三阄、深沟地，泉州人得到四阄一、四阄二、四阄三、渡船地，而广东人也得到一结到九结的土地。泉州人又在溪洲一带另外开辟土地。三个籍贯的民众虽然各自耕种守护，但都尊奉吴化为义首。吴化也能领导大家，让他们服从约束，不敢违背。

嘉庆九年，彰化“社番”头领潘贤文犯罪，害怕被捕，率领岸里、阿里史、阿束、东螺、北投、大甲、吞霄、马赛各社“土番”1000多人，翻越内山，逃到五围，想来争夺土地。阿里史社“土番”势力最强，还携带有火枪。漳州人不敢直接与他们争斗，就图谋瓦解他们的力量，提供他们粮食，把“土番”分别安置在不同的地方，让他们坐享其成，阿里史社的“土番”都很高兴。逐渐以火枪交换衣食，等到火枪几乎都换完的时候，漳州人才开始强势对待他们，而“土番”已经没有能力进行争斗了。嘉庆十一年，漳州人和泉州人在淡水发生械斗，有泉州人逃到蛤仔难，被当地泉州族人接纳，在蛤仔难的泉州人又与漳州人发生械斗，广东人和阿里史社的“土番”都和泉州人站在一边。但漳州人占据的土地广大、人口众多，和泉州人争斗每次都能获胜，于是就吞并了泉州人的土地。阿里史社的“土番”没有土地，就迁徙至罗东，奉潘贤文为首领。没多久，又发生争斗，漳州人林标、黄添、李觐各率领青壮年100人，以吴全、李佑为向导，夜里穿越叭哩沙，偷偷前行到罗东的后面，进行突然袭击。“土番”惊散溃逃，于是漳州人又兼并了罗东。不久后泉州人请求和解，漳州人也同意了。因此，漳州人开垦的土地从溪洲沿海一直到大湖，广东人也表示顺从。

之前，海盗蔡牵作乱，侵犯沿海。嘉庆十一年二月十六日，蔡牵船队进泊鹿耳门，准备进攻台湾府城，被福建水师提督李长庚击败，于是向北逃窜，企图占领蛤仔难。大家都很害怕，吴化准备进行抵抗，连夜召集乡勇数百人，扼守险要的地方，又命令“土番”埋伏在岸上。第二天海盗来了，到集市上买东西，被抓获了 13 人。蔡牵大怒开始进攻，吴化指挥大家砍断大树堵塞进港的航道，蔡牵的船只不能进入港口，过了一段时间，蔡牵就离开了。嘉庆十二年七月，蔡牵的党羽朱濆侵犯鸡笼，澎湖水师副将王得禄把他赶走。朱濆逃窜到蛤仔难，船上装载了许多农具，停泊在苏澳，企图夺取溪南的土地作为根据地。苏澳地处台湾东部的“番界”，在蛤仔难的东南边，官军当时还没有到过这个地方。五围的首领陈奠邦向官府告急，台湾知府杨廷理北上与王得禄率领的水师会合，联合攻击朱濆。朱濆没有援兵，就想勾结潘贤文作为内应，而李祐也暗中和朱濆通连。杨廷理知道了，召来潘贤文，晓以大义，并犒赏他领导的“土番”。“土番”大喜，表示愿意为官府效力，于是在海口设立木栅栏，捉拿私通海盗的人，李祐害怕了，就逃到了海盗的船上。九月初九，杨廷理从艋舺到五围，召集义首林永福、翁清和进行安抚和慰问，让他们各自率领青壮年男子防守。王得禄率领的水师也到达了苏澳，杨廷理和王得禄联合对朱濆发动了进攻，朱濆大败，从此海盗不敢再来。在这次作战中，吴化的功劳特别显著，他带领的人都很卖力。事情平息后，吴化请求将这里的土地纳入官府管理。执政者担心这里险恶偏远，难以治理，不同意纳入。嘉庆十五年四月，闽浙总督方维甸把这个事情上奏给朝廷。皇帝下诏将蛤仔难纳入版图，于是改称为噶玛兰。嘉庆十六年十月，设噶玛兰厅，置抚民理番通判，修筑城池建立官署，勘测地界。漳州、泉州、广东三籍贯的人又不断前来，多达数万。到光绪元年（1875），改为宜兰县。

萧竹，漳州龙溪人。能写文章，喜欢吟诗，精通堪舆术[①]。他认为台湾是海上的一个好地方，一定有神奇的山水可以游览，于是就跟随朋友来到台湾，走遍了南北的各个地方。他到蛤仔难的时候，吴沙才开始开发这里，把他当作客人招待。萧竹于是探索这里的地势，选择了 8 个景点，后来又增加到 16 个景点，并为这些景点都写了诗，他还记载描述了这里的山脉河流的走向。当时，开垦的地方还不大，未开垦的荒原面积广阔，溪流分注入海。萧竹在图中分别指出哪些地方可以修建城堡，后来实际的情况果然跟他所说的一样。吴沙开发了这个地方之后，到这里的有好几千人，他们努力耕种，自给自足。吴沙为这里没有纳入官府的教化感到羞耻，

① 堪舆术，指看风水、识地理。

而且各种商品难以流通，萧竹又为他出主意，让他请求将这里纳入官府的治理。但当时的主管官员认为这里过于偏远，担心容易产生变乱，没有同意。不久，萧竹和吴沙相继去世，吴沙的侄儿吴化统领这个地方，后来官府同意了将这里纳入版图的建议。

陈奠邦也是漳州人，来到台湾后，居住在淡水的金包里。他要求自己要勇敢、讲义气，与柯有成、何绘关系很好，遇到做慈善的事情，都很慷慨地参与。后来移居到蛤仔难，与吴沙结交。嘉庆十二年，海盗朱濆侵犯苏澳，想要占据苏澳作为根据地。当地有人与朱濆暗中勾结，陈奠邦知道后，独自派人到府城告急。派出的人到达艋舺时，得到了知府杨廷理前来援助会剿的消息，于是促成柯有成等人招募乡勇，自己率领泉州籍义首引导官军，水陆夹攻，朱濆溃败逃跑。朝廷得到报告后，赏赐陈奠邦缎袍和银牌，以表彰他的功劳。噶玛兰厅城初建时，陈奠邦担任街坊总理，努力办事，率领大家修建城池、栽种竹围，一直到把所有的事情都办好。道光四年（1824），噶玛兰匠首林永春闹事，陈奠邦在平息事端过程中也有功劳。陈奠邦侍奉母亲十分孝顺，与他人交往讲究诚信，为他人排忧解难，救济别人的急难困苦，其行事有古代有抱负、志向高远之人的风范。噶玛兰通判高大镛为了表扬他的行为，给他的房子题写了“纯孝性成”四个字。同乡的人曾向厅里上报他的事迹，请求表彰，还没来得及审核上报，陈奠邦就已经去世，家道也中落了。

连横评论说，我读了姚莹、杨廷理所写的书，其中有关蛤仔难的事情很详细，很多都是讲述吴沙开创的功劳。吴沙只是一个平民百姓，能够奋发远大的志向，率领意志坚强的民众，深入草木丛生、野兽出没的荒芜之地，与天气斗，与猛兽斗，与野蛮之人斗，勇往直前，不屈不挠，最终达到自己伟大的志向，扩大官府治理的范畴，这不就是一个开拓者吗？我又读了谢金銮的《蛤仔难纪略》，其中充分阐述了那种主张废弃蛤仔难观点的错误。书中写道：“夫君子之居官，仁与智二者而已。智者虑事，不在一日而在百年；仁者之用心，不在一己之便安，而求益于民生国计。倘敬事以爱民，蛤仔难之民，则尧舜之民也，何祸端之有？”这话说得真好啊！可以用来治理当时的蛤仔难，而且可以用来治理台湾。蛤仔难是“番地”，形势上控制着台湾的东北，占据着有利的地形，无论是得到还是失去，都关系到台湾的全局。如果不是吴沙开发了这里，那么这里将长期都是野兽出没的地方，这样看来，吴沙的功劳不是更伟大了吗！

姜秀銮　周邦正

姜秀銮，广东人；周邦正，福建人。他们都居住在竹堑，是当地有势力的人。当时，竹堑的开垦渐渐扩展到“番界”，东南一带，群山起伏，草木丛生，虽设有多处隘寮来防止“土番”的侵害，但还是力量不够，防卫难以周全，因此，经常有“土番”前来侵扰。“土番”部落中势力较强的有钱、朱、夏三族，钱族居住在中兴庄，朱族居住在北埔，夏族居住在社寮坑，分大小30多社，“土番”200多人，凭借地势险要，掠夺附近的村民。遇到危急时，他们就逃进深山，官府无法讨伐。道光六年（1826），设置了石碎仑隘，汉民的安全有了一定的保障。但是只守住一个地方，开垦的农户们受到的侵扰还是没有停止。道光十四年冬天，淡水同知李嗣业认为，竹堑南部村庄的开垦活动已经启动，而东南部山地的开垦却还没有开始，就命令姜秀銮、周邦正去做这件事情。于是他们就召集了福建籍和广东籍的人，分别募集了12600元资本，开垦经营农田，设置隘寮，这个开垦的团体就称为金广福。

开始时，圆山仔、金山面、大崎、双坑、茄苳、湖南寮、盐水港、石碎仑等地各设有隘寮，作为竹堑城的屏障。到了这时，就把全都防卫的责任都委托给了金广福，另外给了1000两银子，作为开办的经费。姜秀銮、周邦正两人就召集年轻的乡亲，从树杞林到北埔，根据地势，设立了40个隘寮，配置壮丁200人防守。安排佃农，开垦北埔、南埔、番婆坑、四寮坪、阴影窝等地，共形成了25个社。披荆斩棘，几年之间，开垦了数千甲的土地，时常还会和“土番”发生争斗。道光十七年十月，大捞社的“土番”召集队伍，大举前来袭击，双方在麻布树排交战。佃农们无法抵敌，战死40多人。姜秀銮在北埔，听到“土番”来袭，率领青壮年赶去支援，才将“土番”击退。后来又在番婆坑、中兴庄等地和“土番”争斗，大大小小有10多次。面对如此艰难的环境，二人没有屈服，日夜戒备，他们领导下的隘丁和佃农们也一心助战，“土番”没有达到阻碍开垦的目的。后来，淡水同知请求台湾总兵和台湾道奏请，颁发给金广福铁印，给予他们开拓土地的大权，每年增加经费400元，统率隘勇数百人，开垦土地，安抚“土番”，拥有比守备更大的权利。金广福既承担了这样的责任，也扩大招募资金和增加佃农，横穿内山的一部分，准备开垦月眉的荒野，控制大崎、水仙仑、双坑、崎林、水尾沟一带，前后并进，对“土番”形成一种高压态势。于是芎蕉各“番社”都不敢违抗，逃进了远山，得以保全生命。而草山、顺兴、南坑、火沥、柑仔崎、宝斗仁等地，都成为金广福所有。一部分荒土开垦成耕地之后，他们一边开垦一边耕种，来这里的有几千人，分别建立村落，每年收的租谷有几万石，分配募集资金的股主，姜秀銮、周邦正二人也成为巨富。姜秀銮于是就住在北埔，子孙发展很多。只是周邦正的后代比较衰落。

连横评论说，新竹是北台湾一个土壤肥沃的地方，王世杰开垦之后，沿山一带荒芜的土地还没有开辟，“土番”的侵扰常引起不安，土地的利用，还有待于开发。姜秀銮、周邦正二人，齐心协力，部署得当，扩大了官府治理的版图，功劳是很大的。从前我常听说西方人常以殖民公司吞并他国的土地，从中榨取利益。如英国的经营印度，荷兰的侵略爪哇，都是他们的策略。金广福被授予开垦土地的重大权力，清理“土番”，开发耕地，跟西方人相比，一点也不差。谁敢说我们台湾人没有坚毅远大的志向呢！

许尚　杨良斌

凤山县在府城的南边，民风浮躁，百姓倔强，以难管理著称。道光四年（1824）五月，打鼓山发生鸣叫，竹子开花，而且当年又是闰七月，普通百姓认为这是动乱的征兆，谣言四起，社会上心怀不轨的人，就乘机出来抢劫。代理凤山知县刘功杰一心抓捕盗贼，要将他们都绳之以法。盗贼们聚在一起，共同推举许尚为首领。许尚是广安庄人，平时贩卖槟榔，被乡里的地保告发，害怕被捕，就逃走躲藏起来，而这时盗贼们正好要策划造反。十月初一，许尚和熟识的杨良斌、蔡双弼、张阿来、高乌紫、王曾等人秘密商议，准备在十一日那一天攻击下淡水县丞衙门，然后再攻打凤山县城。但由于没有资金，于是他们就先去抢劫富人，一时引起全县的动荡。台湾知府方传穟听到许尚的抢劫行为，就命令凤山县知县严密搜捕。许尚正好在村民刘黄中的家，刘黄中听到官府下达的命令，就劝许尚藏在他家不要出去。刘功杰抓不到许尚，就烧毁了许尚的房子，又根据线索找到了刘黄中的家，对刘黄中进行严刑逼供，刘黄中才把许尚献出。许尚被押送到府城。方传穟亲自审讯，了解了具体情况，就对台湾总兵和台湾道说：“许尚虽擒，其党尚在。今事破，必速乱。凤治无城，不足守，而刘令新任，参将又懦，宜早增兵防堵。且台每有变，南北互应，今须两路并重，方为万全。”台湾总兵和台湾道听从他的建议，密令嘉义、彰化、淡水各地方官进行戒严。没过多久，杨良斌就起来造反了。

杨良斌也是凤山县人。因为许尚被抓，其他的人准备散去，杨良斌就告诉他们说：“今散则力弱，合则势强。凤治虽有兵，攻之易破，吾愿为先驱。”大家都说好。于是进入凤梨山，制造武器旗帜，让“屯番”潘老通向他的舅舅潘巴能借炮，选择吉日誓师，把队伍分成两部分。杨良斌自任元帅，以林溪为军师，王曾为都督，带领红旗队。李川、郑荣春为正、副先锋，带领乌旗队。其余的人担任股首，分别去招募自己的人马。约定在二十四日夜袭击埤头。埤头是凤山县的新县城，旧县城在兴隆里，在林爽文事件中被毁坏，因此才移到这里。府里的官员担心这里容易失守，就派了同知杜绍祁、县丞丁嘉植、都司翁朝龙率领200名士兵驻守。杨良斌约定日期起兵之后，又派遣徐红柑到台湾县、沈古老到嘉义县，分别起兵响应；还派了吴赐到府城，探听官府的举动。二十一日，林溪到埤头，买了五种颜色的绸布准备制作旗帜。林溪原来是县衙的差役，县城官员们所谋划的事情，没有他不知道的。回到家里后，派人扛着绸布进山，自己准备吃完饭后再走。母亲看情况不正常就追问他，林溪把事情都说了。母亲害怕株连被杀，就去自首，因此林溪被捕入狱。杨良斌听到这个消息，不等全部人马到齐，二十二日晚上率领几百人，分西、北两路前往进攻埤头。途中，攻破苦楝门汛，杀死士兵，砍掉竹围进入汛地。这时，凤山县城已经进行了戒备，杜绍祁、刘功杰一起防守县衙门，翁朝龙、丁嘉植防守义仓。杨良斌的红旗队进攻义仓，遭到翁朝龙的抵抗。另外一队乌旗队已砍断县衙门的木栅栏，但还是被乡勇击退。第二天，翁朝龙移往防守火药局，文武官员随后而来。住在周围的居民担心这里成为战场，各自逃走避难。一些地痞无赖乘乱进行抢劫，全城纷扰大乱。由于传送文报的塘兵被杀，凤山县的文报无法传出。二十三日深夜，府城中才得到有关的消息，文武官员开会决定，由城守左营和安平水师驻守府城，代理总兵赵裕福和中营游击杨杰率领军队前往镇压，知府方传穟将许尚斩首后，也一起前去。府城中充斥着各种谣言，人心动荡。绅士韩高扬、黄化鲤求见知府方传穟，请问如何处理。方传穟说："凤治距郡城百里，朝发夕至。今贼氛恶，虽退必进。郡城为全台根本，君等其协力守之。"于是大家修筑城墙，只用了两天两夜就竣工了。每个街道都设立栅栏自卫，另外安排精兵300人，环城巡逻。又命令安平副将率领水师600名士兵驻守西城外的老古石街。有人请求关闭城门，方传穟不同意，他说："南路难民逃难至者，日数百人。若城门一闭，则北路以为郡城被困，将乘势而起。"二十四日，台湾总兵带兵南下。第二天，方传穟带领兵勇400人接着出发，路经阿公店，这里是凤山县城通往府城的交通要道，留下兵勇200人驻守，以训导谢代埙率领。二十六日，到了埤头。撤了刘功杰的职，让杜邵祁担任知县。总兵裕福也以翁朝龙为南路营参将。方传穟率领民工修补竹围、深挖壕沟，严密防守，通令各庄加强缉捕。县衙里的差役许多都参与了杨良斌的活动，杜绍祁赦免了他们，也不担心他们再成为祸患。当初，杨良斌退驻凤梨山，树立旗帜召集人马，声势得以重新恢复。裕福到了凤山县以后，因为杨良斌的人数众多，地势险要，不敢贸然进攻。不久，官军陆续到达，各个村庄也受到约束不敢响应。嘉义起来响应的同伙企图翻山南下，被官军阻挡，也到不了。派到府城的探子吴赐到了府城，就被捉住杀了。新任台湾镇总兵蔡万龄到任后，民心也比较安定下来。杨良斌知道事情已经失败，不能再继续下去，于是遣散同伙，各自散去。官军一到，就将他们打败了。王曾、李川、蔡双弼等人都被捕，就在军前斩首示众。杨良斌自驾小船从海上逃走，到了彰化，被知县李振青抓获，押送到府城杀了，南路平定。上奏到朝廷，皇帝下旨嘉奖赏赐，从总兵、道员以下都给予加级、记录等奖励。第二年，在旧县址所在地重建凤山县城。

姚莹　徐宗幹

姚莹，字石甫，安徽桐城人，他们家族世代都以文章出名，姚莹也很好学，擅长写文章。嘉庆十三年（1808），姚莹考中进士，到福建担任县官，后来担任台湾县知县。道光元年（1821），代理噶玛兰通判。噶玛兰是刚刚开发的地方，姚莹多方规划，兴利除弊，民众都称他好。后来姚莹丁忧，住在台湾府城，知府方传檖聘他做幕僚。当时正在讨论开发埔里社的事情，姚莹提出了 8 条建议，福建巡抚孙尔准感到要实现很困难，事情就停止了。服丧期满，姚莹升任同知，又提拔为台湾兵备道。台湾读书人的风气厚道淳朴，但文化还不够发达，姚莹重新修订海东书院的有关规定，常和生员们一起讨论，考察他们的实际能力，因此生员们的学习积极性有了很大的提高。嘉庆十九年，英国军舰侵犯广东，伺机图谋侵犯福建、浙江，台湾也进行了戒严。姚莹和总兵达洪阿积极筹备防守，民众也齐心协力抵御外侮，先后俘获了英国士兵 168 人，英国人的图谋才没有得逞。到《南京条约》签订，英国领事璞鼎查攻击台湾总兵和台湾道乱杀遭到船难的英国军民，江苏主张求和以及福建失守的文武官员，眼红台湾的功劳，也对姚莹进行了攻击陷害。钦差大臣耆英把这些情况都奏报给了朝廷，将要把姚莹、达洪阿逮捕入京接受讯问。台湾军民十分不满，商人罢市，姚莹和达洪阿恳切地对他们进行了劝慰，最终被革职而去。

当初，姚莹在台湾，认为班兵骄横怠惰，应当制定一些规定进行限制，写了《班兵议》。闽浙总督赵慎轸也认为台湾军营有不好的习惯，几乎像唐代魏博镇牙兵一样有不服管教的趋势，因此就向姚莹询问此事。姚莹回复说：

自古治兵与治民异。盖兵者凶器，其人大率粗鲁横暴，驭之之道，惟在简严。简者不为苛细，责大端而已。严者非为刻酷，信赏罚而已。夫虎豹犀象虽甚威猛，然而世有豢畜之者，驭得其道也。马牛犬豕虽甚驯服，仆夫童子可操鞭箠而驱之，壮夫鲁莽，或受角蹄之伤且死者，驭之不得其道也。市井无赖，三五群殴，其势汹汹，妇人孺子心胆欲碎；老儒学究向判曲直，反受诟谇而归，摇手气愤，痛骂其无良而已。道旁之人袖手窃议长短，纷纷未已；一武夫健卒奋怒叱之，二者哄然而散。台营情势亦若是而已矣。台湾一镇水陆十三营，弁兵一万四千有奇，天下重镇也。兵皆调自内地督、抚、提、镇、协水陆五十八营，漳、泉兵数为多，上游各营兵弱，向皆无事。兴化一营稍黠，多不法。其最难治者漳、泉之兵也，人素勇健而俗好斗，自为百姓已然，水提、金门两标尤甚。昔人惧其桀骜，散处而犬牙之，立意深远。然如械斗娼赌，私载禁物，皆所不免，甚而不受本管官钤束，不听地方官逮理。康、雍之间尤甚。乾、嘉以后，屡经严治，乃稍戢。此兵、刑二律所以台地独重也，岂惟今日哉！重法如迅雷霹雳，不可常施，常施则人侧足不安。故曰一张一弛，文武之道。然小者可弛，而大者不可弛。小者狎妓聚赌、私载禁物、欺虐平民之类是也。若械斗伤人致死，且不受本管官钤束，不服地方官逮理，则纪纲所系，必不可宥。此轻重之别也。故治兵者不可不知简严之道，不辨轻重者不可以简，不简者不可以严，不严者不可以用威慑。威不足则继之以恩，恩不足则守之以信。自古名将之得士力者皆由此。今之用兵者，既不知简，又不能严。有罪而不诛，则无威；将不习校，校不习兵，劳苦之不恤，而朘削之是求，则无恩；当罚者免，当赏者吝，则无信。此所以令之不从，而禁之不止也。夫兵之可虑而难治者，叛与变尔。魏博之牙兵皆魏博人也，故敢屡杀逐其大将，而不受代。若台兵则皆分檄自内地，建宁、延平诸郡与漳、泉不相能也，兴化与漳、泉邻郡亦不相能也，漳与泉复不相能也。是其在营常有彼此顾忌之心，必不敢与将为难，明矣。况其父母妻子皆在内地，行者有加饷，居者有眷米，朝廷豢养之恩甚至，设有变，父母妻子先为戮矣。台地大半漳、泉，兵民素有相仇之势，故百余年来，有叛民而无叛兵。乃治兵者每畏之而不敢治，则将之懦也。且漳、泉之人，其气易动而不耐久，一夫倡而千百和，初不知何故，及稍知之，非有所大不愿，则已懈。更作其气势以临之，则鼠伏而兔脱也。漳、泉之兵既治，则他可高枕而卧矣。请以近事征之：嘉庆二十四年七月，安平兵斗，死者数人，将裨理论之，不止；情恳之，不息。镇将怒，整队将往诛之，众兵闻声而散，竟执数人，分别奏诛，无敢动者。二十五年正月，郡兵群博于市，莹为台湾令，经过弗避，呵之皆走。一兵诬县役掠钱相争，莹命之跪而鞫之。众以为将责此兵，一时群呼，持械而出者数十人，欲夺去。县役将与斗，莹止之，下舆，手以铁索絷此兵，告曰：“汝敢拒捕皆死。”众愕然，不敢犯。乃牵之至镇署，众大惧求免，不许。卒责黜十数人，而禁其博。自是所过，兵皆畏避。又是年九月，兴化、云霄两营兵斗，将谋夜摧杀，诸将仓猝戒严，莹亦夜出，周视各营，众兵百十为群，见莹过皆跪。谕之曰：“吾知斗非汝意，特恐为人所劫，故自防尔。毋释伏，毋妄出，出则曲在汝，彼乘虚入矣。”众大喜曰：“县主爱我。”至他营，亦如之，竟晚寂然，天明罢散。音镇军切责诸将，众兵乃惧，皆叩头流血，察最狡桀者每营数人，贯耳以徇，诸军肃然。此三事其始时汹汹几不可测，卒皆畏服不敢动。可见台湾之兵犹可为也。及再至台，则纷纷以兵横为言者，或虑有变，诘其事，大率如聚赌违禁之类。将裨懦弱畏事，营县又不和，是以议者纷纷张大其词，而非事实。夫聚兵一万四千余人之众，远涉重洋风涛之险，又有三年更换之烦。旧者未去，新者又至。此其势与长年本土者固殊，而营将能以恩威信待兵者百不得一。时方无事，终日嬉游，悍健之气无处泄，欲其无嚣叫纷争，少违犯禁令之事，不可得也。而巽懦无识者，既不能治，徒相告以惊怪，是可喟矣。

姚莹被免职不久，代理闽浙总督刘鸿翔根据台湾民众的要求，澄清他的冤枉。朝廷随即起用他，将他先分发到四川，后调任两淮，整治盐务。咸丰元年（1851），姚莹升任湖北盐法道，后来担任广西按察使，都很出名。他写的书有《石甫文集》《东溟文集》《东槎纪略》，都刊印发行过。姚莹离开台湾后，过了3年，徐宗幹担任台湾道。

徐宗幹，字树人，江苏南通州人。以进士身份到曲阜担任知县，再升到汀漳龙道。道光二十七年，调任台湾道。当时姚莹刚离开，姚莹所规划的事情，徐宗幹大都继承了下来。徐宗幹为政，讲究实际，振兴文教，特别热衷于培养人才。台湾遭到英国人侵扰后，百姓心中积蓄了很多愤怒，自发地订立乡约，禁止与英国人进行贸易。徐宗幹也写了防夷的文章，其中说：

夷狄之患，自古而然。议者以许和示弱，为非国计，要在令其畏我之威，喜我之赂。鸱鸣狼踞，不足喜怒，惟宏之以大度，制之以远算，胜之以深权，此今日抚夷之大概也。然所虑者，喜我之赂，而不畏我之威，久则无赂可喜矣。此时情形，闽省与他省不同。闽省已准其设口通商，有抚法，无剿法，所谓怀之以德也。台地本非原约，孤悬海外，无商可通。觊及煤炭，无微不入。且所欲亦不在此，名为改易口岸，实则声东击西，借此发难。昔年曾于此地大受创痛，难保其不怀叵测之心。现在防守要隘，以淡境鸡笼洋一带为先著。窃以为有堵法，无抚法。堵之以官兵，究爽前约，而开后衅。堵之以民，堵之以番，则无可借口。所谓堵者，必非列兵布阵，但阻其不上岸而已。民番或无纪律，以官兵之间，兵亦可装为民，民亦可装为番，彼固无从辨别也。夫欲杜内奸，官之耳目，不如民之耳目，官之号令，不如民之号令。盖以民防民而内奸绝，内奸绝，而外侮必不能入，此尤在地方守令平日之得民有素。然论吏治于今日，但不视如寇仇足矣，安望其能如子弟之卫父兄乎？计惟以重利动之：一须酌垫屯粮，以图屯番之守望；一须宽发军饷，以期士卒之饱腾；一须收雇壮勇，以防内奸之勾结，无事之时，但以联庄缉匪为名，静以俟之。

当时，清朝的绿营军队纪律松懈，班兵大多住在民众家里，拿着军械如同儿戏。徐宗幹行文台湾总兵要求严加管束，同时改建营房来安排他们住宿，士兵和民众才开始分开居住。徐宗幹又提出更改澎湖招募士兵的制度，变通船政，清理人犯，这些建议大多可行。水沙连 6 社“土番”很早就请求归附官府管理，但朝廷认为这个地方凶险边远、难以管理，照旧封禁。徐宗幹上书闽浙总督，请求援用乾隆五十三年（1788）的例子，先设置屯丁，以便于管理。得到了采纳，后来就纳入了官府的管理了。

咸丰三年（1853），凤山县的林恭起来造反，攻克县城，并向府城发起进攻。徐宗幹和府城的绅民们一起防守抵抗，命令知县郑元杰带兵平定了这一事件。咸丰四年，徐宗幹升任福建按察使，之后他协理处理安徽和河南两地的军务。同治元年（1862）夏天四月，徐宗幹担任福建巡抚。彰化县的戴潮春这时已经发动起义，整个台湾都受到了影响，福建地处台湾上游，这时军情也紧急起来，省里的官员大多顾不上台湾。只有徐宗幹还挂念着台湾的事情，他立即派遣之前代理过台湾总兵的曾玉明前往台湾，又奏请简任丁曰健为台湾道，会同办理军务，之后平定了这次起义。之后徐宗幹请求辞官退休。逝世后朝廷赐予谥号为清惠。徐宗幹著有《斯未信斋文集》，还编辑了《治台必告录》一书，把它送给丁曰健，丁曰健把它刊印了出来。

连横评论说，台湾土地肥沃广阔，人民富足，物产丰富。从前只设置一府四县，权力主要集中在台湾道，但受福建督、抚的遥控管辖。台湾道不仅有监察府县的职责，地方的治乱、国家赋税在本地收入的增加或减少、百姓生活是富裕还是贫穷、军队管理是严格还是松懈、风俗的教化是纯正还是混乱，靠的都是台湾道。康熙朝中期，陈瑸担任台湾道，他的作风和政绩为海疆第一，他之后，历任台湾道都默默无闻。到道光年间，内忧外患，姚莹、徐宗幹先后来到台湾，他们都能整顿吏治，建立远大的规划，到现在还在被人们所称道。因此我较多采用了他们的言论，写入本书各志。

张丙

张丙，嘉义县人。他的祖先从漳州南靖来到台湾，住在店仔口庄，世代务农。能够根据信义保护乡亲，大家都很尊重他。道光十二年（1832）夏天，天大旱，颗粒无收，各庄都禁止出卖粮食。张丙也和村里的人约定，没有人敢违背。但陈壬癸偷偷买了几百石粮食，因为有约定的缘故，不能卖出，就贿赂秀才吴赞保护他。吴赞的族人吴房是个在逃的盗匪，和詹通经常在路上抢劫。店仔口庄的禁止卖米，是由张丙主管。吴赞把状子投到县里，说张丙和盗匪私通。嘉义知县邵用之抓获了吴房，把他杀了，并且要抓捕张丙。张丙怨恨知县不惩治把米卖出县境的人，反而要惩治禁止卖米出境的，就想在半路上把吴赞的妻小抓起来。又被县里的衙役护送而去，心里更加痛恨。

陈辨是个名声在外的强盗，住在北仑仔庄。他的族人被广东人张阿凛欺负。张阿凛住在双溪口，是粤庄中出名强悍的人。闰九月初十，张阿凛烧了陈辨的房子。陈辨请来张丙一起和张阿凛械斗，带了300人，还是没有取胜。当时，台湾总兵刘廷斌正好到北部来巡视，张丙听到这个消息就带人回家了。陈辨还是抢了粤庄。二十五日，又抢夺了大埔林汛士兵们的军械。刘廷斌追到东势湖，杀了2人。北路协副将叶长春和邵用之也到了，联合攻打在红山仔的陈辨。陈辨转而攻击莆姜仑庄，官兵赶到，杀死了他的党羽王兴和王泉，陈辨跑去告诉张丙。张丙想起先前的事，认为官兵专杀福建人，就和詹通合谋起来造反。詹通的父亲詹经知道詹通想要造反，就叫大儿子詹日新去杀詹通，刀砍到了詹通的额头，没死。旁边的人杀了詹日新。

十月初一，张丙攻打攻佳里兴巡检署，杀了教师古嘉会和驻守的士兵，夺取了下茄苳、北势坡、八掌溪各个军事据点。邵用之追击进入店仔口，反被张丙抓住杀了，报了旧仇。初二日，台湾知府吕志恒听到嘉义的知县被包围，率领乡勇200人前往支援，南投县丞朱懋一同前往。张丙在大排竹进行抵抗。代理游击周进龙有些退却，朱懋用语言进行激励，并且自己到前沿组织开炮，被张丙的部下抓住机会杀了。义民许邦亮把自己的马给吕志恒，自己徒步交战，结果两人都战死。朱懋为政口碑很好，张丙为此感到后悔。周进龙从小路逃回，保留了一条性命。

当初，张丙应陈辨之约与粤庄斗时，并没有要杀害官员的想法。这时他的妻子上吊死了，张丙于是联络过去交往的朋友，自称开国大元帅，发布年号为天运，张贴告示，禁止奸淫抢劫，让民众不要害怕。封詹通、黄番婆、陈连、陈辨、吴扁为元帅，以刘仲、刘港、刘邦顶、王奉、陈委、洪番、吴猫、李武松、许六、孙恶为先锋，柯亭为军师。吴允没有接受张丙封的官，自称是开国功臣；赖牛也自称元帅。各自在居住的地方，纠集党羽，大大小小共有46股。每股的首领称大哥，下设班首，成员称旗脚。每股有一百多人或数百人。初三日，张丙率领队伍进攻嘉义县城，典史张继昌召集军民，据城防守。然而张丙队伍的人却越聚越多，蔡恭、梁辨、庄文一、吴鳅、陈开陶、黄元德各率自己的队伍到达，共一万五六千人。第二天，张丙派了一部分人去攻打大武垄汛，打伤了巡检秦师韩；还攻打了目加溜湾，杀死把总朱国珍。刘廷斌在往北部巡视的路上听到消息，便带领200名士兵前往。张丙分几路拦截。官军即将要败仗时，王得蟠率领乡勇赶到，将他们护送进城。副将周承恩在队伍的最后面，不知道情况，反而调转马头冲进敌阵，马被绊倒，他带着刀伤，还杀了几十人才死去。官军军官有9人阵亡，士兵死了100多人，所带的武器全部失去。

刘廷斌进城后，让典史张继昌暂时代管嘉义知县的工作，在张继昌的组织下，修理作战的器具，招募志愿的乡勇，准备固守城池。村庄里起来响应张丙的民众，一会儿分散了，一会儿又集中起来，府城进行了戒严。初七日，股首黄番婆攻克盐水港，守备张荣力战而死，巡检施模也受了很重的伤。盐水港是嘉义县城的交通要道、府城北部的屏障。张丙队伍的气势因此大为高涨。初八日，张丙自动撤离围困嘉义县城的队伍，而往南一带起来响应张丙的队伍却逐渐逼近了府城。府城中开始并不知道台湾知府被杀了，有个从大排竹来的人讲述这个情况，兵备道平庆让同知王衍庆暂时代理知府的工作，围绕府城竖立栅栏，筹备战守，地方的乡绅也捐助军饷，招募乡勇。贡生陈以宽内渡福建报告警讯，谣言四起，中营游击武忠泰投井而死，许多人都准备逃走。王衍庆下令说："敢言走者斩！"抓获了张丙派到府城的侦探吴连并立即处死，民众才稍微稳定下来。十一日，张丙进攻盐水港，陈辨也向北港发动攻击。县丞文烜、千总蔡凌标共同进行抵抗。嘉义县城自解围后，在城下又筑起了一道土墙，刚完工，张丙又来进攻，攻打了三天，才解围而去。

凤山县人许成也在这月的初十日在观音山竖旗造反，号称天运，封欧先为军师，柯绅庇为先锋，以消灭广东人为口号，阻止往府城运米，声援张丙。十四日，攻打阿公店，被千总许日高击退，于是才不敢再企图进攻府城。但彰化人黄成受张丙的邀约，也于十二日在林圯埔竖旗造反，自称兴汉大元帅，用明朝的年号，和尚允报为他出谋划策。府城中听到嘉义县城被围困了很久，考虑到将士们在外没有增援，就派都司蔡长青率兵900名运送军械前去援助。股首蔡恭在曾文溪进行拦截，蔡长青背水扎营。十九日，蔡恭发动攻击，蔡长青大败战死，士兵死亡200多人，运送的军械全部失去。二十三日，张丙焚烧嘉义县城北门。城里的士兵出击，双方互有杀伤。三十日，双方再次进行战斗。股首陈太山、刘眉滚被擒，分尸处死。当时张丙的队伍里各自称雄，分别占据各处村庄，张丙也舍弃嘉义城围而去。富庶地方的村庄想到张丙必然会失败，于是树立起义民的旗帜和标示，每次擒获到股首就杀了。这一天，南部张丙的同伙围攻凤山县城，夜间纵火燃烧逼近县衙门。代理游击翁朝龙退守火药局，代理知县克通阿、千总岑廷高在县衙门的院子里排列大炮，打退了他们的进攻，他们从此不敢再进攻凤山县城。

省里接到台湾的报告后，福建陆路提督马济胜率领 2000 名士兵迅速赶往台湾增援，十一月初一到达鹿耳门，驻扎在府城北门外的校场。初五日，进兵到西港仔，抓获了一名敌方的侦探，了解他们的情况。初七日，到茅港尾，遇到对方 2000 人马，将他们打败。马济胜说，这个地方可以作为战场，构筑工事，准备迎敌。第二天，果然有 5000—6000 人来攻。马济胜让大家先不要动，等到对方松懈，打开营垒的围墙冲出攻打，对战对方数百人。十二日，进兵铁线桥。二十一日，张丙率领 20000 人，亲自参加战斗，士气高涨，喊声震动山谷。从早晨到中午，马济胜坚守营垒不动，傍晚才带兵出击，追了几里地，擒获 50 多人，杀了 700—800 人，遍地都是落水淹死的人。张丙也很能打仗，收拢他的队伍占据了桥北。第二天再战，又被打败，李武松、詹通被擒，张丙逃走躲藏在靠山的麻林中。金门镇总兵窦振彪十一月初三到鹿港后向南进军，与马济胜在盐水港会合。马济胜命令窦振彪攻击南部的敌人，自己率领部队进入嘉义县城，派出一部分人马到斗六搜剿，斗六是嘉义北部的屏障。黄城率领人马前来进攻，攻破竹围进入城中。千总张玉成、外委朱承恩、许国宝、林登超、蔡大贵都在巷战中战死，县丞方振声、守备马步衢放火自焚，没有死，被黄城的队伍抓住。方振声的妻子张氏、张玉成的妻子唐氏都不屈而死，官兵死了 200 多人。黄城让部下黄虽菜为县丞，守卫斗六，自己带领队伍前去帮助张丙。

张丙自从战败后情势窘迫，各个村庄又大多帮助官军，终日惶恐不安，不知如何是好，十二月被捕。黄城、陈辨、詹通、陈连、吴次等人也先后被抓获。张丙、詹通、陈辨、陈连因为是罪魁祸首，就押解到府城的监狱关起来。又将李武松、吴扁等人在嘉义的几个地方枭首示众，把黄城的心挖出来，祭奠斗六死亡的官兵。牵连被处死的有数百人。北路平定之后，初七日，马济胜率领军队前往凤山，张丙的余党在三滴沟进行抵抗。初八日，擒获了许成、蔡临，将他们处斩。南路也平定了下来。

道光十三年正月，闽浙总督程祖洛从浙江来到台湾，将军瑚松额佩带钦差大臣的关防来到台湾。当总兵刘廷斌被困时，兵备道平庆把台湾混乱的状况上奏。朝廷命令瑚松额代理福州将军，哈朗阿为参赞，带领侍卫巴图鲁章京 24 员，又调西安马兵 300 名、河南兵 1000 名、贵州兵 500 名、四川兵 1500 名赴台。福建巡抚魏元琅在十二月十一日接到福建提督马济胜的捷报，奏请停止援军前来，因此各省的军队都没有进入福建境内。但闽浙总督和福州将军已先后渡台，彻底查办余党，按名单缉捕，全部都抓起来，被斩首的有 300 多人，流放边疆的多一倍。张丙与詹通、陈辨、陈连等人都被押送到京城，分尸处死。下诏将方振声、马步衢、陈玉成入祀昭忠祠，其余的人也根据他们的表现给予不同的赏罚。

方振声

方振声，浙江山阴[①]人，长期居住在顺天[②]，就在那里定居。先在兵部武选清吏司任职，出任福建闽安巡检，逐步升到斗六县丞。道光十二年（1832）九月，嘉义人张丙起来造反，攻击县城。方振声听到警讯，立刻与代理守备马步衢、代理千总陈玉成筹备防守，加固城墙，挖深壕沟，又让家属住在军营里，誓与地方共存亡。斗六是嘉义北边的屏障，背靠大山，前临北港溪，地势非常险要，但是兵力单薄，方振声担心被围困，于是就请嘉义都司许荆山驻军城外，以便遥相呼应，相互支援。陈玉成擅长使用火器，每发必中，双方对抗了一段时间，张丙转战到了嘉义南部。十一月初三，张丙的部众黄城带领队伍进攻斗六，许荆山连夜逃跑，黄城从外面放火，攻破竹围，进入城内。陈玉成率领部下在巷战中战死，方振声、马步衢想要自焚，未死被捉，不屈而死。方振声的妻子张氏、女儿方某、陈玉成的妻子唐氏也死了，幕客沈志勇、沈联辉、家丁江承惠等都死了，官兵战死的有 200 多人。马步衢、陈玉成是台湾人，家世不详。这几个人同心协力，守卫地方的安全，最后因情势窘迫一起战死，人们都认为这是很壮烈的事情。事迹上报以后，下旨痛切哀悼，派人前来祭奠。方振声追赠知府头衔，谥号义烈；马步衢追赠游击头衔，谥号刚烈；陈玉成追赠都司头衔，谥号勇烈。三人都世袭骑都尉，入祀京师的昭忠祠。张氏追赠淑人，唐氏追赠恭人，都谥号节烈，并建立牌坊进行表彰。给予沈志勇六品顶戴、沈联辉七品顶戴，都按照品级给予抚恤待遇。下令在斗六建立专祠，春秋两季进行祭祀，那些一起殉难的幕客、家丁、官兵也一同配祀。

① 山阴，在今绍兴市。

② 顺天，今北京。

李石　林恭

道光末年，清朝政治腐败，洪秀全起兵造反，定都南京，建立太平天国，拥有一半的国土。风潮影响，远及台湾，于是就有李石的事件、林恭的事件。

李石，台湾县人。当时小刀会占据厦门，由于台湾有很多漳州人和泉州人，就密谋起兵响应。咸丰三年（1853）四月下旬，李石与杨文爱、林清10多人，在湾里街树起旗帜，以“兴汉灭满”为口号，响应的人很多。知县高鸿飞听到消息，准备前往镇压，命令廪生许廷道率领练勇跟随。许廷道以练勇没有集合好为理由，要求暂时等待一下，高鸿飞不愿意，向军营借了30名士兵，多数偏老弱，兵器也不完备。二十八日出兵，第二天到了鹿仔草，过林投巷。李石在那里设下了埋伏，等待高鸿飞的到来。高鸿飞背后被人刺了一枪，从马上坠落，头被割走，其他的士兵都跑了。府城里听到消息立即戒严。总兵恒裕驻扎到北较场，而凤山县的动乱也开始了。

林恭，凤山县人，在县衙门担任警卫，和地痞无赖关系很好，知县王廷干就把他开除了。林恭听到台湾北部有人造反，就和他的同党张古、罗阿沙、赖棕聚集了100多人，攻占了番薯寮，一路抢劫直到凤山县城，引起各乡震动。王廷干召义首林万掌进城保卫。林万掌是林恭的哥哥，为人奸诈狡猾，平时有许多违法乱纪的人出入他家。二十八日，林万掌率领他的人马进城。王廷干很高兴，将自己所戴的花翎戴在林万掌的头上，还说：“阖城付汝，全家付汝。”林恭也带着人马进城，县城的人还以为是拥护官府的义民。林恭直接进入县衙门。王廷干正在写报告给知府，看见林恭来了就想跑，曾玉水挥刀就砍，师爷张竹泉跑来想救王廷干，结果也被杀了。典史张树春听到大厅上的吵闹声，赶过来想制止，也被杀了。王廷干长子王钧还未成年，匆忙中拿起枪刺向林恭，没有刺中，拼尽全力搏斗而死。次子王湜裁才9岁，被人救了，保住了命。家人奴仆一共死了19人。妻子张氏最初逃到民众家里躲藏，但她日夜啼哭，主人担心连累自己，就把张氏骗出赶去，最后张氏孤苦伶仃没有依靠而死去。王廷干的小妾，因躲藏在火药局得以保全了性命。而张树春的家人也都被杀了。王廷干，山东安丘人，以进士身份到福建当官。鸦片战争中，运送军饷到台湾，最初担任嘉义知县，后任凤山知县。他喜欢贪污，县里的民众都很痛恨，所以到了危急关头没有人肯救他。

林恭得到凤山县城之后，占据了县衙门，打开官府的粮仓，释放关押的囚犯，自己担任知县，出告示禁止杀人和抢劫的行为，任命王光赞为军师。当林恭占领凤山县城的时候，清军南路营参将曾元福正好到城外巡逻，知道发生的事情，紧急进城支援，已经来不及，于是退守火药局。林恭进攻火药局，无法攻破，就放火烧、用水淹，还是无法攻破。曾元福经常找机会派兵出来巡逻，向民众表示不必害怕。他们的粮食日用品表面上都是从民众的手里抢来的，但暗地里他们都给民众付钱，因此能够得到民众源源不断的接济，他们的生活物质并不匮乏。

府城中听到发生动乱的消息，两个知县又先后被杀，台湾道徐宗幹决定先防守好府城。五月初二，林恭派出一部分人攻打府城。许廷道准备当内应，事情败露之后他只好装死，府城没有被攻破。府城的军民击退了林恭的进攻。过了几天，幕僚唐埙对徐宗幹说："凤邑之陷久矣，凤民之望救亦亟矣。今曾参将独守危局，而郡无援兵，他日大府诘问，将若何？且不战亦不能守。"徐宗幹下决心，准备出兵，但没有人敢去。任命郑元杰代理台湾知县前往增援，郑元杰坚决推辞。徐宗幹说："吾知汝才，且知汝父才。汝其往哉。"举起令箭给郑元杰，说："此朝廷所畀也，今转以畀汝。汝其便宜行事。"郑元杰还有些犹豫，中营游击夏汝贤主动要求一起去攻打林恭。于是誓师出发，在二十八日那天南下。郑元杰的父亲郑应璠负责管理粮草，夏汝贤也带领他的部队跟从。总共分成三队：义首李澄清为前军向导，翁梦熊为左队，何璇玑为右队，西螺把总李朝祥率领练勇 800 名前来会合。

六月初二，到二层行溪，曾元福的儿子曾登瀛自行招募乡勇 300 名、屯弁林鼎山带领屯兵 500 名先后到达。第二天，双方在新园交战，官兵曾三次遭遇伏击，于是先进入旧县城。初七日，曾元福听到官军来了，想从里面出击。曾登瀛想要早点见到父亲，率先突破林恭的包围圈，郑元杰、夏汝贤带队马上跟进。林恭狼狈逃走，其余的人躲在城边偏僻处顽抗，最终还是失败，官军阵斩方乌翠、梁芦等 70 余人。东港距离凤山县城 30 里，是个通海的市镇，民众比较富庶，林恭战败后，想要占据这个地方，以便重整旧部。郑元杰请求知府会同水师进行夹攻。二十九日，林恭渡过东港溪，逃到大莆林。官军随后追击，林恭又逃到水底寮。郑元杰驻扎在东港时间长了，粮饷逐渐短缺，请求台湾府支援，没给。士兵和乡勇们没有吃的，群情激愤。郑元杰下令那些跟随林恭造反的人家交纳罚锾金赎罪，对富裕人家罚得更重。县衙的差役黄添又假借官府名义来谋取自己的私利，郑元杰被其愚弄，东港的人因此不满。当初，林万掌引导林恭进城，自己退居水底寮，林恭失败了，林万掌又庇护他。郑应璠早就认识林万掌，就派人前去跟他说明利害关系。七月二十七日，林万掌捆绑林恭献给官军。郑元杰将林恭押送到府城报功，就在府城把林恭杀了。不久，总兵恒裕擒获李石等人，也都杀了。事后郑元杰担任台湾知县。第二年，张树春的儿子护送父亲的棺材回故乡。有人说杀张树春的人是黄添，郑元杰包庇他，没有进行治罪。张树春的儿子向闽浙总督提出控告，于是将郑元杰召到省里详细了解情况。

郑勒先

郑勒先，泉州人。咸丰初年来台湾，居住在彰化。彰化县有埔里社，地处群山之中，土地肥沃、泉水甘甜，绵延 10 多里。但“土番”生产能力低下，不懂得耕种，许多汉人就前往开垦，但经常引起汉民和“土番”之间的仇杀。省里的总督、巡抚几次讨论要在这里开垦和设官管理的事情，但最后都没有实行。郑勒先来到这里，和“土番”做生意，“土番”开始时对他有疑虑。郑勒先就学习“土番”的习惯和风俗，把自己的名字改成“土番”的名字，与他们和睦相处，获得了“土番”的信赖，“土番”每次得到可以卖的东西，都会拿到他这里来卖。郑勒先就用盐和布跟他们交换，获得了很多利润。到这里的人越来越多，郑勒先又和他们约定，不许侵占抢夺，不许欺骗，不许强占土地，“土番”更加信任他了。于是就建立了市场，定点进行贸易，让来交易的人可以住下，这就是现在的大埔城。光绪元年（1875），设立了埔里社厅。

连横评论说，我来到埔里社，看到这里土地肥沃，山环水绕，景色壮丽，很有在这里买一块地进行耕种的想法。但由于我要写文章要到各处远游，时间渐渐过去，至今也还没有实现这个心愿，每想到这里，心情就会怅然若失。埔里社是我们台湾一块肥沃的土地，又经过汉族的经营，设官安抚“土番”，本来是一件很容易的事情。但清朝的官员仍然以边疆荒地看待，多么愚昧啊！他们本来就认为台湾不值得重视，更何况埔里社呢？然而，时代发展的趋势，不可阻挡。后人再接再厉，今后的埔里社，或许会成为台湾东西部联络的枢纽，成为一个大都市。开始做的时候似乎很简单，最后的成就却是巨大的，沈葆桢“开山抚番”创建的功勋，不就更加伟大了吗！

郭洸侯　施九缎

郭崇高，字洸侯，人们大多都只称呼他的字，他是台湾县的武秀才，居住在保西里，以讲义气闻名乡里。台湾的赋税本来就比较重，除了正供之外，还有耗羡、丁税、采买等税收。凡是缴纳谷物的都会增加五成的税额，把谷物折成银子征收的会增加一倍；加上官吏私饱中囊、衙役趁机剥削，就会增加两倍。每到征收田赋的时候，官府的通知一出，差役就四处出动，捕地主，抓农民，所到之处，都会引起各种不安。

道光二十四年（1844）三月，台湾县开始征收“上忙”的夏税。知县阎炘公示以往交纳谷物的农民也要折成银子交纳，县里的民众以不符合规定不交。粮总李捷升到了期限没有东西交给官府，请求惩治那些拖欠的人。阎炘命令典史率领差役，到东门外一带的乡村催收税款。所到之处，都要当地民众提供吃喝费用，富裕的人大多离开家躲起来了，就抓那些贫困的民众来拷打，想以此来立威。保西里人叶周、刘取、余潮聚集在一起商量说：“官暴至此，民不堪命矣。”就鼓动心雄胆壮的人在夜里把征粮的人杀了。阎炘就以有人造反为由上报台湾道和台湾府，要求派军队进行抓捕剿办。乡里人很恐惧，议论纷纷想要造反，但还没有发动。

许东灿是住在府城中的人，名朝锦。他通过捐钱得到一个同知的头衔，包办为官府收税的事，每天出入衙门，在台湾县很有势力。当时，谷物价钱低，官府也命令交纳田赋的人要交银子，1石田赋折2银元。但民众不听从，都把稻谷运到东门下，堆积如山。许东灿把这情况告诉县里，县里命令许东灿的弟弟许东寮抓捕违抗的人。纳税的人家没有办法，都向郭洸侯诉苦。郭洸侯于是就召集了当地一些有名望的老人，准备到府城去向大官陈情。四月初一，他们来到东城门郊外，各村的人不约而同来了数百人，都认为县里的规定不合理。他们离城门越来越近。守城的士兵以为发生了民变，紧急关闭了城门，并且迅速禀报给守备。很快，府城的文武官员都来到了这里，问他们为了什么事情。纷纷诉说田赋改交白银的苦处，官员们命令他们散去，没人听从。从早晨到中午，聚集的人越来越多，最后达到数千人。府城中突然听到这种情况，一时震动不安。地方官也惊恐失措，于是要求许东灿出面让民众解散，许东灿向民众许诺收回告示，不强求只收银子，村民们才开始纷纷离去。

台湾总兵和台湾道把这件事作为民变上报福建总督和巡抚，悬赏捉拿郭洸侯，准备以纠众围城的罪名给他定罪。原本郭洸侯的行为都是为了帮助处理引起民众公愤的事情，如果一旦被定罪，人被杀了、名声坏了，那么以后地方上的事谁还愿意去做呢？几个地方上的首领人物秘密和郭洸侯商量，请他带头起兵反抗。郭洸侯认为不行，他说：“吾之出首者，冀幸官之一悟，民之一解也。今事势未可知，若稍有举动，则罪案成矣。”郭洸侯准备到府城中向台湾总兵和台湾道说明情况，但官府的密探到处都是，他担心事情还没说明白人就被杀了，于是想了一个到京城申冤的方法。他躲藏在装糖的竹篓中，用牛车运到船上，他的朋友事先在那里等着。到天津准备再往北京时，朝廷已经下谕旨捉拿他了。当时，晋江的陈庆镛担任御史，公正的名声天下皆知。郭洸侯认为，除了陈庆镛没人可以帮他澄清这件冤案。八月二十五日，郭洸侯来到晋江会馆，会见陈庆镛，向他哭诉了事情的始末。当初，许东灿曾经因为大案被抓到京城审讯，陈庆镛知道这个人很坏。等听到郭洸侯说的事情以后，更增加了坏印象，很快就将这件事上奏。朝廷下令解除阎炘的职务，逮捕进行审问。命令闽浙总督刘韵珂派下属抓捕许东灿、许东寮以及黄应清、蔡堂、李捷升等人，他们都是互相勾结做坏事的人。在押到刑部审讯的时候，许东灿还表现出一副桀骜不驯的样子，说话冲撞了刑部的官吏，于是定罪将他诛杀，其他人也分别定了不同的罪名进行处罚。而郭洸侯以偾事[①]的罪名，被流放到边疆。过了42年，又发生了施九缎事件。

施九缎，彰化县人。居住在二林堡浸水庄，世代务农，喜欢为邻里打抱不平。光绪十二年（1886），巡抚刘铭传奏请清丈土地。光绪十三年，彰化县管辖的13堡都开始举办，知县蔡麟祥率领巡检黄文瀚、吴云孙等人，从桥仔头开始丈量，每量到1甲时就多加1戈不算面积，边丈量边计算，有错就改，百姓毫无怨言。不久后，蔡麟祥调任。由李嘉棠担任彰化知县。李嘉棠本来就是一个贪官污吏，对民众财产贪得无厌，滥用一些奸诈狡猾的人。接任彰化知县之后，台湾巡抚衙门发布文书，要求尽快完成土地清丈的工作，于是就改变旧的做法，各堡派遣人员前去丈量，几个月就完成了清丈的工作。丈量人员许多不懂丈量土地面积的计算，确定田赋等级时不是根据土地的肥沃还是贫瘠，任意填写。下乡丈量时，向民众索取吃喝费用，都是口袋装满了大量钱财才回来，彰化县的民众早就强烈不满。李嘉棠公示要大家前去领取丈单，每甲要收取费用2元，彰化县的田赋原来是30000多两银子，丈量后，要交的田赋增加了好几倍。丈量人员在县衙门分发丈单，前来领取的人很少。这时，嘉义县也因为催促民众领取丈单的原因而发生骚动。管领武毅右营提督朱焕明向来驻守彰化，刘铭传命令他前往镇压，而以栋字营副管带林超拔代守彰化县城。朱焕明到达嘉义县后，放任士兵烧杀。村霸李盘率领党伙进入彰化县境，寓居在湖仔内庄杨中成家，暗中策划谋反。彰化县衙门又强迫民众领取丈单，差役前往各家各户上门催促。李嘉棠想要抢功劳，所下的命令越来越严苛，官吏残暴，民众怨恨，而施九缎起事就这样发生了。

施九缎当时已经60多岁，遭受那些丈量人员的侵害，乡亲们又多次上门诉苦，非常生气，想要去向巡抚投诉，要求延期领取丈单。他的朋友说：“巡抚端居衙署，

---

① 偾事，坏事，把事情搞砸了。

委任县令，左右之人谁肯为我言哉？且而一往北，则县令以为抗己，而捕而家杀而身矣。”施九缎说：“然则奈何？”朋友说：“且待之。”二林是靠海的地方，还邻近溪边，土壤贫瘠，领取丈单的人尤其少。光绪十四年八月，李嘉棠又用严刑来威胁民众，将林武、林番薯套上枷锁在北斗、西螺示众，在鹿港杀简灿示众。简灿是一个土豪，虽然犯法，但还没有定案，传说的人把他说成是许猫振。许猫振也是关在监狱的犯人，他的弟弟许得龙准备劫狱法场，到了才知道有误。但是劫法场的人马已经聚集，于是他们干脆冲进鹿港街，抢了当地的盐馆，施庆跟在其中，杨中成也在队伍里。200 多个地痞无赖抢完之后，一哄而散。李嘉棠从鹿港归来，许得龙在半路拦截，李嘉棠的随从有 20 多人，但都不敢向前。便请来鹿港的乡绅将许得龙的队伍解散，才得以回去。鹿港是施姓人口集中的地方，生员施家珍听到消息，来不及召集乡勇，差点造成李嘉棠性命不保，因此被怀恨在心。

当时民众群情激愤，浸水庄的人尤其激烈。九月初一，大家请施九缎为首领，来的有几百人，他们把布匹裁为旗帜，写了“官激民变”四个大字。施九缎站在神轿的后面，摆出谢神的样子。杨中成、许得龙、施庆、李盘等人跟在队伍里面，一路上禁止抢劫杀人，沿途的村民许多人都手持兵器参加进来。中午时分到达彰化城下，驻扎在南瑶官，大声呼喊要求把丈单拿出来烧了，将近傍晚的时候，自动前来的人已经有几千人。李嘉棠关闭城门，电告巡抚衙门发生动乱。不久，电线断了，都司叶永辉、洪盘安，栋字营副管带林超拔分别登上城墙防守，清丈人员也帮助进行防守，下令召集各堡有声望有势力的人。每堡召集 200 名青壮年入卫彰化县城，但文书中却误写成每堡 2 人，各堡的管理者都迟疑不决，不敢派人支援县城。初二日，施九缎率领队伍驻扎在八卦山。八卦山位在城的东边，高数十丈，上面有炮台。有人要求开炮轰击县衙门，施九缎不同意，他说：“殃民之罪，只在嘉棠，若炮击之，则玉石俱焚，是以暴易暴矣。夫我辈之来，为民请命，若得县令一诺，收毁丈单，则相率归乡，可告罪于父老也。”大家听了，都认为施九缎仁义，称他为公道大王。

初二日，彰化县城被围得越来越紧，召集的援兵又没有到达，李嘉棠很害怕，想自杀，被他身边的人劝住了。朱焕明在嘉义，听到彰化动乱的消息赶回来营救，到北斗时，当地绅董都以民众暴乱、路途险恶为理由，请他不要往前走，朱焕明不听。到达大埔心时，被无赖从后面攻击，所带的队伍死了 10 多人，弹药又用完了，朱焕明就逃到竹巷尾。施九缎事先侦察到朱焕明要来的路线，派人前去迎击，朱焕明就战死了。朝廷得到报告，下诏为他建立专祠。

彰化城中听到朱焕明的噩耗，大家更加害怕，就想弃城逃走。李嘉棠请教谕周长庚、局绅吴景韩、总理蒋攀龙，用绳子垂下城墙去见施九缎，劝他们回家。施九缎要索取丈单烧毁以后才会撤退。李嘉棠还在犹豫不决，但城被围得越来越紧，于是就先表示同意，期望援兵早点到来。彰化县城像斗一样小，很容易被攻破。被包围了几天之后，米油都吃完了，城里有钱有势的人请求李嘉棠打开绥丰仓进行救济，募集青壮男子为义勇，这时援兵也快到了。

当初，栋字营统领林朝栋驻扎在台北，听到警报以后就迅速前来援救。初六日，到了田中央，让士兵们天不亮就吃了早饭，自己率领土勇800名进入市仔尾，让副将余保元、卫队把总林青云带领部下，悄悄地行进突击，林超拔也从城里助攻，攻克了八卦山。施九缎退守平和厝庄，彰化县城的围困才得以解除。十一日，林朝栋再次出兵攻击，辗转战斗两个时辰，阵斩41人，俘虏了8人，也都杀了。官军中也有17人负伤。施九缎回到浸水庄，林朝栋向巡抚衙门报告动乱平息。

之前，都司郑有勤率领隘勇二营支援彰化。初七日，到达大甲。第二天，到牛骂头队伍与村民发生争斗，用铳打死了几个人。村民蔡访敲锣召集众人，想要报仇，隘勇二营就走了。十三日，郑有勤到达彰化县城，驻防基隆总兵窦如田也率领铭字营的三营抵达。十四日，李嘉棠因为各路援军到达，建议进攻二十四庄，夜间下令煮饭，以便尽早出发进行攻击。浙江人凌云在军营当文书，知道百姓的冤屈，就对郑有勤说："朱提督之死，非二十四庄之罪也。自武西堡北上，已被沿途截杀，损失过半，抵竹尾巷始殉难，固非其界。若攻剿之，恐激变，则城安而复，唯君图之。"郑有勤把这个情况告诉了各个统领，才制止了出兵。教谕周长庚、中军叶永辉写信告诉二十四庄的绅董，赶快进城领取官方的旗帜，否则就出兵讨伐。但各庄不知道城里的情况，而且道路也不通，因此没有来城里领旗。李嘉棠大怒，再次下令进攻。贡生吴德功听说这样的事情，连夜去见周长庚、叶永辉说："二十四庄之不来，昧于事而非敢违县札也。请迟一夜，德功当驰函泣告之。"当时，各个路口都被拦断，路上布满了有刺的植物，没人敢去。生员陈捷华、王赞成、白一声、白玉音等都自愿前去，分别拿着吴德功的书信，从小路前往。十五日，布政使沈应奎、台东知州吴本杰、澎湖镇总兵吴宏洛率领铭、隘、昌各营到达。李嘉棠又极力主张烧毁各个村庄，因为他们都在观望不来领旗。只有线东、西堡的几十个村庄，猫罗三十五庄，东、西螺各堡，因为已经接到吴德功的书信前来领旗，沈应奎也出告示招降安抚，人心才开始安定下来。

这次动乱的发生，是由李嘉棠造成的，到沈应奎查问时，李嘉棠反而诬陷鹿港的乡绅商人帮助乱党，反复请求出兵征讨。沈应奎没有听从他的意见，召集鹿港的乡绅蔡德芳、黄玉书询问，都说到李嘉棠的不好，于是李嘉棠更加痛恨鹿港人。十六日，李嘉棠请求进攻鹿港。吴宏洛将要发兵，鹿港人彻夜惊慌。吴德功请求吴宏洛不要发动攻击，吴宏洛不听；吴德功请沈应奎阻止吴宏洛，吴宏洛也没有听从。沈应奎知道老百姓的冤屈，致电禀告刘铭传，认为一旦进攻鹿港，沿海地区都将激起变乱，刘铭传于是命令吴宏洛归沈应奎节制。十七日，福宁镇总兵曹克忠从基隆来到彰化，调查这次动乱的事情。当时，官军先后来到，施九缎躲藏在浸水庄。二十三日，吴宏洛进攻，施九缎逃到湖仔内庄，所到之处，民众自动为他提供食物。包围杨中成家进行搜捕，也已经走了，没有抓到一个人。二十五日，各路官军领兵返回。

浸水庄总理王焕，当年 70 岁，为起来闹事的村民向鹿港征收粮饷。商人们认为官军靠不住，又担心被村民们抢劫，就暗中进行帮助，不到半天，就征收到 5000 两银子，分发给民军。事实上彰化人的动乱，都是李嘉棠的罪过，刘铭传也知道是因他的暴政造成的。二十九日，撤了李嘉棠的职，让朱公纯担任彰化知县。发告示安抚民众，动乱中的胁从人员都不予追究。设立安保局，让乡绅蔡德芳、吴景韩、吴鸿宾、刘凤祥、吴德功等人办理善后的事情。下令捉追捕施九缎、王焕、杨中成、李盘、施庆、许得龙等人，其他的人都给予赦免。

十一月初六，刘铭传上奏报告彰化动乱的前因后果，认为李嘉棠刚愎自用、肆无忌惮，办事不符合民意，丈量土地和确定田赋等级过程中不公平，失去了民心，请求撤销清赋有功人员保举案中对李嘉棠的保举，并剥夺施家珍、施藻修的功名，因为他们和匪徒相勾结。台湾兵备道唐景崧奉刘铭传的命令，到彰化办理事情，途中经过二十四庄，村民们跪在道路两旁喊冤。唐景崧让栋字营驻扎在二十四庄内，索取李拼等人犯，致使庄内鸡犬不宁。唐景崧下令将军队撤离，到彰化县城核查李嘉棠的罪状，禀请刘铭传向朝廷奏参李嘉棠。新任布政使邵友濂也以李嘉棠施政残酷，对待老百姓如同对待仇敌，行文刘铭传请求将李嘉棠革职，永不叙用。李嘉棠害怕了，连夜赶到台北巡抚衙门，哭着请求解除自己的罪名，并且诬陷鹿港的官员和乡绅与匪徒勾结。一时间流言蜚语到处传播，当地又处于不安状态。

二十二日，刘铭传通过电报要求拘捕教谕周长庚，解送游击郑荣、进士蔡德芳、生员施家珍、施藻修、吴景韩等人到衙门集中审讯。因为周长庚曾经阻止进攻二十四庄，又招徕村里有声望的老人领旗，因此李嘉棠说他和匪徒勾结，周长庚也斥责李嘉棠的过失。刘铭传下令让新任彰化知县罗东之、台湾知县黄承乙共同审理这个案子，案结后，连同供词报送巡抚衙门。等到李嘉棠到台北说周长庚有罪，巡抚衙门里的人又收受贿赂，袒护李嘉棠，要求拘捕周长庚时。周长庚已经请假参加会试，十九日，从涂葛堀坐船内渡大陆，前往拘捕的人追不上，刘铭传还致电福州、上海等地抓捕他。光绪十五年二月，嘉义进士徐德钦捕获王焕，押送到衙门审讯，竟然没有得到官绅与匪徒勾结的实据。又提取鹿港商人的账册，也没有援助军火的数目，于是释放了郑荣，让他前去鹿港，让当地官绅罚捐军饷 30000 两银子，才给予结案。

光绪十八年十二月，台湾知府程起鹗推举前都司叶永辉，推行清庄的办法，才抓到了李盘。不久，许得龙、施庆、杨中成也先后被捕，这些人和王焕一起都被杀了。而施九缎已经在光绪十六年病死在浸水庄中，也有人说，他偷偷逃到泉州去了。

连横评论说，读书人看书评论时事，往往都能慷慨激昂地以天下为己任。但一遇到重大事变，就恐惧退缩，身体还没有行动气势就已经衰弱了；或者委屈自己也要顺从别人，完全改变自己的意思而与他人谋合，来做不仁义的事情，这是多么卑鄙啊！郭洸侯、施九缎都是乡间的平民百姓，手中没有任何权力，却被道义所逼迫，不顾自身的利益和损失。这是一般读书人不敢做而他们肯去做的事，这是多么高贵的品格啊！他们的事迹相同，志向相同，所以合在一个传记里。

卷三十三

列传五

卷三十三
列传五

戴潮春

戴潮春，表字万生，彰化四张犁庄人。祖籍福建省龙溪县。祖父戴神保，为人乐善好义，在乡族朋友中很有名望。戴神保生了四个儿子，长子戴松江，松江有七个儿子，戴潮春是最小的。戴家历来家境富裕，世代担任北路协署稿识的职务。戴潮春的哥哥戴万桂与阿罩雾人争夺田地，争不过，于是集合家产富裕的农户成立八卦会①，约定遇到争斗时都要互相支援，但当时戴潮春并没有参加。

咸丰十一年（1861），知县高廷镜下乡巡察，戴潮春抓捕了一个横行乡里的恶棍交给他。北路协副将夏汝贤认为戴潮春对自己不忠诚，便向戴索取贿赂，戴潮春不听从，夏汝贤于是革除了戴潮春的职务。这时戴万桂已经去世，戴潮春回到家乡居住，他召集原来的成员重整八卦会，兴办团练，自己组织乡勇300人，跟随官府追捕盗贼。高廷镜很高兴，发印章给戴潮春予以重用。彰化一带治安历来不好，旅途中经常发生杀人抢劫的事情。而戴潮春善于治理，盗贼因此不敢作案，行人旅客交通方便安全。甚至有人捐献巨款才能加入八卦会，因此，八卦会的势力越来越大。八卦会奉祀的是五祖，有关情况记载在本书《宗教志》。不到几个月，八卦会发展多达数万人。同治元年（1862）春天，高廷镜被免职，派雷以镇接任，仍旧任用戴潮春。随着八卦会会员越来越多，官府渐渐无法控制。

三月初九，台湾兵备道孔昭慈到彰化，捉拿天地会②总理洪某，并把他处死。孔昭慈还命令淡水同知秋日觐法办八卦会会员。秋日觐以前任彰化知县，治理民众崇尚勇武刚健，自以为很了不起。金万安③总理林明谦推荐林日成为首领，招募400名兵勇听从秋日觐调遣。林日成是四块厝庄④人，性格粗野直率，绰号“戆虎晟”，

① 八卦会，清代民间秘密结社天地会的支派组织。

② 天地会，清代民间秘密结社之一，以拜天为父拜地为母得名，又称洪门、洪帮。

③ 金万安，清代汉人合法开垦台湾“无主地”的团体名号。

④ 四块厝庄，今台中大雅乡境内。

曾经犯法，秋日觐正想抓他，没抓到。秋日觐又命令阿罩雾庄的林奠国率领勇士600人前来会合。十五日，秋日觐和北路协副将林得成、守备游绍芳率领士兵1000多人到达大墩，林日成忽然率众阵前调转枪头叛乱。秋日觐被迫退入竹围。林日成发起进攻，形势危急。十七日，秋日觐突围，被奴仆猫阿鹿刺杀，另一名仆从颜大汉奋战到死。少年奴仆小黄才15岁，用身体护住秋日觐，大声呼喊："要杀就杀我，不要伤害我的主人！"也身中数刀而死。守备郭得升、把总郭秉衡都一起被杀。林得成被俘虏，关在林日成家里。当秋日觐出兵时，戴潮春在家乡，而八卦会已经四处起事。当天，郑玉麟、黄丕建、戴彩龙、叶虎鞭纠集会众攻打彰化城。城内守卫士兵很少，兵备道孔昭慈命令都司胡松龄、千总吕腾蛟抵抗。会党已经占据八卦山，炮击彰化城内。鹿港招募的援兵还没有到达。千总杨夺元请求出城战斗，孔昭慈不同意。幕僚汪宝箴请求弃城退守鹿港，也未被听从。城内人王万密谋作为攻城内应，事情泄露后被官兵抓住。林明谦免除王万的罪，命令他带乡勇守城。后来又命令他从城墙上垂索而下，和攻城的会党议和，并且暂停作战。林明谦故意传话说，八卦会已经接受招安归附，孔昭慈听信了。文武官员都互相庆贺，守城士兵也因此松懈。十九日半夜，城门被打开，八卦会从东门攻入，大声呼喊："凡是约内①的人，点香作为记号！"城内人摆香案迎接攻城的八卦会。守城士兵溃败。陆路提标士兵李得志率领十几个人和会党巷战，被俘虏。八卦会成员问他银库在什么地方，李得志假装带他们去银库，到火药局时，夺过火把点燃火药，和他们一起炸死。八卦会成员入城后，以鼓乐仪仗迎接戴潮春。戴潮春头戴黄巾，身穿黄马褂，由数十名强壮的士兵前呼后拥，骑马入城。发布安民告示，命令百姓遵照明朝礼制蓄发。他自称大元帅，任命戴彩龙为第二路副元帅，郑玉麟为大将军，郑猪母为都督，卢裕为飞虎将军，郑大柴为保驾大将军，委派他的叔叔戴老见，侄儿戴如川、戴如璧以及黄丕建、叶虎鞭、林大用、陈大戆为将军，陈有福为殿前大国师，以算命先生黄阿狗作为陈有福的副手，任命外甥余红鼻、余乌鼻为左右丞相，余乌鼻兼任刑部尚书，余乌鼻的弟弟任礼部尚书，黄秋桐任户部尚书。在白沙书院设立应天局，以蔡茂朱为备粮使，管理局务，魏得任内阁中书。在城内设立宾贤馆，对士绅以礼相待。其他人员各有封赏任命。猫阿鹿把秋日觐的头献给戴潮春。戴潮春叹息说："你作为家奴却杀害主人，这是不忠。不忠的人，谁能容忍？"于是奖给猫阿鹿一些银子，将他赶走，并且安葬了秋日觐的人头。并且说："我起事，是顺从众人的意思。秋

①约内，凡是加入八卦会的人内部自称"约内"。

公如果有知的话，应该能理解我！”当时，彰化城内的文武官员全部被关押在金万安总局。南投县丞钮成标以前曾经发布命令清庄，抓捕了很多盗贼，八卦会成员非常痛恨他，把他抓去见郑玉麟，钮成标不屈而死。幕僚姚兹、兵备道孔昭慈的随员戴严也被处死。前任知县高廷镜、同知马庆钊被抓去见戴潮春，戴潮春释放他们去鹿港。雷以镇一向吃素念佛，他逃入斋堂①而幸免被捕受害。当初，戴潮春将要起事时，他守寡的嫂嫂罗氏哭着求戴潮春说，进城后不要杀害老百姓，不要进入斋堂杀人，而后罗氏上吊自杀。前任北路协副将夏汝贤因当官贪婪残酷，一家人都被凌辱致死。孔昭慈被囚禁后，还写信问汪宝箴怎么办。汪宝箴回信说：“朝闻道，夕死可也。”收到回信，孔昭慈就服毒自杀。守备游绍芳、千总吕腾蛟都逃到鹿港。

四月，戴潮春命令林日成攻打阿罩雾，这是为了报复和阿罩雾庄的旧仇。阿罩雾庄的林奠国率领壮丁奋力守卫抵抗，他儿子林文凤特别勇敢，陷入重围三天三夜，正好罗冠英带领援兵赶来，林日成才撤退。陈弄攻打鹿港，士绅黄季忠纠集35个泉州移民庄共同抵抗，因此没被攻破。台湾府城忽然听说彰化城被围攻，文武官员商讨防守战事。知府洪毓琛这时已升任汉阳、黄州、德安道道员，有人劝他赶快离开台湾赴任，他没有听从，于是代理台湾兵备道职务，修整城墙，准备守城器械，疏通驿站，设立筹防局。总兵林向荣派遣安平副将王国忠、游击颜常春带兵防守嘉义，到达柳仔林时，遭到八卦会攻击，仓促退入台湾府城。而黄猪羔、黄万基、罗昌已经来攻城了，戴彩龙、陈弄、严办也随后到来，不久离去。绅士王朝辅、陈熙年集合城内民众到城隍庙，发誓死守城池，城内的富户许安邦也倾尽家产资助守军，因此人心稍稍安定。当初，林日成起事时，考虑到自己的地位在戴潮春之下，和洪丛、何守商量杀掉戴潮春来赎罪，所以还把林得成关在家里。等到江有仁游说他说：“太平军践踏大半个天下，清军还没有力量平定。台湾虽小，可以自己称霸。”林日成听从他的劝说起事。林得成知道没有希望得救，于是自杀。林日成进见戴潮春说：“古代大王，以军队平定天下，南征北战，建功立业。现在鹿港就在附近，久攻不下，而嘉义守卫越来越坚固，怎么可以干坐在城中，而留下后悔呢？”戴潮春说：“这话没错。”于是回到四张犁庄，而把彰化交给林日成。林日成自称元帅，以林猫为中军，掌握元帅印，江有仁为军师，何守为扫北将军，王万、何有章和弟弟林狗母为将军。于是陈鳑占据茄投，陈九母占据大肚，蔡通占据牛骂头，纪番朝占据葫芦墩，廖有誉占据涑东，洪丛占据北投，全部受林日成控制，都称为将军。大甲位于彰化

① 斋堂，僧尼设斋诵经的寺院殿堂。

的北边，是往来淡水的交通要道，扼守大甲溪，筑有炮垒，有守备驻扎在这里，居民约5000人。庄人王和尚听说彰化城已被攻破，起兵响应，带领手下迅速进入土城，守备、巡检等军官都逃跑了。戴潮春命令马泉前往大甲镇守。马泉依赖王和尚为耳目，没有太多的防备。竹堑绅士林占梅派遣义勇首领蔡宇发起攻击，赶走马泉等人。林占梅家是淡水的大家族，他听说发生动乱，召集士绅郑如梁、翁林萃、郑秉经、陈缉熙等人筹办防务，以候补通判张世英暂时代理淡水厅的职务，出资训练乡勇，在城中设保安局。并迅速报告福建巡抚徐宗幹，徐宗幹给予他台北团练总办的权力，至此得以收复大甲。王和尚听说守卫大甲的乡勇只有几百人，于是初六日又来进攻，切断大甲的水源。刚好遇到下大雨，城中人才有水做饭。十三日，张世英率领士兵前来救援，罗冠英也带领乡勇到达大甲。罗冠英是东势角庄人，祖籍广东，骁勇仗义，所率领的部下都是精锐的勇士。城内人出来迎战，王和尚打不过败走，马泉逃到彰化。戴潮春将马泉斩首，严令王和尚再次攻打大甲。十一日，王和尚和何守、戴如川、陈鲔、刘安、陈在、陈梓生等人率领起事的队伍共27个营，以杨大旗为先锋，再次进攻大甲，切断水源。天上又下起大雨，张世英登上城墙击鼓，罗冠英、蔡宇等人出城和敌人奋勇力战。王和尚再次败退，大甲得以安全。

四月初七，总兵林向荣率兵3000名从府城出发。初九日，途经枋埤，建立5个大营形成夹击之势。戴彩龙以南靖厝为据点，以八掌溪为界防守。当时天上一直下着大雨，溪流中的水都涨起来了。官军的粮草军饷都存放在盐水港。二十八日，戴彩龙驻扎在白沙墩，截断官军的粮道。第二天，官军发动攻击，交战中澎湖来的军队大败，守备蔡安邦、把总李连升、外委周得荣都掉到溪水中淹死。五月，兵备道洪毓琛命令千总龚朝俊率领“屯番”500人，从九品官员陆晋率兵200人，共同护送粮草军饷向前行进。初五日到达安溪寮，遭到向朝江[①]中途拦截袭击，陆晋被部下所杀，粮草军饷全部被劫走。初七日，戴彩龙乘势攻打官军大营，官军又全线溃败，澎湖副将陈国诠、游击陈宝山、把总周应魁都阵亡，林向荣仓皇逃跑，遇到龚朝俊，扶着他一起逃到安溪寮。两天后，改到盐水港驻扎，并收拢残部。他的弟弟林向日带领新兵500人前来救援，气势稍微得以提升。柳仔林的黄猪羔、店仔口的吴志高都请求投降。当时，嘉义城久攻不下，戴潮春和部下商议前往攻打，他自称东王，以庄天赐为丞相，赖阿矮为先锋，率领部下士兵南下。到水沙连后，命令水沙连庄的村民打扫、修整道路。在前面先行的是丞相，穿着刺绣的衣服和朱红色

① 向朝江，又名向趣、番仔溜。

的鞋子，骑马佩剑。戴潮春则穿着黄色衣服，戴着黄色帽子，坐在轿子上，身边有几十名护卫的壮士，都身穿戎装，手持刀枪，排列在戴潮春的前后。他选择吉时登上高坛，祭告天地。之后又举行了籍田礼，鼓乐喧天，远近前来观看的有数万人。水沙连人刘参筋、五城人吴文凤都受封为将军，并任命许丰年为总制。嘉义各个村庄大多竖起红旗响应，于是他们开始攻打斗六门。都司汤得升坚守抵抗，千总蔡朝阳战死战场。这时刚好遇到副将王国忠率领援兵到达，进攻的人于是退去。当时，嘉义被围已经3个月，城中的粮食渐渐吃光了。林向荣挑选精锐士兵800人，以王飞虎、林有才为先锋，派遣龚朝俊、宁长泰率领班兵、“屯番”分为几路，前往救援。陈弄、严办连续几天作战，乘胜逼近城下。绅士王朝辅、陈熙年也率乡勇开城门出战，嘉义城才得以解围。六月初八，林向荣入城。兵备道洪毓琛催促他去防守斗六门，林向荣没有同意。洪毓琛在给他的信中采用了激将法，林向荣于是带领队伍前往。不久，严办、陈弄把斗六门包围起来。在这之前，戴潮春攻下彰化城后，考虑到鹿港就在附近，是海上交通要道，命令叶虎鞭进攻鹿港。叶虎鞭是泉州人，回答说：“鹿港是泉州人生活和聚居的地方，我去攻打鹿港，那是没有把泉州人放在眼里。”戴潮春大怒。叶虎鞭生气出走，对黄丕建说：“我们两人当时约定，将联合漳州、泉州二府所属的人，以成大事。现在城里漳州人随便出入，而泉州人移动就遭受抢夺。而且约定中禁止随意杀人。陆路提督的兵都是泉州人，却无一幸免。我担心过一段时间，漳州人、泉州人是兄弟的约定不算数，又要造成分类械斗的祸害！”黄丕建把这些话告诉戴潮春，戴潮春命令停止杀戮，三日内允许百姓自己离开。叶虎鞭带领部下巡查北门，以保证泉州人出城的安全。又改任林大用为镇北大将军，安抚鹿港。林大用也是泉州人，鹿港的人用鼓乐仪仗迎接他，不久林大用离开鹿港，黄季忠马上着手筹办防御守城事宜。陈弄攻打鹿港，久攻不下。五月，总兵曾玉明带领600名士兵到鹿港。曾玉明也是泉州人，曾经担任过北路营副将，和戴潮春、林大用是旧相识，就写信对他们进行招抚，戴、林二人没有听从。戴潮春南下时，因为24个村庄归附了官军，戴潮春就命令戴彩龙、郑玉麟、李炎等人向24庄发动进攻，到燕雾下堡大庄赖登云的家索要粮饷。茄苳脚庄拔贡陈捷魁秘密组织村里的人进行截击。六月十九日，24个村庄一起发动，戴彩龙、李炎大败，被抓获押解到鹿港处死。郑玉麟竭力抵抗战死。于是漳州、泉州两籍的民众又互相仇视，叶虎鞭投降了官军。七月十九日，林日成和林大用、陈九母、赵憨率领众人攻打滴仔庄，攻破之后，放火烧毁了村庄。西边到和美线，北边到竹仔脚“番社”，逼近加宝潭，庄民陈耀率领民众进行了抵抗，双方连战三日，陈耀难以抵敌，献马请求投降，林日成拒绝。陈九母、赵憨都是陈耀的佃户，为陈耀向林日成求情，才撤围而去。陈耀于是请求陈清泉率领乡勇200人驻守李厝庄，又向新港柯、姚二姓求援，援兵到达后，又举白旗抵抗。林日成大怒，命令林大用进攻，不能攻下。八月十五日，林日成率领各位头领在大圣王庙誓师。第二天，进攻白沙坑。陈捷魁又带领众人守御，双方激战了好几天，互有伤亡。林日成登上观音山瞭望，看到村庄防守坚固，难以攻破，于是敲锣撤兵。接着转而攻打秀水，叶虎鞭被炮击中阵亡，黄丕建逃走。总兵曾玉明驻扎在安东庄，只是加固城垒自保，没有发动进攻，因此林日成安然无恙。闰八月二十二日，双方争夺葫芦墩，林日成与罗冠英大战于圳寮，廖阿沅战死，张世英命让廖阿沅的弟弟廖江峰带领部众。罗冠英退守屯翁仔社。林向荣进入斗六门之后，这里地势非常险要，但粮食无法运到。戴潮春把他们长期围困在内，援兵断绝，他们将龙眼核捣碎作为口粮，杀战马给士兵吃。“屯番”和他们的关系不和，密谋作为戴潮春的内应。九月十三日，这些“屯番”放火焚烧街道，退入土城，士兵们又饿又累失去了战斗力，林向荣无奈自杀。王国忠率领部下18人想要冲出重围，全部被擒获，不屈而死。管理粮台同知宁长敬、镇标游击颜常春、代理斗六门都司刘国标、守备石必得和他们手下的兵员数百人全部战死。王飞虎被俘，庄天赐认为他是位壮士，没有杀他。义民首领陈有才也被抓获，戴潮春听说他很勇猛，想要招降他，陈有才拒绝，也被杀死。于是戴潮春和部下商议攻取嘉义，军师刘阿匼说：“斗六门已经被攻破，驻守的军队都没有了。如果派出我全部的精锐部队，大张声势南下，台湾府城必然望风瓦解。占有府城，据守中枢以号令全台湾，则嘉义城可不战而获得。现在如果以全力争夺一个小县城，胜负未可知。而嘉义城防坚固，众人齐心协力，恐怕急切不容易攻下啊。”潮春不听，命令陈弄、严办、吕梓、廖谈、洪花等人攻打嘉义。黄猪羔这时也赶回来了。不久，何守、陈鲋都各自率领部下前来支援。他们筑起长长的围墙以困住城内人员，每数十步建起一座炮台，和城楼一样高，可以看到城内的情况。从此双方每天都有交战。严办的妻子侯氏、廖谈的小妾蔡氏都很勇敢，常常来到阵前，骑着马督促部下。城中也竭尽全力防守，因此嘉义城得以不被攻破。陈弄、严办于是就去攻打涂库，陈澄清严阵防守，难以攻下。十月，转而攻打盐水港，也不能攻克。十一月初十，林日成进攻大甲，18个村庄起兵响应，和官军战于大安庄。守备郑荣大败，林日成就把大甲包围起来。十四日，罗冠英援兵到达。十七日，林占梅也派遣千总曾捷步率领士兵赶来。第二天，双方战于水堀头，官军首先溃败。罗冠英独自奋力战斗，身陷包围，几乎不能逃出，柯九兴赶来救援，才得以幸免。林日成将大甲团团围住，放火焚烧南门，城墙倒塌数丈，水源又被断绝，城中居民就要渴死。何守写信射入城中说："我们只打军队，不会伤害民众。"约定城内百姓第二天可以出城取水，于是撤去西门的包围。但城外的水也即将取完了，刚好遇到天下大雨，林日成于是带兵撤围而去。同治二年正月十八日，林日成再次包围嘉义城。候补同知王桢率领义民首领林盛等人和林日成的队伍大战于磁窑庄。林日成身穿黄色衣服，打着黄色罗盖伞，带领大批部众前来，官军再次战败。林日成于是登上铁砧山，向郑成功祈祷，请示吉凶，得到的结果是不吉利，于是返回。

二月初五，罗冠英、廖廷凤合力攻打新广庄，攻克后，又攻下坝仔，逼近戴潮春的老家四张犁庄。戴潮春这时围攻嘉义很久了，他派陈梓生守四张犁庄，依靠堡垒奋力作战，双方各有死伤。二十八日，四张犁庄被攻破。林日成在四块厝庄听说后，于是召集敢死队准备抵抗。当初，代理水师提督吴鸿源带领士兵到达台湾府城，商议出兵，进驻盐水港，以降将吴志高为向导。二月十二日，攻破马稠后庄，斩首100多人。接着攻下茄苳，派吴邦基、洪金升分别驻扎在白沙墩，在好几个地方设置了迷惑敌人的兵阵，派杨兴邦、张启煃驻扎水窟头，互为犄角。吴鸿源亲自率领游击周逢时、守备苏吉良前往嘉义。嘉义城已经被围困6个月，城中没有粮食，把龙眼核捣碎成粉末煮食。城内士绅民众出力死守。吴鸿源到达后，守将汤得升出城夹击，陈弄、严办都战败逃走。吴鸿源命令苏吉良、徐荣生攻打刘厝庄等地，疏通道路，准备收复彰化县城。四月，攻打南靖厝。吕梓的妻子和罗彭胡进行抵抗，南靖厝外面的竹围坚固稠密，难以攻取。在苏吉良猛攻下，罗彭胡被杀，吕梓的妻子也中炮而死。五月，攻打新港的严办，进而包围大仑，吕梓投降。六月十八日，义民首领陈捷三进驻沙仔仑，得到陈贞元的协助。他们和杨目丁大战于浊水溪，于是收复南投。义民首领陈云龙前来支援，进而收复集集。戴潮春命令部众再次进行攻击，义民奋力守卫。九月，陈大用在中寮向曾玉明投降。罗冠英、廖廷凤也攻破大墩，打通前往阿罩雾的道路，参将林文明迎接他们。然而官军仍然不敢进攻彰化县城，各地战况起起落落。

朝廷下诏福建陆路提督林文察统领军队到台湾。林文察是阿罩雾人，十月到达麦寮，登陆后直接来到阿罩雾。福建巡抚徐宗幹也奏请任命台湾兵备道丁曰健会同办理军务，带领4000名士兵，从北向南，驻扎在牛骂头。十八日，林占梅率领翁林萃、陈尚惠等人，率领乡勇首领蔡宇的1000人进驻山脚庄，三路一起进攻。何守请求投降。赵憨、陈鲋仍然据城抵抗。乡勇首领林忠艺、林尚等人奋勇向前，逼近城下。十一月初三，总兵曾玉明率领林大用攻破西门进入彰化县城，丁曰健、林占梅先后进城。[1]赵憨、陈鲔、陈在、卢江逃往四块厝庄，江有仁、郑知母在巷战中被擒，斩首于校场；粮官蔡猪也被分尸处死。彰化县城收复后，丁曰健命令各位将领一起攻打斗六门，鏖战数日，没能攻下。这时林文察也到了，他登高瞭望以后说："如此险阻，接济不断，怎能攻破？不如先分其兵势，而后攻取它。"于是派四品军功洪廷贵前往与嘉义交界的地方，招抚了100多个村庄；许丰年、黄猪羔都投降了。又命令他的弟弟林文明切断了通往水沙连的道路，一个大的包围圈逐渐合拢起来了。戴潮春见形势日渐不利，想要逃进内山，来到七十二庄张三显家，跟随他的只有几十人。张三显劝说他归降认罪，许诺保他的妻子儿女不死。戴潮春的妻子许氏害怕被诛杀，也在一旁劝告。十二月十八日，戴潮春乘轿子到北斗自首。[2]丁曰健问他作乱的原因。戴潮春说："作乱都是我一个人的事，和老百姓没有关系。"丁曰健大怒，命令陈捷元将戴潮春推出去斩首，许氏上吊自杀。西螺廖谈也被处死。之前，廖谈兵败后想要投降，他的妻子蔡迈娘阻止说："形势败落而背叛人，是不守诚信；投降而受制于人，是不勇武。生为大丈夫，而最终不诚信不武勇，我宁愿死在红旗之下！"每次作战，她都策马向前，指挥部众，从不躲避炮火。夫妻被抓获后，在北斗被杀害。蔡氏死后眼睛没有闭上，有人知道原因，用红旗盖在她的尸体上，这才闭上眼睛。

同治三年正月，林文察攻打四块厝庄，以王世清为左路，林文凤为右路，自己率领精兵从中路冲击。林日成固守，由弟弟林狗母率领陈鲔、刘安、陈梓生等人防守外寨，王万、林猫皆等人防守内寨。连战数日，林狗母阵亡，每天晚上都有许多人逃走。林日成怀疑陈梓生有投降官军的想法，于是另外挖洞用于进出。陈梓生私下让人钉住了大炮的点火口。林日成知道自己难免一死，于是把财物拿到院子里，分发给身边亲信的人。这时王万进来报告陈梓生叛变的情况。林日成把火药桶围在门前，和妻子、小妾、王万一起喝酒。妾萧氏听到外面炮声越来越近，迅速站起来想要出去，林日成用手拉住她，他的妻子把火种丢进火药桶中，王万也一起被炸死。林日成和萧氏被爆炸的气浪掀出门外，还没有断气，官军把他们脑袋砍下来，装在木笼子里示众。三月，攻打小埔心庄，这是陈弄的家乡。罗冠英率领部下奋勇进攻，官军随后跟进。陈弄战败打算投降，妻子陈氏说："现在就是投降，也难免一死。与其俯首被杀，不如全力抗拒。战胜了，还可以打算出路，也不至于马上死吧？"

① 据档案，清军克复彰化县城，城门为内线打开，丁曰健从北门进入。

② 据档案，戴潮春于同治二年十二月十八日被清军抓获并处死。

不久大炮打来，房屋上的瓦片都震碎了。他们挖地洞躲在其中，官军把水灌入地洞。十九日，罗冠英率领壮士猛攻。陈氏应战，以老弱的部众诱敌深入，罗冠英中计，陈弄埋伏的地雷全部爆炸，罗冠英和部下几十人全部被炸死。于是，林文察命令暂时停止进攻。这时，张三显忽然率领部众围攻彰化县城。当初，张三显把戴潮春献给官府，认为自己功劳很大，但得到的奖赏却很少，很是失望和怨恨。陈鯆、陈梓生听说后，劝说他再次起兵反抗官府，陈九母、赵憨、洪丛也都响应。二十七日，张三显带领几千人，占据了八卦山和市仔尾，逼近彰化县城。城内官兵人数较少，知县凌定国登上城墙，命令吴登健顺着绳子从城墙滑下出城求援。两天后，林文察率领军队前来，张三显的部众溃败，他自己被同族的人抓来献给官府，丁曰健将他斩首。官军再次攻打小埔心庄，罗冠英的弟弟罗坑尤其勇猛，浴血奋战。村庄被攻破，陈弄的妻子陈氏自焚而死，陈弄逃到新兴庄。绅士陈元吉抓到陈弄，将他解送给官军处死。[①]十一月，丁曰健率领知县王桢、游击郑荣以及林文明的乡勇，到北势湳庄攻打洪丛。由于庄内设置很多炮垒，官军努力攻打，不能攻下，淡水义民首领林春、李光辉都战死了。郑荣用炮轰击，洪欉在庄内被炮震死，埋在屋后竹林最深处。王春传抓住洪欉的弟弟洪番献给官军，将其处死。找到洪欉的尸体，把他脑袋砍下示众。同治四年二月，严办潜回，勾结抢匪滋事。吕梓在二重沟等处重新树立旗帜，号召余党起事。王新妇的母亲因他儿子被封为将军，于是自刻一品夫人的印章，经常参加战斗。王新妇被杀后，她出资招募不怕死的勇士，投入吕梓的队伍，在旗帜上写着“为子报仇”。郑大柴的妻子谢氏，也说要为丈夫报仇，参加起事。当初戴潮春起兵，严办最强悍，严办的妻子侯氏也很有勇力，多次攻打嘉义。每次出征，严办亲自为妻子侯氏牵马，她头戴男人的帽子，佩戴宝剑，威风凛凛，就像一个男子汉。戴潮春的部众十几万人，军械粮草都由严办负责供应，因此他的权力最大。四月，丁曰健和知县白鸾卿、参将徐荣生、都司叶保国分别带兵前往攻打。严办经常假冒官军的旗帜埋伏，官军往往被打败。丁曰健派遣都司吴志高率领乡勇增援，严办最终战死，侯氏也被抓获，在嘉义被分尸处死。王新妇的母亲也被杀，只有谢氏突围逃走。清军和乡勇战死数百人。吕梓逃往布袋嘴，四月十二日，吕梓在布袋嘴被知府陈懋烈率众抓获并处死。海盗蔡沙原来和吕梓关系很好，这时却霸占了他的妻女。从此，戴潮春的余党逐渐平息。

① 据《治台必告录》，张三显于同治三年五月十九日在张厝庄被清军抓到并处死，陈弄的妻子于五月二十一日被清军抓到，陈弄于五月二十三日在前面仓庄被清军抓到并处死。

林文察

林文察，表字密卿，彰化县阿罩雾庄人。世代务农，父亲林定邦是乡里的甲长，有侠义之气，乡里人都很敬重他。林和尚是草湖庄人，称雄一方，一群心怀不满喜欢闹事捣乱的人经常进出他的家门，他们杀人越货，谁都不敢惹他们。曾经绑架林连招，索要重金。林连招是林定邦的族人，林定邦派人前往请求释放林连招，林和尚不但不听从，还把派去的人给扣留了。林定邦带领小儿子林文明前去要人，双方争吵起来。林和尚召集他的人，拿着武器围住林定邦一行。林定邦冲出重围，却身中枪弹，转身激战，被杀，林文明也受了重伤。当时林文察才19岁，听到这个消息后，号啕大哭，要去和他们拼命。但想到弟弟还被拘禁，担心他遭遇不测，于是强忍悲痛和冤屈，请当地父老出面让林和尚放回被抓的人，归还父亲的尸体。并且到彰化县衙门投诉。知县收了对方的贿赂，没有受理这个案件。林文察对天发誓说："不报此仇，誓不为人！"他日夜跟踪林和尚，乘其没有防备突然发动袭击，把林和尚抓到父亲坟前，挖出心来进行祭奠。然后说："大仇已报！我不能连累家人。"于是，林文察到县衙门自首。咸丰四年（1854）五月，小刀会的人袭扰台北，攻破鸡笼城。北路协副将曾玉明认为林文察是个勇士，于是设法把他放出监狱，命令他招募乡勇随军出征，林文察在战斗中立下军功。不久，他又捐银两赞助军饷，得到游击的官衔后，分配到福建候补任用。咸丰九年，闽浙总督王懿德命令他带领台籍兵勇前往建阳征剿土匪。咸丰十年，林文察在平定建宁、汀州的动乱中都立下了军功，被提拔为参将，赏戴花翎。又因为捐助军饷，加副将头衔。林文察所率领的台籍兵勇，都是他家乡的子弟，朴实少言，坚毅勇武，彼此生死相依，因此往往能以少胜多，齐心协力建功立业。咸丰十一年正月，奉命前往浙江支援。太平军这时已经攻破江山县，林文察冒雨激战，乘胜攻城。不久援兵到了，一起收复了城池。因此得到以副将优先补用的奖赏，并获得"乌讷思齐"勇士的称号。四月，福建的汀州、连城都被攻陷，林文察奉命率军回援福建。五月，攻克汀州，晋升为总兵。七月，平定沙县的动乱。当时太平军从安徽南部进入浙江，分别攻陷金华、衢州、严州各府县，队伍有数十万人，声势浩大。将军瑞昌上疏请调林文察前来支援。但林文察所属的台籍兵勇经过持久的战事，伤亡不少，只剩下500余人，不能迅速前进。十二月，杭州城被太平军攻破，皇帝下诏快速增援。同治元年（1862）正月，庆瑞命令林文察率领部下从处州进发。当时正好衢州被围困，林文察的到来使衢州得以解围。不久，太平军想要侵占福建西北部，林文察和弟弟参将林文明会合，一起进驻龙泉。

他们和浙江按察使张铨庆互相策应，占领了遂昌，以阻断太平军进入福建的道路。七月，补授四川建昌镇总兵，还没有动身前往上任，就奉旨收复处州。于是攻打松阳，久攻不下。他率领的台湾兵勇要从远处运粮，每天都吃不饱，但每次作战仍然士气高昂，最终攻下松阳。他们五战五胜，一直打到处州城下，和各路军队会合。台籍兵勇奋力攻击，攻破城门进入处州城。皇帝下诏加封林文察提督头衔。十一月，军队移驻武义。不久调任福宁镇总兵。

同治二年六月，林文察代理福建陆路提督。当时，戴潮春在台中大墩起兵，攻占彰化，包围嘉义，窥伺淡水，台湾南北震动。朝廷诏令林文察渡台镇压。十月到达嘉义，和暂时代理福建水师提督曾元福商议进兵事宜，并率领游击白瑛等人攻打斗六门，来分散戴潮春的力量。并且告诉总兵曾玉明应快速进军彰化，曾玉明攻下了彰化城。但是斗六门的壕沟很深，堡垒坚固，没能攻克。林文察于是放出消息，说要去援助彰化城，命令军队开拔。会党的队伍开城门追击，遭遇林文察的埋伏被歼灭，进而攻下了斗六门。戴潮春知道局势不利，想要逃往内山，害怕受到更重的处罚，向官府自首投降，台湾兵备道丁曰健把他杀了。[1]林文察进而把林日成围困在四块厝庄，部众伤亡很多，于是修筑炮台围困，日夜炮轰后，攻克四块厝庄，林日成被杀。四月，闽浙总督左宗棠因延平军务危急，奏请将林文察征调内渡。但这时台湾的局势还没有平定，林文察仍驻军在老家。丁曰健弹劾他放纵士兵骚扰百姓，皇帝让左宗棠调查这件事。十月，到福州。福建巡抚徐宗幹上疏说：“文察赴调延缓，实以夏秋多飓，重洋难渡，请免议处。”林文察内渡的时候，仅仅率领台籍兵勇500人，不足以征战，请求徐宗幹给他补充兵力。不久，漳州城被太平军攻破，闽南地区动荡不安，徐宗幹命令林文察统率全军，从同安出发收复漳州。十一月，驻军洋洲，距离漳州城30里，命令各部互相策应。移驻万松关。太平军发动进攻，林文察先用老弱的士兵诱敌，然后发动反攻把太平军打跑。不久太平军合围，十一月初三，林文察督率士兵奋勇作战，部下死伤殆尽，而援兵一直不到，林文察战死。幕僚谢颖苏正在吃饭，听到报告扔下筷子，骑马赶往阵地，也阵亡了。谢颖苏是诏安人，字琯樵，擅长画兰花和竹子，书法秀美洒脱，长期在台湾游历，为人慷慨有壮士风度，读书人对他的评价都很高。左宗棠、徐宗幹先后上疏报告林文察的英勇事迹。皇帝派人参加他的葬礼并致祭，追赠太子少保头衔，给予刚愍的谥号，准许修建专祠，赏给骑都尉的世袭职衔，兼一个云骑尉的职衔，这个爵位世袭结束后，

① 同治二年（1863）十二月十八日，戴潮春在与清军的战斗中被擒获处死。

改为恩骑尉的爵位，并且可以世代承袭。他的弟弟林文明从军，多年征战有功，官至副将。儿子林朝栋也很出名。

丁曰健

丁曰健，字述安，安徽怀宁人，寄籍[①]顺天府。以举人的身份被选派到福建当官。咸丰四年（1854），担任淡水同知。当时闽粤械斗后，地方凋敝，丁曰健出面安抚百姓，依法惩处那些作奸犯科的人。不久，小刀会首领黄位骚扰台湾，攻陷鸡笼。丁曰健召集士绅百姓，筹备征战防御等事情。他让彰化的林文察率领200名乡勇前往攻击，黄位战败逃走。后来丁曰健调任代理嘉义知县，加知府衔。之后，又凭借军功被赏赐道员的头衔，历任代理福建粮道和布政使。同治元年（1862）春天，彰化戴潮春起事，整个台湾都受到侵扰。同治二年秋天，朝廷诏令福建陆路提督林文察到台湾统领军队，而福建巡抚徐宗幹也奏请简派丁曰健为台湾兵备道，加按察使衔，会同办理军务。九月，丁曰健到了艋舺，召集旧的部属，谋求收复被攻占的地方。绅士林占梅事先训练了1000名乡勇守卫地方，于是随同丁曰健进兵牛骂头，数战数捷，进而攻克彰化县城。林文察也从麦寮登岸，平定嘉义，收复斗六门，驻兵阿罩雾。当初，丁曰健因为在汀州时的军务，和林文察有矛盾。到会同平定台湾时，林文察的部队在当地筹集军饷，又因为办理清庄，地方受到一定的滋扰。丁曰健进行劝阻，林文察没有听从。到闽北地区告急，朝廷诏令林文察内渡。林文察没有动身，丁曰健进行弹劾。大致上说："内山揀东、猫雾等处，前经署陆路提督臣林文察入山搜捕，于正月破林日成老巢后，安营住在家园，五十余日顿兵不出，以致众议沸腾，欲图报复。余匪借此机会，复肆攻扑。非事先预防，联庄得力，竟有难解之忧。"皇帝下诏令福建总督左宗棠查办此事。丁曰健又写信给左宗棠，一再诋毁林文察的不法行为。不久，林文察前往福建，在漳州战役中牺牲，其弟林文明以副将的身份在家居住。过了两年，当地赖、洪各姓告林文明霸占田产。闽浙总督英桂委派知县凌定国到彰化会审，就在县衙大堂上杀了林文明。林文察的母亲到省城告状，又上诉到京城。这个案子一直悬而未决。而丁曰健已于同治五年因病奏请免去官职，同年十月，由吴大廷接任。

---

① 寄籍，指离开祖籍地，长期居住于外地获得的籍贯。

林奠国

林奠国，字景山，彰化阿罩雾庄人。阿罩雾庄原来是“土番”居住的地方，靠山环溪。邻近的乡村有许多豪门大族，各拥一方，这里不是“土番”的侵害就是发生械斗，所以人们大多习武，但林奠国能够驾驭这些人。同治元年（1862）春天，县里的戴潮春图谋起事，淡水同知秋日觐赶到东大墩，打算镇压。路上，听说戴春潮势力强大，派人邀请林奠国加入。林奠国带领乡勇200人前往，到新庄仔庄，秋日觐已经被杀了。四块厝庄人林日成是乡勇的首领，原来是护送秋日觐的，这时却叛变了。见林奠国到了，便攻打他。林奠国且战且退，退回阿罩雾后，深挖壕沟，加固城垒，储备米、盐，打仗需要的粮饷器械，作持久的打算。不久，林日成前来进攻，带领30000多人，截断水源，把阿罩雾庄围困了三层。当时，庄中强壮的男子大多跟从林文察到福建、浙江打仗去了，只留下76人，他们发誓愿同生共死。林奠国命长子林文凤率领这些人，分成几支队伍，扼守险要的地方，自己守卫村庄的北面。林日成来势汹汹，又因为他的村庄和阿罩雾曾经有过恩怨，发誓一定要灭掉阿罩雾。阿罩雾曾经一天内陷入包围好几次，几乎要被攻破，庄民开炮防御，从天黑到黎明，不敢有丝毫懈怠，但围困却越来越紧急。东势角庄[①]人罗冠英率领乡勇驻扎在翁仔社，接到报告，两天后率领200人前往阿罩雾救援。来人都是广东籍，阿罩雾的人担心其中会发生内变，林文凤说：“他们来支援，是出于爱护帮助我们，怎么会有发生内变的事呢？”于是杀牛犒劳他们。林奠国拿出家产10多万，对罗冠英他们说：“诸公跋涉山谷，冒着危险来保卫我们庄。如果能够成功，是阿罩雾庄的福气，如果失败，那我不惜一死也要抵抗到底。这点钱就给各位买酒一醉，所幸不要落入敌人之手。”大家都说：“好！愿共同杀贼。”于是，双方互相配合进行守卫。又过了一天，与阿罩雾林氏同族的人先后赶来救援，有四五百人，士气大振。打开堡垒出战，与敌人在田垅间搏杀，阵斩数百人，俘获数十人。林日成大败，仓皇逃走。从此不敢再攻打阿罩雾。当时，彰化县城已经被攻破，台湾南北各地都十分震撼。戴潮春、林日成的部众达10多万人，而阿罩雾以区区一个村落，兀然挺立在一片红旗之间，战事超过一年。水渠又被万斗六庄洪姓所阻断，良田都干了，颗粒无收。于是林奠国开仓赈济，联络沿山一带的村庄，准备器械，订立规矩约束，养精蓄锐，为收复失地做准备。

---

① 东势角庄，今台中东势区。

同治二年冬天，林文察以福建陆路提督统率军队平定台湾。林奠国听说官军到了，率领乡勇数百人助战。戴潮春、林日成先后被消灭，林奠国和林文察带领队伍回到阿罩雾，招抚近山的村庄。不愿接受招抚的，就发兵讨伐，处理善后事宜。林奠国的事迹报告上去之后，根据功劳授予他知府头衔，赏戴花翎。同治三年四月，闽浙总督左宗棠因延平军务危急，奏请调派林文察内渡，林奠国跟从林文察到福州。当时漳州城陷落，闽南动乱。下令由同安出发收复漳州城。十一月，驻军洋洲，移驻万松关。两军对峙相持，反复交战，互有胜负。当时清军还没有集结，林文察部下台勇只有500人。有一天，林奠国和林文察巡视城垒，到达瑞香亭，太平军发起突然袭击，他们陷入重重包围。林文察竭力奋战，部下伤亡惨重。他回头对林奠国说："我是国家的大将，为国赴死义不容辞。阿叔您可以突出重围，不要在这里一起送死。"林奠国不同意。林文察又大声命令说："情势危急，赶紧走吧！我回不去了。"命令他突围。于是，林奠国带领残余部队撤退。台勇缺乏粮饷，无法返回台湾。到福州，见到闽浙总督，林奠国请求拨付饷银9000两作为遣散费。总督庆瑞没有同意，命令他们原地待命，接着又向林奠国索贿20000两银子，林文凤请求给他，林奠国没有同意。他说："我为国家效命，率领子弟奔赴疆场，花费钱财固然不足惜，但是他却反而以功为罪，这怎么可以呢？我和乡里五百人西渡海峡，现在部下大多数都牺牲了，我一个人回去，又有什么面目去见家乡父老呢？"于是把家事委托林文凤，命令抚恤各个有人伤亡的家庭，自己就留在省城。17年后去世，朝廷诰命授予他为朝议大夫，追赠奉政大夫。林奠国有三个儿子：长子林文凤，次子林文典，三子林文钦。

林文凤，字仪卿，号丹轩。年少时主持正义，见义勇为，结交的人多为奇异士人。戴潮春叛乱平息后，地方凋敝，失业的人到处都是。林文凤安抚乡里，召集农民，治理农田，建造房屋，种植农作物，民众才得以安居。除夕的夜晚，和家人围炉聚餐，林文凤忽然流着眼泪说："当我们阿罩雾庄被围困时，我三个晚上没有睡觉。抬头看见飞来的流弹，就像雨一样落到房子里。自己认为必死无疑，遇到天大的福气，仰仗祖宗的神灵保佑，有幸又见到太平景象。我现在想起来，仍然心有余悸。"又说："我们庄的人令人敬佩，与我共患难，同生死，我不能一一慰问，内心十分不安。"命令家人前往探望，赠予每家100钱作为压岁钱，并成为以后的惯例。同治二年十二月，"野番"出草，趁夜偷袭阿罩雾。林文凤听到警报，拿着火铳出去，迅速召集庄人，敲锣放炮，排列火炬照得如同白昼。"野番"受到惊吓，立刻逃走，庄民追击他们。林文明也率领一队，堵住去路。“野番”无法回去，分散逃亡到平坦的田野中，被杀死数十人。从此不敢再侵犯阿罩雾庄。同治九年三月十七日，林文明在彰化县城被害，消息传来，庄人非常愤怒，不一会儿就聚集了数千人，准备出发报仇。林文凤生病在床，听到此事大惊而起，制止庄人说：“对方设陷阱要害我们，像你们现在这样，是自投罗网啊。而且事情的真相还不清楚，应当稍候观望。”大家这才散去。当初，彰化县官设计杀害林文明，预料林氏族人必定聚众前来，就可以用围城的罪名处置他们。听说林文凤制止族人后，惊讶地说：“林家还是大有人在。”兵备道夏献纶因为旧时的恩怨，对林家心怀不满。在戴潮春案中被抄家的那些人，也想方设法对林家提起诉讼，共有10多起。光绪五年(1879)，夏献纶卸任兵备道到省城，拜见督抚大员，请求籍没林氏家产。命令他会同军队的官员前往查办，案件就要审理。夏献纶到达台湾府城，没多久就死了。到福建巡抚岑毓英巡视台湾，查看案卷，有关的诉讼才结案。

林文钦，字允卿，号幼山。性情温和，侍奉父兄恭敬谨慎。林家自从迁到阿罩雾以来，务农习武，只有林文钦喜爱读书，努力让自己成为经世之才。光绪十年，考上秀才，兵备道刘璈看到他后连连称奇。当时法国人正侵犯台湾，官府命令招募义勇，保卫家乡，于是他召集佃户组成乡勇500人，驻守台南，援助南部驻军，器械粮草都由自家筹办。不久调驻通霄，捐款襄助军务。战事平息后，因为赞助有功，被选授为郎中，分派兵部。林文钦后来请求回乡赡养双亲。光绪十四年，因为清赋有功，加道员衔。光绪十九年参加乡试，考中举人。林文钦一向认真敬奉父母，他在雾峰山脚下修建了一座莱园，园中有亭台花木，环境极为深邃幽静。自家供养了一个戏班，春秋季节天气晴朗的日子，就置办酒席，上演戏剧，为了父母的高兴，他什么事情都愿意去做。他好善乐施，每年都动用数万两银子，对来到他家的读书人全都以礼相待。他曾路过泉州，听说相邻的两个乡村发生械斗，几十年了都没有停止，仇恨越积越深。于是召集双方，陈述利害关系，花费了几千两银子化解了两乡的积怨。光绪十五年，河南闹饥荒，福建督、抚发起募捐赈灾，林文钦捐资万两银子抚恤受灾百姓。事后，官府赐予“乐善好施”的匾额。彰化县城原先建有育婴堂，但欠缺运营的资金，不能收养更多的儿童。穷苦百姓生下女儿后，就丢弃在路边。林文钦看见这事，心生怜悯，于是割让一块肥沃的田地给育婴堂，每年可收租谷300石。福马刺桐桥失修倒塌已久，过往行人旅客渡河困难，他就命工匠造桥。又新建了胡日、田中的渡口。只要是有利于百姓的事，他知道了就一定会去做，乡里人没有不受他恩惠的。当初，台湾巡抚刘铭传经理“番界”，樟脑业是台湾中部一项大的产业，林文钦带领侄儿林朝栋开垦沿山的荒地，称为“林合”。东边深入“土番”的地界，西边到过去开垦的田园，北边沿大甲溪，南边靠近集集大山，绵延几十里。于是他扩展隘线的设置，招募佃农，开垦耕地，发展种植，“土番”的扰害逐步减少，产业日益兴盛。光绪二十一年，日本图谋侵占台湾，台湾巡抚命令民众起兵协助官府，于是他招募乡勇千名，自备粮饷，让族弟林文荣统领，驻守彰化县城。不久朝廷下诏割让台湾，当地的文武官员大多离开彰化，彰化的四周发生了动荡，林文钦命令部属四处巡逻，所以当地没有发生抢劫的事情。后来看到形势日益紧迫，他准备内渡，但母亲年老经受不住风浪，于是他隐居起来，每日侍奉母亲，教子侄读书，享天伦之乐。所以当时的人们都认为他是志节坚定、操守方正的人。

连横评论说，阿罩雾地处彰化内山，与“番界”接壤，所以民众多崇尚武力。但林家能把他们组织起来，同心协力，勇敢杀敌，立功封爵，都是卫护家国的勇士。近数十年来，林氏子孙崇尚礼乐而重诗书，读书人和文学艺术领域人才辈出，果然是得到了自然山水和时运的帮助。这里人杰地灵，有文有武，世家大族的遗风仍然没有消失。

林占梅

林占梅，字雪村，号鹤山，淡水竹堑人。始祖林三光在明末从同安来到台湾，住在现在台南府城的檨子林，经过多次迁徙，最后定居竹堑。祖父林绍贤，开垦田地并从事贸易，后来又经办全台湾的盐务，富甲一乡。林绍贤有七个儿子，长子林祥瑞，在儿子林占梅出生后没多久就去世了，叔父林祥云把林占梅抚养大。林占梅从小就很聪明，读书知礼，没有纨绔子弟的习气。进士黄骧云很赏识，把女儿嫁给他。11 岁时，黄骧云带着他前往京师游历，经常出入许多当官人家大门，学业一天比一天进步。林占梅性情豪迈，喜欢和名人雅士交往，也常救济穷困，扶助危难，即使花费万两银子也不觉得可惜。道光二十一年（1841），英国人侵犯鸡笼，沿海戒严，林占梅倡导大家捐助防卫军费，得到皇帝的嘉奖，并以贡生的身份获得道员头衔。道光二十三年，防堵八里坌口，林占梅又捐巨款，事后，论功铨叙为知府即选。道光二十四年，嘉义、彰化等县漳、泉械斗，他招募乡勇扼守大甲溪，杜绝械斗蔓延，追查坏人，保护百姓，出钱抚恤死伤的民众，因此被赏戴花翎。咸丰三年（1853）林恭事变，台湾、凤山两县都陷入动乱，台湾北部也受到影响。林占梅奉旨会同台湾道办理全台团练事务，又筹了 3000 石稻米运到天津，被奏准简用为浙江道。咸丰四年，“艇匪”[1]黄位占据鸡笼，林占梅因为攻克鸡笼有功，加封盐运使衔。

同治元年（1862）春天，彰化戴潮春起事，淡水同知秋日觐在东大墩被杀，戴潮春进攻大甲，窥伺淡水。境内土匪趁机作乱，民心惶惶，很多人外逃避难。林占梅独自维持危险的局势，当地没有受到大的危害。当初，戴潮春设立八卦会，势力日渐强盛。林占梅知道他一定会发难，于是召集士绅商人，筹办团练，为预防将来作打算。秋日觐对他的做法并不赞成。等到秋日觐南下，林占梅马上出资准备器械，筹集军饷，修筑城壕，招募勇士，让生员郑秉经、贡生陈缉熙、职员翁林萃负责这些事情，并联络各个村庄。他命令乡勇首领蔡宇率领练勇，守卫险要的地方。各种部署刚刚完毕，动乱就发生了。淡水城中主事的官员不在，众人议论纷纷。有人提出要准备钱财送给八卦会党，让他们不要前来攻打淡水；有的人建议应该放弃城池逃跑。林占梅独排众议说：“淡水是有钱的地方，他们肯定会前来争夺。即使贿赂他们，怎么能保证他们不来攻城？来了怎么办？我们能逃往的地方，他们也能去，又能逃到哪里？现在和各位约定，不如把准备行贿的钱用作防守的经费。如果能渡过这个难关，这是各位的功劳，如果不能撑过去，我会一直战斗到死。”众人都赞同他的意见。林占梅就把家里10多万的财产作为军费粮饷，城中的士绅和商人也踊跃捐助。于是共同拥护候补通判张世英临时掌管淡水厅的大权，派人前往省城，向督、抚请示进一步行动的安排。并且率领大家到城隍庙，宰杀牲畜盟誓与淡水城共存亡，于是民心安定下来。五月，派蔡宇率领400名乡勇收复大甲，陈缉熙一同前行，请求张世英在翁仔社驻扎。林占梅派人联系东势角的罗冠英，安抚内山一带，自己则到淡水南部一带巡察，作为对这些地方的支持。不久，接到福建巡抚徐宗幹命令，布政使批准颁发总办台北军务的官印给他，通令各个地方。当时，淡水城北门外苏、黄二姓械斗，地方上动荡不安。林占梅制止械斗，捉拿带头人，尤其恶劣的就送官惩办，械斗方才平息。但是淡水城中游民很多，很容易产生骚乱。林占梅命令各个街道登记户籍，严加管束，每天发给口粮，耗费了不少资金，而此时军事方面的需求也很大，林占梅向别人借款来应对。再不够就变卖良田来补充，共耗费数十万两银子，家业濒临破产。同治二年春天，乡勇首领蔡宇攻克牛骂头、梧栖等军事要地，这是林占梅所策划的。梧栖是对外通商的口岸，富商聚集，林占梅认为可以从这里进军攻打彰化县城。他暗中联系郊商杨至器进行配合。二月，攻占梧栖，并乘势进兵到山脚庄，张世英也从内山前来和他互相接应。当时，清军大

[1]“艇船”就是米艇，而“艇匪”就是驾驶米艇的海上“盗匪”。

多驻扎在淡水厅城附近，和会党对峙了很久，都处于疲惫的状态。林占梅决定进兵，但被嫉妒他军功的人所阻止。徐宗幹催促他进兵，林占梅于是上书说明原因，大意为：“这些贼人本是乌合之众，死守孤城，势必难以持久。我军前后夹击，不是不可以一战。但是至今没有攻克，其实都是因为各路军队都是从鹿港进发的，贼人已经都知道我们的底细实力了。如果省城能够派遣一名大员，从淡水登岸，沿途招募兵勇，用来壮大声势，占梅当率领几千名团练乡勇同时南下，讨伐和招抚同时进行。他们肯定闻风丧胆，不战而逃。这就是用兵要先声夺人，再用实力进行打击。”徐宗幹肯定他的意见，于是让丁曰健担任台湾兵备道。十月，丁曰健到达竹堑，和林占梅商议进兵。林占梅亲自率领1000名精锐乡勇扼守山脚庄，夺取茄投，攻克大肚，进驻大肚溪南，放投降的将领进城作为内应。戴潮春一直驻扎在斗六门，彰化城中的会党商议是否要投降，股首江有仁持反对意见。十一月初三，林占梅派前锋林忠艺、林尚等人攻打南门，和官军联合攻破城门，于是收复了彰化县城。丁曰健进城后马上又前往鹿港，让林占梅的队伍驻守彰化城中。丁曰健进军时，对胁从会党作乱的各个村庄总是进行严酷镇压，林占梅则多次请求宽大处理，让很多人活了下来。十二月，戴潮春被平定。事后奏报朝廷，加封林占梅布政使衔。福建总督、巡抚因为林占梅热心公益，见义勇为，奏请简选任用。林占梅接到皇帝召见的圣旨，以生病为由推辞，不出来做官。林占梅擅长作诗和书法，精通音乐。战事期间，来往公文大多都是他亲自书写，闲暇时就弹琴歌咏，好像没事一样。他在淡水城西门内修建了一座潜园，结构布局很好。对往来竹堑的读书人，他都以礼相待。聚集文人饮酒赋诗的盛况，在北台湾首屈一指。林占梅著有《琴余草》八卷，没有刊行，徐宗幹为他写了序；又著有《潜园唱和集》。同治七年去世，时年48岁。弟弟林汝梅，字若村，年少即入县学。光绪六年（1880），福建巡抚岑毓英修建大甲溪桥，他出力赞助最多。台湾建省后，他督办铁路，参与清赋，名重一时。

连横评论说，侯官人杨浚新修《淡水厅志》，里面的文章有很多错误，这是因为夹带私心评论人物，怎么能让人信服呢？林占梅是当时的杰出人物，他捐献所有家产，帮助国家减轻困难，保障北台湾，妒忌的人多次设法陷害他，林占梅竟然因为气愤而死。杨浚不在这里为他表明清白，而把他列在《淡水厅志》的“志余”部分，又说他很有那种一发而系千钧的力量。所谓一发千钧，是指他功劳很大，作用很关键。把他列在《淡水厅志》“志余”部分，这不是太忽视他了吗？同安人林豪说：“占梅力排众议，挺身而出。对敌情的了解可谓一目了然，能运筹帷幄掌控全局。他多次收复险要的关卡，又收复坚固的城池。相比那些在台阶上磕头的人，林占梅的贤能他们如何比得上？”连横以为，林豪的评论比杨浚高明。作史必须有三项长处，而知人论世，尤其要看重史德，之后才不至于颠倒是非。

罗冠英　陈澄清

罗冠英，字福泽，广东潮州人。祖上来到台湾，居住在彰化东势角庄。村庄坐落在大甲溪东边，周围群山环绕，中间平原开阔，居民都从事耕作，崇尚武勇。罗冠英精通火器，百步之外弹无虚发；擅长谋略，预测的事情大多都很准确。内山曾经有一个人，狂妄奸诈，拉帮结派，欺压弱小。罗冠英命令一些健壮的人埋伏在险要的地方等待，向这些人发动攻击。这伙人被打败，罗冠英选择其中最凶恶的人处死，乡里人无不拍手称快。同治元年（1862）戴潮春之变，会党攻陷彰化县城，文武官员多被杀害，戴潮春进军攻打大甲，他们很早知道罗冠英的名声，派人邀请他入伙，被罗冠英拒绝。当变乱发生时，罗冠英召集同乡的人，向他们申明要当“义民”，有危难时相互接应。开始时大家有些犹豫不决，罗冠英振臂高呼，给他们分析，说明其中的利害关系，于是大家都同意了。于是他和村庄的总理刘衍梯、乡绅吕炳南等，招募了几百名健壮的乡勇，驻扎在翁仔社，他的朋友廖廷凤跟从他，把家产拿出来充作粮饷。竹堑的团练总办林占梅派人带着钱物来联络他，请他从内山偏僻的小路进攻四张犁庄，攻打戴潮春的老家。当时戴潮春已经向大甲发动猛烈进攻，大甲人环城坚守。代理淡水同知张世英率领军队到达，罗冠英也赶过来支援，打了大小好几战，大甲的围困才被解除。闰八月，罗冠英攻打寮脚庄，攻下后，继而收复了葫芦墩原清军的驻地，廖世元也打下圆宝庄并驻扎下来，继而进攻圳寮。林日成从彰化县城赶来和他们争战，声势汹汹。廖世元和林日成的队伍交战，身上受了十几处伤，到翁仔社后去世。张世英厚葬他，让他的哥哥廖江峰、弟弟廖树接替率领他手下的部众。十一月，林日成再次攻打大甲，断绝了输水通道，罗冠英又一次前来援救大甲。他把队伍分成两部分，在新厝仔和对方约战，高喊着冲入林日成的阵地，斩杀20多人，接着又和大安庄的人联合进攻水汴头。大甲城中的人听到炮声，出城从不同的方向和敌方交战。廖廷凤也指挥部下的“屯番”从后方进攻，前后夹击。林日成大败溃退，大甲又一次得以解围。同治二年，张世英派遣罗冠英等人攻打马公厝，夺取之后，一路进攻到四张犁庄。这时，官军大量聚集，戴潮春亲自攻打嘉义县城，委派陈梓生驻守四张犁庄。罗冠英乘势攻入，攻破险要处所，缴获很多旗帜和兵器，戴潮春失去了他的巢穴。十二月，官军收复彰化县城，戴潮春被杀。同治三年三月，福建陆路提督林文察率领军队攻打小埔心，陈弄率兵抵抗，双方相持了个把月。罗冠英突破对方的防线，在巡视各处的阵地时，中炮身亡。林文察十分震惊悲痛，派人护送他的灵柩葬家乡。戴潮春事变平定后，报告了他的功劳，皇帝下旨为他建立牌坊，入祀昭忠祠，并追赠他为忠信校尉。

陈澄清，小名睨，嘉义涂库人。生性睿智坚毅，遇事很果断。他有十几个朋友，都很勇敢有气概，遇到紧急情况都可以依靠，像亲兄弟一样相处。涂库在嘉义县城的西北部，是交通要道。那个时候，中原动荡，淡水、彰化也发生分类械斗，地方官怕事，不敢办理。陈澄清心中担忧，就在他居住的竹围外面修筑围墙，开挖壕沟，修建炮台堡垒，布置竹签，收集储存可以食用三年的米、盐等食物。周围的田地都种植番薯，栽种山箐，以防供给不足。后来戴潮春起事，攻陷彰化，杀害文武官员，进攻嘉义县城。各村庄都被占领，只有陈澄清起兵抵抗。附近的广东人村庄和盐水港，进行联防固守，都以陈澄清作为重要的倚靠。同治元年七月，台湾镇总兵林向荣在斗六门驻军，命令陈澄清运送粮食。陈澄清曾经在一天之中出战七次，三次袭击敌人的军营。林向荣嘉奖他，赏他五品官衔以及名马和珍宝。斗六门失陷后，会党进攻涂库。陈弄、严办率领众人盘踞在街市中，市场中的店铺都关闭了。陈澄清设埋伏等待，派遣壮士苏阿传带领十几个人，假借敌人的旗号，直接走到街上，高喊："元帅通知你们安心居住，照常贸易，违抗的人斩首。"陈弄的部众都在感到奇怪的时候，苏阿传已经大喊着"杀贼"冲出街道。陈弄率领部众前去追赶，陈澄清埋伏的士兵全部杀出，占据险要的地方发动攻击。苏阿传奋勇拼杀，杀死了好几个人。获胜回去后，他们没有一个人受伤。苏阿传和吴婴、陈瑞基、吴戇、王明都非常能作战，冲锋陷阵，十分英勇，陈弄等人都很怕他们，称他们为"五虎"。当初，戴潮春写信招纳陈澄清，被他拒绝。陈弄占据涂库后，发誓一定要灭掉陈澄清。他的哥哥陈必湖挺身而出去见陈弄，陈弄亮出刀剑会见他，陈必湖笑道："以前我以为你是当世豪杰，全心全意地想要跟随你效力，今天才知道你并不是想成就一番大事业的人。不然像我们兄弟这样可以受你指挥的人，怎么会这样被拒绝？"陈弄说："你真的要跟我，我怎么会拒绝呢？只怕你们不是真心的。"陈必湖趁机说："我们兄弟想要跟随您已经很久了，想趁这个时机建立非凡的功业，这是我们一个机会。但如果不授给大权，无法号令大众。如果您能够给一个将军的职位，那么明天就可以举旗响应。"陈弄大喜，请他坐下，和他交谈了一整天，授予他令牌，对他的警戒也稍微松懈下来。陈必湖回来后，立即召集勇士，约定五更后一起合力发动进攻。而这天夜里，陈澄清已经派人烧掉房屋，阻止他们回去的念想。陈弄看见房屋起火，知道被骗了，仓皇逃走。从此不敢再攻打涂库。陈澄清管理部众很严格，禁止赌博，禁止抽大烟，禁止偷盗和奸污妇女，赏罚严明，经常派出侦查人员，详细了解敌人的情况。每次出兵，不说明到哪里去，只是举刀自己走在前面，到了以后，才下令发动攻击，所以往往能够以少胜多。有的人问他为什么这样做，他回答说："打仗是一种危险的事情，出奇才能制胜；静若处子，动若脱兔；随机应变，然后才能取得胜利。如果大张声势，锣鼓喧天，让敌人及早知道，不是取胜的办法。"又说："兵不在多，而在于勇敢；人多想法不一致，反而会进退失据，即使有优秀的将领，也无法施展。"因此他重用的只有几十个人，并把这些人的家眷都安排在竹围里（村庄里）生活，和他们同甘共苦。打了三年的仗，没有损失一个人。他的侄儿陈适约居住在下庄，相距两里多地，有部众30—40人，也很能打仗。相邻村庄的青壮年听从他号令的也有600—700人，所以他们能够坚持很久。戴潮春被平定后，陈澄清想杀掉一些跟随戴潮春的人，陈必湖制止了他。他的弟弟陈澄江攻打元掌庄时，中炮身亡，陈澄清顽强进攻，擒获了对方头目共10多人，把他们的头砍下来祭奠他弟弟。陈澄清后来担任了斗六门都司。当初，陈澄清起兵时，埔姜仑庄的生员刘丰庆是广东人，听说他忠义，经常给他提供铅弹和火药，所以陈澄清不缺乏弹药。后来刘丰庆被他叔叔刘阿霖杀害，陈澄清给他报了仇。人们都认为他有古时候侠士的风范。

连横评论说，嘉义县有涂库，就像淡水厅有翁仔社一样。地方很小，不足以影响大局，但罗冠英驻守在翁仔社，林日成就不能攻破大甲进一步占领淡水；陈澄清驻守在涂库，陈弄就不能攻下盐水港进而威逼嘉义县。不是地方足以倚靠，而是这里的人发挥了作用。否则，像斗六门这样险要，背靠大山，前临浊水溪，本来完全可以固守，而林向荣竟然全军覆没，胜败的变化，为什么会如此不同呢？罗冠英四处征战，胸怀忠义而牺牲，人们都称赞他的英勇。像陈澄清这样从容部署，运筹帷幄，特别有名将的风范。

沈葆桢

沈葆桢，字幼丹，福建侯官人。以翰林身份出任江西广信府[①]知府。在太平军围城的战斗中，和妻子林氏[②]守城求援的事迹，广为人知。历任升到总理各国事务衙门大臣，事迹记载在《清史稿》。同治五年（1866），调任福建船政大臣。同治

① 广信府，今上饶市。

② 林则徐的女儿林普晴。

十三年（1874）夏天，日本借口牡丹社“生番”杀害琉球岛居民，派军队登陆台湾屏东，进攻台湾东南部的牡丹社地区，台湾沿海戒严。朝廷任命沈葆桢为钦差大臣，督办台湾军务。又命令福建陆路提督唐定奎率领军队进入台湾，由沈葆桢调遣。五月，沈葆桢到达台南，筹备防务，准备军需器械。中日两国之间差点发生战争，不久达成和议，清政府命令沈葆桢处理善后事宜。沈葆桢认为台湾是海岛地区，是东南各省的屏障，地大物博，许多国家都想侵略，如果不悉心经营筹划，难以成为富庶的地区。于是上奏请求把福建巡抚移驻台湾，以统一管理台湾的权力，这事记载在本书的《职官志》。朝廷经过讨论，同意了他的意见。台湾以前只设1府4县，权力主要集中在台湾道。台湾地域辽阔边远，人口增长很多，台湾的地方官员只求无事，不想在治理方面进行改革。沈葆桢认为，台湾北部已经逐渐开发，开垦的田地日益增多，因此奏请添设台北府、县，以有利于治理。大致说：

台湾固海外荒岛，康熙年间，收入版图，乃设府治，领台湾、凤山、诸罗三县。诸罗即今之嘉义，而嘉义以北，尚未设官。郡之南北各一百余里，控制绰乎有余。厥后土地渐辟，雍正元年，乃设彰化一县，并置淡水同知。九年，移治竹堑。起自大甲溪，至三貂岭下之远望坑而止，计地三百四十五里有奇。嘉庆十五年，复自远望坑迤北，东至苏澳，计地一百三十里，设噶玛兰通判以治之。则人事随天时地利之转移，虽欲因陋就简，固不可复得者也。然自噶玛兰抵郡，须十三日始达，政令皆统于台湾府。淡水设厅之时，淡北三貂等处，榛莽四塞，即淡南各社，亦土旷人稀。今则村庄比连，荒埔日辟。旧志称东西相距仅十有七里，今乃或五六十里，或七八十里。兰厅建治以后，自三貂岭绕至远望坑，复增地数十里有奇。其土地之日辟，古今不同有如此者。台北海岸，昔时仅有八里坌一口，往来之船，不过数只，其余叉港支河，仅堪捕鱼。今则八里坌淤塞，而新添各港，曰大安口，曰后垅，曰香山，曰沪尾，曰鸡笼。沪尾港门宏敞，舟楫尤多。年来夹板帆樯林立，洋楼客栈，阛阓喧嚣。其口岸之歧出不同，有如此者。前者台北幅员虽广，而新垦之地土著既少，流寓亦稀。百余年来，休养生息，前年编查户口，除噶玛兰外，已有四十二万有奇。近顷各国通商，华洋杂处，睚眦之怨，即启衅端。而八里坌一带，从教渐多，防范稽查，尤非易事。其人民之不同，有如此者。台地土产，以蓝、煤、茶、脑等为大宗，皆出自淡北。比年荒山穷谷，栽种愈盛，开采愈多。洋船搬运，客民丛集，风气浮动，嗜好各殊。且淡南大甲一带，毗连彰化，习俗尤悍。如淡水同知，半年驻竹堑衙门，半年驻艋舺公所，相去百二十里，奔驰废旷，势所必然。况竹堑南至大甲溪尚百余里，而艋舺北至沪尾、鸡笼亦尚各数十里，命盗等案，层见迭出。往往方急北辕，旋忧南顾。分身无术，枝节横生，公事积压，巨案迁延，均所不免。督抚知其难任，必择循吏能士，以膺是选。而到任之后，贤声顿减，不副所望，是地势之所使然。其驾驭之难周又有如此者。淡、兰文风逊于全台，岁科童试，厅考四五百人，而赴道考则不及三分之一。路途险远，寒士乏资，着鞭难至。又如词讼，则四民均受其害。刁健之徒，词穷而遁，捏造府控，一奉提供，累月穷年。被诬之家，昭冤有期，家已为破。欲矫其弊，因噎废食。概免厅提，则厅案为胥吏之所把持，遂失控诉之路，而械斗之端，则萌于内。至徒流之刑以上，拟定罪名，复须提郡转勘，需费繁多。岁月淹滞，赔累难偿，故不得不随之抹杀。官既苦之，民尤苦之。其政教之难齐又有如此者。故前者台湾道夏献纶请改淡水同知为直隶州，噶玛兰为知县，添一县于竹堑。臣鹤年、臣凯泰互相讨议，台事旋起，因此暂停。台南骚动之时，即有潜窥台北之忧。夏献纶住在该地，能策机宜，狡谋乃息。然海防洋务，瞬息万变，恐州牧不足以当之。况去年以来，自噶玛兰之苏澳起，开山抚番，至新城二百里有奇，至秀姑峦又百里有奇。若山前布置尚未周详，则山后之经营何从藉手？故就今日台北之形势而画区为三县，以分治之，则可以专其责成。设知府以统辖之，则可以系其纲领。伏查艋舺当龟仑岭两大山之间，沃壤平原，两溪环抱，村落衢市，蔚成大观。西至海口三十里，直达八里坌、沪尾。观音、大屯两山，可为屏障，且与省城五虎门相对。不特淡、兰扼要之区，实为全台之管钥。请于其地创建府治，名曰台北府。彰化以北，直至后山，胥归控制，仍隶台湾兵备道。附郭一县，南划中坜以上，至头重溪为境，计五十里，东西相去五六十里不等。方围折算百有里余，拟名之曰淡水县。自头重溪以南至彰化大甲溪为止，南北相距百五十里。其间竹堑，即淡水厅之旧治，拟裁淡水同知，改设一县，拟名之曰新竹县。自远望坑以北而东，以噶玛兰原辖之地，拟设一县，名之曰宜兰县。鸡笼一区，欲建县治，则其地不足，而通商以后，竟成都会。且煤务方兴，游民四集，海防已重，讼事尤繁。该处向未设官，亦非煤务微员所能镇压。若事事仰成艋舺，则官民共困。应请改噶玛兰通判为台北府分府通判，移驻鸡笼以治之。是臣等当外防内治之策，出于因时制宜。是否有当，伏乞饬部议覆，以便遵循。至建设城署，清查田赋，以及杂佐营汛，可改可增，俟奉旨允准之后，再与台湾道议详核奏。

朝廷经过讨论，同意了他的提议，而台湾北部于是日渐富庶。十二月，沈葆桢奏请“开山抚番”，废除之前的禁令，这事记载在本书的《抚垦志》。于是命令提督罗大春、总兵吴光亮、同知袁闻柝率兵分三路而进，在台东的水尾会合，修筑堡垒，驻扎部队，保护往来商人旅客，台湾东部和西部之间来往的道路就这样打通了。台湾绿营制度荒废败坏已经很久，沈葆桢奏请更改绿营驻军制度，修筑炮台，架设电报线，振兴商务。各种重要的政务，大多都进行改革。光绪元年（1875）七月，沈葆桢奉旨进京，中途视察了澎湖。沈葆桢后来调任两江总督，光绪五年十一月去世，谥号文肃，奉祀京师贤良祠。

连横评论说，清朝统一台湾以来，闭关自守，和世界上联系很少。如果不是“牡丹社事件”，我们的父老乡亲仍然陶醉在歌舞升平的海洋中。上天启发他们的心智，使他们的忧患意识与日俱增。添加行政区划的设置，增设官员，“开山抚番”，建立富强的基础。沈葆桢缔造的功劳，难道不是很伟大吗。可惜我们的家乡父老，仍然沉湎于眼前的安乐，不能与时俱进。

袁闻柝

袁闻柝，字警斋，江西乐平人。咸丰年间，以兴办团练闻名，后来随左宗棠平定浙江、进入福建，被保举为知府。同治八年（1869），捐款担任同知。同治十年，被派到台湾。同治十三年，牡丹社事件，钦差大臣沈葆桢命令他前往台湾后山察看地形，于是到了卑南，招抚了吕家望等社，率领“番社”头领陈安生到台湾府城，犒赏陈安生食盐和布匹等。从此，很多“生番”都归附了官府。十二月，沈葆桢奏请开山，分兵三路，派提督罗大春率领北路队伍，总兵吴光亮率领中路队伍，而袁闻柝率领南路队伍。袁闻柝立即招募绥靖军500名和民工300名，从南部开路推进。当时，台湾东部后山虽属台湾的地界，但道路还没有开通。到卑南去的人，大多从打鼓乘船，到琅峤后再向东走。沿着陆路走的人，由于山路险阻，瘴气盛行，“野番”又躲在森林中射箭袭击，不是遇害就是生病，因此走的人非常少。当开山的队伍出发之时，沈葆祯撰文祭拜台南山神，祭文如下：

昊穹伊始，群萌荒屯。圣哲阐绎，奠区辟浑。章趾亥步，隔漠绝蒙。山川之气，阏久乃通。我朝御宇，率土臣服。赤嵌一岛，版章攸属。百有余年，熏陶染沐。陬澨偏隅，声明文物。台阳之背，傀儡之东，野番所处，密林深丛。禽伏兽匿，风教未通。并生并育，纳之帡幪。土牛有禁，丰碑穹窿。勿侵勿轶，安彼颛蒙。流水出谷，古花犹红。牛刀羽织，猎罝鱼筒。涵奄蕃衍，蠢蠢虫虫。不识不知，顺帝之衷。如何东人，海中之国，敢背盟言，肆其毒螫。称戈修矛，潜图边域。

既戕我番，罔有安集。自牡丹湾，邻卑南觅。死者含冤，生者累息。疆吏入告，帝心用恫。乃命使臣，持节瀛东。拯之水火，护其蒿蓬。廷谕一下，喁喁向风。稽颡辕门，薙发输忠。吁请设吏，以发瞶矇。自下淡水，暨卑南社，群峰刺天，大樗满野。麋鹿攸居，鸟鸢不下。百数十里，古无通者。维彼番黎，踊跃芟夷。为我乡道，千夫随之。乃建一营，曰绥靖师。特命闻析，率以东驰。左载鉏镢，右挟剑铍。开辟险阻，削铲厓屭。五里一堠，十里一圻。毋使魑魅，阻途遏岐。毋使丛薄，踞熊宅罴。向为荒壤，崇朝九逵。俾我王化，靡远或遗。敬维山神，公侯攸属。柴燎之祭，群望咸集。幸相此举，以成厥役。侧闻畴昔，戮民干纪。私召诡徒，腾岩越鄙。显违邦禁，隐匿奸宄。维神之怒，泄雾数里。嘘噏瘴疠，踣崖颠趾。灵威昭融，遐迩仰止。今奉帝命，伐木刊山。上应气运，下辑獠蛮。维神之聪，能烛厥端。壑勿集蛊，谷勿藏貛。吹岚转飙，泉清水澜。俾我军士，征途孔安。维神之祐，亦民之欢。於戏噫嘻！秦通巴蜀，诳以金牛。汉通邛筰，蒟医是求。穷边黩武，以为神羞。维我国家，普偏怀柔。一夫不获，若纳之沟。跻于寿宇，廓此远猷。彼秦与汉，胡能与俦？虔具祝版，告之山陬。神其鉴临，与国咸休！

于是从赤山进入双溪，到达内埔。在半路上遇到祖望力社“土番”，将其击退，杀了他们的头目。九月，穿过崑仑坳。十月，到达诸也葛，过研仔仑，到达后山。十一月，驻守卑南。袁闻柝在此期间染重病，于是回府城医治。光绪元年（1875）三月，再次前往卑南，担任南路抚民理番同知。卑南刚刚开始建设，各种设施还不完备，就把卑南厅的衙署暂时设在绥靖营里。先后招抚了卑南北部的“番社”，从平地到高山，归化的“土番”日益增多。袁闻柝又招揽民众前来垦荒，发给牛种银，开垦巴垄卫大陂的荒野，来的人逐渐增多。袁闻柝还设了许多学校，来教化“番社”的民众。总督、巡抚赞赏他的做法，晋升他为知府。光绪二年，卸任绥靖军，调到中路，随总兵吴光亮征讨阿棉纳纳社。平定后，赏戴花翎。光绪四年，又带领绥靖军驻守卑南。光绪五年，阿马萨社发生叛乱，前往征讨。五月，修建南路理番同知的衙署。后又修建昭忠祠，用来祭祀开山过程中牺牲的人。光绪七年五月，升任台湾府知府。光绪九年，调任福宁府知府。光绪十年五月，在任上去世，享年63岁。袁闻柝为人有胆略，勇于担负责任，他在台湾后山时间最久，所以能在当地有所建树，有功于朝廷对当地的教化。在开山修通台湾东西交通道路过程中，提督罗大春、总兵吴光亮都有功劳。

连横评论说，开山这项工程，是台湾历史上的大事。能有这项成就，沈葆桢有开创的功劳，而袁闻柝、罗大春、吴光亮也辅助出力了。我听说袁闻柝所建的昭忠祠，现在已经荒废了，当时死去的那些人的事迹，也将被埋没忘记，所以把他们附在这里。他们是：候补通判办理营务处汤承、南路抚民理番同知余修梅、南路抚民理番同知邓原成、南路抚民理番同知欧阳骏、招抚委员陈昌言、帮带海防屯兵参将李得胜、代理台东直隶州知州高垚、帮统后军张吉祥、武功将军鄷炳南、振威将军刘得胜。

刘铭传

刘铭传，字省三，安徽合肥人。少年时就见义勇为。洪秀全太平军起义，湖南曾国藩奉旨办理团练，刘铭传也在家乡办团练，屡立战功。同治元年（1862），李鸿章招募淮勇，听说刘铭传这个人，任命他为管带。他率领铭军，屡战屡胜，以军功封一等男爵。相关事迹记载在《清史稿》。光绪十年（1884）中法战争，法军侵犯台湾，形势危急紧迫。皇帝下诏任命他为督办台湾事务大臣，不久又任命他为福建巡抚，授太子少保，加兵部尚书衔。闰五月二十八日，刘铭传到台北，迅速筹划战守事宜。台湾是海防要地，它的安危关系到整个东南沿海，但原来的军事和政务都亟需整顿，军饷和器械也十分缺乏。不久，法国舰队攻打基隆，刘铭传带领提督曹志忠、苏得胜、章高元、邓长安迎战。法军大败，被杀死中队长 3 人，缴获联队旗 2 面。七月，法国舰队攻福州，进入马尾，烧毁造船厂。船政大臣张佩纶没有应战，闽浙总督何璟也惊慌逃走。清廷命令大学士左宗棠督办福建军务，刘铭传才得以稍事整顿台湾军备。台湾兵备道刘璈驻守台南，也能打仗，因此刘铭传不需要南北兼顾。但刘璈由于兼管营务处，又恃才傲物，经常不服从指挥，刘铭传对他很不满。八月，法军再次进攻基隆。刘铭传督战，炮弹突然在不远处爆炸，炸死了好几个人，身边随从请刘铭传退到后面。刘铭传说：“人会找炮弹，炮弹怎么会找人？”大家听到后奋勇战斗，士气大振，法军又一次败走。不久，传来情报，法国舰队另外分兵进攻沪尾。沪尾是台北的要害，距离台北城 30 里，刘铭传担心沪尾如果失去，台北就很难守住，于是命令从基隆撤军。各位提督极力劝说他不要弃守基隆，刘铭传不听，只留下统领林朝栋驻守狮球岭。有人对此有所非议，刘铭传说：“这些人根本不知道我的深远用意。”后来法国舰队三次攻打沪尾，都挫败退去。左宗棠因为基隆失守，弹劾刘铭传。刘铭传也上奏申辩。法国军队据守基隆，图谋南下，都被林朝栋所阻挡。光绪十一年二月，法国舰队又攻占澎湖。这时清军在越南接连取胜，法国人也没有和清军持久战争的意图，于是双方议和，法国舰队撤退离开。清廷命令刘铭传驻守台湾，筹办善后事务。六月，刘铭传上奏说：

窃法兵退让澎湖，臣同前陕甘总督杨岳斌于本月十七日会奏在案。善后各事，急须次第举办，谨为我皇太后、皇上陈之：

一、台澎以设防为急务也。查全台各海口，大甲以南至凤山，沙线辽阔，兵船不能拢岸，远隔四五十里，近亦二三十里，设防较易。而大甲以北，新竹一带海口分歧，直至宜兰，兵船可入，至远不过三五里。基隆、沪尾虽可停泊兵船，赖有山险，如有巨炮水雷，设防尚能为力。唯新竹沿海平沙，后垄、中港皆可出入三号兵船，地势平衍，全恃兵力，颇难着手。然犹较胜于澎湖。臣派提督吴宏洛至该处察看情形，据称地无草木，一片沙石，无土可取，面面受敌，甚难为力。唯港口以南，天然船坞，最宜停泊兵船。臣到台一年，察看形势，不独为全台之门户，亦为南北洋之关键。欲守台湾，必先守澎湖；欲保南北洋，亦必须保澎湖。如能澎、厦驻泊兵船，防务严密，敌船附近无可停泊，则不能飞越深入，不顾后路。此澎、厦办防固为全台之急，且非仅台湾之急也。试就澎湖而论，若欲办防，则须不惜重费，认真举行。纵兵船一时难集，而陆兵不过三千，必须多购大炮，坚筑炮台，制办水雷，屯积粮薪。计购炮筑台需费约在四五十万两，须一二年内方可告竣。若敷衍将就，不若不防。既节数营之饷，亦免临事覆车之累。应请旨定夺。

一、台澎军政急宜讲求操练也。查台湾军务弛废已久，湘淮各军皆强弩之末，欲杜浮冒，挽回积习，非切实讲求操练不可。近时各营多用后门枪炮，尤非勤习操练，不能施放。不识码号，则不识远近高低，枪出无准，是有利枪与无枪同。且不知拆机磨擦，遇雨遇湿，上枪则损。重价购之，随意弃之，尤为可慨。是练兵非仅台湾急务，亦各省之急务。唯台湾烟瘴之地，兵丁半多烟病，将贪兵猾，宽则怠玩不振，积弊难除，严则纷纷告假，去而之他，一时颇难整顿。现同沈应奎、陈鸣志商酌裁留营数，除镇标练兵不计外，共拟留三十五营：台南合澎湖十五营，台北合宜兰十五营，中路嘉义、彰化、新竹一带拟派五营。论形势则台北为吃重，论地方则台南为辽长，则再无可减之兵矣。

一、全台赋税急宜清查也。查台湾田产之美甲于天下，一岁两熟。而淡水一县，每年额征钱粮耗羡银七百八十余两，正供官谷九千余石。宜兰并无钱粮，其余县分赋税亦轻。计全台所入关税、厘金并盐务，每年可得银一百零数万两。将来整顿盐务，剔除各项中饱之资，每年可得一百二十万两。以台澎三十五营，每年需饷一百二十余万两，尚有轮船经费，一切杂款，并须添设制造局，每年需饷约在一百四五十万两。若能将各县赋税清查无遗，以台湾之入款，供台湾之所用，自可有余无绌。唯清赋一事，要在官绅得力。臣不谙吏治，昧于理财，商诸沈应奎办理之法，议必先行清查户口。次第举行，恐须一二年内方收实效。

一、全台生番急宜招抚也。查台湾生番从前多在外山，因遭闽粤客民愈来愈众，日侵月削，遁入内山，种类繁多。近亦耕稼为生，各有统属，平居无事。而土匪、游勇每有百十成群，聚集于番民交界之处，抢劫居民，或侵占生番田庐，骗其财物。一有争端，辄起械斗。奸民被杀，则诉于官，派兵剿办。而生番被杀，冤无可诉，集众复仇。仇怨日深，两不安靖。若不及早设法招抚，使之归化，将来番地日蹙，结怨甚多，郁久必变，恐成陕甘回匪之祸。即以防务而论，防海又须防番，势难兼顾，治理为难。若得生番全服，仅防外患，不忧内侮，既节防费，且可开山伐木，以裕饷源。夫设防、练兵、清赋三者，皆可及时举办，唯抚番不易，应俟三者办成后，方能议行。其次如安设电报，修路造桥，以通南北之气；清理屯垦，开矿采木，以兴自然之利，亦为要务。臣智识庸愚，难胜艰巨。御敌既无方略，办事又乏才能。每念时局之艰难，不能图报于万一，徬徨中夜，深自疚心。唯有竭其愚忱，努力尽职，勿敢稽延，以开废弛之渐。管见所及，恭折敬陈。

不久他又奏请专门驻守台湾，其中说：

台湾为七省门户，各国无不垂涎。每有衅端，咸思吞噬。前车可鉴，来轸方遒。所有设防、练兵、清赋、抚番数大端，均须次第整顿。臣曾平居私念，以台孤悬海外，土沃产饶，宜使台地之财，足供台地之用，而后可以处常，可以处变。此次莅台经年，访求利弊，深见实有可为，甚惜从前因循之误。固知补救未晚，而时会迫切，势不能不并日经营。况臣才质庸愚，恐难胜任。重以闽疆公事繁多，而又远涉重洋，顾此失彼。与其贻误于后，曷若陈情于前。再四思维，唯有乘此未接抚篆之时，准开福建巡抚本缺，俾得专办台湾事务，庶几勉效寸长，或可无致陨越。

朝廷下诏任命杨昌濬兼任代理福建巡抚，刘铭传于是得以专门驻守台湾。

之前，同治十三年（1874），钦差大臣沈葆桢奏请台湾建省，清廷商议后没有同意。到这时，左宗棠再次奏请建省。光绪十一年（1885）九月，朝廷下令设立台湾省，以福建巡抚为台湾巡抚，兼理学政。清廷认为，台湾省新建，很多事都要兴办，不是文武兼备的大臣，难以胜任治理台湾的重任。于是下诏任命刘铭传为福建台湾巡抚。光绪十二年四月，刘铭传就任后，他和福建总督杨昌濬奏请改设行省等相关事宜，应当以整顿财政为关键。这事记载在本书《度支志》。前贵州布政使沈应奎因罪被撤职，并被处以“永不叙用”的处分，刘铭传知道他的才能，奏请破格使用，朝廷没有同意。刘铭传再次大力推荐，于是被任命为台湾布政使。沈应奎有谋略，愿意辅助刘铭传，台湾财政因此日渐改善。[①] 刘铭传在奏折中所说的治理台湾的四件事情，也先后举行。把台湾省会决定建在东大墩[②]，因为新设的台湾府城（今台中市）刚开始修建，各种设施还不完备，所以，巡抚衙门暂时驻在台北。台湾以前的班兵，都调自福建，时间久了之后积累许多弊病。光绪元年，沈葆桢奏请裁撤班兵，就地新募勇营，朝廷没有同意，只同意在台湾镇标[③] 设置练勇。到中法战争期间，刘铭传自带淮军 10 营来台湾，取得了不错的战果，这才使用了练勇，只剩下 35 个营作为台湾的防备力量。刘铭传在台北设置了总营务处，隶属于巡抚，以候补道卢本扬担任总办，台湾军事行政因此焕然一新。然而台湾是海中孤岛，防御的任务很艰难，于是聘请了德国人为工程师，新建了基隆、淡水、安平、打鼓各炮台，或是对原来的炮台加以改造维修。购置大炮，共计花费了 64 万多两银子。又在台北设置了军械机器局，委派记名提督刘朝干为总办。并设置了火药局、水雷局，计划自己制造武器。因为台湾地处海外，全靠航运，一旦发生战事，和大陆的航运往来容易被阻断，不这样做，无法在武器弹药方面自给。五月，奏请清理田赋。六月，在台南、台北两府设清赋局，由布政使管辖，各县设清赋分局。而各厅县都认为，想要办理清赋，首先应当清查户口，才能调查清楚赋税的基本情况。于是通令所属府县，限两月之内完成户口调查并且上报。户口调查完成后，就根据这些数据开始清理田赋。按照旧例，以“甲”作为计算田亩的单位，每甲相当于 11 亩。这事记载在本书的《田赋志》。当时各种流言蜚语四处流传，土豪劣绅暗中进行阻挠。彰化知县李嘉棠是贪官污吏，执行清赋工作中又非常不谨慎，出现了许多差错，县民施九缎纠集民众进行抗拒，各地也蠢蠢欲动。刘铭传命令栋军统领林朝栋加以平定，而清理田赋的工作也在光绪十四年完成，田赋的收入急剧增加了 49 万多两。之前，沈葆桢在台湾时，就曾经办理过招抚“土番”、开垦荒地的事情，刘铭传在他的基础上进行扩大，设抚垦局，奏请简派任命在原籍的绅士林维源为总办。设立“番学堂”，发布隘勇制，用来推行“番政”。对不服从的“番社”，就派军队征讨。林朝栋攻打东势角的“番社”，在罩兰屯兵，威逼

① 在光绪十三年二月二十四日朝廷任命邵友濂为台湾首任布政使之前，沈应奎代理布政使。他正式担任台湾布政使，在光绪十六年六月。

② 东大墩，今台中市。

③ 镇标，清代总兵统辖的绿营驻防军。

苏鲁、马腊邦两社，但他们还是不服从。五月发动进攻，不能取胜。光绪十二年七月，刘铭传亲自带兵前往平定，剩余的“番社”也先后归顺服从。当时，各项事业都兴办起来，但台湾南、北相距遥远，各地之间的联系也很困难，于是筹办邮政，增加架设电报线，修建铁路。又派被革职的道员张鸿禄、候补知府李彤恩考察南洋各地的商务，在新加坡设招商局。购买了驾时、斯美两艘轮船，用来航行于香港和上海，最远到达新加坡、西贡、菲律宾等港口，台湾对外贸易因此取得大发展。光绪十三年，兵备道陈鸣志、镇海后军副将张兆连禀请开山修路，刘铭传同意了。从彰化的集集到水尾[①]，新设了台东直隶州和埔里社厅。设置脑务局和煤务局，由官方办理。兴办产业，发展经济，鼓励工商业，铸造新钱币，推行保甲制度，谋求台湾的长治久安。在台北创办西学堂，用来培养优秀人才。刘铭传还兼管教育行政，光绪十五年，前往台南主持当年的岁考，有人说刘铭传没有什么文化，到岁考成绩公布时，被录取的都是当时的优秀人才。这一年，他命令林朝栋的部队修筑省城，基隆铁路也快铺设到新竹，但这时朝廷中对他有不少牵制，官场上和一些读书人又指责他做事过于激进。刘铭传知道很难再做下去，于是在光绪十六年十月奏请辞职。清廷命令布政使沈应奎暂时代理台湾巡抚的职务。光绪十七年四月初二，朝廷任命邵友濂为台湾巡抚，而刘铭传原先推行的各项事业全部半途而废。刘铭传因病辞职回家后，就没有再出来做官。甲午战争爆发，清廷想任命他为领兵大臣，被刘铭传推辞了。听到台湾被割让给日本，刘铭传非常痛心，李鸿章写信宽慰他。光绪二十二年十一月二十七日，刘铭传在家乡去世，享年 60 岁。朝廷进行悼念，追封他为太子太保，谥号壮肃，批准建立专祠祭祀。

连横评论说，台湾三百年间，有才干的官员不少，但是能制定长治久安政策的只有两人：一位是参军陈永华，一位是巡抚刘铭传，他们都是对国家有大功劳的人。陈永华具备辅佐帝王的才能，在艰难困苦的危局中，他做事就像诸葛亮一样。刘铭传只是比管仲、商鞅稍逊一些，却没能实现他的愿望，中途离开台湾，这是台湾人的不幸。但他所建立的功业，可以和台湾一起永存。

刘　璈

刘璈，字兰洲，湖南岳阳人，以附贡生的身份参军。大学士左宗棠在西北统率

① 水尾，今花莲县瑞穗乡。

军队时，召他担任记室[①]，参与军事计划，拟写军事文书，气概豪迈。平定新疆后，因为功劳被推荐为道员。光绪七年（1881），担任台湾兵备道。当时正商议台湾建省，每年福建巡抚都要巡视台湾。刘璈到任后，提出了很多规划。因为彰化位于台湾南北居中的位置，他建议把兵备道移到彰化县城，并且设置同知，委派副将驻守，彰化知县改驻鹿港。大肚溪以北，大甲溪以南，方圆数百里，土地平坦宽阔，水环山抱，可以作为一个大都会。修建城池和衙署的费用，应该由台湾、凤山、嘉义、彰化等县共同帮助。福建巡抚岑毓英也选择东大墩的山脚下作为将来修建省城的地方，但都还没有开始实行。刘璈敢于担当，主动做事，不怕艰难。他整顿吏治，振兴文化和社会风气。因为台南是最早开发的地方，街道低矮狭窄，疾病丛生，他想拓宽道路，开凿运河，引水进城，船只可以进入城区。但府城里的人不同意，因此只疏通了一些沟渠，排出了一些污水。他派镇海营的士兵修建了府城通往安平的道路。府城发生大火，烧毁了几十间商铺，烈火冲天，大家都不敢靠近。刘璈接到火警，穿着短袖的衣服，挽起裤脚，登上屋顶，指挥士兵拆掉火区旁边的房屋，阻断了火路。府城里的人都很感动。

中法战争爆发，岑毓英在广西统领军队，刘璈写信给他，请他帮助黑旗军抗击法国军队。并且说：“今日之事，鲜不韪战而诽和。抑知和战皆系一理。事决于和，不能不先决于战，盖能战而后能和。为越南计，为中国计，是在和缓而战急。然必外主乎和之名，内助其战之实。慎战于始，庶能缓和于终。”岑毓英很赞同他的观点，后来就招抚刘永福为清政府所用。中法开战后，沿海警戒。刘璈驻守台南，他努力协调军民关系，筹备防守和攻击，举办乡勇团练，筹集军需物资。但台湾岛屿绵延上千里，防守的军队只有16500名，兵力不够布防。刘璈将队伍分为五路，自己统领一路军队，有事作为策应。他请求闽浙总督驻守台湾，居中调度指挥，没有被采纳。又奏请选派懂军事的高级将领前来督办台湾军务，以便统一指挥，于是命令代理福建陆路提督孙开华率领所部驻守台北。光绪十年三月，法国军舰侵扰台湾。四月，刘璈上书闽浙总督和福建巡抚，其中说：

> 台湾本有为之地，为之亦非无把握，端赖有治人，有治法，又有治权，则事可得为，地方亦可制治。然其事之可为而不得为，有非镇道所能为者，沈文肃公已言之矣。台湾防务不外山海，平时则山烦于海，有警则海重于山。然必先整山防，海防始有凭藉。否则内外交讧，防务更难措手。此山海所宜

① 记室，相当秘书。

并筹也。议者以台湾自办开山抚番，十余年来，伤人逾万，糜饷数百万，迄无成效，以致奏请停办，意在节流。是不推究于办理之非人，又非其法，而徒谓开抚之无益，是未知台事之底细尔。夫事在人为，为果得人，不特山前已辟地方可期整顿，即山后、山中似辟非辟、未辟各区，垦务、矿务、材木、水利等项，皆利源所赖。若开办得法，农、工、番、渔皆足寓兵，且足筹饷。饷藉兵力而源以开，兵藉操作而用愈活。始费虽巨，不十年间，定可次第收回。十年以后之利，正自无穷。所谓始难而终易也。此则因利而利、以台治台之大略。然必豫筹于平日，乃能应用于临时，固非欲速见小，所能为功；尤非偏持遥制，所能济事。如再故事奉行，回护前失，狃于近似，浑忘远谋，势必仍旧仓皇，兵饷两蹙。万一台湾为彼所袭，地大物博，取多用宏，凡我所欲为而不得者，彼皆为所得为，则南北洋务将无安枕之日。是误台即误国矣，由办之不早办也。台、澎四面皆海，周围三千余里，无险可扼，随处可登。备御之法，较各边省尤难。今筹防派分五路，因地制宜。如专归道统最当冲要之南路，又杨署镇在元所统中路，张副将兆连所统后路，新旧营勇，皆经职道挑选，训练紧严，及另备活营。章提督高元所统淮军，杨提督金龙所带湘军，皆属器精兵锐，能战能守。兼以水陆团练，认真操演，虚实互用，三路陆防固已可恃。如能得前路、北路一律整齐，则不患台防之不振，而患海面之不周。兵船既少，又乏水雷炮舰，以备抵御。如台南郡城偪近海隅，浅露平脆，不足当冲。而安平、旗后、基隆、沪尾各炮台亦如之。倘敌人以坚舰聚泊港外，专以巨炮击我城台，一无抵制。是彼则不战而胜，特逞所长；而我则战守两穷，莫掩所短。经历陈请，亦鲜良方。故前详不求角力于海中，只求制胜于陆上，则以陆防之权固操自我也。夫权在我，则敌由我制。五路防军虽分犹合，运用皆可自如。特恐我权不一，是我先为我制，何能制敌？此又陆防之难者。盖以远隔重洋，事事扞格。职道鉴前虑后，曾以权缓急、决疑难、定刑赏三大端，断非专阃节制不可，详恳奏请简派知兵大员渡台督办，实为安危第一要著。而宪示以督办非外省所得擅请，仍饬职道勉为其难，敢不祗遵。然难果得为，勉尚有济，勉为不得为，亦终难。义在致身，他复何恤？唯有尽其心力所能至，以仰答君恩宪德于万一尔。

闰五月，防务大臣刘铭传到台湾，重点经营治理台北，而把台南委托给刘璈。当时军务繁忙，军费紧缺，台湾道和台湾府两个银库存有银子100多万两，刘铭传命令拨出50万两支援台北，刘璈没有同意。[1] 刘璈台湾兵备道兼管营务处，按规定可以直接上奏，因此不太接受刘铭传指挥，刘铭传很不满。六月，法国军舰攻打基隆失败，再次进攻又遭受挫败，清军士气高涨。刘铭传突然撤兵导致基隆失守，刘璈揭发刘铭传的过失，并且检举李彤恩的蒙骗罪行。左宗棠根据刘璈的报告上奏，清廷下旨对刘铭传严厉责备，并革除了李彤恩的职务。因此，刘铭传更加痛恨刘璈。九月初五，法国舰队司令孤拔下令封锁台湾港口，航运受阻中断。刘璈认为法军这样做违反国际公法，于是会见各国领事，请他们出面干涉。各国领事认为事关重大，必须等本国政府的命令才能决定。于是刘璈以密函恳求沿海各省总督、巡抚代为上奏。此事记载在本书《外交志》。基隆失守，澎湖也沦陷了，刘璈上书检讨自己的过失。多次恳求南洋大臣、北洋大臣派舰队援助台湾，但一直没有等到。光绪十一年二月，孤拔率领舰队停泊在台南安平，通过英国领事邀请台湾道会见。刘璈准备前往，左右部下劝说："法国人很狡猾，去有危险。"刘璈说："不去的话，他们会认为我胆怯。岂有此理！老子难道会怕死吗？"到了安平，他告诉炮台的守将说："一有警报，马上开炮攻击法国舰队，不要因为我在那里而不敢打中他们。"孤拔和刘璈见面气氛融洽，还设宴招待他。谈到当时的军事状况，刘璈说："今天我们见面，是为了双方的友谊，请不要说其他的事。"孤拔说："台南城池这么小，兵力又弱，你们将依靠什么战斗呢？"刘璈说："确实是这样。但城池是用土石建筑的，士兵也好像纸张一样比较脆弱，但是我们民众的决心好比钢铁一样。"孤拔听后了无话再说。刘璈喝到醉了才回来。[2] 法国军舰也离开了，台南因而没有受到侵犯。

中法议和后，朝廷命令刘铭传担任台湾巡抚，[3] 经营台湾的善后事宜。五月，刘铭传上奏说："包办洋药厘金董事陈郁堂吞匿鹿港等口厘金四万六千余两，叠经札提来辕讯究，竟敢抗延不到。台湾道刘璈有督办税厘之责，当上年秋冬饷项支绌之时，应如何筹画，以备接济，顾持危局，事前既不查察，事后又不追还，显系通同作弊。已由臣檄令撤任。"过后又检举刘璈罪状18条，其中有许多都不是事实。朝廷下旨革除刘璈官职，查抄没收他的家产，命令刑部尚书锡珍、江苏巡抚卫荣光

---

① 刘璈曾先后拨给刘铭传饷需三十四万余两，除去台南的饷需，道府两库的库存已经用尽。刘璈拒拨饷银的说法不确。

② 光绪十一年二月初二，孤拔还在浙江镇海口外军舰上，准备启程前往澎湖。在中法交战、法军封锁台湾港口海岸，刘璈不可能单身赴法舰会见孤拔，没有任何史实根据。

③ 光绪十一年九月以刘铭传为台湾巡抚。

到台湾查办案件。十月，奏请拟斩监候的处罚，后来改判为流放黑龙江。官场上很多人都认为刘璈很冤屈。黑龙江将军穆图善听说他有才干，聘请他当幕僚，过了几年，准备为刘璈请求结束流放返回家乡时，刘璈竟然病死了。

刘璈在台湾任职时，著有《巡台退思录》三卷，刘铭传奏请销毁此书的印版。后来我找到这部书，才读到其中的内容。当初，刘璈提议将台湾道衙门移到彰化，而台北知府林达泉则认为应该移到台北。林达泉著有《全台形势论》的文章，其中说：

全台形势，翼蔽东南，幅员绵邈。以目前而论，台湾为府治所在，镇道建节，实为扼要之区。然统全局而筹之，台湾地处下游，如人居于矮屋之中，不能昂头四顾，是未若台北之地据上游，控制全局，犄角福建，尤有振衣千仞、濯足万里之概也。夫省郡辐辏之区，必据山水交会之胜。台湾逼近海滨，地势卑薄，北有蔦松溪，南有二层行溪，源短流弱，骤盈骤涸。而台北则平原沃壤，周回数百里，实为天府之域。其山则有三貂岭、大坪林，开列如障，迤逦而来；又有观音、大屯二山，雄峙水口，以为拱护。其水则有二甲九、三角涌、水返脚三溪，源远流长，百有余里，均汇于艋舺，乃由关渡出沪尾以入于海。全台之水皆不汇，而三溪独汇。全台之溪皆不通舟楫，而三溪独通。此山水之胜一也。昔晋人谋去故绛，韩献子以郇瑕氏土薄水浅，其恶易觏，民有沈溺重腿之疾，不如新田，土厚水深，有汾浍以流其恶，晋侯从之。今台湾府治地既斥卤，泉尤不洁。而台北则有三溪洪流，荡涤污垢，且泉脉甘美，饮之舒泰。此水泉之胜二也。台南所产，以糖为巨；而台北则菁华所萃，米、茶、油、煤、硫磺、樟脑、靛青、木料等产，每年二三百万金，故富庶甲于全台。此物产之胜三也。全台通商口岸，南有安平、旗后，而安平自夏徂秋，风起水涌。从前安澜、大雅两轮船，皆以是而搁浅毁坏。旗后则内港渐淤，近议用机开挖，闻亦未易疏通。是台南两口一险一淤，通商实无大益。若台北则基隆潮涨潮退，均可碇泊；沪尾潮涨之时，巨舟可入。故全台通商在台北者恒十之七八，而在台南者只二三。此口岸之胜四也。且基隆、沪尾皆与福州对渡，水程不过六更，朝发夕至，又无横洋之险。若福州至安平，必历黑水沟，过澎湖，不唯远倍台北，险亦倍之。此又远近安危之迥异，其胜五也。夫台北与福州地势既近，呼应极灵。督抚在省调度，左提右挈。万一台疆有事，内地师船可以径渡。即内地有事，台北亦可策应。此又两地相为表里，其胜六也。夫就台论台，台北之胜于台南者四；就闽论台，台北之胜于台南者亦二。窃意台北经营措置，少则五年，多则十载。

台湾巡道当移驻台北，不唯风气日辟，势不能遏，抑亦形势扼要，理有固然也。

林达泉是广东大埔人，字海岩，之前担任淡水同知。光绪三年（1887）升任台北知府[①]，在任上有善政。又著有《治台三策》，许多著作都没有记载。

连横评论说，中法战争期间，刘铭传在台北统领军队，而刘璈驻守台南，两人都有治理国家的才能。如果刘璈不因为罪名而离开台湾，辅助巡抚进行经营，台湾南北一起发展，一定会取得可观的前景。可惜刘铭传竟然不能容他。所以说，不是人才难得，而是能用人才的人更难得，这话很有道理。

林平侯

林平侯，名安邦，号石潭，平侯是他的表字，籍贯福建龙溪。他的父亲林应寅移民来台湾，住在淡水的新庄，开设私塾教学生。林平侯 16 岁时到台湾探望父亲，在米商郑谷家做工。性格纯正谨慎，吃苦耐劳，郑谷非常信任他，几年后林平侯就积累了几百两的银子，郑谷又借给他上千两银子的资金，让他自己独立经营。林平侯会书写计算，能根据市场的变化盈利，获得丰厚的报酬。郑谷年纪大了准备返回家乡，林平侯要把本金和利息还给他，郑谷没有接受，林平侯就在芎蕉脚庄购置田产，把每年收的租金送给郑谷。不久，林平侯和竹堑的林绍贤合作经营全台湾的盐务，又购买帆船运送货物，往来南、北洋进行贸易，拥有几十万的资产。40 岁时，他捐献粮食得到同知的官职，被分派到广西，代理浔州通判，暂时代理来宾县知县。后来调任桂林同知、代理柳州知府。他很有才干，广西巡抚很器重他。嘉庆十九年（1814），大学士蒋攸銛担任两广总督，有人诬蔑林平侯，私下向总督说他的坏话。等到林平侯拜见蒋攸銛时，林平侯陈述政务，都能切中要害，蒋攸銛对他很欣赏。不久，林平侯称病辞职回台湾。那时，淡水发生闽、粤械斗，又发生漳、泉械斗，蔓延涉及几百个村庄。林平侯出面调解平息。新庄地处交通要道，经常被不同族群的人争夺，林平侯于是迁到大嵙崁，建起了大房屋，修筑了高墙，致力于农业，开垦荒地，开挖水渠，每年收获稻谷数万石。后来，他又开垦淡水郊外的荒野，最远到达噶玛兰，收入越来越多。于是开辟三貂岭，开通淡水到噶玛兰的道路。林平侯富裕后，挂念龙溪家乡族人生活贫苦，就效仿范仲淹设置义庄的做法，买了几百甲的良田，用田租作为族人教育和救济的经费。他又捐献学租，倡导修建淡水的文庙和海东书院。道光十二年（1832），嘉义县张丙起事，清军进行讨伐。林平侯赞助

① 林达泉并没有担任过淡水同知。光绪三年，林达泉被沈葆桢以外省知州保举为台北知府，光绪四年三月到任，同年十月即卒于任上。

军饷 2 万两银子，清政府授给他道员的头衔。林平侯有五个儿子：长子林国栋早年夭折，次子林国仁、三子林国华、四子林国英、五子林国芳。林国仁和林国英都是收养的，林国华和林国芳都有名气。

林国华，字枢北，英俊伟岸，有他父亲的风采。林平侯年老时，把家事托付给他。林国华对父母孝顺，对兄弟友爱，每天早晚都随侍父母身边，亲自照顾父母的饮食起居。每次父母责备时，都跪着接受。林国芳，字小潭，林平侯十分喜爱他。林国芳小时候爱好练武，长大后改变成爱读书。听说厦门吕世宜的名望，就准备了礼物去拜他为师。林平侯去世后，林国华仍然住在大嵙崁，这里靠近内山，“土番”强横，裸体进出。咸丰三年（1853），林国华选择住到枋桥[①]，建造豪华的住所，园林规模之大和华美程度在台湾北部是第一。遇到有名望的读书人他总是想办法招揽前来。兄弟之间亲善友爱，财产共同拥有，大家庭住在一起，家族的垦号称“林本源”。那时候，淡水还有很多地方没有开发，“番界”里的土地特别肥沃。林国华招募佃户进行开垦，引水灌溉，每年收入租谷 10 多万担。咸丰七年，林国华去世。过两年，又发生漳、泉械斗，损害特别严重。林国芳首先举办乡勇团练，修筑城楼，招募几百名勇士，预备防守。每次战斗，他都亲自登上城墙，用鼓声激励大家。他对有功者给予奖赏，对战死的人进行抚恤，所以，每个人都奋勇效力。过了 10 年，械斗平息，他在枋桥修建迪毅堂，祭祀阵亡的人，迪毅堂还保存到现在。林国华有三个儿子：林维让、林维源、林维德。林国芳没有儿子，就把林维源过继给他。

林维让，字巽甫，咸丰九年，皇帝恩赐举人功名。林维让和林维源都拜厦门人陈南金为师读书。林国芳去世后，林维让回到台湾，共同管理林家事务。同治元年（1862），彰化县戴潮春起事，新庄的杨贡、桃园的杨德源等人准备响应戴潮春。杨德源原来是桃涧堡[②]总理，因事被革职后，以结拜的方式组织了一个团伙，抢劫有钱人家。林维让兄弟担心他们前来抢劫，于是和叶春商量对策。叶春，字静甫，江西人，在台湾当过官，林国芳把他作为上宾对待。叶春给桃园的乡绅耆老出主意，让他们答应杨德源重新充当桃涧堡的总理，并请新庄县丞先把总理木刻印戳发给杨德源。杨德源很高兴，办酒席请客。叶春派勇士半夜杀死杨德源，把他的头悬挂在枋桥的西门。他的同伙听到后都四处逃散了，杨贡也被杀，地方恢复安宁。不久，台湾兵备道丁曰健从福建来到台湾，到艋舺，收复彰化。林维让赞助军饷 2 万两银

① 枋桥，今板桥。

② 至清乾隆年间，桃园地区发展为桃仔园和涧仔坜两大聚落，官府将两大聚落整合为桃涧堡。

子，戴潮春事件平定后，林维让因为有功被授予三品官衔。之前，漳、泉械斗，多年没有停息。平息后，双方之间婚丧喜庆仍然不相往来。林维让对此十分忧心，他把自己的妹妹嫁给晋江举人庄正为妻。庄正，字养斋，是个享有盛名的人士，因此来到台湾，和林维让兄弟合作设立大观社，召集漳州、泉州的读书人聚会，每月考核比赛诗文，给予津贴费用，从此两籍人士互相来往没有隔阂。林维让生性洒脱，尊重读书人。田租的收支等事项都交给管事经办。而林维源则勤俭节约，大小事务都亲自处理，特别注意和官府保持密切关系。光绪二年（1876），巡抚丁日昌巡视台湾，邀请林维让去府城会面。林维让生病不能出行，林维源前往。丁日昌对他说："现在海防事务十分紧急，但财政短缺，无法支持，你是台湾的富豪，也应该报效国家。"林维源于是捐款50万两银子。他母亲钟氏也为救济山西、河南的灾害捐助20000两银子。奉旨嘉奖，追赠林家三代一品官衔，赏给"尚义可风"的匾额。不久，林维让的生母郑氏也为赈济山西灾害捐银20万两，被赐"积善余庆"的匾额。林维让有两个儿子：长子林尔昌，字介眉；次子林尔康，字镜飘。林尔康生了三个儿子：长子林熊征，次子林熊祥、三子林熊光。

林维源，字时甫，因为捐款被授予内阁中书官衔。光绪五年，台北建城，林维源监督修建。工程结束后，授予他四品卿官衔。法国舰队侵犯台湾时，兵备道刘璈驻守台南备战，军费不足，向他商量借款100万两银子，林维源没有同意。刘璈多次劝说，于是借给20万两，然后离开台湾去了厦门。第二年中法和议谈成，巡抚刘铭传请他回台湾，以礼相待。林维源于是捐银50万两，作为台湾善后的经费。[①]清廷因此授予他内阁侍读的官职，后升迁为太常寺少卿。光绪十二年四月，刘铭传奏请办理招抚"土番"开垦荒地，让林维源担任帮办。当时，刘铭传正大力推行治理"土番"的政策，努力开拓土地资源。林维源也开垦了越来越多的田地，每年收租谷20多万石。光绪十七年，因为清理田赋有功，升任太仆寺正卿。光绪二十一年五月，台湾人成立"台湾民主国"，设立议院，推举他为议长。林维源没有就任，于是到厦门居住。林维源有五个儿子：次子林尔嘉，字叔臧，三子林祖寿、四子林柏寿、五子林松寿。

连横评论说，枋桥林氏，是台湾的大富豪，而林维源又善于保持家业，所以遗产丰富，生活优裕，直到现在。我还听老人说，林家世代都有贤惠的妻子。林国华的妻子因捐银救灾，受到朝廷最高的奖赏。林尔康的妻子陈氏，侯官人，是内阁学

① 据《刘壮肃公奏议》等记载，林维源未再捐款50万银元。

士陈宝琛的妹妹，通晓诗文礼仪，遵守妇道节操，抚养遗孤成长。前些年福建筹办师范学堂，费用没有着落，陈氏捐款 20 万两银子。厦门女子师范学堂也聘请她当校长。她培养人才，为学校教育贡献特别多。古时候巴郡的寡妇清用自己的家财资助国家，被世人敬佩，秦始皇修建怀清台尊重她。像陈氏这样为人慈善祥和，治家有方，使兄弟和睦相处，确实可以媲美古代贤妇，她的事迹可以千古流芳。

卷三十四

列传六

卷三十四

列传六

（一）循吏

陈　瑸

陈瑸，字文焕，号眉川，广东海康人。康熙三十三年（1694）考中进士，被任命为古田知县。康熙四十一年，调任台湾知县。陈瑸为官清廉，勤于政事，仁慈爱民。公务之外的空闲时间，经常检查考核生员们的学业，和他们讨论如何培养道德等问题。晚上经常到处巡查，访问民间疾苦。听到有织布机声响或读书的声音，他会敲门进去，给予奖赏。听到有人在唱歌喝酒，就会进行严厉的训诫。年景不好的时候，就会打开粮仓救济灾民，穷苦百姓都感念他的恩德。第二年，调任刑部主事，又迁任郎中。康熙四十九年，他由四川提督学政改任台厦道，民众听到陈瑸又来台湾当官，争相到海边迎接他。到台湾后，以振兴教化、改变风俗作为自己的职责，培养人才，大力振兴文化教育的风气。他新建了万寿宫，重修了文庙明伦堂、朱子祠，修建了16间房屋作为生员们的宿舍，并购置了学田来作为生员们的津贴。凡是他要做的事情，他都亲自监督，整天不知疲倦。官庄每年有3万两银子的收入，他全部归公，从来不私拿分毫，十分廉洁。康熙五十三年，升任湖南巡抚，他一个人去上任，所有的公文都出自他自己的手。第二年，入京觐见皇帝，康熙皇帝看着他说："此苦行老僧也。"十二月，调任福建巡抚，皇帝下诏褒奖他。陈瑸到皇宫告别，皇上问福建有没有征收"加耗"[①]，陈瑸回答说："台湾三县没有。"皇帝说："从前各州县有留存银两，公费尚有所出，后议尽归户部，州县无以办公。若将火耗分毫尽禁，恐不能行，别生弊端，反为民害。故为吏须清，然当清而不刻，方能官民相安。"康熙五十五年七月，陈瑸上奏说：

---

① 清代在正税定额以外借口弥补损耗而加收，规定民间纳谷，每石加二升，名为"鼠雀耗"。为弥补熔铸银两损耗而加收的份额，名为"火耗"。

防海之法，与防山异。山贼之啸聚有所，而海寇之出没靡常。而台湾、金厦之海防，又与沿海不同，何也？沿海之患，在于突犯内地，而台、厦之患，在于剽掠洋中。欲防台、厦，必定会哨之期，申护送之令，取连环之保。今提标水师五营、澎湖水师二营、台协水师三营，各有哨船。宜大书某营字样于旗帜，每月会哨一次，彼此交旗为验，呈送提督查核。若无交旗，即察取其营官职名，若有失事，即察取巡哨官职名，则会哨之法行矣。商船不宜零星放行，无论厦去台来，须候风信，齐放二三十艘出港。台、厦两汛各拨哨船三四号，护送至澎交代，各取无事之结，月送督抚查核。如无印结，即以官船职名申报，则护送之法行矣。商船二三十艘同时出港，官为点明，各取连环保结，遇贼相救，否则以通贼论，则连环保之法行矣。

奏疏下到兵部讨论，被认为办法过于烦琐，很难实行。但皇上特别赞同奏疏的意见，命令照陈瑸建议办理。康熙五十七年十月，陈瑸在任上去世，皇帝下旨对他的逝世表示哀悼，追封礼部尚书衔，派人前往祭奠，宣读御制祭文并赠送祭品，授予“清端”的谥号。雍正八年（1730），皇帝下诏令入祀贤良祠。陈瑸治理台湾施行仁政，台湾民众感念他的功德，为他在文昌阁塑像，在他生日的时候张灯结彩，敲锣打鼓表示庆祝。陈瑸去世，百姓痛哭，把他入祀名宦祠。

季麒光

季麒光，江苏无锡人。康熙十五年（1676）考中进士。康熙二十三年，担任诸罗县知县。台湾刚刚开始治理，各项制度还不完备，上级官员每次征求他的意见，季麒光都能指出利害关系，意见多被采纳。他还说：

台湾有三大患，而海洋孤处，民杂番顽，不与焉。一曰赋税之重大也。台湾田园分上中下三则，酌议匀征矣。然海外之田与内地不同，内地之田多系腴壤，为民间世守之业。台湾水田少而旱田多，砂卤之地，其力浅薄，小民所种，或二年，或三年，收获一轻，即移耕别地，否则委而弃之。故民无常产，多寡广狭亦无一定之数。况田租之最重者，莫如苏、松等府，每亩输纳一斗五六升至二斗，止矣。今田园一甲计十亩，征粟七石八石，折米而计之，每亩至四斗、三斗五六升矣。民力几何？堪此重征乎？况官佃之田园，尽属水田，每岁一甲可收粟五十余石，郑氏征至十八石、十六石，又使之办糖、麻、豆、草、油、竹之供。文武官田园，皆陆地荒埔，有雨则收，无雨则歉，所招佃丁，去留无定，故当日岁征粟十二万有奇。官佃田园九千七百八十二甲，征至八万余石，文武田园二万二百七十一甲，仅征四万石，亦因地以定额也。人丁之税，莫重于山之东西，河之南北，谓其地旷土疏，故取足于丁也。然稻、麦、黍、稷生之，梨、枣、柿、栗生之，棉、麻、豆、竹生之，一顷百亩止纳银三四两。轻于彼而重于此，犹可言也。大江左右，田税既重，丁税不过一钱，且或一家数口而报一丁，或按田二三十亩而起一丁，未有计口而尽税之如台湾者，未有每丁重至四钱八分如台湾者也。今既多其粟额，而又重其丁银，较之郑氏则已减，较之内地则实难。所幸雨旸时若，民力可支，倘卒遇凶荒，莫可补救。所谓不患于瓦解，而患于土崩者，正今日之情形也。

一曰民兵之难办也。台湾之兵，多系漳、泉之人，漳、泉之人多系投诚之兵，亲戚故旧尚在台湾，故往来络绎，鹿耳门之报册可查也。但此辈之来，既无田产，复无生计，不托身于营盘，而潜踪于草地，似民非民，似兵非兵，里保无从问，坊甲无从查。聚饮聚赌，穿壁逾墙，无赖子弟，倚藉引援，称哥呼弟，不入户，不归农，招朋引类。保无奸慝从中煽惑，始而为贼，继而为盗，卒乃启争长祸如胡国材、何纪等者乎？然其所以难于稽察者，荒村僻野，炊烟星散，或一两家、四五家，皆倚深篁丛竹而居，非如内地比庐接舍，互相纠结。查此则徙彼，查彼则避此。保甲之法，可行于街市，而不可行于村落者，一也。一兵之家，或二或三，名曰火兵，出入乡市，罔知顾忌。无事则假兵之名，有事则非兵之实。姓氏互异，不辨真伪，二也。况台湾之兵，皆抽调之实额，如有死亡即行报补。今竟将佃民收充入伍，是营内多一兵，即里内少一丁矣。丁既为兵，则税不输、役不任矣。奸民转辗依附，争相效尤。若不思患预防，亟加整饬，所谓不在颛臾，而在萧墙之内者，即此是也。

一曰荫占之未清也。赋从田起，役从丁办，此从来不易之定法也。台湾自郑氏僭窃以来，取于田者十之六七，又从而重敛其丁，二十余年，民不堪命。既入版图，酌议赋额，以各项田园归之于民，照则匀征。则尺地皆王土，一民皆王人，正供之外，无复有分外之征矣。乃将军以下，复取郑氏文武遗业，或托招佃之名，或借垦荒之号，另设管事，照旧收租。在朝廷既宏一视之仁，而佃民独受偏苦之累，哀冤呼怨，县官再四申请，终不能补救。且田为有主之田，丁即为有主之丁，不具结，不受比，不办公务，名曰荫田，使贫苦无主之丁，独供差遣。夫荫丁有形之患也，盖免一丁，而以一丁供两丁之役，弱为强肉，则去留有生死之心，勉从而不怀仁，力应而不心服。怨不在大，可畏惟人，固宜审慎。占田，无形之患也。小民终岁勤劬，输将恐后，以其所余，为衣食吉凶之用。今既竭力于公私，家无余积，田主非其世业，丰则取之，凶则弃之，万一茕茕佃丁，无所抵偿，重洋孤岛，何以为恃？此荫占之弊，初若无甚轻重，而关于国计民生为甚大，则筹之不可不早。昔贾谊洛阳少年，当汉文治安之日，犹稽古按今，为流涕太息之陈。况海疆初辟，疮痍汤火之余，忧前虑后，正在此时。卑县一介书生，远逊古人，而身任地方，少知治体，故干犯忌讳，以竭愚衷，惟宪台留意焉。

季麒光认为诸罗县地方偏僻，百姓和“土番”混杂居住，首先应当兴办教育。又因为地方文献没有整理编写，时间久了就会散失，于是协助台湾第一任知府蒋毓英撰写《台湾府志》，全面介绍山川、风土人情、人口、土地等情况。还没有完成，第二年就因为丁忧而离任，分巡台湾厦门兵备道高拱乾利用他们的旧稿编纂完成。

蒋毓英

蒋毓英，字集公，奉天锦州人，以荫生的身份出任泉州知府。康熙二十二年（1683），清朝统一台湾后，经福建总督、巡抚联名推荐，蒋毓英调任台湾知府。到任之后，他妥善治理全府三县的地域，召集四散的流民，努力安抚民众，依据土地的等级规定征收田赋的标准，以振兴农业。台湾原有的学校规模不大，康熙二十四年，他和巡台道周昌一起把它扩大；还设立了义学，供贫苦子弟读书，勉励他们孝顺父母、友爱兄弟、努力务农。人们都称赞他是个有才能的好官。康熙二十八年，蒋毓英升任湖南盐驿道。台湾民众请求让他留任，没有成功，于是建立生祠纪念他。

张　玶

张玶，山西崞县人。康熙二十九年（1690），以岁贡生的资历担任诸罗知县。诸罗县土地广阔，大多还没有开垦，张玶招募流民开垦田地。他努力安抚民众，来到诸罗的民众像赶集一样踊跃。短短几年，农业得到很大的发展，民众也逐渐富裕起来。康熙三十一年，诸罗发生蝗灾，张玶每天都在田间巡视，满脸都是对灾情的忧虑。他虔诚祈祷驱除蝗灾，最后蝗灾并没有造成很大的损害。他性格恬静淡泊，不苟言笑，在职四年，从来没有在公堂上轻易抽打一人或怠慢一个读书人。康熙三十四年，升任河南彰德府同知。诸罗县民众感念他的恩惠，在台湾府城竹溪寺为他树立雕像。

靳治扬

靳治扬，满洲镶黄旗人。以笔帖式的资历担任漳州知府。康熙三十四年（1695），调任台湾知府。他清除草寇，招抚“土番”，捐资修建文庙。他特别留意培养人才，“土番”儿童有不懂礼仪道理的，他就建立社学，聘请老师教育他们，民众称颂他的恩德。康熙四十一年，升任广东高雷廉道道员。人们请求把他入祀名宦祠。

李中素

李中素，字鹊山，湖北西陵人。开始时担任湘乡县教谕，因为特别出色，升任闽县知县。康熙三十四年（1695），调任台湾知县。他善于审理案件，遇到冤案，一定尽力申诉挽救；遇到顽固不化的歹徒，就依法惩办。他曾经代理府学教谕，教育生员要孝顺父母、友爱兄弟，以及学习文艺等方面的知识。

卫台揆

卫台揆，字南村，山西曲沃人。以荫生的资历担任漳州知府。康熙四十年（1701），调任台湾知府，因清廉能干著称。他创办崇文书院，经常召集生员，分别讲授课程，亲自评定甲、乙等不同的成绩，使读书做学问的风气得到提升。康熙四十四年，台湾发生饥荒，请求朝廷免除当年的田赋。他在任期间，百姓安居乐业。任期结束，升任广东盐法道，台湾人建祠纪念他。

孙元衡

孙元衡，字湘南，安徽桐城人。以贡生的资历担任四川汉州同知。康熙四十二年（1703），调任台湾府同知。他性格温良忠厚，待人处世随和，不会和他人发生冲突，但又正直有气节，不畏惧权势，凡是对民众不利的有关规定都全部废除。

宋永清

宋永清，山东莱阳人。康熙四十三年（1704），以汉军监生的资历担任凤山县知县。宋永清为官清正严明，他新修县学，修建衙署，创办义塾，做了很多的事情。县城东门外有良田几百甲，每年都会遭遇干旱。宋永清从官府粮仓中拨出千担稻谷借给民众。并在莲花潭筑堤，堤长1300多丈，用来灌溉这些良田，每年都能获得丰收。府城南边有座法华寺，是梦蝶园的旧址。康熙四十七年，宋永清新建法华寺的前殿，用来祭祀火神祝融。另外开辟一块空地，栽种花草和果树。他在鼓楼旁修建一座茅草亭，亭子的上方写着“息机”二字。宋永清在空闲时，经常到这儿休息。他平时善于写诗，喜欢吟咏，经常和本县读书人讨论学问，文教事业得到发展。著有《溪翁诗草》一书。康熙五十一年，任期结束，升任延庆知府。

周钟瑄

周钟瑄，字宣子，贵州贵筑人。康熙三十五年（1696），乡试考中举人。康熙五十三年，出任诸罗知县。他生性仁慈爱民，施政识大体顾大局。当时县城刚刚建立，地广人稀，发展的空间很大。经过调查访问，他劝民众开凿水圳，他自己捐出薪俸赞助，几百里的沟渠都经过他的规划设计，农业得到了发展。他很注重文化教育，聘请漳浦人陈梦林来编修县志。当时，诸罗以北远到鸡笼，土地荒芜，建筑设施很少。周钟瑄对这片广大的区域中什么地方可以开垦田地、建立乡镇，什么地方应当驻兵防守，都有利弊的分析和论述。县志还没有刊行，周钟瑄就升任离开了，但后来的官员很多都采纳了他的见解。诸罗民众怀念他，在龙湖岩塑像祭祀。

黄叔璥

黄叔璥，字玉圃，顺天大兴人。康熙四十八年（1709）考中进士，一直在京城做官。康熙六十一年，开始设立巡视台湾御史，满族、汉族各一员。朝廷中认为黄叔璥廉洁公正，任命他和吴达礼一起担负这一使命。吴达礼是正红旗人。到台湾以后，召集安顿流散的民众，听取各种人士的建议，在许多方面都有建树。著有《赤嵌笔谈》《番俗六考》等书，撰写台湾地方志的人都往往利用其中的资料。

过了19年，有个叫张湄的，也是巡台御史，爱护民众，培养人才，做了不少事情。张湄，字鹭洲，浙江钱塘人。雍正十一年（1733）进士，以翰林的资历担任御史，著有《珊枝集》《瀛壖百咏》。

秦士望

秦士望，安徽宿州人。以拔贡生的资历出任官职。雍正十二年（1734），调任彰化知县。县城刚刚建设，各项设施还不完备，就以兴办教育和加强治理为主要目的，凡是有利于民众的事情，都努力去做。第二年，效仿诸罗县的做法，环绕县城种植刺竹作为城墙，并建立四个城门，城外挖壕沟，又修造西门外大桥以方便交通。从前台湾瘴气疠疫盛行，水土恶劣，偏僻的乡下经常有人患麻风病，由于无药可治，父母也不得不丢弃这种病人，乡邻和他们断绝关系，他们大多流浪在外，被人们称为“天刑”。秦士望见了很同情，又担心传染，于是在八卦山脚下建立了养济院收容，包括收养其他残疾人，进行养护和治疗，人们称赞这是一件很好的政绩。

陆　鹏

陆鹏，字西溟，浙江海盐人。康熙五十六年（1717）举人。最初被任命为奉化县教谕，因成绩优异被推荐，升任连江知县，又调任诸罗知县。他安定百姓，安抚“番社”，政绩考核为优。因母亲去世守丧，后来担任泉州粮捕通判。乾隆八年（1743），调任澎湖通判。他除了处理政事之外，把兴办教育也作为主要事务。每个月的初一，召集生员们到妈宫的衙署考查功课，特别注重他们品德的教育。澎湖读书人的风气得到很大的提升。第二年十一月，陆鹏在澎湖通判任上去世。

曾曰瑛

曾曰瑛，江西南昌人。乾隆十一年（1746），担任淡水同知，同时代理彰化知县。当时，淡水同知驻在彰化县城，曾曰瑛因彰化县建立已经20多年，还没有书院，担心不利于培养人才，于是带头捐献俸银，在文庙的西边创建了白沙书院。书院建成，他亲自制订规则，拨给学田作为书院经费，又聘请名师来书院教书。书院落成那天，曾曰瑛赋诗勉励生员，这首诗被广为传诵。不久，升任台湾知府，民间对他的评价很好。彰化文教事业的发展，是从曾曰瑛那时开始的。

朱　山

朱山，浙江归安人。乾隆十六年（1751），考中进士。乾隆二十年，担任彰化知县。朱山一到任拜谒完文庙后，就视察监狱。他问狱吏说：“那些被关押的人，都是江洋大盗吗？”回答说：“都是小偷小摸。”他说：“小偷小摸哪里需要坐牢？”于是把他们全部集中到大厅，予以释放，每人发给10两银子，让他们谋生。对他们说：“我和你们有约在先，如果有人再犯，一定不再宽免。”不久，抓到一个小偷，审问发现是之前释放的。朱山对衙役说：“刚公布的法令要坚决执行，应该用棍棒打死他。”过了不久，又打死一个重犯的小偷。县里的老百姓都很震惊，互相劝告说：“这个朱山是个精干的官吏，千万不要犯法。”过了一段时间，又抓到一个小偷，正高声喝令杖刑时，朱山看他面有泪痕，就问：“既然犯了法要处死，还哭什么？”小偷回答：“小人知道一定会死，刚才和母亲诀别，内心悲伤，所以哭泣。”朱山派人查看，果然有个老妇人在外面抱着草席大哭，准备用席子包裹儿子的尸体回去。朱山说：“他有孝心，还可以改。”于是再给他 10 两银子，并严厉训诫说：“拿这些银子作本钱，去别的地方做生意过日子，不要住在这里，老捕头会抓你。”这人磕头谢恩后离开。朱山处理政务非常谨慎，审理案件时，召集诉讼双方在公堂当庭判决，从来不积压案件。彰化县原来也有一些私下的收入，每年收入几千两银子，朱山不接受。他说：“田赋之外，就是随意征派，地方长官怎么可以让自己治理下的民众贫困。”分巡台湾道德文视察彰化，按惯例，接待过程中的食宿必须很奢华，朱山不同意，只送了德文米 10 担和羊 4 只，德文因此心怀不满。不久，命令彰化按土地清册丈量田地。朱山尽力解释说：“彰化刚开发不久，大半是盐碱地，和其他县不一样。以前清丈土地，都留有一些不入清册的田地，来缓解民众的贫困。现在如果再清丈，将大大损害民众的利益，我不忍心去做。”但德文催逼更急，县里有人准备了 1 万两银子贿赂德文来免于丈量土地，朱山不同意。他说：“我在这里，绝不会让你们去贿赂上司。”急忙命令夺回装银两的袋子。德文听说这事，很愤怒，弹劾朱山私收采买的公款。后来，朱山被罢官，并被逮捕，县里几万人聚集起来赶走朝廷派来办案的官员，声势浩大。朱山挥手制止，哭着对大家说：“各位父老乡亲如果是因为我的缘故而违抗朝廷的王法，那是要害死我，而不是爱护我。”有人说：“既然这样，那么我们护送您去受审，如有不测，愿意和您一同受死。”朱山刚上船，大家赠送的礼物和干粮几乎堆满了船舱。有个男子送给朱山 100 两银子，朱山问他是谁，男子回答说：“我是被您释放过两次的小偷。”朱山问：“你现在做什么呢？”他回答说：“接受您送的银子后，我改行卖鱼，已经成家了。听说您要远行，母亲要我来报答您的恩情。”朱山说：“我实在无法知道你手里的银子，是不是偷来送给我的。”那男子说：“您不接受，就是还把我看成是贼，我还有什么面子回家见老母亲，不如死了。”于是跳入海中，船夫急忙救起，朱山这才接受了。在省里被关押了一个多月，福州将军了解他的冤情，奏请给予赦免。皇上召见朱山，并恢复原职，接着又升任为滦州知州。即将赴任，路上经过家乡，见他家不是原来的样子，不敢进去。一会儿，他妻子出门迎接，说：“这是你前年被罢官时，彰化县民众送我们到这里居住的。”拿出买房契据一看，价值达上万两银子。

胡邦翰

胡邦翰，浙江余姚人。乾隆十七年，考中进士。乾隆二十六年（1761），调任彰化知县，兴利除弊，很有建树。之前，水沙连的荒地开垦成田，都已经上报征收田赋了，但连年遭受水灾，田地多被冲毁，年成又不好，而田赋没有蠲免，催缴的官吏经常上门。胡邦翰听说后，报告福建总督、巡抚，说明百姓的痛苦。不久，总督巡视台湾，胡邦翰再次请求减免田赋，并带总督实地勘察。总督同情他的诚意，奏请蠲免了几千甲的荒田和几万石的田赋，并请降低了其他田地征收田赋的等级。诏令颁布后，农民非常高兴，在水沙连天后宫为他设立长生禄位，每逢他生日，都准备礼品敬祝。

之后，有个叫胡应魁的，也是个好官。胡应魁，字鹤清，江苏曲阿人，以会魁的资历担任庐州教授。嘉庆元年（1796），调任彰化知县。当时正是陈周全事件之后，余党还没有平定，胡应魁尽力搜捕，并召集安定流散的民众。并且以振兴文化教育作为自己的责任，每月到书院考核学生，亲自点评。原来彰化城中缺少水井，打水都要到城外东郊的红毛井，路途遥远，很不方便。东门外李家的园地里忽然出现了泉水，水质甘甜，大家争着去取水，李家阻止也不听，于是告到官府。胡应魁捐俸银买下这口水井，取名古月井。后来，他在县衙后面建了一座太极亭，在太极亭可以观赏八卦山的秀丽景色。任满后，升任淡水厅同知。在蔡牵之乱中，胡应魁防范抵御有功，后来他在任职期间去世。

胡建伟

胡建伟，字勉亭，广东三水人。乾隆四年（1739），考中进士。乾隆十四年，担任直隶无极县知县，后来又被推荐升任同知。乾隆三十一年，担任澎湖通判。澎湖是大海中的一个群岛，土地贫瘠，百姓贫困，胡建伟努力培养教育。之前，澎湖没有学校和老师，读书人只能自学。胡建伟建立了文石书院，亲自订立书院学规10条作为守则。他又劝各村庄多设立义塾，在经费上给予资助，并经常去视察。但澎湖的学子去台南府城参加考试，往往要停留好几个月，有的由于缺少生活费用，还没参加考试就中途回家了。于是胡建伟向福建总督、巡抚申请，按照南澳岛的先例，先由澎湖进行部分考试，再选送到府城参加考试，还在府城修建了澎湖学子考试期间住宿的公寓，大家都觉得很方便。每到农时，他都会到农村巡视，询问百姓疾苦，不利于民众的事情就杜绝。澎湖水师的士兵，骄横凶悍成为习惯，欺压骚扰当地百姓，胡建伟按照法律对他们进行惩罚，其中有作恶多端的，就请主管的将领予以革退。胡建伟考虑到澎湖开辟已久，但却没有地方文献可以参考，前任通判周于仁只修了《澎湖志略》一卷，印版又已经失传，于是编辑《澎湖纪略》十二卷加以印行。乾隆三十八年，胡建伟升任北路理番同知。澎湖人士感恩他的德政，在文石书院设立他的长生禄位，直到现在，人们谈论起来，都认为胡建伟是治理澎湖做得最好的人。

于仁，字纯哉，四川安岳人。康熙四十七年（1708），考中举人。雍正十一年（1733），担任通判。他遇事果断，不畏强权。雍正十三年，他奉命清丈田地，鼓励民众开垦荒地，开辟田地 140 多亩，资助民众耕牛、种子和农具。这期间，没有官员利谋取私利，百姓获得实惠。任期届满后返回家乡，澎湖人建生祠纪念他。

薛志亮

薛志亮，字耘庐，江苏江阴人。乾隆五十八年（1793）考中进士。嘉庆十一年（1806），担任台湾知县。蔡牵作乱期间，他招募兵勇守城，与百姓同甘共苦，当时游击吉凌阿以善于作战著称，民间歌谣颂扬说："文中有一薛，武中有一吉。任是蔡牵来，土城变成铁。"蔡牵之乱平定后，他聘请教谕郑兼才、谢金銮共同编修《台湾县志》。不久，薛志亮被提拔为北路理番同知，兼管海防。他倡导修建鹿港文祠和武庙，历经一年建成。这时薛志亮已调任淡水同知，后来在当任上去世。后来，他和袁秉义、李慎彝、娄云、曹谨都入祀淡水德政祠。

袁秉义，字介夫，直隶宣化人。乾隆三十一年，考中进士。乾隆五十三年，担任淡水厅同知。当时淡水经过林爽文之变，地方上还不宁静，袁秉义到任后，铲除邪恶势力，禁止赌博尤其严格。乾隆五十六年，袁秉义再次担任淡水厅同知，人们对他的廉明都表示敬畏。

李慎彝，字信斋，四川威远人。嘉庆十三年（1808），考中进士，曾任台湾县知县。道光六年（1826），代理淡水厅同知，开始建造厅城，他和绅士郑用锡、林国华一起主管这项工程。三年后，李慎彝升任噶玛兰通判。

娄云，字秋槎，浙江山阴人。以监生的资历纳捐成为知县，奉命来到台湾。道光十六年（1836），担任淡水厅同知。淡水有山有海，福建人和广东人分开居住，各自称雄，一旦有些仇怨，就进行械斗。娄云召集当地有声望的老人，说明利害关系，订立庄规 4 条、禁止的条规 8 条，要求大家共同遵守。又鼓励各庄设立社仓，维修明志书院，教育培养民众。大甲溪位于淡水、彰化的交界处，向西奔流，流入大海。夏秋时节水位上涨，河面宽阔，一望无边，那些驾驶渡船的人大多是地方上的豪强，借机敲诈勒索，稍微不满足他们的愿望，就大肆剥夺抢掠，过往旅客在这件事情上大受其苦。娄云筹备设立义渡，他捐出自己的养廉银带头倡议，并且向地方士绅和富人募捐，得到捐款 8900 多元，购置田产生息，作为义渡的经费。一共设立了 6 处渡口，而且在堑南的白沙墩、堑北的金门厝，每到农历九月都架设浮桥，方便民众的往来，人们都称赞这是一项德政。

曹谨另有传记。

吴性诚

吴性诚，字朴庵，湖北黄安人。以廪生的资历捐纳为县丞，到福建等候委任。嘉庆二十年（1815），担任下淡水县丞，他倡议建立书院。嘉庆二十一年春天，代理彰化知县。当时遇到谷价昂贵，盗贼四处暗中发生，吴性诚劝说鼓励商户平价出售，并发放粮食熬粥，让贫苦的人有饭吃，因此这次饥荒没有造成太大的损害。平时他经常考核生员，培养出了许多真有学问的人才。他还在彰化县城西门内建立了忠烈祠，用来祭祀死于林爽文、陈周全、蔡牵三次战乱中的人。后来因政绩突出，被提拔为淡水厅同知。不久，因病辞职回乡。

蒋　镛

蒋镛，字怿弇，湖北黄梅人。嘉庆七年（1802），考中进士，担任连江知县。道光元年（1821），出任澎湖厅通判。他仁慈爱民，和当地武职官员关系相处很好。文石书院建立后年久失修，蒋镛亲自担任书院山长，用他自己在书院所收的学费作为修缮书院的经费。他考评学生的功课，好像对待自己的子弟一样。道光九年六月，他卸任澎湖厅通判。道光十一年春天，蒋镛再次担任澎湖厅通判，天上下咸雨。第二年澎湖大饥荒，蒋镛向上司请求拨款救灾，他先拿出义仓钱 3500 多贯，借贷给贫苦百姓，还借来当地驻军的军粮几百石，碾米平价出售，救活了不少人。他前后治理澎湖 10 多年，创办了许多事情。他还编修《澎湖续编》一书，以弥补胡建伟《澎湖纪略》书中不完备的内容。道光十六年九月，蒋镛离任。澎湖人纪念他，在文石书院为他和韩蜚声设立了长生禄位。

韩蜚声，字鹅湖，江西铅山人，以监生的资历出任官职。嘉庆二年（1797），担任澎湖厅通判。他爱护民众，重视读书人。他曾经维修文石书院，在通判任上去世。

周　凯

周凯，字仲礼，浙江富阳人。嘉庆十六年（1811），考中进士。道光二年（1822），被任命为湖北襄阳知府。道光六年，转任江西督粮道。道光十三年，以兴泉永道代理台湾兵备道。当时正当张丙乱后，民心不定，周凯上任后，督率搜寻张丙余党，凡是被胁迫的人一律予以宽恕。当时军营中的叛乱分子还有图谋再作乱的，周凯查获了一个名叫林振的探子，连夜追捕其他人，天亮以后，联合军队将这些人全部抓获，全部依法予以惩处。道光十六年九月，周凯再次担任台湾道。十月，嘉义人沈知等聚众谋乱，抢夺下茄苳的粮馆，杀死驻地军营的官兵，周凯和总兵达洪阿共同平定了叛乱。之后，大莆林的陈燕、冈山的吴幅已经商议起兵响应沈，也被周凯剿灭了，前后搜捕 280 多人，都被处死，地方得到安宁。道光十七年，周凯去世，享年 59 岁。周凯擅长书画，向来爱惜人才，门下学生很多英才俊彦。他著有《内自讼斋集》和《厦门志》《金门志》两部地方志。

曹谨

曹谨，字怀朴，初名瑾，河南河内人。嘉庆十二年（1807）乡试中举，根据大挑制度担任知县，分派直隶，代理过平山、曲阳等县知县。道光十四年（1834），分派到福建任职。道光十六年，代理闽县知县，兼任代理福州府海防同知。道光十七年正月，担任凤山知县。当时，台湾的班兵制度日渐衰败，总兵达洪阿很想加以整顿，于是挑选 600 人训练为精兵，每年发给他们犒赏钱 25000 多贯，台湾道周凯赞同这样做，命令府、厅、县捐助其中的一半经费。到姚莹担任台湾道时，把练精兵这件事交各厅县讨论，曹谨极力反对这一做法。这件事记载在本书《军备志》。曹谨上任后，亲自视察田地，当他来到下淡水溪畔时，十分感地说："是造物者之所置，而以待人经营者。"当时，凤山县有平原万顷，但由于没有水利设施，一遇到干旱，往往颗粒无收。曹谨于是召集乡绅耆老，招来能工巧匠，开凿九曲塘，筑堤坝，设水闸，引下淡水溪的水来灌溉田地，建起 5 道闸门，用来蓄水和泄洪。曹谨在公务之余，经常步行前往察看工程进度，和工匠们交谈说笑，因此工匠都很努力，没有懈怠的。工程历时两年完成，水圳长 40360 丈多，可以灌溉田地 3150 甲。水从小竹里流经观音、凤山，又从凤山下里流向赤山里，流经的地方收获的粮食比往年加倍。百姓安居乐业，家家户户都有粮食蓄积，没有盗贼。道光十八年，台湾道姚莹命令知府熊一本视察这一工程，为表彰曹谨的功劳，把这条水渠命名为曹公圳，并且树碑记述这事。不久大旱，渠水不够灌溉，他又命令贡生郑兰生、附生郑宜治动员农户，捐资又修建了一条水圳，名为新圳，而把之前的称为旧圳，新圳灌溉的田地更多。

道光二十一年，曹谨升任淡水厅同知，凤山县的士绅百姓依依不舍地拉着他的车辕哭泣，几千人为他隆重送行。曹谨到淡水上任，也很关爱百姓，造福民生，兴利除弊。同年，英国军舰侵犯福建，同时伺机进犯鸡笼，台湾总兵和台湾道都在合力筹备防务。曹谨认为淡水沿海都有沙洲，从鸡笼港到大安港一带，凡是可以停泊船只的地方，都派人用沙袋设置防御工事，训练乡勇防守。又考虑到淡水厅城工事薄弱，于是另筑土城作为屏障，并种植刺竹、深挖壕沟辅助防御。道光二十二年，英国军舰入侵大安港，曹谨督率士兵防御，把渔船管理组织起来，严禁输送物资给英国人，并设立哨船在海上巡逻，先后抓获三批海盗，押送到府城处死。台湾总兵和台湾道都表示赞赏。当战事紧张期间，曹谨认为班兵没有用，请求停拨班兵的海防经费，专门用来训练乡勇，姚莹不同意。但姚莹也知道班兵疲弱，非整顿不可，于是亲自挑选精锐600人，给他们丰厚的军饷，对他们进行强化训练，并打算把这种方法逐渐推广到各个军营，然后再裁撤班兵，招募乡勇。

道光二十四年，漳州籍和泉州籍百姓之间发生械斗，台湾各地因此骚动不安。曹谨听到报告，赶赴彰化、淡水交界处加以制止。他驻扎在大甲两个多月，召集有名望的老人，说明利害关系，械斗稍微平息。他对待百姓比较宽容，但对那些违法乱纪的人一定严加惩罚，刁猾小吏和土豪劣绅都因此收，不敢犯法。他到淡水5年，每天都致力于发展文化教育，崇尚实学，以身作则。每月初一、十五都会到明伦堂，讲解皇上的诏令。他还刻印《孝经》和识字课本一类的书籍，发给各处的启蒙私塾习读。公务之余，他经常组织生员们进行考核，分别给予奖励。淡水原来有学海书院，但没有完全建好，曹谨捐出俸禄把书院建成，并增设乡间的学校，淡水的文化风气从这时开始得到发展。道光二十五年，他因为生病离任。淡水民众不忘他对当地的贡献，把他入祀德政祠。凤山县民众也给他在凤仪书院里建祠纪念，对他的祭祀一直延续到现在。光绪二年（1876），福建巡抚丁日昌奏请将曹谨列入名宦祠，得到皇帝的批准。

曹士桂

曹士桂，字馥堂，云南文山人。道光二年（1822），考中举人。后来经大挑出任知县，被分派到江西，先后代理兴安、龙南等县知县。道光二十四年，因为捐办粮食有功，由吏部进行奖励。道光二十五年十月升任鹿港同知，两年后的正月到任。不久，代理淡水厅同知，上任才三天，大甲就发生了漳、泉械斗，曹士桂冒雨前往，劝说庄民，事情才得以平息。他擅长处理诉讼，有案件就进行审理，案上没有积压的卷宗，也不曾随便责罚一人。曹士桂为人生性恬淡，没有官僚习气，甘于粗茶淡饭的生活。淡水厅原有的一些陈规陋习，他一律去除。在任 9 个月，积劳成疾，仍然坚持处理政务，在任上去世。淡水民众感念他的恩惠，将他入祀德政祠。同治六年（1867），淡水士绅陈维英等请求将曹士桂和曹谨一并入祀名宦祠，没有被批准。

严金清

严金清，字紫卿，江苏金匮[①]人。以监生的身份捐纳为知县。同治五年（1866），代理淡水厅同知。当时淡水政务荒废，许多事情不闻不问，严金清尽力进行整顿，遇事敢于作为。淡水自从设立官学以来，缺少祀典需要的礼乐器具，严金清筹款购置，使祀典仪式庄重而有条不紊。他又捐银千两，倡导士绅和富商们在竹堑、艋舺各设明善堂作为义仓，附设义塾，作为教养的经费来源。之前，淡水厅管辖内有一处义冢，长久被土豪强占，严金清听说之后前往勘查，恢复了义冢的范围，并且严禁侵扰。百姓有来诉讼的，他马上进行判决，案头没有积压的官司卷宗，民众都感到方便。

陈星聚

陈星聚，字耀堂，河南临颍人。道光二十九年（1849）乡试中举。当时捻军作乱，他组织率领乡团平乱，因军功被授任知县。同治十年，升任淡水厅同知。淡水地域辽阔，方圆数百里，而铜锣湾、三角涌、大嵙崁等地都深处内山，盗贼往往隐藏其中，抢劫杀人的事情频频发生，前任同知就是因此被弹劾。陈星聚悬赏通缉追捕这些盗贼，亲自奔赴南乡，抓获匪首吴阿来并处死，匪患逐渐肃清。他在任 5 年，有很多好的政绩。光绪四年（1878），台北设府，裁撤淡水厅同知一职，陈星聚调任台湾中路抚民理番同知，过了几个月，被任命为台北知府。当时台北府处在初创阶段，陈星聚肩负各种困难，而建城的工程尤其繁重。城池刚刚竣工，就遇上了法国军队侵略台湾。他召集士绅百姓，筹备防御，民众也踊跃出钱出力，积极为国效命。和法国人签订和议后，陈星聚因过度劳累在任上去世。

连横评论说，在我小时候，就听到过治理台湾守法循理的好官，像夏献纶、程起鹗，人们都赞不绝口。因为当时我还很小，不能了解详细的情况，也不能得知他们的事迹而为他们立传，很是可惜。夏献纶是江西新建人，受大学士左宗棠的知遇。同治十二年（1873）担任台湾道，他整顿吏治，抑制豪强，在牡丹社事件中，他出

① 金匮，今无锡。

谋划策做出了很多贡献。程起鹗是浙江山阴人，历任台湾知府和台南知府，代理台湾兵备道。他廉洁奉公，爱护百姓，多次平反冤狱。这两位官员都在台湾任内去世。我所听说的，就是这些。台湾自从设置官员以来，已经有两百多年了，但旧方志中立传的守法循理的官员，不过10多人而已。贪婪卑鄙的官员，却一个接一个。其实，不在于治理有多么难，而在于善于治理的官员难得。古往今来，都是一样的。

（二）流寓

郁永和

郁永和，字沧浪，浙江仁和的生员。喜欢游历，走遍了福建的山山水水。康熙三十五年（1696）冬天，省城火药局发生火灾，损毁火药50多万斤。火药局的主管负责赔偿损失，听说淡水有硫磺可以熬制火药，想派官吏前往，但是淡水还没有开辟，水土恶劣，危险阻碍很多。郑氏政权当年曾经用来流放罪犯，因此没有人敢于前往，但郁永和主动请行。康熙三十六年正月出发，到厦门乘船，二月到达台湾府城。四月初七北上，沿途经过许多“番社”，从斗六门往北，到处荒芜，森林遮天蔽日，麋鹿成群。当地“土番”也很良善，不滥杀人。郁永和所到之处，都会给他提供干粮。“土番”背着弓箭走在前边开路，还在左右为他护卫。当时汉人很少到达那里，还没有肆意侵占他们的土地，“土番”得以平安无事，因此对汉人没有敌对的情绪。到达淡水后，命令通事张大先到北投建筑房屋。五月初二，郁永和率领仆从乘船进入。两座山峰左右峙立，中间夹着一条河，经甘答门，也就是关渡。河道原先很狭窄，进入甘答门以后忽然变得宽广，像广阔的湖面，茫茫一片看不到边，船行10里多才到达。工人、粮食和铁锅等从海上走的也运到了。张大把“番社”的首领叫来一起喝酒，告诉他们到这里采集硫磺的事，和他们约定1筐硫磺可以换7尺布。“土番”很高兴，各自把硫磺送来，郁永和命令工人熬制。产硫磺的地方在内北社，郁永和前往查看，进入密林中，忽然有条大溪，水像沸腾了一样，石头是蓝靛色的，热气蒸腾，冒着缕缕白烟一直飘到山顶，这就是产硫磺的洞口，人一靠近就会被熏倒。不久，很多工人都拉肚子，厨子也生病了，没有人做饭，满屋子人都在呻吟。郁永和不气馁，用船把他们送回去。由于毒蛇和蚊子从门窗进来咬人，而且天气非常闷热，新来的人也先后病倒了。没住多久，又突发狂风暴雨，房屋被毁，郁永和自己拿着斧头去砍树来支撑。但山洪暴发，那个地方不能居住了。郁永和急忙叫来独木舟，涉水走了三四里地，来到山下“土番”家里。天黑了，也没有吃的，于是脱下衣服和“土番”换了鸡，煮来吃。山洪退去，重新召集工人，建房屋，熬硫磺，终于完成采集硫磺的工作。十月初七返回福建，到福州回复使命。郁永和在台湾半年，著有《稗海纪游》《番境补遗》《海上纪略》，这些资料经常被修台湾地方志的人采用。

蓝鼎元

蓝鼎元，字玉霖，别号鹿洲，福建漳浦人。少年时成了孤儿，家中贫穷，他一心读书。17 岁时，到厦门看大海，乘船游遍全福建的岛屿，并到了浙江和广东，他认为这次出行收获很多。进入县学后，在鳌峰书院读书，后来回到家乡。康熙六十年（1721），朱一贵事变，他的族兄蓝廷珍担任南澳镇总兵，奉命出兵，会同福建水师提督施世骠前往台湾征讨。蓝鼎元作为幕僚，出谋划策，文书信件都由他起草。他著有《东征集》六卷，其中对军机事务的分析和处理台湾善后事宜的论述，尤其切中要害。蓝鼎元在战事平定后回家乡，撰写《平台纪略》，书中说：

台湾海外天险，较内地更不可缓。而此日之台湾，较十年二十年以前，又更不可缓。前此台湾只府治百余里，凤山、诸罗皆恶毒瘴地，令其邑者尚不敢至。今则南尽郎娇，北穷淡水，鸡笼以上千五百里，人民趋之若鹜矣。前此大山之麓，人莫敢近，以为野番嗜杀。今则群入深山，杂耕番地，虽杀不畏。甚至傀儡内地、蛤仔难、崇爻、卑南觅等社，亦有汉人敢至其地，与之贸易。生聚日繁，渐开渐远，虽屡禁不能使止也。地方民多，则绸缪不可不密。今郡治有水陆兵五千余人，足供调遣。凤山南路一营，以四五百里山海奥区民番杂错之所，下淡水、郎娇盗贼出没之地，而委之一营八百九十名之兵，固已难矣。诸罗地方千余里，淡水营守备僻处天末，自八里坌以下尚八九百里，下茄苳、笨港、斗六门、半线皆奸宄纵横之区，沿海口岸皆当防汛戍守，近山一带又有“野番”出没。以八九百里险阻丛杂之边地，而委之北路一个营八百九十名之兵，聚不足以及远，散不足以树威，此杞人所终夜忧思而不能寐者也。以愚管见，划诸罗县地而两之，于半线以上另设一县，管六百里。虽钱粮无多，而台之番饷岁征银八九千两，草莱一辟，贡赋日增，数年间巍然大邑也。半线县治设守备一营，兵五百，淡水八里坌设巡检一员，佐县令之所不及。罗汉门素为贼薮，于内门设千总一员，兵三百，下淡水新园设守备一营，兵五百。郎娇极南僻远，亦设千总一员，兵三百。使千余里幅员，声息相通。又择实心任事之员，为台民培元气，但勿加以刻剥，二三年可复其故。均赋役，平讼狱，设义学，兴教化。

奖孝弟力田之彦，行保甲民兵之法，听开垦以尽地力，建城池以资守御，此亦寻常设施尔。而以实心行实政，自觉月异而岁不同。一年而民气可静，二年而疆圉可固，三年而礼让可兴，而全台不久安长治，吾不信也。台湾山高土肥，最利垦辟，利之所在，人所必趋。不归之民，则归之番，归之贼。即使内贼不生，野番不出，又恐祸自外来，将来有日本、荷兰之患，不可不早为绸缪者也。平居无事，燕雀处堂，一旦事来，噬脐何及。前辙未远，可不为寒心也哉！

后来，增设彰化县和淡防厅，升澎湖通判为海防同知，增添兵力划分戍守，就像他所说的一样。雍正元年（1723），他作为拔贡生被保送到国子监读书。雍正三年，参加分修《大清一统志》的工作。雍正六年，担任广东普宁知县，施行仁政，因为忤逆上司被革职。闽浙总督鄂尔准了解他的才能，聘请他进入幕府。当时台湾“土番”作乱，蓝鼎元提出治理台湾的10个事项。雍正十年冬天，鄂尔准替他辩白被诬陷的事情，皇上召见他，命令他代理广州知府。不久去世，时年54岁。蓝鼎元写的书大多和台湾有关，后来到台湾当官的人都要参考。

陈梦林

陈梦林，字少林，也是漳浦的生员。他多次跟随名人一起游历，奔走在湖北、浙江、云南、贵州之间，在各地从事各种活动，眼界很高。康熙五十五年（1716），诸罗知县周钟瑄开始编修县志，聘请他担任主笔，县志修成，被认为是编印都十分精美的好书。当时，清政府刚开始治理台湾，没有很好地进行经营管理，文官武官都贪图安逸，苟且偷安。陈梦林很担忧，于是论述说：

天下有宏远深切之谋，流俗或以为难而不肯为，或以为迂而不必为。其始为之甚易而不为，其后乃以为不可不为而为之，劳费已什百千万矣。明初漳、潮间有南澳，泉属有澎湖，尔时皆迁其民而墟之，且塞南澳之口，使舟不得入，虑岛屿险远，劳师而匮饷也。及嘉靖间倭人入澳，澳人复通巨寇，吴光、许朝光、曾一本先后踞之，两省疲敝，乃设副总兵以守之，至今巍然一巨镇矣。澎湖亦为林道乾、曾一本、林凤之巢穴，万历二十年，倭有侵鸡笼、淡水之耗，当事以澎湖密迩，不宜坐失，乃设游击以戍之，至今巍然重镇矣。向使设险拒守，则南澳不惫闽、粤之师，澎湖不为蛇豕之窟，倭不得深入，寇不得窃踞，漳、泉诸郡未必罹祸之酷如往昔所云也。今半线至淡水，水泉沃衍，诸港四达，犹玉之在璞也。流民开垦，舟楫往来，亦既知其为玉也已。而鸡笼为全台北门之锁钥，淡水为鸡笼以南之咽喉，大甲、后垄、竹堑皆有险可据，如果安于现状，乃狃于目前之便安，不规久远之计，为之增置县邑防守，使山海之险弛而无备。将必俟亡羊而始补牢乎？则南澳、澎湖之往事可睹矣。

闽浙总督觉罗满保听说他的才能，聘请他进入幕府。到朱一贵事件，南澳镇总兵蓝廷珍奉命出兵，满保命令他参谋军务。他和蓝鼎元日夜筹划，不辞辛劳。半夜听到警报，一边拿着盾牌一边起草文书，一会儿就写了1千多字，他对军机事务的帮助不在蓝鼎元之下。事件平定后回到家乡。雍正元年（1723），又游历台湾，几个月后才离开。著有《台湾后游草》，蓝鼎元为他作序。后来在家乡去世。

洪寿春

洪寿春，字士晖，同安人。来到台湾，住在彰化二林堡，作糊纸匠维持生计。一有钱就买书，日夜诵读，经常吃不上饭，但怡然自得。著有《集古串律诗》四卷，知县杨桂森看见后，写诗送给他，并给他写序。他还有其他著作若干卷，但书稿遗失，未能流传下来。

蔡推庆

蔡推庆，晋江人，有人说他是某总兵的第六个儿子。来到台湾后，住在彰化县城。为人潇洒自如，不受约束，曾经学习绘画，体会不到要领，仍然用心研究。有一天风雨大作，他一个人走在山崖之间，领悟了如何画就云雾缭绕的景色，从此，他的画逼真传神。有个大官要用1000两银子买他的画，两人话不投机，蔡推庆竟然拂袖而去。他经常一个人待在小屋里，唱歌自乐，冬天夏天都只穿一件袍子。他去世后，县里的人把他葬在八卦山，墓碑上写着“处士蔡推庆之墓”。

查元鼎

查元鼎，字小白，浙江海宁州人。小时候就很爱读书，写文章名声很大，但他以贡生的身份多次参加乡试都没有考中。道光年间，他到台湾当幕僚，许多身居要职的人都争着聘请他。他性情耿直，不愿意与人交往，稍有不如意就决然离开，无法挽留。同治元年（1862），彰化戴潮春起事，淡水厅同知郑元杰尊敬地聘请他。他从后垄出发，在路上被俘获，差点死掉，平生的著作都丢失了。郑元杰和淡水绅士林占梅、郑如梁派人分路寻找，幸免于难。他曾画了一幅《竿笠跨犊图》，征求他人题诗纪事。晚年住在竹堑，家境越贫穷，操守越坚定，每天和林占梅等人饮酒作诗为乐。著有《草草草堂吟草》四卷，现存三卷，没有刊行。83岁去世。儿子名仁寿，字静轩，会作诗，精于篆刻，也在竹堑去世。著有《静轩诗稿》二卷，现已遗失，听说有《百寿章》，被竹堑的人得到。

吕世宜

吕世宜，字西村，泉州府厦门人。学识渊博，眼界开阔，富阳人周凯担任兴泉永道，见到他很欣赏。住在玉屏书院，和庄中正、林焜煌等人在书院中很有名气，后来乡试考中举人。他喜欢篆刻，精于考证，擅长书法，篆书隶书特别好。家中收藏了很多碑刻拓片，看到别人藏有书画真迹，就花大价钱购买。当时，淡水板桥林家以富有闻名乡里，林国华和弟弟林国芳都正值壮年，在做学问方面有所追求，看见吕世宜写的字，十分钦佩，备上礼物聘请他。并对他说："先生之志诚可嘉，先生之能亦不可及。今吾家幸颇足，如欲求古之金石，敢不唯命是从。"吕世宜于是接受林家的聘请，不断搜集古代青铜器、汉唐的碑刻，亲手临摹，用心体会，怡然自得，乐此不疲。林家修建枋桥亭园，楹联匾额，大多都是吕世宜写的。又征求能工巧匠雕刻他所临摹的篆书隶书，还没有全部完成，吕世宜就去世了，被送回故乡安葬。当时，诏安的谢颖苏也被林家聘请，他的书画也很有名。

林　豪

林豪，字卓人，泉州府厦门人。博览史书，文章写得很好。咸丰年间，考中举人。同治元年（1862）秋天，来到台湾，住在艋舺。当时彰化戴潮春起事，林占梅奉命兴办团练，见到林豪，以礼相待，聘请他到潜园，一起讨论文史。事件平定后，林豪到府城游览，根据所见所闻，撰写了《东瀛纪事》二卷，记载戴潮春事件的整个经过。同治六年，淡水厅同知严金清聘请他编修厅志。淡水自从设厅以来，还没有修志，之前郑用锡曾经编辑了二卷《淡水厅志》稿本，很多疏漏，林豪于是和林占梅商定厅志的体例，开局采访，经过 9 个月，成书十五卷，没有刊行。陈培桂担任同知后，另外聘请侯官人杨浚编修厅志。杨浚是个文人，没有史识，多处乱改原来的稿本，林豪非常生气，写了《淡水厅志订谬》抨击。林豪后来接受澎湖人的聘请，到文石书院主讲。他又编辑《澎湖厅志》，稿本保存在台南。光绪十八年（1892），准备编修《台湾通志》，各厅县都着手进行采访。而澎湖自从中法战争之后，有很多建设，通判潘文凤于是再次聘请林豪修成《澎湖厅志》，共十四卷，交给台湾巡抚。林豪作为厦门人长时间在台湾游历，对于国计民生的许多事情都有论述，对澎湖的事情特别关注。林豪说：

闽海四岛，金门、厦门、海坛、澎湖，旧有富、贵、贫、贱之分。则以厦富、金贵，而澎湖独以贫称也。澎湖硗瘠无水，所种者地瓜、花生而已。中稔之年，不免拮据。若咸雨一下，则颗粒无存。至海滨渔利，亦必风平浪静，始能下网。而澎之狂风，往往兼旬不息。则所谓以海为田者，亦强为之辞，非真如耕者之按候可获也。夫澎湖斥卤，处处可以晒盐，而民间皆食官盐，每斤十数文，或以七八十斤为百斤。所获之鱼每不足抵盐价。此外别无利可取，民安往而不贫乎？若能听民晒盐自食，征其正课厘金，既可裕国，而民间又日日获利。每岁骤增数万金之益，乃抽其余利，以为书院诸生膏火，则人竞于学，而科第可兴矣。若能戍兵拔回，而由澎人招募，则每岁骤增饷米数万金，互相挹注。其材武者有进身之阶，而武途可兴矣。是一转移之间，民风丕变；即未能方驾内部，而已顿改旧观矣。胡文忠公有言：“以官养民，不如使民自养。”是故就地招募，以官养之也。听民晒盐，则使民自养也，是皆万世之利。不然，民自有可富可贵之资，而不为经理，地瓜花生，仅足糊口，并无富强之业，年复一年，则亦终跼蹐于贫苦而已。

林豪离开澎湖后，住在金门，到老都在写书。

梁成枬

梁成枬，字子嘉，广东南海人。年轻时冲动，曾经冒犯省提督学政，将被法律惩处，离家出逃。游历东南和湖北、湖南等地，担任军事幕僚，但不合群，很孤独。一气之下，渡海到台湾，在栋军当文书。当时，巡抚刘铭传正依靠栋军治理“土番”，公私文书有时一天会来好几份，原来的文书处理这些书函经常都词不达意。梁成枬来后，情况发生了根本的变化。刘铭传很惊奇，问林朝栋这些文字是谁写的。林朝栋说明了情况，并且向刘铭传推荐了梁成枬。

光绪十二年（1886），东势角设立抚垦分局，命令由梁成枬主持。之前，汉人和“土番”对立，“土番”不高兴就杀人，穷困时就与汉人讲和，讲和之后又杀汉人，还把责任推给其他“番社”。官府当时无法惩处，最后也无可奈何。各个“番社”住在偏远的深山里，彼此不相往来，经常几个“番社”共用一个通事，是友好还是争斗，全看通事怎么说。而通事也经常利用“土番”来达到自己的目的，成了他们的耳目，因此官府犒赏“土番”牛酒的费用不断增加，“土番”的骚扰反而更加严重。梁成枬建议软硬兼施，加强隘防，制定和“土番”贸易的规则。不友好合作的“番社”，就1尺布1粒盐也得不到。各个“番社”这才逐渐接受招抚。后来梁成枬又亲自到各个“番社”慰问，关心他们的疾苦，收纳“土番”的女儿为小妾，学习他们的语言。各个“番社”都很喜欢他，亲切地称他为“阿公”。光绪十三年，万社“番丁”杀人，居民多躲避逃难，刘铭传命令梁成枬和屯丁一起捉拿凶犯。万社是台湾中部“番社”中势力最强的，人多地险，其他“番社”都受其指挥，大家认为很难办。梁成枬毅然独自前往，到万社召见大头目，责问他说：“我之前和你约定，不要杀人，每年给你们牛、酒、盐巴、布匹，让你们可以吃饱穿暖，杀人就要抵罪。现在你们背弃约定，我也失信于上级长官，马上就要递交弹劾自己的状文而离任。后面来接替我的人一定会断绝贸易，也可以想到你们被饿死冻死以后尸体堆叠在一起的样子了。”梁成枬声色俱厉，头领听了很害怕，向他求救。梁成枬说：“你如果把凶手交给我，就可以免除罪过，否则征讨的士兵就要来到。送出一个残暴的人而保全众多良民，没有比这更好的办法了。”头领接受他的意见，把凶手绑出，于是斩首示众，各“番社”知道后都受到震慑。梁成枬因为和各“番社”关系亲近，就想在这里购置产业。于是就在罩兰开荒种植，使用“土番”就像家人一样，每年可以收入千两银子，中部的“番社”也逐渐更顺从。台湾被割让之后，梁成枬带着“番女”小妾匆促内渡，在台湾的资产全部丧失，所写的诗文也都失散了。后来他客死香港。过了几年，他的学生林资修记录他上述的一些事迹，并评论说：

> 台湾土番古称难治。往时大府亦尝用兵，至则散匿深菁，毫无踪迹。乃转缘岸附木，狙击刍粮。及其惰归，每中厥伏。再举失利，亦稍厌矣。夫以彼族之野，手无寸铁，家少余储，非有假寇兵而赍盗粮者，彼何敢逞？而番辄夜郎自大，谓汉与我等尔。使译者能开陈利害，亦当少警顽迷。而乃张彼虚声，坠我士气，斯亦木腐虫生之验也。故番非难治也，未得其方尔。不揣其本而齐其末，方寸之木可使高于岑楼，惜乎梁先生之未竟其用也！

连横评论说，古人所说的士，就是为国家为人民的人，就是坚守信念的人。因此，有的人建言后被采用，有的人建言不被采用，有的人开始不被采用而后来被采用，但都有益于国民族。台湾是新开辟的地方，在东南条件最好。不少官员来这里当差，把这里看作是淘金的地方，搜刮大量的财富后离开，关心民生，为开发治理台湾作出功绩的官员并不多。那些只为眼前利益打算的人，无法规划长远的大事，墨守成规的人不能处理好现在的事情。蓝鼎元、陈梦林等人苦心孤诣，能够创造性地提出一些长治久安的计策，都是有才有德的人。像梁成枬这样善于治理“土番”的，更是其中最优秀者。

（三）乡贤

连横评论说，士是四民[①]中排在首位的，他们饱读诗书，懂得历史，即使不能治理国家平定天下，也应当在乡里做一个有道德行善事的人。如果他违背正道，曲解道理，狡猾奸诈，结党营私，那就是礼教社会的罪人。台湾自从开辟以后，风俗淳朴美好，进入学校的读书人，多数坚守操行，能够被奉祀于乡贤祠的有五位，他们就像古时候的君子，去世后为人们所祭祀。《诗经》说："有觉德行，四国顺之。"实在是有道理啊！

王凤来

王凤来，台湾县宁南坊人，字瑞周，号竹山。乾隆二十七年（1762），以岁贡生身份担任漳平县学训导。到任后，整理学规，每天提醒生员敦睦人伦、树立品德的道理，读书人都乐意到这里上学。任期届满后进京，回乡时正好遇上林爽文事件，他上书总督，陈说征讨的策略。事件平息后，又北上进京，奉旨挑选分发云南任用。不久碰到父亲去世，守丧期满，按例补授苏州督粮水利同知。漕运原有许多陋规，积弊已久，管事的人大多欺瞒包庇私下分赃，王凤来上任后将这些弊病全部革除。他又监督开采修筑海堤的石头，勘查太仓州水灾灾情。后来再次监管漕运事务，代理总捕的职务，虽然地位低官职小，但都以利国便民为出发点，当时被人们认为是好官。后来他被提拔为刑部安徽司员外郎，改任河南怀庆府知府，政治声誉很好。朝廷召见，下旨褒奖，不久改任兵部武选司员外郎。为官 30 多年，65 岁去世。嘉庆十一年（1806），台湾县学教谕郑兼才上书，请求把王凤来入祀乡贤祠，闽浙总督据以上奏，得到皇帝批准。

陈震曜

陈震曜，字焕东，号星舟，嘉义人，后来住在府城台南。少年时聪明敏捷，博学精通经典著作。嘉庆十五年（1810），因优秀的品行学识被送到国子监读书，被皇帝召去面试。嘉庆二十年，回到福建，先后代理建安[②]、闽清、平和等地县学教谕。

---

① 四民，指士、农、工、商。

② 建安，今福建建瓯。

道光五年（1825），调任省城，监理鳌峰书院，协助修纂福建通志，寻访并刊印先儒的著作，得到读书人的称赞。省城贡院一向低洼狭小，潮湿闷热，每次来考试都有人生病。陈震曜向当地民众募捐，筹措资金扩建贡院，增加号舍[①]1000多间。他监督工程，不到一年时间建成。道光六年，担任同安训导，又倡议编修县志。他曾经说过：“安上治民，有司之责也。造士征文，教官之责也。余位虽卑，亦一邑之木铎，岂堪见诮于儒宗哉！”

道光十二年，张丙之乱，陈震曜随军到台湾，办理团练和抚恤等事务，奉旨以同知任用。动乱平定后，多次上书闽浙总督，陈述利弊。戍守台湾一向采用班兵，从福建各地军营调来，这些士兵与台湾驻地民众原来的籍贯如果不同，往往互相抵触，导致结成团伙滋事，地方官员拿他们没办法，遇到军情这些人也应付不了。陈震曜建议裁减戍守的士兵，增加招募乡勇，他建议说：

> 各省兵丁俱属土著之人，唯台湾开辟之初，户口仅数十万，沃野千里，民愿为农，彼时招募土著之兵，亦无有应之者，加以郑氏甫平，续有小丑，恐土著在伍，或有通匪之虞。此当时调遣内地班兵戍台之深意也。今台属四县、三厅，约计三百余万人。土地不加，丁口日繁，其无田可耕乏经纪者亦多。若招募充伍，临以号令之严，化其桀骜之气，平时资以缉捕，有事用以守御，人地熟悉，未尝不收臂指之效。查内地班兵调台，惟漳泉语言相似，余则乡谈各殊；路途东西，又全不辨。既难缉盗于平时，自难剿匪于有事。核其所能，则充武署杂差，或排列汛塘，备数而已。仓猝号召，仅执器械、守城障，未闻其能义勇，独自出郊战胜也。有养兵之名，而无养兵之实；经百数十年，奉行调遣，习焉不察。夫养兵既少实效，则匪类易滋事，地方易蔓延。偶闻警报，茫然不知。今日小汛归大汛，明日大汛归城郭，唯有紧闭城门以待贼至。置乡民于度外，听匪类之胁从。科派富民，旷日持久；乌合啸聚，小丑成魁。非疾呼绅衿、自备资斧、招募义勇、飞禀大军救援，而乱未能平也。先后情形，同出一辙，可胜痛哉！查台水陆之兵不下二万余名，年需军饷二十余万，养兵不为不厚，而束手无策若此。溯自康熙年间至今，乱十数次，未有不赖土著义勇而能报捷者。即近四十年，而考之，乾隆五十一年林爽文一案，台民为义勇者，南北不下数十万人。议叙赏给之义民首，亦千数百员。乾隆六十年陈周全一案、嘉庆十一年蔡牵一案，议叙官职之义民首，俱不下数十员。可见台民能为义勇以从

① 号舍，考室。

军，未尝不可充兵而敌忾也。是故欲求长治久安之策，遇有班兵出缺，准就土著挑补。每营数百之兵，但得乡壮数十名，用以剿捕，资以御侮，则海疆军制，日有起色，不似从前之仅能守城守汛已也。

他还提出了增加招募屯兵的建议：

台湾僻处海隅，戍台悉用内地之兵，语言不通，道路不熟，水土不服，险要不知。每逢剿捕之时，必藉乡勇屯番为前导。查乾隆五十二年，生番拒逆，熟番助捕。五十三年，福中堂入告，以沿山未垦之地，准其耕为屯田，平时录为屯丁，有警调为屯兵，拔其头目，奖为屯弁。自设立四十余年，番人恭顺，听地方官调遣战守，奋勇可嘉。但屯地多荒，屯饷不裕，屯兵亦不能多募。窃思全台陆路戍兵，共有九千七百九十七名，似可酌减一千数百名，留其粮饷及抚恤眷口之款，可添募屯兵一千数百名，分配台湾道府、四厅、四县十衙门，按月点验一次，给以粮犒。秋令每月操练一次，冬令每月操练二次。军装器械铅药，官为购备。与操练犒赏，剿捕饭食，即于征收台地屯租款下动支。操演之后，军器存贮道府厅县之库。每季巡查地方之时，各衙门酌定数班，轮值调遣。若有剿捕之时，则全队统带，可资捍御。战胜之实效，较之戍兵尤为得力也。

这些建议，都得到了总督的认同。陈震曜还提出扩建台湾府城的外城、增设一些炮台的建议，也都被采纳。

此前，陈震曜在家乡，凤山知县非常看重他，聘请他主持凤仪书院。凤山县地处台湾南端，文化不发达，陈震曜到后，每天召集生员讲解儒家经典，有时也讲解一些诗文，从此凤山人才开始勤奋学习。他接到福建巡抚的命令，和凤山、嘉义两知县督办台湾的采访册，提供给省里补修《福建通志》。陈震曜因为旧的各种台湾府县地方志的地图都有许多疏漏和错误，山脉、河流、村庄位置错误特别多，建议先绘制出里、堡分图，然后再绘制厅、县分图，最后再统合成台湾府全图，并按照国史馆大清一统图的画法，先以方格线打底，横竖各 30 条。后来绘制出来的新台湾地图，大家都认为很好。这件事情结束后，彰化知县杨桂森聘请他修撰《彰化县志》。当时，鹿港施、黄、许三姓家族庞大，人口众多，他们凭借自己的势力，无视法律，动不动就发起宗族械斗，一直都是当地的祸害。陈震曜上书，请求严办。考虑到鹿港处在台湾中部沿海的地方，有上万户人家，是彰化县最大的市镇，但至今还没有修建城池，怎么能保护人民，固守险要，于是他上书请求在鹿港建城，并修建一座防御工事。又由于凤山县管辖的区域辽阔，行政管理难以周到，他还建议划出下淡水南岸至琅峤一带，新建一个县。后来沈葆桢巡视台湾，就采用了他这个建议，设置了恒春县。所以他的著作，都有助于解决台湾的实际事务，并非是泛泛而谈。

道光十五年，陈震曜被选拔为陕西宁羌州同知，道光十七年九月到任。宁羌是少数民族地区，民众很少读书。陈震曜到任后，每月召集乡绅和德高望重的老人，进行宣传鼓励，教导伦常礼仪，传授文化知识，几个月后，地方风俗发生很大变化。宁羌州地处南北交通要道，是陕西、甘肃进入四川的重要通道，长期荒废没有治理，行人商旅感到很不方便，他亲自前往勘查，动员民众帮助维修。陈震曜在任十几年，廉洁慈爱，当地民众对他的敬爱如同对待父母。道光二十四年七月，陈震曜代理城固县令。道光三十年，他因病回到家乡。因做官而得到的财物很少，只带回了装书籍和古帖的十几个小竹箱，大多是汉、唐时期的石刻拓本。陈震曜精研儒家经典的学问，喜欢宋代儒学，治家严格，尊崇古训。他还学医，到晚年研究更加深入，采辑了古今著名的药方和医学的方法好多卷。年轻时和本县学者张青峰、陈廷瑜等 10 多人，在台南宁南坊吕祖庙建立引心文社，一时间文风兴盛，后来文社改为引心书院。咸丰二年（1852），陈震曜在家中去世，终年 74 岁。著有《小沧桑外史》五卷、《风鹤余录》二卷、《海内义门集》八卷、《归田问俗记》四卷、《东海壶杓集》四卷，都没有刊行。同治十三年（1874），钦差大臣沈葆桢了解收集他的遗作，抄录副本带走。光绪八年（1882），台湾民众请求将陈震曜入祀乡贤祠，得到皇帝许可。

郑崇和

郑崇和，字其德，号怡庵，金门人。19 岁来到台湾，在淡水厅竹堑教书，于是就住在这里。淡水是新开辟的地方，民众中很少读书人，郑崇和动员当地人读书。富家子弟很多来上学，给老师的学费高，所以收到的礼物和酬金也很丰厚。嘉庆十年（1805），蔡牵侵扰淡水，土匪暗中响应，郑崇和正好在后垄，奉命征募乡勇防守。事件平定后，官府嘉奖郑崇和。淡水是福建、广东人混杂居住的地方，分类械斗，多年不曾停止。郑崇和又奉命进行镇压，他召集双方父老，极力说明械斗的危害，这才化解了仇恨。竹堑大部分是荒山野岭，“土番”经常出来杀人，每年多达几十次。郑崇和于是召集壮丁，根据地形，集资设立隘口，用来保护行人安全，砍柴刈草的人也更加方便。嘉庆二十年，当年饥荒，郑崇和以平价卖粮，他的家也富裕了。当时，竹堑人商量要建文庙，郑崇和慷慨捐助巨款，让次子郑用锡监督工程。文庙建成，举行祭祀先圣先师孔子的典礼。竹堑的文化发展从这时候开始。郑崇和爱好宋儒的书，特别是遵守朱熹的《紫阳家训》。他门下的学生多通达事理。道光七年（1827），郑崇和去世，享年72岁。道光九年，淡水人请求将郑崇和入祀乡贤祠，道光十二年，得到诏书许可。次子郑用锡，也很有名。

郑用锡

郑用锡，字在中，号祉亭。小时候遵照父亲的教导，以注重实践为根本。道光三年（1823），考中进士，在家以读书为乐。淡水自从开辟以来，还没有编修地方志，于是他召集弟弟和朋友编纂志稿，留为后用，不少地方文献因此得到保存。道光六年，闽浙总督孙尔准巡视台湾，到竹堑时，郑用锡请求修建淡水厅城，并主持工程建设。城修好后，评功授给同知官衔，后来改任京官。十四年进京任职，签发分配到兵部武选司。第二年，授予礼部铸印局员外郎兼仪制司的职位。每逢祭祀典礼时，他都非常恭敬。道光十七年春天，回归乡里。乡里办大事，郑用锡就出钱出力帮助，所以人们称他为善士。鸦片战争期间，英国军舰窥伺大安港，郑用锡自己招募乡勇进行防御，还捕获了几个俘虏。事情上报后，赏赐他顶戴花翎。还捕获了乌草海盗，得到福建督、抚的嘉奖。咸丰三年（1853），林恭、吴磋先后起事，又发生漳、泉分类械斗，全台湾动荡。奉旨和进士施琼芳等创办团练，劝募士绅捐款，加上倡运米谷到天津，授给二品封典。当时，械斗越来越激烈，蔓延到周围100多里的范围，杀人抢劫，道路不通。郑用锡亲自到各个村庄，尽力调解矛盾冲突。他写了《劝和论》进行宣传，其中说：

> 分类之害，甚于台湾，尤甚于淡之新、艋。台为五方杂处，自林爽文之后，有分为闽、粤焉，有分为漳、泉焉。闽、粤以其异省也，漳、泉以其异府也。然同自内地播迁而来，则同为台人而已。今以异省、异府各分畛域，法所必诛。矧更同为一府，而亦有秦、越之异。是变本加厉，非奇而又奇者哉？夫人未有不亲其所亲，而能亲其所疏。同居一府，犹同室兄弟之至亲也，乃以同室而操戈，更安能由亲及疏，而亲隔府之漳人、亲隔省之粤人乎？淡属素敦古，新、艋尤为菁华所聚之区，游斯土者啧啧称美。自分类而元气剥削殆尽，未有如去年之甚也。干戈之祸愈烈，村市半成邱墟。问为漳、泉而至此乎，无有也。问为闽、粤而至此乎，无有也。盖孽由自作，衅起阋墙，大抵在非漳泉、非闽粤间尔。自来物穷必变，惨极知悔。天地有好生之德，人心无不转之时。余生长是邦，自念士为四民之首，不能与在事诸公竭诚化导，力挽而更张之，滋愧实甚。愿今以后，父诫其子，兄告其弟，各革面，各洗心，勿怀夙忿，勿蹈前愆，

既亲其所亲，亦亲其所疏，一体同仁，斯内患不生，外祸不至。漳、泉、闽、粤之气习，默消于无形。譬如人身血脉，节节相通，自无他病。数年以后，仍成乐土，岂不休哉！

大家看到《劝和论》，都很感动，械斗因此停止。于是在后垄刻碑记录此事，用来告诫后人。郑用锡成为地方上有名望的人后，更加致力于发展农业，家产日益增多，每年收入稻谷上万石。晚年修建了北郭园消遣，很有寄情于山水的快乐。他喜欢吟咏诗歌，有文人路过竹堑，就邀请他们一起喝酒吟诗，风靡一时，到现在新竹都是台湾北部文学最兴盛的地方。咸丰八年，在家中去世，享年71岁。他著有《北郭园集》，大多是八股文章，诗也比较平常。还写有《周易折中衍义》一书，没有刊行。有人说是他老师的著作，而由郑用锡编辑。同治十一年（1872），诏令入祀乡贤祠。到现在，子孙仍然继续着他的事业。

郑用鉴

郑用鉴，字明卿，号藻亭，是郑用锡的堂弟。道光五年（1825），以拔贡生进入国子监读书。他为人性情真挚，注重诚信。设私塾教授学生，把品德看得更重，功课还在其次，他门下的学生陈维英等人都很杰出。他主持明志书院的讲学，执教30年，谆谆教导，一直到老都没有懈怠。一向乐善好施，捐钱修建淡水学宫，帮助郑用锡编纂地方志。咸丰三年（1853），因为筹划运送米谷到天津，被授予内阁中书的称号。同治元年（1862），被推举为孝廉方正。他著有《易经图解易读》三卷和诗文，没有刊行。同治六年去世，终年79岁。光绪二年（1876），福建巡抚丁日昌奏请将他入祀乡贤祠，诏令许可。郑用鉴有儿子八人，次子郑如城因为孝顺父母和友爱兄弟而受到官府的表彰。

（四）文苑

连横评论说，美丽的台湾，是我们的祖先开辟的，之后世代居住在这里，发扬光大，气象万千，这是自然赋予我们的发展文化的好地方。遥望群山，蜿蜒数百里，山峰陡峭，险峻入云，海拔高到13000多尺，看泰山就像看儿孙一样。东面是太平洋，西面是宽阔的海峡，风涛汹涌，仿佛蛟龙在鸣叫，珍禽怪兽的翱翔游弋，奇花异木的茂盛生长，璀璨陆离，美得无法描述。蔚蓝的天空，太阳、月亮、星星在上，看尽了历史的兴亡。生长在这块土地上的人，能把当前的变化积蓄起来，发自内心地把它写成文章，这难道不是很可贵么。两百多年来，莘莘学子，竞相撰写八股文，以追求科举功名，从而使天然的文化被糟蹋得不可收拾。难道是上天有意制造奇怪的现象，对未来有所期待？还是暗藏着从来没有被揭示的秘密，等待后人去解释？连横不才，成年以来，努力学写文章，虽然还没有掌握写文章的规律，没有取得什么成就，但一片诚心却始终没有放弃。魏文帝曹丕说过，文章是有助于治理国家的大事，好的文章是可以流传不朽的。那时的人都有这样的志向，何况我遇到这样的时代呢！精美的文章再也见不到了，粗制滥造的作品到处都是，学术已经被社会所裂解，如果不站出来加以保护，只能看着它日渐沦落了。文学气运的衰败，今天已经到了极点。仓颉的文字，孔子的书籍，人们尚且轻视，我为什么还要从事写作这件事呢。那些见异思迁的人，善于投机取巧；身在当世却心怀上古的，是勤奋好学的人。《诗经》说："风雨如晦，鸡鸣不已。"在这文学气运生死存亡、千钧一发的关键时刻，我们都承担着很重的责任。台湾的文化人士有站起来肩负重任的吗？这是我最大的期望。台湾的文化博大精深，积蓄久了以后肯定要表达出来，因此不用担心它会泯灭，但是，如果没有人加以开发，也很难更好地传承下去。好比大甲溪的水，一会儿奔流，一会儿停缓，穿过高山绝壁，奔向平原，冲毁堤岸，浩浩荡荡流入大海。又好像玉山上的云雾，开始时只有一小块，蓬勃发展，向上升腾到高空，不要多久就汇成雨水润泽各地。所以说，蓄积时间长的，力量一定很大；积累厚重的，一定能成就大事，我因此知道台湾的文化前景一定是光明的。以下这些是台湾文坛中优秀的人，因此列入传记，我期望会有更多的后起之秀不断涌现。

王　璋

王璋，字昂伯，台湾县人。很会写文章。康熙三十二年（1693）考中举人，成为台湾县首位举人。台湾刚开发不久，还没有纂修《台湾府志》，王璋预先收集文献藏在家中。康熙三十四年，分巡台厦道高拱乾倡议纂修《台湾府志》，聘任协助撰修人员，王璋和台湾县贡生王弼、生员张铨等 14 人进入修志局任职。《台湾府志》修成，高拱乾非常高兴。台湾文献的保存，王璋是有功劳的。后来他出任云南省宜良县知县，为官清正廉洁，爱护百姓。母亲去世，他将离职回家守丧，宜良县百姓请求云南巡抚留下王璋继续任职，王璋只好穿着孝服从小路回乡。守孝期满后，转任湖北房县县令，不久升任户部主事，又调任监察御史。以公正耿直闻名，后来在任上去世。

王喜也是台湾县人，不知他的字号。康熙二十七年乡贡生。他编辑了《台湾志稿》，搜集资料相当丰富。到高拱乾纂修《台湾府志》，很多地方都采用了他的资料。

王之敬

王之敬，字笃夫，又字莲峰，自号竹冠道人。王之敬是太学生，住在台湾县城。他善于写诗作文，也擅长书画，随手下笔都是精妙之作，官员们都器重他。

许远，字程意；孙朱᷊，字非叔；都是县儒学的生员。徐元，字凯生；卢周臣，忘记他的字号，他们都是台湾县城的人，都精通书画。

张　钰

张钰，字质坚，号彬园，台湾县城人。张钰从小就攻读科举学业，多次参加考试都没考中，于是放弃科举转而习武，雍正十三年（1735）考中武举。为人光明磊落，没有任何不端的品行。他精通礼、乐、射、御、书、数六艺，很会写草书。善于绘画，特别精通画大幅的龙虎。他画的龙虎富有生气，充满活力，悬挂在墙壁上，看起来风起云涌，人们非常珍重。

陈必琛

陈必琛，字景千，自号一崖道人。住在台湾县城，是县学武生。他擅长写八分字体，山水人物画往往能达到美妙的境界，而画画更好。到台湾担任官职的，很多都请他画台湾地理风俗图，以供参考。他喜欢把玩青铜器，凡是古代的金石篆刻的古董，都能够鉴别真伪，不出差错。他亲手制作的琴筝箫管，音阶音高都准确。地方官员都器重他。72 岁时去世。

王克捷

王克捷，字必昌，诸罗县人。乾隆十八年（1753），乡试中举。乾隆二十二年，考中进士，是台湾考上进士的第一人。他爱好诗词文章，精通各类典籍，写作《台湾赋》一篇，其中写道：

缅瀛海于鸿濛，环九州而莫穷。览形胜于台郡，乃屹立乎海中。丛冈锁翠，巨浸浮空。南抵马矶，北发鸡笼，绵亘二千余里，诚泱泱兮大风。尔其莅东宁，扼安平，鲲身蝉联而左抱，鹿耳蟠转以右迎。沙线沈礁，回紫澜于曲港；雷硠摆浪，撼赤嵌之孤城。则瞿塘之峡不足拟，又何论乎蜀道与太行。若夫市肆填咽，阡陌纵横。泉、漳数郡，资粟粒之运济；锦、盖诸州，分蔗浆之余赢。蜃蛤鱼盐，在在殷裕；瓜茄姜芥，种种早生。实海邦之膏壤，宜财赋之丰盈。溯夫天造草昧，遐裔荒墟，南北土酋，穴处巢居。迨有明之宣德，遣中官以乘桴，遭风偶泊，始识其途。嗣是以后，狡焉思启，实繁有徒。曾一本窃据于澎岛，林道乾遁迹于草湖。继以思齐之啸聚，荷兰之诡图。洎乎郑氏，乃凌险而负嵎，建官署，开方镇，以比拟于扶余。因利来使，顺风长驱。陷七郡，破潮粤，略温、台，徇东吴。旌旗所指，雾合云铺，熊蹲四世，虎视方隅。维我仁庙，皇灵震叠，命将专征，克塽詟慴。遂按图而设版，复定赋而计甲，辟四千载之方舆，安亿万姓于畚锸。庆文教之诞敷，群入学而鼓箧，或挽车而骑牛，或操舟而理楫。重洋开渡，舸舰帆联，乐土兴歌，人民踵接。盖兹邦之广衍，兼四省而延袤，作南服之藩篱，挺一方之奇秀。其山则祖龙省会，五虎门东，沿江入海，径渡关潼，突起鸡屿，峻嶒巃嵸。过南崁，矗龟仑，烟霏雾结，绣错云屯。大武双高而作镇，木岗特立而称尊。更有巍峨莹澈，如冰如雪，是名玉山，奇幻特绝，随霁色而偶呈，忽云封以变灭。若其磅礴蜿蜒，骈罗连蜷，或如龟龙浮游于海上，或如鸾凤轩翥于天边。数六六之群岛，盼九九之危巅，非人迹所能遍，亦图经所未镌。其水则源泉百派，自东徂西。九十九道之溜，二十八重之溪，极潆回以纡折，迨放海而皆齐。泚泚湲湲，潴泽渟渊；汩汩涓涓，疏畎距川。大甲、大安、大肚之深广，蚊港、笨港、东港之洄漩。海翁窟风高浪涌，虎尾溪水湍沙溅。况黑港与白洋，更谲怪之万千。他如蛤仔难之产金，寒潭难入；毛少翁之出磺，沸土重煎。赤山着木而烟起，火山彻夜而光燃。大冈绝巘，缀累累之牡蛎；外海异香，浮臮臮之龙涎。山朝支麓，温泉沸镬；水沙连屿，藉草浮田。茄荖纲石湖穿海，八里坌月窟涌泉。又若铁树插于树间，十围连抱；藤橘悬于木杪，一线遥牵，是又载籍之所未编者也。乃林有鹳而无鹤，山有豹而无虎。走兽飞禽，蕃育兹土。画眉鸲鹆，以白见珍；彩囊翟雉，其文足取。鸠候气而鸣六，鸡应时而称五。倒挂夜栖，翻飞雷舞。麞麃祁祁，麋鹿麌麌。暨山马与野牛，各成群而相伍。若夫蠕喙之属，固难备举，风气之殊，亦可附着。蝉未夏而先鸣，燕经秋而不去。讶蜥蜴之有声，怅鹦哥之不语。蛩唧唧以夜吟，竟四时之无序。感物类而踌躇，忽怆怀于羁旅。乃其海物维错，尤为充斥，难悉厥名。独辨其色，则有鲻乌鲤红，鲚紫鳁白，赤海金精，乌颊黄翼，青鲱投火，黑鲗喷墨，锦鲂花鲶，金梭如织。又有香螺花蛤，鱼蟹虎鲨，白蛏涂魠，麻虱龙虾。台、澎所产，厥味多佳，既渔于水，亦樵于山。楠笋始生而合抱，萧朗高大而螺团。属野番所盘踞，惜运致之维艰。至若山荔埔柿，土杉水松，赤鳞黄目，交标九芎。番树白树之植，悉杂出于山中。猴栗象齿，屋材最美；林余婆罗，名状俱诡。见铁树之开花，爱仙芝之有子。乌栽频取以薪蒸，绿玉遍插于庭圮。竹凡数种：刺竹密比，石竹长枝，箭竹如矢，麻竹柔脆，琴竹文理。卉木之花，色色斗妍。荷开献岁，菊吐迎年。桐绕春城而布锦，梅放午天而掷钱。绣球攒簇，素馨蔓延。贝叶之称疑假，昙花之种早传。番茉莉移来异域，七里香辟除瘴烟。扶桑本出于东海，水仙名托于台员。厥草维夭，半是药苗。先春而发，凌冬不凋。唯内地之所少，爰遍访夫茑茺。水藤代韦而坚韧，通草作花而妖娇。叶张七弦，聊充耳目之玩；芦开一捻，可卜台飓之飘。更有番茶作饮，白曲为醪，卤草洗齿，茜草染毛，羞草含羞，荖草老饕。若其刈莞蒲以织席，编丝茅而索绹，群居萃处，曾无虑夫风雨之飘摇。果蓏之实，别种非一。番檨熟于盛夏，西瓜献于元日。牙蕉子结数层，凤梨香闻满室。又如菩提果、波罗蜜、释迦果、金铃橘，尤中土所罕见而莫悉。厥有槟榔，生此遐方，杂椰子而间栽，夹扶留以代粮。饥餐饱嚼，分咀共尝。婚姻饰之以成礼，诟谇得之而怨忘。为领略其滋味，殆恍惚夫醉乡。爰稽习尚，竞事侈靡，土沃民逸，大抵如是。逐末既多，务本渐弛。工针绣而弃枲菅，轻菽粟而艳罗绮。群尚巫而好鬼，每征歌而角技。思易俗以移风，赖当途之经理。蒋集公绩懋抚绥，陈清端泽流遐迩。茹冰檗以率属，则林荔山之操履；持玉尺以衡才，则夏筠庄之造士。又或留心风物，雅意典章。孙司马挥毫珠玉，袁司训积书宫墙。皆有造于斯土，称盛世之循良。若乃僧衣作赋，沈文开萍踪坎坷；蝶梦名园，李正青尘缘参破。景寓公之清标，足廉顽而立懦。况宁靖之阖室偕殒，陈丑之伤亲自沈。永华之女悬帛柩侧，续顺之配受带堂阴。当王化之将暨，忠孝节义已大著乎人心。故前者有谢灿之妻，矢死从一，继有方珑之妇，受迫不淫。自是以来，志载如林，宁止五妃之墓宜表，五忠之祠足钦也哉。载考番俗，约略可纪。罔识岁时，弗知甲子。以蟾圆为一月，以稻稔为一祀。仅有生名，从无姓氏。赘婿为嗣，随妇行止。凡樵汲与耕获，属女流之所理。乃其少长相随，则侧立以俟。老病无依，则相率同视。比屋亲睦，或庶几乎仁里。而其编藤束腰，展足斗捷，贯耳刺唇，文身为侠。听鸟音而卜出，佩大匏以利涉。偶细故之睚眦，惊野性之不帖。乘醉抽刀，断脰穿胁。复有傀儡生番，食鲜茹血，蒙头露目，手持寸铁，伏林莽以伺人，赛髑髅而称杰。且闻远社番妇，能作咒诅，犯之则死，解之则苏。喝石能走，试林立枯。传疑之语，岂其然乎？近郭熟番，渐知礼制。童子入学，亦解文艺。壮者服役，奔走更替。类混沌之未凿，尚率真而无伪。伊昔吴、越，当周之时，犹称南夷。即在吾闽，值汉之世，亦属荒裔。既归版图，遂号名都。矧台湾之疆域，擅九土之奥区。高原下隰，畇畇朊朊；饮食往来，衎衎于于。合闽南与粤北，冒厉禁以争趋。保聚教诲，亟藉良谟。昌黎守潮，子厚守柳，风行草偃，何需迟久。如彼琼州，亦在岛上，文庄忠介，后先相望。苟气习之不拘，岂人地之可量。顾其地时震而海常吼，论者佥曰惊涛之溢涌，几视斯土若等于浮沤。不知地广而厚，海深而幽，其震其吼，盖阳气不舒阴气有余之所由。唯开辟之未几，故节宣之未周。方今风会宏敞，圣治广被，久道化成，百物咸遂。海不扬波，地奠其位。马图器车，物华呈瑞，人杰应运而齐出矣。谨就见闻，按图记，辑俚词，资多识。愧研炼之无才，兼采摭之未备，聊敷陈夫土风，用附登于邑志。

之前，有一个陈辉也写了一篇《台湾赋》，他的诗尤其工整，旧方志有记载。陈辉是台湾府城人，乾隆三年（1738）乡试中举。

马　琬

马琬，字琰伯，号梅村，台湾县人。祖父马廷对是岁贡生，父亲马中莱是拔贡生，他们都寓居诸罗县。马琬也是岁贡生，性情淡泊，爱喝酒，也喜欢书法和读史书，悠然自得，磨炼品格操行，勤勉学习，同乡人都很敬重他。

乾隆三十二年（1767），澎湖厅通判胡建伟创建文石书院，邀请他担任书院主讲。马琬在澎湖共 8 年，很多学生都得到了他的教益。非常善于照顾母亲，他母亲到了百岁时，还能画水墨芦雁，马琬也跟着学习。马琬多次参加乡试没能中举，晚年更加寄情于诗歌饮酒，偶尔也创作水墨画，在画上题字以表明自己的心迹。

庄敬夫

庄敬夫，号桂园，台湾县城西定坊人。庄敬夫因擅长水墨画而闻名，凡是山水人物花鸟，都能随意境落笔，达到美妙的境界。每幅创作，得到的人都珍藏为传家宝，因此人们争相模仿他，但是没人能画得像他那样逼真精美。庄敬夫于嘉庆初年去世。

徐恢缵，字逊斋，也是西定坊人，是台湾县学的增广生，他擅长画山水花鸟人物。性格刚正耿直，不屑逢迎。一向精通医术，救助了很多人，而被同乡邻里称颂。

林觉，字铃子，也是台湾县城人。林觉曾经创作壁画，见到的人都大为称赞。他一心研究绘画，善于画花鸟，而人物画尤其精美。嘉庆年间，林觉曾经短暂到竹堑生活，竹堑人争相向他求画，这些画至今都保存着。

陈思敬

陈思敬，字泰初。他父亲陈鹏南，是台湾县岁贡生，出任连江县学训导。他家住在镇北坊，成年后，回到祖籍地，增补为同安县学生员，乾隆十八年（1753）考中乡试副榜。一向秉承父亲的志愿，乐善好施，对继母十分孝顺，常常来往于台湾。有一天他去凤山县，听到村庄一栋房子里传来读书声，询问后，知道是广东人，于是他每年都资助这位读书人一些灯油钱和粮食。他懂得医术，自己开药店，用来治疗贫苦的人们，乡里人都称赞他为大善人。著有《鹤山遗稿》。

林朝英

林朝英，字伯彦，台湾县人。乾隆五十四年（1789），林朝英以贡生推荐进入国子监，因捐纳授予中书衔。他乐于赞助地方上的一些善举。嘉庆初年，林朝英倡导修建台湾县学文庙，并亲自监督工程，他自己出资1万两银子。文庙建成后，地方官员上奏，皇帝下旨嘉奖，建立牌坊，赐给他“重道崇文”的匾额，牌坊位于龙王庙前。林清天理教事件之前，有党羽和林朝英关系不错，给他写信，暗示要起事。林朝英表示反对，回信劝阻他们，并痛陈利害关系。天理教事件失败后，官府搜查林清的党羽，发现林朝英这封信，皇帝对此很赞许，召他入朝觐见。林朝英声称生病，予以推辞。他擅长水墨画，作品潇洒出尘，书法也很新奇秀丽，笔画好像竹叶。他擅长雕刻，竹根和木节，经他雕刻，没有不成器的。他家建了一个小亭，名为“一峰”。匾额上“一峰亭”三个字都一尺见方，笔力苍劲，是由一块朽木雕刻而成的。这块匾额在光绪十二年（1886）的一个晚上被人偷走，传说是被淮军偷走的，台湾县的人至今还感到惋惜。

王士俊

王士俊，字熙轩，淡水厅竹堑树林头庄人。始祖王世杰因垦荒致富，到王士俊时家道中落。王士俊勤奋读书，嘉庆年间考中秀才。他在家开设私塾，郑用锡等人都出自他的门下。写有《易解》若干卷，现在已经丢失，有人说是被他的朋友偷走了。

郭菁英，字显相，也是竹堑人，是廪膳生，他和弟弟郭成金都很有名。郭成金，字贡南，嘉庆二十四年（1819）乡试中举。郭家富裕，藏书很多。郭菁英任明志书院主讲，一心振兴文化教育事业。后来被任命为连江县教谕，没到任就去世了。

黄骧云

黄骧云，字雨生，淡水厅头份庄人。黄骧云的父亲黄清泰，字淡川，原来住在凤山县。他孝顺长辈，友爱亲朋，年轻时读书准备参加科举，很会写文章。林爽文事件，清泰招募乡勇守城，由于平定琅峤有功，被授予福州城守营把总。嘉庆十一年（1806），黄清泰担任竹堑守备，代理艋舺都司，总兵武隆阿器重他，提拔他担任镇标中营游击，又改任参将，于是定居在淡水。黄清泰以读书人的身份练习武艺，希望儿子将来走从文的道路。黄骧云年轻时，就读于福州鳌峰书院，不到10年他的学问文章日益精湛。嘉庆二十四年，乡试中举。道光九年（1829），考中进士，签发工部任职。道光十七年，担任京城科考副主考官，公正录取人才。张丙起事时，正好他回乡探亲，台湾道平庆命令他写信劝说闽、粤两籍庄民不要参加。叛乱平定后，黄骧云补授都水司主事，又升任为营缮司员外郎。他有五个儿子，长子黄延祐是举人。次子黄延祺年轻时就很聪明，擅长书法，曾经用双钩的笔法把《大麻姑坛记》刻入石碑，编修何绍基看到他的作品后很是称赞。黄延祺去世时才20多岁。

陈改淑

陈改淑，字以文，澎湖厅通梁社人。陈改淑性格平和淳朴，说话会考虑用词的选择，但在科举上一直不如意，靠教学童读书为生。晚年特别喜欢种菊花，擅长弹琵琶，经常在花间弹奏，音调清澈激扬。他曾经游览江南，走遍了各地的风景名胜，以会走围棋著名。著有《楂客纪游诗集》，文稿丢失，没有流传下来。

吕成家

吕成家，字建侯，澎湖厅东卫社人。年轻时很聪明，擅长弹琴和筝。多次参加科举不能考中，于是断绝了科举的想法，建了一间书屋，随意在其中吟咏坐卧，绘画花鸟，喝酒下棋，悠然自得。晚年更沉溺于吟诗作词，通判吴性诚经常和他进行唱和，离别后仍然寄诗问候，累积成卷。他一贯注重平日在家的操行，几个兄弟相处到老，十分和谐。他儿子、侄儿都是读书人。71岁去世。

蔡廷兰

蔡廷兰，字香祖，号秋园，澎湖厅双头乡人。蔡廷兰的父亲蔡培华，字明新，因专心好学，在家乡办私塾，被家乡人称赞。蔡廷兰年轻时聪明好学，13岁考上秀才，后来成为廪膳生。道光十一年（1831），澎湖发生大风灾，颗粒无收。汀漳龙道台周凯从厦门来赈灾，蔡廷兰作《急振歌》送给周凯，周凯看后很欣赏。后来周凯督学台湾、澎湖，蔡廷兰被优先选拔为道光十七年的拔贡生。道光二十四年，蔡廷兰考中进士，出任河南郏江知县。澎湖士人考上进士就是从蔡廷兰开始的。后来到江西当知府，政绩好有名声，在任上去世。之前，参加秋贡，遭遇大风，道路不通，转道越南，越南人以礼款待，送他回乡。著有《越南纪程》《炎荒纪略》两本书。后来我得到他的诗集，长短共115首。

魏 宏

魏宏，台湾府城西定坊人。学问渊博，文思敏捷，但不擅长处理日常事务，人们都把他看作书呆子。他写文章经常自己给自己圈点，参加考试也是这样，因此经常被贬斥。道光二十七年（1847），南通人徐宗幹担任台湾道兼提督学政，他奖励提拔读书人，遇到有才华的读书人特别以礼相待，每个月在海东书院考核读书人，魏宏多次胜过其他人。当时夏天炎热，他认真读书，老觉得发辫麻烦，于是剪断发辫。后来参加提督学政主持的考试，家里人担心他这样子会被斥责，就用一条假辫子缝在他的帽子里面，然后让他戴上这顶帽子。魏宏进入考场坐好，等到试题发下来，奋笔疾书。当时正是农历五月盛夏，汗水滴在衣服上，于是他摘下帽子，同学们见到后哄笑起来。徐宗幹正好出来巡视，来到魏宏面前，拿起他的试卷看他写的文章。魏宏说："我的文章很好，先生看出来了没有？"徐宗幹点点头，又指着他的头发问是怎么回事。魏宏说："我认为头发是累赘，已经剃掉了，先生留着头发不是很麻烦吗？"徐宗幹默不作声，其他同学笑个不停，徐宗幹于是请他到里边去完成考卷。文章写完后，徐宗幹看了很高兴，把他列为第一。第二年，魏宏参加科举考试，又被列为第一，补授他为廪膳生。当时，海上航行艰难危险，台湾读书人到省城参加乡试，必须在小暑节气之前内渡，过了小暑经常遭遇不测，不但来往艰难，耗费的金钱也多，所以许多资深的生员都不参加考试。省城的读书人看不起台湾的考生，甚至侮辱他们，称他们为台湾蟳，因为台湾蟳没有蟹黄。魏宏听说后很生气，来到学政面前，请求和省城的生员比高低。学政同意了，魏宏立即前往凤池书院参加每月的学业考核。学政看了他的文章，将其推为压轴的卷子，但考虑到省城生员的面子，把它列为第二，但给他优厚的奖赏。这样一来，省城的读书人都感到很惊讶，再也不敢轻视台湾人，魏宏也因文章写得好而得到很大的名声。有人对魏宏说："你这一举动，震慑了很多读书人，比中举还更荣耀。"魏宏回答说："不是我喜欢和省里的读书人争高下，主要是为了给台湾人出一口气。今幸不辱使命，就是中举了又有什么？”于是买了船票回台湾，一辈子只有岁贡的身份。

当时有一位叫方春锦的，也是台湾府城的人，和魏宏齐名。

彭培桂

彭培桂，字逊兰，泉州府同安县人。年轻时跟随父亲来台湾，住在淡水厅槺榔庄。咸丰六年（1856），以贡生的身份进入国子监。他在乡里设私塾教书，门下弟子许多都很出色，竹堑富豪人家争相聘请他。彭培桂著有《竹里馆诗文集》。彭培桂的儿子彭廷选也擅长作文，道光二十九年（1849）入选拔贡，朝考被评为一等，任命为教谕。台湾道徐宗幹很赏识他的文采，曾经选录他的文章刊登在《瀛洲校士录》。著有《傍榕小筑诗文稿》，没有刊行，现在都散佚了。

陈维英

陈维英，字迂谷，淡水厅大隆同庄人。很年轻就考上秀才，博览群书，和堂兄陈维藻一起在学校都很出名。陈维英生性友爱，操行品德很有修养。咸丰元年（1850），被推举为孝廉方正。咸丰九年，考中举人。后来他担任闽县教谕，多有整顿。闽县有个节孝祠，已经倾倒很久，陈维英捐薪俸重建。不久，工部尚书廖鸿荃告老还乡，听说这件事后要拜访陈维英，陈维英前往辞谢。廖鸿荃见到陈维英后，作长揖并要行跪拜礼，陈维英惊呆了，不知所措。廖鸿荃说：“先生您重建节孝祠，对乡里做了好事，我应当亲自感谢您！”原来廖鸿荃母亲也入祀节孝祠中。任期届满后，纳捐成为内阁中书，分派到六部担任额外主事，学习办事。回台湾后，执掌仰山、学海两书院。同治元年（1862），戴潮春起事，淡水北部动荡，陈维英和当地绅士合办团练，因功被赏赐花翎顶戴。晚年在剑潭边上建屋，取名太古巢。著有《乡党质疑偷闲集》，没有刊行。

当时府城有个黄本渊，也在咸丰元年被推荐为孝廉方正，以书法闻名。我曾经寻访他的事迹，没有收获。

吴子光

吴子光，字芸阁，广东嘉应人。12岁就读完了儒家各种经典，开始学习写科举文章，多次参加科考都没有考上，于是渡海到台湾，住在淡水。兵备道徐宗幹看过他的文章后，对他抱有期望。同治元年（1862），吴子光乡试中举，于是和官场上的人交游往来。淡水厅同知陈培桂提议纂修《淡水厅志》，聘请他担任撰述，后来编修馆设在三角仔庄吕家。吕姓是彰化县的大家族，家境富裕又热情好客，藏书很多。吴子光爱好古人诗文，又嗜好吸食鸦片，有大量的藏书可读，自得其乐。只是他为人比较偏激，心中的不满时常流露在笔墨中。他给自己的书取名《一肚皮集》，说是采用宋代时朝云打趣东坡时的用语，吕家为他印行了这部文集，附录《小草拾遗》一卷。他还著有《三长赘笔》《经余杂录》，书稿存在吕家。吴子光的文章比较杂乱，不如他的考据功夫。光绪初年，吴子光去世，吕家以老师的礼节安葬了他。

陈肇兴

陈肇兴，字伯康，彰化县人。年轻时就进入县儒学读书，广泛接触文学、历史。彰化刚刚设县，写诗的人不多，进出县学的读书人，大多学习八股文，以博取功名。道光末年，高鸿飞以翰林的身份出任彰化知县，聘请廖春波主讲白沙书院，开始以诗词和古文考核学生。高鸿飞也经常到学校讲课，给学生讲解“四始”[①]和“六义”[②]，有时也涉及唐、宋、明、清的诗。一时写诗的风气流行，彰化文人士争相吟咏，而陈肇兴和曾惟精、蔡德芳、陈捷魁、廖景瀛等人特别杰出。咸丰八年（1858），陈肇兴乡试中举。他的住所称为古香楼，在那里读书咏歌自得其乐。戴潮春事件时，彰化县城被攻破，陈肇兴逃到武西堡牛牾岭，准备召集义勇，援助官军，几次面临危险。集集是内山的重要的关口，汉人和“番”民混杂居住，民风强悍，不喜欢读书。陈肇兴走到他们中间，宣讲国家大义，听的人都被感动。到夜晚，他就在烛光下作诗，追悼作战阵亡的人，词多悲壮凄凉，诗集名为《咄咄吟》。事件平息后，回到家乡，设立私塾，他门下的学生许多都很成材。他著有《陶村诗稿》六卷、《咄咄吟》两卷，合在一起刊行。

黄　敬

黄敬，字景寅，淡水厅干豆庄人。“干豆”也称为“关渡”，所以读书人称他为关渡先生。小时候父亲就去世了，母亲潘氏守寡。黄敬非常孝顺，勤奋读书。安溪籍举人卢春选来台湾北部教书，黄敬非常敬重这位老师，卢春选为黄敬讲授《周易》。咸丰四年（1853），成为贡生，后被任命为福清县学教谕。黄敬以母亲年老

---

①“四始”，指《诗经》中的《风》《大雅》《小雅》《颂》。

②“六义”，指风、雅、颂，赋、比、兴。

为由辞谢，借用村庄里的天后宫作为村社的学校，先后在这里完成学业的有几百人。当时，港仔墘的曹敬也召集学徒讲学，他们都注重实际践行为根本，他们门下的学生很多成才，人们合称他们为“二敬”，台湾北部的文学风气因此日益发展。黄敬为人谨慎庄重，一言一行都记录在日记中，这个习惯一直到老都没有改变。学生交给他的学费，全部拿来买书。有人劝他购置一些田产，他说：“我把这些书留给子孙，胜过良田十甲啊。”著有《易经义类存编》两卷，《易义总论》《古今占法》各一卷，《观潮斋诗》一卷，没有刊行。他在序《易》中说：

《易》因卜筮而设，圣人欲人于事，审可否，定从违，察吉凶，以谨趋避，特为假借之辞，聊示会通之意。故体则兼该靡尽，用则泛应不穷。无论人为何人，尊卑贵贱皆可就此以占；事为何事，大小轻重皆可依此以断，岂一二义类所得泥而拘乎？唯其为书广大精微，扩而充之，义多浩渺；研而究之，义又奥幽。前圣之言，非必故为诡秘，以待后人深求。《易》本悬空著象，悬象著占，道皆虚而莫据，辞易混而难明。欲为初学者讲，不就其义以整其类，则说愈繁而旨益晦。譬如登山，仰止徒叹其高，莫得寻其径路；譬如入海，望洋徒惊其阔，莫得觅其津涯。执经习焉不察，开卷茫乎若迷。将《易》所以教人卜筮，欲启之以明，反贻之以昧，欲命之以决，反滋之以疑，日言《易》而《易》不可言矣。夫《易》之数本于天也，天非以人为验，无以知天。《易》之辞凭乎理也，理非以事为征，无以见理。兹编之所解者，悉遵本义，主乎象占，以卜筮还之。而于各卦之义，各爻之义，复采古来人事相类者与为证明。或系前人，或由己见，皆敬小窗闲坐所读，苦无端倪，欲以课虚责实，庶几得所持守，志而不忘耳。卷帙既成，不忍恝然废弃，爰颜之曰《义类存编》，以示子弟侄辈，俾之便习此经，因以兼通诸史，不无稍有裨益。虽所引著，其事未必与其义适符，而望影藉响，以为比类参观，亦足知类通达。况由是触类以引而伸，充类以至于尽，推类以概其余。觉义虽举一二人之类，可作千万人想；义虽举一二事之类，可作千万事观。化而裁之，推而行之，神而明之，何致拘泥鲜通，不能兼该泛应，有负于《易》为卜筮之书也哉！

吴鸿业

吴鸿业，字希周，淡水厅艋舺人。他博览群书，擅长弹古琴，精通秦、汉篆刻，他把自己的住所称为拜石山房。他注重品行，很少说话，谈论的都是典雅有趣的事情。又善于绘画，曾经画了一幅百蝶图，色彩传神，栩栩如生。当时许多名人像台湾县的黄本渊、淡水厅的郑用锡、陈维英等人，都给这幅画题诗，先后共有20多人。淡水厅同知云南人李嗣业题写卷首，吴鸿业也自序说：

少读唐人诗，至王右丞宫词，初不解滕王蛱蝶图，如何拓得。一日春花烂发，隐几沈吟，瞥见隔篱敲拍，栩栩然来，促笔起而摹之，须眉间隐然欲动，一声呼绝，为蒙师惊斥，颇败兴，不果成。迨成童后，尤有嗜画之癖，凡山水人物花卉禽虫，见一名笔，以购致之而后快，地之远近，价之廉昂，弗恤也。然徒为好事者借作粉本，于余结习所喜，终未得其一班。今春与黄友阅芥子园所详蝶诀，亦自信前辈之不余欺。独怪天地间，一种活色生香，自然意趣，如待按图而索，为足以画其形神，穷其变幻，则使滕王拓本至此犹存，吾不知画有今古，将蝶亦有今古乎？而后悔向之鳃鳃然必求拓本者，痴耶？梦耶？醉耶？迷耶？夫拓滕王固日在吾目中矣。吾乃傍蜂衙以相约，牵蛛网以为招，散铺花具，虚贮冰壶。至则满拖入怀，如百折仙裙，在水晶屏里，临风绰约，摇曳多姿。不数日，则狎如海鸥，依如笼鸟，适尔疏放，招之即来，身轻能作掌上舞，令人想赵飞燕入昭阳时，余于此领略。渐已见惯浑闲，一旦脱然散之，则阵阵交飞，横若雁字；徐徐缓度，妥若莺梢，有寻花问柳之致，在咫尺千里之间。余不觉狂呼大叫曰，滕王告我矣，滕王授我矣！无如索画蝶者，户屦日多，甫脱稿，辄攫去，不更存以自镜，亦乌知其合格否也。乃于歌吟篆刻之暇，都为一册，作百蝶图。自春三旬有一日，至夏季二十五日，百七十四日，得玉腰奴约略百十数计。其中衬以花草，泽以丹青，一一皆仿前人笔法。此虽小技乎，亦足以医疏懒之一端矣。独是王摩诘画以诗传，米元章画以书重，至欲合诗画而称三绝，则郑博士尤擅名家。余不敏，觅韵抽毫，弥滋愧歉。幸赖当代巨公，不以涂鸦见摈，留题斐几，弁简生光，加以一二知友，嗜痂同癖，延誉墨庄，兼收众体，俾得藉亲一字之师，并拓双钩之帖。则抛砖引玉，不可谓非余之厚幸也。不然者，渲染烘托，一画工能之矣。我自村里来，特有大法眼在。

吴鸿业画蝶的技艺，传授给他的学生，但都不如他画得精美。他所画的百蝶图收藏在家里，后来流落，被同乡人洪雍平得到。

王献琛

王献琛，字世希，号宝堂，台南府城人。读书参加科举考试，一直不能考中，于是担任总兵衙署的稿识。他性格端正廉明，能画水墨画。他画的螃蟹尤其传神，有江湖的灵动，书法率意，不受约束。光绪十五年（1889）去世，享年60岁。

杨克彰

杨克彰，字信夫，淡水厅佳腊庄[①]人。杨克彰读书通晓精要之处，曾追随贡生黄敬学习，接受《周易》的学问，深思探求精髓，得以领会《周易》微妙的含义。他特别擅长写八股文，往往能写出新意。每写出一篇，就被同辈传诵。光绪十三年（1887），以贡生的身份进入国子监。他多次参加乡试，没能考中。侯官人杨浚看了他的文章后感叹道：“子文如太羹玄酒，味极醰醇，其不足以荐群祀也宜哉。”但最终还是没有遇到伯乐。

杨克彰在家乡教书，门下学生有几十人，各地拜他为师的也有几十人。每次社学上课，执笔修改学生文章，每天数十篇，毫无倦容。艋舺人黄化来准备了千两银子的礼金，聘请他到燕山宗祠讲学，杨克彰没有答应。有人问他为什么不去，他说：“吾上有老母，足以承欢；下有妻子，足以言笑；读书课徒，足以为乐。使吾昧千金，而远庭闱，吾不为也。”但黄化的邀请越来越执着，每年都送来聘书，杨克彰认为他很有诚意，于是答应他。燕山宗祠离杨克彰家有6—7里，他每天晚上一定回家，给母亲送上好吃的，看母亲睡着了才离开，风雨无阻。他在路上背诵读过的书，手上提着一盏灯，独自行走，乡里人远远看见，就知道是杨先生回家了。杨克彰从事教学30多年，门下学生许多是通达的人才，而江呈辉、黄希尧、谢维岳、杨铭鼎这几人特别有名。杨克彰后来担任学海、登瀛两个书院的监督，知府陈星聚听说他的文才和品行，想推荐他为孝廉方正，杨克彰辞谢了。光绪十八年，台湾巡抚准备纂修《台湾通志》，命令各县设立修志局收集、采访资料。杨克彰和举人余亦皋共同纂修《淡水县志》。杨克彰后来担任台南府学训导。第二年，升任苗栗县学教谕。苗栗县刚设立，读书的风气还没兴盛，杨克彰努力奖励学子。过了几年，杨克彰调任台湾县学教谕。乙未年（1895），台湾人民反抗日本侵占，杨克彰躲避战乱住在梧栖，匆忙内渡，而老母亲在台湾老家，经常向东遥望家乡。战事稍微平息，杨克彰急忙赶回故乡，带老母亲回到内地，住在同安。老母亲已经80岁，不久就去世了，杨克彰悲痛大哭。过几个月后，杨克彰也去世了，享年61岁。著有《周易管窥》八卷，没有刊行。他有五个儿子，其中仲佐、维垣、润波这三个都是读书人，继承了他的事业。

① 佳腊庄，今台北市东园街。

卷三十五

列传七

卷三十五

列传七

（一）孝义

人啊，非常类似天地的形象，怀有金、木、水、火、土五行之性质，聪明精粹，在有生命的物种中是最有灵性的。然而，人之所以为人，在于他具有德行、聪慧、技艺、智力，尤其贵在具有仁心。仁是什么呢？就是爱啊。能够爱父母叫作孝，能够爱众人叫作义。孝义的行为，是天下的根本，因此朝廷表彰它，邻里仿效它，也是希望以此作为做人的表率而已。连横评论说，痛心啊！我幼年丧父，又逢战乱，心怀孤独，不能继承传述祖辈的德行，心中备感惭愧。当初我的曾祖父以行商致富，后因坏人陷害，家庭中落。祖父清贫自守，家里有一个果园，每年收入数十千文；还有一口井，井水十分甘甜，打水的人每次投上一文钱，每天也得到数十文钱，生活可以依赖这些收入。父亲年少时很孝顺，继承父辈的志向，不羡慕荣华，成年之后开始经商，坚守诚信，刻苦耐劳，勤奋励志，不到十数年，家产日益增长。祖父高寿，须眉漂亮，体魄健壮，容颜润泽，冬天不穿裘毛大衣，夏天不着葛麻衣裳，凌晨闻鸡而起，朗诵古文辞数篇，琅琅书声犹如金石之声，优游终年，不觉辛苦。父亲善于承顺父母，侍候奉养非常殷勤，因此祖父活到 83 岁，无病而终。当初，伯父去世，留下孤儿才几岁，父亲把他抚养成人，为他迎娶妻室。姑姑们有守寡的，帮她们赡养家庭，看待外甥如同儿子，为他们提供衣食。亲戚邻居中生活贫困的人，都能够照顾到。但是对于自家生活却非常节俭，然而扶持危难、接济贫困，花费巨额钱财也没有丝毫感到惋惜。广东人凌定邦担任城守营营官，卸任之后去世了，还有巨额钱款不能偿还。父亲素来与他友善，为了他的妻儿，慷慨给他家 2000 两银子，让他们办理完丧事得以回到故乡。同治六年（1867）大歉收，谷子价格暴涨。父亲采购洋米 1000 石[①] 平价卖出，穷苦人家每天给两升大米予以救济，耗费钱财数千两银子。第二年又是凶年，还是照旧这样做。城东有一个旧陂池，能灌溉不少田地，恶人王

① 石，1 石等于 120 斤。

国香图谋占为己有，佃户们群起反对把他赶走了。王国香便勾通官府，官司打到了县衙，就将佃户们逮捕下狱，佃户们感到恐惧。父亲知道这件事情，花费1000两银子营救佃户，这场官司总算平息下来。芋仔埔是滨海之地，土地贫瘠百姓贫穷，一些妇女儿童会一起前往东门外，捡拾稻穗，她们必须经过我家店铺的门口，往返二三十里路，所捡到的都是一些挖碎的番薯和菜皮，只能勉强填充肚子。父亲见此感慨地说："都是一些有苦无处诉说的人啊！"于是，每天以上千文钱馈赠她们，接受馈赠者中有的感到疑惑，父亲就说："拿这些钱买粽子可以填饱肚子。"无不欢呼雀跃而去。做救济穷苦一类的事情就是这样。父亲治家十分严肃，严格约束自己，对待他人诚恳，处事小心谨慎，平素与人相处，未曾有语言急切、形色严厉的表现，大家都敬重他。光绪十九年（1893），为修志需要，在全台湾寻访孝顺友爱的典范，乡里人士列出父亲事迹汇报。巡抚邵友濂题请朝廷予以表彰，奉朝廷圣旨为他建立牌坊，入祀孝悌祠。光绪二十年六月二十四日去世，终年62岁。痛心啊！我13岁时，正在跟老师读书。父亲用2两银子购买一部《台湾府志》给我，对我说："你是台湾人，不能不知道台湾的事情。"我拿到书以后认真阅读，对书中记载的疏漏不很满意，所以自从战乱以来，发誓著述，希望能弥补旧志的缺陷。如今我这部书就要完成了，父亲的音容笑貌犹如在书上。只是我学业浅薄疏陋，难以探索台湾历史知识的十分之一，来告知我的后人。这是连横的罪过啊！这篇所记载的内容，都是属于孝义之士。美好的声誉和事迹，让人一辈子也不会忘记。人之所以能够昂首挺立在世间万物之上，都是这个道理。

萧明灿

萧明灿，泉州安海人，刚过周岁父亲就去世了。南明永历九年（1655），郑成功的军队攻打泉州，攻克了安平镇，安平就是安海。当时萧明灿才5岁，与母亲失散，号啕大哭于途中，一位叔祖携带他来到台湾，居住在赤崁城。稍稍长大一些后，才知道与母亲失散之事，谋求漳州、泉州的亲属们帮助寻找，没有下落。于是就和家人诀别，说道："此行不见到母亲，不再回来。"渡海而去，遍寻闽南各地。后来遇到延平族人，知道他的母亲在他们那里生活，大喜，前往迎接回家，十分孝敬，细心赡养。乡里人称赞他，将他和"二十四孝"中的朱寿昌媲美。

侯瑞珍

侯瑞珍，台湾府城宁南坊人。性格淳朴厚道，少年时父亲就去世了。赡养母亲很孝顺，邻里人称赞他，推举为乡饮宾[①]。母亲去世时，侯瑞珍已经60岁了，结草庐在墓旁守孝三年，74岁时去世。乾隆十四年（1749），奉朝廷圣旨予以表彰，建牌坊于上横街。

陈仕俊

陈仕俊字子庆，台湾府城东安坊人。平时乐善好施。康熙五十七年（1718）大旱，米价腾贵，穷苦百姓没有粮食可吃，就拿出谷子2500石，在全城四坊进行赈灾，很多百姓因此存活下来。他还曾经建设桥梁，施舍棺木。康熙五十九年，捐献园地作为埋葬无主尸骨的义冢。儿子应魁为本县贡生，捐银400两，修建台湾县的儒学，大家都认为他能够继承他父亲的善行。

刘日纯

刘日纯字子安，嘉义县查亩营庄人，籍贯福建平和县。始祖刘茂燕是延平王郑成功的部将，跟从攻打南京，死在战场上。郑成功念其有功，命令他的儿子刘求诚到台湾，给予田地和房宅。等到成年，在查亩营庄开垦田地，几年间，开辟田地数百甲，于是就定居在那里。日纯是刘求诚的四世孙，性格严谨，酷爱读书，曾经撰写箴言[②]劝诫自己。其箴言说道："士生世间，不可自慢。其处己也，当师孔子忠信笃敬之言；其处物也，当存曾子临深履薄之惧；其接人也，当学庄子呼马呼牛之意。与人无忤，克己自持，庶乎可以无过。"日纯既已继承祖先的遗业，又善于经商，创办生产白糖的作坊于温厝廍庄，运销到南北洋，获得丰盛的利润，拥有资产百数十万。而且他生性喜好施舍，救济他人之急，乡里有事，必然出面帮助解决。嘉庆十四年（1809），漳州人与泉州人发生了械斗，蔓延到数十个村庄，杀害人的生命，抢夺人的财物，当地的文武官员却袖手旁观，有的甚至从中谋利。日纯很同情他们，便与店仔口庄的总理吴六秀、"番社"总理林光义、吉贝要庄的屯垦头目段铎约，亲自赶赴铁线桥各村堡，召集当地德高望重的老人，晓明大义。大家听从了他的劝告，于是出资，埋葬死者，医治伤员，安置孤寡，械斗终于平息了。嘉庆二十一年，发生大饥荒，米贵至1000文钱，日纯打开粮仓救济饥民。道光初年，北京、天津一带遭遇灾年，路上都是饿死人的尸体，日纯运送1000石白米前往赈济。

---

① 乡饮宾，乡饮酒礼的宾介，就是乡里推举出来较为德高望重的贤能之人。

② 箴言，规谏劝诫的话。

直隶总督上奏朝廷，奉朝廷圣旨，赐他“惠及津门”的匾额。刘日纯喜好文学，看重读书人，设立家塾，聘请名师，以教授子弟，并且集中优秀学生在校学习，为他们提供伙食。

刘日纯有六个儿子，在学校里均有名声，次子刘思勋尤其有名。思勋字景梅，少年时好学，以岁贡生授将乐县训导，廉洁自守。当时学官很多人贪腐，师德败坏。刘思勋改变这种风气，遇到生员每年考试时，杜绝送礼，对那些出生寒门的秀才，给他插金花披红绸，他的行为被士林所推重。回到故乡后，以身作则，恭敬地侍奉兄长，慈爱地培育弟弟，自己奉行勤俭朴素，读书人出入他的家乡，都以礼相送，周围的人，都能得到他的恩惠。道光十二年（1832），台湾张丙事变，嘉义县各村庄到处发生骚动，而铁线桥堡是通往府城的交通要道，股首张古拥有队伍数千人，图谋北上，到了村庄外十里的地方，不敢进入，派遣旂首持刀求见。说：“张古有事要到嘉义，希望借道通过，就怕您对我们的通过有所监督和交代，所以谨慎地在地界上等待，唯有听从你的命令。”刘思勋回答说：“可以通过。但对待我堡内的一草一木，不能有所疏忽，否则就是你们的责任。”命令左右的人给他100两银子，其人恭敬地应允，张古就约束众人平静地通过。张丙事变过程中，铁线桥堡没有人敢来侵扰。道光二十四年，漳州人与泉州人又发生了械斗，盐水港是泉州人的商业贸易的场所，而大竹园庄的漳州人也是族大丁多，于是械斗数年都没有停息。刘思勋召集械斗双方进行化解，出资数千两银子，修建盐水港新街的桥梁，以表示双方和睦相处。刘思勋回乡居住，劝课农桑，培养学士，乡里人发生争斗，都到他的门下，求他决断是非，都不需要再去打官司。咸丰九年（1859），刘思勋去世，吊唁者有数百人，下葬那天，远近前来送葬的人多达数千。长子刘达元因杀死戴潮春事件主要首领严办的功劳，朝廷赏戴花翎。

丁克家

丁克家，福建晋江陈棣乡人。13岁时，来台湾探望父亲。父亲在鹿港开商铺，好久没有见到儿女，见到后非常喜悦，于是就住下来。不久父亲老了，得了偏瘫症，卧床不起，精神也开始紊乱，饮食及大小便都需要人照顾，经常弄脏枕席。丁克家日夜侍候在左右，夜晚就睡在父亲床边，一有动静就起来，不敢懈怠，这样过了十余年。他所住的地方叫菜园，邻居失火，周围房屋均遭焚毁，丁克家大惊，背起父亲就跑，然而大火已堵住大门，不敢冲出来，只能止步庭院中。没多久大火熄灭，唯独他家的房屋保存下来，大家认为这是他孝行的回报。又过了几年，父亲去世，他的悲痛超过常人。丁克家已经娶妻生子，经营旧业，常以没有多读书而感到遗憾，于是聘请老师授课，礼待有加。六子丁寿泉于光绪十年（1884）进士及第，其他儿子多入学校读书。他 60 多岁时去世。有儿子 7 人，孙子 21 人，知书达礼，至今还是这样。当初，光绪六年，彰化县有人认为丁克家尽孝，禀报有关部门进行旌表，奉朝廷圣旨建立牌坊，入孝悌祠祭祀。

郑用钰

郑用钰，字檠亭，台湾淡水厅水田人，郑用锡的堂弟。出生后几个月，母亲去世，长嫂给他哺乳。几岁之后知道此事，常常怀念母亲，动辄痛哭流涕，所以对待父亲极其孝顺，经常依偎他的膝下。年龄稍大一些以后，家里逐渐富裕，兄弟共同财产，对待长嫂如同母亲，另置田地房宅用作赡养长嫂。嘉庆二十年（1815），乡里粮食歉收，放出谷子平价出售。嘉庆二十三年，淡水厅初次设立学校，他倡导修建校舍，为此捐出巨款。道光六年（1826），修筑城墙，督促尤其卖力。每有义举，就乐于襄助。咸丰三年（1853）去世，终年 60 岁。光绪十四年（1888），台湾采访总局把他的事迹汇总列入孝友的典范。光绪十五年，巡抚刘铭传题请朝廷进行表彰，下诏入孝悌祠祭祀。当时，新竹县受表彰者有 30 人，分别是：郑如恭，字尧羹，郑用钰的长子。郑廷珪，字君达，北门街人，增生。郑用谟，字训廷，水田人。陈大器，字子圭，泉州惠安人，寄籍新竹县城。郑如松，字友生，号荫波，郑用锡的长子，道光十七年优贡生，道光二十六年乡试中举。郑如城，郑用鉴的次子，以盐生捐同知衔。郑秉经，字贞甫，水田人，附贡生，因为戴潮春事件立功，奏保候选教谕。杨忠良，字森谅；陈紫垣，例贡生；陈廷荣，字石泉；吴士敬，字以让，同治九年（1870）举人；林文澜，字澄波；陈清淮，字汝泗，同知衔；陈清光，字汝煌，陈清淮的弟弟；高沧浪，字澄雅；陈敬羲。都是北门街人。高廷琛，字英甫，城内谷仓口街人。曾呈泽，树林头庄人。潘荣光，新埔街人，以及儿子潘清汉。李联超，李锡金的儿子。张首芳，以及儿子张耀辉；陈缉熙；翁林萃，以及弟弟翁林英；黄朝品；郑如兰；这些人另有传记。

李锡金

李锡金，字谦光，泉州晋江人。14 岁时，来到台湾，住在淡水厅的竹堑，受雇于某个商家。经常想到父母双亡，一年四季没有祭祀，每当刮风下雨，就哭着告诉主人，请求预支 5 年的工钱，为父母修建坟墓。雇主赞许他的孝顺，答应了他。

到年长时，和兄弟经营生意，家庭渐渐富裕起来。长兄早死，抚养侄儿如同自己的儿子，聘请教师督促他们读书，侄儿们多有成材。咸丰年间，艋舺地区不同族群间发生械斗，就要蔓延到竹堑，他和郑用锡奔赴各个村庄，竭力诚恳地劝导，祸患终于平息。不久荒年歉收，他只按平价卖粮。平常喜欢扶贫济困，邻里乡亲都称赞他。同治四年（1865）去世。光绪六年（1880），福建巡抚勒方錡题请朝廷予以表彰，入孝悌祠祭祀。光绪八年，建牌坊于新竹县北门外的湳仔庄。

李锡金有儿子十人，长子李联超，字汝前，号华谷。从小学习礼仪，孝顺父母。母亲陈氏生病，李联超刚好在外地，心有感应，急忙赶回家，家人感到惊讶。侍候汤药，不敢稍有怠慢，到去世时，丧事祭祀一切遵照礼节。尤其善待老父亲，有弟弟 9 人，偶尔出现不和睦，总是委曲求全。父亲在世时，曾经主持分家产，把肥沃的田地都让给几个弟弟，而自己那一份则要差一些。教书二十多年，正式登门受业的学生多数成名。光绪二年去世。光绪十七年，奉朝廷圣旨予以表彰。

李联超的儿子李祖琛，字荫亭，在乡里教书，以尊崇德行、勉励好的风气习俗为本务，所以他治家严肃，要求自己恭敬，家里男女都懂礼节。乡里有办公益的事情，就出面承担。乙未年台湾割让，为躲避战火而内渡大陆，过几年死于故乡。有七个儿子：李希曾，岁贡生；李师曾，举人；其余也都是读书人，对社会有所贡献。

李祖训，字恢业，号警樵，李联超的侄儿。少年时就丧失双亲，但能够自立，与乡里人士合作设立诗社竹梅吟社，用来从事诗歌的创作和诵读。光绪二十年，以岁贡生的身份担任台湾府学训导。儿子李良臣。弟弟李祖泽，字树业，号铁樵，平素敦厚内行，博学能文，以优异的成绩与品行保送国子监，不久去世。李祖泽的儿子李济臣、李少福。李氏家族从李锡金以来，以孝顺友爱传家，子孙繁衍，至今还是望族。

张首芳

张首芳，字瑞山，泉州同安人，给厦门大商人当秘书。侍奉双亲很孝顺，凡是可以让父母高兴的事，总是不待父母开口就去做了。兄长及两个弟弟都去大洋洲[①]做生意，很久没有回来，只有同父异母的弟弟张百川在家，待他没有差别，所以能帮助他成就事业。父亲去世后，来到台湾，住在艋舺，后来移居旧港，以商业起家。有两个儿子，长子张耀辉住在故里，14 岁时，准备东渡台湾探望父亲，对弟弟安

① 大洋洲，澳洲。

邦说："你在厦门侍奉母亲，我到台湾侍奉父亲，各自尽力履行自己的职责，不可稍有懈怠。"于是就陪伴在父亲身边学习经商，大事难事都担当起来，生意越做越好。平素好行善事，乐于施舍。张安邦也从厦门来到台湾，招来与他同住，死了没有后代，就以自己的第四子张鸿声过继给安邦当儿子。舅舅陈文钦老而无子，就接来家中赡养，又为他立继承人，延续香火，大家都称道他的德行。光绪十五年（1889），张首芳与儿子耀辉均被表彰为孝顺和友爱的典范，后来妻子陈氏也被表彰为孝妇，乡里人都很钦佩他们。孙子张金声，字迪吉，附生，曾职掌明志书院，以文章出名。

陈缉熙

陈缉熙，字维桢，号沙庄，泉州惠安人。移居淡水厅中港街，后来迁到竹堑。读书明事理，很少为达目的而求人。道光二十五年（1845）恩贡生。父亲陈锡畴是附生，表彰为孝友，去世时，母亲林氏痛哭致失明。陈缉熙对母亲很孝顺，半步不离，时常讲述故事，让母亲高兴。两个哥哥都体弱多病，后又双双失明，弟弟年少不懂事，陈缉熙以一人之力操持全家。他治家有方，督促勉励子侄，孝顺父母友爱兄弟，乡里称赞他。此前，道光二十四年，漳州人与泉州人发生械斗，居民纷纷想要逃到外地避难，陈缉熙急忙邀请乡里的士绅，出面劝止，因而没有出现危害。咸丰元年（1851），海盗侵犯竹堑，陈缉熙偕同官府乡绅设法防御，地方得以安全。咸丰三年，漳州人与泉州人又发生械斗，陈缉熙和郑用锡设置机构安抚民众。咸丰四年，福建人和广东人也发生械斗，蔓延愈烈。陈缉熙请淡水厅同知朱材哲出面开导劝解。同治元年（1862），戴潮春事件，陈缉熙和林占梅合作筹备防御。不久大甲被围，随即率领乡勇前往营救，随后攻克已被戴潮春占领的彰化县城，因功奏奖五品蓝翎和候选教谕。同治九年去世，终年 64 岁。光绪十五年（1889），表彰为孝友。

翁林萃

翁林萃，字云史，淡水厅北门街人。父亲翁林福，幼年养育于林家，所以复姓翁林。《淡水厅志》称赞他孝顺。翁林萃少年时父亲去世，对待母亲很孝顺。长兄早死无子，侍奉长嫂极尽礼节，还把自己的长子作为兄长的子嗣。品性敦厚，好行施舍，每当有办公益之事，就出力支持。戴潮春事件，因立功赏戴蓝翎并候选同知。终年 55 岁。弟弟翁林英，字史贞，也是孝友，以办理樟脑事务使得家庭日益富裕。终年 49 岁，也得到官府的表彰。

黄朝品

黄朝品，字镜堂，泉州晋江人。同治十三年（1874），成为台湾城守营把总，后来调往竹堑，就定居在那里。少年时父母都死了，对待继母谨慎小心。长兄主持家政，欺负他年幼，就催促他分家。尽力规劝而没有结果，仅分得薄田数亩，良田美宅均归兄长所有。黄朝品就投身军队，自食其力，勤奋刻苦，家庭逐渐富裕起来。不久，长兄的家产耗尽，父子相继去世，寡嫂无依无靠，就接回家里奉养，把自己的二儿子过继给她。二嫂谨守妇道抚养遗孤，儿子正当壮年时去世，留下两个年幼的孙子，也把他们培育成人。养生送死不留遗憾，乡里人都称赞他。当初，竹堑的隆恩官庄，承办的人经常多向佃户索取以肥私。只有黄朝品严格按照规定征收，没有侵扰佃户。贫困佃户无法交纳租赋，黄朝品甚至还为他们垫付交完，所以佃户们都感激他。光绪十六年（1890），获得朝廷表彰。光绪十八年去世，终年 63 岁。

郑如兰

郑如兰，字香谷，新竹县水田庄人。父亲郑用锦，是附生，早死，母亲张氏把他养大。郑如兰读书知大义，侍奉母亲极为孝顺。张氏有病，延请医生诊治，药方必须得到医书印证，自己尝试后再给母亲用药，去世时丧葬竭尽礼仪。同治五年（1866），奉朝廷圣旨表彰其母张氏为节孝，郑如兰建立牌坊进行纪念。郑如兰家境富裕，生活却很俭朴，然而遇到地方上有慈善的事，就出面倡导筹办。家里养的婢女，到 15 岁成年时一定嫁出去，所以人们认为他很有道德。光绪十五年（1889），以创办地方团练有功，由增生身份授予候选主事，赏戴花翎。后加道员衔，表彰为孝友。儿子郑神宝也很有名。

洪腾云

洪腾云，字合乐，也是晋江人。道光四年（1824），跟随父亲渡海到台湾，住在淡水厅的艋舺，时年 13 岁。到成年后学习经商，从事米行的生意。淡水厅是盛产稻米的地方，艋舺恰好扼守它的出入口，帆船贸易，都从这里出入。洪腾云擅于精打细算，和泉州、厦门做生意，几年之间，资产不断扩大，积极参与慈善事业。光绪七年（1881），福建巡抚岑毓英建议修筑大甲桥，命令各地士绅商人捐助。洪腾云捐助工人 70 名，桥建成后，巡抚给予嘉奖。随后捐建艋舺义仓，设置义冢，遇有灾害，就出面赈济。台北府建设之初，新建考棚，洪腾云献出土地，并捐助经费。光绪十三年春天，台湾巡抚刘铭传奏请朝廷予以嘉奖，赐予“急公好义”匾额，在北门修建牌坊。他有五个儿子，长子洪辉东，捐资成为候选同知。洪辉东的儿子洪文光，廪膳生；还有次子洪以南，附生。

薛应瑞

薛应瑞，澎湖内安社人。平素喜好行善，曾经修建东卫、西屿两处义冢。又因为北山至中墩，中墩至潭边一带，海港阻隔，涉水艰难，自行建造了两座石堤，花费资金数百银两，俗名蟳广汐，是因它的形状而得名，至今都是重要的通道。通判王鼐、副将叶相德各自赐给匾额。

辛齐光，字愧贤，也是澎湖人，住在湖西社。嘉庆六年（1801）岁贡生，嘉庆十八年钦赐举人。家庭富裕而喜好行善，侍奉母亲十分孝顺，倡导修建文石书院以及府城的试寓[①]，又建造湖东、西溪两座石桥，港底尾、书院崎两条石路，行人称赞其善举。之前，薛应瑞所造的蟳广汐石堤，到这时多有损坏，辛齐光重修它，并在它的旁边修建福德祠，作为过往人们的休息场所。遇有贫困的人就进行周济，借了钱无力偿还的人就豁免，因此仁义名声闻名乡里。他曾经主讲文石书院，训导诸位学生进行实践活动，终日不倦。终年 76 岁。

方景云

方景云，字振青，号省斋，澎湖瓦硐港人。少年时补县学生员。家庭贫穷，性格耿直，与人交往，十分诚恳，众人都很推崇他。遇到有纠纷的事情，只要他的一句话矛盾立刻就能解决，所以在他活着的时候，北山 13 乡没有争讼之事。平常以维持社会风俗教化为己任，乡里有陋俗，必然尽力革除它。曾经召集乡里父老，禁止上演有淫秽内容的戏曲，禁止赌博，禁止盗窃，禁止勾连兵士，禁止澳甲甲长[②]随便接受诉状，禁止妇女入庙烧香，至今还遵守这些约定。女儿嫁给同社的书香子弟吕某，年纪轻轻就守寡了，媒婆前来说媒，方景云严肃地说：“哪有我方景云的女儿，可以有改嫁第二家的事情！”于是，就招女儿回家，要她守节。他的正直类似这样。方景云既留心风俗教化，又富有胆量和魄力。同治初年，有奸民攀附武官，盘踞节孝祠，将要设立名目进行摊派，众人不敢反抗，方景云直入官府陈说利害，

① 试寓，古代专门提供给应试士子的住所。

② 澳甲，清朝管理沿海港口船民的保甲制度。

请求撤回。奸民惧怕，想要以重金利诱，方景云怒斥奸民，并且对其罚款 300 缗，充作祠堂的经费，众人欢呼大快人心。而奸民因计谋无法得逞，怀恨在心。不久方景云到府城，武官遇见他，佯装恭敬，请他喝酒，回家后突然暴病死亡。方景云不从事生产，喜欢阅读小说、笔记、杂史之类著作，有钱就买书，颇有仗义行侠之风骨。终年 49 岁。

张仲山

张仲山，字次岳，祖籍晋江。少年时跟随父亲来到台湾，住在彰化县。戴潮春事件，与众人守护城池，到事件平定后，因功赏戴蓝翎，担任戴潮春案的抄封委员。战乱后，接着出现大规模瘟疫，张仲山捐款遍施抚恤，购买药品进行救济，人们感激他的恩惠。因此办理善事更加尽力，每年制作棉袄 100 套，用来送给贫民。彰化县衙自从遭受战乱后，长期荒废没有修治，只能暂时借用白沙书院办公，官民都感到不方便。到同治十二年（1873），知县孙继祖提议修建，但钱不够，张仲山出面劝导捐款，并负责监督施工，8 个月工程竣工。清朝时，监狱里很不干净，入狱的犯人一半病死，也进行重新修建，把水引到井里，以提供犯人盥洗沐浴，对此犯人感到高兴。光绪五年（1879），山西闹饥荒，福建总督巡抚倡议募捐赈济，张仲山自己捐大米 250 石，又召集亲朋好友捐了 2000 石，闽浙总督何璟手书“乐善好施”匾额送给他。过两年去世。儿子有张晏臣、张舜臣。

林全筹

林全筹，字备五，彰化县林圯埔人。父亲林新景是个农民，和陈集贤有怨仇。当时，林圯埔以林、陈为大姓，各仗自己的势力，不相上下，不久又发生了争租抄封田的事情。林新景是佃户的首领，陈集贤不敢明里剥夺他租种的权利，暗中向官府告发，说林新景抗缴官租，意图造反。陈集贤的族人陈希亮是保安局总理，也禀报林新景有不法行为。彰化知县想逮捕法办林新景，命令差役去执行，不敢去，就命令陈集贤接办。陈集贤先散布假消息，说：“文武官员约定明天在林圯埔会合。”林新景感到害怕，乘夜逃走，将要逃入大山，陈集贤预先埋伏等待，开枪击中林新景，并把他的头砍下来。大声呼叫：“我奉官府命令，诛杀此贼，无关众人的事。”第二天，将首级解送到县府，林家人听说是官府的命令，都不敢出来。当时林全筹 21 岁，在家教学儿童，弟弟林碧瓜、二弟林卢、三弟林春生，春生才 11 岁。全筹对父亲死于非命深感悲痛，指天发誓，图谋复仇。而陈集贤自从杀死林新景后，气势更加嚣张，他弟弟和侄儿以及有功名的亲属结交官府，横行霸道一方。林全筹克制忍耐，蓄谋报复，日夜等待机会，但无法得逞。只好求援于南北投的林姓族人，找到 200 多人，相约于正月初一到林圯埔攻击陈集贤并杀死他。除夕晚上，弟弟林碧瓜喝醉了酒，说漏了嘴，于是陈集贤严密戒备。林氏族人到后，听说有戒备，不敢动手。林全筹非常悔恨，指着弟弟哭道："仇报不了了！"因此过了 10 年。乡里有位林姓老妇人，嫁给陈姓人家，老妇人性格和睦，林陈两家子弟都很亲近她。咸丰四年（1854）八月初一，陈集贤经过她家，老妇人留他喝酒，闲谈琐事，陈集贤命令跟随的人员先回去。林全筹家与老妇人家相距百余武[①]，三弟林春生已经 23 岁，颇有气力，见到陈集贤与老妇人交谈，而且旁边没有别人，大喜，跑回来告诉母亲说："报仇之日到了。"母亲惊慌地诘问，春生告知详情，就操起一把小刀冲出去。母亲说："你年少体弱，无法与他匹敌，不成功的话，你必然死，暂且等你哥哥回来再说。"不听，途中遇到林全筹，又说："报仇之日到了。"继续往前走。母亲赶到，说："你弟弟不是老家伙的对手，这怎么办？"林全筹又惊又恨地说："事情既然这样，由我去，能成功是父亲显灵，不成功就以死相随。"走到义仓前，林春生已经将陈集贤刺倒在地。之前，林春生趁陈集贤准备回家，埋伏在路边。陈集贤向来对自己的气力很有信心，手拿一根竹烟筒，得意扬扬地往前走，林春生从背后刺他，陈集贤反身将林春生压在地上，林春生死死地抱着陈集贤。保长陈文彩是陈集贤的族人，听到打斗声，出来观看，举起木杖正准备击打林春生。此时林全筹赶到，再用刀刺向陈集贤，刀刃穿透身体插到地上。兄弟俩大喜，回家向父亲的灵位告知，然后就各自逃窜。林全筹藏匿在阿罩雾庄，给族人儿童进行启蒙教育。陈集贤死后，他儿子告到官府。当时鹿港林某是林圯埔的抄封委员，深感林全筹的孝心，为他请命于官府，说明陈集贤素来狡猾，而且接受过戴潮春的命令，盗卖义仓谷子，豢养奸佞之徒，罪恶滔天，也是该死。官府采纳了他的建议，事情得以平息。

连横评论说，我住在台中，听说刚愍公林文察复仇的事，是神灵庇护使他获胜。随即又听到林全筹亲手杀死奸人，以报父亲的怨仇，没有不为此欢欣鼓舞。复仇是一件大事，孝子仁人才能做得到，而懦夫大多数是隐忍到死，也是天下没有勇气的人。报君父之仇，是不共戴天的，是不愿与仇人共同生存在这块土地上的。如果反过来笑脸面对敌人，以获取富贵，而卑鄙地说，智伯以国士待我，简直是猪狗不如啊！

① 武，半步为武。

（二）勇士

连横评论说，战国之世，士人崇尚报公仇，耻于为私斗，所以人多有尚武精神，以捍卫国家安全，到了汉代依然承继这种尚武刚烈的精神。然而以武力称霸的诸侯盟主忌惮它，法家禁止它，都想铲除毁灭它，使其不留遗患，所以可以猎取鸟兽的，只能是一家一姓的鹰犬而已。假如心怀私利，悬赏杀人，就是正义的贼子，正人君子都要诛灭他。台湾作为海上的荒岛，我先民们来此居住下来，都抱有坚毅的气概，怀有必死的决心，所以能开辟千里疆土，以养育子孙后代。而我们的延平王郑成功又鼓励鞭策他们，遗留的精神激荡，至今没有泯灭。我所听说的黄檗寺僧人故事，最为显著，然而事情真相大多隐灭，不能获得用以启示后代，这是旧史书的罪过。现在列举其中所知道的，写在此篇。

曾　切

曾切，绿林中的豪强，出没于淡水一带，有人说是彰化人。年少时失去父亲，侍奉母亲十分孝顺，所以尤其敬重守节的妇人，听说有受饥挨冻的，就将银两分给她。曾切做盗贼，每次行窃都要让人知道，先用粉在墙上画圈，夜晚就到来，虽然有人埋伏起来防备他，都无法幸免。而他所盗窃的人家，多是土豪与贪官污吏。他接济贫困扶持危难，很多人都感谢他的恩德。乡里有位少妇，丈夫去世家庭贫困，有位邻居喜欢她的姿色，说要用 500 两白银纳她为小妾。少妇不愿意，每夜哭泣，曾切听说此事，感叹说道：“应当保全她的节操，只是如何让她得到这些银子呢？”正在这时候，台北大隆同的陈逊言揽办料馆[①]发财致富，曾切登上他家的屋顶，揭开两片瓦，然后顺着绳子往下。天寒夜黑，陈逊言正在卧榻上抽烟，光亮微弱，看到曾切到来，请他坐，曾切也到卧榻上抽烟。陈逊言轻声问道：“你这趟来，有什么需要吧？”回答说：“是的。”于是就拿出钥匙给曾切。曾切打开柜子，取出 1000 两银子，又到卧上榻抽烟。陈逊言说：“夜深了，我派人送你回去，怎么样？”回答说：“不需要。”嘴里发出暗号，有一人从屋顶下来，把银子包好就走。曾切也轻盈地攀上屋顶走了。天刚亮就到少妇家，告诉她的婆婆说：“你的媳妇很贤惠，怎么可以卖掉啊？但你因为家里贫穷，不得不如此。现在我用 500 两银子赎你的媳妇，再用 500 两银子作为衣食费用，你应当好好待她。”少妇听到这些话，想出来谢他，曾切头也不回就走了。过了几个夜晚，陈逊言在家独自坐着，有一件东西坠

① 料馆，专门为修造船只准备木料的工场。

落在庭院中，声音很响，急忙呼唤家人举灯查看。见到一个布囊，上面系着小便笺写道："先前承蒙厚恩，使我完成了一件事，现在获得此物，恭敬地以此酬谢，祈望你笑纳。"打开它，则是烟土 20 包，价格可达数百两白银。曾切身材修长，面貌温文尔雅，目光炯炯，左手指甲长一寸多，每次行盗，用汤泡软，捆上皮革。曾有一天被官府捕获，曾切跪在地上，只是摇着左手说："小人很文弱，哪敢做盗贼。"官员笑着释放他。有人告诉他："像你这样的人才，为何不投身军队，博取功名，却委屈自己成如今的状况。"曾切感叹地说："如今拥有大权的人，多数都很昏聩，谁又能在这纷乱的社会中识别壮士呢？"自此之后忽然渺无身影。有人说，曾切埋葬母亲后，去了闽中。

庄　豫

庄豫，嘉义人，仗义疏财，是绿林中的豪强。他因犯法，被悬赏紧急追捕，很多人都隐藏他，于是就隐居在梅仔坑的山中。乡里有位名叫纪彪的人，有七个儿子，都精通拳术，经常鱼肉乡里，大家都不敢说，说了就被欺辱，即使诉讼也得不到公正的解决。纪彪一个儿子名叫傻，见邻村郭琬的女儿长得美，想纳她为小妾，派人前往说媒。郭琬回答说："我女儿要嫁给读书人，而且不愿当小妾，非常感谢公子。"纪傻愤怒地说："读书人难道会值一个钱吗？而且嫁给我，足以光耀门楣，今天你拒绝我，但我必定要得到你。"于是就召集佃客十数人，抄着器械到郭琬家，强行夺走他女儿。郭琬仓促不知所措，大哭一场，路人都感到愤怒，但不知如何是好。返回的路上遇到一个人，说道："为何不诉之官府？"郭琬回答："当官的多数昏聩，哪里会管这种闲事，假使起诉也奈何不了纪彪。"回答说："既然这样，那么就告诉庄豫好了。"郭琬问："庄豫是什么人，难道是当今有大势力的人吗？"回答说："不是的。庄豫是侠士，能摆平不平之事，他去必然会解决问题。"于是就听从他。入山的路大约有十里，那人说："到了。"当时天色已黑，茅屋中微微露出灯光，四周多是古木，环境非常幽静，那人先叩门，屋内回应道："来者莫非是阿摩吗？"回答说："是的。"郭琬见到一位清瘦挺拔的少年，目光炯炯有神，而且气概凛然，于是就拜伏在地哭诉。庄豫愤怒地说："是他该落到我手上，我宽容他好几次了，今天这样，老翁你稍坐，我去把你女儿带回来。"便起身去了。这夜，纪傻抢到这女子，想要侵犯她，女子大哭，纪傻发怒就用鞭子抽她，忽然屋顶上有人说道："傻，今晚是洞房花烛夜，何不请你的父亲喝酒，我来索要喜酒喝啊。"纪傻怒喝道："你是什么人，贼吗？"纪彪听到后惊慌说道："是庄豫。"阻止家人不要说话，而庄豫已经下来站在屋檐前。纪彪说："我儿今夜纳妾，妾匆忙离别她家，做娇气的哭泣罢了。竟然惊动了你。"庄豫回答说："恐怕不是娇气的哭泣，大概是在央求免死吧？"纪彪脸色大变说："即便是死又跟你有什么关系？你难道是为郭琬来的吗！"回答说："是的。"纪彪回答说："我家不是能屈服于他人的，你既然来了，能否决一胜负？"庄豫笑着说："可以。"于是，纪彪持刀攻击他，七个儿子同时并进。而庄豫已跃身站在案桌上，取出弹丸击中两个儿子，伤及眼睛立刻扑倒在地。又大声呼喊："新郎为什么不上来？"纪傻持刀跃起，庄豫又取出一弹击中他的阴部，也仆倒在地，其余的不敢再上。庄豫就对纪彪说："今天假如打出我的飞镖，那么你家就无活人了。现在告诉你，快快把那女子送还。"庄豫知道不是对手，只好顺从。庄豫背上女子，用布缠身，一跃而飞快逝去，半夜抵达家中。郭琬得到女儿非常高兴，拜谢而去。纪傻自从负伤后，失去了性功能，而纪彪也不敢再暴虐邻里。嘉义知县某人，向来贪污腐败，罢官后，回乡时的行囊有数十件，其中有个小箱子，由三人持器械列队陪护。庄豫知道是珍宝，于是直接向前推那三人，那三人都跌到数十步以外。庄豫夺了小箱子就走，护送的人赶紧追击，但无法追到。庄豫得到巨额金钱，就分发给贫穷百姓，受惠的人很多。光绪八年（1882）五月，巡台道刘璈发公文给台湾总兵，派兵数营，分别驻防鹿麻产、斗六门、半天寮、埔尾等地，四路并进，又命令知府袁闻柝率军会师在梅仔坑，因为庄豫已经集合了许多人准备起事了。官兵到时，庄豫早就逃走了。由于官兵搜捕很急，每到一处，都不敢久留，白天止步晚上行走，这样连续几个月。有一天，来到熟悉的妓女许某那里，妓女让他饮酒，醉后刚躺下，侦探就进来了。庄豫想要起床，但酒醉使他动弹不了，伸手摸弹丸也没有了，原来该妓女早就被官府收买了。到了官衙，庄豫把所有的事情都承认了，于是被处以死刑。临刑时对人说道："我没有读过书，不知道我的所作所为，跟古人相比如何呢？"

詹阿祝

詹阿祝，广东人。家住苗栗县罩兰庄，这个地方接近山区，时常与"土番"斗，所以那里的人大多都很勇敢。詹阿祝是木工，每次单身进入深林中，经过十几个"番社"，"土番"都不敢侵犯他。他作为马腊邦社的通事，几年来，拖欠"土番"很多钱，"土番"向他索要。阿祝很气愤，所以图谋吞并他们的土地，于是游说乡里强壮的丁男，得到 400 人，约定同生死，大家都表示同意。当时，马腊邦家族大势力强，雄踞一方，而且地势又很险要，于是就商议暗中潜入偷袭他们，选择勇敢者十余人，身藏短刀，伪装成伐木工人。阿祝本来就和“土番”很亲近，到了以后，“土番”款待他，拿出牛酒给他们吃喝。“土番”高兴地喝得大醉，躺倒就睡了，詹阿祝和那十几个人也杂处其间。半夜突然爬起来，手持一把木棍，开始击杀“土番”，他自己击杀了七八个人，其他人也开始用刀杀。“土番”在睡梦中惊醒，想要格斗，但是天昏月黑，大多被杀，流血溅洒地上，总共诛杀“土番”60 多人，其余都仓皇逃走。詹阿祝就吞并了他们的土地，召集子弟开垦。马腊邦社既被攻破，就求援于白毛、阿冷、大小南势诸社，人数可达 1000 人，图谋恢复故地。詹阿祝被围困几天，食物逐渐耗尽，力量又不可匹敌，于是就率众突围。“土番”截击他们，相互攻击，双方各死伤十余人。事件传出去，北路抚民理番同知认为是詹阿祝贪图抢占“番地”，案件移送彰化县逮捕法办，关进监狱。他的同伴图谋救他，贿赂知县得以免罪。当时，巡抚刘铭传正在推行“抚番”政策，以栋军统领林朝栋为中路营务处。光绪十一年（1885），詹阿祝面求林朝栋讨伐“土番”，罩兰庄遭受侵害的人也不断来告状，林朝栋同意了。四月，林朝栋率栋军 1000 人到达罩兰庄，以郑以金为副将，统领柳泰和另率 1000 人为后援。詹阿祝担任侦探，出入“番社”，刺探情报。当时各路“土番”聚合在一起，气势很盛，林朝栋传令要他们投降，不听从。五月，林朝栋分兵三路进攻。八月初七，到达马腊邦，十二日，发动攻击，“土番”奋力抵抗。栋军形势不利，且陷入重围，得到援助后才脱离危险。光绪十二年，刘铭传亲自率领亲军 100 人、练勇 3000 人、屯兵 3000 人进行讨伐，九月攻破马腊邦，于是扩大通往隘口的道路，以屯兵 350 人扼守，从此“土番”再也不敢出来。这场战役，詹阿祝尤其勇敢，杀死“土番”特别多，军中都称他为壮士。

阿　蚌

阿蚌也是广东人，不知他姓什么。家住彰化县龙眼林，那个地方靠近“番界”，兄弟五人以烧炭为生。有一天阿蚌得痢疾，时不时地上厕所，回来时，四个弟弟都被“土番”杀死，并割下头颅而去。阿蚌抚摸着尸体号啕大哭，痛不欲生，想到不报仇不是男子汉。就携带短刀，寻着血迹走去，走了几里路，见到前面有“土番”十几人，边走边唱，互相应答，得意洋洋的样子。于是就抄近路，赶到他们前面。不久天黑了，“土番”就在谷底露宿，各自枕着石头睡在那里，用布盖头，鼾声大作。阿蚌从山上往下看到，就取了一根坚硬的木头，悄悄地走过来，到他们中间，用力击打。共 12 人，全部是脑壳被打破，无一人抵抗，阿蚌也割下他们的头颅，和弟弟的头一起带回。遇到庄里人正好来支援，惊喜备至。阿蚌说：“我今天虽然杀了原住民，得以报弟弟的仇，死而无憾。我还要再进入他们的社区，全歼他们部族，以绝后患，你们能帮助我吗？”众人回答说：“可以。”于是就分成两队，各自佩带刀枪，带上几天的粮食，一到目的地就开始屠杀，阿蚌所杀尤其多，“土番”一听到他的名字就吓得趴倒。后来在家去世。

（三）货殖

连横评论说，台湾是农业地区，我先民来到这里，都致力于土地的开垦与耕作，以养育子孙，至今仍然接受恩泽。而经营商务，以获取高额利润的人，还比较缺乏。在我看来，并不是没有经商的人才，而是受到政令的限制和官府的禁止，即使有远大的志向，也不得不屈服在台湾，做点贩运买卖互通有无而已。我听说在郑氏时期，开展海外贸易获取利益，每年收入数量巨大，放眼茫茫南洋各国，哪处不是漳州、泉州人所开辟的市场。艰苦卓绝，长年累月，才能掌握商贸权利，扩张势力。然而从郑氏政权消亡后，漳州、泉州出洋经商的人，被清王朝视为贼寇，回来的人还会获罪。因此出洋的人只能在海天万里之外，向北望着故国而叹息，是无异于自己斩断手脚，而去跟他人决斗啊。国家虽然以农为本，假如没有商业流通，那么男子有多余的粮食，女子有多余的布匹，利益不能输送到远方，物品不能相互供应，商贸的道路就堵塞了。而且我听说乾隆、嘉庆之际，台湾府城商贸很兴盛，贸易船只停满了港口，通商范围北至天津，南至五岭地区，贸易往来，滋增财富，一时资产达到百万的有十多人，而三郊是他们的商业中枢。三郊里面，李胜兴、苏万利、金永顺又是其中的领袖，资产雄厚，擅长经营，称雄于商场，凡是地方上有大规模的徭役，他们无不出资赞助，称得上是明白公义的人。自台湾开放口岸通商以来，外国商人纷至沓来，而台湾人与他们进行贸易交流，就我所知的，并不是没有几位商业英才可以跟他们相抗衡。而才识短浅的人，数典忘祖，以致不能全部列出这些人物而给他们立传，可惜啊！

陈福谦

陈福谦少年时名叫陈满，凤山苓雅寮庄人。村庄靠近大海，与旗后相望，当地种田打渔并重，是一个贫苦的村庄。陈福谦家中贫穷，学撑船，勤苦耐劳，数年积累了数十两银子。于是贩卖大米，往来各村中，每天很早就工作，很晚了才休息。又过了几年，获得数百两银子，又同时贩卖蔗糖。低价进，高价出，善于抓住商机。与人生意来往，坚守诚信，因此生意越做越大，于是在旗后开设了顺和行以经营生意。凤山地方出产蔗糖多，原先配送到香港、上海，再转卖至东西洋各国，其中的利润常常掌握在外国人手中，并且运费也要花去很多。陈福谦了解到日本的糖消费量大，就派人去调查，得知其中有可获利的地方。同治九年（1870），陈福谦自己配送糖到横滨，和日本商人进行交易。同治十三年，在横滨设置货栈，用来拓展商路。他家的糖分销东京等处，每年约 5 万担，台湾糖直销日本是从陈福谦开始的。不久又在长崎、神户设立货栈，台湾府城和东港、盐水港也都有他的产业，另外还兼贩布匹、粮食、鸦片。当时，台湾的通商口岸轮船还少，陈福谦就自己租赁夹板船运货，不受外商牵制。随后运送白糖 3 万担到英国首都，台湾糖直接销往西洋也是从陈福谦开始的。陈福谦富裕后，拥有的资产达 100 多万，凡是中国新设立的公司，他都买下很多的股份，因此他的资产日益增长。陈福谦很善于用人，给各货栈负责人充分授权，根据其经营获利情况，给予极其丰厚的赏赐。如有才能出众足以担当大事的，则会破格提拔，所以手下人争相为其效命。苓雅寮庄的乡人尤其受他的恩惠，家家户户都富足。陈福谦乐善好施，多行义举。外地人路过他家乡时，陈福谦为他们提供衣物饮食，接济穷困，所以他的家乡终年都没有盗贼，也没有争斗的祸患，远近乡亲都感念他的恩德。终年 49 岁。

李春生

李春生，福建厦门人。少年时入乡里学堂读书，因家贫不能完成学业，改为学习经商。15 岁时，随父亲入了基督教，对教义深信不疑，于是学习英语，为英国人办事。空闲时阅读报纸，得以了解外国时事发展情况。同治四年（1865）来台湾，成为淡水宝顺洋行的买办。淡水是台北开展对外贸易的商埠，出口的货物以煤、樟脑、大米、茶为大宗，而进口的货物有煤油、布匹，李春生从中贩运买卖，生意越做越好。之前，英国人德克认为淡水的土地适宜种茶，劝农户栽种茶树，教他们焙制茶叶的方法，从此台北的茶叶闻名海内外，李春生在这中间做了许多工作。之后，李春生独自经营茶业，贩运到南洋、美国，每年达数万担，获利丰厚。光绪十三年（1887），台湾建省，巡抚刘铭传暂时驻扎在台北，就在城外大稻埕开辟新市场，而规模还未完备。李春生和富绅林维源合资建造千秋、建昌两条街道，有些仿照西式风格，为民间首倡，很多洋商在此租房居住。光绪十六年，台湾设置蚕桑局，林维源担任总办，李春生为副职，在观音山脚下种植桑树。事未成而刘铭传离任，蚕桑产业于是中止。光绪十七年，台北至基隆铁路修成，李春生以功劳被朝廷授予同知官衔，赏戴花翎。春生虽然居住在街市，但留心观察时局，经常在各报纸上发表变法自强的言论，至今依旧精神矍铄。

黄南球

黄南球，字蕴轩，淡水南庄人，现在这个地方属苗栗县。苗栗靠近内山，很多“土番”经常埋伏在那里，把杀人当作英雄行为。黄南球召集数十名乡里子弟前往征讨，“番害”稍微少了一些。当时正值福建巡抚岑毓英视察台湾，听到黄南球的事迹，召见他，委托给他“抚番”的任务。到刘铭传上任时，尤其急于处理“番政”。黄南球张榜招募乡勇200人，随军出征大嵙崁，曾经一夜之间连续攻破18处“番地”，威震“番界”。朝廷以其功劳赏戴蓝翎，授予五品官衔。黄南球经常出入“番地”，知道那里土地肥沃，就申请开垦南坪、大湖、狮潭等地，方圆数十里，开辟田园，栽种农作物，前来垦荒的达到上千户。之后，又砍伐樟树，熬制樟脑，销往海外，产业日渐增大，而“番地”也逐渐得到开发。

连横评论说，我舅舅沈德墨先生是台湾商界巨子，艰苦经营，努力打拼，以振兴樟脑行业，付出了很多辛劳。他名叫鸿杰，字德墨，泉州安溪人。13岁时，跟随父亲到厦门学习经商。年纪稍大，掌握了航海技能，前往东洋、南洋做生意，每到一地就学习当地的语言，如日本、越南、暹罗、爪哇、吕宋、新加坡，乃至遥远的海参崴，都曾经到过。漳州、泉州人多数熟悉水性，无视波涛风浪，冒着瘴气疫病，以开发拓殖南洋山区。因而虽经常濒临危险，而意志从不受挫。他几次来台湾，贩运糖、茶，卖往天津、上海，以获取利润。同治五年（1866），寄籍台湾府城，于是定居下来。先生平素娴熟英语，和英国人合资建商行，然后又与德国人做生意，采购外国货物，销往南北各地，同时将台湾货物销往西洋。之后，设立新西兰海上保险代理店，台南的保险业从此开始。之前，台湾盛产糖，但制糖的方法没有完善，先生就从德国购买机器，在新营庄选了一个地方试办制糖厂。彰化县内有座集集山，自从闹匪乱后，樟脑行业荒废已久。先生知道其中还可以有所作为，他进山勘查，建造厂房，招募工人，教他们熬制樟脑的技术。成功之后，配送欧洲，一年出货量达数万担，大为获利。前来从事樟脑行业的人越来越多，集集就成为热闹的市镇。当时，欧洲樟脑消费量巨大，市场价格日益高涨，台湾县林朝栋正由于“抚番”而掌握兵权，也在做樟脑生意，谋求合作，没有成功，于是就阻止民间经营樟脑业。但是各国商人认为樟脑贸易收归官方办理后，阻碍了通商，就群起向总理各国事务衙门抗议责难。奉旨更改制度，准许民间经营樟脑业，而先生就以樟脑行业起家，晚年时稍有衰落。

（四）列女

列女之名，始于汉朝刘向的著作《列女传》，后来南朝范晔在《后汉书》中给列女作传，列女传才进入正史。这些传记所记载的女子并非都是贞节之女，而唐朝史学家刘知几对此加以批评，是不对的。如东汉女子蔡琰的文才，足可入选《文苑传》。还有像东汉时期的女史家班昭、甘愿与丈夫过简朴日子的富家女桓少君、孝女曹娥、为父报仇的庞娥，都是在女性当中挥旗的领军人物，完全可以作为妇女的模范，本来就不能仅以贞操显著就行。台湾作为新开发的地方，天地之间灵淑之气虽然不会都钟情妇女，但抒发辞藻彰显美德，衡量评判金玉之才，难道就没有几位杰出的女子足以蜚声青史吗？可惜史书对女性的记载多有缺失，很多女子的高尚品德无法流传下来。延平王郑成功是台湾烈祖，他的夫人董氏勤俭恭谨，每日带领姬妾婢女们纺丝缉麻，并制作盔甲军服等，以供军队使用。郑成功治军有功必赏，万金都不吝惜，而家中妇女不准稍有懈怠，所以长幼都很遵守命令。南明永历八年（1654），郑成功进军广东南部，驻扎在惠东平海卫。清军突然袭击郑军在厦门的基地，留守厦门的郑芝莞[①]没有防备，军队惊慌溃败。董夫人单独抱着祖宗牌位逃走，金银珠宝都弃之不顾，郑成功因此认为她很贤惠。她有时参与商讨军国大事，对郑成功多有帮助。郑成功去世后，董氏时常告诫子孙，要抚恤民众，善待将士，不要毁了祖先的基业，因此当时的台湾人都受过她的恩惠。呜呼！这难道不是女界的楷模吗？谘议参军陈永华的夫人洪氏，小名端舍，也是福建同安人。生性娴静，具有与丈夫举案齐眉、相敬如宾的风范，尤其擅长写文章。陈永华处理政务时，日理万机，有时忙不过来，公文批复很多由洪氏代笔，很快就可写成，其措辞用语与陈永华相同，以致接收公文的人都分辨不出。小女儿从小接受母亲的教诲，学习文史知识，年仅18岁，成为监国世子郑克𡒉的夫人。郑克𡒉料理国政，英明坚毅又果断，有祖父郑成功的作风，亲戚勋贵都很忌惮他。后来郑克𡒉遇害身亡，陈夫人打算自杀殉夫，董夫人劝阻，不听。她的哥哥陈梦纬也劝她说：“你有孕未生，何不生下来以延续丈夫的血脉香火，不是比死更好吗？”陈夫人回答说：“别人处在一般情况，可以不死；现在妹妹我遇到的是特殊情况，即使生下孩子，谁能容他？”于是在丈夫棺材旁边自缢身亡，和丈夫郑克𡒉合葬在洲仔尾。台湾人哀悼她。这又是一个从容就义，

① 郑芝莞，郑芝龙的弟弟，郑成功的叔叔。

百折不挠，其精诚可以贯穿金石、令鬼神哭泣的人啊。明郑灭亡之际，郑氏族人商议投降，宁靖王朱术桂以身殉国，5个妃子陪他一起死，合葬于承天府郊外桂子山，至今民间仍传颂他们的忠烈。呜呼，台湾只是小地方而已，但贤惠的妇人、有才华的名媛、贞烈的女子、忠义的妃子，一时荟萃。难道不是天地间灵秀之气，多钟情于女子吗？夫妇之道，是人的重要的行为准则，男子在外工作，女子在内治家，自古有明确的规定。台湾三百年来，表彰贞节烈女，达1千多人，虽然属于一般性的道德行为，但她们含辛茹苦，担负重任，常年努力，是大有可取之处的。妇人遭逢不幸守寡，家中贫穷，孩子幼小，靠什么生活？然后亲自从事缝纫女工，心如冰霜，度过了漫漫岁月。最终使老人有依靠、孩子得养育，一边抚养，一边教育，家庭得以再次振兴，她们的功劳难道不伟大吗？又或者发生了突然变故，决心从一而终，慷慨相从，甘心殉死。贞烈气节，足以激励纲常伦理，这也是求仁得仁啊。当年曾子说："可以把年幼的君主托付给他，可以把国家的政权托付给他，面临生死存亡的紧急关头而不动摇屈服，这样的人是君子。"我观察贞节妇女的行为，她们的操守难道跟这有区别吗？可惜她们不是男子，而男子中无耻的人比起她们来要羞愧而死。这里传记所记载的，大多取之于旧志书，以及所知道的，事迹不详的人则主要记其身份姓名。

鲁王公主

明朝鲁王女儿朱氏，聪慧识字，擅长刺绣，嫁给泉州南安儒生郑哲飞，生下一男三女。郑哲飞去世后，婆婆带着孩子们东渡台湾，依附明朝宗室宁靖王。后来清军攻克澎湖，宁靖王将要殉国，朱氏也打算跟着自杀。宁靖王说："你的婆婆还在，子女还小，怎么可以死呢？复兴继承行将垂亡的家业，这些事比死还要重要啊！"朱氏哭着遵从宁靖王的命令，另外找住房侍奉婆婆。衣食不足，则辛勤操持女工贴补家用，到深夜才休息，含辛茹苦，长达十几年。后来女儿出嫁，婆婆去世，儿子不久也去世，就吃斋独居，节操更加坚定。终年80多岁，乡人很钦佩她，把她当成妇女的模范。

怀安侯夫人

怀安侯沈瑞的妻子郑氏，是礼官郑斌的女儿。三藩之乱的时候，郑经攻打潮州，沈瑞投降，郑经疏请封他为怀安侯，移居台湾，住在永康里，还把郑斌的女儿许配给他。郑经去世后，继位的郑克塽年幼，宾客司傅为霖谋划叛乱。侍卫冯锡范私下知道沈瑞家庭富有，就说沈瑞参与谋反，想查抄他的家产，逮捕了沈瑞和弟弟沈珽下狱。沈瑞说：“冯锡范空口说辞，怎么可以下狱？只是我的生死都是来自郑家的恩惠，我没有什么好说的！”冯锡范决心要杀沈瑞。郑斌请求赦免自己的女儿郑氏，接到家中居住，并告诉她事情的原委。郑氏说：“父母爱孩子，恩情深厚至极。然而女儿已经是沈家的媳妇，不再是父母能得以专爱了。何况在这生死存亡之际，丈夫、叔叔获罪，婆婆、妯娌在家中，我怎么能在娘家安居，被人笑话呢？”傅为霖被凌迟处死后，沈瑞也将被处死。他以一条毛巾包着荷包，让人拿回家，说：“这是夫人亲手所绣，归还给她留作纪念。生死殊途，永远告辞了！”然后与沈珽上吊而死。郑氏回到婆家，看见祖婆金氏、婆婆满氏皆在堂上上吊自杀，沈瑞的二妹和小妾于氏、崔氏也死了，郑氏跪着哭道：“老夫人与夫人先走一步，媳妇我请求就来跟随。”于是让父亲郑斌向当局请求允许收尸，郑克塽答应了。郑氏按照礼仪料理丧事，在堂上停放棺柩，还另外买了一副棺材。父母都劝她不要轻生，她说：“不要扰乱我的心意。女儿已经向婆家人允诺一起死了，岂可辜负她们的亡灵？”于是绝食，祭奠三天，告别亲属，从容自缢。台湾人听说了这事，无不感叹。闽浙总督姚启圣将她的事迹上报，朝廷封她为一品夫人，将这些棺柩送归北京，以礼安葬。

傅璇妻

黄氏弃娘，台湾天兴州人。黄堂壮的女儿。19 岁时嫁给傅璇。傅璇的父亲傅为霖在郑氏政权任宾客司，以谋叛罪被逮捕，父子两人都受死刑，家属发配外地。黄弃娘的哥哥黄铨为她奔走营救，获得免罪。当傅璇下狱时，黄弃娘仍希望他能够存活，到了傅璇被执行死刑时，弃娘决心殉夫。黄铨多方劝慰，弃娘流着泪回答说：“今天的事情是儿子为父亲死，妻子为丈夫死，不用再考虑了。”于是自缢而亡。

谢灿妻

郑氏宜娘，台湾天兴州人。年纪 18 岁，嫁给谢灿。谢灿出远门经商 3 年才回来，不久病死。宜娘早晚哭泣不止，将要殉夫。邻居老妇人劝慰说：“你婆婆年迈，家中贫穷，又没有兄弟，怎么能死呢？不如为自己考虑下。”宜娘说：“失去丈夫的我，现在只知道从一而终。”于是上吊自尽。天兴州知州嘉奖她的节烈，在禾寮港街为她建了牌坊。

王曾儒妻

郑月娘，泉州南安人。19岁时嫁给台湾万年县儒生王曾儒，过了一年，王曾儒去世。公公因为家贫，想要快速下葬。月娘请求稍微缓些日子。过了几天，她跟公公说，请求为丈夫陪葬。公公劝阻她，她回答说：“我的丈夫病重时，我就说过要跟他一起死。这事在道义上不容改变。”于是上吊自尽，公公按照她的请求，将夫妇俩一同下葬。

同县王寻的妻子阮荫娘，籍贯漳州。16岁时嫁给王寻。王寻是军人，常常在外，没多久病死。王寻的二哥来奔丧，荫娘请求将侄子过继给王寻。王寻二哥隐约知道她想求死，对其严密看管。过了几天，荫娘找到机会从容自缢而亡。那时是南明永历三十七年（1683）。

台湾归属清王朝之后，官府将郑月娘与阮荫娘的事迹上报，奉旨进行表彰，都入节孝祠祭祀。

辜汤纯妻

林氏，不知她的名字，台湾县城人。20岁时嫁给辜汤纯，住在东安坊。结婚不久，辜汤纯就去世了，林氏自己没有生育。抚养辜汤纯小妾生的两个孩子作为自己的儿子，直至成人，侍奉婆婆很孝顺，获得族人的称赞。林氏死后，官府上报朝廷申请表彰。雍正五年（1727），其牌位放入节孝祠祭祀。乡里人感念她的品德，在她住所旁边建庙，名辜孝妇庙。后来把黄宝姑的牌位放进来一同祭祀。

黄宝姑，也是东安坊人，许配给同县某人，还没出嫁。未婚夫去嘉义经商，碰上戴潮春事件，无法回家，就客死他乡。死讯传到家里，家人对她保密，不让她知道。黄宝姑隐约听说了，起居都如平常，几天后的一个凌晨，黄宝姑换了衣服出门，走到法华寺，在佛前膜拜，默默祝愿亲人长寿，之后跳入寺外的半月池自尽，尸体浮出水面时，面容如生。城里的官员士绅很多都前往吊唁，以褒扬她的节烈。

杨茂仁妻

余氏，台湾县城人。嫁给杨茂仁为妻，生了三个儿子。丈夫去世时，余氏22岁，痛哭晕倒之后又醒过来，环顾三个儿子在身旁，呱呱哭泣，最大的才刚脱离背篼，最小的不满20天，余氏抱着丈夫尸体哭道：“与其舍生殉死，不如抚养幼子，存续血脉香火。”然而家中非常贫寒，衣食都不足，余氏织布缝纫为生。心甘情愿地含辛茹苦。过了20多年，几个儿子都长大结婚，有孙子五人，都入学堂。余氏去世时年63岁。雍正五年（1727），与林氏一起受到朝廷表彰。当时进入节孝祠祭祀的有8人：张氏，洪之廷的妻子；陈氏，郑斌升的妻子，都是县城人，丈夫死后，守节不嫁抚育幼儿。袁顺娘，鲁定甫的妻子，16岁；郭益娘，曾国的妻子，18岁；赵氏，李宋的妻子，年22岁，以上三人都是丈夫死后殉夫的。纪险娘，纪惠的女儿，许配给吴使，还没出嫁，丈夫就死了，纪险娘自缢殉夫，年18岁。

陈守娘

陈守娘，台湾府城经厅口人。嫁给张姓男子为妻。丈夫死后，陈守娘守节不嫁。丈夫的妹妹年轻貌美，做起皮肉生意。县衙某位客人有次到她家，看见守娘，觉得很美艳，嘱咐张家人为其牵线沟通。婆婆贪图客人钱多就答应了，但引诱她不从，胁迫她也不从，就对她百般凌辱，任其受冻挨饿，而陈守娘下决心绝无二意，保持操守更加坚定。一天晚上，婆婆和小姑母女俩一起把陈守娘绑在凳子上，用锥子扎刺她的下体，陈守娘大声呼叫而死。后来陈守娘的弟弟前来料理丧事，见到妹妹的尸体而产生怀疑，乡里人也纷纷为陈守娘鸣不平，于是弟弟报官。知县王廷幹因为县衙那个嫖客的缘故，想压下这件案子。民众群情激愤，鼓噪而起，拿碎石块砸向知县，知县踉跄逃走。于是这案子上报到台湾府和台湾道那里，那对母女论罪被判死刑。起初，陈守娘的尸体用草席包裹埋葬于昭忠祠后面，众人钦佩她的贞节，纷纷前往祭奠，屡屡发生灵异现象。官府认为这样会迷惑百姓，就把她移葬别处。

李时灿妻

王贾娘，凤山县人，嫁给李时灿，结婚5年而守寡。李时灿没有兄弟，而婆婆已经年老，孤苦无依。贾娘辛勤从事女红，尽力孝顺婆婆，守节50多年，乡里人都称颂她。乾隆年间，获得朝廷表彰。还有李凤的妻子董氏、黄忠的妻子成氏、黄奖的妻子李氏、卢从的妻子曾氏、张元魁的妻子黄氏，都是凤山县人，也是守寡侍奉婆婆，都按照烈女的标准进行表彰。

金仁妻

黄明娘，凤山县人。17岁时嫁给金仁，过了3年，金仁去世。没有孩子，丈夫的弟弟年纪还小，而公婆年事已高，黄明娘忍着殉夫的念头以赡养公婆。7年后，婆婆去世，而公公又生病，明娘伺候周到，时间长了也不懈怠。到公公去世时，小叔已稍为长大，料理完公公的葬礼，明娘得了重病，娘家想请医生治病，明娘不肯，说："我之所以忍着不死十多年，就是为了照顾公婆而已，如今这件大事已经完成，我没有遗憾了。"于是拒绝吃药而死。同县黄研的妻子王氏，丈夫去世，没有孩子，她服丧满两周年，上吊以殉夫，年仅16岁。黄尚的妻子吴氏，18岁，丈夫去世，没有孩子，葬礼刚刚结束，她就跳水而死。陈某的妻子颜氏，被暴徒逼迫，不从而死，人们视她为贞节烈女。后来这些女子都获得朝廷表彰。

大南蛮

大南蛮，诸罗县目加溜湾"社番"大治的妻子。结婚后，治家勤俭，侍奉婆婆，辅助丈夫，尽到了自己的本分。20岁时，丈夫去世，"社番"们听说她的美貌，争相向她求婚。大南蛮想改变"社番"的风俗，发誓不再嫁人，拔刀而说道："我的头发可以割，我的手臂可以断，我的贞节不可以变！"她自己耕种，含辛茹苦，以抚养她的孩子，守寡37年。地方官员把她的事迹上报朝廷，奉旨进行表彰。

连横评论说，大南蛮只是一位"番妇"，却能守节不嫁，以保全她的节操，这难道不是空谷幽兰吗？她的志向高洁，她的行为高尚，清白而不可污染，虽然是"土番"族，也符合儒家之道了！

陈清水妻

李氏，嘉义元长庄人。18岁时，嫁给陈清水，生了三个孩子，过3年而陈清水去世，李氏守寡抚育孩子。长子陈绍华进入学校，李氏勉励他砥砺品行、树立名声，大家都称颂李氏的品德。终年54岁。同县的王氏，下洋厝庄人，18岁嫁给陈必快，数年后守寡。悉心抚育孩子，公婆认为她很贤惠，让她主持家里的事务，王氏善于处理事务，家庭内外井井有条。终年75岁。又有吴庆荣的妻子高氏、刘源由的妻子江氏、萧世华的妻子李氏、蔡天照的妻子吴氏、陈忠卿的小妾王氏，都以守节育儿得以奉旨表彰。

汪刘氏

刘氏，彰化汪某的妻子。雍正九年（1731），大甲西"番乱"。烧杀汉族居民，大家纷纷逃跑避难。情况紧急时，刘氏告诉她的儿媳妇余氏说："总归不能受辱，我们各自想办法。"于是举刀自尽。余氏正抱着尸体痛哭，"土番"突然冲到，她也撞墙而死。乾隆三年（1738），官府奉旨表彰，在县城的东门树立石碑，题词"汪门双节”。

傅　氏

傅氏，彰化水沙连堡车畹寮庄人。26岁时守寡，儿子泉基才5岁，傅氏悉心抚育，众人都钦佩她的节操。该庄靠近林圯埔，民风强悍，一点小事也要报复。而傅氏用道德感化众人，乡里有纠纷，就由傅氏分析事理对错，处事公正，几乎没有诉讼，以致盗贼都不来他们的庄子。同治四年（1865）九月初三去世，终年57岁。众人感念她的贤德，立碑记录她的事迹，举人林凤屯题词“贤德可嘉”。

杨邦重妻

李氏，彰化人。20岁时，嫁给杨邦重。4年后丈夫去世，李氏矢志守节。家境贫寒，孩子幼小，李氏从事女红，维持生计。含辛茹苦，40多年，始终不渝，邻里乡亲都称颂她。同治元年（1862）去世，享年69岁。同治十二年，绅士蔡德芳禀告官府申请表彰，地方官将她的事迹上报，获朝廷批准。当年，彰化申请表彰贞节妇女共120人，均入节孝祠祭祀。

陈玉花妻

郑氏，彰化人，郑崇本的女儿。嫁给陈玉花，郑氏秉性柔婉，夫妻感情深厚。陈玉花进入县儒学，不久病死。郑氏悲痛万分，就以身殉夫。同乡人士都钦佩她的贞烈，出殡那天，身穿庄重服装送葬的人有100多人。同治十二年，与鹿港施家的林氏、犁头居庄徐九宣的妻子林氏、布屿堡张廷焕的妻子沈氏、林圯埔街李捷三的妻子张氏、布屿堡张源忠的妾黄氏，一起获准表彰，皆为贞烈妇女。又有贞妇黄氏、鹿港施衍忠的妻子吕氏、彰化县城李妈基的妻子方氏、下坂庄杨舒益的妻子，也获得表彰。

杨舒祖妻

洪氏，彰化县城人。8岁时，成为杨舒祖的童养媳，15岁时两人圆房，夫妻和谐恭顺。不久丈夫去世，公婆也逝去，洪氏抚育幼子，备尝生活的艰辛，幸好有妯娌相互依靠，得以凭借女红维持生计。等到儿子成年结婚，家庭经济也稍微宽裕，大家认为这是辛苦守节的福报。光绪十二年（1886），县里寻访采写她的事迹，与王陈氏等159人，均题请朝廷予以表彰。

吴茂水妻

石锦娘，彰化沙连堡林圯埔街人。14 岁时，成为同乡吴茂水的童养媳。锦娘性子和顺，孝顺公婆，公婆也喜爱她。等到她成年，将要选择吉日为他们举办婚礼时，突然吴茂水得急病死了，锦娘当时刚 16 岁，悲痛欲绝。经公婆劝说，才勉强料理丧事，从早到晚都在哭，听到的人都忍不住落泪。后来有天回娘家，母亲觉得她还年轻，想让她再嫁人。石锦娘慨然回答道："我生是吴家的人，死是吴家的鬼。怎么能再嫁？"不辞而别回到吴家。同治元年（1862），爆发戴潮春事件，各地骚乱，有强盗闯入她家，见锦娘貌美，想侵犯她。强盗同伙呵斥说："这是贞节妇女，怎么可以侮辱？"强盗就抢夺财物而去，没过多久即在交战时中弹身亡，旁人认为这是骚扰贞节妇女的报应。因此，强盗们相互告诫不敢再进她的家门，她全家得以免遭祸害。光绪十二年，乡绅陈上治等将她的事迹上报，官府奉旨表彰，入节孝祠祭祀。其后云林[①]知县谢寿泉也在她所住的街道邻里进行表彰。

这一年，贞烈妇女陈氏一同受表彰。陈氏，大肚西堡人，17 岁时，许配给牛骂头庄蔡怀选，还没过门丈夫就死了。死讯传来，家人对其保密，陈氏隐约得知此事，哭晕过去。家人把她救醒，陈氏一心想死，晚上就服毒自尽。

郭荣水妻

洪阿娇，彰化县城人，许配给郭荣水，还没过门丈夫就死了，洪阿娇听到死讯，绝食三天，就以身殉夫。彰化人士赞赏她的贞烈，为其创作诗歌，向世人宣传她的事迹。光绪十五年（1889），题请朝廷予以表彰，入节孝祠祭祀。

同县人施氏，是秀才林锦裳的妻子。丈夫死后，也是以死殉夫。光绪十六年，题请朝廷予以表彰。

吴氏女

吴氏女，彰化县人，是韩姓妇人继子康论的童养媳。韩姓妇人原本是娼妓人家，得到这么一个美丽的女子，认为她奇货可居，吴氏不从，就要遭受鞭打。吴氏回娘家哭诉，母亲刘氏也是再嫁的妇人，就以强迫媳妇为娼向官府状告韩妇人。而韩姓妇人也状告刘氏因嫌贫悔婚。官府召集双方对簿公堂，仍判吴氏归属韩妇，韩氏愈

① 台湾建省后有一段时期，林圯埔隶属云林县。

加肆无忌惮。有衙门差役吴水与韩氏私通，经常留宿她家，看见吴氏年轻貌美，屡屡挑逗，被吴氏拒绝。一天晚上闯入吴氏房间，吴氏大声呼救，众人闻声赶到才得以脱险。吴水从此怨恨吴氏，与韩氏合谋侵害吴氏的方法。夜晚，吴水带着刑具前来，韩氏用铁链锁住吴氏的双手，脱掉她的衣裤，把她的头发绑在木桩上，两人拿着棍子击打，吴氏宁死不从。吴水大怒，把木棍插入她的阴部，又用刀割开她的肚子，吴氏因而身死，当时是道光七年（1827）正月二十一日晚上亥时。那天夜里，吴氏的母亲梦见女儿披头散发，鲜血淋漓地来告状，醒来后觉得怪异。天亮后赶往查看，果然见到女儿的尸体。于是报请官府派人来勘验，验尸官拔出吴氏阴部的木棍，喷出鲜血数尺远，围观的人都惨不忍睹。事情传开后，知府邓传安为吴氏申冤，并向朝廷题请表彰。而斩吴水于街市并暴尸示众，韩姓妇人判处绞刑，听到的人都拍手称快。

何子静妻

林氏，福建侯官人，品行端正，容貌美丽。20岁时，嫁给何子静。何子静来台湾，在林朝栋统领的栋军前营做会计，就住在彰化。何子静年轻好色，经常出入妓院，林氏委婉劝告，何子静不听。不久染上重病，林氏侍奉汤药，没有一点懈怠。后来何子静病死，林氏抱着尸体痛哭，吞下鸦片膏，以死殉夫，时年24岁。当时是光绪十五年（1889）八月的一天。栋军统领林朝栋向台湾巡抚报告她的事迹，题请朝廷予以表彰。光绪十九年，奉旨入节孝祠祭祀。

林杨氏

杨氏，彰化县城人，岁贡生杨春华的女儿。品性端庄，读书明礼。16岁时，许配给台湾县（今台中市）阿罩雾庄林资锽，资锽是栋军统领林朝栋的长子。还未过门丈夫就死了，杨氏听闻死讯，大哭。父亲杨春华带着杨氏去林家奔丧，杨氏即住在婆家不归。公婆怜惜她，为她安排了个安静的房间居住。除了向公婆问安之外，从未出过房门，衣着朴素，不加装扮，心静如水。日本侵占台湾那年，林朝栋计划渡海回大陆，杨氏向他拜别，说道："我之所以没有马上跟随丈夫而死，是因为还没有为丈夫过继后代。如今突然遭遇巨变，全家要辗转奔波，怎么可以因为自己这弱女子而让长辈担忧？"当晚在床边上吊自杀。她的佣人林氏，顶桥仔头庄人，是个寡妇，也跟着自杀。乡亲听到之后，都为其感叹。林朝栋于是把三子林资铿的儿子林正熊过继给林资锽和杨氏作为后代。

余林氏

林春娘，淡水大甲中庄人。父亲林光辉务农为生，林春娘是余荣长的童养媳。林荣长17岁那年到鹿港经商，被水淹死。当时公公已死，婆婆还在，却没有其他儿子，婆婆痛哭流涕。林春娘年仅12岁，还没成婚，表示自己愿意终身侍奉婆婆，不再嫁，婆婆的悲痛稍微减轻。林春娘进奉饮食，帮助操持家务，早起晚睡，恭谨地听从婆婆的吩咐。后来婆婆眼睛患病，无法看东西。林春娘用舌头舔婆婆的眼睛，并焚香祈祷，不到半年，眼睛好了。但是婆婆又得了手脚痉挛的毛病，林春娘在床边伺候，亲自擦洗清洁，有时整夜不睡。婆婆劝她去休息，林春娘答应了，仍时不时起来查看。婆婆看着感叹说："有这么好的儿媳妇，我不担心没有儿子了。"后来婆婆去世，林春娘非常哀痛。因家境贫寒，林春娘每天纺织，过继了一个同族的孩子来抚养。不久孩子夭折，又再过继一个，儿子长大娶妻后又去世，就与儿媳一起养育幼孙。平时与家人相处，未曾有疾言厉色，乡亲父老无不尊敬她，道光十三年（1833），奉旨予以表彰。到戴潮春事件爆发，同治元年（1862）五月初六，王和尚聚众攻打大甲，切断了水源。城里居民没地方取水饮用，人心惶惶，想要逃走，于是请林春娘祷告求雨。雨随之落下，众人大喜，继续在城上坚守。二十一日，王和尚又与何守、戴如川、江有仁等合兵来攻，其队伍达到万人，将整座城围了几圈，城中水源又被切断，居民断水数日，林春娘再次出来祈祷求雨。当时王和尚的军队迫近城墙驻扎，占了上风，轰击城墙，城里几乎支撑不住。忽然天降大雨，同时大风转变方向，护城河边的茅屋着火，王和尚的队伍惊慌溃散。城里的义勇开门出击，打败王和尚的队伍，城围终于得到解除。那个时候，两军相争，大甲是关键之地，它关系到淡水北部的安危，因此经常遭到围困，但防守却越加坚固。十一月，林日成以人多势众前来攻打，气势非常嚣张，连战十几天，城中水源屡屡被截断。二十六日，林春娘第三次出来祈祷求雨，雨落下来，士气倍增，围困又被破解。战事平定之后，城里人对待林春娘如同神明一般。同治三年（1864）去世，终年86岁。儿媳巫氏也以贞节著称。

连横评论说，我读《东瀛纪事》，记载大甲林氏祈雨的事情，觉得非常惊奇，我本以为是借此鼓舞士气罢了。后来想想，人的至诚之心，可以感动上天，商汤时的桑林祈雨的故事，难道是虚构的吗？只要至诚，愚蠢的人可以增长智慧，懦弱的人可以提振勇气，木讷的人可以激发辩才，愚昧的人可以拓展见识。卓越的功勋，本就是人能够成就的，然而如果没有林氏的贞节孝顺，是不可以沟通鬼神的，这其中的幸运只有万分之一的机会啊。

李联城妻

曾氏，淡水竹堑人。嫁给李联城为妻，25 岁时守寡。李家是竹堑的望族，子弟大多熟悉儒家的礼仪，曾氏终年 85 岁。李联城的弟弟李联春，娶邱氏，总兵邱镇功的女儿，也守寡，终年 64 岁。李联青的妻子何氏，24 岁守寡，终年 31 岁。李祖仁的妻子王氏，28 岁守寡，终年 38 岁。李祖泽的妻子郑氏，24 岁守寡，终年 33 岁。李开廷的妻子苏氏，18 岁时嫁到李家，而开廷多病，两年后病死，苏氏坚决以死殉夫。光绪十六年（1890）十二月，她们都得到朝廷表彰。乡里人称为“李门六节”。

王家霖妻

黄氏，淡水人。嫁给艋舺读书人王家霖。丈夫死后守节，终年 74 岁，官府奉旨表彰。光绪八年（1882）冬天十月，在城内东门街修建牌坊。

而王大权的妻子谢氏，大隆同街人，也因坚守贞节，获得表彰。

陈周氏

周氏，淡水人，嫁给芝兰二堡北投顶庄陈某，丈夫死后侍奉婆婆，抚育幼子，勤劳节俭，获乡里称颂。道光三十年（1850）获表彰。咸丰十一年（1861），她的孙子陈文华在庄内修建牌坊。

郑徐二氏

郑氏，淡水人，大佳腊堡大隆同街陈某的继室。丈夫去世后自尽，她的妯娌徐氏也殉夫。光绪十六年，一同奉旨表彰，在街角修建牌坊，乡里人称她们为“陈门双烈”。

徐陈氏

陈氏，淡水大稻埕人，嫁给徐某。徐某以儒学为业，家境贫寒，数年病死。陈氏节衣缩食举办葬礼，葬礼完成后，更换衣服，服毒殉夫。知县叶意深听说此事，到她家祭奠，联络其族人，安排过继孩子给她立后。出殡之日，乡里有好几十人来送葬。知县叶意深说道：“妇女守贞节，国家有表彰的规定。何况这是贞烈妇人，尤其可以激励人们矫正轻薄的习俗。”为她上报事迹。

吕阿枣

阿枣姓吕，新竹北门街人。父亲吕障生了三个女儿，都很美，而阿枣尤其美丽。品性贞洁，不苟言笑。母亲刘氏倡优出身，家中虽然是中等收入，仍然把两个女儿当作摇钱树。富人商贾，经常出入她家，饮酒欢歌，通宵达旦。阿枣心里对此很不赞同，总是独处一室。县里有位魏某看见了她，很是喜欢，用巨资贿赂其母刘氏，想占有阿枣。阿枣哭着劝谏说："女儿我虽然愚钝，也知道人要知廉耻。那些忍心出卖肉体的人，不过为了生计罢了，如今我们家有幸过着比较温饱的生活，为何还要做这种事情，让邻里耻笑。如果母亲一定要我跟两位姐姐一样，我宁死不从。"刘氏愤怒地鞭打她，又暗中与姓魏的谋划，想强行让阿枣就范。阿枣隐约知道他们的阴谋，严加防备，然而仍然担心被侮辱，就剪发毁容，吃斋念佛，拒绝见人。一天，有位尼姑从远方来，外形魁梧，让人跟阿枣说："听说你有志于修行，而苦于没有师父。如果你能跟我走，我传授秘法给你，则成佛不是难事。"阿枣声色俱厉地说："我守护我的贞节罢了，哪是什么修行？又传什么法给我？替我告诉野尼姑，不要来骗我。"传话的人惭愧而去。刘氏见她意志坚定，一定要将其挫败，但是无论是引诱她，还是威胁她，始终都无法让她动摇。阿枣考虑到可能难免其害，于是在光绪十九年（1893）二月二十六日，沐浴更衣，焚香拜佛，夜深时自缢而死。年仅 23 岁。下葬那天，邻家老翁李祖琛是位世家人士，让他家子弟烧香送行，并且扬言道："女子坚守贞节，国家有表彰的规定。而阿枣出自倡优家庭，尤其可以作为邻里的表率，所谓是出淤泥而不染的人。"众人听说此事，来送葬的有数百人。阿枣的墓在县城东边的蜂窠山。

许裕妻

林氏，澎湖人，许裕的妻子。20 岁时守寡，许裕留下两个儿子许翰冲和许翰宾，家境贫寒，要抚育两个儿子，备尝辛苦。许翰冲长大后从军，因平定朱一贵的功劳，任都司。许翰宾也能够自立，乡里认为是母亲教育的缘故。雍正十三年（1735），朝廷广施恩泽，封她为恭人[①]。终年 94 岁，入节孝祠祭祀。

---

① 恭人，四品以上官员的母亲或妻子的封号。

蔡钦妻

谢氏，澎湖奎壁澳人。嫁给蔡钦，18 岁时守寡，遗腹生下一子又不幸夭折。家中贫困，四壁空空，乡里的妇人觉得她还年轻，多劝她再嫁，谢氏不从，指天发誓说：“妇人不幸遭遇丈夫亡故，这是命。有孩子则抚养，没孩子则殉夫，这也是命。我处在今日，有死而已。”乡里妇人知道改变不了她的志向，才停止劝说。后来过继一个儿子，作为丈夫的后人。人们都钦佩她的贞节。

郭克诚妻

林氏，澎湖东西澳人，19 岁时嫁给郭克诚，婆婆李氏性子严厉，四个儿媳妇中只有林氏得到她的欢心。郭克诚兄弟分家后，婆婆以林氏孝顺，仍跟克诚一家住。克诚也能体谅母亲的心意，东西澳的乡亲都称赞他们夫妻孝顺，内外都没有隔阂。郭克诚死的时候，林氏才 30 岁，孩子仅 10 岁，林氏辛勤操持女红，以供养衣食。婆婆年老，多病易怒，众媳妇少有能接近的，林氏侍奉婆婆更加恭谨，婆婆病重时，握着她的手说：“你对我这么好，可以说是真正的孝顺。我没有什么能回报的，只有希望你的儿媳妇也能这样侍奉你，我的心才能得到安慰。”林氏照顾婆婆是又当儿媳又当儿子，抚育孩子是又当母亲又当父亲，可以说是真正的贤惠。

吴循娘

吴循娘，澎湖港尾乡人。小时候成为萧春色的童养媳，不久萧春色病死。公婆因为家贫，想将吴循娘许配给小儿子。吴循娘严肃地说：“媳妇平日与小郎以嫂叔相呼，名分已定。如今若成亲，是乱伦的行为，宁死不从。”而公婆坚持要那样做，以致鞭打吴循娘，选择吉日，准备物品，将要强行让他们成婚。吴循娘见情况紧急，半夜服毒而死，年仅 20 岁，当时是光绪十二年（1886）的一天。

刘正娘

刘正娘，澎湖水垵澳人。小时候许配给许天俊，长大后眼睛失明。许天俊遵守婚约，请媒人去商议婚礼，刘正娘不同意，依随母亲居住，取下耳环，守贞至老。终年 76 岁，人们称她为孝女。

高悉娘

高悉娘，澎湖东卫社人。少年时为吕旺的童养媳，还没成婚而吕旺去世。葬礼完成后，公婆怜惜她年幼，想让她另外嫁人。高悉娘悲伤地回答：“我是吕家的媳妇，不是吕家的女儿。如果公婆不能体谅我的意思，我就跟着丈夫一起死。”家人感慨她的志向，答应过继个儿子给她立后。悉娘辛勤坚守妇道，邻里称赞她的孝顺。终年 57 岁。

黄广生妻

林氏，澎湖赤嵌澳人，许配给黄广生。还没过门而黄广生死，于是跟父母打过招呼，来到婆家，亲自参加整个料理后事的过程，孝敬公婆。三年守丧结束后，自缢殉夫。

刘氏女

刘氏，是台湾镇总兵刘廷斌的女儿，跟随父亲赴任来到台湾南部。父亲去世，留下家眷 17 人，道光八年（1828）春天，他们雇船内渡回大陆。在海上遇到海盗，家人全都被杀，刘氏因貌美免于一死。途中有位客人请求搭船，海盗将其推到岸上，掠走刘氏和大袋财物，到泉州安海，购买大宅居住。这样过了十余年，刘氏为海盗生了四个孩子，当地没有人知道她的身世，海盗对她也不再怀疑。一天，刘氏去观音寺拜佛，随从队伍排场很大，寺僧以为她是富贵家的妇人，亲自献茶，刘氏看了僧人一眼，露出很惊讶的样子。等回到家里，刘氏想起当初在海上遇难的事情，记起这僧人就是那位搭船的客人。第二天再次前往观音寺，让僧人带领在寺内参观，借机支开随从，秘密与僧人相谈，然后交给僧人一份诉状，告诫他不要泄露。僧人连夜跑数十里，进入泉州，向知县投递诉状，并且告知海盗们聚餐的日期。知县派遣差役前往捉捕，将这伙海盗全部抓获。一经审讯即服罪，知县将这伙海盗全部诛杀。并且绑了那四个孩子，问刘氏怎么处置，刘氏说：“我之所以忍辱偷生十几年，就是因为大仇未报而已，他们岂能算是我的孩子啊！”于是亲手杀死四个孩子，然后自尽。地方官将刘氏的事迹上报朝廷，朝廷下旨表彰。

连横评论说，我读史书，每次看到复仇的事情，未尝不慷慨起舞。豫让的道义，聂政的勇武，得到了很多世人的称赞，而在女界中寻找复仇故事，则只有东汉庞娥之后数人而已。像刘氏这样的，可以算得上是智勇双全啊，她身陷匪窝，却从容不惊，最终能亲自报了血海深仇，而且亲手杀死其孽子，是何其刚烈啊！世上怯懦的人，可以有所建树啊。

卷三十六

列传八

卷三十六
列传八

丘逢甲

丘逢甲，字仙根，又字仲阏，原来是彰化县翁仔社人。台湾建省后，这个地方隶属台湾县。翁仔社处于大甲溪旁，是个“土番”部落。广东籍的人住在这里，风俗也就变得喜欢练武和不愿屈居人下，只有丘逢甲独自勤奋读书，13岁就中了秀才。当时吴子光在吕氏的筱云山庄设坛教书，藏书丰富，丘逢甲跟随他学习，有机会博览群书，于是以诗文闻名乡里。灌阳[①]人唐景崧以翰林的身份出任巡台道，奖励提拔文学之士，每年考查书生，选拔突出的，安排在海东书院读书，供给丰厚的费用，聘请进士施士洁作为主讲。那时丘逢甲和新竹郑鹏云、安平汪春源、叶郑兰等在那里修习学业。没过多久，丘逢甲科举考试连传捷报成为进士，被授予工部虞衡司主事的官职，后成为崇文书院的山长。等到唐景崧升任布政使，邀请他过去，经常饮酒唱和，台湾的诗学风气一时兴盛。

光绪二十年（1894），朝鲜事件[②]爆发，沿海筹备防守，唐景崧代理巡抚。光绪二十一年春天三月，日军攻破澎湖，北洋水师也兵败舰降，李鸿章签订《马关条约》要割让台湾求和。当时台湾的举子正在北京参加会试，联名上书给都察院请求制止，未被采纳。当地绅士也共商挽救之策，以丘逢甲为首，用电报发送信函，都没有得到回应。四月，中日交换条约，官员们奉旨迁入内地，唐景崧留下来，发誓与台湾共存亡。丘逢甲于是提出台湾自主的策略，众人赞同。五月初一，改台湾为“民主国”，年号永清，用蓝底绣黄色老虎为旗。推举唐景崧为大总统，分别致电清朝政府和沿海各省，并向中外各国发去文书，语气极其哀伤沉痛。当时，义军蜂拥而起，规模从几百人到几千，各自竖起大旗，占据一方顽强抵抗。丘逢甲担任团练使，总管军事，率领本部驻扎台北，号称2万人，每月供给军饷10万两。十三日，

① 灌阳，今广西灌阳。

② 朝鲜事件，指光绪二十年因朝鲜引起的中日战争。

日军逼近狮球岭，唐景崧没有开战便败走，文武官员多离去。

连横评论说，丘逢甲离去后，住在嘉应州，自称“仓海君”，慷慨激愤有报效国家的志向。读他写的诗，言辞激烈昂扬，似乎不甘心做一个书生而老去。以成败论英雄，我并不赞同，只可惜他会被吴汤兴、徐骧耻笑罢了。

吴汤兴 徐骧 姜绍祖 林昆冈

吴汤兴，祖籍广东，家住苗栗县，秀才出身。住在台湾的广东人，多勤于读书、努力耕种，意志坚定有义气，即使身处危难，也绝不回头。吴汤兴也学习武艺，以行侠仗义闻名乡里。

乙未年的反割台和反日军侵占斗争，台湾人民自主，各地都起兵进行自我防卫。吴汤兴召集乡里健壮的男子，筹划防御。等到听说台北被日军攻破，官兵溃败逃跑，吴汤兴集结部队祭祀军旗，望着北方发誓说：“到我们为国效命的时候了！”众人都精神振奋。于是与秀才邱国霖、吴镇洸等人招募了几个营的乡勇，在当地筹办粮草，富裕之家都捐助了军饷。建了一座高台，上置一面大鼓，有事击鼓相告，立法严明。当时，徐骧在苗栗起事，姜绍祖在北浦起事，简精华在云林起事，其麾下都有数百或数千人，吴汤兴都派人送去书信和他们联络。

徐骧是苗栗县的秀才。姜绍祖世代居住在北浦，家族极其富有，为一方豪士。刚 20 岁时，散尽家财招募军队，获得五百健壮的兵士，率领他们奔赴战场。五月二十日，日军进攻新竹，到大嵙崁时，村民据险伏击，日军退守娘仔坑。栋军统领林朝栋支援台北，途经新竹，知县王国瑞请求以先头部队守城，而吴汤兴也集结了提督首茂林、总兵吴光亮、栋军傅德升、谢天德的部队，各抽调五百人，与姜绍祖向北挺进。二十三日，队伍驻扎在杨梅坜，途中遇到日军，大家齐心协力攻击，日军渐渐后退。二十五日，邱国霖带领七百人在大湖口与日军交战，得不到支援而撤回，日军追击，逼近新竹，王国瑞逃跑。姜绍祖奋力作战不肯屈服，部下多死伤，最终都被俘虏。日军把他们关在房子里，问：“谁是姜绍祖？”他的家人马上答应“我”。就推出去杀了，所以姜绍祖得以生还。姜绍祖很快回到北浦，又把佃户组织起来奔赴战斗，最终战死。

日军占领新竹，将要南下，苗栗知县李烇和吴汤兴商议战事，派遣徐炳文赴台中告急，徐骧则奋力守住头份镇，使日军不得挺进。闰五月初五，日军分三路南下，一支沿着新竹大路，一支从安平镇出发，一支支援三角涌。新浦人丘嘉猷驻守竹围，竹围环绕重叠，日军大炮无法攻击，死伤了一百几十人。支援三角涌的日军，又被黄晓潭、苏力、蔡国梁、黄国添、张龙安等人沿路伏击，挖了陷马坑，日军苦苦作战，又损失一百几十人，得到援助后才避免被消灭。降将余清胜道从小路进攻，抵抗数日，三角涌最终被攻克。日军到老嵙崎，又被徐骧的军队伏击。徐骧的队伍一直追到新竹城外数里才返回。那时候，民军崛起，士气很盛。台湾府知府黎景崧于是谋划进军新竹，下令副将杨紫云率新楚军两个营、傅德升率一个营、郑以金率一个营，合兵一处奔赴前线。葫芦墩人陈瑞昌也招募乡勇 500 人，愿意作为前锋，由富室资助军饷和武器，积极挺进。大家分兵攻打新竹，包围了 3 个城门，大炮攻进城内。徐骧的部下尤其英勇善战，日军竭力守城，因此没有攻下。

最初，吴汤兴因为军饷的事情，和李烇意见不合，互相攻讦。实际主持军务的刘永福命令苗栗县的乡绅去调解，没有结果。前方敌情告急，刘永福不能前往，命令幕僚吴彭年率黑旗兵 700 人，派副将李维义辅佐他，到达彰化。唐景嵩请求让李维义支援头份，而吴彭年奔赴苗栗县。六月十八日，日军大部队到达新竹，合兵攻打笔尖山。六月二十日，又从香山头份镇后面夹击。徐骧奋力战斗，杨紫云阵亡，李维义战败退回，日军趁势攻打苗栗县。苗栗县没有城墙，无法防守，黑旗军管带袁锦清、帮带林鸿贵都阵亡了。吴彭年收拾残兵，退回大甲，吴汤兴、徐骧都退入彰化。七月初五，日军渡过大甲溪，攻破葫芦墩，进攻台中。揀东堡的豪杰林大春、赖宽豫设立“国姓会”，聚集了 1000 多名子弟，在头家厝庄抗击日军。庄里的少年林传精于火器，潜藏在树上射击，20 多名日军官兵应声倒地。但林传最终被杀害，日军放火焚烧了村庄。吴彭年发文书给彰化知县罗树勋前来救援，相持了一天一夜，日军又来了增援，台中被攻破。七月初七，吴彭年军前誓师，部署各路军队，派吴汤兴、徐骧合兵镇守八卦山。两天后的黎明时分，日军攻山，另外派了一支部队扑向黑旗营。吴汤兴坚决抵抗，徐骧也奋力作战，但日军的炮火非常猛烈，难以支撑。吴汤兴阵亡，他的妻子听到消息，也投水而死。徐骧奔赴台南，吴彭年战死在山下，黑旗军将士多阵亡。

之前，云林知县罗汝泽召集简精华、黄荣邦、林义成救援彰化，到达时县城已被攻破，于是回到家乡。七月初十，日军攻陷云林，进据大莆林，势头正健。刘永福命令副将杨泗洪前往攻打，简精华、林义成率部协助。日军退却，杨泗洪去追赶，被炮击中而死，管带朱乃昌夺得他的尸体回来。一直激战到夜里，黄荣邦、林义成埋伏在香蕉林中出击，夺取了大莆林，但伤亡惨重。朱乃昌浴血奋战最终阵亡，刘永福派都司萧三发接管他的部下，又下文命令简成功统率义军。简成功，是简精华的父亲，骁勇善战，于是与官军合兵一处攻克云林。逃入山中的日军遇到伏击，被歼灭，从大路撤离的退守北斗。七月十六日，萧三发催促各路军队夺取彰化，被日军炮火所阻，分散扎营在村仔脚，连续出击都取得胜利，但粮饷告急，请求支援。刘永福没有办法，仅筹集了 1500 两给他们，附近许多村民蒸了米饭供给军队，所以不至于挨饿。

彰化沦陷之际，徐骧败走台南，刘永福安慰他，命令他到卑南招募军队，得到 700 人，个个身形矫健、壮硕有力。紧急奔赴前线，驻扎在斗六的溪底村。七月十五日，日军大部队猛烈攻击树仔脚，各路部队打开营门出击，互有杀伤，徐骧又从小路包抄夹击，日军于是退居北斗，不能渡过大甲溪向南挺进。就在这时，风雨大作，山中洪水泛滥，各路黑旗军便趁着夜色突然袭击。海丰仑人陈戆番谋划做内应，因为防备森严，不敢轻举妄动。彰化各军围攻日久，弹药将要用完。八月初六，黄荣邦在军前发誓要决一死战，最终中弹而亡。林义成再次进攻，也重伤。八月十三日，日军大举进攻萧三发的营地。徐骧、简精华支援他，激战多日，子弹用尽，退回他里雾。日军又一次逼近，徐骧正在吃饭，便催促大家出营。徐骧回头说："今日得了数千发子弹，足以坚持一天一夜，还有什么比这个更好的。"于是奋勇而出，左右几十个人跟随他，想要到险要的地方伏击。不料徐骧中弹倒地，又跳起来大叫道："大丈夫为国战死，没什么可遗憾的！"众人都受伤，无法再重新战斗。云林再次沦陷，嘉义也被攻破，林昆冈就在这时兴起。

林昆冈，字碧玉，沤洪庄人，是嘉义县的秀才。在乡下设坛教书，平常崇尚道义，经常为人排忧解难。自从听说前方抗敌屡次失败，召集曾文溪以北的村民说："台湾要是亡了，你们要去哪里呢？我要率领年轻人，保卫家乡。你们愿意听从我吗？"有数百人回应，推举新营庄秀才沈方徽统率，自己协助他。派人到台南，请求供给武器，只拿到数十杆旧火枪，便相邀在铁线桥作战。林昆冈举着棉被做的盾牌，手握利刃，多名勇士跟随他，精神抖擞地向前冲，日军稍微退却。后又在沟仔头与日军交锋，杀死一名中尉。沿途的村民都拿起武器抗击，时聚时散与日军交战。二十三日，日军大举进攻，林昆冈指着天发誓说："如果老天不肯帮助我，今天开战，就让我中弹而死。"众人感动得流下泪。林昆冈敲着战鼓出击，子弹穿过胸膛，他依然手持大刀坐在地上，他的大儿子也战死。过了五天，村里人为他收尸，面容像活着一样倔强。死时 45 岁。

连横评论说，乙未年那场战争，民军崛起，他们拿着戈矛和棍棒，舍弃生命在战场厮杀，不知有多少人！他们没有留下姓名，说这件事的人都为他们感到悲伤。当年周武王攻克殷都，殷人思念故国，后来以周朝设立的三个原本要监督殷都的地方举行叛乱，周公去讨伐他们。读史的人认为，周朝不服从统治的民众，便是商朝的忠义之士，不应该由此而泯灭他们的气节。晋文公替周襄王平乱，襄王把阳樊赏赐给他。阳樊人不愿意归晋，晋国军队将他们包围，仓葛大声呼喊说："应当用德行来安抚中原人，用刑罚来震慑四方少数民族，你们这样做我们不服。"于是晋国退兵。读史的人认为仓葛懂得道义，而晋文公懂得治理天下的法则，并且不忌讳仓葛说的话。史书，为天下人所共有，记录删改的大权，虽然掌握在历史学家的手里，但褒贬的原则，必然要出于公心。这篇文字的记载，是为了留住他们的事迹。死者有知，也可以没有遗憾；后世的君子，也可以了解他们的事迹。

吴彭年

连横评论说，乙未年那场战争，台湾人建立"民主国"，推举巡抚唐景崧为大总统，向国内外发布通告。一时豪杰纷纷起事，手持长矛、棍棒，慷慨激昂，心怀捍卫家乡的壮志。等到唐景崧出逃，台北被攻破，台南、台中又奉刘永福为领袖。刘永福本是骁勇的战将，在越南战争中，战功显赫，到台湾后，碌碌无为并没有特殊的才能。只有他的幕僚吴彭年，以一介书生带领数百人的军队，出兵援助台中，经历多场激烈的战斗，最终以身殉难，足以称烈士。

吴彭年，字季籛，浙江余姚人。18 岁成为秀才。擅长诗文，豪迈有气节，要追随傅介子[①]、班定远[②]的志向。寓居广州，便在那里安家。乙未年春天，以候补县丞的身份在台北等待补缺。刘永福听说他的才能，聘请为幕僚。那时，军中文书繁杂，吴彭年担任秘书，批阅和答复文书，都出自他的手笔。闲暇时作诗，与士大夫唱和，大多是慷慨悲壮的句子。台北被攻破后，刘永福主持残局，吴彭年所带领的黑旗军以善战闻名。夏天五月，台湾府知府黎景嵩聚集从北边撤退下来的散兵，编为"新楚军"，和苗栗义士吴汤兴、徐骧奋力作战，希望能够收复失地。然而，粮饷匮乏，他们致电请刘永福接济，刘永福困顿无法回应。之后吴汤兴因为争粮饷的事情，和苗栗知县李烇不合，作战越不利，两人越互相攻击。刘永福担心台中失守，商议派兵前往，吴彭年慷慨请行，率领七星旗兵 700 人，由副将李唯义辅佐他。闰五月二十九日，到达彰化，黎景嵩让李唯义统率新楚军，分旧部一半人马，奔赴

① 傅介子，西汉大臣、外交家，开国功臣傅宽曾孙。汉昭帝时，出使大宛，杀死匈奴使者，授平乐监。汉昭帝元凤四年，携带金帛赏赐楼兰，斩杀悖逆的楼兰王，另立在汉的楼兰质子为王。以功封义阳侯。

② 班定远，即班超。东汉著名军事家、外交家，史学家班彪的幼子。班超为人有大志，不修细节，投笔从戎，随窦固出击北匈奴，又奉命出使西域，平定西域五十多个国家。官至西域都护，封定远侯。

苗栗。六月十五日，吴彭年也听取苗栗人的请求，率屯兵营管带徐学仁、黑旗兵管带袁锦清、帮带林鸿贵带兵前往，第二天，驻扎在大甲。十八日，新楚军前统领杨紫云在头份庄战死，李唯义战败而归。当时吴彭年本部的兵力不足，正要招募新军还没来得及，日军突然到来，没有能力战斗，又不得不战。吴彭年骑着马要冲到阵前，马悲鸣不走，换匹马再冲，带头冲入敌阵。吴汤兴、徐骧助战，彭年呼喊着奋力拼杀，敌军弹如雨下，袁锦清、林鸿贵都已战死。吴彭年收兵，回到大甲。二十三日晚上，苗栗被攻破，吴汤兴、徐骧率兵进入台中，吴彭年回到彰化，致电台南告急。刘永福命令他们坚守，说援军就要到了。

刚开始，鹿港的乡绅商议筹集军饷援助，当听说苗栗被攻破，台中危急，害怕彰化难以守住，于是大多逃走避难。不久，战败的军人索要粮饷，围住知府衙门闹事，黎景嵩不能调解，请吴彭年兼统这些败退下来的士兵。吴彭年打开营帐，面对将士，晓之以大义，军心慢慢平定。他又一次致电台南，没有回应，再次哀求，回复说："气盛则胜。"

八月初，日军已渡过大甲溪，招募的士兵也大多到位，但都没有军饷和武器，不能打仗，守城的同僚商议弃城逃跑。吴彭年竭力制止，说："逃走，各位固然能够得到保全，但土地怎么办？我们有什么面目见台湾百姓呢？"于是众人发誓以死守城，连续致电告急。刘永福担心彰化能否守住，只能回复说："敌军来了就抵抗，只要死守不要害怕。"吴彭年叹息说："我个人本来在台湾没有职责，但心中实在不愿意将国家重要的海上疆土拱手让人。现在刘统帅指示我死守，真是了解我啊。"当天，把军营移到了背山面溪的地方，附近的村民蒸饭供给将士。第二天，派士兵去巡哨，遇到了日军扎竹筏渡溪，将其击退。这时台南的援兵也接踵而来，士气稍稍有所振作。不久收到情报，葫芦墩危急。初五日，日军从大甲溪绕道攻上来。捒东堡庄的豪杰林大春、赖赛豫设立"国姓会"，召集青年上千人，抗击日军于头家厝庄，双方各有伤亡。吴彭年听说军情，调遣彰化知县罗树勋前去救援，相持了一天一夜，日军又发动进攻，罗树勋撤退，台中被攻破。初六日，日军驻扎在牛骂头。第二天，派两个分队攻打彰化。彰化城小的像斗一样，八卦山在城东，俯瞰城内，山如果被攻下，城必然被攻破，因此防守最重要的依靠就是这座山。晚上，地雷兵200人从南来增援，想要在大肚溪边布雷，但是地雷由海上运到鹿港，要两天之后才能到，那时彰化城已经丢失了。初七日，吴彭年在军前誓师，派王得标率300七星旗兵守住中寮，刘得胜率先锋营守中庄，孔宪盈守茄苳脚，李士炳、沈福山各率本部守八卦山。初九日黎明，日军派一个中队渡过溪水，攻打黑旗营，又派另一中队从后面出击。吴彭年出营应战，而日军大部队已经从小路直逼八卦山。吴汤兴、徐骧守住阵地，开炮攻击，多数都没击中。日军冒着危险登山，吴汤兴、徐骧二人难以应对，于是败走。那时候，吴彭年正与日军大战于大肚溪，远远看见八卦山已经竖起了日军的旗子，急忙率领全军回去救援，到达南坛巷，杀了两个逃跑的士兵。众人奋勇抢夺八卦山，到了山脚下，吴彭年身中子弹从马上坠下，4 名保护他的卫兵也牺牲了，李士炳、沈福山都死在东门外，伤亡近 500 人。日军进入彰化城，黎景嵩、罗树勋各自穿着便服逃跑。

起初，吴彭年即将奔赴彰化，介绍他的族人吴敦迎管理军粮。等到彰化城被攻破，吴敦迎从城中逃出，路上遇到吴彭年的尸体，命仆人阿来进行埋葬，秘密标识墓穴。安平县的秀才陈凤昌，是名义士，听说吴彭年战死，认为很壮烈，写了文章洒酒祭奠他。过了几年，想要带着他的尸骨回故乡，挖开墓穴时，衣带尚存，上面还能看到斑斑血迹。到了广东，他的家住在顺德，只剩下一位老母亲，头发都已经白了。妻子先前就去世了，留下两个孤儿，都很小，家里没有多余的钱，只是靠亲友的资助生存。唉，真是可怜啊！

连横说评论，像吴彭年这样不就是所谓的义士吗，在危难时挺身而出，誓死不改变。他的意志逼近云天，他的光芒照耀日月！吴彭年只是一介书生罢了，唐景崧、刘永福之流如果能像他那样，那吴彭年的死也就没有遗憾了，但却只有吴彭年慷慨赴死。我眺望八卦山，仿佛可以看见那个骑着战马穿着短衣的少年，提着刀，仰天大笑。哎呀，真是壮烈啊！

唐景崧　刘永福

唐景崧，字维卿，广西灌阳人。以翰林院编修转任吏部主事。性格豪爽，喜欢饮酒赋诗、结交公卿。光绪九年（1883），法国谋划吞并越南，中国政府出兵援救，黑旗军在防御作战中特别英勇。黑旗军是指钦州的刘永福，他年少时为太平军的一员，战败后，逃到贵州、广西一带，纠结余党，闯入越南，官府管束不住。那时，法国在越南，虎视眈眈，凌辱百姓，越南君臣俯首听命，天天害怕社稷不保。刘永福极为愤慨，起兵和法国人作战，在纸桥取得胜利，擒获他们的统帅，并在谅山再次取得胜利。越南王很高兴，封他为“义良男”，授予三宣提督，从此威名大震。清朝派兵部尚书彭玉麟督管两广军队，派提督王德标、冯子材出关支援越南。唐景崧认为刘永福是义士，于是上书朝廷，请求游说其为国效力。到越南后，拜访刘永福军营，握手先介绍自己，然后说：“您的品德令人景仰，如果肯回到祖国，一定会被任命为一方统帅，朝廷殷切盼望您归来。”刘永福也思念宗族和国家，深切希望能够将功赎罪，便答应了。光绪十一年，和谈成功，刘永福进京，接受嘉奖和安抚的圣旨，被任命为南澳镇总兵，记名提督，唐景崧也因为有功升任台湾兵备道。

台湾是海上重要区域，人才济济。唐景崧爱好文学，聘请进士施士洁为海东书院主讲。他对学校里的士子，待遇颇为优厚。兵备道的衙署原来有一座“斐亭”，他命人修葺一新，闲暇之日邀请同僚和下属饮酒赋诗。又建了万卷堂，里面藏书很多。他母亲擅长写诗，有人每作一首诗，都请她来主评高下，一时间台湾人都竞相钻研作诗的学问。光绪十七年，升任布政使，住在台北。台北是新建的省会，异乡为官和寄居的达官显贵都在这里。唐景崧又时常加以勉励，建立牡丹诗社，命令编撰《台湾通志》，亲自监督实施，没有完成便遭遇割让台湾的事情。

光绪二十年春天，日本因为朝鲜的原因，进兵汉城，宣布开战。朝廷因为台湾是东南重镇，命令刘永福率领军队防守，并协助管理军务。六月，刘永福到台南，巡视沿海，驻扎在旗后。八月，到省城，与唐景崧商议军事。朝廷因为辽东各路军队连连战败，召他北上。刘永福以所率领的部队力量较弱、没有能力奔赴作战为由，上书总理衙门，大概说：“福越南劲旅，实有数万，入关之初，只准带来千一百人，此皆拣选于平时者也。到粤以来，频遭裁撤，今仅存三百人。奉旨渡台，始募潮勇千名，分为二营。乌合之众，仓猝成军，以之言战，何能御侮？法人之役，实为前车。到台以后。极力筹商，而台湾孤悬海外，口岸纷多，防不胜防，必须南北联为一气始可言守。福有旧部三千，皆经历战之士，又有裨将数人，足寄心膂，意欲招之至台，扼守南隅，兼为北援。前曾咨商闽、粤督宪，恳切哀求，继复商之台抚，均不允准。当此之时，既无糈饷，何能募军？兴言及此，不禁痛哭。今两奉特旨，命福北上，非敢迟延赴敌，实因所部无人；自请罢斥，又近规避，非夙志也。福一介武夫，荷蒙优渥，位至方面，誓命报国。万死不辞。为今之计，请回粤中，招集旧部，然后北行，并以福交与北洋大臣节制，一切军情，不至阻隔。”朝廷下诏令刘永福依然驻守台湾。九月，邵友濂奏请辞去职务，任命唐景崧代理巡抚。唐景崧接受任命后，整顿军队，派刘永福守卫台南，栋军统领林朝栋镇守台中，福建水师提督杨岐珍也率领军队驻扎台北。本地、外来、新募和原有的军队总共有三百数十营，每个营有 360 人，需要的军饷数额巨大，奏请外部援助。不久得到户部拨款 50 万两，南洋大臣张之洞同意资助 100 万两，分批划拨汇款，这时守卫台湾的战事告急。

光绪二十一年二月，日军攻破澎湖，守将周振邦逃跑，辽宁那边也兵败舰降。朝廷派北洋大臣李鸿章为全权代表赴日谈判，日本政府要求割取台湾。台湾人听说，奔走相告，哀求呼吁制止。三月二十二日，唐景崧致电上奏朝廷：

三次电奏，一次电询，总署和议情形，均未奉复详行。纷传割辽、台，并派某爵率兵船即日来台签押，李鸿章希图了事，断不可行。必不得已，查外国近年联二三国为同盟密约，我可急挽英、俄，或清外国，从公剖断。不可专从李鸿章办法，割台臣不敢奉诏。且王灵已去，万民骇愤已极，势不可遏，朝廷已弃之地。无可抚慰，无可约束。日人到台，台民抗战，臣不能止。臣忝权台抚，台已属日，即交缴办法，仍用台抚之衔，不特为台民笑，更为日人笑也。如必割台，唯有乞请迅简大员，来台办理，此外尚有一线可冀挽回，伏乞圣照熟思。揆今时势，全局犹盛，尚属可为，何至悉为所索。列圣在天之灵，今日何以克安，臣不胜痛哭待命之至。

没有得到回应。台湾人于是商议自主，官员们各自送家眷回去，行李堵塞在路上，当地无赖看见，以为是官员盗取军饷，将其拦下并进行抢夺。中军参将方元良听到报告，前往镇压，看到丢弃的箱子，又以为军饷被劫，急匆匆开枪，中弹倒下数十人。众人争吵起来，拿起武器搏斗，方元良被杀，人流涌到巡抚衙署，衙署的军人开枪，又有数十人倒下。唐景崧听到变故出来制止，抚标管带李文魁从外面握刀进来，沿着台阶往上走。唐景崧大喝："干什么？"李文魁刀还没拔出，随即入鞘。回答道："来保护大帅。"回答时已来到唐景崧身边。唐景崧将令牌交给他说："速速召集六营来。"李文魁奉命出来，大叫："大帅命令我统率六营了。"跃马而去。提督杨岐珍率兵到，众人才散去。

四月，在烟台更换条约，朝廷下诏令台湾的守土官员撤回。杨岐珍率领本部回到厦门，唐景崧来电询问刘永福的去留。刘永福回复说："誓与台湾共存亡。"这时，台湾自主的决议已经达成。五月初二，绅士丘逢甲带领百姓向唐景崧送上大总统的印章，唐景崧接受，改年号为"永清"，向中外发布文书通告。并向各省大员致电说："日本索割台湾，台民不服，屡经电奏，不允割让，未能挽回。台民忠义，誓不服从。崧奉旨内渡，甫在摒挡之际，忽于光绪二十一年五月初二日，将印旗送至抚署，文曰台湾民主国总统之印，旗用蓝地黄虎，不得已允暂主总统。由民公举，仍奉正朔，遥作屏藩，商结外援，以图善后。事起仓猝，迫不自由，已电奏，并布告各国。能否持久，尚难预料，唯望悯而助之。"又以大总统的身份通告台湾民众："日本欺凌中国，大肆要求，此次马关议款，赔偿兵费，复索台湾。台民忠义，誓不服从，屡次电奏免割，本总统亦多次力争。而中国欲昭大信，未允改约，全台士民不胜悲愤。当此无天可吁，无主可依，台民公议自主，为民主之国。以为事关军国，必须有人主持，乃于四月二十二日，公集本衙门递呈，请余暂统政事。再三推让，复于四月二十七日相率环吁，五月初二日公上印信，文曰台湾民主国总统之印，换用国旗蓝地黄虎。窃见众志已坚，群情难拂，故为保民之计，俯如所请，允暂视事。即日议定改台湾为民主之国，国中一切新政，应即先立议院，公举议员，详定律例章程，务归简易。唯台湾疆土，荷大清经营缔造二百余年，今虽自立为国，感念旧恩，仍奉正朔，遥作屏藩，气脉相通，无异中土。照常严备，不可疏虞。民间如有假立名号，聚众滋事，借端仇杀者，照匪类治罪。从此清内政，结外援，广利源，除陋习，铁路兵船，次第筹办，富强可致。雄峙东南，未尝非台民之幸也。"

初六日，日军登陆鼎底澳，翻过三貂岭。唐景崧发文书给各路军队请求支援，没有响应，于是基隆丢失，日军直逼狮球岭。台湾人要求军队驻扎八堵，做死守的准备，唐景崧没有听从。李文魁骑马飞奔到巡抚衙署请求面见，大呼说："狮球岭马上就要丢失了，如果不是大帅亲自督战，各位将军会不服从命令。"唐景崧看到他来，害怕地站起来，这时李文魁已到屏风前，唐景崧举起案上的军令架扔在地上说："军令都在这里，你好自为之吧！"李文魁侧过头去捡，唐景崧已经不见了。唐景崧进入内室，带着巡抚大印，跑到沪尾，乘坐德国商船出逃，炮台开炮攻击，没有击中。李文魁跟踪在唐景崧后面，到厦门密谋刺杀他。事情败露，被清朝官吏捕获，杀于街市。

台南听说唐景崧出逃，台北被攻破，商议推举刘永福为大总统，刘永福不同意。被强迫接受，于是将驻地迁到台南，设立议院，筹措军费，发展邮政业务，发行钞票，分派军队防守水陆要地，鼓励地方组织团练，收用各地民间的首领和豪杰之士，让他们支援前线。于是给民众发布告示说："日本要盟，全台竟割，此诚亘古未有之奇变。台湾之人发指眦裂，誓共存亡，而为自主之国。本帮办则以越南为鉴，迄今思之，追悔无穷。顷顺舆情，移驻南郡。本帮办亦犹人也，无尺寸长，有忠义气，任劳任怨，无诈无虞。如何战事，一担肩膺，凡有军需，绅民力任。誓师慷慨，定能上感天神。惨淡经营，何难徐销敌焰。"六月，日本台湾总督桦山资纪给刘永福写信，劝他解散军队，刘永福回信拒绝。于是日军攻破新竹，夺取宜兰，进兵逼近苗栗，又经常派战舰窥视台南。刘永福命令幕僚吴彭年率领七星旗兵去救援，刚刚到达，苗栗就被攻破，于是在彰化展开大战，吴彭年战死，将士们大部分战死，台南的军饷武器已经匮乏。刘永福又命令幕僚罗绮章渡海到厦门，向各省求援，言辞极为恳切哀痛。七月，日军攻破云林，并单独派遣一支军队入侵埔里社，攻势猛烈。沿途的军队和百姓奋力抗击，相持30多天，双方死伤相当，嘉义沦陷。刘永福深感悲痛。八月二十三日，日军登陆枋寮，进入恒春，夺取凤山，从南北两面逼近，相距不超过100里，而且这里已经很久没有得到援助了。刘永福知道败局无法扭转，请英国领事欧思讷写信给桦山资纪请求和解。当时，日军军舰大量集中在澎湖，欧思讷前往拜见副总督高岛鞆之助，没有得到允许。高岛约刘永福亲自到日本军舰商议条款，否则开战。刘永福最终没有前往，日军又攻破旗后。九月初二，黑旗兵在白沙墩捕获两名英国间谍，押解到衙署。刘永福请进内室，与他们商量脱身之策，那两人是爹利士船上的船主和舵手。入夜，刘永福以巡视安平炮台为由，乘船逃去。日军派八军山战舰追赶，到达厦门，搜船，没有找到。初四日，日军进入台南城。唐景崧回到大陆后，住在桂林，刘永福后来担任碣石镇[①]总兵。

连横说，世人都说“隋陆无武，绛灌无文”[②]，成为一个文武兼备的人才真的很难。唐景崧的文才、刘永福的武功，可以相提并论，若集于一人，依然不能协作守住台湾，人们多加指责，这真不是他们的过错。凡事必须分析它的根本原因，再看最后的结果。台湾是海中的孤岛，虽有可凭借的险要地势，一旦得不到支援，只能被困在那里发愁，没有具有实力的海军，便没有能力守住它。况且台湾自从邵友濂担任巡抚后，节省开支，很多事情都荒废了，一旦发生危急，再来设防备很困难。即使让孙、吴来用兵，也不能防守，何况作战呢？所以说仓葛即使大声呼吁，鲁阳也不能返回。仅凭赤手空拳、一腔激愤，最终也是无能为力罢了。《诗经》说：“迨天之未阴雨，彻彼桑土，绸缪牖户。”作这首诗的人，真是懂得大道理啊。

---

① 碣石镇，在今广东省陆丰市。

②“隋陆”指随何和陆贾，“绛灌”指绛侯周勃和灌婴，分别是汉高祖的文官和武将。意思是能文者不能武，能武者不能文。

后 序

后 序

我的丈夫雅堂先生写完《台湾通史》，将要刻版印行，我读过之后十分高兴。不禁感叹：先生真是用心良苦啊！先生的志向也实在远大！当初我刚嫁入连家的时候，先生才20岁，整天关门读书，不参与外面的事情。后来担任报社事务，写作文章，发表时事评论。又在工作之余收集古籍，参考新出版的图书，打算写作《台湾通史》，在社会上发行，但没来得及完成。过了几年，先生到了厦门，与南方人士交往，鼓吹反清，几次身陷危险。遭到挫折后回到台湾，再回报社工作，又想利用业余时间撰写《台湾通史》。每有一些新的进展，就把它放进小书箱里，但还是没来得及写完。中华民国成立那一年，先生振奋起来，慷慨出行，把家里的事情交给我，拜别而去。于是周游全国，进北京，出万里长城，行走在长城内外。先生游览尽兴后回到台湾，再次在报社工作。茶余饭后之时，常对我说："我这辈子有两件大事，其中一件已经实现（指推翻清朝的统治），而《台湾通史》还没有完成。我怎么对得起我的台湾啊？"于是打开小书箱，取出以前的书稿，这些书稿厚度超过了一尺，于是开始整理，经常熬到深夜才休息。这样过了三年，书终于写成。又过了两年，交付印行。先生的用心真是难得啊！先生的志向也很伟大！台湾自从开辟以来三百多年间，没有人能写这样的书。现在台湾300多万人，也没有人肯写这样的书。但先生毫不犹豫地写了，他胸怀坚定的信念，不辞辛劳，就像天上有神灵在监督他一样，如今终于可以宽慰了。但先生还有很多的愿望，还在不断地探讨学问，写作文章。我会每天陪伴在他的身旁，等着读他的新著作。

1920年元宵夜，嫁入连家的沈璈名少云写于稻江（台北大稻埕）棠云阁。

连雅堂先生家传

我的始祖兴位公，生于南明永历三十五年（1681），过两年，台湾郑氏所坚持的明朝法统灭亡。兴位公少年时失去父母，长大后心怀隐居他乡的想法。于是离开福建省龙溪县，远渡大海，来到郑成功当年坚持抗清的台南，到雅堂先生已经是第七代了。坚守纯朴的内心和本性，每代都有不为人知的美德，读书了解历史，但不参加科举考试，因为心中仍然有汉人被清朝统治的悲痛。所以，从兴位公一直到我祖父，遗嘱都是要用明朝的服饰入殓。对故国的思念，真是深远啊！

先生名横，字武公，号雅堂，又号剑花。生于清光绪四年（1878）正月十六日亥时，是先祖父永昌公最小的儿子。小时候听父亲教导，长大后勤奋好学，生性聪明，看过的书都能背诵。先祖父十分疼爱他，曾经买了一部《台湾府志》交给他说："你是台湾人，不能不知道台湾的历史。"后来先生以写作《台湾通史》作为自己的使命，根源就在这里。

甲午中日战争，清朝军队大败，订立了《马关条约》，割让台湾求和。台湾人不服从清朝的命令，于是在光绪二十一年（1895）五月初一，建立了"台湾民主国"。同年六月，先祖父去世。先生当年18岁，他守丧在家，手抄《杜甫全集》，开始学写诗以表达家国悲凉的内心感受。当时，兵荒马乱，到处都有敌情，官绅迁居躲避灾祸，街上没有行人，但先生却在当时就搜集了台湾民主国的文告，后来竟然成为《台湾通史》中的珍贵史料。过了两年，先母沈太夫人嫁入连家。

沈太夫人是外祖父德墨公的大女儿，她知书达理，心地善良，和蔼可亲，敬奉公婆，与妯娌关系融洽，全家都称赞她的贤惠，对先生的写作，提供了很大的支持和帮助。这一年，先生主持《台南新报》汉文部，在写作之外，开始学习日文。

马兵营在台南府城的宁南坊，是郑成功当年驻兵的地方，古树郁郁葱葱，环境清雅幽静。从兴位公来到台湾，就选择在这里居住。割台前七年，先祖父扩建房屋，修缮一新。台湾割让后，日本人在这里新建法院，整片的房屋被拆迁，我家也遭损毁。优美的环境、装饰华美的房屋，被夷为平地。从此兄弟叔侄分散居住在各个地方，所以，先生曾写了一首《过故庐》的诗："海上燕云涕泪多，劫灰零乱感如何！马兵营外萧萧柳，梦雨斜阳不忍过。"

日俄战争后，先生不满清政府的腐败无能，携带家眷回到祖国大陆，在厦门创办《福建日日新闻》，鼓吹反清。当时在南洋的同盟会成员，看到《福建日日新闻》后十分高兴，派福建人林竹痴先生来厦门，商量将报纸改为同盟会机关报。后来因为清政府害怕先生的反清言论，派官员向日本驻厦门领事馆提出抗议，报馆于是被查封。先生不得已又携带家眷回到台湾，再次担任《台南新报》汉文部主笔。过了三年，移居台中，担任《台湾新闻》汉文部主笔。因此与林痴仙、赖悔之、林幼春等先生创办了栎社，一同切磋道德文章。撰写《台湾通史》也从这时候开始。

先生在台湾住久之后，心里很郁闷。辛亥年（1911）秋天，生了一场重病。病好之后，打算前往大陆远游，以宣泄心中的抑郁和不满。当时中华民国刚刚成立，各地的革命志士，迅速响应。先生也取道日本来到上海，和当时的豪杰名人互相往来，促膝谈论天下大事，执笔为文，评论时事得失，意气风发，健康就完全恢复了。之后，他溯长江而上到了汉口，北渡黄河到了北京。当时赵次珊（赵尔巽）先生担任清史馆馆长，聘请先生到清史馆工作，因此得以阅读清史馆所藏有关台湾建省的档案，并将它们收入《台湾通史》。不久，先生离开清史馆到处游览。出大境门（在今张家口，是万里长城四大关口之一），西到阴山山脚，又南下东渡黄海，游历辽沈，观看了爱新觉罗氏的故都（沈阳故宫），凭吊日俄战争的遗迹。甲寅年（1914）冬天，游兴已尽，回到台湾，仍然住在台南。第二年，先祖母逝世。

在家守丧时，先生将他在旅途中所写的诗编为一卷，名为《大陆诗草》。诗集中有一首《至南京之翌日登雨花台吊太平天王》，诗中说：

龙虎相持地，风云变态中。江山归故主，冠剑会群雄。民族精神在，兴王事业空。荒台今立马，来拜大王风。汉祖原英武，项王岂懦仁？顾天方授楚，大义未诛秦。王气骄朱鸟，阴风惨白燐。萧萧石城下，重见国旗新。早用东平策，终成北伐勋。画河师不进，去浙败频闻。同室戈相阋，中原剑失群。他年修国史，遗恨在湘军。玉累云难蔽，金陵气未消。江声喧北固，山影绘南朝。吊古沙沉戟，狂歌夜按箫。神灵终不閟，化作往来潮。

又有《柴市谒文信国公》诗一首：

一代豪华客，千秋正气歌。艰难扶社稷，破碎痛山河。世乱人思治，时乖将不和。秋风柴市上，下马泪滂沱。宏范甘亡宋，思翁不帝胡。忠奸争一瞬，义节属吾徒。岭表驱残卒，崖门哭藐孤。西台晞发客，同抱此心朱。忠孝参天地，文章自古今。紫云留故砚，夜雨寄孤琴。景炎中兴绝，临安半壁沉。巍巍瞻庙宇，松柏郁森森。我亦遘阳九，伶仃在海滨。中原虽克复，故国尚沈沦。自古谁无死，宁知命不辰。凄凉衣带语，取义复成仁。

章太炎先生读了诗集，感叹说：“这是有抱负的英雄志士。”

先生回台湾后，立即孜孜不倦，潜心写作。不久移居台北，五年后，《台湾通史》写作完成。书籍出版发行时，日本朝野对这本书很重视。相比之下，祖国人民因为两地的隔绝，反而没什么反应。只有章太炎先生认为这部著作具有民族精神，认为一定会是传世之作，先生也很以章太炎先生的肯定而得意。《台湾通史》出版后，先生又搜集古今作家的诗歌，选取其中有关描写台湾历史和山川的，把它们编辑成书，名为《台湾诗乘》，共六卷。这本书的编成，沈太夫人也出了很多的力。陈蔼士先生最近读了诗稿，题诗四首，其中一首中说：

难得知书有细君，十年相伴助文情。从来修史无兹福，半臂虚夸宋子京。

先生写作《台湾通史》时，搜集先人有关台湾的著作相当丰富。其中有 30 多种都是海内外孤本，极其珍贵，于是把它们编为《雅堂丛刊》。在写作空闲的时候，也经常吟诗作赋，而把《大陆诗草》之后的作品编为一卷，名为《宁南诗草》，表达对故土的感情。其中《登赤嵌城》中说：

七鲲山色郁苍苍，倚剑来寻旧战场。地剪牛皮成绝险，潮回鹿耳阻重洋。

张坚尚有中原志，王粲宁无故国伤。叶日荒涛望天末，骑鲸何处吊兴亡。

民国十二年（1923）春天，先生因《台湾通史》已经出版，《台湾诗乘》也已经完成，打算暂停写作，休息一段时间，于是陪着沈太夫人一同东游日本，他写了一首诗表达当时的心境：

五岳归来已七秋，又携仙眷上蓬洲。此行为爱樱花好，料理诗篇纪俊游。

当时震东正好留学东京，陪同先生和沈太夫人漫游于镰仓、箱根等地，天伦之乐，没有比这更好的。回忆海滩上的白沙、湖边苍翠的青松，仍然历历在目。

先生曾经说过："余尝见古今诗人，大都侘傺无聊，凄凉身世。一不得志，则悲愤填膺，穷愁抑郁，自戕其身，至于短折，余甚哀之。顾余则不然。祸患之来，静以镇之；横逆之施，柔以报之。而眷怀家国，凭吊河山，虽多回肠荡气之辞，绝无道困言贫之语。故十年中未尝有忧，未尝有病。岂天之独厚于余，盖余之能全于天也。"

可见先生善于养生。所以他身形虽然清瘦，但很少生病。先生和沈太夫人感情很好，对震东姐弟特别慈爱，对下属宽厚，待人十分包容，几十年来没有见他生气的样子。他喜欢喝茶而不饮酒，认为茶可以养神，酒容易乱性。亲朋好友来到家里，一定亲自汲取泉水煮茶，和他们畅谈古今，由于观点新颖，因此人们都很愿意接近他。

民国十五年春天，先生带家眷游览杭州，住在西湖边上，想要了却"他日移家湖上住，青山青史各千年"（《大陆诗草》诗句）的多年愿望。这一年的暑假，震东从日本来杭州探望父母，早晚都陪伴先生游玩在六桥（西湖外堤和内堤各有六座桥）、三竺（上天竺、中天竺、下天竺）等景点之间。每到一处，先生都会给震东说明它的历史典故。不久，北伐战争开始，江南动荡不安，因此又回到台湾。这时，日本人已经在台湾严厉禁止汉文，并且不许学生说闽南语。先生为了保存闽南语，又打起精神，对其做系统的分析。凡是台湾的方言，先生都旁征博引，探讨它们的根源，编成了《台湾语典》四卷。他曾经说："台湾文字传自中国，而语言则多沿漳、泉。顾其中既多古义，又有古音，有正音，有变音，有转音。昧者不察，以为台湾语有音无字，此则浅薄之见耳。夫所谓有音无字者，或为转接语，或为外来语，不过百分之一二耳。以百分之一二，而谓台湾语有音无字，何其慎耶！"

先生喜欢旅游，每到一处都会写诗，特别多凭吊古迹时感慨的作品。晚年时研究佛学，他的《游台北观音山》的诗，读者认为深得佛学奥妙的真谛。诗中说：

> 我家在城阴，观音日对门。我来此山中，观音寂无言。色相虽可参，妙法不得闻。譬如掬水月，水去月无痕。又如触花气，花谢气何存？我身非我有，万物同其源。万物非我有，天地分其根。天地非我有，大造阐其元。大造非我有，佛法转其轮。上穷亿万劫，下至亿万孙。唯佛心无畏，唯佛道独尊。湛然观自在，一洗众生喧。

民国十八年，震东毕业于东京庆应大学经济学部，回台湾帮助料理家中事务，接受庭训的过程中，还为我教授中文。过了两年，先生对我说："欲求台湾之解放，须先建设祖国。余为保存台湾文献，故不得不忍居此地。汝今已毕业，且谙国文，应回祖国效命。余与汝母将继汝而往。"震东按父亲的意思，带着先生的信函回国，到南京拜访张溥泉（张继）先生。溥泉先生读了信以后，深为感动，就安排我留在内地工作。

民国二十二年，先生因为震东已经在国内服务，我姐姐也在上海，我妹妹也已经从高等女子学校毕业，因此决定带全家回到国内，住在上海，实现他在祖国终老的愿望。当时震东住在西安，听说后到上海探望双亲。多年不在父母身边，一旦相聚，骨肉深情，倍感亲切。我把回国后到南京、去北平、进陕西的经过，详细地报告。先生与沈太夫人都十分高兴和欣慰，并教诲震东说："余自台湾沦陷，吾家被毁，三十余年靡有定处。而对于汝姊弟之教育，尤煞费苦心。今余之著作已次第告成，而汝辈亦皆有所造就，且一家均居国内，余心稍慰矣。余虽年事渐高，而精神尚健，此后当继续著作，以贡献国家也。"

民国二十四年春天，先生和沈太夫人来关中游览，终南山、渭水河等许多地方都走遍了。当年夏天，他们回到上海。

民国二十五年一月，先生在上海得了肝病，经过中西名医诊治，医救无效，在六月二十八日上午8时逝世，享年59岁。临终时，对震东说："今寇焰迫人，中、日终必一战。光复台湾即其时也。汝其勉之！"震东低头流泪说："敢不遵命。"第二天，按照佛教的仪式，将遗体火化，这是父亲的遗嘱。民国二十八年三月一日，沈太夫人在西安去世，享年66岁。

先生有一个儿子，就是震东，娶沈阳人赵氏。有孙子一人，名战。有三个女儿：长女夏甸，毕业于台北静修高等女学校，嫁给林家；次女春台，早逝；三女秋汉，毕业于淡水高等女子学校，嫁给黄家。

先生一生为保存台湾文献鞠躬尽瘁，希望维护民族精神永存，他的精神思想表现在著作中，读者都会感叹这是台湾三百年来的杰作。

今年春天，震东在重庆，刚好遇到徐旭生（徐炳昶）先生从昆明来讲学，他告诉震东："台湾收复在即，国人多欲明台湾历史。先德遗著，急须在国内重版。顷已商之于商务印书馆，君其速携书往访。"震东遵照他的嘱咐前往拜访。后来收到来信说："台湾为我国最早沦陷区，而《台湾通史》一书，油然故国之思，岂仅结构之佳已哉？敝馆亟欲将其重版，藉广流传，以彰先德。"读信之后，内心十分高兴。震东自从奉父命回国，到现在已经15年了，虽然兢兢业业，不敢松懈，但对祖国、对台湾，还是很少贡献，自愧没能继承先辈的遗志。现在通过旭生先生的介绍，蒙商务印书馆的好意，在我父亲逝世10年后，可以在国内将他的遗著再版。震东虽不才，但也可以稍微告慰父亲的在天之灵了。

1945年6月4日，连震东谨记述于重庆李子坝。

编后记

《台湾通史》是第一部台湾通史，是历史学家连横一生最重要的著作，于1920年至1921年分上中下三册在台湾出版。百余年间，从出版、再版，到多次重印、影印，这部史学著作共有十几种版本在海峡两岸广为流传。连横先生将对家乡台湾的深厚情感融进了《台湾通史》，将发生在台湾这块土地上的真实历史与中华民族精神写进了《台湾通史》。这部巨作承载着台湾与大陆长达千年的联系，是架在那浅浅海湾上的一道桥梁，将两岸同胞的心紧紧地连在一起，是台湾与祖国大陆血脉相连的有力印证。

将《台湾通史》转译成白话文，一方面赋予它新的学术生命，把百余年来的台湾通史研究成果进行系统梳理、归纳和总结，融入转译与注释内容之中，形成较为完整的历史知识体系框架；另一方面便于两岸民众尤其是青少年阅读与理解，有助于引导两岸年轻人走进文献典籍，了解历史、正视历史、认同历史。

该项目起源于闽台历史文化研究院陈秋平院长、蔡丽华秘书长一行在连明富先生创办的福建连横文化研究院的一次调研，当时恰逢连横《台湾通史》出版100周年。作为第一部将台湾定位为中国之属的史学巨著，该书在两岸影响深远。然而，20世纪20年代以来，随着白话文运动日趋成熟和不断推广，两岸民众尤其是青少年的阅读习惯已发生了巨大的变化。有鉴于此，闽台历史文化研究院认为《台湾通史》转译的普及和推广，将对还原台湾历史源流、明确台湾历史归属起到积极作用，有助于两岸同胞累积共识，促进心灵契合。随后，闽台历史文化研究院将《台湾通史》转译为白话文的设想致电国台办交流局领导，得到肯定回复。

2021年3月，闽台历史文化研究院召开专家论证会，以1983年商务印书馆版《台湾通史》为原本，正式启动连横《台湾通史》转译白话文项目。该项目由闽台历史文化研究院牵头，厦门大学台湾研究院原副院长、连横《台湾通史》研究专家、历史学教授邓孔昭担任总统稿。中国闽台缘博物馆原馆长杨彦杰，厦门大学连心豪，台湾大学蔡振丰，福建师范大学戴显群、徐心希、吴巍巍、黄建兴、李湖江、林啸、麗壮城（台湾），台湾师范大学潘朝阳、张崑将，闽南师范大学吴文文、施沛琳（台湾）、高显莹（台湾），集美大学刘利侠，泉州师范学院刘智豪（台湾）等闽台两地多所高校近二十名专家学者共同参与转译。经过近三年的共同努力，《台湾通史》注译本完成转译、审校等工作。2023 年，经台北故宫博物院林天人研究员协助，闽台历史文化研究院、福建人民出版社又与台湾南天书局就《台湾通史》译注本繁体版共同出版达成合作，实现简体繁体在两岸同步与读者见面。

该书的成功出版，离不开国台办交流局、福建省委台港澳办、福建省人民政府发展研究中心、福建人民出版社、福建连横文化研究院、台湾连氏宗亲、南天书局等机构以及参与转译的专家学者们的关心与支持，在此深表感谢。同时，也衷心希望广大读者对本书不妥之处给予批评指教。

编者